inglés-español
y
español-inglés

70.000 voces

Pronunciación figurada

© EDITORIAL RAMON SOPENA, S.A.
C/ Córcega , 60 - 08029 BARCELONA
Tel.: 93 322 00 35
Fax: 93 322 37 03
E-mail: edsopena@infonegocio.com
www.sopenaeditorial.extendnow.com
Depósito Legal: B. 15.477-MMIII
Impreso en Romanyà Valls, S.A.
Printed in Spain
ISBN: 84-303-0836-9

EDITORIAL RAMON SOPENA, S.A.

Reservados todos los derechos. El contenido de esta publicación no podrá reproducirse total ni parcialmente, ni almacenarse en sistemas de reproducción, ni transmitirse en forma alguna, ni por ningún procedimiento mecánico, electrónico, o de fotocopia, grabación u otro cualquiera, sin el permiso previo de los editores por escrito.

Prólogo

El presente diccionario inglés-español y español-inglés va destinado a un amplio sector de consultantes. En él se ha procurado, antes que nada, dar un máximo contenido en el menor espacio posible.

Tras un detenido estudio de la capacidad de un *auténtico diccionario de bolsillo,* y sin sacrificar la facilidad de la lectura, ofrecemos un elenco de 70.000 voces, entre las que es posible encontrar cuantas pueden exigirse a un vocabulario enfocado bajo un concepto *moderno* y *práctico.*

No es menos moderno ni menos práctico su formato, pues puede decirse sin exagerar que cabe en cualquier parte, y tan cómodo que es posible hojearlo con una sola mano.

La pronunciación figurada simplificada, que acompaña a cada voz, es una valiosa ayuda para una correcta fonía cuando se trata de pronunciar una palabra.

En resumen: ofrecemos un pequeño «gran diccionario», completo, científico, actual, y más amplio, lo mismo en cantidad que en calidad, que otros bastante más voluminosos. Todo eso lo convierte, y de ello estamos convencidos, en un valioso auxiliar para cuantos están interesados en el conocimiento y perfeccionamiento de la lengua inglesa y española.

Abreviaturas

abr. abreviatura, *abbreviation*
Acad. académico, *academic*
adj. adjetivo, *adjective*
adv. adverbio, *adverb*
Aer. aeronáutica, *aeronautics*
Agric. agricultura, *agriculture*
Amer. America(nismo)
Anat. anatomía, *anatomy*
Arch. *architecture*
Arit. aritmética
Arq. arquitectura
art. artículo, *article, artistic*
Astr. astronomía, *astronomy*
aux. auxiliar
Aut. automovilismo
Avi. aviación, *aviation*
Bio. biología, *biology*
Bot. botánica, *botany*
Carp. carpintería, *carpentry*.
Caz. caza
Chem. *chemistry*
Coc. cocina
coll. *colloquial*
Com. comercio, *commerce*
conj. conjunción, *conjunction*
def. defectivo, *defective*
Dep. deporte
Der. derecho *(ley)*
Dib. dibujo
Dip. diplomacia
Eccl. *ecclesiastical*
Econ. economía, *economics*
Elect. electricidad, *electricity*
Ent. entomología, *entomology*
Equit. equitación, *riding*
Esc. escultura
Esg. esgrima
E. U. Estados Unidos
f. femenino, *feminine (noun)*
fam. forma familiar
Fenc. *fencing*
fig. figurado, *figurative(ly)*
Fis. física
Fisio. fisiología
Foto. fotografía
For. Foro
G. B. Gran Bretaña
Geog. geografía, *geografy*
Geol. geología, *geology*
Geom. geometría, *geometry*
Gram. gramática, *grammar*
Her. heráldica, *heraldry*
Hidr. hidráulica
Hist. historia, *history*
Ict. ictiología
Ichth. *ichthyology*
Igl. iglesia
imp. impersonal, *impersonal;* imprenta
Ind. industria
Ing. ingeniería
interj. interjección, *interjection*
intr. *intransitive*
Lit. Literatura, *Literature*
Log. lógica, *logic*
m. masculino, *masculine (noun)*
Mat. matemáticas
Math. *mathematics*
Mec. mecánica
Mech. *mechanics*
Med. medicina, *medicine*
Metal. metalurgia, *metallurgy*
Mil. militar, *military*
Min. minería, *mining*
Motor. *motoring*
Mus. música, *music*
n. *noun*
Naut. náutica, *nautical*
Opt. óptica, *optics*
Orn. ornitología, *ornithology*
Pat. patología
Path. *pathology*
pers. persona(l), *persona(l)*
Pint. pintura
Phot. *photography*
Phys. *physics*
Physiol. *physiology*
pl. plural, *plural*
Poet. poético, *poetical*

Pol. política, ***politics***
pos. posesivo, ***possessive***
prep. preposición, ***preposition***
Print. printing
pron. pronombre, ***pronoun***
Quim. química
R. reflexivo, ***reflexive***
Ret. retórica
Rhet. rhetoric
s. substantivo (masculino y femenino), ***substantive noun (masculine and femenine)***
Sci. science
Sculp. sculpture
sing. singular, ***singular***
Teat. teatro
Tec. tecnología
Teleg. telegraphy
Theat. theatre
Tint. tintorería
Tip. tipografía
Typ. typography
tr. verbo transitivo, ***transitive verb***
USA. Estados Unidos de Norteamérica, ***United States***
v. verbo transitivo e intransitivo, ***transitive and intransitive verb***
Vet. veterinaria, ***veterinary***
vulg. vulgar, ***vulgar***
Zoo. zoología, ***zoology***

a *(a ei)* art. indet. un(a).
aback *(æbak)* adv. atrás, detrás; **to take —**, tomar por sorpresa. [hacia popa.
abaft *(æbaft)* adv. *Naut.* a popa,
abandon *(abándön)* tr. abandonar; s. abandono.
abate *(abéit)* tr. e intr. apaciguar; rebajar.
abattoir *(abatuá)* n. matadero.
abbess *(ábes)* s. abadesa.
abbey *(ábi)* s. abadía.
abbot *(ábot)* s. abad. [viar.
abbreviate *(abriviéit)* tr. abre-
abbreviation *(abriviéischön)* s. abreviatura. [dimitir.
abdicate *(ábdikéit)* tr. abdicar,
abdication *(abdikéischön)* s. abdicación, dimisión.
abdomen *(abdómen)* s. abdomen, vientre. [cuestrar.
abduct *(abdát)* tr. raptar se-
abduction *(æbdákshn)* n. rapto, secuestro.
aberration *(aberéischön)* s. aberración, error. [testar.
abhor *(abjor)* tr. aborrecer, de-
abhorrence *(abjórens)* n. aborrecimiento, asco.
abide [**abode**; **abode**] *(abaid)* intr. **— by** atenerse a, cumplir con.
ability *(abíliti)* s. habilidad, talento. [to.
abject *(abdyét)* adj. vil, abyec-
abjection *(abdyecschön)* s. vileza, abyección. [nunciar.
abjure *(abdyúr)* tr. abjurar, re-
ablaze *(abléis)* adv. en llamas; (fig.) radiante.
able *(éibl)* adj. capaz, apto; tr. **to be —**, poder.
abnegate *(abnigueit)* tr. renunciar; renegar de.
abnegation *(abneguéischön)* s. abnegación, sacrificio. [mal.
abnormal *(abnó:mal)* adj. anor-
abnormality *(abno:maliti)* n. anomalía, anormalidad.
aboard *(abórd)* adv. *Mar.* a bordo.
abode *(abóud)* s. domicilio, morada. [lar.
abolish *(abólisch)* tr. abolir, anu-
abolition *(abolischön)* s. derogación, anulación, abolición.

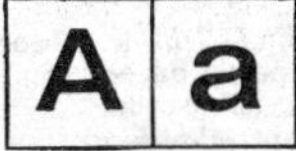

abominable *(abóminabl)* adj. abominable.
abominate *(abómineit)* tr. abominar, aborrecer, odiar.
aborigine *(abóridyein)* adj. aborigen.
abort *(abórt)* intr. abortar.
abortion *(abórschön)* s. aborto.
abortive *(abórtif)* adj. (fig.) abortivo, malogrado; s. aborto.
abound *(abáund)* intr. abundar.
about *(abáut)* prep. alrededor, cerca, acerca (de); **all —**, por todas partes; **to be —**, estar a punto de; **to turn —**, (naut.) virar en redondo; **what's all about?** ¿de qué se trata? **about turn**, media vuelta.
above *(abö'v)* prep. encima, sobre; adv. arriba; **— all**, sobre todo; **from —**, de arriba; **— mentioned**, susodicho.
abrasion *(abréishn)* s. roce, rozadura.
abreast *(abrést)* adv. (mil.) al frente, en fondo; (naut.) por el través; **to keep abreast**, estar al día. [sumir, reducir.
abridge *(abrich)* tr. abreviar, re-
abroad *(abród)* adv. fuera, en (al) extranjero; **to be abroad**, estar en el extranjero; **to go abroad**, ir(se) al extranjero.
abrupt *(abrö'pt)* adj. (geog.) abrupto, quebrado, (pers.) rudo, brusco; adv. **abrutly**, bruscamente.
abscond *(abskónd)* intr. ocultarse; **—er**, s. prófugo.
absence *(ábsens)* s. ausencia.
absent *(ábsent)* adj. ausente; **— minded**, distraído; — *(absént)* v. r. ausentarse.
absolute *(ábsolut)* adj. absoluto, **complete**; (pol.) autocrático, despótico.
absoluteness *(ábsolutnes)* s. absolutismo. [dispensar.
absolve *(absólv)* tr. absolver,

A

absorb *(abso'rb)* tr. absorber, empapar; **—ed**, adj. (fig.) absorto, enfrascado.
absorbent *(absórbent)* s. y adj. absorbente.
abstain *(abstéin)* intr. abstenerse, privarse de. [temio.
abstemious *(abstímiös)* adj. abs-
abstention *(absténschön)* s. abstención, abstinencia.
abstinence *(ábstinens)* s. abstienencia, ayuno.
abstract *(abstráct)* tr. abstraer; (lit.) extractar; **—** *(ábstract)* adj. abstracto; s. extracto. resumen.
abstraction *(abstrácschön)* s. abstracción; idea, concepto.
absurd *(absö'rd)* adj. absurdo. distracción, descuido, ridículo, disparatado.
absurdity *(absö'rditi)* s. absurdo, disparate.
abundance *(abö'ndans)* s. abundancia.
abundant *(aböndant)* adj. abundante. (hidr.) caudaloso; (agric.) feraz.
abuse *(abiús)* tr. abusar; seducir; insultar; s. abuso; seducción; insulto, improperio; s. **—r,** seductor.
abusive *(abiúsiv)* adj. abusivo, insultante, ofensivo.
abyss *(ábis)* s. abismo, sima; (fig.) infierno. [cia.
acacia *(akéisha)* s. (bot.) aca-
academic *(académic)* adj. académico.
academy *(acádemi)* s. academia. [asentir.
accede *(aksid)* intr. acceder;
accelerate *(acsélereit)* tr. acelerar; intr. apresurarse.
acceleration *(akselereishn)* aceleración, prisa.
accent *(acsént)* tr. acentuar; s. **—** *(ácsent)* acento, deje; (gram.) acento.
accentuate *(aksentyueit)* tr. aceptable, grato.
accentuation *(aksentyueishn)* s. acentuación.
accept *(acsépt)* tr. aceptar, admitir.
acceptable *(acséptabl)* adj. aceptable, grato.
acceptance *(acséptans)* s. aceptación, buena acogida.
acceptation *(acsetéishn)* s. aceptación.; (lit.) acepción, sentido.
access *(ácses o acsés)* s. acceso, entrada; (med.) ataque, arrebato; **to gain —,** lograr entrar. [ble, asequible.
accesible *(acsésible)* adj. accesi-
accessory *(acsésory)* adj. accesorio, secundario; (leg.) cómplice.
accident *(ácsident)* s. accidente; (aut.) atropello; choque; equivocación; **by —,** por casualidad.
accidental *(acsidéntal)* adj. accidental, fortuito, casual; adv. **—ly,** accidentalmente.
acclaim *(acléim)* tr. aclamar, aplaudir; s. renombre.
acclamation *(acclameishn)* s. aclamación; ovación.
acclimatization *(acclimataiséishn)* s. aclimatación.
acclimatize *(acclimatais)* tr. y r. aclimatar(se).
accommodate *(acómodeit)* tr. acomodar, ajustar.
accommodation *(acomodéishn)* s. acomodo; (host.) hospedaje, alojamiento.
accompaniment *(akö'mpaniment)* (mus.) s. acompañamiento.
accompany *(akö'mpani)* tr. acompañar. [plice.
accomplice *(acómplis)* s. cóm-
accomplish *(acómplish)* tr. realizar; llevar a cabo; lograr.
accomplished *(acomplishd)* adj. perfecto, cabal; consumado.
accomplishment *(acómplishment)* s. realización, logro; pl. méritos, talento, dotes.
accord *(acórd)* tr. ajustar, conceder; intr. concordar; s. acuerdo; (mus.) acorde; **of one's own accord,** por iniciativa propia.
accordance *(acórdans)* s. conformidad; acuerdo, convenio.

accordant *(acórdant)* adj. conforme.
according to *(acórding tu)* prep. según, de acuerdo con; adv. **—ly,** en consecuencia, por consiguiente.
accordion *(acórdion)* s. acordeón.
account *(acáunt)* s. cuenta (cont.); informe, relación; tr. considerar, contar; intr. responder; s. **current —,** cuenta corriente; **on account of,** a causa de; **of little —,** de poca importancia; **of its own —,** de por sí; **on no —,** de ninguna manera. [responsable.
accountable *(acáuntabl)* adj.
accountancy *(acáuntansi)* s. contabilidad. [table.
acountant *(acáuntant)* s. con-
accredit *(acrédit)* tr. (com.) acreditar; dar crédito a.
accrue *(acru:)* tr. aumentar, tomar incremento; **—d interests,** intereses acumulados.
accumulate *(akiúmiuleit)* tr. e intr. acumular(se); adj. acumulado, amontonado.
accumulation *(akiúmiuleishön)* s. acumulación, amontonamiento.
accumulator *(akiúmiuleitör)* s. acumulador. [precisión.
accuracy *(ákiurösi)* s. exactitud,
accurate *(ákiuret)* adj. exacto, preciso; perfecto; **—ly;** adv. con precisión.
accusation *(ákiuséischön)* s. acusación, denuncia.
accuse *(akiús)* tr. acusar; denunciar (leg.); culpar; **—d** *(akiúsd)* adj. acusado; **—r** *(akiusör)* s. acusador, delator.
accustom *(aka'stöm)* tr. acostumbrar, habituar; **—ed** *(akástomd)* adj. acostumbrado, habituado; **to be —,** estar habituado; **to get —,** acostumbrarse, habituarse.
ace *(éis)* s. as; **within an ace of,** a dos dedos de, a punto de.
ache *(éik)* s. dolor, mal; intr. doler; **headache,** dolor de cabeza; **earache,** dolor de oídos; **toothache,** dolor de muelas; **stomach-ache,** dolor de estómago. [lograr.
achieve *(achív)* tr. conseguir,
achievement *(achívment)* s. logro; hazaña.

A

aching *(éikin)* adj. doloroso, que duele; s. dolor.
acid *(ásid)* adj. y s. ácido.
acidity *(asíditi)* s. acidez.
acknowledge *(aknóuledg)* tr. reconocer; agradecer; **— receipt,** acusar recibo.
acknowledgement *(acnólédchment)* s. reconocimiento; agradecimiento; (com.) acuse de recibo. [apogeo.
acme *(akmi)* s. colmo; cima;
acorn *(eiko:n)* s. (bot.) bellota; (naut.) bola de madera.
acoustics *(acústics)* s. acústica.
acquaint *(acuéint)* tr. instruir, familiarizar (con); **to —ed oneself with,** ponerse al corriente de.
acquaintance *(acuéintans)* s. conocimiento; (pers.) amistad, conocido. [acceder.
acquiesce *(aciués)* intr. asentir;
acquiescence *(acuiésens)* s. asentimiento, conformidad.
acquire *(auáir)* tr. adquirir; obtener. [quisición.
acquisition *(acuisíshön)* s. ad-
acquit *(acuít)* tr. (leg.) absolver, poner en libertad; exoneración (leg.), descargo.
acquittal *(acuítal)* s. absolución.
acquittance *(acuitans)* s. descargo; pago.
acre *(eikp)* s. (medid.) acre; **God's —,** camposanto, cementerio.
acreage *(eikpedy)* área (med. en acres), extensión.
acrid *(ácrid)* adj. acre, agrio; (lang.) mordaz; (olor.) irritante, punzante.
acrimony *(akrímoni)* s. virulencia; aspereza.
acrobat *(ácrobat)* s. acróbata.
across *(acrós)* adv. prep. a través (de), de un lado a otro; **to come across samebody,** encontar a alguien.

A

act *(act)* intr. obrar, actuar; (teat.) representar; fingir; **to — the fool,** hacer el tonto; s. acto, acta; (teat.) acto; acción; **to catch in the act,** coger con las manos en la masa.
acting *(aktin)* adj. interino, en ejercicio; s. (teat.) representación, actuación.
action *(ácshön)* s. acción, hecho; (mil.) combate; (teat.) argumento; (mec.) movimiento; (leg.) demanda judicial.
activate *(áctiveit)* tr. activar.
active *(áctiv)* adj. activo; **—ly,** *(aktivli)* adv. activamente.
activity *(activiti)* s. actividad.
actor *(áctör)* s. actor.
actress *(áctres)* s. actriz.
actual *(akcchyuel)* adj. actual; real. [lidad.
actuality *(aktchyueliti)* s. actua-
actually *(áktchyueli)* adv. de hecho, realmente, verdaderamente.
acute *(akiút)* adj. agudo; **—ly,** *(...tli)* adv. con agudeza, agudamente. [za, perspicacia.
acuteness *(akiutnés)* s. agude-
adapt *(adápt)* tr. adaptar, acomodar; (teat.) arreglar; v. r. amoldarse, habituarse.
adaptation *(adaptéishön)* s. adaptación.
add *(ad)* tr. agregar, añadir; (mat.) **— up,** sumar.
adder *(áda)* s. víbora (zool.), culebra.
addict *(adict)* tr. dedicarse a, darse a; s. adicto.
addicted *(ádikted)* adj. aficionado a, dado a, partidario de.
addictedness *(adíctednes)* s. inclinación; adhesión a.
addiction *(adicshö)* s. afición, apego a, partidario de.
addition *(adíshön)* s. (arit.) adición, suma. / **in — to** adv. además de.
additional *(adíshönal)* adj. adicional, complementario.
addle *(ádl)* adj. podrido; estéril; v. t. podrir; esterilizar;
addled-egg, huevo podrido; **addle headed,** chalado, chiflado.
address *(adrés)* tr. (corresp.) dirigir; (orat.) hablar a; s. dirección, señas; trato.
addresse *(adresí)* s. destinatario; s. **addresser,** remitente.
adduce *(adiús)* tr. aducir, alegar. [perito.
adept *(adépt)* s. y adj. adepto,
adequate *(ádicueit)* adj. adecuado, suficiente, competente; **—ly,** adv. adecuadamente.
adhere *(adjia)* intr. adherirse a, pegarse a; allegarse a.
adherence *(adjiarens)* s. adhesión.
adherent *(adjiarent)* adj. adherente, pegajoso; s. partidario, discípulo. [adherencia.
adhesion *(adjishön)* s. adhesión,
adhesive *(adjisiv)* adj. adhesivo, pegajoso; **—tape,** cinta adhesiva.
adjacent *(adyéisent)* adj. adyacente, contiguo. [vo.
adjective *(adyectiv)* s. adjeti-
adjoining *(adyóinin)* adj. contiguo; **to be —,** estar lindante con. [aplazar.
adjourn *(adyö'rn)* tr. diferir,
adjournment *(adyörnmant)* s. aplazamiento, suspensión.
adjudicate *(adchúdikeit* tr. adjudicar.
adjunct *(adyant)* s. y adj. adjunto, auxiliar. [componer.
adjust *(adyö'st)* tr. ajustar,
adjustable *(adyástabl)* adj. regulable, ajustable.
adjustment *(adyö'stment)* s. ajuste; acuerdo, transación.
adjutant *(ádyutant)* s. ayudanministrar; (col.) propinar (paliza). [ministrar.
administer *(ádminister)* tr. ad-
administration *(administréishön)* s. administración; (dom). manejo, gobierno; (com.) dirección.
admnistrative *(administretiv)* adj. administrativo.
administrator *(admínistreitör)* s. administrador. [mirable.
admirable *(ádmirabl)* adj. ad-

admiral *(ádmiral)* s. almirante; s. **—ty,** almirantazgo.
admiration *(admiréishön)* s. admiración, sorpresa, pasmo.
admire *(admáir)* tr. admirar; intr. maravillarse.
admirer *(admáira)* s. admirador; pretendiente.
admissible *(admísibl)* adj. admisible, aceptable; permitido.
admission *(admíshön)* s. admisión, ingreso; entrada; concesión; **— ticket,** billete de entrada; **no —,** se prohibe la entrada.
admit *(admit)* tr. admitir; conceder; reconocer; dar entrada.
admittance *(admitans)* s. admisión, entrada; **no —!,** se prohibe la entrada.
admonish *(admonish)* tr. amonestar, reprender; exhortar.
admonition *(admonishn)* s. consejo, amonestación; exhortación, advertencia.
ado *(adú)* s. bullicio, ruido; **much — about nothing,** mucho ruido y pocas nueces.
adolescence *(adolésens)* s. adolescencia. [adolescente.
adolescent *(adolésent)* adj. y s.
adopt *(adópt)* tr. (leg.) adoptar; elegir; asumir.
adopted *(adopted)* adj. adoptado; elegido; asumido.
adopter *(adoptör)* s. adoptador; madre o padre adoptivo.
adoption *(adópschön)* s. adopción; elección.
adoptive *(adóptiv)* adj. adoptivo.
adorable *(adórabl)* adj. adorable. [adoración.
adoration *(adoréishön)* s. *Eccl.*
adore *(adór)* tr. adorar.
adorn *(adórn)* tr. adornar, embellecer, engalanar; (coc.) aderezar.
adrift *(adrift)* adv. *Naut.* a la deriva; **to break adrift,** irse a la deriva.
adroit *(adróit)* adj. diestro, hábil: **—ly,** adv. hábilmente; s. **—ness,** habilidad, destreza. [ción, lisonja.
adulation *(adiuléishön)* s. adula-
adulator *(adiuléitör)* s. adulador, lisonjero.
adult *(adö'lt)* adj. y s. adulto; (pers.) mayor.
adulterate *(adö'ltöreit)* tr. adulterar, falsificar; — *(adölte-reit)* adj. falsificado, adulterado. [ro.
adulterer *(adö'lterör)* s. adúlte-
adulteress *(adö'lteres)* s. adúltera. [tero.
adulterous *(adö'lteros)* adj. adúl-
adultery *(adö'lteri)* s. adulterio.
advance *(adváns)* tr. avanzar; avance; (din.) adelantar; (empl.) ascender; s. (din.) anticipo; (empl.) ascenso; **in —,** (com.) por adelantado; de antemano.
advanced *(advánsd)* adj. avanzado; precoz.
advancement *(advánsmant)* s. adelanto; progreso.
advantage *(advántedy)* s. ventaja; beneficio; **to —,** ventajosamente; **to take —,** aprovecharse de.
advantageous *(advanteidyos)* adj. ventajoso, beneficioso.
advent *(advént)* s. llegada, venida; (ecles.) Adviento.
adventure *(advénchör)* s. aventura; intr. aventurarse, osar, atreverse; tr. aventurar.
adventurer *(advénchörör)* s. aventurero.
adventurous *(advénchörös)* adj. aventurado, osado; aventurero, audaz; adv. **—ly,** arriesgadamente.
adverb *(advörb)* s. adverbio.
adversary *(ádvörseri)* s. adversario, enemigo; adj. **—,** contrario, adverso.
adverse *(advörs)* adj. adverso, contrario; (fig.) funesto.
adversity *(advö'rsiti)* s. adversidad, desgracia, calamidad.
advertence *(advö'rtens)* s. advertencia, aviso.
advertise *(ádvörtais)* tr. anunciar, publicar; intr. poner un anuncio. [anuncio.
advertisement *(ádvö'rtisment)* s.

A

advertiser *(adva:táisa)* s. anunciador, anunciante.

advertising *(adva:táisin)* adj. publicitario; s. publicidad; — **agent**, agente publicitario; — **agency**, oficina de publicidad.

advice *(adváis)* s. consejo, aviso.

advisable *(adváisabl)* adj. aconsejable, prudente.

advise *(adváis)* tr. aconsejar; intr. aconsejarse.

advised *(adváisd)* adj. aconsejado; avisado, advertido.

advisedness *(adváisednes)* s. cordura, prudencia.

adviser *(adváisa)* s. consejero; consultor. [tativo.

advisory *(adváisori)* adj. consul-

advocate *(ádvoket)* s. abogado; — *(ádvokeit)* tr. defender.

aerial *(erial)* adj. aéreo; s. (radio) antena. [dromo.

aerodrome *(éarodrom)* s. aeró-

aerodynamic *(earodainámik)* adj. aerodinámico; s. **—s**, pl. aerodinámica.

aeronautic *(earonótik)* adj. aeronáutico; s. pl. **—s**, aeronáutica. [aeroplano.

aeroplane *(earoplein)* s. avión,

afar *(afár)* adv. lejos; **from —**, desde lejos.

affability *(afabíliti)* s. afabilidad, amabilidad.

affable *(áfabl)* adj. afable, amable, cortés.

affair *(afér)* s. asunto; **that's not your —!**, ¡eso no es asunto tuyo! [ver.

affect *(aféct)* tr. afectar, conmo-

affected *(afécted)* adj. afectado; remilgado, presuntuoso.

affection *(afécshön)* s. inclinación, afecto, simpatía; **to feel — for**, sentir afecto por; *Med.* dolencia.

affectionate *(afékshoneit)* adj. cariñoso, amoroso.

affectionatedness *(afékshoneitednes)* s. cariño, afecto.

affective *(aféctiv)* adj. afectivo.

affiliation *(afiliéishön)* s. adopción, afiliación.

affinity *(afíniti)* s. afinidad, alianza, enlace.

affirm *(afö'rm)* tr. afirmar, asegurar; intr. afirmarse.

affirmation *(afö'rmeishön)* s. afirmación, ratificación.

affirmative *(afö'rmativ)* adj. afirmativo; s. afirmativa.

affix *(afiks)* tr. fijar, clavar; (con goma) pegar, unir.

afflict *(aflíct)* tr. afligir, aquejar.

affliction *(aflícshön)* s. aflicción, congoja, angustia.

affluence *(áfluens)* s. afluencia, concurrencia; abundancia, opulencia.

affluent *(áfluent)* adj. afluente, tributario (hidr.); (econ.) opulento; **the affluent society**, la sociedad opulenta.

afford *(afórd)* tr. proporcionar, suministrar; **can —**, tener medios, poder permitirse el lujo.

aforestation *(aforestéishan)* s. repoblación (forestal).

affray *(afrei)* s. refriega, reyerta, riña.

affront *(afrö'nt)* tr. afrentar, insultar; s agravio, afrenta.

afloat *(aflóut)* adv. *Naut.* a flote, flotante; (fig.) *Econ.* solvente, sin deudas.

afoot *(afút)* adv. (fig.) en movimiento, en proceso (de ejecución); **mischief is afoot**, alguna travesura hay.

afore *(afór)* prep. *Naut.* a proa.

aforegoing *(afórgoing)* adj. precedente.

aforesaid *(aforsed)* adj. ya dicho, susodicho, antedicho.

afraid *(afréid)* adj. amedrentado, temeroso; **to be —**, tener miedo. [otra vez.

afresh *(afrésh)* adv. de nuevo,

aft *(aft)* adv. *Naut.* a popa.

after *(áftör)* prep. después de (que); (lugar), detrás de; adv. después, en seguida; — **all**, después de todo; **soon —**, poco después; **day — day**, día tras día.

afternoon *(áftörnun)* s. tarde.

afterwards *(áftöruörds)* adv. después, más tarde.

again *(aguéin)* adv. otra vez, de nuevo; **— and —**, una y otra vez; **come again!** ¡repítelo!
against *(aguénst)* prep. contra; (lugar) enfrente; **to run —**, tropezarse con (pers.); **— the grain**, a contrapelo; **— the clock**, (dep.) contra reloj.
age *(eidy)* s. edad, época; **of —**, **what's his —?** ¿Qué edad tiene? **old —**, vejez; **under —**, menor de edad; v. tr. e intr. envejecer.
aged *(eidyed)* viejo, envejecido; de ... años de edad.
agency *(eidyensi)* s. agencia.
agent *(éidyent)* adj. y s. agente, representante.
agglomerate *(aglómöreit)* tr. e intr. aglomerar(se), amontonar(se); s. aglomerado.
agglomeration *(aglomöréishön)* s. aglomeración, montón.
aggravate *(ágraveit)* tr. agravar, exagerar; hacer más pesado o más doloroso; irritar, exasperar.
aggravating *(agravéitin)* adj. irritante, enojoso [agravación.
aggravation *(agravéishön)* s.
aggregate *(agregueit)* tr. agregar; unir; ascender a (cant.); adj. agregado, unido; s. total, suma (cant.).
aggregation *(agregueishn)* s. agregación, adicción; total.
aggress *(agrés)* intr. acometer, agredir. [sión.
aggression *(agréshön)* s. agre-
aggressive *(agrésiv)* adj. agresivo.
aggressor *(agrésö)* s. agresor.
aggroup *(agrúp)* tr. agrupar.
aghast *(ágast)* adj. espantado, horrorizado; (col.) con la boca abierta.
agile *(adyáil)* adj. ágil, ligero.
agility *(adyility)* s. soltura, agilidad.
agitate *(ádyiteit)* tr. agitar; (pol.) pertubar; (hidro.) encrespar.
agitation *(adyitéishön)* s. agitación, perturbación, convulsión. [(mec.) agitador.
agitator *(adyitéitör)* s. (pol.)
agnail *(ágneil)* s. uñero, panadizo. [nóstico.
agnostic *(agnóstic)* s. y adj. ag-
agnoticism *(agnóstisism)* s. agnosticismo.
ago *(agóu)* adv. hace (para tiempo pasado); **long ago**, hace mucho tiempo; **some time —**, hace algún tiempo; **how long —?**, ¿cuánto tiempo hace?
agog *(agóg)* adj. excitado, nerviosísimo; adv. excitadamente; **to be —**, estar excitado.
agonize *(ágonais)* tr. e intr. agonizar; (fig.) atormentar, torturar; adj. **—ing**, martirizante, angustioso.
agony *(ágoni)* s. agonía, zozobra, suplicio.
agrarian *(agrérian)* adj. agrario.
agree *(agrí)* intr. convenir, acordar, ponerse/estar de acuerdo; (comida) sentarle a uno;
agreeable *(agriebl)* adj. agradable, grato, (pers.) simpático; adv. **—ly**, agradablemente, gratamente. [convenido.
agreed *(agrid)* adj. acordado,
agreement *(agriment)* s. acuerdo, convenio; **to reach an —**, llegar a un acuerdo.
agricultural *(agrikö'lchöröl)* adj. agrícola. [cultura.
agriculture *(agrikö'lchör)* s. agri-
aground *(agráund)* adv. (naut.) encallado, embarrancado; **to run —**, encallar, embarrancar.
ahead *(ajéd)* adv. adelante, al frente; (naut.) avante; (naut.) **full —!**, ¡avante todo!
aid *(eid)* tr. ayudar, auxiliar; s. asistencia; **first —**, primeras curas; **in — of**, a beneficio de. [mal, dolor.
ail *(éil)* tr. afligir, aquejar; s.
aim *(eim)* tr. apuntar, tirar; s. puntería.
air *(éa)* tr. airear, ventilar; s. aire; (fig.) aspecto; **in the open —**, al aire libre; (mil.) **Air Force**, Aviación; (mil.) **air-raid**, incursión aérea; (rad.) **on the air**, transmitiendo.

A

A

airbase *(éabeis)* s. base aérea.
aircraft *(éacraft)* s. avion; — **carrier,** portaaviones.
airman *(eaman)* s. aviador.
air-mail *(eameil)* s. correo aéreo, por avión.
airplane *(éaplein)* s. aeroplano.
airport *(érport)* s. aeropuerto.
airy *(eari)* adj. aireado, ventilado.
aisle *(ail)* s. [arq.] nave lateral; pasillo, pasadizo.
ajar *(adyár)* adj. (puertas) entreabierto, entornado.
akin *(akín)* adj. emparentado, relacionado; semejante a.
alarm *(alárm)* s. alarma; tr. alarmar, inquietar; s. **—clock** despertador. [mante.
alarming *(alárming)* adj. alar-
alas! *(alás)* interj. ¡ay!
album *(álböm)* s. álbum.
alcohol *(álcojol)* s. alcohol.
alcoholic *(alcojólic)* adj. alcohólico.
alderman *(óldörman)* s. concejal, regidor.
ale *(eil).* s. cerveza. [taberna.
alehouse *(éiljaus)* s. cervecería,
alert *(alö'rt)* adj. alerta; **to be on the —,** estar ojo avizor, sobre aviso.
alertness *(alö'rtnes)* s. vigilancia; actividad; agilidad.
alibi *(álibai)* s. (leg.) coartada.
alien *(eilien)* adj. y s. extranjero.
alienate *(élienet)* tr. quitar, enajenar; adj. enajenado.
alight *(aláit)* intr. (transp.) apearse, bajarse; (orn.) posarse; **to set —,** incendiar.
alike *(aláik)* adv. igualmente; adj. igual.
aliment *(áliment)* s. alimento; adj. **—ary,** alimenticio.
alimentation *(alimentéishön)* s. alimentación.
alive *(aláiv)* adj. vivo; **to be — with,** estar plagado de; (elect.) **to be alive** (un cable, etc.) dar corriente, correr la corriente.
all *(ol)* adj. todo, todos; adv. del todo; **— right,** perfectamente; **not at —!,** ¡de nada!; **— but,** todos menos; **after —,** después de todo; **— the better,** tanto mejor; **— in —,** en total, en resumidas cuentas.
allay *(alei)* tr. aliviar, mitigar.
allegation *(aleguéishön)* s. alegación.
allege *(alídy)* tr. alegar, sostener; adj. **—d,** supuesto.
allegiance *(alídyians)* s. lealtad.
allegiant *(alídyiant)* adj. leal.
alleviate *(alíviet)* tr. aliviar, calmar; (fig.) atenuar.
alleviation *(aliviéshön)* s. alivio, paliativo; (fig.) desahogo.
alley *(áli)* s. callejuela, callejón; **blind —,** callejón sin salida; **bowling —,** bolera. [unión.
alliance *(aláians)* s. alianza, liga,
allied *(aláid)* adj. aliado.
alligator *(aleigéita)* s. (zool.) caimán. [distribuir.
allocate *(alokéit)* tr. asignar;
allocation *(alokéishön)* s. asignación; distribución.
allot *(alót)* tr. adjudicar, distribuir, repartir.
allotment *(alótment)* s. lote, porción; (agric.) parcela.
allow *(aláu)* tr. permitir, dar permiso; consentir, tolerar.
allowance *(aláuans)* s. asignación, subsidio; (com.) descuento; **to make allowances for,** tomar en consideración.
alloy *(aloi)* s. aleación (met.); v. tr. alear (met.).
allude *(aliúd)* intr. aludir, insinuar; referirse a.
allure *(aliúr)* tr. atraer, seducir.
allurement *(aliúrment)* s. atractivo, aliciente.
alluring *(aliúring)* adj. tentador, atractivo. [insinuación
allusion *(aliúshyön)* s. alusión,
allusive *(aliúsiv)* adj. alusivo.
ally *(aláy)* s. aliado. [tente.
almighty *(olmáiti)* adj. omnipo-
almond *(ámönd)* s. almendra; **sugared —,** almendra garapiñada; (bot.) **—tree,** almendro. [ca de.
almost *(ólmoust)* adv. casi, cer-
alone *(alóun)* adj. solo, a solas;

to leave —, no tocar (algo) (alguien).
along *(alóng)* adv. a lo largo de, adelante con; **all** —, desde el principio; **to get — with,** llevarse bien con.
alongside *(alongsáid)* adv. prep. al costado, al lado; (naut.) **to come alongside,** atacar al costado.
aloof *(aluf)* adv. (fig.) (pers.) apartado, lejos; **to stand** —, mantenerse alejado. [alta.
aloud *(alaúd)* adv. alto, en voz
alphabet *(álfabet)* s. alfabeto.
alphabetic *(alfabétic)* adj. alfabético.
alpinism *(álpinism)* s. alpinismo.
already *(olrédi)* adv. ya.
also *(ólsou)* adv. también; del mismo modo.
altar *(ólta)* s. altar.; **high** —, altar mayor; — **piece,** retablo.
alter *(ólta)* tr. alterar, cambiar.
alteration *(olteréishön)* s. alteración, reforma, cambio.
alternate *(altö'rnet)* adj. alternativo; v. t. *(olte:net)* alternar, turnarse.
alternative *(alternativ)* adj. alternativo; s. alternativa; **—ly,** adv. alternativamente.
although *(ólzou)* conj. aunque, no obstante. [tud; cumbre.
altitude *(áltitiud)* s. altura, alti-
altogether *(oltoguédör)* adv. en conjunto, en total.
altruism *(áltruism)* s. altruismo.
aluminium *(aliumínlöm)* s. aluminio.
always *(óluis)* adv. siempre.
am *(ám)* **I** — *(ai ám)* yo soy o estoy.
amass *(amás)* tr. amasar, acumular, amontonar.
amateur *(amáter)* s. aficionado.
amaze *(ameis)* tr. asombrar, sorprender, pasmar, dejar perplejo; **to be amazed,** estar pasmado.
amazement *(améismant)* s. asombro, sorpresa, espanto.
amazing *(améising)* adj. asombroso, pasmoso sorprendente; **—ly** *(...gli)* adv. asombrosamente.
ambassador *(ambásadör)* s. embajador.
ambassadress *(ambásadres)* s. embajadora.
ambiguity *(ambiguiúiti)* s. ambigüedad. [biguo.
ambiguous *(ambíguiös)* adj. am-
ambition *(ambíshön)* s. ambición. [bicioso.
ambitious *(ambíshös)* adj. am-
amble *(ámbl)* intr. andar muy despacio; s. paso de paseo; **—r** *(ámblör)* s. andador lento, pasante. [bulancia.
ambulance *(ámbiulans)* s. am-
ambulant *(ámbiulant)* adj. ambulante.
ambulate *(ámbiuleit)* intr. ambular, pasear. [boscada.
ambuscade *(ámböskeid)* s. em-
ambush *(ámbusch)* intr. emboscar; s. emboscada; **in** —, al acecho; **to lie in** —, estar al acecho; **to lay in** —, tender una celada.
ameliorate *(amilioreit)* tr. mejorar; intr. mejorarse.
amelioration *(amilioreishön)* s. mejora, mejoramiento.
amen *(emén)* adv. amén.
amend *(aménd)* tr. enmendar, rectificar; enmendarse, corregirse.
amendment *(amendment)* s. (leg.) enmienda, reforma.
amends *(améndś)* s. indemnización reparación, restitución; **to make** —, compensar, desagraviar.
amenity *(améniti)* s. amenidad, atracción; (tur.) facilidades de recreo. [americano.
American *(américan)* s. y adj.
amiable *(éimiabl)* adj. afable, afectuoso.
amicable *(amikabl)* adj. amistoso, amigable. / **—bly** *(amikabli)* adv. amigablemente, amistosamente.
amid(st) [*amid(st)*] prep. entre, en medio de.
amidship *(amidship)* adv. (naut.) en, por la mitad del barco.
amiss *(amis)* adv. mal, fuera de lugar, inoportunamente; **it is**

not —, no está de más; **to come —**, (en neg.), (no) venir mal. [cordia.
amity *(ámiti)* s. amistad, con-
ammonia *(amónia)* s. (quím.) amoniaco. [s. *Mil.* munición.
ammunition *(amiunishön)* s.
amnesia *(amnísia)* s. (med.) amnesia. [nistía, indulto.
amnesty *(ámnesti)* s. (leg.) am-
among(st) [*amóng(st)*] prep. entre (varios), en medio.
amortization *(amortiséishön)* s. (mont.) amortización. [zar.
amortize *(amórtais)* tr. amorti-
amount *(amaúnt)* intr. (val.) ascender a, subir a, importar; s. importe, total. [fibio.
amphibious *(amfíbiös)* adj. an-
ample *(ámpl)* adj. (esp.) amplio, espacioso; (cant.) abundante; **Ample!**, ¡De sobra!
amplifier *(ámplifaiör)* s. (rad.) altavoz, amplificador.
amplify *(ámplifai)* tr. ampliar, amplificar, aumentar; adj. **—ing**, amplificador.
amputate *(ámpiuteit)* tr. (cirug.) amputar. [amputación.
amputation *(ampiutéishön)* s.
amuck *(amák)* adv. fuera de sí, furiosamente. [lismán.
amulet *(ámiulet)* s. amuleto, ta-
amuse *(amiús)* tr. entretener, divertir, distraer.
amusement *(amiúsment)* s. diversión, entretenimiento.
amusing *(amiúsing)* adj. divertido, entretenido, gracioso.
an *(an)* art. un, uno, una.
anæmia *(anímia)* s. (med.) anemia. [anémico.
anæmic *(anímic)* adj. (med.)
anæsthesia *(aneszísia)* s. (med.) anestesia.
analogous *(análogös)* adj. análogo, semejante. [semejanza.
analogy *(análochi)* s. analogía,
analyse *(ánalais)* tr. analizar; **—r** *(analaisa)* s. analizador.
analysis *(análisis)* s. análisis.
analytic *(analítik)* adj. analítico.
anarchic *(anárkik)* adj. anárquico. [quista.
anarchist *(ána:kist)* s. anar-
anarchy *(ánarki)* s. (pol.) anarquía; (fig.) confusión, desorden. [anatómico.
anatomical *(anatómikal)* adj.
anatomy *(anátomi)* s. anatomía, disección.
ancestor *(ánsestör)* s. antepasado, predecesores.
ancestral *(anséstral)* adj. ancestral; **— home**, casa solariega.
anchor *(ánkör)* s. (naut.) ancla; **at —**, anclado; **to cast —**, fondear; **to weigh —**, levar anclas; adj. **—ed**, anclado.
anchorage *(ankorédy)* s. fondeadero; **— dues**, derechos de anclaje; **— point**, punto de retén. [choa.
anchovy *(ánchouvi)* s. (ict.) an-
ancient *(einshent)* adj. antiguo.
ancillary *(ansíleri)* adj. auxiliar, subordinado; **— staff**, personal auxiliar. [embargo.
and *(and)* conj. y, e; **— yet**, sin
anecdote *(ánecdout)* s. anécdota. [vez.
anew *(aniú)* adv. de nuevo, otra
angel *(éindyel)* s. ángel; **guardian —**; angel custodio.
anger *(ánga)* s. ira, cólera, furia; tr. enfurecer, indignar, encolerizar.
angle *(ángl)* s. ángulo; tr. pescar con caña. [caña.
angler *(ángla)* s. pescador de
Anglican *(ánglican)* adj. y s. anglicano.
angling *(ánglin)* s. pesca de caña. [filo.
anglophile *(ánglofail)* s. angló-
anglophobe *(ánglofoub)* s. anglófobo.
Anglo-saxon *(ánglosakson)* s. y adj. anglosajón.
angry *(ángri)* adj. colérico, airado, enfadado; **to get —**, enfadarse.
anguish *(ángüisch)* s. angustia, congoja, aflicción; **—ed**, adj. angustiado, afligido; tr. (fig.) atormentar.
animal *(ánimal)* s. y adj. animal.
animate *(ánimeit)* tr. dar vida, vivificar; alentar animar; adj. animado.

animated *(animéitid)* adj. animado, lleno de vida; concurrido.
animating *(animéitin)* adj. vivificante, excitante; alegre, divertido.
animation *(animéishón)* s. animación, viveza, vivacidad; (T. V.) dibujos animados.
animositi *(animósiti)* s. hostilidad, rencor; (col.) ojeriza.
ankle *(ánkl)* s. tobillo.
annals *(ánials)* s. pl. anales; crónica.
annex *(anécs)* s. anexo, adición (const.); tr. apoderarse de.
annihilate *(anáijileit)* tr. aniquilar, destruir.
annihilation *(anaijiléishön)* s. aniquilación, destrucción.
anniversary *(anivö'rsari)* s. aniversario; adj. anual.
annotate *(anotéit)* tr. (impr.) anotar, comentar; **annotated edition,** edición comentada.
announce *(enáuns)* tr. anunciar, hacer público.
announcement *(enáunsment)* s. anuncio, proclamación; **public —,** comunicado oficial.
announcer *(enáunsa)* s. locutor.
annoy *(anói)* tr. molestar, incomodar, fastidiar; (col.) dar la lata. [tia, fastidio.
annoyance *(anóians)* s. moles-
annoying *(anóing)* adj. fastidioso, engorroso.
annual *(ániual)* adj. anual; s. anuario; adv. **—ly,** anualmente, cada año. [lidad.
annuity *(aniúiti)* s. (mon.) anua-
annul *(anö'l)* tr. anular, invalidar; (leg.) abolir.
annunciation *(enansiéyshön)* s. anunciación.
anomalous *(anómalös)* adj. anómalo, irregular.
anomaly *(anómali)* s. anomalía, irregularidad.
anonymity *(anonímity)* s. anónimo.
anorak *(ánourak)* s. anorak.
anoymous *(anónimös)* adj. anónimo.
another *(anö-der)* adj. otro; **one-another,** (pr. rec.) los unos a los otros, uno a otro.
answer *(ánsa)* intr. responder; s. respuesta; **—able,** *(...abl.)* adj. contestable; **—less** *(...les)* adj. sin respuesta.
ant *(ant)* s. hormiga.
antagonism *(antágonism)* s. antagonismo, hostilidad.
antagonist *(antágonist)* s. antagonista, adversario, rival.
Antarctic *(antárctic)* adj. Antártico. [antecedente.
antecedent *(anticídent)* s. y adj.
antelope *(antöloup)* s. antílope.
ante meridiem *(ánti merídiem)* adj. por la mañana.
antenna *(anténa)* s. (ent.) cuerno, antena.
anterior *(antíriör)* adj. anterior.
anthem *(ánzem)* s. himno; **national —,** himno nacional.
anthill *(ánt-jil)* s. hormiguero.
anthology *(anzólodyi)* s. antología; adj. **—ical,** antológico.
antibiotic *(antibaiótic)* adj. y s. antibiótico.
antic *(ántik)* s. pl. payasada(s), gansada(s); **to play —,** hacer gansadas. [par, adelantarse.
anticipate *(antísipeit)* tr. antici-
anticipación *(antisipéishön)* s. anticipación.
antidote *(ántidout)* s. antídoto.
antipathy *(antípazi)* s. antipatía.
antiquarian *(antikuérian)* adj. y s. anticuario. [rio.
antiquary *(ánticueri)* s. anticua-
antiquated *(antiqueited)* adj. anticuado, pasado (de moda).
antique *(antík)* adj. antiguo; s. antigüedad, antigualla (objetos). [antigüedad.
antiquity *(anticuiti)* s. (tiempo)
anti-Semite *(antisémait)* adj. y s. antisemita. [tisemítico.
anti-Semitic *(antisemític)* adj. an-
antler *(ántla)* s. cuerno, asta (en ciervos, etc.) pl. cornamenta.
anvil *(ánvil)* s. (met.) yunque.
anxiety *(angsáyeti)* s. ansia, afán; anhelo, ansiedad.
anxious *(ánkshös)* adj. ansioso, impaciente, inquieto.
any *(éni)* adj. y pron. (en int. y

A

neg.) algu(a), (en afir.) cualquier(a); — **more?** ¿más ; **at — rate,** de todos modos.

A

anybody *(ánibodi)* pron (int.) alguien, (neg.) nadie; (afirm.) cualquier(a).

anyhow *(énijau)* adv. sin embargo, de cualquier modo/manera.

anything *(énizing)* pron. algo; (neg.) nada; (afirm.) cualquier cosa.

anyway *(énivey)* adv. de cualquier manera, de todos modos; (col.) en fin.

anywhere *(enivea)* adv. (int.) en alguna parte; (neg.) en ninguna parte; (en afir.) en cualquier parte.

apart *(apárt)* adv. aparte, separadamete; **to tear —,** despedazar; **to break —** deshacerse, descomponerse.

apartment *(apártment)* s. apartam(i)ento, vivienda.

apathetic *(apazétic)* adj. apático, indiferente, dejado.

apathy *(ápazi)* s. apatía, dejadez, indiferencia.

ape *(éip)* s. mono; tr. imitar; **—r,** imitador.

aperitif *(aperitif)* s. aperitivo.

aperture *(ápöchö)* s. abertura, paso. [(fig.) punta.

apex *(eipéks)* s. cima, cúspide;

apiary *(éipieri)* s. colmenar.

apiece *(apiis)* adv. (col.) por barba, cada uno. [calipsis.

apocalypse *(apócalips)* s. apo-

apocalyptic *(apocalíptic)* adj. apocalíptico.

apologetic *(apolodyétic)* adj. apologético. [gista.

apologist *(apóledyist)* s. apolo-

apologize *(apóloddyais)* tr. excusar(se), pedir perdón, disculparse.

apology *(apóloddyi)* s. excusa, disculpa; **my —,** (le ofrezco) mis disculpas.

apoplexy *(apopleksi)* s. *Med.* apoplejía. [bor.

aport *(apoot)* adv. *Naut.* a ba-

apostasy *(apóstasi)* s. apostasía.

apostate *(apósteit)* s. apóstata; adj. falso.

apostatize *(apóstatais)* tr. apostatar, renegar.

apostle *(apósl)* s. apóstol.

apostolic *(apostólic)* adj. apostólico.

apothecary *(apózekari)* s. boticario, farmacéutico; — **shop,** botica, farmacia.

appal *(apóol)* tr. aterrar, espantar, horrorizar; **—ing,** *(apóolin)* adj. horroroso, aterrador. [to, instrumento.

apparatus *(apareitös)* s. apara-

apparel *(apárel)* s. ropa, vestimenta; *Naut.* equipo, aparejo.

apparent *(apérent)* adj. aparente, evidente; **heir —,** presunto heredero; adv. **—ly,** aparentemente, al parecer.

apparition *(aparishön)* s. aparición, visión; fantasma.

appeal *(apil)* tr. e intr. suplicar; atraer (leg.) apelar; s. súplica, petición; (leg.) apelación; simpatía, atracción; **sex —,** atracción sexual; **Court of —,** Tribunal de Apelación; adj. **—ing,** atractivo, atrayente.

appear *(apia)* intr. aparecer; comparecer; parecer.

appearance *(apiarens)* s. apariencia, aspecto; (leg.) comparecencia; **to keep up —,** salvar las apariencias.

appease *(apis)* tr. apaciguar, calmar. [ma, paz, alivio.

appeasement *(apisment)* s. cal-

append *(apénd)* tr. suspender, adjuntar.

appendicitis *(apendisáitis)* *Med.* apendicitis. [apéndice.

appendix *(apéndics)* s. *Anat.*

appertain *(ape:tein)* intr. pertenecer, ser de; atañer.

appetency *(ápetensi)* s. apetencia, deseo.

appetent *(ápetent)* adj. ávido, codicioso, muy deseoso.

appetite *(ápetait)* s. apetito.

appetizer *(ápetaisa)* s. aperitivo; **—zing** *(apetaisin)* adj. apetitoso; (fig.) tentador.

applaud *(aplód)* tr. aplaudir; (fig.) alabar. [banza.
applause *(aplós)* s. aplauso, ala-
apple *(ápl)* s. manzana; **— tree,** manzano; **Adam's —,** nuez (de la garganta); **pine —,** piña tropical; **— pie,** empanada de manzana.
appliance *(apláians)* s. dispositivo, ùtensilio, aparato; **domestic appliances,** electrodomésticos.
application *(aplikéishön)* s. instancia, solicitud; (de uso) aplicación, empleo.
apply *(aplái)* tr. aplicar; **— for,** solicitar.
appoint *(apóint)* tr. nombrar, designar; señalar.
appointment *(apóintment)* s. nombramiento (para empleo, etcétera); (doctor, etc.) hora; **to make an—,** pedir una cita; **to have an —,** tener una cita. [ción, estimación.
appraisal *(apréisal)* s. valora-
appraise *(apréis)* tr. apreciar, valuar, tasar.
appreciate *(apreshiéit)* intr. apreciar, estimar; v. i. subir de valor; **—tion** *(aprashiéishön)* s. apreciación, aprecio.
apprehend *(aprijénd)* tr. aprehender, coger (crim.).
apprehension *(aprijénshön)* s. diz; tr. ir de aprendiz.
apprehensive *(aprijéndsif)* adj. receloso, aprensivo.
apprentice *(apréntis)* s. aprendiz; tr. enseñar.
approach *(apróuch)* intr. acercarse; tr. acercar; s. paso, entrada; (intel.) enfoque; pl. proximidades.
approaching *(apróuchin)* adj. cercano, próximo, que viene.
approbation *(aprobéishön)* s. aprobación, visto bueno.
appropriate *(aprópricit)* tr. apropiar; adj. apropiado.
approval *(aprúval)* s. aprobación; (com.) **on —,** a prueba.
approve *(aprúv)* tr. aprobar, autorizar.
approximate *(aprócsimeit)* tr. aproximar; adj. aproximado.
aproximation *(aprocsimeishön)* **— tree,** albaricoquero.
apricot *(épricot)* s. albaricoque.
april *(eipril)* s. abril; **April fooly day (1.° de April).** Santos Inocentes; **— fool,** el que sufre la inocentada, inocente.
apron *(éiprön)* s. delantal.
apt *(apt)* adj. apto; **to be — to,** ser propenso. [disposición.
aptitude *(áptitiud)* s. aptitud,
aquarium *(acuériöm)* s. acuarium.
aquatic *(acuátic)* adj. acuático.
aqueduct *(ácuedöct)* s. acueducto. [be.
Arabian *(aréibien)* adj. y s. ára-
Arabic *(árabic)* s. el árabe, (lang.); adj. arábico, arábigo.
arable *(árabl)* adj. arable, de labranza; **— land,** tierra de cultivo. [rio, caprichoso.
arbitrary *(árbitreri)* adj. arbitra-
arbitrate *(árbitreit)* tr. (leg.) (com.) arbitrar.
arbitration *(arbitreishn)* s. (com. y leg.) arbitraje; **Court of —,** Tribunal de Arbitraje.
arbitrator *(a:bitreita)* s. (com. y leg.). árbitro.
arc *(arc)* s. (geom.) arco.
arcade *(arkéid)* s. galerías, soportales.
arch *(arch)* s. (arq.), bóveda, arco; adj. **—ed,** abovedado, arqueado; s. **— bishop,** arzobispo; s. **— er,** arquero; s. **—ery,** tiro con arco.
archeologist *(arkiólodyist)* s. arqueólogo. [queología.
archeology *(arkiólodyi)* s. ar-
architect *(árkitect)* s. arquitecto.
architecture *(árkiteccha)* s. arquitectura. [vos.
archives *(aakaivs)* s. pl. archi-
archivist *(ákivist)* s. archivero.
arctic *(áktic)* adj. ártico.
ardent *(ádent)* adj. ardiente, apasionado.
ardour *(ádor)* s. ardor, pasión, calor; fogosidad, celo.
arduous *(aadiuis)* adj. arduo, laborioso, difícil; adv. **—ly,** laboriosamente.

A

are *(ar)* plural del presente de indicativo del verbo *to be.*

area *(érea)* s. área, zona.

arena *(erína)* s. (dep.) cancha; (toros) ruedo.

argue *(árguiu)* intr. argumentar, disputar; tr. argüir.

argument *(árguiument)* s. argumento. [ril (agric.)

arid *(árid)* adj. árido, seco, esté-

aridity *(aríditi)* s. aridez, sequedad. [elevarse.

arise *(aráis)* intr. levantarse,

aristocracy *(aristócrasi)* s. aristocrocia. [crata.

aristocrat *(arístocrat)* s. aristó-

aristocratic *(aristocrátic)* adj. aristocrático. [tica.

arithmetic *(arízmetic)* s. aritmé-

ark *(aak)* s. arca; **Noah's —,** Arca de Noé.

arm *(arm)* s. (anat.) brazo; *Mil.* arma; tr. armar; **folded —s,** brazos cruzados; **—, in —,** de bracete; **at —s length,** a distancia; **one —ed,** manco de un brazo.

armament *(ármament)* s. armamento.

armchair *(ármcher)* s. butaca, sillón.

armistice *(ármistis)* s. armisticio.

armour *(aamör)* s. armadura; v. t. *Mil.* blindar, acorazar; **—ed car,** carro blindado.

armoury *(ármori)* s. armería.

arm-pit *(árm-pit)* s. sobaco.

army *(ármi)* s. ejército; (fig.) multitud; adj. castrense.

around *(eráund)* adv. y prep. alrededor (de); **— the corner,** a la vuelta de la esquina; **to be —,** andar por ahí (col.); (edad) frisar en.

arouse *(eráus)* tr. *Pol.* sublevar; (fig.) despertar, excitar.

arrange *(aréndy)* tr. colocar; arreglar; concretar.

arrangement *(aréndyment)* s. arreglo; plan; *Mus.* arreglo.

array *(arréi)* s. formación.

arrears *ıarias)* s. pl. atrasos.

arrest *(arést)* tr. arrestar, detener; s. arresto.

arrival *(aráival)* s. llegada; (fig.) advenimiento; **a new —,** un recién llegado.

arrive *(aráiv)* intr. llegar; **to — to the conclusion,** llegar a la conclusión; **to — at,** llegar a (horas) (lugares).

arrogance *(árogans)* s. arrogancia, altivez, orgullo.

arrogant *(árogant)* adj. arrogante, altivo, orgulloso.

arrow *(árou)* s. flecha; **— head,** punta de flecha; **follow the —,** seguir la flecha.

arsenal *(aásenel)* s. arsenal.

arsenic *(aasenic)* s. arsénico.

arson *(aasön)* s. incendio provocado.

art *(aat)* s. arte, habilidad; **fine —s,** Bellas Artes.

arterial *(aatírial)* adj. arterial.

artery *(aatöri)* s. arteria.

arthiritis *(aazraits)* s. (med.) artritis. [chofa.

artichoke *(ártichouc)* s. alca-

article *(áaticl)* s. artículo.

articulate *(aatíkiuleit)* tr. (bot.) articular, pronunciar; **—d,** adj. articulado, claro.

articulation *(aatikiuléishön)* s. articulación; (bot.) nudo.

artifice *(áatifis)* s. fraude, engaño; treta.

artificer *(aatífisör)* s. artífice.

artificial *(aatifíshöl)* adj. artificial; (fig.) fingido.

artillery *(aatílöri)* s. artillería; **—man,** artillero.

artisan *(áatisan)* s. artesano.

artist *(áatist)* artista, (col.) pintor.

artistic *(artístic)* adj. artístico.

artless *(ártles)* adj. natural, sin arte. [llez, simple.

artlessness *(áatlesnes)* s. senci-

as *(as)* conj. como sea que, tan, según; **— well —,** así como; **— ... —,** tan ... como; **— much ... —,** tanto ... como; **— many ... —,** tantos ... como; **— for,** por lo que a ... se refiere.

asbestos *(asbéstos)* s. asbesto, amianto.

ascend *(asénd)* tr. e intr. ascender, subir. [sión.

ascension *(asénshön)* s. ascen-

ascent *(asént)* s. subida, escalada.
ascertain *(asetéin)* tr. cerciorarse, verificar. [asceta.
ascetic *(asétic)* adj. ascético; s.
ascribe *(ascráib)* tr. atribuir; asignar; (culpa) achacar.
asepsis *(asépsis)* s. (med.) asepsia. [tico.
aseptical *(aséptical)* adj. asép-
ash *(ash)* s. ceniza; (bot.) fresno; pl. **(ashes)** cenizas; — **Wednesday,** miércoles de ceniza; — **coloured,** de color ceniza.
ashamed *(ashéimd)* adj. avergonzado, confuso; **to be —,** tener vergüenza.
ashore *(ashór)* adv. (naut.) en tierra, a tierra; **to go —,** ir a tierra.
ash-tray *(áschtrey)* s. cenicero.
Asiatic *(eshiátic)* adj. y s. asiático.
aside *(asáid)* adv. al lado, a un lado, aparte; **to set —,** poner a un lado, apartar. [tr. pedir.
ask *(ask)* tr. preguntar; — **for**
askance *(askáns)* adv. de soslayo, de regio; **to look —,** mirar de reojo.
asleep *(aslíp)* adj. dominio; **to fall —,** dormirse. [espárrago.
asparagus *(aspáragös)* s. (bot.)
aspect *(áspect)* s. aspecto, traza, semblante; **with — of,** con cara de. [rudeza.
asperity *(asperiti)* s. apereza;
asphalt *(ásfalt)* s. asfalto.
aspirant *(aspáirant)* s. aspirante, candidato.
aspiration *(aspiréishön)* s. aspiración, ambición; anhelo, deseo.
aspire *(aspáa)* intr. aspirar, anhelar; ambicionar. [rina.
aspirin *(áspirin)* s. (med.) aspi-
ass *(as)* s. asno, burro; (fig.) (por.) burro, pollino; **to make an — of oneself,** quedar en ridículo.
assail *(aséil)* tr. asaltar; **to — with questions,** freir a preguntas. [agresor.
assailant *(aseilent)* s. atacante,
assassin *(asásin)* s. (pol.) asesino. [asesinar.
assassinate *(asásinetit)* tr. (pol.)
assault *(asólt)* s. agresión, ataque; v. t. agredir, atacar.
assay *(aséi)* tr. ensayar, experimentar; s. ensayo.
assemble *(asémbl)* tr. congregar, convocar; reunirse.
assembly *(asémbli)* s. asamblea.
assent *(asént)* tr. asentir; s. consentimiento.
assert *(asö'rt)* tr. afirmar; defender, sostener.
assess *(asés)* tr. calcular (fin.).
assessment *(asésment)* s. valoración, cálculo (fin.).
assets *(asets)* s. (com.) activo, haber. [constancia.
assiduity *(asidiúiti)* s. asiduidad,
assiduous *(asídiuös)* adj. asiduo, constante. [lar.
assign *(asáin)* tr. asignar, seña-
assignation *(asignéishön)* s. asignación.
assignment *(asáinment)* s. encargo, asignación.
assimilate *(asímileit)* tr. asimilarse, asemejar.
assimilation *(asimiléishön)* s. asimilación.
assist *(asíst)* tr. ayudar, auxiliar; intr. presenciar, asistir.
assistant *(asístant)* s. ayudante. [(leg.) tribunal.
assize *(esáis)* s. (fin.) tasa;
associate *(asoshieit)* tr. asociar; intr. asociarse; s. socio; (leg.) cómplice.
association *(asoshiéishön)* s. asociación, sociedad.
assort *(asórt)* tr. clasificar, ordenar; surtir.
assorted *(asórtid)* adj. variado.
assortment *(asórtment)* s. surtido, variedad; clasificación.
assuage *(asuéidy)* tr. apaciguar, calmar; (fig.) aliviar.
assume *(asiúm)* tr. asumir, suponer. intr. apropiarse.
assumed *(asiúmd)* adj. supuesto, ficticio.
assuming *(asiúming)* adj. arrogante; — **that,** suponiendo que. [posición.
assumption *(ésámpshn)* s. su-
assurance *(ashúrans)* s. segu-

A

ridad, certeza; (com.) seguro.

assure *(ashár)* tr. asegurar, garantizar; (com.) asegurar; adj. **—d**, asegurado; s. **—r**, asegurador.

A

astern *(ásteen)* adv. (naut.) a popa, en popa; **full —!**, ¡atrás toda!; **half —!**, ¡media atrás!; **slow —!**, ¡pal atrás!

asthma *(ástma)* s. (med.) asma.

asthmatic *(astmátic)* adj. y s. asmático. [brar, admirar.

astonish *(astónish)* tr. asom-

astonishing *(astónishin)* adj. sorprendente, asombroso.

astonishment *(astónishment)* s. asombro.

astound *(astáund)* tr. asombrar, pasmar; adj. **—ing**, asombroso, pasmoso.

astray *(astréi)* adv. extraviado, descarriado; (fig.) (per.) descaminado. [jadas.

astride *(astráid)* adv. a horca-

astringent *(astríndyent)* adj. astringente. [trólogo.

astrologer *(astrólodyör)* s. as-

astrology *(astrólochi)* s. astrología. [nauta.

astronaut *(astróneit)* s. astro-

astronautics *(astróneites)* s. astronáutica. [trónomo.

astronomer *(astrónomör)* s. as-

astronomy *(astrónomi)* f. astronomía. [(col.) fino.

astute *(astiút)* adj. astuto, sagaz

asunder *(asa'nde)* adv. en dos; **to cut —**, cortar en dos.

asylum *(asáilöm)* s. asilo; **lunatic —**, manicomio.

at *(at)* prep. a (estático), en; **— all**, en absoluto; **— home**, en casa; **— first**, al principio; **— last**, por fin; **— least**, por lo menos. [verbo *to eat.*

ate *(et)* tr. e intr., pretérito del

atlas *(átlas)* s. atlas.

atmosphere *(átmosfia)* s. atmósfera; ambiente.

atheism *(eizeísm)* s. ateísmo.

atheist *(eizeist)* s. ateo.

athlete *(azlít)* s. (dep.) atleta.

athletic *(azletic)* adj. atlético; s. **—s**, (dep.) atletismo.

atmospheric *(atmosféric)* adj. atmosférico.

atom *(átöm)* s. átomo.

atomic *(atómic)* adj. atómico.

atomize *(atomais)* tr. pulverizar; atomizar. [zador.

atomizer *(atomáisa)* s. pulveri-

atone *(atóun)* tr. expiar, pagar, purgar; intr. reparar, compensar.

atonement *(atóunment)* s. expiación; compensación.

atrocious *(atróshös)* adj. atroz.

atrocity *(atrósiti)* s. atrocidad.

atophy *(átrofi)* s. (med.) atrofia, consunción.

attach *(atách)* tr. prender, adherir, unir; **to be —ed**, estar unido a (cosas); (per.) sentir afecto por; **—e** *(atashei)* s. (dipl.) agregado; **—e-case** *(...kéis)* s. cartera.

attachment *(atáchment)* s. apego, afecto; conexión, relación.

attack *(atác)* tr. atacar, acometer; s. ataque, agresión; (med.) acceso, agresión; s. **—er**, atacante, agresor.

attain *(atéin)* tr. lograr, conseguir; intr. merecer.

attainable *(atéinebl)* adj. asequible, lograble.

attainment *(atéinment)* s. logro, obtención, adquisición.

attempt *(atémt)* tr. intentar; s. intento.

attend *(aténd)* tr. atender, servir; (enfermos), asistir; estar presentes, asistir.

attendance *(aténdans)* s. asistencia; (teat.) público, concurrencia.

attendant *(aténdant)* s. sirviente; (com.) dependiente; (teat.) acomodador.

attention *(aténshön)* s. atención; **to pay —**, poner atención; s. pl. **—s**, atenciones, cumplidos. [solícito.

attentive *(aténtiv)* adj. atento,

attenuate *(ateniueit)* tr. atenuar, disminuir, aliviar. [nuación.

attenuation *(ateniveishn)* s. ate-

attest *(atést)* tr. [leg.] atestiguar, dar fe, declarar.
attestation *(atestéishn)* s. testimonio, declaración.
attic *(átic)* s. ático, desván.
attire *(atáia)* s. atavío, vestimenta; tr. adornar.
attitude *(átitiud)* s. actitud, ademán.; postura, posición.
attorney *(atö'rni)* s. [leg.] procurador, fiscal; [com.] apoderado; s. — **General,** Fiscal General.
attract *(atráct)* tr. atraer, llamar la atención; adj. **—ing,** atrayente.
attraction *(atrácshön)* s. atracción; atractivo, encanto; [elect.] imán; pl. atracciones, alicientes. [tivo.
attractive *(atráctiv)* adj. atrac-
attributable *(atribiutabl)* adj. imputable.
attribute *(átribiut)* s. atributo; tr. *(atribiút)* atribuir, achacar.
attribution *(atribiúshön)* s. atribución, atributo. [jizo.
auburn *(obeen)* adj. castaño, ro-
auction *(ócshön)* s. almoneda; **—eer** *(...nía)* s. subastador, subasta; tr. subastar.
audacious *(odéishös)* adj. audaz, osado, atrevido.
audacity *(odásiti)* s. audacia, osadía. [ceptible.
audible *(ódibl)* adj. audible, per-
audience *(ódiens)* s. [ofic. & leg.] audiencia, [teat., etc.] público, concurrencia.
audit *(ódit)* s. [cont.] revisión de cuentas; v. t. examinar cuentas; **—or** *(ódita)* s. [cont.] interventor.
audition *(odíshön)* s. audición.
auditorium *(oditoriun)* s. auditorio, sala de espectáculos.
augment *(ogment)* tr. e intr. aumentar, acrecentar(se).
augmentation *(ogmentéishn)* s. aumento, incremento.
augur *(oguée)* tr. e intr. augurar, pronosticar. [sagio.
augury *(oguiuri)* s. augurio, pre-
August *(ógöst)* s. y adj. agosto.
aunt *(ánt)* s. tía.
aurora *(oróra)* s. aurora.
auspice *(óspis)* s. auspicio; patrocinio, apoyo; **under the — of,** bajo los auspicios de.
austere *(ostia)* adj. austero.
austerity *(ostériti)* s. auteridad; [econ.] economía. [co.
authentic *(ozéntic)* adj. auténti-
authenticate *(ozentikéit)* tr. autenticar; legalizar. [ticidad.
authenticity *(ozentísiti)* s. auten-
author *(ózör)* s. autor; escritor.
authority *(ozóriti)* s. autoridad; [imp.] licencia; **on good —,** de buena tinta. [autorización.
authorization *(ozoraiséishön)* s.
authorize *(ózorais)* tr. autorizar.
autobiography *(otobaiógrafi)* s. autobiografía.
autograph *(otograf)* s. autógrafo; adj. **—ic,** autográfico, autógrafo. [mático.
automatic *(ótomátic)* adj. auto-
automobile *(otomóbil)* s. automóvil. [tomovilista.
automobilist *(otomóbilist)* s. au-
autonomy *(otónomi)* s. autonomía; adj. **—mous,** autónomo.
autopsy *(ótöpsi)* s. autopsia.
autumn *(ótöm)* s. otoño; **—al,** adj. otoñal. [liar.
auxiliary *(öcsiliari)* adj. y s. auxi-
avail *(avéil)* tr. e intr. aprovecharse de, disponer de, hacer uso de; **without —,** sin resultado.
available *(avéilabl)* adj. disponible, aprovechable, útil.
avalanche *(ávalanch)* s. alud; [fig.] una gran cantidad de.
avarice *(ávaris)* s. avaricia, codicia. [ro, avariento.
avaricious *(avarishös)* adj. ava-
avenge *(avéndy)* tr. e intr. vengar; **—r,** *(avendya)* s. vengador. [meda.
avenue *(áveniu)* s. avenida, ala-
average *(ávöredy)* s. promedio; *Naut. Com.* avería; adj. normal, típico. corriente.
aversion *(avöshön)* s. aversión, odio. [viar, evitar.
avert *(aveet)* tr. impedir, des-
aviary *(éivieri)* s. pajarera.
aviation *(eiviéischön)* s. aviación.

A

aviator *(éivieita)* s. aviador.
avid *(ávid)* adj. ávido, codicioso, ansioso. [codicia.
avidity *(avíditi)* s. avidez, ansia,
avoid *(avóid)* tr. evitar, eludir, esquivar.
avoidable *(avóidabl)* adj. evitable, eludible. [fesar.
avow *(eváu)* tr. declarar, con-
avowal *(avával)* s. declaración, confesión. [rar.
await *(auéit)* tr. aguardar, espe-
awake [**awoke; awoke**] *(auéik)* tr. despertar; (fig.) espabilar; despierto; (fig.) espabilado, listo; **to be —n,** (fig.) estar despierto.
award *(auórd)* tr. conceder, adjudicar, otorgar; s. recompensa, premio; decisión, sentencia.
aware *(auéa)* adj. enterado, consciente; **to be — of,** estar enterado, saber. [agua.
awash *(avósh)* adv. a flor de
away *(auéi)* adv. lejos, ausente; interj. ¡fuera!
awe *(oo)* s. terror, horror, espanto, temor.
aweful *(óful)* adj. terrible, horrible, espantoso; adv. **—ly,** (fam.) muy terriblemente.
awhile *(euáil)* adv. un rato, algún tiempo.
awkward *(ókuood)* adj. torpe, tosco; embarazoso, difícil.
awl *(ool)* s. (zap.) lezna.
awning *(ooning)* s. toldo; *Naut.* toldilla. [jo.
awry *(arái)* adj. torcido; de reo-
axe *(acs)* s. hacha.
axis *(ácsis)* s. eje. *(Geom. Geog.)*
axle *(ácsl)* s. *Mec.* eje.

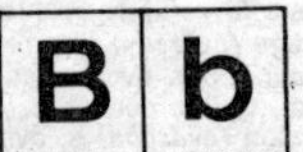

babble *(bábl)* intr. charlar; balbucear; (hid.) murmurar; s. balbuceo; (hid.) murmullo; s. charla; **—r,** *(bábla)* s. hablador, charlatán; adj. **—ing,** hablador; (fig.) (hid.) murmurador.
baboon *(bábun)* s. zambo; babuino. [ña, cariño.
baby *(béibi)* s. **bebé;** (neol.) ni-
bachelor *(báchelör)* s. soltero, célibe; (acad.) licenciado.
bacillus *(basílös)* s. *Med.* bacilo.
back *(bac)* s. espalda; lomo; respaldo; tr. respaldar; adv. atrás; de vuelta.
backbone *(bácboun)* s. columna vertebral, espina dorsal; (fig.) la medula, base de.
background *(bácgraund)* s. fondo, en segundo término, detrás (al describir cuadros, etcétera). [atrás, o interior.
backroom *(bácrum)* s. cuarto de
backside *(bacsaid)* s. trasero, (fam.) culo.
backward(s) [*bácuöd(s)*] adv. hacia atrás; adj. atrasado.
backwardness *(bácuodnes)* s. atraso, torpeza. [corral.
backyard *(bocyaard)* s. patio;
bacon *(béicön)* s. tocino.
bad *(bad)* adj. malo, nocivo; enfermo; podrido; **—ness** *(bádnes)* s. maldad; **—ly,** *(badli)* adv. mal, malamente.
badge *(bádch)* s. insignia, placa.
badger *(bádya)* s. *Zool.* tejón.
badminton *(bádminton)* s. juego del volante, bádminton.
baffle *(báfl)* tr. fustrar; confundir. [tr. ensacar.
bag *(bag)* s. bolsa, bolso; saco.
bagatelle *(bagatél)* s. bagatela.
baggage *(báguedy)* s. equipaje.
bail *(béil)* s. fianza.
bait *(béit)* s. cebo, carnada; (fig.) anzuelo; tr. e intr. poner cebo, cebar.
bake *(béik)* tr. cocer (al horno).
baker *(béika)* s. panadero.
bakery *(beiköri)* s. panadería, horno.
balance *(bálans)* s. equilibrio; saldo; v. t. equilibrar; saldar.
balcony *(bálconi)* s. balcón, *Teat.* anfiteatro.
bald *(bold)* adj. calvo; **—ness,** s. calvicie. [tr. embalar.
bale *(béil)* s. fardo, bala, paca;

ball *(bol)* s. pelota, bola; baile.
ballast *(bálast)* *Naut.* lastre; tr. lastrar.
ballet *(bále)* s. ballet.
balloon *(balún)* s. globo.
ballot *(bálot)* s. votación, voto, escrutinio; tr. votar.
ballot-box *(bálotbocs)* s. urna electoral.
balm *(bam)* s. bálsamo; tr. embalsamar; **—y** adj. *(bámi)*, balsámico; fragante; (coll.) coco, «chalao».
balustrade *(balöstréid)* s. balaustrada. [caña.
bamboo *(bambú)* s. bambú,
ban *(ban)* s. prohibición; tr. proscribir.
banal *(beinal)* adj. banal, trivial, vulgar; **—ity,** *(banáliti)* s. trivialidad. [na, plátano.
banana *(banána)* s. *Bot.* bana-
band *(band)* banda, faja, tira; (crim.) banda, *Mus.* banda, orquesta; v. t. agruparse.
bandage *(bánidy)* s. vendaje, venda. [dolero.
bandit *(bándit)* s. bandido, ban-
bandy *(bandi)* adj. arqueado; **—legged,** zambo.
bane *(béin)* s. veneno; (fig.) ruina, perdición; **—ful,** *(béinful)* adj. venenoso; (fig.) pernicioso, funesto.
bang *(bang)* tr. golpear; s. golpe, ruido; **to go with a —,** tener mucho éxito.
bangle *(bángöl)* s. ajorca.
banish *(bánish)* tr. desterrar, deportar; desaparecer.
banishment *(bánishment)* s. destierro; desaparición.
banister *(bánista)* s. pasamanos.
banjo *(bándyo)* s. banjo.
bank *(bank)* s. (hidr.) orilla, ribera; banco (financiero); *Naut.* banco.
banker *(bánka)* s. banquero.
bankrupt *(bánkrapt)* adj. (fin.) quebrado; v. t. **to go —,** dar quiebra, irse a la quiebra.
bankruptcy *(bánkrapsi)* s. quiebra. [bandera.
banner *(bánör)* s. banderín,
banquet *(bánkuet)* s. banquete; tr. banquetear.
banter *(bántör)* tr. divertirse, burlarse de.
baptism *(báptism)* s. bautismo.
baptize *(báptais)* tr. bautizar.
bar *(bar)* tr. atrancar, excluir; s. barra; (café) mostrador; obstáculo, impedimento.
barb *(bárb)* s. barba, arista.
barbarian *(barbérian)* s. y adj. bárbaro. [ridad.
barbarity *(barbáriti)* s. barba-
barbed *(bárbd)* adj. barbado; con púas; **— wire,** alambre de espino. [barbería.
barber *(bárba)* s. barbero; **—'s,**
bare *(béa)* adj. desnudo; *Geog.* pelado; **— essentials,** lo esencial, justo. [descalzo.
barefoot(ed) [*bérfut(it)*] adj.
barely *(béali)* adv. meramente, apenas.
bareness *(béanes)* s. desnudez.
bargain *(bárguin)* s. ajuste, trato; (com.) ganga; tr. e intr. pactar, negociar.
barge *(bárdy)* s. barcaza; v. i. **—into,** irrumpir; dar un encontronazo.
bark *(bark)* s. *Bot.* corteza; (perro) ladrido; intr. ladrar; *Bot.* quitar la corteza.
barley *(bárli)* s. cebada.
barmaid *(bármeid)* s. camarera. chica del bar.
barn *(báan)* s. granero.
barnacle *(báanakl)* s. *Ict.* lapa; **goose —,** percebe. [tro.
barometer *(barometa)* baróme-
barracks *(bárac)* s. cuartel barraca.
barrel *(bárel)* barril; cañón de escopeta. [ganillo.
barrel-organ *(bárel-organ)* s. or-
barren *(báren)* adj. estéril; *Agr.* árido, yermo.
barricade *(bérikeid)* s. barricada; tr. atrincherarse.
barrier *(bária)* s. barrera.
barrister *(bárista)* s. abogado.
barrow *(bárou)* s. carretillo; **had—,** parihuelas.
barter *(bárta)* s. trueque, cambalache, cambio; tr. e intr. traficar, cambiar.

base *(béis)* s. base; adj. bajo, vil; tr. fundar, basar; **—less,** adj. sin base, sin fundamento; s. **—ness,** bajeza, vileza.

basement *(béisment)* s. *Arq.* sótano.

bash *(bash)* tr. golpear, dar [una paliza, pegar.

bashful *(báshful)* adj. tímido, vergonzoso; adj. **—less,** sin base, sin fundamento; s. **—ness,** bajeza, vileza.

basic *(béisic)* adj. básico.

basin *(béisin)* s. jofaina, palangana; (hidr.) cuenca; *Naut.* dársena; tazón; **sugar—,** azucarero.

basis *(béisis)* s. base.

basket *(básket)* s. cesto, cesta. **—ful,** s. un cesto lleno, cestada.

basket-ball *(básketbol)* s. balon- [cesto.

basket-work *(básketuörk)* s. cestería.

bass *(béis)* s. [mús.] bajo.

bastard *(bástad)* s. bastardo, adj. espurio.

baste *(béist)* tr. (coc.) pringar; (cost.) hilvanar.

batch *(batch)* s. (pan.) hornada; (com.) envío, lote.

bath *(baz)* s. baño; tr. bañar, bañarse (en casa).

bathe *(béiz)* tr. e intr. bañar(se), s. baño (al aire libre); s. **—r,** bañista; adj. **—ing,** baño, de baño; **— suit,** traje de baño.

baton *(beitn)* s. bastón de mando; *Mus.* batuta.

battalion *(batáliön) Mil.* s. ba- [tallón.

batten *(bátn)* s. tabla, tablilla, listón; v. t. cebar, engordar; *Agric.* fertilizar.

batter *(báta)* s. pasta; tr. batir.

battery *(bátöri)* s. (elect.) pila; (aut.) acumulador; (mil.) batería.

battle *(bátl)* s. batalla, combate; [intr. luchar.

bawd *(bod)* s. alcahuete, (a); s. **—iness,** obscenidad, suciedad; **—y** *(bodi)* adj. obsceno, indecente, impúdico; **— talk,** charla obscena; **— house,** burdel.

bawl *(bóol)* tr. e intr. vocear, chillar, vociferar; **—er,** *(bóola)* s. vociferador, chillón. / **—ing,** adj. vociferante, chillón.

bay *(bey)* s. bahía, rada, *Bot.* laurel; **at —,** a raya, en jaque.

bayonet *(béyonet)* s. bayoneta.

bazaar *(basár)* s. bazar; tómbola.

be [**was; been**] *(bi)* intr. ser estar; **be quiet!** ¡cállate! **— quick!** ¡date prisa! **be careful!** ¡Ten cuidado! **to be hungry,** tener hambre; **there to —,** haber (imp.).

beach *(bich)* s. playa.

beacon *(bikn)* s. faro, baliza, boya iluminada; (fig.) guía.

bead *(bid)* s. cuenta (de un collar, etc.), abalorio; pl. rosario; **—ing,** abalorio; (carp.) varillage.

beagle *(bigöl)* s. sabueso.

beak *(bik)* s. *Orn.* pico.

beaker *(bika)* s. vaso (no de cristal); *Quim.* bocal.

beam *(bim)* s. (arq.) viga; (luz) haz, rayo; *Naut.* bao, través; v. t. (luz) destellar. emitir luz; irradiar.

bean *(bin)* s. haba, judía; *Amér.* frijol; **not to have a —,** no tener ni blanca.

bear [**bore** o **bare; borne** o **born**] *(bear)* tr. llevar, soportar; producir; s. *Zool.* oso; **—able** *(béarebl)* adj. soportable, tolerable; adv. **—ably,** tolerablemente.

beard *(biaad)* s. barba; **—ed,** *(biaadid)* adj. barbudo, con barba; adj. **—less,** barbilampiño.

bearer *(béara)* s. portador.

bearing *(béring)* s. aspecto, porte,; (naut.) situación, demora; (fig.) relación; (mec.) cojinete; **It has no —,** no tiene nada que ver con.

beast *(bist)* s. bestia; (fig.) bruto; **wild —,** fiera; **— of burden,** bestia de carga; **—ly,** adv. bestialmente; adj. bestial; **—liness,** bestialidad.

beastlike *(bístlaik)* adj. bestial.
beat *(bit)* s. (mus.) ritmo, compás; (corazón) latido; (polic.) ronda; [**beat; beaten** o **beat**] v. t. pegar, golpear; (dep.) derrotar; (coc.) batir (huevos, etc.); latir (corazón, pulso); **—er** *(bíta)* s. batidora.
beatific *(biatífic)* adj. beatífico.
beatification *(biatifikéishön)* s. beatificación.
beatify *(biátifai)* tr. beatificar.
beating *(bíitin)* s. paliza, zurra; latido; **— about the bush**, andando por las ramas.
beatnik *(bítnik)* s. y adj. joven rebelde, gamberro.
beaurocracy *(biourócrasi)* s. burocracia.
beautiful *(biútiful)* adj. hermoso, bello; adv. **—ly**, estupendamente.
beautify *(biútifai)* tr. hermosear.
beauty *(biúti)* s. hermosura, belleza; encanto, primor.
beaver *(bíva)* s. (zool.) castor.
because *(bicós)* adv. y conj. porque; a causa de.
beck *(bek)* s. seña, ademán.
beckon *(békön)* tr. e intr. hacer señas.
become [**became; become**] *(bikám)* intr. llegar a ser, hacerse, devenir; tr. convenir.
becoming *(bikaming)* adj. que sienta bien, favorecedor.
bed *(bed)* s. cama, lecho; (geol.) yacimiento; (hidr.) cauce, lecho; (naut.) fondo (del mar); (jard.) macizo (de flores); (mec.) base.
bedeck *(bidék)* tr. adornar, engalanar.
bedlam *(bédlam)* s. (fig.) casa de locos, manicomio.
bedridden *(bedrídn)* adj. impedido en cama. [rio.
bedroom *(bédrum)* s. dormito-
bedspread *(bédspred)* s. colcha, cubrecamas. [de cama.
bedstead *(bedstéd)* s. armazón
bee *(bii)* s. abeja; s. **—hive**, colmena; s. **—keeper**, colmenero; (fig.) **— line**, línea recta.
beef *(bif)* s. buey. vaca; carne de vaca; **roast —**; vaca asada, rosbif.
beefsteak *(bífsteik)* s. biftec.
been *(bin)* participio pasado del verbo **to be.**
beer *(bia)* s. cerveza.
beetle *(bítl)* s. escarabajo.
before *(bífor)* prep. y adv. delante (de), antes (de).
beforehand *(bifórjend)* adv. de antemano. [gar.
beg *(beg)* tr. rogar; intr. mendi-
beget *(biguét)* tr. engendrar.
beggar *(béga)* s. mendigo.
begin [**began; begun**] *(biguín)* intr. y tr. empezar. [piante.
beginner *(biguínör)* s. princi-
beginning *(bigínin)* s. (el) principio; **at the —**, al principio.
behalf *(bijáf)* s. favor; **on — of**, en nombre de.
behave *(bijéiv)* tr. e intr. comportar(se); **behave!**, ¡pórtate bien!
behaviour *(bijéivia)* s. conducta, comportamiento.
behead *(bijéd)* tr. degollar, decapitar.
behind *(bijáind)* adv. y prep. detrás (de), tras; s. trasero, culo.
behold *(bijóld)* tr. mirar, contemplar; **—er** *(bijóulda)* s. espectador, observador.
beige *(béidy)* adj. beis (color).
being *(bíing)* s. ser; **human —**, ser humano; **for the time —**, de momento.
belated *(biléited)* adj. retrasado, atrasado.
belch *(bélch)* intr. eructar; s. eructo; v. t. arrojar, hechar (humo, etc.). [acosar.
beleaguer *(biliga)* tr. sitiar,
belfry *(bélfri)* s. torre, campanario; **to have bats in the —**, estar chiflado, loco. [ga.
Belgian *(béldyian)* adj. y s. bel-
belief *(bilíf)* s. fe, creencia.
believable *(bilívabl)* adj. creíble, posible.
believe *(bilív)* tr. e intr. creer; **—r** *(bilíva)* s. creyente.

B

belittle *(bilitl)* tr. empequeñecer; (fig.) quitar importancia.

B

bell *(bel)* s campana; timbre (eléctrico); **cow —,** cencerro; (naut.) **— buoy,** boya de campana; **—clapper,** badajo; **—ringer,** campanero.
belle. *(bel)* s. beldad. [so.
bellicose *(bélicous)* adj. belico-
bellied *(bélid)* adj. **fat —,** barrigudo; **big —,** panzudo.
bellow *(bélou)* intr. mugir, bramar; **—ing,** s. mugido, bramido.
bellows *(belous)* s. fuelle.
belly *(béli)* s. (fam.) panza, barriga.
belong *(bilóng)* tr. pertenecer.
belongings *(bilónguings)* s. pertenencias, bártulos.
beloved *(bilö'vd)* adj. amado, querido.
below *(bilóu)* adv. y prep. abajo, debajo (de); **— zero,** bajo cero; **— freezing point,** bajo cero.
belt *(belt)* s. cinturón; (geog.) zona, franja; (mec.) correa de transmisión; **green —,** zona verde; v. t. (fam.) dar una paliza.
bench *(bench)* s. banco; (ind.) banca; (pol.) escaño; (leg.) tribunal.
bend *(bend)* s. curva(tura), vuelta; [**bent; bent**] tr. doblar, torcer; **to drive round the —,** volver loco.
beneath *(biníz)* adv. abajo, debajo; prep. bajo.
benediction *(benedicshön)* s. bendición. [hechor.
benefactor *(benefáctör)* s. bien-
benefice *(bénefis)* s. beneficio.
beneficence *(benéfisens)* s. beneficiencia.
benefit *(bénefit)* s. beneficio.
benevolence *(benévolens)* s. benevolencia. [névolo.
benevolent *(benévolent)* adj. be-
bening *(bináin)* adj. benigno.
bent *(bent)* s. pliegue, doblez; curvatura; adj. encorvado; **— on,** decidido a.
benumb *(binö'm)* tr. entumecer, aterir (de frío).
benzin(e) *(bénsin)* s. bencina.
bequeath *(bicúiz)* tr. legar, dejar en herencia.
bereaved *(biriivd)* adj. despojado, desposeído (por la muerte); viudo, o viuda.
bereavement *(biriivment)* s. duelo, luto.
beret *(bérei)* s. boina.
berry *(bérri)* s. (bot.) baya.
berth *(bö'rz)* s. *Mar.* lugar de atraque; (transp. mar.) cabina, camarote; (transp. f. s.) litera.
beseech [**besought; besought**] *(bísich)* r. suplicar, rogar.
beset *(bisét)* tr. acosar, perseguir.
beside *(bisáid)* prep. cerca, al lado de; **— oneself,** fuera de sí.
besides *(bisáids)* adv. además.
besiege *(bisídy)* tr. sitiar. **—d,** adj. sitiado, asediado; **—r,** s. asediador.
besmear *(bismia)* tr. ensuciar, embadurnar.
bespatter *(bispáta)* tr. salpicar; (fig.) difamar.
bespeak *(bispik)* tr. (com.) encargar, mandar hacer; apalabrar.
best *(best)* adj. el mejor, óptimo; adv. lo mejor, más bien; **—man** s. padrino de boda; **at —,** en el mejor de los casos. [tal.
bestial *(béstial)* adj. bestial, bru-
bestiality *(bestiáliti)* s. bestialidad. [dar, otorgar.
bestow *(bistóu)* tr. conceder,
bestride *(bistráid)* tr. cabalgar a horcajadas; dar zancadas.
bet *(bet)* tr. apostar; s. apuesta.
bethink *(biziink)* tr. recapacitar, reflexionar.
betray *(bitréy)* tr. traicionar, delatar; s. **—al,** traición.
betroth *(bitróz)* tr. desposar(se).; prometerse (en matrimonio).
betrothal *(bitrózal)* s. esponsales, petición de mano.

betrothed *(bitrózd)* s. prometido.
better *(beta)* adj. mejor; adv. más; tr. mejorar; **to get —**, mejorar; **— half,** (fam.) costilla; **to be — off,** estar en mejor situación (econ.).
betterment *(bétarment)* s. mejora.
betting *(bétin)* s. apuesta.
between *(bituín)* prep. entre (dos).
bevel *(bévl)* s. bisel (carp., mec.) v. tr. biselar [brebaje.
beverage *(béveridy)* s. bebida,
bevy *(bévi)* s. pandilla (de chicas, o mujeres). [rar.
bewail *(biuéil)* tr. lamentar, llo-
beware *(biuéa)* intr. y tr. guardarse (de); **beware!,** ¡atención a!, ¡cuidado con!
bewilder *(biuílda)* tr. e intr. desconcertar(se); adj. **—ing,** desconcertante, aturdir(se).
bewilderment *(biuíldeement)* s. aturdimiento, desconcierto.
bewitch *(biuích)* tr. hechizar, embrujar.
bewitching *(biuíchin)* adj. encantador, a, fascinante.
beyond *(biyónd)* prep. y adv. más allá, allende; **— doubt,** fuera de duda, indiscutible.
bias *(báias)* s. inclinación, perjuicio; tr. inclinar, ladear.
biased *(báiasd)* adj. inclinado hacia (por), parcial.
bib *(bib)* s. babero.
Bible *(báibl)* s. Biblia.
biblical *(bíblical)* adj. bíblico.
bibliography *(bibliógrafi)* s. bibliografía.
bicarbonate *(baicárboneit)* s. (quím.) bicarbonato. [ceps.
biceps *(baiseps)* s. (anat.) bí-
bicker *(bika)* tr. reñir, disputar; adj. **—ing,** rencillas, riñas.
bicycle *(báisiköl)* s. bicicleta;
bid [bid o **bade; bidden** o **bid]** *(bid)* s. puja, oferta; tr. mandar, pujar.
bidder *(bidör)* s. postor.
bidding *(biding)* s. orden; puja.
big *(big)* adj. grande; **too —**, demasiado grande; **—ness** *(bignes)* s. grandor, volumen; **—gish,** adj. grandote, más bien grande.
bigamist *(bígamist)* s. bígamo.
bigamy *(bígami)* s. bigamia.
bight *(bait)* s. (Naut.) ensenada, caleta; seno (de cuerda).
bigot *(bígot)* s. fanático.
bigotry *(bígötri)* s. fanatismo.
bike *(baik)* s. (fam.) «bici».
bikini *(baikini)* s. bikini.
bile *(báil)* s. bilis.
bilge *(bildy)* s. (Naut.) sentina; v. i. hacer agua.
bilious *(bíliös)* adj. bilioso.
bill *(bil)* s. (com.) cuenta, nota; (publ.) cartel, mural; (Leg.) proyecto de ley; (orn.) pico; **— of Lading,** conocimiento de embarque; **— of Health,** patente de Sanidad; **of exchange,** s. letra de cambio.
billet *(bílet)* s. (Mil.) alojamiento; tronco de leña.
billiards *(bíliards)* s. pl. billar; **to play —**, jugar al billar; **a game of —**, una partida de ...
billiards-cue *(bíliardskiu)* s. taco. [guaje bajo, soez.
billingsgate *(bílingsgueit)* s. len-
bill-of-fare *(bílovféa)* s. menú, minuta.
billow *(bílov)* s. ola grande; v. i. crecer como las olas; **—y,** adj. agitado (como las olas).
billy-goat *(biligout)* s. (zool.) macho cabrío.
bin *(bin)* s. bidón; **bread —,** panera; **coal —,** carbonera; **dust—,** cubo de desperdicios, basurero.
bind [bound; bound] *(baind)* tr. atar, vendar; (imp.) encuadernar; adherir, pegar; (fisiol.) constipar, estriñir; s. **—er,** encuadernador, atador. [rio.
binding *(báinding)* adj. obligato-
binocular(s) [*binókiular(s)*] s. gemelos, binóculos. [grafo.
biographer *(baiógrafa)* s. bió-
biographic *(baiográfic)* adj. biográfico. [fía.
biography *(baiógrafi)* s. biogra-

B

biological *(baiolódyical)* adj. biológico.

biologist *(baiólodyist)* s. biólogo.

biology *(baiólodyi)* s. biología.

B

biplane *(báiplein)* s. biplano.

birch *(béech)* s. (bot.) abedul.

bird *(börd)* s. pájaro; ave; **— of prey,** ave de presa; **to kill two —s with a store,** matar dos pájaros de un tiro; **—'s eye view,** a vista de pájaro; (coll.) chica.

birth *(börz)* s. nacimiento, parto; **— certificate,** partida de nacimiento.

birth-control *(bö'rzcontroul)* s. control de la natalidad.

birthday *(bö'rzdei)* s. cumpleaños.

birthplace *(bö'rzpleis)* s. lugar de nacimiento.

birth-rate *(bö'rzreit)* s. natalidad.

biscuit *(bískit)* s. galleta; **assorted —s,** galletas variadas.

bisect *(baisect)* tr. dividir en dos partes iguales.

bishop *(bíshöp)* s. (ecles.) obispo; (ajedrez) alfil.

bison *(báison)* s. (zool.) bisonte.

bit *(bit)* s. poco, poquito, bocado, pedazo; (equin.) bocado; (tiempo) un rato, momento; (mec.) taladro; **— by —,** poco a poco; **not a —,** en absoluto, nada.

bitch *(bich)* s. (zool.) perra.

bite [bit; bitten o **bit]** *(bait)* tr. morder; s. mordisco; **—r** *(báita)* s. mordedor.

biting *(báiting)* adj. mordaz (leng.); mordiente; **— wind,** viento cortante.

bitten *(bíten)* adj. mordido; **once —, twice shy,** gato escaldado huye del agua.

bitter *(bíta)* s. amargo.

bitterness *(bítönes)* s. amargura; mordacidad.

bivouac *(bivuac)* s. vivac; intr. vivaquear.

black *(blak)* adj. negro; **— and blue,** amoratado (de una paliza); **— Maria** *(mareia)* coche celular; **— market,** estraperlo; (elect.) **— out,** apagón; **— eye,** ojo amoratado.

blackboard *(blakbóod)* s. encerado, pizarra (en escuelas).

blacken *(blácn)* tr. ennegrecer.

blackish *(blákish)* adj. negruzco.

blackmail *(blákmeil)* s. chantaje; v. tr. hacer chantaje.

blakmailer *(bláckméila)* s. chantajista.

blackness *(bláknes)* s. negrura.

black-pudding *(blak-púdin)* s. morcilla.

blacksmith *(bláksmiz)* s. herrero.

bladder *(bláda)* s. *Anat.* vejiga.

blade *(bleid* s. (herb.) brizna; cuchilla, hoja.

blame *(bleim)* tr. culpar, censurar; s. reproche, culpa; **—ful** *(bléimful)* adj. culpable, censurable; **—less,** adj. intachable, sin culpa.

blank *(blank)* adj. (en) blanco, pálido; vacío; s. hueco; **— spaces,** espacios en blanco.

blanket *(blánket)* s. manta.

blare *(bléa)* intr. sonar con fuerza; s. bocinazo.

blaspheme *(blasfím)* tr. blasfemar.

blásphemous *(blásfemos)* adj. blasfemo, impío.

blasphemy *(blásfimi)* s. blasfemia, reniego.

blast *(blast(* s. (viento) ráfaga; (anat.) barreno, explosión; tr. (hacer) volar; **to — rock,** echar barrenos; *Met.* **—furnace,** alto horno; interj. **blast!** ¡maldición!

blaze *(bleis)* s. llama(rada); intr. arder; **zing,** adj. en llamas; (fig.) resplandeciente.

blazer *(bléisa)* s. chaqueta deportiva, o colegial.

bleach *((blich)* tr. e intr. blanquear; s. blanqueo; **—er** *(bliicha)* s. blanqueado; **—ing.** s. blanqueo, aclarado. adj. blanqueador.

bleak *(bliik)* adj. (de lugares) desabrigado; (futuro) sombrío; **— country,** páramo.

blear *(blia)* tr. ofuscar; adj. legañoso.

bleat *(blit)* intr. balar.

bleed [bled; bled] *(blid)* tr. e intr. sangrar.

bleeding *(bliding)* s. sangría.
blemish *(blémish)* tr. denigrar; s. tacha, falla. [mezclar.
blend *(blend)* s. mezcla; tr.
bless *(bles)* tr. bendecir.
bless /—**me!** ¡inter. válgame Dios! —**you!** ¡Jesús! (al estornudar.
blessed *(blésed)* adj. bendito.
blessing *(blésing)* s. bendición.
blind *(blaind)* tr. cegar; s. persiana; adj. ciego; —**fold,** v. t. vendar los ojos; —**folded,** adj. con los ojos vendados; s. —**man,** ciego; adv. —**ly,** a ciegas, ciegamente. [ra.
blindness *(bláindnes)* s. ceguera.
blink *(blink)* intr. pestañear, parpadear; disimular.
bliss *(blis)* s. felicidad, gozo; adj. —**ful,** dichoso; —**fully,** adv. felizmente, (fig.) despreocupadamente.
blister *(blísta)* intr. ampollarse; s. ampolla.
blitz *(blits)* s. Bombardeo; ataque por sorpresa; tr. bombardear.
blizzard *(blísard)* s. ventisca.
blob *(blob)* s. gota, manchón.
block *(blok)* tr. bloquear, obstruir; s. bloque; — **of flats,** grupo de viviendas.
blockade *(blokéid)* s. bloqueo.
blockhead *(blókjed)* s. imbécil.
blond(e) *(blond)* adj. rubio; s. f. rubia.
blood *(blad)* s. sangre; **in cold** —, a sangre fría; **hot** —**ed,** apasionado, caliente. [za.
bloodshed *(bladshed)* s. matanza.
blood-shot *(bladshot)* adj. (ojos) enrojecidos.
blood-stained *(blad-stein)* adj. manchado de sangre.
blood-sucker *(bladsaka)* s. sanguijuela; usurero.
blood-thirsty *(blad-zérsti)* adj. sediento de sangre.
bloody *(bla di)* s sangriento; (fam.) adj. maldito.
bloom *(blum)* intr. florecer; s. flor; adv. —**ing,** en flor.
blossom *(blósöm)* intr. florecer; s. flor; (fig.) capullo, flor.
blossomy *(blósömi)* adj. florido.
blot *(blot)* s. borrón, mancha; tr. borrar.
blouse *(blaus)* s. blusa.
blow *(blou)* s. golpe, porrazo; (puño) puñetazo; (mazo) mazazo, etc.; [**blew; blow**] v. t. soplar; (nariz) sonarse; — **away,** llevar (el viento); — **down,** derribar (idem); — **out,** apagar (idem o por soplo); — **up,** volar, hacer explotar.;—**off,** echar pedos.
blow-pipe *(blou paip)* s. cerbotana, soplete.
blubber *(blöbör)* s. grasa de ballena; intr. gimotear.
blue *(blu)* adj. azul; tr. azular; s. pl. melancolía.
bluff *(blaf)* s. fanfarronada; intr. alardear.
blunder *(blanda)* intr. desatinar; s. disparate.
blunt *(blant)* adj. sin afilar, sin punta, sin corte; (pers.) rudo, grosero; v. t. embotar.
bluntly *(blantli)* adv. bruscamente, directamente.
blur *(blör)* tr. manchar, emborronar; s. mancha, borrón; adj. —**red,** borroso, difuso.
blush *(blash)* intr. sonrojarse; s. sonrojo.
bluster *(blásta)* s. estrépito; jactancia; v. i. fanfarronear; —**er** *(blástera)* s. fanfarrón.
boa *(bóua)* s. boa.
boar *(bóa)* s. jabalí.
board *(bóod)* s. tabla, madero, tablón; *Naut.* bordo; **on** —, a bordo; **notice** —, tablón de anuncios; (com.) junta, dirección; — **and lodging,** pensión competa; (hot.) manutención. [ta, huésped.
boarder *(boodar)* s. pensionista, huésped.
boarding-house *(boording haus)* s. casa de huéspedes.
boarding-school *(boording-scul)* s. pensionado.
boast *(boust)* tr. e intr. jactarse (de); s. jactancia, fanfarronada; — **of,** presumir de.
boaster *(bóusta)* s. fanfarrón.
boastful *(bóustful)* adj. jactan-

B

B

cioso, presuntuoso; **—ness,** s. alarde, jactancia.

boat *(bóut)* s. bote; barco; **passenger —,** barco de pasaje; **cargo —,** barco mercante; **fishing —,** barco de pesca; **life —,** lancha de socorro.

boatman *(bóutman)* s. barquero.

boatswain *(bóutsuein)* s. *Naut.* contramaestre.

bob *(bob)* s. (fam.) chelín; v. i. **— up and down,** andar subiendo y bajando, nunca estarse quieto.

bobbin *(bóbin)* s. bobina.

bodice *(bódis)* s. corpiño.

bodily *(bódili)* adv. en vilo, en alto; corporalmente.

body *(bódi)* s. *Anat.* cuerpo; cadáver; (com.) gremio, corporación; (aut.) **car—,** carrocería; **—guard,** escolta; guardaespaldas.

bog *(bog)* s. pantano; **—gy,** adj. pantanoso.

boil *(boil)* tr. e intr. cocer, hervir; s. *Med.* furúnulo.

boiler *(bóila)* s. caldera.

boiling *(boilin)* adj. hirviendo; s. ebullición.

boisterous *(bóisterös)* adj. ruidoso, tumultuoso.

bold *(bould)* adj. atrevido, osado; **— faced,** descarado.

boldness *(bóuldnes)* s. valor, osadía, atrevimiento.

bolshevik *(bólshevic)* s. bolchevique. [chevismo.

bolshevism *(bólschevism)* s. bol-

bolt *(boult)* tr. s. cerrojo; *Mec.* perno; *Meteo.* rayo; v. t. echar el cerrojo; *Mec.* asegurar con pernos.

bomb *(bom)* s. (expl.) bomba; v. t. bombardear; s. **—er,** *(Avi.)* bombardero.

bombardment *(bombárdment)* s. bombardeo.

bond *(bond)* s. lazo; (com.) vale; (com.) promesa. tr. ligar, juntar. [rio, esclavitud.

bondage *(bóndech)* s. cautive-

bonded *(bóndid)* s. asegurado.

bondsman *(bónsman)* s. fiador.

bone *(boun)* s. hueso; (pescado) espina; **to have a — to pick with,** tener que vérselas con.

bonfire *(bónfaia)* s. hoguera.

bonnet *(bónet)* s. gorra, gorro, (aut.) capó. [po.

bonny *(bónni)* adj. lindo, gua-

bonus *(bóunös)* s. prima, premio, gratificación.

boo *(bu)* interj. ¡So!; tr. abuchear.

bony *(bóuni)* adj. huesudo.

book *(buc)* s. libro; tr. inscribir; *Theat. Hot.* reservar; **cheque —,** talonario; (esc.) **note exercise —,** cuaderno; (cont.) **day—,** diario; **cash —,** libro de caja; **— stall,** (est. f. c.) librería; **— shelf,** estantería (de libros); **— case,** (dom.) librería, biblioteca. [cuadernador.

bookbinder *(búcbainda)* s. en-

booking *(búkin)* s. reserva (en hot. f. c., nav., etc.); **— office,** despacho de billetes; **— clerk,** taquillero. a.

bookish *(búkisch)* adj. estudioso. [neduría de libros.

book-keeping *(búc-kiping)* s. te-

booklet *(búklet)* s. folleto.

bookseller *(búkséla)* s. librero.

book-shop *(búkshop)* s. librería.

boom *(bum)* s. (com.) prosperidad, auge; estallido estampido. [merang.

boomerang *(búmörang)* s. bu-

booming *(búmin)* adj. en auge.

boost *(bust)* s. empuje, empujón hacia arriba; alza de precios.

boot *(but)* s. bota; (aut.) maletero, portaequipajes; ganancia. tr. e intr. calzar, aprovechar. [garita.

boot *(buz)* s. cabina; puesto,

booty *(buti)* s. botín.

booze *(búus)* v. i. (fam.) empinar el codo; **on the —,** emborrachándose; s. bebida alcohólica.

border *(bórda)* s. frontera; (top.) límite. intr. rayar con.

bore *(bóor)* tr. e intr. *Mec.* ta-

ladrar; fam. aburrir; s. (person.) pelma; *Mec.* perforación.
bored *(bóod)* adj. (fam.) aburrido, hastiado; *Mec.* perforado, taladrado; s. **—om,** aburrimiento. [pesado.
boring *(bóo rin)* adj. aburrido,
born *(bóon)* adj. nacido; **be —** intr. nacer; **newly —.** recién nacido.
borne *(born)* pretérito del verbo *to bear.* [pio.
borough *(bóro)* s. villa, munici-
borrow *(bórou)* tr. pedir prestado.
borrowing *(bórouing)* s. préstamo. [(femen.).
bosom *(búsöm)* s. seno; busto
boss *(bos)* s. jefe, amo; v. t. dominar; adj. **—y.** mandón, dominante.
botanic *(botánic)* adj. botánico.
botany *(bótani)* s. botánica.
botch *(boch)* s. chapuza, chapucería; v. t. chapuzar.
both *(bouz)* pron. ambos; conj. **—... and...,** tanto... como.
bother *(bódza)* tr. molestar; s. molestia. [botellar.
bottle *(bótl)* s. botella; tr. em-
bottom *(bótöm)* s. fondo; culo (pers. o cosa); **at the —,** en la parte inferior, abajo; **from top to —,** de arriba abajo. **—less,** adj. sin fondo.
bough *(bau)* s. (bot.) rama.
bought *(bot)* pretérito y participio pasado del verbo *to buy.*
boulder *(bóulda)* s. peñasco, peña.
bounce *(báuns)* tr. e intr. botar, rebotar; saltar; s. bote, rebote; salto. [to, fuerte.
bouncing *(báunsin)* adj. robus-
bound *(baund)* tr. contener; intr. saltar; s. salto, límite; adj. destinado, sujeto; **— for** *Naut.* con rumbo.
boundary *(báunderi)* s. linde, límite, confín. [tado.
boundless *(báundles)* adj. ilimi-
bountiful *(bauntiful)* adj. generoso, pródigo; abundante.
bounty *(baunti)* s. generosidad, prodigalidad, largueza; **— money,** (mil.) re-enganche.
bouquet *(búkei)* s. ramo de flores; (vino) aroma.
bout *(baut)* s. turno, vez; asalto; pequeño ataque.
bow *(bau)* intr. inclinarse; s. reverencia; (Naut.) amuras; **—** *(bou)* s. lazo; **— tie,** pajarita; arco; **— and arrow,** arco y flecha.
bowels *(báuels)* s. pl. (anat.) intestinos; (fig.) entrañas.
bowl *(bóul)* s. tazón; barreño; cazo; **sugar —,** azucarero; v. t. lanzar la pelota en «criket».
bowler *(bóula)* s. (Dep.) lanzador; **— hat,** sombrero hongo.
bowling *(bóulin)* s. juego de bolos.
box *(bocs)* s. caja, cofre; (teat.) palco; s. **— office,** taquilla; **letter —,** buzón; **P. O. Box,** apartado de Correos; intr. boxear.
boxer *(bócsa)* s. púgil, boxeador.
boxing *(bócsing)* s. boxeo.
boy *(boi)* s. muchacho, chico; **school —,** escolar.
boycott *(bóicot)* s. boicot; tr. boicotear. [ñez.
boyhood *(bóijud)* s. infancia, ni-
brace *(breis)* tr. atar; s. abrazadera; pl. tirantes. [pulsera.
bracelet *(bréislet)* s. brazalete,
bracket *(bráket)* s. puntal, soporte; (imp.) pl. paréntesis.
brag *(brag)* intr. jactarse; s. jactancia. [bravucón.
braggart *(brágaat)* s. fanfarrón,
bragging *(bráguin)* adj. jactancioso; presuntuoso.
braid *(bréid)* tr. trenzar; s. trenza (de polo); (mil.) galón; adj. **—ed,** trenzado.
brain *(brein)* s. (anat.) sesos, cerebro; pl. (fig.) inteligencia, sesos; v. t. romper la crisma; **to rack one's —,** devanarse los sesos; **—less,** adj. atontado, estúpido.
brake *(breik)* s. freno, *Bot.* maleza, boscaje; v. t. (mec.) frenar. [za, frambuesa.
bramble *(brámbl)* s. (bot.) zar-
bran *(bren)* s. salvado, afrecho.

B

branch *(branch)* (bot.) rama; (com.) sucursal; intr. ramificarse.
brand *(brand)* s. marca, sello; tr. marcar; — **new,** flamante.
brandy *(brándi)* s. coñac.
brass *(bras)* s. latón, fam. descaro; — **band,** (mus.) banda, charanga.
brassiere *(brásier)* s. sostén (prenda femenina).
brat *(brat)* s. pequeño, mocoso.
brave *(breiv)* adj. y s. valiente: tr. desafiar.
bravery *(bréiveri)* s. valentía.
bravo *(brávo)* interj. ¡bravo!
brawl *(brol)* intr. vocear, alborotar; s. reyerta.
brawl *(brol)* s. reyerta; intr. vocear, alborotar; **—er** *(bróla)* s. camorrista. [fuerza.
brawn *(bron)* s. músculo; (fig.)
bray *(brei)* s. rebuzno; intr. rebuznar; emitir un sonido bronco.
brazen *(bréisn)* adj. bronceador; desvergonzado, descarado.
breach *(brich)* s. brecha, rotura; tr. quebrar.
bread *(bred)* s. pan; **the — winner,** el sostén de la familia; **a loaf of —,** un pan; **a slice of —,** una rebanada de pan.
break [**broke; broken**] *(breik)* tr. romper, (cabal.) domar; intr. romperse; s. rotura; pausa, descanso.
breakable *(bréikabl)* adj. frágil.
breakdown *(bréikdaun)* s. derrumbamiento; (aut.) avería.
breakfast *(brékfast)* s. desayuno; intr. desayunarse.
breakwater *(bréikuota)* s. rompeolas. [(naut.) carenar.
bream *(briim)* s. (ict.) besugo;
breast *(brest)* s. pecho, teta; (ave.) pechuga; (dep.) — **stroke,** braza.
breath *(brez)* s. aliento, soplo; **out of —,** sofocado.
breathe *(briiz)* tr. respirar.
breathing *(briizing)* s. aliento, respiración. [nes, pantalones.
breeches *(brichis)* s. pl. calzo-
breed *(brid)* s. raza, casta; [**bred; bred**] tr. criar (animales); **—er** *(brída)* s. ganadero, criador.
breeding *(bríding)* s. educación, buenas formas; (anim.) cría.
breeze *(bris)* s. brisa; **breezy** *(briisi)* adj. frío, aireado.
brethren *(brédren)* s. pl. irreg. de **brother,** hermanos (de una secta, o asociación).
breviary *(briviari)* s. compendio, breviario.
brevity *(bréviti)* s. brevedad.
brew *(bru)* s. poción, brebaje; destilar licores, (fig.) tramar.
brewer *(brúa)* s. cervecero; s. **—y,** cervecería; **brewing** *(brúin)* s. fabricación de cerveza; **something is —,** algo se está tramando.
briar or **brier** *(bráiör)* s. zarza, zarzal.
bribe *(braib)* s. soborno; v. t. sobornar; **—r** *(bráiba)* s. sobornador. [hecho.
bribery *(bráiböri)* s. soborno, co-
brick *(brik)* s. ladrillo; tr. enladrillar; **—layer** *(—léa)* s. albañil; **—work** *(—uéek)* s. enladrillado.
bridal *(braidel)* adj. nupcial.
bride *(braid)* s. novia (en el día nupcial).
bridegroom *(bráidgrum)* s. novio. [dama de honor.
bridesmaid *(braidsmeid)* s.
bridge *(bridy)* s. puente; tr. construir un puente; **draw —,** puente levadizo; **suspension —,** puente colgante.
bridle *(bráidl)* s. brida, freno tr. embridar, refrenar.
brief *(brif)* s. *Mús.* breve; (leg.) informe; pl. calzoncillos (cortos); bragas; adj. sucinto, conciso, breve; **—ly,** adv. en breve, en resumen.
briefcase *(brifkeis)* s. maletín, cartera de negocios.
brigade *(brigueíd)* s. brigada.
brigand *(brígand)* s. bandido, bandolero.
bright *(brait)* adj. brillante, resplandeciente luminoso; (fig.) inteligente.

brighten *(bráitn)* tr. iluminar; avivar, animar (reuniones, etc.); alegrar (habitación); dar brillo; v. i. (cielo) despejarse.
brightness *(bráitnes)* s. lustre; claridad; (fig.) agudeza.
brilliancy *(briliansi)* s. brillantez.
brilliant *(briliant)* adj. brillante; (ideas) luminosa; (fig.) genial; s. (min.) brillante.
brim *(brim)* s. borde; ala (sombrero); **to fill to the —,** llenar hasta el borde.
brimful *(brimful)* adj. lleno hasta el borde. [de.
brimless *(brimles)* adj. sin bor-
brine *(brain)* s. salmuera.
bring [broungt; brought] *(bring)* tr. traer, llevar; **— back,** devolver; **— down,** derrumbar; **— in,** traer, aportar; **— round,** hacer volver en sí; **— up,** educar, criar.
brink *(brink)* s. borde; **on the — of,** al borde de.
briny *(braini)* adj. salobre.
brisk *(brisk)* adj. vivo, vigoroso; **—ness,** s. viveza, actividad.
brisket *(briskit)* s. (carn.) pecho. [erizarse.
bristle *(brisl)* s. cerda; **— up,**
brittle *(britl)* adj. quebradizo; s. **—ness,** fragilidad.
broach *(brouch)* s. asador; broche; v. t. espitar.
broad *(bróud)* s. ancho; **— shouldered,** ancho de hombros: **— minded,** tolerante.
broadcast *(broudcast)* s. emisión (rad.); v. t. emitir, radiar.
broadcasting *(bróudcastin)* s. radiodifusión; **— station,** emisora.
broaden *(bródn)* tr. ensanchar; **—ing,** s. ampliación, ensanche. [amplitud.
broadness *(bródnes)* s. anchura,
broadside *(brodsaid)* s. (Naut.) costado (mil.) andanada.
broadwise *(broduáis)* adv. a lo ancho, por lo ancho.
brochure *(bróusha)* s. folleto.
broil *(broil)* tr. asar; intr. asarse; s. tumulto.
broke *(brouk)* adj. fam. arruinado, pelado.
broken *(bróukn)* adj. roto, quebrado; (lenguas) chapurreado; (voz) cascada; v. t. **to speak a —...,** chapurrear el... [dor, agente.
broker *(bróuka)* s. (Fin.) corre-
bronchia *(brónkia)* s. pl. bronquios. [quitis.
bronchitis *(bronkáitis)* s. bron-
bronco *(bróncou)* s. caballo pequeño y salvaje propio del oeste americano.
bronze *(bröns)* s. bronce.
brooch *(bróuch)* s. broche, camafeo.
brood *(brud)* intr. (aves) empollar; s. pollada; **to — over,** (fig.) rumiar.
brook *(bruck)* s. arroyo.
broth *(broz)* s. caldo.
brothel *(brózel)* s. burdel.
brother *(brádza)* s. hermano; adj. **—ly,** como hermanos; adj. **—brotherless,** sin hermanos.
brotherhood *(brádzajud)* s. hermandad, cofradía. [cuñado.
brother-in-law *(brádzainlo)* s.
brought *(brot)* pretérito y participio pasado del verbo *to bring.*
brow *(brau)* s. ceja; (fig.) frente, cejo; **to knit one's —,** frucir el entrecejo.
brown *(braun)* adj. marrón, castaño, moreno; v. t. (coc.) tostar; **—ish,** adj. tirando a castaño, algo tostado.
browse *(bráus)* tr. e intr. pacer, ramonear; (pers.) hojear (un libro); **—r.** s. el que hojea un libro.
bruise *(brus)* s. (med.) magulladura, contusión; cardenal; v. t. magullar, golpear.
brunette *(brunét)* adj. y s. morena, trigueña.
brush *(brash)* s. cepillo, pincel, brocha; tr. cepillar; **— up,** repasar.
brutal *(brútal)* adj. brutal.
brutality *(brutáliti)* s. brutalidad.

B

B

brute *(brut)* s. bruto, bestia.
bubble *(babl)* s. burbuja; intr. burbujear; hervir.
bubbling *(báblin)* adj. burbujeante; hirviendo.
bubbly *(babli)* adj. espumoso.
buck *(bak)* s. gamo, macho, fam. dólar.
bucket *(báket)* s. cubo.
buckle *(bakl)* s. hebilla; v. t. abrochar la hebilla; doblarse.
bud *(böd)* s. (bot.) botón, brote, capullo; intr. brotar.
budding *(búdin)* adj. en ciernes.
budge *(bády)* tr. mover.
budgerigar *(bádyetrigar)* s. periquito. [intr. presupuestar.
budget *(bádyet)* s. presupuesto,
buffalo *(bö'falou)* s. búfalo.
buffer *(báfa)* s. (f. c.) tope; (mec.) amortiguador.
buffet *(ba fet)* s. bofetada; sala de refrigerio, bar; **— car,** (f. c.) coche bar; tr. abofetear.
buffoon *(bafún)* s. bufón, juglar.
buffoonery *(bafúneri)* s. bufonada; truhanería.
bug *(bag)* s. bicho; **bed —,** chinche; (iron.) **big bug,** una persona importante.
bugle *(biúgl)* s. corneta, clarín; **—r,** s. (pers.) corneta.
build [**built; built**] *(bild)* tr. edificar, construir; s. (pers.) figura, presencia.
builder *(bílda)* s. constructor, contratista.
building *(bílding)* s. edificio; **— site,** solar.
bulb *(balb)* s. *Bot.* bulbo; (elect.) bombilla; (Naut.) bulbo; (term.) cubeta.
bulge *(baldy)* int. abultar; (arq.) hacer barriga; s. barriga; bulto; **—ing** *(báldyin)* adj. abultado; con barriga.
bulk *(balk)* s. tamaño, grueso, bulto; **in —,** a granel; **— carrier** *(— cária)* s. (naut.) carguero a granel; **— head** *(— jed)* s. (naut.) mamparo.
bulky *(balki)* adj. voluminoso, abultado. [robusto.
bull *(bul)* **s.** toro, *(Igl.)* bula, adj.
bullet *(búlet)* s. bala.
bulletin *(búletin)* s. boletín.
bullfight *(búlfait)* s. corrida de toros.
bullfighter *(búlfaiter)* s. torero.
bullion *(búlion)* s. oro y plata en barras.
bullock *(búlok)* s. ternero.
bull-ring *(búlring)* s. plaza de toros.
bully *(búli)* tr. echar bravatas; abusar, amedrentar; s. abusón, matón.
bulwark *(búlueek)* s. (mil.) baluarte; (naut.) amurada.
bump *(bamp)* s. chichón; golpe, porrazo; v. t. **— into,** chocar contra. [choques.
bumper *(bámpa)* s. (aut.) para-
bumpkin *(bampkin)* s. patán.
bun *(ban)* s. bollo; (pelo) moño.
bunch *(banch)* s. manojo (flores, llaves); (uvas) racimo; ristra; (pers.) grupo; v. i. **— together,** agruparse.
bundle *(bánd)* s. paquete, bulto; fardo, (docum.) legajo; tr. liar, atar.
bung *(bang)* s. tarugo, tapón.
bungalow *(bangalou)* s. casa de campo (de planta baja).
bungle *(böngöl)* intr. chapucear.
bunk *(bönk)* s. litera, tarima.
bunker *(bönka)* s. depósito de carbón; (gol.) arenal; (mil.) garita subterránea blindada.
bunny *(báni)* s. (fam.) conejo.
bunting *(bönting)* s. lanilla (para banderas); banderas (colgadas como adorno).
buoy *(boi)* s. *Mar.* boya; tr. boyar; intr. flotar.
buoyancy *(bóiansi)* s. flotabilidad; (econ.) solvencia.
buoyant *(bóiyant)* adj. boyante; campechano; solvente.
bur or **burr** *(bör)* s. [bot.] cubierta espinosa.
burden *(bö'rdn)* s. fardo, carga (fis. y fig.); tr. cargar.
bureau *(biúro)* s. oficina.
bureaucracy *(biuróucresi)* s. burocracia. [crata.
bureaucrat *(biúrocrat)* s. buró-

burglar *(bö'rglar)* s. ladrón.
burial *(bérial)* s. entierro; — **place** s. cementerio.
burlesque *(börlésk)* s. parodia; adj. burlesco; tr. parodiar.
burly *(bööli)* adj. fornido, robusto; —**iness**, s. corpulencia.
burn *(börn)* tr. quemar; intr. quemarse, arder; s. quemadura; —**er**. s. mechero.
burning *(böönin)* s. quemadura; (fig.) ardor; adj. abrasador.
burnish *(bö'rnish)* tr. bruñir, pulir; s. lustre.
burrow *(bérou)* s. conejera, madriguera; v. t. horadar.
bursar *(béesa)* s. tesorero (en un colegio); becario.
bursary *(béesari)* s. beca.
burst *(bööst)* s. reventón (auto y tub.); [**burst; burst**] tr. reventar; — **out**, reventar; — **into tear**, deshacerse en llanto.
bury *(béri)* tr. enterrar.
bus *(bös)* s. fam. autobús; — **line** compañía de autobuses.
busby *(bösbi)* s. chacó de ciertos regimientos de la Armada Británica.
bush *(bush)* s. arbusto; **to boat about the** —, andarse por las ramas; —**y**, adj. espeso.
business *(bísnes)* s. negocio, ocupación, asunto. [busto.
bust *(bast)* s. (fem.) y (arq.)
bustle *(basl)* s. bullicio, animación; intr. bullir, menearse.
bustling *(baslin)* adj. bullicioso, animado, ajetreado.
busy *(bísi)* adj. ocupado, atareado; tr. ocupar; intr. atarearse.
busybody *(bisibodi)* s. entrometido; f. chismosa.
but *(bat)* conj. pero, mas, sino, excepto; adv. solamente.
butcher *(búcha)* s. carnicero; —**'s shop**, s. carnicería. tr. degollar. [tanza, carnicería.
butchery *(búcheri)* s. (fig.) ma-
butler *(bátla)* s. mayordomo.
butt *(böt)* s. extremo, fin; (cig.) colilla; (arma) culata.
butter *(báta)* s. mantequilla; — **up**, (fam.) dar coba.
butterfly *(báteflai)* s. mariposa,
buttock *(batok)* s. nalga. [tonar.
button *(bö'tn)* s. botón; tr. abo-
button-hole *(batnjoul)* s. ojal.
buxom *(bö'ksöm)* adj. rolliza, frescachona, (fam.) rellenita. [comprar.
buy [**bought; bought**] *(bai)* tr.
buyer *(báia)* s. comprador.
buzz *(bös)* tr. cuchichear, susurrar; intr. (insects) zumbar; s. susurro; zumbido.
buzzer *(básа)* s. (elect.) zumbador; (col.) soplón, chismoso.
by *(bai)* prep. por, a, en, con, bajo, sobre; adv. cerca; — **day** adv. de día; — **the way!**, ¡a propósito! — **all means**, desde luego, por supuesto.
bye-bye! *(báibai)* adv. fam. ¡adiós!
byre *(báia)* s. vaquería, establo.

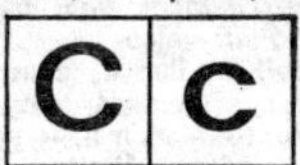

cab *(cab)* s. coche, taxi.
cabaret *(cabárei)* s. cabaret.
cabbage *(cábedy)* s. repollo, col. [camarote.
cabin *(cábin)* s. cabaña; *Naut.*
cabinet *(cábinet)* s. gabinete; vitrina; *Pol.* gobierno.
cable *(kéibl)* s. *Naut. y Electr.* cable; tr. cablegrafiar.
cablegram *(kéiblgram)* s. cablegrama. [cochero.
cabman *(kábman)* s. taxista;
cacao *(cakéo)* s. cacao. [te.
cachalot *(káshalou)* s. cachalo-
cackle *(kákl)* s. cacareo; (fig.) charla; v. i. cacarear; —**r** *(kákla)* s. cacareador, (fig.) hablador.
cad *(cad)* s. canalla, grosero.
caddy *(kádi)* s. (dep.) portahierros, ayudante; (dom.) guarda-té.
cadence *(kédens)* s. *Mús.* cadencia, compás. [no menor.
cadet *(cadét)* s. cadete; herma-
cafe *(kéfei)* s. café-bar.
cage *(keia)* tr. enjaular, s. jaula.

C

cajole *(kadyóul)* tr. adular, halagar; engatusar.
cajolery *(kadyóuleri)* s. adulación; engatusamiento.
cake *(keik)* s. pastel; tarta; pl. pasteles; — **shop,** pastelería. [lamitoso; trágico.
calamitous *(calámitös)* **adj.** ca-
calamity *(calámiti)* **s. calamidad.**
calcinate *(kalsinéit)* tr. calcinar; —**tion,** s. calcinación.
calculate *(cálkiuleit)* tr. calcular.
calculation *(calkiuléischon)* s. cálculo.
caldron *(cóldrön)* s. caldera.
calendar *(cálendy)* s. calendario. [*Anat.* pantorrilla.
calf *(caf)* s. ternero, becerro;
calibre *(káliber)* s. calibre; (fig.) capacidad.
calk *(kok)* tr. *Naut.* calafatar; *Vet.* herrar a ramplón.
calking *(kokin)* s. *Naut.* calafateo; *Pint.* calco.
call *(col)* tr. llamar, convocar, visitar, s. llamada, vocación, visita; **to — at,** ir a; — **again,** volver a llamar/visitar; — **in,** hacer entrar; — **off,** suspender, cancelar; — **on,** visitar, — **out;** llamar a voces; — **up,** llamar a filas *Mil.* s. llamamiento a filas.
caller *(cóla)* s. visitante.
calling *(kólin)* s. vocación; profesión, oficio.
callous *(kálos)* adj. (fig.) insensible, endurecido, encallecido; —**ness,** s. callosidad; (fig.) endurecido.
calm *(cam)* tr. calmar; s. calma; quietud, tranquilidad; adj. tranquilo, quieto, sosegado; —**ness,** s. tranquilidad, quietud; —**er,** s. tranquilizador, apaciguador; —**ly,** adv. calmosamente, con pachorra.
calorie *(cálori)* s. caloría.
calumniate *(kalamníéit)* tr. e intr. calumniar.
calumny *(cálömni)* s. calumnia.
camel *(cámel)* s. camello.
camera *(cámera)* s. cámara fotográfica.
camouflage *(cámuflasch)* s. camuflage, disfraz; tr. disfrazar.
camp *(camp)* s. campamento; intr. *Mil.* acampar.
campaign *(campéin)* s. campaña; —**er,** s. (fam.) paladín; *Mil.* veterano.
camping *(kámpin)* s. acampada.
can *(can)* s. lata; bote; tr. poner en conserva; v. i. y aux. poder; saber. [cial.
canal *(canál)* s. canal (artifi-
canalize *(cánelais)* tr. canalizar.
cancel *(cánsel)* tr. cancelar.
cancelation *(canseléishön)* s. cancelación, anulación.
cancer *(cánsör)* s. *Méd.* cáncer, *Astrol.* cangrejo. [genuo.
candid *(cándid)* adj. cándido, in-
candidate *(cándidet)* s. candidato; opositor.
candle *(cándl)* s. vela, cirio.
candour *(kándor)* s. candor, candidez; sencillez.
cane *(kein)* s. bastón, caña; v. t. apelar; — **sugar,** caña de azúcar.
canine *(kanain)* adj. canino, perruno; — **tooth,** colmillo.
canister *(kánista)* s. cestilla; caja de lata.
cannabis *(cánabis)* s. droga que se extrae del cáñamo indio.
cannery *(káneri)* s. fábrica de conservas.
cannibal *(cánibal)* s. caníbal.
cannon *(cánön)* s. cañón.
canoe *(canú)* s. canoa, piragüa.
canon *(kenon)* s. canon, regla.
canopy *(kánopi)* s. dose, pabellón; *Eccl.* palio.
cantankerous *(cantánkeros)* adj. malhumorado; (fig.) rabioso.
canteen *(cantIn)* s. cantina; *Mil.* cantimplora.
canter *(cántee)* s. (equi.) galope corto; v. i. ir al galope corto. [*Pint.* lienzo.
canvas *(cánvas)* s. lona; toldo;
canvaas *(cánvas)* tr. *Pol.* pedir votos; —**er,** agente electoral.
canyon *(cániön)* s. cañón (valle muy profundo).
cap *(cap)* s. gorra, gorro; *Bot.* tapa chapa; (dep.) internacionalidad.
capability *(keipabiliti)* s. capacidad.

capable *(keipabl)* adj. capaz, hábil.
capacious *(capéishös)* adj. amplio, espacioso.
capacity *(capásiti)* s. capacidad, cabida; (int.) inteligencia, aptitud. [pa) capa.
cape *(keip)* s. *Geog.* cabo; (ro-
caper *(kéipa)* s. travesura, monería; *(U. S.)* asunto.
capital *(cápital)* adj. capital, principal; s. capital (ciudad), (fin.) caudal. [lismo.
capitalism *(cápitalism)* s. capita-
capitalist *(cápitalist)* s. capitalista. [lizar.
capitalize *(cápitalais)* tr. capita-
capitulación *(capitiuléishön)* s. capitulación.
capitulate *(capítiuleit)* tr. *Mil.* capitular, rendirse.
caprice *(caprís)* s. capricho.
capricious *(caprishös)* adj. caprichoso. [zozobrar, volcar.
capsize *(cápsais)* tr. e intr. *Naut.*
capstan *(cápstan)* s. *Naut.* cabrestante. [vaina.
capsule *(cápsiul)* s. cápsula,
captain *((cápten)* s. *Mil.* capitán; jefe. [fascinar.
captivate *(cáptiveit)* tr, cautivar,
captivating *(captiveitin)* adj. fascinador. [sionero.
captive *(cáptiv)* s. cautivo, pri-
captivity *(captíviti)* s. cautiverio.
capture *(cápchör)* s. captura, presa; tr. capturar.
car *(cáa)* s. coche, automóvil; **sleeping** —, (f. c.) coche-cama; **dining** — coche restaurante.
caramel *(cáramel)* s. caramelo.
carat *(cárat)* s. quilate.
caravan *(cáravan)* s. (aut.) remolque, caravana.
carbide *(cáabaid)* s. *Quim.* carburo. [rabina.
carbine *(cáabain)* s. (arm.) ca-
carbon *(cáabön)* s. *Quim.* carbono; — **paper,** papel carbón.
carcass *(cáacas)* s. (cuerpo de) animal muerto; esqueleto; armazón.
card *(áad)* s. tarjeta; carta o naipe; **Post** —, tarjeta postal; **identity** —, tarjeta de identidad; v. t. *Text.* cardar.
cardboard *(cáadbood)* s. cartón.
cardiac *(cârdiac)* adj. cardíaco.
cardigan *(cáadigan)* s. (vest.) rebeca, chaleco de lana.
cardinal *(cáadinal)* s. cardenal; adj. cardinal.
care *(kéa)* s. cuidado, atención; — **for,** temer por; **to take** —, tener cuidado; **to take — of,** cuidar(se).
career *(karia)* s. (prof.) carrera; intr. echar a correr a toda velocidad.
carefree *(kéafri)* adj. despreocupado, desentendido.
careful *(kéaful)* adj. cuidadoso. **—ly,** adv. cuidadosamente.
careless *(kéales)* adj. descuidado; **—ly,** adv. con descuido, descuidadamente.
caress *(carés)* tr. acariciar, halagar; s. caricia.
caretaker *(keateika)* s. conserje, guardián, vigilante.
cargo *(cárgou)* s. carga, cargamento; — **boat,** s. barco de carga.
caricature *(caricatiur)* tr. ridiculizar, parodiar; s. caricatura.
caricaturist *(caricatiúrist)* s. caricaturista.
caries *(kéries)* s. *Med.* caries.
carnal *(kaanal)* adj. carnal, sensual.
carnality *(kaanáliti)* s. sensualidad. [clavel.
carnation *(kaanéishön)* s. *Bot.*
carnival *(kaanival)* s. carnaval.
carnivorous *(kaanivorös)* adj. carnívoro.
carol *(cáröl)* s. villancico.
carouse *(karáus)* intr. ir de juerga; (fam.) ir de tasqueo.
carp *(kaap)* s. *Ict.* carpa.
car-park *(cárpark)* s. aparcamiento.
carpenter *(kaapenta)* s. carpintero. [tería.
carpentry *(kaapentri)* s. carpin-
carpet *(cárpet)* s. alfombra; tr. alfombrar.
carriage *(cáridy)* s. carruaje; (f. c.) coche, vagón; (fig. pers.) porte; (com.) portes; — **paid,** portes pagados.

C

C

carrier *(kária)* s. portador, transportista; (med.) portador.
carrot *(cáröt)* s. *Bot.* zanahoria.
carry *(cári)* tr. llevar, acarrear; **—on** tr. e intr. continuar; **-- out,** v. t. ejecutar, llevar a cabo. [t. carretar.
cart *(kaat)* s. carro, carreta; v.
carter *(káata)* s. carretero.
carton *(cártön)* s. caja o cubierta de cartón o papel duro.
cartoon *(cartún)* s. caricatura, historieta; pl. dibujos animados. [cartucho.
cartridge *(káatridy)* s. (arm.)
carve *(carv)* tr. (art.) tallar, esculpir; (coc.) trinchar carne.
carver *(cárva)* s. (art.) escultor, tallador; trinchante.
carving *(cárva)* s. grabado, tallado, escultura.
cascade *(caskéid)* s. cascada.
case *(kéis)* s. (com.) cajón, caja; (viaj.) maleta; maletín; (leg.) caso, pleito.
cash *(cash)* s. efectivo; **ready —,** dinero contante. *(Com.)* caja; tr. hacer efectivo; — **— on delivery,** pago contra reembolso.
cashier *(cashía)* s. cajero.
casing *(kéisin)* s. (ind.) forro; cubierta. [entonelar.
cask *(cask)* s. barril, tonel; tr.
casket *(cásket)* s. cajita; ataúd.
cassock *(cásök)* s. sotana.
cast *(cast)* s. (met.) fundición; **— iron,** hierro colado; molde; (theat.) reparto; [**cast; cast**] v. tr. lanzar; **— away,** tirar, deshacerse de: **— off,** deshechar; **—lots,** echar suertes.
castaway *(kastauéi)* s. náufrago; abandonado.
castigate *(kastigueit)* tr. castigar, corregir; abusar.
casting *(kástin)* s. lanzamiento; (met.) pieza de fundición.
castle *(cásl)* s. castillo.
casual *(cáshual)* adj. casual; (vest.) de «sport».
casualty *(cáshualti)* s. accidentado; (mil.) baja.
cat *(cat)* s. gato; **to rain —s and dogs,** llover a cántaros; **Tom —,** gato; **wild —,** gato montés. [gar; s. catálogo.
catalogue *(cátalog)* tr. catalo-
catamaran *(catamarán)* s. embarcación formada por dos cascos unidos.
cataract *(cátaract)* s. catarata cascada; (med.) pl. cataratas. [friado.
catarrh *(catár)* s. catarro, res-
catarrhal *(catáral)* adj. catarral.
catastrophe *(catástrofi)* s. catástrofe. [cheo.
catcall *(cátcol)* s. chifla, abu-
catch [**caught; caught**] *(catch)* tr. coger, agarrar; **cold.** intr. constiparse; s. (mec.) cierre; (pesc.) pesca, captura; (fam.) pega.
catching *(cátching)* adj. (fig.) contagioso; (med.) infeccioso; (mús.) pegadizo.
catchword *(cátchuörd)* s. reclamo, lema, slogan. [tegórico.
categorical *(categórikel)* adj. ca-
category *(cátegori)* s. categoría.
cater *(kéita)* intr. proveer, abastecer; **—ing industry,** industria de hostelería.
caterer *(kéitörör)* s. proveedor; **full —ing** servicio completo.
caterpillar *(kateepíla)* s. oruga, (fam.) cien pies.
cathedral *(cazídral)* s. catedral.
Catholic *(cázolic)* adj. católico.
Catholicism *(cazólisism)* s. catolicismo.
cattle *(cátl)* s. ganado.
cauldron *(koldrom)* s. (fig.) caldera; pote.
cauliflower *(cóliflaua)* s. coliflor. [origen.
cause *(cos)* tr. causar; s. causa,
causeway *(kósuei)* s. (mar.) arrecife; acera; carretera.
caustic *(cóstic)* adj. y s. caústico.
caution *(cóschön)* tr. prevenir, advertir. s. prudencia; aviso.
cautious *(cóschös)* adj. cauto.
cabalcade *(cabalkeid)* s. cabalgata.
cavalry *(cávalri)* s. caballería.
cave *(keiv)* s cueva. tr. **— in,** hundirse.

cavern *(cávörn)* s. caverna; adj. **—nous,** cavernoso; tenebroso. [oquedad.
cavity *(káviti)* s. cavidad; hoyo,
caw *(kóo)* intr. graznar; s. **—ing, graznido.** [tir; tr. parar.
cease *(sis)* **intr. cesar, desis-**
ceaseless *(sísles)* adj. incesante.
cedar *(sídar)* s. *(Bot.)* cedro.
cede *(sid)* tr. e intr. ceder.
ceil *(sil)* tr. techar.
ceiling *(síling)* s. techo; (fin.) límite, tope.
celebrate *(séiebreit)* tr. celebrar, aplaudir; **—d,** adj. célebre, insigne. [dad.
celebrity *(selebriti)* s. celebri-
celery *(séleri)* s. *(Bot.)* apio.
celibacy *(sélibasi)* s. celibato, soltería.
cell *(sel)* s. (biol. y elect.) célula; (rel.) celda.
cellar *(séla)* s. sótano, bodega.
celluloid *(séliuloid)* s. celuloide.
cellulose *(séliulous)* s. celulosa.
cement *(simént)* s. cemento; tr. cementar. [terio.
cemetery *(sémitri)* s. cemen-
cense *(sens)* tr. incensar; **—r,** s. incensario. [censurar.
censor *(sénsa)* s. censor; tr.
censorship *(sénsorship)* s. censura.
censure *(sénschur)* tr. censurar, criticar; s. censura.
census *(sénsös)* s. censo.
cent *(sent)* s. céntimo, centavo; **per —,** por ciento.
centigrade *(sentigréid)* adj. centigrado. [céntrico.
central *(séntral)* adj. central,
centralist *(séntralist)* s. centralista. [lizar
centralize *(séntralais)* tr. centra-
centre *(sénta)* s. centro; tr. centrar, concentrar.
centrical *(séntrical)* adj. céntrico, central. [turia.
century *(sénchuri)* **s. siglo; cen-**
ceramics *(serámics)* **s. cerámica.**
cerebral *(séribral)* **adj. cerebral.**
ceremonial *(serimónial)* **adj. ce-** remonial. [ceremonioso.
ceremonious *(serimouniös)* adj.
ceremony *(sérimoni)* s. ceremonia; (fig.) formalidad; **without —,** informalmente.
certain *(séeten)* adj. cierto, seguro; adv. **—ly,** ciertamente, por cierto.
certainty *(séetennti)* s. certeza, certidumbre; **with —,** con certeza, seguro.
certificate *(sörtífiket)* s. certificado, título; **birth —,** partida de nacimiento; **death —,** partida de defunción. [dor.
certifier *(sö'rtifaia)* s. certifica-
certify *(sö'rtifai)* tr. certificar.
certitude *(séetitiud)* s. certidumbre, certeza.
cessation *(seséischön)* s. suspensión, cese. [traspaso.
cession *(séschön)* s. cesión,
chafe *(cheif)* tr. frotar; rozar.
chaffinch *(cháfinch)* s. (orn.) pinzón.
chagrin *(shagrin)* s. resentimiento, disgusto; v. t. mortificar.
chain *(chein)* s. cadena; (fig.) serie; tr. encadenar, unir.
chair *(chea)* s. silla, asiento, (acad.) cátedra, chaisman, (cám.) presidente; **arm —,** sillón; **deck —,** tumbona; **rocking —,** mecedora.
chalice *(chális)* s. cáliz.
chalk *(chok)* s. tiza, greda; tr. marcar o escribir con tiza.
challenge *(chálendy)* s. desafío; tr. desafiar; **—r,** s. (box.) aspirante al título.
chamber *(chémba)* s. cámara, cuarto; **— of Commerce,** Cámara de Comercio; **— Music,** música de cámara; **— pot,** orinal, vacenilla.
chamber-maid *(chembameid)* s. doncella, camarera.
chanfer *(shánfa)* tr. (Ind.) achaflanar, biselar.
chamois *(shamoi)* s. gamuza.
champagne *(schampéin)* s. champaña.
champion *(chámpiön)* s. campeón; (col.) muy bueno/bien.
championship *(chámpionschip)* s. campeonato.

C

C

chance *(chans)* s. azar, suerte, accidente; **by —**, de/por casualidad; **to take a —**, arriesgarse; **to give a —**, dar una oportunidad.
chancery *(chánseri)* s. cancillería. [ller.
chancellor *(cháncelör)* s. canci-
chandler *(chándla)* s. cerero; (naut.) **ship's —**, proveedor de buques.
change *(chéindy)* s. cambio; (din.) suelto, cambio; **no —**, no hay cambio; **for a —**, para cambiar. tr. cambiar.
changeable *(chénchabl)* adj. mudable.
changer *(chéndya)* s. cambista.
channel *(chánel)* s. canal; (mec.) ranura; **The English —**, El paso de Calais.
chaos *(kéeos)* s. caos.
chaotic *(keótic)* adj. caótico.
chap *(chap)* s. (fam.) chico, tipo, «tío», individuo.
chapel *(chápel)* s. capilla.
chaperon *(shaperon)* s. acompañante; (fam.) guía.
chaplain *(cháplen)* s. capellán.
chaplet *(cháplet)* s. guirnalda, rosario. [*Igl.* cabildo.
chapter *(chápta)* s. capítulo.
char *(cháa)* s. **— woman**, asistenta, limpiadora.
character *(kárita)* s. carácter. *(Teat)*. personaje.
characteristic *(caractöristic)* adj. característico, típico; s. característica. [racterizar.
characterize *(cáracterais)* tr. ca-
charcoal *(chárcoul)* s. carbón de leña.
charge *(chardy)* s. (coste(s); carga; **in—**, encargado; v. t. cobrar por.
charitable *(cháritabl)* adj. caritativo. [mosna.
charity *(cháriti)* s. caridad, li-
charlatan *(schárlatan)* s. impostor, falso; curandero.
charm *(charm)* s. encanto, atractivo, gracia; talismán; tr. encantar.
charmer *(chárma)* s. encantador; **snake —**, encantador de serpientes.
charming *(chárming)* adj. encantador, precioso, atractivo.
chart *(chart)* s. *(Mar.)* carta de navegar; **wall —**, (esc.) mural; (mus. poop.) lista; tr. poner en el mapa.
charter *(chárta)* s. fletamento (náut. y aviac.); **— plane**, avión fletado; cédula; tr. fletar.
chase *(cheis)* s. persecución, caza; tr. perseguir.
chaser *(chéisa)* s. perseguidor.
chasing *(chéisin)* adj. perseguidor, seguidor. [quebrada.
chasm *(kásm)* s. precipicio.
chassis *(shasí)* s. chasis.
chaste *(cheist)* adj. casto, honesto.
chasten *(cheisn)* tr. castigar.
chastise *(chastáis)* tr. castigar.
chastisement *(chástisment)* s. castigo.
chastity *(chástiti)* s. castidad.
chat *(chat)* s. charla; intr. charlar.
chattels *(chátels)* s. bienes, muebles, enseres, efectos.
chatter *(cháta)* s. charla; intr. charlar; (dientes) rechinar; **— box**, hablador(a).
chauffeur *(chóufa)* s. choter.
cheap *(chip)* adj. barato.
cheapen *(chípn)* tr. abaratar.
cheapness *(chípnes)* s. baratura.
cheat *(chiit)* s. fraude, engaño; s. (pers.) tramposo, fullero, fraude; v. t. engañar, hacer trampas; timar; s. **—er**, fullero, tramposo; timador; **—ing**, s. timo, engaño.
check *(chek)* s. freno, obstáculo. *Com.* talón, cheque, [ajedrez] jaque; tr. reprimir. *Com.* confrontar.
checker *(chéka)* s. (ind.) inspector; pl. (U. S. A.) damas (juego de); **—ed**, adj. ajedrezado. [caradura.
cheek *(chik)* s. mejilla; (fam.)
cheeky *(chíki)* adj. descarado.
cheer *(chia)* s. alegría, regocijo; pl. vivas; tr. alegrar, vi-

torear; intr. alegrarse; **cheer up!,** ¡alégrate hombre!
cheerful *(chíaful)* adj. alegre, jovial animado.
cheerfulness *(chíafulnes)* s. alegría, buen humor.
cheerless *(chíaless)* adj. sin ánimo, triste.
cheese *(chiis)* s. queso.
chemical *(kémical)* s. producto químico; adj. químico; pl. s. productos químicos.
chemist *(kémist)* s. farmacéutico, químico.
chemistry *(kémistri)* s. química.
cheque *(chek)* s. (com.) cheque, talón.
cherish *(chérish)* tr. querer, amar; (fig.) acariciar.
cherry *(chéri)* s. cereza; **— tree,** s. (bot.) cerezo.
chess *(ches)* s. ajedrez; **— board,** s. tablero de ajedrez.
chest *(chest)* s. baúl (anat.) pecho, tórax; **— of drawers** *(... ov dróas)* s. cómoda.
chestnut *(chésnat)* s. castaña; adj. castaño; s. **— tree,** (bot.) castaño.
chew *(chu)* tr. mascar, rumiar.
chewing-gum *(chúingam)* s. goma de mascar, chicle.
chick *(chic)* s. (orn.) pollito.
chicken *(chiken)* s. polluelo, pollo; (fig.) cobarde.
chicken-pox *(chíkenpoks)* s. viruelas locas.
chickpea *(chikpii)* s. (bot.) garbanzo.
chide [**chid; chidden** o **chid**] *(chaid)* tr. reñir, regañar.
chiding *(chaidin)* s. regañina, reprimenda.
chief *(chif)* adj. principal; s. jefe; adv. **—ly,** principalmente, ante todo.
chieftain *(chiften)* s. caudillo.
chilblain *(chílblein)* s. (med.) sabañón.
child *(chaild)* s. niño, niña; hijo.
childbirth *(cháilbörz)* s. parto.
childhood *(cháldjud)* s. infancia.
childish adj. pueril, infantil.
children *(children)* s. pl. niños, hijos.
chill *(chil)* s. frío; (med.) catarro; tr. enfriar; **to get/ catch a —,** acatarrarse.
chilli *(chíli)* s. guindilla.
chilly *(chíli)* adj. frío, (col.) fresco; helado.

C

chime *(cháim)* s. repique, sonar de campanas; carrillón.
chimera *(káimira)* s. quimera.
chimerical *(kimérical)* adj. quimérico.
chimney *(chímni)* s. chimenea.
chimney-sweep(er) [*chímnisuip (ör)*] s. deshollinador.
chin *(chin)* s. mentón, barbilla.
China *(cháina)* China; s. porcelana.
chinese *(chainis)* s. y adj. chino.
chink *(chink)* s. grieta, resquicio.
chip *(chip)* s.patata frita; (carp.) astilla, viruta; v. cortar como las patatas fritas; (porcel.) cascar.
chiropodist *(kiropodist)* s. pedicuro, callista.
chirp *(cheep)* s. (orn.) gorgeo, trino; v. i. gorgear, trinar.
chisel *(chisl)* s. cincel, formón; tr. cincelar.
chit *(chit)* s. notita; (mil.) informe; (col.) chiquilla.
chit-chat *(chit-chat)* s. palique, parloteo.
chock-full *(chókful)* adj. repleto, hasta los topes.
chocolate *(chócolet)* s. chocolate.
choice *(chois)* s. elección; alternativa; adj. escogido, selecto.
choir *(cuáa)* s. coro; **— boy,** s. monaguillo; **— singer,** s. corista.
choke *(chouc)* tr. ahogar, sofocar; intr. atragantarse; (tub.) atascarse; s. estrangulación.
cholera *(cólera)* s. *Med.* cólera.
choleric *(cóleric)* adj. colérico.
chloroform *(clóröform)* s. cloroformo.
choose [**chose; chosen**] *(chus)* tr. e intr. escoger, elegir.
chop *(chop)* s. (carn.) chuleta, tajada; tr. cortar; descuartizar; **— up,** hacer picadillo.

C

chopper *(chópa)* s. (carn.) machete. [çado.
choppy *(chópi)* adj. (Náut.) pi-
choral *(córal)* adj. coral.
chord *(cord)* s. *Mús.* acorde, cuerda; (geom.) cuerda; (med.) cordón.
chore *(choor)* s. tarea, faena; **house —s,** faenas domésticas. [electo.
chosen *(chousn)* adj. elegido,
Christ *(craist)* s. Cristo.
christen *(crísn)* tr. bautizar.
Christendom *(crísndöm)* s. Cristiandad. [mo, bautizo.
christening *(crísning)* s. bautis-
Christian *(crístian)* s. y adj. cristiano; — **name** *(... neim)* nombre de pila.
Christianism *(crístianism)* s. Cristianismo.
Christmas *(crístmas)* s. Navidad; — **Eve** s. Nochebuena; — **carols,** villancicos; — **tree,** árbol de Navidad; — **cards,** postales de Navidad.
chronic *(crónic)* adj. crónico.
chronicle *(crónicl)* s. crónica; tr. registrar; s. **—r,** cronista. [nología.
chronology *(cronólodyi)* s. cro-
chorus *(córös)* s. música propia para ser cantada por un coro; estribillo. [gordinflón.
chubby *(chöbi)* adj. regordete,
chuck *(chak)* tr. (fam.) echar, tirar; despedir; s. caricia.
chuckle *(chákl)* intr. reírse entre dientes; s. risita, mofa.
chum *(cham)* s. camarada.
chunk *(chank)* s. trozo, pedazo.
church *(chöch)* s. iglesia; — **yard** *(cho'chyad)* s. cementerio. [paleto.
churl *(chöl)* s. patán, palurdo,
churlish *(chéelish)* adj. rudo, rústico, grosero.
churn *(chéen)* s. (ind.) mantequera; v. t. batir (manteca).
cider *(sáidö)* s. sidra.
cigar *(sigá)* s. (cigarro) puro.
cigarette *(sigörét)* s. cigarrillo, pitillo; — **case,** pitillera; — **holder,** boquillera.
cinder *(sinda)* s. ceniza; **hot —s,** ascuas.
cinderella *(sinderela)* s. cenicienta. [ma.
cinema *(sínima)* s. cine, cine-
cinnamon *(sinemön)* s. canela.
cipher *(sáifö)* s. cifra, clave; tr. cifrar.
circle *(séekl)* s. círculo, corro; tr. e intr. hacer círculos.
circuit *(séekit)* s. circuito; **short** —, (elect.) corto circuito; — **breaker,** s. (elect.) corta circuitos. [cular.
circular *(séekiula)* s. y adj. cir-
circulate *(seekiuleit)* intr. circular. [culación.
circulation *(seekiuléishön)* s. cir-
circumcise *(seekömsais)* tr. circuncidar. [circunferencia.
circumference *(séekönferens)* s.
circumlocution *(séekonlokiushon)* s. circunlocución.
circumscribe *(seekömscráib)* tr. circunscribir. [circunspecto.
circumspect *(seecömspect)* s.
circumstance *(seekömstans)* s. circunstancia.
circumstantial *(seekömstä'nshal)* adj. accidental, detallado.
circus *(seecös)* s. circo. [jibe.
cistern *(sísteen)* s. cisterna, al-
citation *(saitéishön)* s. citation, mención.
cite *(sáit)* tr. citar, alegar.
citizen *(sitísn)* s. ciudadano, vecino.
city *(síti)* s. ciudad; — **hall,** Ayuntamiento; — **dweller** *(...duéla)* s. ciudadano.
civic *(sívic)* adj. cívico.
civil *(sívil)* adj. civil; educado, corto; — **servant,** s. funcionario; — **service,** Administración Pública.
civilian *(sivílan)* s. paisano.
civility *(sivíliti)* s. cortesía, urbanidad. [vilización.
civilization *(sivilaiséishön)* s. ci-
civilize *(sívilais)* tr. civilizar.
clad *(cläd)* adj. vestido; cubierto; **iron—,** acorazado.
claim *(cléim)* s. reclamation, demanda; tr. reclamar; alegar.
claimant *(cleimant)* s. demandante.

clam *(clam)* s. *Ict.* almeja; v. t. pegar; repicar (campanas).
clamber *(clämba)* intr. gatear, trepar. [húmedo.
clammy *(clámi)* adj. pegajoso;
clamorous *(clä'mörös)* adj. clamoroso.
clamour *(cláma)* s. clamor.
clamp *(clamp)* s. *Mec.* empalmadura, abrazadera; v. t. sujetar, tenazar.
clan *(clän)* s. tribu, clan.
clandestine *(clä'ndestin)* adj. clandestino.
clang *(clang)* s. sonido metálico; estruendo; **—er,** s. metedura de pata; **to drop a —er,** meter la pata.
clank *(clanc)* s. sonido metálico; v. i. producir un sonido metálico.
clap *(cläp)* s. aplauso; tr. aplaudir; **—per,** *(clápa)* s. badajo; aldaba; palmoteador; s. **—ping,** palmoteo, aplausos.
claret *(clä'röt)* s. clarete.
clarification *(clärifikéishön)* s. clarificación. [aclarar.
clarify *(clä'rifai)* tr. clarificar,
clarinet *(clärinet)* s. *Mús.* clarinete.
clarity *(cläriti)* s. claridad.
clash *(cläsh)* s. choque; (fig.) conflicto, encuentro; v. i. **—ing,** choque; adj. contradictorio.
clasp *(clásp)* s. broche; corchete; abrazo. tr. abrochar.
class *(clás)* s. clase, orden; tr. clasificar; **classroom** s. aula.
classic *(clä'sic)* s. y adj. clásico.
classical *(clä'sical)* adj. clásico.
classification *(cläsifikéishön)* s. clasificación.
classify *(clä'sifai)* tr. clasificar.
clatter *(cláta)* s. ruido, estrépito; v. i. hacer estrépito; s. **—ing,** estruendo.
clause *(clos)* s. cláusula.
claw *(cló)* *Zoo.* garra; uña; *Crus.* pinza; v. t. desgarrar.
clay *(cléi)* s. arcilla, greda.
clean *(clín)* adj. limpio, tr. limpiar; **—er,** (clina.) s. limpiador, fregadora. [aseo.
cleaning *(clíning)* s. limpieza,
cleanliness *(clénlines)* s. limpieza, aseo; (fig.) decencia.
cleanse *(clens)* tr. limpiar, lavar.
cleansing *(clénsin)* adj. limpiador, purificador.
clear *(clia)* adj. claro, limpio; despejado; v. t. aclarar; esclarecer; **— up,** despejar, poner en claro; **— away,** recoger; **off,** cargarse; adv. **—ly,** claramente.
clearance *(clíarens)* s. *Com.* liquidación, despacho de aduanas.
clearing *(clíarin)* s. aclaración; (bosque) claro; **— house,** *Com.* Banca de Liquidación.
clearness *(clíönis)* s. claridad.
cleavage *(clivedy)* s. hendidura; *Anat.* f. división (de los pechos).
cleave [**cleft** o **cloven; cleft** o **cloven**] *(cliiv)* tr. hendir, partir.
clef *(clef)* s. *Mús.* clave.
clemency *(clémensi)* s. clemencia.
clench *(clenct)* tr. cogerse con fuerza; apretar (los puños, dientes).
clergy *(cléedyi)* s. clero.
clergyman *(cléedyiman)* s. eclesiástico, clérigo.
clerical *(clériel)* adj. clerical; **— work,** trabajo de oficina; **— staff,** oficinistas.
clerk *(clák)* s. oficinista, escribiente, funcionario.
clever *(cléva)* adj. listo, inteligente, diestro, hábil.
cleverness *(clévanes)* s. habilidad, talento, ingenio.
click *(clik)* s. chasquido; intr. *Mec.* chasquear.
client *(cláient)* s. cliente.
clientele *(claiantil)* s. clientela.
cliff *(clif)* s. acantilado.
climate *(cláimit)* s. clima.
climatic *(cláimätic)* adj. climático. [minación.
climax *(cláimäcs)* s. clímax, cul-
climb *(cláim)* tr. subir, escalar.

C

C

intr. ascender; — s. subida, ascensión. [*Bot.* enredadera.
climber *(cláima)* s. escalador.
climbing *(claimin)* s. ascensión, subida; adj. trepador, ascendente. [agarrar; afirmar.
clinch *(clinch)* tr. remachar;
cling [**clung**; **clung**] *(cling)* intr. adherirse, agarrarse.
clinic *(clinic)* s. clínica; adj. clínico.
clinical *(cliniköl)* adj. clínico.
clip *(clip)* s. (pelo) horquilla; (ofic.) sujeta-papeles; v. t. (pelo) recortar; (seto) recortar; (seto) podar; (ovejas) trasquilar, esquilar.
clipper *(clípa)* s. esquilador, recortador. *Mar.* clíper.
clipping *(clipin)* s. recorte (period.); (paño) retal; poda.
cloak *(clóuc)* s. capa; manto; (fig.) excusa, pretexto.
cloakroom s. guardarropa; servicios, tocador.
clock *(clóc)* s. reloj (de pared, etc.); — **face,** s. esfera (del reloj); — **work,** adj. de cuerda, de relojería; **alarm** —, despertador; tr. e intr. (dep.) registrar un tiempo; (ind.) — **in,** registrar la entrada; — **out,** registrar la salida.
clod *(clod)* s. terrón (de tierra); (fig. y col.) idiota, palurdo.
clog *(clog)* s. zueco.
cloister *(clóista)* s. claustro, monasterio.
close *(clóus)* adj. cerrado; próximo; íntimo; v. t. cerrar; terminar; — **to,** próximo a; — **by,** cercano; — **friend,** amigo, a íntimo; s. conclusión, fin; bochorno.
closely *(clóusli)* adv. de cerca; cuidadosamente.
closeness *(clóusnes)* s. proximidad; intimidad.
closet *(klozit)* s. gabinete; retrete; alacena, armario empotrado.
closing *(clóusin)* adj. de cierre; final; — **time,** hora de cierre. [cierre.
closure *(clóuchö)* s. clausura,
clot *(clót)* s. grumo, coágulo; (fam.) estúpido, zopenco.
cloth *(clóz)* s. lienzo, paño, tela; **table** —, mantel.
clothe [**clothed** o **clad**; **clothed** o **clad**] *(cloudz)* tr. vestir: cubrir.
clothes *(cloudas)* s. pl. vestidos, trajes, ropa; — **hanger,** percha; — **line,** tendedero. [tuario.
clothing *(clóudzin)* s. ropa, ves-
cloud *(cláud)* s. nube, nublado; tr. obscurecer; intr. nublarse, —**less,** adj. despejado, sin nubes, —**y,** adj. nublado.
clousure *(clóushia)* s. clausura,
clover *(clóuva)* s. trébol.
clown *(cláun)* s. payaso.
club *(clab)* s. sociedad, agrupación; (golf.) maza; (cartas) basto; v. t. asociarse.
clue *(clu)* s. pista; indicio; **I haven't a** —, no tengo ni idea.
clumsily *(clámsili)* adv. torpemente, descuidadamente.
clumsy *(clámsi)* adj. torpe, desgarbado. [arracimarse.
cluster *(clástö)* s. racimo; intr.
clutch *(clach)* s. garra, presa; (aut.) embrague.
clutter *(cláta)* s. baraunda; apiñamiento; v. t. e i. causar estrépito; apiñar.
coach *(cóuch)* s. autocar; vagón, coche; *Dep.* entrenador; tr. entrenar, enseñar.
coaching *(cóuchin)* s. entrenamiento, preparación. [vo.
coactive *(couáctiv)* adj. coacti-
coagulate *(couä'guiuleit)* tr. e intr. coagular, cuajar.
coal *(cóul)* s. carbón; — **field,** s. cuenca hullera; — **pit,** mina de carbón; — **man,** carbonero.
coalition *(coualishn)* s. coalición, alianza, liga.
coarse *(coos)* adj. (pers.) grosero; áspero, basto.

coarseness *(cóosnes)* s. tosquedad; crudeza.
coast *(cóust)* s. costa, ribera; **— guard,** guardacostas; **—er,** *Naut.* costero, intr. costear.
coat *(cóut)* s. chaqueta, americana; abrigo; capa de pintura; tr. vestir; **— of arms,** escudo de armas. [timiento.
coating *(cóutin)* s. capa; reves-
coax *(couʀ)* tr. halagar; engatusar, dar coba; **ing,** s. halagos, coba.
cob *(cob)* s. mazorca (maíz); **— web,** tela de araña; **to sweat —s** (fam.) sudar tinta. [(fam.) chapucero.
cobbler *(cóbla)* s. zapatero;
cocaine *(coukéin)* s. cocaína.
cock *(cóc)* s. gallo; (font.) llave, espita; **weather —,** veleta; **fighting —,** gallo de pelea; **— eyed,** torcido; tr. levantar.
cockle *(cókel)* s. berberecho; *Bot.* vallico; v. i. plegarse; *Naut.* rizarse.
cockney *(cócni)* s. adj. londinense (castizo).
cockpit *(cócpit)* s. *Aviac.* cabina, carlinga.
cockroack *(cócrouch)* s. (ent.) cucaracha. [cóctel.
cocktail *(cócteil)* s. combinado.
coco *(cóucou)* s. palmera cocotera; **—nut,** coco. s. coco.
cocoa *(cóucoa)* s. cacao (molido).
cocoon *(cocún)* s. capullo (de seda); tr. cubrir, proteger.
coction *(cócschön)* s. cocción.
cod *(cód)* s. bacalao, abadejo; **— fisherman,** bacaladero (pers.); **— fishing trawler,** *Naut.* bacaladero.
code *(cóud)* s. código, clave; tr. poner en clave, cifrar.
codify *(códifai)* tr. codificar.
co-education *(cóuedyukéischön)* s. coeducación.
coerce *(coées)* tr. coercer, obligar, forzar.
coercion *(coéeshn)* s. coerción, presión. [tir.
coexist *(couegsíst)* intr. coexis-
coexistence *(couegsistens)* s. coexistencia.
coffee *(cófi)* s. café; **— bean,** grano de café; **— colour,** color café; **— cup,** taza (para café: **— house,** café (local); **— pot,** cafetera.
coffer *(cófa)* s. cofre, arca; pl. tesoro, hacienda.
coffin *(cófin)* s. ataúd, féretro.
cog *(cog)* s. diente de rueda; **—ged,** adj. dentado.
cogitate *(códyiteit)* intr. pensar.
cogitation *(codyiteishn)* s. meditación. [semejante.
cognate *(cógneit)* adj. análogo,
cognation *(cognéishön)* s. semejanza, analogía. [tar.
cohabit *(coujäbit)* intr. cohabi-
cohere *(coujía)* intr. adherirse.
coherence *(coujíerens)* s. coherencia, adhesión. [rente.
coherent *(coujíerent)* adj. cohe-
cohesion *(códyiteit)* s. cohesión. [vo.
cohesive *(coujísiv)* adj. cohesi-
coil *(cóil)* s. rollo, bobina; tr. e intr. enrollar(se).
coin *(cóin)* s. moneda; tr. acuñar.
coinage *(cóinedye)* s. acuñación; sistema monetario.
coincide *(couinsáid)* intr. coincidir.
coincidence *(couínsidens)* s. coincidencia. [sificador.
coiner *(cóina)* s. acuñador, fal-
coition *(coíschön)* s. coito, cópula. [de coque.
coque *(couk)* s. coque, carbón
cold *(cóuld)* adj. frío; indiferente; s. resfriado; **to be —,** tener (hacer) frío; **to catch a —,** coger un resfriado; **to have a —,** tener un resfriado.
coldness *(cóuldnes)* s. frío, frialdad.
colic *(cólic)* s. cólico.
collaborate *(colaboreit)* tr. colaborar. [laboración.
colaboration *(colaboreshn)* s. co-
collapse *(cäläps)* s. colapso; (fig.) fracaso; intr. desplomarse, caerse.

C

C

collar *(cóla)* s. cuello (de vestir); collar (perro); (caballo) collera; (mec.) cuello; v. t. coger por el cuello; — **bone,** s. (anat.) clavícula.
colleague *(cólig)* s. colega, compañero.
collect *(coléct)* tr. recoger; congregar; (din.) cobrar, recaudar; (a. g. r.) recolectar, recoger; v. i. reunirse; congregarse.
collection *(colékshn)* s. colección; colecta; (com.) recaudación.
collective *(cöléctiv)* adj. colec- [tivo.
collector *(cölécta)* s. colector, recaudador.
college *(cóledye)* s. colegio (mayor); **Teadrer's Training** —, Escuela Normal.
collegiate *(cóledyet)* adj. colegiado; colegiata (ecles.); v. t. colegiar (prof.).
collide *(cöláid)* tr. e intr. chocar, entrar en colisión.
collier *(cólia)* s. carbonero, minero; (Náut.) carbonero (buque); —**ry,** s. mina de carbón.
collision *(cölishön)* s. choque, colisión, encontronazo.
collocation *(colokéischön)* s. colocación.
colloquial *(cölóukuiali)* adj. familiar, coloquial; —**ly** adv. familiarmente.
colloquialism *(cölóukuialism)* s. expresión familiar, coloquialismo.
colloquy *(cólöcui)* s. coloquio.
colon *(cóulön)* s. *Gram.* dos puntos. *Anat.* colon.
colonel *(kéenel)* s. *Mil.* coronel.
colonial *(cölóunial)* adj. colonial.
colonialism *(cölounialism)* s. colonialismo.
colonist *(cólonist)* colono, co- [lonizador.
colonization *(colönaiséischön)* s. colonización.
colonize *(cólönais)* tr. colonizar.
colony *(cólöni)* s. colonia.
colossal *(cölósl)* adj. colosal.
colossus *(cölósös)* s. coloso.
colour *(kála)* s. color; pl. bandera, pabellón nacional; **light** —, color claro; **dark** —, color oscuro; **with flying** —**s,** con máximos honores; v. t. colorear.
coloured *(cálard)* adj. de color; pintado; coloreado; — **person,** persona de color (gen. negra).
colouring *(cálarin)* s. colorante; [coloración.
colt *(cóult)* s. potro.
column *(cólöm)* s. columna.
comb *(cóum)* s. peine; **honey** —, panal; **high** —, peineta. tr. peinar; —**er,** s. peinador; (text.) cardador; —**ed,** adj. peinado.
combat *(kö'mbat)* s. combate; tr. e intr. combatir.
combatant *(kö'mbetent)* s. y adj. combatiente.
combination *(combinéischön)* s. [combinación.
combine *(cömbáin)* tr. combinar; intr. combinarse, unirse; — s. (agric.) segadora-trilladora; cosechadora.
combustible *(cömbástibl)* adj. combustible.
combustion *(cömbástyon)* s. [combustión.
come [**came; come**] *(cam)* intr. venir, llegar; — **about,** ocurrir; — **across,** encontrar, encontrarse con; — **along with,** ir con; — **along!,** ¡ven!, ¡vamos!; — **back,** volver, regresar; — **down,** bajar; — **in,** entrar; — **in!,** ¡entre!, ¡adelante!; — **of age,** llegar a ser mayor de edad; — **off,** soltarse; — **off!,** ¡fuera de ahí! — **out,** salir; — **true,** hacerse real.
comedian *(comídian)* s. come- [diante, cómico.
comedy *(cómedi)* s. comedia.
comely *(camli)* adj. atractivo, bien parecido.
comer *(cáma)* s. **new** —, recién [llegado.
comet *(cómit)* s. cometa.
comfort *(cámföt)* s. confort, comodidad; consuelo; v. t. consolar, confortar.
comfortable *(cámfötebl)* adj. có- [modo.
comfortably *(kómfetebli)* adv. cómodamente, agradablemente; — **off,** adj. acomodado.

comic *(cómic)* adj. cómico; — s. tebeo; — **strip,** s. historieta cómica seriada (periód.). [venidero.
coming *(cáming)* s. venida; adj.
comma *(cóma)* s. *Gram.* coma.
command *(cömánd)* s. orden, mandato; (mil.) mando; v. t. ordenar, mandar.
commandant *(comöndänt)* s. comandante. [caudillo.
commander *(cömánda)* s. jefe,
commandment *(cömándmönt)* s. mandato; (relig.) mandamiento. [conmemorar.
commemorate *(cömémöreit)* tr.
commemoration *(cömemöréischön)* s. conmemoración.
commence *(cöméens)* tr. e intr. empezar, comenzar.
commencement *(cöménsment)* s. comienzo, inauguración.
commend *(cómend)* tr. recomendar, encomiar; confiar; **—able,** adj. recomendable, encomiable; **—ation,** s. recomendación; encomias.
comment *(cóment)* s. comentario; glosa; v. t. comentar, glosar. [mentario, glosa.
commentary *(cómenteri)* s. co-
commentator *(cómenteita)* s. comentarista.
commerce *(cómees)* s. comercio, negocios; **School of —,** Escuela de Comercio.
commercial *(coméeshal)* adj. comercial.
commissariat *(comisariat)* s. comisariato; intendencia, administración militar. [sario.
commissary *(cómiseri)* s. comi-
commission *(cömischön)* s. comisión, encargo; (mil.) misión; (com.) — **merchant,** comerciante comisionista; v. t. comisionar, encargar; autorizar; **—ed,** adj. comisionado; — **officer,** s. oficial; **non — official,** s. suboficial.
commissioner *(comíshona)* s. comisionado, comisario.
commit *(cömit)* tr. cometer, perpetrar (crim.); — **oneself,** comprometerse; — **suicide,** suicidarse; — **to memory,** memorizar.
commitment *(cömitment)* s. compromiso. [junta.
committee *(cömíti)* s. comité;
commodity *(cömóditi)* s. interés, utilidad; s. pl. géneros, artículos.
common *(cómön)* adj. común, corriente; (pers.) ordinario, (fam.) bajo; **in —,** en común; — **sense,** sentido común; — **man,** el hombre medio. [yo.
commoner *(cómöna)* s. plebe-
commonness *(cómönnis)* s. generalidad; (pers.) vulgaridad.
commonplace *(cómönpleis)* adj. común, trivial; s. lugar común.
commons *(cómöns)* s. pl. (agric.) tierra baldía, monte común; **House of —,** Cámara de los Comunes.
commonwealth *(cómönuelz)* s. estado, cosa pública, comunidad de naciones.
commotion *(comoschon)* s. conmoción, tumulto; escándalo.
communicate *(comiunikeit)* v. comunicar. (s) acceso; paso; (med.) contagiar.
communication *(cömiunikéischön)* s. comunicación; acceso; información.
communion *(cömiúniön)* s. comunión; información, trato.
communism *(cómiunism)* s. comunismo. [comunista.
communist *(cómiunist)* adj. s.
community *(comiúniti)* s. comunidad, sociedad.
commutable *(cömiútabl)* adj. conmutable.
commutation *(comiutéishon)* s. (leg.) commutación; trueque.
commute *(comiút)* tr. (leg.) commutar; triar; (transp.) desplazarse.
compact *(koompact)* tr. (adj.) compacto; denso; sólido; breve. tr. comprimir.
companion *(cömpä'niön)* s. compañero.
company *(cámpani)* s. compañía; (com.) empresa, sociedad anónima.

C

C

comparable *(compárabl)* adj. comparable [comparativo.
comparative *(compárativ)* adj.
compare *(cömpéa)* tr. comparar; (s) **beyond compare,** sin igual.
comparison *(comparison)* s. comparación; analogía; símil.
compartment *(compaatment)* s. compartimiento, departamento.
compass *(kómpas)* s. (dib.) compás; (Náut.) brújula; ámbito; v. t. rodear; lograr.
compassion *(cömpä'schön)* s. compasión; lástima.
compatibility *(compatibiliti)* s. compatibilidad.
compatible *(compátebl)* adj. compatible. [patriota.
compatriot *(compatriat)* s. com-
compel *(cömpél)* tr. obligar; forzar; arrancar.
compendium *(cömpéndiöm)* s. compendio; sinopsis.
compensate *(compenseit)* tr. compensar; indemnizar.
compensation *(compenséischön)* s. compensación; indemnización. [tir, rivalizar.
compete *(cömpit)* intr. compe-
competence *(cómpitens)* s. competencia; aptitud, capacidad; rivalidad; suficiencia.
competent *(cómpitent)* adj. competente, apto, calificado.
competition *(competishon)* s. (dep.) competición; (com.) competencia, concurrencia.
competitive *(cömpétitiv)* adj. en competencia, competitivo; — **examination,** s. oposición, concurso.
competitor *(compétita)* s. competidor, rival, contrincante.
compilation *(compiléischön)* s. compilación; recopilación.
compile *(compail)* tr. compilar, recopilar.
complacence *(cömpléisens)* s. tranquilidad, placidez.
complacent *(cömpléisent)* adj. complaciente.
complain *(cömpléin)* intr. quejarse; (leg.) acusar; **—ing,** s. lamento, quejido; s. quejoso.
complaint *(cömpléint)* s. queja; acusación; (med.) dolencia.
complaisance *(cömpléisens)* adj. complacencia. (s) cortesía, deseo de agradar.
complaisant *(cömpléisent)* adj. complaciente, cortés.
complement *(cómplimant)* s. complemento, accesorio; (mil.) contigente, (mar.) tripulación completa.
complete *(cömplit)* tr. completar; adj. completo.
completion *(cömplischön)* s. terminación, acabado.
complex *(cómplecs)* adj. complejo, complicado; s. complejo.
complexion *(cömplécshön)* s. tez; cutis; naturaleza, carácter. [plejidad.
complexity *(cömplécsiti)* s. com-
compliance *(compláiens)* s. conformidad, complacencia, condescendencia.
complicate *(cómplikeit)* adj. complicado; tr. complicar, embrollar. [s. complicación.
complication *(complikéischön)*
compliment *(cómplimönt)* s. cumplido, galantería, lisonja; s. pl. saludos.
comply *(complay)* intr. ceder, consentir, someterse.
component *(cömpóunent)* adj. y s. componente.
compose *(cömpóus)* tr. componer. tr. (mús.) componer; (esc.) redactar; (pers.) calmarse; (impr.) ordenar; **—d,** adj. tranquilo; compuesto; **to be — of,** constar de.
composer *(cömpóusör)* s. *Mus.* compositor.
composition *(compösischön)* s. composición, arreglo.
compositor *(compósita)* s. (imp.) cajista.
composure *(compóusha)* s. compostura; serenidad.
compound *(cómpaund)* s. compuesto, mezcla; adj. mezclado; *(cömpaund)* tr. componer.

comprehend *(comprijénd)* tr. comprender; incluir.
comprehension *(comprijenschön)* s. comprensión.
comprehensive *(comprijénsiy)* adj. completo, extenso, amplio; — **school,** s. escuela polivalente.
compress *(cömprés)* tr. comprimir, apretar; condensar; reducir; s. (med.) compresa.
compressor *(compresa)* (v.) cilindro compresor; **air** —, compresor hidráulico.
compression *(cömpreschön)* s. compresión.
comprise *(comprais)* tr. comprender, contener, incluir.
compromise *(cómprömais)* s. compromiso, arreglo, avenencia. tr. comprometer, avenirse.
compulsion *(cömpálschön)* s. compulsión, coacción.
compulsory *(cömpálsöri)* adj. obligatorio.
computation *(compiutéishon)* s. cuenta, cálculo, cómputo.
compute *(cömpiút)* tr. computar, calcular.
computer *(cömpiúta)* s. ordenador, computador.
comrade *(comreid)* s. camarada.
concave *(cönkéiy)* adj. cóncavo.
concavity *(concäviti)* s. concavidad.
conceal *(cönsíl)* tr. ocultar, esconder.
concealment *(consiilment)* s. encubrimiento; escondrijo.
concede *(cönsíd)* tr. conceder, asentir.
conceit *(cönsít)* s. vanidad, engreimiento.
conceited *(cönsétid)* adj. engreído; afectado; fatuo, presumido.
conceive *(consív)* tr. concebir, imaginar; (bio.) engendrar.
concentrate *(cónsentreit)* tr. e intr. concentrar(se); adj. concentrado.
concentration *(consentréischön)* s. concentración.
concentric *(conséntric)* adj. concéntrico.
concept *(cónsept)* s. concepto, idea, noción.
conception *(cönsépschön)* s. concepción, idea, noción; imagen.
concern *(cönsee'n)* s. interés, preocupación; (com.) empresa; **a going** —, un negocio en marcha; v. t. concernir, atañer; preocupar.
concerned *(cönsö'nd)* adj. interesado; preocupado.
concerning *(conséenin)* prep. respecto a, tocante a.
concert *(cónseet)* s. concierto; — *(conséet)* v. t. concertar, acordar.
concession *(cönséschön)* s. concesión.
concessionary *(cönséschnäri)* s. concesionario.
conciliate *(cönsílieit)* tr. conciliar.
conciliation *(consiliéishn)* s. conciliación.
concise *(cönsáis)* adj. conciso, breve, sucinto; —**ness,** s. brevedad, concisión; —**ly** adv. brevemente, en pocas palabras.
conclude *(cönclúd)* tr. concluir, acabar, terminar; intr. terminarse.
conclusión *(cönclúshön)* s. conclusión; **in** —, en conclusión, en fin; **to draw a** —, sacar una conclusión.
conclusive *(cönclúsiv)* adj. concluyente, conclusivo, final; —**ly,** adv. de un modo terminante; —**ness,** s. determinación.
concoction *(concóshn)* s. poción, mezcla.
concot *(cöncóct)* tr. (fig.) urdir, tramar; mezclar.
concord *(cóngcod)* s. concordia.
concordance *(cöncódans)* s. concordancia, armonía.
concordant *(cöncódönt)* s. concordante, armonioso.
concordat *(concódät)* s. concordato.
concourse *(cóncoos)* s. concurso; multitud, muchedumbre; cooperación.
concrete *(cóncrit)* adj. concreto; (const.) de hormigón; s. hormigón; **reinforced** —, hormigón armado; v. t. abrir

C

con hormigón; — *(concrit)* v. t. concretar, espesar.
concubinage *(conkiúbinedye)* s. concubinato, amancebamiento. [cubina.
concubine *(cónkiubain)* s. con-
concupiscence *(cönkiúpisens)* s. concupiscencia. [coincidir.
concur *(conquee)* intr. concurrir,
concurrence *(concárens)* s. acuerdo; coincidencia.
concurrent *(concárent)* adj. concurrente; coincidente; junto con. [tusión; conmoción.
concushion *(concáshn)* s. con-
condemn *(cöndém)* tr. condenar, sentenciar; (cond.) censurar; (hab.) declarar inhabitable; **—ed,** adj. condenado, sentenciado; — **house,** casa en estado inhabitable.
condemnation *(condemnéischön)* s. condenación.
condensation *(condenséichön)* s. condensación; (com.) sudor.
condense *(cöndéns)* tr. condensar(se), comprimir. [sador.
condenser *(cöndénsa)* s. conden-
condescend *(condisénd)* intr. condescender, dignarse.
condescending *(condisénding)* adj. condescendiente.
condiment *(cóndiment)* s. condimento.
condition *(cöndischön)* s. condición; estado; v. t. condicionar, estipular. [condicional.
conditional *(cöndischönel)* adj.
condole *(cöndóul)* intr. condolerse, lamentar; dar el pésame.
condolence *(cöndóulöus)* s. pésame; **to offer one's —,** dar el pésame.
condone *(condoun)* tr. condonar; permitir, consentir.
conduce *(cöndiús)* intr. llevar a, conducir a.
conducive *(condiúsiv)* adj. conducente a, nos lleva a.
conduct *(cöndáct)* tr. conducir, *Mus.* dirigir; *(cóndact)* s. conducta, proceder.
conductor *(cöndáctö)* s. conductor, guía; *Mus.* director; (transp.) cobrador; f. **conductress,** cobradora.
conduit *(cóndit)* s. conducto.
cone *(cóun)* s. *Geom.* cono; (hel.) cucurucho; *Bot.* piña.
confectioner *(confécshona)* s. confitero, pastelero.
confectionery *(confécshoneri)* s. dulces, pasteles; pastelería, confitería. [confederación.
confederacy *(cönféderesi)* s.
confederate *(cönféderit)* adj. confederado; s. socio; tr. intr. confederar(se).
confederation *(cönfedöréishön)* s. confederación.
confer *(cönfee)* intr. consultar; tr. otorgar, conferir.
conference *(cónferens)* s. conferencia; conversación.
confess *(cönfés)* tr. (leg.) declarar, confesar; (rel.) confesarse.
confession *(cönféschön)* s. (leg. y rel.) confesión; — **box,** confesionario.
confessional, -nary *(cönféschenl. näri)* s. confesionario.
confessor *(cönfésa)* s. confesor. [dente.
confidant *(confidánt)* s. confi-
confide *(cönfáid)* tr. confiar; intr. confiarse, fiarse.
confidence *(cónfidens)* s. confidencia, secreto; confianza, seguridad.
confident *(confident)* s. confidente; **—ial,** adj. confidencial; **—ly,** adv. confidencialmente, en secreto.
confine *(cönfáin)* tr. limitar, encerrar; intr. confinar; — *(cónfain)* s. confín, límite.
confinement *(confainment)* s. encierro, prisión; (mater.) confinamiento.
confirm *(cönféem)* tr. confirmar, corroborar; (fom.) revalidar. s. confirmación, corroboración.
confirmed *(cönfeemd)* adj. confirmado, probado.
confiscate *(confiskeit)* tr. confiscar; adj. confiscado.

confiscation *(confiskêischön)* s. confiscación.
conflict *(cönflict)* intr. luchar; *(cónflict)* s. conflicto, lucha.
conflicting *(cönflícting)* adj. contradictorio, opuesto, contrario.
conform *(cönfórm)* tr. e intr. conformar(se); concordar; **to — with the times,** actualizar(se). [formidad.
conformity *(cönfómiti)* s. con-
confound *(cönfáund)* tr. confundir; desconcertar, sacar de quicio.
confounded *(cönfáunded)* adj. confuso; (fam.) maldito.
confront *(cönfrä'nt)* tr. confrontar; cortejar, comparar.
confrontation *(cönfröntéschön)* s. confrontación (leg.) careo. [desconcertar.
confuse *(cönfiús)* tr. confundir,
confused *(cönfiúsd)* adj. confuso; desconcertado, confundido.
confusion *(cönfiúshön)* s. confusión, tumulto, desorden, caos.
congeal *(condyl)* coagular, cuajar; helarse, congelarse.
congenial *(cónginiel)* adj. simpático, congenial.
conger *(cónga)* s. *Ict.* congrio.
congest *(cöndyest)* tr. e intr. congestionarse; amontonar; **—ed,** adj. (transp.) congestionado, atascado; (pers.) atestado.
congestion *(condyéstyon)* s. congestión. *Med.*; (transp.) atasco, atascamiento.
conglomerate *(cönglómereit)* tr. conglomerar.
conglomeration *(cönglomeréischön)* s. conglomeración, muchedumbre, reunión.
congratulate *(cöngrátiuleit)* tr. felicitar; intr. alegrarse.
congratulation *(cöngrátiuléischön)* s. felicitación, enhorabuena; **—s!** ¡felicidades!
congregate *(cóngrigueit)* tr. congregar, intr. congregarse, reunirse
congregation *(cóngriguéischön)* s. congregación, asamblea; *Ecl.* feligresía, reunión de fieles. [so, asamblea.
congress *(cóngres)* s. congre-
congressman *(congresmän)* s. representante, diputado *E. U.*
congruent *(cóngruent)* adj. congruente, conforme.
conic *(cónic)* adj. cónico.
conjecture *(condyékchaa)* s. conjetura, suposición. tr. conjeturar.
conjoin *(cóndyoin)* tr. juntar, unir, intr. unirse.
conjoint *(cöndyóint)* adj. conjunto, aliado.
conjugal *(condyugal)* adj. conyugal, matrimonial.
conjugate *(cóndygueit)* tr. *Gram.* conjugar; enlazar, unir.
conjugation *(condyuguéishön)* s. conjugación; unión; fusión.
conjunct *(condyant)* adj. conjunto, unido; **—ly,** adv. conjuntamente, juntamente.
conjunction *(cöndyankshön)* s. conjunción *Gram.* unión, liga.
conjuncture *(condyánchaa)* s. coyuntura.
conjure *(cándyö)* tr. conjurar; hacer juegos malabares; **—r** *(cóndyura)* s. malabarista, prestidigitador; **conjuring trick,** juego de magia, de prestidigitación.
connaisseur *(cóniser)* s. experto, perito, juez.
connect *(cönékt)* tr. juntar; (pers.) relacionar; (telef.) poner; (elect.) enchufar; (comun.) unir; **—ed,** adj. (person.) relacionado; (elect.) conectado.
connection *(cönékschön)* s. conexión, enlace. [sentimiento.
connivance *(conáivens)* s. con-
connive *(conair)* intr. consentir, tolerar, hacer la vista gorda.
connote *(conout)* v. t. connotar.
conquer *(cónka)* tr. conquistar; superar. [quistador.
conquering *(cónkering)* adj. con-

C

conqueror *(cónkeror)* s. conquistador. [ta.
conquest *(cónkuest)* s. conquis-
conscience *(cónschens)* s. conciencia; **—less,** adj. sin conciencia, desalmado.
conscientious *(conschiénschös)* adj. concienzudo, escrupuloso; **—ness** s. escrupulosidad.
conscious *(cónschös)* adj. consciente; **—ly,** adv. consciente de, a sabiendas de.
consciousness *(cónschösnis)* s. conocimiento, sentido; **to lose —,** perder el conocimiento; **to regain —,** recobrar el conocimiento.
conscript *(cónscript)* s. recluta.
conscription *(cönscripschön)* s. alistamiento, reclutamiento.
consecrate *(cónsicreit)* tr. consagrar; adj. consagrado.
consecration *(consicréischön)* s. consagración; dedicación.
consecutive *(cönséquiutiv)* adj. consecutivo; **—ly,** adv. consecutivamente.
consent *(cönsént)* intr. consentir, permitir; s. consentimiento, acuerdo.
consequence *(cónsicuens)* s. consecuencia; **it is of no —s** no tiene importancia.
consequent *(cónsiquent)* adj. consecuente, consiguiente; **—ly,** adv. en consecuencia, por consiguiente.
conservation *(conseréishön)* s. conservación, preservación.
conservative *(consevativ)* adj. conservativo.
conserve *(conséev)* tr. conservar, guardar; **—s,** conserva.
consider *(consída)* tr. considerar, pensar; tener por.
considerable *(cönsídarabl)* adj. considerable; **—bly,** adv. consideradamente.
considerate *(consíderet)* adj. considerado, respetuoso.
consideration *(consídereishön)* s. consideración; respecto; examen; **to take into —,** tener en cuenta.
considering *(consíderin)* prep. en vista de; en atención a, teniendo en cuenta.
consign *(cönsáin)* tr. consignar, depositar; **—ee** *(consaini)* s. destinatario; **—er** *(consáina)* s. remitente.
consignment *(cönsáinment)* s. consignación, partida, envío.
consist *(cönsist)* intr. consistir.
tencia; constar de; componerse de.
consistence *(cönsistens)* consistencia, solidez; densidad; regularidad.
consistent *(consístent)* adj. consistente; sólido, denso regular, asíduo; **—ly,** adv. en conformidad con.
consolation *(consöléischön)* s. consolación, consuelo.
console *(cönsóul)* tr. consolar, confortar; *(cónsoul)* s. (arq.) repisa; — tabla, consola.
consolidate *(cönsólideit)* tr. e intr. consolidar(se).
consolidation *(cönsólidéischön)* s. consolidación.
consonance *(cónsönans)* s. consonancia, acuerdo.
consonant *(cónsönant)* adj. y s. consonante.
consort *(cónsoot)* s. consorte, cónyugue; — *(consóot)* v. i. casar unir; acompañar.
conspicuous *(conspíkiuos)* adj. conspicuo, claro; llamativo, distinguido. **—ly,** adv. claramente, visiblemente; **—ness** s. claridad; evidencia.
conspiracy *(cönspirasi)* s. conspiración. [pirador.
conspirator *(cönspireta)* s. cons-
conspire *(cönspáia)* intr. conspirar, tramar. [de policía.
constable *(cánstebl)* s. agente
constancy *(cónstensi)* s. constancia; firmeza, fidelidad.
constant *(cónstent)* adj. constante, perseverante; firme, invariable; **—ly,** adv. constantemente, insistentemente.
constellation *(consteléischön)* s. constelación.
constipate *(cónstipeit)* tr. e intr. *Med.* estreñir; obstruir.

constipation *(constipéischön)* s. estreñimiento.
constituency *(cönstítiuensi)* s. distrito electoral.
constituent *(cönstítiuent)* s. elector; *Quím.* componente, constituyente.
constitute *(cónstitiut)* tr. constituir, formar, establecer.
constitution *(constitiúschön)* s. constitución; *(Med.)* fortaleza.
constitutional *(constitiúshonal)* adj. constitucional.
constitutive *(cónstitiutiv)* adj. constitutivo.
constrain *(cönstréin)* tr. constreñir; obligar, forzar; v. r. contenerse; **—t** *(constreint)* s. represión; compulsión, fuerza. [forzado.
constrained *(cönstréind)* adj.
construct *(constrikt)* tr. apretar, apretujar, constreñir.
construct *(cönstráct)* tr. construir. [constructor.
constructor *(constractö)* s.
construction *(constrasshön)* s. construcción, edificación; edificio, estructura.
constructive *(constractiv)* adj. constructivo.
construe *(cönstrú)* tr. construir, interpretar, explicar.
consuetudinary *(consuitiúdinäri)* adj. consuetudinario, habitual.
consul *(cónsöl)* s. cónsul; **—ar** *(cónsiula)* adj. consular; **—ate** *(cónsiulet)* s. consulado.
consulate *(cónsiulet)* s. consulado.
consult *(consa'lt)* tr. consultar; intr. asesorarse; s. consulta. **—ant,** s. asesor (admin.); consultor. [consulta.
consultation *(consöltéischön)* s.
consumable *(consiúmabl)* adj. consumible.
consume *(consiúm)* tr. consumir, intr. consumirse.
consumer *(consiúma)* s. consumidor; **— goods,** *Econ.* bienes de consumo.
consumate *(consömet)* tr. consumar adj. consumado, perfecto.
consummation *(consömeishn)* s. consumación; perfección.
consumption *(consamschöh)* s. consunción; *Med.* tisis; *Com.* consumo.
contact *(cóntact)* s. contacto; tr. ponerse en contacto con.
contagion *(contéidyiön)* s. contagio, infección.
contagious *(contédyös)* adj. contagioso, infeccioso.
contagiousness *(contéidyösnes)* s. contagiosidad.
contain *(contéin)* tr. contener, incluir; refrenar, reprimir; v. r. aguantarse, reprimirse.
container *(contéina)* s. envase, caja, recipiente; *Naut.* contenedor. [contaminar.
contaminate *(contámineit)* tr.
contamination *(contaminéischön)* s. contaminación.
contemplate *(cóntempleit)* tr. contemplar; intr. proyectar; meditar.
contemplation *(contempléischön)* s. contemplación, meditación; proyecto, perspectiva.
contemplative *(contémpletiv)* adj. contemplativo.
contemporary *(contémporari)* adj. y s. contemporáneo.
contempt *(contémpt)* s. desprecio, desdén; (leg.) rebeldía.
contemptible *(köntémptibl)* adj. despreciable.
contemptuous *(contémptiuös)* adj. desdeñoso.
contemptuousness *(contémptiuösnis)* s. altanería, desdén, menosprecio.
contend *(conténd)* tr. disputar, sostener; intr. combatir; **—er,** (s) competidor; antagonista; **—ing,** adj. competidor.
content *(contént)* tr. contentar; s. satisfacción, contento; **—ed,** adj. contento, satisfecho; adv. **—edly,** tranquilamente; s. **—edness,** satisfacción. [tención; tema.
contention *(könténschön)* s. con-
contentment, s. contento.

C

C

contentious *(könténschös)* adj. contencioso.
contents *(cóntens)* s. contenido; cabida.
contest *(contést)* tr. disputar, intr. competir; *(cóntest)* s. contienda, disputa, concurso.
contestant *(kontestant)* s. contendiente; litigante.
context *(cóntecst)* s. contexto, contenido. [tigüidad.
contiguity *(contiguiúiti)* s. con-
continence *(cóntinens)* s. continencia, moderación.
continent *(cóntinent)* adj. y s. continente. [continental.
continental *(continéntal)* adj.
contingence *(contíndchens)* s. contingencia; s. eventualidad.
contingent *(contíndchent)* s. casualidad; adj. accidental; s. contingencia.
continual *(contíniual)* adj. continuo; adv. **—ally,** continuamente. [continuación.
continuation *(continiuéischön)* s.
continue *(contíniu)* tr. continuar; adj. **—d,** continuo.
continuity *(continiúty)* s. continuidad. [tinuo.
continuous *(contíniuös)* adj. con-
contraband *(cóntraband)* s. contrabando. [contrabandista.
contrabandist *(cóntrebiandist)* s.
contraception *(contrasénschon)* s. anticoncepción.
contraceptive *(contraséptiv)* s. medio anticonceptivo.
contract *(contráct)* tr. contraer, contratar; intr. encogerse; *(cóntract)* s. contrato.
contracting *(conträ'ctin)* adj. contratante; que se contrae.
contraction *(conträ'cschön)* s. contracción. [tradecir.
contradict *(contradict)* tr. con-
contradiction *(contradicschön)* s. contradicción; contrariedad.
contradictory *(contradictori)* adj. contradictorio, opuesto contrario. [trariedad.
contrariety *(contraráiti)* s. con-
contrary *(cóntrari)* s. y adj. contrario; **on tre contrary,** al contrario.
contrast *(contrást)* tr. contrastar; *(cóntrast)* s. contraste.
contravene *(contravin)* tr. infringir; violar; s. **—tion,** infracción.
contribute *(contríbiut)* tr. contribuir; intr. ayudar; v. i. cooperar.
contribution *(contribiúschön)* s. contribución, aportación.
contributor *(contríbiutör)* s. contribuidor, colaborador.
contrite *(cóntrait)* a. contrito; s. **—ness,** contrición; arrepentimiento.
contrivance *(contráivans)* s. invención, treta, ingenio; aparato, mecanismo.
contrive *(contráiv)* tr. idear; v. t. inventar; maquinar, tramar.
control *(contróul)* tr. controlar, reprimir; s. dirección; control; **—ler,** interventor, superintendente, director.
controversial *(controvérschal)* adj. polémico; adj. discutible.
controversy *(cóntroversi)* s. controversia, polémica.
controvert *(cóntrovert)* tr. disputar, controvertir; adj. **—ible,** controvertible, disputable.
contuse *(contoose)* tr. contundir, magullar; s. **—sion,** contusión, magullamiento.
conundrum *(cönö'ndröm)* s. acertijo, adivinanza.
convalesce *(convales)* intr. convalecer, reponerse.
convalescence *(convalésens)* s. convalecencia.
convalescent *(convalésent)* adj. convaleciente.
convene *(convín)* tr. convocar, citar; intr. reunirse.
convenience *(conviniens)* s. conveniencia, retrete.
convenient *(convínient)* adj. conveniente, oportuno.
convent *(cónvent)* s. convento.
convention *(convénschön)* s. convención, asamblea, congreso. [adj. convencional.
conventional *(convénschönal)*
converge *(convéedye)* intr. con-

verger; (comun.) desembocar en.

conversant *(cónveesant)* adj. versado, experto.

conversation *(conveeséischön)* s. conversación; adj. **—al,** familiar, corriente; s. **—alist,** conversador.

converse *(convees)* intr. conversar; *(cónvecs)* s. conversación. [conversión.

conversion *(conveeschön)* s.

convert *(conveet)* tr. convertir, transformar; tr. convertirse. *(cónveet)* s. converso; **—er,** s. convertidor; (elec.) transformador; s. **—ibility,** convertibilidad; adj. **—ible,** convertible.

convex *(cónves)* a. convexo; s. **—ity,** convexidad.

convey *(convéi)* tr. transmitir, transportar, llevar; **—ance,** s. traspaso; s. **—or,** conductor, (mec.) portador, elevador.

conveyance *(convéians)* s. conducción, transporte, vehículo.

convict *(convict)* tr. sentenciar, condenar; *(cónvict)* s. convicto.

conviction *(cónvicschön)* s. convicción, sentencia.

convince *(convíns)* tr. convencer, persuadir. [vincente.

convincing *(convínsin)* adj. con-

convocation *(convokéischön)* s. convocación, reunión.

convoke *(convóuc)* tr. convocar, citar.

convoy *(convói)* tr. convoyar, custodiar; *(cònvoi)* s. convoy, escolta.

convulse *(convals)* tr. crispar.

convulsion *(convalshön)* s. convulsión, espasmo; (fig.) conmoción.

coo *(cu)* s. arrullo, v. arrullar.

cook *(cúk)* tr. guisar, cocer; intr. cocinar; s. cocinero, cocinera; (fam.) falsificar; **—er,** cocina de gas, eléctrica.

cookery *(cúkeri)* s. arte culinario, de cocina.

cookie, cooky *(cúqui)* s. bizcocho, pastelillo; (E. U.) galleta.

cooking *(cúquing)* adj. de cocina, para cocer; s. cocina.

cool *(cul)* tr. enfriar, refrescar; intr. refrescarse; s. y adj. fresco; — *(cula)* s. (ind.) refrigerador; adj. **—ish,** fresquito. [te.

cooling *(cúling)* adj. refrescan-

coolness *(cúlnis)* s. frescor, frescura, serenidad, calma.

coop *(cup)* s. gallinero.

co-operate *(couopereit)* intr. cooperar; s. **—(e)or,** cooperador.

co-ordinate *(co-órdinet)* adj. coordinado; tr. coordinar.

co-ordination *(coordinéchön)* s. coordinación [zonte.

cop *(cop)* s. (fam.) policía, poli-

co-partner *(co-paatna)* s. consocio, compañero; s. **—ship,** asociación, participación.

cope *(coup)* tr. competir, hacer frente a; intr. manejárselas.

copier *(copye)* s. copista, copiadora.

copious *(cópiös)* adj. copioso, abundante; s. **—ness,** profusión, abundancia.

copper *(cópa)* s. cobre; calderilla; pl. (fam.) dinero; (vulg.) policía. [matorral.

coppice *(copis)* s. soto, maleza,

copulate *(cópiuleit)* tr. unir; intr. juntarse; adj. junto, unido. [pula, coito.

copulation *(copiuléischön)* có-

copy *(cópi)* tr. copiar; s. copia, número (de periódico); **fair copy,** copia en limpio; **rough copy,** borrador; s. — **Book,** cuaderno; s. **—ing,** copia; adj. copiador; s. **—ist,** copista.

copyright *(cópirait)* s. propiedad literaria; derechos de autor.

coral *(córal)* s. coral.

cord *(córd)* s. cordel, cuerda; **spinal —,** espina dorsal; tr. encordelar; **—age,** (mar.) cordaje, cordelería.

cordial *(córdial)* s. y adj. cordial; s. cordial, licor. [lidad.
cordiality *(cordiáliti)* s. cordia-
corduroy *(córdiuroi)* s. pana.
core *(cór)* s. corazón, centro; núcleo; tr. quitar el corazón; **—r,** s. despepitador.
cork *(cook)* s. corcho, tapón; tr. tapar con corchos; (bot.) alcornoque. [corchos.
corkscrew *(cookscru)* s. saca-
corn *(coon)* s. (bot.) grano; (med.) callo; s. **Indian —,** maíz.
corned beef *(coond biif)* s. carne de vacuno salada.
corner *(córna)* s. ángulo, esquina, rincón; tr. arrinconar; (aut.) virar; (fam.) **—ed,** verse entre la espada y la pared.
cornet *(coonet)* s. (mús.) cornetín; (hel.) cucurucho.
cornfield *(coonnfild)* s. maizal.
cornflour *(coonflor)* s. harina de maíz. ronación.
coronation *(coronéischön)* s. co-
coroner *(co-re-ne)* (n) (leg.) médico forense.
corporal *(cooporal)* s. *Mil.* cabo; adj. corpóreo. [porativo.
corporate *(cooporeit)* adj. cor-
corporation *(cooporeischön)* s. corporación, ayuntamiento.
corps *(cór)* s. cuerpo (de ejército).
corpse *(coops)* s. cadáver.
corpulent *(coopiulent)* a. corpulento (t); s. **—ce,** corpulencia.
corpuscle *(córpösl)* s. corpúsculo; (biol.) glóbulo.
correct *(corréct)* tr. corregir; adj. correcto, rectificar, subsanar; adj. exacto, justo; s. **—or,** corrector, revisor.
correction *(corécschön)* s. corrección. [correccional.
correctional *(corécschönal)* adj.
correspond *(corespónd)* intr. corresponder, mantener correspondencia.
correspondence *(corespóndens)* s. correspondencia, reciprocidad.
correspondent *(corespóndent)* adj. correspondiente; s. corresponsal; adj. **—ing,** correspondiente. [pasillo.
corridor *(córidor)* s. corredor,
corroborate *(coróboreit)* tr. corroborar, confirmar; apoyar; s. **—ion,** corroboración, confirmación.
corrode *(coróud)* tr. corroer.
corrosive *(corosív)* adj. y s. corrosivo, desgastar; intr. corroerse; s. **—sion,** corrosión.
corrugate *(corugeit)* tr. plegar, arrugar, acanalar; adj. arrugado, acanalado; s. **—tion,** corrogation.
corrupt *(cora'pt)* tr. intr. corromper(se) adj. corrupto. adj. corrupto, corrompido; (fig.) viciado, depravado; s. **—ter,** corruptor, pervertidor.
corruption *(cora'pschön)* s. corrupción, soborno, cohecho.
corruptless *(cora'ptles)* adj. incorruptible.
corset *(córset)* s. corsé.
cosmetic *(cosmétic)* s. y adj. cosmético.
cosmic *(cósmic)* adj. cósmico.
cosmopolitan *(cosmopólitan)* adj y s. cosmopolita.
cost [**cost; cost**] *(cóst)* intr. costar, valer; s. coste, costo, precio; (fig.) **at all costs,** cueste lo que cueste; **cost of living,** coste de la vida.
costly *(cóstli)* adj costoso, caro.
costless *(costles)* adj. sin coste, de balde; s. **— liness,** alto precio, lujo. [tido.
costume *(costiúm)* s. traje, ves-
cosy *(cóusi)* adj. confortable, agradable, cómodo, agradable.
cot *(cót)* s. cuna; choza.
cote *(cout)* s. corral; **dove-cote,** palomar.
co-tenant s. realquilado, re-inquilino; s. **—rie,** tertulia.
cottage *(cótedye)* s. casa pequeña, casa de aldea; cabaña, choza; s. **—ger,** aldeano.
cotton *(cótn)* s. algodón; adj. de algodón; s. **— plant,** (bot.) algodonero; **— wool,** s. algo-

dón en rama; — **yarn,** s. hilado de algodón.
couch *(cáuch)* s. diván; sofá-cama; tr. acostar(se).
cough *(cóf)* s. tos; intr. toser; **cough drop,** pastilla de la tos; f. **whooping-cough,** tosferina; s. **—ing,** tos.
council *(cáunsil)* s. consejo, conconcilio; s. ayuntamiento.
councillor *(cáunsila)* s. concejal, consejero.
counsel *(cáunsel)* s. consejo; abogado; v. t. aconsejar.
counsellor *(cáunsela)* s. consejero, abogado.
count *(caunt)* s. cuenta, cálculo; (nobl.) conde. tr. contar.
countenance *(cáuntinans)* s. cada, semblante.
counter *(cáunta)* s. mostrador; contador; (juegos) ficha; adv. —, contra, al contrario.
counterbalance *(cauntörbálans)* tr. equilibrar; s. contrapeso.
counterfeit *(cáuntörfit)* s. falsificación; adj. falsificado; tr. falsificar; **—er** *(cáuntefira)* s. falsificador. [matriz.
counterfoil *(cáunrefoil)* talón,
counterpane *(cáuntepein)* s. cobertor, colcha.
counterpart *(cáuntepaat)* s. homónimo, contraparte.
counter-revolution *(cáuntör-revoliúschön)* s. contrarrevolución.
countersign *(cáuntorsain)* s. contraseña, consigna; tr. refrendar.
countess *(cáuntes)* s. condesa.
countless *(cáuntles)* a. innumerable, ilimitado.
country *(kantri)* s. campo, campiña; región, país, nación.
countryman *(kantriman)* s. paisano; aldeano, campesino.
county *(cáunti)* s. condado, distrito; adj. del condado.
coupé *(cúpei)* s. cupé.
couple *(kapl)* s. par; pareja; tr. aparejar; tr. *Mec.* acoplar, enganchar.
coupling *(kapling)* s. *Mec.* acopladura, pasador.
coupon *(cúpon)* s. cupón, talón.
courage *(cáridy)* s. coraje, valor.
courageous *(caréidyös)* adj. valiente, valeroso. [guía.
courier *(cúriör)* s. correo; (tur.)
course *(cóos)* s. (acad.) curso; (naut.) rumbo; (dep.) pista; (host.) plato; **of —,** por supuesto, desde luego.
court *(coot)* s. (real.) corte; (tenis) pista; (leg.), tribunal; tr. cortejar.
courteous *(cootyos)* adj. cortés, amable.
courtesy *(kootesi)* s. cortesía.
courtier *(cootiör)* s. y adj. cortesano.
court-martial *(coot-márschal)* s. consejo de guerra. [go.
courtship *(cootchip)* s. noviaz-
courtvard *(coovard)* s. patio.
cousin *(kasn)* s. primo(a).
covenant *(kö'venant)* s. pacto; intr. convenir.
coventry *(coventri)* s. **to send one to coventry,** hacerle el vacío.
cover *(köva)* s. tapa(dera) v. r. cubrir, tapar, abarcar, abrigo, (lib.) forro, forrar; (mueb.) funda; **covering (covaring)** s. envoltura.
coverlet *(köveerlet)* s. colcha.
covet *(követ)* tr. codiciar.
coverable *(covetodli)* adj. codiciable; **coveter** *(coveta)* s. codicioso.
covetous *(kö'vetös)* adj. codicioso, ambicioso; **covetousness** s. codicia, avaricia.
cow *(cáu)* s. vaca; tr. acobardar, amedrentar. [barde.
coward *(cáueed)* s. y adj. co-
cowardly *(cauwedli)* adj. medroso, miedoso, tímido; adv. cobardemente. [día.
cowardice *(câuördis)* s. cobar-
cow-boy *(cáuboi)* s. vaquero.
cower *(cawe)* intr. acurrucarse, agacharse, acobardarse.
coxcomb *(cocscom)* s. cresta (de gallo), mequetrefe, farolero. [patrón.
cokswain *(cocsweyn)* s. (mar.)

C

C

coy *(cói)* adj. modesto, tímido.
coyness *(cóines)* s. recato, s. timidez, coquetería.
crab *(cráb)* s. cangrejo. (astr.) cáncer; *Mec.* molinete. / **crabbed** *(crabd)* a. áspero, avinagrado. [noso.
crabby *(crabi)* adj. difícil, espi-
crack *(crák)* s. estallido; chasquido; locura; chifladura; grieta, rendija, raja. v. t. rajar; v. i. resquebrajarse, agrietarse; **cracking** *(cráking)* s. crujido, estallido.
cracker *(cráka)* s. petardo; galleta; (fam.) «bola».
crackle *(crákel)* s. crujido, crepitación; intr. crujir, crepitar.
cradle *(créidl)* s. cuna; tr. mecer; (fig.) infancia, niñez.
craft *(cráft)* s. oficio, técnica; astucia; embarcación; **craftily** (adv.) astutamente; s. **craftiness** astucia, maña.
craftsman *(cráftsman)* s. artífice, artesano.
crafty *(cráfti)* adj. astuto.
crag *(crág)* s. peñasco, despeñadero, risco. [escarpado.
craggy *(crádyi)* adj. escabroso,
cram *(crám)* tr. rellenar, cebar; intr. atracarse; v. t. atestar. v. i. atiborrarse; (acad) «empollar»
cramp *(crámp)* s. calambre; grapa; v. t. dar calambre.
crane *(créin)* s. grúa, cabria *Orn.* grulla; *Mec.* grúa; tr. **— one's neck,** estirar el pescuezo.
cranium *(créiniöm)* s. cráneo.
crank *(cránk)* s. *Mec.* manivela; biela; (fam.) chiflado; v. r. vivar (un motor); **crankiness,** *(crankines)* s. irritabilidad.
cranky *(cranci)* adj. malhumorado, irritado. [grieta, rincón.
cranny *(crani)* s. hendedura,
crash *(crásch)* s. estallido. *Com.* quiebra; tr. romper; intr. quebrar. v. i. (aut.) estrellar, chocar. [de) envase.
crate *(créit)* s. canasto (cajón
crater *(créitör)* s. cráter.
crawl *(cról)* intr. arrastrarse, deslizarse; reptar. (mar) corral de pescado.
crawlen. s. reptil, bicho.
crayon *(créiön)* s. barrita de tiza o cera coloreada.
craze *(créis)* s. furor, antojo capricho, moda. tr. entusiasmar, volver loco. [chifladura.
craziness *(créisines)* s. locura,
crazy *(créisi)* adj. chiflado, loco.
creak *(crik)* intr. crujir, chirriar.
creaking *(críking)* s. crujido.
cream *(crím)* s. nata, crema (fig.) la flor y nata.
creamy *(crimi)* s. cremoso.
creamery *(crímeri)* s. lechería, granja. [tr. arrugar.
crease *(cris)* s. arruga, pliegue,
create *(criéit)* tr. crear, causar, constituir. [obra, universo.
creation *(criéishön)* s. creación,
creative *(criéitiv)* adj. creativo. **creativeness** s. genio, inventiva.
creator *(criéita)* s. creador.
creature *(crícha)* s. criatura, animal; **fellow creature,** semejante. [crédito.
credence *(crídens)* s. creencia,
credential *(crídenschal)* adj. credencial. [verosímil.
credible *(crédibl)* adj. creíble,
credit *(crédit)* s. crédito; tr. acreditar, dar crédito a; reputación. v. t. honrar.
credited adj. acreditado; (com.) abonado en cuenta. [haber.
creditor *(crédita)* s. acreedor;
credulity *(cridiúliti)* s. credulidad. [dulo.
credulous *(crédiulös)* adj. cré-
creed *(críd)* s. credo.
creek *(crik)* s. riachuelo. [dor.
creel *(cril)* s. cesta de pesca-
creep [**crept, crept**] *(crip)* intr. arrastrarse, serpear.
creeper *(crípa)* s. *Bot.* enredadera.
creeping *(criping)* s. arrastramiento, bajeza, trepador.
cremate *(crimeit)* tr. incinerar.
cremation *(criméishön)* s. incineración. [torio.
crematory *(crimatori)* s. crema-

crescent *(crésent)* adj. creciente; s. media luna.
crest *(crest)* s. cresta; (fig.) orgullo, altanería. [bajo.
crestfaller *(crestfoilen)* a. cabiz-
cretin *(cretín)* cretino. [dedura.
crevasse *(criVás)* s. grieta, hen-
crevice *(crévis)* s. grieta.
crew *(crú)* s. tripulación.
crib *(críb)* s. camita de niño, pesebre.
cricket *(críket)* s. grillo; juego de cricket. [cricket.
criketer *(criketer)* s. jugador de
crier *(craer)* s. pregonero.
crime *(cráim)* s. crimen, delito.
criminal *(críminal)* adj. criminal.
criminology *(criminolo)* s. Criminología. [mesí.
crimson *(crímsön)* adj. y s. car-
crinkle *(crínkel)* s. sinuosidad, ondulación, arrugas en la ropa.
cripple *(cripl)* s. cojo, inválido; adj. manco; (mar) desmantelado; tr. lisiar, descalabrar.
crisis *(cráisis)* s. crisis.
crisp *(crísp)* adj. crespo, rizado; tr. encrespar; **potato crisps** s. patatas fritas.
crisply *(crispli)* adv. de manera rizada.
crispy adj. rizado, crespo, vigorizante, fresco,
criss-cross *(cris-cros)* adj. cruzado, entrelazado. [crítica.
critic *(crític)* s. crítico, censor;
critical *(criticöl)* adj. crítico.
critically *(criticali)* adj. exactamente, rigurosamente.
criticism *(crítisism)* s. crítica, censura. [censurar.
criticize *(crítisais)* tr. criticar,
croak *(cróuk)* s. graznido de cuervos; canto de ranas; intr. graznar, croar.
crochet *(króschei)* s. labor de ganchillo; — **needle**, ganchillo.
crock *(króc)* s. cazuela, olla de barro, cacharro viejo.
crockery *(crókeri)* s. loza, cacharros, vajilla. [lo.
crocodile *(crócodail)* s. cocodri-
croft *(cróft)* s. aledaño.
crofter s. colono de una granja.
crook *(crúk)* tr. encorvar; intr. encorvarse; s. gancho delincuente.
crooked *(crúked)* adj. curva; corvo, torcido.
crookedly adv. torcidamente.
crookedness s. corvadura, perversidad. [rrear.
croon *(cruin)* tr. e intr. cantu-
crop *(cróp)* *Zool.* buche; *Agr.* cosecha; tr. recolectar; (barb.) rapar.
cross *(crós)* s. cruz; aspa; adj. contrario; enojado; tr. cruzar, fustrar, vejar; **cross country,** a campo traviesa; **to cross out,** tachar, adj. **cross-armed,** con los brazos cruzados; s. **cross-bar,** tranca, travesaño; s. **cross-cut,** atajo; s. *For.* **cross-examination,** interrogatorio; tr. **cross-examine,** volver a preguntar; adj. **cross-eyed,** bizco; s. **cross-road,** encrucijada, cruce; adv. **cross-wise,** de través.
cross-word puzzle *(króswöd pösl)* s. crucigrama.
crossing *(crósing)* s. cruce; *Naut.* travesía.
crouch *(crauch)* intr. agacharse.
croup *(crúp)* s. rabadilla; *Med.* **crup,** falsa difteria.
crow [**crowed** o **crew; crowed**] *(crou)* intr. cantar el gallo, (fig.) alardear. [lanca.
crowbar *(króubar)* s. barra, pa-
crowd *(cráud)* s. gentío, muchedumbre; f. multitud; r. amontonar; **to be crowded,** estar de bote en bote.
crown *(cráun)* s. corona, guirnaldas; tr. coronar.
crucifix *(crúsifics)* s. crucifijo.
crucial *(croushal)* adj. crucial, decisivo. [cifixión.
crucifixion *(crusifíschön)* s. cru-
crucify *(crúsifai)* tr. crucificar, (fig.) mortificar. [ro, rudo.
crude *(crúd)* adj. crudo, grose-
crudenes *(crúdnes)* s. crudeza.
crudity *(crúditi)* s. crueldad.
cruel *(crúel)* adj. cruel.

C

C

cruelty *(crúelti)* s. crueldad.
cruet *(crúet)* s. vinagrera.
cruise *(crús)* s. *Mar.* crucero, viaje; intr. hacer un crucero; **—ing speed,** velocidad de crucero.
cruiser *(crúsa)* s. *Mar.* crucero.
crumb *(crö'm)* s. miga, migaja; — v. t. desmenuzar.
crumble *(crö'mbl)* tr. desmenuzar intr. desmoronarse, hundirse.
crumple *(crömpöl)* intr. chafarse, aplastarse. [jir.
crunch *(kranch)* tr. e intr. cru-
crusade *(cruséid)* s. cruzada.
crusader *(cruseida)* s. cruzado.
crush *(crösch)* s. choque, apretón; tr. aplastar. [rados.
crusher *(krasheir)* s. *Min.* tritu-
crust *(crast)* s. costra, corteza; tr. e intr. encostrar(se).
crustaceous *(crasteishyös)* adj. costroso.
crutch *(krach)* s. muleta.
cry *(crái)* s. grito; llanto; intr. gritar, llorar.
crypt *(cript)* s. cripta.
crystal *(crístel)* s. cristal.
crytallize *(crístälais)* intr. y reflex. cristalizar(se).
cub *(kab)* s. cachorro.
cube *(kiúb)* s. *Arit.* cubo; raíz cúbica; tr. cubicar.
cubic *(kiúbic)* adj. cúbico.
cuckold *(kákold)* s. cornudo; tr. poner cuernos. [cuco.
cuckoo *(cúcu)* s. *Orn.* cuclillo,
cucumber *(kiúkömba)* s. pepino.
cud *(kad)* s. rumía; **to chew the cud,** rumiar; (fig.) meditar.
cuddle *(kö'dl)* tr. abrazar, acariciar. [aporrear.
cudgel *(kö'dchel)* s. porra; tr.
cue *(kiú)* s. pista, sugerencia; taco de billar. [camisa.
cuff *(kaf)* s. bofetón; puño de
culinary *(kiúlineri)* adj. culinario. [minar; alcanzar.
culminate *(kalmineit)* intr. cul-
culmination *(kalmineishon)* s. culminación; (fig.) apogeo.
culpability *(kölpabíliti)* s. culpabilidad. [culpable.
culprit *(kalprit)* s. reo, criminal,
cult *(cölt)* s. culto. [practicar.
cultivate *(kaltiveit)* tr. cultivar,
cultivation *(kaltvéischön)* s. cultivo. [cultivo
culture *(kölcha)* s. cultura;
culvert *(kalveirt)* s. alcantarilla, cloaca.
cumbersome *(cámbeesam)* adj. engorroso, incómodo, pesado.
cumbrance *(kambrans)* s. carga, peso, obstáculo.
cunning *(kaning)* adj. astuto, s. astucia, maña; (fam.) divertido, gracioso.
cup *(kap)* s. *Med.* taza, ventosa; (dep.) copa, trofeo.
cupboard *(cápbood)* s. armario.
cupola *(kiópela)* s. (arq.) cúpula. [llano, cobarde.
cur *(kö'r)* s. perro mestizo; vi-
curable *(kiúrabl)* adj. curable.
curate *(kíurerit)* s. vicario, sacerdote. [tivo.
curative *(kiúrative)* adj. cura-
curator *(kiureita)* s. curador; conservador, guardián de seo.
curb *(keeb)* s. (fig.) freno, restricción; bordillo (de una acera); tr. (fig.) poner freno. [llo.
curbstone *(körbstoun)* s. bordi-
curd *(kö'rd)* s. requesón.
curdle *(keedl)* intr. cuajarse, **to curdle (one's blood)**; (fig.) helarse la sangre; tr. coagular.
cure *(kiúr)* s. cura, remedio; tr. e intr. curar(se); salar.
cureless *(kiurles)* adj. incurable.
curfew *(kéefiu)* s. toque de queda.
curiosity *(kiuriósiti)* s. curiosidad. [raro.
curious *(kiúriös)* adj. curioso,
curl *(kö'rl)* s. rizo; bucle, ondulación; tr., intr. rizar(se), ondular(se).
curly *(keeli)* s. ensortijado, rizado. [rinto, grosella.
currant *(kö'rant)* s. pasa de Co-
currency *(karensi)* s. circulación, moneda de curso legal; **foreing currency,** s. divisas.

current *(karent)* adj. corriente, común; s. corriente.
currently *(kerentli)* adv. corrientemente.
curry *(kari)* tr. curtir; condimentar con «curry»; s. «curry» (salsa).
curse *(keers)* s. maldición, tr. maldecir; intr. blasfemar.
cursed *(kéersd)* adj. maldito.
curtail *(keertéil)* tr. cortar; abreviar; reducir.
cursing *(kersing)* s. maldición.
cursorily *(kersorili)* adv. precipitadamente.
curt *(keért)* adj. brusco, áspero.
curtain *(kéetein)* s. cortina; telón; tr. **to draw the courtain,** correr la cortina.
curtain-raiser *(keetain-reesa)* s. (teat.) entremés; **iron curtain,** telón de acero.
curtness *(keetnes)* s. brusquedad, falta de cortesía.
curtsey, curtsy *(keertsi)* s. cortesía, reverencia, intr. hacer una reverencia.
curvature *(keervacha)* s. curvatura.
curve *(keerv)* s. curva; tr. encorvar, adj. corvo.
curving *(keerving)* s. curvatura.
cushion *(cúschön)* s. cojín, almohada; tr. amortiguar.
custard *(kö'stard)* s. flan, crema, natillas.
custody *(kastodi)* s. custodia.
custom *(kastom)* s. costumbre, hábito; **custom-duties,** derechos de aduana; **custom-free,** libre de derechos; **custom-house,** aduana.
customary *(kestomari)* adj. usual, ordinario, habitual.
customer *(kastoma)* s. parroquiano, cliente.
cut *(kat)* s. corte, atajo, hechura, herida; [**cut; cut**] tr., intr. y reflex. cortar(se); adj. cortado.
cute *(kiút)* adj. agudo. *Amér.* mono, simpático.
cutlass *(katlas)* s. machete.
cutlery *(kö'tlöri)* s. cuchillería.
cutlet *(kö'tlet)* s. chuleta.
cutter *(cáta)* s. cortador; *Naut.* yate-crucero.
cutting *(kating)* s. cortadura; adj. incisivo.
cut-throat *(ketzrout)* s. asesino; (fig.) bribón, rufián.
cycle *(sáicl)* s. ciclo, periodo, bicicleta; intr. ir en bicicleta.
cycling *(saikling)* s. ciclismo.
cyclic(al) *(sícliklöl)* adj. cíclico.
cyclist *(sáiklist)* s. ciclista.
cyclone *(sáicloun)* s. ciclón.
cyclostyle *(sáiklostail)* s. ciclostilo; tr. copiar en ciclostilo.
cygnet *(sígnit)* s. pollo del cisne.
cylinder *(sílinda)* s. cilindro.
cymbal *(símbal)* s. címbalo, platillos.
cynic *(sínic)* adj., s. cínico.
cynicism *(sínisism)* s. cinismo.
cypress *(sáipres)* s. *Bot.* ciprés.
cyst *(síst)* s. (anat.) quiste.

C

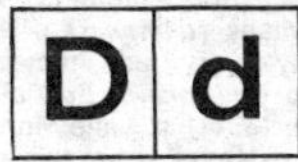

dab *(dáb)* s. salpicadura, toque; tr. salpicar, manchar.
dabble *(dabel)* tr. mojar, humedecer; intr. chapotear.
dabbler *(dable)* s. chapuzador, aficionado.
dad *(dád)* s. (fam.) papá, papaíto.
daddy *(dád)* s. papá.
daffodil *(dáfodil)* s. *Bot.* narciso.
daft *(dáft)* s. tonto, necio.
dagger *(dága)* s. puñal, daga.
dahlia *(déilya)* s. *Bot.* dalia.
daily *(déili)* adj. diario, cotidiano; s. periódico; adv. diariamente.
daintiness *(déintines)* s. elegancia; pulcritud; golosina.
dainty *(déinti)* adj. delicado, exquisito; s. golosina, manjar.
dairy *(déari)* s. lechería, quesería; adj. láctico; **dairy products,** productos lácteos.
dairymaid *(déirimeid)* s. lechera.
dais *(déis)* s. tarima.
daisy *(déisi)* s. *Bot.* margarita.
dale *(déil)* s. valle.

D

dally *(dáli)* intr. juguetear, retardarse, perder tiempo.
dam *(dam)* s. dique, presa; tr. represar, embalsar; contener.
damage *(dámidch)* s. daño, perjuicio, avería; tr. e intr. dañar(se), estropear(se).
damaging *(dámedyin)* adj. perjudicial, dañino.
dame *(déim)* s. dama.
damn *(dam)* tr. maldecir, condenar; interj. (vulg.) ¡maldito sea!, adj. maldito.
damnation *(damnéischön)* s. condenación, maldición.
damned *(dámd)* adj. condenado, maldito.
damp *(dámp)* s. humedad; desaliento; adj. húmedo; abatido; tr. mojar; desanimar.
damper *(dámpe)* s. regulador de tiro; (mús.) sordina. [dad.
dampness *(dámpnes)* s. hume-
dampy *(damp)* adj. húmedo.
danso *(danzon)* s. *Bot.* ciruela.
dance *(dáns)* s. baile; intr. bailar; (fam.) brincar, saltar; **— with joy,** saltar de alegría.
dancer *(dánsa)* s. bailarín.
dancing *(dánsing)* s. danza; **dancing room,** salón de baile; s. baile.
dandruff *(dándröf)* s. caspa.
dandy *(dándi)* s. dandi, petrimetre, pisaverde. [riesgo.
danger *(deindya)* s. peligro,
dangerous *(déndyerös)* adj. peligroso, arriesgado.
dangle *(dang'gel)* intr. colgar, estar colgado, bambolearse.
dangling, adj. pendiente, colgante.
Danish *(déinisch)* adj. danés.
dapper *(dapa)* adj. apuesto, gallardo. [teado.
dappled *(dapld)* adj. rodado, mo-
dare [**dared** o **durst; dared**] *(dea)* intr. osar; tr. desafiar.
daring *(déaring)* s. audacia; adj. audaz, osado, atrevido.
dark *(daak)* s. obscuridad; adj. oscuro; moreno, secreto.
darken *(daakn)* tr. e intr. oscurecer(se).
darkness *(daaknes)* s. oscuridad; sombras; (fig.) ignorancia. [«moreno».
darky *(daakky)* s. (fam.) negro,
darling *(dáaling)* s. favorito; adj. querido; interj. **(My) —!** ¡amor (mío)!
darn *(daan)* s. zurcido, remiendo; tr. zurcir.
dart *(daat)* s. dardo, saeta; tr. e intr. lanzar(se); precipitarse.
dash *(dásch)* s. choque, ataque; tr. lanzarse, ir a velocidad; (fig.) arrojo, ardor; (impr.) guión; tr. arrojar; intr. arrojar(se).
dashing *(dásching)* adj. brillante, brioso, elegante.
data *(déita)* s. pl. datos.
date *(déit)* s. fecha; (fam.) cita. *Bot.* dátil; **up to —,** moderno, al día; **out of —,** anticuado; tr. fechar; citar (de novios).
datum *(dêtöm)* (pl. **data**) s. dato.
daub *(doub)* tr. untar, embadurnar, manchar, ensuciar.
dauber *(douba)* s. pintamonas.
daughter *(dóta)* s. hija; **— in-law,** nuera, hija política.
daunt *(dónt)* tr. intimidar, domar, espantar. [pido
dauntless *(dóntlés)* adj. intré-
davit *(devit)* s. (mar.) pescante de ancla, pequeña grúa.
dawdle *(doodel)* intr. perder tiempo. [haragán.
dawdler *(doodela)* s. bodoque,
dawn *(dón)* s. alba, aurora; intr. amanecer.
day *(dei)* s. día, luz del día. **every —,** todos los días; **— boy** s. alumno externo; **— after tomorrow** adv. pasado mañana; **— before yesterday** adv. anteayer; s. **—labourer** jornalero. [cer.
daybreak *(deibréik)* s. amane-
daydream *(deydrim)* s. ensueño, quimera. [deslumbramiento.
daze *(daez)* tr. deslumbrar; s.
dazzle *(dázl)* tr. e intr. deslumbrar(se). [brante.
dazzling *(dazling)* adj. deslum-

dead *(déd)* adj. muerto; adv. enteramente.
deaden *(dédn)* tr. amortiguar.
deadlock *(dedlok)* s. sin salida, sin solución.
deadness *(dednes)* s. insensibilidad, inercia, apatía.
deadly *(dédli)* mortal.
deaf *(déf)* adj. sordo; **as deaf as a post**, sordo como una tapia.
deafen *(défn)* tr. ensordecer.
deafness *(défnes)* s. sordera.
deal *(díl)* s. (com.) pacto, trato; (naipes) mano; madera (de pino); **a great —**, muchísimo; **a good —**, bastante; **that's a —!**, ¡trato hecho!; [**dealt; dealt**] tr. tratar, traficar en.
dealer *(dila)* s. tratante.
dealings *(dílings)* s. negocios, tratos; s. proceder.
dean *(din)* s. deán, decano.
dead *(día)* adj. querido, amado; caro, costoso; **oh dear!, dear me!**, ¡Dios mío! [casez.
dearness *(díarnes)* s. cariño, es-
death *(déz)* s. muerte; fallecimiento, mortandad, mortalidad. [mortal.
death-blow *(dezbloo)* s. golpe
death-certificate s. partida de defunción. [lidad.
death-rate s. índice de morta-
debar *(dibaa)* tr. excluir, prohibir. [jeza, degradación.
debasement *(dibeysment)* s. ba-
debase *(debéis)* tr. abatir, envilecer; adulterar. [tible.
debatable *(debéitabl)* adj. discu-
debate *(débeit)* s. debate; tr. debatir; intr. deliberar.
debauch *(dibóch)* tr. corromper, viciar, pervertir; s. exceso, libertinaje, orgía. [tinaje.
debauchery *(dibócheri)* s. liber-
debilitate *(dibilteyt)* tr. debilitar.
debility *(dibiliti)* s. debilidad.
debit *(débit)* s. débito, cargo; tr. adeudar. [ruinas.
debris *(débri)* s. escombros,
debt *(dét)* s. deuda.
debtor *(détör)* s. deudor.
debut *(déibyu)* s. estreno.
decade *(dekeyd)* s. década.
decadence *(dékadens)* s. decadente. [ído.
decadent *(dikéident)* adj. deca-
decanter *(decánta)* s. garrafa.
decay *(dikey)* intr. deteriorarse; pudrirse, cariarse, marchitarse; s. podredumbre.
decayed *(dikaiyed)* adj. degenerado, deteriorado, podrido.
decease *(disís)* s. muerte, fallecimiento; intr. morir, fallecer.
deceased *(disíst)* s. y adj. muerto, difunto.
deceit *(disít)* s. engaño, fraude.
deceitful *(disítful)* adj. engañoso, falso. [sedad.
deceitfulness *(disitfulnes)* s. fal-
deceivable *(disívabl)* adj. crédulo, cándido.
deceive *(disív)* tr. engañar, embaucar; s. **—r**, engañador, embaucador [bre.
December *(disémba)* s. diciem-
decency *(dísensi)* s. decencia, compostura. [zonable.
decent *(dísent)* adj. decente, ra-
decentralize *(disentralais)* tr. descentralizar.
deception *(disépschön)* s. decepción, engaño, fraude.
deceptive *(diséptive)* adj. engañoso, falaz.
decide *(disáid)* tr., intr. decidir(se); adj. **—d**, decidido, resuelto; s. **—r**, juez, árbitro. [cedero.
deciduous *(desidiös)* adj. pere-
decimate *(desimeit)* tr. diezmar.
decimal *(désimal)* adj. decimal; s. decimal.
decipher *(disáifa)* tr. descifrar.
decision *(desíshn)* s. decisión.
decisive *(disáisiv)* adj. decisivo.
deck *(dék)* s. *Mar.* cubierta, puente; tr. cubrir, ataviar, revestir; **—er, doble-decker,** s. (autobús) de dos pisos.
declaim *(dicleim)* intr. (teat.) declamar; s. **—er**, declamador.
declaration *(declaréischön)* s. declaración; manifestación.
declare *(dicléa)* tr. declarar; (leg.) confesar; afirmar; adj. **—d**, declarado. [clinación.
declension *(diclénchön)* s. de-

D

decline *(dicláin)* s. decadencia; intr. declinar; tr. rechazar.
declining *(decláinin)* adj. decadente. [te, declive.
declivity *(diclíviti)* s. pendien-
decompose *(dicompóus)* tr. descomponer; pudrir; separar; intr. corromperse.
descomposition *(dicompósichön)* s. descomposición, putrefacción.
decorate *(décoreit)* tr. decorar, adornar; (mil.) condecorar.
decorator *(decoréita)* s. decorador; (fam.) empapelador, pintor. [coración.
decoration *(decoréischön)* s. de-
decorous *(dicóurös)* adj. decoroso. [cortezar, pelar.
decorticate *(dicórtikeit)* tr. des-
decorum *(dicórum)* s. decoro.
decoy *(dicói)* s. cebo; lazo; (caz.) señuelo; tr. atraer, (caz.) reclamar.
decrease *(dicrís)* s. disminución; merma; tr. disminuir; intr. menguar.
decree *(dicrí)* s. decreto, mandato; tr. e intr. decretar, mandar. [pito.
decrepit *(dicrépit)* adj. decré-
decrepitness *(dicrépitnes)* s. decrepitud.
decry *(decrai)* tr. vituperar, desacreditar; afear.
dedicate *(dédikeit)* tr. dedicar; adj. dedicado.
dedication *(dedikéischön)* s. dedicación; consagración.
deduce *(dediús)* tr. deducir; inferir. [contar.
deduct *(didact)* tr. deducir; des-
deduction *(dida'cschön)* s. deducción; descuento. [tivo.
deductive *(dida'ctiv)* adj. deduc-
deed *(did)* s. acto, hecho; (leg.) documentos, escrituras.
deam *(dím)* tr. juzgar, suponer.
deep *(díp)* adj. profundo; s. abismo. [mente.
deeply *(dipli)* adv. profunda-
deepen *(dípn)* tr. profundizar.
deepness *(dipnes)* s. profundidad. [gamuza.
deer *(día)* s. ciervo; s. **—skin**,
deface *(difés)* tr. desfigurar, estropear, afear; borrar.
defacement *(deféisment)* s. destrucción, mutilación; rasadura. [famación.
defamation *(difaméschön)* s. di-
defamatory *(difamatori)* adj. difamatorio, calumnioso.
defame *(diféim)* tr. difamar, calumniar.
default *(difólt)* s. defecto; culpa; omisión; tr. e intr. faltar, delinquir.
defeat *(difít)* s. derrota; destrozo; tr. derrotar, vencer.
defecate *(défikeid)* tr. defecar.
defecation *(defikéischön)* s. defecación.
defect *(diféct)* s. defecto.
defection *(difékshn)* s. deserción, abandono. [tuoso.
defective *(diféktiv)* adj. defec-
defence *(diféns)* s. defensa; **—less** adj. indefenso, desamparado; **—lessness**, s. desamparo; **—lessly**, adv. sin defensa, indefensamente.
defend *(difénd)* tr. defender; **—ant**, s. defensor; (leg.) demandado, acusado; s. **—er**, defensor. [sivo.
defensive *(difénsiv)* adj. defen-
defer *(difeer)* intr. diferir, consideración, respeto. [cia.
deference *(déferens)* s. deferen-
deferent *(déferent)* adj. deferente. [zamiento.
deferment *(difeerment)* s. apla-
defiance *(difáians)* s. desafío, reto. [desafiador.
defiant *(defáiant)* s. provocador,
deficience *(difíschen)* s. deficiencia, insuficiencia.
deficient *(difíschent)* adj. deficiente, defectuoso.
deficit *(défisit)* s. déficit.
defile *(difáil)* tr. manchar; s. desfiladero.
defiler *(difála)* s. corruptor.
define *(difáin)* tr. definir; intr. decidir.
definite *(défínit)* adj. definido; cierto, seguro; adv. **—ly**, definitivamente, ciertamente.

definitive *(difínitiv)* adj. definitivo. [desinflar(se).
deflate *(difleit)* tr. deshinchar,
deflect *(diflékt)* tr. desviar; intr. desviarse, apartarse.
deflexion *(diflekshön)* s. desviación, desvío; *Nav*. declinación. [ajar.
deflour *(difláur)* tr. desflorar,
deflower *(defláua)* tr. desflorar,
defoliate *(defoliéit)* tr. deshojar. [hoje, desfoliación.
defoliation *(defolieishön)* s. des-
deform *(difórm)* tr. deformar; adj. desfigurar; adj. deforme.
deformation *(deforméischön)* s. deformación.
deformed *(defóomd)* adj. deforme, desfigurado; contrahecho. [midad.
deformity *(defoomiti)* s. defor-
defraud *(defród)* tr. estafar, defraudar; s. **—er,** estafador.
defray *(difré)* tr. costear, pagar.
deft *(déft)* adj. hábil, diestro; **—ly,** adv. diestramente; **—ness,** s. habilidad, maña.
defunct *(difankt)* adj. s. difunto, muerto.
defy *(difái)* tr. desafiar.
degenerate *(didyenereit)* intr. degenerar; adj. degenerado.
degeneration *(didyenereishön)* s. degeneración.
degrade *(digréid)* tr. degradar; envilecer; rebajar.
degree *(digrí)* s. grado; (univ.) licenciatura. [abatido.
deject *(didyect)* tr. abatir; adj.
dejected *(didyécted)* adj. abatido. [timiento.
dejection *(didyecshön)* s. aba-
delay *(diléi)* tr. diferir, demorar; retardar; s. demora, retraso, tardanza.
delegate *(délegueit)* tr. delegar; s. adj. delegado.
delegation *(deleguéischön)* s. delegación.
delete *(dilit)* tr. tachar, borrar.
deletion *(dilishön)* s. tachadura.
deliberate *(dilíbereit)* tr. deliberar; adj. circunspecto, cauto.
deliberately *(delíveratli)* adv. deliberadamente, adrede.
deliberative *(dilíberetiv)* adj. deliberativo.
delicacy *(délikesi)* s. delicadeza; manjar, golosina.
delicate *(délikit)* adj. delicado.
delicatessen *(delicatésen)* s. charcutería; golosinas.
delicious *(delíschös)* adj. delicioso, exquisito, sabroso.
delight *(diláit)* tr. deleitar; intr. recrearse; s. delicia, deleite, goce. [cioso.
delightful *(diláitful)* adj. deli-
delightfulness *(delaitfulnes)* s. delicia; encanto, placer.
delinquency *(dilíncuensi)* s. delincuencia. [cuente.
delinquent *(delíncuent)* s. delin-
delirious *(delírios)* adj. *Med.* delirante; (fam.) divertidísimo.
delirium *(delíriöm)* s. delirio, demencia.
deliver *(dilíva)* tr. entregar; librar, salvar; *Med.* partear; (orat.) pronunciar. [dor.
deliverer *(delívera)* s. liberta-
delivery *(dilíveri)* s. entrega; (correo) reparto; *Med.* alumbramiento, parto; liberación.
dell *(dél)* s. valle, barranco.
delude *(déliúd)* tr. engañar; ilusionar; engañarse.
deluge *(deliúdye)* s. (fig.) diluvio, inundación.
delusion *(déliúschön)* s. engaño.
demagogue *(démagog)* s. demagogo.
demand *(demand)* tr. pedir, exigir; s. demanda, exigencia; (leg.) petición; s. **—ant,** demandante. [demarcación.
demarcation *(demaakeishön)* s.
demean *(dmin)* tr. e intr. portarse; rebajarse; s. **—our,** comportamiento, conducta.
dement *(diment)* tr. enloquecer.
demented *(diméntéd)* adj. loco, insensato.
demi *(démi)* adj. mitad.
demise *(dimáis)* s. muerte, óbito; tr. legar, ceder.
demobilize *(demóubilaiz)* tr. *Mil.* desmovilizar. [cracia.
democracy *(dimócrasi)* s. demo-

D

democrat *(démocrat)* s. demócrata. [mocrático.
democratic *(democrátic)* adj. de-
demodish *(demólisch)* tr. derribar, demoler.
demolition *(demólischön)* s. demolición, derribo.
demon *(dímön)* s. demonio.
demoniac(al) *dimóniak(al)* adj.
demoníaco. [demostrar.
demonstrate *(demónstreit)* tr.
demonstration *(demonstréischön)*
s. demostración, manifestación. [demostrativo.
demonstrative *(demónstrativ)* s.
demonstrator *(demonstréita)* s.
Pol. manifestante; (com.) ex-
positor, mostrador.
demoralizacion *(demoralaisei-
chön)* desmoralización.
demoralize *(demóralais)* tr. desmoralizar.
demur *(dimö'r)* s. duda, vacilación; tr. objetar, vacilar.
demure *(demiúr)* adj. sobrio, serio, formal.
demurrage *(demáridye)* s. *Naut.*
demora; estadia. [antro.
den *(den)* s. madriguera; (fig.)
denial *(dináial)* s. negativa, denegación.
denigrate *(dénigreit)* tr. ennegrecer; denigrar, difamar.
denominate *(denómineit)* tr. denominar, nombrar.
denomination *(denominéischön)*
s. denominación.
denote *(dinóut)* tr. denotar, indicar, señalar.
denounce *(dináuns)* tr. denunciar, delatar; publicar.
dense *(déns)* adj. denso, compacto.
density *(densiti)* s. densidad.
dent *(dént)* tr. abollar; mellar;
s. abolladura.
dented *(dénted)* adj. abollado.
dentrifice *(déntifris)* s. dentífri-
co.
dentist *(déntist)* s. dentista.
dentition *(dentíschön)* s. dentición. [logía.
dentistry *(déntistri)* s. odonto-
denude *(deniúd)* tr. desnudar,
despojar.
denunciate *(denansteit)* tr. denunciar. [s. denuncia.
denunciation *(dinönschiéichön)*
deny *(dinái)* tr. negar, desmentir. [dorante.
deodorant *(diódorant)* s. deso-
deodorize *(diodoráis)* tr. quitar
el olor, desodorizar.
depart *(dipaat)* intr. partir, marchar, irse. [partamento.
department *(dipártment)* s. de-
departure *(dipárcha)* s. partida,
salida.
depend *(dipénd)* intr. depender.
dependance *(dipéndans)* s. dependencia. [diente.
dependent *(dipéndent)* s. depen-
depict *(depict)* tr. (fig.) describir; representar.
depilate *(depileit)* tr. depilar,
quitar el vello. [lación.
depilation *(depileishön)* s. depi-
deplete *(depliit)* tr. vaciar, agotar. [miento; merma.
depletion *(deplishön)* s. vacia-
deplorable *(diplórabl)* adj. deplorable.
deplore *(diplór)* tr. deplorar.
deploy *(deploi)* tr. *Mil.* desplegar. [*Mil.* despliegue.
deployment *(deplo'iment)* s.
deponent *(dépóunent)* s. testigo, declarante.
depopulate *(dipópiuleit)* tr. despoblar, deshabitar.
deport *(dipoot)* tr. deportar;
intr. portarse; s. conducta.
deportation *(dipootéishön)* s.
deportación [te, conducta.
deportment *(dipootment)* s. por-
depose *(dipóus)* tr. deponer.
deposit *(dipósit)* tr. depositar;
s. depósito.
depot *(dépou)* s. cochera, estación (de autobuses).
depravation *(dipravéischön)* s.
depravación.
deprave *(dipréiv)* tr. depravar.
depraved *(dipréivd)* adj. depravado.
deprecate *(déprikeit)* intr. desaprobar, oponerse; tr. lamen-
tar.

depreciate *(diprischiet)* tr. rebajar, despreciar.
depreciation *(diprischiéschön)* s. depreciación.
depress *(diprés)* tr. deprimir; adj. **—ed,** desalentado, deprimido; adj. **—ing,** desalentador, deprimente.
depression *(dipréschön)* s. depresión. [presivo.
depressive *(diprésiv)* adj. de-
deprivation *(deprivéischön)* s. privación; (leg.) carencia.
deprive *(dipráiv)* tr. privar, quitar, despojar.
depth *(dépz)* s. hondura, fondo, profundidad, **in the depth of winter,** en pleno invierno.
depurate *(dépiureit)* tr. depurar.
depuration *(depiuréischön)* s. depuración.
deputation *(depiutéischön)* s. delegación, diputación.
depute *(diuút)* tr. comisionar, delegar. [legado, suplente.
deputy *(dépiuti)* s. diputado, de-
derail *(diréil)* tr., intr. descarrilar. [carrilamiento.
derailment *(diréilment)* s. des-
derange *(dirayndy)* desordenar, descomponer, trastornar; **—d** trastornado, enloquecido; **—ment** trastorno, enajenamiento (mental). [nado.
derelict *(dérilict)* adj. abando-
deride *(diráid)* tr. burlar, escarnecer, mofar.
derision *(derisön)* s. burla, mofa; **derisory,** adj. irrisorio.
derivation *(derivéischön)* s. derivación.
derive *(deráiv)* tr. derivar; v. i. derivarse, originarse.
dermic *(dö'rmic)* adj. dérmico.
derogate *(dérogueit)* tr. e intr. derogar, anular. [derogación.
derogation *(deroguéischön)* s.
derrick *(dérric)* s. grúa, cabria. *Naut.* cabrestante. [der.
descend *(disénd)* intr. descen-
descendant *(diséndent)* s. descendiente.
descent *(disént)* s. descenso; declive, origen. [explicar.
describe *(discráib)* tr. describir;
description *(dscripschön)* s. descripción. [criptivo.
descriptive *(descriptiv)* adj. des-
descry *(descrái)* tr. divisar.
desecrate *(désecreit)* tr. profanar; **desecration** s. profanación.
desert *(déseet)* s. desierto; adj. desierto; *(deséet)* tr. desamparar, intr. desertar; s. mérito, merecimiento, (frec. pl.).
deserter *(deséeta)* s. desertor. *Mil.* prófugo. [ción.
desertion *(desceshön)* s. deser-
deserve *(deséev)* tr. merecer. tr. e intr. ser digno de; **—dly,** adv. merecidamente.
deserving *(deséeta)* s. mérito; adj. merecedor.
design *(disáin)* tr. proyectar, diseñar, proponer, designar; s. proyecto, dibujo, diseño.
designate *(désigneit)* tr. designar. [designación.
designation *(designéischön)* s.
designer *(desáina)* s. dibujante, diseñador, proyectista.
desirable *(disáirabl)* adj. deseable. [deseo, ansia.
desire *(disáia)* desear, ansiar; s.
desist *(disíst)* intr. desistir; cesar.
desk *(désk)* s. (esc.) pupitre; (ofic.) escritorio, bufete, despacho.
desolate *(désoléit)* tr. desolar, adj. solitario, desolado.
desolation *(desoléischön)* s. desolación.
despair *(díspéa)* tr. e intr. desesperar(se); s. desesperación. [sesperante.
despairing *(dispéaring)* adj. de-
despatch *(dispách)* tr. despachar; (com.) remitir, enviar, expedir; (fam.) matar, s. despacho, mensaje; (per.) envío, remesa. [hechor.
desperado *(despörréido)* s. mal-
desperate *(désperit)* adj. desesperado; adv. **—ly,** desesperadamente. [desesperación.
desperation *(desperéischön)* s.

D

despisable *(despaysabl)* adj. despreciable.
despise *(despáis)* tr. despreciar, menospreciar; s. **—r** despreciador.
despite *(despáit)* s. despecho; prep. a pesar de; adj. **—full** malicioso, rencoroso.
despoil *(despóil)* tr. despojar; pl. s. despojos, restos.
despondency *(dispóndensi)* s. decaído, desanimado.
despondent *(despóndent)* adj. desaliento, desánimo.
despot *(déspot)* s. déspota.
despotism *(déspotism)* s. despotismo.
dessert *(déseet)* s. postre.
destination *(destinéischön)* s. destino.
destine *(déstin)* tr. destinar.
destitute *(déstitiut)* adj. destituído; desamparado.
destitution *(destitiúschön)* s. miseria, desamparo.
destroy *(distrói)* tr. destruir, exterminar, destrozar.
destroyer *(distróia)* s. destructor. *Mar.* destructor.
destruction *(distrákshön)* s. destrucción, ruina.
destructive *(distractiv)* adj. destructivo, destructor.
detach *(ditách)* tr. desprender, separar; destacar.
detachment *(ditáchment)* s. *Mil.* separación, destacamento.
detall *(ditall)* s. detalle, pormenor; tr. detallar. [nimio.
detailed *(ditéild)* adj. detallado,
detain *(ditéin)* tr. detener; retardar. [cibir.
detect *(ditéct)* tr. descubrir, per-
detector *(ditécta)* s. (elect.) detector.
detective *(ditéctiv)* s. detective; adj. detectivesco, policíaco.
detention *(diténschön)* s. detención; (leg.) arresto.
deter *(diteer)* tr. disuadir; desanimar. [detergente.
detergent *(ditéedyent)* s. y adj.
deteriorate *(ditírioreit)* tr. deteriorar; intr. deteriorarse.
deterioration *(détirioréischön)* s. deterioración, deterioro.
determinate *(diteerminet)* adj. determinado, decidido, resuelto.
determination *(diteerminéischön)* s. determinación, decisión, resolución.
determine *(deteermin)* tr. determinar, decidir, fijar, definir; adj. **—d**, determinado, decidido.
deterrent *(diterent)* s. disuasión; adj. disuasorio.
detest *(ditést)* tr. detestar, aborrecer, odiar.
dethrone *(dezróun)* tr. destronar.
detonate *(détoneit)* intr. detonar; estallar; tr. hacer estallar. [tonación.
detonation *(detonéischön)* s. de-
detract *(ditráct)* tr. detraer, quitar; s. **—or**, detractor, difamador, disminuir.
detriment *(détriment)* s. detrimento, daño; adj. **—al**, perjudicial.
deuce *(diús)* s. diantre, diablo; (naip.) dos; **What the deuce!**, ¡Qué diablos!
devaluation *(divaliueishön)* s. (econ.) devaluación.
devalue *(devaliú)* tr. e intr. desvalorizar(se). [tar, asolar.
devastate *(dévasteit)* tr. devas-
devastation *(devastéischön)* s. ruina, desolación.
develop *(dévelop)* tr. (econ.) desarrollar; (fot.) revelar.
developer *(divelopa)* s. (fotog.) revelador.
development *(devélopment)* s. desarrollo, explotación.
deviate *(dívieit)* intr. desviarse, extraviarse.
deviation *(diviéischön)* s. desvío.
device *(diváis)* s. ardid, estratagema; aparato, invento, ingenio.
devil *(dévl)* s. diablo, demonio.
devilish *(dévilisch)* adj. diabólico.
devious *(divyes)* adj. descarriado, tortuoso. [ventar.
devise *(déváis)* tr. idear, in-
devoid *(dévóid)* adj. vacío.

devolution *(devoliúschön)* s. devolución. [sagrar.
devote *(devóut)* tr. dedicar, con-
devoted *(devóuted)* adj. dedicado; adicto, consagrado.
devotion *(devoushön)* s. devoción, afecto.
devour *(deváua)* tr. devorar, engullir. tragar. [doso.
devout *(deváut)* adj. devoto, pia-
dew *(diu)* s. rocío.
dewberry *(diubari)* s. *Bot.* zarzamora. [habilidad.
dexterity *(decstériti)* s. destreza,
dexterous *(décsterös)* adj. diestro. ducho. [diabetes.
diabetes *(diabítis)* s. (med.)
diadem *(dáiödem)* s. diadema, corona. [ticar.
diagnose *(dáianous)* tr. diagnos-
diagnostic *(daiagnóstic)* s. diagnóstico. [diagonal.
diagonal *(daiágonal)* adj. y s.
diagram *(dáiagram)* s. diagrama.
dial *(dáial)* s. (tec.) cuadrante; esfera (del reloj); (teléf.) disco; tr. (teléf.) marcar el número.
dialect *(dáialect)* s. dialecto.
dialectic *(daiöléctic)* adj. dialéctico. [tr. dialogar.
dialogue *(dáialog)* s. diálogo;
diameter *(daiámeta)* s. diámetro.
diamond *(dáiamönd)* s. diamante: cortavidrios; (naip.) «ros»; (geom.) rombo.
diaper *(dáiapa)* s. (E. U.) servilleta; pañal. [fragma.
diaphragm *(dáiafram)* s. dia-
diarist *(dáiarist)* s. diarista.
diarrhoea *(daiarría)* s. diarrea.
diary *(dáieri)* s. diario.
dice *(dáis)* s. pl. dados; **—box,** s. cubilete.
dicker *(díca)* tr. (E. U.) regatear. [fono.
dictaphone *(díctafoun)* s. dictá-
dictate *(dícteit)* tr. e intr. dictar. [precepto(s).
dictation *(diktéishn)* s. dictado;
dictator *(dictéta)* s. dictador.
dictatorship *(diktéitooshep)* s. dictadura.
diction *(dícschön)* s. dicción.
dictionary *(dícshöneri)* s. diccionario.
didactic *(didaktik)* adj. didáctico; (pl.) s. didáctica. [far.
diddle *(dídl)* tr. engañar, esta-
die *(dái)* intr. morir; (fueg.) extinguirse; (bot.) marchitarse; **—,** s. dado; (mec.) troquel, matriz; **the die is cast,** la suerte está hechada.
diet *(dáiet)* s. régimen, dieta.
differ *(difee)* intr. diferenciarse. [cia.
difference *(díferens)* s. diferen-
different *(diferent)* adj. diferente, distinto; **to be —,** diferir.
difficult *(dífikölt)* adj. difícil, arduo, penoso.
difficulty *(dífikölti)* s. dificultad; obstáculo; inconveniente. [fianza.
diffidence *(dífidens)* s. descon-
diffident *(dífident)* adj. desconfiado. [difundir.
diffuse *(difiús)* adj. difuso; tr.
diffusion *(difiúshön)* s. difusión.
dig [**dug; dug**] *(díg)* tr. e intr. cavar; ahondar; excavar.
digest *(didyést)* tr. digerir; clasificar; *(dáidyest)* s. recopilación.
digestible *(didyéstíbl)* adj. digerible. [gestión.
digestion *(didyéschön)* adj. di-
digestive *(didyéstiv)* s. y adj. digestivo; **— biscuit,** galleta integral.
digger *(díga)* s. cavador; **grave digger,** enterrador, sepulturero.
digit *(dídyt)* s. (mat.) dígito; (anat.) dedo; adj. **—al,** digital.
dignified *(dignifaid)* adj. serio.
dignify *(dignifai)* tr. dignificar.
dignity *(digniti)* s. dignidad.
digress *(digrés)* intr. divagar.
digression *(digréschön)* s. digresión, divagación.
dike *(dáik)* s. (hid.) dique; barrera. *Naut.* espigón.
dilapidate *(dilápideit)* tr. e intr. malgastar; intr. (fig.) arruinarse, echarse a perder.
dilate *(dailéit)* tr. dilatar; intr. extenderse.

D

D

dilated *(daileitid)* adj. dilatado.
dilemma *(diléma)* s. dilema.
diligence *(dilidyens)* s. diligencia, laboriosidad.
diligent *(dilidyent)* adj. diligente, laborioso, activo; **—ly,** adv. afanosamente.
dilute *(diliút)* adj. diluído.
dilly-dally *(dili dáli)* intr. (fam.) malgastar el tiempo; ser indeciso.
dilute *(diliút)* tr. diluir, disolver; **—d** *(diluitd)* adj. diluido, disuelto, aguado.
dim *(dím)* adj. (luz) tenue; débil; indistinto, difuso; (fig.) (per.) atontado.
dime *(daim)* s. (E. U.) perra gorda; **it's not worth a dime,** no vale una perra gorda.
dimension *(diményön)* s. dimensión; tamaño.
diminish *(dimínisch)* tr. disminuir, mermar.
diminishing *(diminishin)* adj. decreciente, menguante.
dimness *(dímnes)* s. (luz) oscuridad; (per.) torpeza.
din *(dín)* s. estruendo; (fig.) barullo, clamor.
dine *(dáin)* intr. comer, cenar;
diner *(dáina)* s. comenzar, invitado. [sucio, descuidado.
dingy *(dyi)* adj. oscurò, triste;
dining-room *(dáining-rum)* s. comedor.
dinner *(dína)* s. comida, cena; **— service,** vajilla completa; **— time,** hora de cena.
diocese *(dáiösis)* s. diócesis.
dip *(díp)* tr. mojar; sumergir; remojar; s. inclinación, inmersión.
diphtheria *(difzíria)* s. (med.) difteria.
diploma *(diplóuma)* s. diploma.
diplomacy *(diplómasi)* s. diplomacia. [tico.
diplomatic *(diplomátic)* diplomá-
dipping *(diping)* s. inmersión.
direct *(dírekt)* adj. directo, recto; — *(dairékt)* tr. dirigir; adv. **—ly,** directamente; inmediatamente.
direction *[d(a)irécschön]* s. dirección; instrucciones.
director *[d(a)iréctör]* s. director. [lefónica.
directory *(diréctori)* s. guía (te-
dirt *(deet)* s. suciedad, basura; tr. ensuciar.
dirty *(deeti)* adj. sucio, cochino.
disability *(disabilíti)* s. incapacidad.
disable *(diséibl)* tr. incapacitar.
disabled *(diseibld)* adj. incapacitado, inválido.
disadvantage *(disadvánteddye)* s. desventaja; daño.
disagree *(disagrí)* intr. estar en desacuerdo, diferir en opinión; discrepar. [sagradable.
disagreeable *(disagríábl)* adj. de-
disagreement *(disagríment)* s. desacuerdo, desavenencia.
disallow *(disalau)* tr. desaprobar, denegar. [recer.
disappear *(disapí)* intr. desapa-
disappearance *(disapírans)* s. desaparición.
disappoint *(disapoint)* tr. frustrar; desilusionar, desalentar.
disappointing *(disapointing)* adj. desalentador, desilusionador.
disappointment *(disapóintment)* s. frustración, chasco, disgusto. [saprobación.
disapproval *(disaprúval)* s. de-
disapprove *(disaprúv)* tr. desaprobar; rechazar; censurar.
disarm *(disáam)* tr. desarmar.
disarmament *(disáamament)* s. desarme.
disarrange *(disarédye)* tr. desordenar, desarreglar.
disarrangement *(disarréndyehment)* s. desorden.
disaster *(disásta)* s. desastre.
disastrous *(disástros)* adj. desastroso. [repudiar.
disavow *(disaváu)* tr. denegar;
disavowal *(disaváual)* s. denegación, repudio.
disband *(disbánd)* tr. dispersaı intr. desbandarse.
disbelief *(disbelíf)* s. incredulidad. [creer.
disbelieve *(disbelív)* tr. des-
disburse *(disbéers)* tr. desembolsar; gastar.

disc *(disk)* s. disco.
discard *(discáad)* tr. desechar, deshacer (de), tirar, (fam.).
discern *(diseen)* tr. discernir; intr. distinguir.
discerning *(diséenin)* adj. sagaz.
discharge *(dischåadye)* s. (ind.) desagüe; (med.) derrame; (mil.) licencia; (leg.) absolución; tr. (ind.) desagüer; (med.) derramar; (mil.) licenciar; (leg.) absolver.
disciple *(disáipl)* s. discípulo; tr. disciplinar. [ciplinario.
disciplinary *(disiplíneri)* adj. dis-
discipline *(dísiplin)* s. (mil.) disciplina; (leg.) castigo, corrección; tr. disciplinar; castigar.
disclaim *(discléim)* tr. rechazar, repudiar; (leg.) denegar.
disclose *(disclóus)* tr. descubrir, revelar. [lación.
disclosure *(disclóshya)* s. reve-
discomfort *(disk'ömför)* s. desconsuelo; molestia.
discompose *(discompóus)* tr. descomponer; perturbar.
discomposure *(discompóshya)* s. agitación
disconcert *(disconset)* tr. turbar; desconcertar; adj. **—ed,** desconcertado, turbado.
disconnect *(discónekt)* tr. desconectar.
disconsolate *(discónsolet)* adj. desconsolado; s. **—ness,** desconsuelo.
discontent *(discontént)* adj. s. descontento; tr. disgustar, descontentar.
discontented *(descontentéd)* adj. descontento, disgustado; **—ly,** adv. de mala gana, a disgusto; **—ness,** s. descontento.
discontinue *(discontiniu)* tr. e intr. descontinuar, interrumpir.
discontinuos *(discontiniuäs)* adj. descontinuo.
discord *(discood)* s. discordia, desavenencia; **—ance** *(discordans)* s. discordancia; (mús.) disonancia; **—art** *(art)* adj. discordante, incongruo; (mús.) disonante.
discordance *(discórdans)* s. discordancia. [cordante.
discordant *(discórdant)* adj. dis-
discount *(discáunt)* s. descuento; tr. descontar.
discounter *(discáuntör)* s. prestamista, banquero.
discourage *(discáidye)* tr. desalentar, desanimar, disuadir.
discouragement *(discaidyment)* s. desaliento, disuasión.
discourse *(discós)* s. discurso.
discourteous *(diskooteös)* adj. descortés. [cortesía.
discourtesy *(diskootesi)* s. des-
discover *(discáva)* tr. descubrir. [cubridor.
discoverer *(discávera)* s. des-
discovery *(discaveri)* s. descubrimiento, hallazgo.
discredit *(discrédit)* descrédito; tr. desacreditar.
discreet *(discrít)* adj. discreto.
discrepancy *(discrépansi)* s. discrepancia. [creción.
discretion *(discréshön)* s. dis-
discriminate *(discrímineit)* tr. discriminar.
discrimination *(discriminéshön)* s. discriminación.
discus *(diskös)* s. (dep.) disco; **to throw the —,** lanzar el disco; **— thrower,** lanzador de disco; disco. [batir.
discuss *(disk'ás)* tr. discutir, de-
discussion *(disk'aschön)* s. discusión, debate.
disdain *(disdéin)* s. desprecio, desdén; tr. e intr. desdeñar(se). [deñoso.
disdainful *(disdéinful)* adj. des-
disease *(disís)* s. enfermedad.
disembark *(disembáak)* tr. e intr. desembarcar(se).
disembarkation *(disembarkéishön)* s. desembarque.
disembody *(disémbódi)* tr. separar del cuerpo. *Mil.* licenciar.
disembowel *(disembauel)* tr. desentrañar, destripar.
desembroil *(disembroil)* desenredar, desembrollar.
disenchanting *(disenchantin)* adj. desilusionante.

D

D

disengage *(disenguédye)* tr. desocupar; (mec.) desacoplar; desasir; (aut.) desembragar; intr. desentenderse de, desligarse.
disengaged *(disenguédchd)* adj. desocupado; vacante.
disentangle *(disentángl)* tr. desenredar.
desfigure *(disfiga)* tr. desfigurar.
disgrace *(disgréis)* s. (fam.) vergüenza, muy mal; tr. deshonrar; (fam.) estropear.
disgraceful *(disgréisful)* adj. vergonzoso, terrible.
disguise *(disgast)* s. disfraz; tr. disfrazar.
disgust *(disgast)* s. (fam.) asco, repugnancia; tr. repugnar; enfadar.
disgusting *(disgasting)* adj. repugnante, desagradable.
dish *(disch)* s. (coc.) plato; (vaj.) fuente; (fam.) **she's a —**, ¡es un bombón!; plato. tr. servir.
dishearten *(disjárten)* tr. desanimar; desalentar; adj. **—ed**, descorazonado, desilusionado; **—ing**, adj. y s. descorazonador.
dishonest *(disónest)* adj. deshonesto, desonrado, falso.
dishonour *(disónar)* s. deshonor; deshonrar; tr. deshonrar; afrentar.
desilusion *(disiliúschön)* s. desilución, desengaño. [tar.
disinfect *(disinféct)* tr. desinfec-
disinfectant *(disinféctant)* s. desinfectante.
desinfection *(disinfécschön)* s. desinfección. [redar.
disinherit *(disinjérit)* tr. deshe-
desintegrate *(disintegréit)* tr. intr. desintegrar(se).
desintegration *(disintegreischön)* s. desintegración.
desinterment *(disitö'rment)* s. exhumación.
disjoin *(disdchóin)* tr. desunir; desasir; (med.) dislocar.
dislike *(disláic)* s. aversión (p. cosas); (pers.) antipatía; tr. no gustar, desagradar.
dislocate *(dislokeit)* tr. dislocar.
dislocation *(dislokéischön)* s. dislocación.
dislodge *(dislóddye)* tr. desalojar, expulsar. [fiel, falso.
disloyal *(dislóial)* s. desleal, in-
disloyalty *(dislóialti)* s. deslealtad. [gubre.
dismal *(dismal)* adj. triste, lú-
dismantle *(dismántl)* tr. desmantelar; desmontar.
dismay *(disméi)* s. desmayo; desánimo; tr. desanimar.
dismember *(dismémbör)* tr. desmembrar.
dismiss *(dismís)* tr. despedir; destituir, desechar; (mil.) romper filas. [destitución.
dismissal *(dismísal)* s. despido;
dismount *(dismaunt)* tr. (mec.) desarmar; intr. (cab.) desmontar. [desobediencia.
disobedience *(disobídiens)* s.
disobedient *(disobídient)* adj. desobediente. [cer.
disobey *(disobéi)* tr. desobede-
disorder *(disorda)* s. desorden, tr. desordenar; (med.) indisposición. [bulento.
disorderly *(disordörli)* adj. tur-
disorganisation *(disorganiséischön)* s. desorganización.
disorganise *(disorganise)* tr. desorganizar. [nunciar.
disown *(disóun)* tr. negar, re-
disparage *(dispáridye)* tr. rebajar, menospreciar.
disparagement *(dispáredyement)* s. menosprecio.
disparity *(dispáriti)* s. disparidad, desigualdad.
dispassionate *(dispáschönet)* adj. desapasionado.
dispatch *(dispách)* s. envío, remesa; tr. (com.) remitir, expedir.
dispel *(dispél)* tr. disipar.
dispensary *(dispénsari)* s. dispensario.
dispensation *(dispenséischön)* s. dispensa.
dispense *(dispéns)* tr. dispensar; (farm.) despachar recetas.

disperse *(dispö'rs)* tr. dispersar.
dispersion *(dispö'rschön)* s. dispersión.
dispirit *(dispirit)* tr. desalentar, desanimar.
displace *(displéis)* tr. desplazar, desalojar, remover; (pol.) despatriar; adj. **—d,** sin patria, despatriado.
displacement *(displésment)* s. destitución. *Naut.* desplazamiento.
display *(displéi)* s. (com.) exposición, despliegue; *Pol.* manifestación. tr. (com.) exhibir, mostrar.
displease *(displís)* tr. e intr. desagradar; ofender.
displeasure *(displéshy)* s. desagrado.
disport *(dispórt)* tr. ostentar presumir.
disposal *(dispóusal)* s. disposición.
dispose *(dispéus)* tr. disponer de; intr. deshacerse de; hacer uso de.
disposition *(disposíschön)* s. disposición, talento.
dispossess *(disposés)* tr. desposeer; desalojar.
disproportion *(dispropoochön)* s. desproporción; desigualdad.
disproportionate *(dispropooshönet)* adj. desproporcionado.
disprove *(disprúv)* tr. rebatir; refutar. [disputar.
dispute *(dispiút)* s. disputa; intr.
disqualification *(discuolifikéischön)* s. descalificación.
disqualify *(discuólifai)* tr. descalificar. [adj. inquieto.
disquiet *(discuáiet)* s. inquietud;
disregard *(disregaád)* tr. no hacer caso de, ignorar.
disreputable *(disrépiutabl)* adj. desacreditado.
disrepute *(disripiút)* tr. desacreditar; s. descrédito.
disrespect *(disrispéct)* s. desacato; tr. desacatar.
disrupt *(disrapt)* tr. trastornar, interrumpir.
dissatisfaction *(disatisfacshön)* s. descontento, disatisfacción.
dissatisfactory *(disatisfactri)* adj. insatisfactorio.
dissatisfied *(disatisfaid)* adj. descontento, desatisfecho.
dissatisfy *(disatisfi)* tr. descontentar, desatisfacer.
dissect *(diséct)* tr. *Med.* anatomizar; (fig.) criticar, analizar.
dissection *(disécschön)* s. disección. [seminar, propagar.
disseminate *(diséminelt)* tr. di-
dissemination *(diseminéischön)* s. diseminación.
dissension *(disénchön)* s. disensión, discordia. [disentir.
dissent *(disént)* s. disensión; tr.
dissidence *(disidens)* s. disidencia, desunión. [sidente.
dissident *(disident)* s. y adj. di-
dissimilar *(disímilör)* adj. diferente, desigual.
dissimilarity *(disimiláriti)* s. disimilitud, desigualdad.
dissimulate *(disímiuleit)* tr. e intr. disimular, fingir.
dissimulation *(disimiuléischön)* s. disimulo, hipocresía.
dissipate *(disipéit)* tr. e intr. disipar(se). [sipación.
dissipation *(disipéischön)* s. di-
dissociate *(disóschiet)* tr. desasociar. [solubilidad.
dissolubility *(disoliubiliti)* s. di-
dissoluble *(disoliubl)* adj. disoluble. [no.
dissolute *(disoliut)* adj. liberti-
dissolution *(disoliúschón)* s. disolución.
dissolve *(disólv)* tr. disolver; intr. disolverse.
dissonance *(dísonans)* s. disonancia.
dissonant *(disonant)* adj. disonante, discordante.
dissuade *(disuéid)* tr. disuadir.
dissuasion *(disuéichön)* s. disuasión.
dissuasive *(disuésiv)* adj. disuasivo; s. disuasivo.
distance *(distans)* s. distancia;
distant *(distant)* adj. distante, alejado.

distemper *(distémpa)* s. indisposición; destemplanza; tr. incomodar. [tender.
distend *(disténd)* tr. dilatar; ex-
distension *(disténchön)* sl dilatación, distensión.
distil *(distil)* tr. destilar; intr. destilar. [tilación.
distillation *(distiléishön)* s. des-
distillery *(distílöri)* s. destilería.
distinct *(distínct)* adj. claro, distinto, inequívoco.
distinction *(distíncschön)* s. distinción; (acad.) sobresaliente. [tintivo.
distinctive *(distínctiv)* adj. dis-
distinguish *(distingüish)* tr. distinguir, discernir.
distinguished *(distingüisht)* adj. distinguido; eminente.
distort *(distóot)* tr. deformar, falsear.
distorted *(distóoted)* adj. deforme; tergiversado.
distortion *(distóoschön)* s. distorsión, deformación, falseamiento. [interrumpir.
distract *(distráct)* tr. distraer;
distraction *(distrácschön)* s. distracción; locura; agitación.
distress *(distrés)* s. calamidad, pena; tr. afligir.
distribute *(distríbiut)* tr. distribuir; clasificar.
distributer *(distríbiutar)* s. distribuidor; clasificador.
distribution *(distribiúchön)* s. distribución, reparto. [marca.
district *(district)* s. distrito, co-
distrust *(distrast)* s. desconfianza; tr. desconfiar de.
distrustful *(distrastful)* adj. desconfiado, receloso.
disturb *(disteeb)* tr. (per.) molestar; perturbar; interrumpir.
disturbance *(disteebans)* s. molestia, interrupción, alboroto.
disturbing *(disteebing)* adj. alarmante, perturbador.
disunite *(desiunait)* tr. desunir, separar; adj. **—d** desunido, separado.
disuse *(disiús)* s. desuso; tr. intr. **fall into —**, caer en desuso.
ditch *(dich)* s. zanja; *Agr.* acequia; tr. abrir zanjas; (fam.) dejar en la cuneta.
divan *(diván)* s. diván.
dive *(dáiv)* intr. sumergirse; bucear, zambullirse; lanzarse, arrojarse.
diver *(daivar)* s. buzo.
diverge *(diveedye)* intr. separarse, divergir.
divergence *(diveedyes)* s. divergencia. [vergente.
divergent *(diveedyes)* adj. di-
diverse *(divees, dáivees)* adj. diverso. [sificar.
diversify *(diveersifi)* tr. diver-
diversion *(deiveeshön)* s. (traf.) desvío; diversión.
diversity *(diveesiti)* s. diversidad, variedad.
divert *(diveert)* tr. desviar; distraer; divertir.
diverting *(deiveeting)* adj. (traf.) de desvío; divertido.
divest *(dáivést)* tr. despojar.
dividable *(diváidabl)* adj. *Mat.* divisible. [dividirse.
divide *(diváid)* tr. dividir; intr.
dividend *(dividend)* s. *Econ.* dividendo, cupón. [vinación.
divination *(divinéischön)* s. adi-
divine *(diváin)* tr. adivinar; s. *Eccl.* teólogo; adj. divino.
diviner *(diváinör)* s. adivino.
diving *(daivin)* adj. buceo; **— suit**, traje de buzo; **skin —**, buceo a pulmón. [teología.
divinity *(divíniti)* s. divinidad;
divisibility *(divisibíliti)* s. divisibilidad.
divisible *(divísibl)* adj. divisible.
division *(divíchön)* s. división; discordia.
divorce *(divóurs)* s. divorcio; (fig.) separación; tr. divorciar(se); (fig.) separarse.
divulge *(divö'ldsi)* tr. divulgar. [vahido, mareo.
dizziness *(dísines)* s. vértigo,
dizzy *(dísi)* tr. mareado; **to make —**, marear(se).
do [**did; done**] *(dú)* tr. hacer; ejecutar; **— away wih**, supri-

mir; — **a person,** engañar, (fam.) matar; — **weel,** tener éxito; **well to —,** acomodado; **That's done it!,** ¡Buena la ha(s) hecho! **How do you do!** ¡Hola! **That will do!** ¡Vale!
docile *(dósil)* adj. dócil.
docility *(dosíliti)* s. docilidad.
dock *(dók)* s. **dry —,** dique seco, muelle. [descargador.
docker *(dókar)* s. estibador,
dockyard *(dókyard)* s. astillero.
doctor *(dóctör)* s. doctor; tr. asistir. [doctorado.
doctorate *(dóctoreit)* s. (acad.)
doctrine *(doktrin)* s. doctrina, dogma. [mento.
document *(dókiument)* s. docu-
documentary *(dokiuméntari)* adj. y s. documental.
dodge *(dód***ch***)* tr. e intr. esquivar, eludir; s. esquinazo.
dodger *(dodya)* s. truco, trampista, truquista.
doe *(dós)* s. gama, coneja.
doer *(dúör)* s. agente, hacedor.
dog *(dóg)* s. perro; can; tr. ir tras.
dogged *(dóguit)* adj. terco.
doggisch *(dóguisch)* adj. perruno, regañón.
dogma *(dógma)* s. dogma.
dogmatic *(dogmátic)* adj. dogmático. [matizar.
dogmatize *(dógmatais)* intr. dog-
doing *(dúing)* s. hecho, actividad.
doldrums *(doldráms)* s. tristeza, melancolía. *Naut.* **in the —,** calma, chicha.
dole *(doul)* s. porción, limosna; beneficio de paro; tr. **to be on the —,** recibir beneficio de paro. [triste, melancólico.
doleful *(dóulful)* adj. lúgubre,
doll *(dól)* s. (jug.) muñeca.
dollar *(dólar)* s. dólar.
dolorous *(dólorös)* adj. doloroso; lastimoso.
dolphin *(dólfin)* s. delfín.
dolt *(dólt)* s. bobo, tonto, necio.
domain *(döméin)* s. dominio.
dome *(dóum)* s. cúpula.
domestic *(doméstic)* adj. doméstico, familiar; s. criado.
domesticate *(doméstikeit)* tr. domesticar. [lio.
domicile *(domisail)* s. domici-
dominant *(dóminant)* adj. dominante. [nar.
dominate *(dómineit)* tr. domi-
domination *(dominéischön)* s. dominación, dominio, tiranía.
domineer *(dominír)* intr. dominar; imperar. [nio.
dominion *(domíniön)* s. domi-
domino *(dóminou)* s. y pl. (jueg.) dominó, disfraz.
donation *(donéischön)* s. donación; dádiva.
donative *(dónativ)* s. donativo.
done *(dön)* p. p. de **to do** hecho, acabado; **done for** agotado, «listo».
donkey *(dónki)* s. asno, burro.
donor *(dóuna)* s. donante.
don't *(dóunt)* abreviatura de **do not; «do's and dont's»,** reglas. [tear.
doodle *(doodel)* intr. garaba-
doom *(dúm)* s. sentencia; f. perdición; tr. sentenciar; **to be —ed,** estar perdido.
doomsday *(dúmsdei)* s. Día del Juicio Universal.
door *(dór)* s. puerta; portal; **door-keeper** portero; **next door,** al lado, en la habitación o piso de al lado; **door-handle** *(...handel)* s. puño (de la puerta).
dope *(dóup)* s. (fam.) droga, narcótico, grasa, información; (pers.) estúpido; tr. narcotizar. [mecido, latente.
dormant *(doomant)* adj. ador-
dormitory *(dóomitori)* s. dormitorio.
dosage *(dousedyi)* s. clasificación.
dose *(dóus)* s. dosis.
dot *(dót)* s. tilde; punto.
dotage *(dóutidch)* s. chochera, chochez.
dote *(dóut)* intr. chochear; — **on,** estar loco por.
doting *(dóuting)* adj. apasionado; ñoño.
double *(dö̈bl)* s. adj. doble;

D

adv. doble; tr. doblar, duplicar. [dudar.
doubt *(dáut)* s. duda; tr. e intr.
doubtful *(dáutful)* adj. dudoso.
D **doubtless** *(dáutles)* adj. seguro; adv. sin duda.
dough *(dóu)* s. masa, pasta; (fam.) dinero.
douse *(dáus)* tr. zambullir, rociar con agua, apagar.
dove *(döv)* s. paloma.
dovetail *(dö'vteil)* s. (carp.) ensambladura; tr. ensamblar.
dowdy *(dáudi)* adj. zafio; sucio; s. «mujeruca».
dowery *(dauri)* s. doti.
down *(dáun)* adv. abajo; hacia abajo; s. plumón, interj. ¡abajo! adj. descendente. [tido.
downcast *(dáuncast)* adj. abadownfall *(dáunfol)* s. caída; ruina. [rrón.
downpour *(dáunpör)* s. chapa-
downright *(dáunrait)* adv. enteramente; adj. evidente.
downstairs *(dáunstérs)* adv. abajo; (en) el piso de abajo.
downwards *(daunueeds)* adj. hacia abajo; en decaimiento.
dowry *(dáuri)* s. dote.
doze *(dóus)* s. sopor; intr. dormitar, cabecear.
dozen *dösn)* s. docena; **bakers—**, trece.
doziness *dóusnis)* s. modorra.
dozy *(dósi)* adj. soñoliento; amodorrado.
drab *(dráb)* adj. triste, oscuro.
draft *(dráft)* s. *Com.* giro, letra de cambio; dibujo; esquina. *Mil.* piquete, refuerzo; tr. reclutar *(Mil. E. U.)* hacer un borrador.
draftsman *(dráftsman)* s. delineante, proyectista.
drag *(drág)* s. (fam.) pesadez; (fam.) chupada (al fumar); rastra; tr. arrastrar, dragar; intr. arrastrarse. [midero.
drain *(dréin)* s. desagüe; s. su-
drainage *(dréinidyi)* s. drenaje.
draining *(dreinin)* adj. de drenaje; — **board**, escurre-platos.
drake *(dréik)* s. pato.
drama *(dráma)* s. drama, teatro.
dramatic *(dramátic)* adj. dramático. [turgo.
dramatist *(drámatist)* s. drama-
dramatize *(drámatais)* tr. dramatizar.
drape *(dréip)* tr. colgar.
draper *(dréipör)* s. pañero, lencero. [colgaduras.
drapery *(dréipöri)* s. pañería,
draught *(dráft)* tr. dibujar; redactar; s. trago; porción; corriente de aire; tiro (de chimenea); pl. juego de damas; s., —**board**, tablero de damas. [lineante.
draughtsman *(dráftman)* s. de-
draw *(dró)* s. tiro, giro; sorteo. *Dep.* empate; [**drew; drawn**] tr. arrastrar; dibujar; (com.) reintegrar; **to draw lors**, echar suertes.
drawback *(dróbác)* s. inconveniente, desventaja.
drawbridge *(dróbridch)* s. puente levadizo.
drawer *(dracua)* s. *Com.* cajón, librador; pl. **drawers**, pantalones; **chest of drawers**, cómoda.
drawing *(dróing)* s. giro; sorteo; dibujo; **drawing room** salón; **drawing-board**, tablón de dibujar; **drawing-pin**, chincheta. [trar las palabras.
drawl *(droal)* tr. e intr. arras-
drawn *(drón)* (p. p. **draw**) adj. dibujado; arrastrado; (com.) librado, retirado; (bantio) **long dawn out**, largo, extenso.
dray *(dréi)* s. carromato.
dread *(dréd)* s. miedo, espanto; tr. e intr. temer.
dreadful *(drédful)* adj. terrible, espantoso, horrible.
dream *(drím)* s. sueño, ensueño, encanto; [**dreamt; dreamt**] tr. soñar.
dreamer *(dríma)* s. soñador.
dreariness *drírines)* s. tedio, aburrimiento; tristeza.
dreary *(dríri)* adj. tedio, aburrido, monótono.

dredge *(drédye)* s. aparato para dragar; tr. e intr. limpiar, dragar.
dregs *(drégs)* s. pl. posos; (fam.) ralea, lo más bajo; heces.
drench *(drénch)* tr. empapar.
dress *(drés)* s. vestido. *Teat.* — **circle,** anfiteatro; **fancy — ball,** baile de máscaras; tr. vestir; (coc.) adornar.
dressing *(drésing)* s. (coc.) aderezo; *Med.* aposito, ventaje; — **table,** tocador.
dressin-gown *(drésing goun)* s. bata, salto de cama; **dressing room,** camerino. *Dep.* vestuarios.
dressmaker *(drésmeikör)* s. costurera, modista.
dribble *(dríbl)* intr. babar, gotear; (fútbol) regatear; s. goteo. **dribbler** s. baboso; (fútbol) regateador.
drier *(dráia)* s. secador.
drift *(drift)* s. torbellino. *Mar.* deriva; tr. impeler, intr. ir a la deriva. amontonarse (nieve).
drill *(drill)* s. taladro; instrucción, ejercicio. *Gram.* práctico; tr. taladrar. *Mil.* instruir.
drink *(drínk)* s. bebida; trago; [**drank; drunk**] tr. e intr. beber.
drinker *(drinka)* s. bebedor, borracho. **drinking** *(drinking)* adj. (agua) potable.
drip *(dríp)* s. gotera; intr. gotear; intr. dejar gotear.
dripping *(dríping)* s. pringue.
drive *(dráiv)* s. paseo en coche; avenida; empuje. *Mec.* transmisión; [**drove; driven**] tr. e intr. conducir.
drivel *(drívl)* s. baba; cháchara; intr. babear. [boso.
driveller *(drívla)* s. (fig.) ba-
driver *(dráiva)* s. conductor.
driving *(dráiving)* s. conducción. [lloviznar.
drizzle *(drísl)* s. llovizna; intr.
droll *(dról)* adj. chusco; s. bufón, bufonada; intr. bromear.
drone *(dróun)* s. zángano; (fig.) haragán.
droop *(drúp)* tr. inclinar; bajar; intr. caer, colgar.
drop *(dróp)* s. gota; caída; tr. soltar, dejar caer.
dropsy *(drópsi)* s. hidropesía.
dross *(dros)* s. impureza. [za.
drossiness *(drósines)* s. impure-
drought *(dráut)* s. sequía.
drove *(dróuv)* s. manada.
drown *(dráun)* tr. ahogar; anegar; intr. ahogarse.
drowse *(dráus)* tr. adormecer; intr. amodorrarse.
drowsiness *(dráusines)* s. modorra. [amodorrado.
drowsy *(dráusi)* adj. soñoliento,
drub *(dröob)* tr. pegar, apalear; (mús.) redoblar.
drubbing *(drö'bing)* s. paliza; (mús.) redoble.
drudge *(drödch)* s. ganapán; (fam.) marmoto; intr. enfaenarse. [trabajo penoso.
drudgery *(drö'dchöri)* s. faena,
drug *(drög)* s. droga; medicamento; tr. medicinar; **drugstore** *Amér.* bar; bazar; farmacia.
drum *(drö'm)* s. tambor.
drummer *(dróma)* s. tamborilero; (mús.) el batería.
drunk *(drö'nk)* adj. borracho.
drunkard *(drö'nkard)* s. borracho.
drunken *(drö'nken)* adj. bebido.
drunkenness *(drö'nkennes)* s. embriaguez.
dry *(drái)* adj. seco; tr. e intr. secar(se); — **dock,** dique seco; — **goods,** lencería; — **rat,** polilla.
dryer *(dráiör)* s. secante.
drying *(dráing)* adj. secante, secador.
dryness *(dráines)* s. sequedad.
duality *(diuáliti)* s. dualidad.
dub *(dö'b)* s. golpe; espaldarazo; tr. golpear; doblar (películas).
dubious *(diúbiös)* adj. dudoso; incierto. [duda.
dubiousness *(diúbiösnes)* s.
duchess *(dö'ches)* s. duquesa.
duchy *(dö'chi)* s. ducado.

D

D

duck *(dö'k)* s. pato; tr. e intr. (fam.) zambullir(se).
[da.
ducking *(döking)* s. zambulli-
ducky *(dö'ki)* s. (fam.) paloma mía, amor mío.
duct *(dö'ct)* s. tubo, canal.
dud *(dö'd)* adj. (fam.) falso.
due *(diú)* adj. debido; vencido; s. derechos largos.
[tirse.
duel *(diúel)* s. duelo; intr. ba-
duet *(diuét)* s. dúo.
[do.
dug *(dög'g)* s. pr. p. p. dig; cava-
duke *(diúk)* s. duque.
dull *(dö'l)* adj. estúpido, soso; (met.) nublado, encapotado; (bol.) opaco.
dullness *(dö'lnes)* s. torpeza, aburrimiento; (cols.) deslustre.
dumb *(dö'm)* adj. mudo.
dumbness *(dö'mnes)* s. mudez, silencio.
dummy *(dö'mi)* s. chupete (Bebe); (cost.) maniquí.
dump *(dö'mp)* s. escombrero, vertedero; tr. verter.
dumper *(dö'mpa)* s. (aut.) camión volquete.
dumping-ground *(dómpinggraund)* s. vertedero de escombros, escombrera.
dumpy *(dö'mpi)* adj. regordete; rechoncho.
dun *(dö'n)* adj. pardo.
dunce *(dö'ns)* s. zote; (Esc.) (fam.) burro.
dune *(diún)* s. duna.
dung *(dö'ng)* tr. estiércol; tr. estercolar, excremento animal.
[ro.
dunghill *(dö'ngjil)* s. estercole-
dungeon *(dö'nchön)* s. calabozo, mazmorra.
dunk *(döngk)* tr. mojar (pan en la leche).
dupe *(diúp)* s. crédulo; incauto; tr. embaucar, timar.
duplicate *(diúplikeit)* s. doble; duplicar.
[dad, engaño.
duplicity *(diuplísiti)* s. duplici-
durable *(diurábl)* adj. duradero; — **goods,** bienes duraderos.
duration *(diuréischön)* s. duración.
[mientras.
during *(diúring)* prep. durante;
dusk *(dö'sk)* s. atardecer; intr. y tr. anochecer; crepúsculo. el polvo; **saw —**, serrín.
dustbin *(dö'stbin)* s. cubo de la basura.
duster *(dö'stör)* s. paño de polvo, borrador.
dustman s. recoge basuras, barrendero.
dust-pan s. polvero.
dusty *(dö'sti)* adj. polvoriento.
Dutch *(dö'ch)* s. y adj. holandés.
[dés.
Dutchman *(dö'chman)* s. holan-
dutiable *(diútiöbl)* adj. tributable, tasable.
dutiful *(diútiful)* adj. obediente.
duty *(diúti)* s. deber; *Mil.* servicio; (Eco.) impuesto; **duty free,** libre de impuestos, franco; **on —**, de guardia, de servicio; **off —**, libre (de guardia); **to do one's —**, cumplir con su deber.
dwarf *(duórf)* s. enano; adj. diminuto; tr. empequeñecer.
dwarfish *(duórfisch)* adj. enano; diminuto.
dwell [**dwelt; dwelt**] *(duél)* intr. habitar; morar; vivir; **to — on,** insistir.
[morada.
dwelling *(duéling)* s. domicilio,
dwindle *(duíndl)* intr. disminuir, mermar.
[ñir(se).
dye *(dái)* s. tinte; tr. intr. te-
dyeing *(dáing)* s. tinte.
dyer *(dáiör)* s. tintorero.
dying *(dáing)* adj. moribundo; **to be — for,** estar deseando.
dynamic *(dainámic)* adj. dinámico.
[ta.
dynamite *(dáinamait)* s. dinami-
dynamo *(dáinamo)* s. dínamo.
dynasty *(dáinasti)* s. dinastía.
dysentery *(dínstri)* s. disentería (med.).
[sia (med.).
dyspepsia *(dispepsia)* s. dispep-

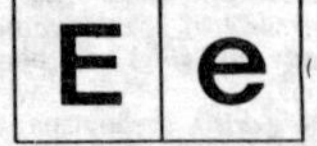

each *(ích)* pron. cada uno; adj. cada, todo; adv. **each other,** el uno al otro.
eager *(igör)* adj. ansioso.

eagerness *(igörnes)* s. ansia, avidez.
eagle *(ígl)* s. águila.
eaglet *(íglet)* s. aguilucho.
ear *(ír)* s. oreja, oído; (Bot.) espiga; **to turn an —,** hacer el sordo.
earring *(írring)* s. pendiente.
earl *(eelr)* s. conde. [primeros.
early *(eerli)* adv. temprano; adj.
earn *(eern)* tr. ganar; **to — one's living,** ganarse la vida.
earnest *(eernest)* s. seriedad; adj. serio, diligente; ávido; ansioso. [ganancias.
earnings *(eernings)* s. ingresos,
earth *(eerz)* s. tierra; suelo; tr. enterrar. [de barro.
earthen *(eerzn)* adj. de tierra.
earthenware *(eerzenuér)* s. loza.
earthworn *(eerzuörm)* s. lombriz de tierra. [moto.
earthquake *(eerzkueik)* s. terre-
ease *(is)* s. alivio; comodidad; tranquilidad; tr. aliviar; **at —!,** ¡descanso!
easel *(isl)* s. cabellete.
easily *(isili)* adv. fácilmente.
easiness *(ísines)* s. facilidad;
east *(ist)* s. Este; Oriente; adj. oriental.
Easter *(ístar)* s. Pascua de Resurección, Semana Santa.
eastern *(ístarn)* adj. oriental.
easy *(ísi)* adj. fácil; **— going,** despreocupado, tranquilo; **to take it —,** tomarla con calma.
eat [**ate** o **eat; eaten**] *(it)* tr., intr. comer.
eating *(íting)* s. comida; adj. de comer, comestible. [tible.
eatable *(ítabl)* adj. y s. comes-
eaves *(ívs)* s. pl. alero.
eavesdrop *(ívsdrop)* tr. fisgonear; s. **—per,** fisgón(a).
ebb *(éb)* s. (mar.) reflujo; **— tide,** marea baja.
eccentric *(icséntric)* adj. extravagante; s. excéntrico.
eccentricity *(ecséntrísiti)* s. excentricidad; rareza.
echo *(éco)* s. eco; intr. resonar; tr. repercutir. [tico.
eclectic *(ecléctic)* adj. eclée-
eclipse *(iclíps)* s. eclipse; tr. eclipsar.
ecology *(icólodye)* s. ecología.
economic(al) *(iconómic(al)* adj. económico.
economics *(iconómics)* s. economía. [mía.
economy *(icónomi)* s. econo-
ecstasy *(écstasi)* s. éxtasis.
ecstatic *(ecstátic)* adj. extático; embelesado.
eddy *(édi)* s. remolino.
Eden *(ídn)* s. edén.
edge *(édye)* s. filo; borde; tr. afilar, **to be on —,** estar nervioso, estar en vilo.
edgeless *(éddyeles)* adj. sin filo.
edging *(éddying)* s. orla.
edible *(edibl)* adj. comestible.
edict *(ídict)* s. edicto, decreto.
edification *(edifikéischön)* s. edificación. [encumbrar.
edify *(édifai)* tr. edificar; (fig.)
edit *(édit)* tr. editar, publicar.
edition *(edischön)* s. edición, publicación.
editor *(éditör)* s. editor.
editorial *(editóriöl)* adj. editorial, instruir.
educate *(édiukeit)* tr. educar.
education *(édiukeischön)* s. (acad.) educación, instrucción. [dor.
educator *(édiukeitar)* s. educa-
eel *(il)* s. anguila; **as slippery as an —,** escurridizo como una anguila. [natural.
eerie *(iri)* adj. espectral, sobre-
efface *(eféis)* tr. borrar.
effect *(eféct)* s. efecto; tr. efectuar.
effective *(eféctiv)* adj. efectivo.
effects *(efícts)* s. bienes personales.
effeminate *(iféminit)* adj. afeminado; tr. intr. afeminar(se). [caz, efectivo.
efficacious *(efikéischös)* adj. efi-
efficiency *(ifíschönsi)* adj. eficiencia. [ciente, capaz.
efficient *(efischent)* adj. efi-
effigy *(éfidgii)* s. efigie.
effort *(éfoot)* s. esfuerzo.
effuse *(efiús)* tr. derramar; verter. [demostrativo.
effusive *(efiúsiv)* adj. efusivo,

E

E

effusion *(efiúchön)* s. efusión, derramamiento, expansión.
egg *(eg)* s. huevo; **hard boiled —**, huevo duro; **soft-boiled egg**, huevo pasado por agua; **scranbled —**, huevos revueltos; **poached —**, huevos escalfados; intr. **— on**, incitar.
eft *(éft)* s. lagartija.
egg-cup s. huevera.
egg-nog s. ponche.
egoism *(ígoism)* s. egoísmo.
egoist *(íggoist)* s. egoísta.
Egyptian *(ichípschön)* s. y adj. egipcio. [dón.
eiderdown *(aidördaun)* s. edre-
eight *(éit)* adj. y s. ocho.
either *(ídör, áidör)* (pron.) adj. cualquiera (de dos) (afirmativo); **either... or...** o... o...; **not either,** tampoco.
ejaculate *(id***ch***ákiulet)* tr. arrojar; eyacular.
eject *(id***ch***éct)* tr. arrojar, lanzar, despedir.
eke *(ik)* s. aumento; tr. aumentar, **to — out,** economizar, (fig.) obtener (lo mínimo).
elaborate *(iláböreit)* adj. elaborado; esmerado; tr. elaborar. [elaboración.
elaboration *(ilaboréischön)* s.
elapse *(iláps)* intr. pasar, transcurrir.
elastic *(ilástic)* adj. elástico; s. goma elástica. [dad.
elasticity *(ilastísiti)* s. elastici-
elate *(eléit)* tr. exaltar, (fig.) elevar; adj. **—d,** exaltado, elevado.
elbow *(élbou)* s. codo; **elbow-room,** (fig.) desahogo, libertad; tr. dar codazos; **to — one's way,** hacerse paso a codazos. [mayor.
elder *(éldaa)* adj. mayor; s.
elderly *(éldaali)* adj. mayor, anciano. [yor.
eldest *(éldest)* adj. el, (la) ma-
elect *(iléct)* s. y adj. electo, elegido; tr. elegir, votar.
election *(ilécschön)* s. (pol.) elección.
elective *(iléctiv)* adj. electivo.
elector *(iléctaa)* s. elector.
electric *(iléctric)* adj. eléctrico.
electrical adj. eléctrico.
electrician *(ilectrischan)* s. electricista. [cidad.
electricity *(ilectrísiti)* s. electri-
electrify *(iléctrifai)* tr. electrizar; (fig.) entusiasmar.
electrocute *(iléctrokiut)* tr. electrocutar.
electron *(iléctron)* s. electrón.
elegance *(éligans)* s. elegancia.
elegant *(éligant)* adj. elegante.
element *(éliment)* s. elemento.
elemental *(eliméntal)* adj. elemental.
elephant *(élifant)* s. elefante.
elevate *(élevet)* adj. elevado; tr. elevàr. [vación.
elevation *(elivéischön)* s. ele-
elevator *(éliveitar)* s. ascensor (E. U.); **service —**, montacargas.
eleven *(ilévn)* adj y s. once.
elf *(élf)* s. duende.
elicit *(elísit)* tr. educir, sonsacar, reproducir. [gibilidad.
eligibility *(elid***ch***ibíliti)* s. ele-
eligible *(élid***ch***ibl)* adj. elegible.
eliminate *(elímineit)* tr. eliminar. [eliminación.
elimination *(eliminéischön)* s.
elite *(elité)* s. élite; (fig.) la flor, la nata.
elixir *(elícsir)* s. elixir.
ellipse *(elíps)* s. elipse.
elliptic *(elíptic)* adj. elíptico.
elm *(élm)* s. *Bot.* olmo.
elocution *(elokíuschön)* s. elocución, declamación.
elongation *(elonguéischön)* s. extensión, prolongación.
elope *(elóup)* intr. escaparse.
elopement *(elóupment)* s. fuga; intr. fugarse de novios.
eloquence *(élocuens)* s. elocuencia. [cuente.
eloquent *(élocuent)* adj. elo-
else *(éls)* adj. **anything —**, algo más; **nothing —**, nada más; **anybody —**, ¿alguien más?; **nobody —**, nadie más; **anywhere —**, en alguna otra parte; **nowhere —**, ningún otro

sitio; **What —?**, ¿Qué más?; **Or —**, o de lo contrario.
elsewere *(élsjuer)* adv. en otra parte.
elude *(eliúd)* tr. eludir.
elusion *(eliúchön)* s. evasión.
emaciate *(eméschit)* tr. consumir, (fig.) consumirse; adj. **—d**, enflaquecido, consumido. [nar.
emanate *(émaneit)* intr. ema-
emanation *(emanéischön)* s. emanación.
emancipate *(imánsipeit)* tr. emancipar; libertar.
emancipation *(emansipéischön)* s. emancipación.
emasculate *(emáskiuleit)* tr. castrar; adj. castrado.
embalm *(imbám)* tr. embalsamar. [nar.
embank *(embánk)* tr. terraple-
embankment *(embánkment)* s. terraplén, orillo del río.
embargo *(embárgou)* s. embargo; tr. embargar.
embark *(embák)* tr. intr. embarcar(se).
embarkation *(embarkeischön)* s. embarcación, embarque.
embarrass *(embáras)* tr. desconcertar, turbar, avergonzar.
embarrassing *(embárasing)* adj. vergonzoso, ruborizador.
embarrassment *(embárasment)* vergüenza, rubor.
embassy *(émbasi)* s. embajada.
embellish *(embélisch)* tr. embellecer; ataviar.
embers *(émbörs)* s. ascua, rescoldo. [malversar.
embezzle *(embésl)* tr. desfalcar,
embitter *(embitör)* tr. amargar, agriar.
emblem *(émblöm)* s. emblema, signo.
embody *(embódi)* tr. incorporar; englobar.
emboss *(embós)* tr. relevar, realzar, repujar (cuero).
embrace *(embréis)* s. abrazo; v. abrazar(se), adoptar (fig.). enredo, embrollo.
embroider *(imbróidör)* tr. bordar; recamar. [dado.
embroidery *(embróidöri)* s. bor-
embroilment *(embróilment)* s. enredo. [adj. embrionario
embryo *(émbrio)* s. embrión;
emerald *(émörald)* s. esmeralda. [salir; brotar.
emerge *(imeendy)* intr. surgir;
emergency *(imeedyensi)* s. emergencia. [gente.
emergent *(imeeyent)* adj. emer-
emigrant *(émigrant)* s. y adj. emigrante. [grar.
emigrate *(imigréit)* intr. emi-
emigration *(emigréischön)* s. emigración. [nencia.
eminence *(éminens)* s. emi-
eminent *(éminent)* adj. eminente; ilustre.
emissary *(émisari)* s. emisario.
emission *(imíschön)* s. emisión.
emit *(imit)* tr. emitir. [ción.
emotion *(imóuschön)* s. emo-
emotional *(emóschönel)* adj. emotivo, emocional. [dor.
emperor *(émperar)* s. empera-
empire *(émpaia)* s. imperio.
emphasis *(émfasis)* s. énfasis; hincapié.
emphasise *(émfasais)* tr. acentuar, recalar; poner énfasis.
emphatic *(emfátic)* adj. enfático. [pírico.
empiric *(empiric)* s. y adj. em-
empirical *(empírical)* adj. empírico. [dar ocupación.
employ *(emplói)* tr. dar empleo,
employee *(emploi)* s. empleado.
employer *(emplóiör)* s. patrono, amo, patrón.
employment *(emplóiment)* s. empleo, ocupación.
emporium *(empóuriöm)* s. emporio; bazar.
empower *(impáuör)* tr. autorizar. [triz.
empress *(émpres)* s. empera-
emptiness *(émptines)* s. vacuidad; vaciedad; vacío.
empty *(émpti)* adj. vacío; vano; tr. intr. vaciar(se).
emulate *(émiuleit)* tr. emular; imitar, rivalizar.
enable *(enéibl)* tr. habilitar, capacitar, autorizar.

E

E

enact *(enáct)* tr. establecer; poner en vigor. [esmaltar.
enamel *(enámel)* s. esmalte; tr.
encampment *(encampment)* s. *Mil.* campamento. [encajar.
encase *(enkéis)* tr. encajonar;
enchain *(inchéin)* tr. encadenar.
enchant *(enchánt)* tr. encantar.
enchantment *(enchántment)* s. encanto.
enchanting *(enchánting)* adj. encantador, atractivo.
enclose *(enclóus)* tr. incluir (correspondence); rodear, cercar.
enclosure *(enclóuchar)* s. cerca, cercado, anexo, recinto.
encore *(engcóa)* tr. repetir; interj. ¡otra vez! ¡bis! s. repetición.
encounter *(encáuntar)* s. encuentro; tr. encontrar, tropezar con. [mar, incitar.
encourage *(enkö'rid***ch***)* tr. ani-
encouragement *(enkö'rid***ch***ment)* s. ánimo, incitación.
encroach *(éncróuch)* tr. usurpar, robar; traspasa.
encumbrance *(énkö'mbrans)* s. molestia, estorbo.
encyclop(a)edia *(ensaiclopídia)* s. enciclopedia.
end *(énd)* s. fin; tr., intr. acabar, concluir; extremo; **the opposite —,** el otro extremo; **this —,** este etxremo; **hair stands on —,** ponerse los pelos de punta.
endanger *(endaigya)* tr. poner en peligro, arriesgar.
endear *(endíar)* tr. e intr. hacerse querer, encariñarse.
endearing *(endíring)* adj. cariñoso; s. **endearment,** cariño.
endeavour *(endévar)* s. esfuerzo; tr. tratar de, procurar; intr. esforzarse.
ending *(énding)* s. término, desenlace, fin; adj. concluyente.
endless *(éndlis)* adj. interminable, inacabable. [garantizar.
endorse *(indórs)* tr. respaldar,
endorsement *(indórsment)* endo(r)so, autorización. [dar.
endow *(endáu)* tr. dotar; fun-
endowment *(endáument)* s. fundación; donación.
endurable *(endiúrabl)* adj. soportable. [te.
endurance *(endiúrans)* s. aguan-
endure *(indiúör)* tr. soportar, aguantar, sufrir.
enema *(eníma)* s. enema.
enemy *(énemi)* s. enemigo.
enfeeble *(infíbl)* tr. debilitar.
energetic *(enörd***ch***étic)* adj. fuerte, enérgico. [fuerza.
energy *(enörd***ch***i)* s. energía,
enforce *(enfórs)* tr. imponer, ejecutar; (leg.) poner en vigor; obligar.
enfranchise *(infránchis)* tr. franquear, emancipar.
engage *(enguéid***ch***)* tr. *Com.* contractar; comprometerse; (aut.) embragar; (mec.) engranar; ocupar.
engaged *(enguéid***ch***d)* adj. (lug) ocupado; (novios) prometido; (com.) contratado. *Mech.* engranado; embragado.
engagement *(enguéid***ch***ment)* s. compromiso, alquiler, contrato. [engendrar(se).
engender *(end***ch***éndör)* tr. intr.
engine *(énd***ch***in)* s. motor, máquina; (fc.) locomotora; **fine —,** coche de bomberos; **— driver** *(draiva)* (f. c.) maquinista.
engineer *(énd***ch***ínir)* s. ingeniero; perito; mecánico.
engineering *(énd***ch***iníring)* s. ingeniería, tecnología.
England *(íngland)* s. Inglaterra.
English *(ínglisch)* adj. inglés; s. inglés. **English-Channel.** Canal de la Mancha.
engrave *(engréiv)* tr. grabar, cincelar. [dor.
engraver *(engréivar)* s. graba-
engraving *(engréving)* s. grabado; adj. de grabado.
engrossed *(engrost)* adj. absorto, ensimismado.
enhance *(enjáns)* tr. mejorar.
enigma *(enígma)* s. enigma.

enigmatic *(enigmátic)* adj. enigmático.
enjoy *(endyói)* tr. gozar de, disfrutar de; **to enjoy oneself,** divertirse.
enjoyment *(endyoiment)* s. goce, disfrute.
enlarge *(enlárdge)* tr. ampliar, extender; dilatar.
enlargement *(enlárdchment)* s. ampliación, aumento.
enlighten *(enláitn)* tr. instruir; ilustrar.
enlightenment *(enláitnment)* s. ilustración, aclaración.
enlist *(enlist)* tr. *Mil.* alistar; intr. alistarse, enrolarse.
enlistment *(enlistment)* s. alistamiento. [animar.
enliven *(enlaivan)* tr. alegrar;
enmesh *(enmésch)* tr. enredar, capturar con una red; *Mech.* engranar.
enmity *(énmiti)* s. enemistad.
ennoble *(enóubl)* tr. ennoblecer. [dad, exceso.
enormity *(enórmiti)* s. enormi-
enormous *(enórmös)* adj. enorme, descomunal, excesivo.
enough *(inö'f)* adj. y adv. bastante; interj. ¡basta!
enquire *(enkwai)* tr. indagar, preguntar.
enquiry *(endkwairi)* tr. encuesta; indagación; **enquiries** pl. (pol.) investigaciones.
enrage *(enréidge)* tr. enfurecer; irritar.
enrich *(enrích)* tr. enriquecer.
enrol(l) *(enróul)* tr. intr. (mil.) alistar(se); (acad.) matricular(se). [*Mil.* alistamiento.
enrol(l)ment *(enrólment)* s.
ensemble *(ensámble)* s. grupos folklóricos (bailarines).
ensign *(énsain)* s. bandera; insignia; divisa.
enslave *(ensléiv)* tr. esclavizar.
ensuing *(ensöing)* adj. siguiente, resultante. [(se).
ensure *(ensúa)* intr. asegurar-
entail *(entéil)* s. vinculación; tr. intr. presuponer. [embrollar.
entangle *(entángl)* tr. enredar;
entanglement *(entánglment)* s. enredo, embrollo.
enter *(entör)* intr. entrar en; (cont.) hacer una entrada; (exam.) presentarse.
enterprise *(énterprais)* s. empresa; tr. emprender.
enterprising *(énterpraising)* adj. atrevido, emprendedor.
entertain *(entertéin)* tr. entretener; agasajar.
entertainer *(entertéinör)* s. animado, anfitrión. [entretenido.
entertaining *(entertéining)* adj.
entertainment *(entertéinment)* s. diversión, entretenimiento.
enthral(l) *(enzaul)* intr. emocionarse; encantar; intr. absorber. [tusiasmo.
enthusiasm *(enziúsiasm)* s. en-
enthusiast *(enziúsiast)* s. entusiasta. [entusiasmado.
enthusiastic *(enziúsiastic)* adj.
entice *(entais)* tr. excitar, tentar, seducir.
enticement *(intáisment)* s. tentación, seducción.
entire *(entáir)* adj. entero, íntegro, completo.
entity *(entiti)* s. entidad; ser; individualidad.
entrails *(éntreils)* s. pl. entrañas; tripas.
entrance *(éntrans)* s. entrada; *Teat.* principio; portal.
entreat *(entrít)* tr. rogar.
entrench *(entrénch)* tr. *Mil.* atrincherar.
entry *(éntri)* s. entrada, inscripción; (cont.) asiento; **no —,** (tráf) prohibido el paso.
entwine *(entwain)* tr. entrelazar; (text.) entretejer.
enumerate *(iniúmöreit)* tr. enumerar. [enumeración.
enumeration *(iniumöréischön)* s.
enunciate *(inö'nschieit)* tr. enunciar. [enunciación.
enunciation *(inönschiéischön)* s.
envelop *(envélöp)* tr. envolver; cubrir. [sobre, envoltura.
envelope *(envélop, énviloup)* s.
envious *(énviös)* adj. envidioso.
environment *(envâirönment)* s. (medio), ambiente.

environs *(enváirons)* s. pl. alrededores.
envisage *(envizage)* intr. (fig.) contemplar, imaginar.
envoy *(énvoi)* s. enviado.
envy *(envi)* s. envidia; **rencor**; tr. envidiar. [mero.
ephemeral *(ifémeral)* adj. efí-
epic *(épic)* adj. épico.
epicure *(épikiur)* s. epicúreo; sibarita. [mico.
epidemic *(epidémic)* adj. epidé-
epilepsy *(épilepsi)* s. epilepsia.
epileptic *(epiléptic)* s. y adj. epiléptico.
epilogue *(épilog)* s. epílogo.
episode *(épisoud)* s. episodio.
epistle *(epístl)* s. epístola; carta.
epitaph *(épitaf)* s. epitafio.
epoch *(époc)* s. época, era.
equable *(icuabl)* adj. igual, regular, estable.
equal *(icual)* s. igual; adj. igual.
equality *(icuóliti)* s. igualdad.
equalize *(icualais)* tr. igualar, empatar; s. **equalizen** *Dep.* empate. [nimidad.
equanimity *(icuanímiti)* s. ecua-
equanimous *(icuánimös)* adj. ecuánime. [ción.
equation *(icuéischön)* s. ecua-
equator *(icuétör)* s. ecuador.
equatorial *(icuatóurial)* adj. ecuatorial. [ecuestre.
equestrian *(icuéstrian)* adj.
equilibrate *(icuiláibrait)* tr. equilibrar. [librista.
equilibrist *(icuilibrist)* s. equi-
equilibrium *(icuilíbriöm)* s. equilibrio, balance.
equine *(icuain)* adj. equino.
equinox *(écuinocs)* s. equinoccio. [pertrechar.
equip *(ecuíp)* tr. equipar; *Naut.*
equipment *(ecuíment)* s. instrumentos, equipo; pertrechos; *Mil.* armamento. [ticia.
equity *(écuiti)* s. equidad; jus-
equivalence *(ecuívalens)* s. equivalencia. [equivalente.
equivalent *(ecuívalent)* s. y adj.
equivocal *(icuívocal)* adj. equívoco; ambiguo. [vocar.
equivocate *(icuívokeit)* tr. equi-
equivocation *(icuivokéischön)* s. equivocación; error.
era *(íra)* s. era; edad.
eradiate *(eraidict)* tr. irradiar.
eradicate *(irádikeit)* tr. erradicar, destruir.
eradication *(iradikéischön)* s. extirpación, destrucción.
erase *(iréis)* tr. borrar, tachar.
erect *(iréct)* adj. erecto, rígido. tr. erigir.
erection *(irécshön)* s. erección.
ermine *(ö'rmin)* s. armiño.
erosion *(iróuchön)* s. erosión; corrosión.
erotic *(irótic)* adj. erótico.
err *(ér)* intr. errar, equivocarse.
errand *(érand)* s. recado; **errand boy**, mandadero. [gabundo.
errant *(érant)* adj. errante; va-
errata *(eréita)* s. pl. **erratas**.
erratic *(iratic)* adj. errático, irregular.
erratum *(eréitöm)* s. errata.
erroneous *(erónеös)* adj. erróneo, equivocación.
error *(erör)* s. error, falta.
eruct(ate) *(irö'ct(eit)* tr. eructar. [to.
eructation *(iröctéischön)* s. eruc-
erudite *(ériudait)* adj. erudito.
eruption *(irö'pschön)* s. (volc.) erupción; *Med.* sarpullido.
eruption *(irö'pschön)* s. erupción; sarpullido.
eruptive *(irö'ptiv)* adj. eruptivo.
erysipelas *(erisípelas)* s. erisipela. [sificar, escalar.
escalate *(escaleit)* tr. *Mil.* inten-
escalation *(escaleison)* s. *Mil.* escalada, intensificación.
escalator *(escaléitar)* s. escalera(s) automática(s) (origen E. U.). [venera.
escallope *(escólöp)* s. pechina,
escapade *(éskepeid)* s. escapada, travesura.
escape *(eskéip)* s. fuga; tr. evitar; intr. fugarse. [huir.
eschew *(eschiú)* tr. esquivar, re-
escort *(éscórt)* s. escolta; tr. escoltar, acompañar.
escutcheon *(eskö'chön)* s. escudo de armas. [cial; notable.
especial *(espéschal)* adj. espe-

esperantist *(esperántist)* adj. y s. esperantista.
Esperanto *(esperánto)* s. esperanto. [pionaje.
espionage *(éspionadsh)* s. es-
esquire *(escuáir)* s. escudero, hidalgo; «don» (Edad m.).
essay *(ései)* s. *Lit.* ensayo; *Acad.* composición; tr. *Quim.* ensayar.
essayist *(eséisl)* s. ensayista.
essence *(eséns)* s. esencia; perfume; (fig.) (pers.) ente, esencia. [cial.
essential *(esénschal)* adj. esen-
establish *(estáblisch)* tr. establecer; fundar.
establishment *(estáblischment)* s. establecimiento; institución.
estate *(estéit)* s. *Agric.* finca, hacienda; (viv.) **housing —,** polígono. [tr. estimar.
esteem *(estím)* s. estima(ción);
estimate *(éstimeit)* s. estimación; *Econ.* presupuesto; tr. estimar. *Mat.* calcular.
estimation *(estiméischön)* s. estimación, juicio, respeto.
estrange *(istreindch)* tr. enajenar, separar, extrañar.
estuary *(éstiueri)* s. estuario.
eternal *(itö'rnal)* adj. eterno, perpetuo. [zar.
eternalize *(itö'rnalais)* eterni-
eternity *(itérniti)* s. eternidad.
ether *(izör)* s. éter; (fig.) espacio; espíritu.
ethic(al) [*ézic(al)*] adj. ético.
ethics *(ézics)* s. ética.
ethnic *(éznic)* adj. étnico.
ethnology *(éznólod***chí***)* s. etnología. [etnológico.
ethnological *(eznolód***ch***ical)* adj.
etymological *(etimolód***ch***ical)* adj. etimológico. [mología.
etymology *(etimolód***chi***)* s. eti-
eucalyptus *(iukelíptös)* s. eucalipto. [tía.
Eucharist *(iúcarist)* s. Eucaris-
Eucharistic *(iúcaristic)* adj. eucarístico. [dor; panegirista.
eulogist *(iúlod***ch***ist)* s. elogia-
eulogize *(iúlod***ch***ais)* tr. elogiar.
eulogy *(iúlod***chi***)* s. elogio.
eunuch *(iúnöc)* s. eunuco.

Europe *(iúröp)* s. Europa.
European *(iuropían)* adj. europeo. [nasia.
euthanasia *(iuzanéisia)* s. euta-
evacuate *(ivákiueit)* tr. evacuar; vaciar; intr. vaciarse.
evacuation *(ivakíueschön)* s. evacuación.
evade *(ivéid)* tr. evadir; eludir; intr. evadirse. [valorar.
evaluate *(iválіueit)* tr. evaluar,
evaluation *(ivaliuéischön)* s. evaluación, valoración.
evangelical *(evand***ch***élical)* adj. evangélico. [gelista.
evangelist *(iván***ch***elist)* s. evan-
evangelize *(iván***ch***elais)* tr. evangelizar.
evaporate *(eváporeit)* tr. evaporar; intr. evaporarse.
evaporation *(evaporéischön)* s. evaporación.
evasion *(ivéi***ch***ön)* s. evasión; escapatoria; excusa.
eve *(iv)* s. víspera; **Christmas Eve,** Noche Buena.
even *(íven)* adj. llano; igual; **— numbers,** números pares; **— if,** (conj.) aunque; tr. nivelar. [checer, noche.
evening *(ívning)* s. tarde, ano-
event *(ivént)* s. acontecimiento, suceso, evento. [memorable.
eventful *(ivéntful)* adj. crítico;
eventual *(ivénchual)* adj. eventual, resultante.
ever *(évar)* adv. siempre; alguna vez; **not —,** nunca.
everlasting *(evörlásting)* adj. eterno, interminable, incesante.
every *(evöri, évri)* adj. cada; cada uno; todo, **— other day,** un día sí y otro no; **— now and then,** de vez en cuando.
everybody *(évöribodi)* pron. todo el mundo.
everything *(evörizing)* adv. todo.
everywhere *(everiuéa)* adv. en todas partes. [salojar.
evict *(ivíct)* tr. desahuciar, de-
eviction *(evicschön)* s. desahucio.

E

E

evidence *(évidens)* s. evidencia; (leg.) testimonio.
evident *(évident)* adj. evidente, claro. [mal(amente).
evil *(ívl)* adj. malo; s. mal; adv.
evitable *(évitabl)* adj. evitable.
evocation *(ivokéischön)* s. evocación.
evoke *(ivóuc)* tr. evocar.
evolution *(ivoliúschön)* s. evolución. [adj. evolutivo.
evolutionary *(evoliúschönöri)*
evolutionist *(evoliúschönist)* adj. y s. evolucionista. [llarse.
evolve *(ivólv)* tr. e intr. desarro-
ewe *(iú)* s. oveja, (hembra).
ewer *(iúör)* s. jarro (de lavabo).
exact *(egsáct)* adj. exacto; tr. exigir; imponer; intr. apremiar. [te.
exacting *(egsácting)* adj. exigen-
exaggerate *(egsád***ch***ereit)* tr. exagerar.
exaggeration *(egsád***ch***eréischön)* s. exageración. [tecer.
exalt *(egsólt)* tr. exaltar; enal-
exaltation *(egsaltéischön)* s. exaltación. [examen.
examination *(egsámineischön)* s.
examine *(egsámin)* tr. examinar; observar.
example *(egsámpl)* s. ejemplo; muesra; prototipo.
exasperate *(egsáspereit)* tr. exasperar; adj. irritar.
exasperation *(egsasperéischön)* s. exasperación.
excavate *(écscaveit)* tr. excavar; cavar. [*Arq.* excavación.
excavation *(ecscavéischön)* s.
excavator *(ecscavéitör)* s. excavador, (máquina) excavadora.
exceed *(ecsíd)* tr. exceder; sobrepasar. [sivo.
exceeding *(ecsiding)* adj. exce-
excel *(ecsél)* tr. e intr. sobresalir, aventajar. [lencia.
excellence *(ecsélens)* s. exce-
excellent *(ecsélent)* adj. excelente, magnífico.
except *(ecsépt)* prep. excepto; conj. menos; sino; tr. exceptuar.
excepting *(ecsépting)* prep. a excepción de, excepto, menos. [cepción.
exception *(ecsépschön)* s. ex-
exceptional *(exsepshounal)* adj. excepcional, extraordinario.
excerpt *(ecsö'rpt)* s. extracto; tr. extracto, pasaje (lit.).
excess *(ecsés)* s. exceso.
excessive *(ecsésiv)* adj. excesivo, demasiado.
exchange *(exchéind***ch***)* s. cambio; tr. cambiar; **stock —** bolsa.
exchequer *(exchékör)* s. tesorería; hacienda; **chancellor of the —**, ministro de hacienda.
excise *(ecsáis)* s. impuesto, tasa. [table.
excitable *(ecsáitabl)* adj. exci-
excitation *(ecsitáischön)* s. excitación. [cionar.
excite *(ecsáit)* tr. excitar; emo-
excitement *(ecsaitment)* s. adj. emoción, estímulo.
exciting *(ecsáiting)* adj. emocionante. [mar.
exclaim *(ecscléim)* intr. excla-
exclamation *(ecsclaméischön)* s. exclamación; grito.
exclude *(icsclúd)* tr. excluir.
exclusion *(ecsclú***ch***ön)* s. exclusión, excepción. [sivo.
exclusive *(ecsclúsiv)* adj. exclu-
excommunicate *(ecscomiúnikeit)* tr. excomulgar, excepción.
excommunication *(ecscomiunikéischön)* s. *Ecl.* excomunión.
excrement *(écscrement)* s. excremento; estiércol.
excursion *(ecskö'rschön)* s. excursión. [excursionista.
excursionist *(ecskö'rschönist)* s.
excuse *(ecskiús)* s. excusa; pretexto; tr. excusar, dispensar; disculpa.
execute *(écsikiut)* tr. ejecutar; efectuar; llevar a cabo.
execution *(ecsekiúschön)* s. ejecución. [verdugo.
executioner *(ecsekiúschönar)* s.
executive *(ecsékiutiv)* adj. ejecutivo; s. poder ejecutivo.
executor *(igsékiutör)* s. albacea; ejecutor, testamentario.
exemplar *(egsémplar)* s. ejemplar, modelo.

exemplary *(egsémplari)* adj. ejemplar. [plificar.
exemplify *(egsémplifai)* tr. ejem-
exempt *(egsémt)* adj. exento; libre; tr. eximir.
exemption *(egsémpschön)* s. exención; franquicia.
exercise *(écsersais)* s. ejercicio; práctica. *Mil.* maniobra; tr., intr. ejercitar(se), hacer ejercicios, practicar, ejercer.
exert *(igsát)* tr. hacer esforzar; **to — oneself**, esforzarse, empeñarse. [zo.
exertion s. extenuación, esfuer-
exhalation *(egsjaléischön)* s. exhalación; vaho.
exhale *(eskjéil)* tr. exhalar, emitir; espirar, soplar.
exhaust *(egsóst)* s. escape (aut) salia; tr. agotar, cansar.
exhausted *(egsóstid)* adj. exhausto, agotado, cansado.
exhausting *(egsósting)* adj. agotador.
exhaustion *(igsóschön)* s. agotamiento, fatiga. [haustivo.
exhaustive *(egsóstiv)* adj. ex-
exhibit *(egsíbit)* s. objeto expuesto; tr. exhibir, exponer.
exhibition *(egsibíschön)* s. exposición. [entusiasmar.
exilarate *(igsílöreit)* tr. animar,
exhilarating *(eksilorating)* adj. estimulante, entusiástica.
exhort *(egsórt)* tr. exhortar.
exhortation *(egsortéischön)* s. exhortación, aviso.
exhumation *(ecsjiuméischön)* s. exhumación. [desenterrar.
exhume *(ecsjiúm)* tr. exhumar,
exigent *(écsi***ch***ent)* adj. exigente. [guo.
exiguous *(egsíguiuös)* adj. exi-
exile *(ecsáil)* s. destierro; tr. *Pol.* desterrar, exilio.
exist *(egsíst)* intr. existir.
existence *(egsístens)* s. existencia. [te.
existing *(egsísing)* adj. existen-
exit *(écsit)* s. salida, puerta de salida.
exodus *(éksödös)* s. éxodo.
exorbitance *(egsórbitans)* s. exceso.
exorbitant *(egsórbitant)* adj. exorbitante, excesivo.
exorcism *(écsorsism)* s. exorcismo.
exotic *(ecsótic)* adj. exótico.
expand *(ecspánd)* tr. ensanchar; intr. extenderse.
expanse *(ecspáns)* s. extensión.
expansion *(ecspánchön)* s. expansión. [pansivo.
expansive *(ecspánsiv)* adj. ex-
expatriate *(icspéitrieit)* tr. expatriar; desterrar.
expatriation *(ecspetriéischön)* s. expatriación; destierro.
expect *(ecspéct)* tr. esperar.
expectance *(ecspéctans)* s. expectación.
expectant *(icspéctant)* s. aspirante; adj. expectante.
expectation *(ecspectéischön)* s. expectación (lo que se espera).
expectorate *(ecspéctireit)* tr. expectorar; *Med.* escupir.
expedient *(ikspídiönt)* adj. conveniente, oportuno; ventajoso; prudente; s. expediente, medio.
expedite *(écspidait)* tr. expedir; facilitar, apresurar; adj. expedito. [pedición.
expedition *(ecspidíschön)* s. ex-
expeditionary *(ecspidíschönöri)* adj. expedicionario.
expel *(ecspél)* tr. expulsar.
expend *(ecspénd)* tr. gastar.
expenditure *(ecspéndichiur)* s. gasto.
expense *(ecspéns)* s. gasto; **at my —**, a mis expensas.
expensive *(ecspénsiv)* adj. caro.
experience *(ecspíriens)* s. experiencia; tr. experimentar.
experienced *(ecspírienst)* adj. experimentado.
experiment *(ecspériment)* s. experimento; intr. y tr. experimentar. [experimental.
experimental *(eksperiméntl)* adj.
expert *(ecspat)* adj. experto, perito. [treza.
expertness *(ecspatnes)* s. des-
expiate *(écspiet)* tr. expiar.

E

E

expiation *(ecspiéischön)* s. expiación. [rio.
expiatory *(ecspiatori)* expiato-
expiration *(ecspiréischön)* s. expiración. [terminar.
expire *(ecspáir)* intr. expirar;
explain *(ecspléin)* tr. explicar; aclarar. [plicable.
explainable *(ecspléinabl)* adj. ex-
explanation *(ecsplanéischön)* s. explicación. [explicativo.
explanatory *(iksplénötri)* adj.
explicit *(ecsplísit)* adj. explícito; claro.
explode *(ecsplóud)* tr. explotar, hacer saltar; intr. estallar, volar.
exploit *(ecsplóit)* s. hazaña, proeza; tr. explotar, buscar; (fig.) aprovecharse de.
exploitation *(ecsploitéischön)* s. explotación. [exploración.
exploration *(ecsploréischön)* s.
explore *(ecsplór)* tr. explorar.
explorer *(ecsplóra)* s. explorador. [plosión.
explosion *(ecsplóuchön)* s. ex-
explosive *(iksplóusiv)* adj. explosivo.
export *(écsport)* s. exportación; género exportado; *(ecspórt)* tr. exportar.
exportation *(ecsportéischön)* s. exportación. [tador.
exporter *(ecspórta)* s. expor-
expose *(ecspóus)* tr. exponer; arriesgar; descubrir.
exposition *(ecsposíschön)* s. exposición. [sición; revelación.
exposure *(ikspóucha)* s. expo-
expound *(ecspáund)* tr. exponer; explicar.
express *(ecsprés)* adj. expreso, de intento; s. (F. C.) expreso; tr. expresar. [presión.
expression *(ecspréschön)* s. ex-
expresive *(ecsprésiv)* adj. expresivo, eloquente.
expulsión *(ecspö'lchön)* s. expulsión. [sito.
exquisite *(écscuisit)* adj. exqui-
exquisiteness *(ékscuisituis)* s. exquisitez; primor.
extant *(ekstént)* adj. existente.
extempore *(eccstémporei)* adv. de improviso.
extend *(ecsténd)* tr. extender; ampliar; intr. extenderse.
extended *(iksténdid)* adj. extenso; prolongado; extendido.
extension *(ecsténschön)* s. extensión; ampliación.
extensive *(iksténsiv)* adj. extenso, ancho, dilatado; extensivo; adj. **—ly,** extensamente, por extenso; extensivamente; **—ly used,** de uso general.
extent *(ecstént)* s. extensión; alcance; **to a great —,** en gran medida; **to what extend,** ¿hasta qué punto?
extenuate *(eksténiueit)* tr. atenuar, mitigar; extenuar.
exterior *(ecstiriör)* adj. externo; s. exterior. [exterminar.
exterminate *(ecstö'rmineit)* tr.
extermination *(ecsterminéischön)* s. exterminación.
external *(ecstö'rnal)* adj. exterior; externo. [do.
extinct *(ecstínct)* adj. extingui-
extinction *(ecstínkschön)* s. extinción.
extinguish *(ecstíngüisch)* tr. extinguir; intr. desaparecer, apagarse. [par, extraer.
extirpate *(écstörpeit)* tr. extir-
extirpation *(ecstörpéischön)* s. extirpación, extracción.
extol *(ikstól)* tr. enaltecer; ensalzar.
extort *(ikstórt)* tr. obtener por fuerza o amenaza, exigir (dinero, promesa, etc.). *Amér.* extorsionar. [exceso.
extra *(écstra)* adj. adicional; s.
extract *(écstract)* s. extracto, resumen, *(ecstráct)* tr. extractar (lit.); (med.) extraer.
extraction *(ecstrácschön)* s. extracción; origen (del hombre). [tor.
extractor *(ecstrácta)* s. extrac-
extraordinary *(ecstrórdineri)* adj. extraordinario.
extravagance *(ecstrávagans)* s. extravagancia.
extravagant *(ecstrávagant)* adj. extravagante; derrochador.

extreme *(ecstrím)* adj. extremo; s. extremo.

extremity *(ecstrémiti)* s. extremidad. [exuberancia.

exuberance *(ecsiúberans)* s.

exuberant *(ecsiúberant)* adj. exuberante.

exult *(egsölt)* tr. exultar.

eye *(ái)* s. ojo; tr. ojear.

eyeball *(áibol)* s. globo del ojo.

eyebrow *(áibrau)* s. ceja.

eyelash *(áilasch)* s. pestaña.

eyelid *(álid)* s. párpado.

eyesight *(aísait)* s. (alcance de la) vista.

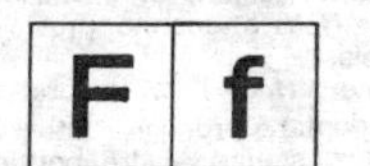

fabie *(féibl)* s. fábula.

fabric *(fábric)* s. tejido, tela.

fabricate *(fábrikeit)* tr. (fig.) inventar, fingir, fabricar.

fabrication *(fabrikéischön)* s. (fig.) mentira, invención, fabricación.

fabulous *(fábiulös)* adj. fabuloso; (fig.) apariencia.

façade *(fasád)* s. fachada.

face *(féis)* s. cara; faz; tr. arrastrar, afrontar; — **value,** valor nominal; **to a person's** —, en sus barbas [toso.

facetious *(fasíschös)* adj. chis-

facial *(féschial)* adj. facial.

facile *(fásil)* adj. fácil.

facilitate *(fasíliteit)* tr. facilitar.

facility *(fasíliti)* s. facilidad; (com.) pl. facilidades de pago.

fact *(fáct)* s. hecho; **in** —, de hecho; **as a matter of** —, en realidad.

faction *(fékschön)* s. facción, bando, partido, pandilla.

factor *(fácta)* s. factor; elemento. [brica.

factory *(fáctori)* s. factoría; fá-

faculty *(fácölti)* s. facultad, aptitud. [vedad (mode).

fad *(fed)* s. capricho, manía, no-

fade *(féid)* intr. marchitarse; (fig.) desaparecer.

fag *(fag)* s. (fam.) rollo, pitillo; adj. latoso.

fagged-out *(fegd out)* adj. agotado, rendido de cansancio.

fail *(féil)* tr. fracasar; **fail examinations,** suspender; s. suspenso (exams.).

failure *(féiliar)* s. fracaso.

faint *(féint)* adj. débil; s. desmayo; intr. desmayarse.

fair *(féa)* adj. rubio; justo; (Esc.) regular; s. feria; — **play,** juego limpio; — **sex,** sexo bello. [imparcialmente.

fairly *(férli)* adv. bastante,

fairness *(férnes)* s. justicia, honradez; equidad.

fairy *(féri)* s. hada.

faith *(féiz)* s. fe; crédito.

faithful *(féizful)* adj. fiel; leal.

faithfulness *(féizfulnes)* s. fidelidad.

faithless *(feizlis)* adj. infiel; sin fe; desleal; falso.

fake *(féik)* s. y adj. falso.

falcon *(fólkön)* s. halcón.

fall [**fell; fallen**] *(fól)* intr. caer; caerse; s. caída; catarata; *Fig.* otoño; (E. U.) **to fall in love with,** enamorarse de; — **out,** radioactivo, ceniza.

fallacious *(faléschös)* adj. falaz.

fallacy *(fálasi)* s. falsedad.

fallow *(félou)* adj. baldío; s. barbecho; r. barbechar (agric.).

false *(fóls)* adj. falso.

falsehood *(fólsjud)* s. falsedad.

falsification *(folsifikéischön)* s. falsificación.

falsify *(fólsifai)* tr. falsificar.

falter *(fólta)* intr. titubear; s. vacilación.

fame *(féim)* s. fama.

familiar *(famíliar)* adj. conocido; (fam.) fresco; — **with,** conocedor de.

familiarity *(familiáriti)* s. familiaridad, frescura.

family *(fámili)* s. familia; (fam.) **in the — way,** encinta, embarazada. [nición.

famine *(fámin)* s. hambre; ina-

famished *(fémisecht)* adj. hambriento, muerto de hambre; **to be —**, (fig.) morirse de hambre.

F

famous *(féimös)* adj. famoso.
fan *(fán)* s. abanico; ventilador; hincha; tr. abanicar.
fanatic *(fanátic)* s. fanático.
fanaticism *(fanátisism)* s. fanatismo.
fanciful *(fánsiful)* adj. antojadizo, caprichoso.
fancy *(fánsi)* tr., intr. encaprichar(se); imaginar; s. fantasía; capricho.
fang *(feng)* s. colmillo (de caninos).
fantastic *(fantástic)* adj. fantástico.
fantasy *(fántasi)* s. fantasía; imagen.
far *(fár)* adv. lejos; muy adj. lejano; **as far as**, hasta; **so —**, hasta ahora; **— and wide**, por todas partes; **— away**, muy lejos.
farce *(fárs)* s. farsa.
fare *(fér)* s. tarifa; importe del billete; **— well**, irle a uno (bien o mal).
farewell *(feruél)* interj. adiós; s. despedida.
far-fetched *(fárfetcht)* adj. increíble, improbable.
farm *(fárm)* s. granja; tr. cultivar; **farm-house**, alquería, caserío; **farm-yard**, patio de granja.
farmer *(fármör)* s. granjero.
farming *(fárming)* s. cultivo.
farther *(fárda)* adj. ulterior; adv. más lejos.
farthest *(fádist)* adv. lo más lejos; adj. más distante.
fascicle *(fásikl)* s. haz, haz pequeño, manojo.
fascinate *(fásineit)* tr. fascinar.
fascinating *(fasinéiting)* adj. fascinante, fascinador.
fascination *(fasinéischön)* s. fascinación.
Fascism *(fásism)* s. fascismo.
Fascist *(fásist)* s. fascista.
fashion *(fáschön)* s. moda; uso. tr. amoldar; **in —**, de moda; **out of fashion**, fuera de moda.
fashionable *(fáschönobl)* adj. elegante; de moda.
fast *(fást)* s., adj. rápido, fijo, sólido; adv. velozmente; s. ayuno; intr. .ayunar.
fasten *(fásn)* tr. afirmar, abrochar, atar.
fastener *(fásna)* s. broche; abrochador, sujetador; **zip —**, cremallera.
fastness *(fástnes)* s. firmeza, rapidez.
fastidious *(fastídiös)* adj. fastidioso; quisquilloso.
fat *(fát)* adj. gordo; s. grasa; sebo; tr. **to get —**, engordar.
fatal *(féitöl)* adj. fatal.
fatalism *(féitalism)* s. fatalismo.
fatality *(fatáliti)* s. fatalidad.
fate *(féit)* s. destino, providencia.
father *(fádör)* s. padre; tr. adoptar, prohijar; **father-in-law**, suegro, padre político.
fatherhood *(fádájud)* s. paternidad.
fatherland *(fádáland)* s. patria.
fatherless *(fádáles)* adj. huérfano.
fatherly *(fádáli)* adj. paternal.
fathom *(dádam)* s. *Naut.* braza, alcance; tr. sondar, sondear, tantear.
fathomless *(fádömles)* adj. insondable.
fatigue *(fatíg)* s. fatiga, cansancio.
fatness *(fátnes)* s. gordura; obesidad.
fatten *(fátn)* tr. engordar; (zool.) cebar; intr. engordar.
fatty *(fáti)* adj. gordinflón, grasoso; seboso.
fatuity *(fatiúiti)* s. fatuidad.
fatuous *(féchiuös)* adj. fatuo.
faucet (E. U.) *(fósit)* s. grifo, llave, espita, canilla. *Amér.* bitoque.
fault *(fólt)* s. falta, culpa.
faultfinder *(foltfaíndör)* s. criticón, criticador.
faultless *(fóltles)* adj. impecable, perfecto.
faulty *(fólti)* adj. defectuoso.
favo(u)r *(féivör)* s. favor; ayuda; tr. favorecer; **to do a —**, hacer un favor.
favo(u)rable *(féivörabl)* adj. favorable.
favo(u)rite *(féivörit)* adj. y s. favorito.
fawn *(fon)* s. cervato, color de

cervato; tr. adular; halagar.
fear *(fía)* s. temor; miedo; tr., intr. temer. [meroso.
fearful *(fíaful)* adj. miedoso, te-
fearless *(fíalis)* adj. intrépido; arrojado, audaz.
feasible *(físabl)* adj. factible, hacedero, dable.
feast *(físt)* s. fiesta, festín; tr. festejar, banquete.
feat *(fít)* s. proeza, hazaña.
feather *(féda)* s. pluma; **as light as a —,** ligera como una pluma; **— weight** (box.) pesopluma; **— brained,** tonto, imbécil.
feathery *(fédari)* adj. plumoso; ligero, como una pluma.
feature *(fícha)* s. rasgo, característica; pl. facciones; tr. representar; (Teat.) base del programa.
febrile *(fíbril)* adj. febril.
February *(fébruöri)* s. febrero.
fecula *(fékiula)* s. fécula.
fecund *(fékönd)* adj. fecundo, productivo.
fecundate *(féköndeit)* tr. fecundar. [dad.
fecundity *(fikö'nditi)* s. fecundi-
federal *(fédöral)* adj. federal.
federalism *(fédöralism)* s. federalismo.
federate *(fédöreit)* adj. confederado, federal; tr. (con)federar.
federation *(fedöréischön)* s. (con)federación.
fee *(fí)* s. honorarios, cuota, derechos.
feeble *(fíbl)* adj. débil.
feed [fed; fed] *(fíd)* tr. alimentar; intr. nutrirse.
feeder *(fída)* s. biberón; babero; (mec. y elect.) alimentador.
feeding adj. alimentador; **feeding-bottle,** biberón.
feel [felt; felt] *(fíl)* tr. sentir, palpar; intr. sentirse; **— cold,** tengo frío, etcétera.
feeler *(fíla)* s. tentáculo, antena (de los insectos); tiento; propuesta (para averiguar la inclinación o pensamiento de alguien). [miento.
feeling *(fíling)* s. tacto, senti-
feet *(fít)* pl. de **foot,** pies; **flat feet,** pies planos. [simular.
feign *(féin)* tr., intr. fingir; di-
feint *(féint)* s. ficción.
felicitate *(felísiteit)* tr. felicitar.
felicitation *(filistéischön)* s. felicitación.
feline *(fílain)* adj. felino.
fell *(fél)* tr. talar; adj. feroz; s. piel; (Geog.) sierra. v. tr. pret. **fall.**
fellow *(félou)* s. individuo, compañero, miembro, asociado.
fellowship *(félouschip)* (Acad.) s. compañía, asociación.
felony *(félöni)* s. crimen, felonía.
felt *(félt)* s. fieltro. [femenino.
female *(fímeil)* s. hembra; adj.
feminine *(féminin)* adj. femenino. [nismo.
feminism *(féminism)* s. femi-
feminist *(féminist)* s. feminista.
fen *(fen)* s. pantano.
fence *(fens)* s. cerca, valla; tr. cercar; **to —,** hacer esgrima.
fencing *(fénsing)* s. defensa; esgrima.
fender *(féndör)* s. guardabarros (Aut.); *Amér.* trompa (de locomotora); (Náut.) defensa.
ferment *(förmént)* s. fermento. intr. fermentar.
fern *(förn)* s. helecho. [roz.
ferocious *(feróschös)* adj. fe-
ferocity *(ferósiti)* s. ferocidad.
ferret *(féret)* s. *Zool.* hurón; (fam.) averiguar.
ferro-concrete *(ferocóncrit)* s. hormigón armado.
ferry *(féri)* s. pasaje; embarcadero; transbordador; tr. cruzar (un río).
fertile *(fö'rtail)* adj. fértil, feraz.
fertility *(förtíliti)* s. fertilidad.
fertilize *(fö'rtilais)* fertilizar.
fertilizer *(fö'rtilaisa)* s. fertilizante, abono.
fervency *(fö'rvensi)* s. fervor.
fervour *(fö'vö)* s. fervor; ardor.
fester *(féstör)* tr. supurar, ulcerar; s. llaga, úlcera. [tividad.
festival *(féstival)* s. fiesta; fes-
festive *(féstiv)* adj. festivo.

F

festivity *(festíviti)* s. festividad.
fetch *(féch)* tr. traer; ir a buscar; ir por. [agasajar.
fête *(feit)* s. fiesta; tr. festejar;
fetid *(fítid)* adj. fétido.
fetish *(fítisch)* s. fetiche.
fetter *(féta)* grilletes; tr. encadenar; trabar.
feud *(fiúd)* s. contienda, pelea; feudo.
feudal *(fiúdal)* adj. feudal.
fever *(fíva)* s. fiebre; **scarlet —**, escarlatina.
feverish *(fívarisch)* adj. febril.
few *(fiú)* adj. pocos.
fiancé *(fiansé)* s. novio.
fiancée *(fiansé)* s. novia.
fiasco *(fiéskou)* s. completo fracaso.
fib *(fíb)* s. mentira; embuste; tr. mentir. [mentiroso.
fibber *(fíbar)* s. embustero,
fibre *fáibar)* s. fibra.
fickle *(fícl)* adj. voluble, inconstante.
fiction *(fícschön)* s. ficción.
fictitious *(fictíschös)* adj. ficticio; fingido. [gaño, estafa.
fiddle *(fidl)* s. (fam.) violín, en-
fidelity *(fidéliti)* f. fidelidad.
fidget *(fídchet)* s. afán; tr. intr. molestar; intr. mudar de posición con frecuencia.
field *(fíld)* s. campo; (Cienc.) Esfera.
fiend *(find)* s. demonio, diablo.
fiendish *(fíndisch)* adj. diabólico.
fierce *(fiös)* adj. feroz, fiero.
fiery *(fáiöri)* adj. fogoso; ardiente; vehemente. [seco.
fig *(fig)* s. higo; **dry-fig,** higo
fight *(fáit)* s. lucha, pelea; [**fought; fought**] intr. luchar; tr. combatir.
fighter *(fáitar)* s. combatiente; avión de caza, luchador.
figment *(figmant)* s. (fig.) producto de inventiva. [rativo.
figurative *(figuiuretiv)* adj. figu-
figure *(figa)* figura; (mat.) cifra, número; tr. imaginar; intr. imaginarse; figurarse.
filament *(filamönt)* s. filamento.
filch *(fílch)* tr. sisar, ratear.
file *(fáil)* s. lima (mec.); hilera; fila; archivo; tr. limar, registrar, archivar (com.) carpeta.
filial *(fílial)* adj. filial.
filiation *(filiéischön)* s. filiación, historial.
fill *(fíl)* s. hartura; lleno; tr. llenar; **to fill in,** rellenar, cubrir. [da; pl. filete.
fillet *(fílet)* s. cinta, tira, ven-
filling *(fíling)* s. relleno; empaste (dental).
filly *(fíli)* s. potranca.
film *(film)* s. película, membrana; tr. filmar.
filter *(fílta)* s. filtro; tr. filtrar.
filth *(fílz)* s. inmundicia, porquería.
filthiness *(fílzines)* s. suciedad.
filthy *(fílzi)* adj. sucio, asqueroso.
fin *(fín)* s. aleta (Ect.).
final *(fáinal)* adj. final.
finance *(fainánś)* s. hacienda pública, finanzas; tr. financiar. [ciero.
financial *(finánschal)* adj. finan-
financier *(finánsia)* s. financiero.
find [**found; found**] *(fáind)* tr. encontrar, hallar; **to — out,** averiguar.
finder *(fainda)* s. hallador; (mil.) arrastriador; **finders-keepers,** el que la encuentra, para él.
finding *(fáinding)* s. descubrimiento; hallazgo; decisión; pl. resultados, datos (de una investigación).
fine *(fáin)* tr. afinar, multar; adj. multa. [adornos.
finery *(fâinöri)* s. galas; atavíos,
finger *(fingar)* s. dedo (de la mano); tr. tocar, manosear.
fingernail *(fingarneil)* s. uña.
finical *(fínikl)* adj. melindroso, caprichoso, quisquilloso.
finish *(fínisch)* s. fin, término; tr. acabar, terminar; intr. acabar; morir.
finite *(fáinait)* adj. finito.
fir *(för)* s. abeto.
fire *(fáir)* s. fuego; incendio; tr. disparar; fam. despedir;
fire arm s. arma de fuego; —

engine, coche de bomberos.
firefly *(fáirflai)* s. luciérnaga.
fireman *(fáirman)* s. bombero.
fireplace *(fáirpleis)* s. chimenea, hogar.
fireside *(fáirsaid)* s. hogar.
firewood *(fáirvud)* s. leña.
fireworks *(fáiruöks)* s. fuegos artificiales.
firm *(fö'rm)* s. empresa, firma; adj. firme, sólido.
first *(fö'rst)* adj. primero; adv. en primer lugar; **first class,** primera clase; **firstrate,** primera fila.
fiscal *(físcal)* s., adj. fiscal.
fish *(físch)* s. pez; pescado; tr. intr. pescar; **to — in troubled water's,** pescar en aguas revueltas.
fisherman *(físcharman)* pescador.
fishhook *(físchjuk)* s. anzuelo.
fishing *(físching)* s. pesca; adj. pesquero.
fishmonger *(físchmöngor)* s. pescadero; (fig.) entremetido. [choso.
fishy *(físchi)* adj. (fam.) sospe-
fissure *(físchiur)* s. grieta; hendedura. [agarrado.
fist *(físt)* s. puño; **tight-fisted,**
fit *(fit)* s. ataque; *Med.* hechura; (costura) adj. apto, adecuado; tr. ajustar, sentar bien; **— into,** encajar; **— out,** equipar.
fitter *(fitör)* s. ajustador. *Mech.* montador, armador.
fitting *(fíting)* s. *Mech.* accesorios, herrajes; (cost.) prueba; adj. propio, adecuado.
five *(fáiv)* adj. cinco; **fiver** *(faiva)* billete de cinco libras.
fix *(fics)* tr. fijar; asegurar; s. apuro, posición; tr. **to fix up,** disponer. [instalaciones.
fixture *(fícschar)* s. cosa fija; pl.
flabby *(flábi)* adj. flojo, lacio.
flag *(flág)* s. bandera, losa, tr. izar bandera; enlosar; intr. flaquear.
flagrant *(fléigrönt)* adv. flagrante, notorio, escandaloso.
flagstaff *(flágstaf)* s. asta de bandera.
flair *(fler)* s. talento.
flake *(fléik)* s. copo, escama.
flame *(fléim)* s. llama; **intr.** llamear.
flank *(flánk)* s. costado, flanco; adj. lateral; por el flanco; tr. flanquear. [pamplina.
flannel *(flánel)* s. franela, (fig.)
flap *(fláp)* s. palmeta, falda, lengüeta, aletazo; tr. batir, golpear (avia.) alerón.
flare *(flér)* s. llamarada; intr. resplandecer; intr. **flare up,** incendiarse; (fig.) encolerizarse.
flash *(flásch)* s. fogonazo, destello. *Naut.* **flash of lightening,** relámpago.
flashlight *(fléschlait)* s. linterna eléctrica.
flashy *(fléschi)* adj. llamativo, ostentoso; chillón.
flask *(flasc)* s. frasco. s. **thermo —,** termo.
flat *(flát)* s. llanura, planicie (viv.) piso. *Geog.* adj. plano, insípido.
flatness *(flátnes)* s. llanura.
flatten *(flátn)* tr. aplanar.
flatter *(flátör)* tr. adular.
flatterer *(flatera)* adulador.
flattery *(flátöri)* s. adulación.
flaunt *(flont)* s. ostentación; tr. alardear de. [sazonar.
flavo(u)r *(fléivar)* s. sabor; tr.
flavouring s. condimento, sabor.
flavorless *(flávörle)* adj. insípido, sin sabor, soso.
flavorless *(flávörlis)* adj. insípido, sin sabor.
flaw *(fló)* s. tara, falta.
flawless *(flóles)* adj. sin tacha; intachable, irreprochable; perfecto.
flax *(fleis)* s. lino. *Bot.* [zar.
flay *(flei)* tr. desollar, descorte-
flox *(flacs)* s. *Bot.* lino.
flea *(fli)* s. *Ent.* pulga.
flee [**fled; fled**] *(fli)* tr. e intr. huir de; escapar de.
fleece *(flís)* s. vellón; toisón; tr. trasquilar; tr. (fam.) **to —,** robar. [adj. veloz.
fleet *(flít)* s. flota, escuadra;

F

F

fleeting *(flíting)* adj. fugaz, transitorio, pasajero, efímero.
Fleming *(fléming)* s. flamenco.
flemish *(flémisch)* adj. y s. flamenco.
flesh *(flésch)* s. carne; adj. — **and blood,** carne y hueso.
fleshy *(fléschi)* adj. carnoso.
flex *(flecs)* s. flexible; tr. doblar, flexionar.
flexible *(flécsibl)* adj. flexible.
flexion *(flécschön)* s. flexión.
flicker *(flíkar)* tr. aletear; fluctuar; s. aleteo. [tren rápido.
flier *(fláiar)* s. volador; aviador;
flight *(fláit)* s. huida; vuelo; bandada de pájaros. (avia.) escuadrilla. [za; endeblez.
flimsiness *(flímsines)* s. ligere-
flimsy *(flímsi)* adj. endeble.
flinch *(flínch)* intr. desistir; recular; desdecirse.
fling *(fling)* s. correría; [**flung; flung**] tr. arrojar, lanzar.
flint *(flint)* s. pedernal.
flip *(flip)* tr. arrojar; sacudir; dar un dedazo; **to —** (fam.) mudar de domicilio.
flippancy *(flípansi)* s. volubilidad; petulancia. [frívolo.
flippant *(flípant)* adj. petulante,
flipper *(flípör)* s. (zool.) miembro adaptado a la natación.
flirt *(flö'rt)* s. coqueta; tr coquetear, flirtear. [saltar.
flit *(flit)* intr. volar, revolotear,
float *(flóut)* s. flotador; intr. flotar.
flock *(flók)* s. rebaño, bandada; intr. reunirse.
flog *(flóg)* tr. azotar; **to — oneself to death,** sudar tinta.
flogging *(flóguing)* s. tunda.
flood *(flö'd)* s. inundación; crecida; **the great —,** el diluvio universal; intr. desbordarse.
floor *(flór)* s. piso; suelo.
flop *(flóp)* (fam.) fracaso.
flora *(flóra)* s. flora.
florist *(flórist)* s. florista.
floss *(flos)* s. seda floja; pelusa; fibra sedosa; **dental —,** seda dental.
flounder *(fláundar)* tr. patalear (en el lodo, nieve, etc.); forcejear (por salir del lodo, nieve, o cualquier aprieto); revolverse; tropezar, cometer errores.
flour *(fláuö)* s. harina.
flourish *(flö'risch)* intr. florecer; s. esplendor, rúbrica, floreo.
flourishing *(florisching)* adj. floreciente, próspero.
flout *(fláut)* s. mofa; burla; tr. intr. mofarse.
flow *(flóu)* s. flujo; curso; intr. fluir, correr (hidro.).
flower *(fláa)* s. flor; intr. florecer; s. **flower bed,** macizo de flores; s. **flower pot,** tiesto.
flowing *(flóuing)* adj. fluido, corriente; suelto.
flu *(flu)* s. gripe. [tuante.
fluctuant *(flö'cchiuant)* adj. fluc-
fluctuate *(flö'cchueit)* intr. fluctuar. [nea.
flue *(flú)* s. cañón de chime-
fluency *(flúensi)* s. fluidez.
fluent *(flúent)* adj. fluido; fluente, (lenguas) que dominar.
fluff *(flöb)* s. pelusa, borra (text.); **bit of —,** chica.
fluid *(flúid)* adj. fluido.
fluidity *(fluíditi)* s. fluidez.
flurry *(flö'ri)* s. con noción; barullo; tr. turbar.
flush *(flö'sch)* adj. rico; nivelado; enrojecimiento; rasar, nivelar; a ras de; s. abundancia; tr. sonrojar.
flute *(flút)* s. flauta. [aletear.
flutter *(flötar)* s. aleteo; intr.
fluvial *(flúvial)* adj. fluvial.
flux *(flö'cs)* s. flujo.
fly *(fái)* s. mosca; [**flew; flown**] v. intr. volar.
flying *(fláiying)* adj. volador, volante; — **saucer,** platillo volante.
flyleaf *(fláilif)* s. guarda (hoja en blanco, al principio y al fin de un libro).
foal *(foul)* s. potro. [espumar.
foam *(fóum)* s. espuma; intr.
foamy *(foumi)* adj. espumoso.
focal *(fócal)* adj. focal.
focus *(fókös)* s. *Opt.* foco.
fodder *(fódör)* s. forraje.

foe *(fóu)* s. enemigo.
fœtus *(fítös)* s. feto.
fog *(fóg)* s. niebla; (fotog.) velar; intr. oscurecerse; **foghorn** s. sirena (de barco).
foggy *(fógui)* adj. brumoso, neblinoso.
foil *(fóil)* s. lámina.
fold *(fóuld)* s. pliegue, doblez; doblar, plegar, **to — the arms**, cruzar los brazos; rebaño; tr. doblar, plegar.
folder *(fóuldar)* s. carpeta, folleto.
folding *(fóulding)* adj. plegable.
foliage *(fóliedch)* s. follaje.
folio *(folio)* s. folio.
folk *(fóuk)* s. gente, pueblo; **— song**, canción típica.
folklore *(fóuklör)* s. folklore.
folkloric *(fólkloric)* adj. folklórico.
follow *(fólou)* tr., intr. seguir.
follower *(fólouar)* s. seguidor, partidario. [te.
following *(fólouing)* adj. siguien-
folly *(fóli)* s. locura.
foment *(fomént)* tr. fomentar.
fomentation *(fomentéischön)* s. fomento.
fond *(fond)* adj. amante, aficionado a; amante de.
fondle *(fóndl)* tr. acariciar.
fondness *(fóndnes)* s. cariño.
font *(font)* s. pila bautismal; fuente. [da.
food *(fúd)* s. alimento; comi-
fool *(fúl)* s. tonto. tr. burlarse de, engañar; intr. **to — about**, hacer el tonto.
foolish *(fúlisch)* adj. tonto, bobo. [tería, bobada.
foolishness *(fulischness)* s. ton-
foot *(fut)* s. pie; base.
football *(fútbol)* s. fútbol.
footbridge *(fútbridye)* s. puente para peatones. [dero.
foothold *(fútjold)* posición, asi-
footing *(fúting)* s. paso; pie; posición; hacer piernas; *Dep.* **on an equal —**, estar iguales.
footman *(fútmen)* s. lacayo.
footpath *(fútpaz)* s. senda, sendero. [sada.
footprint *(fútprint)* s. huella, pi-
footstool *(fútstuui)* s. banquillo, taburete. [porque; pues.
for *(fór)* prep. para, por, conj.
forage *(fóredch)* s. forraje; tr., intr. forrajear.
foray *(fóruul)* s. incursión; tr. saquear, pillar.
forbear *(forbér)* tr., intr. abstenerse, reprimirse.
forbears *(forbérs)* s. antepasados, antecesores. [te.
forberance *(forbérans)* s. aguan-
forbid *(forbíd)* tr. prohibir.
forbidding *(forbíding)* adj. prohibido, austero, reservado; pavoroso. [zar, obligar.
force *(fórs)* s. fuerza; tr. for-
forceful *(fórsful)* adj. vigoroso; enérgico.
forceps *(fórseps)* s. *Med.* fórceps. [pasar a vado.
ford *(fórd)* s. vado; tr. vadear,
fore *(fór)* (part.) anterior; delante; **— and aft**, popa a proa.
forearm *(fórarm)* s. antebrazo.
forebode *(forbóud)* tr. presagiar; presentir.
forboding *(fonbóoding)* s. presentimiento, presagio.
forecast *(forcást)* s. predicción, pronóstico; tr. predecir, pronosticar. [pasados.
forefathers *(fórfaders)* s. ante-
forefinger *(fórfingör)* s. dedo índice.
forefoot *(fórfut)* s. pata delantera, mano (de cuadrúpedo).
forego *(fórbou)* intr. abstenerse de.
foregoing *(forgóing)* adj. precedente. [mer término.
foreground *(fórgraund)* s. pri-
forehead *(fórjed)* s. frente.
foreign *(fórin)* adj. extranjero; foráneo; extraño.
foreigner *(fórina)* s. extranjero.
foreman *(fórman)* s. capataz.
foremost *(fórmoust)* adj. delantero. [sor.
forerunner *(forönör)* s. precur-
foresaid *(fórsed)* adj. antedicho.
foresay *(forséi)* tr. predecir.
foresee *(forsí)* tr. prever.
foresight *(forsáit)* s. previsión.

F

forest *(fórist)* s. bosque, selva.
forestall *(forstól)* tr. anticipar.
forestry *(fóristri)* s. selvicultura.
foretell *(fortél)* tr. predecir.
forethought *(fórzot)* s. premeditación.
foreword *(foruörd)* s. prefacio.
forever *(förévör)* adv. por (o para) siempre.
forteit *(forfit)* s. prenda; tr. perder el derecho, cederlo.
forge *(fórdch)* s. *Mech.* fragua, forja; tr. fraguar, forjar; (fig.) fortificar.
forger *(fórcháör)* s. falsificador.
forgery *(fórdchari)* s. falsificación, falso.
forged *(forgd)* adj. falsificado.
forget [**forgot; forgotten**] *(forguét)* tr. olvidar; intr. olvidarse. [dadizo.
forgetful *(forguétful)* adj. olvi-
forgive *(forguiv)* tr. perdonar; indultar.
fork *(fórc)* s. tenedor, horca; bifurcación; tr. ahorquillar; intr. ahorquillarse; bifurcarse. [do; perdido.
forlorn *(förlórn)* adj. abandona-
form *(fórm)* s. forma; formulario, impreso, curso (de una escuela). tr. formar.
formal *(fórmal)* adj. ceremonioso, formal.
formality *(formáliti)* s. formalidad, trámites. [tivo.
formative *(fórmativ)* adj. forma-
former *(fórmar)* adj. anterior; (pron.) primero (dedos).
formerly *(fómerli)* adv. antiguamente; con anterioridad, antes. [midable.
formidable *(fórmidabl)* adj. for-
formula *(fórmiula)* s. fórmula.
formulate *(fórmiuleit)* tr. formular. [car.
fornicate *(fórnikeit)* intr. forni-
fornication *(fornikéischön)* s. fornication, coito.
forsake [**forsook; forsaken**] *(forséik)* tr. dejar; abandonar.
fort *(fórt)* s. fuerte. *Mil.*
forth *(fórz)* adv. adelante; fuera; a la vista; hasta lo último; **and so forth**, y así sucesivamente. [nidero.
forthcoming *(fózcaming)* adj. ve-
forthwith *(forzuíz)* adv. en el acto. [fortificación.
fortification *(fortifikéischön)* s.
fortify *(fórtifai)* tr fortalecer.
fortitude *(fórtitiud)* s. fortaleza, entereza.
fortnight *(fótnait)* s. quincena.
fortress *(fórtres)* s. fortaleza; *Mil.* plaza fortificada.
fortuitous *(fortiúitös)* adj. fortuito. [tunado.
fortunate *(fórchiuneit)* adj. afor-
fortunately *(fórtuineiteli)* adv. afortunadamente, por suerte.
fortune *(fórchiun)* s. fortuna.
forty *(fórti)* adj. cuarenta; **in the forties**, en los años cuarenta (años).
forum *(föröm)* s. foro.
forward *(fórvod)* adv. adelante; adj. delantero; adj. atrevido; tr. avanzar. (com.) enviar. [lante.
forwards *(fóruards)* adv. ade-
fossil *(fósil)* s. y adj. fósil.
fossilize *(fósilais)* tr., intr. fosilizar(se).
foster brother *(fósta brotha)* s. hermano de leche.
foster father *(fósta fatha)* s. padre adoptivo. [tar.
foster *(fóstö)* tr. criar, alen-
foul *(fául)* s. *Dep.* falta; adj. sucio; *Naut.* enredado; — **mouthed**, obsceno. [fundir.
found *(fáund)* tr. fundar; *Metal.*
foundation *(faundéischön)* s. fundación. *Arq.* cimiento.
foundling *(fáundling)* s. expósito; inclusero. [dición.
foundry *(fáundri)* s. *Metal.* fun-
fountain *(fáuntin)* s. fuente, surtidor; — **pen**, pluma estilográfica.
four *(foör)* adj. cuatro.
fourscore *(fórscor)* adj. y s. ochenta.
fourteen *(fórtin)* adj. catorce.
fourth *(fónz)* adj. cuarto; s. cuarto, cuarta parte; **the— of July**, el cuatro de julio.
fowl *(fául)* s. ave de corral.

fox *(fócs)* s. zorro; intr., tr. disimular; **fox-hunter** s. cazador de zorros; — **hunting,** caza de zorros. [zorrería.
foxiness *(fócsiness)* s. astucia,
fraction *(frácschön)* s. fracción; quebrado.
fractional *(frácschönal)* adj. quebrado; fraccionario.
fracture *(frácchiur)* s. fractura; tr., intr. fracturar(se).
fragile *(frédchail)* adj. (U. S. A.) frágil. [dad.
fragility *(fradchíliti)* s. fragili-
fragment *(frágment)* s. fragmento, trozo.
fragrance, fragrancy *(fréigrans, -si)* s. fragancia, perfume, aroma. [gante, oloroso.
fragrant *(fréigrant)* adj. fra-
frail *(fréil)* adj. débil, frágil.
frame *(fréim)* s. marco; tr. enmarcar, componer. *Arq.* armazón. *Anat.* esqueleto.
framework s. *Arq.* armazón.
franc *(fránc)* s. franco, (moneda francesa).
franchise *(fréntchais)* s. franquicia; derecho o privilegio político; sufragio, voto.
frank *(fránk)* adj. franco.
frankfurter *(fréngkfötör)* s. salchicha de Frankfurt. [queza.
frankness *(fránknes)* s. fran-
frantic *(frántic)* adj. frenético, furioso. [nal
fraternal *(fratö'rnal)* adj. frater-
fraternity *(fratö'rniti)* s. fraternidad. [dio; fraticida.
fratricide *(frátisaid)* s. fratrici-
fraud *(fród)* s. fraude. [dulento.
fraudulent *(fródiulent)* adj. frau-
fray *(fréi)* s. refriega.
freak *(fric)* s. monstruo, fenómeno; — **of fortune,** capricho de fortuna; — **of nature,** aborto de la naturaleza.
freckle *(frékl)* s. peca.
free *(frí)* adj. libre; gratuito; **duty free,** exento de impuestos; **free of charge,** gratis, de valde. tr. libertar.
freedom *(fridöm)* s. libertad.
freemason *(frimélsön)* s. (franc)masón.
freemasonry *(frimeisönri)* s. (franc)masonería.
freeze [**froze; frozen**] *(frís)* intr. congelarse; helarse; helar; tr. congelar. [*E. U.*
freezer *(friza)* s. congeladora
freezing *(frísing)* adj. congelante, glacial.
freezing-point punto de congelación, cero grados.
freight *(fréit)* s. carga; flete; tr. cargar, fletar. [guero.
freighter *(fréita)* s. *Naut.* car-
French *(french)* adj. y s. francés. [co; furioso.
frenetic *(frinétic)* adj. frenéti-
frenzy *(frénsi)* s. frenesí, locura. [cuencia.
frequency *(fricuensi)* s. fre-
frequent *(fricuént)* tr. frecuentar; *(fricuent)* adj. frecuente.
fresh *(fresch)* adj. fresco; nuevo; (fam.) fresco; — **water,** agua dulce, agua potable.
freshman *(fréschmen)* s. novato, novicio, estudiante del primer año. [cor, frescura.
freshness *(fréschness)* s. fres-
fret *(frét)* s. roce; tr. frotar; intr. preocuparse.
fretful *(frétful)* adj. enojadizo, preocupado.
friar *(fráiör)* s. fraile.
friction *(fricschön)* s. fricción; frotación; friega.
Friday *(fráidei)* s. viernes; **Good** —, Viernes Santo. [**to fry.**
fried *(fraid)* adj. frito p. p. de
friend *(frénd)* s. amigo(a); **boy friend** s. amigo, novio; **girl friend** s. amiga, novia.
friendless *(fréndles)* adj. desamparado, solo, sin amigos.
friendliness *(fréndlinis)* s. afabilidad, simpatía.
friendly *(fréndli)* adj. amistoso; adv. amistosamente; afable.
friendship *(fréndschip)* s. amistad. [nero.
frigate *(frígit)* s. fragata, caño-
fright *(fráit)* s. susto, temor.
frighten *(fráiten)* tr. asustar, atemorizar. [do.
frigid *(frídchid)* adj. *Med.* frígi-

F

frigidity *(frid***ch***íditi)* s. frigidez.
fringe *(fríndch)* s. fleco; tr. ribetear, borde, franja.
frippery *(frípöri)* s. perifollos, ropa usada; cursilería.

F

frisk *(frísc)* s. retozo; adj. juguetón; intr. retozar.
frisky *(fríski)* adj. juguetón.
fritter *(frítör)* s. buñuelo. tr. — **away,** disipar.
frivolity *(frivóliti)* s. frivolidad.
frivolous *(frícolas)* adj. frívolo.
frizz *(frís)* s. rizo, bucle; tr. rizar, crespo.
frizzle *(frísl)* tr. rizar.
fro *(frou)* adv. **to an —,** de una parte a otra; de aquí para allá.
frock *(frók)* s. vestido.
frog *(fróg)* s. rana; **— man,** hombre-rana. [intr. jaranear.
frolic *(frólic)* s. juerga, jarana;
from *(fröm)* prep. de (procedencia); desde.
front *(frö'nt)* s. (Pol. y mil.) frente; fachada (Arq.); **in — of,** delante de.
frontier *(fróntiö)* s. frontera; adj. fronterizo.
frost *(fróst)* s. escarcha; **frost-(bitten)** (pers.) congelado, helado.
froth *(froz)* s. espuma; intr. espumar; echar espuma.
frown *(fráun)* s. ceño; entrecejo; tr. mirar con ceño; intr. fruncir el entrecejo.
frozen *(frósn)* adj. helado; congelado; **to be —,** estar helado.
fructiferous *(fröctíferös)* adj. fructífero, beneficioso.
fructify *(frö'ctifai)* intr. fructificar. [brio.
frugal *(frúgal)* adj. frugal, so-
frugality *(frugáliti)* s. frugalidad. [producir fruta
fruit *(frút)* s. fruto; fruta; tr.
fruitful *(frútful)* adj. fructífero.
fruitfulness *(frútfulnes)* s. fecundidad. [tuoso.
fruitless *(frútles)* adj. infruc-
frustrate *(frö'streit)* adj. frustrado; tr. frustrar. [frustración.
frustration *(fröstréischön)* s.
fry *(frái)* tr. intr. freír(se); s. **small —,** poca cosa, morralla.
frying *(fráing)* adj. de freír; **frying-pan,** sartén.
fudge *(fodech)* s. dulce (usualmente de chocolate y nueces).
fuel *(fiúel)* s. combustible.
fugitive *(fiúdchitiv)* s. adj. fugitivo; fugaz.
fulfil(l) *(fulfíl)* tr. cumplir, ejecutar, llevar a cabo.
fulfil(l)ment *(fulfílment)* s. realización; satisfacción.
full *(fúl)* adj. lleno; entero; s. colmo; lleno.
fullness *(fúlnes)* s. plenitud; cumplitude. [minante.
fulminant *(fö'lminant)* adj. ful-
fulminate *(fö'lminet)* tr., intr. estallar, volar, fulminar.
fumble *(fö'mbl)* tr. e intr. tantear; manosear.
fume *(fiúm)* s. vaho, tufo; intr. (fig.) echar chispas. [migar.
fumigate *(fiúmigueit)* intr. fu-
fun *(fö'n)* s. diversión. [ción.
function *(fö'nkschön)* s. fun-
functional *(fö'nkschönal)* adj. funcional.
fund *(fö'nd)* s. fondo; (Eco.) capital; tr. invertir.
fundament *(fö'ndament)* s. fundamento, base.
fundamental *(fö'ndamental)* adj. fundamental, básico.
funeral *(fiúnöral)* adj. funeral; s. funeral(es).
fungus *(fö'ngös)* s. hongo; fungosidad, moho.
funicular *(fiuníkiular)* adj. funicular; s. — **raiway,** (tren) funicular.
funnel *(fö'nel)* s. embudo; chimenea de barco.
funny *(fö'ni)* adj. gracioso; cómico; s. esquife.
fur *(fö'r)* s. *Zool.* piel.
fur-coat s. abrigo de pieles.
furious *(fiúöriös)* adj. furioso.
furl *(förl)* v. arrollar, enrollar; plegar.
furlough *(fö'rlo)* s. *Mil.* permiso; tr. dar permiso.
furnace *(fö'rnes)* s. horno ho-

gar de caldera; **blast —**, alto horno. [proveer, amueblar.
furnish *(fö'rnisch)* tr. surtir;
furniture *(fö'rnichar)* s. muebles, mobiliario.
furrow *(fö'rou)* s. surco; *Agric.* (fig.) arruga. tr. surcar.
further *(fö'da)* adj. ulterior; adicional; adv. más allá; tr. promover, intr. proseguir.
furthermore *(fö'dömór)* adv. además.
furthest *(fö'dist)* adj. (el) más lejano, (el) más remoto; adv. más lejos. [oculto.
furtive *(fö'rtiv)* adj. furtivo;
fury *(fiúri)* s. furor, rabia.
fuse *(fiús)* s. espoleta, mecha, fulminante; (elect.) fusible; tr. fundir; intr. fundirse.
fuselage *(fiúsila***ch***)* s. fuselaje.
fusilier *(fusiliör)* s. fusilero.
fusion *(fiu***ch***ön)* s. fusión.
fuss *(fö's)* s. alboroto; jaleo; intr. alborotar; **to make a —**, hacer remilgos. [gado.
fussy *(fósi)* quisquilloso, remil-
fusty *(fö'rti)* adj. mohoso.
futile *(fiútail)* adj. fútil, vano.
future *(fiúchö)* adj. futuro; s. futuro, porvenir.
fuzz *(fö's)* s. pelusa.

gabardine *(gébödin)* s. gabardina.
gabble *(gábl)* intr. charlar; s. parloteo, charla.
gable *(geibal)* s. gablete (de un tejado); **—roof**, tejado de caballete o de dos aguas.
gad *(gád)* s. aguijón, punzón, intr. corretear.
gadget *(gád***ch***it)* s. aparato, artefacto, chisme. [lico.
Gaelic *(guélic)* s. y adv. gaé-
gaff *(gaf)* s. arpón.
gaffer *(gáfar)* s. vejete; (fam.) jefe. [tr. amordazar.
gag *(gág)* s. mordaza; truco;
gage *(guéid***ch***)* s. prenda, calibre; tr. empeñar.
gaiety *(guéieti)* s. jovialidad, alegría, animación.
gain *(guéin)* s. ganancia; tr. e intr. ganar. [cir; contrariar.
gainsay *(guéinsei)* tr. contrade-
gait *(guéit)* s. porte, modo de andar. [festividad.
gala *(guéla)* s. gala; fiesta;
galaxy *(galacsi)* s. galaxia.
gale *(guéil)* s. vendaval, galerna.
Galic *(gélic)* adj. gálico, francés.
galicism *(gélisisem)* s. galicismo.
gall *(gól)* s. hiel, bilis; tr. irritar; s. **— bladder**, vesícula.
gallant *(gálant)* adj. galante, cortés, valiente; s. galán.
gallantry *(gálantri)* s. valor; galanteo.
gallery *(gálöri)* s. galería, (mirador); *Teat.* general.
galley *(géli)* s. galera; cocina (de un buque) (Prin.); **— proof**, galerada.
gallon *(gálön)* s. galón, (G. B. 4,5 litros; U. S. A. 3,8 litros).
gallop *(gálöp)* s. galope; tr. galopar.
gallows *(gálous)* s. horca; **to send to the —**, enviar a la horca.
galore *(gölór)* adv. a granel, en grandes cantidades.
galoshes *(gölósches)* s. chanclos, zapatos fuertes.
gamble *(gámbl)* intr. jugar; (Din.); s. jugada; (fig.) **to gamble**, arriesgarse.
gambler *(gámblör)* s. jugador.
gambling *(gámbling)* s. juego.
gambol *(gámbol)* s. brinco; travesura; intr. brincar.
game *(guéim)* s. juego; partido, partida, caza; intr. jugar.
gammon *(gámön)* s. jamón; jamón curado.
gang *(gáng)* s. pandilla, banda. intr. agruparse.
gangplank *(géngplanyk)* s. plancha, pasamano (de un buque), pasarela.
gangrene *(génggrin)* s. gangrena; intr. gangrenar(se).

G

gangrenous *(gángrinös)* adj. gangrenoso.
gangster *(gángster)* s. atracador, bandido, criminal.
gangway *(génguei)* s. pasadizo; portalón.
gaol *(dyéil)* s. cárcel.
gap *(gáp)* s. boquete; brecha; hueco, claro.
gape *(guéip)* s. bostezo; abertura; intr. bostezar.
garage *(gérach, géridch)* s. garaje. [apariencia.
garb *(gárb)* s. vestido; traje;
garbage *(gárbidch)* s. desperdicios; basura.
garden *(gárdn)* s. jardín; **kitchen** —, huerto; intr. cultivar un jardín.
gardener *(gárdnar)* s. jardinero.
gardening *(gárdning)* s. jardinería.
gargle *(gárgl)* s. gárgara; tr. e intr. hacer gárgaras.
garish *(garish)* adj. deslumbrante, llamativo.
garland *(gálönd)* s. guirnalda.
garlic *(gárlic)* s. ajo.
garment *(gárment)* s. prenda de vestir, vestido.
garnish *(gárnisch)* s. adorno, atavío; tr. adornar (coc.) aderezar. [ván.
garret *(gáret)* s. buhardilla, des-
garrison *(gárisön)* s. *Mil.* guarnición; tr. guarnicionar, guarnecer. [dad.
garrulity *(garriúliti)* s. locuaci-
garrulous *(gárriulös)* adj. locuaz.
garter *(gártör)* s. liga; jarretera.
gas *(gás)* s. gas; (fam.) — **Bag**, charlatán; intr. **to** —, charlar, parlotear.
gaseous *(gáseös)* adj. gaseoso.
gash *(gásch)* s. cuchillada, herida. [(en U.S.A.).
gasoline *(gésölin)* s. gasolina
gastric *(gástric)* adj. gástrico.
gastritis *(gastrítis, -áitis)* s. gastritis. [gastrónomo.
gastronomist *(gastrónomist)* s.
gastronomy *(gastrónomi)* s. gastronomía.
gate *(guéit)* s. cancela; portalón.
gather *(gáda)* tr. reunir; recoger; inferir; intr. reunirse.
gathering *(gádaring)* s. reunión; recogida. [chillón.
gaudy *(gódi)* adj. llamativo,
gauge *(guéidch)* s. calibrador, calibre, medida, contador (Fís.); tr. calibrar, medir.
gaunt *(gont)* adj. macilento, demacrado, flaco.
gauntlet *(góntlit)* s. guantelete, manopla; **to throw down the** —, retar, desafiar.
gauze *(gós)* s. gasa; **wire** —, tela metálica. [garbado; bobo.
gawky *(góki)* adj. torpe, des-
gay *(guéi)* adj. alegre.
gaze *(guéis)* s. mirada fija; tr. e intr. mirar, mirar fijamente.
gazette *(gasét)* s. gaceta.
gear *(guiör)* s. atavío; (mec.) engranaje; (Aut.) marcha en primera; — **box**, caja de cambios.
gelatine *(dyélatin)* s. gelatina.
geld *(guéld)* tr. castrar. [lido.
gelid *(dyélid)* adj. helado, gé-
gelignite *(dyélignait)* s. gelignita.
gem *(dyém)* s. joya; piedra preciosa. [matical.
gender *(dyéndör)* s. género gra-
general *(dyénöröl)* adj. general. s. *Mil.* general. [ralidad.
generality *(dyenráliti)* s. gene-
generalize *(dyénörölais)* intr. generalizar. [generación.
generation *(dyeneréischön)* s.
generator *(dyenarata)* s. (elect.) generador. [nerosidad.
generosity *(dyenerósiti)* s. ge-
generous *(dyénerös)* adj. generoso.
genesis *(dyénesis)* s. génesis.
genetic *(dyinétic)* adj. genético. [ca.
genetics *(dyinétics)* s. genéti-
genial *(dyinial)* adj. afable, campechano.
geniality *(dyiniéliti)* s. afabilidad, campechanería. [tales.
genital *(dyénital)* s. y pl. geni-
genius *(dyiniös)* s. genio, portento. [cortés.
genteel *(dyentíl)* adj. gentil;

gentile *(dydéntail)* s. gentil, pagano.
gentility *(dyentiliti)* s. nobleza.
gentle *(dyéntöl)* adj. noble; suave.
gently *(dyentli)* adv. suave, poco a poco, despacio.
gentleman *(dyéntlman)* s. caballero; señor.
gentlemanlike *(dyéntlmanlaik)* adj. caballeroso.
gentleness *(dyéntlnes)* s. nobleza; delicadeza, suavidad.
gentry *(dyéntri)* s. clase media.
genuine *(dyéniuin)* adj. genuino, original. [ticidad.
genuiness *(dchénuines)* s. auten-
genus *(dyínös)* s. género (Ciencias).
geographer *(dyiógraför)* s. geógrafo. [geográfico.
geographical *(dyiográfical)* adj.
geography *(dyiógrafi)* s. geografía. [geológico.
geological *(dyiolódchical)* adj.
geology *(dyiólödchi)* s. geología.
geometric(al) *(dyiométric (al)* adj. geométrico. [metría.
geometry *(dyiómetry)* s. geo-
geranium *(dyeréiniöm)* s. *Bot.* geranio.
germ *(dyérm)* s. (Patol.) germen; (bot.) yema; botón.
German *(dyerman)* s. y adj. alemán. [mánico.
Germanic *(dyermánic)* adj. ger-
Germany *(dyermani)* s. Alemania. [minar.
germinate *(dyermineit)* intr. ger-
gesticulate *(dyestikiuleit)* intr. gesticular. [s. gesticulación.
gesticulation *(dyestikiuléischön)*
gesture *(dchéschur)* s. gesto.
get [**got; got** o **gotten**] *(guét)* tr. obtener, alcanzar, adquirir, tener, recibir, lograr, llegar; intr. ponerse, volverse; — **away** escaparse; — **back** volver; — **down** bajar; — **lost,** perderse; — **on,** progresar, seguir; — **ready,** prepararse; — **rid of,** librarse; — **up,** levantarse.
geyser *(gáisar)* s. *Geol.* géiser; calentador de baño.
gesture *(dyéschar)* s. gesto.

ghastliness *(gástlines)* s. palidez, lividez.
ghastly *(gástli)* adj. lívido; cadavérico, horripilante, horroroso.
gherkin *(gör'kin)* s. pepinillo.
ghost *(góust)* s. espíritu; (fam.) fantasma.
giant *(dyáiant)* s. gigante; adj. gigantesco.
gibbet *(dyíbet)* s. horca.
gibe *(dyáib)* s. burla; mofa; tr. ridiculizar.
giblets *(dyíblets)* s. pl. menud(ill)os de ave.
giddy *(guídi)* adj. atolondrado; mareado; **giddy limit,** el colmo.
gift *(guíft)* s. regalo; talento.
gifted *(guíftid)* adj. dotado, talentoso. [tesco.
gigantic *(dyaigántic)* adj. gigan-
giggle *(guigl)* tr. risa falsa, risita; intr. reírse.
gild [**gilt; gilt**] *(guídl)* tr. dorar. [branquia.
gill *(guil)* s. agalla de pez;
gilt *(guílt)* s. dorado; oropel.
gimlet *(guímlit)* s. barrena pequeña.
gin *(dyín)* s. ginebra (licor); trampa. [adj. rojizo.
ginger *(dyíndchör)* s. jenjibre;
gipsy *(dyipsi)* s. gitano.
giraffe *(dyiráf)* s. jirafa.
gird [**girt; girt**] *(gö'rd)* tr. ceñir; rodear.
girder *(gö'rdar)* s. viga (met.).
girdle *(gö'rdl)* s. faja. tr. ceñir.
girl *(gö'rl)* s. muchacha; chica, moza, niña.
girlhood *(guö'ljud)* s. niñez; mocedad, juventud.
girt *(gö'rz)* s. cincha.
girth *(göz)* s. circunferencia; cincha (Equi.). faja; tr. chinchar; ceñir.
gist *(dyíst)* s. (fig.) esencia, sustancia. [dar.
give [**gave; given**] *(guív)* tr.
give *(guív)* tr. dar; — **away,** dar gratuitamente; — **back,** devolver; — **in,** ceder; — **up,** abandonar. [nador.
giver *(guívar)* s. donante, do-

G

glad *(glád)* adj. contento; **to be glad,** alegrarse.

glacial *(gléschial)* adj. glacial.

glacier *(gláschiör)* s. glaciar; ventisquero.

glad *(glád)* adj. contento.

gladden *(gládn)* tr. alegrar.

glamour *(gléma)* s. encanto, hechizo; fascinación, embrujo; — **girl,** niña hechicera.

glance *(gláns)* s. mirada, ojeada; intr. mirar ojear.

gland *(glánd)* s. glándula.

glare *(glér)* s. resplandor; mirada furiosa; intr. resplandecer.

glass *(glás)* s. vidrio; **looking** —, espejo; vaso, copa; adj. de vidrio.

glasses *(glásis)* s. gafas; lentes; — **glasses,** gafas de sol.

glassware *(glásueör)* s. vajilla de cristal, cristalería.

glaze *(gleis)* tr. vidriar, barnizar; satinar, pulir.

glazier *(gléistö)* s. vidriero.

gleam *(glím)* intr. relucir; radiar; s. fulgor, brillo. [gar.

glean *(glin)* tr. recoger, espi-

glee *(glí)* s. alegría, júbilo.

gleeful *(gliful)* adj. alegre.

glen *(glén)* s. cañada.

glib *(glib)* adj. locuaz; de mucha labia; — **excuse,** excusa fácil.

glide *(gláid)* s. deslizamiento, planeo; tr. deslizarse.

glider *(gláida)* s. planeador.

glimmer *(glíma)* s. vislumbre; intr. rielar; (fam.) pizca.

glimpse *(glimps)* s. vistazo; tr. dar un vistazo.

glint *(glint)* s. reflejo; intr. reflejar. [llar.

glisten *(glísen)* intr. relucir, bri-

glitter *(glíta)* s. brillo, intr. brillar; **all that — is not gold,** no es oro todo lo que reluce.

gloat *(glout)* intr. gozarse (en), deleitarse (en); relamerse (de gusto).

globe *(góub)* s. esfera; mundo; pecera globular; lámpara.

gloom *(glúm)* s. oscuridad; intr. oscurecerse, entristecerse.

gloomy *(glúmi)* adj. oscuro; sombrío. [glorificación.

glorification *(glorifikéischön)* s.

glorify *(glórifai)* tr. glorificar.

glorious *(glóriös)* adj. glorioso.

glory *(glóri)* s. gloria; intr. gloriarse; (fam.) estupendo.

gloss *(glós)* s. lustre; barniz, glosa; tr. lustrar; (lit.) glosar. [vocabulario.

glossary *(glósari)* s. glosario,

glossy *(glósi)* adj. lustroso; satinado de lujo (revista).

glove *(glö'v)* s. guante; tr. enguantar; **hand in** —, ser el uno para el otro; muy amigos.

glow *(glóu)* s. fulgor; intr. relucir; s. — **worm,** luciérnaga.

glue *(glú)* s. cola; engrudo; tr. encolar, pegar. [displicente

glum *(glö'm)* adj. malhumorado,

glut *(glö't)* s. hartura; intr. ahitarse; tr. saciar.

glutton *(glö'tn)* s. glotón.

glutonous *(glö'tnös)* adj. goloso.

glutony *(glö'tni)* s. glotonería; gula.

glycerine *(glíserin)* s. glicerina.

gnarlet *(narld)* adj. nudoso, torcido (Bot.) [(los dientes).

gnash *(nesch)* intr. rechinar

gnat *(nát)* s. mosquito.

gnaw *(nó)* tr. roer.

go [**went; gone**] *(góu)* intr. ir; irse; andar; partir; s. empuje; — **astray,** descarriarse; — **away,** marcharse; — **back,** regresar; **down,** bajar; — **off,** explorar; — **on,** continuar; — **out,** salir; — **up,** subir; **let** —, soltar. [tr. aguijonear.

goad *(góud)* s. aguijón; pincho;

goal *(góul)* s. meta; (dep.) ¡gol!, tanto; — **keeper,** portero.

goat *(góut)* s. cabra; **acting the** —, hacer el tonto.

goatee *(goutí)* s. perilla.

gobble *(gobl)* tr. engullir, tragar. [(fam.) pavo.

gobbler *(góblör)* s. tragón;

go-between *(góu-bituín)* s. mediador, intermediaria.

goblet *(góblit)* s. copa grande.

goblin *(góblin)* s. duende.

God *(gód)* s. Dios.
god daughter *(góddotör)* s. ahijada.
goddess *(gódes)* s. diosa.
god father *(gódfadör)* s. padrino. [ateo.
godless *(gódles)* adj. impío;
godlike *(gódlaik)* adj. divino.
godly *(gódli)* adj. piadoso.
godmother *(gódmodör)* s. madrina.
godson *(gódsön)* s. ahijado.
goggles *(gogls)* s. pl. gafas (deportivas).
goiter *(góitör)* s. papada; buche.
gold *(góuld)* s. oro; adj. de oro.
golden *(góldn)* adj. de oro; áureo. [amarillo.
goldfinch *(góldfinch)* s. jilguero
goldfish *(góldfisch)* s. carpa dorada. [ro.
goldsmith *(góuldsmiz)* s. platero.
golf *(golf)* s. golf (juego); **— links,** campo de golf.
gone *(gon)* p. p. de **go;** adj. ido, desaparecido.
gong *(gong)* s. gong, batintín.
good *(gúd)* adj. bueno; s. bien; s. pl. bienes; mercancías; adv. bien; interj. ¡bueno! ¡bien!; adj. **good looking,** bien parecido, guapo. [adiós.
good-bye *(gudbái)* s. interj.
goodness *(gúdnes)* s. bondad, virtud; adj. nutritivo, rico; **Goodness me!** interj. ¡Dios mío!
goodwill *(guduíl)* s. clientela, buen crédito.
goose *(gús)* s. ganso; oca.
gooseberry *(gúsberi)* s. grosella.
gorge *(górdch)* s. garganta; tr. engullir, tragar.
gorgeous *(górdyos)* adj. espléndido; magnífico.
gorilla *(görilö)* s. gorila.
gory *(góri)* adj. sangriento.
gosh *(gósch)* interj. ¡caray!, ¡caramba!
gospel *(góspel)* s. evangelio.
gossip *(gósip)* s. chisme; intr. chismear.
gothic *(gózic)* s. gótico.
gouge *(gáudye)* s. gubia, acanalador; acanaladura, estría.
gourd *(góurd)* s. *Bot.* calabaza.
gout *(gáut)* s. *Med.* gota.
govern *(gö'vörn)* tr. gobernar;
government *(gö'varnment)* s. gobierno.
governmental *(gö'varnméntal)* adj. gubernamental.
governor *(gö'varnar)* s. gobernador; (fam.) jefe, patrón.
gown *(gáun)* s. toga; **evening —,** traje de noche; **dressing —,** bata; **night —,** camisón.
grab *(gráb)* tr. agarrar, coger; (fam.) acaparar; (fam.) **grabber,** acaparador, agarrado.
grace *(gréis)* s. gracia, garbo; (com.) gracia. [elegante.
graceful *(gréisful)* adj. gracioso;
gracious *(gréschös)* adj. graciable, gracioso, grato; **Good —!,** ¡Dios mío!
graciousness *(gréischüsnes)* s. afabilidad. [d(u)ación.
gradation *(gradéischön)* s. gra-
grade *(greid)* s. grado; rango; **to make the —,** aprobar.
gradient *(grédient)* s. pendiente, desnivel.
gradual *(grádiual)* adj. gradual.
graduate *(grádiueit)* s. graduado; tr. graduar; intr. graduarse (Acad.).
graft *(gráft)* s. injerto; (fam.) estafa; tr. injertar, empalmar.
grain *(gréin)* s. grano, semilla; tr. desgranar.
gram *(grem)* s. gramo.
grammar *(grámar)* s. gramática. [gramatical.
grammatical *(gramátical)* adj.
gramme *(grám)* s. gramo.
gramophone *(grámafoun)* s. gramófono.
granary *(grénöri)* s. granero.
grand *(gránd)* adj. estupendo, magnífico. [to, nieta.
grandchild *(grándchaild)* s. nie-
granddaughter *(gránddotör)* s. nieta. [abuelo.
grandfather *(grándfadör)* s.
grandiose *(gréndious)* adj. grandioso, magnífico. [abuela.
grandmother *(grándmoddzr)* s.
grandson *(grándsön)* s. nieto.
grandstand *(grándstand)* s. andanada, gradería cubierta.

G

G

grange *(gréindch)* s. granja; quinta; alquería.
granite *(gránit)* s. *Min.* granito.
grant *(gránt)* s. subvención; (Acad.) beca; tr. **to take for granted,** dar por sentado.
granulate *(gréniuleit)* intr. granular (se).
granule *(gràniul)* s. gránulo.
grape *(gréip)* s. *Bot.* uva; — **fruit,** pomelo, toronja; — **shot,** metralla.
grape-vine *(greipvaim)* s. vid; parra.
graph *(graf)* s. diagrama.
graphic *(gráfic)* adj. gráfico.
graphite *(gréfait)* s. grafito.
grapple *(grápl)* intr. agarrarse; s. lucha.
grapping iron s. *Naut.* garfios.
grasp *(grásp)* tr. empuñar; agarrar; (fig.) comprender; s. puño; asimiento, alcance.
grasping *(graasping)* adj. codicioso, avariento.
grass *(grás)* s. hierba; yerba, pasto.
grasshopper *(grásjopar)* s. saltamontes.
grassy *(grási)* adj. herboso.
grate *(gréit)* s. reja; verja; (coc.) parrilla; tr. rallar.
grateful *(greitful)* adj. agradecido.
gratefulness *(gréitfulnes)* s. gratitud.
grater *(gréitar)* s. rallador.
gratify *(grátifai)* tr. gratificar; satisfacer.
gratifying *(gratifaying)* adj. satisfactorio.
grating *(gréiting)* s. reja.
gratis *(gréitis)* adv. gratis; adj. gratuito.
gratitude *(grátitiud)* s. gratitud.
gratuitous *(gratiúitös)* adj. gratuito, de valde.
gratuity *(gratiúiti)* s. propina.
grave *(gréiv)* s. sepultura; tumba; adj. serio; grave.
gravel *(grável)* s. grava.
graveyard *(gréivyard)* s. cementerio.
gravitate *(gráviteit)* tr. gravitar.
gravitation *(gravitéischön)* s. gravitación.
gravity *(gráviti)* s. gravedad.
gravy *(gréivi)* s. (coc.) salsa.
gray *(grei)* adj. gris; cano; entrecano; — **horse,** rucio, tordo; **matter,** seso; **gray-haired,** canoso; s. gris; intr. encanecer; poner (se) gris.
graze *(gréis)* tr. pastorear; pacer; intr. pastar; (Piel) rozar.
grease *(grís)* s. grasa; (mech.) tr. engrasar, lubricar; fig. sobornar.
greasy *(grísi)* adj. grasiento.
great *(gréit)* adj. gran; grande; **a great many,** muchísimos; s. **great-grandchild,** biznieto, biznieta; s. **great-grandfather,** bisabuelo; **great-grandmother,** s. bisabuela.
greatness *(gréitnes)* s. grandeza.
Grecian *(gríschön)* adj. y s. griego.
greed *(grid)* s. codicia.
greediness *(grídines)* s. codicia; voracidad.
greedy *(grídi)* goloso; codicioso, avaricioso.
Greek *(gric)* s. y adj. griego.
green *(grín)* adj. verde; fresco; s. (golf.) césped; **bowling —,** campo de bolos; pl. verduras.
greengrocer *(gringrousa)* s. verdulería, frutería.
greenhouse *(grínjaus)* s. invernadero.
greenish *(grínisch)* adj. verdoso.
greenness *(grínnes)* s. verdor.
greet *(grít)* tr. saludar; intr. saludarse.
greeting *(gríting)* s. saludo; **Christmas Greeting,** saludos de Navidad.
gregarious *(griguériös)* adj. gregario.
grenade *(grenéid)* s. *Mil.* granada; bomba.
grey *(gréi)* adj. gris; **grey-hair,** cana.
grey hound *(gréijaund)* s. galgo.
grid *(grid)* s. parrilla, rejilla; [elec.] red.
grief *(gríf)* s. pena; duelo.
grievance *(grívans)* s. agravio.
grieve *(grív)* tr. agraviar; lastimar; intr. afligirse.
grievous *(grivas)* adj. penoso.
grill *(gríl)* s. parrilla; tr. asar en la parrilla.
grim *(grim)* adj. (fig.) feo, mala cara, disforme; horrible.

grimace *(griméis)* s. mueca, mohín.
grime *(gráim)* s. mugre; suciedad; tr. ensuciar.
grimness *(grímnes)* s. grima, espanto.
grin *(grín)* s. mueca; sonrisa; intr. hacer muecas.
grind [**ground; ground**] *(gráind)* tr. triturar, moler; — **ones teeth,** rechinar los dientes; s. trabajo duro.
grinder *(gráindör)* s. molinillo.
grip *(grip)* s. apretón, agarre; tr., intr. apretar.
gripe *(gráip)* s. sujeción; manifa; pl. dolor, cólico, retortijones; tr. (fig.) punzar, afligir, oprimir.
grippe *(grip)* s. gripe, influenza.
gristle *(grísöl)* s. cartílago, ternilla.
grit *(grit)* s. arena; arenilla, firmeza.
grittiness *(gritines)* s. entereza, arenosidada.
gritty *(gríti)* adj. arenoso; valeroso.
grizzly *(grísli)* adj. grisáceo, pardusco; — **bear,** oso pardo.
groan *(gróun)* s. gruñido, gemido. intr. gruñir, gemir.
grocer *(gróusar)* s. tendero; **grocers shop,** ultramarinos.
grocer(y)ies *(grouser(i)s)* pl. víveres, comestibles.
grog *(gróg)* s. grog, ponche.
groggy *(grógui)* adj. semi-inconsciente; flotando; *Box.* tocado.
groin *(gróin)* s. *Anat.* ingle.
groove *(grúv)* s. ranura, estría; tr. estriar.
grope *(gróup)* intr. andar a tientas; palpar.
gross *(grós)* adj. grueso; bruto; s. gruesa.
grossness *(grósnes)* s. rudeza; grosería.
grotesque *(grotésk)* s. y adj. grotesco.
grotto *(gróto)* s. gruta.
grouch *(gráutsch)* s. mal humor; gruñón; intr. gruñir.
ground *(gráund)* s. suelo; terreno; fundamento; tr. fundar; **to ground,** tirar al suelo; (avia.) no permitir volar.
group *(grúp)* s. grupo; tr., intr. agrupar(se).
grove *(gróuv)* s. arboleda; frutal.
grow [**grew; grown**] *(gróu)* intr. crecer; tr. cultivar.
growing *(gróing)* s. crecimiento; adj. creciente.
growl *(grául)* s. gruñido; intr. gruñir.
growler *(gráular)* s. gruñón; regañón.
growth *(gróuz)* s. crecimiento; *Med.* tumor; *Econ.* desarrollo.
grub *(gröb)* s. larva, gusano; intr. y tr. desyerbar, arrancar.
grudge *(grö'dch)* s. resentimiento; tr. envidiar, guardar rencor a.
gruesome *(grúsöm)* adj. horrible, horripilante.
gruff *(grö'f)* adj. ceñudo, malhumorado.
grumble *(grö'mbl)* intr. quejarse.
grunt *(grö'nt)* s. gruñido; intr. gruñir.
guarantee *(garantí)* s. garantía; aval; tr. garanti(za)r, avalar.
guarantor *(gárantor)* s. fiador.
guaranty *(gáranti)* s. garantía.
guard *(gárd)* s. guarda; *Mil.* guardia; tr. guardar; **on —,** en guardia.
guardian *(gardián)* s. guardián; adj. protector.
guerrilla *(guerila)* s. guerrillero; guerrilla.
guess *(gués)* s. adivinanza; conjetura. intr. adivinar; intr. hacer conjeturas.
guest *(guést)* s. huésped; — **house,** pensión; — **guest,** huésped.
guffaw *(gafó)* s. risotada, carcajada.
guidance *(gáidans)* s. dirección; guía.
guide *(gáid)* s. guía; tr. guiar.
guidebook *(gáidhuc* s. guía; **railway —,** guía de ferrocarriles.
guild *(guíld)* s. gremio; corporación; hermandad.
guile *(gáil)* s. engaño, astucia.
guilt *(guílt)* s. culpa.
guiltless *(guíltles)* adj. inocente.
guilty *(guílti)* adj. culpable; **to**

plead guilty, confesarse culpable. [dias.
guinea-pig s. conejillo de In-
guise *(gais)* s. aspecto, apariencia; modo; **under the — of,** so capa de; disfrazado de.
guitar *(guitár)* s. guitarra.
gulf *(gö'lf)* s. *Geog.* golfo.
gull *(gö'l)* s. engaño; fraude. *Orn.* gaviota; tr. engañar, defraudar.
gullet *(gólit)* s. gaznate.
gully *(gö'li)* s. barranco; hondonada. [llir, tragar.
gulp *(gö'lp)* s. trago; tr. engu-
gum *(gö'm)* s. (líquida) goma; (ara.) encía; tr. engomar, tragar.
gun *(gö'n)* s. fusil; carabina, cañón; **machine gun,** ametralladora.
gunboat *(gö'nbout)* s. cañonero, lancha cañonera. [lero.
gunman *(gö'nman)* s. pisto-
gunner *(gö'nar)* s. artillero.
gunpowder *(gö'npaudör)* s. pólvora.
gurgle *(gö'rgl)* gorgoteo; intr. *Hidro.* murmurar.
gush *(gö'sch)* s. chorro; intr. borbotar, brotar.
gust *(gö'st)* s. ráfaga.
gut *(gö't)* s. tripa; tr. destripar; pl. valor.
gutter *(gö'tar)* s. alcantarilla, canelón; (fig.) arroyo.
guttural *(gö'toral)* adj. gutural.
guy *(gái)* s. (vulg.) tipo, «tío».
gymnasium *(dyemnésiöm)* s. gimnasio. [gimnástico.
gymnastic *(dyemnástic)* adj.
gynecologist *(dyeinicólodchist)* s. ginecólogo. [ginecología.
gynecology *(dyeinicólodchi)* s.
gypsy *(dchípsi)* s. y adj. gitano.

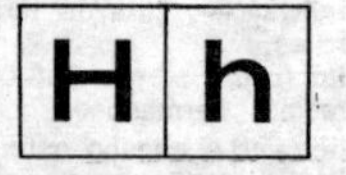

haberdasher *(jábördachar)* s. mercero. [mercería.
haberdashery *(jábödacheri)* s.
habit *(jábit)* s. hábito, costumbre; vestimenta, hábito.
habitual *(höbítiuöl)* adj. habitual; acostumbrado.
hack *(jác)* s. rocín; corte. tr. (met.) cortar; **— saw,** sierra.
hackneyed *(haknid)* adj. trillado, manoseado.
haft *(jáft)* s. mango. [viejota.
hag *(jeg)* s. hechicera, bruja;
haggard *(jágard)* adj. huraño; macilento, ojeroso.
haggle *(jágl)* tr. destrozar; intr. regatear.
hail *(jéil)* s. granizo; tr. intr. granizar; **hailstorm,** granizada; **hailstone,** pedrisco.
hair *(jéa)* s. pelo; cabello.
hairbrush *(jéa-brasch)* s. cepillo para el cabello.
haircut *(jéa-cat)* s. corte de pelo; **to have a —,** hacerse cortar el pelo.
hairdo *(jérdu)* s. peinado.
hairdresser *(jérdresör)* s. peluquero; peluquería.
hairless *(jérles)* adj. pelado.
hairy *(jérli)* adj. peludo, velloso.
hake *(jéik)* s. merluza.
hale *(jeil)* adj. sano, fuerte, robusto; tr. llevar (a una persona) por fuerza.
half *(jáf)* s. mitad; adj. medio; semi; casi; adv. a medias.
halfbred *(jáfbred)* s. mestizo.
halfbrother *(jáfbradör)* s. hermanastro. [cil, zonzo.
half-witted *(jáfuitid)* adj. imbé-
hall *(jól)* s. vestíbulo; pórtico; salón.
hallo *(jalóu)* interj. ¡hola! ¡eh!
hallow *(jálou)* tr. santificar.
halloween *(jálouin)* s. (U. S. A.) víspera de Todos los Santos.
hallowmas *(jálomas)* s. día de Todos los Santos.
hallucination *(jaliusinéischön)* s. alucinación. [la.
halo *(jéilo)* s. halo. (fig.) aureo-
halt *(jolt)* s. parada; alto; tr. (mandar) parar; intr. detenerse.
halter *(jóltar)* s. ronzal, cabestro. [dos.
halve *(haav)* r. partir, dividir en

ham *(jám)* s. jamón.
hamlet *(jémlit)* s. aldea, caserío.
hammer *(jámar)* s. martillo; tr. martillar.
hammock *(jámoc)* s. hamaca.
hamper *(jámpar)* s. cesto; fam. estorbo; tr. encestar; estorbar.
hamster *(jámster)* s. hamster.
hand *(jánd)* s. mano *Anat.* manecilla (de reloj); obrero; *Naut.* **deak —,** tripulante; **handariting,** letra; tr. **to hard,** pasar (por mano); **in — crate,** mano; **on the one —,** por un lado; **by —,** a mano.
handbag *(jándbag)* s. bolso (de mano).
handball *(jándbol)* s. balonmano.
handbill *(jándbil)* s. prospecto.
handbook *(jándbuc)* s. manual.
handcuff *(jándköf)* s. esposas; tr. maniatar.
handful *(jándful)* s. puñado.
handicap *(jándicap)* s. desventaja.
handicraft *jandicraft)* s. artesanía.
handkerchief *(jánkerchif)* s. pañuelo.
handiwork *(jándiuörk)* s. labor, trabajo hecho a mano; artefacto.
handle *(jandl)* s. mango, asa, puño; tr. manejar.
handling *(jánding)* s. manejo.
hand-made *(jándméid)* adj. hecho a mano.
hand-saw *(jánd-só)* s. serrucho.
handy *(jándi)* adj. mañoso, conveniente, a mano.
handy *(jándi)* adj. cómodo, mañoso.
handsome *(jándsöm)* adj. guapo, generoso.
hang [**hung; hung**] *(jáng)* tr. colgar; ahorcar; **to hang about,** merodear; **hang on a minute,** esperar un momento.
hangman *(jángman)* s. verdugo.
hangar *(jángar)* s. *Avia.* hangar.
hanger *(jángar)* s. percha, colgador.
hanker *(jankör)* intr. ansiar.
hapless *(háplis)* adj. desaventurado, desgraciado.
happen *(jápen)* intr. suceder.
happiness *(jápines)* s. felicidad.
happy *(jápi)* adj. feliz.
harangue *(jaráng)* s. arenga; tr. arengar.
harass *(járas)* s. tr. acosar hostigar.
harbour *(jaba)* s. puerto, refugio; tr. alojar.
hard *(járd)* adj. duro; **hard boiled egg** s. huevo duro.
harden *(járdn)* tr. endurecer.
hardiness *(járdines)* s. atrevimiento; ánimo; vigor.
hardly *(járdli)* adv. difícilmente; apenas.
hardness *(járdnes)* s. dureza.
hardship *(járddschip)* s. *Econ.* penalidades, dificultades.
hardware *(jaadvéa)* s. ferretería; artículos de ferretería; **— shop,** ferretería.
hardy *(járdi)* adj. osado. *Bot.* resistente, aguanta frío.
hare *(jéa)* s. liebre; **mad as a march hare** (fam.) ¡como una cabra!
hare-brained *(jéa-breind)* adj. atolondrado, despistado.
harem *(jéirem)* s. harén.
haricot *(járicot)* s. habichuela.
harm *(járm)* s. mal; daño; tr. dañar; lastimar.
harmful *(jármful)* adj. dañino.
harmless *(jármles)* adj. inofensivo.
harmonic *(jarmónic)* adj. armónico.
harmonica *(jarmónica)* s. armónica.
harmonious *(jarmóniös)* adj. armonioso; armónico.
harmonize *(jármonais)* tr. armonizar.
harmony *(jármoni)* s. armonía.
harness *(jārnes)* s. *Equi.* arnés.
harp *(járp)* s. *Mus.* arpa.
harpist *(járpist)* s. arpista.
harpoon *(jarpún)* s. arpón; tr. arponear.
harrow *(járou)* s. *Agric.* rastro; tr. rastrear; atormentar.
harpy *(járpi)* s. arpía.
harry *(jári)* s. acosar; asolar.
harsh *(jársch)* adj. rudo; agrio; áspero.
harshness *(járschnes)* s. aspereza; rudeza; (fig.) dureza.

H

H

harvest *(járvest)* s. cosecha; siega; tr. cosechar.
harvester *(járvestar)* s. cosechador(a).
hash *(jasch)* s. picadillo.
haste *(jéist)* s. prisa; tr. **to make —,** apresurar; intr. apresurar(se).
hat *(ját)* s. sombrero.
hatch *(jách)* s. cría; nidada; compuerta; tr. incubar, tramar.
hatchet *(játchit)* s. hacha.
hate *(jéit)* s. odio; tr. odiar.
hateful *(jéitful)* adj. odioso.
hatred *(jéitred)* s. odio.
haughtily *(jótili)* adv. arrogantemente. [ría, arrogancia.
haughtiness *(jótines)* s. altane-
haughty *(jóti)* adj. orgulloso, altivo. [arrastrar.
haul *(jól)* s. tirón; arrastre; tr.
haulage *(jolidge)* s. (trans.) por carretera.
haunch *(jónch)* s. anca.
haunt *(jont)* s. guarida, hábito; tr. frecuentar.
have [**had; had**] *(jáv)* tr. (aux.); tener, poseer; haber; tomar.
haven *(jévn)* s. puerto; refugio.
haversack *(jávarsak)* s. mochila, talego, saco.
havoc *(jávoc)* s. devastación; tr. **to cause —,** asolar.
hawk *(jóc)* s. halcón.
hawker *(jókar)* s. buhonero, vendedor ambulante.
hawthorn *(józorn)* s. *Bot.* espino blanco.
hay *(jéi)* s. heno. [heno.
hay-fever *(jei-fieva)* s. fiebre del
hayloft *(jéi-loft)* s. henil, pajar.
hazard *(jásard)* s. riesgo; azar; tr., intr. arriesgarse.
hazardous *(jásardös)* adj. arriesgado.
haze *(jeis)* s. bruma.
hazel *(jéisl)* s. *Bot.* avellano.
hazel *(jéisl)* s. adj. (col.) avellana; **hazel nut,** avellana.
haziness *(jéisines)* s. bruma.
hazy *(jéisi)* adj. brumoso; (fig.) difuso. [cabrío.
he *(ji)* pron. él; **— goat,** macho
head *(jéd)* s. cabeza; adj. jefe, príncipe; tr. encabezar, mandar; s. **head dress,** tocado.
head master s. director de un colegio. [beza.
headache *(jédeic)* s. dolor de ca-
heading *(jéding)* s. encabezamiento.
headgear *(jedguía)* sombrero, gorro; cabezada (de guarnición para caballo).
headlight *(jédlait)* s. faro delantero, (aut.). [tular.
headline *(jédlain)* s. (impr.) ti-
headland *(jédland)* s. cabo, promontorio.
headquarters *(iédcuórtars)* s. cuartel general. [co.
headstrong *(jédstrong)* adj. ter-
headlong *(jédlong)* adv. de cabeza; precipitadamente.
headway *(jéduli)* s. progreso, avance; **to make —,** avanzar, adelantar, progresar.
heal *(jil)* tr. curar; sanar; intr. curarse, cicatrizar.
healing *(jíling)* adj. curativo; s. curación.
health *(jélz)* s. salud; **public —,** sanidad; **national — service,** Seguro de Enfermedad.
healthy *(jélzi)* adj. sano, saludable, fuerte.
heap *(jíp)* s. montón; pila; tr. amontonar, apilar.
hear [**heard; heard**] *(jía)* tr. oír; escuchar; intr. oír. oír decir.
hearer *(jirar)* s. oyente. [cia.
hearing *(jiring)* s. oído; audien-
hearsay *(jírsei)* s. rumor.
hearse *(jörs)* s. coche fúnebre.
heart *(járt)* s. corazón; (fig.) esencia; **by heart,** de memoria. [pesar, congoja.
heartache *(járteic)* s. angustia,
heartbreak *(jártbraik)* s. disgusto; desilusión. [gustado.
heartbroken adj. apenado; dis-
hearten *(jártn)* tr. animar.
hearty *(járti)* adj. cordial.
hearth *(járz)* s. hogar, chimenea; (fig.) casa.
heartily *(jártili)* adv. de corazón; de buena gana; **to eat —,** comer con apetito; comer.

heartless *(játlis)* adj. de mal corazón; cruel; insensible.
heat *(jit)* s. calor; *Zool.* celo; tr. calentar. [tufa.
heater *(jitar)* s. calentador, es-
heath *(jiz)* s. *Bot.* brezo, brezal, páramo.
heathen *(jídan)* s. y adj. pagano; idólatra. [nismo.
heathenism *(jízenism)* s. paga-
heather *(jídar)* s. brezo.
heating *(jíting)* s. calefacción.
heave [**heaved** o **hove; heaved** o **hoven**] *(jiv)* tr. alzar; elevar, empujar. intr. vomitar.
heaven *(jévn)* s. cielo.
heavenly *(jévenli)* adj., celestial.
heavily *(jévili)* adv. pesadamente.
heaviness *(jévines)* s. pesadez.
heavy *(jévi)* adj. pesado; **heavyweight,** peso pesado.
hebrew *(jíbru)* s. hebreo. [to.
hectic *(jéctic)* adj. febril; inquie-
hedge *(jéd***ch***)* s. seto; dar evasivas. [puerco espín.
hedgehog *(jéd***ch***jog)* s. erizo,
heed *(jid)* s. cuidado; tr. hacer caso, poner atención.
heedful *(jídful)* adj. cuidadoso.
heedless *(jídles)* adj. descuidado, desatento.
heel *(jil)* tacón; talón; tr. **to heel,** poner tacones; **to heel round,** dar media vuelta; **down at —,** depauperado, **head over —,** locamente enamorada.
hefty *(jéfti)* adj. pesado; fam. fuerte, fornido. [ra.
heifer *(jěfar)* s. vaquilla, terne-
height *(jáit)* s. altura, estatura.
heighten *(jáiten)* tr. realzar; levantar.
heinous *(jinös)* adj. atroz; odioso, detestable. [dar.
heir *(éa)* tr. heredero; tr. here-
heiress *(éares)* s. heredera.
heirless *(éales)* adj. sin heredero. [cóptero.
helicopter *(jélicoptar)* s. heli-
hell *(jél)* s. infierno; **go to —,** ¡vete al infierno!
hello *(jélóu)* interj. ¡hola! ¡halo!
helm *(jelm)* s. timón; **to take the —,** llevar el timón.
helmet *(jélment)* s. casco.
help *(jélp)* tr. ayudar; socorrer; interj. **help!** ¡socorro! **to — oneself,** servirse.
helpful *(jélpful)* adj. útil.
helping *(jélping)* s. ración.
helpless *(jélples)* adj. incapaz.
hem *(jem)* s. dobladillo, bastilla; tr. dobladillar, bastillar, hacer dobladillos en (la ropa); **to — in,** rodear, cercar; **to — and haw,** toser y retoser (fingidamente); tartamudear, vacilar. [ferio.
hemisphere *(jémisfir)* s. hemis-
hemlock *(jémloc)* s. cicuta (hierba venenosa); abeto americano. [*Med.* hemorragia.
hemorrhage *(jémored***ch***)* s.
hemorrhoids *(jémoroids)* s. pl. *Med.* hemorroides.
hemp *(jémp)* s. cáñamo; **Indian —,** canabina.
hen *(jén)* s. gallina; **—per,** gallinero, corral de gallinas.
hence *(jéns)* adv. de aquí; por tanto.
henceforth *(jénsforz)* adv. de aquí en adelante. [cuaz.
henchman *(jénchman)* s. se-
her *(jör)* adj. su (de ella); pron. le, la, a ella, para ella.
herald *(jérald)* s. heraldo; tr. anunciar. [dico.
heraldic *(jiráldic)* adj. herál-
herb *(jö'rb)* s. hierba; **sweet herbs** s. hierbas aromáticas.
herbalits *(jö'rbalist)* s. herbolario.
herd *(jö'rd)* s. hato; rebaño; intr. ir en manada; **herd — together,** agruparse.
herdsman *(jö'dsmän)* s. vaquero; pastor.
here *(jía)* adv. aquí; acá; **here you are,** tenga; **from —,** desde aquí; **up to —,** hasta aquí; **— and there,** disperso.
hereafter *(jiraftör)* adv. en adelante.
hereat *(jirát)* adv. a esto.
hereby *(jirbái)* adv. por la presente. [ditario.
hereditary *(jiréditöri)* adj. here-

H

heredity *(jiréditi)* s. herencia.
herein *(jirín)* adv. aquí dentro.
herewith *(jiauíd)* adv. (junto) con esto.
heresy *(jérisi)* s. herejía.
heretic *(jéretic)* adj. hereje.
heretical *(jerétical)* adj. herético.
heretofore *(jiötufö'r)* adv. hasta ahora, hasta el presente.
hermetic *(jermétic)* adj. hermético. [patrimonio
heritage *(jériti*dch*)* s. herencia,
hermit *(jermit)* s. ermitaño; eremita. [mita.
hermitage *(jermiti*dch*)* s. er-
hernia *(jernia)* s. hernia.
hero *(jírou)* s. héroe.
heroic *(jíroic)* s. heróico.
heroism *(jérousin)* s. heroísmo, heroicidad.
herring *(jéring)* s. *Zool.* arenque; **red —**, pista falsa.
hers *(jers)* pron. pos. suyo; de ella. [ma, se.
herself *(hersélf)* pron. ella mis-
hesitate *(jésiteit)* tr. dudar; titubear.
hesitation *(jesitéischön)* s. duda.
heterodox *(jéterodocs)* adj. heterodoxo. [terodoxia.
heterodoxy *(jéterodocsi)* s. he-
heterogenerous *(jeterodyiniös)* adj. heterogéneo.
hew [**hewed; hewed** o **hewn**] *(jíu)* tr. tajar, cortar; picar (piedra); labrar (madera, piedra). [¡oye!
hey *(jéi)* interj. ¡he!; ¡oiga!;
hibernare *(jivernar)* intr. *Zool.* hibernar, pasar el invierno.
hibernate *(jáibörneit)* **intr. hibernar.**
hibernation *(jivernescion)* **s. hibernación.**
hiccup *(jícöp)* s. hipo.
hidden *(jídn)* adj. oculto.
hide *(jáid)* s. pellejo, cuero. [**hid; hidden** o **hid**] tr. esconder; s. **— out,** escondite.
hideous *(jídiös)* adj. horrendo, horripilante; odioso.
hiding *(jáiding)* s. paliza; adj. ocultación. [rror; espanto.
hideousness *(jídiösnes)* s. ho-
hierarchy *(jáierarki)* s. jerarquía. [glífico.
hieroglyph *(jáieroglif)* s. jero-
high *(jái)* adj. y adv. alto, altamente. [telectual.
highbrow *(jáibrau)* adj. y s. in-
highflying *(jaifláing)* adj. de altos vuelos; ambicioso.
highland *(jáiland)* s. país montañoso, tierras altas, meseta.
highlander *(jáilandör)* s. montañés, serrano.
highly *(jáili)* adv. altamente; sumamente, muy; **— paid,** muy bien pagado.
highness *(jáines)* s. *Geog.* altura; (nobl.) alteza.
highway *(jáuei)* s. carretera.
highwayman *(jáiveiman)* s. salteador de caminos, bandido.
hike *(jáik)* s. excursión; intr. hacer una excursión; **hitch —**, hacer auto stop.
hiker *(jáikar)* s. excursionista.
hill *(jil)* s. colina; **up —**, cuesta arriba; **down —**, cuesta abajo.
hillock *(jíloc)* s. loma.
hillside *(jílsaid)* s. ladera.
hilltop *(jíltop)* s. cumbre, cima (de una colina).
hilly *(jilli)* adj. montañoso.
hilt *(jilt)* s. empuñadura; **to the —**, hasta la empuñadura; (fig.) hasta la coronilla.
him *(jím)* prom. le; a él.
himself *(jimsélf)* pron. él mismo; se.
hind *(jáind)* s. *Zool.* cierva; adj. posterior; trasero.
hinder *(jíndar)* tr. impedir; estorbar; **—er** *(jindara)* s. estorbo. [dimento, estorbo.
hindrance *(jíndörans)* s. impe-
Hindu, -oo *(jindú)* s. indostánico, hindú. [bisagra.
hinge *(jín*dch*)* s. *Mec.* gozne,
hint *(jínt)* s. insinuación; sugerencia, indirecto; tr. echar indirectas; insinuar.
hip *(jíp)* s. cadera; **hippie,** inadaptado (sociol.).

hippopotamus *(jipapótamös)* s. hipopótamo.
hire *(jáir)* s. alquiler; tr. alquilar, arrendar; s. — **purchase,** venta a plazos.
his *(jís)* (poss. pro) suyo, de él; (poss. adj.) su, sus (de él).
hiss *(jis)* s. silbido, chiflido; siseo; intr. sisear, silvar, chiflar. [nico.
Hispanic *(jispánic)* adj. hispá-
Hispano-American *(jispanoamérican)* adj. hispanoamericano.
Hispano-phile *(jispanofil)* adj. y s. hispanófilo, hispanista.
historian *(jistórian)* s. historiador.
historic *(jistóric)* adj. histórico.
history *(jístöri)* s. historia.
hit *(jít)* s. golpe; encuentro; fig. éxito; [**hit; hit**] tr. golpear, acertar.
hitch *(jích)* s. tropiezo; (fam.) pega; tr. saltar, mover(se) a saltos; **to hitch-hike,** viajar en auto-stop.
hither *(jídar)* adv. acá; aquí, hacia acá. [ahora.
hitherto *(jídartu)* adv. hasta
hive *(jáiv)* s. colmena.
hoar *(jóa)* adj. blanco; **hoar-frost** *(hóa-frost)* escarcha blanca.
hoard *(jóad)* s. tesoro; montón; tr., intr. atesorar.
hoarding *(jóadin)* s. acaparamiento; cartelera.
hoarse *(jóas)* adj. ronco, afónico. [escarchado.
hoary *(jóeri)* adj. blanco; cano;
hoax *(jócs)* s. mentira, chasco; tr. chasquear, burlar.
hobble *(jóbl)* s. cojera; traba.
hobby *(jóbi)* s. afición, pasatiempo favorito. [bundo.
hobo *(jóubou)* s. (E. U.) vaga-
hodge-podge *(jódchpódch)* s. batiburrillo. [cavar.
hoe *(jou)* s azada; tr. sachar,
hog *(jóg)* s. (E. U.) puerco; **to go the whole —,** jugarlo todo.
hoist *(jóist)* s. monta cargas, cabria, grúa; tr. alzar, elevar; (Náut.) izar.
hold [**held; held**] *(jóuld)* tr. sostener; asir, contener; celebrar; intr. aguantar; — **it,** ¡no la sueltes! s. asidero.
holder *(jóuldar)* s. poseedor (Per.); (Cig.) boquilla; (Plu.) mango; estuche; asa.
holding *(jóulding)* s. tenencia; arrendamiento. [atraco.
hold-up *(jóuld-öp)* s. asalto,
hole *(jóul)* s. agujero; hoyo; tr. **to make —,** agujerear.
holiday *(jólidei)* s. día festivo; fiesta; pl. vacaciones.
holiness *(jóulines)* s. santidad;
hollow *(jólou)* s. hueco, cavidad; adj. hueco; tr. ahueca.
holly *(jóli)* s. *Bot.* acebo.
holster *(jólstar)* s. pistolera.
holy *(jóuli)* adj. santo; sagrado; bendito; s. **Holy Ghost,** Espíritu Santo. [je; respeto.
homage *(jómidch)* s. homena-
home *(joum)* s. casa; hogar; patria; adj. doméstico; adv. **at —,** en casa; **to go —,** ir a casa; — **town,** ciudad natal.
homebred *(jóumbred)* adj. casero.
homeland *(jóumland)* s. tierra natal, suelo patrio.
homeless *(jóumles)* adj. sin hogar, desamparado.
homelike *(jóumlaic)* adj. hogareño; cómodo. [acogedor.
homely *(jóumli)* adj. casero,
home-made *(jóum-méid)* adj. hecho en casa, doméstico, nacional, del país.
homesick *(jóumsic)* adj. nostálgico, melancólico.
homestead *(jóumsted)* s. heredad; casa y terrenos adyacentes. [dio; homicida.
homicide *(jómisaid)* s. homici-
homosexual *(jómosékschual)* adj. homosexual.
homosexuality *(jómouseksivaliti)* s. homosexualidad. [de afilar.
hone *(joun)* tr. amolar; s. piedra
honest *(ónest)* adj. honrado; honesto, franco. [honradez.
honesty *(ónesti)* s. honestidad,
honey *(jö'ni)* s. (fam.) (E. U.) cariño; miel. [de miel.
honeymoon *(jö'nimun)* s. luna

H

H

honeysuckle *(jö'nisökl)* s. madreselva.
honeycomb *(jö'nicoum)* p. panal.
honorary *(ónörari)* adj. honorario; honorífico. [honrar.
hono(u)r *(ónör)* s. honor; tr.
hono(u)rable *(ónörabl)* adj. honorable.
hood *(júd)* s. capucha; (aut.) capota; tr. encapuchar.
hoodwink *(júduink)* tr. vendar los ojos; (fig.) engañar.
hoof *(júf)* s. pezuña.
hook *(júc)* s. garfio; anzuelo; fig. atractivo; tr. enganchar.
hooligan *(júligan)* s. gamberro.
hoop *(júp)* s. aro; arco.
hoot *(jút)* s. ulular (búho); ruido, bocinazo; intr. tocar la bocina.
hop *(jóp)* s. salto, brinco, pl.; (Bot.); lúpulo; intr. saltar.
hope *(jóup)* s. esperanza; tr. esperar, tener esperanza.
hopeful *(jóupful)* adj. esperanzado, optimista.
hopeless *(jóuples)* adj. desesperado; (fam.) inútil.
horde *(jórd)* s. horda.
horizon *(joráisön)* s. horizonte.
horizontal *(jorisóntal)* adj. horizontal.
horn *(jórn)* s. cuerno; asta; bocina; **shoe —**, calzador.
hornet *(jórnit)* s avispón; **—'s nest.** avispero. [róscopo.
horoscope *(jóroscoup)* s. ho-
horrible *(jóribl)* adj. horrible.
horrid *(jórid)* adj. horrible.
horrify *(jórirfai)* tr. horrorizar.
horror *(jórör)* s. horror; (fam.) **What a —!**, ¡Qué demonio!
horse *(jórs)* s. caballo; caballería; **on horseback,** a caballo; s. (fam.) **horse sense,** sentido común, gramática parda.
horseback *(jórsbac)* s. lomo de caballo; **to ride —**, ir a caballo. [mosca de caballo.
horsefly *(jórsflai)* s. tábano,
horse-laugh *(jórs-laf)* s. carcajada, risotada.
horseman *(jórsman)* s. jinete.
horsemanship *(jórsmanchip)* s. equitación. [llo de fuerza.
horsepower *(jórspawa)* s. caba-
horse-radish *(jórs-radisch)* s. rábano picante.
horseshoe *(jórs*chu*)* s. herradura; **shoe a horse,** herrar o calzar un caballo. [tigo.
horsewhip *(jórsjuip)* s. fusta, lá-
horsewoman *(jóoswoman)* s. amazona.
hose *(jóus)* s. manguera, media; tr. y intr. regar con manguera. [medias.
hosier *(jóusia)* s. fabricante de
hosiery *(jóu*chöri*)* s. dpto. de medias (mercería).
hospitable *(jóspitabl)* adj. hospitalario.
hospital *(jóspital)* s. hospital.
hospitality *(jóspitáliti)* s. hospitalidad.
host *(jóust)* anfitrión, huésped; hostia (Eccl.).
hostage *(jóstid*ch*)* s. rehén.
hostel *(jóstel)* s. posada; hostería, hostal. [fitriona.
hostess *(jóstes)* s. patrona, an-
hostile *(jóstli)* adj. hostil.
hostility *(jóstíliti)* s. hostilidad.
hot *(jót)* adj. caliente; cálido; ardiente; picante.
hotel *(jóutél)* s. hotel. [telero.
hotelkeeper *(joutélkipa)* s. ho-
hotly *(jótli)* adv. calurosamente.
hound *(jáund)* s. sabueso.
hour *(áuör)* s. hora; **small —s,** en la madrugada.
hourly *(áuörli)* adv. por horas; a cada hora; a menudo; adj. frecuente; por horas.
house *(jáus)* s. casa; sala o público (de un teatro); tr. albergar. [familia.
household *(jáusjould)* s. casa;
housewife *(jáusuaif)* s. ama de casa.
housing *(jáusing)* s. alojamiento, vivienda; **— Estate,** polígono; **ministry of —**, ministerio de la Vivienda.
hovel *(jövöl)* s. chabola, choza, cabaña; (Amér.) bohío; jacal; cobertizo.
hover *(jövar)* intr. cernerse; re-

volotear; — **craft,** aéreo deslizador.

how *(jáu)* adv. cómo; cuan; cuánto; de qué modo; **how long?** ¿cuánto tiempo?; **how do you do?** ¿Qué tal? tanto gusto; — **much,** cuánto; **how many,** cuántos.

however *(jauévar)* adv. de cualquier modo; conj. sin embargo, no obstante.

howitzer *(jauitsör)* s. obús.

howl *(jául)* s. aullido, alarido; intr. aullar.

hub *(jöb)* s. cubo (de una rueda); eje, centro de actividad.

hubbub *(jöböb)* s. ajetreo; barullo. [ambulante.

huckster *(jö'kstar)* s. vendedor

huddle *(jödl)* s. confusión; tr. amontonar, tropel.

hue *(jiú)* s. color; matiz.

huff *(jö'f)* s. enfado, bufido; tr. bufar; intr. inflarse.

hug *(jö'g)* s. abrazo; tr. abrazar, estrechar.

huge *(jiúd***ch***)* adj. inmenso; enorme; gigantesco.

hull *(jö'l)* s. *Naut.* casco.

hum *(jö'm)* s. zumbido (mús.) tarareo; tr. tararear, zumbar.

human *(jiúman)* adj. humano, her humano.

humane *(jiuméin)* adj. comprensivo, humanitario, compasivo. [manismo.

humanism *(jiúmanism)* s. hu-

humanist *(jiúmanist)* h. humanista. [adj. humanitario.

humanitarian *(jiumanitéiriön)*

humanist *(jiúmanist)* s. humanidad, universo, mundo.

humble *(jö'mbl)* adj. humilde; tr. humillar; humillarse, rebajarse. [destia, humildad.

humbleness *(jö'mblnes)* s. mo-

humbug *(jö'mbög)* s. patraña; fraude; farsante.

humid *(jiúmid)* adj. húmedo.

humidity *(jiumíditi)* s. humedad. [llar.

humiliate *(jiumílieit)* tr. humi-

humiliation *(jiumiliéischön)* s. humillación.

humility *(jiumíliti)* s. humildad.

hummingbird *(jö'mmingbörd)* s. colibrí, pájaro mosca; (Américar chuparrosa; chupaflor.

humorist *(jiúmörist)* s. humorista. [morístico.

humorous *(jiúmörös)* adj. hu-

humo(u)r *(jiúma)* s. humor; tr. mimar.

hump *(jö'mp)* s. joroba.

hunch *(jonch)* s. joroba; fam. corazonada, presentimiento.

hundred *(jö'ndred)* adj. cien; s. ciento. [tésimo.

hundredth *(jö'ndridz)* adj. cen-

hunger *(jö'nga)* s. hambre.

hungry *(jö'ngri)* adj. hambriento.

hunk *(jöngk)* s. pedazo grande; mendrugo (de pan).

hunt *(jö'nt)* s. caza; tr. cazar; intr. ir de caza, caza mayor.

hunter *(jö'ntar)* s. cazador; montero.

hunting *(jö'nting)* s. caza; cacería; **fox** —, caza de zorros.

hurdle *(jö'rdl)* s. (dep.) valla.

hurl *(jö'rl)* s. tiro; lanzamiento, tr. tirar, lanzar. [rra!

hurrah *(jurrá)* interj. ¡viva! ¡hu-

hurricane *(jö'rikein)* s. huracán.

hurry *(jö'ri)* s. apresuración, prisa; intr. apresurarse.

hurt [**hurt; hurt**] *(jö'rt)* tr. lastimar, herir; (fig.) dañar.

husband *(jö'sband)* s. marido; esposo; tr. economizar.

husbandry *(jö'sbandri)* s. agricultura; frugalidad, economía (doméstic. y agríc.).

hush *(jö'sch)* s. silencio; tr. acallar, apaciguar.

husk *(jö'sk)* s. (Cereal.) cáscara; tr. mondar.

hustle *(jösl)* v. apresurar(se); apurarse; s. prisa; actividad; **hustle and bustle,** bullicio.

hut *(jö't)* s. choza, caseta.

hyacinth *(jáiasinz)* s. *Bot.* jacinto.

hybrid *(jáibrid)* adj. híbrido.

hydrant *(jaidrent)* s. boca de agua, de riego. [lico.

hydraulic *(jaidrólic)* adj. hidráu-

hydrogen *(jáidrid***ch***ön)* s. hidró-

geno; **hydrogen bomb,** bomba de hidrógeno. [drofobia.
hydrophobia *(jaidrofobia)* s. hi-
hydroplane *(jáidröplein)* s. hidroavión, hidroplano.

H

hyena *jaiina)* s. *Zool.* hiena.
hygiene *(jáidyein)* s. higiene.
hygienic *(jaidyeénic)* adj. higiénico.
hymn *(jím)* s. himno (Eccl.).
hyphen *(jáifen)* s. guión (pequeño).
hypnotic *(jipnótic)* adj. hipnótico. [tismo.
hypnotism *(jípnotism)* s. hipno-
hypnotize *(jípnotais)* tr. hipnotizar. [hipocondría.
hypochondria *(jipokö'ndria)* s.
hypochondriac *(jipokö'ndriac)* s. hipocondríaco. [cresía.
hypocrisy *(jipócrösi)* s. hipo-
hypocrite *(jípocrit)* s. hipócrita.
hypodermic *(jaipodörmic)* adj. hipodérmico. [tesis.
hypothesis *(jaipózisis)* s. hipó-
hypothetic *(jaipozétic)* adj. hipotético. [mo.
hysterics *(jistérics)* s. histeris-

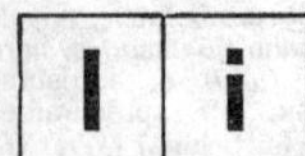

I *(ái)* pron. yo.
Iberian *(aibírian)* adj. ibérico.
ice *(áis)* s. hielo; helado; tr. helar; s. **ice-cream,** helado (mantecado).
iceberg *(áisberg)* s. montaña de hielo, témpano, iceberg.
ichthyology *(icziólodye)* s. ictiología.
icicle *(áisikl)* s. carámbano.
icy *(áisi)* adj. glacial; (fig.) congelado.
idea *(aidía)* s. idea.
ideal *(aidíal)* adj. y s. ideal.
idealism *(aidíalism)* s. idealismo.
identical *(aidéntical)* adj. idéntico; **identical twins,** gemelos idénticos.
identification *(aidéntifikeischön)* s. identificación. [ficar.
identify *(aidéntifai)* tr. identi-
identity *(aidéntiti)* s. identidad.
ideology *(aidiólodye)* s. ideología.
idiocy *(ídiosi)* s. idiotez.
idiom *(ídiöm)* s. giro, locución; modismo.
idiot *(ídiöt)* s. idiota.
idle *(áidl)* adj. holgazán; intr. holgazanear. [pereza.
idleness *(áidlnes)* s. ociosidad,
idler *(áidla)* s. haragán, zángano, vago.
idol *(áidöl)* s. ídolo.
idolater *(aidólata)* s. idólatra.
idolatrize *(aidólatrais)* tr. idolatrar.
idolatry *(aidólatri)* s. idolatría.
idyl *(áidil)* s. idilio.
if *(if)* conj. sí; **ever if,** aunque.
ignite *(ignáit)* v. encender(se), inflamarse; prender, pegar fuego a.
ignition *(ignischön)* s. ignición, encendido (de un motor); — **switch,** interruptor de encendido.
ignoble *(ignóbl)* adj. innoble.
ignominious *(ignomíniös)* adj. ignominioso. [nia.
ignominy *(ígnomini)* s. ignomi-
ignorance *(ígnorans)* s. ignorancia, mala educación.
ignorant *(ígnorant)* adj. s. ignorante; mal educado.
ignore *(ignór)* tr. ignorar.
ill *(il)* adj. malo, enfermo; adv. malamente; mal; **ill-timed** adj. inoportuno; **ill-spoken,** mal hablado.
illegal *(ilígal)* adj. ilegal. [dad.
illegality *(ilegáliti)* s. ilegali-
illegible *(ilédyebl)* adj. ilegible.
illegitimacy *(iledyetimasi)* s. ilegitimidad.
illegitimate *(iledchítimeit)* adj. ilegítimo; falso, natural.
illicit *(ilísit)* adj. ilícito. [do.
illimited *(ilímited)* adj. ilimita-
illiteracy *(ilíterasi)* s. analfabetismo.
illiterate *(ilitereit)* adj. analfabeto. [dad.
illness *(ílnes)* s. mal, enferme-

illogical *(lódyecal)* adj. ilógico.
illuminate *(iliúmineit)* tr. iluminar; alumbrar; esclarecer.
illumine *(iliumin)* tr. alumbrar, iluminar. [quimera.
illusion *(iliúchön)* s. ilusión;
illusive *(iliúsiv)* adj. ilusorio, falaz.
illusory *(iliúsori)* adj. ilusorio.
illustrate *(ilö'streit)* tr. ilustrar, aclarar. [dor.
illustrator *(ilöstreitar)* s. ilustra-
illustrious *(ilö'striös)* adj. ilustre; preclaro.
image *(imidch)* s. imagen; tr. figura; **the vivid —,** el vivo retrato.
imagery *(imicheri)* s. conjunto de imágenes, figuras; fantasía, imaginería. [ginario.
imaginary *(imádyeinöri)* s. ima-
imagination *(imádyenéischön)* s. imaginación.
imagine *(imádyein)* tr. imaginar.
imbecile *(imbesil)* adj. imbécil.
imbecility *(imbesíliti)* s. imbecilidad.
imbibe *(imbáib)* tr. absorber; (fam) beber; empapar; (fig.) asimilar.
imbue *(imbiú)* tr. imbuir, infundir; impregnar, empapar.
imitate *(imiteit)* tr. imitar.
imitation *(imitéischön)* imitación. [maculado.
immaculate *(imákiuleit)* adj. in-
immaterial *(ima'tiöriöl)* adj. inmaterial, espiritual; **it is — to me,** me es indiferente.
immature *(imatiúr)* adj. inmaturo; verde; (fig.) infantil.
immediate *(imídiet)* adj. inmediato.
immense *(iméns)* adj. inmenso.
immensity *(iménsiti)* s. inmensidad. [sumir.
immerse *(immees)* tr. sumergir,
immigrant *(imigrant)* s. inmigrante. [grar.
immigrate *(imigreit)* tr. inmi-
immigration *(imigréischön)* s. inmigración. [nencia.
imminence *(iminens)* s. inmi-
immodest *(imódist)* adj. deshonesto, inmodesto, atrevido.
immoral *(imóral)* adj. inmoral.
immorality *(imoráliti)* s. inmoralidad.
immortal *(imórtal)* adj. y s. inmortal. [mortalidad.
immortality *(imortáliti)* s. in-
immortalize *(imórtalais)* tr. inmortalizar.
immovable *(inmúvábl)* adj. inmovible; inamovible; inmóvil; inmutable.
immunity *(imiúniti)* s. inmunidad, franquicia. [nizar.
immnunize *(imiunais)* tr. inmu-
immutability *(imiutabíliti)* s. inmutabilidad. [table.
immutable *(imiútabl)* adj. inmu-
imp *(imp)* s. diablillo.
impact *(impact)* s. impacto.
impair *(impéa)* tr. debilitar, disminuir; (fig.) reducir.
impairment *(impéament)* s. deterioración, debilitamiento.
impart *(impárt)* tr. impartir, conferir. [parcial.
impartial *(impárschal)* adj. im-
impartiality *(imparschiáliti)* s. imparcialidad.
impassable *(impásaböl)* adj. que no se puede atravesar o pasar, impasable. [sible.
impassible *(impásibl)* adj. impa-
impassioned *(impáschönd)* adj. apasionado, vehemente, ardiente. [sible; insensible.
impassive *(impásiv)* adj. impa-
impatience *(impéischens)* s. impaciencia. [paciente.
impatient *(impéischent)* adj. im-
impeach *(impích)* tr. demandar o acusar formalmente (a un alto funcionario de gobierno); **to — a person's honor,** poner en tela de juicio el honor de uno.
impeccable *(impécabl)* adj. impecable, sin tacha.
impede *(impíd)* tr. impedir.
impediment *(impédiment)* s. impedimento. [pujar.
impel *(impél)* tr. impeler, em-
impending *(impénding)* adj. inminente, amenazador.

impenetrable *(impénetrabl)* adj. impenetrable. [penitente.
impenitent *(impénitent)* adj. im-
imperative *(impérativ)* adj. imperativo. [imperceptible.
imperceptible *(imperséptibl)* adj.
imperfect *(imparfect)* adj. imperfecto; incompleto.
imperfection *(imparfécschön)* s. imperfección, deficiencia; falta. [rial.
imperial *(impírial)* adj. impe-
imperil *(impéril)* tr. poner en peligro, arriesgar. [rioso.
imperious *(impiriös)* adj. impe-
impermeable *(impö'rmeabl)* adj. impermeable. [impersonal.
impersonal *(impö'rsonal)* adj.
impersonate *(impö'rsoneit)* tr. impersonar, imitar.
impertinence *(impö'rtinens)* s. impertinencia. [impertinente
impertinent *(impö'rtinent)* adj.
imperturbable *(impértö'rbabl)* adj. imperturbable.
impervious *(impé'rviös)* adj. impenetrable. [petuoso.
impetuous *(impétiuös)* adj. im-
impetousness *(impétiuósnes)* s. impetuosidad.
impetus *(impetös)* s. impetu.
impiety *(impáieti)* s. impiedad.
impious *(impiös)* adj. impío.
implacable *(implécabl)* adj. implacable. [inculcar.
implant *(implant)* tr. implantar,
implement *(implement)* s. instrumento; utensilio; tr. llevar a cabo. [car.
implicate *(implikeit)* tr. impli-
implication *(implikéischön)* s. implicación. [tácito.
implicit *(implisit)* adj. implícito,
implore *(implöa)* tr. implorar.
imply *(impláì)* tr. implicar; envolver; suponer. [tés.
impolite *(impoláit)* adj. descor-
impoliteness *(impoláitnes)* s. descortesía.
import *(impoort* s. importación; intr. importar. [portancia.
importance *(impootans)* s. im-
important *(impootant)* adj. importante.
importation *(impootéischön)* s. importación. [tador.
importer *(impoota)* s. impor-
importunate *(impootiuneit)* adj. importuno. [tunar.
importune *(impootiún)* tr. impor-
importunity *(impootiúniti)* s. importunidad, importunación.
impose *(impóus)* tr. imponer; intr. **impose on,** imponerse sobre.
imposing *(impóusing)* adj. impresionante, impresivo.
imposition *(imposischön)* s. imposición.
impossibility *(imposöbiliti)* s. imposibilidad. [posible.
impossible *(impósibl)* adj. im-
imposter *(impósta)* s. impostor, embustero, falso.
imposture *(impóstcha)* s. impostura, fraude, engaño.
impotence *(impotens)* s. impotencia, debilidad.
impotent *(impotent)* adj. impotente; incapaz.
impoverish *(impóvarisch)* tr. empobrecer. [pregnar.
impregnate *(imprégneit)* tr. im-
impress *(imprés)* tr. impresionar. [presión.
impression *(impréschön)* s. im-
impressive *(imprésiv)* adj. impresionante.
imprint *(imprínt)* s. impresión; tr. imprimir, huella.
imprison *(imprísn)* tr. encarcelar; encerrar.
imprisonment *(imprísenment)* s. encarcelamiento.
improbable *(impróbabl)* adj. improbable. [provisación.
impromptu *(imprómtiu)* s. im-
improper *(imprópar)* adj. impropio.
improve *(imprúv)* tr. mejorar; intr. progresar, mejorarse.
improvement *(imprúvment)* s. mejorar.
improvident *(impróvident)* s. y adj. imprevisor. [visar.
improvise *(imprövais)* tr. impro-
imprudence *(imprúdens)* s. imprudencia.
imprudent *(imprúdent)* adj. imprudente, indiscreto.

impudence *(impiudens)* s. impudencia, descaro, desvergüenza.
impudent *(ímpiudent)* adj. impudente, descarado, insolente.
impugn *(impiún)* tr. impugnar, poner en tela de juicio.
impulse *(ímpöls)* s. impulso.
impulsive *(impö'lsiv)* adj. impulsivo. [dad.
impunity *(impiúniti)* s. impuni-
impure *(impiúa)* adj. impuro, adulterado. [za.
impurity *(impiúöriti)* s. impure-
imputable *(impiútabl)* adj. imputable.
impute *(impiút)* tr. imputar.
in *(in)* prep. en; dentro de, por, a; adv. (a)dentro.
inability *(inabiliti)* s. inhabilidad, incapacidad.
inaccessible *(inacsésibl)* adj. inaccesible.
inaccuracy *(inákiurasi)* s. inexactitud; error.
inaccurate *(inákiuret)* adj. inexacto, erróneos, incorrecto.
inactive *(ináctiv)* adj. inactivo; inerte. [dad, ociosidad.
inactivity *(ináctiviti)* s. inactivi-
inadequate *(inádicuit)* adj. inadecuado; defectuoso, insuficiente.
inadmisible *(inadmísibl)* adj. inadmisible, increíble.
inadvertence *(inadvartens)* s. inadvertencia.
inanimate *(inánimit)* adj. inánime; inanimado.
inappreciable *(inaprischiabl)* adj. imperceptible, inapreciable.
inapt *(inápt)* inepto, inhábil.
inaptitude *(ináptitiud)* s. ineptitud.
inasmuch *(inasmátsch)* adv. puesto que; en cuanto.
inattention *(inaténschön)* s. desatención; distracción.
inattentive *(inaténtiv)* adj. desatento, distraído.
inaugurate *(inóguiureit)* tr. inaugurar; iniciar.
inauguration *(inoguiuréischön)* s. inauguración, apertura.
inborn *(ínborn)* adj. innato, natural.
incalculable *(incálkiulabl)* adj. adj. Incalculable.
incandescent *(incandésent)* adj. incandescente.
incapability *(inkeipabíliti)* s. incapacidad, inabilidad.
incapable *(inkéipabl)* adj. incapaz, incapacitado.
incapacity *(incapásiti)* s. incapacidad. [nar.
incarnate *(incárneit)* tr. encar-
incarnation *(incarnéischön)* s. encarnación.
incautious *(incausous)* adj. imprudente, no precavido.
incendiary *(insendyari)* adj. s. incendiario.
incense *(ínsens)* s. inclenso.
incense *(inséns)* tr. incensar.
incentive *(inséntiv)* s. incentivo; estímulo.
incertitude *(insértitiud)* s. incertidumbre.
incessant *(insésant)* adj. incesante, continuo.
incest *(ínsest)* s. incesto.
incestuous *(inséschiuös)* adj. incestuoso.
inch *(ínch)* s. pulgada. [cia.
incidence *(ínsidens)* s. inciden-
incident *(ínsident)* s. incidente.
incidental *(insidéntal)* adj. incidental, suceso. [nerar.
incinerate *(insínareit)* tr. inci-
incineration *(insinöréision)* s. incineración.
incise *(insáis)* tr. cortar, tallar.
incision *(insizion)* s. incisión, corte. [tigar.
incite *(insáit)* tr. incitar, ins-
incivility *(insivílity)* s. grosería; descortesía. [clinación.
inclination *(inclinéischön)* s. in-
incline *(incláin)* tr. inclinar; s. rampa, declive.
include *(inclúd)* tr. incluir; comprender. [sive.
inclusive *(inclúsiv)* adj. inclu-
incoherent *(incoujerent)* adj. incoherente, inconexo.
income *(inköm)* s. ingreso; renta; **income-tax**, s. impuesto sobre la renta.
incomparable *(incómparabl)* adj. incomparable.

incompatibility *(incompatibíliti)* s. incompatibilidad.
incompatible *(incompátibl)* adj. incompatible.
incompetency *(incómpetensi)* s. incompetencia; ineptitud.
incompetent *(incómpetent)* adj. incompetente. [completo.
incomplete *(incomplit)* adj. in-
incomprehensible *(incomprijénsal)* adj. incomprensible.
inconceivable *(inconsívabl)* adj. inconcebible.
inconditional *(incondíschönal)* adj. incondicional.
incongruence *(incóngruens)* s. incongruencia, divergencia.
incongruent *(incóngruent)* adj. incongruente, absurdo.
inconsiderate *(inconsídöreit)* adj. desconsiderado.
inconsistency *(incosístensi)* s. inconsistencia.
inconsistent *(inconsístent)* adj. inconsistente. [constancia.
inconstancy *(incónstansi)* s. in-
inconstant *(incónstant)* adj. inconstante, variable.
incontinence *(incóntinens)* s. incontinencia.
inconvenience *(inconviniens)* s. inconveniencia. tr. incomodar. [inconveniente.
inconvenient *(inconvínient)* adj.
incorporate *(incórporeit)* tr. incorporar; intr. incorporarse.
incorporation *(incorporéischön).* s. incorporación.
incorrect *(incoréct)* adj. incorrecto, erróneo. [incorregible.
incorrigible *(incóridyibl)* adj.
incorrupt *(incorrö'pt)* adj. incorrupto; puro; probo.
increase *(incrís)* s. aumento; tr. aumentar.
increasingly *(incrísingli)* adv. más y más; cada vez más.
incredible *(incrédibl)* adj. increíble. [credulidad.
incredulity *(incrediúliti)* s. in-
incredulous *(incrédiulös)* adj. incrédulo. [mento; aumento.
increment *(íncrement)* s. incre-
incubate *(ínkiubeit)* tr. incubar, empollar. [cubación.
incubation *(inkiubeischön)* s. in-
inculcate *(inkö'lkeit)* tr. inculcar. [par; imputar.
inculpate *(inkö'lpeit)* tr. incul-
incumbency *(inkö'mbensi)* s. incumbencia. [meter.
incur *(inkö'r)* tr. incurrir, co-
incurable *(inkiúrabl)* adj. incurable. [rente, anodino.
incurious *(inkiúriös)* adj. indife-
incursion *(inkö'scrön)* s. incursión, correría (mil.).
indebted *(indétid)* adj. adeudado, endeudado; (fig.) agradecido. [cencia, obsceno.
indecency *(indísensi)* s. inde-
indecent *(indísent)* adj. indecente, obscenidad.
indecision *(indesíchön)* s. indecisión. [ciso.
indecisive *(indesáisiv)* adj. inde-
indecorous *(indicóurös)* adj. indecoroso.
indeed *(indíd)* adv. verdaderamente; ¿de veras? [finido.
indefinite *(indéfinit)* adj. inde-
indelible *(indélibl)* adj. indeleble. [cadeza, inmodestia.
indelicacy *(indélicasi)* s. indeli-
indelicate *(indélikit)* adj. grosero, inmodesto.
indemnification *(indemnifikéischön)* s. indemnización.
indemnify *(indémnifai)* tr. indemnizar; resarcir.
indemnity *(indémniti)* s. indemnización. [la; tr. dentar.
indent *(indént)* s. muesca, mue-
independence *(indip'éndens)* s. independencia.
independent *(indipéndent)* adj. independiente, libre.
indescribable *(indiscráibabl)* adj. indescriptible.
indestructible *(indestructible)* adj. indestructible.
indetermined *(indetemind)* adj. adj. indeterminado.
index *(índecs)* s. índice (imp.) — **card,** ficha.
India *(índia)* s. India; — **rubber,** s. caucho.
Indian *(índian)* adj. indio; **Indian-**

summer s. veranillo de S. Martín. [señalar.
indicate *(indikeit)* tr. indicar,
indication *(indikéischön)* s. indicación. [cativo.
indicative *(indícativ)* adj. indi-
indict *(indáit)* tr. acusar.
indictment *(indáitment)* s. acusación, denuncia, proceso judicial. [ferencia.
indifference *(indíferens)* s. indi-
indifferent *(indíferent)* adj. indiferente.
indigence *(indiyens)* s. indigencia, pobreza, penuria.
indigent *(índidyent)* adj. indigente, pobre. [dígena.
indigenous *(indídyinös)* adj. in-
indigestable *(indidyéstibl)* adj. indigesto, nativo.
indigestion *(indidyésschön)* s. indigestión, empacho.
indignant *(indígnant)* adj. enojoso, indignante.
indignation *(indignéischön)* s. indignación, enojo.
indignity *(indígniti)* s. indignidad, afrenta.
indigo *(índigou)* s. índigo, añil; — **blue** azul de añil.
indirect *(indiréct)* adj. indirecto.
indiscreet *(indiscrít)* adj. indiscreto. [indiscreción.
indiscretion *(indiscréschön)* s.
indiscriminate *(indiscríminit)* adj. confuso, indistinto.
indispensable *(indispénsabl)* adj. indispensable, esencial.
indispose *(indispóus)* tr. indisponer. [dispuesto.
indisposed *(indispóusd)* adj. in-
indisposition *(indisposíschön)* s. indisposición. [indisoluble.
indissoluble *(indisoliubl)* adj.
indistinct *(indistínct)* adj. indistinto; confuso.
individual *(individiual)* adj. individual; s. individuo; sujeto.
individuality *(individuáliti)* s. individualidad.
individualize *(individiualais)* tr. individualizar. [visible.
indivisible *(indivísebl)* adj. indi-
indoctrinate *(indóctrineit)* tr. adoctrinar. [lencia, pereza.
indolence *(indolens)* s. indo-
indolent *(índolent)* adj. indolente, perezoso; indoloro.
indomitable *(indómitabl)* adj. indomable.
indoor *(índoa)* adj. interior, dentro (en casa); cubierto; — **atheletics,** atletismo en pista cubierta.
indoors *(indóos)* adv., a cubierto, bajo techo. [respaldar.
indorse *(indórs)* tr. endosar;
indorsement *(indórsment)* s. (com.) endoso, garantía.
indubitable *(indúbitabl)* adj. indubitable, indudable.
induce *(indiús)* tr. inducir; instigar; inferir.
inducement *(indiúsment)* s. aliciente, incentivo. [iniciar.
induct *(indö'ct)* tr. introducir,
induction *(indö'cschön)* s. inducción. [tivo.
inductive *(indö'ctiv)* adj. induc-
indulge *(indö'ldy)* tr. permitir; consentir; intr. entregarse a.
indulgence *(indö'ldyens)* s. indulgencia. [dulgente.
indulgent *(indö'lent)* adj. in-
industrial *(indastrial)* adj. industrial. [industrializar.
industrialize *(indastrialais)* tr.
industrious *(indastriös)* adj. industrioso, activo, trabajador.
industry *(indastri)* s. industria.
inebriate *(iníbrieit)* tr. embriagar; adj. ebrio.
inedible *(inédibl)* adj. incomible.
inedited *(inéditid)* adj. inédito.
ineffable *(inéfabl)* adj. inefable.
ineffective *(ineféctiv)* adj. ineficaz.
ineffectual *(inefécchiual)* adj. ineficaz, infructuoso.
inefficient *(inefíchent)* adj. ineficaz, incapaz.
inept *(inépt)* adj. inepto.
ineptitude *(inéptitiud)* s. ineptitud. [dad.
inequality *(inicúoliti)* s. desigual-
inert *(ineert)* adj. inerte.
inertia *(ineerschia)* s. inercia; inacción; indolencia.
inestimable *(inéstimabl)* adj. inestimable, apreciable.

inevitable *(inévitabl)* adj. inevitable. [inagotable.
inexhaustible *(inegsóstibl)* adj.
inexorable *(inécsorabl)* adj. inexorable. [económico, barato.
inexpensive *(inicspénsiv)* adj.
inexperience *(inecspíriens)* s. inexperiencia, impericia.
inexperienced *(inecspírienst)* adj. inexperto.
inexplicable *(inécsplicabl)* adj. inexplicable. [inexpresivo.
inexpressive *(inecsprésiv)* adj.
inextinguishable *(inecstínguischabl)* adj. inextinguible.
infallibility *(infalibíliti)* s. infalibilidad.
infalible *(infálibl)* adj. infalible.
infamous *(infamös)* adj. infame, odioso.
infamy *(infami)* s. infamia.
infancy *(ínfansi)* s. infancia.
infant *(ínfant)* niño, crío, criatura; **infant school,** escuela de párvulos.
infanticide *(infántisaid)* s. infanticidio; infanticida.
infantile *(ínfantail)* adj. infantil.
infantry *(ínfantri)* s. infantería.
infect *(inféct)* tr. infectar.
infection *(infécschön)* s. infección, contagio.
infectious *(infécschös)* adj. infeccioso, contagioso.
infer *(infar)* tr. inferir; deducir. [cia.
inference *(infarens)* s. inferen-
inferior *(infíriar)* s. inferior. adj. subordinado; **inferiority complex,** complejo de inferioridad [rioridad.
inferiority *(inferióriti)* s. infe-
infernal *(infö'rnal)* adj. infernal. [gar.
infest *(inféstj)* tr. infestar, pla-
infidel *(ínfidel)* s. y adj. infiel, impío. [dad.
infidelity *(infideliti)* s. infideli-
infiltrate *(infíltreit)* tr. infiltrar, penetrar; (fig.) adentrar.
infiltration *(infiltréischön)* s. infiltración.
infinite *(ínfinit)* adj. infinito.
infinitive *(infínitiv)* s. infinitivo.
infirm *(infeerm)* adj. enfermizo.
infirmary *(infeermari)* s. enfermería, hospital.
infirmity *(infeermiti)* s. enfermedad, achaque; flaqueza.
inflame *(infléim)* tr. inflamar; intr. *Med.* inflamárse, hincharse. [flamable.
inflammable *(inflámabl)* adj. in-
inflate *(nfléit)* tr. inflar. (pers). envanecerse, engreirse.
inflation *(infléischön)* s. *Econ.* inflación; *Med.* hinchazón.
inflexibility *(inflecsibíliti)* s. inflexibilidad, rigidez; (pers.) obstinación
inflexible *(inflécsibl)* adj. inflexible, rígido, obstinado.
inflict *(inflict)* infligir, ocasionar.
influence *(ínfluens)* s. influencia; tr. influir. [yente.
influential *(influénschal)* influ-
influenza *(influénsa)* s. gripe.
influx *(inflöcs)* s. influjo, afluencia.
inform *(infórm)* tr. informar, notificar; — **against,** denunciar.
informal *(infórmal)* adj. informal, sin ceremonia; **informal dress,** vestido de calle.
information *(informéischön)* s. información, informes; aviso.
infraction *(infrácschön)* s. *Leg.* infracción. [violar.
infringe *(nfrínd*ch*)* tr. infringir,
infuriate *(infiúrieit)* tr. enojar, enfurecer.
infuriated *(infiuriétit)* adj. furioso, enojado, furioso.
infuse *(infiús)* tr. infundir; hacer infusiones. [sión.
infusion *(infiúzhyön)* s. infu-
ingenious *(indyeíniös)* adj. ingenioso, hábil. [niosidad.
ingenuity *(indyeeniúiti)* s. inge-
ingenuous *(indyeéniuös)* adj. ingenuo, sincero, modesto.
ingenuousness *(ind*ch*éniuösnes)* s. ingenuidad, candidez.
ingratiate *(ingréischeit)* tr. congraciarse.
ingratitude *(ingrátitiud)* s. ingratitud. [diente.
ingredient *(ingrídient)* s. ingre-
ingress *(íngres)* s. ingreso.
inhabit *(injábit)* tr. habitar; intr. vivir.

inhabitable *(injábitabl)* adj. habitable.
inhabitant *(injábitant)* s. habitante. [rar.
inhale *(inféil)* tr. inhalar, aspi-
inhere *(injía)* intr. residir; ser inherente. [rente.
inherent *(injírent)* adj. inhe-
inherit *(injérit)* tr. heredar.
inheritance *(injéritans)* s. herencia; patrimonio.
inhibit *(injíbit)* tr. inhibir.
inhibition *(injibíschön)* s. inhibición.
inhospitable *(injóspitabl)* adj. inhospitalario, *Geog.* inhóspito. [mano; desalmado.
inhuman *(injiúman)* adj. inhu-
inhumation *(injiuméischön)* s. inhumación, entierro.
inimical *(inímical)* adj. enemigo; hostil. [mitable.
inimitable *(inímitabl)* adj. ini-
iniquitous *(inícuitas)* adj. inicuo, malvado. [maldad.
iniquity *(inícuiti)* s. iniquidad,
initial *(iníschal)* adj. inicial; pl. s. iniciales.
initiate *(iníschieit)* tr. iniciar, comenzar; intr. iniciarse.
initiation *(inischiéischön)* s. iniciación. [tiva.
initiative *(inísshativ)* s. inicia-
inject *(inddyéct)* tr. inyectar.
injunction *(indyoncschön)* s. mandato, orden; *Leg.* entredicho.
injection *(indyécschön)* s. inyección. [ofender.
injure *(inya)* tr. herir, lastimar;
injurious *(indyaúrios)* adj. injurioso. [injuria
injury *(indya)* s. herida, lesión;
injustice *(indyustis)* s. injusticia.
ink *(ink)* s. tinta; **indian —**, tinta china; **—pot,** tintero.
inkling *(incling)* s. indicación, indicio, idea, sospecha, noción vaga.
inkstand *(incstand)* s. tintero.
inlaid *(inléid)* adj. incrustado.
inland *(inland)* s. *Geog.* interior; adj. interior, nacional, tierra adentro. [líticos.
in-laws *(inlos)* s. parientes po-
inlay *(inléi)* tr. incrustar; ataracear.
inlet *(inlet)* s. *Mec.* entrada; pasaje; *Mar.* ensenada.
inmate *(inmeit)* s. interno; pupilo; huésped. [profundo.
inmost *(inmoust)* adj. íntimo;
inn *(in)* s. posada; fonda.
innkeeper *(inkipör)* s. posadero. [tural.
innate *(innéit)* adj. innato, na-
inner *(inar)* adj. interior.
innermost *(inarmoust)* adj. íntimo, profundo.
inning *(ining)* s. *Dep.* entrada.
innocence *(inosens)* s. inocencia; pureza.
innocent *(inosent)* adj. y s. inocente, simple. [inofensivo.
inocuous *(inókiuös)* adj. inocuo,
innovate *(inoveit)* tr. innovar.
innuendo *(iniuéndou)* s. insinuación, indirecta. [innumerable.
innumerable *(iniúmöröbl)* adj.
inoculate *(inókiuleit)* tr. *Med.* inocular, vacunar; *Bot.* injertar. [doro.
inodorous *(inódörös)* adj. ino-
inoffensive *(inofénsiv)* adj. inofensivo. [inoperante.
inoperative *(inópörativ)* adj.
inopportune *(inóportiun)* adj. inoportuno.
inquest *(incuest)* s. *Leg.* sumario; indagación.
inquire *(incuáia)* tr. preguntar; intr. investigar, indagar; **— after**, preguntar por.
inquiry *(incuáiri)* s. encuesta, interrogación. [preguntón.
inquisitive *(incúisitiv)* curioso,
inroad *(inroud)* s. incursión.
insalubrious *(insaliúbriös)* adj. insalubre; malsano.
insalubrity *(insaliúbriti)* s. insalubridad. [mente.
insane *(inséin)* adj. loco; de-
insanitary *(insanitari)* adj. antihigiénico.
insanity *(insániti)* s. demencia, locura. [saciable.
insatiable *(inséischiöbl)* adj. in-
inscribe *(inscráib)* tr. inscribir; dedicar, grabar (joyas).

inscription *(inscrípschön)* s. inscripción; título, grabación, (joy.) [inescrutable.

inscrutable *(inscrútabl)* adj.

insect *(ínsect)* s. insecto.

insecure *(insekiúr)* adj. (fig.) inseguro; incierto.

inseminate *(inséminéit)* tr. inseminar, fecundar.

insemination *(inseminación)* fecundación; **artificial** —, fecundación artificial. [sato.

insensate *(insénseit)* adj. insen-

insensible *(insénsibl)* adj. insensible; impasible. [separable.

inseparable *(inséparabl)* adj. in-

insert *(insert)* tr. insertar; meter; introducir.

inside *(insáid)* adj. interior, interno; adv. adentro; prep. dentro de; s. interior, parte interna; **inside-out,** al revés, lo de dentro para afuera.

insidious *(insídiös)* adj. insidioso; pérfido.

insight *(ínsait)* s. discernimiento; perspicacia; (fig.) visión clara; conocimientos. [nias.

insignia *(insígniö)* s. pl. insig-

insignificant *(insignificant)* adj. insignificante; (fig.) despreciable. [hipócrita.

insincere *(insinsír)* adj. falso;

insinuate *(insíniueit)* tr. insinuar(se).

insinuation *(insiniuéiscön)* s. insinuación; indirecta.

insipid *(insípid)* adj. insípido, soso. [gir.

insist *(insíst)* intr. insistir; exi-

insistence *(insistö'ns)* s. insistencia, empeño, porfía

insolation *(insoléischön)* s. insolación. [cia.

insolence *(ínsolens)* s. insolen-

insolent *(ínsolent)* adj. insolente, atrevido, osado.

insoluble *(insóliubl)* adj. insoluble. *Quim.* sin solución.

insolvent *(insólvent)* adj. y s. (com.) insolvente.

insomnia *(insómnia)* s. insomnio, desvelo.

insomuch *(insoumö'ch)* conj. de manera que. [nar, examinar.

inspect *(inspéct)* tr inspeccio-

inspection *(inspécschöönn)* s. inspección, examen; investigación. [tor.

inspector *(inspéctör)* s. inspec-

inspiration *(inspiréischön)* s. inspiración; *Poet.* musas.

inspire *(inspáia)* intr. inspirar; tr. sugerir. [tabilidad.

instability *(instabíliti)* s. ines-

instable *(instéibl)* adj. inestable, inseguro. [montaje.

instail *(instál)* tr. instalar; *Mec.*

installation *(instaléischön)* s. instalación. [entrega.

instalment *(instólment)* s. plazo,

instance *(instans)* s. ejemplo, caso (leg.) instancia; ruego; **for instance,** por ejemplo; tr. ejemplificar.

instant *(ínstant)* adj. s. instante; momento; adj. urgente; corriente (mes).

instantaneous *(instöntéinyes)* adj. instantáneo, repentino.

instead *(instéd)* adv. y prep. en cambio; **instead of,** adv. y prep. en vez de, en lugar de.

instep *(ínstep)* s. empeine (del pie, del zapato).

instigate *(ínstigeit)* tr. instigar; incitar. [tación.

instigation *(instigeishon)* s. inci-

instil(l) *(instíl)* tr. instilar; inculcar; insinuar.

instinct *(instinkt)* s. instinto; — **of preservation,** instinto de conservación. [tintivo.

instinctive *(instinktiv)* adj. ins-

institute *(institiut)* s. instituto; tr. instituir, establecer.

institution *(institiúschön)* s. institución.

instruct *(inströ'ct)* tr. instruir; informar, ordenar.

instruction *(inströ'cschön)* s. instrucción. [tructor.

instructor *(inströ'ctar)* s. ins-

instrument *(instrument)* s. instrumento; utensilio.

insubordination *(insabordinéischön)* s. insubordinación.

insufferable *(insö'förabl)* adj. insufrible, insoportable.

insufficient *(insöfischent)* adj. insuficiente.

insular *(ínsiular)* s. y adj. insular; isleño.

insulate *(insiuleit)* tr. *Elec.* aislar. [aislamiento.

insulation *(insiuléischön)* s. *Elec.*

insulator *(ínsiuleitar)* s. *Elec.* aislador.

insult *(ínsölt)* s. insulto; *(insö'lt)* tr insultar; **to add — to injury,** empeorar las cosas.

insuperable *(insiúpörabl)* adj. insuperable, inmejorable.

insupportable *(insöpórtabl)* adj. insoportable, insufrible.

insurance *(insiúrans)* s. (com.) seguro; seguridad.

insure *(insiúa)* tr. asegurar.

insurgent *(insö'rdyeent)* s. insurgente; rebelde.

insurmountable *(insömáuntäbl)* adj. insuperable.

insurrection *(insörécschön)* s. insurrección. [tegro; ileso.

intact *(intáct)* adj. intacto; íntegro; ileso.

intake *(ínteik)* s. (orificio de) entrada; toma.

integral *(íntigral)* adj. íntegro; *Maths.* integral.

integrate *(íntegreit)* intr. integrar(se). [tegración.

integration *(integréischön)* s. integración.

integrity *(intégriti)* s. integridad, honradez.

intellect *(íntelect)* s. intelecto.

intellectual *(intelécchiual)* adj. intelectual.

intelligence *(intélidyens)* s. inteligencia; armonía.

intelligent *(intelidyent)* adj. inteligente. [teligible.

intelligible *(intélidyibl)* adj. inteligible.

intemperance *(intémparans)* s. intemperancia; exceso.

intemparate *(intémpareit)* adj. inmoderado.

intend *(inténd)* tr. proponerse; pensar, tener intención.

intended *(inténdid)* adj. proyectado; **— (wife),** futura esposa.

intense *(inténs)* adj. intenso; violento, vehemente, ferviente. [tensificar.

intensify *(intensifi)* tr. e intr. intensificar.

intensive *(inténsiv)* adj. intensivo.

intent *(intént)* s. designio; adj. cuidadoso; (leg.) **with — to;** con ánimo de.

intention *(inténschön)* s. intención, propósito.

intentional *(inténschönl)* adj. intencional; adv. **—ly,** intencionalmente, adrede, a propósito.

inter *(intö'r)* tr. enterrar.

intercede *(intersíd)* intr. interceder; interponerse.

intercept *(intörsépt)* tr. interceptar; interrumpir.

intercession *(intarséschön)* s. intercesión. [intercambiar.

interchange *(intarchéindy)* tr. intercambiar.

intercourse *(íntarkowes)* s. (fam.) coito, relacion(es), trato. [s. veto.

interdict *(intördict)* tr. vedar; s. veto.

interest *(íntarest)* s. interés; tr. interesar.

interested adj. interesado.

interesting *(íntaresting)* adj. interesante.

interfere *(intarfía)* intr. interferir, entremeterse.

interference *(intarfírens)* s. interferencia, *Elec.* intromisión. [rino.

interim *(intárim)* adj. y s. interino.

interior *(intíriar)* adj. interior; s. el interior. [interjección.

interjection *(intardyécshön)* s. interjección.

interlace *(intarléis)* tr. enrelazar; entremezclar.

interlock *(intölóc)* tr. entrelazar (se); trabar(se). [terlocutor.

interlocutor *(intarlókiutar)* s. interlocutor.

interlude *(intarliud)* s. intermedio; entreacto.

intermarry *(intemari)* s. casarse, (parientes, razas).

intermediate *(intermídieit)* adj. intermedio; intr. intermediar.

interment *(interment)* s. entierro, funeral. [interminable.

interminable *(interminabl)* adj. interminable.

intermingle *(intermingl)* tr. e intr. entremezclar(se), mezclar(se).

intermission *(intermíschön)* s. intermisión; pausa. [pir.

intermit *(intermít)* tr. interrumpir.

intermittent *(intermítent)* adj. intermitente. [terno.
intern(al) [*intö'rn(al)*] adj. in-
international *(internáschönal)* adj. internacional.
interpose *(interpóus)* tr. intr. interponer(se). [pretar.
interpret *(inte'rpret)* tr. inter-
interpretation *(interpretasiön)* s. interpretación. [térprete.
interpreter *(inte'rpreter)* s. in-
interrogate *(intérogueit)* tr. e intr. interrogar.
interrogative *(interógativ)* adj. interrogativo. [terrogatorio.
interrogatory *(interógatori)* s. in-
interrupt *(interö'pt)* tr. interrumpir; estorbar.
interruption *(interupsion)* s. interrupción.
intersect *(inteséct)* tr. e intr. cortar(se); cruzar(se).
intersection *(inteséeschön)* s. intersección; **street —,** bocacalle, cruce.
intertwine *(inte'túain)* tr. entrelazar, entretejer, trenzar.
interval *(ínterval)* s. intervalo; (espec.) descanso; blanco; espacio, (lit.).
intervene *(intervín)* intr. intervenir; interponerse.
intervention *(intervénschön)* s. intervención.
interview *(ínterviu)* s. entrevista; conferencia; tr. entrevistar(se con); **—er** *(...viva)* s. entrevistador. [tinal.
intestinal *(intéstinal)* adj. intes-
intestine *(intéstin)* s. intestino (fam.) tripa; adj. interior.
intimacy *(íntimasi)* s. intimidad, familiaridad.
intimate *(íntimeit)* tr. *For.* intimar; *(íntimit)* s. amigo íntimo; adj. íntimo.
intimation *(intiméischön)* s. insinuación; indirecta; requerimiento. [midar, amenazar.
intimidate *(intímideit)* tr. inti-
intimidation *(intimidéischön)* s. intimidación.
into *(íntu)* prep. en; adentro; hacia adentro; **— the bargain,** por añadidura.
intolerable *(intólarabl)* adj. intolerable; insufrible.
intolerance *(intólarans)* s. intolerancia. [intolerante.
intolerant *(intolarant)* adj. y s.
intonation *(intonéischön)* s. entonación, ritmo.
intone *(intóun)* intr. entonar.
intoxicate *(intocsikeit)* tr. intoxicar; embriagar.
intoxication *(intocsikéischön)* s. intoxicación.
intractable *(intráctabl)* adj. intratable, osco.
intravenous *(intravínös)* adj. *Med.* intravenoso.
intrench *(intrénisch)* tr. atrincherar; *Mil.* **to — oneself,** atrincherarse. [do.
intrepid *(intrépid)* adj. intrépi-
intrepidity *(intripíditi)* s. intrepidez, osadía.
intricate *(intricayt)* adj. intrincado, embrollado.
intrigue *(intríg)* s. intriga; tr. intrigar, confabulación.
introduce *(introdiús)* tr. presentar; introducir.
introduction *(introdukcsion)* s. introducción; prólogo.
intromission *(intromíschön)* s. intromisión.
introspection *(introspécschön)* s. introspección.
introvert *(intravert)* s. introvertido; **—ed.** adj. introvertido.
intrude *(intrúd)* intr. entremeterse.
intruder *(intrúdar)* s. intruso.
intuition *(intiuíschön)* s. intuición.
intuitive *(intiútiv)* adj. intuitivo.
inundate *(inö'ndeit)* tr. inundar, (fig.) abrumar.
invade *(invéid)* tr. invadir.
invader *(invéidar)* s. invasor.
invalid *(inválid)* adj. inválido, nulo; *(ínvalid)* s. inválido; (med.) tr. hacer uno inválido, impedir. [dar; anular.
invalidate *(inválideit)* tr. invali-
invaluable *(inváliuabl)* adj. inestimable, inapreciable.

invariable *(invériabl)* adj. invariable, constanto. [sión
invasión *(invéichön)* s. inva-
invent *(invént)* tr. inventar.
invention *(invénschön)* s. invención. [tivo.
inventive *(invéntiv)* adj. inven-
inventor *(invénta)* s. inventor.
inventory *(inventori)* s. inventario; tr. (com.) inventariar.
inverse *(invö's)* adj. inverso.
inversión *(invö'rschön)* s. inversión.
invert *(invö'rt)* tr. invertir.
invest *(invést)* tr. invertir, imponer (Econ.); investir.
investigate *(invéstigueit)* tr. investigar; averiguar.
investigation *(investiguéischön)* s. investigación.
investment *(invéstiment)* s. (econ.) inversión (de capital). [nista, imponente.
investor *(invéstar)* s. inversio-
invidious *(invídiös)* adj. envidioso, odioso.
inpigorate *(invígöreit)* tr. vigorizar, fortalecer.
invigorating *(invigorating)* adj. fortalecer. [cible.
invincible *(invínsibl)* adj. inven-
inviolate *(inviolat)* adj. inviolada, intacto.
invisible *(invísibl)* adj. invisible.
invitation *(invitéischön)* s. invitación. [dar.
invite *(inváit)* tr. invitar; convi-
inviting *(inváiting)* adj. atractivo; seductivo, tentador.
invoice *(invois)* s. (com.) factura; tr. facturar.
invoke *(invóuc)* tr. invocar, rogar, suplicar. [involuntario.
involuntary *(invólönteri)* adj.
involve *(invólv)* tr. envolver, enredar, implicar.
involvement *(involument)* injerencia, involucración.
invulnerable *(invö'lnarabl)* adj. invulnerable.
inward *(inuöd)* s. adj. interior; adv. hacia dentro.
inwards *(inuöds)* s. adv. hacia dentro; internamente.
iodin(e) *(áiodin)* s. *Quím.* yodo.
I. O. U. (Com.), pagaré.

irascible *(airásibl)* adj. irascible. [dado.
irate *(airéit)* adj. airado, enfa-
ire *(áia)* s. ira, enojo.
iridescent *(iridésnt)* adj. iridiscente, tornasolado, irisado.
iris *(áiris)* s. (opt.) iris; (her.) (bot.) lirio, (flor de) lis.
Irish *(áirisch)* adj. y s. irlandés.
irk *(ö'rk)* tr. fastidiar; (fig.) cansar.
irksome *(ö'rksöm)* adj. tedioso, fastidioso; (fam.) cargante.
iron *(áiön)* s. hierro, plancha adj. de hierro, férreo; tr. planchar.
ironclad *(ion-clad)* adj. blindado.
Iron-Foundrys *(ion-fondri)* fundición.
iron-marges s. ferretería.
ironicl(al) *(airónicl)* adj. irónico.
ironing *(áironing)* s. ropa para planchar, planchada; — **board,** mesa de planchar.
irony *(áiröni)* s. ironía.
irradiate *(iréidieit)* tr. irradiar, esparcir. [diación.
irradiation *(ireidiaschion)* s. irra-
irrational *(iráschönal)* adj. irracional.
irreconcilable *(ireconsilabl)* adj. irreconciliable.
irreducible *(irediúsibl)* adj. irreducible. [futable.
irrefutable *(iréfiutabl)* adj. irre-
irregular *(iréguiular)* adj. irregular. [gularidad.
irregularity *(ireguiuláriti)* s. irre-
irrelevance *(irelavans)* s. irrelevancia. [(a la cuestión).
irrelevant *(irélevant)* adj. ajeno
irreligious *(irilídyas)* adj. irreligioso, impío.
irremediable *(iremídiabl)* adj. irremediable. [parable.
irreparable *(ireparable)* adj. irre-
irreprehensible *(ireprejênsibl)* adj. irreprensible.
irreproachable *(iriprόuchabl)* adj. irreprochable. [sistible.
irresistible *(irisístibl)* adj. irre-
irresolute *(irésoliut)* adj. irresoluto. [irresponsable.
irresponsible *(irispónsibl)* adj.

I

irreverent *(irévörent)* adj. irreverente. [vocable.
irrevocable *(irévokabl)* adj. irre-
irrigate *(írigueit)* tr. (agr.) irrigar, regar.
irrigation *(irigueíschön)* s. riego.
irritable *(íritabl)* adj. irritable, irascible.
irritant *(íritant)* adj. irritante.
irritate *(írriteit)* tr. irritar.
irritation *(iritéischön)* s. irritación.
island *(áiland)* s. isla; ínsula.
islander *(áilöndar)* s. isleño.
isle *(áil)* s. isla;**islet,** islote.
isolate *(isoleit)* tr. aislar, separar.
isolation *(aisoléischön)* s. aislamiento, abandono; separación.
issue *(íschu)* s. salida; edición, impresión; asunto; intr. salir, tr. emitir, publicar.
isthmus *(ístmös)* s. *Geog.* istmo.
it *(it)* pron. (neutro); ello, lo.
Italian *(itálian)* adj. italiano.
italicize *(itálisais)* tr. poner en letra bastardilla.
itch *(ích)* s. sarna; comezón; deseo; intr. picar; — **for something,** desear, anhelar.
itchy *(itchi)* adj. que pica; (med.) sarnoso.
item *(aitem)* s. artículo (en lista); (per.) noticia; asunto.
itemize *(áitömais)* tr. detallar; hacer una lista de.
itinerary *(itinareri)* s. itinerario; ruta.
its *(íts)* adj. su, (de ello); pron. suyo (de ello).
itself *(itself)* pron. ello mismo; por sí mismo.
ivory *(áivöri)* s. marfil.
ivy *(áivi)* s. *Bot.* hiedra.

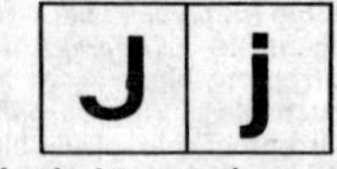

jab *(dyab)* s. pinchazo; tr. pinchar; (box.) jab.
jabber *(dyaba)* intr. parlotear; **—n,** parloteo, charla.
jack *(dyác)* s. (mec.) gato; (elec.) clavija, macho; (famil.) marinero; tr. — **up,** levantar con gato; — **of all trades,** aprendiz de todo.
jackal *(dyácal)* s. chacal.
jackanapes *(dyácaneips)* s. mequetrefe.
jackass *(dyácas)* s. asno, burro; (fam.) tonto, burro, asno.
jack-daw *(dyack-daw)* s. *Ornit.* grajo.
jacket *(dyáket)* s. chaqueta, americana; **potatoes in their —,** patatas con piel.
jack-knife *(dyácnaif)* s. navaja.
jade *(dyéid)* s. nefrita; (min.) mujerzuela, rocín; tr fatigar, cansar.
jag *(dyág)* s. diente; mella; tr. dentar, mellar; s. (fam.) **to go on a —,** turca, curda.
jaguar *(dyeguár, dyáguar)* s. jaguar.
jail *(dyéil)* s. cárcel.
jailer *(dyéilör)* s. carcelero.
jam *(dyám)* s. confitura de fruta, apretura; (tráf.) atasco; tr. **to —,** atascarse(Tráf.); (mech.) agarrotarse; tr. apiñar, apretar.
jamboree *(dyambori)* s. (fam.) (boy-scouts); grande acampada (Boy-scouts).
jangle *(dyángl)* s. ruido; sonido metálico discordante.
janitor *(dyánitar)* (EE. UU.) s. bedel; portero; conserje.
January *(dyániuari)* s. enero.
Japan *(dyapán)* n. p. Japón, s. charol; barniz. [japonés.
Japanese *(dyapönís)* adj. y s.
jar *(dyár)* s. tarro, bote; (acús.) chirrido; (mech.) choque; tr. chirriar; chocar; (fig.) disgustar, enojar.
jargon *(dyárgon)* s. jerga; guirigay; jerigonza. [jazmín.
jasmin(e) *(dyásmin)* s. *Bot.*
jaundice *(dyóndis)* s. *Med.* ictericia.
jaunt *(dyont)* s. paseo; intr. corretear.
javelin *(dyávlin)* s. jabalina.
jaw *(dyó)* s. (fam.) mandíbula, charla.

jazz *(dyas)* s. jazz (cierta clase de música sincopada); intr. tocar el jazz; bailar el jazz; **to — up,** sincopar; animar, alegrar.
jealous *(dyélös)* adj. celoso; envidioso. [vidia.
jealousy *(dyélosi)* s. celos; en-
jean *(dyín)* s. (text.) dril, pl. pantalones vaqueros.
jeer *(dyía)* s. befa; burla; tr. y intr. **— at,** mofar(se) de.
jelly *(dyéli)* s. jalea; gelatina; **jelly-fish** s. medusa.
jeopardize *(dyépardais)* tr. arriesgar, exponer; dificultar.
jeopardy *(dyépardi)* s. riesgo, dificultad. [tr. sacudir.
jerk *(dyérk)* s. sacudida, tirón;
jersey *(dyö'si)* s. tejido de punto; (Amér.) jersey; chaqueta. [fonearse.
jest *(dyést)* s. chanza; intr. bu-
jester *(dyéstar)* s. bufón; (fam.) bromista.
jet *(dyét)* s. *Min.* azabache; *Hidr.* y *Prop.* chorro; *Avia.* avión de reacción.
jeltison *(dyetison)* tr. *Naut.* lanzar, arrojar por la borda.
jetty *(dyéti)* s. *Naut.* malecón; dique de abrigo.
jew *(dyú)* s. judío. [lita.
jewess *(dyúes)* s. judía, israe-
jewel *(dyéel)* s. joya.
jewel *(dyúelör)* s. joyero. [ría.
jewel(le)ry *(dyúelri)* s. joye-
jewish *(dyúisch)* adj. judaico, judío.
jingle *(dyngöl)* s. sonido metálico; rima o verso pueril.
jingo *(dyingo)* s. patriotero, jingoísta.
job *(dyób)* s. empleo, trabajo, **—ber,** jornalero, peón.
jocose *(dyocóus)* adj. jocoso; festivo.
jockey *(dyoci)* s. jinete.
jog *(dyóg)* s. empellón; (fig.) estimular, recordar; *Equit.* trote corto; **jog along,** andar con paso firme; tr. sacudir, empujar. [juntarse.
join *(dyóin)* tr. unir; intr. unirse,
joiner *(dyóinar)* s. carpintero, ebanista.
joint *(dyóint)* s. *Mech. e Ind.* juntura, unión; *Anat.* articulación. [intr. bromear.
joke *(dyóuc)* s. broma; chiste;
joker *(dyóukör)* s. bromista.
jolly *(dyóli* adj. alegre, festivo; adv. (fam.) muy.
jolt *(dyólt)* s. vaivén, traqueteo. tr. e intr. traquetear.
jot *(dyót)* tr. anotar, hacer apuntes, **not a —,** ni jota.
jotter *(dyota)* s. bloc de notas.
journal *(dyö'nal)* s. *Imp.* revista. [riodismo.
journalism *(dyö'nalism)* s. pe-
journalist *(dyö'nalist)* s. periodista.
journey *(dyö'ni)* s. viaje.
joy *(dyói)* s. alegría; júbilo.
joyful *(dyóiful)* adj. alegre.
jubilant *(dyiúbilant)* adj. alborozado, jubiloso. [bilo.
jubilation *(dyiubiléischön)* s. jú-
jubilee *(dyubilí)* s. jubileo.
Judaic *(dyúdéic)* adj. judaico; judío; hebreo.
judge *(dyö'd***ch***)* s. juez; (fig.) experto; tr. juzgar.
judgment *(dyö'dyment)* s. (fig.) juicio. [dicial.
judicial *(dyiuaischal)* adj. ju-
judicious *(dyiudischös)* adj. juicioso.
judo *(dyödo)* s. judo.
jug *(dyö'g)* s. jarro; **to —** *Coc.* estofar; **in the jug,** (vulg.) corcel.
juggle *(dyö,gl)* s. juego de manos; hacer malabares. *Teat.*
juggler *(dyö'glar)* s. prestidigitador, juglar.
juice *(dyús)* s. zumo, (fig.) jugo.
juicy *(dyúsi).* adj. jugoso. [ca.
juke-box *(dyuc-bocs)* s. discote-
July *(dyiulái)* s. julio.
jumble *(dyö'mbl)* s. mezcla; enredo; mezclar; **— sale,** venta de artículos usados.
jump *(dyö'mp)* s. salto, intr. saltar, brincar.
jumper *(dyö'mpar)* s. saltador; (vest.) sueter. [nervioso.
jumpi *(yö'mpi)* adj. asustadizo,
junction *(dyö'nkschön)* s. jun-

ta; unión; (carr.) cruce; (f. c.) empalme.

J

juncture *(dyö'nkchur)* s. juntura; coyuntura.
June *(dyún)* junio.
jungle *(dyö'ngl)* s. jungla, selva, manigua.
junior *(dyúniar)* adj. menor. más joven, hijo.
junk *dyö'nk)* s. *Mar.* junco (fam.) trastos; (fig.) bagatelas. [jurisdicción.
jurisdiction *(dyurisdícschön)* s.
jurisprudence *(dyuörisprúdöus)* s. jurisprudencia, derecho.
jurist *(dyúrist)* s. jurista; legalista.
juror *(dyurar)* s. jurado (miembro del). [nal.
jury *(dyúri)* s. jurado; tribu-
just *(dyö'st)* adj. justo; adv. justamente, precisamente; — **now,** ahora mismo.
justice *(dyö'stis)* s. justicia.
justify *(dyustifi)* tr. justificar; defender.
justly *(dyustli)* adv. justamente; con razón.
jut *(dyö't)* s. salidizo, resalto; intr. **jut out**, sobresalir.
juvenile *(dyúvenail)* adj. juvenil.

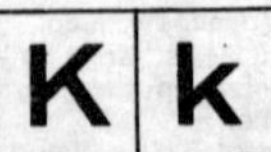

kaleidoscope *(caláidoscoup)* s. calidoscopio. [canguro.
kangaroo *(cangarú)* s. *Zool.*
keel *(kil)* s. *Naut.* quilla; tr. poner la quilla.
keen *(iin)* adj. agudo; (pers.) entusiasmado, interesado; **to be — on,** ser un entusiasta en.
keenness *(kinnes)* s. agudeza; perspicacia; entusiasmo.
keep [**kept; kept**] *(kiip)* tr. guardar, — **on,** seguir; cuidar; **keep-from,** absternerse de; **keep in mind,** tener presente.
keeper *(kiipa)* s. guardián, custodio; **jail** — carcelero.
keeping *(kíping)* s. cargo; custodia; **book** —, teneduría de libros (com.) [regalo.
keepsake *(kiipseik)* s. recuerdo,
ken *(ken)* s. (fig.) alcance, conocimiento.
keg *(keg)* s. barril (pequeño).
kerb *(keerb)* s. bordillo de la acera. [cabeza).
kerchief *(kechif)* s. pañuelo (de
kernel *(keernal)* s. almendra; pepita; meollo.
kennel *(kenl)* s. perrera.
keltle *(ketl)* s. hervidor de agua, marmita; **a rice kettle of fist!** ¡Vaya lío! *Mus.* — **drum,** tambor de percusión.
key *(ki)* s. llave; clave; tecla.
kerosene *(kérösin)* s. kerosina, petróleo para lámparas.
keyboard *(kibord)* s. teclado.
keyhole *(kijoul)* s. ojo de cerradura.
keynote *(kinout)* s. nota tónica: (fig.) idea o principio fundamental.
keystone *(kistoun)* s. *Arq.* clave (de un arco); base, fundamento principal.
kick *(kík)* s. puntapié; coz; tr. dar coces o puntapiés, patear. *Dep.* — **off,** comienzo de partido. tr. — **out,** echar fuera.
kid *(kid)* s. cabrito; cabritilla; (fam.) niño(a).
kidnap *(kidnap)* tr. secuestrar.
kidnapper *(kidnapar)* s. secuestrador. [cuestro.
kidnapping *(kidnaping)* s. se-
kidney *(kidni)* s. riñón.
kill *(kil)* tr. matar. — **two birds with one stone,** matar dos pájaros de un tiro.
killer *(kilör)* s. asesino.
killing *(kiling)* s. matanza.
kiln *(kiln)* s. horno, (alfar.).
kilogram *(kilogram)* s. kilógramo. [tro.
kilometer *(kilomitar)* s. kilóme-
kilt *(kilt)* s. faldas escocesas, tonelete. [bata.
kimono *(kimoúnou)* s. quimono;

kin *(kín)* s. parentesco; linaje; adj. familiar, afín.
kind *(cáind)* adj. amable; s. clase, género, tipo.
kindergarten *(kíndagaten)* s. jardín de infancia.
kindly *(kaíudli)* adj. bondadoso. adv. amablemente.
kindle *(kíndl)* tr. encender; intr. (fig.) despertar. [dad.
kindness *(cáindnes)* s. amabili-
kindred *(kíndrit)* s. afinidad; adj. emparentado.
king *(kíng)* s. rey.
kingdom *(kingdöm)* s. reino.
kingfisher *(king-fisha)* s. *Orn.* martín pescador. [deudo.
kinsman *(kínsmön)* s. pariente,
kiosk *(kiósc)* s. kiosco. [mado.
kipper *(kípa)* s. arenque ahu-
kiss *(kís)* s. beso; tr. besar; **— the dust,** morder el polvo.
kit *(kít)* s. equipo, caja de instrumentos, herramientas, etcétera; **medicine—,** botiquín.
kitchen *(kíchen)* s. cocina; **kitchen garden** s. huerto.
kite *(cáit)* s. *Orn.* milano; *Orn.* gavilán; volantín, cometa.
kitten *(kitn)* s. gatito; intr. parir la gata. [tino.
knack *(nác)* s. destreza; maña,
knapsack *(nápsac)* s. mochila; morral, alforja.
knave *(néiv)* s. bribón, travieso.
knavish *(néisvisch)* adj. picaresco.
knead *(níd)* amasar.
knee *(ní)* s. *Anat.* rodilla; *Mar.* curva; *Mec.* codo.
kneel [**kneeled** o **knelt; kneeled** o **knelt**] *(níl)* **(down)** intr. arrodillarse.
knell *(nel)* s. doble (toque de campanas por los difuntos); intr. doblar, tocar a muerto.
knickerbockers *(nicörbácörs)* s. calzón corto, braga.
knick-knack *(nícnac)* s. chuchería, baratija.
knife *(náif)* s. cuchillo; tr. **to —,** (fam.) acuchillar.
knight *(náit)* s. (her.) caballero; caballo de ajedrez.
knit [**knit; knit**] *(nít)* calcetar, hacer calceta.
knitting *(nítting)* s. calceta.
knitter *(nita)* s. calcetadoro.
knob *(nób)* s. pomo, (tirador de la puerta); (rad. y T.V.) botón.
knock *(nóc)* s. golpe; llamada; tr. e intr. golpear, pegar, llamar a. **— down,** derribar; *Box.* **— out,** fuera de combate. tr. noquear.
knocker *(nókör)* s. aldaba.
knoll *(nól)* s. loma.
knot *(nót)* s. nudo; lazo; **tr.** anudar, atar.
knotty *(noti)* adj. nudoso.
know [**knew; known**] *(nóu)* tr. conocer; saber; **—how,** conocimientos técnicos. [mientos.
knowledge *(nólid***ch***)* s. conoci-
knuckle *(nacl)* s. *Anat.* nudillo. tr. **— under,** someterse.

K

label *(léibel)* s. etiqueta, tr. etiquetar.
labo(u)r *(léiba)* trabajo, labor, dolores del parto; **— party** s. partido laborista; tr. trabajar; esforzarse.
laboratory *(láboretori)* s. laboratorio. [rioso.
laborious *(labóuriös)* adj. labo-
labo(u)rer *(léibarar)* s. peón.
labyrinth *(lábirinz)* s. laberinto; dédalo.
lac *(lác)* s. *Ind.* laca.
lace *(léis)* s. encaje; **shoe —,** cordón del zapato.
lack *(lác)* s. falta; carencia; **tr.** carecer de.
laconic *(lacónic)* adj. lacónico.
lacquer *(lákar)* s. (cosmetics.), laca; tr. dar laca, barnizar.
lactil *(láctil)* adj. lácteo.
lad *(lád)* s. muchacho.
ladder *(ládar)* s. escala; carrera (en medias).
ladle *(léidl)* s. cucharón.
lady *(léidi)* s. señora; dama; **lady killer,** tenorio.

L

lag *(lág)* adj. rezagado; s. retraso; intr. **to — behind,** retrasarse. [holgazán.
laggard *(lágard)* s. rezagado,
lager *(láguer)* s. cerveza suave.
lagoon *(lagún)* s. laguna.
laic *(léic)* s. y adj. laico.
lair *(léa)* s. madriguera.
laity *(léiti)* s. estado de seglar.
lake *(léic)* s. lago.
lamb *(lám)* s. cordero; carne de —; **as meek as a —,** tan inocente como un corderito.
lame *(léim)* adj. cojo.
lameness *(léimnes)* s. cojera.
lament *(lamént)* s. lamento; queja; tr. e intr. lamentar(se).
lamentable *(lámentabl)* adj. lamentable; doloroso.
laminate *(lámineit)* tr. *Ind.* laminar; adj. laminado.
lamp *(lámp)* s. lámpara; — **shade,** pantalla; — **post,** poste de la luz. [satirizar.
lampoon *(lampún)* s. libelo; tr.
lance *(láns)* s. lanza; tr. lancear; **free lance,** s. trabajo independiente.
lancet *(lánset)* s. lanceta.
land *(lánd)* s. tierra; país; tr. aterrizar, desembarcar.
landholder *(lándjouldar)* s. terrateniente. [barco.
landing *(lánding)* s. desem-
landlady *(lándleidi)* s. ama; patrona, casera. [casero.
landlord *(lándlord)* s. patrón,
landmark *(lándmarc)* s. mojón; *Naut.* marcas.
landawner *(lándounar)* s. terrateniente, propietario, hacendado. [saje.
landscape *(lándskeip)* s. pai-
landslide *(lándslaid)* s. derrumbamiento, desplome.
lane *(léin)* s, callejuela.
language *(lánggueidye)* s. lengua, idiomas.
languid *(lángüid)* adj. lánguido.
languish *(lángüisch)* intr. languidecer.
languor *(lángör)* s. languidez.
lank *(langc)* adj. alto y delgado, larguirucho.
lantern *(lántarn)* s. farol; linterna; fanal.
lap *(láp)* s. regazo; (fam.) colo; **to —,** relamerse de gusto; **lap dog,** perro faldero.
lapel *(lapél)* s. solapa.
lapse *(láps)* s. desliz; lapso; intr. transcurrir.
larceny *(láseni)* s. hurto.
lard *(lárd)* s. manteca de cerdo; tr. mechar.
larder *(lárdar)* s. despensa.
large *(lárdye)* adj. grande; amplio; **at large,** en libertad; con detalle. [parte.
largely *(lárdyeli)* adv. en gran
largeness *(ládyenes)* s. amplitude, grandeza.
lariat *(láriöt)* s. reata.
lark *(larc)* s. *Orn.* alondra, (fam.) jolgorio.
larva *(lávö)* s. larva. [ringitis.
laryngitis *(larindyeitis)* s. la-
larynx *(lérins)* s. *Anat.* laringe.
lascivious *(lasiviös)* adj. lascivo.
lash *(lásch)* s. tr. azotar; s. látigo; atada; **eye lash,** pestaña; **whip —,** latigazo.
lass *(lás)* s. moza, chica.
lassitude *(lásitiud)* s. laxitud; cansancio.
lasso *(lásou)* s. lazo, reata, mangana; (Amér.) guaso; tr. lazar, (Amér.) enlazar.
last *(lást)* adj. último; pasado; intr. durar; s. (zapat.) horma.
lasting *(lásting)* adj. duradero.
latch *(lách)* s. aldaba; cerrojo; **latch key** llavín.
late *(léit)* adj. retrasado, último, difunto; adv. tarde. [te.
lately *(léitli)* adv. recientemen-
latent *(léitent)* adj. latente.
later *(leita)* adv. más tarde.
lateral *(látaröl)* adj. lateral.
latest *(leitest)* adj. último; adv. el más tarde.
lath *(laz)* s. listón.
lathe *(léiz)* s. *Mec.* torno.
lather *(ládar)* jabonadura, espuma de jabón; tr. enjabonar; espumar. [tín.
Latin *(látin)* adj. latino; s. la-
latitude *(látitiud)* s. latitud; extensión; amplitud.

latter *(látö)* adj. último (de dos). [jado, rejilla.
lattice *(látis)* s. celosía; enre-
laud *(lód)* tr. alabar.
laudable *(lódable)* adj. loable.
laugh *(láf)* s. risa; intr. reírse; tr. — **at,** reírse de.
laughable *(láfabl)* adj. risible.
laughing *(láfing)* s. risa; adj. risueño; — **stock,** hazmerreír.
laughter *(láftar)* s. risa; risotada.
launch *(lónch)* s. lancha; tr. *Náut.* botar; lanzar; intr. lanzarse.
launching *(lonching)* s. *Náut.* botadura; lanzamiento.
lander *(lóndar)* tr. lavar y planchar (la ropa).
launderette *(londarét)* s. lavandería mecánica. [dera.
laundress *(lóndres)* s. lavan-
laundry *(lóndri)* s. ropa (para lavar); lavandería.
laureate *(lórieit)* adj. laureado; tr. laurear.
laurel *(lórel)* s. *Bot.* laurel.
lava *(léiva)* s. lava.
lavatory *(lávatori)* s. retrete, excusado, lavabo.
lavender *(lávendar)* s. *Bot.* espliego; lavánd(ul)a.
lavish *(lávish)* adj. espléndido, extravagante.
law *(ló)* s. ley.
law-breaker *lóbreikar)* s. infractor, transgresor. [cia.
law-court s. tribunal, audien-
lawful *(lóful)* adj. legal.
lawless *(lólis)* adj. sin ley; ilegal; desenfrenado; revoltoso; licencioso. [dor.
lawmaker *(lómeikar)* s. legisla-
lawn *(lón)* s. césped.
lawsuit *(lósiut)* s. pleito.
lawyer *(lóyar)* s. abogado.
lax *(lács)* adj. laxo; flojo (fig.), descuidado; laxo.
laxative *(lácsativ)* adj. y s. laxativo; laxante.
laxity *(lácsiti)* laxitud.
lay [**laid; laid**] *(léi)* tr. poner; colocar; — **aside,** poner a un lado.
layout *(léiaut)* tr. trazar; s. — **by** (carretera), estacamiento.
layer *(léia)* s. capa.
layman *(léiman)* s. lego, seglar, laico.
laze *(léis)* intr. holgazanear.
laziness *(léisines)* s. pereza, vagancia.
lazy *(léisi)* adj. perezoso, vago.
lead *(léd)* s. plomo; plomada.
leaden *(ledn)* adj. de plomo.
lead [**led; led**] *(líd)* tr. conducir; guiar; intr. **to** —, ir delante; s. delantera, ejemplo.
leader *(lídar)* s. jefe; el primero.
leadership *(líarschip)* s. mando.
leading *(líding)* adj. principal, primero.
leaf *(líf)* s. *Bot.* hoja.
leafless *(líflis)* adj. *Bot.* sin hojas, deshojado.
leaflet *(líflit)* s. folleto.
leafy *(lífi)* adj. frondoso.
league *(líg)* s. liga; alianza; tr., intr. aliar(se).
leak *(líc)* s. gotera; vía de agua; intr. gotear; — **out,** (fig.) dar un soplo.
lean *(lín)* s. magro; enjuto; (fig.) — **time,** tiempos difíciles; [**leaned** o **leant; leaned** o **leant**] tr. apoyarse, reclinarse; **to lean out,** asomarse.
leap *(líp)* s. salto; brinco; intr. saltar, brincar.
learn *(leaen)* intr. aprender; enterarse. [docto.
learned *(laaened)* adj. sabio;
learner *(laaena)* s. aprendiz.
learning *(laaning)* s. saber.
lease *(lís)* s. arriendo; **tr.** arrendar. [(con correa).
leash *(lisch)* s. correa, atar
least *(líst)* adj. mínimo, el menor; adv. lo menos; **at** —, por lo menos; **in the** —, en absoluto.
leather *(lédar)* s. cuero; piel; **patent** —, charol; **to** —, (fam.) dar una paliza, azotar.
leave *(lív)* s. licencia; permiso; despedida; [**left; left**] tr. dejar; tr. partir. [fermentar.
leaven *(lévn)* s. levadura; tr.
lecture *(lécchar)* s. conferencia; tr. conferenciar; (fam.) dar una reprimenda, regañar.

L

L

lecturer *(léccharar)* s. conferenciante; profesor.
ledge *(ledge)* s. borde; salidizo; window —, alféizar.
ledger *(ledgar)* s. libro mayor (en contabilidad). [vento.
lee *(li)* s. socaire; *Mar.* sota-
leech *(líich)* s. sanguijuela; (fam.) chupón. [vento.
leeward *(líuörd)* adj. a sota-
leek *(líc)* s. *Bot.* puerro.
lees *(líis)* s. pl. heces.
left *(léft)* adj. izquierdo(a); s. la izquierda; **left-handed,** zurdo; **on the —,** a la izquierda; **to the —,** hacia la izquierda; **— luggage office,** consigna.
leftist *(léftist)* s. izquierdista.
leftover *(léftouvör)* adj. sobrante; **— s** s. pl. sobras.
leg *(lég)* s. pierna; pata! **to pull one's —,** tomar el pelo.
legacy *(légasi)* s. legado.
legal *(ligal)* adj. legal.
legality *(legáliti)* s. legalidad.
legalize *(ligalais)* tr. legalizar.
legate *(léguet)* s. legado.
legation *(liguéschön)* s. legación; embajada.
legend *(ledyend)* s. leyenda.
legendary *(lédyendari)* adj. legendario. [nas.
leggings *(légings)* s. pl. polai-
legible *(lédyiböl)* adj. legible.
legión *(lidyön)* s. legión.
legionary *(lédyenari)* adj. y s. legionario. [gislar.
legislate *(lédyisleit)* tr., intr. le-
legislation *(ledyisléischön)* s. legislación. [gislativo.
legislative *(lédyisleitiv)* adj. le-
legislator *(lédyisleitar)* s. legislador. [gitimidad.
legitimacy *(ledyítimasi)* s. le-
legitimate *(ledyitimite)* adj. legítimo; *(ledyitimeit)* tr. reconocer (leg.). [men.
legume *(léguium)* s. *Bot.* legu-
leisure *(lédya)* s. ocio, asueto.
leisurely *(lédyaröli)* adj. lento, deliberado, pausado; adv. sin prisa, despacio.
lemon *(lémön)* s. limón.
lemonade *(lémoneid)* s. limonada, gaseosa.
lend [lent; lent] *(lénd)* tr. prestar; **to — a hand,** dar una mano. [prestamista.
lender *(lénđar)* s. prestador;
length *(lengz)* s. longitud; extensión; adv. **at —,** con amplitud. [prolongar.
lengthen *(lengzen)* tr. alargar;
lengthwise *(léngzuais)* adv. à lo largo; longitudinalmente.
leniency *(líniensi)* s. indulgencia; tolerancia.
lenient *(línient)* benigno.
lens *(léns)* s. lente.
Lent *(lént)* s. Cuaresma.
lentil *(léntil)* s. lenteja.
leopard *(lépad)* s. leopardo.
lepper *(lépar)* s. leproso.
leprosy *(léprosi)* s. lepra.
less *(lés)* adj. menor, menos; adv. menos; s. lo menos.
lessen *(lésn)* tr. disminuir.
lesson *(lésn)* s. lección; **to teach someone a —,** (fig.) darle una lección. [no sea que.
lest *(lést)* conj. para que no;
let [let; let] *(lét)* tr. dejar; conceder; arrendar; **— in,** dejar entrar; **— out,** dejar salir; **— go,** soltar.
lethal *(lezál)* adj. letal, mortal.
lethargic *(lizárdyic)* adj. letárgico.
lethargy *(lézardyi)* s. letargo.
letter *(létar)* s. letra; carta; **registered —;** carta certificada.
letter-box s. buzón.
lettuce *(létis)* s. lechuga.
Leucocyte s. *Med.* leucocito.
levant *(levánt)* s. levante.
levantine *(livántin)* adj. y s. levantino.
level *(lével)* s. nivel; plano; adj. llano; nivelado; tr. nivelar.
lever *(lévar)* s. palanca; **to —,** levantar con palanca, pinzar.
levity *(léviti)* s. ligereza.
levy *(lévi)* s. leva; colecta; tr. reclutar, recaudar. [civo.
lewd *(lud)* adj. depravado; las-
lewdness *(lúdnis)* s. lascivia, depravación.

lexicographer *(lecsicógrafar)* s. lexicógrafo. [xicografía.
lexicography *(lecsicógrafi)* s. le-
lexicon *(lécsicon)* s. léxico.
liability *(laiabíliti)* s. responsabilidad; propensión, tendencia. [responsable.
liable *(láiabl)* adj. expuesto a;
liaison *(liéison)* s. enlace, unión, idilio. [tero.
liar *(láia)* s. mentiroso, embus-
libel *(láibel)* s. libelo; tr. calumniar, difamar.
liberal *(líbaral)* adj. liberal; generoso; s. liberal. [lismo.
liberalism *(liberalism)* s. libera-
liberate *(líbareit)* tr. liberar.
liberation *(libaréischön)* s. liberación. [bertino.
libertine *(líbartin)* adj. y s. li-
libertinism *(líbartinism)* s. libertinaje.
liberty *(libörti)* s. libertad, exención, privilegio. [cario.
librarian *(laibrérian)* s. bibliote-
library *(láibrari)* s. biblioteca.
license *(láisens)* s. licencia; permiso; **driving —,** permiso de conducir; tr. licenciar.
licensed *(láisenst)* adj. autorizado. [ciado.
licentiate *(laisénschiet)* s. licen-
licentious *(laisénschös)* adj. licencioso.
licit *(lísit)* adj. lícito.
lick *(lík)* s. lamedura; tr. lamer; (fam.) pegar; tr. (fam.) **to — somebody,** pasar por la piedra.
lid *(líd)* s. tapa(dera).
lie *(lái)* s. mentira, embuste; intr. mentir.
lie [**lay; lain**] *(lái)* intr. yacer, estar situado; **— down,** acostarse, echarse.
lieutenant *(lefténant)* s. teniente, lugarteniente.
life *(láif)* s. vida.
life-belt *(láif-belt)* s. salvavidas.
life-boat *(laif-bout)* s. bote salvavidas. [rrista.
life-guard *(laif-gaud)* s. soco-
life-insurance *(laif-insurance)* s. seguro de vida.
lifeless *(láiglis)* adj. sin vida; muerto; exánime; inanimado; desanimado.
lifelong *(láiflóng)* adj. perpetuo, de toda la vida.
life-time *(láif-táim)* s. siempre, toda la vida.
lift *(líft)* s. ascensor; tr. alzar.
light *(láit)* s. luz; adj. claro; ágil; ligero; [**lighted** o **lit; lighted** o **lit**] tr. encender, aligerar.
lighten *(laiten)* tr. iluminar; aligerar. [*Náut.* gavarra.
lighter *(láitar)* s. encendedor;
lighthouse *(láitjaus)* s. faro.
lighting *(láiting)* s. alumbrado.
lightness *(láitnes)* s. ligereza.
lightning *(láitning)* s. relámpago; rayo; **lightning-rod,** pararrayos. [faro.
light-ship *(láit-ship)* s. buque
likable *(láiköbl)* adj. agradable, simpático, placentero.
like *(láik)* tr. gustarle a uno, querer; adj. semejante; s. gusto; conj. como.
likelihood *(láiklijud)* s. probabilidad. [mente.
likely *(láikli)* adv. probable-
liken *(láikön)* tr. e intr. asemejar, comparar. [parecido.
likeness *(láiknes)* s. semejanza,
likewise *(láik-wais)* adv. asimismo.
liking *(láiking)* s. gusto.
lily *(líli)* s. *Bot.* lirio.
limb *(lím)* s. miembro (del cuerpo) rama.
limber *(límbar)* adj. flexible; ágil; tr. hacer flexible; (dep.) pre-calentarse. [lima.
lime *(láim)* s. cal; *Bot.* tilo,
limelight *(láimlait)* s. *Teat.* candilejas; proscenio; **to be in the —,** estar a la vista del público. [caliza.
limestone *(láimstoun)* s. piedra
limit *(límit)* s. límite; tr. limitar; **thats the —!,** ¡eso es el colmo! [tación.
limitation *(limitéischön)* s. limi-
limitless *(límitlis)* adj. ilimitado.
limp *(límp)* s. cojera; adj. flojo, inerte. tr. cojear. [ro.
limpid *(límpid)* adj. límpido; cla-

L

line *(láin)* s. línea; hilera, vía; tr. rayar; forrar.
lineage *(línieid***ch***)* s. linaje.
lineal *(línial)* adj. lineal.
linear *(líniar)* adj. línear.
lined *(láind)* adj. rayado; forrado. [pa interior.
linen *(línen)* s. lino; lienzo; ro-
liner *(láinar)* trasatlántico; **Airliner,** avión de pasajeros.
linger *(língar)* intr. tardar(se), demorarse, dilatarse; andar ocioso, vagar; perdurar, prolongarse. [rior de mujer.
lingerie *(lénchöri)* s. ropa inte-
linguist *(língüist)* s. lingüista.
linguistic *(linguístic)* adj. lingüístico.
lining *(láining)* s. forro.
link *(link)* s. eslabón; (fig.) enlace; relación; tr. enlazar.
links *(links)* s. pl. campo de golf.
linnet *(línit)* s. jilguero.
linoleum *(linóuliön)* s. linóleo.
linseed *(línsid)* s. linaza; **— oil** aceite de linaza. [gasa.
lint *(lint)* s. hilas; hilachas;
lintel *(líntel)* s. dintel.
lion *(láiön)* s. león.
lionness *(láiönes)* s. leona; **lioncub** *(laion-coub)* cachorro de león.
lip *(líp)* s. labio; borde.
lipstick *(lipstic)* s. barra, lápiz de labios.
liquid *(lícuid)* adj. líquido; **— assets** valores líquidos (o realizables); s. líquido.
liquor *(likar)* s. licor.
liquidate *(lícuideit)* tr. liquidar.
lisp *(lísp)* s. intr. cecear.
list *(líst)* s. lista; catálogo; *Náut.* inclinación; enrolar; *Náut.* escorar; **tr. registrar.**
listen *(lísen)* **tr., intr. escuchar;** atender. [te.
listener *(lísnar)* s. (radio) oyen-
listless *(lístles)* adj. **indiferente;** apático.
lit *(lit)* pret. y p. p. de **to light;** adj. alumbrado; algo borracho. [to.
literal *(líteral)* adj. literal, exac-
literary *(líterari)* adj. literario.
literature *(lítarecha)* s. literatura. [gante.
litigant *(lítigant)* adj. y s. liti-
litigation *(lítiguéischön)* s. litigio.
litre *(lítar)* s. litro.
litter *(lítar)* s. *Zool.* cría; suciedad, basura; tr. ensuciar.
little *(lítl)* s. un poco; adj. pequeño; poco; escaso; adv. poco.
littleness *(lítlnes)* s. pequeñez.
liturgy *(lítördy)* s. liturgia.
live *(liv)* intr. vivir.
live *(láiv)* adj. vivo; activo; (Rad. y TV.) en directo.
livelihood *(láivlijud)* s. subsistencia. [animado.
lively *(láivli)* adj. vivo; brioso;
liver *(lívar)* s. hígado.
livery *(lívari)* s. librea, caballeriza (para caballos de alquiler); **auto —** garage para autos de alquiler.
livestock *(laiv-stok)* s. ganado; cabaña.
livid *(lívid)* adj. lívido, pálido.
living *(líving)* s. vida; **adj.** vivo, viviente; **cost of —,** coste de la vida.
living-room s. sala de estar.
lizard *(lísard)* s. lagarto.
load *(lóud)* s. carga; **tr.** cargar, peso. [polar, norte.
loadstar *(lóudstar)* s. estrella
loaf *(lóuf)* s. pan; tr. e intr. gandulear.
loafer *(lóufar)* s. gandul.
loan *(lóun)* s. préstamo; empréstito; tr. prestar. [reacio.
loath *(lóuz)* adj. contrario,
loathe *(lóu***d***)* tr. aborrecer.
loathsome *(lóu***d***sön)* adj. asqueroso.
lobby *(lóbi)* s. pasillo; tr. cabildear, intrigar, presionar.
lobe *(lóub)* s. lóbulo.
lobster *(lóbstar)* s. *Mar.* langosta. [bar.
local *(lóucal)* adj. local; (fam.)
locality *(loucáliti)* s. localidad.
locate *(loukéit)* tr. colocar; localizar, halla.
location *(loukéischön)* s. colocación, situación, lugar.

lock *(loc)* s. cerradura; mechón, bucle; tr. cerrar (con llave).
lock-out, s. cierre de la fábrica por el patrón. [«taquilla».
locker *(lókar)* s. armario; *Náut.*
locksmith *(lócsmiz)* s. cerrajero.
locomotion *(loucomóuschön)* s. locomoción. [comotora.
locomotive *(loucomóutiv)* s. lo-
locust *(lóukast)* s. *Futom.* langosta, saltamontes; cigarra; **— tree,** algarrobo; acacia falsa.
locution *(lokiúschön)* s. locución. [veta.
lode *(lóud)* s. (min.) vena;
lodge *(lódge)* s. pabellón; conserjería; tr. alojar.
lodgement *(lódgement)* s. acumulación. [pilo.
lodger *(lódgar)* s. huésped, pu-
lodging *(lódying)* s. alojamiento, posada; **— house,** casa de huéspedes. [daje.
lodgings *(lódyings)* s. hospe-
loft *(lóft)* s. buhardilla.
loftiness *(lóftines)* s. altura, altanería, altivez.
lofty *(lófti)* adj. elevado, altivo.
log *(log)* s. leño; tronco; **to sleep like a log,** dormir como un leño. [gico.
logic *(lódyic)* s. lógica; adj. ló-
logical *(lódyical)* adj. lógico.
loin *(lóin)* s. lomo, solomillo; **— cloth,** taparrabo.
loiter *(lóitar)* intr. andar despacio, **— about,** merodear; vagar.
loll *(lol)* intr. arrellanarse o repantigarse, recostarse con toda comodidad.
lollipop *(lólipip)* s. pirulí; **(iced)-lolly —,** «polo».
lone *(lóun)* adj. solitario; solo.
loneliness *(lóunlines)* s. soledad.
lonely *(lóunli)* adj. solo, solitario; adv. solitariamente.
lonesome *(lóunsöm)* adj. solitario.
long *(lóng)* adj. largo; adv. mucho tiempo; s. longitud; largo; **to long for,** anhelar.
longevity *(londgeviti)* s. longevidad. [tojo.
longig *(lónguing)* s. anhelo, an-
longitude *(lóndchitlud)* s. longitud.
longshoreman *(longschoöman)* s. estibador (de barco o muelle), cargador.
look *(lúk)* s. mirada; aspecto; tr. **—at,** mirar; **—well,** tener buena cara; **— after,** cuidar.
looking *(lúking)* s. aspecto.
looking glass *(lúking-glas)* s. espejo.
lookout *(lúkaut)* s. vigía; atalaya; mirador; vista, perspectiva; **to be on the —** estar alerta; (interj.) **— out!** ¡Cuidado!
loom *(luim)* s. telar; impers. aparecer, amenazar.
loop *(lúp)* s. ojal; lazo; **to — the —,** rizar el rizo.
loophole *(lúpjoul)* s. agujero, abertura; (fig.) salida; escapatoria.
loose *(lús)* tr. desatar; soltar; adj. suelto, flojo, silencioso.
loosen *(lúsn)* intr. desasirse; tr. aflojar(se). [miento.
looseness *(lúsnes)* s. relaja-
loot *(lut)* s. botín; tr. saquear.
lop *(lóp)* s. cercenar.
loquacious *(lokuéischös)* adj. hablador; locuaz.
lord *(lóod)* s. señor; amo, dueño; (G. B.) lord; intr. dominar; lord, Dios; **— prayer,** el Padre Nuestro. [(título).
lordship *(lórdschip)* s. señoría
lore *(lóa)* s. saber.
lorry *(lori)* s. camión.
lose [**lost; lost**] *(lús)* tr. perder; **— one's way,** perder (se); **— heart;** desanimarse.
loss *(lós)* s. pérdida.
lost *(lóst)* adj. perdido.
lot *(lót)* s. **— of,** mucho y muchos; **lots and lots,** muchísimo(s).
lotion *(lóschön)* s. loción.
lottery *(lótöri)* s. lotería; rifa.
loud *(láud)* adj. (fam.) chillón, chabacano; alto (de voz).
loudly *(láudli)* adv. en voz alta.
loudspeaker *(láudspíkar)* s. altavoz.

lounge *(láud***ch***)* intr. haraganear; s. sala de estar.
louse *(láus)* s. piojo.
lousy *(láusi)* adj. piojoso; (fam.) asqueroso. [encantador.
lovable *(lö'vabl)* adj. simpático,
love *(lö'v)* s. amor; cariño; tr. amar; **fall in —**, enamorarse.
loveliness *(lö'vlines)* s. belleza, encanto.
lovely *(lö'vli)* adj. encantador.
lover *(lövar)* s. amante.
loving *(lö'ving)* adj. amoroso.
low *(lóu)* adj. bajo; ruin; adv. bajo; s. mugido; intr. mugir.
lower *(lóua)* adj. más bajo, inferior; tr. bajar, humillar, abatir; **— spirit**, abatido, deprimido.
lowland *(lóuland)* s. tierra baja.
lowly *(lóuli)* adj. bajo, humilde; inferior; adv. humildemente.
loyal *(lóial)* adj. leal; fiel.
loyalty *(lóialti)* s. lealtad, fidelidad. [lubri(fi)car.
lubricate *(lúbrikeit)* tr. engrasar,
lucid *(lúsid)* adj. lúcido.
lucifer *(liúsifar)* s. Lucifer.
luck *(lüc)* s. suerte.
lucky *(lö'ki)* adj. afortunado.
luckily *(likili)* s. afortunadamente. [tivo.
lucrative *(lúcrativ)* adj. lucra-
lucre *(liukar)* s. lucro. [cómico.
ludicrous *(lúdicras)* adj. risible,
lug *(lög)* tr. llevar, atraer. *Amér.* cargar; **to — away** cargar con, llevarse (una cosa pesada).
luggage *(lö'guid***ch***)* s. bagaje; equipaje; **left —**, consigna.
lugubrious *(lugiúbriös)* adj. lúgubre. [templado.
lukewarm *(lúcuöm)* adj. tibio;
lull *(lö'l)* s. arrullo; tr. arrullar, mecer. [cuna, nana.
lullaby *(lö'labai)* s. canción de
lumber *(lömbar)* s. armatoste, madera; **— room**, trastero.
luminous *(lúminös)* adj. luminoso.
lump *(lö'mp)* s. bulto, pedazo; **— of sugar**, terrón.
lumpy *(lö'mpi)* adj. grumoso.
lunacy *(lúnasi)* s. locura; manía.
lunar *(lúnar)* adj. lunar.
lunatic *(lúnatic)* s. y adj. lunático; **— asylum**, manicomio.
lunch(eon) *(lö'nch(ön)* s. almuerzo, comida.
lung *(lö'ng)* s. pulmón.
lunge *(löndch)* intr. abalanzarse, lanzarse.
lurch *(lörch)* s. sacudida; tambaleo repentino; **to leave in the—**, dejar plantado. [tentar.
lure *(líua)* s. señuelo; tr. atraer,
lurk *(lö'rk)* intr. acechar.
luscious *(lö'schös)* adj. exquisito, delicioso, sabroso.
lust *(lö'st)* s. codicia; lujuria.
lustful *(lö'stful)* adj. voluptuoso, carnal, lujurioso.
lustre *(lö'star)* s. lustre. [nido.
lusty *(lö'sti)* adj. vigoroso, for-
lute *(lut)* s. laúd. [terano.
Lutheran *(lúzöram)* s. y adj. lu-
luxate *(lö'cseit)* tr. dislocar.
luxuriance *(lögschúriens)* s. exuberancia. [exuberante.
luxuriant *(lögschúriant)* adj.
luxurious *(löcschúriös)* adj. lujoso, suntuoso. [ria.
luxury *(löcschöri)* s. lujo; luju-
lye *(lái)* s. lejía.
lying *(láing)* p. a. falso, mentiroso; tendido, echado; **lying-in hospital**, hospital de maternidad.
lynch *(línch)* tr. linchar, ahorcar.
lynx *(lingks)* s. lince.
lyric *(líric)* adj. lírico; **the —**, (canción) la letra.
lyricism *(lírisisöm)* s. lirismo.

M m

macaroni *(macaróuni)* s. macarrones.
mace *(méis)*. s. maza. [rar.
macerate *(másöréit)* tr. mace-
machine *(maschín)* s. máquina, aparato; **machine-gun**, ametralladora; **sewing —**, máquina de coser.

machinist *(meschínist) Mec.* fresador; s. mecánico; (text.) maquinista. [balla.
mackerel *(mákörel)* s. *Ict.* ca-
mackintosh *(máckintosschch)* s. impermeable.
mad *(mád)* adj. loco; demente, furioso; intr. **to go —**, enloquecer(se); tr. **to drive —**, volver loco (a uno); **— as a halter** (loco) como una chiva. [señora.
madam, e. *(médöm)* s. madama,
madcap *(médkep)* s. calavera; adj. temerario; atolondrado.
madden *(máddan)* tr., intr. enloquecer.
made *(méid)* pret. y p. p. de **to make; to be — of** estar hecho de; ser de; **to have something —**, mandar hacer algo; **made — up** fingido, falso; artificial, pintado.
madhouse *(mádjaus)* s. casa de locos, manicomio.
madman *(mádman)* s. loco.
madness *(mádnes)* s. locura.
magazine *(magasín)* s. revista; recámara de un fusil.
magi *(méidygi)* s. pl. Magos; de los Reyes Magos.
magic *(mádyic)* adj. mágico; s. magia. [co.
magical *(mádyical)* adj. mági-
magician *(madyíschan)* s. mago; mágico. [gistrado, juez.
magistrate *(mádyistreit)* s. ma-
magnanimity *(magnanímiti)* s. magnanimidad. [magnánimo.
magnanimous *(magnánimös)* adj.
magnate *(mágneit)* s. magnate.
magnet *(mágnet)* s. imán.
magnetic *(magnétic)* adj. magnético; **— pole**, polo magnético. [magnífico.
magnificent *(magnífisent)* adj.
magnify *(mágnifai)* tr. aumentar; **magnifying glass**, lente de aumento. [nitud.
magnitude *(mágnitiud)* s. mag-
magnolia *(magnólia)* s. *Bot.* magnolia.
magpie *(mégpai)* s. urraca; cotorra; (fig.) hablador.
mahogany *(majógani)* s. caoba.
maid *(méid)* s. doncella, virgen, moza; **old —**, solterona.
maiden *(méidn)* s. virgen; soltera; adj. virginal; **— voyage**, viaje inaugural.
maid(en)hood [*méid(en)jud*] s. doncellez.
mail *(méil)* s. correo(s). tr. **to —**, mandar por correo; **mailbag**, saca de correos; **mail-order**, (com.) pedido por correos.
mailbox *(méilboks)* s. buzón.
mailman *(méilman)* s. (U. S. A.) cartero.
maim *(méim)* s. mutilación; daño; tr. mutilar.
main *(méin)* adj. principal, mayor; importante.
mainland *(méinland)* s. continente, tierra firme. [ner.
maintain *(meintéin)* tr. mante-
maintenance *(méintenans)* s. mantenimiento.
maize *(méis)* s. maíz.
majestic *(mádyéstic)* adj. majestuoso.
majesty *(mádyesti)* s. majestad.
major *(médya)* adj. mayor; más grande; s. *Mil.* comandante.
majority *(madóriti)* s. mayoría.
make [**made; made**] *(méik)* tr. hacer; producir; fabricar; s. marca; **make believe** adj. falso, s. artimaña; **make fun of**, burlarse de; **make-up**, maquillaje. [bricante; artífice.
maker *(méikar)* s. hacedor; fa-
maladjustment *(maladustment)* s. ajuste defectuoso; *Psic.* inadaptación.
maladroit *(maladroit)* adj. torpe. [medad.
malady *(máladi)* s. mal; enfer-
malaria *(malariö)* s. malaria, fiebre palúdica, paludismo.
malcontent *(malköntent)* adj. y s. malcontento.
male *(méil)* s. y adj. macho; varón. [maldición.
malediction *(malidícschön)* s.
malefice *(málifis)* s. maleficio.
malice *(mális)* s. malicia.

M

M

malicious *(malíschös)* adj. malicioso. [tr. difamar.
malign *(maláin)* adj. maligno;
malignant *(malignant)* s. malignidad; *Med.* violento.
malinger *(malinga)* intr. fingir.
mall *(mol)* s. mallo; mazo, alameda, paseo.
mallet *(mélit)* s. mazo.
malnutrition *(malniutríschön)* s. desnutrición.
malpractise *(malpráctis)* s. techoría; abuso.
malt *(mólt)* s. malta.
maltreat *(maltrít)* tr. maltratar.
mamma *(máma)* s. mama, teta.
mammal *(mámal)* s. mamífero.
mammoth *(mémöz)* s. mamut; adj. enorme, gigantesco.
mammy *(mámi)* s. mamá.
man *(mán* s. hombre; tr. tripular, guarnecer.
manacle *(mánacl)* tr. maniatar.
manage *(mánige)* tr. e intr. dirigir; intr. arreglarse.
manageable *(mynidchybl)* adj. manejable; domable, dócil.
management *(mánidyment)* s. gerencia, administración.
manager *(mánidyar)* s. gerente, administrador.
mandatary *(mándateri)* s. mandatario. [orden.
mandate *(mándeit)* s. mandato;
mane *(méiln)* s. crin; *Equi.* melena (de león, etc.).
manful *(mánful)* adj. bravo, valiente. [ganeso.
manganese *(manganis)* s. man-
mange *(meindge)* s. sarna, roña.
manger *(méindya)* s. pesebre; **dog in the —,** perro del hortelano. [tr. despedazar.
mangle *(mángl)* s. calandria;
mangy *(méindchi)* adj. sarnoso.
manhood *(mánjud)* s. virilidad, valentía.
mania *(méinia)* s. manía.
maniac *(méiniac)* adj. y s. loco, maniático. [curo(a).
manicure *(mánikiuar)* s. mani-
manifest *(mánifest)* adj. manifiesto; tr. manifestar.
manifestation *(manifestéischön)* s. manifestación.
manifesto *(maniféstο)* s. manifiesto.
manifold *(mánifould)* adj. múltiple; variado.
manikin *(manikin)* s. maniquí.
manipulate *(manípiuleit)* tr. manipular.
manipulation *(manipiolassion)* s. manipulación, manejo.
mankind *(mancáind)* s. humanidad.
manlike *(mánlaik)* adj. viril.
manly *(mánli)* adj. varonil.
manner *(mánar)* s. manera; modo; pl. modales.
manœuvre *(manúva)* s. *Mil.* maniobra; tr., intr., maniobrar.
manor *(mana)* s. casa solariega, quinta, pazo.
mansion *(mánschön)* s. mansión; morada. [homicidio.
manslaughter *(mánslotar)* s.
mantel *(mántl)* s. campana de chimenea. [pisa.
mantelpiece *(mántulpis)* s. re-
mantle *(mántl)* s. manto. [nual.
manual *(máñual)* adj. y s. ma-
manufacture *(maniufakchar)* s. manufactura; tr. manufacturar.
manufacturer *(maniufáktscharar)* s. fabricante.
manure *(maniúa)* s. estiércol; abono; tr. abonar. [nuscrito.
manuscript *(mániuscript)* s. ma-
many *(méni)* adj. muchos; **as —as,** tantos; **how —,** cuántos; **too —,** demasiados.
map *(máp)* s. mapa; **to —,** poner en el mapa; **to — out,** trazar. [meple.
maple *(meipl)* s. arce; *Amér.*
mar *(mar)* tr. desfigurar, estropear; impedir.
marble *(marbl)* s. mármol; bola (de juego).
March *(márch)* s. marzo (mes); intr. marchar.
mare *(méa)* s. yegua.
margin *(mádyin)* s. margen, borde; tr. marginar.
marginal *(mádyinal)* adj. marginal; **— note,** nota marginal, acotación.
marigold *(márigould)* s. caléndula, maravilla.

marine *(marín)* adj. marino, marítimo; s. marina, marino.
mariner *(márinar)* s. marino.
maritime *(máritaim)* adj. marítimo.
mark *(maak)* s. marca; marco (moneda); tr. marcar; **trade mark,** marca de fábrica; **school —,** puntuación.
marker *(máakar)* s. marcador; marca, señal; jalón.
market *(márket)* s. mercado; tr. promocionar el mercado.
marketable *(márketabl)* adj. comerciable.
marmalade *(mármaleid)* s. mermelada (de naranja).
maroon *(mörún)* s. y adj. rojo obscuro; tr. abandonar en una isla desierta.
marooned *(mörúnd)* adj. abandonado (en lugar desierto), aislado.
marquis *(márcuis)* s. marqués.
marriage *(márid***ch***)* s. matrimonio.
married *(márid)* adj. casado; **to be married,** estar casado; **to get —,** casarse.
marrow *(márou)* s. *Biol.* tuétano; médula, calabaza; **to the —,** hasta los tuétanos.
marry *(mári)* tr., intr. casar(se).
marsh *(mársh)* s. pantano; ciénaga; laguna; **— land,** terreno pantanoso.
marshal *(márschal)* s. mariscal; tr. ordenar (E. U.) jefe de policía. [so, cenagoso.
marshy *(márschi)* adj. pantano-
marsupial *(marsiúpial)* s. marsupial.
mart *(márt)* s. mercado, rastro.
martial *(márschal)* adj. marcial; militar; **court martial** s. Consejo de Guerra; **martial law,** ley marcial. [ro).
martin *(mártin)* s. avión (pája-
martyr *(máta)* s. mártir; tr. martirizar. [tirio.
martyrdom *(máladöm)* s. mar-
marvel *(márvel)* s. maravilla; intr. maravillarse.
marvellous *(márvelas)* adj. maravilloso.

mascot *(máscot)* s. mascota.
masculine *(máskiulin)* adj. masculino; varonil.
mash *(másch)* s. masa; mezcla; tr. triturar, esmagar; **— mashed potatoes,** puré de patatas.
mask *(másk)* s. máscara; tr. enmascarar, disfrazar.
mason *(méisn)* s. albañil; francmasón. [ría.
masonry *(méisenri)* s. albañile-
masquerade *(masköréid)* s. mascarada; disfraz, máscara; v. reflex; enmascararse, disfrazarse; andar disfrazado.
mass *(más)* s. masa; montón; misa; *Ecl.* misa. tr. **mass together,** juntarse.
massacre *(másakar)* s. carnicería; tr. hacer una matanza.
massage *(másaye)* s. masaje.
masseur *(masur)* s. masajista.
massive *(másiv)* adj. voluminoso, imponente. [palo.
mast *(mast)* s. *Naut.* mástil,
master *(másta)* s. amo; maestro; patrón; adj. **head —** (acad.), director; **— builder,** maestro de obras; tr. dominar. [tral.
masterly *(mástörli)* adj. magis-
masterpiece *(mastarpis)* s. obra maestra.
mastery *(mástari)* s. maestría, arte, destreza. [car.
masticate *(mástikeit)* tr. masti-
mastiff *(mástif)* s. mastín.
mat *(mát)* s. estera; tapete; **— mated hair,** pelo desgreñado.
match *(mách)* s. cerilla; *Dep.* partido, combate; pareja, igual; tr. (fig.) casar.
matchless *(máchles)* adj. incomparable, sin par.
mate *(méit)* s. compañero, pareja; mate (en ajedrez); *Náut.* oficial, piloto; tr. *Zool.* aparear.
material *(matírial)* adj. material; s. material (text.) paño.
materialism *(matírialism)* s. materialismo.

M

M

materialist *(matírialist)* s. materialista. [ternal.
maternal *(matö'rnal)* adj. ma-
maternity *(matö'rniti)* s. maternidad; — **ward**, sala de maternidad. [adj. matemático.
mathematic(al) [*mazimátic(al)*]
mathematician *(mazimatischön)* s. matemático. [matemáticas.
mathematics *(mazimátics)* s. pl.
matinée *(mátinei)* s. función de la tarde. [matricular.
matriculate *(matríkiuleit)* tr.
matriculation *(matrikiuléischön)* s. matriculación.
matrimonial *(matrimónial)* adj. matrimonial; marital.
matrimony *(mátrimöni)* s. matrimonio.
matrix *(métrics)* s. *Anat.* matriz.
matron *(méitrön)* s. matrona, mujer casada; jefe de enfermeras.
matter *(máta)* s. materia; asunto; *Med.* pus; tr. importarle a uno; **what is the matter?** ¿qué pasa?
mattress *(mátres)* s. colchón; **spring** —, somier.
mature *(matiúa)* adj. *Psicol.* maduro; tr. madurar.
maturity *(matiúriti)* s. *Psicol.* madurez; sazón.
maul *(mól)* s. mazo.
maxim *(mácsim)* s. máxima.
maximum *(mácsimöm)* s. máximo.
may *(méi)* intr. poder.
May *(méi)* s. mayo (mes).
maybe *(méibi)* adv. quizá(s), acaso. [nesa.
mayonnaise *(meiönéis)* s. mayo-
mayor *(méar)* s. alcalde.
maze *(méis)* s. laberinto; confusión; perplejidad. [desa.
mayoress *(meoress)* s. f. alcal-
me *(mí)* pron. me, a mi.
meadow *(médou)* s. prado, pradera. [mezquino; flaco.
meagre *(mígar)* adj. escaso;
meagreness *(miganes)* s. escasez; pobreza.
meal *(míil)* s. comida; harina.
mean *(míin)* s. y adj. tacaño, sórdido; medio; s. (término) medio; pl. medios; [**meant; meant**] tr. significar, pretender; intr. proponerse.
meaning *(míning)* s. significado.
meaningless *(míninglis)* adj. sin sentido, vacío de sentido.
meanness *(mínnes)* s. mezquindad, tacañería.
meander *(miándar)* s. meandro; intr. vagar.
meantime *(míntaím)* adv. mientras tanto, entretanto; **in the** —, mientras.
measure *(méshar)* s. medida; tr. medir. [medida.
measurement *(mésharment)* s.
meat *(míit* s. carne; **mince** —, carne picada; — **pie**, empanada.
meaty *(míti)* adj. carnoso; sustancioso; (fig.) sabroso.
mechanic *(mecánic)* adj. y s. mecánico; pl. mecánica (la).
mechanical *(mecánical)* adj. mecánico. [nizar.
mechanize *(mécanais)* tr. meca-
medal *(médal)* s. medalla.
meddle *(médl)* intr. (entre)-meterse. [tido.
meddler *(médlar)* s. entreme-
meddlesome *(médalsöm)* adj. entremetido. [dieval.
mediæval *(mediíval)* adj. me-
mediate *(mídieit)* tr. mediar; procurar; intr. interponerse; adj. mediato; medio.
mediation *(midiéischön)* s. mediación. [dor; árbitro.
mediator *(midieitar)* s. media-
medical *(médical)* adj. médico.
medicinal *(medísinal)* adj. medicinal.
medicine *(médisin)* s. medicina.
mediocre *(midiókar)* adj. mediocre. [diocridad.
mediocrity *(midiócriti)* s. me-
meditate *(méditet)* tr. e intr. meditar.
meditation *(meditéischön)* s. meditación, contemplación.
medium *(mídiöm)* s. medio; adj. medio. [mezclado.
medley *(médli)* s. mezcla; adj.
meek *(míik)* adj. manso, humilde; **as — as a lamb**, manso como un cordero.

M

meekness *(míiknes)* s. mansedumbre.
meet [**met; met**] *(míit)* tr. encontrar; hacer frente a; intr. encontrarse; reunirse.
meeting *(míting)* s. asamblea, reunión. [gáfono.
megaphone *(mégafoun)* s. me-
melancholy *(mélancoli)* s. melancolía; hipocondria.
mellow *(mélou)* adj. maduro; tr. madurar. [lodioso.
melodious *(milóudias)* adj. me-
melody *(mélodi)* s. melodía.
melon *(mélan)* s. melón; s. **water melon,** sandía.
melt *(mélt)* tr., intr. fundir(se), derretir(se).
melting *(mélting)* s. fusión.
member *(mémbar)* s. miembro, socio (de club).
membership *(mémbarschip)* s. número de socios; asociación. [brana.
membrane *(mémbrein)* s. mem-
memento *(miménto)* s. recuerdo, memoria. [moria.
memoir *(mémuar)* s. *Lit.* me-
memorable *(mémöröbl)* adj. memorable. [memoria.
memorandum *(memorándam)* s.
memorial *(memórial)* s. monumento, memorial.
memorize *(mémorais)* intr. aprender de memoria, memorizar. [recuerdo.
memory *(mémöri)* s. memoria;
men *(mén)* s. pl. hombres; gentes.
menace *(ménes)* s. amenaza; tr. amenazar; (fam.) **what a —!** adj. ¡horripilante!
menagerie *(mönadyeri)* s. colección zoológica; casa de fieras.
mend *(ménd)* tr. remendar; arreglar; intr. enmendarse.
mender *(menda)* s. reparador, arreglador; **shoe —,** zapatero. [mentiroso.
mendacious *(mendéschös)* adj.
mendacity *(mendásiti)* s. mentira, mendacidad.
menial *(mínial)* adj. doméstico; bajo servil; **— tasks,** trabajos serviles.
menstrual *(ménstrual)* adj. menstrual. [menstruar.
menstruate *(ménstrueit)* intr.
menstruation *(menstruéischön)* s. menstruación, regla.
mental *(méntal)* adj. mental; s. (fam.) maniático. [lidad.
mentality *(mentáliti)* s. menta-
mention *(ménschön)* s. mención; tr. mencionar.
menu *(meñu)* s. menú, lista de platos. [mercantil.
mercantile *(merkantail)* adj.
mercenary *(me'rseneri)* adj. y s. mercenario. [mercancía.
merchandise *(me'rchandais)* s.
merchant *(me'rchant)* s. comerciante; adj. mercantil.
merciful *(me'rsiful)* adj. misericordioso.
merciless *(me'rsiles)* adj. despiadado. [rio; azogue.
mercury *(mö'rkiuri)* s. mercu-
mercy *(me'rsi)* s. misericordia, piedad; **to plead for —,** pedir piedad.
mere *(mia)* adj. mero.
merely *(miali)* adv. meramente.
merge *(me'rdge)* tr. mezclarse; (com.) fusionarse, fundir.
merger *(mega)* s. fusión.
meridiam *(merídian)* s. meridiano; mediodía; adj. meridiano; **ante —** (a. m.) por la mañana; **post —** (p. m.) por la tarde.
meridional *(meridional)* adj. meridional. [recer.
merit *(mérit)* s. mérito; tr. me-
meritorious *(meritórias)* adj. meritorio.
mermaid *(mérmeid)* s. sirena.
merriment *(mériment)* s. júbilo.
merry *(méri)* adj. alegre; s. **merry-go-round,** tiovivo, caballitos.
merrymaker *(mérimeikar)* s. juerguista; fiestero.
mesh *(mesch)* s. malla; red; **— es,** red, redes; tr. enredar, coger con red; (mec.) engranaje.
mess *(més)* (fam.) porquería; lío, apuro; (mil. y náut.) co-

medor de oficiales; tr. **to — up,** embrollar, ensuciar.

M

message *(mésadge)* s. mensaje.
messenger *(mésendga)* s. mensajero.
Messiah *(mesáia)* s. Mesías.
metal *(métal)* s. metal.
metallic *(metálic)* adj. metálico.
metallurgy *(métalardgi)* s. metalurgia.
metamorphose *(metamórfõus)* s. metamorfosis. [fora.
metaphor *(métafõr)* s. metá-
metaphysic *(metafísic)* adj. metafísico.
metaphysics *(metafísics)* s. metafísica (la).
meteor *(mitiõr)* s. meteoro.
meteorological *(mitiorolódyical)* adj. meteorológico.
meteorology *(mitiorólodyic)* s. meteorología. [didor.
meter *(mitar)* s. contador, me-
method *(mézõd)* s. método.
methodic(al) [*mezódic(al)*] adj. metódico.
metre *(míter)* s. metro.
metrical *(métrical)* adj. métrico.
metropolitan *(metropólitan)* s. y adj. metropolitano.
mettle *(métl)* s. temple.
mew *(miú)* s. maullido (del gato); (orn.) gaviota; intr. maullar; mudar (plumas y cornumenta).
mews *(miús)* s. pl. caballerizas.
Mexican *(mécsican)* adj. y s. mejicano. [suelo.
mezzanine *(mésönin)* s. entre-
microbe *(máicroub)* s. microbio. [crófono.
microphone *(máikrafoun)* s. mi-
microscope *(máicroscoup)* s. microscopio.
mid *(mid)* adj. medio; **— night,** media noche.
midday *(míddei)* s. mediodía.
middle *(midl)* adj. medio; central; s. medio; **middle man,** intermediario.
middle-aged *(midle-aggd)* adj. de mediana edad; edad madura.
middling *(mídling)* adj. mediocre, regular. [putiense.
midget *(mídyet)* s. enano, lili-
midst *(midst)* s. medio; adv. en medio; prep. entre.
midshipman *(midshipman)* s. cadete. [camino.
midway *(miduay)* adv. a medio
midwife *(míduaif)* s. comadre, comadrona. [pecto.
mien *(míin)* s. semblante, as-
might *(máit)* s. poder; (p. of way, s. vía láctea.
mighty *(máiti)* adj. poderoso.
migrate *(maigréit)* intr. emigrar. [gración.
migration *(maigréischõn)* s. emi-
migratory *(maigretori)* adj. migratorio.
mild *(máild)* adj. suave.
mildew *(míldiu)* s. moho; intr. enmohecerse. [planza.
mildness s. suavidad, tem-
mile *(máil)* s. milla. [traje.
mileage *(máilid***ch***)* s. kilome-
military *(mílitari)* adj. militar.
militate *(míliteit)* intr. militar; pelear. [ñar.
milk *(mílk)* s. leche; tr. orde-
milkman *(mílkman)* s. lechero.
milky *(mílki)* adj. lácteo; **milky way** s. vía láctea.
mill *(mil)* s. molino; fábrica; tr. moler.
miller *(milar)* s. molinero.
millenary *(mílenary)* s. adj. milenario. [ra, modista.
milliner *(mílinar)* s. sombrere-
million *(míliõn)* s. millón.
millonaire *(milonéa)* s. millonario. [llonésimo.
millionth *(míliõnz)* adj. y s. mi-
millpond *(milpond)* s. alberca, estanque.
millstone *(mílstoun)* s. muela o piedra de molino; carga pesada.
mime *(máim)* s. mimo; pantomima; intr. imitar; hacer la mímica.
mimic *(mimic)* s. mimo; adj. mímico; tr. imitar.
mince *(míns)* tr. desmenuzar, hacer picadillo.
mincemeat *(múnsmit)* s. picadillo (especialmente el de car-

ne, pasas, manzanas y especias), macedonia.
mind *(máind)* s. mente; **in —**, en mente, intención; tr. tener cuidado; cuidar, cuidar de; **never mind!**, ¡no importa!
mindful *(maíndful)* adj. atento (a); cuidadoso(de).
mindless *(maindles)* adj. atolondrado, insensato, estúpido.
mine *(máin)* pron. mío.
mine *(máin)* s. mina; intr. minar, zapar.
minesweeper *(mainswepa)* s. *Náut.* minador.
miner *(máinar)* s. minero.
mineral *(minaröl)* s. y adj. mineral; **mineral water,** gaseosa, agua mineral.
mingle *(míngl)* tr. e intr. mezclar(se). [tura
miniature *(míniatiua)* s. miniatura.
minimal *(mínimal)* adj. mínimo.
minimize *(mínimais)* tr. quitar importancia.
minimum *(mínimön)* s. mínimo.
mining *(máining)* s. minería, explotación.
minister *(minista)* s. ministro; tr. e intr. auxiliar, servir; intr. oficiar.
ministerial *(ministírial)* adj. ministerial. [terio.
ministery *(ministöri)* s. ministerio.
mink *(mink)* s. visón.
minor *(máinör)* s. menor (de edad); sin importancia; adj. menor. [río.
minnow *(minou)* s. pececillo de río.
minority *(mainóriti)* s. minoría.
minster *(mínstar)* s. monasterio; catedral.
minstrel *(mínstrel)* s. trovador, juglar, ministril.
mint *(mínt)* s. *Bot.* menta; casa de la moneda; tr. acuñar moneda.
minus *(máinas)* adj. menos; en déficit negativo.
minute *(mínit)* s. minuto, momento; minuta. [diminuto.
minute *(maiñuit)* adj. menudo, diminuto.
minx *(minks)* s. bribona, pilla.
miracle *(míracl)* s. milagro; **to wock —s,** hacer milagros.
miraculous *(mirákiulös)* adj. milagroso.
mirage *(mrágya)* s. espejismo.
mire *(máia)* s. lodo; fango; cieno; tr. enlodar.
mirror *(mira)* s. espejo.
mirth *(mórz)* s. alegría; gozo.
mirthful *(mö'rzful)* adj. alegre; jovial; gozoso.
miry *(máiöri)* adj. cenagoso, fangoso, lodoso.
misadventure *(misadvéncha)* s. desventura. [mal uso de.
misapply *(misapláі)* tr. hacer mal uso de.
misapprenhend *(misaprijénd)* tr. entender mal.
misapprehension *(misaprijénchön)* s. equivocación.
misbecome *(misbekö'm)* intr. no convenir.
misbehave *(misbijéiv)* intr. portarse mal. [mal educado.
misbehaved *(misbijéivt)* adj. mal educado.
misbehaviour *(misbijéivia)* s. mal comportamiento, mala educación. [s. error.
miscalculation *(miscalculashon)* s. error.
miscarriage *(miscáridch)* s. aborto; **— of justice,** error judicial.
miscellaneous *(miseléiniös)* adj. diverso. [lánea.
miscellany *(míseleni)* s. miscelánea.
mischief *(míschif)* s. mal; daño travesura.
mischievous *(mischivös)* adj. dañino; travieso. [gar mal.
misconceive *(miconsiv)* tr. juzgar mal.
misconception *(misconsepsion)* s. concepto equivocado; mal enjuiciamiento.
misconduct *(miscóndöct)* s. adulterio, mala conducta. [mal.
miscount *(miscáunt)* tr. contar mal.
misdeed *(misdíd)* s. fechoría.
misdeem *(misdím)* tr. juzgar mal; equivocar.
misdemeano(u)r *(misdeminar)* s. mala conducta (Legal.).
misdoing *(misdúing)* s. yerro; mala acción. [caño.
miser *(máisar)* s. usurero, tacaño.
miserable *(misörabl)* adj. miserable; (fig.) deprimido; tacaño.
miserly *(máisörli)* adj. avariento, avaro; tacaño, mezquino.

M

misery *(mísöri)* s. miseria, pequeñez.
misfire *(misfair)* s. falla.
misfit *(misfit)* intr. encajar mal, sentar mal; s. inadaptado.
misfortune *(misfótiun)* s. infortunio; desgracia. [dudas.
misgive *(misguív)* tr. llenar de
misgiving *(misguíving)* s. recelo; duda. [caminar.
misguide *(misgáid)* tr. des(en)-
mishap *(misjáp)* s. desgracia; contratiempo.
misinform *(misinform)* tr. informar mal, equivocar, engañar.
misinformation *(misinformashon)* s. engaño, equivocación.
misinterpret *(misinterpret)* tr. interpretar mal; equivocación.
misenterpretation *(misintepretashon)* mala interpretación, equívoco.
misjudge *(misdyudge)* tr. juzga mal; juiciar mal.
misjudgement *(misdyudment)* s. (der.) injusticia; (fig.) mal cálculo, error.
mislay *(misléi)* tr. extraviar; colocar mal. [desorientar.
mislead *(mislíd)* tr. engañar,
mismanage *(mismánid***ch***)* tr. administrar mal.
misplace *(mispléis)* tr. colocar mal, extraviar. [imprenta).
misprint *(misprínt)* s. errata (de
mispronounce *(mispronáuns)* intr. pronunciar mal.
misrepresent *(misrepresént)* tr. tergiversar.
miss *(mís)* tr. perder (el tren), errar, echar de menos; intr. frustrarse; s. señorita; pérdida; falta.
missing *(mísing)* adj. ausente.
missile [*mís(a)il*] s. proyectil; adj. arrojadizo; (mil.) misil.
mission *(míschön)* s. misión.
missionary *(míschöneri)* adj. misionero misional; s. misionero. [mal.
misspell *(misspél)* tr. deletrear
mist *(míst)* s. bruma.
mistake *(mistéik)* s. equivocación, error, yerro; tr. e intr. equivocar(se); **to make —**, cometer error o hacer faltas.
mister *(místar)* s. señor.
mistletoe *(míseltou)* s. *Bot.* muérdago.
mistress *(místres)* maestra, ama (de casa); fulana, amante.
mistrust *(míströ'st)* s. desconfianza; recelo; tr. desconfiar de, dudar de. [pañado.
misty *(místi)* adj. brumoso; em-
misunderstand *(misöndarstánd)* tr. comprender mal.
misunderstanding *(misöndarstánding)* s. incomprensión, equivocación.
misuse *(misiús)* mal uso; tr. usar mal, emplear mal.
mite *(mait)* s. óbolo, pequeñez; criatura. [aplacar; calmar.
mitigate *(mítigueit)* tr. mitigar;
mitre *(máitar)* s. mitra. [pla.
mitten *(mitn)* s. mitón, mano-
mix *(mícs)* tr. mezclar; intr. mezclarse.
mixed *(mícst)* adj. mezclado.
mixing *(miksing)* s. mezcla; adj. de, para mezclar.
mixture *(míkschar)* s. mezcla.
mizzle *(misl)* s. llovizna; intr. lloviznar; tr. escabullirse.
moan *(móun)* s. gemido; intr. gemir; (fig.) queja.
moaner *(mona)* s. protestón.
moat *(móut)* s. foso.
mob *(mób)* s. tumulto; populacho; tr. atropellar.
mobile [*móub(a)il*] adj. móvil, movible.
mobilization *(mobilaiséischön)* s. *Mil.* movilización. [vilizar.
mobilize *(móubilais)* tr. *Mil.* mo-
mock *(móc)* s. burla; adj. falso; tr. burlarse de; intr. burlarse; **— exam,** examen parcial.
mockery *(mókari)* s. mofa.
mode *(móud)* s. modo; moda.
model *(módel)* s. modelo; tr. modelar.
moderate *(módareit)* adj. moderado; tr. moderar.
moderation *(modaréischön)* s. moderación. [derno.
modern *(módarn)* adj. y s. mo-

M

modernize *(módarnais)* tr. modernizar.
modest *(módest)* adj. modesto.
modesty *(módesti)* s. modestia.
modification *(modifikéischön)* s. modificación, alteración.
modify *(módifai)* tr. modificar.
modulate *(módiuleit)* tr. modular. [modulación.
modulation *(modiuléischön)* s.
module *(moduel)* s. modelo.
Mohammedan *(mojámedan)* s. y adj. mahometano.
moist *(móoist)* adj. húmedo.
moisten *(móisn)* tr. humedecer.
moisture *(moystya)* s. humedad.
molar *(moular)* adj. molar; s. muela. [miel de caña.
molasses *(mölásis)* s. melaza,
mold *(mould)* s. (mec.) molde, matriz; (quím.) moho; tr. moldear, amoldar; enmohecer(se), cubrir(se) de moho.
moldar *(móuldür* intr. desmoronarse.
moldy *(móudi)* adj. mohoso.
mole *(móul)* s. *Naut.* muelle; *Zool.* topo; *Anat.* lunar, mancha.
molecular *(molékiular)* adj. molecular. [cula.
molecule *(mólekiul)* s. molé-
molest *(molést)* tr. molestar, estorbar; acosar, fastidiar.
molten *(móultön)* adj. derretido, fundido, en fusión.
moment *móument)* s. momento; instante; **wait a —!**, ¡espero un momento!; **just a moment,** sólo un momento.
momentous *(moméntös)* adj. importante, transcendental.
momentum *(mouméntüm)* s. momento, impulso; ímpetu, fuerza, importancia.
monarch *(mónac)* s. monarca.
monarchic(al) *(monákic(al)* adj. monárquico. [quía.
monarchy *(mónaki)* s. monar-
monastery *(mónastöri)* s. monasterio. [nástico.
monastic *(monástic)* adj. mo-
Monday *(mö'ndei)* s. lunes.
monetary *(mö'netari)* adj. monetario.
money *(mö'ni)* s. dinero, moneda; **money order,** giro (postal). [adj. mezclado.
mongrel *(mö'ngrel)* s. mestizo;
monitor *(mónitóor)* s. monitor.
monk *(mö'nk)* s. monje, fraile.
monkey *(mön'ki)* s. mono,(a); simio; — **about,** hacer monadas. [lo.
monocle *(monocul)* s. monócu-
monogamy *(monogami)* s. monogamia. [nograma.
monogram *(mónögram)* s. mo-
monologue *(mónolog)* s. monólogo. [nomonía.
monomania *(monoménia)* s. mo-
monomaniac *(monoméiniac)* s. maníaco. [nopolizar.
monopolize *(monópolais)* tr. mo-
monopoly *(monópoli)* s. monopolio. [monosílabo.
monosyllable *(mónösilöbl)* s.
monotony *(mönótöni)* s. monotonía.
monsoon *(mansún)* s. monzón.
monster *(mónstar)* s. monstruo; (fig.) enorme.
monstrosity *(monstrósiti)* s. monstruosidad.
month *(mö'nz)* s. mes; **in a month of Sundays,** en la vida.
monthly *(mö'nzli)* adj. mensual; adv. mensualmente.
monument *(móniument)* s. monumento. [gir
moo *(mu)* s. mugido; intr. mu-
mood *(múd)* s. humor, talante, genio, capricho. *Gram.* modo; **good —,** buen humor; **bad —,** mal humor.
moody *(múdi)* adj. caprichoso.
moon *(mún)* s. luna; **honey —,** luna de miel.
moor *(múa)* s. *Geog.* pantano; tr. *Naut.* amarrar.
mooring *(mooring)* s. *Naut.* amarra; fondeadero.
Moor *(múö)* s. moro.
mop *(mop)* s. estropajo, aljofifa; tr. fregar.
mope *(móup)* intr. andar quejumbroso o abatido.
moral *(móral)* adj. **moral;** s.

moralidad; moraleja; **pl.** costumbres. [do de ánimo.

morale *(morál)* s. moral, esta-

morality *(moráliti)* s. moralidad. [zar.

moralize *(móralais)* tr. morali-

morbid *(mórbid)* adj. mórbido.

morbose *(morbóus)* adj. morboso.

more *(móa)* adj. más, mayor; adv. más; **much —**, mucho más; **— and more,** cada vez más.

moreover *(moaróuva)* **adv.** además, por añadidura.

morning *(mórning)* s. mañana; adj. matutino. [marroquí.

Moroccan *(morócan)* **adj.** y s.

Morocco *(moróco)* s. marroquí.

morose *(moróus)* adj. moroso, mal humorado, caprichoso.

morphine *(mórfin)* s. morfina.

morse *(mawse)* s. *Zool.* morsa; (teleg.) morse; **morse code,** clave telegráfica de morse. [dazo.

morsel *(mórsel)* s. bocado, pe-

mortal *(mórtal)* adj. y s. mortal.

mortality *(mortáliti)* s. mortalidad; **— rate,** promedio de mortalidad.

mortar *(mórtar)* s. mortero; almirez; argamasa.

mortgage *(móguedch)* s. hipoteca; tr. hipotecar, préstamo.

mortiferous *(mortífirös)* adj. mortífero.

mortify *(mórtifai)* tr. mortificar.

mortuary *(mórtiueri)* s. depósito de cadáveres; adj. mortuorio. [saico.

mosaic *(moséic)* adj. y s. mo-

mosque *(mosk)* s. mezquita.

mosquito *(moskítou)* s. mosquito. [*Quím.* moho.

moss *(mós)* s. *Bot.* musgo;

mossy *(mósi)* adj. musgoso.

most *(móust)* adj. lo más; los más; adv. sumamente; s. mayoría. [mente

mostly *(móustli)* adv. mayor-

moth *(móz)* s. polilla, alevilla, mariposa.

mother *(moda)* s. madre; adj. maternal; **mother-in-law** s. suegra, madre política.

motherhood *(mödarjud)* s. maternidad.

motherly *(modali)* adj. maternal.

motif *(moutíf)* s. motivo, tema.

motion *(móuschön)* s. (mech.) movimiento; ademán; *Polit.* moción; **motion picture,** s. cine o cinematógrafo; película; adj. cinematográfico.

motionless *(móuschönles)* adj. inmóvil, inerte.

motive *(móutiv)* s. motivo; móvil; adj. motriz.

motley *(mótli)* adj. abigarrado, multicolor; variado; s. mezcla.

motor *(móuta)* s. motor; **motorcar** s. automóvil; **motor-cycle** s. motocicleta.

motorboat *(móutarbout)* s. autobote, lancha motora, bote a motor.

motorcoach *(móutarkouch)* s. autobús, omnibús; camión; mión, *Am.* guagua.

motorist *(móutarist)* s. automovilista, motorista.

motor-race *(mota-raiz)* carrera de motos.

mottle *(motl)* tr. motear.

motto *(mótou)* s. lema.

mould *(móuld)* s. (mech.) molde; (quím.) moho; tr. moldear; intr. enmohecerse.

mound *(máund)* s. terraplén.

mount *(máunt)* s. monte; montura; tr. montar.

mountain *(máunten)* s. montaña; **mountain-range** s. cordillera.

mountaineer *(mauntenía)* s. montañés, montañero.

mountainous *(máuntenös)* adj. montañoso. [saltibanquis.

mountebank *(máuntibank)* **s.**

mourn *(mourn)* tr. llorar; intr. lamentarse; llevar luto.

mournful *(móurnful)* **adj.** lúgubre, luctuoso. [aflicción

mourning *(móurning)* s. luto;

mouse *(máus)* s. ratón; **— trap,** ratonera.

moustache *(möstasch)* s. bigote. [bocadura.
mouth *(máuz)* s. boca; desem-
mouthful *(máuzful)* s. bocado.
mouthpiece *(máuzpis)* s. boquilla (de un instrumento de viento); portavoz.
movable *(múvabl)* adj. movible, móvil: **—s**, muebles, bienes.
move *(múv)* tr. mover; conmover; intr. moverse.
movement *(múvment)* s. movimiento. [me película.
movies *(múvies)* s. (E. U.) fil-
moving *(múving)* adj. motriz; conmovedor.
mow [**mowed; mowed** o **mown**] *(móu)* tr. segar; guadañar.
mowing *(móuing)* s. siega.
Mr *(místar)* Sr., señor.
Mrs. *(mísis)* Sra., señora.
much *(möch)* adj. mucho; adv. mucho, **too much**, demasiado; **as much as** adv. tanto como.
muck *(mö'k)* s. estiércol; abono; tr. estercolar; (fam.) porquería; mierda.
mucous *(miúkös)* adj. moco; **— membrane**, membrana mucosa.
mud *(moad)* s. barro, lodo; **mudguard** s. guardabarros; **mudup**, tr. enlodar, embarrar.
muddle *(mö'dl)* s. desorden; tr. enturbiar.
muff *(möf)* s. manguito (para las manos); falla, error (en ciertos juegos); intr. no coger, dejar escapar (la pelota). [cillo.
muffin *(mö'fin)* s. bollo, pane-
mulatto *(miuláto)* s. mulato.
muffle *(mö'fl)* s. (acús.) amortiguar; tr. embozar.
muffler *(mö'flar)* s. embozo; bufanda, silenciador; (mús.) sordina.
mug *(mög)* s. pichel, vaso con asa; (fig.) tonto.
mulato *(miuláto)* s. mulato.
mulberry *(mö'lberi)* s. *Bot.* mora, morera.
mule *(miúl)* s. mulo, mula.
mull *(möl)* intr. meditar, ponderar; tr. calentar con especias. [s. multimillonario.
multimillonaire' *(mültimiliönea)*
multiple *(mö'ltipl)* adj. múltiple; s. múltiplo.
multiplication *(moltiplikéischön)* s. multiplicación.
multiplicity *(möltiplísiti)* s. multiplicidad. [plicar.
multiply *(mö'ltiplai)* tr. multi-
multitude *(mö'ltitiud)* s. multitud; muchedumbre.
mum *(möm)* adj. callado, silencioso. [ñar.
mumble *(mö'mbl)* intr. refunfu-
mummify *(mö'mifai)* tr. momificar. [(arq.) momia.
mummy *(mö'mi)* s. mamaíta;
mump *(mö'mp)* tr. mal honorada. [*Med.* paperas.
mumps *(mö'mps)* s. murria;
munch *(mö'nch)* tr. mascar, ronzar. [dano.
mundane *(mö'ndein)* adj. mun-
municipal *(miunísipal)* adj. municipal. [municiones.
munition *(miunischön)* s. *Mil.*
mural *(miural)* adj. y s. mural.
murder *(mö'rdar)* s. asesinato; tr. asesinar, matar.
murderer *(mö'rdarar)* s. asesino, homicida.
murderess *(mö'rdarös)* f. asesina.
murderous *(merderous)* adj. asesino, criminal, homicida.
murky *(merki)* adj. oscuro, tenebroso.
murmur *(mö'rmar)* s. murmullo, rumor; intr. susurrar, murmurar.
muscat *(mö'scat)* s. moscatel.
muscatel *(mö'scatel)* s. moscatel.
muscle *(mö'sl)* s. músculo.
muscled *(museld)* adj. musculoso. [cular.
muscular *(mö'skiular)* adj. mus-
muse *(miús)* intr. meditar; s. musa.
museum *(miusíöm)* s. museo.
mush *(mösch)* s. potaje espeso

de maíz; sentimentalismo; (fig.) paja. [seta; hongo.

mushroom *(mö'schrum)* s. *Bot.*

music *(miúsic)* s. música; **music-hall** s. teatro de revista; **face the —,** pagar el pato.

musical *(miúsical)* adj. y s. musical. [sico.

musician *(miusíschan)* s. mú-

musk *(mösk)* s. almízcle; **musk-rat** s. rata almizclera.

musket *(möskit)* s. mosquete, fusil.

musky *(mö'ski)* adj. almizclero.

muslim *(mö'slim)* adj. y s. musulmán.

muss *(mös)* tr. desarreglar, desordenar; arrugar; s. desorden, lío. (U. S. A.)

mussel *(mö'sl)* s. mejillón.

must *(mö'st)* defect. e intr. tener que; deber; s. obligación.

must *(mö'st)* s. mosto.

mustache *(möstásch)* s. bigote, mostacho.

mustard *(mö'stard)* s. mostaza.

muster *(mö'star)* s. *(Mil.)* revista; tr. pasar revista.

mustiness *(mö'stines)* s. moho, humedad. [hoso; añejo.

musty *(mö'sti)* adj. mustio; mo-

mutability *(miutabíliti)* s. mutabilidad. [ble.

mutable *(miútabl)* adj. muda-

mute *(miút)* s. mudo; **deaf —,** sordomudo.

mutilate *(miútileit)* tr. mutilar.

mutilation *(miutiléischön)* s. mutilación.

mutineer *(miutinía)* s. rebelde, faccioso, amotinador.

mutinous *(miútinös)* adj. amotinado. [amotinarse.

mutiny *(miútini)* s. motín; intr.

mutter *(mö'tar)* tr., intr. gruñir; refunfuñar. [cordero.

mutton *(mö'tn)* s. carne de

mutual *(miútiual)* adj. mutuo.

mutuality *(miutiuáliti)* s. mutualidad.

muzzle *(mö'lz)* s. *Zool.* hocico; bozal; (fig.) mordaza; tr. embozar.

my *(mái)* adj. mi, mis.

myope *(máioup)* s. miope.

myopy *(máiopi)* s. miopía.

myriad *(míriöd)* s. miríada, diez mil; millares, gran cantidad.

myrtle *(mötl)* s. *Bot.* mirto.

myself *(maisélf)* pron. yo o mí mismo; **by myself,** por mí mismo. [terioso.

mysterious *(mistíriös)* adj. mis-

mystery *(místöri)* s. misterio.

mystic *(místic)* adj. y s. místico. [cismo.

mysticism *(místisism)* s. misti-

myth *(míz)* s. mito.

mythic *(mízic)* adj. mítico.

mythological *(mizolódchical)* adj. mitológico. [tología.

mythology *(mizólodchi)* s. mi-

N n

nab *(nab)* tr. agarrar, coger; arrestar. [regañar.

nag *(nág)* s. rocín, penco; tr.

nagging *(naging)* adj. machacón.

nail *(néil)* s. clavo; **to nail a person,** agarrar; **nail-brush,** cepillo de uñas. tr. clavar.

naive *(naív)* adj. ingenuo.

naked *(néikit)* adj. desnudo.

nakedness *(néikidnes)* s. desnudez.

name *(néim)* s. nombre; apellido; tr. nombrar; **christian name,** nombre de pila; intr. **— name,** nombar. [nocido.

nameless *(néimles)* adj. desco-

namely *(néimli)* adv. a saber.

nanny *(námi)* s. niñera.

nap *(náp)* s. sueño ligero; siesta; (text.) pelo o lanilla de paño; intr. sestear.

nape *(néip)* s. *Anat.* nuca.

naphtha *(náfzö)* s. nafta.

napkin *(nápkin)* s. servilleta; **baby napkin** s. pañal.

narcissus *(nasísös)* s. *Bot.* narciso. [cótico; soporífero.

narcotic *(narcótic)* adj. y s. nar-

narrate *(naréit)* tr. narrar.

narration *(naréischön)* s. narración.

narrative *(nárativ)* adj. narrati-

vo; s. narrativa; relato; cuento.
narrow *(nárou)* adj. estrecho, angosto; tr., intr. estrechar(se); **narrow-minded,** obtuso, corto de miras.
narrowly *(naroli)* adv. estrechamente; **narrowness,** s. estrechez.
nasal *(néisal)* adj. nasal.
nastiness *(nástines)* s. suciedad, asco. [*Bot.* mastuerzo.
nasturtium *(nöstö'schöm)* s.
nasty *(násti)* adj. sucio, obsceno, asqueroso, desagradable.
natal *(néital)* adj. natal.
nation *(néischön)* s. nación.
national *(náschönal)* adj. nacional; — **anthem,** himno nacional. [cionalidad.
nationality *(náschönáliti)* s. na-
native *(néitiv)* adj. nativo; originario; natural; s. indígena.
nativity *(natíviti)* s. natividad.
natural *(náchöral)* adj. natural.
naturalist *(nátschrölist)* s. naturalista, desnudista.
naturalize *(náchöralais)* tr. naturalizar, nacionalizar.
nature *(néicha)* s. naturaleza; carácter; **good natured,** adj. bondadoso.
naught *(nót)* s. cero. [sura.
naughtiness *(natiness)* s. trave-
naughty *(nóti)* adj. malo; travieso; díscolo.
nausea *(nóschia)* s. náusea.
nauseate *(nóschieit)* tr. causar náuseas; intr. dar asco.
nauseating *(nóschieiting)* adj. nauseabundo, asqueroso.
nauseous *(nóschia)* adj. nauseabundo.
naval *(néival)* adj. naval.
nave *(néiv)* s. nave (de una iglesia).
navel *(néivl)* s. ombligo.
navigable *(nävigabl)* adj. navegable. [gar.
navigate *(návigueit)* tr. nave-
navigation *(naviguéischön)* s. navegación.
navigator *(navigata)* s. navegante; (avia.) piloto.
navy *(néivi)* s. marina (naval). **merchant** —, marina mercante.
near *(nía)* prep. cerca de; adv. cerca; adj. cercano; tr., intr. acercar(se); — **by** *(nia-bi)* adj. próximo, vecino.
nearly *(níali)* adv. casi.
nearness *(nianes)* s. cercanía, proximidad. [limpio.
neat *(níit)* adj. ordenado, pulcro,
neatness *(nítnes)* s. limpieza; pulcritud, orden.
nebula *(nébiula)* s. nebulosa.
nebulous *(nebiulos)* adj. nebuloso; (fig.) difuso.
necessary *(néseseri)* adj. necesario; s. lo imprescindible.
necessity *(nesésiti)* s. necesidad.
neck *(nék)* s. *Anat.* cuello.
necklace *(nékleis)* s. collar.
necktie *(néktai)* s. corbata.
necrosis *(nicróusis)* s. necrosis; gangrena.
nectar *(néctar)* s. néctar.
need *(níd)* s. necesidad; tr. necesitar; intr. ser necesario.
needful *(nídful)* adj. necesario.
needle *(nidl)* s. aguja; tr. — **a person,** fastidiar, enojar.
needless *(nídles)* adj. inútil.
needlework *(níduluörk)* s. costura, labor de aguja, bordar.
needy *(nidi)* adj. indigente, s. necesitado. [do, nefando.
nefarious *(neférïös)* adj. malva-
negative *(négativ)* s. negativa; adj. negativo.
neglect *(nigléct)* s. abandono, desaliño, despreocupación. tr. abandonar, descuidar.
neglectful *(negléctful)* adj. abandonado, descuidado.
negligent *(néglid***ch***önt)* adj. negligente. [negociar.
negotiate *(nigóuschieit)* tr. intr.
negotiation *(nigouschiéischön)* s. negociación. [tor.
negotiator *(nigoushiata)* s. gestor.
negress *(nígres)* s. negra.
negro *(nígro)* s. negro.
neigh *(néi)* s. relincho; intr. relinchar. [prójimo.
neighbour *(néiba)* s. vecino;

neighbourhood *(néibajub)* s. vecindario; vecindad.
neighbouring *(neiboring)* adj. vecino, próximo, cercano.
neither [*n(a)idar*] pron. ni uno ni otro; adj. **ningún** (de dos); conj. ni, adv. **tampoco.**
neolcgism *(niólodchim)* s. neologismo.
neon *(nion)* s. *Quim.* neón; **neon lights,** rótulos de neón.
nephew *(néviu)* s. sobrino.
nepotism *(népotism)* s. nepotismo; sobrinazgo, favoritismo.
nerve *(nö'rv)* s. nervio; vigor; (fam.) descaro.
nervous *(nö'rvas)* adj. nervioso.
nerveless *(neevles)* adj. sin nervios, inmutable. [viosismo.
nervousness *(neevosnes)* s. ner-
nest *(nést)* s. nido; tr. anidar; (fam.) — **egg,** ahorros.
nestle *(nésl)* intr. acurrucarse; tr. acariciar. [redar.
net *(net)* s. red; malia; tr. en-
nett *(net)* adj. neto, **nett-weight,** peso neto.
nettle *(netl)* s. *Bot.* ortiga; tr. e intr. picar, irritar, enfadar.
network *(netueek)* s. (fig.) red.
neuralgia *(niuráldchia)* s. *Med.* neuralgia. [neurastenia.
neurasthenia *(niuraszínia)* s.
neurasthenic *(niuraszínic)* adj. neurasténico. [tico.
neurotic *(niurótic)* adj. neuró-
neuter *(niútar)* adj. y s. neutro.
neutral *(niútral)* adj. s. neutral.
neutrality *(niutráliti)* s. neutralidad.
never *(néva)* adv. nunca, jamás.
nevertheless *(nóvördeles)* adv. sin embargo, no obstante.
new *(niú)* adj. nuevo.
new-born *(niu-boon)* adj. recién (nacido). [llegado.
new-comer *(niu-cama)* s. recién
newly *(niuli)* adj. recién.
news *(niús)* s. noticia(s).
newsmongar *(niúsmongör)* s. chismoso, chismero, gacetilla. [dico.
newspaper *(niúspeipa)* s. perió-
newsreel *(niúsril)* s. noticiario cinematográfico.
newt *(niút)* s. tritón.
next *(necst)* adj. próximo; contiguo; siguiente; sucesivo; adv. luego. [mordiscar.
nibble *(nibl)* s. mordisco; tr.
nice *(náis)* adj. bonito, agradable, delicado, fino, amable, simpático. [mente.
nicely *(náisli)* adv. delicada-
niceness *(náisnes)* s. finura; delicadeza, agradabilidad.
niche *(nísch)* s. nicho; (fig.) rincón.
nick *(níc)* s. muesca; tr., intr. hacer muescas; corte; **in the — of time,** en el último momento, por los pelos.
nickel *(nilk)* s. níquel; (U. S. A.) moneda de cinco centavos.
nick-nack *(nik-nak)* s. baratija, chuchería. [mote.
nickname *(nícneim)* s. apodo;
nicotine *(nícotin)* s. nicotina.
niece *(nís)* s. sobrina.
niggard *(nígard)* adj. y s. avaro, tacaño.
night *(náit)* s. noche; **at —,** por la noche; **last —,** anoche; **the 12 th —,** día de Reyes.
nightfall *(náitfol)* s. anochecer.
night-dress *(nait-dres)* s. camisón. [señor.
nightingale *(náitingueil)* s. rui-
night-light *(nait-lait)* s. lamparilla de noche.
nightly *(náitli)* adv. cada noche, todas las noches; adj. nocturno. [lla.
nightmare *(náitmea)* s. pesadi-
night-watohman *(nait-waychnar)* s. vigilante nocturno, sereno.
nihilism *(náijilism)* s. nihilismo.
nimble *(nímbl)* adj. ligero; ágil.
nimbleness *(nímbulnes)* s. ligereza; agilidad. [reola.
nimbus *(nimbös)* s. nimbo; au-
nine *(náin)* s. y adj. nueve.
ninepins *(náinpins)* s. juego de bolos. [nueve.
nineteen *(náintin)* adj. dieci-
ninety *(náinti)* adj. noventa.
nip *(níp)* s. pellizco, uñada; tr.

pellizcar; **to — in the bud,** cortar por la raíz.
nippers *(nípars)* s. pl. alicates; (fam.) retoños.
nipple *(nípl)* s. *Anat.* pezón.
nitrate *(náitreit)* s. nitrato.
nitrogen *(náitridchön)* s. nitrógeno; **— bomb**, bomba de nitrógeno. [no; s. no.
no *(nóu)* adv. no; adj. ningu-
nobiliary *(nobíliary)* s. nobiliario.
nobility *(nobíliti)* s. nobleza.
noble *(nóubl)* adj. noble; s. aristócrata, noble.
nobly *(nóubli)* adv. noblemente.
nobody *(nóubodi)* s. nadie; ninguno. [noctámbulo.
noctambulist *(noctámbiulist)* s.
nocturnal *(noctö'rnal)* adj. nocturno.
nocturne *(nóctörn)* s. nocturno.
nod *(nód)* intr. cabecear; tr. asentir; asentimiento con la cabeza.
noise *(nóis)* s. ruido; **to make —**, hacer ruido; **big —**, persona importante. [cioso.
noiseless *(nóisles)* adj. silen-
noisy *(nóisi)* adj. ruidoso.
nomad *(nóumad)* adj. nómada; errante. [da
nomadic *(noumádic)* adj. nóma-
nominal *(nóminal)* adj. nominal. [brar.
nominate *(nómineit)* tr. nom-
nomination *(nominéischön)* s. nombramiento.
none *(nö'n)* pron. ninguno.
non-appearence *(nón-apírans)* s. ausencia.
non-attendance *(nón-attendans)* s. falta de asistencia.
non-commissioned *(officer)* s. *Mil.* suboficial.
non-conformist *(nón-conformist)* s. no conformista.
non-descript *(nón descript)* adj. indescripto.
nonentity *(nonéntiti)* s. nulidad.
nonplus *(nónplös)* s. perplejidad, estupefacción; tr. dejar perplejo.
nonsense *(nónsens)* s. necedad, disparate, tontería; **don't talk —**, no digas tonterías.
noodle *(núdl)* s. tallarín s. (fam.) simplón.
nook *(núc)* s. rincón.
noon *(nún)* s. mediodía.
noontide *(núntaid)* s. mediodía.
noose *(nús)* nudo corredizo; tr. lazar, entrampar.
nor *(nór)* conj. ni.
norm *(nórm)* s. norma.
normal *(nórmal)* adj. normal.
north *(nórz)* s. norte; adj. del norte. [nordeste.
north-east *(nórz-íst)* adj. y s.
northern *(nórdörn)* adj. norteño.
northener *(nordena)* adj. norteño. [trional.
northerly *(nozörli)* adj. septen-
north-west *(nórz-uést)* adj. y s. noroeste. [s. noruego.
Norwegian *(nouídchön)* adj. y
nose *(nóus)* s. nariz; (fig.) olfato; sagacidad; tr. oler.
nostalgia *(nostáldchia)* s. nostalgia. [la nariz.
nostril *(nóstril)* s. ventana de
not *(nót)* adv. no.
notable *(nóutabl)* adj. notable.
notary *(nóutari)* s. notario.
notation *(noutéischön)* s. anotación; apunte; notación.
notch *(nóch)* s. muesca, mella; tr. mellar. [notar, anotar.
note *(nóut)* s. nota; señal; tr.
notebook *(nóutbuc)* s. libreta, cuaderno. [moso.
noted *(nóuttit)* adj. notable, fa-
noteworthy *(nóutuördi)* adj. notable, digno de atención.
nothing *(nö'zing)* s. nada; **— else,** nada más; **good for —**, inútil.
notice *(nóutis)* s. aviso; anuncio; tr. notar, percibir, darse cuenta; **notice-board,** tablón de anuncios.
noticeable *(nóutisöbl)* adj. conspicuo; perceptible.
notify *(nótifai)* tr. notificar; advertir. [idea.
notion *(nóuschön)* s. noción;
notoriety *(notoráieti)* s. notoriedad, mala reputación [fama.
notorius *(notóriös)* adj. de mala
notwithstanding *(notuizstán-*

N

ding) adv. no obstante; prep. a pesar de.

N

nought *(nóot)* s. cero, nada.
noun *(noun)* s. nombre, sustantivo. [nutrir.
nourish *(nö'rich)* tr. alimentar,
nourishing *(nö'risching)* adj. nutritivo, alimenticio.
novel *(nével)* adj. novel; *Lit.* s. novela.
novelist *(nóvelist)* s. novelista.
novelty *(nóvelti)* s. novedad.
November *(novémbör)* s. noviembre.
novice *(nóvis)* s. novicio(a).
now *(náu)* adv. ahora, ya; — **and then,** de vez en cuando, de vez en vez; **till —,** hasta ahora; — **then!,** ¡vamos a ver! ¡vamos!
nowadays *(náuedeis)* adv. hoy (en) día. [guna parte.
nowhere *(nóuea)* adv. (en) nin-
noxious *(nócschös)* adj. nocivo; pernicioso.
nozzle *(nosel)* s. *Zool.* nariz; espita, boquera. [atómico.
nuclear *(niúclier)* adj. nuclear,
nucleus *(niúcleös)* s. núcleo.
nude *(niúd)* adj. desnudo.
nudity *(niúditi)* s. desnudez.
nudge *(nödch)* s. codazo; tr. dar con el codo.
nuisance *(niúsans)* s. estorbo, fastidio. [tr. anular.
null *(nö'l)* adj. nulo; inválido;
nullity *(nö'liti)* s. nulidad.
numb *(nö'm)* adj. entumecido; aterido; tr. entorpecer.
number *(nö'mbar)* s. número; tr. enumerar, contar; **even —,** número par; **old — s,** número impar.
numberless *(nö'mbörles)* adj. innumerable.
numeral *(niúmöral)* adj. numeral, numérico.
numerary *(niúmörari)* adj. numerario. [mérico.
numerical *(niumérical)* adj. nu-
numerous *(niúmörös)* adj. numeroso.
nun *(nö'n)* s. monja; religiosa.
nunnery *(nö'nöri)* s. convento de monjas.
nuptial *(nö'pschöl)* adj. nupcial; s. pl. **—s,** nupcias, bodas.
nurse *(nö'rs)* s. enfermera; niñera, **wet-nurse,** ama de cría, nodriza; tr. criar, cuidar (enfermos).
nursery *(nö'söri)* s. cuarto de los niños; plantel, guardería infantil; *Bot.* invernadero, criadero; — **rhymes,** rimas infantiles.
nurture *(nö'rcha)* s. crianza; (fig.) enfomentar; tr. criar.
nut *(nö't)* s. *Bot.* nuez. *Mech.* tuerca; (fam.) chiflado.
nutcracker *(nö'tcrakör)* s. cascanueces [cada.
nutmeg *(nötmeg)* s. nuez mos-
nutrition *(niutríschön)* s. nutrición. [tritivo.
nutritious *(niutríschös)* adj. nu-
nutshell *(nö'tchel)* s. cáscara de nuez; **in a —,** en suma, en breve, en pocas palabras.
nymph *(nimf)* s. ninfa.

O o

o *(o)* s. interj. ¡oh!
oak *(óuc)* s. roble. [remar.
oar *(óa)* s. *Mar.* remo; tr., intr.
oarsman *(oasman)* s. remero.
oasis *(óasis, oéisis)* s. oasis.
oat *(óut)* s. *Bot.* avena; — **flakes,** capas de avena.
oath *(óuz)* s. juramento; blasfemia.
obduracy *(óbdiurasi)* s. obstinación, turquedad.
obdurate *(óbdiureit)* adj. obstinado, turco.
obedience *(obídiens)* s. obediencia. [diente.
obedient *(obídient)* adj. obe-
obese *(obis)* adj. obeso, gordo.
obey *(obéi)* tr. obedecer.
obfuscate *(obfö'skeit)* tr. ofuscar. [ofuscación.
obfuscation *(obföskéischön)* s.
obituary *(obichuari)* s. óbito, fallecimiento.

object *(óbdchect)* s. objeto.
object *(obdchéct)* tr. objetar; intr. oponerse. [jección.
objection *(obdchécschön)* s. ob-
objective *(obdchéctiv)* adj. s. objetivo. [comprometer.
obligate *(ólbigueit)* tr. obligar;
obligation *(obligéischön)* s. obligación. [gatorio.
obligatory *(óbliguetori)* adj. obli-
oblige *(obláidch)* tr. complacer, hacer favor.
obliging *(obláidching)* adj. servicial, amable, atento.
oblique *(oblíc)* adj. oblicuo; sesgado; inclinado.
obliterate *(öblítöreit)* tr. borrar; arrasar, destruir.
oblivion *(oblíviön)* s. olvido; inconsciente. [dizo, abstraído.
oblivious *(oblíviös)* adj. olvida-
oblong *(oblong)* adj. *Geom.* rectangular; s. rectángulo.
obnoxious *(obnócschös)* adj. ofensivo, odioso.
obscene *(obsín)* adj. obsceno.
obscenity *(obséniti)* s. obscenidad, indecencia.
obscure *(obskiúa)* adj. obscuro; (fig.) difuso; tr. obscurecer. [quias, funerales.
obsequies *(óbsicuis)* s. pl. exe-
obsequious *(obsícuiös)* adj. obsequioso, complaciente.
observance *(obsö'rvans)* s. observancia.
observant *(obsö'rvant)* adj. observante; atento.
observation *(obsörvéischön)* s. observación.
observatory *(obsö'rvatori)* s. observatorio. [examinar.
observe *(obsö'rv)* intr. observar,
observer *(óbsö'var)* s. observador.
observing *(obsö'rving)* adj. atento, observador. [sionar.
obsess *(obsés)* tr. e intr. obse-
obsession *(obséschön)* s. obsesión. [do; desusado.
obsolete *(óbsolit)* adj. anticua-
obstacle *(óbstacl)* s. obstáculo; impedimento, trava.
obstetrics *(obstétrics)* s. obstetricia. [nación.
obstinacy *(óbstinasi)* s. obsti-
obstinate *(óbstineit)* adj. obstinado. [rebelde, ruidoso.
obstreperoos *(obstreperos)* adj.
obstruct *(obströ'ct)* tr. obstruir.
obstruction *(obströ'cschön)* s. obstrucción. [seguir, lograr.
obtain *(obtéin)* tr. obtener, con-
obtainable *(obtéinöbl)* adj. obtenible, asequible.
obtrude *(obtrúd)* tr. imponer, entremeterse. [botado.
obtuse *(obtiús)* adj. obtuso; em-
obviate *(óbvieit)* tr. obviar, evitar. [evidente.
obvious *(óbvias)* adj. obvio,
occasion *(okéichön)* s. ocasión, tr. ocasionar, causar.
occasional *(okéichönal)* adj. ocasional. [intr. ocultar.
occult *(okö'lt)* adj. aculto; tr.,
occupancy *(ókiupansi)* s. ocupación; trabajo, tenencia.
occupant *(ókiupant)* s. ocupante. [tomar posesión.
occupate *(ókiupeit)* tr. ocupar;
occupation *(okiupéischön)* s. ocupación, empleo, trabajo.
occupy *(ókiupai)* tr. ocupar, emplear. [der.
occur *(okö'r)* tr. ocurrir, suce-
occurrence *(okö'rens)* s. ocurrencia; incidente, suceso.
ocean *(óuschön)* s. océano; (fig.) inmensidad. [tava.
octave *(ócteiv)* s. [mús.] oc-
October *(óctóbar)* s. octubre.
octopus *(óctopös)* s. *Ict.* pulpo.
ocular *(ókiular)* adj. ocular.
oculist *(ókiulist)* s. oculista.
odd *(ód)* adj. *Aritm.* impar; extraño, raro; **forty odd,** cuarenta y pico.
oddity *(óditi)* s. rareza.
odds *(óds)* s. desigualdad; ventaja; **odds and ends,** retazos, trozos.
ode *(óud)* s. *Lit.* oda.
odious *(óudiös)* adj. odioso; detestable. [cia; perfume.
odour *(óuda)* s. olor; fragan-
of *(óv)* prep. de; (a, en, con, por, para); **of course,** naturalmente.
off *(óf)* adj. apagado; adv. part,

O

O

(con verbos) **be —!** ¡marcharse!; estar podrido; **be well —**, acomodado; **on and —**, con (las) interrupciones; prep. (con verbos indica separación); **blow,** derribar (de un soplo); (vulg.), pedearse; **knok,** derribar (de un golpe), etcétera. [delito.
offence *(oféns)* s. *Leg.* ofensa,
offend *(ofénd)* tr. ofender; intr. pecar, delinquir.
offender *(óféndar)* s. ofensor, delincuente. [ofensivo.
offensive *(ofénsiv)* ofensiva, adj.
offer *(ófar)* s. oferta; tr. ofrecer; intr. ofrecerse.
offering *(ófaring)* s. ofrenda, ofrecimiento. [provisado.
offhand *(ófjand)* adj. y adv. im-
office *(ófis)* s. oficina.
officer *(ófisar)* s. *Mil.* oficial, policía, **commissioned —,** oficial superior, (alferez); agente, empleado.
official *(ofíschal)* adj. oficial; s. funcionario.
officiate *(ofíschieit)* tr. oficiar.
officious *(ofíschös)* adj. oficioso.
offset *(ófset)* s. (com.) compensación; tr. componer.
off-shot *(of-shout)* s. *Bot.* ramal. [prole.
off-spring *(of-spring)* n. hijo,
off-side s. (tráf.) lado derecho, (por la derecha) (G. B.), lado irquierdo (por la izquierda) (E. U.); (dep.) fuera de juego. [linaje.
offspring *(ófspring)* s. vástago,
oft *(óft)* **often** *(ófn)* adv. frecuentemente, a menudo.
ogre *(óugar)* s. ogro, monstruo, gigante.
oil *(óil)* s. aceite; **— painting,** óleo. *Min.* petróleo; tr. lubri(fi)car, engrasar.
oil-cloth s. hule.
oil-skin *(óilskín)* s. impermeable. *Naut.* ropa de aguas.
oily *(óili)* adj. aceitoso.
oint *(óint)* tr. untar. [güento.
ointment *(óintment)* s. *Med.* un-
O. K. *(oukéi)* adj. bueno; convenido; adv. bien; **it's —** está bien; tr. aprobar, dar el visto bueno.
old *(óuld)* adj. viejo, anciano, antiguo; **— age,** vejez; **— maid,** solterona. [guo.
olden *(óuldön)* adj. viejo, anti-
old-fashioned adj. anticuado.
old-timer *(óuldtaimar)* s. veterano.
olive *(óliv)* s. *Bot.* aceituna.
olive-tree s. olivo. [piada.
olympiad *(olímpiad)* s. olim-
olympic *(olímpic)* adj. olímpico.
omelet *(ómelet)* s. tortilla; **french —,** tortilla de patatas, «paisana», etc. [sagio.
omen *(óumen)* s. agüero, pre-
omened *(óument)* adj. fatídico.
ominous *(óminös)* adj. siniestro; ominoso.
omission *(omischön)* s. omisión.
omit *(omít)* tr. omitir; excluir.
omnibus *(ómnibös)* s. ómnibus.
omnipotence *(omnípotens)* s. omnipotencia. [omnipotente.
omnipotent *(ómnípotent)* adj.
on *(ón)* prep. sobre, en, encima de; adv. encima; interj. **on foot,** a pie; **come on!,** ¡venga! ¡vamos! *Mech. y Elect.* encendido.
once *(úöns)* adv. una vez. en otro tiempo; **at once,** en seguida.
one *(uön)* adj. un; uno cierto, s. uno, pron. uno, **only —** el único; **anyone,** alguien; **noone,** nadie.
one-armed adj. manco.
oneself *(uónsélf)* pron. se, a si mismo. [dor, mirón.
onlooker *(ónlukar)* s. especta-
only *(óunli)* adj. único; solo; adv. solamente; conj. sólo que, pero.
onset *(ónset)* s. ataque.
onto *(óntu)* prep. a; sobre.
onward *(ónuard)* adv. adelante; adj. avanzado; **—(s),** hacia adelante.
ooze *(ús)* s. fango; limo; intr. exudar, rezumar.
opal *(óupal)* s. ópalo.
opaque *(oupéic)* adj. opaco.
open *(óupn)* adj. abierto; libre,

franco; s. **open-air,** aire libre; **in the open,** a cielo raso; tr. abrir.
opening *(óupening)* s. abertura.
openness *(óupennes)* s. franqueza.
opera *(ópöra)* s. ópera.
operate *(ópöreit)* intr. obrar; operar. [operación.
operation *(opöréischön)* s. *Med.*
operetta *(opörétö)* s. opereta, zarzuela.
opinion *(opíniön)* s. opinión.
opium *(óupiöm)* s. opio.
opponent *(opóunent)* s. adversario; antagonista. [tuno.
opportune *(oportiún)* adj. opor-
opportunity *(oportiúniti)* s. oportunidad. [oponerse.
oppose *(opóus)* tr. oponer; intr.
opposed *(opóusd)* adj. opuesto.
opposar *(opóusör)* s. opositor; antagonista. [te.
opposite *(óposit)* adj. de enfren-
opposition *(opösíschön)* s. oposición. [tiranizar.
oppress *(oprés)* tr. oprimir,
oppression *(opréschön)* s. opresión. [sivo.
oppressive *(oprésiv)* adj. opre-
oppressor *(öprésar)* s. opresor, tirano.
opt *(opt)* intr. optar.
optic(al) [*(óptic(al)*] adj. óptico.
optícian *(optíschan)* s. óptico.
optimism *(óptimism)* s. optimismo.
optimist *(óptimist)* s. optimista.
option *(ópschön)* s. opción.
optional *(ópschönal)* adj. discrecional, optativo. [cia.
opulence *(ópiulens)* s. opulen-
opulent *(ópiulönt)* adj. opulento.
or *(or)* con. o, u.
oracle *(óracl)* s. oráculo.
oral *(óural)* adj. oral.
orange *(órind***ch***)* s. naranja; **orange-grove,** naranjal.
orangeade *(órind***ch***éid)* s. naranjada. [discurso.
oration *(oréischön)* s. oración;
orator *(óratar)* s. orador.
oratory *(óratori)* s. oratorio.
orb *(órb)* s. orbe; esfera.
orbit *(órbit)* s. órbita.
orchard *(óochad)* s. huerto.
orchestra *(órkestra)* s. orquesta.
orchid *(orkid)* s. *Bot.* orquídea.
ordain *(ordéin)* tr. *Ecles.* ordenar, disponer; mandar.
ordeal *(ordíal, órdil)* s. ordalía; prueba dura.
order *(órdar)* s. orden; (com.) pedido; tr. ordenar, encargar. **in order to,** para, con objeto de; **out of order,** estropeado.
orderly *(órdörli)* adj. ordenado.
ordinance *(órdinans)* s. ordenanza, ley, reglamento. [rio.
ordinary *(órdineri)* adj. ordina-
ordinate *(órdinit)* adj. regular; ordenado.
ordnance *(órdnans)* s. artillería, cañones; — **factory,** fábrica de armas.
ore *(óör)* s. mineral; **iron** — mineral de hierro; — **carrier.** *Naut.* minerer (buque).
organ *(órgan)* s. órgano.
organic *(orgánic)* adj. orgánico.
organism *(órganism)* s. organismo.
organist *(órganist)* s. organista.
organization *(organiséischön)* s. organización.
organize *(órganais)* tr. organizar.
orgy *(órdyi)* s. orgía.
Orient *(órient)* s. oriente; adj. ariental; tr. e intr. orientar(se). [oriental.
Oriental *(ouriéntal)* s. y adj.
orientate *(órienteit)* tr. orientar.
orifice *(órifis)* s. orificio.
origin *(óridyein)* s. origen.
original *(oridyeinal)* adj. s. original. [ginalidad.
originality *(oridyeináliti)* s. ori-
oriole *(órioul)* s. oriol (pájaro).
ornament *(órnament)* s. orna(men)to, adorno atavío; tr. adornar. [adornar.
ornate *(órneit)* adj. ornado,
orphan *(órfan)* s. y adj. huérfano. [nato.
orphanage *(órfanidye)* s. orfa-
orthodox *(órzodocs)* adj. ortodoxo. [doxia.
orthodoxy *(órzodocsi)* s. orto-
oscillate *(ósileit)* intr. oscilar; vibrar. [lación.
oscillation *(osiléischön)* s. osci-

ostentation *(ostentéischön)* s. ostentación; fasto.
ostentatious *(ostentéischös)* adj. ostentoso, presuntuoso.
ostracism *(óstrasism)* s. ostracismo.
ostrich *(óstrich)* s. *Orn.* avestruz. [otro.
other *(ö'dar)* pron. otro; adj.
otherwise *(ö'daruais)* adv. de otro modo, de lo contrario.
ottar *(ötör)* s. nutria; piel de nutria.
ought *(ót)* intr. (def.) debiera.
ounce *(áuns)* s. onza. [tro.
our *(áur)* adj. (a, os, as), nues-
ours *(áurs)* pron. el nuestro, (a, os, as).
ourselves *(aursélvs)* pron. nos, nosotros mismos.
oust *(áust)* tr. desalojar.
out *(áut)* adv, fuera, afuera; interj. ¡fuera!
outbid *(autbíd)* tr. sobrepujar.
outbreak *(áutbreic)* s. erupción; *Med.* foco; ataque, arranque (de ira); motín, insurrección, tumulto; **at the — of he war** al estallar la guerra.
outburst *(áutböst)* s. (fig.) explosión; estallido; arranque (de pasión). [proscrito.
outcast *(áutcast)* adj. paria; s.
outcome *(áutcam)* s. resultado.
outcry *(áutcrai)* s. clamor;
outdo *(autdú)* tr. sobrepesar, sobrepujar.
outdoor *(áutdoa)* adj. externo.
outdoors *(autdóas)* adv. al aire libre. [rior.
outer *(áutar)* adj. más al exte-
outfit *(áufit)* s. equipo, ajuar.
outing *(áuting)* s. excursión, gira, caminata. [que.
outlast *(autlást)* tr. durar más
outlaw *(aútlo)* s. proscrito; tr. proscribir, forajido, fuera de la ley. [bolso.
outlay *(áutlei)* s. gasto, desem-
outlet *(aúlet)* s. *Mech.* salida, escape.
outline *(áutlain)* s. carbono; silueta; tr. perfilar.
outlive *(autlív)* tr. sobrevivir.
outlook *(aútluc)* s. aspecto, perspectiva.
outlying *(áutlaïng)* adj. distante, lejano. [mo.
outmost *(áutmoust)* adj. extre-
outnumber *(autnä'mbar)* tr. exceder en número.
out-of-date *(áutövdéit)* adj. pasado de moda, anticuado.
outpost *(áutpoust)* s. puesto avanzado. [producción total.
output *(áutput)* s. rendimiento;
outrage *(áutreidye)* s. ultraje; tr. ultrajar. [trajante, atroz.
outrageous *(autréidyas)* adj. ul-
outright *(áutrait)* adj. sincero; adv. en seguida, completamente.
outroot *(autrút)* tr. desarraigar.
outrun *(autrö'n)* tr. correr más que otro.
outset *(áutset)* s. principio; partida; tr. partir, salir.
outside *(aútsaid)* s. exterior; adv. (a)fuera; adj. exterior.
outshine *(autscháin)* tr. eclipsar, sobrepasar (en brillo o lucidez).
outsider *(autsáidör)* s. extraño, foráneo; persona de fuera.
outskirts *(áutskörts)* s. afueras.
outspoken *(autspóuken)* adj. franco, abierto. [der, alargar.
outspread *(autspréd)* tr. exten-
outstanding *(autstánding)* adj. sobresaliente; (com.) pendiente. [der.
outstretch *(autstréch)* tr. exten-
outward(s) *(áutuard)* adj. exterior; adv. fuera; hacia afuera. [rar, sobrepasar.
outweigh *(autuéi)* tr. preponde-
outwit *(autuít)* tr. chasquear, ser más listo.
outworn *(autuórn)* adj. gastado.
oval *(óuval)* s. óvalo; adj. oval; ovalado.
ovation *(ouvéischön)* s. ovación.
oven *(ö'vn)* s. horno.
over *(óuva)* prep, sobre, encima de; adv. al otro lado; **turn —**, ver al dorso; (pref.) demasiado; **over and over again; to be —**, una y otra vez.
overact *(ovöráct)* tr. exagerar.

overalls *(ovörols)* s. pl. mono.
overbalance *(ovobalans)* tr. perder el equilibrio.
overbearing *(ovörbéaring)* adj. arrogante, abrumador.
overboard *(ovörbord)* adv. *Mar.* al mar, por la borda, interj. **man overbord!**, ¡hombre al agua!
overburden *(ovarbö'rden)* tr. sobrecargar; s. sobrecarga.
overcast *(ovarcást)* intr. obscurecerse, nublarse; adj. nublado, encapotado.
overcharge *(ovarchard***ch***)* tr. sobrecargar; cobrar demasiado, s. (fam.) clavar.
overcoat *(ovarcout)* s. abrigo.
overcome *(ovarkö'm)* tr. superar; intr. sobreponerse, **to be — by,** (fig.) envolver.
overdo *(ovardu)* intr. exceder; tr. exagerar; **to — it** (fam.) trabajar excesivamente.
overdohe *(ovadon)* p. p. (coc.) pasado, demasiado hecho.
overdue *(ovardiú)* adj. *Com.* retrasado, vencido. [cesiva.
overdose *(ovados)* s. dosis ex-
overdraft *(ova-draft)* s. (com.) crédito, a descubierto.
overeat *(ovarít)* intr. hartarse, comer demasiado. [excitar.
overexcite *(ovaricsáit)* tr. sobre-
overflow *(ouvaflón)* tr. inundar, intr. desbordarse; s. inundación.
overgrown *(ovargroun)* adj. cubierto de hierbas; anormalmente crecido o desarrollado.
overgrowth *(ovargróuz)* s. vegetación exuberante.
overhang *(ovariáng)* v. colgar por encima de.
overhaul *(ovarjól)* tr. *Mec.* revisar; s. revisión.
overhead *(ovarjéd)* adv. encima.
overhear *(ovarjía)* tr. entreoír.
overheat *(ovarjít)* tr. e intr. recalentar(se). [por tierra.
overland *(óvarland)* adj. y adv.
overload *(óvarloud)* s. sobrecarga; tr. sobrecargar, recargar.
overlook *(ovarlúk)* tr. pasar por alto, dominar. [montar.
overlap *(ovalap)* tr. solapar,
overnight *(ovarnáit)* adv. de la noche a la mañana.
overpower *(ovarpáuar)* tr. predominar. [encima.
override *(avadiyd)* tr. pasar por
overrate *(ovaréit)* tr. sobreestimar. [maduro.
overripe *(óvaraip)* demasiado
overrun *(ovarö'n)* tr. invadir; plagar. [a ultramar.
oversea(s) [*óvarsi(s)*] adv. en,
oversee *(ovrsí)* tr. vigilar; inspeccionar.
overseer *(ova'rsia)* s. superintendente, capataz.
overshoe *(óvarschu)* s. chanclo; zapato de goma, caucho o hule. [tencia, omisión.
oversight *(óvarsait)* s. inadver-
overstate *(ovarstéit)* tr. exagerar. [tar; s. surtido.
overstock *(ovarstóc)* tr. abarro-
overtake *(ovartéik)* tr. (traf.) alcanzar, adelantar a.
overtax *(ovartács)* tr. sobrecargar de impuestos.
overthrow *(ovarzóu)* tr. derribar; derrocar; s. vuelco.
overtime *(ovatime)* s. horas suplementarias.
overture *(ovatua)* s. *Mus.* abertura; declaración.
overturn *(ovartörn)* s. vuelco, volcar. [peso.
overweight *(óvarueit)* s. sobre-
overwhelm *(ovauelm)* tr. agobiar, abrumar.
overwork *(ovauak)* intr. trabajar con exceso.
owe *(óu)* tr. deber, adeudar.
owing *(oúing)* adj. debido; **owing to,** debido a.
owl *(ául)* s. *Orn.* buho. [seer.
own *(óun)* adj. propio; tr. po-
owinet *(óunar)* s. dueño, propietario. [piedad.
ownership *(onarschip)* s. pro-
ox *(ocs)* buey. **oxen** s. pl. bueyes; **oxen-cart,** carro de bueyes.
exide *(ócside)* s. óxido.
oxygen *(ócsid***ch***en)* s. oxígeno.
oyster *(óistar)* s. ostra.

p

pace *(péis)* s. paso; tr. medir a pasos; (fig.) velocidad.
pacemaker *(paismaika)* s. marca-pasos; el que marca el tren.
pacific *(pasífic)* adj. pacífico.
pacification *(pasifikéischón)* s. pacificación. [mar.
pacify *(pásifai)* tr. pacificar, cal-
pack *(pac)* s. baraja de naipes, manad; tr. embalar; intr. hacer el equipaje.
package *(pákid***ch***)* s. fardo; embalaje, paquete.
packed adj. repleto, abarrotado.
packet *(páket)* s. paquete; **to make a —,** hacer un montón; **cigarette —,** cajetilla.
packing *(páking)* s. embalaje.
pact *(pact)* s. pacto.
pad *(pád)* s. almohadilla bloc. de papel; bloque tr. almohadillar, regerar; **launching-pad,** (clero-esp.) rampa de lanzamiento. [(fig.) paja.
padding *(páding)* s. relleno;
paddle *(pádl)* s. canalete; paleta (de hélice); tr. chapotear; **pudding pool,** piscina infantil.
padlock *(pádloc)* s. candado; tr. cerrar.
pagan *(péigan)* s. adj. pagano.
paganism *(péiganism)* s. paganismo. [paje; mensajero.
page *(péid***ch***)* s. página; plana;
pageant *(padyentri)* s. espectáculo; trofeo, pompa.
pageantry *(pád***ch***öntri)* s. fausto.
paid *(payd)* adj. pagado.
pail *(péil)* s. cubo.
pain *(péin)* s. dolor; pena; **to feel pain,** sentir dolor; **to have a —,** tener dolor; **to take pains,** esmerarse, afanarse.
painful *(péinful)* adj. doloroso.
painless *(péinlis)* adj. sin dolor; libre de dolor, insensible.
painstaking *(péinsteiking)* adj. laborioso, cuidadoso.
paint *(péint)* s. pintura; color, colorete; tr. pintar; intr. pintarse. [cel; brocha.
paint-brush *(péint-brösch)* s. pin-
painter *(péintar)* s. pintor.
painting *(peinting)* s. pintura, (cuadro).
pair *(péa)* s. par; pareja; tr., intr. aparear(se). [jama.
pajamas *(padymas)* s. pl. pi-
pal *(pal)* s. (fam.) camarada; amigo, compinche.
palace *(páles)* s. palacio. [so.
palatable adj. sabroso, apetito-
palate *(pálet)* s. paladar.
pale *(péil)* s., adj. pálido; **— light,** luz mortecina. s. palizada; **to grow pale,** palidecer.
paleness *(péilnes)* s. palidez.
palette *(pálet)* s. *Pint.* paleta.
palisade *(paliséid)* s. (em)palizada, estacada.
pall *(pol)* tr. paño mortuorio, manto, tr. *Eccl.* palio; (fig.) hartar. [sar; mitigar.
palliate *(pélieit)* tr. paliar; excu-
pallid *(pálid)* adj. pálido.
pallar *(pálör)* s. palidez.
palm *(pám)* s. *Bot.* palma, palmera; tr. echar las culpas; (fam.) cargarle a uno; **Palm Sunday,** Domingo de Ramos.
palpable *(pálpabl)* adj. palpable.
palpitate *(pálpiteit)* intr. palpitar. [palpitación.
palpitation *(palpitéischön)* s.
palsy *(pólsi)* s. parálisis; tr. paralizar.
paltry *(póltri)* adj. mezquino, miserable. [mimar.
pamper *(pámpar)* tr. acariciar;
pamphlet *(pámflet)* s. libelo, panfleto, folleto.
pan *(pán)* s. cacerola, cazo, cazuela; **frying pan** s. sartén.
Pan-American *(pan-ömérikön)* adj. pan-americano. [harina.
pancake *(pánkeik)* s. tortita de
panda *(pánda)* s. panda.
pander *(pándör)* s. alcahuete, encubridor; tr. alcahuetear.
pane *(péin)* s. cristal, cuadrado.
panel *(pánel)* s. cuadro, tablero; *Med.* registro; jurado.
panegyric *(panid***ch***iric)* s. y adj. panegírico.

pang *(páng)* s. angustia, dolor; tr. atormentar.
panic *(pánic)* adj. y s. pánico.
panorama *(panoráma)* s. panorama. [intr. jadear.
pant *(pánt)* s. jadear, resuello;
pantechnicon *(pantéknikon)* s. camión de mudanzas.
pantheism *(pánzeism)* s. panteísmo.
pantheist *(pánzeist)* s. panteísta.
panther *(pánzar)* s. *Zool.* pantera.
panting *(pánting)* s. jadeo, palpitación; adj. jadeante.
pantomime *(pántomaim)* s. pantomina.
pantry *(pántri)* s. despensa.
pants *(pants)* s. pantalones.
papa *(pöpá)* s. papá.
papacy *(péipasi)* s. papado.
papal *(péipal)* adj. papal.
paper *(péipa)* s. papel; periódico. [papelera.
paper-basket *(peipa-basket)* s.
paper-clip *(peipa-clip)* s. sujetapapeles, clip. [empapelador.
paper-hanger *(peipa-hanga)* s.
paper-knife *(peipa-nif)* s. abre cartas.
paper-mill *(peipa-mill)* s. fábrica de papel. [sapapeles.
paper-weight *(peipa-weit)* s. pi-
paprika *(páprikö)* s. pimentón.
par *(pár)* s. (Econ.), paridad, par.
parable *(párabl)* s. parábola.
parabola *(parábola)* s. *Geom.* parábola.
parachute *(páraschut)* s. paracaídas; tr., intr. lanzar(se) en paracaídas. [racaidista.
parachutist *(páraschutist)* s. pa-
parade *(paréid)* s. parada, desfile, cabalgata; intr. desfilar.
paradise *(páradais)* s. paraíso.
paradox *(páradoc)* s. paradoja.
paraffin *(päröfin)* s. parafina, keroseno.
paragon *(páragon)* s. dechado, modelo; **without —**, sin igual.
paragraph *(páragraf)* s. párrafo.
Paraguayan *(parögüáyön)* adj. y s. paraguayo.
parallel *(páralel)* s. paralelo; cotejo; adj. paralelo; conforme; tr. cotejar, corresponder a. [ralizar.
paralyse *(páralais)* tr. *Med.* pa-
paralysis *(parálisis)* s. *Med.* parálisis.
paralyse *(párölais)* tr. paralizar.
paramount *(páramaunt)* adj. supremo; superior.
parapet *(párapet)* s. *Mil.* (cons.) pretil, parapeto; intr. parapetarse.
paraphrase *(párafreis)* s. paráfrasis; tr. parafrasear.
parasite *(páraseit)* s. parásito; gorrón. [sito.
parasitic *(parasític)* adj. pará-
parasol *(párasol)* s. parasol, sombrilla.
paratroops *(páratrups)* s. pl. tropas paracaidistas.
parcel *(pársel)* s. paquete, bulto; tr. **parcel out,** repartir; **— up,** empaquetar.
parch *(páach)* tr. tostar; resecarse; intr. tostarse.
parchment *(páachmönt)* s. pergamino.
pardon *(párdn)* s. perdón; indulto; tr. perdonar; **—?**, ¿cómo dice Vd.? [mondar.
pare *(péar)* tr. pelar; recortar;
parent *(pérent)* s. padre, madre; s. pl. padres.
parenthesis *(parénzisis)* (pl. **parentheses**) s. paréntesis.
parish *(párisch)* s. parroquia; adj. parroquial; **parish prist,** párroco. [ligrés.
parishioner *(parischönar)* s. fe-
park *(páak)* s. parque; coto; tr. cercar; aparcar; **parking lot, place,** zona de aparcamiento.
parley *(párli)* s. conferencia; parlamento; tr. parlamentar.
parliament *(páalement)* s. parlamento, congreso.
parliamentary *(paaleméntari)* adj. parlamentario.
parlo(u)r *(párlör)* s. salón, sala.
parochial *(parokial)* adj. parroquial; (fig.) provinciano.
parody *(párodi)* s. parodia; tr. parodiar.
parole *(paról)* s. (Leg.) palabra

de honor; **on parole,** bajo palabra. [xismo.
paroxysm *(párocsism)* s. paro-
parricide *(párisaid)* s. parricida; parricidio.
P
parrot *(páröt)* s. loro.
parry *(péri)* tr. parar, quitar o reparar (un golpe); s. quite.
parsimonius *(parsimóniös)* adj. frugal; parco; tacaño.
parsimony *(pársimoni)* s. frugalidad extrema; parquedad, tacañería.
parsley *(páasli)* s. perejil.
parsnip *(pásnip)* s. chirivía (legumbre).
parson *(páasn)* s. párroco, cura. rarse; (mec.) **spare —,** repuestos.
part *(páat)* s. parte; porción; papel (teatral), paraje; tr. partir, separar; intr. separarse. [participar.
partake *(patéik)* tr. tomar parte,
partial *(párschal)* adj. parcial; **— to,** partidario de. [lidad.
partiality *(parschiáliti)* s. parcia-
parcially *(paschiali)* adv. parcialmente; en parte.
participate *(partísipeit)* intr. participar, tomar parte.
participation *(partisipéischön)* s. participación.
participle *(pátisipl)* s. participio.
particle *(párticl)* s. partícula.
particular *(patíkiular)* adj. particular; s. pl. datos, detalles.
parting *(párting)* s. separación, despedida; raya (del cabello). [rio.
partisan *(páatisan)* s. partida-
partition *(partíschön)* s. partición; tabique.
partly *(páatli)* adv. en parte.
partner *(páatna)* s. socio, pareja, compañero.
partnership *(pátuörschip)* s. sociedad, compañía.
partridge *(páatridye)* s. perdiz.
party *(páati)* s. (Polít.) partido; fiesta, celebración.
pass *(pás)* tr. pasar; aprobar un examen; intr. pasar; s. pase, permiso; puerto, paso (de montaña); **pass away,** morir.
passable *(pásabl)* adj. pasable, transitable; pasadero.
passage *(pásid***ch***)* s. (Lit.) pasaje; pasadizo, pasillo, transporte. [jero.
passenger *(pásind***ch***ar)* s. pasa-
passer-by *(pásar-bai)* s. transeúnte. [transitorio.
passing *(pásin)* adj. pasajero,
passion *(páschön)* s. pasión; **passion-flower** s. *Bot.* pasionaria. [sionado.
passionate *(páschonet)* adj. apa-
passive *(pásiv)* adj. pasivo, tranquilo, calmoso.
passivity *(pasíviti)* s. pasividad.
passport *(páaspoot)* s. pasaporte.
password *(pásuörd)* s. consigna, contraseña, santo y seña.
past *(pást)* adj. pasado; último; s. (el) pasado; *Gram.* pretérito; prep. más allá de; **walk —,** pasar de largo.
paste *(péist)* s. engrudo; **tooth —,** pasta de los clientes; pasta; tr. empastar, pegar.
pasteboard *(péist boad)* s. cartón. [rizar (o pasteurizar).
pasteurize *(pástörais)* tr. paste-
pastime *(pástaim)* s. pasatiempo; recreación. [go, cura.
pastor *(pástör)* s. pastor, cléri-
pastoral *(pástöral)* adj. pastoril; pastoral. [hojaldrada.
pastry *(péistri)* s. masa; **puff —,**
pasture *(pás-cha)* s. pasto; **— land,** pastizal, dehesa; intr. pastar.
pat *(pát)* s. golpecito; pastilla; adj. conveniente, cómodo; adv. a propósito; tr. acariciar, dar golpecitos.
patch *(pách)* s. remiendo tr. remendar; *Agric.* parcela.
patchy *(pechi)* adj. menchado; (bol) motecelo, descolorido; **not a — on,** no tiene comparación con.
pate *(peit)* o coloq. cabeza; **a bald pate** s. calva.
patent *(péitent)* adj. patente; s.

patente; tr. patentar; **patent leather** s. charol. [nal.
paternal *(patö'rnal)* adj. pater-
paternity *(pátö'rniti)* s. paternidad.
path *(páz)* s. senda, sendero.
pathetic *(pazetic)* adj. patético.
pathological *(pazolód***ch***ical)* adj. patológico. [logía.
pathology *(pazólod***ch***i)* s. pato-
pathos *(péizös)* s. sentimento, te; s. paciente. [reda, vía.
pathway *(pázuei)* s. senda, ve-
patience *(péischens)* s. paciencia; resignación.
patient *(péischent)* adj. paciente; s. paciente, enfermo.
patriarch *(péitriac)* s. patriarca.
patrimony *(pétrimoni)* s. patrimonio.
patriot *(péitriot)* s. patriota.
patriotic *(péitriótic)* adj. patriótico. [tismo.
patriotism *(péitriótism)* s. patrio-
patrol *(patróul)* s. patrulla; intr. patrullar. [tector, cliente.
patron *(péitrön)* s. patrón; pro-
patronage *(péitroneid***ch***)* s. patrocinio. [protectora.
patroness *(péitrönis)* s. patrona,
patronize *(péitronais)* tr. patrocinar, proteger.
patter *(pátna)* tr. golpetear ligeramente; tamborilea, charlar; s. golpeteo; charla.
pattern *(pátön)* s. patrón; modelo; tr. modelar, diseño, dibujo. [rriga.
paunch *(ponsch)* s. panza, ba-
pauper *(paape)* s. pobre, indigente. [intr. parar.
pause *(pós)* s. pausa; intervalo;
pave *(péiv)* tr. pavimentar; **to — the way to,** abrir camino.
pavement *(péviment)* s. acera.
paving *(paiving)* s. pavimento.
pavilion *(pavililiön)* s. pabellón.
paw *(póo)* s. zarpa, pata; tr. dar zarpazos.
pawn *(pón)* s. (ajedrez) peón; empeño; tr. empeñar.
pawnbroker *(pónbroulr)* s. prestamista.
pay *(péi)* s. paga; sueldo; [**paid; paid**] tr. pagar; **pay back** reembolsar devolver; **pay cash** pagar al contado; **pay a visit** hacer una visita; — **attention,** prestar atención.
payable *(péiabl)* adj. pagadero.
payment *(péiment)* s. pago.
pea *(pí)* s. guisante; **chick —** garbanzo. [lencio!
peace *(piis)* s. paz; interj. ¡si-
peaceable *(pisöbl)* adj. pacífico, tranquilo.
peaceful *(pilisful)* adj. tranquilo, pacífico. [ficador.
peacemaker *(piismeikr)* s. paci-
peach *(pich)* s. *Bot.* melocotón; tr. delatar; (fam.) bombón.
peacock *(picoc)* s. pavo real.
peak *(pík)* s. *Geol.* pico.
peal *(pil)* s. repique (de campanas); tr. repicar (las campanas). [maní.
peanut *(pinöt)* s. cacahuete,
pear *(péa)* s. pera.
pear-tree s. peral.
pearl *(pööl)* s. perla.
pearly *(pö'li)* adj. perlino; nacarado; aperlado. [paleto.
peasant *(pésant)* s. campesino,
peasantry *(pésantri)* s. aldeano, gente del campo.
pebble *(pébl)* s. guijarro.
peat *(peit)* s. turba (Min.); **peat-bog,** turbera.
peck *(péc)* s. picotazo; tr. pic(o-te)ar; **hen-peck,** dominado por la mujer.
peculiar *(pikiúlia)* adj. peculiar; (fam.) raro. [culiaridad.
peculiarity *(pikiuliáriti)* s. pe-
pecuniary *(pekiúniari)* adj. pecunario; monetario. [gogo.
pedagogue *(pédagog)* s. peda-
pedagogy *(pédagodyi)* s. pedagogía. [pedalear.
pedal *(pidal)* s. pedal; **tr.** e **intr.**
pedant *(pédant)* s. pedante.
pedantic *(pedántic)* adj. pedantesco. [ría.
pedantry *(pédantri)* s. pedante-
peddle *(pedl)* tr. vender por las calles.
peddler *(pédlar)* s. buhonero, vendedor ambulante.
pedestal *(pédistl)* s. pedestal; peana.

P

P

pedestrian *(pedéstrian)* s. peatón; adj. pedestre; — **clossing,** paso de peatones.
pedigree *(pédigri)* s. genealogía, linaje, de raza.
pedlar *(pédlör)* s. vendedor ambulante.
peek *(pic)* tr. picar, picotear; (fig.) regañar.
peel *(píil)* s. corteza; piel; tr. pelar, mondar.
peeling *(píiling)* s. mondadura.
peep *(píp)* s. ojeada, atisbo; tr. atisbar, asomar.
peer *(pía)* s. par; igual, noble. — **at;** intr. escudriñar.
peerage *(píri*d**ch***)* s. la grandeza, nobleza. [rable.
peerless *(pírles)* adj. incompa-
peevish *(pívisch)* adj. quisquilloso, regañón, malhumorado.
peg *(pég)* s. pinza; clavija (mús.); colgador; — **leg,** pata de palo.
pellet *(pélit)* s. pelotilla; píldora; bola, perdigón.
pell-mell *(pél-mél)* adj. confuso, tumultuoso; adv. a trochemoche, atropelladamente, en tumulto. [tr. golpear.
pelt *(pelt)* s. zalea, cuero; piel;
pen *(pén)* s. pluma (de escribir; corral; **hen —,** gallinero; tr. escribir; encerrar.
penal *(pínal)* adj. penal. [tigo.
penalty *(pénalti)* s. pena; cas-
penance *(pénans)* s. penitencia.
pence *(péns)* s. pl. peniques.
pencil *(pénsil)* s. lápiz; — **case,** estuche, plumier.
pendulum *(péndiulöm)* s. péndulo. [te.
pending *(pénding)* adj. pendien-
penetrable *(pénetrabl)* adj. penetrable. [penetrar.
penetrate *(pénetreit)* tr. e intr.
penetration *(penetéischön)* s. penetración, agudeza.
penguin *(pénguin)* s. pingüino.
peninsula *(penínsiula)* s. península. [ninsular.
peninsular *(penínsiulör)* adj. pe-
penis *(pínis)* s. *Anat.* pene.
penitence *(pénitens)* s. penitencia.
penitent *(pénitent)* s. penitente.
penitentiary *(peniténschari)* s. penitenciaría; adj. penitenciario.
penknife s. navaja.
penmanship *(pénmanschip)* s. escritura, caligrafía.
pennant *(pénöut)* s. banderín; *Náut.* gallardete.
penniless *(péniles)* adj. sin dinero, pelado, sin blanca.
penny *(péni)* s. penique.
pension *(pénschön)* s. pensión, retiro, subvención; tr. pensionar.
pensionary *(pénschöneri)* adj. pensionado; s. pensionista.
pensioner *(pénschoner)* s. pensionista, pensionado, retirado. [melancólico.
pensive *(pénsiv)* adj. pensativo,
pent *(pent)* adj. encerrado; acorralado; — **up emotions,** sentimientos reprimidos; — **house,** piso azotea. [pentágono.
pentagon *(péntagon)* s. *Geom.*
people *(pípl)* s. gente, pueblo; tr. poblar; — **say,** se dice.
pep *(pep)* s. (U. S. A. fam.) vigor, ánimo, brío; tr. — **up,** dar ánimo.
pepper *(pépar)* s. pimienta.
peppermint *(pépamint)* s. menta; pastilla o bombón de menta. [por ciento.
per *(pör)* prep. por, **per cent,**
perambulate *(pörámbiuleit)* tr. deambular.
perambulator *(pörámbiuleitar)* *Gram.* s. coche de niño.
perceivable *(pörsívabl)* adj. perceptible.
perceive *(pörsív)* tr. percibir.
percentage *(persö̈ntidch)* s. porcentaje. [ceptible.
perceptible *(pöseptibl)* adj. per-
perception *(pörsépschön)* s. percepción. [ceptivo.
perceptive *(pörséptiv)* adj. per-
perch *(pö̈rch)* s. *Ictiol.* perca; intr. pasarse, encaramarse (Aves).
perchance *(pöcháus)* adv. por

ventura, acaso, **quizás**, tal vez.
percolate *(pör'coleit)* **tr.** colar, filtrar; intr. filtrarse.
percolator *(pör'coleitar)* s. colador; filtro.
percusion *(percáshon)* s. percusión (músic.). [ción.
perdition *(pödíschön)* s. perdi-
peremptory *(péremtori)* **adj.** perentorio, absoluto.
perennial *(pörénial)* adj. *Bot.* perenne; permanente.
perfect *(pör'fect)* adj. perfecto; tr. perfeccionar.
perfection *(pörfécschön)* s. perfección. [fido.
perfidious *(pörfídiös)* adj. pér-
perfidiousness *(porfídiösnes)* s. perfidia.
perfidy *(pö'fidi)* s. perfidia.
perforate *(pör'foreit)* tr. perforar; horadar. [perforación.
perforation *(pörforéischön)* s.
perforator *(pö'rforeitar)* s. perforador, barrena.
perform *(pörfórm)* tr. actuar; *Teat.* representar.
performance *(pörfórmans)* s. actuación; rendimiento.
performer *(peefóoma)* s. *Teat.* actuante; ejecutor.
perfume *(pö'rfium)* s. perfume; tr. perfumar. [fumería.
perfumery *(pöfiúmöri)* s. per-
perfunctory *(pörfö'nctori)* adj. superficial. [tal vez.
perhaps *(pöjáps)* adv. **quizá(s)**,
peril *(péril)* s. peligro.
perilous *(péritös)* adj. peligroso, arriesgado.
perimeter *(pörímitar)* s. perímetro; (med.) regla.
period *(píriöd)* s. período; punto final. [dico.
periodic *(piöriódic)* adj. perió-
periodical *(piriódical)* **adj. y s.** periódico; regular; pl. (Imp.) revistas.
periphrase *(périfreis)* s. perífrasis; tr. perifrasear. [copio.
periscope *(périscoup)* s. peris-
perish *(périsch)* intr. perecer; fenecer. [recedero.
perishable *(périschöbl)* adj. pe-
perjure *(pedya)* tr. perjurar.
perjury *(pedyari)* s. perjurio.
permanence *(pemanence)* s. permanencia.
permanent *(pemanent)* adj. permanente, estable.
permeable *(per'meabl)* adj. permeable, penetrable.
permeate *(per'miet)* tr. penetrar, calar. [permisible.
permissible *(permísibl)* adj.
permission *(permíschön)* s. permiso, licencia.
permissive adj. permisivo, licencioso, libertino.
permit *(per'mit)* s. permiso, licencia, pase; *(pérmit)* tr. permitir. [nicioso, funesto.
pernicious *(perníschös)* adj. per-
perpendicular *(perpendíkiular)* adj. y s. perpendicular.
perpetrate *(pe'pitreeit)* tr. perpetrar, cometer.
perpetration *(perpitrashon)* s. perpetración. [petuo.
perpetual *(perpétiual)* adj. per-
perpetuate *(perpétiueit)* tr. perpetuar. [tr. confundir.
perplex *(perplécs)* adj. perplejo;
perplexed *(peplékst)* adj. perplejo, confuso.
perquisite *(pe'rcuisit)* s. percance;pl. gaje; propina.
perplexity *(perplesiti)* s. perplejidad. [guir, acosar.
persecute *(pe'rsikiut)* tr. perse-
persecution *(persikiúscön)* s. persecución, acosamiento.
persecutor *(pesikiútör)* s. perseguidor.
perseverance *(persevírans)* s. perseverancia. [severar.
persevere *(persevía)* intr. per-
persist *(pérsis)* intr. persistir; insistir; **— in,** empeñarse en.
persistence *(persístens)* s. persistencia, porfía.
persistent *(pesístent)* adj. persistente; porfiado.
person *(péesön)* s. individuo, sujeto; **— person,** personalmente, en persona.
personage *(pe'söneid***ch***)* s. personaje. [nal.
personal *(pe'rsönal)* adj. perso-

P

P

personality *(persönáliti)* s. personalidad, carácter.
personalize *(pe'rsönalais)* tr. personalizar. [nificar.
personify *(pesónifai)* tr. perso-
personnel *(personel)* s. personal; — **officer,** jefe de personal.
perspective *(perspéctiv)* s. perspectiva; adj. perspectivo.
perspicacious *(perspikéischös)* adj. perspicaz.
perspiration *(perspiréischön)* s. transpiración; sudor.
perspire *(perspáia)* intr. transpirar; sudar.
persuade *(persuéid)* tr. persuadir, convencer. [persuasión.
persuasion *(persuéischön)* s.
persuasive *(persuéisiv)* adj. persuasivo, convincente.
pert *(pe'rt)* adj. listo, vivo, fresco. [cer; incumbir.
pertain *(pertéin)* intr. pertene-
pertaining *(pertaaning)* adj. perteneciente a. [pertinaz.
pertinacious *(partinéischös)* adj.
pertinent *(pe'rtinent)* adj. pertinente; a propósito.
pertness *(pertnes)* s. vivacidad; (fam.) frescura.
perturb *(pertö'rb)* tr. perturbar.
perturbation *(pertörbeischön)* s. perturbación. [cuidado.
peruse *(perús)* intr. leer con
Peruvian *(perúvyön)* adj. y s. peruano. [impregnar.
pervade *(pervéid)* tr. penetrar,
perverse *(perve'rs)* adj. perverso. [versión.
perversion *(perveschön)* s. per-
pervisity *(pervesiti)* s. perversidad.
pervert *(perver't)* s. pervertido; tr. pervertir, depravar.
pessimism *(pésimism)* s. pesimismo. [mista.
pessimist *(pésimist)* s. pesi-
pest *(pést)* s. peste, plaga; (fam.) pesado. [portunar.
pester *(péstar)* tr. molestar, im-
pestilence *(péstilens)* s. pestilencia; peste. [lente.
pestilent *(péstilent)* adj. pesti-
pet *(pét)* s. (animal) favorito; tr. mimar, acariciar.
petal *(petl)* s. pétalo.
petition *(petischön)* s. petición; tr. suplicar.
petrol *(pétrol)* (G. B.) s.; (E. U.) gasolina; **Petrol Station,** gasolinera, bencina. [tróleo.
petroleum *(pitróuliam)* s. pe-
petticoat *(péticout)* s. enaguas.
pettiness *(pétines)* s. pequeñez; mezquindad.
petty *(peti)* adj. pequeño; **petty larceny,** ratería; (Náut.) **petty officer,** s. suboficial.
pew *(piu)* s. banco de iglesia.
phantom *(fántöm)* s. fantasma.
pharmacist *(fámösist)* s. farmacéutico, boticario.
pharmacy *(fármasi)* s. farmacia; botica.
phase *(féis)* s. fase.
pheasant *(fésant)* s. faisán.
phenomenal *(fenómenal)* adj. fenomenal.
phenomenon *(fenómenon)* s. fenómeno. [filántropo.
philanthropist *(filánzropist)* s.
philanthropy *(filánzropi)* s. filantropía. [filarmónico.
philharmonic *(filjarmónic)* adj.
philological *(filölódchiköl)* adj. filológico. [logo.
philologist *(filölódchist)* s. filó-
philology *(filólodchi)* s. filología. [sofo.
philosopher *(filósofar)* s. filó-
philosophical *(filösófikal)* adj. filosófico. [sofar.
philosophize *(filósofais)* tr. filo-
philosophy *(filósofi)* s. filosofía.
phlegm *(flém)* s. flema, cachaza. [mático, cachazudo.
phlegmatic *(flegmátic)* adj. fle-
phlegmon *(flégmön)* s. flemón.
phone *(foun)* s. teléfono; tr. telefonear; — **book,** guía telefónica.
phonetic *(fonétic)* adj. fonético.
phonetics *(fonétics)* s. fonética.
phonograph *(fonograf)* s. fonógrafo. [(agric.) fosfatar.
phosphate *(fosfeit)* s. fosfato;
phosphorus *(fósforös)* s. fósforo.

photograph *(fóutograf)* s. fotografía, retrato. [tógrafo.
photographer *(fotógrafar)* s. fo-
photography *(fotógrafi)* s. fotografía; (arte de la).
phrase *(fréis)* s. frase; **to —**, tr. frasear. [te; tr. purgar.
physic *(físics)* s. purga, purgan-
physical *(físical)* adj. físico.
physician *(fisíschön)*. s. médico.
physist *(físisist)* s. físico.
physics *(físics)* s. pl. física.
physiology *(fisiólodchi)* s. *Med.* fisiología.
physique *(físic)* s. *Anat.* físico.
pianist *(piánist)* s. pianista.
piano *(piánou)* s. piano; **grand piano** s. piano de cola.
picaresque *(picareski)* adj. picaresco.
pick *(pík)* s. pico; lo escogido; tr. picar, escoger; intr. picar; **— out,** seleccionar; **— up,** recoger. [escogida; recogedor.
picker*(pika)* s. seleccionada,
picket *(picét)* s. piquete; tr. estar de guardia.
picking *(piking)* s. cosecha, recogida, recolección.
pickle *(pikl)* s. adobo; **in a —,** en apuros; tr. adobar, poner en vinagre; escabeche; tr. escabechar. [carterista.
pickpocket *(pikpoket)* s. ratero,
picnic *(píknic)* s jira; merienda campestre; intr. ir de romería.
pictorial *(pictóurial)* adj. pictórico; gráfico.
picture *(píkcha)* s. pintura, grabado, ilustración, retrato; tr. pintar, imaginar; **— card,** cromo; **— gallery,** galería de arte. [pintoresco.
picturesque *(píkcharesk)* adj.
pie *(pái)* s. empanada; tarta; *Orn.* urraca.
piece *(pís)* s. trozo, pedazo; **piece of advice** s. consejo; **piece of furniture** s. mueble; **piece of news** s. noticia.
piecemeal *(písmil)* adv. en pedacitos. [espigón.
pier *(píia)* s. muelle, malecón,
pierce *(píes)* tr. penetrar; conmover, agujerear. [te.
piercing *(piasing)* adj. penetran-
piety *(páieti)* s. piedad.
pig *(píg)* s. cerdo; **guinea-pig,** cobayo.
pigeon *(pídchön)* s. *Orn.* pichón; palomo(a); (fam.) incauto; **pigeon-hole** casilla.
pigment *(pígment)* s. pigmento.
pigmy *(pígmi)* s. pigmeo.
pike *(páik)* s. pica, lanza.
pile *(páil)* s. montón, pila; estaca; tr. apilar, amontonar.
piles *(páils)* s. (med.) almorranas. [hurtar, sisar.
pilfer *(pílfar)* tr. e intr. ratear;
pilferer *(pilfara)* s. ratero, sisón. [intr. peregrinar.
pilgrim *(pílgrim)* s. peregrino;
pilgrimage *(pílgrimeidch)* s. peregrinación.
pill *(píl)* s. píldora.
pillage *(piledch)* s. pillaje; tr. pillar, saquear.
pillar *(pila)* s. pilar, columna.
pillory *(pílari)* s. picota.
pillow *(pílou)* s. almohada; cojín. [de almohada.
pillowcase *(piloukéis)* s. funda
pilot *(páilöt)* s. (Náut. y Aviac.) piloto; práctico; tr. pilotar, guiar.
pimple *(pímpl)* s. grano.
pin *(pín)* s. alfiler; (mec.) pasador, clavija; **safety —** s. alfiler imperdible; **pin up** tr. sujetar, con alfileres. [cates.
pincers *(pínsör)* s. pinzas; ali-
pinch *(pinch)* s. pellizco, robar (fam.); tr. pellizcar.
pine *(páin)* s. pino; **to — for,** anhelar, desear.
pineapple *(páinepl)* s. piña tropical, ananá.
pink *(pínk)* s. *Bot.* clavel; adj. rosa; **in the —,** sana salud.
pinnacle *(pínacl)* s. pináculo, cima.
pint *(páint)* s. pinta (medida para líquidos equivalente a ½ litro).
pioneer *(paienía)* s. pionero; explorado; tr. explorar.
pious *(páiös)* adj. pío, piadoso.

P

pip *(pip)* s. *Bot.* pepita; (Rad.) señal.
pipe *(páip)* s. tubo cañería, conducto; pipa tr. (Músic.) gaita; instalar tubería, canalizar. [tero.
piper *(páipar)* s. flautista; gai-
pipe-line *(páiplain)* s. oleoducto.
piping *(páiping)* s. cañería, tubería; cordoncillo; — **hot,** hirviendo, del horno.
pippin *(pípin)* s. camuesa.
piquancy *(píkansi)* s. picante; acrimonia.
piquant *(píkant)* adj. picante.
pique *(píc)* s. rencilla; tr., intr. picar(se).
piracy *(páiraci)* s. piratería.
pirate *(páirat)* s. y adj. pirata; tr. piratear.
pistol *(pístöl)* s. pistola. [lo.
piston *(pístön)* s. pistón, émbo-
pit *(pit)* s. foso; hoyo; mina; patio del teatro; **arm —,** sobaco.
pitfall *(pitfol)* s. (fig.) dificultades, trampa, jarra.
pitch *(pích)* s. pez, brea; (Acúst.) tono, caída; tr. embrear.
pitcher *(píchar)* s. cántaro.
pitchfork *(pítchfork)* s. (Agric.) horca, horquilla (para levantar paja, etc.). [compasivo.
piteous *(pitiös)* adj. lastimoso;
pith *(piz)* s. *Bot.* meollo, medula; esencia. [lastimoso.
pitiful *(pitiful)* adj. compasivo,
pitiless *(pitilis)* adj. despiadado, incompasivo, cruel.
pity *(piti)* s. lástima, compasión; tr. compadecer; **what a —!,** ¡qué lástima!
pivot *(pívöt)* s. pivote, eje; intr. girar sobre un eje, pivotar.
placard *(plácard)* s. cartel; letrero; anuncio. [tr. colocar.
place *(pléis)* s. lugar, empleo;
placid *(plásid)* adj. plácido; sosegado.
placidity *(plasíditi)* s. placidez.
plagiarism *(pléiddyarism)* s. plagio. [giar.
plagiarize *(pléidyarais)* tr. pla-
plague *(pléig)* s. plaga; peste; tr. infestar.
plaice *(pléis)* s. *Ictiol.* platija.
plaid *(pled)* s. tartán, tela a cuadros; manta escocesa a cuadros; adj. a cuadros.
plain *(pléin)* s. llano. adj. llano; sencillo; adv. claramente; tr. allanar; — **clothes** s. ropa de paisano.
plainness *(pléinnes)* s. sencillez, claridad; (fam.) fealdad.
plaintiff *(pléintif)* s. demandante. [ro, triste.
plaintive *(pléintiv)* adj. lastime-
plait *(pléit)* s. trenza; pliegue; tr. trenzar.
plan *(plán)* s. plan; proyecto; plano; tr. planear, planificar.
plane *(pléin)* s. plano; planicie, (fam.) avión; **to —,** cepillo de carpintero.
planet *(plánet)* s. planeta.
planetarium *(planitéiriöm)* s. planetario. [tarimar, entablar.
plank *(plánk)* s. tablón; tr. en-
plant *(plánt)* s. *Bot.* planta; fábrica; tr. plantar.
plantation *(plantéischon)* s. plantación; plantío.
planter *(plánta)* s. plantador, cultivador.
plaque *(plac)* s. placa.
plasma *(plásm)* s. plasma.
plaster *(plásta)* s. yeso; (med.) escayola, emplasto, tr. enyesar, escayolar. [tico.
plastic *(plástic)* adj. y s. plás-
plate *(pléit)* s. plato, lámina; tr. platear, dorar.
plateau *(platou)* s. altiplanicie, mesa, meseta. [lleno.
plateful *(pléitful)* s. plato, plato
platform *(plátform)* s. plataforma; andén.
platinum *(platinöm)* s. platino.
platitude *(plátitiud)* s. perogrullada, trivialidad.
platoon *(platún)* (mil.) pelotón.
platter *(plata)* s. bandeja, fuente; **on a silver,** en una bandeja de plata. [mación.
plaudit *(pladit)* s. aplauso; acla-
play *(pléi)* s. (Teat.) obra; tr. jugar; (músic.) tocar; (Dep.)

fair —, juego limpio; — truart, hacer novillos. [actriz.
playa *(pléya)* s. jugador; actor;
playful *(pléiful)* adj. juguetón.
playground *(pléigraund)* s. campo o patio de recreo; parque infantil. [ñero de juego.
playmate *(pléimeit)* s. compa-
plaything *(pléizing)* s. juguete.
playwright *(pléirait)* s. dramático, dramaturgo.
plea *(plíi)* s. alegato, ruego; intr. rogar.
plead *(plíd)* intr. argüir; suplicar; tr. defender en juicio; alegar; **to — guilty,** declararse culpable.
pleasant *(plésant)* adj. agradadable, simpático. [chiste.
pleasantry *(plézntri)* s. broma,
please *(plíis)* tr. agradar.
pleasing *(plísing)* adj. grato, agradable, satisfactorio.
pleasure *(pleshya)* s. placer gusto.
pleat *(plíit)* s. pliegue, doblez.
plebeian *(plebíian)* s. y adj. plebeyo.
pledge *(pléd***ch***)* s. promesa, compromiso; tr. **to —,** prometer, comprometerse.
plenary *(plénari)* adj. plenario.
plenipotentiary *(plenipoténschieri)* s. plenipotenciario.
plenitude *(plénitiud)* s. plenitud.
plentiful *(pléntiful)* adj. abundante, copioso.
pliable *(pláiabl)* adj. flexible.
pliant *(pláiant)* adj. flexible; dócil; blando. [tenacillas.
pliers *(pláiars)* s. pl. alicates;
plight *(pláit)* s. promesa, empeño, apuro.
plimsoll *(plímsol)* s. bamba, zapato de suela de goma. [gar.
plod *(plod)* intr. bregar, trafa-
plot *(plót)* s. solar, parcela, *Teat.* trama, *Polit.* conspiración. tr. tramar, conspirar.
plotter *(plótör)* s. conspirador; tramoyista, conjurado.
plough *(pláu)* (G. B.) s. arado; tr. arar.
plow *(plou)* (E. U.) s. arado; — **share,** reja de arado; tr. arar; surcar.
plougher plower *(pláva)* s. labrador. [tr. tapar.
ploughing, plowing s. labranza.
pluck *(plö'c)* s. ánimo, resolución; tr. arrancar.
plug *(plög)* s. tapón; enchufe; tr. tapar, enchufar; s. bujía.
plum *(plö'm)* s. ciruela.
plumage *(plúmidye)* s. plumaje.
plumb *(plö'mb)* s. plomada, plomo; adj. de plomo; adv. a plomo; tr. sondear.
plumber *(plö'mar)* s. fontanero.
plumbing *(pluming)* s. fontanería. [ca; adj. rollizo.
plump *(plamp)* s. caída brus-
plunder *(plándar)* s. pillaje; botín; tr. saquear.
plunge *(plandye)* s. sumersión; zambullida; tr., intr. zambullirse, avalanzarse; lanzarse.
plural *(plúral)* s. y adj. plural.
plus *(plas)* adv. más.
plush *(plasch)* s. felpa.
ply *(plái)* s. pliegue, doblez; tr. ejercer; **to — with questions,** importunar con preguntas. *Naut.* **— the seas,** surcar los mares.
pneumatic *(niumátic)* adj. neumático; **— drill,** perforadora neumática. [pulmonía.
pneumonia *(niumóunia)* s. *Med.*
poach *(póuch)* tr. escalfar (huevos), cazar o pescar en vedado, pillar.
pock *(poc)* s. hoyuelo; **— marked,** picado de viruelas.
pocket *(póket)* s. bolsillo; bolsa; tr. embolsar.
pod *(pód)* s. *Bot.* vaina.
poem *(póuem)* s. poema.
poet *(póuet)* s. poeta.
poetess *(póuetes)* s. poetisa.
poetic(al) , [*pouétic(al)*] adj. poético. [ca.
poetry *(óuetri)* s. poesía poéti-
poignant *(poiynant)* s. agudo; picante; conmovedor, sensible.
point *(póint)* s. punto, punta; tr. **— at to,** señalar, indicar; **— out,** hacer hincapié, aclarar; **— blank,** a quema ropa.

P

P

pointed *(póintit)* adj. puntiagudo. [chato, inútil.
pointless *(péintles)* adj. (fam.)
pointer *(póintar)* s. puntero; indicador, señalador; perro perdiguero, indicación, consejo.
poise *(póis)* s. equilibrio, tr. equilibrar, elegancia, garbo.
poison *(póisn)* s. veneno; tr. envenenar. [noso.
poisonous *(póisönas)* adj. vene-
poke *(póuk)* s. hurgonazo; tr. hurgar, atizar (fuegos); **to — one's nose,** (fam.) meter las narices.
poker *(póukar)* s. hurgón, atizador, «poker» juego de naipes.
polar *(póula)* adj. polar. [tiga.
pole *(póul)* s. poste, polo; pér-
Pole *(póul)* s. polaco.
polemic *(polémic)* adj. polémico.
polemics *(polémics)* s. polémica.
police *(polís)* s. policía; **police-station** s. comisaría de policía, cuartelillo.
policeman *(polísman)* s. agente de policía; guardia.
policy *(pólisi)* s. política, póliza de seguros.
poliomyelitis [*póliou(maieláitis)*] s. polio(mielitis).
Polish *(poulish)* adj. polaco; s. polaco, idioma polaco.
polish *(pólisch)* s. lustre, brillo; tr. pulir, sacar brillo; **shoe —,** betún de zapato.
polite *(poláit)* adj. cortés, atento; bien educado.
politeness *(poláitnes)* s. cortesía, amabilidad.
politic *(pólitic)* adj. político.
political *(polítical)* adj. político. [tico.
politician *(politischan)* s. polí-
politics *(pólitics)* s. pl. política.
poll *(pól)* s. lista, censo electoral, elecciones; intr. votar.
pollen *(pólen)* s. *Bot.* polen.
pollute *(poliút)* tr. contaminar; (fig.) envenenar.
pollution *(poliúschön)* s. polución, contaminación.
polychrome *(pólicroum)* adj. policromo.
polygamist *(polígamist)* s. polígamo. [mia.
polygamy *(polígami)* s. poliga-
polyglot *(póliglot)* s. políglota.
polygon *(póligon)* s. *Geom.* polígono. [*Bot.* granada.
pomegranate *(pómigranit)* s.
pommel *(pomel)* s. pomo; **— horse,** pomo con aros; tr. pegar.
pomp *(pómp)* s. pompa; fausto.
pomposity *(pompósiti)* s. pompa. [poso.
pompous *(pómpas)* adj. pom-
pond *(pond)* s. estanque.
ponder *(póndar)* tr. e intr. ponderar. [deroso; pesado.
ponderous *(póndörös)* adj. pon-
poniard *(pónyard)* s. puñal.
pontificate *(pontífikeit)* s. pontificado. [barcaza.
pontoon *(pontún)* s. pontón,
pony *(póuni)* s. jaca, «poni».
poodle *(pudl)* s. perro de lanas, «caniche».
pool *(púl)* s. charco; **swimming —,** piscina; **typing —,** oficina de mecanografía; **football —,** quinielas; tr. **to —,** aunar esfuerzos.
poor *(púr)* adj. y s. pobre, (acad. deficiente); malo; **— health,** falto de salud.
poor *(púr)* adj. y s. pobre.
poorness *(púrnes)* s. pobreza; miseria.
pop *(póp)* s. chasquido; taponazo; ¡chás! ¡paf! (pop) música moderna; g a s e o s a (fam.) papá. (E. U.) tr. e intr. disparar(se).
popcorn *(pópkorn)* s. rosetas, palomitas de maíz. [Pontífice.
Pope *(póup)* s. Papa; el Sumo
Popedom *(póupdöm)* s. papado.
poplar *(pópar)* s. álamo; **black —,** chopo; **— grove,** alameda.
poplin *(póplin)* (text.) s. popelín.
poppy *(pópi)* s. amapola. [cho.
populace *(pópiulis)* s. popula-
popular *(pópiular)* adj. popular.
popularity *(popiuláriti)* s. popularidad. celebridad.

popularize *(pópiularais)* tr. popularizar. [blar(se).
populate *(pópiuleit)* tr. en po-
population *(pópiuléischön)* s. población. [loso.
populous *(pópiulös)* adj. popu-
porcelain *(pórslein)* s. porcelana; loza fina.
porch *(póoch)* s. pórtigo, porche; (casa) portal, entrada.
porcupine *(pookiupain)* s. puerco espín.
pore *(póa)* s. *Anat.* poro; intr.; **pore over**, escudriñar.
pork *(pok)* s. carne de cerdo; — **chop**, chuleta de cerdo.
pornographic *(ponögráfic)* adj. pornográfico. [nografía.
pornography *(pornógrafi)* s. por-
porous *(pórös)* adj. poroso.
porridge *(pórridye)* s. papas de avena.
port *(póot)* s. *Naut.* puerto; porte; *Mar.* babor. — **port**, aeropuerto.
portable *(pórtabl)* adj. portátil.
portal *(potl)* p. portal.
porter *(póota)* s. mozo, portero, porteador.
portent *(pórtent)* s. portento.
portfolio *(pórtfóuliou)* s. cartera. [(boc.) ración.
portion *(pórschön)* s. porción,
portily *(pótli)* adj. corpulento; majestuoso.
portrait *(pórtret)* s. retrato.
portray *(portréi)* tr. retratar.
Portuguese *(portiugís)* adj. y s. portugués.
pose *(póus)* s. posición actitud; tr. colocar; intr. posar, alardear. [puesto.
position *(posíschön)* s. posición,
positive *(pósitiv)* adj. positivo; s. positiva.
possess *(posés)* tr. poseer.
possessed *(posést)* adj. poseído.
possession *(poseschön)* s. posesión. [sivo.
possessive *(posésiv)* adj. pose-
possessor *(pösésar)* s. poseedor, posesor, dueño. [lidad.
possibility *(posibíliti)* s. posibi-
possible *(pósibl)* adj. posible, **as soon as** —, cuanto antes.
post *(póust)* s. correo, colocación, empleo; *Mil.* puesto; (luz) poste; — **office**, oficina de correos; **post restante**, lista de correos; **post office box**, apartado de correos; tr. echar al correo.
postage *(póustidye)* s. franqueo; — **postage stamp**, sello de correo. [postal.
postcard *(póustcard)* s. tarjeta
poster *(póusta)* s. cartel, mural.
posterior *(postíriör)* adj. posterior. [dad.
posterity *(postériti)* s. posteri-
posthumous *(póstiumös)* adj. póstumo.
postman *(poústmön)* s. cartero.
postmaster *(póustmastar)* s. jefe; — **general**, ministro de comunicaciones de correos.
postmark *(poustmak)* s. matasellos.
post-meridian (p. m.) *(poust-meridian)* adj. después del mediodía.
postpone *(poustpóun)* tr. posponer; aplazar, diferir; postergar. [data, apostilla.
postscript *(póustscript)* s. pos-
postulate *(póstiuleit)* s. postulado; tr. postular.
posture *(póschar)* s. postura; actitud. tr. poner(se).
posy *(póusi)* s. manojo.
pot *(pót)* s. (coc.) olla, marmita; **flower** —, maceta; — **and pans**, batería de cocina; **to wash the** —, fregar los cacharros. [sio.
potassium *(pötásiöm)* s. pota-
potato *(potéitou)* s. patata.
potency *(póutensi)* s. potencia.
potent *(póutent)* adj. potente.
potentate *(póutentei)* s. potentado. [tencial, posible.
potential *(poténschal)* adj. po-
pot-hole *(pot-houl)* s. bache.
potion *(pousión)* s. poción, brebaje.
pottage *(pótidya)* s. potaje.
potter *(pótar)* s. alfarero.
pottery *(pótari)* s. alfarería.
pouch *(páuch)* s. bolsa; **tobacco** —, tabaquera. [ma; emplasto.

P

P

poultice *(póultis)* s. cataplasma.
poultry *(póultri)* s. aves de corral, volatería.
pounce *(pauns)* tr. saltar sobre (para agarrar); zarpada; **to — upon**, abalanzarse sobre, agarrar.
pound *(páund)* s. libra (peso; 450 gramos); libra esterlina (**— sterling**); corral; tr. golpear, batir.
pounder *(páundar)* s. mazo.
pour *(póa)* tr. verter, echar; intr. caer chuzos, llover mucho.
pout *(póut)* s. pucherito. tr. hacer pucheros.
poverty *(póvarti)* s. pobreza; indigencia.
powder *(páudar)* s. polvos, polvos de tocador; **pólvora**, tr. pulverizar, (es)**polvorear.**
powdery *(páudari)* adj. polvoroso, en forma de polvo.
power *(páua)* s. poder, energía; **— station**, central térmica.
powerful *(páuaful)* adj. poderoso, potente.
powerless *(páuales)* adj. impotente.
pox *(pócs)* s. pústulas, sífilis. **chicken-pox** s. varicela.
practical *(práctical)* adj. práctico.
practice *(práctis)* s. práctica; costumbre (U. S. A.) intr. practicar.
practise *(práctis)* tr. e intr. practicar.
practitioner *(practischönar)* s. médico, profesional en ejercicio.
prairie *(préiri)* s. pradera.
praise *(préis)* s. alabanza; tr. alabar.
praiseworthy *(préisuördi)* adj. loable.
pram *(pram)* s. abrev. de **perambulator** cochecito de niño.
prance *(prans)* intr. cabriolar, hacer cabriolas, **— bout**, dar zancadas; monerías.
prank *(prenc)* s. travesura, broma.
prate *(preit)* tr. parlotear, charlar; s. parloteo, charla.
prawn *(pōn)* s. lasgostino.
pray *(préi)* tr. rogar; **pedir**; intr. orar.
prayer *(préa)* s. **oración; sú**plica; **lords —**, padre nuestro.
preach *(prich)* tr. e intr. predicar; exhortar.
preacher *(pricha)* s. **predicador.**
preamble *(priámbl)* s. preámbulo.
precarious *(prikéiriös)* **adj.** precario; incierto.
prearranged *(priarendyd)* adj. arreglado de antemano.
precaution *(prikóschön)* s. precaución.
precede *(prisid)* tr. **preceder.**
precedent *(prisídent)* adj. precedente
precept *(pricept)* s. precepto.
preceptor *(preséptar)* s. preceptor.
precinct *(prísinct)* s. recinto, distrito.
precious *(préschös)* **adj.** precioso.
precipice *(présipis)* s. precipicio, barranco.
precipitate *(presípiteit)* **adj.** y s. precipitado; tr. e **intr.** precipitar(se).
precipitation *(presipitéischön)* s. precipitación.
precipitous *(presípitös)* **adj.** escarpado, apresurado.
precise *(pisáis)* adj. preciso, exacto. tr. precisar.
precisión *(presizon)* s. precisión.
preclude *(priclúd)* tr. excluir; impedir, evitar.
precocious *(pricóschas)* adj. precoz.
precocity *(pricositi)* s. precocidad.
preconize *(priconais)* tr. preconocer.
precursor *(prikursa)* s. precursor.
predatory *(predetori)* adj. rapaz, predador.
predator *(predata)* s. predador.
predecessor *(prídisesa)* s. predecesor; antepasado.
predestine *(pridéstin)* tr. predestinar.
predicament *(predícament)* s. predicamento, clase, apuro, trance.
predicate *(prédikit)* adj. y s. predicado.
predict *(pridíct)* tr. **predecir.**
prediction *(predicschön)* s. predicción.
predilection *(pridilécschön)* s. predilección.
predispose *(prídispóus)* tr. predisponer.
predisposition *(prídispösischön)* s. predisposición.

predominance *predóminans)* s.
predominio.
predominate *(predómineit)* intr.
predominar, prevalecer.
pre-election *(pri-eleshon)* s. pre-
elección. [apalabrar.
pre-engage *(pri-engeidge)* tr.
pre-established *(pri-estaeblishd)*
tr. preestablecido.
prefabricate *(prefábrikeit)* tr.
prefabricar. [prologar.
preface *préfes)* s. prefacio; tr.
prefer *)prifee)* tr. preferir.
preferable *(préförabl)* adj. preferible. [rencia.
preference *(préfarens)* s. prefe-
preferment *(prifeement)* s. promoción, ascenso.
prefix *(prífiks)* s. prefijo; *(pri-
fiks)* tr. prefijar, anteponer.
pregnancy *(prégnansi)* s. pre-
ñez, embarazo.
pregnant *(prégnant)* adj. preña-
da(o), encinta.
prehistoric *(prijistáric)* adj. prehistórico. [juzgar.
prejudge *(pridyadye)* tr. pre-
prejudice *(préd***ch***iudis)* s. prejuicio; tr. predisponer, perjudicar. [cial.
prejudiced *(predydised)* adj. par-
prejudicial *(préd***ch***udíschal)* adj.
perjudicial.
prelate *(préilat)* s. prelado.
preliminary *(prelíminari)* adj. y
s. preliminar. [tr. preludiar.
prelude *(préliud)* s. preludio;
premature *(prematiúur)* adj.
prematuro. [premeditar.
premeditate *(priméditeit)* tr.
premeditation *(primeditéischön)*
s. premeditación.
premeditation *(primeditéischön)*
s. premeditación.
premier *(prémie)* s. primer ministro; adj. primero.
premise *(prémis)* s. premisa;
pl. local, recinto.
premium *(primiöm)* s. (com.)
prima; interés; premio.
promonition *(primonishön)* s.
advertencia, prevención.
preoccupation *(priokiupéischön)*
s. preocupación. [cupar.
preoccupy *(priókiupai)* tr. preo-
prepaid *(pripéid)* adj. pagado de
antemano; **to send —**, enviar
porte pagado, enviar franco
preparación; pl. preparativos.
preparative *(pripárativ)* adj.
preparatorio s. preparativo.
prepare *(prepéa)* tr. (coc.) hacer, preparar(se).
preparedness *(preparednes)* s.
preparación. [preponderar.
preponderate *(pripóndöreit)* tr.
preposition *(prepösischön)* s.
preposición. [de una idea.
prepossess *(priposes)* tr. imbuir
prepossessing *(priposesing)* adj.
simpático, atractivo.
prepossession *(priposeshon)* s.
simpatía, preferencia.
preposterous *(pripóstöras)* adj.
absurdo, insensato.
prerequisite *(prirékuisit)* s. requisito previo. [rrogativa.
prerrogative *(prerógativ)* s. pre-
presage *(priséid***ch***)* s. presagio;
tr. presagiar.
presbyterial *(presbitírial)* adj.
presbiterial. [riano.
presbyterian s. y adj. presbite-
prescribe *(prescráib)* tr. e intr.
prescribir; *Med.* recetar,
mandar.
prescription *(priscrípschön)* s.
prescripción *Med.* receta.
presence *(présens)* s. presencia; aspecto; asistencia; reunión. **presence of mind**, serenidad.
present *(présent)* s. presente;
adj. presente, regalo; **at —**,
actualmente; tr. presentar;
regalar, obsequiar.
presentation *(presöntéischön)* s.
presentación.
presentiment *(priséntimönt)* s.
presentimiento; corazonada.
presently *(présntli)* adv. en breve, al poco tiempo; en el presente.
preservation *(preservéischön)* s.
preservación, conservación.
preserve *(priséev)* tr. conservar; s. conserva, preserva,
confitura.
preside *(prisáid)* intr. presidir.

P

presidency *(présidentsi)* s. presidencia. [dente.
president *(président)* s. presi-
press *(prés)* s. prensa; imprenta; tr. apretar, prensar; (fig.) afligir; obligar; — **cutting,** recorte de periódico; **press-stud,** corchete automático; planchar.
pressing *(présing)* adj. urgente; s. compresión; planchado.
pressure *(préscha)* s. presión.
prestige *(prestidya)* s. prestigio.
presume *(presiúm)* tr. e intr. presumir, asumir, suponer.
presumption *(presoompschön)* s. presunción; orgullo.
presumptious *(presoompchiuas)* adj. presuntuoso, presumido.
presuppose *(prisöpoús)* tr. presuponer.
pretend *(priténd)* tr. pretender.
pretense *(pritense)* s. pretexto; **false pretense,** pretexto falso, ilegalmente. [tensión.
pretension *(preténschön)* s. pre-
pretext *(pritcst)* s. pretexto. pretencioso, presumido.
pretentious *(priténschös)* adj. pretencioso.
prettily *(prítili)* adv. lindamente. [adv. bastante.
pretty *(priti)* adj. bonito, lindo;
prevail *(privéil)* intr. prevalecer. — **on,** influir.
prevailing *(privéiling)* adj. (pre)dominante. [dominante.
prevalent *(prévalent)* adj. pre-
prevent *(privént)* tr. impedir, evitar; estorbar. [vención.
prevention *(privenshon)* s. pre-
preview *(príviu)* s. inspección previa; (cin.) avance, preestreno.
previous *(prívias)* adj. previo; anterior; **—ly,** adv. previamente, con anterioridad; s. **—ness,** anterioridad.
preventive *(prevéntiv)* adj. preventivo. [anterior.
previous *(príviös)* adj. previo;
prey *(préi)* s. presa; **bird of,** ave de rapiña; **to prey upon,** tr. pillar. [luar.
price *(práis)* s. precio; **tr.** eva-
priceless *(práisles)* **adj.** inapreciable, valioso.
prick *(príc)* s. picada, punzada; tr. picar.
prickly *(prikli)* adj. espinoso; lleno de púas; — **pear** tuna (de nopal); (fig.) delicado.
pride *(práid)* s. orgullo; intr. enorgullecerse; **to — onself on,** enorgullecerse de.
priest *(prist)* s. sacerdote; cura; — **priest,** párroco.
priestess *(prístes)* s. sacerdotisa. [docio.
priesthood *(pristjud)* s. sacer-
prim *(prím)* adj. peripuesto; — **and proper,** relamido.
primacy *(práimasi)* s. primacía.
primary *(práimari)* adj. primario; principal.
prime *(práim)* s. **plenitud,** la flor y nata; **adj. principal;** primero; tr. preparar.
primer *(prímar)* s. (esc.) cartilla para catón; adj. primero.
primeval *(praimíval)* **adj.** primitivo. [primitivo.
primitive *(primitiv)* **adj.** y s.
primness *(prímnis)* s. remilgo, tiesura, demasiada formalidad, dengue, afectación.
primrose *(prímrous)* s. *Bot.* prímula o primavera (flor); color amarillo pálido.
prince *(prins)* s. príncipe.
princedom *(prínsdöm)* s. principado.
princelike *(prínslaik)* adj. principesco. [co.
princely *(prínsli)* adj. principes-
princess *(prínces)* s. princesa.
principal *(prínsipal)* **adj.** principal; (acad.) s. director.
príncipe *(prínsipl)* s. principio, fundamento; **in —,** en principio.
principle *(prínsipol)* s. principio; regla, ley.
print *(prínt)* s. impresión; marca; grabado; tr. imprimir; **in —,** en imprenta; **out of —,** agotado.
printer *(príntar)* s. impresor.
printing *(prínting)* s. imprenta, tipografía; — **press,** rotativa.

prior *(práiar)* adj. interior; s. prior.
prioress *(práiares)* s. priora.
priority *(praióriti)* s. prioridad.
prism *(prísm)* s. *Geog.* prisma.
prison *(prísn)* s. prisión; cárcel; — **warder,** carcelero; — **governor,** alcaide; **to put in —,** encarcelar.
prisoner *(prísnar)* s. preso; *Mil.* **war —,** prisionero de guerra.
privacy *(práivasi)* s. retiro; **in —,** en privado, en secreto.
private *(práivet)* adj. privado, particular; s. soldado raso.
privation *(praivéischön)* s. privación.
privilege *(prícilidya)* s. privilegio; tr. privilegiar.
privileged *(príviledya)* adj. privilegiado, inmune.
privy *(prívi)* adj. privado; particular; s. retrete; — **council,** consejo privado.
prize *(práis)* s. premio, recompensa; tr. apreciar.
pro *(pró)* s. pro; **—s and Cons,** ventajas y desventajas; a favor y en contra; — (Dep.) profesional. [babilidad.
probability *(probabíliti)* s. pro-
probation *(proubéischön)* s. **on —** (Leg.) libertad vigilada; — **officer,** oficial judicial.
probe *(próub)* s. sonda, tienta, prueba; tr. sondear.
probity *(próubiti)* s. probidad.
problem *(próblem)* s. problema. [der, procedimiento.
procedure *(prosídya)* s. proce-
proceed *(prosíd)* intr. seguir, avanzar.
proceeding *(prosíding)* s. procedimiento; auto; pl. actas.
proceeds *(prosíds)* s. (Com.) producto; ganancia.
process *(próuses)* s. proceso; tr. elaborar (Leg.) procesar; s. proceso.
procession *(proséschön)* s. procesión. [mar.
proclaim *(procléim)* tr. procla-
proclamation *(proclaméischön)* s. proclamación; edicto.
procrastinate *(procrastinait)* s. dejar para mañana.
procreate *(próucrieit)* tr. procrear.
procreation *(próucriéischön)* s. procreación. [lograr.
procure *(prokiúa)* tr. procurar;
procurer *(prokiúra)* s. alcahuete. [tina.
procuress *(prokiúres)* s. celes-
prod *(prod)* s. pincho, tr. punzón; pinchar, pinzar; aguijonear.
prodigal *(pródigal)* adj. pródigo.
prodigality *(prodigáliti)* s. prodigalidad. [digioso.
prodigious *(prodídyas)* adj. pro-
prodigy *(pródidy)* s. prodigio.
produce *(pródius)* s. producto; *(prodiús)* tr. producir; mostrar.
product *(pródact)* s. producto.
production *(prodacschön)* s. producción. [ductivo.
productive *(prodö'ctiv)* adj. pro-
profanation *(profanéischön)* s. profanación; abuso.
profane *(proféin)* adj. profano; tr. profanar.
profess *(profés)* tr. profesar, declarar. [rado.
professed *(profést)* adj. decla-
profession *(proféschan)* s. profesión; **the —,** profesiones liberales. [co, profesor.
professor *(profésa)* s. catedráti-
proffer *(prófa)* s. oferta, propuesta; tr. ofrecer, proponer.
proficiency *(profíschensi)* s. pericia, aptitud.
proficient *(profíschent)* s. perito, experto. [perfilar.
profile *(próufail)* s. perfil; tr.
profit *(prófit)* s. (Com.) beneficio, beneficiarse; — **from,** beneficiarse de.
profitable *(prófitabl)* adj lucrativo, productivo; provechoso.
profiteer *(profitíar)* s. extorsionista, explotador, logrero; tr. extorcionar, explotar, cobrar más de lo justo.
profligate *(prófligueit)* adj. y s. libertino. [do; hondo.
profound *(profáund)* adj. profun-
profundity *(profáunditi)* s. profundidad.

P

profuse *(profiús)* adj. pródigo, profuso.
progenitor *(prodyenita)* s. progenitor.
progeny *(pródyeni)* s. prole, descendencia. [nóstico.
prognostic *(prognóstic)* s. pro-
prognosticate *(prognóstickeit)* tr. pronosticar. [grama.
program(me) *(próugram)* s. pro-
progress *(prógres)* s. progreso; *(progrés)* intr. progresar.
progressive *(progrésiv)* adv. progresivo.
prohibit *(projíbit)* tr. prohibir.
prohibition *(projibíschan)* s. prohibición. [hibitivo.
prohibitive *(projíbitiv)* adj. pro-
project *(pródyect)* s. proyecto; *(prodyéct)* tr. proyectar.
projectile *(prodyéctil)* s. proyectil; adj. arrojadizo.
projection *(prodyécschön)* s. proyección.
projector *(prodyécta)* s. proyectista; (cin.) proyector.
proletarian *(prolitérian)* adj. y s. proletario. [proletariado.
proletariat *(prouleteoriat)* s.
prolific *(prolífic)* adj. prolífico; fértil; fecundo. [fuso.
prolix *(prolícs)* adj. prolijo; di-
prologue *(próulog)* s. prólogo.
prolong *(proulóng)* tr. prolongar; extender.
promenade *(prómeneid)* s. paseo; intr. pasearse.
prominence *(próminens)* s. prominencia; altura; distinción.
prominent *(próminent)* adj. prominente, conspicuo; — **eyes,** ojos saltones. [promiscuo.
promiscuous *(promískiuas)* adj.
promise *(prómis)* s. promesa; tr., intr. prometer, comprometerse. [metedor.
promising *(prómising)* adj. pro-
promissory *(prómisari)* adj. promisorio; — **note,** pagaré.
promontory *(prómöntöri)* s. promontorio.
promote *(promóut)* tr. promocionar, ascender. [motor.
promoter *(promóutar)* s. pro-
promotion *(promóuschön)* s. promoción; ascenso.
prompt *(prómpt)* adj. pronto; presto; puntual; tr. sugerir, apuntar (teatro); **—ly,** inmediatamente.
prompter *(prómpta)* s. apuntador (teatral). [prontitud.
promptitude *(prómptitiud)* s.
promulgate *(promoolgueit)* tr. promulgar.
promulgation *(promoolguéischön)* s. promulgación.
prone *(próun)* adj. inclinado; propenso.
proneness *(prounes)* s. propensión, inclinación.
prong *(prong)* s. picho, punta (Agric.) horquilla; tenedor, etcétera. [bre.
pronoun *(pronoun)* s. pronom-
pronounce *(prönáuns)* tr. pronunciar. [s. pronunciación.
pronunciation *(prönönsiéschön)*
proof *(prúf)* s. prueba; ensayo; adj. a prueba de; **bullet-proof,** a prueba de balas; **sound-proof,** a prueba de sonido; **water-proof,** impermeable; (impr.) **proof-reader,** corrector de pruebas.
prop *(próp)* s. apoyo; (arq.) puntal; (agr.) tentemozo; (min.) entibo. [paganda.
propaganda *(propagánda)* s. pro-
propagandist *(propagândist)* s. propagandista.
propagate *(própagueit)* tr., intr. propagar(se). [propagación.
propagation *(propaguéisch)* s.
propensity *(propénsiti)* s. propensión, tendencia.
propel *(pröpél)* tr. propulsar, impeler. [lente.
propellent s. propulsor, impe-
propeller *(propéla)* s. hélice.
proper *(própa)* adj. propio, apropiado, adecuado; decoroso.
properly *(propali)* adv. como es debido, correctamente. [dad.
property *(própartí)* s. propie-
prophecy *(prófesi)* s. profecía.
prophesy *(prófesai)* tr. e intr. profetizar.
prophet *(prófit)* s. profeta.

prophetic *(pröfétic)* adj. profético. [profiláctico.
prophylactic *(profiláctic)* adj.
propitious *(propíschös)* adj. propicio; favorable.
proportion *(pröpóschön)* s. proporción; tr. proporcionar.
proportional *(pröpóschönal)* adj. proporcional.
proposal *(pröpóusal)* s. propuesta; declaración notarial.
propose *(pröpóus)* tr. en intr. proponer(se); intr. declararse.
proposition *(propösíschön)* s. proposición, oferta.
proprietor *(propráiteta)* s. propietario. [piedad
propriety *(propráieti)* s. pro-
prorogation *(prouroguéischön)* s. prórroga. [gar.
prorogue *(proróug)* tr. prorro-
prosaic *(prouséic)* adj. prosáico.
proscribe *(proscráib)* tr. proscribir. [proscripción.
proscription *(proscrípschön)* s.
prose *(próus)* s. prosa; **prose-writer,** prosista.
prosecute *(prósekiut)* tr. procesar, proseguir.
prosecution s. enjuiciamiento.
prosecutor *(prósekiuta)* s. demandante, fiscal.
prospect *(próspect)* s. perspectiva; tr. explorar.
prospective *(pröspéktiv)* adj. probable, posible, esperado; presunto.
prospector *(pröspekta)* s. buscador, explorador (de minas, petróleo, etc.). [rar.
prosper *(próspa)* intr. prospe-
prosperity *(prospériti)* s. prosperidad. [próspero.
prosperous *(prósparös)* adj.
prostitute *(próstitiut)* s. prostituta; ramera; **—d,** adj. prostituido; tr. prostituir.
prostitution *(prostitiúschön)* s. prostitución.
prostrate *(próstreit)* adj. postrado; humillado; tr. postrar.
prostration *(prostréischön)* s. postración, abatimiento.
protect *(protéct)* tr. proteger; defender.
protection *(protécschön)* s. protección; amparo.
protective *(protéctiv)* adj. y s. protector, preservativo.
protector *(protécta)* s. protector, padrino. [gido.
protégé *(próutechei)* p. prote-
protein *(próutin)* s. proteína.
protest *(próutest)* s. protesta; protesto; *(prötést)* tr., intr. protestar; **sit down —,** «sentada».
Protestant *(prótestant)* s. protestante.
Protestantism *(prótestantism)* s. protestantismo. [colo.
protocol *(próutocol)* s. proto-
protoplasm *(proútoplasöm)* s. protoplasma.
protract *(prötráct)* tr. alargar, extender, prolongar.
protrude *(protúd)* tr. asomarse. intr. sobresalir.
protruding *(protruwding)* adj. saliente, sobresaliente.
protuberance *(protiúberans)* s. protuberancia.
proud *(práud)* adj. orgulloso; altivo; soberbio; **— as a peacock,** orgulloso como gallo de morón.
prove *(prúv)* tr. probar; intr. resultar; mostrar.
proverb *(próverb)* s. proverbio; sentencia.
provide *(prováid)* tr. proveer; suministrar; **provided that,** supuesto que; **provide against,** precaver.
providence *(próvidens)* s. providencia. [dor.
provider *(pröváida)* s. provee-
province *(próvins)* s. provincia.
provincial *(prövínschöl)* adj. provincial.
provision *(províshyön)* s. provisión; disposición; pl. comestibles, provisiones.
provisional *(províshyönal)* adj. provisional. [estipulación.
proviso *(pröváison)* s. condición,
provocation *(provokéischön)* s. provocación.

P

P

provocative *(provócativ)* adj. provocativo, sugestivo.
provoke *(provóuc)* tr. provocar, indignar. [cador.
provacar *(provouka)* s. provo-
provoking *(provóuking)* adj. provocativo.
prow *(práu)* s. proa.
prowess *(práues)* s. proeza.
prowl *(prául)* intr. rondar; vagar; merodear.
prowler *(proula)* s. merodeador.
proximate *(prócsimit)* adj. próximo, inmediato.
proximity *(procsímiti)* s. proximidad; inmediación, cercanía.
proxy *(prócsi)* s. procuración; apoderado; gestor.
prude *(prúd)* s. remilgado.
prudence *(prúdens)* s. prudencia, cautela. [cauto.
prudent *(prúdent)* adj. prudente,
prudery *(prúdari)* s. mojigatería, gazmoñería, remilgo.
prune *(prún)* s. ciruela pasa; tr. podar.
pruning *(prúning)* s. poda.
pry *(prái)* tr. espiar, fisgar.
psalm *(sam)* s. salmo.
pseudo *(siúdo)* adj. (p)seudo, falso. [dónimo.
pseudonym *(siúdonim)* s. seu-
psychiatrist *(saikáietrist)* s. psiquiatra.
psychiatry *(saikáietri)* s. psiquiatría. [quico.
psychic (al) [*sákik(al)*] adj. psí-
psychologist *(saicólodyist)* s. psicólogo. [cología.
psychology *(sáicólod***ch***i)* s. psi-
psychosis *(saicóusis)* s. psicosis.
public *(pablic)* adj. público; s. público; **public house** (abrev. pub) s. taberna. [nero.
publican *(pablican)* s. taber-
publication *(pablikéischön)* s. publicación. [dad.
publicity *(pö'blísiti)* s. publici-
publish *(pablisch)* tr. publicar, editar.
publisher *(pablischa)* s. editor.
publisize *(pablisise)* anunciar, dar a conocer.
pucker *(paka)* tr. fruncir; s. arruga, pliegue.
pudding *(púding)* s. pudín; **black —**, morcilla.
puddle *(padl)* s. charco.
puerile *(piúarail)* adj. pueril, infantil. [dad, niñería.
puerility *(piuaríliti)* s. puerili-
puff *(paf)* s. soplo, bufido, bocanada de humo, un soplo de viento; tr. soplar, hinchar; intr. hincharse, resoplar, jadear.
pug *(pög)* s. perro dogo; **— nose,** nariz chata, o respingada.
pugilism *(piúdyilism)* s. pugilato; pugilismo. [xeador.
pugilist *(piulyilist)* s. púgil, bo-
pugnacious *(pagnéischös)* adj. pugnaz, belicoso; batallador.
pull *(púl)* s. tirón, sacudida; tr. tirar, arrastrar; **— down,** demoler; **— up** (Aut.) parar; **— on** (Náut.) alar; **— to pieces,** despedazar; **— ones leg,** tomar el pelo; tr. **— out,** arrancar.
pullet *(pulit)* s. polla.
pulley *(púli)* s. polea.
pulp *(palp)* s. pulpa.
pulpous *(palpa)* adj. pulposo, mollar, carnoso.
pulpit *(palpit)* s. púlpito.
pulsate *(palséit)* intr. pulsar; latir.
pulse *(pals)* s. pulso; pulsación.
pulverization *(palveriséischön)* s. pulverización, trituración.
pulverize *(palverais)* tr. pulverizar, triturar.
pumice *(pamis)* s. piedra pómez.
pump *(pamp)* s. (mech.) bomba; tr. bombear, sonsacar; **— pump,** surtidor de gasolina; (fam.) **pump's,** playeros, botines.
pumpkin *(pampkin)* s. calabaza.
pun *(pan)* s. equívoco; juego de palabras.
punch *(pan***ch***)* s. (Mech.); punzón; (Beb.) ponche; **fam.** pu-

ñetazo; tr. punzar, pegar; «— **and gady»**, títeres de marioneta.
puncher *(pancha)* s. punzón.
punctilio *(panktilio)* s. puntillo.
punctilious *(pänktiliös)* **adj.** puntilloso, quisquilloso, escrupuloso.
punctual *(pö'nktiual)* adj. puntual.
punctuality *(pöngtiuáliti)* s. puntualidad.
punctuate *(pö'nktiueit)* intr. (Gram.) puntuar.
punctuation *(pantiueiashön)* s. puntuación.
puncture *(pö'ncha)* s. (Aut.) pinchazo; tr. pinchar.
punish *(pö'nisch)* tr. castigar.
punishment *(pö'nischment)* s. castigo.
punt *(pant)* s. barca plana; tr. y intr. impulsar la gabarra con el palo en el fondo.
puny *(piúni)* adj. pequeño; débil; enfermizo.
pup *(pap)* s. (Can.) cachorro.
pupil *(piúpil)* s. alumno. discípulo; pupila.
pupilage *(piúpilidya)* s. pupilaje.
puppet *(pö'pet)* s. títere, marioneta, fantoche. [rro.
puppy *(papi)* s. (Can.) cacho-
purchase *(parchis)* s. compra, adquisición; tr. comprar, adquirir; **hire —**, compra a plazos.
pure *(piúar)* adj. puro.
purgative *(pö'rgativ)* **adj.** purgante.
purgatory *(pagator)* s. purgatorio; adj. expiatorio; *(pöd***ch***)*
*(pö'rd***ch***)* s. purgar; tr. purgar.
purge *(pödya)* tr. y reflex. purgar(se); limpiar; purificàr(se); s. purga, purgante.
purification *(piurifikéischön)* s. purificación. [ficar(se).
purify *(piúrifai)* tr. e intr. puri-
purity *(piúriti)* s. pureza.
purple *(pö'rpl)* adj. purpúreo; purpurino; s. púrpura; tr. purpurar; **to go —**, ponerse morado. [significar.
purport *(parport)* s. sentido; tr.
purpose *(pö'rpös)* s. propósito, mira; tr. e intr. proponer(se); **on —**, a propósito, con intención; **to no —**, en vano, en balde. [de.
purposely *(péeposli)* adv. adre-
purr *(peea)* s. ronroneo (del gato); zumbido (del motor); intr. ronronear (el gato).
purse *(peeas)* s. monedero;
er *(peesa)* *Náut.* sobrecargo.
pursuance *(peesyanse)* s. en cumplimiento.
pursue *(peeasiú)* tr. e intr. perguir; **persuer** *(peeshua)* s. perseguidor.
pursuit *(pörsiút)* s, persecución; **in — of,** tras, en pos de. [veer.
purvey *(pörvéi)* tr. e intr. pro-
purveyor *(peeavéia)* s. abastecedor, proveedor.
pus *(pös)* s. *Med.* pus.
push *(púsh)* tr. empujar; **intr.** dar empellones, apresurarse; s. empuje, empellón; **— away,** rechazar; **— in,** meter; (fam.) **push-off,** marcharse.
push-cart *(pusch-cart)* s. carretilla de mano.
pushing *(púsching)* adj. emprendedor, activo, agresivo.
pussy *(púsi)* s. minino, gatito.
put [**put; put**] *(pút)* tr. poner; colocar; exponer; proponer; **— away,** guardar; **— out,** apagar; **— back,** retrasar, retardar; **— by,** ahorrar; **— down,** dejar en su sitio, anotar; **— on** ponerse (ropas); **— off,** aplazar; **— night,** corregir; **put up arid,** soportar.
putrefaction *(piutrifácschön)* s. putrefacción. [trefacto.
putrid *(piútrid)* adj. podrido pu-
putrefy *(piútrifai)* tr. e intr. pudrir(se).
puzzle *(pö'sl)* s. rompecabezas, enigma; tr. confundirse.
puzzling *(posling)* s. enigmático, intrigante. [meo.
pygmy *(pigmi)* s. y adj. pig-
pyjamas *(pedyámas)* s. pijama.
pyramid *(píramid)* s. pirámide.
pyre *(páia)* s. pira.

P

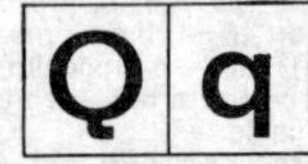

quack *(kuák)* s. y adj. graznar (del pato), charlatán; curandero.
quadrate *(cuódreit)* s. cuadro; cuadrado; tr. e intr. (en)-cuadrar.
quadruple *(cuádrupöl)* adj. cuádruple; s. cuádruplo.
quadruplet *(cuádruplit)* s. serie de cuatro; pl. cuatro hijos de un mismo parto. [tragos.
quaff *(cuáf)* tr. beber a grandes
quagmire *(kuégmaia)* s. cenagal, tremedal.
quail *(cueil)* s. *Orn.* codorniz; intr. acobardarse. [resco.
quaint *(cuéint)* adj. raro; pinto-
quake *(cuéik)* s. temblor; intr. temblar, trepidar; **earth —**, terremoto; **sea —**, maremoto.
qualification *(cualifikéischön)* s. calificación; derechos.
qualified *(cualifait)* adj. calificado, idóneo.
qualify *(cualifai)* tr. habilitar; calificar; intr. capacitarse.
quality *(cualiti)* s. calidad; cualidad. [náusea.
qualm *(kuám)* s. escrúpulo,
quantity *(cuóntiti)* s. cantidad: número, suma.
quarantine *(cuórantin)* s. cuarentena; lazareto; tr. someter a cuarentena.
quarrel *(cuórel)* s. riña, pelea, intr. reñir, pelear(se).
quarrelsome *(cuórelsöm)* adj. pendenciero.
quarry *(cuóri)* s. cantera.
quart *(cuórt)* s. cuarta.
quarter *(cuóta)* cuarto (de hora, de animal, de peso), barrio, trimestre; pl. alojamiento, cuartel; tr. cuartear; alojar; **Head —**, cuartel general.
quarterly *(kuótöli)* adv. trimestralmente, por trimestres; adj. trimestral; s. publicación trimestral.
quartet(te) *(kuotét)* s. cuarteto.
quartz *(kuóts)* s. cuarzo. [car.
quash *(cuósh)* tr. anular; sofo-
quaver *(kueiva)* intr. temblar; s. temblor; trémolo (de la voz); (Mús.) corchea.
quay *(kí)* s. muelle.
queen *(cuín)* s. reina.
queer *(cuía)* adj. raro, extraño; (fam.) maricón.
queerness *(cuíanes)* s. rareza.
quell *(cuél)* tr. subyugar.
quench *(cuénch)* tr. apagar; extinguir, sofocar.
querulous *(cuérulös)* adj. quejoso, quejumbroso.
query *(cuíri)* s pregunta; tr. e intr. inquirir, examinar, dudar. dagación; tr. indagar; **in — of,** en busca de.
quest *(cuést)* s. pesquisa; indagación; tr. indagar.
question *(cuéstschön)* s. asunto; pregunta; tr. preguntar, poner en duda.
questionable *(kuéstschönabl)* adj. dudoso; discutible.
questioner *(kuéstschöna)* s. interrogador, preguntador.
queue *(kiú)* s. cola (fila); **queue up,** formar cola.
quibble *(cuíbl)* s. argucias; intr. usar argucias.
quick *(cuík)* adj. rápido; agil; **— tempered,** de genio vivo; **— witted,** listo, agudo, vivo.
quicken *(kuikön)* tr. e intr. acelerar(se); avivar(se); aguzar (la mente, el entendimiento).
quickness *(cuíknes)* s. presteza, rapidez, viveza.
quicksand *(cuíksand)* s. arenas movedizas.
quickset *(cuíkset)* s. seto vivo.
quicksilver *(kuík-sílva)* s. mercurio, azogue.
quiet *(cuáiet)* adj. tranquilo; quieto; s. quietud; tr. **— down,** acallar, calmar; **be —!** ¡Callarse!; **on the —**, a la chita callando.
quietness *(cuáietnes)* s. quietud; sosiego, calma.
quill *(kuíl)* s. pluma; cañón (de pluma de ave); púa (de puerco espín).

quilt *(cuílt)* s. colcha guateada; tr. acolchar.
quince *(cuíns)* s. membrillo; **quince-tree** s. membrillo (árbol).
quinine *(kuinín)* s. quinina.
quinquennial *(cuincuénnial)* adj. quinquenal.
quintessence *(cuintésens)* s. quintaesencia.
quintuplet *(quiúntiplit)* s. serie de cinco; pl. cinco hijos de un mismo parto. [agudeza.
quip *(kuip)* s. pulla, dicharacho;
quirk *(kuö'rk)* s. chifladura, extravagancia, capricho; peculiaridad mental.
quit [**quitted** o **quit; quitted** o **quit**] *(cuít)* tr. dejar, abandonar; adj. libre; **to be —,** estar en paz. [mente.
quite *(cuáit)* adv. completa-
quits *(cuíts)* interj. en paz.
quiver *(cuíva)* s. temblor; aljaba; intr. temblar. [tesco.
quixotic *(cuicsótic)* adj. quijo-
quiz *(cuíz)* tr. engañar; s. acertijo, interrogatorio.
quota *(cuóta)* s. cuota.
quotation *(cuotéischön)* s. *Lit.* citar; *(Econ.)* cotización.
quote *(cuout)* tr. *(Lit.)* citar; *(Econ.)* cotizar. [te.
quotient *(kuoúschönt)* s. cocien-

R r

rabbit *(rábit)* s. conejo.
rabble *(rábl)* s. populacho, chusma.
rabid *(rábid)* adj. rabioso; furioso; feroz. [fobia.
rabies *(réibiis)* s. rabia, hidro-
rabbi *(rábai)* s. rabí, rabino.
race *(réis)* s. raza; (Dep) carrera; **arms —,** carrera de armamentos; carrera, intr. correr, competir; **horse —,** carrera de caballos.
racer *(réisa)* s. corredor; caballo de carreras; auto de carreras.
racial *(réischal)* adj. racial.
rack *(rák)* s. (f. c.) porta-equipajes; estante; colgador, potro de tortura; **magazine —,** revistero; tr. atormentar, torturar; **— ones brains,** devanarse los sesos.
racket *(ráket)* s. raqueta; barahunda; parranda; (fam.) trampa, fraude.
racketeer *(raketír)* s. trapecista, trapacero, extorsionista; tr. trapacear, extorsionar.
radar *(réidar)* s. radar.
radiance *(réidiens)* s. brillo, esplendor. [esplendoroso.
radiant *(réidiant)* adj. radiante,
radiate *(réidieit)* int. radiar, irradiar; tr. iluminar. [diación.
radiation *(reidiéischön)* s. ra-
radiator *(réidieita)* s. radiador.
radical *(rádical)* adj. radical.
radio *(réidio)* s. radio.
radium *(réidiöm)* s. radio (elemento químico).
radius *(réidias)* s. *Geom.* radio (de un círculo).
raffia *(réfia)* s. rafia.
raffle *(ráfl)* s. rifa; tr. rifar.
raft *(ráft)* s. balsa.
rag *(rág)* s. trapo, harapo; **— and tatters,** en harapos; **— bone dealer,** trapero. [cho).
rafter *(ráfta)* s. viga (del te-
rage *(réidch)* s. rabia, furia; **all the —,** muy de moda, el último grito; intr. rabiar.
ragged *(rágid)* adj. andrajoso.
ragamuffin *(rágamöfin)* s. pelagatos, golfo; granuja, pilluelo.
raging *(réidying)* s. furioso; adj. furioso.
raid *(réid)* s. incursión, ataque.
rail *(réil)* s. barrera; baranda; (F. C.); **Hand —,** pasamanos, riel; tr. insultar.
railing *(réiling)* s. barandilla; circa; reja, balaustrada.
railroad *(réilroud)* s. (U. S. A.) ferrocarril.
railway *(réiluei)* s. (G. B.) ferrocarril; **— Station,** estación de ferrocarril. [ra.
rainment *(réimöont)* s. vestidu-
rain *(réin)* s. lluvia; intr. llo-

R

ver; **rain cats and dogs,** llover chuzos.

R

rainbow *(réinbou)* s. arco iris.

raincoat *(réincout)* s. impermeable.

raindrop *(réindrop)* s. gota de lluvia. [cero.

rainfall *(réinfol)* s. lluvia; aguaraise *(réis)* tr. levantar; criar.

raisin *(réisin)* s. pasa.

rake *(réik)* s. rastro; rastrillo; calavera; tr. rastrillar.

rally *(ráli)* s. reunión, concentración (de tropa); tr., intr. reunir(se); (Aut.) competición de regularidad.

ram *(rám)* s. carnero; (mec.) émbolo, ariete; tr. apisonar, atacar.

ramble *(rámbl)* s. paseo en el campo; intr. vagar, pasear.

rambler *(rambla)* s. andarín, excursionista, mentirosa.

ramp *(rámp)* s. rampa.

rampart *(rámpart)* s. terraplén; muralla.

ramrod *(remrad)* s. baqueta de fusil, atascador, cargador.

ramshackle *(rámschaköl)* adj. desvencijado.

ranch *(ranch)* s. rancho, hacienda, estancia.

rancher *(ráncha)* s. ranchero.

rancid *(ránsid)* adj. rancio.

rancour *(ránkör)* s. rencor; encono.

rancourous *(ránkarös)* adj. rencoroso.

random *(rándöm)* s. azar, acaso; adj. fortuito; **at —,** al azar.

range *(réindch)* s. alcance, extensión (de actividad), alinear, surtido; (geog.) **— of mountains,** cordillera; **shooting —,** campo de tiro.

ranger *(réindya)* s. guardabosques; batidor.

rank *(ránk)* s. rango; fila, grado; adj. lozano.

ransack *(ránsac)* tr. saquear; revolver. [tr. rescatar.

ransom *(ránsöm)* s. rescate;

rant *(rant)* intr. desvariar; disparatar, gritar necedades.

ranter *(ranta)* s. vociferador, energúmeno.

rap *(rap)* tr. golpear; criticar, censurar; s. golpe.

rapacious *(rapéischös)* adj. rapaz. [s. rapacidad.

rapaciousness *(rapéischösnes)*

rape *(éip)* s. violación, forzar, esturpo; tr. violar, forzar.

rapid *(rápid)* adj. rápido. s. (hid.) rápidos.

rapidity *(rápiditi)* s. rapidez.

rapt *(rápt)* adj. encantado; extasiado.

rapture *(rápchar)* s. éxtasis.

rapturous *(raptuiras)* adj. arrebatador.

rare *(réa)* adj. raro, escaso; (carne.) medio crudo.

rareness *(réanes)* s. rareza, escasez.

rareripe *(réaraip)* adj. precoz.

rarity *(rariti)* s. rareza. [pillo.

rascal *(ráscal)* s. pícaro, bribón,

rash *(rásh)* adj. arrojado; temerario; atolondrado; s. erupción; sarpullido.

rashness *(ráschnes)* s. temeridad; arrojo, precipitación.

rasher *(ráschar)* s. loncha.

rasp *(rásp)* s. raspa(dor); tr. raspar, rascar. [frambuesa.

raspberry *(rásberri)* s. *Bot.*

raspy *(ráspi)* adj. ronco; áspero.

rat *(ráa)* s. rata; **to smell a —,** sospecho.

rate *(réit)* s. promedio; (com.) **interest —,** tanto por ciento de interés; **first —,** clase, categoría; **at any —,** de todos modos; **—s,** pl. contribución; tr. valuar, tasar.

rather *(rádar)* adv. más bien; un poco, mejor.

ratify *(rátifai)* tr. ratificar.

rating *(réiting)* s. clasificación; rango, grado.

ratio *réischiou)* s. medio, proporción. [ción.

ration *(réschön)* s. ración; por-

rational *(ráschönal)* adj. racional. [cionalizar.

rationalize *(ráschanalais)* tr. ra-

rattle *(rátl)* s. matraca; **death**

ratle, estertor, sonajero; tr. intr. (hacer) sonar.
rattlesnake *(rátlsneik)* s. serpiente de cascabel; cascabel o cascabela. [ruidoso.
rattling *(rátling)* s. estertor; adj.
raucous *(rókös)* adj. ronco; estentóreo. [to; tr. asolar.
ravage *(rávidya)* s. asolamien-
rave *(réiv)* intr. delirar, enfurecerse; **to — about a person,** estar loco por.
ravel *(rével)* tr. deshilar, destejer; desenredar.
raven *(réivn)* s. *Orn.* cuervo; *(ravn)* tr., intr. apresar, devorar; s. presa [hambriento.
ravenous *(rávinas)* adj. voraz,
ravine *(ravín)* s. barranca, quebrada, garganta.
ravin *(raiving)* adj. furioso; delirante; — **mad,** loco de remate [lar.
ravish *(rávisch)* tr. seducir, vio-
ravisher *(rávischar)* s. seductor, violador, estuprador.
ravishment *(rávischment)* s. violación, seducción, éxtasis; estupro.
raw *(ró)* adj. crudo; verde; áspero, bruto, carne viva; — **material,** materia prima.
rawhide *(rójaid)* s. cuero crudo.
ray *(réi)* s. rayo. *Ict.* raya.
raze *(reis)* tr. arrasar, asolar.
razor *(réisa)* s. navaja, maquinilla de afeitar: — **blade,** hoja de afeitar.
reach *(rích)* s. alcance, extensión; tr. alcanzar.
react *(riáct)* tr. reaccionar.
reaction *(riácschön)* s. reacción.
read [read; read] *(ríid)* tr. leer; estudiar; intr. leer.
readable *(rídabl)* adj. leíble.
reader *(rída)* s. lector, profesor de universidad, corrector de imprenta, libro de lecturas.
readily *(rédili)* adv. de buena gana, prontamente.
readiness *(rédines)* s. prontitud, **to be in —,** estar preparado.
reading *(ríding)* s. lectura, estudio.
readjust *(riadyast)* tr. reajustar; arreglar de nuevo; readaptar.
ready *(rédi)* adj. listo, pronto, a punto **ready made** adj. hecho, de confección; **—!, steady!, go!,** ¡listos! ¡preparados! ¡ya!
re-affiirm *(re-affam)* tr. e intr. reafirmar, reiterar.
real *(ríal)* adj. real; efectivo; **real estate,** s. bienes raíces, fincas.
realism *(ralisam)* s. realismo.
reality *(riáliti)* s. realidad.
realize *(rialais)* tr. darse cuenta, ver; realizar. [veras.
really *(rielli)* s. realmente, de
realty *(rialti)* s. bienes raíces.
realm *(rélm)* s. (fig.) reino, campo.
ream *(rím)* s. resma.
reap *(ríip)* tr. cosechar, segar.
reaper *(rípa)* s. segador, cosechadora.
reappear *(ríapia)* tr. reaparecer.
rear *(ría)* s. adj. posterior, trasero; s. fondo, trasero, zaga, tr. cultivar, criar.
rear-guard s. retaguardia.
reason *(risön)* s. motivo; razón; tr. argüir; intr. razonar.
reasonable *(rísnabl)* adj. razonable.
reasoning *(risoning)* s. razonamiento, tranquilizarse, asegurar.
reassemble *(riasémbl)* tr. juntar de nuevo, reunir.
reassure *(riaschúa)* tr. tranquilizar; reasegurar. [batar.
reave [reft; reft] *(rív)* tr. arre-
rebate *(ribéit)* s. rebaja; tr. rebajar, descontar; **tax —,** devolución de impuesto.
rebel *(rébel)* s. rebelde; faccioso; intr. rebelarse.
rebellion *(ribéliön)* s. rebelión.
rebellious *(ribélias)* adj. rebelde. [to.
rebirth *(ribirth)* s. renacimien-
rebound *(ribáund)* s. rebote; intr. rebotar.
rebuff *(ribö'f)* s. repulsa, desaire; tr. rechazar.
rebuild *(ri-bíld)* tr. reconstruir, reedificar.

R

R

rebuke *(rebíuk)* s. represión; tr. reprender.
recall *(ricól)* s. evocación, memoria; tr. evocar, recordar.
recapitulate *(ricapítiuleit)* tr. recapitular.
recapture *(rikapcha)* s. recaptura; tr. represor, recapturar.
recast *(ricást)* tr. refundir, reformar. [troceder.
recede *(risíd)* intr. retirarse, re-
receding *(risiding)* adj. retrocediente; — **forehead**, frente huida. [recibido.
receipt *(risít)* s. recibo; **in — of,**
receive *(risív)* tr. recibir; admitir; acoger.
receiver *(risívör)* s. recibidor, receptor (radio).
recent *(rísent)* adj. reciente.
receptacle *(riséptacl)* s. receptáculo. [ción.
reception *(risépschön)* s. recep-
recess *(risés)* s. retiro; alejamiento; recreo, nicho.
recipe *(résipi)* s. (coc.) receta.
recipient *(risípiant)* adj. y s. recipiente. receptor, consignatario. [proco, mutuo.
reciprocal *(risíprocal)* adj recí-
reciprocate *(risíprokeit)* intr. corresponder. [procidad.
reciprocity *(resiprósiti)* s. reci-
recital *(risáitl)* s. recitación; relación, narración; recital (músico). [tación.
recitation *(resitéischön)* s. reci-
recite *(risáit)* tr. recitar; relatar; decir o dar la lección.
reckles *(rékles)* adj. atolondrado, temerario, descuidado.
reckon *(réckn)* tr. contar; estimar; considerar, calcular; suponer. [cálculo.
reckoning *(rékning)* s. cuenta,
reclaim *(ricleim)* tr. reclamar.
recline *(ricláin)* tr., intr. reclinar(se), apoyarse.
recluse *(riclús)* adj. y s. recluso.
reclusion *(clúsyön)* s. reclusión, encarcelamiento.
recognition *(recognischön)* s. reconocimiento; (fig.) admisión [conocimiento.
recognizance *(ricógnisans)* s. re-
recognize *(récognais)* tr. reconocer, admitir.
recoil *(ricóil)* s. reculada; intr. recular, retroceder.
recollect *(recoléct)* tr. recordar.
recollection *(recolécschön)* s. recuerdo, reminiscencia.
recommend *(recoménd)* tr. recomendar, carecer.
recompense *(récömpens)* s. recompensa; tr. recompensar.
reconcile *(réconsail)* tr. reconciliar, avenirse a, concordar.
reconciliation *(reconsilieishön)* s. reconciliación, avenencia.
recondite *(récöndait)* adj. recóndito; secreto, íntimo.
reconnaissance *(ricónesens)* s. *Mil.* reconocimiento, exploración.
reconnoitre *(reconóita)* tr. *Mil.* reconocer, explorar.
reconsider *(ri-könsídar)* tr. reconsiderar.
reconstruct *(ri-könströkt)* tr. reconstruir, reedificar.
record *(récöd)* s. registro; acta, disco de gramófono, historial; record, *(ricód)* tr. registrar, archivar, grabar; — **player** s. tocadiscos.
recount *(ri-káunt)* s. recuento; *(ri-káunt)* tr. contar, relatar; volver a contar. [xilio.
recourse *(ricórs)* s. recurso, au-
recover *(rikö'var)* tr. recuperar, recobrar; intr. restablecerse.
recovery *(rikö'vöri)* s. recuperación, restablecimento,
recreate *(ricriéit)* tr. recrear.
recreation *(recriéischön)* s. recreación.
recruit *(ricrút)* tr. reclutar; s. *Mil.* recluta; (fam.) quinto.
recruiting *(ricrúting)* s. *Mil.* reclutamiento. [gulo.
rectangle *(réktangl)* s. rectán-
rectify *(réctifai)* tr. rectificar; corregir. [tud.
rectitude *(réctitiud)* s. recti-
rector *(récta)* s. rector; cura párroco.
rectum *(réktam)* s. *Anat.* recto
recumbent *(rikö'mbent)* adj. recostado, reclinado.
recuperate *(rikiúpöreit)* tr. recuperar, recobrar.

recuperation *(rikiuporéischön)* s. recuperación, restablecimiento.
recur *(rika)* intr. repetirse.
recurrence *(rikarens)* s. vuelta, repetición. [dico, repetido.
recurrent *(rikarent)* adj. perió-
red *(réd)* adj. rojo; encarnado; s. color rojo; — **pepper** s. pimentón; — **tape** formulismo.
redden *(rédn)* tr. enrojecer; intr. ruborizarse.
reddish *(rédisch)* adj. rojizo
redeem *(redím)* tr. redimir; (com.) amortizar.
redeemer *(ridíma)* s. salvador, redentor; **the Redeemer,** el Redentor.
redemption *(redémpschön)* s. redención, rescate (com.) amortización. [mación.
redness *(rédnis)* s. rojez, infla-
redouble *(ridö'bl)* tr. redoblar; repetir; repercutir.
redound *(ridáund)* intr. redundar en.
redress *(ridrés)* s. reparación: tr. repasar, rectificar.
reduce *(rediús)* tr. reducir; degradar, simplificar. [ción.
reduction *(ridö'cschön)* s. reduc-
redundance *(ridö'ndans)* s. redundancia. [dundante.
redundant *(ridö'ndant)* adj. re-
redwood *(réduud)* s. *Am.* secoya o secuoya (árbol gigantesco de California); madera roja de la secoya.
reed *(riid)* s. caña; junco.
reef *(riif)* s. arrecife, rizo tr. arrizar.
reek *(rik)* v. exhalar, echar (vaho o vapor); heder, oler mal; s. hedor, mal olor.
reel *(riil)* s. aspa, carrete; tr. devanar, tambalearse.
re-elect *(rí-eléct)* tr. reelegir.
reembarck *(riembárk)* tr. reembarcar. [fortalecer.
reenforce *(rienfórs)* tr. reforzar,
re-enforced *(reinforsed)* adj. reforzado, fortalecido.
re-enforcement *(reinfosment)* s. refuerzo. [entrar.
re-enfer *(ri-enfa)* tr. volver a
re-entry *(re-entri)* s. re-entrada.
re-establish *(rí-estáblisch)* tr. volver, restablecer.
refer *(rifö'r)* tr. e intr. referir; remitir; referirse a.
referee *(refarí)* s. árbitro.
reference *(réförens)* s. referencia. [ferendum.
referendum *(refaréndam)* s. re-
refill *(rí-fil)* tr. rellenar.
refine *(rifáin)* tr., intr. refinar(se). [fino.
refined *(rifáind)* adj. refinado;
refinement *(rifáinment)* s. refinamiento.
refinery *(rifáinari)* s. refinería.
refit *(rifit)* tr. reparar, equipar.
reflect *(rifléct)* tr., intr. reflejar; reflexionar. [xión, reflejo.
reflection *(riflécschön)* s. refle-
reflective *(rifléctiv)* adj. reflexivo.
reflex *(ríflecs)* adj. y s. reflejo.
reform *(rifóom)* s. reforma; tr. y reflex. reformar(se).
refraction *(rifrákschön)* s. refracción.
refractory *(rifráktori)* adj. refractario, terco, rebelde.
refrain *(rifreín)* tr., intr. contener(se); s. *Mus.* estribillo.
refresh *(rifrésch)* tr. refrescar.
refreshment *(rifréschment)* s. refresco. [frescarse.
refreshing *(rifreshing)* adj. re-
refrigerate *(rifrídchareit)* tr. refrigerar. [s. refrigeración
refrigeration *(rifridchareichön)*
refrigerator *(rifrídchöreita)* s. nevera, refrigerador (eléctrica). [amparo.
refuge *(réfiudya)* refugio; asilo;
refugee *(refiudyi))* s. refugiado.
refund *(rifö'nd)* s. reembolso; tr. reembolsar.
refusal *(rifiúsal)* s. negativa.
refuse *(rifiús)* s. basura, desecho; tr. rehusar, (de)negar.
refute *(refiút)* tr. refutar.
regain *(riguiéin)* tr. recobrar.
regal *(rígal)* adj. regio. [sajar.
regale *(rigéil)* tr. regalar, aga-

R

regard *(rigárd)* s. atención; consideración; mirada; tr. mirar. [relación a.
regarding *(rigárding)* prep. con
regardless *(rigárdlis)* adj. **regardless of,** sin considerar, prescindiendo de.
regards *(rigárds)* s. recuerdos.
regatta *(rigáta)* s. (dep.) regata.
regency *(rídyensi)* s. regencia.
regent *(rídyent)* s. y adj. regente.
regenerate *(ridyénareit)* tr. regenerar; adj. regenerado.
regimen *(rédyimen)* s. régimen; *Med.* dieta. [gimiento.
regiment *(rédyiment)* s. *Mil.* re-
region *(rídyan)* s. región, territorio, zona.
register *(rédyistar)* s. registro, matrícula; tr. registrar, matricular. [trador.
registrar *(redyistrir)* s. regis-
registration *(redyistréischön)* s. registro; — **number,** (auto.) número de matrícula.
regression *(rigréischön)* s. regresión, retroceso.
regret *(rigrét)* s. sentimiento, pesar; tr. lamentar, arrepentirse. [table.
regretful *(rigrétful)* adj. lamen-
regular *(réguiular)* adj. regular.
regularly *(reguiuláriti)* s. regularidad. [controlar.
regulate *(réguiuleit)* tr. regular,
regulation *(reguiuléischön)* s. regulación, control.
regulator *(regiuléitar)* s. regulador; registro (de reloj).
rehabilitate *(rijabíliteit)* tr. rehabilitar.
rehearsal *(riiesad)* s. ensayo; **dress —,** ensayo general.
rehearse *(riiers)* tr. ensayar.
reign *(rein)* s. rein(ad)o intr. reinar. [bolsar.
reimburse *(riimbars)* tr. reem-
reimbursement *(riimbarsment)* s. reembolso.
rein *(réin)* s. *Equi.* rienda.
reindeer *(reíndir)* s. reno, rangífero.
reinforce *(riinfö'rs)* tr. reforzar.
re-inforced *(riinfose)* adj. reforzado; — **concrete,** hormigón armado. [refuerzo.
reinforcement *(riinfarsment)* s.
reinstate *(riinstéit)* tr. restablecer, reintegrar.
reinstate *(réitöreit)* tr. reiterar.
reject *(riyéct)* tr. rechazar; desechar.
rejection *(reyécschön)* s. rechazamiento, desestimación.
rejoice *(ridyóis)* tr., intr. alegrar(se), regocijar(se).
rejoicing *(riyosing)* s. regocijo, júbilo.
rejoin *(ridyóin)* tr. reunirse con; intr. replicar.
rejuvenate *(ridyúvineit)* tr. rejuvenecer. [intr. reincidir.
relapse *(riláns)* s. *Med.* recaída;
relate *(riléit)* tr. relatar; relacionar; intr. referirse. [de.
related *(rileited)* adj. pariente
relating *(rileiting)* adj. referente a, concerniente.
relation *(riléischön)* s. relación; pariente, parentesco.
relations *(riléischöns)* s. familia(res). [trata, relación.
relationship *(rileisyonsyip)* s.
relative *(rélativ)* adj. relativo; s. pariente(a).
relativity *(relatíviti)* s. relatividad. [cansar.
relax *(rilács)* tr. relajar; des-
relaxation *(rilacséischön)* s. relajación; descanso.
relay *(ri-léi)* s. relevo, remuda; — **race** carrera de relevo; **electric** relevador; *(riléi)* v. transmitir, despachar; hacer cundir (una noticia); **to — a broadcast** reemitir un programa de radio; — **station** (T. V.) repetidor.
release *(rilís)* s. liberación, soltura; tr. soltar.
relegate *(rélegueit)* tr. relegar.
relent *(rilént)* intr. aplacarse, ablandarse.
relentless *(riléntles)* adj. implacable, inexorable.
relevancy *(rélevansi)* s. pertinencia, relación. [nente.
relevant *(rélevant)* adj. perti-

reliability *(rilaiabíliti)* s. precisión, seguridad. [de fiar.
reliable *(riláiebl)* adj. seguro,
reliance *(reláians)* s. confianza; seguridad.
relic *(rélik)* s. reliquia.
relief *(rilíf)* s. consuelo; socorro, alivio. *Mil.* relevo.
relieve *(rilív)* tr. relevar, socorrer, aliviar.
religion *(rilídyön)* s. religión.
religous *(rilídyas)* adj. religioso; devoto. [donar; ceder.
relinquish *(rilíncuish)* tr. aban-
relish *(rélisch)* s. gusto, fruición; tr. saborear. [na.
reluctance *(rilö'ctans)* s. desga-
reluctant *(rilö'ctant)* adj. reacio, maldispuesto. [mala gana.
reluctantly *(rilö'ctantli)* adv. de
rely *(rilái)* tr. — **(up)on,** confiar en, contar con.
remain *(riméin)* intr. permanecer; quedar(se).
remainder *(riméinda)* s resto; restante; residuo.
remains *(riméins)* s. pl. restos.
remake *(rí-méik)* tr. rehacer, hacer de nuevo.
remark *(rimáak)* s. observación, nota; tr. observar, notar, advertir. [table; insigne.
remarkable *(rimárkabl)* adj. no-
remedy *(rémedi)* s. remedio; tr. remediar.
remember *(rimémba)* tr. recordar; intr. acordarse, tener presente.
remembrance *(rimémbrans)* s. memoria; — **day,** día de los difuntos.
remind *(rimáind)* tr. recordar.
reminder *(rimáinda)* s. recordatorio; (com.) aviso.
remiss *(rimís)* adj. negligente; omiso.
reminiscence *(reminísus)* s. reminiscencia, memoria, recuerdo. [sión, perdón.
remission *(rimíschön)* s. remi-
remit *(rimít)* tr. remitir, perdonar (com.) enviar, girar.
remittance *(rimítans)* s. (com.) giro, envío.
remnant *(rémmant)* s. (text.) retales, resto remanente.
remodel *(rí-módl)* tr. rehacer, reconstruir; modelar de nuevo. [protesta.
remonstrance *(rimónstrans)* s.
remorse *(rimórs)* s. remordimiento.
remote *(rimóut)* adj. remoto.
removal *(rimúval)* s. eliminación; *Med.* extirpación; traslado, mudanza.
remove *(rimúv)* tr. quitar, eliminar; *Med.* extraer; mudarse. [do, sacado; extraído.
removed *(rimúvd)* adj. elimina-
remunerate *(rimiúnöreit)* tr. remunerar, pagar.
remuneration *(rimiúnöréischön)* s. remuneración, pagar.
Renaissance *(renésans)* s. *Art.* Renacimiento.
rend [**rent; rent**] *(rend)* v. desgarrar, rasgar; rajar.
render *(rénda)* tr. (fig.), prestar, traducir, hacer.
renegade *(rénigueid)* s. renegado; desertor.
renew *(riniú)* tr. renovar.
renewal *(riniúal)* s. renovación; prórroga.
renounce *(rináuns)* tr. e intr. renunciar, renegar.
renovate *(rénouveit)* tr. renovar.
renown *(rináun)* s. fama; renombre. [do; célebre.
renowned *(rináunt)* adj. afama-
rent *(rént)* s. renta; alquiler; grieta; tr. alquilar.
rental *(réntal)* s. alquiler.
reopen *(rí-óupan)* tr. reabrir (se), volver a abrir(se).
repair *(ripéa)* s. reparación; tr. reparar, arreglar. [paración.
reparation *(repöréischön)* s. re-
repay *(ripéi)* tr. reembolsar; restituir; reintegrar.
repayment *(ripéimant)* s. reintegro, pago, devolución.
repeal *(ripíl)* v. derogar, abrogar, revocar, abolir (una ley); s. abrogación, derogación, revocación. [repetir.
repeat *(ripít)* s. repetición; tr.
repeatedly *(ripítedli)* adv. repetidamente, continuamente.

R

repel *(ripél)* tr. repeler.
repellent *(ripélent)* adj. y s. repelente, repulsivo.
repent *(ripént)* tr. en intr. arrepentirse (de). [pentimiento.
repentance *(ripéntans)* s. arre-
repentant *(ripéntant)* adj. arrepentido. [cutir.
repercuss *(riperkes)* tr. reper-
repercussion s. repercusión.
repertory *(répötöri)* s. repertorio; — **company**, compañía de teatro aficionado.
repetition *(repetischön)* s. repetición, reiteración.
repetitious *(repitishos)* adj. prolijo, redundante.
replace *(ripléis)* reponer, restituir; reemplazar.
replaceable *(rifléisöbl)* adj. reemplazable; substituible.
replacement *(ripléisment)* s. substitución, reposición.
replenish *(riplénish)* tr. llenar, rellenar. [no.
replete *(riplít)* adj. repleto; lle-
replica *(réplika)* s. reproducción, copia exacta.
reply *(repláí)* s. respuesta; tr. contestar.
report *(ripóot)* s. informe; (period.) crónica; *Mil.* parte; tr. e intr. informar; presentarse. [ro, periodista.
reporter *(riuóotar)* s. reporte-
repose *(ripóus)* s. reposo, tr. descansar; intr. dormir; reclinarse.
reprehend *(reprijénd)* tr. reprender, reñir, increpar.
reprehensible *(reprijénsibl)* adj. reprensible.
reprehension *(reprijénsyön)* s. reprensión. [sentar.
represent *(reprisént)* tr. repre-
representation *(representéischön)* s. representación. *Teat.* función.
representative *(represéntativ)* adj. representativo; s. representante.
repress *(riprés)* tr. reprimir.
repression *(ripréschön)* s. represión. [sivo.
repressive *(riprésiv)* adj. repre-
reprieve *(ripriv)* s. aplazamiento; tr. aplazar, aliviar, indultar.
reprimand *(réprimand)* s. reprimenda; reprensión; tr. reprender.
reprint *(riprínt)* s. reimpresión; tr. reimprimir.
reprisal *(ripráisal)* s. represalia.
reproach *(riprouch)* s. reproche; tr. reprochar. [ducir.
reproduce *(riprodiús)* tr. repro-
reproduction *(riprodacschön)* s. reproducción. [primenda.
reproof *(riprúf)* s. reproche, re-
reprove *(riprúv)* tr. reprochar, reprender, censurar.
reptile *(réptail)* adj. y s. reptil.
republic *(ripablic)* s. república.
republican *(ripablican)* adj. y s. republicano. [diar.
repudiate *(ripiúdieit* tr. repu-
repudiation *(ripiudiéischön)* s. repudiación.
repugnance *(ripagnans)* s. repugnancia, aversión.
repugnant *(repagnant)* adj. repugnante, antipático.
repulse *(ripö'ls)* v. repulsar, repeler; rechazar; s. repulsa; desaire.
repulsive *(ripalsiv)* adj. repulsivo, repugnante. [petable.
reputable *(répiutabl)* adj. res-
reputation *(repiutéischön)* s. reputación, fama, prestigio.
repute *(repiút)* s. estimación; reputación; tr. reputar, juzgar; **of ill** —, de mala fama.
request *(ricúést)* s. petición; tr. rogar, pedir. [necesitar.
require *(ricuáia)* tr. requerir;
requirement *(ricuáiament)* s. requisito, exigencias.
requisite *(récuisit)* adj. preciso; s. requisito; **toilet** —, artículos de aseo.
requisition *(rekwisíschön)* s. requisición, demanda, orden; tr. demandar, pedir, ordenar.
rescind *(risínd)* tr. rescindir, anular.
rescue *(réskiu)* s. rescate, sal-

vamento; tr. rescatar, salvar.
rescuer *(réskiua)* s. libertador, salvador.
research *(riseach)* s. (Cienc.) investigación; tr. investigar.
resemblance *(risémblans)* s. semejanza, parecido; **a close —**, muy parecido.
resemble *(risémbl)* tr. parecerse a. [de.
resent *(risént)* tr. resentirse
resentful *(riséntful)* adj. resentido. [sentimiento.
resentment *(riséntment)* s. re-
reservation *(resarvéischön)* s. reserva.
reserve *(risö'rv)* s. reserva; tr. reservar; precaución.
reserved *(risö'rvd)* adj. reservado.
reservolr *(résarvuaré)* s. depósito, (Hidr.) pantano.
reside *(risáid)* intr. residir.
residence *(résidens)* s. residencia; domicilio.
resident *(résident)* adj. residente; s. habitante, vecino.
residual *(resídiual)* adj. restante. [resto.
residue *(résidiu)* s. residuo;
resign *(risáin)* tr. dimitir, renunciar.
resignation *(resignéischön)* s. dimisión; resignación. [tente.
resilient *(resiliyent)* adj. resis-
resin *(résin)* s. resina.
resinous *(résinös)* adj. resinoso.
resist *(resíst)* tr. e intr. resistir.
resistance *(resístans)* s. resistencia, aguante. [tente.
resistant *(risístönt)* adj. resis-
resolute *(résoliut)* adj. resuelto.
resoluteness *(résoliutnes)* s. determinación, firmeza.
resolution *(resoliúschön)* s. resolución, propósito.
resolve *(risólv)* tr. decidir; tomar una decisión; tr., intr. resolver(se). [nancia.
resonance *(résonans)* s. reso-
resonant *(résonant)* adj. resonante.
resort *(risórt)* s. concurrencia; lugar concurrido; **Summer —**, lugar de veraneo; **health —**, balneario; **last —**, último recurso; intr. acudir, recurrir.
resource *(risórs)* s. recurso.
resound *(risáund)* tr. resonar; repercutir. [genioso.
resourceful *(risórsful)* adj. in-
respect *(rispéct)* s. respeto; miramiento; tr. respetar.
respectable *(rispéctabl)* adj. respetable. [pectuoso.
respectful *(rispéctful)* adj. res-
respecting *(rispécting)* prep. con respecto a, tocante a.
respective *(riapéctiv)* adj. respectivo. [dos, saludos.
respects *(rispécts)* s. recuer-
respiration *(respiréischön)* s. respiración; respiro.
respirator *(réspireitor)* s. respirador.
respire *(rispáia)* tr. e intr. respirar. [dar tregua.
respite *(réspait)* s. tregua; tr.
resplendent *(rispléndant)* adj. resplandeciente.
respond *(rispónd)* tr. e intr. responder; corresponder.
response *(rispons)* s. respuesta; pl. (Rel.) responso.
responsibility *(responsibíliti)* s. responsabilidad.
responsible *(rispónsibl)* adj. responsable.
rest *(rést)* s. reposo; descanso; tr., intr. descansar, apoyar(se). [s. restaurante.
restaurant *(réstörant, restorán)*
restful *(réstful)* adj. reposado, sosegado, tranquilo.
restive *(réstiv)* adj. inquieto. s.
restless *(réstles)* adj. inquieto; revoltoso; **to have a — night**, no pegar ojo.
restitution *(restitiúschön)* s. restitución; devolución.
restoration *(restoréischön)* s. restauración. [restablecer.
restore *(ristóa)* tr. restituir;
restrain *(ristréin)* tr. restringir, coartar. [ción.
restraint *(ristréint)* s. modera-
restrict *(restrict)* tr. restringir.
restricted *(restricted)* adj. restringido, limitado; **— to**, limitado a. [tricción.
restriction *(ristríschön)* s. res-

R

restrictive *(ristríctiv)* adj. restricto. [tr. resultar.
result *(risö'lt)* s. resultado; in-
resume *(risiúm)* tr. reanudar.
résumé *(résiumei)* s. resumen, sumario. [reanudación.
resumption *(risómpschön)* s.
resurrect *(resarect)* tr. resucitar. [resurrección.
resurrection *(resarécschön)* s.
retail *(ritéil)* s. venta al por menor; tr. vender al por menor; — **price**, precio de venta al público.
retailer *(retéilar)* s. detallista.
retain *(ritéin)* tr. retener.
retainer *(retéina)* s. duedo, dependiente. [desquitarse.
retaliate *(ritálieit)* tr. e intr.
retaliation *(ritaliéischön)* s. represalia; desquite.
retard *(ritárd)* s. demora, retraso; tr. demorar.
retention *(riténschön)* s. retención, retentiva.
reticence *(rétisens)* s. reticencia, reserva.
retina *(rétina)* s. *Anat.* retina.
retinue *(rétiniu)* s. comitiva.
retire *(ritáia)* tr. retirar; intr. retirarse; jubilarse.
retired *(ritáied)* adj. retirado; jubilado. [ro, jubilación.
retirement *(ritáiament)* s. reti-
retort *(ritórt)* s. replica; tr. replicar. [retoque.
retouch *(ri-tö'ch)* v. retocar; s.
retrace *ritréis)* tr. desandar; volver atrás.
retract *(ritráct)* tr., intr. retractar(se), desmentir(se).
retractation *(ritractéischön)* s. retractación.
retreat *(ritrít)* s. retiro, refugio; *(Mil.)* retirada, retreta; intr. retirarse.
retrench *(ri-trénch)* v. cercenar, reducir, disminuir, economizar; (Mil.) atrincherar.
retribute *(retríbiut)* tr. retribuir. [tribución.
retribution *(retribiúschön)* s. re-
retrieve *(ritrív)* tr. restablecer; reparar; recobrar, recuperar.
retriever *(ritriva)* s. perro perdiguero. [troactivo.
retroactive *(ritroáctiv)* adj. re-
retrograde *(rétrogreid)* adj. retrógrado; intr. retrogradar, retroceder.
return *(riteen)* s. retorno; recompensa, ganancia; tr. (de)-volver, retornar, recompensar; intr. volver, regresar;
return-ticket s. billete de ida y vuelta.
reunion *(riyúniön)* s. reunión.
reunite *(riyunáit)* tr., intr. reunir(se); volver a unirse.
reveal *(ririil)* tr. revelar, esclarecer.
revel *(rével)* s. jarana, juerga.
revelation *(reveléischön)* s. revelación.
reveller *(révelar)* s. juerguista.
revelry *(révelri)* s. jarana, jolgorio, juega.
revenge *(rivénya)* s. venganza; tr., intr. vengar(se).
revengeful *(rivéndyaful)* adj. vengativo.
revenue *(réveniu)* s. (Estatal) renta, ingresos, beneficios; **Postage** —, ingreso postal.
revere *(rivia)* tr. reverenciar; venerar. [rencia.
reverence *(révarens)* s. reveren-
reverend *(révarand)* adj. reverendo; venerable. [rente.
reverent *(révarent)* adj. reve-
reverie *(révari)* s. ensueño; arrobamiento.
reversal *(rivesal)* s. reversión.
reverse *(rivers)* adj. reverso, invertido, s. la inversa, revés; dorso; tr. invertir, trasformar; (mec.) marcha atrás.
reversion *(rivö'rschön)* s. reversión. [atrás, retroceder.
revert *(rivet)* v. revertir, volver
review *(riviú)* s. (mil.) revista, repaso; (lit.) reseña; tr. (mil.) revistar, hacer la crítica de. [vistador.
reviewer *(riviua)* s. crítico, re-
revile *(riváil)* tr. vilipendiar, vituperar, denigrar.
revise *(riváis)* tr. (Acad.) repasar; examinar; tr. revisar.

revision *(rivision)* s. reparo, revisión.

revival *(riváival)* s. resurgimiento, reavivamiento.

revive *(riváiv)* tr. hacer revivir, avivar, intr. revivir, reanimar.

revocable *(révocabl)* adj. revocable. [vocación.

revocation *(revokéischön)* s. re-

revoke *(rivóuk)* tr. revocar.

revolt *(rivóult)* s. revuelta; levantamiento; tr. sublevar; intr. revelarse.

revolting *(rivoulting)* adj. asqueroso, repugnante; **to be —**, dar asco.

revolution *(revoliúschön)* s. (Polít. y Mec.) revolución.

revolutionary *(revoliúyaneri)* s. revolucionario.

revolutionize *(revoliúsyanais)* tr. revolucionar.

revolve *(rivólv)* intr. rodar, girar; tr. girar; tr. hacer girar.

revolver *(rivólva)* s. revólver.

reward *(riuód)* s. recompensa, premio; tr premiar, recompensar.

rewrite *(rí-ráit)* tr. volver a escribir; refundir (un escrito).

rhetoric *(rétoric)* s. retórica.

rhetorical *(retórical)* adj. retórico.

rheumatic *(riumátic)* adj. reumático. [matismo.

rheumatism *(riúmatism)* s. reu-

rhinoceros *(rainósaros)* s. *Zoolog.* rinoceronte.

rhubarb *(rúbab)* s. *Bot.* ruibarbo.

rhyme *(ráim)* s. rima; tr. rimar; **Nursey —**, rima infantil.

rhythm *(rízm)* s. ritmo; cadencia. [mico.

rhythmical *(rízmical)* adj. rít-

rib *(ríb)* s. costilla; (fig.) esposa.

ribald *(ribold)* adj. impûdico; lascivo; obsceno.

ribbon *(ribön)* s. cinta.

rice *(ráis)* s. arroz; **— field,** arrozar; **— pudding,** arroz con leche.

rich *(rích)* adj. y s. rico, (Coc.) suculento; **to grow rich,** enriquecerse.

riches *(riches)* s. pl. riqueza, caudales. [culencia.

richness *(ríchnes)* s. riqueza, su-

rickety *(ríkiti)* adj. desvencijado; (Med.) raquítico.

rid [**rid; rid**] *(ríd)* tr. librar; **to get rid of,** librarse de.

riddle *(rídl)* s. enigma; adivinanza; acertijo; tr. **— with bullets,** acribillar.

ride [**rode; ridden** o **rode**] *(ráid)* intr. cabalgar, montar; andar en bicicleta (o moto); pasear en coche (o bus); s. paseo (en coche, etcétera.

rider *(ráida)* s. jinete, ciclista, motorista, etc.

ridge *(rídya)* s. lomo; cumbre; sierra, (mar.) cresta.

ridicule *(rídikiul)* s. ridículo; ridiculez; tr. ridiculizar.

ridiculous *(ridikiulas)* adj. ridículo, grotesco.

riding *(riading)* s. equitación; adj. de montar; intr. **to go —**, pasear a caballo.

rife *(ráif)* adj. abundante; común; numeroso; **to be —**, abundar, cundir.

rifle *(ráifl)* s. carabina; rifle; tr. robar, pillar.

rift *(ríft)* s. grieta; hendidura; tr. hender.

rig *(rig)* tr. aparejar, equipar; enjarciar (un barco de vela); **to — oneself up** emperifollarse, ataviarse; **rigging** *(riguin)* s. aparejo, equipo; aparato; atavío; traje.

right *(ráit)* adj. derecho; recto; justo; s. derecho, razón, (mano) derecha; adv. justamente; interj. ¡muy bien!; **on the —**, a la derecha; **to the —** (con monv.) a la derecha; tr. hacer justicia, enmendar; **right hand** s. brazo derecho (también en sentido figurado).

righteous *(ráichas)* adj. justo.

righteousness *(ráichasnis)* s. rectitud, virtud.

righter *(ráita)* s. justiciero.

R

rightful *(ráitful)* adj. legítimo.
rightly *(ráitli)* adv. con razón; justamente, rectamente; propiamente, aptamente, debidamente.
rigid *(rídyaid)* adj. rígido, tieso.
rigor, rigour *(rígar)* s. inclemencia.
rigorous *(rígarös)* adj. riguroso; severo; (Atm.) inclemente.
rim *(rím)* s. reborde; **full to the —**, hasta el borde; borde.
rime *(ráim)* s. rima, escarcha; tr. versificar.
rind *(ráind)* s. corteza, tr. descortezar, pelar.
ring *(ring)* s. anillo(a), aro, timbre; llamada (por teléfono); **buli —**, rueda; [**rung** o **rang; rung**] tr. circundar; **— the bell**, tocar el timbre; **— up**, telefonear; **to — rings rowel** (a person.) hacer mejor que alguien. [pequeña sortija.
ringlet *(rínglit)* s. rizo, bucle,
rink *(rink)* s. pista de patinar; s. **Ice-rink**, pista de hielo.
rinse *(ríns)* tr. enjuagar.
riot *(ráiat)* s. tumulto, motín; intr. amotinarse, alborotar.
riotous *(ráiatös)* adj. sedicioso, alborotador, bullicioso, hilarante. [gar, desgarrar.
rip *(rip)* s. rasgadura, tr. ras-
ripe *(ráip)* adj. maduro; sazonado. [rar.
ripen *(ráipn)* tr. e intr. madu-
ripeness *(ráipnes)* s. madurez.
ripple *(rípl)* s. ola; rizo; murmullo; tr. rizar; intr. rizarse.
rise [**rose; risen**] *(ráis)* s. subir; aumento (de salario), subida (de precio); ascenso; salida (del sol); tr. aumentar, subir, ascender, salir; **to give — to**, ocasionar; levantar. [gar.
risk *(rísk)* s. riesgo; tr. arries-
risky *(ríski)* adj. arriesgado, peligroso, aventurado.
rising *(raising)* s. (Polít.) levantamiento; adj. ascendente.
rite *(ráit)* s. rito.
rites *(ráits)* s. exequias.
ritual *(rítiual)* adj. y s. ritual.
rival *(ráival)* adj. contrario; s. rival; tr. revalizar.
rivalry *(ráivalri)* s. rivalidad.
rive [**rived; riven** o **rived**] *(raiv)* tr. rajar; hender.
river *(rívar)* s. río; **— Bank**, orilla del río; **— Beel**, lecho; **up the —**, río arriba; adj. fluvial. [machar; afianzar.
rivet *(rívet)* s. remache; tr. re-
rivulet *(ríviulit)* s. riachuelo, arroyuelo.
road *(róud)* s. camino; carretera; (Mar.) pl. rada; **road-side** s. borde de la carretera; **— way**, paso; (E. U.) **rail —**, ferrocarril. [tr. recorrer.
roam *(róum)* intr. vagar, rondar;
roamer *(róumar)* s. vagabundo.
roar *(róa)* s. rugido; bramido; intr. rugir.
roast *(róust)* adj. asado; tostado; s. carne asada; tr. asar, tostar, calcinar; **—er** *(rousta)* s. asador, tostador; pollo para ser asado.
rob *(rób)* tr. robar.
robber *(róbar)* s. ladrón.
robbery *(róbari)* s. robo; (fig.) **day-light —**, estafa.
robe *(róub)* s. túnica; **ward —**, guardarropa, armario.
robin *(róbin)* s. petirrojo.
robot *(róuböt)* s. robot, autómata.
robust *(robö'st)* adj. robusto.
rock *(rók)* s. roca, peña(asco); intr. y tr. oscilar; bambolear; **— chair**, mecedora.
rocker *(rókar)* s. mecedora; arco de una mecedora o cuna. [rocoso.
rocky *(róki)* adj. peñascoso,
rocket *(róket)* s. cohete.
rod *(ród)* s. var(ill)a, barrote; **fishing —**, caña de pescar, pértiga. [(de pescado).
roe *(róu)* s. (Ict.) corzo; hueva
rogue *(róug)* s. bribón, rufián.
roguery *(róugari)* s. bribonada.
rôle *(róul)* s. papel, parte; **to play a rôle**, desempeñar un papel.
roll *(roul)* s. rollo; rodillo; panecillo; lista, registro; tr. ro-

dar, allanar con rodillo; intr. rodar, girar.
roller *(roula)* s. rodillo; **Steam —**, aplanadora; **— Skate,** patín; **— bearings,** cojinete.
rolling *(rouling)* adj. rodadero; **— mill** (metal.) laminadora; **— pin** (Coc.) rodillo de pastelero; **— stone,** canto rodado.
Roman *(róuman)* adj. y s. romano; **Roman Catholic** adj. y s. católico (romano).
romance *(roumáns)* s. romance. fábula, novela de amor; **intr.** fingir, mentir. [románico.
Romanesque *(roumanésc)* adj.
romantic *(roumántic)* adj. romántico. [tozar, brincar.
romp *(rómp)* s. retozo; intr. re-
roof *(rúf)* s. techo; tejado; azotea; tr. techar, paladar (de la boca).
rook *(rúk)* s. *Orn.* corneja, grajo; torre (de ajedrez).
room *(rúm)* s. habitación, cuarto; espacio; **bath —,** cuarto de baño; **bed —,** dormitorio; **dining —,** comedor; **sitting —,** sala de estar; **to make —,** hacer sitio.
roominess *(rúminis)* s. holgura.
roomy *(rúmi)* adj. espacioso, holgado.
roost *(rust)* s. gallinero; percha de gallinero; v. acurrucarse (las aves en la percha); pasar la noche; **rule the —,** mandar al cotarro; **rooster** *(roosta)* (E. U.) s. gallo.
root *(rút)* s. raíz; origen; tr. e intr. arraigar(se).
rope *(róup)* s. soga; cuerda; cabo; tr. atar.
rosary *(róusari)* s. rosario.
rose *(róus)* s. *Bot.* rosa; **— bush,** rosal; adj. rosa; **rosewater** s. agua de rosas.
rosebud *(róusböd)* s. capullo o botón de rosa, yema, (fig.) pimpollo. [mero.
rosemary *(róusmeri)* s. *Bot.* ro-
rosette *(rousét)* s. roseta; rosetón.
rostrum *(róström)* s. tribuna.
rosy *(róusi)* adj. (son)rosado.
rot *(rót)* s. podre(dumbre); *fam.* tontada, intr. pudrirse.
rotary *(róutari)* adj. rotatorio, giratorio, rotativo. [rar.
rotate *(róuteit) (rotéit)* intr. gi-
rotation *(rotéischön)* s. rotación.
rota *(rout)* s rutina, repetición maquinal; **by —** maquinalmente, de carretilla, por turno, por turnos. [rrompido.
rotten *(rótn)* adj. podrido; co-
rotter *(rotta)* s. (vulg.) granuja, sinvergüenza. [redondo.
rotund *(rotö'nd)* adj. rotundo;
rouge *(rúdya)* s. color(ete). tr. y r. dar(se) colorete.
rough *(rö'f)* adj. (sup.) áspero; (Geog.) quebrado; (carret.) mala; (Náut.) embravecido; **— wards,** insultos; (tiempo) inclemente. / **— guers,** a ojo de buen cubero; (pers.) inculto. [ner(se) áspero.
roughen *(rö'fn)* tr. en intr. po-
roughly *(rufli)* adv. aproximadamente, a bulto.
roughness *(rufnes)* s. aspereza; brusquedad; rudeza.
round *(ráund)* adj. redondo, s. círculo, ronda; adv. y prep. alrededor (de); tr. redondear; **round-up** s. redada, rodeo (de ganado); (Box.) asalto; **to go — and —,** dar más y más vueltas. / **to go — the bend,** volverse loco.
roundabout *(ráundabaut)* adj. indirecto; s. tiovivo; glorieta de circulación. [dez.
roundness *(raundnes)* s. redon-
rouse *(ráus)* tr. e intr. despertar(se), excitar(se).
rout *(ráut)* s. derrota, chusma; tr. derrotar. [mino.
route *(rút)* s. ruta, rumbo, ca
routine *(rutín)* s. rutina.
rove *(róuv)* intr. recorrer, vagabundear, vagar.
rover *(róuvar)* s. vag(abund)o.
row *(róu)* s. fila, hilera; intr. remar; **—** *(rau),* riña, pelea; intr. pelearse; **to have a —,** armar un escándalo. [gamberro.
rowdy *(ráudi)* s. y adj. ruidoso,

R

R

rower *(róuar)* s. remero.

royal *(róial)* adj. real; regio.

royalist *(róialist)* s. realista, monárquico.

royalty *(róyalti)* s. realeza, derechos de autor.

rub *(rö'b)* tr. frotar, s. frotamiento; tr. — **out,** borrar.

rubber *(rö'ba)* s. caucho, goma de borrar. [ción.

rubbing *(rabing)* s. frote, fric-

rubbish *(rö'bisch)* s. escombros; basura; —! (int.) ¡Tonterías! — **dump,** escombrera, estercolero. [pio, cascajo.

rubble *(rabl)* s. escombros, ri-

ruby *(rúbi)* s. rubí.

rucksack *(rö'csac)* s. mochila.

rudder *(rada)* s. *Mar.* timón.

ruddy *(radi)* adj. rojizo, encendida; (fam.) maldito.

rude *(rúd)* adj. rudo, grosero, rústico, tosco. [ignorancia.

rudeness *(rúdnes)* s. grosería,

rudiment *(rúdiment)* s. rudimento; elemento.

rue *(rú)* s. *Bot.* ruda; tr. lamentar, arrepentirse. [table.

rueful *(rúful)* adj. triste, lamen-

ruffian *(rafyan)* s. rufián, hombre brutal, matón.

ruffle *(rafel)* tr. rizar, fruncir (tela); arrugar; desarreglar; rizar (la superficie del agua); perturbar; molestar; s. volante (de un traje); frunce, pliege; ondulación (en el agua).

ruffled *(rafeld)* adj. enfadado, enojado; (mar.) rizado.

rug *(rag)* s. felpudo, alfombr(ill)a; **travelling —,** manta de viaje.

rugged *(raguid)* adj. áspero; (Geog.) escabroso; abrupto; (E. U.) viril, robusto.

ruin *(rúin)* s. ruina; **tr.** arruinar, estropear (Ropa).

ruinous *(rúinas)* adj. ruinoso, decrépito.

rule *(rúl)* s. regla; mando, gobierno; tr. gobernar, intr. mandar, reinar, regir; **as a —,** regla general; **to — out,** descartar.

ruler *(rúla)* s. gobernante; regla (de dibujo).

ruling *(rúling)* s. (Leg.) fallo, decisión; gobierno; adj. predominante, prevaleciente; principal.

rum *(ram)* s. ron; (fam.) aguardiente; (fam. Ingl.), raro, extraño.

rumble *(rambl)* s. alboroto, estruendo, retumbo; **tr. e intr.** retumbar; (fam.) **to rumble** (estómago), moverse la tripa.

ruminant *(rúminant)* adj. y s. rumiar; (fig.) meditar.

ruminate *(rúmineit)* tr. e intr. rumiar.

rummage *(ramidya)* v. escudriñar revolviéndolo todo; s. búsqueda desordenada; — **sale** venta de prendas usadas (para beneficiencia).

rumour *(rúmar)* s. rumor; **it is — that,** se dice que.

rump *(ramp)* s. grupa.

rumple *(rample)* v. estrujar, ajar; arrugar; s. arruga (en un traje).

rumpus *(rampas)* s. barullo, escándalo, batahola.

run *(ran)* s. carrera; corrida; curso; [**ran; run**] intr. correr, pasar, funcionar; tr. hacer funcionar, deslizar, dirigir; **in the long —,** a la larga. [tivo.

runaway *(ranauei)* adj. y s. fugi-

rung *(rang)* s. barrote, travesaño (de silla, escalera de mano).

runner *(rana)* s. corredor; tapete; contrabandista.

running *(raning)* s. corrida, carrera; dirección; adj. de correr; (med.) supurante.

runway *(rannei)* s. pista (de aterrizaje).

rupture *(rapcha)* s. rotura; (Med.) hernia; tr. e **intr.** romper(se), herniarse. [cillo.

runt *(rant)* s. enano; hombre-

rural *(rúral)* adj. rural, rústico.

rush *(rasch)* s. ímpetu, prisa, afluencia, tropel; *Bot.* junco; intr. (aba)lanzarse; tr. apre-

surarse; — **hour,** hora punta.
rusk *(dask)* s. galleta, rosca.
Russian *(raschan, rúschon)* adj. y s. ruso. [intr. oxidarse.
rust *(rast)* s. óxido, orín; tr. e
rustic *(rastic)* adj. rústico; s. patán, paleto. [óxido.
rustiness *(rastines)* s. moho,
rustle *(rasl)* s. susurro; crujido; intr. susurrar, crujir; (fam.) (E. U.) robar ganado.
rusty *(rasti)* adj. mohoso; oxidado; torpe (por falta de práctica).
rut *(rat)* carril; (fig.) rutina; rodada; (zool.) celo; tr. hacer rodadas; intr. (zool.) estar en celo; **to be in a —,** ser rutinario.
ruthless *(rúzles)* adj. cruel, despiadado, implacable.
rye *(rai)* s. centeno.

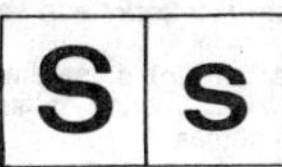

Sabbath *(sabaz)* s. sábado (judío); domingo (cristiano).
sable s. (zool.) cebellina (y su piel), marta. [taje.
sabotage *(sábotadch)* s. sabo-
sabre *(séiba)* s. sable.
saccharin *(sácarin)* s. sacarina.
sack *(sak)* s. saco; talega; (fam.) despido; tr. ensacar; (fam.) despedir.
sacrament *(sácrament)* s. sacramento. [sacramental.
sacramental *(sacraméntal)* adj.
sacred *(séicrit)* adj. sagrado.
sacredness *(séicrednes)* s. santidad.
sacrifice *(sácrifais)* tr. e intr. sacrificar; renunciar; s. sacrificio. [gio.
sacrilege *(sácriled***ch***)* s. sacrile-
sacrilegious *(sacrilíd***chös***)* adj. sacrílego. [lico.
sad *(sád)* adj. triste, melancó-
sadden *(sádn)* tr. entristecer; intr. entristecerse.
saddle *(sádl)* s. silla de montar; sillín (de bicicleta).
saddler *(sádlar)* s. guarnicionero.
sadism *(séidisam)* s. sadismo.
sadist *(séidist)* s. sádico.
sadistic *(sadístic)* adj. sádico, cruel. [melancolía.
sadness *(sádnes)* s. tristeza,
safari *(safári)* s. safari.
safe *(séif)* adj. seguro; salvo; ileso, a prueba de; s. arca, caja de caudales; — **and sound,** sano y salvo.
safeguard *(séifgard)* s. salvaguardia; resguardo, defensa; tr. resguardar, proteger.
safely *(seifly)* adv. sano y salvo, ileso, sin novedad.
safeness *(séifnes)* s. seguridad.
safety *(séifti)* s. seguridad; — **belt,** salvavidas; — **pin,** alfiler imperdible.
saffron *(sáfrön)* s. *Bot.* azafrán.
sag *(sag)* s. comba; intr. combarse, hundirse; aflojar.
saga *(sága)* s. saga.
sagacious *(saguéischös)* adj. sagaz, astuto. [s. sagacidad.
sagaciousness *(saguéischösnes)*
sagacity *(sagásiti)* s. sagacidad.
sage *(séid***ch***)* s. sabio; *Bot.* salvia; adj. prudente; juicioso.
sail *(séil)* s. vela; tr. navegar; zarpar.
sailing *(séiling)* s. navegación (a vela); **sailing-boat,** bote o barco de vela, velero.
sailor *(séilör)* s. marinero.
saint *(séint)* s. santo,(a); adj. santo; piadoso; **all — s' day,** todos los santos.
sake *(séik)* s. causa; fin; razón. **for God's —!** ¡por el amor de Dios! **for the — of,** por amor de.
salad *(sálad)* s. ensalada; **salad bowl,** ensaladera.
salary *(sálari)* s. salario, sueldo.
sale *(séil)* s. venta; **on —,** en venta, saldo.
salesman *(séilsmen)* s. viajante, representante; dependiente.
salient *(séilyant)* adj. saliente, sobresaliente; prometiente.
saliva *(saláiva)* s. saliva.
sallow *(sálou)* adj. amarillento, lívido, pálido.

S

sally *(sáli)* s. ocurrencia, salida; *Mil.* salida; intr. *Mil.* salir, avanzar. [salmonado.
salmon *(sámön)* s. salmón; adj.
saloon *(sölún)* s. salón; taberna. *Amer.* taberna.
salt *(sólt)* s. sal; gusto; agudeza; **salt-cellar,** salero de mesa; adj. salado· tr. salar.
salpetre *(sóltpitar)* s. salitre, nitro; — **mine** salitral, salitrera. [lazón.
salting *(sólting)* s. saladura, sa-
salty *(sólti)* adj. salado.
salubrious *(saliúbriös)* adj. salubre, saludable.
salubrity *(saliúbriti)* s. salubridad. [lutación.
salutation *(saliutéischön)* s. sa-
salute *(saliút)* s. **salutación,** saludo (militar); tr. saludar, cuadrarse.
salvage *(sálvid*ch*)* s. *Mar.* salvamento; tr. salvar, rescatar; — **ship,** buque de rescate.
salvation *(salvéischön)* s. salvación.
salve *(salv)* s. emplasto, ungüento, pomada; tr. salvar.
salvo *(sálvou)* s. salvedad, excepción. *Mil.* salva.
same *(séim)* adj. mismo, igual; **the same,** lo mismo; **the — to you,** igualmente.
sameness *(eimnes)* s. igualdad, identidad, monotonía.
sample *(sámpl)* s. muestra tr. probar.
sanatorium *(sanatóuriam)* s. sanatorio. [car.
sanctify *(sánctifai)* tr. santifi-
sanctimonious *(sanctimóniös)* adj. beato, santurrón.
sanction *(sáncschön)* s. sanción, tr. sancionar.
sanctuary *(sanctoari)* s. santuario; asilo, refugio.
sand *(sánd)* s. arena; — **bank,** arenal, *Naut.* barra; — **storm,** tormenta de arena.
sandal *(sándal)* s. sandalia; *Bot.* sándalo.
sandpaper *(sándpeipar)* s. papel de lija; tr. lijar, pulir.
sandstone *(sándstoun)* s. piedra arenisca.
sandwich *(sánduich)* s. emparedado; bocadillo.
sane *(séin)* adj. sano; cuerdo.
sanguinary *(sángüineri)* adj. sanguinario. [neo.
sanguine *(sángüin)* adj. sanguí-
sanitary *(sánitari)* adj. sanitario, higiénico; — **towel,** paño higiénico.
sanitation *(sanitéischön)* s. saneamiento; salubridad.
sanity *(sániti)* s. cordura, juicio, razón.
sap *(sáp)* s. *Bot.* savia; *Mil.* zapa; tr. zapar, (fam. E. U.) necio, idiota.
sapling *(sápling)* s. vástago, renuevo; arbolillo.
sapphire *(sáfair)* s. zafiro.
sarcasm *(sárcasm)* s. sarcasmo.
sarcastic *(sárcastic)* adj. sarcástico.
sardine *(sardín)* s. sardina.
sari *(sári)* s. vestido de las mujeres indias.
sash *(sasch)* s. faja (de seda), banda.
satanic *(satánic)* adj. satánico; diabólico. [tera (escolar).
satchel *(sáchel)* s. bolsa; car-
sate *(seit)* tr. saciar.
sateen *(satín)* s. satén.
satellite *(sátelait)* s. satélite.
satiate *(séichieit)* tr. saciar; hartar; adj. harto.
satiety *(satáiati)* s. saciedad.
satin *(sátin)* s. raso.
satire *(sátaia)* s. sátira.
satiric *(satíric)* adj. satírico.
satirist *(sátirist)* s. (escritor) satírico.
satirize *(sátirais)* tr. satirizar.
satisfaction *(satisfácschön)* s. satisfacción; desagravio.
satisfactory *(satisfáctori)* adj. satisfactorio.
satisfy *(sátisfai)* tr. e intr. satisfacer, resarcir.
saturate *(sáchereit)* tr. saturar.
saturation *(sachiuréischön)* s. saturación.
Saturday *(sátedi)* s. sábado.
sauce *(sós)* s. salsa; tr. condimentar; (fig.) poner pimienta en; (fam.) impertinente.

saucepan *(sóspan)* s. cacerola.
saucer *(sósör)* s. platillo; **flying —**, platillo volante.
sauciness *(sósines)* s. descaro.
saucy *(sósi)* adj. descarado; alegre; (fam.) coquetón.
sauna *(sáuna)* s. sauna. [gar.
saunter *(sónta)* intr. pasear; va-
sausage *(sósidye)* s. salchicha; embutido; **Spanish —**, chorizo. [vaje.
savage *(sáviddye)* adj. y s. sal-
savagery *(sáviddyeri)* s. salvajismo. [pradera.
savanna(h) *(savána)* s. sabana;
savant *(sávönt)* s. sabio.
save *(séiv)* tr. salvar, ahorrar. prep. salvo; excepto; conj. sino; a menos que, pl. **savings**, ahorros; **— bank**, Caja de Ahorros.
saviour *(séiveia)* s. salvador.
savour *(séivar)* s. gusto; sabor; tr. saborear.
savoury *(séiveri)* adj. sabroso.
savvy *(sávi)* s. (fam.) saber, «vista», «mano derecha»; —? ¿entiende vd?
saw *(só)* s. sierra; proverbio; refrán; [**sawed**; **sawed** o **sawn**] tr. e intr. (a)serrar; (**pr. de ser**).
sawdust *(sódast)* s. serrín.
sawmill *(sómil)* s. aserradero, serrería.
Saxon *(sácson)* adj. y s. sajón.
saxophone *(sáxofoun)* s. saxofón.
say [**said**; **said**] *(séi)* tr. e intr. decir; s. opinión, voz; —!, ¡oiga!; **they —**, se dice, dicen. [proverbio.
saying *(séing)* s. dicho; refrán,
scab *(scab)* s. costra. [funda.
scabbard *(scábard)* s. vaina de
scabby *(seábi)* adj. costroso; roñoso, sarnoso, tiñoso.
scabies *(scabiys)* s. *Med.* sarna.
scabrous *(skéibrös)* adj. escabroso. [cadalso.
scaffold *(scáföld)* s. andamio,
scaffolding *(scáfölding)* s. andamiaje. [caldadura.
scald *(scóld)* tr. escaldar; s. es-
scalding *(scaulding)* s. escaldadora; adj. descaldar.

S

scale *(skéil)* s. (com.) balanza, báscula; *Mus. y Cart.* escala, gama; *Zool. y Bot.* escama, costra; tr. (des)escamar, raspar; escalar.
scales *(skéils)* s. balanza(s).
scallop *(skalop)* s. concha, pechina; molusco bivalvo; —s, festón; tr. festonear.
scalp *(scálp)* s. cuero cabelludo; tr. escalpar. [pelo.
scalpel *(scálpel)* s. *Med.* escal-
scaly *(scali)* adj. escamoso.
scamp *(skamp)* s. pícaro, bribón, bellaco.
scamper *(scámpar)* s. fuga; intr. escabullirse.
scan *(scán)* tr. escudriñar, otear.
scandal *(scándal)* s. escándalo.
scandalize *(scándalais)* tr. escandalizar.
scandalous *(scándalös)* adj. escandaloso, vergonzoso.
scant *(scánt)* s. escaso; corto.
scantiness *(scántines)* s. escasez. [guo.
scanty *(scánti)* adj. escaso, exi-
scapegoat *(skeipgout)* s. cabeza de turco; (fig.) salida, disculpa. [cicatrizar(se).
scar *(scár)* s. cicatriz; tr. intr.
scarce *(skérs)* adj. escaso, raro.
scarcity *(scéasiti)* s. escasez.
scarcely *(skérsli)* adv. apenas; **— ever**, casi nunca.
scare *(skéa)* tr. espantar; asustar; s. susto, sobresalto; **to — away**, ahuyentar. [tajo.
scarecrow *(skéacrou)* s. espan-
scarf *(scárf)* s. bufanda.
scarlet *(scárlet)* s. y adj. escarlata; *Med.* **— fever**, escarlatina. [alarmante.
scary *(skari)* adj. espantadizo,
scatter *(scátar)* tr., intr. esparcir(se), dispersar; diseminar; *Agric.* sembrar.
scaltered *(scated)* adj. desparramado, diseminado.
scatenge *(scatedye)* tr. e intr. recoger la basura; aprovechar los despojos.
scavenger *(scávindyer)* s. ani-

mal que se alimenta de basura o carroña.
scene *(siin)* s. escena; paisaje; panorama. [decorado.
S
scenery *(sínari)* s. paisaje; *Teat.*
scent *(sént)* s. olfato, olor, perfume; rastro; tr. olfatear.
sceptic *(sképtic)* s. escéptico.
sceptical *(sképtical)* adj. escéptico. [cepticismo.
scepticism *(sképtisism)* s. es-
sceptre *(septa)* s. cetro.
schedule *(chedual)* s. cédula; lista, horario.
scheme *(skiim)* s. proyecto, esquema, plan, tr., intr. proyectar. [cismático.
schismatic *(skísmátic)* s. y adj.
schism *(skism)* s. *Eccl.* cisma.
scholar *(scólar)* s. erudito, letrado, sabio, escolar.
scholarly *(scólarli)* adj. erudito, sabio, docto; adv. eruditamente. [ca; erudición.
scholarship *(scólarschip)* s. be-
school *(scúl)* s. escuela, colegio; tr. instruir, enseñar **boarding —**, internado; **grammer —**, instituto; **secondary-modern —**, universidad laboral.
schoolboy *(scúlboi)* s. colegial.
schoolgirl *(scúlgörl)* s. colegiala.
schooling *(scúling)* s. instrucción (elemental).
schoolmaster *(scúlmaster)* s. maestro (de escuela).
schoolmate *(scúlmeit)* s. condiscípulo, compañero de escuela. [maestra
schoolmistress *(scúlmistres)* s.
schoolroom *(scúlrum)* s. clase, aula.
schooner *(skúna)* s. *Naut.* goleta; vaso grande para cerveza; **prairie —**, galera con toldo, gran carro de los pioneros.
science *(sáiens)* s. ciencia.
scintillate *(sintilait)* intr. centellear. [tífico.
scientific *(saientífic)* adj. cien-
scion *(sáion)* s. *Bot.* vástago.
scissors *(sísars)* s. pl. tijeras.
scoff *(scóf)* s. mofa, burla; intr. mofarse; (fam.) zamparse.
scold *(scóuld)* tr. e intr. regañar; reprender.
scoop *(scúp)* s. pala de mano, cucharón (coc.); (period.) primicia; *Naut.* achicador. tr. sacar con pala.
scoot *(skut)* intr. escabullirse, correr, irse a toda prisa.
scooter *(skiita)* s. motocicleta tipo vespa; patinete de niño.
scope *(scóup)* s. alcance, propósito, objeto, mira.
scorch *(scórch)* tr. chamuscar; abrasar (el sol);
score *(scóa)* s. muesca; veintena; *Dep.* tanteo; *Mus.* partitura; tr. marcar un tanto.
scorn *(scórn)* s. desdén; desprecio; tr. despreciar.
scornful *(scaunful)* adj. desdeñoso. [pión; alacrán.
scorpion *(scórpiön)* s. escor-
Scot *(skot)* s. escocés.
scotch *(scótch)* tr. aplastar; *Mec.* calzar; s. *Mec.* calzo; **hopscotch**, infernáculo; adj. escocés. [canalla; bribón.
scoundrel *(scáundrel)* s. y adj.
scour *(scáua)* tr. fregar.
scourge *(scoodye)* s. azote; tr. azotar; castigar.
scout *(scáut)* s. *Mil.* explorador; escucha; batidor; tr., intr. explorar.
scowl *(scául)* s. ceño; intr. mirar con ceño.
scramble *(scrámbl)* s. (ar)rebatiña, trepa; tr. arrebatar; intr. trepar; (coc.) revolver; **— eggs**, huevos revueltos; **motor cycle —**, moto-cros, trial.
scrap *(scrap)* s. *Met.* chatarra; pl. sobres; **— paper**, papel viejo; **— bock**, álbum de recortes; **not a —**, ni pizca; tr. (fam.) reñir; desechar, retirar.
scrape *(scréip)* s. raspadura; tr. intr. rascar, raspar.
scratch *(scrach)* s. rasguño, arañazo; rayadura; tr. arañar, rascar, rayar.

scrawl *(skrol)* s. garabato; tr. hacer garabatos, escribir mal.

scrawny *(skróni)* adj. huesudo, flaco.

scream *(scrím)* s. grito; intr. gritar, chillar, chillido; (fam.) cómico. [ría.

screaming *(scríming)* s. grite-

screech *(scrích)* s. chillido; intr. chillar.

screen *(scrín)* s. (cine) pantalla;; (hosp.) biombo; tr. cubrir, ocultar.

screw *(scrú)* s. tornillo; atornillar; **screw-driver,** destornillador. [tr. garabatear.

scribble *(scríbl)* s. garabato;

script *(scrípt)* s. escritura; guión (cinematográfico), ejercicio escrito.

Scripture *(scrípcha)* s. La Sagrada Escritura.

scrofulism *(scrófiulism)* s. escrofulismo. [crofuloso.

scrofulous *(scrófiulös)* adj. es-

scroll *(scról)* s. rollo de papel o pergamino.

scrub *(skröb)* tr. fregar; restregar; s. *Bot.* maleza; adj. bajo, inferior.

scruff *(scröf)* s. cogote.

scruffy *(scrafi)* adj. (fam.) sucio, desordenado, «gitano».

scruntch *(crunya)* tr. crujir.

scruple *(scrupl)* s. escrúpulo.

scrupulous *(scrúpiulös)* adj. escrupuloso. [cudriñar.

scrutinize *(scrútinais)* tr. es-

scrutiny *(scrútini)* s. escrutinio. [riña; intr. reñir.

scuffle *(ska'fl)* s. contienda;

scullery *(scölöri)* s. dependencia de la cocina. trascocina.

sculptor *(skalpta)* s. escultor.

sculptress *(ska'lptres)* s. escultora.

sculpture *(skalpcha)* s. escultura; tr., intr. esculpir.

scum *(skam)* s. (pers.) hez; espuma, escoria; tr. espumar.

scurf *(skeef)* s. costra, caspa.

scurrility *(skeeríliti)* s. grosería.

scurrilous *(skee'rilas)* adj. grosero, procaz.

scurry *(skeeri)* tr. escabullirse; echar a correr, apresurarse.

scurvy *(scörvi)* s. (med.) escorbuto.

scuttle *(skeetl)* intr. echar a correr; barrenar (un buque); echar a pique; s. escotilla; balde (para carbón).

scythe *(saiz)* s. guadaña.

sea *(sí)* s. mar; océano; golpe de mar; **at —,** en el mar; (fig.) indeciso, perplejo; **— dog,** lobo de mar. [mar.

seaboard *(síbord)* s. orilla del

seagull *(sigal)* s. gaviota.

seal *(síl)* s. sello; timbre; *Zool.* foca; tr. sellar; lacrar; **sealing-wax,** lacre.

seam *(sím)* s. costura; cicatriz; *Min.* veta, filón.

seaman *(síman)* s. marino, marinero (plural **seamen**).

seamstress *(símstres)* s. costurera. [(fig.) peor.

seamy *(símil)* adj. con costuras;

seaplane *(síplein)* s. hidroavión.

seaport *(síport)* s. puerto de mar.

search *(sö'rch)* s. búsqueda; *Nav.* registro; tr., intr. buscar; indagar.

searchlight *(sö'rchlait)* s. reflector. [toral.

seashore *(sí-schór)* s. costa, li-

seasick *(sísic)* adj. mareo.

seasickness *(sísikuis)* s. mareo.

season *(sisn)* s. estación (del año); temporada; tr. sazonar; **out of —,** en veda; **— ticket,** abono. [tuno.

seasonable *(sisönabl)* adj. opor-

seasoned *(sisand)* adj. picante, sazonado. [especias.

seasoning *(sisoning)* s. picante,

seat *(sít)* s. asiento; silla; pl. localidad; tr. (a)sentar.

seaweed *(sínid)* s. alga marina.

seaworthy *(seueedri)* adj. marinero.

secede *(sisid)* intr. separarse de una comunidad. [sión.

secession *(siséschön)* s. sece-

secessionist *(siséschönist)* s. secesionista.

S

secluded *(secludid)* adj. recogido, apartado.
seclusion *(siclúchön)* s. retiro, soledad.
second *(sékand)* adj. segundo; s. segundo; — **hard,** de segunda mano, de ocasión.
secondary *(séköndari)* adj. secundario.
secrecy *(sícresi)* s. secreto; sigilo, misterio.
secret *(sícret)* adj. y s. secreto.
secretary *(sécreteri)* s. secretario.
secretion *(sikríschön)* s. secreción, exudación.
sect *(séct)* s. secta.
sectarian *(sectérian)* adj. y s. sectario.
section *(sécschön)* s. sección; porción; departamento.
sector *(séktar)* s. sector.
secular *(sékyular)* adj. secular; seglar.
secularize *(sékiularais)* tr. secularizar.
secure *(sikiúa)* adj. seguro, firme; tr. atar, asegurar.
security *(sikyúöriti)* s. garantía, seguridad.
securities *(sekiúrities) Com.* s. valores, obligaciones.
sedate *(sidéit)* adj. sosegado; sereno; serio.
sedative *(sédativ)* s. calmante.
sedentary *(sédenteri)* adj. sedentario.
sediment *(sédiment)* s. sedimento; poso.
sedition *(sidíschön)* s. sedición, rebeldía.
seditous *(sidishos)* adj. sedicioso.
seduce *(sidiús)* tr. seducir, deshonrar.
seducer *(sidiúsar)* s. seductor.
seduction *(sidacshön)* s. seducción.
seductive *(sidactiv)* adj. seductor, atractivo.
see [**saw; seen**] *(sí)* tr. e intr. ver; — **about,** cuidar de; — **off,** tr. despedir; — **that,** ver de; — **through,** calar, detectar.
see *(si)* s. sede; **Holy See,** Santa Sede.
seed *(síd)* s. semilla; simiente; tr. sembrar.
seedy *(sidi)* adj. semellento; (pers.) andrajoso.
seek [**sought; sought**] *(sík)* tr. e intr. buscar; inquirir; intentar; **hide —,** escondite.
seem *(sím)* intr. parecer.
seeming *(síming)* s. apariencia; adj. aparente.
seemly *(símli)* adj. decoroso, pulcro.
seep *(sip)* intr. escurrirse, rezumarse, colarse, filtrarse.
seer *(siar)* s. vidente, adivino, profeta.
seesaw *(síso)* s. vaivén; balance; balancín.
seethe [**seethed** o **sod; seethed** o **sodden**] *(seez)* intr. hervir, bullir.
seething *(seezing)* adj. en ebullición; (fig.) exaltado.
segment *(ségment)* s. segmento.
segregate *(ségregueit)* adj. segregado; tr. segregar.
segregation *(segreguéischön)* s. segregación.
seize *(síis)* tr. e intr., coger; asir; (pers.) prender, (prop.) embargar.
seizure *(sisia)* s. asimiento; embargo; en captura.
seldom *(séldöm)* adv. raramente, pocas veces.
select *(siléct)* adj. selecto; escogido; tr. seleccionar.
selection *(silécschön)* s. selección, surtido.
self *(sélf)* pron, y adj. mismo, propio; s. el yo, uno mismo; **one —,** uno mismo; **by — self,** solo.
self-command *(self-comand)* s. control de sí (mismo).
self-confidence *(—confidens)* s. seguridad en sí (mismo).
self-conscious *(—conshous)* adj. tímido.
self-contained *(—containd)* adj. indepediente.
self-defence *(—defense)* adj. en defensa propia.
selfish *(sélfish)* adj. egoísta.
selfishness *(sélfischnes)* s. egoísmo.
selfsame *(sélfseim)* adj. mismo, idéntico.
self-service *(—servis)* s. autoservicio.
self-taught *(—taut)* adj. auto-didacta.
sell [**sold; sold**] *(sél)* tr. vender; traficar; intr. venderse; — **out,** agotarse.
seller *(sélar)* s. vendedor; **best**

—, el más vendido, el mayor éxito.
semaphore *(sémafor)* s. semáforo. [janza; ficción.
semblance *(sémblans)* s. seme-
semicolon *(semicólön)* s. punto y coma.
seminar *(seminár)* s. seminario (de estudiantes universitarios). [narista.
seminarist *(séminarist)* s. semi-
seminary *(séminari)* s. seminario (religioso).
senate *(sénet)* s. senado.
senator *(sénatar)* s. senador.
send [**sent; sent**] *(sénd)* tr. e intr. enviar; expedir; **to — out,** (person.) echar fuera, despedir; (com.) despachar; **— back,** devolver; **— word,** avisar.
sender *(séndar)* s. remitente.
send-off *(sénd-off)* s. despedida. [co; chocho.
senile *(sínail)* adj. senil, cadu-
senior *(sínia)* adj. mayor; más antiguo; decano; s. decano, señor (mayor), padre.
seniority *(sinióriti)* s. antigüedad. [sación.
sensation *(senseichon)* s. sen-
sense *(séns)* s. sentido; juicio; **common —,** sentido común.
senseless *(sénsles)* adj. insensible; absurdo. [sibilidad.
sensibility *(sensibíliti)* s. sen-
sensible *(sénsibl)* adj. sensato, cuerdo. [vo, sensible.
sensitive *(sénsitiv)* adj. sensiti-
sensorial *(sensórial)* adj. sensorial.
sensual *(sénsiual)* adj. sensual.
sentence *(séntens)* s. *Gram.* oración. *Leg.* s. sentencia; tr. sentenciar. [miento.
sentiment *(séntiment)* s. senti-
sentry *(séntri)* s. centinela; **— Box,** garita.
separate *(séparet)* adj. separado; *(separeit)* tr. separar; intr. apartarse. [paración.
separation *(separéischön)* s. se-
September *(septémba)* s. septiembre. [sepultura.
sepulchre *(sepulca)* s. sepulcro;
sequel *(sícuel)* s, secuela; consecuencia. [cuencia.
sequence *(sícuens)* s. serie, se-
serenade *(serinéid)* s. serenata.
serene *(serín)* adj. sereno, sosegado, apacible. [calma.
serenity *(seréniti)* s. serenidad,
sergeant *(saadyent)* s. sargento.
serial *(sírial)* adj. consecutivo; s. serial.
series *(síriis)* s. serie.
serious *(sírias)* adj. serio; grave.
seriousness *(síriasnes)* s. seriedad; gravedad.
sermon *(seemon)* s. sermón.
serpent *(seerpent)* s. serpiente; sierpe.
serrated *(sereited)* adj. dentado; (bot.) serrado. [apiñado.
serried *(serid)* adj. apretado,
serum *(sírōm)* s. **suero.**
servant *(seevant)* s. sirviente; **man —,** criado; **maid —,** doncella.
serve *(seev)* tr. e intr. servir.
service *(seevis)* s. servicio; **National Health —,** Seguro de enfermedad; **after sales —,** servicio post venta.
serviceable *(seevisabl)* adj. útil, duradero.
servile *(seervail)* adj. servil.
servitude *(seevityud)* s. servidumbre.
session *(seshön)* s. sesión.
set *(sét)* s. conjunto, grupo; (dom.) juego; adj. reglamentario, obstinado; [**set; set**] tr. poner; (Coc.) cuajar; **— aside,** poner un lado; **— down,** establecer; **— fire,** incendiar; **— off,** partir, salir; **— sail,** (náut.) zarpar; **— up,** establecerse. [po.
set-back *(sétbac)* s. contratiem-
settee *(seti)* s. canapé, sofá.
setter *(seta)* s. (mech.) montador; (Can) perdiguero.
setting *(séting)* s. colocación; puesta (del sol); (joy.) engaste; (teat.) decorado; (fot.) fondo.
settle *(sétl)* tr. colocar; fijar; decidir, saldar, apaciguar; intr. establecerse; **— down,** echar raíces.

S

S

settled *(sételd)* adj. colocado; sosegado, acordado.
settlement *(sétlment)* s. establecimiento; colonia; arreglo.
settler *(sétla)* s. colono.
seven *(sévn)* adj. y s. siete; **at sixes and —s,** embarullado, desordenado.
seventy *(sévnti)* adj. setenta.
sever *(séva)* tr. e intr. separar(se); cortar, cercenar.
several *(sévaral)* adj. y pron. varios. [tero.
severe *(sevía)* adj. severo; aus-
severity *(sevariti)* s. severidad.
sew *(sóu)* tr. e intr. coser; **—ing machine,** máquina de coser.
sewer *(sóua)* s. costurera; *(siuer)* cloaca.
sewers *(siuers)* s. alcantarillado.
sewing *(sóuing)* s. costura.
sex *(secs)* s. sexo; **the fair —,** el sexo bello.
sexton *(sécstan)* s. sepulturero; sacristán.
sexual *(séxiual)* ad, sexual.
shabbiness *(schábines)* s. desaseo, desgaste, ruina, mezquindad.
shabby *(shábi)* adj. (pers.) andrajoso, raído, desharrapado; viejo, ruinoso.
shack *(schak)* s. cabaña, choza; (Amér.) bohío.
shackle *(schakl)* tr. encadenar; trabar; estorbar; **— s.** s. pl. cadenas, trabas, esposas; estorbo.
shade *(shéid)* s. sombra; matiz; (lámp.) pantalla; tr. sombrear.
shadow *(schádou)* s. sombra, aparición; (fig.) pizca, inseparable. [brío.
shadowy *(schádoui)* adj. um-
shady *(schéidi)* adj. sombrío, sombriado; (fam.) sospechoso.
shaft *(scháft)* s. (mech.) eje; flecha; (arq.) fuste; mango; (min.) pozo.
shaggy *(schágui)* adj. peludo; lanudo; desaseado; desmelenado.
shake [**shook; shaken**] *(schéik)* tr. agitar, sacudir; blandir; (manos) (estrechar la mano); intr. estremecerse; s. sacudida; aprtón de manos.
shaky *(sheiki)* adj. duboso, débil, poco firme. [cimiento.
shaking *(schéiking)* s. estreme-
shall *(schal)* verbo aux. def. para el futuro.
shallow *(schálou)* adj. poco profundo, superficial, badoso; s. bajío.
shallowness *(schalounes)* s. poco profundidad; (fig.) superficialidad.
sham *(schám)* s. ficción; adj. postizo; intr. fingir.
shamble *(schambl)* intr. andar vacilando.
shambles *(shambls)* s. matadero, debacle; (fam.) **Its a —!,** ¡es una porquería!
shame *(schéim)* s. vergüenza; tr. avergonzar.
shamefaced *(schéimfeisd)* adj. tímido; vergonzoso.
shameful *(schéimful)* adj. vergonzoso.
shameless *(schéimles)* adj. desvergonzoso; s. sin vergüenza.
shampoo *(schampú)* s. champú, lavado de la cabeza; tr. lavar.
shamrock *(schámrok)* s. (bot.) trébol.
shank *(schank)* s. canilla (parte inferior de la pierna); zanca; **— Pony,** coche de San Fernando.
shanty *(schánti)* s. choza, cabaña, casucha; **— town,** «chabolas».
shape *(schéip)* s. formar; figura; tr. dar forma, modelar.
shapeless *(schéiples)* adj. disforme.
shapely *(schéipli)* adj. proporcionado; (fam.) de buena figura.
share *(screar)* s. parte; porción. *Com.* acción; tr. compartir; **— out,** repartir.
shareholder *(scheajolda)* s. accionista.
sharing *(shearing)* s. reparto.
shark *(schárk)* s. *Ict.* tiburón, escualo; (com.) pillastre.

sharp *(schárp)* adj. agudo; afilado, listo; s. estafador; **be —!**, ¡date prisa!
sharpen *(schárpen)* tr. e intr. afilar; s. afilador.
sharpener *(shapena)* s. afilador, amolador; **pencil —**, afila.
sharper *(schárpar)* s. estafador; **card —**, tahur, fullero.
sharpness *(schárpnes)* s. agudeza, filo.
shatter *(scháta)* tr. hacer pedazos; (fig.) sorprender, romper; intr. hacerse añicos.
shave [**shaved; shaved** o **shaven**] *(schéiv)* tr. rasurar; afeitar; s. afeitado; **a close —**, por los pelos; **—r** *(sheiva)* afeitadora. [afeitar.
shaving *(schéiving)* adj. para
shavings *(schéivings)* s. virutas.
shawl *(schól)* s. chal.
she *(schí)* pron. ella, la que; s. hembra.
sheaf *(schíf)* s. gavilla; garba; haz; tr. agavillar.
shear [**sheared; sheared** o **shorn**] *(schía)* tr. esquilar.
shears *(schía)* s. pl. tijeras grandes, podadera.
sheath *(schíz)* s. vaina; funda; estuche.
sheathe *(schid)* tr. forrar; *Náut.* aforrar; envainar.
shed *(schéd)* s. cobertizo; [**shed; shed**] tr. verter; *Zool.* mudar.
shedding *(schéding)* s. derramamiento; *Zool.* muda.
sheen *(schin)* s. lustre, viso.
sheep *(schíip)* s. carnero, oveja(s), ganado lanar; **— dog**, perro pastor.
sheepish *(schípisch)* adj. vergonzoso, encogido, tímido.
sheer *(schea)* adj. puro.
sheet *(schíit)* s. sábana; (papel) hoja; (com.) lámina, plancha.
shelf *(schélf)* s. estante.
shell *(shél)* s concha, cáscara, cascarón; (mil.) granada, bomba; tr. descacarar, bombardear; **shell-fish**, mariscos.
shellac *(scheläk)* s. laca; v. barnizar con laca.
shelter *(schélta)* s. refugio, albergue, asilo; tr. e intr. guarecer(se), proteger(se).
shelve *(schélv)* intr. archivar; aplazar.
shepherd *(schépard)* s. pastor.
sheriff *(scheerif)* s. alguacil mayor. [rez.
sherry *(schéri)* s. (vino de) Je-
shield *(schíld)* s. escudo; tr. escudar, proteger.
shift *(schift)* s. cambio, turno, recurso, ardid; tr., intr. cambiar(se), mover(se).
shiftless *(schiftlis)* adj. negligente; holgazán. [tremolar.
shimmer *(shima)* s. tremor; intr.
shin *(schin)* s. canilla.
shinbone *(schinboun)* s. tibia.
shine *(schäin)* s. brillo; esplendor; [**shone; shone**] intr. brillar, lucir; tr. pulir, limpiar; **sun —**, sol.
shingle *(schingl)* s. ripia, tabla delgada; pero corta escalonada; tr. cubrir con tejamaniles; (mar.) guijarros, cascajo. [brillante.
shiny *(scháini)* adj. lustroso,
ship *(schíp)* s. barco, buque, nave; tr. embarcar, transportar.
shipment *(schípment)* s. embarque; remesa, cargamento.
shipping *(schíping)* s. buques; expedición; navegación, embarco; (adj.) martíimo, navegación, naviera.
shipwreck *(schíprec)* s. naufragio; (Náut.) casco; tr. hacer naufragar; **to be —**, naufragar.
shipyard *(schipyard)* s. astillero. [dado.
shire *(schía* o *scháia)* s. con-
shirk *(sheek)* tr. eludir, esquivar; intr. esconderse.
shirt *(sheet)* s. camisa.
shiver *(schíva)* s. temblor, escalofrío; intr. tiritar.
shivering *(schívaring)* s. escalofrío.
shoal *(schóul)* s. multitud; banco de peces; adj. poco profundo.

S

shock *(schók)* s. (med.) trauma; sobresalto; conmoción; tr. disgustar, asombrar.

shocking *(schóking)* adj. horroroso, terrible, ofensivo.

shoe *(schú)* s. zapato; herradura; [**shod; shod**] tr. calzar, herrar; **shoe-lace, shoestring,** lazo, cordón del zapato. [botas.

shoeblack *(schublac)* s. limpia-

shoehorn *(schújorn)* s. calzador.

shoemaker *(schúmeika)* s. remendón, zapatero.

shoot *(schút)* s. (bot.) brote; [**shot; shot**] tr. disparar; (dep.) chutar; **— down,** derribar.

shooter *(schúta)* s. tirador.

shooting *(schúting)* s. tiro, tiroteo; caza menor; **— range,** campo de tiro.

shop *(schóp)* s. tienda; taller; tr. e intr. ir de tiendas, comprar; **— assistant,** dependiente. [dero (a).

shopkeeper *(schópkipa)* s. ten-

shopping *(schóping)* s. compra(s); **to go —,** ir de compras. [playa, orilla.

shore *(schóa)* s. costa, ribera,

short *(schóot)* adj. corto; bajo; adv. brevemente; **short-sighted,** miope; (fig.) corto de miras; **in —,** en resumen.

shortage *(schórtidch)* s. escasez. [deficiencia

shortcoming *(schórtcaming)* s.

shorten *(schotn)* tr. acortar, abreviar.

shortening *(schótning)* s. manteca, grasa (para hacer pasteles); acortamiento; abreviación.

shorthand *(schórtjand)* s. taquigrafía; **—typist,** taquimecanógrafa.

shortly *(schótli)* adv. brevemente; al instante; bruscamente.

shortness *(schórtnes)* s. brevedad. [cortos.

shorts *(schórts)* s. pantalones

shot *(schót)* s. tiro, disparo; **— shot,** perdigones.

shotgun *(schótgön)* s. escopeta.

should *(schud)* verbo auxiliar para el potencial; debiera.

shoulder *(schóulda)* s. hombro; espada(s); tr. echar al; **— blade,** omoplato; hombros.

shout *(scháut)* s. grito; tr. gritar, vociferar.

shouting *(scháuting)* s. gritería.

shove *(shouv)* s. empellón; empujón; tr. empujar.

shovel *(shoubel)* tr. paliar; **mechanical —,** pala mecánica; s. pala.

show *(schóu)* s. espectáculo, exposición, ostentación; [**showed; shown**] tr. mostrar; intr. aparecer. [aparador.

showcase *(schóukeis)* s. vitrina,

shower *(scháua)* s. aguacero; (fam.) **a —!,** ¡fracaso!

showerbath *(scháuarbaz)* s. ducha. [chillón.

showy *(schóui)* adj. llamativo,

shrapnel *(schrápnel)* s. granada de metralla.

shred *(schréd)* s. triza; jirón; **in —,** jirones; [**shred; shred**] tr. desmenuzar, rallar.

shrew *(schrú)* s. (zool.) musaraña; arpía, mujer gruñona.

shrewd *(schrúd)* adj. astuto, sagaz. [gacidad, astucia.

shrewdness *(schrúdnes)* s. sa-

shriek *(schric)* s. chillido; intr. chillar. [netrante.

shrill *(schríl)* adj. agudo; pe-

shrimp *(schrímp)* s. gamba, camarones. [relicario

shrine *(schráin)* s. santuario,

shrink [**shrunk; shrunk**] *(schrink)* intr. encogerse.

shrinkage *(shrincidye)* s. encogimiento, encogedura.

shrinking *(shrincink)* adj. tímido, apocado. [tr. confesar.

shrive [**shrove; shriven**] *(schiv)*

shrivel *(schívl)* tr., intr. arrugar(se), reducir(se); consumir(se). [amortajar.

shroud *(schráud)* s. mortaja; tr.

shrub *(schrab)* s. (bot.) arbusto, mata. [hombros.

shrug *(shrag)* tr. encogerse de

shudder *(shadar)* s. estremecimiento; intr. estremecerse.

shuffle *(schafl)* s. barajadura; intr. barajar.
shun *(schan)* tr. e intr. (pers.) esquivar, rehuir.
shunt *(schönt)* s. desvío (de un tren).
shut [**shut; shut**] *(schat)* tr. cerrar; tr. e intr. — **down,** cesar en el negocio; — **up,** cerrar la boca; —**up!,** ¡calla la boca!
shutter *(scha'tar)* s. postigo; (E. U.) persianas.
shuttle *(schotöl)* s. lanzadera.
shy *(schái)* adj. tímido; vergonzoso.
shyness *(scháines)* s. timidez; reserva; vergüenza.
shyster *(scháista)* s. leguleyo, profesional poco escrupuloso.
sick *(sik)* adj. mareado, con náuseas, nauseabundo (U. S. A.) enfermo; — **of,** harto de.
sicken *(sikn)* tr. dar asco, enfermar; intr. enfermarse.
sickle *(sikl)* s. hoz.
sickly *(sícli)* adj. enfermizo, enclenque; (fam.) dulzón.
sickness *(sícnes)* s. enfermedad; náusea; — **benefit,** subsidio de enfermedad.
side *(sáid)* s. lado, flanco, bando; — **to** —, de un lado a otro. [rador
sideboard *(sáidbood)* s. apa-
sidelong *(sáidlong)* adj. lateral.
sidewalk *(sáiduoc)* s. acera.
sideways *(sáidueis)* adv. de lado. [sitiar.
siege *(sidye)* s. (mil.) sitio; tr.
sieve *(sív)* s. cedazo; tamiz; criba; tr. tamizar; colar.
sift *(síft)* tr. cribar; examinar.
sigh *(sái)* s. suspiro; intr. suspirar.
sight *(sáit)* s. vista, visión; espectáculo; tr. ver, percibir.
sightseeing *(sáitsiing)* s. turismo; — **tour,** recorrido turístico.
sign *(sáin)* s. seña(l), signo; tr. señalar, firmar.
signal *(sígnal)* s. señal; adj. señalado; tr. hacer señales.
signature *(signacha)* s. firma.
signer *(sáina)* s. firmante.
significance *(signíficans)* s. significación. [nificante.
significant *(signíficant)* adj. sig-
signify *(sígnifai)* tr. significar.
silence *(sáilens)* s. silencio; interj. ¡silencio!, tr. imponer silencio a. [dor.
silencer *(sailensa)* s. silencia-
silent *(sáilent)* adj. silencioso.
silhouette *(siluét)* s. silueta; v. perfilar; **to be —d against,** perfilarse contra.
silk *(sílk)* s. seda; — **hat,** sombrero de copa.
silken *(sílken)* adj. de seda.
silky *(ílki)* adj. sedoso.
sill *(síl)* s. antepecho.
silliness *(silines)* s. tontería, necedad. [bobo.
silly *(sili)* adj. necio; tonto;
silver *(sílva)* s. plata; adj. plateado; de plata; tr. platear.
silversmith *(silvarsmiz)* s. platero. [plateado.
silvery *(sílvari)* adj. argentino,
similar *(símila)* adj. similar.
simile *(símili)* s. símil.
similitude *(simílitiud)* s. similitud. [go lento.
simmer *(síma)* intr. hervir a fue-
simple *(símpl)* s. simplón, tonto; adj. simple, sencillo.
simpleton *(símpltan)* s. simplón.
simpleness *(simplness)* s. simpleza. [llez.
simplicity *(simplisiti)* s. senci-
simplify *(símplifai)* tr. simplificar, fingir. [lar.
simulate *(símiuleit)* tr. simu-
simulation *(simiuléischön)* s. simulación, simulado.
simultaneous *(simöltténias)* adj. simultáneo. [pecar.
sin *(sín)* s. pecado; tr. intr.
sinful *(sínful)* adj. pecaminoso.
since *(síns)* adv. desde (que); prep. desde, después de; conj. ya que.
sincere *(sinsía)* adj. sincero, franco. [dad.
sincerity *(sinsériti)* s. sinceri-

S

S

sinecure *(sínekyua)* s. sinecura; (fam.) enchufe.
sinew *(síniu)* s. tendón.
sinewy *(sinui)* adj. nervudo; vigoroso. [pecador.
sinful *(sinful)* adj. pecaminoso;
sing [**sung** o **sang; sung**] *(síng)* tr. e intr. cantar.
singe *(sindye)* tr. chamuscar; s. chamusquina.
singer *(sínga)* s. cantor(a), cantante. [s. canto.
singing *(singing)* adj. cantante;
single *(singl)* adj. único, soltero, sencillo, solo, individual; s. billete de ida; tr. singularizar; **—out** tr. separar.
singlet *(singlit)* s. camiseta.
singsong *(singsong)* s. sonsonete, cadencia monótona.
singular *(sínguiular)* adj. singular, único; peculiar.
sinister *(sínista)* adj. siniestro; zurdo.
sink [**sunk** o **sank; sunk**] *(sink)* intr. hundirse, naufragar; tr. hundir; s. fregadero.
sinking *(sínking)* s. hundimiento; **— a well,** cavar un pozo.
sinner *(sina)* s. pecador.
sinuous *(síniuas)* adj. sinuoso tortuoso.
sinus *(sáina)* s. seno, cavidad (en un hueso); **frontal —,** seno frontal.
sip *(síp)* s. sorbo; trago pequeño; tr. sorber, saborear.
siphon *(sáifan)* s. sifón; tr. sacar (agua) con sifón.
sir *(see)* s. señor; caballero.
sire *(sáia)* s. semental.
siren *(sáiren)* s. sirena.
sirloin *(seerloin)* s. solomillo.
sissy *(sísi)* adj. y s. afeminado, marica.
sister *(sísta)* s. hermana; monja, enfermera jefe; **sister-in-law** s. cuñada. [hermana.
sisterly *(sistali)* adj. como una
sit [**sat; sat**] *(sít)* intr. sentarse; tr. asentar; **— down,** sentarse.
site *(sáit)* s. sitio; solar.
sitting *(síting)* s. sesión (de un cuerpo legislativo); sentada; **— room,** sala de estar.
situation *(sitiuéschön)* s. situación; colocación.
six *(sícs)* s. seis; **—es and sevens,** en desacuerdo.
sixteen *(sikstín)* adj. dieciséis.
sixty *(sícsti)* adj. sesenta.
sizable *(sáisabl)* adj. abarcable; bastante grande.
size *(sáis)* s. tamaño; medida, número; cola, goma; tr. calibrar, encolar.
sizzle *(sisl)* intr. chirriar.
skate *(skéit)* s. patín; (ict.) raya; intr. patinar.
skein *(skéin)* s. madeja.
skeleton *(skéletön)* s. esqueleto; armazón; **— key,** ganzúa.
skeptic *(sképtic)* s. escéptico.
skepticism *(sképtisism)* s. escepticismo.
sketch *(skétch)* s. boceto, esbozo, apunte; tr. diseñar.
skew *(skiú)* adj. oblicuo, sesgado. [quiar.
ski *(ski, schi)* s. esquí; tr. es-
skid *(skid)* s. patinazo; intr. resbalar, patinar. [bil.
skilful *(skilful)* adj. diestro há-
skill *(skil)* s. destreza, maña.
skilled *(skilt)* adj. hábil, experto.
skillet *(skillit)* s. sartén; cacerola.
skim *(skim)* tr. pasar rozando; **— through,** hojear; tr. desnatar. [tacaño.
skimpy *(skimpi)* adj. escaso;
skin *(skin)* s. piel, cutis; tr. pelar, mondar. [tacaño.
skinny *(skini)* adj. flaco; mísero,
skip *(skip)* intr. brincar; tr. saltarse, eludir, omitir; saltar a la comba. [trón.
skipper *(skipa)* s. (náut.) pa-
skipping *(skiping)* s. comba; **— rope,** comba.
skirmish *(skeemisch)* s. escaramuza, refriega.
skirt *(skeet)* s. falda, faldón, borde; tr. orillar.
skit *(skit)* s. burla, caricatura.
skull *(skal)* s. cráneo.
skunk *(skönk)* s. (zool.) mofeta;; (fam.) ser asqueroso.

sky *(skái)* s. cielo; firmamento; **sky-rocket,** cohete (espacial).
skylark *(skáilarc)* s. alondra.
skylight *(skáilait)* s. claraboya.
skyscraper *(skáiskreipa)* s. rascacielos.
skywards *(skáiwads)* adv. hacia el cielo o firmamento, hacia arriba; adj. que va hacia arriba, ascendiente.
slab *(sláb)* s. losa, plancha.
slack *(slák)* adj. flojo; lacio; s. flojedad.
slacken *(slákn)* tr. aflojar; intr. aflojarse; amainar; disminuir.
slackness *(sláknes)* s. flojedad; (fig.) pereza.
slacks *(sláks)* s. pantalones largos.
slag *(slág)* s. escoria; — **heap,** escorial.
slake *(sléik)* tr. apagar; calmar la sed.
slam *(slám)* s. portazo; tr. cerrar de golpe.
slander *(slánda)* s. calumnia; difamación; tr. calumniar.
slanderous *(slándaras)* adj. calumnioso.
slang *(sláng)* s. lenguaje vulgar o popular.
slant *(slánt)* adj. sesgado; s. sesgo, inclinación; tr., intr. sesgar(se).
slap *(sláp)* s. tortazo, sopapo; tr. abofetear.
slash *(slásch)* s. cuchillada; tajo; tr. acuchillar.
slate *(sléit)* s. (min.) pizarra.
slaughter *(slóta)* s. matanza; tr. matar; — **house,** matadero.
slave *(sléiv)* s. esclavo.
slaver *(sláva)* s. baba.
slavery *(sléivari)* s. esclavitud.
slavish *(sléivisch)* adj. servil.
slay [**slew; slain**] *(sléi)* tr. matar.
slayer *(sléa)* s. matador.
sled *(sled)* s. trineo, rastra.
sleek *(slík)* adj. pulido; liso; tr. alisar.
sleep *(slíp)* s. sueño; [**slept; slept**] intr. dormir.
sleeper *(slípa)* s. durmiente; traviesa; coche-cama; adj. durmiente.
sleepiness *(slípnes)* s. somnolencia.
sleeping *(slíping)* s. sueño; — **lag,** saco de dormir.
sleepless *(slíples)* adj. desvelado.
sleeplessness *(slíplesnes)* s. insomnio.
sleepy *(slípi)* adj. soñoliento; **to be —,** tener sueño.
sleet *(slít)* s. aguanieve.
sleeve *(slív)* s. manga; — **fish,** calamar; **sleeveless,** sin mangas.
sleigh *(sléi)* s. trineo.
sleight *(sláit)* s. habilidad pericia, maña; **sleight-of-hand,** prestidigitación.
slender *(slénda)* adj. delgado; sutil; esbelto.
sleuth (**—hound**) *(slúz-jáund)* s. perro policía; (fam.) detective, sabueso.
slice *(sláis)* s. rodaja, rebanada, loncha; tr. rebanar.
slick *(slik)* tr. alisar; pulir; **to — up,** pulirse, componerse; adj. liso; meloso; aceitoso; astuto, mañoso.
slicker *(slíkar)* (E. U.) s. impermeable de hule; embaucador.
slide *(sláid)* s. tobogán; deslizador: **land —,** alud; [**slid; slidden** o **slid**] tr. e intr. deslizar(se).
sliding *(sláiding)* s. deslizamiento; adj. escurridizo.
slight *(sláit)* s. desdén; desprecio; adj. ligero, leve; tr. menospreciar; **not in the —,** en lo más mínimo; adv. **slightly,** ligeramente.
slim *(slím)* adj. delgado, esbelto; intr adelgazar.
slime *(sláim)* s. limo, cieno, fango; baba, secreción viscosa.
slimming *(slímnig)* adj. de, para adelgazar.
sling *(slíng)* s. honda; *Med.* cabestrillo; [**slung; slung**] tr. arrojar (con honda), poner en cabestrillo.
slink [**slunk; slunk**] *(slingk)* intr. andar furtivamente; **to — away,** escurrirse.
slip *(slíp)* s. resbalón; desliz, error, tira de papel; com-

S

binación (de mujer); intr. resbalar(se).

slipper *(slípar)* s. zapatilla.

slippery *(slípari)* adj. resbaladizo; (fig.) escurridizo.

slit *(slít)* s. corte, raja; ranura; [**slit**; **slit**] tr. e intr. rajar(se).

slobber *(slóba)* s. baba; (fig.) mimo; tr. babosear, mimar.

slog *(slog)* s. batacazo, porrazo; intr. trabajar duro.

slogan *(slóugan)* s. lema, divisa.

sloop *(slup)* s. chalupa.

slop *(slop)* tr. ensuciar, salpicar; s. fango, suciedad; **—s**, agua sucia; desperdicios.

slope *(slóup)* s. pendiente, declive; rampa; tr. sesgar; intr. inclinarse.

sloppy *(slópi)* adj. puerco, sucio; desaseado.

slot *(slót)* s. ranura. [rezoso.

sloth *(slóz)* s. pereza; *Zool.* pe-

slouch *(slauch)* intr. andar con la cabeza baja y los hombros caídos; caer, colgar, estar gacho.

slough *(sláu)* s. lodazal.

sloven *(slavn)* s. persona desaseada o sucia. [ñado.

slovenly *(la'vnli)* adj. desali-

slow *(slóu)* adj. lento, despacio; (pers.) torpe; (f. c.) atrasado.

sludge *(slödye)* s. lodo, cieno, impurezas.

slug *(slag)* s. bala; porrazo; babosa (molusco); tr. aporrear, abofetear. [zoso; indolente.

sluggish *(slaguisch)* adj. pere-

sluggishness *(slaguischnes)* s. pereza; pesadez.

sluice *(slús)* s. esclusa.

slum *(slöm)* s. barrio bajo; suburbio pobre.

slumber *(sla'mbar)* s. sueño ligero; tr. dormitar.

slump *(slamp)* intr. hundirse; desplomarse; s. desplome, bajón; (econ.) depresión.

slar *(slar)* s. mancha; borrón; tr. manchar. tr. farfullar.

slur *(slör)* intr. Pronunciación defectuosa; (mús.) ligado.

slush *(slasch)* s. nieve a medio derretir; lodazal; sentimentalismo.

sly *(slái)* adj. astuto; taimado; **on the —**, en secreto.

slyness *(sláines)* s. astucia.

smack *(smak)* s. sopapo, beso ruidoso; intr. relamerse.

smacking *(smaking)* s. azotina, paliza.

small *(smól)* adj. pequeño; bajo; **— hours**, de madrugada.

smallness *(smalnes)* s. pequeñez.

smallpox *(smalpox)* s. viruela.

smart *(smart)* adj. listo; activo; elegante; s. escozor; intr. escocer. [cia; astucia.

smartness *(smártnes)* s. elegan-

smash *(smásch)* s. rotura, destrozo; tr. romper, hacer pedazos; intr. fracasar (dep.) mate. [estupendo.

smashing *(smásching)* adj.

smattering *(smátaring)* s. conocimiento superficial y rudimentos; (fig.) pinceladas.

smear *(smía)* s. mancha; vituperio; tr. vituperar.

smell *(smel)* s. olor; olfato; tr. intr. oler, olfato.

smelt *(smelt)* tr. fundir.

smelter *(smelta)* s. fundición.

smile *(smáil)* s. sonrisa; intr. sonreírse.

smiling *(smáiling)* adj. risueño.

smirk *(smörk)* s. sonrisa boba o afectada; intr. sonreírse bobamente o con afectación.

smite [**smote**; **smitten** o **smit**] *(smáit)* tr. herir; golpear.

smith *(smíz)* s. herrero; **silver —**, platero.

smitten *(smíten)* adj. afligido; castigado; enamorado.

smock *(smok)* s. jubón holgado.

smog *(smog)* s. niebla, mezcla de niebla y humo.

smoke *(smóuk)* s. humo; intr. fumar; humear.

smoker *(smóuka)* s. fumador; **smoking-carriage**, vagón de fumadores.

smooth *(smúz)* adj. liso; suave; tr. allanar. [vidad.
smoothness *(smúznes)* s. suasmother *(smadar)* s. humareda; tr. sofocar.
smoulder *(smoúldör)* intr. arder sin llama.
smudge *(smadye)* tr. tiznar; ahumar; embadurnar; s. mancha. [atildado, cómodo.
smug *(smag)* adj. presumido.
smuggle *(smagl)* tr. matutear.
smuggler *(smaglar)* s. contrabandista. [trabando.
smuggling *(smagling)* s. con-
smut *(smat)* s. tizne; suciedad; chiste verde; tr. tiznar.
snack *(snác)* s. merienda, tentempié, piscolabis, parte; **to go snacks,** ir a medias.
snag *(snág)* s. obstáculo, dificultad, «pega».
snail *(snéil)* s. caracol; **—s pace,** paso de tortuga. [lebra.
snake *(snéik)* s. serpiente, cu-
snap *(snáp)* s. chasquido, mordedura, cierre de resorte; (foto.) tr. chasquear, cerrar; intr. chasquear; **— shot,** s. (foto.) instantánea.
snare *(snéa)* s. trampa; tr. cazar con trampas.
snarl *(snárl)* s. gruñido; (fig.) regaño; refunfuño; intr. gruñir.
snatch *(snách)* s. arrebatamiento; tr. arrebatar.
sneak *(snik)* s. soplón, chivato; intr. **— away,** escabullirse; **— in,** colarse; **thief,** gaduño.
sneaking *(sniking)* adj. rastrero.
sneer *(snía)* s. mirada despectiva, mofa, desdén.
sneeze *(snís)* s. estornudo; intr. estornudar.
sniff *(sníf)* s. olfateo, husmeo; tr. olfatear, husmear.
snip *(sníf)* s. tijeretada; recorte; tr. recortar.
snipe *(snáip)* *Zool.* agachadiza; tr. tirar, disparar desde un escondite.
sniper *(snaipa)* s. francotirador.
snivel *(snívl)* s. moquita; intr. lloriquear.
snob *(snób)* s. que gusta de las cosas novedosas y de buen tono.
snobbish *(snábisch)* adj. fachendoso.
snobbishness *(snóbischnes)* s. fachenda; vulgaridad.
snoop *(snup)* intr. fisgar, curiosear; s. curioso, fisgón.
snooze *(snús)* s. siestecita; intr. dormitar, sestear. [roncar.
snore *(snóa)* s. ronquido; intr.
snoring *(snóring)* s. ronquido.
snort *(snórt)* s. resoplido; bufido; intr. resoplar.
snout *(snáut)* s. hocico.
snow *(snóu)* s. nieve; intr. nevar; **snow-clad** adj. cubierto de nieve; **snow-drift** s. ventisquero; **snow-plough** s. máquina quitanieves; s. ventisca.
snowfall *(snóufol)* s. nevada.
snub *(snab)* s. desaire, desdén; tr. desdeñar; **— nose,** chato.
snuff *(snaf)* v. olfatear, ventear; s. rapé; pabilo; **— box,** caja de rapé.
snuffle *(snöföl)* intr. respirar con la nariz obstruida.
snug *(sna'g)* adj. abrigado; cómodo. [fortable.
snuggery *(sna'gari)* s. lugar con-
so *(sóu)* adv. así como, por tanto, tan, tanto, **conj.** con tal de que; **— far** adv. hasta ahora; **— long** ¡hasta luego! **so called** adj. así llamado; **Mr. so and so,** fulano de tal.
soak *(sóuk)* s. remojo; **— ed to the skin,** empapado, calado; tr. empapar.
soap *(sóup)* s. jabón; tr. enjabonar; (fig.) adular; **— box,** jabonera.
soapy *(sóupi)* adj. jabonoso.
soar *(sóa)* intr. remontarse.
sob *(sób)* s. sollozo; intr. sollozar. [derado; serio.
sober *(sóbar)* adj. sobrio; mo-
soberness *(sóbarnes)* s. sobriedad, modestia.
soccer *(sókar)* s. fútbol.

S

S

sociable *(sóushiabl)* adjet. sociable.
social *(sóushal)* adj. social.
socialism *(sóuschalism)* s. socialismo. [socialista.
socialist *(sóushalist)* adj. y s.
socialize *(sóuschalais)* tr. socializar.
society *(sosáieti)* s. sociedad; (com.) compañía. [ciología.
sociology *(sousiólödye)* s. so-
sock *(sók)* s. calcetín. tr. (fam.) pegar, golpear.
socket *(sóket)* s. *Elec.* enchufe, (hembra); *Anat.* cuenca (del ojo); fosa (de un hueso).
sod *(sod)* s. césped; terrón (de tierra); tr. cubrir de césped.
soda *(sóuda)* s. soda.
sodden *(sódn)* adj. empapado.
sodium *(soudiam)* s. sodio.
sodomite *(sódomait)* s. sodomita. invertido.
sodomy *(sódomi)* s. sodomía.
sofa *(sóufa)* s. sofá.
soft *(sóft)* adj. suave, blando; — **in the head**, estúpido; — **water**, agua no calina; (fam.) (niño) mimoso; (hombre mariquilla; — **drinks**, s. pl. bebidas alcohólicas.
soften *(sófn)* tr. e intr. ablandar(se). [suavidad.
softness *(sóftines)* s. blandura,
soggy *(sagui)* adj. empapado, mojado.
soil *(sóil)* s. *Agric.* suelo, tierra; tr. ensuciar, abonar.
sojourn *(sóudyoorn)* s. estancia; intr. residir.
solace *(sólis)* s. consuelo solaz; tr. consolar.
solar *(sóular)* adj. solar, del sol.
solder *(sóldar)* tr. soldar; s. soldadura. [militar.
soldier *(sóuldyar)* s. soldado,
soldiers *(sóuldyars)* s. pl. tropa.
soldierlike *(sóuldyarlaik)* adj. marcial. [ca.
soldiery *(sóuldyari)* s. soldades-
sole *(sóul)* s. planta del pie; suela; (pez) lenguado; adj. solo, único. [serio.
solemne *(sólem)* adj. solemne,
solemness *(sólemnes)* s. solemnidad. [nidad.
solemnity *(solemniti)* s. solem-
solicit *(solísit)* tr. solicitar; importunar, incitar.
solicitor *(solísita)* s. abogado, procurador. [cito, ansioso.
solicitous *(solísitös)* adj. soli-
solid *(sólid)* adj. y s. sólido.
solidarity *(solidáriti)* s. solidaridad. [car(se).
solidify *(solídifai)* tr. solidifi-
soliloquy *(solílocui)* s. soliloquio; monólogo.
solitary *(sólitari)* adj. solitario; solo; s. ermitaño; — **confinement**, *Leg.* incomunicado.
solitude *(sólitiud)* s. soledad.
solo *(soulou)* s. [mús.] solo.
soloist *(sóulouist)* s. solista.
soluble *(sóliubl)* adj. soluble.
solution *(soliúschön)* s. solución. [lubie.
solvable *(sólvabl)* adj. (di)so-
solve *(sólv)* tr. resolver; disolver. [cia.
solvency *(sólvensi)* s. solven-
solvent *(sólvent)* adj. (fin.) solvente. *Quím.* disolvente.
sombre *(sómblar)* adj. sombrío.
some *(sam)* adj. algo de; un poco; algún; alguno; unos; pron. algunos; los unos.
somebody *(sambodi)* s. alguien. [gún modo.
somehow *(sa'mjau)* adv. de al-
someone *(samuan)* pron. alguien.
somarsault *(samarsolt)* s. voltereta; intr. dar una voltereta. [pron. algo.
something *(samzing)* adj. y
sometime *(samtain)* adv. en algún tiempo, algún día. algunas veces; **sometime ago**, hace algún tiempo.
sometimes *(samtaims)* adv. a veces, algunas veces.
somewhat *(samuat)* s. adv. algo; un poco. [alguna parte.
somewhere *(samuea)* adv. en
somnambulism *(somnámbiulism)* s. so(m)nambulismo.
somnambulist *(somnámbulist)* adj. y s. so(m)námbulo.

somniferous *(somnífarös)* adj. somnífero.
son *(san)* s. hijo; **son-in-law**, yerno; **step —**, hijastro.
song *(song)* s. canción.
sonnet *(sónet)* s. soneto.
sonorous *(sonóras)* adj. sonoro.
soon *(sún)* adv. **as — as posible**, tan pronto como sea posible; **not so —**, no tan pronto.
soot *(sút)* s. hollín. [viar.
soothe *(sudz)* tr. calmar, ali-
soother *(súdzar)* s. lisonjero, chupete (de bebé).
soothing *(súdzing)* s. calmante; lisonja; adj. calmante.
soothsayer *(súzseia)* s. adivino; agorero. [to de hollín.
sooty *(súti)* adj. tiznado, cubier-
sop *(sop)* v. empapar; s. sopa; soborno; **— sop**, maricón.
sophism *(sófism)* s. sofisma.
sophist *(sófist)* s. sofista.
sophisticate *(sofistikeit)* adj. sofisticar, argüir; falsificado; tr. falsificar. [ría.
sophistry *(sófistri)* s. sofiste-
soporific *(soporífik)* adj. soporífero.
soprano *(sopránou)* s. soprano, tiple. [ro, brujo.
sorcerer *(sórsarar)* s. hechice-
sorcery *(sarsari)* s. hechicería.
sordid *(sórdid)* adj. sórdido, bajo, sucio.
sordidness *(sórdidnes)* s. sordidez, bajeza, vileza.
sore *(sóua)* s. mal; dolor; llaga; adj. doloroso; **— throat**, mal de garganta; **— feet**, pies doloridos; s. **— eyes**, dolor de ojos.
soreness *(söanes)* s. mal; dolor; llaga; amargura.
sorrel *(sóröl)* adj. alazán; s. caballo alazán (rojo canela).
sorrow *(sórou)* s. pena; pesar; dolor; intr. afligirse; **to my —**, con pena por mi parte; **to expreso one's —s**; dar el pésame. [gido, triste.
sorrowful *(sórouful)* adj. afli-
sorry *(sóri)* adj. apenado; **to be —**, sentirlo; interj. **—!**, ¡perdón!
sort *(sórt)* s. clase; tipo, suerte; tr. **to — out**, elegir; clasificar; **out of —**, malhumorado. [cursión.
sortie *(sauti)* s. *Mil.* salida, in-
soul *(sóul)* s. alma, espíritu; (fig.) esencia; criatura; **all —s day**, día de difuntos.
sound *(sáund)* s. sonido; son; *Naut.* sonda; adj. sano; bueno; seguro; tr. sonar. *Naut.* **it sound's**, parece; **safe and —**, sano y salvo, sond(e)ar.
soundless *(sáundles)* adj. silencioso, sin sonido.
soundness *(sáundnes)* s. salud, vigor; firmeza.
soup *(súp)* s. sopa; **— bowl**; plato sopero; **— tureen**, sopera; (fam.) **in the —**, en apuros.
sour *(sáua)* adj. agrio; acre; ácido; áspero; tr. intr. agriar(se).
source *(sórs)* s. origen; fuente.
sourness *(sáuanes)* s. acidez.
south *(sáuz)* s. sur; mediodía; adj. meridional.
southeast *(sáuzist)* s. y adj. sudeste; adv. hacia el sudeste.
southern *(sö'zörn)* adj. meridional; **—er**, sureño.
southwest *(sáuzúest)* s. y adj. sudoeste.
souvenir *(súvöniar)* s. recuerdo. [soberano.
sovereing *(sóvarein)* s. y adj.
sovereignty *(sóvöreinti)* s. soberanía. [soviético.
soviet *(sóuviet)* s. sóviet; adj.
sow *(sáu)* s. *Zool.* puerca; marrana *(sóu)* [**sowed; sowed** o **sown**] tr. sembrar.
sower *(sova)* s. sembrador; **sowing time**, siembra (tiempo de).
spa *(spá)* s. balneario.
space *(spéis)* s. espacio extensión; **— craft**, nave espacial; adj. espacial. [cioso.
spacious *(spéischös)* adj. espa-
spade *(spéid)* s. azada; **call a — a —**, llamar al pan, pan y al vino, vino.

S

span *(spán)* s. palmo, tramo, ojo de puente; tr. medir a palmos, extenderse sobre.
spangle *(spángl)* s. lentejuela.
Spaniard *(spániard)* s. español.
[aguas.
spaniel *(spániel)* s. perro de
Spanish *(spánish)* adj. y s. español; s. español (idioma).
spank *(pánk)* tr. dar una azotaina; zurrar.
spanner *(spanör)* s. llave de tuerca.
sparking *(sparking)* s. azotaina, paliza, zorra; tr. — **along**, ir de prisa.
spar *(spa)* s. *Min.* espato; *Mar.* mástil, verga; riña; pugilato, pelea de gallos; **spars**, arboladura. intr. bucear en plan de entrenamiento; despuntar.
spare *(spéa)* adj. disponible; sobrante; tr. ahorrar; — **money**, dinero de sobra.
spareparts s piezas de recambio; — **time**, tiempo libre.
spark *(spárk)* s. chispa; centella; (fig.) petimetre; tr., intr. centellear; — **plug**, bujía de ignición.
sparkle *(spárkl)* s. destello; intr. chispear.
sparkler *(spakla)* s. (fam.) diamante; (niños) bengala.
sparkling *(spárkling)* adj. chispeante; (fig.) brillante; espumoso (vinos).
sparring-match s. combate de boxeo de entrenamiento.
sparrow *(spárou)* s. *Orn.* gorrión; pardal.
sparse *(spas)* adj. escaso; esparcido; — **ly**, adv. diseminadamente; —**ness**, s. escasez.
spasm *(spásm)* s. espasmo.
spasmodic *(spasmódic)* adj. espasmódico.
spastic *(spástic)* s. espástico.
spat *(spat)* tr. reñir, disputar; s. sopapo; riña; — **s**, polainas cortas.
spatter *(spátar)* s. salpicadura; tr. salpicar.
speak [**spoke; spoken**] *(spik)* tr. e intr. hablar, decir; — **up**, hablar en voz alta; — **out**, hablar claro.
speaker *(spíka)* s. orador; **loud** —, altavoz.
[arponear.
spear *(spia)* s. lanza. tr. lancear,
spearmint *(spíamint)* s. yerbabuena, menta verde.
[cial.
special *(spéshal)* adj. espe-
specialist *speshalist)* adj. y s. especialista.
[cialidad.
speciality *(speshálíti)* s. espe-
specialize *(spéshalais)* tr., intr. especializar(se).
species *(spíschis)* s. (sg. y pl.), especie, clase, género.
specific *(spesífic)* s. y adj. específico.
[pecífico.
specifical *(spesífical)* adj. es-
specify *(spésifai)* tr. especificar.
specimen *(spésimen)* s. muestra, ejemplar.
speck *(spek)* s. mota; manchita; **not a** —, ni pizca; tr. espolvorear.
speckled *(spekld)* adj. moteado; — **with freckles**, pecoso.
spectacle *(spéctakl)* s. espectáculo.
[teojos, gafas.
spectacles *(spéctakls)* s. pl. an-
spectator *(spectéitar)* s. espectador; —**s**, público.
spectre *(spécta)* s. espectro.
spectrum *(spectröm)* s. espectro.
[pecular.
speculate *(spékiuleit)* intr. es-
speculation s. especulación.
speculative *(spékiuletiv)* adj. especulativo.
[peculador.
speculator *(spékiuleita)* s. es-
speech *(spích)* s. habla; discurso; **to make a** —, dar un discurso; **parts of** —, partes de la oración.
[do, cortado.
speechless *(spíchles)* adj. mu-
speed *(spid)* s. velocidad, [**sped; sped**] tr., intr. ir a velocidad; **at full** —, **top** —, a toda velocidad.
[locímetro.
speedometer *(spidometa)* s. ve-
spell *(spél)* s. hechizo; rato, período; tr. e intr. deletrear, hechizar.

spelling *(spéling)* s. deletreo, ortografía; **good —,** buena ortografía.
spend [**spent; spent**] *(spénd)* tr. gastar, pasar (tiempo).
spendthrift *(spéndzrift)* s. pródigo; derrochador. [tigado.
spent *(spént)* adj. gastado, fa-
sphere *(sfía)* s. esfera; globo.
spheric *(sféric)* adj. esférico.
sphinx *(sfinks)* s. esfinge.
spice *(spáis)* s. especia; tr. especiar, sazonar.
spider *(spáida)* s. araña; **—s web,** tela de araña.
spike *(spáik)* s. púa, clavo; (bot.) espiga; tr. clavar con púas; **—d shoes,** zapatillas de clavos.
spill [**spilt; spilt**] *(spíl)* v. derramar(se), verter(se); **over —,** ensanche.
spin *(spín)* s. giro, vuelta; [**spun; spun**] tr. girar, voltear, hilar; intr. girar; **— dryer,** secadora centrífuga.
spinach *(spíneye)* s. *Bot.* espinaca.
spinal *(spáinl)* adj. espinal; **— column,** columna vertebral.
spindle *(spindl)* s. (text.) huso; (mec.) eje.
spine *(spáin)* s. espinazo; espina (dorsal). [landera.
spinner *(spína)* s. hilador; hi-
spinning *(spíning)* s. hilado, hilatura; **— top,** peonza, trompa; adj. giratorio.
spinster *(spínsta)* s. solterona.
spiny *(spáini)* adj. espinoso.
spiral *(spáiral)* adj. espiral.
spire *(spáia)* s. espira; cumbre, obelisco; (arq.) aguja.
spirit *(spírit)* s. espíritu; valor.
spirits *(spírits)* s. pl. alcohol, bebidas alcohóicas; **high —,** buen humor; **low —,** mal humor.
spirited *(spíritit)* adj. animoso; adj. **high —,** bien humorado; **low —,** malhumorado.
spiritless *(spíritles)* adj. abatido. [piritual.
spiritual *(spíritual)* adj. y s. es-
spirituality *(spiritiuáliti)* s. espiritualidad. [piritualizar.
spiritaulize *(spíritiualais)* tr. es-
spirituous *(spíritiuös)* adj. espirituoso.
spit *(spít)* s. asador; saliva, salivazo; [**spit** o **spat; spit**] v. escupir.
spite *(spáit)* s. despecho; rencor; tr. mostrar resentimiento; **in — of,** a pesar de.
spiteful *(spáitful)* adj. rencoroso. [tr. salpicar.
splash *(splásch)* s. salpicadura;
spleen *(splín)* s. *Anat.* bazo, bilis; hipocondría, resentimiento. [dido.
splendid *(spléndid)* adj. esplén-
splice *(spláis)* tr. empalmar, unir; s. empalme, junta.
splendour *(splénda)* s. esplendor. [tablilla, férula.
splint *(splínt)* s. astilla. *(Med.)*
splinter *(splínta)* s. astilla; tr. entablillar.
split [**split; split**] *(splít)* s. hendidura, tajo, corte; adj. partido, hendido; tr. e intr. hender, partir; dividir; **—s** (Dep.) tijeras.
splutter *(spla'ta)* s. escupir, hablando; farfullar; intr balbucear.
spoil *(spóil)* s. despojo; botín; tr. estropear; desbaratar; mimar; intr. echarse a perder; **— sport,** aguafiestas.
spoiled *(spoild)* adj. estropeado; perdido, desbaratado; mimado.
spoils *(spóils)* s. gajes.
spoke *(spouk)* s. radio (de rueda). [tavoz.
spokesman *(spóuksman)* s. por-
sponge *(spöndye)* s. esponja; (fam.) gorrón, tr. limpiar; (fig.) gorronear; **spongecake,** bizcocho esponjoso.
sponger *(spö'ndya)* s. sablista, gorrón. [joso.
spongy *(spö'ndyi)* adj. espon-
sponsor *(spónsa)* s. fiador; patrocinador, padrino; tr. patrocinar. [espontáneo.
spontaneous *(spontéinias)* adj.

S

spook *(spuk)* s. espectro, fantasma, aparecido.
spool *(spúl)* s. (Cost.) canilla; (Foto) carrete; tr. bobinar.
spoon *(spún)* s. cuchara; **tea —**, cucharilla. [da.
spoonful *spúnful)* s. cuchara-
sport *(spóot)* s. deporte, juego, broma; adj. deportivo; tr. ostentar; lucir; intr. divertirse. [tivo.
sporting *(spóoting)* adj. depor-
sportive *(spóotiv)* adj. juguetón, bromista. [portista.
sportsman *(spóotsman)* s. de-
spot *(spót)* s. lugar, punto; mancha; (med.) espinilla, granito; tr. manchar, localizar, descubrir. [inmaculado.
spotless *(spótles)* adj. limpio,
spotlight *(spótlait)* s. reflector; (Teat.) foco.
spotted *(spótid)* adj. manchado; moteado. [cónyuge.
spouse *(spáus)* s. esposo(a),
spout *(spáut)* s. espita, caño; conducto; tr. arrojar.
sprain *(spréin)* s. *Med.* torcedura; tr. torcer, **intr.** dislocarse.
sprawl *(spról)* **tr.**, **intr.** tender(se); **— out,** extenderse.
spray *(spréi)* s. rociada, pulverizador; tr. rociar, pulverizar.
spread *(spréd)* s. extensión; propagación; tapete, [**spread; spread**] tr. intr. esparcir(se); **— out,** extender; desplegar; **— over, with,** untar, **— news,** difusión, diseminación.
sprig *(sprig)* s. ramita.
sprightly *(spráitli)* adj. vivo, animado, brioso, alegre.
spring *(spring)* s. primavera; *(Mec.)* resorte, muelle; [**sprung** o **sprang; sprung**] intr. saltar, brincar.
springboard *(springbóard)* s. trampolín. [picar.
sprinkle *(sprínkl)* tr. rociar; sal-
sprint *(sprint)* s. carrera; **intr.** correr.
sprout *(spráut)* s. vástago; retoño; intr. brotar.
sprouts *(spráuts)* s. pl. brote, pimpollo; s. pl. **Brussels sprouts,** coles de Bruselas.
spruce *(spruce)* s. abeto; adj. pulcro, aseado; elegante; **to — up** arreglarse.
spry *(sprai)* adj. vivo, activo, ágil.
spur *(spö'r)* s. espuela; espolón; tr. espolear; **the — of the moment,** de repente.
spurious *(spiúrias)* adj. bastardo, espurio, falso. [deñar.
spurn *(spörn)* tr. rechazar, des-
spurt *(spö'rt)* chorro, esfuerzo supremo; intr. salir a chorros, brotar.
sputter *(spötör)* s. rociada de saliva; chisporroteo; farfulla, barbulla.
sputum *(spiútöm)* s. esputo.
spy *(spái)* s. espía; tr. espiar; atisbar.
spyglass *(spáiglas)* s. catalejo.
squabble *(skúobl)* s. riña, reyerta; tr. reñir, disputar. [gada.
squad *(skuad)* s. pelotón, bri-
squadron *(skuadrön)* s. (Mil.) escuadrón; (Avion.) escuadrilla. [do, mugriento.
squalid *(skualid)* adj. escuáli-
squall *(skúol)* s. chubasco; chillido; intr. chillar, berrear.
squalor *(skuóla)* s. suciedad, inmundicia, pobreza.
squander *(skuónda)* tr. intr. malgastar, despilfarrar.
square *(skúea)* s. cuadrado; plaza; adj. cuadrado, completo; tr. cuadrar; **— deal,** trato justo; m. **meal,** comida completa.
squarely *(skuéali)* adv. equitativamente; firmemente, de buena fe.
squash *(skuasch)* s. (bot.) calabaza; pulpa, tr. aplastar, magullar; **— rackets,** tenis de salón.
squat *(skuót)* adj. rechoncho; tr., intr. agacharse; sentarse en cuclillas.
squatter *(skuóta)* s. advenedizo; ocupante ilegal.
squeak *(skuík)* s. chillido; chirrido; intr. rechinar, chillar;

a narrow — (escaparse) por los pelos.

squeal *(skuil)* s. alarido, chillido, intr. chillar; (fam.) «cantar»; **—er** *(skuila)* informante.

squeamish *(skúimisch)* adj. escrupuloso, remilgado.

squeeze *(skuís)* s. estrujón; tr. estrujar, apretar. / **— out,** exprimir.

squeezer *(skuisa)* s. exprimidor.

squelch *(skúélch)* intr. chapotear, aplastar; acallar, imponer sliencio; reprender; **to — a revolt,** sofocar una revuelta.

squib *(scuib)* s. petardo; fig. pulla, sátira.

squint *(scuínt)* adj. bizco; s. (Med.) estrabismo; tr. intr. mirar bizco.

squire *(scuáia)* s. hacendado.

squirm *(scuö'rm)* intr. retorcerse, serpear.

squirrel *(scuírel)* s. ardilla.

squirt *(skúört)* v. jeringar; s. jeringazo, chorro; (fam.) (E. U.), majadero.

stab *(stab)* s. puñalada; tr. apuñalar.

stability *(stabíliti)* s. estabilidad.

stabilize *(stábilais)* tr. estabilizar.

stable *(stéibl)* adj. estable; s. establo.

stack *(stác)* s. (Agric.) niara; montón; *(Mil.)* pabellón; tr. amontonar.

stadium *(stéidiöm)* s. estadio.

staff *(stáf)* s. báculo, apoyo; vara; plantilla; *(Mil.)* estado mayor.

stag *(stag)* s. ciervo; **— party,** despido de soltero.

stage *(stéid***ch***)* s. (Teat.); escenario, tablado; (Acad.) nivel; (Espac.) fase; (Dep.) etapa; tr. escenificar; **stage-coach** s. diligencia (coche).

stagger *(stága)* s. bamboleo; intr. tambalear, vacilar; tr. alternar, escalonar.

stagnant *(stágnant)* adj. estancado.

stagnate *(stágneit)* intr. estancarse.

stagnation *(stagnéischön)* s. estancamiento.

staid *(steid)* adj. grave, serio.

stain *(stéin)* s. mancha; tr. manchar.

stainless *(stéinles)* adj. limpio: **— steel** s. acero inoxidable.

stair *(stéa)* s. escalón; grada.

staircase *(stéakeis)* s. escalera.

stairs *(stéas)* s. pl. escaleras.

stake *(stéik)* s. estaca; apuesta; tr. apostar; **to be at —,** estar en juego.

stale *(stéil)* adj. rancio; duro, viejo (pan).

stalk *(stók)* s. (Bot.) tr. acecho; **deer —ing,** caza de ciervas, tallo.

stall *(stól)* s. (merc.) puesto; (Teat. y Cine) butaca; establo; tr. meter en el establo; (Aut.) calarse.

stallion *(stályön)* s. caballo de cría, caballo padre, *(Am.)* padrillo, garañón.

stalwart *(stóluöt)* adj. robusto.

stamen *(stéimen)* s. estambre.

stamina *(stámina)* s. resistencia; vigor; fuerza.

stammer *(stáma)* s. balbuceo; tartamudeo; intr. tartamudear, balbucir.

stammerer *(stámara)* s. tartamudo.

stamp *(stámp)* s. sello; marca; estampa; tr. sellar, intr. patear.

stampede *(stampid)* s. estampida, huida; tr. intr. ahuyentar, desbandarse.

stanch *(stontch)* intr. restañar, estancar; adj. fuerte, firme; leal, constante fiel.

stand *(stánd)* s. parada; puesto; plataforma; tribuna; [**stood; stood**] tr. sostener, sufrir; intr. estar de pie. **— up** ponerse en pie; **— for,** representar.

standstill *(stándstil)* s. punto muerto; **come to a —,** parar.

standard *(stándar)* s. norma; modelo, tipo; estandarte; adj. típico; normal.

standardize *(stándadis)* tr. normalizar, hacer uniforme.

S

S

standing *(stánding)* s. reputación; adj. estable, de pie; **out —**, sobresaliente.
stanza *(stánza)* s. estrofa.
staple *(steipl)* s. grapa; adj. (Alim.) básica; tr. grapar.
staples *(staipla)* s. grapadora.
star *(stár)* s. estrella; asterisco; tr. marcar con asterisco; intr. representar el primer papel. [estribor.
starboard *(stáabood)* s. *Mar.*
starch *(stárch)* s. almidón; tr. almidonar.
starched *(stârcht)* adj. almidonado, grave, formal.
stare *(stéea)* s. mirada fija, mirar con descaro; tr. mirar fijamente. [de mar.
starfish *(stárfisch)* s. estrella
stark *(stárk)* adj. rígido, muerto. fig. completo, puro; adv. del todo; **—nacked**, en cueros; **— nonsense**, pura tontería.
starlight *(stárlait)* s. luz estelar, luz de las estrellas.
starry *(stáari)* adj. estrellado.
start *(stárt)* s. comienzo, marcha, sobresalto, ímpetu; tr. poner en marcha, comenzar, intr. arrancar, sobresaltarse; **a goad —**, buenos comienzos.
startle *(stártl)* s. espanto; tr. asustar. [nición; hambre.
starvation *(starvéischön)* s. ina-
starve *(starv)* intr. morir de hambre; tr. matar de hambre
state *(stéit)* s. estado; tr. intr. declarar; manifestar.
stately *(stéitli)* adv. majestuoso.
statement *(stéitment)* s. declaración, (Com.) estado de cuentas, memoria; (Gram.) oración afirmativa.
stateroom *(stéitrum)* s. (Náut.) camarote de lujo; (U. S. A.) departamento de coche cama. [dista.
statesman *(stéitsman)* s. esta-
static *(státic)* adj. estático.
station *(stéischön)* s. estación; parada; tr. colocar; **fire —**, Estación de Bomberos; **police —**, Comisaría de Policía.
stationary *(stéischönari)* adj. estacionario.
stationer *(steischönör)* s. librero; vendedor de objetos de escritorio.
stationery *(stéischöneri)* s. papelería; objetos de escritorio. [tica.
statistics *(statístics)* s. estadís-
statuary *(státiueri)* s. estaturia; estatuario.
statue *(státiu)* s. estatua.
statute *(státiut)* s. estatuto.
stature *(státcha)* s. estatura.
status *(stéitös)* s. estado, condición; posición social o profesional.
staunch *(tonch)* intr. restañar; estancar; adj. firme, leal.
stave *(steiv)* s. duela de barril; tr. poner duelas; **to — off**, mantener a distancia; evitar, rechazar.
stay *(stéi)* s. estancia, intr. quedarse, permanecer; **to — at**, hospedarse.
stead *(stéd)* s. **in his —**, lugar, sitio. [table.
steadfast *(stédfast)* adj. fijo; es-
steady *(stédi)* adj. estable; fijo; firme; tr. fijar; intr. asegurar.
steak *(stéic)* s. bistec, tajada.
steal *(stíl)* s. hurto, robo; [**stole; stolen**] tr. hurtar, robar, ocultar; intr. colarse.
stealth *(stélz)* s. cautela; recato.
stealty *(stélzi)* adj. furtivo; **—ily**, furtivamente.
steam *(stiim)* s. vapor; vaho; intr. emitir vapor; tr. cocer al baño de María.
steamer *(stíma)* s. barco de vapor
steed *(stid)* s. corcel caballo de combate; caballo brioso; (irónicamente) caballo.
steel *(stiil)* s. acero; adj. de acero, tr. acerar; **— works** s. fundición de acero, acería; **cold —**, arma blanca.
steep *(stiip)* adj. escarpado, en declive, empinado; (fam.)

caro; tr. remojar, poner en remojo. [panario.
steeple *(stípl)* s. aguja de cam-
steeplechase *(stíplcheis)* s. carrera de obstáculos.
steepness *(stípnis)* s. inclinación abrupta; lo empinado.
steer *(stía)* s. becerro; novillo; tr. guiar, (Náut.) gobernar; **steering wheel,** *Autom.* volante de la dirección.
steerage *(stíridye)* s. (Náut.) gobierno; pasajero de tercera clase. [pie de copa.
stem *(stém)* s. tallo, **tronco;**
stench *(sténch)* s. hedor, mal olor; intr. oler mal.
stencil *(sténsil)* tr. estarcir, copiar en ciclostilo; **s. ciclostilo.** [quígrafo.
stenographer *(stinógrafa)* s. ta-
step *(stép)* s. paso; **escalón;** estribo; intr. dar pasos; — **ladder,** escalera de mano; — **mother,** s. madrastra; — **father,** s. padrastro.
steppe *(step)* s. estepa.
sterile *(stérail)* adj. estéril, improductivo.
sterility *(stériliti)* s. esterilidad.
sterilize *(stérilais)* tr. estirilizar.
sterling *(stö'rling)* **adj.** genuino; puro; **sterling pound** s. libra esterlina.
stern *(stö'rn)* adj. duro; severo; inflexible; s. severidad; (Náut.) popa. [rigidez.
sterness *(steenes)* s. severidad,
stethoscope *(stézöskoup)* s. estetoscopio. [dor, cargador.
stevedore *(stívidor)* s. estiba-
stew *(stiú)* s. estofado; **guisado;** tr. estofar; s. — **pan,** cazuela, olla.
steward *(stiúard)* s. mayordomo; administrador, camarero de barco o avión.
stewardess *(stiúardes)* s. camarera, azafata.
stick *(stik)* s. palo; bastón. [**stuck; stuck**] tr. pegar, adherir, juntar, intr. pegarse.
sticker *(stíka)* s. marbete engomado.
sticky *(stíki)* adj. **pegajoso.**
stiff *(stíf)* adj. tieso; rígido; — **neck** s. tortícolis..
stiffen *(stífn)* tr. envarar, atiesar, endurecer.
stifle *(stáifl)* tr. sofocar.
stigma *(stígma)* s. estigma.
stigmatize *(stígmatais)* tr. estigmatizar.
stile *(stail)* s. escalones de un portillo.
still *(stíl)* s. silencio; calma; adj. silencioso; quieto; inmóvil; adv. todavía; aún; sin embargo; tr. calmar; — **life,** bodegón, naturaleza muerta.
stillness *(stílnes)* s. silencio; sosiego, quietud.
stilt *(stílt)* s. zanco.
stilted *(stíltit)* adj. pomposo.
stimulant *(stímiulant)* s. y adj. estimulante. [mular.
stimulate *(stímiuleit)* tr. esti-
stimulation *(simiuléischön)* s. estímulo, excitación.
stimulus *(stímiulös)* s. estímulo.
sting *(stíng)* s. aguijón; picada; [**stung; stung**] tr. picar.
stinginess *(stíndyines)* s. tacañería.
stingy *(stínd***chi***)* adj. tacaño.
stink *(stínk)* s. hedor; **intr.** heder, apestar.
stint *(stint)* intr. escatimar, ser económico; s. tarea, faena.
stipend *(stáipend)* s. estipendio; sueldo; salario.
stipulate *(stípuleit)* intr. estipular. [tipulación.
stipulation *(stipiuléischön)* s. es-
stir *(steer)* s. movimiento; conmoción; agitación; tr., intr. agitarse. [vedor.
stirring *(steering)* adj. conmo-
stirrup *(stíröp)* s. estribo.
stitch *(stích)* s. (Costura) puntada; (Med.) punto; tr. coser.
stock *(stók)* s. tronco, estirpe, linaje: *Com.* capital inicial, valores, acciones, fondo, existencias; tr. proveer, tener en existencia; **Stock Exchange** s. la Bolsa (de valores).

S

S

stockade *(stokéid)* s. estacada; vallado; tr. empalizar.
stockbroker *(stókbrouka)* s. agente de bolsa. [cionista.
stockholder *(stókjolda)* s. ac-
stocking *(stóking)* s. media; — **stitch,** punto de calceta.
stocky *(stoci)* adj. rechoncho.
stoical *(stóical)* adj. estoico.
stoke *(stóuk)* tr. alimentar el fuego, cargar.
stoker *(stooka)* s. fogonero.
stole *(stoul)* s. estola.
stolid *(stólid)* adj. estólido, impasible. [go; tr. digerir.
stomach *(stö'mac)* s. estóma-
stone *(stóun)* s. piedra; hueso de una fruta; tr. apedrear; — **deaf,** sordo como una tapia; — **mason,** cantero; **tomb** —, lápida; — **work,** mampostería.
stony *(stóuni)* adj. pedregoso, (fam.) sin blanca. [quillo.
stool *(stúl)* s. taburete, ban-
stoop *(stúp)* s. inclinación; abatimiento; intr. inclinarse.
stop *(stóp)* s. parada; pausa; alto; tr., pararse; **full** —, punto.
stoppage *(stópidye)* s. detención; interrupción.
stopper *(stópa)* s. tapón [naje.
storage *(stóuridye)* s. almace-
store *(stóa)* s. almacén. tr. almacenar; **department —s,** galerías, grandes almacenes.
storey *(stoari)* s. piso, planta.
stork *(stork)* s. cigüeña.
storm *(stórm)* s. tempestad; tormenta, tr. asaltar.
stormy *(stórmi)* adj. tempestuoso, tormentoso.
story *(stóri)* s. historia, cuento, historieta, anécdota.
stout *(stáut)* adj. grueso, s. cerveza fuerte. [robustez.
stoutness *(stautnes)* s. gordura,
stove *(stóuv)* s. estufa, cocina.
stow *(stóu)* tr. meter, guardar; esconder; estibar; rellenar.
stowaway *(stóueuei)* s. polizón.
straddle *(stradl)* intr. ponerse a horcajadas, cabalgar.
straggle *(strágl)* intr. extraviarse, errar, vagar.
straight *(stréit)* adj. **derecho,** recto, directo, adv. **directamente;** — **on,** todo derecho; **home—,** recta final [zar.
straighten *(stréiten)* tr. endere-
straightway *(stréituei)* adj. luego inmediatamente.
strain *(stréin)* s. **tensión,** esfuerzo; tr. forzar, **estirar;** colar.
strainer *(stréina)* s. colador.
strait *(streit)* s. *Geog.* estrecho; peligro; adj. estrecho, angosto; — **jacket,** camisa de fuerza.
strand *(strand)* s. filamento, cabo; (Poét.) playa, ribera; tr. abandonar; embarrancar.
strange *(stréindye)* adj. extraño.
stranger *(stréindyar)* s. forastero; extraño. [lar.
strangle *(strángl)* tr. estrangu-
strap *(stráp)* s. correa; *Mil.* charretera; tr. **zurrar,** atar con correas. [tratagema.
stratagem *(strátadyem)* s. es-
strategic *(stratédchic)* adj. estratégico.
strategy *(strátedye)* s. estrategia. [car.
stratify *(strátifai)* tr. estratifi-
stratosphere *(strátousfia)* s. estratosfera. [capa.
stratum *(stratm)* s. estrato;
straw *(stró)* s. paja; **fig.** fruslería, adj. de paja; **the last** —, es el colmo. [fresa.
strawberry *(stróbëri)* s. *Bot.*
strawy *(strói)* adj. pajizo.
stray *(stréi)* s. descarrío; persona o animal **perdido;** adj. descarriado; **intr.** descarriarse. [listar.
streak *(strík)* s. raya, **lista,** tr.
streaky *(stríki)* adj. **listado.**
stream *(stríim)* s. corriente; arroyo; intr. correr.
streamline *(strímlain)* s. línea aerodinámica; tr. dar línea aerodinámica.
streamer *(strima)* s. banderola, gallardete; liston; **paper** —, serpentina.
street *(striit)* s. **calle.**

streetcar *(stríka)* s. tranvía.

strength *(stréngz)* s. fuerza, vigor.

strengthen *(stréngzen)* tr. fortalecer, reforzar.

strenuous *(stréniuas)* adj. enérgico, fuerte; tenaz.

stress *(strés)* s. fuerza, tensión, acento tónico.

stretch *(stréch)* s. extensión, trecho; tr., intr. estirarse, extenderse. [tr. esparcir.

strew [**strewed; strewn**] *(stru)*

strict *(stríct)* adj. estricto, severo, rígido. [tud; severidad.

strictness *(stríctnes)* s. exacti-

stride *(stráid)* s. paso largo, zancada; [**strode** o **strid; stridden**] intr. andar a trancos, dar zancadas.

strident *(stráident)* adj. estridente; (fig.) chillón [disputa.

strife *(stráif)* s. contienda;

strike *(stráik)* s. golpe; huelga; (fam.) chiripa; [**struck; struck**] tr. golpear, herir, chocar con, encender un fósforo; intr. golpear.

striker *(stráika)* s. huelguista.

striking *stráiking)* adj. sorprendente, resaltante.

string *(stríng)* s. cuerda, cordel; — **of onions**, ristra; — **of lies**, sarta de mentiras; [**strung; strung**] tr. atar (con cuerda). [tricto, riguroso.

stringent *(stríndyant)* adj. es-

strip *(stríp)* s. tira; banda; tr. y reflex. desnudar(se); **comic** —, historieta.

stripe *(stráip)* s. raya; lista; (Mil.) galón; tr. rayar. [listas.

striped *(stráipt)* adj. rayado a

strive [**strove; striven**] *(stráiv)* intr. esforzarse; empeñarse.

stroke *(stróuk)* s. golpe; campanada; (Escr.) rasgo.

stroll *(stról)* s. paseo; intr. vagar, pasear.

strong *(stróng)* adj. fuerte; — **as a horse**, fuerte como un toro. [luarte.

stronghold *(stróngjould)* s. ba-

strop *(strop)* tr. asentar (navajas de afeitar); s. asentador.

structure *(strö'kcha)* s. estructura.

struggle *(strö'gl)* s. esfuerzo; lucha, intr. bregar, contender; esforzarse.

strut *(ströt)* intr. pavonearse, contonearse; s. contoneo; tirante; (Archit.) puntal.

stub *(stö'b)* s. zoquete; colilla (de cigarrillo).

stubble *(stöbl)* s. rastrojo; cañones (de la barba).

stubborn *(stö'born)* adj. terco, tozudo. [zudez, terquedad.

stubbornness *(stö'bornes)* s. to-

stud *(stö'd)* s. tachón, tachuela; **prest** — (cost.) automático.

student *(stiúdent)* s. estudiante.

studio *(stiúdion)* s. estudio, taller de un artista; estudio cinematográfico. [dioso.

studious *(stiúdiös)* adj. estu-

study *(stö'di)* s. estudio; tr. estudiar.

stuff *(stö'f)* s. material, materia prima, chismes; tr. relleno, henchir; diseca; intr. atracarse.

stuffing *(stö'fing)* s. relleno.

stuffy *(stö'fi)* adj. mal ventilado, cargado.

stumble *(stö'mbl)* s. tropiezo; intr. trop[illegible]

stump *(stömp)* s. cepa; colilla.

stun *(stö'n)* tr. atolondrar, aturdir, pasmar. [drar.

stunt *(stö'nt)* tr. no dejar me-

stupefy *(stiúpifai)* tr. causar estupor, atontar. [estupendo.

stupendous *(stiupéndös)* adj.

stupid *(stiúpid)* adj. y s. estúpido. [dez.

stupidity *(stiupíditi)* s. estupi-

stupor *(stiúpa)* s. estupor.

sturdy *(stördi)* adj. robusto, fornido, vigoroso.

stutter *(stö'ta)* s. tartamudeo, intr. tartamudear; tr. balbucear.

sty *(stai)* s. pocilga.

style *(stáil)* s. estilo; título; género; gusto; tono.

suavity *(suáviti)* s. suavidad.

S

subdivision *(sö'bdivisyon)* s. subdivisión; parcelación de terrenos. [someter.
subdue *(sabdiú)* tr. subyugar,
subject *(sabdyect)* adj. sujeto, s. asunto, materia, tema, asignatura; súbdito; *Gram.* sujeto; tr. someter.
subjection *(sabdyécschön)* s. ujeción, sumisión.
subjective *(sabdyéctiv)* adj. subjectivo. [yugar; someter.
subjugate *(sabdyiugueit)* tr. sub-
sublet *(sablét)* tr. subarrendar.
sublime *(sabláim)* adj. sublime; excelso. [marino.
submarine *(sa'bmarin)* s. sub-
submerge *(sabmö'rdye)* tr., intr. sumergir(se). [misión
submission *(sabmíschön)* s. su-
submissive *(sabmísiv)* adj. sumiso.
submit *(sabmít)* tr. someter; presentar; intr. someterse.
subnormal *(söbnormal)* adj. subnormal, deficiente.
subordinate *(sabórdineit)* adj. y s. subordinado; tr. subordinar.
subscribe *(sabscráib)* tr. suscribir, aprobar; intr. suscribirse, abonarse. [criptor.
subscriber *(sabscráiba)* s. subs-
subsequent *(sa'bsikuent)* adj. subsiguiente, posterior; **—ly.** adv. después.
subscription *(sabscrípschön)* s. subscripción, abono.
subside *(söbsáid)* intr. calmarse, bajar, hundirse.
subsidence *(sabsidense)* s. hundimiento, socavón.
subsidiary *(sabsídieri)* adj. subsidiario. [subsidio.
subsidy *(sabsidi)* s. subvención,
subsist *(sabsíst)* intr. subsistir; sustentarse. [tancia.
substance *(sa'bstans)* s. subs-
substantial *(sabstánschal)* adj. substancial; considerable.
substantive *(sa'bstta'ntiv)* adj. y s. sustantivo.
substitute *(sa'abstitiut)* s. substituto; tr. substituir.
subterfuge *(sa'btarfiudye)* s. subterfugio. [subterráneo.
subterranean *(sabtaréinyan)* adj.
subtility *(sa'btilti)* s. sutileza.
subtitle *(söbtaitöl)* s. subtítulo.
subtle *(sa'töl)* adj. sutil; agudo.
subtleness *(sa'tölnes)* s. sutileza; astucia. [traer, restar.
subtract *(sabtrákt)* tr. subs-
subtraction *(sabtráccschön)* s. substracción; *Arit.* resta.
suburb *(saberb)* s. suburbio; arrabal. [subvención.
subvention *(sabvénschön)* s.
subversion *(sabvarschon)* s. subversión, trastorno.
subversive *(sabvarsiv)* adj. subversivo.
subway *(sa'b-uey)* s. paso subterráneo; túnel; (E. U.) metro.
succeed *(söcsíd)* tr. suceder, intr. vencer, triunfar, conseguir; seguir a. [triunfo.
success *(sacsés)* s. éxito;
successful *(saksésful)* adj. próspero; afortunado, con éxito.
succession *(söcséschön)* s. sucesión. [cesivo.
successive *(söcsésiv)* adj. su-
successor *(sacsésa)* s. sucesor.
succint *(sacsíngt)* adj. sucinto, conciso.
succour *(sá'kar)* s. socorro; asistencia; *(Mil.)* refuerzo; tr. socorrer.
succulent *(sa'kiulent)* adj. suculento: jugoso.
succumb *(sökö'm)* intr. sucumbir; ceder.
such *(sach)* adj. tal(es), semejante pron. un tal, aquellos que; adv. tan; **— as,** tal que, etc. [s. chupada
suck *(sak)* tr. chupar; mamar;
sucker *(saca)* s. chupón; (E. U.) (fig.) gorrón.
suckle *(sakl)* tr. amamantar.
sudden *(sadn)* adj. repentino; súbito, imprevisto; **all of a —,** de repente.
suddenly *(sadönli)* adv. de repente, súbitamente.
suddenness *(sadönnes)* s. precipitación.
suds *(sads)* s. agua jabonosa.
sue *(siú)* tr. demandar.

suede *(suéid)* s. ante, piel de Suecia.
suet *(siuit)* s. saín, sebo.
suffer *(safa)* tr. e intr. sufrir, aguantar, tolerar; **to suffer of,** padecer de, adolecer de.
sufferer *(safera)* s. víctima, paciente; **fellow —,** compañero de infortunio. [miento.
suffering *(safaring)* s. sufri-
suffice *(safáis)* intr. bastar, suficiente. [ciencia.
sufficiency *(safischensi)* s. sufi-
sufficient *(safíschent)* adj. suficiente, bastante.
suffix *(safics)* s. sufijo.
suffocate *(sa'fokeit)* tr. sofocar; intr. asfixiarse.
suffocation *(safokéischön)* s. sofocación, ahogo, asfixia.
suffrage *(safredye)* s. sufragio; voto.
sugar *(schúga)* s. azúcar; tr. azucarero; **— lump,** terrón de azúcar. [insinuar.
suggest *(sadyeést)* tr. sugerir;
suggestion *(sadyeeschön)* s. sugestión, insinuación.
suggestive *(sadyeéstiv)* adj. sugestivo, impúdico.
suicidal *(siuisáidal)* adj. suicida, temerario.
suicide *(siúisaid)* s. suicidio; suicida; **to commit —,** suicidarse.
suit *(sut, siut)* s. traje galanteo; colección, serie, *Leg.* petición, pleito, litigio; palo de naipes; tr., intr. cuadrar; convenir; ir bien.
suitable [*s(i)útabl*] adj. adecuado, apropiado. [leta.
suitcase *(siutkeis, sut-)* s. ma-
suite *(suít)* s. serie, séquito; tresillo; **three piece —,** tresillo; **bedloom —,** juego de dormitorio.
suitor *(súta)* s. pretendiente; *Leg.* demandante.
sulk *(sö'lk)* s. murria; intr. amurriarse. [humorado.
sulky *(salki)* adj. huraño, mal-
sullen *(sa'ln)* adj. hosco.
sully *(sa'li)* s. mancha; tr. manchar, empañar.
sulphur *(sa'lfar)* s. azufre.
sultan *(sa'ltan)* s. sultán.
sultana *(saltána)* s. sultana; pasa. [sofocante.
sultry *(saltri)* adj. bochornoso,
sum *(sam)* s. suma, total; **— up,** resumir. [mario.
summary *(samari)* adj. s. su-
summer *(sa'ma)* s. verano; adj. estival, veraniego; intr. veranear.
summersolt *(sa'marset)* s. salto mortal. [ma; altura.
summit *(sa'mit)* s. cumbre, ci-
summon *(sa'mön)* tr. citar; convocar, requerir. [tación.
summons *(sa'möns)* s. *Leg.* ci-
sumptuous *(sa'mpschas)* adj. suntuoso; opíparo.
sun *(sa'n)* s. sol.
sunbeam *(sa'nbim)* s. rayo de sol; **— dial** s. reloj de sol.
sunbathe *(san-baiz)* un tomar el sol.
sumburnt *(sa'nbörnt)* adj tostado por el sol, bronceado.
Sunday *(sandei)* s. domingo; **easter —,** domingo de gloria; **Palm —,** domingo de ramos. [varios.
sundries *(sa'ndris)* s. pl. (com.)
sundry *(sa'ndri)* adj. diversos.
sunflower *(sanflaua)* s. girasol; **sunflower seed** (fam.) pipas.
sunk *(sanc)* (p. p. of sink), hundido.
sunken *(sancen)* adj. hundido.
sunlight *(sanlait)* s. luz diurna.
sunny *(sa'ni)* adj. soleado.
sunrise *(sö'nrais)* s. salida del sol, amanecer.
sunshine *(sanschain)* s. luz del sol, sol, luz del día.
sunset *(sanset)* s. puesta del sol, ocaso. [lación.
sunstroke *(sa'nstrouk)* s. inso-
superannuate *(suparánniuei)* tr. jubilar, inhabilitar.
superannuation *(siuparanniuéischön* s. jubilación.
superb *(supeeb)* adj. soberbio; magnífico. [altivo.
supercilious *(suparsílias)* adj.
superficial *(suparsfíschal)* adj. superficial.

S

S

superficiality *(supafischiáliti)* s. superficialidad.
superfluous *(supeerfluas)* adj. superfluo. [sobrehumano.
superhuman *(supajiúman)* adj.
superimpose *(siupörimpous)* tr. sobreponer, superponer.
superintend *(suparinténd)* tr. inspeccionar; vigilar.
superintendent *(suparinténdent)* s. superintendente. [perior.
superior *(supeeria)* adj. y s. su-
superiority *(supierióriti)* s. superioridad.
superman *(siúpörman)* s. supermán. [permercado.
supermarket *(suparmakit)* s. su-
supernatural *(siupönáchönal)* sobrenatural. [tuir.
supersede *(supasíd)* tr. substi-
superstition *(supastíschön)* s. superstición. [supersticioso.
superstitious *(upastíschös)* adj.
supervise *(supavais)* tr. vigilar, supervisar, revisar.
supervisor *(supavaisa)* s. inspector, interventor.
supper *(sopa)* s. cena.
supplant *(söplánt)* tr. suplantar: desbancar.
supple *(sapl)* adj. flexible; dócil. *Dep.* ágil.
supplement *(sáplimönt)* s. suplemento. [súplica.
supplication *(söplikéischón)* s.
supplier *(söplaia)* s. suministrador, proveedor.
supply *(söplái)* s. abastecimiento, suministro; pl. s. víveres, pertrechos; tr. abastecer.
support *(söpórt)* s. sostén; apoyo; tr. sostener.
supporter *(sapota)* s. apoyo, sostén; *Dep.* hincha.
suppose *(söpóus)* tr. presumir, criayinarse. tr. (pre)suponer.
supposition *(söposíschön)* s. suposición; hipótesis.
suppository *(söpósitori)* s. supositorio.
suppress *(söprés)* tr. suprimir; *Pol.* sofocar, reprimir(se).
suppression *(söpréschön)* s. supresión. [premacía.
supremacy *(sooprémasi)* s. su-
supreme *(sooprím)* adj. supremo; **supreme court**, el tribunal supremo.
sure *(shua)* adj. seguro; cierto; adv. indudablemente; interj. ¡claro! **make — of** asegurarse de; **to be —**, estar seguro.
sureness *(shuanis)* s. seguridad. [dor.
surety *(shuariti)* s. fianza; fia-
surf *(seef)* s. resaca; rompiente, marejada; **— riding**, deslizamiento náutico.
surface *(sefis)* s. superficie; tr. allanar; (náut.) salir a la superficie.
surfeit *(serfit)* s. empacho; tr. intr. hartar(se).
surge *(serdye)* s. oleaje, oleada; intr. agitarse.
surgeon *(serdyon)* s. cirujano. [consultorio.
surgery *(serdyari)* s. cirugía,
surmise *(surmáis)* s. conjetura; tr. suponer.
surmount *(surmáunt)* tr. sobrepujar; vencer, superar.
surname *(surneim)* s. apellido.
surpass *(surpás)* tr. exceder; aventajar, sobrepasar.
surplice *(sörplis)* s. sobrepelliz.
surplus *(surplös)* adj. y s. sobrante, excedente.
surprise *(surpráis)* s. sorpresa; tr. sorprender.
surrender *(surénda)* s. rendición; entrega; tr., intr. rendir(se). [dar; rodear.
surround *(suráund)* tr. circun-
surroundings *(suráundings)* s. pl. alrededores. [sobretasa.
surtax *(surtacs)* s. recargo,
survey *(survéi)* s. examen, inspección, deslinde; tr. inspeccionar.
surveyor *(survéiar)* s. topógrafo, perito; agrimensor, inspector. [vencia.
survival *(sörváival)* s. supervi-
survive *(surváiv)* tr. sobrevivir.
susceptible *(suséptibl)* adj. susceptible.
suspect *(sáspect)* adj. sospechoso; tr. *(suspéct)* sospechar.

suspend *(suspénd)* tr. suspender, colgar, aplazar.
suspenders *(suspéndas)* s. pl. (E. U.) tirantes, (G. B.) ligas.
suspense *(suspéns)* s. incertidumbre, suspenso, intriga.
suspension *(suspenshon)* s. suspensión. / — **bridge,** puente.
suspicion *(suspíschön)* s. sospecha; **beyond** —, libre de sospecha; **under** —, bajo sospecha.
suspicious *(suspíschös)* adj. sospechoso, suspicaz, desconfiado. [sustentar.
sustain *(sustéin)* tr. sostener;
swab *(suób)* s. *Med.* torunda; escobilla. tr. fregar.
swag *(suág)* s. botín, intr.; contornearse.
swagger *(suága)* intr. fanfarronear; darse tono de. [rrón.
swaggerer *(suágara)* s. fanfa-
swain *(suéin)* s. mozalbete, rapaz; *Naut.* **boat** —, contramaestre.
swallow *(suólou)* s. *Orn.* golondrina; tr. tragar.
swamp *(suómp)* s. pantano, ciénaga; tr. (fig.) inundarse.
swan *(suón)* s. cisne. / — **song**, canto de cisne. [tr. cambiar.
swap *(suóp)* s. trueque, canje;
sward *(suörd)* s. césped.
swarm *(suórm)* s. enjambre; hormiguero; gentío; tr. enjambrar, pulular.
swarthy *(suorzi)* adj. moreno; tostado; curtido (por el sol).
swathe *(sueiz)* tr. vendar, envolver.
sway *(suéi)* s. vaivén; dominio; tr. inclinar, influir; intr. bambolearse, mecerse.
swear [**swore; sworn**] *(súea)* tr., intr., jurar, blasfemar.
sweat *(súet)* s. sudor; [**sweated** o **swet; sweated** o **swed**] tr. hacer sudar; intr. sudar.
sweater *(súeta)* s. suéter.
sweating *(suéting)* s. sudor.
sweep *(suíp)* s. barredura; vuelo; alcance; [**swept; swept**] tr. barrer, deshollinar; **to** — **post,** pasar rápidamente.
sweeper *(suípar)* s. barrendero; **chimeny** —, deshollinador.
sweet *(suít)* adj. dulce; s. caramelo; dulce. [cillas.
sweetbread *(suítbred)* s. leche-
sweeten *(suítn)* tr. endulzar,
sweetheart *(suítjart)* s. novio, novia; amante [confitura.
sweetmeat *(suítmit)* s. dulce;
sweetness *(suítnes)* s. dulzura.
swell *(suél)* s. hinchazón; *Naut.* marejada, mar de fondo; adj. (E. U.) (fam.) estupendo; [**swelled; swelled** o **swollen**] tr, hincharse. tr. hinchar.
swelling *(suéling)* s. hinchazón; turgencia.
swelter *(suélta)* intr. sofocarse, abrasarse.
swerve *(suörv)* s. desviación, viraje. [pronto.
swift *(suíft)* adj. veloz; ligero;
swifly *(suiftli)* adv. velozmente, rápidamente. [dad, ligereza.
swiftness *(suíftnes)* s. veloci-
swill *(suíl)* tr. enjuagar, lavar; (fam.) emborrachar; s. bazofia.
swim [**swum** o **swam; swum**] *(suím)* intr. nadar, flotar.
swimmer *(suíma)* s. nadador.
swimming *(suíming)* s. natación; s. — **pool,** piscina.
swindle *(suíndl)* s. estafa; timo; tr. timar. [timador.
swindlen *(suindla)* s. estafador,
swine *(suáin)* s. cerdo. (lit. y fig.) — **herd,** s. piera.
swing *(suíng)* s. oscilación; columpio; [**swung; swung**] tr. columpiarse, agitar, balancear. [tr. golpear; robar.
swipe *(suáip)* s. golpe fuerte;
swirl *(suírl)* s. remolino.
switch *(suích)* s. interruptor; tr. conmutador; tr. cambiar; — **on,** encender; — **off,** apagar. [inflamado
swollen *(suóulön)* adj. hinchado,
swoon *(suún)* desmayo; intr. desmayarse.
swoop *(suúp)* tr. arrebatar; agarrar; coger, abalanzarse.

S

S

swop *(suóp)* s. cambio, trueque; tr. cambiar.
sword *(sóod)* s. espada.
sword-fish *(sood-fish)* s. *Ict.* pez espada.
sybarite *(síbarait)* s. sibarita.
syllable *(sílabl)* s. sílaba.
symbol *(símböl)* s. símbolo.
symbolic(al) *(simbólic(öl))* adj. simbólico. [simbolizar.
symbolize *(símbolais)* tr. intr.
symmetry *(símötri)* s. simetría.
sympathetic *(simpazétic)* adj. simpático, comprensivo.
sympathy *(símpazi)* s. simpatía, comprensión.
sympathize *(símpazais)* intr. simpatizar, compadecerse.
symphony *(símfoni)* s. sinfonía.
symptom *(símtöm)* s. *Med.* síntoma; señal.
synagogue *(sínagog)* s. sinagoga. [cronizar.
synchronise *(sincrónais)* tr. sin-
syncopate *(sincopeit)* tr. sincopar.
syndical *(síndical)* adj. sindical.
syndicate *(síndikit)* s. sindicato; *(síndikeit)* sindicar(se).
synonym *(sínonim)* s. sinónimo.
synonymous *(sinónimös)* adj. sinónimo.
synopsis *(sinópsis)* s. sinopsis.
synthesis *(sínzesis)* s. síntesis.
synthetic *(sinzétic)* adj. sintético.
syphon *(sáifon)* s. sifón.
syringe *(siríndch)* s. jeringa; lavativa; tr. jeringar, dar una lavativa.
syrup *(síröp)* s. jarabe, almíbar.
system *(sístem)* s. sistema.
systematic *(sistemátic)* s. y adj. sistemático.

T t

tab *(tab)* s. lengüeta; oreja de zapato; tira; herrete de cordon. [náculo.
tabernacle *(tábörnacl)* s. taber-
table *(téibl)* s. mesa. *Mat.* tabla; — **cloth**, s. mantel; — **spoon**, cuchara sopera.
tableau *(táblo)* s. cuadro viviente.
tablet *(táblet)* s. tabl(et)a. **soap** —, pastilla de jabón.
tacit *(tásit)* adj. tácito.
taciturn *(tásitön)* adj. taciturno.
tack *(tác)* s. tachuela; chincheta; tr. clavar, puntear.
tackle *(tákl)* s. aparejo, avíos, equipo; tr. agarrar, forcejar.
tacky *(tacki)* adj. pegajoso.
tact *(tact)* s. tacto; tiento.
tactic *(táctic)* adj. táctico.
tactician *(táktisian)* s. táctico, estratega.
tactics *(táctics)* s. pl. táctica.
tactile *(táctil)* adj. palpable, táctil. [discreto.
tactless *(tactles)* adj. torpe, in-
tadpole *(tádpoul)* s. renacuajo.
taffeta *(tafeta)* s. tafetán.
tag *(tag)* s. etiqueta, punta del rabo. [extremo.
tail *(téil)* s. cola; rabo; — **end**,
tailor *(téilar)* s. sastre; **the —s**, sastrería.
tailoning *(teilaring)* s. sastrería.
taint *(téint)* s. mácula; mancha; tr. manchar.
take [**took; taken**] *(téik)* tr. tomar; coger; llevar (fotos.) sacar; (ajed.) comer; intr. pegar, prender; **to — after**, parecerse; — **care of** tr. cuidar de; — **for granted** dar por sentado; — **off** v. quitarse (una prenda), despegar (un avión); — **over** tomar posesión, hacerse cargo.
taking *(téiking)* s. arresto; embargo; adj. agradable; — **s**, pl. (com.) ingresos.
talcum *(tálcöm)* s. talco (de tocador).
tale *(téil)* s. cuento; historia; chisme; **tell —**, decir mentiras.
talent *(tálent)* s. talento.
talented *(tálentit)* adj. capaz.
talk *(tóc)* s. conversación; habla; intr. conversar, hablar.
talkative *(tócativ)* adj. locuaz, hablador.

tall *(tól)* adj. alto; grande.
tallness *(tólnes)* s. altura; estatura; talla.
tally *(táli)* s. ta(r)ja, cuenta; tr. tarjar, llevar la cuenta; intr. cuadrar.
talon *(tálon)* s. (aves.) garra.
tambourine *(támburin)* s. pandereta.
tame *(téim)* adj. domado, manso, dócil; tr. dom(estic)ar, amansar.
tamer *(taima)* adj. donador.
tan *(tán)* s. casca; bronceado, tostadura del sol; tr. curtir, broncear.
tang *(tang)* s. resabio, gustillo.
tangent *(tandyönt)* s. y adj. tangente.
tangerine *(táncherin)* s. mandarina.
tangle *(tángl)* s. enredo, embrollo; intr. embrollarse.
tank *(tánk)* s. tanque, depósito, cisterna.
tankard *(táncard)* s. jarro con tapa (para cerveza), cangilón.
tanker *(tanka)* s. *Naut.* petrolero; camión cisterna.
tanner *(tána)* s. curtidor.
tannery *(tâneri)* s. tenería, fábrica de curtidos.
tantalize *(tántalais)* atormentar.
tantrum *(tántröm)* s. berrinche.
tap *(tap)* s. grifo; palmada; tr. *Mec.* terrajar, golpear ligeramente.
tape *(téip)* s. cinta; — **measure,** cinta métrica; **red —,** papeleo; — **recorder,** s. magnetófono.
taper *(teipör)* tr. estrechar; intr. estrecharse.
tapestry *(tápestri)* s. tapicería; colgadura; tapiz.
tar *(tár)* s. alquitrán; tr. alquitranar, embrear; **tack —,** (fam.) marinero. [zudo.
tardy *(tárdi)* adj. tardío, cachatare *(téa)* s. (com.) tara.
target *(tárguet)* s. blanco (fig.) neto.
tariff *(tárif)* s. tarifa, arancel.
tarnish *(tárnisch)* s. empañadura; deslustre; tr. intr. empañar(se); mancillar.
tarpaulin *(tárpolin)* s. encerado, lona. [quitranado.
tarry *(tári)* intr tardar; adj. al-
tart *(tárt)* adj. acre; ácido; s. tarta, pastel de fruta; (fam). mujerzuela.
task *(task)* s. tarea; **brig to —,** reprender; — **force.** *Mil.* fuerza de misión especial.
tassel *(tásel)* s. borla, cordón.
taste *(téist)* s. gusto; sabor; muestra, prueba; tr., intr. gustar, probar.
tasteful *(téistful)* adj. elegante, de buen gusto. [soso.
tasteless *(téistles)* adj. insípido;
tasty *(téisti)* adj. sabroso.
tatter *(tatör)* s. harapo, andrajo.
tattle *(tátl)* s. charla; cháchara; tr. charlar.
tattoo *(tatú)* s. *Mil.* retreta, tatuaje, tr. tatuar.
taunt *(tónt)* s. mofa; vituperio.
taut *(tot)* adj. tenso, terso.
tavern *(távern)* s. taberna.
tawdry *(tódri)* adj. chillón, charro.
tax *(tács)* s. impuesto; contribución; tributo; tr. tasar, imponer tributos; — **free** adj. franco, libre de impuestos; **income —,** contribución por rendimiento del trabajo.
taxation *(tacséischön)* s. tasa; contribución. [taxista.
taxi *(taksi)* s. taxi; — **driver** s.
taxicab *(tácsicab)* s. coche taxi.
tea *(tíl)* s. té.
teapot *(típot)* s. tetera; — **spoon,** cucharilla; — **spoonful,** cucharita.
teach [taught; taught] *(tich)* v. enseñar, instruir; **to — a lesson,** dar una lección.
teacher *(tícha)* s. profesor(a), maestro, maestra; — **training college,** Escuela Normal.
teaching *(tíching)* s. enseñanza.
team *(tím)* s. equipo; tiro, yunta.
teamwork *(tímuörk)* trabajo en equipo, trabajo de conjunto.

T

tear *(ter)* s. raja; desgarradura; [**tore; torn**] tr. desgarrar, rasgar. [lacrimógeno.
tear *(tia)* lágrima; — **gas,** gas
tearful *(tíaful)* adj. lloroso.
tease *(tis)* tr. importunar, atormentar; **strip —,** denudación.
teat *(tiit)* s. ubre; teta, tetillas.
technical *(técnical)* adj. técnico. [co.
technician *(tecnísian)* s. técni-
technique *(tekník)* técnica.
tedious *(tidiös)* adj. pesado, monótono, aburrido.
tedium *(tídiöm)* s tedio, aburrimiento. [sar.
teem *(tim)* intr. pulular, reba-
teenager *(tinéidya)* s. adolescente. [tición.
teething *(tizing)* s. primera den-
teetotaler *(titotla)* s. abstemio.
telecast *(télicast)* s. emisión de televisión, televisar. [ma.
telegram *(téligram)* s. telegra-
telegraph *(téligraf)* s. telégrafo; tr. telegrafiar.
telephone *(télifoun)* s. teléfono; tr. telefonear; — **book,** guía telefónica; — **exchange,** centralita. [pio.
telescope *(téliscop)* s. telesco-
television *(télividyön)* s. televiión; **television set** *(telivisyon)* s. televisor.
tell [**told; told**] *(tel)* tr. decir; contar; narrar; ordenar; — **off,** reñir; — **the difference,** diferenciar; — **tales,** hacer mentiras, contar chismes.
teller *(tela)* s. relator, narrador; (com.) cajero. [chivato.
telltale *(télteil)* s. chismoso,
temerity *(temériti)* s. temeridad.
temper *(témpa)* s. (Met.) temple; temperamento; tr. templar; mal genio; **bad —,** mal humor. [temperamento.
temperament *(témpörament)* s.
temperance *(témpörans)* s. templanza. [plado.
temperate *(témpörit)* adj. tem-
temperature *(ténpricha)* s. temperatura.
tempered *(témpard)* adj. (Met.) templado. [tad.
tempest *(témpist)* s. tempes-
tempestuous *(tempéstiuös)* adj. tempestuoso.
temple *(templ)* s. templo; *(Anat.)* sien. [poral.
temporal *(témpöral)* adj. tem-
temporary *(tempórari)* adj. temporal, transitorio, provisional.
temporize *(témporais)* intr. (con)temporizar.
tempt *(témt)* tr. tentar.
temptation *(temtéischön)* s. tentación.
tempter *(témptar)* s. tentador.
tempting *(témting)* s. tentación; adj. tentador.
ten *(ten)* adj. y s. diez.
tenable *(ténabl)* adj. defendible.
tenacious *(tenéischös)* adj. tenaz. [dad, tesón.
tenacity *(tenáciti)* s. tenaci-
tenancy *(ténansi)* s. inquilinato, arrendamiento. [arrendador.
tenant *(ténant)* s. inquilino;
tend *(ténd)* tr. guardar; cuidar, intr. tender a. [cia.
tendency *(téndensi)* s. tenden-
tender *(ténda)* adj. tierno; s. (Obras Púb.) subasta; oferta; (Mar.) falúa, lancha de auxilio; tr. ofrecer, proponer; **legal tender,** moneda de curso legal. [nura.
tenderness *(téndarnes)* s. ter-
tendon *(téndön)* s. tendón.
tendril *(tendril)* s. zarcillo, tijereta.
tenement *(téniment)* s. vivienda; alojamiento; **tenement house,** casa de vecindad.
tenet *(ténit)* s. dogma.
tennis *(ténis)* s. juego de tenis; — **court** s. pista, cancha de tenis.
tenor *(ténör)* s. tenor.
tense *(téns)* adj. tenso; s. *Gram.* tiempo.
tensión *(ténschön)* s. tensión.
tent *(tent)* s. tienda de campaña, pabellón.
tentacle *(téntacöl)* s. tentáculo, tiento. [intento.
tentative *(tentative)* s. tentativa,
tenuous *(téñuös)* adj. tenue.

tenure *(tenua)* s. tenencia, posesión. [plado.
tepid *(tépid)* adj. tibio; tem-
tem *(teerm)* s. término; condición, plazo, trimestre académico, tr. nombrar, llamar; **come to —s** llegar a un acuerdo. [nal; s. término.
terminal *(teerminal)* adj. termi-
terminus *(términös)* s. término, fin. [hormiga blanca.
termite *(teermait)* s. termita,
terrace *(téreis)* s. terrado; terraza; tr. terraplenar.
terrible *(téribl)* adj. terrible, tremendo. [ca, zorrero.
terrier *(téria)* s. perro de bus-
terrific *(terífic)* adj. espantoso; (fam.) estupendo. [aterrar.
terrify *(térifai)* tr. horrorizar,
territorial *(teritórial)* adj. territorial.
territory *((téritöri)* s. territorio.
terror *(téra)* s. temor, pavor.
terrorism *(térrörism)* s. terrorismo.
terrorist *(térrörist)* s. terrorista. [rizar.
terrorize *(térröra̧is)* tr. aterro-
terse *(ters)* adj. conciso, breve.
test *(tést)* s. prueba; ensayo, examen, (piedra de) toque; tr. probar, experimentar; **to put to the —**, poner a prueba; **to pass he —**, pasarlo a prueba. [mento.
testament *(téstament)* s. testa-
testicle *(téstícl)* s. testículo.
testify *(téstifai)* tr. testificar.
testimonial *(testimóunial)* s. certificación; testimonio; adj. testificativo. [monio.
testimony *(téstimoni)* s. testi-
testy *(tésti)* adj. enojadizo.
tetanus *(tétanös)* s. tétano.
tether *(téza)* s. correar, traba; tr. trabar; **to be at the end of one's —**, consumirle la paciencia (a uno).
text *(écst)* s. texto; pasaje.
textbook *(técstbuc)* s. libro de texto.
textile *(técstai)* adj. textil; s. tejido. [tejido.
texture *(técscha)* s. textura;
than *(dán)* conj. que (particula comparativa).
thank *(zánk)* tr. agradecer; dar gracias; **thank you!** ¡gracias!
thankful *(zánkful)* adj. agradecido. [titud.
thankfulness *(zankfulnes)* s. gra-
thankless *(zánkles)* adj. desagradecido.
thanklessness *(zanklesnes)* s. ingratitud; desagradecimiento.
thanks *(zanks)* s. pl. gracias.
that *(dat)* adj. ese, aquel; pron. ése, aquél, aquello, que, el cual; conj. que, para que, av. (fam.) así de, tan; **so —**, para; **—way**, por allí.
thatch *(zach)* s. techo de paja o cañas; tr. cubrir con paja o cañas.
thaw *(zo)* s. deshielo; tr. intr. deshelar(se), derretir(se).
the *(di, de)* art. el; la, lo, los, las.
theatre; — ter *(ziata)* s. teatro.
theatrical *(ziátrical)* adj. teatral.
theft *(zéft)* s. hurto; robo.
their *(déa)* adj. su; de ellos; de ellas.
theirs *(déas)* pron. el suyo; la suya; los suyos; las suyas; de ellas; de ellos.
theism *(ziism)* s. teísmo.
theist *(ziist)* s. teista.
them *(dém)* pron. los, les, ellas, a/para ellos, ellas.
themselves *(demsélvs)* pron. ellos mismos, ellas mismas; sí mismos, asimismo.
theme *(zim)* s. tema; motivo.
then *(dén)* adv. entonces; después; luego; conj. por tanto, pues. / **now —**, ahora bien; **now and they**, de vez en cuando.
thence *(déns)* adv. de allí; de ahí, desde entonces.
theological *(ziolódyical)* adj. teologal, teológico. [logo.
theologist *(ziólodyist)* s. teó-
theology *(ziólodyi)* s. teología.
theoric *(zióric)* adj. teórico.
theory *(ziori)* adj. teoría.
therapy *(zérapi)* s. terapia, terapéutica.

T

there *(déa)* adv. allí; allá, ahí. / **— is, are** hay; **there was, there were** había, hubo; **there will be**, habrá; **here and —**, aquí y allá; **over —**, allá.
thereabouts *(dérabauts)* adv. por ahí; aproximadamente.
thereafter *(dérafta)* adv. según; después de eso.
thereby *(deabái)* adv. con eso; por medio de, por allí cerca.
therefore *(déafo)* adv. por lo tanto. [allí dentro.
therein *(derín)* adv. en esto;
thereupon *(deröpón)* adv. después de lo cual.
therewith *(deauíz)* adv. con eso.
thermic *(zérmic)* adj. térmico, termal. [termómetro.
thermometer *(zörmómitar)* s.
these *(díis)* adj. y pron. estos, estas.
thesis *(zísis)* s. tesis.
they *(déi)* pron. ellos, ellas.
thick *(zíc)* adj. (Dim.) grueso; (Líq.) espeso; (Fam.) estúpido; (Pelo) tupido; (Fig.). **— skinned,** insensible; **— set,** rechoncho; **through — and thin,** por encima de todo.
thicken *(zíkn)* tr. espesar; engrosar; intr. espesarse.
thicket *(zíket)* s. matorral; espesura, maleza. [densidad.
thickness *(zíknes)* s. espesor;
thief *(zif)* s. ladrón; **stop the —!** ¡al ladrón!
thieves *(zifves)* pl. ladrones; **as thick as —** (ser) uña y carne.
thieving *(ziving)* s. hurto; **— digits** (fam.) chorizo, ladrón.
thigh *(zái)* s. muslo.
thimble *(zímbl)* s. dedal.
thin *(zín)* adj. delgado; fino; (Pelo) ralo; (Líq.) raro, claro; **as — as a rake** (fam.) (ser) un palillo; **to grow —**, adelgazar.
thing *(zíng)* s. cosa, objeto; **for one —**, en primer lugar.
think [thought; thought] *(zink)* tr. e intr. pensar; considerar; juzgar, reflexionar, meditar, creer, opinar; **I — so,** creo que sí; **I don't — so,** creo que no.
thinker *(zínka)* s. pensador.
thinking *(zínking)* s. pensamiento; **to my way of —**, a mi modo de ver; **without —**, sin pensar.
thinness *(zínnes)* s. delgadez.
third *(zö'd)* adj. tercero; s. tercio; **— rate,** de tercer orden.
thirst *(zö'rst)* s. sed; ansia; intr. **— for,** ansiar, anhelar.
thirsty *(zö'rsti)* adj. sediento; **to be —**, tener sed.
thirteen *(zörtín)* adj. trece; **thirteenth,** adj. decimotercero.
thirty *(zö'rti)* adj. treinta.
this *(dis)* adj. este, esta, pron. éste, ésta, esto.
thitle *(zísl)* s. *Bot.* cardo.
thong *(zong)* s. correa.
thorn *(zórn)* s. *Bot.* espino, (a), (a), pincho.
thorny *(zórni)* adj. espinoso; fig.) difícil, escabroso.
thorough *(zö'rö)* adj. entero; perfecto; formal.
thoroughfare *(zö'röfea)* s. paso franco, vía pública; **no —**, calle cortada.
thoroughly *(zö'röli)* adv. enteramente, a fondo.
those *(zous)* adj. y pron. esos, esas, aquellos, aquellas.
though *(zó)* conj. aunque, sin embargo; **as though,** como si.
thought *(zot)* s. pensamiento, idea; **on second —s,** pensándolo bien.
thoughtful *(zótful)* adj. pensativo; s. **—ness,** reflexión, cuidado.
thoughtless *(zótles)* adj. atolondrado, descuidado; **—ness,** s. descuido; atolondramiento. [mil.
thousand *(záusand)* s. y adj.
thrash *(zrásch)* tr. trillar, desgranar, fam. zurrar.
thread *(zréd)* s. hilo; hebra; tr. enhebrar. [do.
threadbare *(zrédbea)* adj. raí-
threat *(zrét)* s. amenaza.
threaten *(zréten)* tr. amenazar, amagar; adj. **—ing,** amenazador, amenazante.

three *(zrí)* adj. y s. tres.
threefold *(zrífold)* adj. triple.
threshold *(zréschould)* s. umbral; entrada; tranco.
thrift *(zríft)* s. ahorro, frugalidad. [pero.
thrifty *(zrífti)* adj. frugal, prós-
thrill *(zril)* s. excitación, emoción; temblor; tr. excitar, emocionar; intr. temblar.
thriller *(zríler)* s. novela de intriga. [nante.
thrilling *(zriling)* adj. emocio-
thrive [**thrived** o **throve; thrived** o **thriven**] *(zráiv)* intr. prosperar; florecer; medrar.
throat *(zróut)* s. garganta; **sore —**, dolor de la garganta; **cut —**, asesino, criminal; **cut — competition** (Com.) competencia ruinosa.
throb *(zrób)* s. latido, palpitación; intr. latir.
throne *(zróun)* s. trono.
throng *(zróng)* s. multitud; tropel; turba, tr. atestar, intr. apiñarse.
throttle *(zrótl)* s. gaznate, válvula; tr. estrangular.
through *(zrú)* prep. por, a través de, por medio de, adv. a través, enteramente; **— train,** tren directo.
throughout *(zruáut)* prep. por todo, adv. en todas partes.
throw *(zróu)* s. tiro; lanzamiento; [**threw; thrown**]. tr. tirar, lanzar.
thrush *(zrösch)* s. tordo; [med.] **boquera.**
thrust *(zröst)* s. empuje, impulso; [**thrust; thrust**] tr. e intr. impeler, empujar.
thud *(zöd)* s. porrazo, batacazo, golpe sordo.
thumb *(zö'm)* s. pulgar; tr. **to — a lift,** hacer auto-stop.
thump *(zömp)* s. puñetazo, porrazo; v. aporrear.
thunder *(zö'nda)* s. trueno; estruendo; intr. tronar.
thunderbolt *(zö'ndaboult)* s. rayo. [trueno.
thunderclap *(zö'ndarclap)* s.
thunderstorm *(zö'ndarstorm)* s. tronada, tormenta.

Thursday *(zö'sdei)* s. jueves.
thus *(zoos)* adv. así, de este modo. [baratar, frustrar.
thwart *(zuórt)* tr. impedir; des-
tic *(tíc)* s. (Med.) tic.
tick *(tic)* s. golpe ligero; palomita; (fam.) (com.) a crédito; tr. dar el visto bueno; (mec.) funcionar; **to — over** (Aut.) estar al relentín.
ticket *(tíket)* s. billete, entrada, boleto; tr. rotular; **— collector,** cobrador.
tickle *(tícl)* tr. hacer cosquillas; s. cosquilleo, cosquillas. [so.
ticklish *(tíclisch)* adj. cosquillo-
tidal *(táidal)* adj. de la marea; periódico. / **— stream,** corriente de marea. / **— wave,** maremoto.
tide *(táid)* s. marea, flujo, reflujo; **ebb tide,** bajamar, **flood tide,** pleamar. [critud.
tidiness *(taidines)* s. aseo, pul-
tidings *(táidings)* s. pl. noticias; nuevas. [ordenado.
tidy *(táidi)* adj. aseado, pulcro,
tie *(tái)* s. corbata; lazo; nudo; tr. atar. [piso.
tier *(tía)* s. fila; hilera; (Pastel),
tiff *(tif)* s. riña, pelea; tr. reñir.
tiger *(táiga)* s. tigre.
tight *(táit)* adj. apretado; (Ropa) ceñido; **air —,** hermético; **water —,** estanco (fam.); **— fisted,** tacaño; (fam.) **to be —,** estar como una cuba.
tighten *(taidines)* tr., intr. apretar.
tile *(táil)* s. teja; baldosa; tr. tejar, losar; **to have a — tile** (fam.) faltarle un tornillo; **to be on the —s,** trasnochar.
tiling *(táiling)* s. azulejos, tejas.
till *(til)* s. cajón, caja registradora, prep. hasta, conj. entretanto; tr. cultivar. [branza.
tillage *(tílidye)* s. cultivo, la-
tiller *(tila)* s. (Náut.) caña de timón; (Agric.) labrador.
tilt *(tilt)* s. toldo, torneo; justa, inclinación, declive; tr., intr. inclinar(se), ladear.

T

timber *(timba)* s. madera, viga(s); **timber yard** almacén de maderas.
time *(táim)* s. tiempo; vez; hora; plazo; período; *(Mús.)* compás; **in —,** a tiempo; **at any —,** en cualquier momento; **at —s,** a veces; **from — to —,** de vez en cuando; **behind —,** atrasado, retrasado; **to have a good —,** pásenlo bien, divertirse; **time table** s. horario.
timely *(táimli)* adv. oportuno.
timid *(tímid)* adj. tímido.
timidity *(timíditi)* s. timidez.
tin *(tin)* s. estaño, hojalata, lata; tr. estañar, envasar en lata; **tin opener** s. abrelatas.
tinge *(tíndye)* s. tinte; matiz; tr. tinturar.
tingle *(tingal)* s. hormigueo, cosquilleo, intr. sentir hormigueo.
tinker *(tínka)* s. latonero, calderero; (fam.) gitano; tr. reparar cazos.
tinkle *(tíngkal)* intr. tintinear, tr. hacer sonar. [en lata.
tinned *(tind)* adj. en conserva,
tinsel *(tínsel)* s. oropel, papel de plata. [teñir. matizar.
tint *(tínt)* s. tinte, tintura; tr.
tiny *(táini)* adj. menudo, pequeño, diminuto.
tip *(típ)* s. punta, (dedo) yema, sugerencia, propina; tr. ladear, inclinar; dar informes confidenciales, dar propina; **tip-off** s. aviso, sugerencia.
tipple *(tipl)* s. bebida; v. beber con exceso. [achispado.
tipsy *(típsi)* s. borracho, ebrio,
tiptoe *(típtou)* s. **on —,** de puntillas, intr. **to waek on —,** andar de puntillas. [danada.
tirade *(táireid)* s. invectiva; an-
tire *(táia)* s. (E. U.) llanta, neumático, tr., intr. cansar(se), aburrir(se).
tiredness *(táirdnes)* s. cansancio. [tedioso.
tiresome *(táiasöm)* adj. pesado,
tissue *(tíschu)* s. (Anat.) tejido.
tit *(tit)* s. (Orn.) para; **lyt tit,** carbonero; **— for tat,** tal para cual.
titbit *(títbit)* s. trozo escogido, bocado exquisito; (Period.) primicia noticial.
tithe *(táid)* s. diezmo, minucia; tr. diezmar. [excitar.
titillate *(titíleit)* tr. titilar; (fam.)
title *(táitl)* s. título, epígrafe, inscripción, derecho; tr. (in)-titular.
to *(tú)* prep. a, hacia, para; por; partícula que indica el infinitivo de los verbos.
toad *(toud)* s. sapo; fam. asqueroso.
toadstool *(tóudstul)* s. *Bot.* hongo o seta venenosa.
toast *(tóust)* s. tostada; tueste; brindis; tr. tostar, brindar. [brindador.
toaster *(tóusta)* s. tostador;
tobacco *(töbácou)* s. tabaco.
tobacconist *(töbácönist)* s. estanquero; **—'s,** estanco.
toboggan *(tobógan)* s. asiento de tobogán; **toboggan slide** s. tobogán.
today, to-day *(tudéi)* adv. hoy; s. el día de hoy.
toe *(tóu)* s. dedo del pie; (Zool.) pezuña; **to — the line,** conformarse.
toddle *(tódl)* intr. (Bebé) empezar andar, hacer pinitos; s. titubeo, pinitos.
toddler *(tódla)* s. niño pequeño, que empieza andar.
together *(tugueza)* adv. juntamente; a la vez; **to get together,** reunir, reunirse.
toil *(tóil)* s. faena; trabajo; afán; labor; intr. trabajar, afanarse.
toilet *(tóilet)* s. tocador; tocado, retrete, lavabo; **toilet set** s. artículos de tocador; **toilet paper** s. papel higiénico.
token *(tóukön)* s. señal; muestra, prenda.
tolerablé *(tólarábl)* adj. tolerable; llevadero. [cia.
tolerance *(tólarans)* s. toleran-
tolerate *(tólereit)* tr. tolerar.
toll *(tóul)* s. peaje; portazgo;

tañido; doble; tr. intr. cobrar o pagar peaje; tañer.
tomahawk *(támajoc)* s. hacha de guerra de los indios norteamericanos.
tomato *(tömátou)* s. (Bot.) **tomato ketchup,** sofrito de tomate, tomate.
tomb *(túm)* s. tumba.
tombstone *(túmstoun)* s. lápida sepulcral, losa.
tomboy *(tómboi)* s. piruja, moza marimacho.
tom-cat *(tomcat)* s. gato (macho). [men.
tome *(tóum)* s. tomo, volu-
tomorrow *(tömórou)* adv. mañana; s. el día de mañana; — **morning,** mañana por la mañana; — **afternoon,** mañana por la tarde; — **night,** mañana por la noche.
ton *(tön)* s. tonelada.
tone *(tóun)* s. tono, tr. entonar.
tongs *(tö'ngs)* s pl. tenazas; pinzas.
tongue *(tö'ng)* s. (Anat.) lengua; lenguaje; lengüeta; **hold your —,** callar; **tip of your —,** la punta de la lengua.
tonic *(tónic)* adj. y s. tónico.
tonight *(tunáit)* adv. y s. esta noche.
tonnage *(tö'nidye)* s. tonelaje.
tonsil *(tónsil)* s. amígdala.
tonsil(l)itis [*tónsil(á)itis*] s. amigdalitis.
too *(tú)* adv. también, además; (delante de adj. y adv.) demasiado.
tool *(túl)* **s. herramienta, instrumento, utensilio.**
toot *(tut)* **s. bocinazo, silbido; tr. tocar la bocina, el silbato; intr. pitar.**
tooth *(túz)* s. diente, muela, pú; **sweet —,** golosa, dulcero. [muelas.
toothache *(túzeik)* s. dolor de
toothbrush *(túzbrasch)* s. cepillo de dientes. [dientes.
toothpaste *(tuzpaist)* pasta de
toothpick *(túzpic)* s. palillo, mondadientes.
top *(tóp)* s. cima; alto; cumbre; peonza; **bottle —,** coronilla; baca (de un vehículo); tr. alcanzar la cima, aventajar, adj. superior, principal.
topic *(tópic)* s. asunto, tema.
topical *(tópik(al)* adj. tópico.
topographer *(topógrafa)* s. topógrafo. [pográfico.
topographic *(topgráfic)* adj. to-
topography *(topógráfi)* s. topografía.
topple *(tópl)* tr. derrumbar, hacer caer; intr. **toppled over,** volcarse.
topsy-turvy *(tapsi-törvi)* **adj. revuelto, desordenado; adv. en desorden.**
torment *(tormént)* s. tormento. tr. atormentar. [huracán.
tornado *(tóneidou)* s. tornado,
torpedo *(topidou)* s. torpedo; tr. torpedear.
torpid *(tórpid)* a. aletargado, entontecido. [raudal.
torrent *(tórent)* s. torrente;
torrid *(tórid)* a. tórrido.
tortoise *(tótois)* s. tortuga; — **shell,** concha.
tortuous *(tórtiuös)* **adj. tortuoso; sinuoso. [torturar.**
torture *(tórche)* **s. tortura; tr.**
toss *(tós)* s. sacudida; meneo; tr. tirar, sacudir; intr. ajetrearse; **toss-up** s. lanzar una moneda al aire.
tot *(tot)* s. nene, niñito, cantidad pequeña. [tero; total.
total *(tóutal)* s. total; adj. en-
totality *(totáliti)* s. totalidad.
totter *(tóta)* intr. (Pers.) tambalearse, bambolear; titubear.
tottering *(tótaring)* **adj. vacilante; s. tambaleo.**
touch *(tach)* **s. tacto, toque;** (Art.) pincelada; (Aer.); — **down,** aterrizar; **final —,** toque final; **to be in — with,** estar en contacto con; — **wood,** tocar madera; tr., intr. tocar, conmover.
touching *(taching)* adj. conmovedor; prep. tocante a; s. toque.
touchstone *(ta'chstoun)* s. piedra de toque; criterio.

T

T

touchy *(ta'chi)* adj. quisquilloso.
tough *(ta'f)* adj. duro, rudo: fuertes; (fam.) rufián.
toughen *(ta'fen)* tr., intr. endurecer(se); fortalecer(se).
tour *(túa)* s. viaje; vuelta, excursiln, periplo; tr., intr. viajar; **on tour,** de gira.
tourism *(túrism)* s. turismo.
tourist *(túrist)* s. turista.
tournament *(tónament)* s. torneo; campeonato.
tourniquet *(turniqueit)* s. torniquete.
tout *(taut)* s. (fam.) gancho; tr. enganchar
tow *(tóu)* s. estopa; (Náut.) remolque; tr. remolcar.
towing *(tóuing)* s. remolque.
toward(s) [*tóuood(s)*] prep. hacia; para.
towel *(táuel)* s. toalla; **throw in the —** (fig.) (Boxeo) arrojar la toalla. [varse.
tower *(táua)* s. torre; intr. ele-
towering *(táuaring)* adj. dominante, furioso.
town *(táun)* s. ciudad; villa; población; **town council** s. ayuntamiento, consejo municipal; **town hall** s. ayuntamiento, palacio municipal; **home —,** ciudad natal.
toxic *(tócsic)* adj. tóxico.
toy *(tói)* s. juguete; chuchería; intr. jug(uete)ar; **to — with,** jugar con; adj. de juguete.
trace *(tréis)* s. rastro, indicio, pizca; huella; tr. trazar.
track *(trác)* s. pista; huella; rastro; tr. rastrear; (deportes). / **— events,** carreras; **beaten —,** sendero trillado; **off the beaten —,** desusado; **on the — trail,** bien encarrilado.
tract *(tract)* s. trecho, región, curso, folleto (Anat.) vías.
traction *(trácschön)* s. tracción; arrastre.
trade *(treid)* s. comercio, negocio, oficio, industria, gremio; tr., intr. comerciar, negociar, **trade mark** s. marca de fábrica; **trade union** s. sindicato; **— winds,** vientos alisios. [tratante.
trader *(theida)* s. comerciante,
trading *(tréiding)* adj. mercantil; s. comercio. [ción.
tradition *(tradíschön)* s. tradi-
traditional *(tradíshönal)* adj. tradicional. [calumniar
traduce *(tradiús)* tr. difamar;
traffic *(tráfic)* s. tráfico, circulación; comercio; **— lights,** semáforo; tr. negociar.
tragedy *(trádyedi)* s. tragedia.
tragic(al) [*trádyic(al)*] adj. trágico.
trail *(tréil)* s. rastro; pista; huella; tr., rastrear, intr. arrastrar(se).
trailer *(tréila)* s. remolque, casa remolque, avance publicitario de una película.
train *(tréin)* s. tren; **through —,** tren directo; **goods —,** tren de mercancías; (ves.) cola; (serv.) séquito; tr., intr. ad(i)estrar, entrenar.
trainer *(tréina)* s. instructor; entrenador.
training *(tréining)* s. entrenamiento, preparación, práctica. [rística.
trait *(tréit)* s. rasgo, caracte-
traitor *(tréita)* s. traidor.
traitorous *(tréitörös)* adj. traidor, traicionero, pérfido.
tram *(trám)* s. tranvía.
trammel *(tramal)* s. impedimento, traba; tr. impedir.
tramp *(tramp)* s. vagabundo, marcha (Náut.); **— steancer,** carguero; ruido de pisado; (Fam. E. U.) puta; patullar vagabundear.
trample *(trámpl)* tr. pisotear.
tramway *(tranuei)* s. tranvía.
trance *(tráns)* s. trance; enajenamiento. [lo.
tranquil *(tráncuil)* adj. tranqui-
tranquillity *(tráncuíliti)* s. tranquilidad.
transact *(transáct)* tr. tramitar.
transaction *(transácschön)* s. transacción.

transatlantic *(transatlántic)* adj. transatlántico. [der.
transcend *(transénd)* tr. trascen-
transcendence *(transéndens)* s. trascendencia; **of no —**, sin importancia.
transcendent *(transéndent)* adj. trascendente [cribir.
transcribe *(transcráib)* tr. trans-
transcription *(transcrípschön)* s. transcripción, copia.
transfer *(transföá)* tr. transferir, transbordar *(tránsfer)* s. calcomanía; transferencias, transbordo. [transferible.
transferable *(transferabal)* adj.
transform *(transfórm)* tr. transformar convertir.
transformation *(transforméischön)* s. transformación.
transfusion *(transfiúchön)* s. transfusión.
transgress *(transgrés)* tr. intr. infringir, violar.
transgression *(transgréschön)* s. transgresión, infracción.
transient *(transhyant)* adj. pasajero; transitorio. [so.
transit *(tránsit)* s. tránsito, pa-
transition *(tránsischön)* s. transición.
transitory *(tránsitori)* adj. transitorio, pasajero. [cir.
translate *(transléit)* intr. tradu-
translation *(transléischön)* s. traducción, versión. [ductor.
translator *(transléita)* s. tra-
transmission *(transmíschön)* s. transmisión. [tir.
transmit *(transmít)* tr. transmi-
transmitter *(transmíta)* s. *Elec.* transmisor. [mutar.
transmute *(transmiút)* tr. trans-
transom *(tránsöm)* s. *Arq.* montante. [transparencia.
transparency *(transpérensi)* s.
transparent *(transpérent)* adj. transparente, claro.
transpire *(transpáia)* intr. transpirar; sudar; intr. divulgarse.
transplant *(transplant)* s. transplante, tr. transplantar.
transport *(tránsport)* s. transporte; *(transpórt)* tr. transportar; **to be — ed,** extasiarse.
transversal *(transvarsal)* adj transversal.
transverse *(transvars)* adj. transversal, tranverso.
trap *(tráp)* s. trampa **tr.** atrapar; **mouse —**, ratonera.
trapeze *(trépis)* s. trapecio de gimnasio.
trash *(trásch)* s. porquería; **that's a lood of trash,** no vale para nada. [matismo.
trauma *(tróma)* s. trauma, trau-
traumatic *(tromátic)* adj. traumático.
travel *(trávöl)* tr. viajar.
traveller *(trávla)* s. viajero; **—s cheque,** cheques de viaje.
traverse *(trávörs)* adj. transversal, s. travesao; tr. atravesar(se). [perversión.
travesty *(trávesti)* s. parodia;
trawl *(trol)* intr. pescar a la rastra, s. *Naut.* cope, red.
trawler *(tróla)* s. barco pesquero de arrastre.
tray *(tréi)* s. bandeja; **ash tray** s. cenicero.
treacherous *(tricharös)* adj. pérfido; traidor, traicionero.
treachery *(trichari)* s. traición.
treacle *(tricöl)* s. melaza.
tread *(tréd)* s. pisotón, pisada; **[trod; trodden** o **trod]** tr. pisar, hollar.
treadle *(tredel)* s. *Mec.* pedal.
treason *(trísn)* s. traición.
treasure *(résha)* s. tesoro; tr. atesorar. [ro.
treasurer *(trésharar)* s. tesore-
treasury *(trésyari)* s. tesorería; erario; tesoro; Hacienda.
treat *(triit)* s. trato; convite; obsequio; tr. tratar, convidar, obsequiar; intr. tratar.
treatise *(trítis)* s. tratado, libro.
treatment *(tritment)* s. trato, tratamiento. [de paz.
treaty *(tríti)* s. *Pol.* tratado;
treble *(trébl)* adj. y s. triple; v. triplicar(se); **— chance,** (quinielas) triple oportunidad.

tree *(trí)* s. árbol; **fruit —**, árbol frutal; **— top**, copa del árbol.

T

trek *(trek)* s. viaje, expedición.
trellis *(trélis)* s. enrejado.
tremble *(trémbl)* intr. temblar.
trembling *(trémbling)* adj. tembloroso. [tremendo.
tremendous *(triméndös)* adj.
tremor *(tréma)* s. temblor; **earth tremor**, temblor de tierra.
tremolous *(trémiulös)* adj trémulo.
trench *(trénch)* s. foso. zanja; *Mil.* trinchera; tr. cavar, atrincherar.
trend *(trénd)* s. tendencia, inclinación, **fashion-trend**, moda, en voga .
trespass *(tréspas)* s. infracción; transgresión; tr. traspasar, violar, infringir.
trespasser *(tréspasa)* s. transgresor, infractor; **—s will be prosecuted**, los transgresores serán demandados.
tress *(trés)* s. trenza, mechón.
trestle *(trésöl)* s. caballete.
trial *(tráial)* s. ensayo; prueba; juicio, proceso.
triangle *(tráiangl)* s. triángulo.
triangular *(traiánguiula)* adj. triangular.
tribal *(tráiböl)* adj. de tribu.
tribe *(tráib)* s. tribu.
tribulation *(tribiuléischön)* s. tribulación, congoja.
tribunal *(traibiúnal)* s. tribunal, juzgado, mesa de tribunal. [tributario.
tributary *(tríbiuteri)* adj. y s.
tribute *(tríbiut)* s. tributo.
trice *(tráis)* s. instante, momento; **in a trice**, en un abrir y cerrar de ojos.
trick *(tric)* s. treta; trampa; timo; chasco; tr. engañar, timar; **conjuring trick**, juego de manos, **dirty —**, (fam.) mala faena.
trickery *(trikari)* s. fraude.
tricky *(tríki)* adj. engañoso, difícil, peliagudo. [currir.
trickle *(tricl)* s. reguero, tr.; es-
trifle *(tráifl)* s. bagatela; miseria, casi nada. (coc.) dulce de jalea, fruta, bizcocho y nata. intr. tontear: **— with**, jugar con. [significante.
trifling *(tráifling)* adj. baladí, in-
trigger *(tríga)* s. disparador; gatillo.
trill *(tril)* s. trino; intr. trinar.
trim *(trim)* s. adj. adornado, aseado, pulcro; tr. aparejar, ajustar, podar.
trimming *(tríming)* s. guarnición, arreglo, adorno.
trinity *(tríniti)* s. trinidad.
trinket *(trínkit)* s. joya, dije.
trio *(tríou)* s. trío; (mús.) trío, terceto.
trip *(trip)* s. viaje, excursión, zancadilla, tr. echar la zancadilla, sorprender; intr. tropezar, (fam.) trance (por drogas) «viaje».
tripe *(tráip)* s. tripa; (fam.) disparate. *Coc.* callos.
triple *(tripl)* adj. triple; tr. triplicar.
triplets *(tríplets)* s. trillizos.
triplicate *(tríplikeit)* adj. triplicado.
tripod *(tráipod)* s. trípode.
tripper *(tripa)* s. excursionista, turista. [ligero.
tripping *(triping)* adj. de paso
trite *(tráit)* adj. usado, gastado, trillado.
triumph *(tráiömf)* s. triunfo; intr. triunfar. [fal.
triumphal *(traiö'mfal)* adj. triun-
triumphant *(traiö'mfant)* adj. triunfante; triunfal. [lo.
trivial *(trívial)* adj. trvial, frívo-
trolley *(tróli)* s. trole, percha.
troop *(trup)* s. *Mil.* tropa; cuadrilla; intr. atroparse.
trophy *(tróufi)* s. trofeo, copa.
tropic *(trópic)* s. trópico.
tropical *(trópical)* adj. tropical. [tar.
trot *(trot)* s. trote; intr. tro-
trouble *(trö'bl)* s. molestia; (per)turbación, apuro, problema; tr. molestar, trastornar; intr. molestarse.
trough *(trö'f)* s. artesa; cube-

ta, tina; **drinking trough** s. abrovadero.
troupe *(trup)* s. compañía de teatro ambulante.
trousers *(tráusörs)* s. pl. pantalones, pantalón; **to wear the —**, (fam.) llevar los pantalones.
trousseau *(trusou)* s. ajuar de novia.
trout *(tráut)* s. trucha.
trowel *(trául)* s. trulla, paleta de albañil.
truant *(truant)* s. que hace novillos.
trucant *(trúcant)* s. (esc.) novillero, **to play —**, hacer novillos.
truce *(trus)* s. tregua.
truck *(trö'c)* s. carro, camión, tr. acarrear. [culento.
truculent *(trúkiulent)* adj. tru-
trudge *(trödye)* intr. andar con dificultad.
true *(trú)* adj. verdadero; cierto genuino.
truism *(trúism)* s. perogrullada.
truffle *(trö'fl)* s. trufa.
truly *(trúli)* adv. verdaderamente; **—!** ¡de veras!
trump *(tramp)* s. (naip.) triunfo; tr. inventar, fabricar; **— card** (lit. y fig.) un triunfo.
trumpet *(trö'mpet)* s. trompeta.
trunk *(trö'nk)* s. *Bot.* tronco; baúl; trompa del elefante; **—call** s. conferencia telefónica.
truss *(trös)* s. *Med.* braguero; racimo, haz; tr. atirantar.
trust *(trö'st)* s. seguridad; confianza; crédito. *For.* fideicomiso; tr., intr. confiar(se).
trustee *(trösti)* s. apoderado; fideicomisario. [leal.
trustful *(trastful)* adj. confiado;
trustworthy *(trastuéezi)* adj. digno de confianza, de fiar.
truth *(trúz)* s. verdad, **to tell the —**, decir la verdad.
truthful *(trúzful)* adj. veraz, verdadero. [racidad, verdad.
truthfulness *(truzfulnes)* s. ve-
try *(trái)* s. prueba, tentativa; intento; intr. intentar, ensayar, probar; juzgar. [fícil.
trying *(tráing)* adj. fatigoso, di-

tub *(tö'b)* s. cuba, bañera, tina.
tube *(tiúb)* s. tubo, caño; (fam.) el metro (ferrocarril).
tuber *(tiubör)* s. (bot.) tubérculo.
tuberculosis *(tiúbörkiulóusis)* s. tuberculosis. [tuberculoso.
tuberculous *(tiubö'rkiulous)* adj.
tuck *(töc)* s. pliegue, tr. plegar; **tuck-in** arropas, (fam.) engullir, zamparse; **tuck-shop**, tienda de golosinas.
Tuesday *(tiúsdei)* s. martes; **shrove —**, martes de carnaval.
tuft *(tö'ft)* s. penacho.
tug *(tö'g)* s. tirón; *Naut.* remolcador; **— of war**, lucha a la cuerda; tr. *Naut.* remolcar.
tuition *(tiuischön)* s. instrucción, enseñanza; **private —**, clases particulares.
tulip *(tiúlip)* s. tulipán.
tumble *(tö'mbl)* s. caída; vuelco; tumbo. intr. desplomarse, caer, dar vueltas; tr. volcar. [decrépito.
tumble-down *(tombleldaun)* adj.
tumbler *(tö'mbla)* s. cubilete; vaso. [hinchazón.
tumo(u)r *(tiúma)* s. tumor;
tumult *(tiúmölt)* s. tumulto.
tumultuous *(tiumö'ltiuös)* adj. tumultuoso.
tuna *(tuna)* s. atún.
tune *(tiún)* s. melodía, canción, tonada; tr. *Mus.* afinar, entonar; **— in;** (rad.) sintonizar.
tuner *(tiúna)* s. afinador.
tunic *(tiúnic)* s. túnica.
tuneful *(tiunful)* adj. melódico, melodioso. [desafinado.
tuneless *(tiunles)* adj. sin tono,
tunnel *(tö'nel)* s. túnel. tr. hacer túnel.
tunny *(tö'ni)* s. *Ict.* atún.
turbine *(tö'rbin, tö'rbain)* s. *Elec.* turbina.
turbot *(tö'rbot)* s. *Ict.* rodaballo. [bulencia.
turbulence *(turbiulens)* s. tur-
turbulent *(turbiulencia)* adj. turbulento.
tureen *(tiurin)* s. sopera.

T

T

turf *(tö'rf)* s. césped; **the —**, hipódromo.
turkey *(tö'rki)* s. pavo.
turmoil *(tö'rmoil)* s. agitación, confusión, tumulto; intr. inquietarse.
turn *(tö'rn)* s. vuelta, giro; turno; tr. volver, hacer girar, tornear; intr. volver, girar; **— asire** rehusar; **— into** convertir; **— off** apagar; **on** encender, abrir.
turner *(teena)* s. tornero.
turning *(teerning)* s. vuelta, curva; adj. giratorio.
turnip *(teernip)* s. *Bot.* nabo.
turnout *(teernaut)* s. concurrencia; huelga.
turnover *(teernouva)* s. vuelco; (com.) ventas totales, movimiento, volumen.
turnstile *(teernstail)* s. torniquete, puerta giratoria. [za.
turpitude *(tarpitiud)* s. torpe-
turret *(tarret)* s. torreta.
turtle *(tartl)* s. tortuga de carey; **— soup,** sopa de tortuga.
tusk *(task)* s. colmillo (de elefante).
tussle *(tösöl)* intr. luchar forcejear. [tutoría.
tutelage *(tiútelidch)* s. tutela,
tutelar *(tiútela)* adj. tutelar.
tutor *(tiúta)* s. tutor; preceptor; tr. enseñar. [smoking.
tuxedo *(tacsído)* s. (E. U.)
twang *(tuáng)* tr. dejo, tono nasal; **— the guitar,** carraspear. [tenacillas.
tweezers *(tuisas)* s. pl. pinzas,
twelve *(tuélv)* adj. doce.
twenty *(tuénti)* adj. veinte.
twice *(tuáis)* adv. dos veces.
twig *(tuig)* s. ramita; (fam.) palillo.
twilight *(tuáilait)* s. crepúsculo; adj. (lit. y fig.) ocaso.
twin *(tuín)* s. mellizo.
twinge *(tuínch)* s. punzada; tr. punzar (fig.) remordimiento.
twinkle *(tuínkel)* s. titilación; intr. centellear.
twirl *(tueel)* s. rotación; tr. intr. (hacer) girar.
twist *(tuíst)* s. torsión, peculiaridad; tr. (re)torcer, trenzar; (fam.) engañar; intr. torcer.
twitch *(tuích)* s. tirón; contracción nerviosa; tr., intr. crisparse. [gorjear.
twitter *(tuita)* s. gorjeo; intr.
two *(tú)* adj. dos.
twofold *(túfould)* adj. doble.
two-way *(tu-uei)* adj. de dos direcciones. [magnate.
tycoon *(taicún)* s. potentado,
type *(táip)* s. tipo, signo, carácter, tr. mecanografiar.
typewriter *(táipraita)* s. máquina de escribir.
typhoid *(táifoid)* adj. tifoideo; s. tifus.
typhoon *(taifún)* s. tifón.
typic(al) *(típic(al)* adj. típico.
typist *(táipist)* s. mecanógrafo, mecanógrafa; **shorthand —,** taquimecanógrafa.
typographer *(taipógrafa)* s. tipógrafo.
typography *(taipógrafi)* s. tipografía. [ránico.
tyrannical [*t(a)iránical*] adj. ti-
tyrannize *(tiranais)* tr. tiranizar.
tyranny *(tirani)* s. tiranía.
tyrant *(táirant)* s. tirano.
tyre *(tair)* s. llanta, neumático.

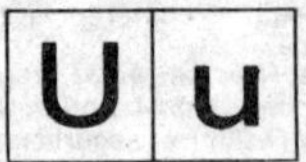

U-boat *(iubóut)* s. submarino.
ubiquitous *(iubícuitös)* adj. omnipresente. [dad.
ubiquiaty *(iubícuiti)* s. ubicui-
udder *(ada)* s. ubre. [torpeza.
ugliness *(a'glines)* s. fealdad;
ugly *(a'gli)* adj. feo; asqueroso.
ulcer *(olsa)* s. úlcera.
ulterior *(altíriar)* adj. ulterior.
ultimate *(a'ltimeit)* adj. último; final. [mátum.
ultimatum *(altiméitön)* s. ulti-
umbrella *(ambréla)* s. paraguas; sombrilla.
umpire *(ampaia)* s. *Dep.* árbitro.

unabashed *(anabáscht)* adj. descarado, imperturbable.
unable *(anéibl)* adj. inhábil, incapaz. [inaceptable.
unacceptable *(anacséptabl)* adj.
unaccountable *(anacáuntabl)* adj. inexplicable.
unaccustomed *(anacastomd)* adj. desacostumbrado; desusado.
unaided *(anéidid)* adj. sin ayuda, solo. [inalterable.
unalterable *(análtörabl)* adj.
unanimity *(iunanímiti)* s. unanimidad. [nime.
unanimous *(iunánimös)* adj. uná-
unapproachable *(anapróchabl)* adj. inaccesible.
unapt *(anápt)* adj. inepto, inapto. [mado.
unarmed *(anármd)* adj. desar-
unashamed *(anáschéimt)* adj. impudente, desvergonzado.
unasked *(anaskt)* adj. espontáneo, no requerido.
unassuming *(anasiúming)* adj. modesto, sin pretensiones.
unattached *(önatácht)* soltero; *Mil.* de reemplazo, despreocupado.
unattainable *(anatéinabl)* adj. inasequible, inalcanzable.
unauthorized *(önózöraisd)* adj. desautorizado. [inevitable.
unavoidable *(anavóidabl)* adj.
unaware *(anauéa)* adj. ignorante; adv. inopinadamente.
umbearable *(anbérabl)* adj. insoportable, intolerable.
unbecoming *(anbikö'ming)* adj. impropio, desfavorecedor.
unbelief *(anbílif)* s. incredulidad. [crédulo.
unbeliever *(anbilíva)* adj. in-
unbending *(anbénding)* adj. inflexible. [parcial.
unbiassed *(anbáiast)* adj. im-
unbosom *(a'nbusöm)* tr. confiar, desahogarse.
umbound *(anbáund)* adj. suelto, desatado, encuadernar.
unbounded *(anbáunded)* adj. infinito, ilimitado.
unburden *(anbeerdn)* tr. descargar; aliviar. [pulto.
unburied *(anbérid)* adj. inse-
uncalled *(ancóld)* adj. impertinente, no llamado.
uncanny *(ancáni)* adj. misterioso, extraño.
unceasing *(ansísing)* adj. incesante. [cierto.
uncertain *(anseerton))* adj. in-
uncertainty *(anseertenti)* s. incertidumbre. [descortés.
uncivil *(ansívil)* adj. grosero;
uncivilised *(ansívilaisd)* adj. bárbaro; tosco.
uncle *(ankel)* s. tío; — **uncle,** tío abuelo. [ceno.
unclean *(anclín)* adj. sucio, obs-
unclouted *(ancláuded)* adj. claro; despejado.
uncoil *(a'ncoil)* tr. desenrollar; adj. — **ed,** desenrollado.
uncombed *(ancóumd)* adj. despeinado. [adj. incómodo.
uncomfortable *(ankömfortabl)*
uncommon *(ancómön)* adj. raro; desusado. [completo.
uncomplete *(ancomplít)* adj. in-
unconcern *(anconsérn)* s. indiferencia. [indiferente.
unconcerned *(anconsérnd)* adj.
unconditional *(ancondíshönal)* adj. incondicional.
unconquerable *(ancónkörabl)* adj. invencible, inconquistable. [inconsciente.
unconscious *(ancónshös)* adj.
unconsciousness *(ancónshösnes)* s. inconsciencia.
unconstitutional *(ancónstitiúshönal)* adj. inconstitucional.
uncontrollable *(öncontrólabl)* adj. ingobernable; irrefrenable, incontrolable.
uncork *(ankök)* tr. descorchar.
uncouple *(ancö'pl)* tr. desacoplar, desconectar.
uncouth *(ancúz)* adj. grosero, tosco. [brir, destapar.
uncover *(anka'var)* tr. descu-
unction *(ankshön)* s. unción.
undamaged *(andámedyed)* adj. ileso; indemne. [gañar.
undeceive *(andisív)* tr. desen-
undelivered *(andilívad)* adj. no entregado. [negable.
undeniable *(andináiabl)* adj. in-
under *(anda)* prep. debajo; bajo de; menos que; adv. aba-

U

jo; adj. inferior; **to be — age,** ser menor de edad.
undercarriage *(öndörcaridye)* s. (Avi.) tren de aterrizaje.
U
underclothes *(andaclouds)* s. pl. ropa interior, paños menores. [s. ropa interior.
underclothing *(andarclóuding)*
undercover *(öndörcövör)* adj. secreto; s. espia.
undercurrent *(andcorent)* s. resaca, corriente submarina; (fig.) tendencia oculta.
undercut *(andar'cöt)* tr. socavar; rebajar precios; s. socavación; solomillo.
underdeveloped *(andadivelopd)* adj. subdesarrollado; (fot.) poco revelado.
underestimate *(andöréstimeit)* tr. subestimar, minusvalorar.
undergo *(andargou)* tr. sufrir; experimentar.
undergraduate *(andargrádiueit)* s. estudiante universitario.
underground *(andargraund)* adj. subterráneo, oculto; s. «metro» (ferrocarril). [maleza.
undergrowth *(andargrouz)* s.
underhand *(andarjánd)* adv. solapadamente; clandestinamente; adj. secreto.
underlay *(andarléi)* tr. reforzar; s. (imp.) calzo, realce.
underlie *(andarlái)* tr. poner o estar debajo; (fig.) formar la base de. [yar.
underline *(andarláin)* tr. subra-
undermine *(andarmáin)* tr. minar; socavar. [ínfimo.
undermost *(andarmóust)* adj.
underneath *(andarníz)* adv. debajo; prep. bajo.
underpay *(andarpei)* tr. pagar poco; s. retribución insuficiente. [preciar.
underrate *(andaréit)* tr. menos-
undersell *(öndörsel)* tr. vender a bajo precio.
undershirt *(andasheert)* s. (E. U.) camiseta.
undersign *(andarsáin)* tr. suscribir, firmar.
understand *(andarstánd)* tr. e intr. entender; comprender.
understanding *(andarstánding)* s. compresión, entendimiento; conocimiento; adj. inteligente.
understandable *(andastandabl)* adj. comprensible.
understudy *(öndörstödi)* s. actor que suple a otro; tr. aprender el papel de otro actor para poderle suplir.
undertake *(andarteik)* tr. e intr. emprender.
undertaker *(andarteika)* s. emprendedor; empresario director de pompas fúnebres.
undertaking *(andartéiking)* s. empresa.
undervalue *(andarváliu)* tr. menospreciar, subvalorar.
underwear *(andaruéar)* s. ropa interior.
underworld *(andaueeld)* s. hampa, bajos fondos.
underwrite *(andaráit)* tr. suscribir; *(Com.)* asegurar; **—er,** el que suscribe.
undeserved *(andeservd)* adj. inmerecido. [adj. indeciso.
undetermined *(anditérmind)*
undistinguishable *(andistíngüishabl)* adj. indistinguible.
undisputed *(andispiútid)* adj. incontestable, evidente.
undisturbed *(andisteebd)* adj. inalterado, tranquilo. [atar.
undo *(andú)* tr. deshacer; des-
undoubted *(andáutit)* adj. indubitable, indudable.
undress *(andrés)* tr. desnudar; intr. desnudarse.
undue *(öndiú)* adj. indebido.
undulate *(andiulak)* intr. fluctuar. [rrar.
unearth *(aneerz)* tr. desente-
uneasiness *(anísines)* s. desasosiego. [tranquilo.
uneasy *(anísi)* adj. inquieto, in-
uneducated *(anédiukeitit)* adj. ineducado, ignorante.
unemployed *(anemplód)* adj. desocupado, ocioso; parado.
unemployment *(anemplóment)* s. desocupación, paro (forzoso); **— benefit,** subsidio de paro. [cabable.
unending *(anénding)* adj. ina-

unequal *(anícual)* adj. desigual.
unerring *(önérring)* adj. infalible, seguro.
uneven *(anívn)* adj. desigual.
unexpected *(anecspécted)* adj. inesperado; **—ly,** inesperadamente.
unexperienced *(anecspírienst)* adj. inexperto. [inexplorado.
unexplored *(anecsplóerd)* adj.
unfading *(anféiding)* adj. imperecedero, inmarcesible.
unfair *(anféa)* adj. injusto.
unfaithful *(anféizful)* adj. infiel.
unfamiliar *(anfamilia)* adj. desconocido, desacostumbrado; **— with,** no ducho en.
unfasten *(anfásn)* tr. desatar.
unfathomable *(anfa***d***ömabl)* adj. insondable. [desfavorable.
unfavourable *(anféivörabl)* adj.
unfeigned *(anféind)* adj. sincero, genuino. [completo.
unfinished *(anfínischt)* adj. in-
unfit *(anfit)* adj. impropio; inepto; incapaz; tr. inhabilitar.
unfitness *(anfítnes)* s. ineptitud. [plumas, inexperto.
unfledged *(anflédch***ed***)* adj. sin
unfold *(anfóuld)* tr. desplegar; desdoblar; desenvolver.
unforeseen *(anförsín)* adj. imprevisto. [inolvidable.
unforgettable *(anforgetabl)* adj.
unforgiving *(önforguíving)* adj. implacable, intransigible.
unfortunate *(önfóchönet)* adj. desafortunado, desdichado.
unfounded *(anfáundd)* adj. infundado.
unfriendly *(anfréndli)* adj. hostil; adv. enemistosamente.
unfurl *(anfeerl)* tr. desplegar.
unfurnished *(anfeernisht)* adj. desamueblado. [bado.
ungainly *(angainli)* s. desgar-
ungodly *(angodli)* adj. impío.
ungrateful *(angreitful)* adj. desagradecido.
ungratefullness *(angreitfulnes)* s. desagradecimiento.
ungrounded *(öngráunded)* adj. infundado. [guarnecido.
unguarded *(angárdit)* adj. des-
unhappiness *(anjapines)* s. infelicidad, infortunio.
unhappy *(anjápi)* adj. infeliz, desgraciado; desafortunado.
unhardmed *(anjaamd)* adj. ileso.
unhealthy *(anjélzi)* adj. malsano; insalubre.
unheard *(anjeerd)* adj. desconocido. [dito.
unheard *(anjeerd of)* adj. inau-
unheeded *(anjided)* adj. inadvertido, desatendido, ignorado. [servicial.
unhelpful *(anjelpful)* adj. poco
unhinge *(anjindye)* tr. desquiciar; (fig.) trastornar.
unhook *(anjúc)* tr. desenganchar, descolgar, desabrochar.
unhoused *(anjausd)* adj. desalojado.
unhurt *(anjö'rt)* adj. ileso.
uniform *(iúniform)* s. y adj. uniforme.
unify *(iúnifai)* tr. unificar.
unimaginable *(animádchinabl)* adj. inimaginable.
unimpaired *(animpéd)* adj. intacto, ileso.
unimpeachable *(animpichabl)* adj. indudable, irreprochable.
unimportant *(animpórtant)* adj. insignificante. [inhabitado.
uninhabited *(aninjábited)* adj.
uninjured *(onindyad)* adj. ileso.
unintelligible *(önintelidyabl)* adj. ininteligible.
uninterested *(aninterested)* adj. desinteresado. [soso.
uninteresting *(anintéresting)* adj.
uninterrupted *(aninterapted)* adj. ininterrumpido.
union *(iúniön)* s. unión; **Trade Union, —,** sindicato.
unique *(iunis)* adj. solo; único.
unison *(iúnisön)* adj. unísono.
unit *(iúnit)* s. unidad.
unite *(iúnait)* tr. unir(se), juntar(se).
unity *(iúniti)* s. unidad.
universal *(iuniveersal)* adj. universal. [so.
universe *(iúniveers)* s. univer-
university *(iuniveersiti)* s. universidad.
unjust *(andyast)* adj. injusto.
unkind *(ancáind)* adj. grosero,

rudo, desconsiderado, descortés.
unkindness *(ancaindnes)* s. descortesía, rudeza.

U

unknown *(annóun)* adj. desconocido. · [desatar
unlace *(anléis)* tr. desenlazar,
unlawful *(anlóful)* adj. ilegal.
unlearned *(anleernd)* adj. indocto, ignorante.
unless *(anlés)* conj. a menos que, como no sea.
unlike *(anláiic)* adj. desemejante; diferente; adv. al contrario, a diferencia de.
unlikelihood *(anlaiklijud)* s. improbabilidad.
unlikely *(anlaikli)* adj. inverosímil; improbable; **adv.** improbablemente. [tado.
unlimited *(anlímitid)* adj. ilimi-
unload *(anlóud)* tr. descargar.
unlock *(anlóc)* tr. abrir (una cerradura).
unluckily *(anlakili)* adv. desafortunadamente.
unlucky *(anlaki)* adj. desgraciado, desafortunado.
unman *(anmán)* tr. afeminar; castrar. *(Mil.)* desguarnecer.
unmanageable *(anmánedyebl)* adj. inmanejable.
unmannerly *(anmanali)* adj. grosero, maleducado.
unmarried *(anmárid)* adj. soltero, (a). [carar.
unmask *(anmásc)* tr. desenmas-
unmatched *(anmátchd)* adj. sin rival, inigualado, sin par.
unmerciful *(anmersiful)* adj. cruel, inclemente, sin piedad.
unmerited *(anméritit)* adj. inmerecido. [vidadizo.
unmindful *(anmáindful)* adj. ol-
unmistakable *(anmistéikbl)* adj. inconfundible.
unmixed *(anmícst)* adj. puro; sin mezcla.
unmoved *(anmouvd)* adj. impasible, inconmovible.
unnatural *(annachural)* adj. antinatural, forzado.
unnecessary *(anécesari)* adj. innecesario.
unnerve *(annérv)* tr. amilanar(se), acobardar(se); **—d,** adj. amilanado, acobardado.
unnoticed *(annóutisd)* adj. inadvertido.
unobservant *(anobseervant)* adj. inobservante; despistado.
unobserved *(onobseervd)* adj. desapercibido, inadvertido.
unoccupled *(anokiupaid)* adj. desocupado. [oficial.
unofficial *(anofischal)* adj. no
unopered *(anóupend)* adj. cerrado. [oposición.
unopposed *(anopousd)* adj. sin
unpack *(anpác)* tr. desempaquetar, deshacer las maletas.
unpaid *(anpéid)* adj. impagado.
unparalelled *(anpáralelt)* adj. incomparable.
unpardonable *(anpárdönabl)* adj. imperdonable.
unpaved *(anpéivd)* adj. desempedrado, sin pavimentar.
unpeople *(anpipl)* tr. despoblar; **—d,** despoblado, deshabitado. [inadvertido.
unperceived *(anpersívd)* adj.
unperturbed *(unpeeteebd)* adj. imperturbable.
unpleasant *(anplésant)* adj. desagradable; **—ness,** desagrado. [tosco; basto.
unpolished *(anpólischd)* adj.
unpopular *(anpópiular)* adj. impopular. [impráctico.
unpractical *(anpractical)* adj.
unprecendented *(anprésedented)* adj. sin precedente.
unprejudiced *(anpredyudist)* adj. imparcial.
unprepared *(anpripead)* adj. desprevenido, sin preparar.
unprincipled *(anprínsipld)* adj. sin principios; desalmado.
unproductive *(anprodö'ctiv)* adj. improductivo.
unprofitable *(anprófitabl)* adj. improductivo, no productivo.
unpromising *(anprómising)* adj. que no promete, no prometedor. [desvalido.
unprotected *(anprotéctit)* adj.
unpublished *(anpablisht)* adj. inédito. [impune.
unpunished *(anpanisht)* adj.

unqualified *(ancuólifaid)* adj. no
cualificado, incapaz.
unquenchable *(ancuénchabl)*
adj. insaciable, inextinguible.
unquestionable *(ancuéschönabl)*
adj. indisputable, indudable.
unquie *(ancuáiet)* adj. inquieto,
desasosegado.
unravel *(anrávl)* tr. desenredar,
desenrrollar. [sorio.
unreal *(anríal)* adj. irreal, ilu-
unreasonable *(anrísnabl)* adj.
exorbitante, irrazonable.
unreclaimed *(anricléimd)* adj.
no reclamado, incorregible.
unrelenting *(anrilénting)* adj.
implacable, inexorable.
unreliable *(anriláiabl)* adj. indigno de confianza (inconfia-
ble). [impenitente.
unrepentant *(anripéntant)* adj.
unreserved *(anrisérvd)* adj. franco; libre. [sasosiego.
unrest *(anrést)* s. inquietud, de-
unrestful *(anréstful)* adj. inquieto. [desenfrenado.
unrestrained *(anristreind)* adj.
unrig *(anríg)* tr. (Náut.) desapa-
rejar. [cuo, injusto.
unrighteous *(anraitios)* adj. ini-
unripe *(anráip)* adj. verde; inmaduro. [co; sin rival.
unrivalled *(anraivald)* adj. úni-
unroll *(anróul)* tr. desenrollar,
desplegarse, abrirse.
unroot *(anrút)* tr. desarraigar,
extirpar.
unruffled *(anra'fold)* adj. calma-
do, tranquilo, sereno.
unruled *(anrúld)* adj. sin rayar;
sin gobierno, independiente.
unruly *(anrúli)* adj. indómito,
desobediente, obstinado.
unsafe *(anséif)* adj. inseguro,
peligroso. [nado.
unsaid *(anséd)* adj. no mencio-
unsatisfactory *(ansatisfactori)*
adj. insatisfactorio.
unsatisfied *(ansatisfied)* adj. in-
satisfecho, descontento.
unsavoury *(anséivöri)* adj. insípido; soso. [retractarse.
unsay *(anséi)* intr. desdecirse,
unscrew *(anscrú)* tr. des(a)tor-
nillar, desenroscar.
unseal *(ansil)* tr. desellar, abrir.
unseasonable *(ansísnabl)* adj.
inoportuno. [sazonado.
unseasoned *(ansísnd)* adj. no
unseemly *(ansímli)* adj. indecoroso, impropio.
unseen *(ansín)* adj. inadvertido,
invisible; (Acad.) sin preparar.
unselfish *(ansélfisch)* adj. desinteresado, altruista.
unserviceable *(ansérvisabl)* adj.
inservible, inútil.
unsettle *(ansétl)* tr. trastornar;
—d (Atm.) inestable; (Com.)
pendiente de pago (Lig.) revuelto; errante.
unshaken *(anschéikn)* a. firme,
inconmovible, impertérrito.
unshapely *(ansheipli)* adj. desproporcionado, desformado.
unsheathe *(anschíz)* tr. desen-
vainar. [desherrado.
unshod *(anschód)* a. descalzo,
unskilled *(anskild)* adj. inexperto; **— Labour,** peonaje.
unsociable *(ansóuschiebl)* adj.
insociable. [do, por vender.
unsold *(ansóuld)* adj. no vendi-
unsolved *(ansólvd)* adj. sin resolver, no solucionado.
unsourght *(ansót)* adj. no bus-
cado.
unsound *(ansaúnd)* adj. defec-
toso, enferm(iz)o; **of —
mind,** insano, desequilibrado.
unsparing *(anspéring)* adj. liberal; pródigo.
unspeakable *(anspícabl)* adj.
inefable, indecible.
unespecified *(anspésifaid)* adj.
no especificado.
unspoiled *(anspóild)* adj. intacto; no mimado, no estro-
peado.
unspotted *(anspótit)* adj. inmaculado, sin descubrir. [ble.
unstable *(ansteibl)* adj. inesta-
unsteady *(anstédi)* adj. inestable, vacilante, tambaleante;
voluble; inconstante.
unsuccessful *(ansöcsésful)* adj.
sin efecto; desafortunado,
fracasado.

unsuitable *(ansiútabl)* adj. inapropiado, inadecuado.
unsure *(anschúa)* adj. inseguro, incierto.
untainted *(antéintid)* adj. inmaculado, impoluto.
untamed *(antéimt)* adj. indómito, salvaje. [tenible.
untenable *(anténabl)* adj. insos-
unthinkable *(anzínkabl)* adj. inimaginable, impensable, absurdo. [desordenado.
untidy *(antáidi)* adj. desaseado,
untie *(antái)* tr. desatar.
until *(antil)* prep. hasta; conj. hasta que; — **then,** hasta entonces.
untilled *(antild)* adj. (Agric.) sin cultivar, inculto.
untimely *(antáimli)* adj. intempestivo, inoportuno.
untiring *(antáiring)* adj. incansable, infatigable. [dentro.
unto *(antu)* prep. a, para, en,
untold *(antould)* adj. no dicho, no relatado, innumerable.
untouched *(antacht)* adj. intacto, intocado.
untoward *(antáuard)* adj. perverso, enojoso, rebelde.
untrained *(antréind)* adj. inexperto, no preparado.
untranslatable *(antransleitabl)* adj. intraducible.
untroubled *(antrobld)* adj. tranquilo, imperturbado, sin preocupaciones.
untrustworthy *(antrostueerzi)* adj. indigno de confianza.
untrue *(antrú)* adj. falso.
unused *(aniúsd)* adj. sin usar, nuevo.
unusual *(aniushual)* adj. inusitado, desusado, raro.
unvarnished *(anvárnischt)* adj. (fig.) sencillo; sin barnizar.
unveil *(anveil)* intr. descubrir.
unwanted *(anuanted)* adj. no querido, despreciado, indeseable. [previsión.
unwariness *(anuérines)* s. im-
unwarned *(anuornd)* a. desprevenido, no avisado.
unwarranted *(önuórranted)* adj. injustificado; (Com.) sin garantía. [te, alocado.
unwary *(anuéri)* adj. impruden-
unwelcome *(anuélköm)* adj. inoportuno, mal **recibido.**
unwell *(anuel)* adj. indispuesto.
unwholesome *(önjóulsöm)* adj. insalubre. [do, incómodo.
unwieldly *(anuildi)* adj. pesa-
unwilling *(anuíling)* adj. reacio, de mala gana, no dispuesto.
unwillingly *(anuílingli)* adj. de mala gana; a regañadientes. [te.
unwise *(anuáis)* adj. impruden-
unworthiness *(anuördines)* s. indignidad, desmerecimiento.
unworthy *(anuördi)* adj. indigno, desmerecedor. [ileso.
unwounded *(anuúnded)* adj.
unwrap *(anráp)* tr. desenvolver.
unwritten *(anritn)* adj. no escrito.
unyielding *(anyiilding)* adj. inflexible; (fig.) improductivo.
up *(ap)* adj. levantado, derecho; adv. (hacia) arriba, en lo alto, en pie;— **to,** hasta; completamente; prep. hacia arriba, a lo largo de, en lo alto de; s. tierra elevada; prosperidad; interj. ¡arriba! ¡sus! s. **—s and downs,** altibajos; — **to date** adj. moderno; — **stairs** adv. arriba, en el piso de arriba; **what's—?** ¿qué pasa?
upbraid *(apbréid)* tr. reprochar, reprender. [cataclismo.
upheaval *(apjival)* s. trastorno,
uphill *(apjil)* adj. penoso; adv. cuesta arriba.
uphold *(apjóuld)* tr. sostener; mantener, apoyar.
upholster *(apjolsta)* tr. tapizar (en). [picero.
upholsterer *(apjolstora)* s. ta-
upholstery *(apjolsteri)* s. tapiz, tapicería.
upkeep *(öpkip)* s. conservación, manutención.
upland *(apland)* s. meseta; altiplanicie; adj. elevado, alto.
uplift *(aplíft)* tr. levantar; s. levantamiento.

upmost *(apmóust)* adj. culminante, lo más alto.
upon *(apon)* prep. sobre; encima; en; cerca de; a.
upper *(apar)* adj. superior, más alto.
upperhand *(aparjand)* s. superioridad, dominio. [minante.
uppermost *(apamoust)* adj. cul-
upright *(aprait)* adj. derecho, de pie, erecto. [tarse.
uprise *(apráis)* intr. *Pol.* levan-
uprising *(apráising)* s. *Pol.* levantamiento, insurrección.
uproar *(apróa)* s. tumulto; confusión; alboroto. [arrancar.
uproot *(aprút)* tr. desarraigar;
upset *(apsét)* tr. disgustar; volcar. intr. derramarse; s. disgusto. adj. disgustado.
upside *(apsáid)* s. lo de arriba; parte superior; adv. — **down** adj. boca abajo, al revés.
upstairs *(apstérs)* adv. arriba, en el piso de arriba.
upstart *(apstart)* adj. y s. repentino, advenedizo.
upstream *(öpstrím)* adv. aguas arriba, río arriba.
upward *(apuörd)* adj. ascendente. [arriba.
upward(s) *(apuörds)* adv. hacia
uranium *(iuréiniöm)* s. uranio.
urchin *(eerchín)* s. pillo. *Zool.* erizo.
urge *(eerdye)* s. impulso, apremiante, necesidad, anhelo. tr. incitar. [cia.
urgency *(eerdyensi)* s. urgen-
urgent *(eerdyent)* adj. urgente.
urinal *(iúrinal)* s. orinal.
urinate *(iúrineit)* intr. orinar.
urine *(iúrin)* s. orina.
urn *(eern)* s. urna.
us *(as)* pron. nos; **a —,** para nosotros. [tumbre.
usage *(iúsidye)* s. uso; cos-
use *(iús)* s. uso, empleo, tr. e intr. utilizar, emplear, usar.
useful *(iúsful)* adj. útil.
useless *(iúsles)* adj. inútil.
usher *(asha)* s. ujier, portero; *Teat.* acomodador; tr. introducir, acomodar.
usherette *(asharet)* s. acomodadora. [tual.
usual *(iushual)* adj. usual, habi-
usurer *(iushara)* s. usurero.
usury *(iushari)* s. usura.
usurp *(iusheerp)* tr. usurpar.
utensil *(iuténsil)* s. utensilio.
utilitarian *(iutilitérian)* s. y adj. utilitario.
utility *(iutíliti)* s. utilidad.
utilize *(iútilais)* tr. utilizar.
utmost *(ö'tmoust)* adj. extremo; máximo, supremo.
utopia *(iutóupia)* s. utopía.
utopian *(iutóupian)* adj. utópico, quimérico.
utter *(ata)* adj. completo, total tr. exteriorizar, manifestar.
uteerance *(atarans)* s. expresión, golpe de voz.
utterly *(atarli)* adv. enteramente, del todo. [panilla.
uvula *(iúviula)* s. úvula; cam-
uxorious *(öcsóriös)* adj. calzonazos, maridazo.

U

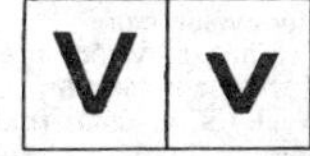

vacancy *(véicansi)* s. vacante, hueco. [libre; ocioso.
vacant *(véicant)* adj. vacante;
vacate *(vakéit)* tr. desocupar, evacuar; intr. marcharse.
vacation *(vakéishön)* s. (E. U.) vacación [nar.
vaccinate *(vácsineit)* tr. vacu-
vacine *(vaccsin)* adj. vacuna.
vaccination *(vacsinéishön)* s. vacuna. [dudar.
vacillate *(vásileit)* intr. vacilar,
vacillation *(vásiléishón)* s. vacilación, duda.
vacuous *(vákiuös)* adj. vacío.
vacuum *(vákiuöm)* s. vacío; — **cleaner** s. aspiradora eléctrica; — **flak,** s. termo.
vagabond *(vágabond)* adj. y s. vagabundo. [broma.
vagary *(végueri)* s. desvarío,
vagrancy *(veigransi)* s. holgazanería, vagancia.
vagrant *(véigrant)* a. vagabundo; (fig.) incierto.

vague *(véig)* adj. vago; **inde**finido, dudoso. [dad.

vagueness *(véignes)* s. vague-

vain *(véin)* adj. vano; presuntuoso; **in —**, en vano.

vainglorious *(veinglorios)* adj. ufano, vanaglorioso.

vainglory *(veinglóri)* s. vanagloria.

vale *(véil)* s. valle. [criado.

valet *(válet)* s. lacayo; paje,

valiant *(váliant)* adj. valiente; valeroso, bravo.

valid *(válid)* adj. válido.

validity *(valíditi)* s. validez.

valise *(valís)* (E. U.) valija, maleta.

valley *(váli)* s. valle.

valour *(vélö)* s. valor, valentía, ánimo. [apreciable.

valuable *(váliuabl)* adj. valioso,

valuables *(váliuabls)* s. objetos de valor.

valuation *(valiuéishön)* s. evaluación, valoración.

value *(váliu)* s. valor; precio; tr. (e)valuar, estimar.

valve *(válv)* s. válvula, (radio) lámpara.

vamp *(vamp)* (cal.) puntera; vampiresa; tr. poner punteras; (fig.) sangrar.

vampire *(vámpair)* s. vampiro.

van *(van)* s. furgoneta, camioneta; (f. c.) furgón; **gage —**, vagón de equipaje; **mail —**, coche de correo.

vane *(véin)* s. veleta. [dia.

vanguard *(vángard)* s. vanguar-

vanilla *(vanila)* s. vainilla.

vanish *(vánish)* intr. desvanecerse; desaparecer.

vanished *(vanisht)* adj. desaparecido.

vanishing *(vanishing)* adj. que desaparece; s. desaparición.

vanity *(vániti)* s. vanidad; **— box,** polvera de bolsillo; **— bag,** «neceser», polvera de bolsillo. [sojuzgar.

vanquish *(váncuish)* tr. vencer;

vantage *(vantedye)* s. (tenis) ventaja; **— point,** posición favorable.

vapid *(vápid)* adj. soso, (fig.) insípido, aburrido.

vaporize *(véipörais)* tr. vaporizar; intr. envaporecarse.

vaporous *(véiparös)* adj. vaporoso.

vapour *(véipa)* s. vapor, humos.

variable *(vériabl)* adj. variable.

variance *(vérians)* s. discordia; variación; **to be at — with,** estar en desacuerdo.

variant *(vériant)* adj. variante, variable, diverso. [riación.

variation *(veriéischön)* s. va-

variety *(varáieti)* s. variedad.

various *(vériös)* adj. vario; diverso. [variz.

varix *(véirics)* s. *Med.* várice,

varnish *(várnish)* s. barniz; tr. barnizar.

vary *(véri)* v. variar.

vase (G. B.) *(vaas)* (E. U.) *(véis)* s. florero, jarrón.

vast *(vást)* adj. vasto.

vat *(vat)* s. cuba, depósito.

vault *(vólt)* s. bóveda; cueva; tr. abovedar, voltear, *Dep.* **pole —**, saltar con pértiga **bank —**, cámara de seguridad, caja fuerte.

vaulted *(vóltit)* adj. abovedado.

vaunt *(vónt)* s. jactancia; intr. jactarse (de).

veal *(víil)* s. carne de ternera.

veer *(vía)* intr. virar.

vegetable *(védyetabl)* s. legumbre; verdura; adj. vegetal.

vegetarian *(vedyitéirian)* s. vegetariano.

vegetate *(vedytar)* intr. vegetar.

vegetation *(vedyitéischön)* s. vegetación. [mencia.

vehemence *(viamens)* s. vehe-

vehement *(viament)* adj. vehemente. [dio.

vehicle *(víicl)* s. vehículo, me-

veil *(véil)* s. velo; tr. velar, cubrir; **to take the veil,** tomar los hábitos. [veta.

vein *(véin)* s. *Anat.* vena, *Min.*

velocity *(velósiti)* s. velocidad.

velvet *(vélvet)* s. terciopelo; adj. aterciopelado; **as smooth as velvet,** suave como terciopelo.

velveteen *(vélvetin)* s. pana.

veneer *(venía)* s. (carp.) chapa; tr. chapear (fig.) s. solo apariencia. [nerable
venerable *(vénarabl)* adj. ve-
venerate *(vénareit)* tr. venerar. [veneración.
veneration *(venaréishön)* s.
venereal *(venírial)* adj. venéreo.
vengeance *(véndyens)* s. venganza; **with a vengeance,** con furia. [gativo.
vengeful *(véndyful)* adj. ven-
venial *(vinial)* adj. venial, ligero. [venado.
venison *(vénisön)* s. carne de
venom *(vénöm)* s. veneno, ponzoña. [nenoso.
venomous *(vénömös)* adj. ve-
vent *(vént)* s. respiradero; desahogo; tr. arrojar, desahogar. [lar; airear.
ventilate *(véntileit)* tr. venti-
ventilation *(ventiléishön)* s. ventilación.
ventosity *(ventósiti)* s. ventosidad. [ventrílocuo.
ventriloquist *(ventrílocuist)* s.
venture *(vencha)* s. riesgo; v. aventurar(se).
veracity *(vérasiti)* s. veracidad.
veranda(h) *(veránda)* s. galería, terraza.
verb *(veerb)* s. *Gram.* verbo.
verbal *(veerbal)* adj. verbal, oral.
verbose *(veerbóus)* adj. locuaz, verboso.
verdict *(veerdict)* s. veredicto, fallo. [de.
verdure *(veerdya)* s. verdor, ver-
verge *(veerdya)* s. borde; **on the — of,** al borde.
verification *(verifikéishön)* s. verificación.
verify *(vérifai)* tr. verificar.
verity *(vériti)* s. verdad, realidad. [dero.
veritable *(veeritabl)* adj. verda-
vermicelli *(veermichéli)* s. fideos.
vermillion *(veermíliön)* s. bermellón, cinabrio; tr. teñir de rojo.
vermin *(veermin)* s. bicho; sabandija, alimañas; (fig.) chusma.
vernacular *(veernákiular)* adj. vernáculo, nativo.
vernal *(veernal)* adj. primaveral.
versatile *(veersatail)* adj. versátil, polifacético. [lidad.
versality *(veersatiliti)* s. versati-
verse *(veers)* s. verso.
versed *(veerst)* adj. versado.
versification *(veersifikéishön)* s. versificación. [car.
versify *(veersifai)* intr. versifi-
version *(veerschön)* s. versión.
versus *(veersös)* prep. contra.
vertebra *(veertibra)* s. vértebra.
vertebral *(veértebral)* adj. vertebral.
vertex *(veertecs)* s. *Geom.* vértice; (fig.) cima.
vertical *(veertical)* adj. vertical.
vertiginous *(veertidyínös)* adj. vertiginoso.
vertigo *(veertigo)* s. vértigo.
very *(véri)* adj. verdadero; idéntico; mismísimo; adv. muy; **— much,** muchísimo; **— many,** muchísimos.
vesper *(véspa)* s. tarde; víspera; pl. vísperas. [pertino.
vespertine *(véspertin)* adj. ves-
vessel *(vésel)* s. *Quim.* vasija; *Anat.* vaso; *Naut.* buque; nave.
vest *(vést)* s. camiseta, (com.) chaleco; tr. vestir, investir; (igl.) vestimenta; vestidura.
vestment *(véstment)* s. vestido; vestimenta; vestidura.
vestibule *(vestíbual)* s. *Lit.* y *Anat.* vestíbulo.
vestige *(véstidya)* s. vestigio.
vestry *(véstri)* s. sacristía.
veteran *(vétöran)* adj. y s. veterano.
veterinary *(véterineri)* s y adj. veterinario **— science,** veterinaria.
veto *(vítou)* s veto; tr. vetar.
vex *(vécs)* tr. vejar; enojar, enfadar. intr. enfadarse.
vexing *(vécsing)* adj. fastidioso, enojoso. [por.
via *(váia)* s. vía; conducto; adv.
viaduct *(váiadöct)* s. viaducto.
viand *(váiand)* s. vianda.

V

V

vibrate *(váibreit)* v. vibrar.
vibration *(vaibréishön)* s. vibración.
vicar *(víka)* s. vicario, párroco.
vicarage *(vikaridya)* s. vicaría; vicariato.
vice *(váis)* s. vicio. *Mec.* prensa, tornillo de banco.
vicinity *(visíniti)* s. vecindad.
vicious *(víschös)* adj. vicioso; viciado; maligno, feroz; defectuoso; — **circle,** círculo vicioso.
victim *(víctim)* s. víctima.
victimize *(víctimais)* tr. hacer víctima, estafar.
victor *(vícta)* s. vencedor.
victorious *(victoriös)* adj. victoroso.
victory *(víctori)* s. victoria.
victual *(vichual)* tr. abastecer; avituallar. [res.
victuals *(vítls)* s. vitualla; víve-
vie *(vai)* intr competir, rivalizar.
view *(viú)* s. vista; panorama, opinión; tr. mirar, ver.
vigil *(vídyil)* s. vigilia, vela.
vigilance *(vídyilans)* s. vigilancia. [te.
vigilant *(vidyilant)* adj. vigilan-
vigorous *(vígorös)* adj. vigoroso. [energía.
vigour *(vígör)* s. vigor, fuerza,
viking *(váiking)* s. vikingo.
vile *(váil)* adj. vil, atroz, horrible. [cidad.
vileness *(váilnes)* s. vileza, atro-
vilify *(vílifai)* tr. envilecer.
villa *(víla)* s. quinta; casa de campo. [tico.
village *(víleych)* s. pueblo, rús-
villager *(víledya)* s. aldeano.
villain *(vílein)* s. villano, malvado. [ruin, vil.
villanous *(vílanös)* adj. villano,
villany *(vílani)* s. villanía.
vim *(vim)* s. energía, brío.
vindicate *(víndikeit)* tr. vindicar, justificar. [vindicación.
vindication *(vindikéishön)* s.
vindictive *(vindíctive)* adj. vindicativo, vengativo.
vine *(váin)* s. vid; parra, viña.
vinegar *(vínega)* s. vinagre; — **cruet** s. vinagrera.
vineyard *(vínyard)* s. viñedo.
vintage *(víntedch)* s. vendimia, cosecha, vinatera; — **wine,** vino de solera. [tabernero.
vintner *(víntna)* s. bodeguero,
violate *(váioleit)* tr. violar.
violation *(vaioléitishön)* s. violación.
violence *(váiolens)* s. violencia.
violent *(váiolent)* adj. violento.
violet *(váiolet)* s. *Bot. y color.* violeta; adj. violado.
violin *(vaiolín)* s. violín. [ta.
violinist *(váiolinist)* s. violinis-
violoncello *(violonchélo)* s. violoncelo.
virago *(viragou)* s. mujer de mal genio, fiera.
virgin *(veerdyin)* s. virgen; adj. virgen, virginal, puro, limpio. [dad, doncellez
virginity *(veerdyíniti)* s. virgini-
virile *(víril)* adj. viril; varonil.
virility *(viríliti)* s. virilidad.
virtual *(verchual)* adj. virtual.
virtue *(veerchu)* s. virtud.
virtuous *(veertiues)* adj. virtuoso. [cia.
virulence *(víriulens)* s. virulen-
virulent *(víriulent)* adj. virulento, maligno.
virus *(váirös)* s. virus.
visa *(vísa)* s. visado.
visage *(vísedya)* s. rostro.
viscount *(víscaunt)* s. vizconde.
viscous *(vísкös)* adj. viscoso.
visibility *(visibíliti)* s. visibilidad.
visible *(visíbl)* adj. visible; claro, perceptible.
vision *(vishón)* s. visión.
visionary *(vishoneri)* adj. visiovisitar.
visit *(vísit)* s. visita; tr., intr. visitar(se). [sita.
visitor *(vísita)* s. visitante, vi-
visor *(vaisa)* s. visera.
visual *(víshual)* adj. visual; óptico.
vital *(váital)* adj. vital.
vitality *(vaitáliti)* s. vitalidad.
vitalize *(váitalais)* tr. vitalizar.
vitamin [*v(á)itamin*] s. vitamina.

vitiate *(víshieit)* tr. viciar.
vituperate *(vitiúpareit)* tr. vituperar. [vivo.
vivacious *(vivéshiös)* adj. vivaz,
vivid *(vívid)* adj. vivo, vívido.
vivify *(vívifai)* tr. vivificar.
vixen *(víksen)* s. *Zool.* zorra; (fig.) arpía. [cabulario.
vocabulary *(vocábiuleri)* **s.** vo-
vocal *(vócal)* adj. vocal, oral.
vocalize *(vócalais)* **tr. vocalizar.**
vocation *(voukéishön)* s. vocación; carrera. [moda.
vogue *(vog)* s. moda; **in —,** de
voice *(vóis)* s. voz; tr. expresar; **loud voice,** voz alta; **high — voice,** chillona. [sin voz.
voiceless *(vóisles)* **adj. mudo,**
void *(vóid)* adj. vacío, **nulo, inválido; s. vacío; tr. vaciar,** desocupar. [co.
volcanic *(volcánic)* adj. volcáni-
volcano *(volkéinou)* **s. volcán.**
volition *(volishon)* s. voluntad.
volley *(vóli)* s. descarga, andanada; (dep.) volea.
volt *(vóult)* **voltio.**
voltage *(vóultedch)* **s. voltaje.**
voluble *(vóliubl)* adj. *Bot.* voluble; (pers.) hablador, locuaz.
volume *(vólium)* s. volumen, tomo. [voluminoso.
voluminous *(voliúminös)* adj.
voluntary *(vólönteri)* adj. voluntario.
volunteer *(volöntír)* s. voluntario; tr., intr. **ofrecer(se),** servir como **voluntario.**
voluptuous *(volö'ptiuös)* **adj.** voluptuoso, sensual.
vomit *(vómit)* s. vómito. v. vomitar. [raz.
voracious *(voréischös)* **adj.** vo-
vortex *(vórtecs)* s. **remolino;** torbellino; **vórtice.**
vote *(vóut)* s. voto; **tr., intr.** votar. [tor.
voter *(vóuta)* s. votante; elec-
vouch *(váuch)* comprobar, atestiguar; **— for,** responder por.
voucher *(vaucha)* s. comprobante, talón; vale.
vow *(váu)* s. voto; **juramento;** tr. intr. hacer voto, dedicar.
vowel *(váuel)* **s. vocal.**
voyage *(vóiedya)* s. travesía; viaje; intr. navegar.

vulcanize *(vö'lcanais)* tr. vulcanizar. [dinario.
vulgar *(vö'lgar)* adj. vulgar, or-
vulgarity *(völgariti)* s. **vulgaridad,** ordinariez.
vulgarize *(vö'lgarais)* **tr. vulgarizar.** [nerable.
vulnerable *(valnarable)* adj. vul-
vulture *(valcha)* s. *Orn.* buitre; (fig.) fieras.

V

W w

wabble *(uóbl)* **s. bamboleo;** indecisión; tr. tambalearse.
wad *(uód)* s. borra, **guata;** *Mil.* taco; fajo, manojo; tr. acolchar, enhuatar. [s. anadeo.
waddle *(uódl)* intr. balancearse;
wade *(uéid)* intr. vadear; **wader,** s. *Orn.* ave zancuda.
waders *(uéidas)* s. pl. botas de agua.
wafer *(uífas)* s. oblea, barquillo.
waft *(uaft)* tr. mecer; hacer flotar; ondear.
wag *(uág)* s. **colead(ur)a, sacudida;** tr. **menear, mover;** intr. oscilar.
wage *(uéidye)* s. paga; salario, jornada; tr. emprender.
wager *(uéidyar)* s. apuesta; tr. apostar. [sueldo.
wages *(uéidches)* **s. pl. paga,**
waggon *(uágön)* **s. carro; ca**rreta, vagón.
waif *(uéif)* s. niño o **animal** abandonado; adj. descarriado.
wail *(uéil)* s. lamento; tr., intr. lamentar. [quejumbroso.
wailing *(uéiling)* s. lamento; adj.
wainscot *(uéinscot)* s. friso, entablamento; artesonado; tr. entablar, artesonar.
waist *(uéist)* s. cintura, talle.
waistcoat *(uéistcot)* **s. chaleco.**
wait *(uéit)* s. espera, **intr.** esperar, aguardar; **— for,** esperar por; **— on, servir.**

W

waiting *(ueiting)* s. esperar; adj. que espera; — **room,** sala de espera. [zo.

waiter *(uéita)* s. camarero, mo-

waive *(ueiv)* tr. renunciar, abandonar, dejar.

waitress *(uéitres)* s. camarera.

wake *(uéik)* s. velatorio, vigilia; *Mar.* estela; [**waked** o **woke; waked**] tr. despertar, velar; intr. despertarse.

wakeful *(uéikful)* adj. desvelado.

waken *(uéikn)* v. despertar(se).

walk *(uók)* s. paseo; paso, andar, alameda; intr. andar, pasear; tr. hacer andar, pasear; **go for a walk** dar un paseo.

walker *(uóka)* s. paseante, caminante, andarín.

walking *(uoking)* adj. de paseo; — **stick,** bastón.

wall *(uól)* s. pared; muro; muralla; tr. amuriar; — **wall,** tapia. [sillo), billetera.

wallet *(uólet)* s. cartera (de bol-

wallow *(uólou)* s. revuelco, revolcón; intr. revolcarse; — **in riches,** nadar en la opulencia.

walnut *(uélnöt)* s. *Bot.* nuez; — **tree** s. nogal.

walrus *(uólrös)* s. morsa.

waltz *(uólts)* s. vals; intr. bailar el vals. [rido.

wan *(uón)* adj. pálido, descolo-

wanness *(uónnes)* s. palidez.

wand *(uand)* s. varita; **magic** —, varita mágica.

wander *(uónda)* intr. errar; vagar; delirar; tr. confundirse.

wanderer *(uóndara)* s. vagabundo; rondador.

wandering *(uóndöring)* adj. errante; delirante; s. viajes; delirio; divagación.

wane *(uéin)* s. mengua, intr. menguar; **on the** — (fig.) en declinación.

wanning *(ueining)* s. mengua; adj. menguante.

want *(uónt)* s. necesidad; miseria; tr. desear, querer, necesitar; intr. carecer; **to be in** —, estar necesitado; —**ed,** se busca. [escaso.

wanting *(uónting)* adj. falto de,

wanton *(uóntön)* s. libertino; prostituta; adj. desenfrenado, lascivo; — **danage,** daño por maldad.

war *(uór)* s. guerra; intr. guerra; **to — war,** hacer la guerra.

warble *(uörböl)* tr. e intr. contar con trinos y gorjeos; gorjear, trinar.

ward *(uórd)* s. guarda; tutela, pupilo; (Pol.) distrito electoral, sala de hospital; intr. guardar.

warden *(uórdn)* s. custodio; guardián; **game** —, guardia jurado.

warder *(uórdör)* s. guardián; **prison** —, carcelero.

wardrobe *(uórdrob)* s. guardarropa; (Teat.) vestuario.

ware *(uéa)* s. mercancía; **earthen** —, loza de barro; **table** —, vajilla y cubertería.

warehouse *(uéajaus)* s. almacén; depósito, tr. almacenar.

warfare *(uóofea)* s. guerra.

warily *(uearili)* adv. prudentemente. [bélico.

warlike *(uóolaic)* adj. guerrero

warm *(uórm)* adj. templado, cálido, tr., intr. calentar(se).

warmth *(uórmz)* s. calor; ardor; (fig.) cordialidad.

warn *(uórn)* tr. advertir; avisar, prevenir.

warning *(uórning)* s. aviso; advertencia, escarmiento.

warp *(uórp)* s. urdimbre; intr. torcer(se), alardear.

warrant *(uórent)* s. (Leg.) orden judicial, auto, decreto; garantía, tr autorizar, garantizar. [driguera.

warren *(uóren)* s. conejera, ma-

wart *(uórt)* s. verruga.

wary *(uéri)* adj. cauto, prudente.

wash *(uásch)* s. lavado, colada, tr., intr. lavar(se); **washbowl** s. palangana; **to — up,** fregar; **to have a** —, lavarse.

washing *(uásching)* s. lavado, ropa sucia, ropa lavada.
wasp *(uósp)* s. avispa.
wassail *(uásöl)* s. brindis; tr. brindar.
wastage *(ueistidye)* s. desperdicio, desgasto.
waste *(uéist)* s. despilfarro; derroche; — **land,** terreno yermo; — **paper** papel viejo; tr. (mal)gastar; **waste-paper basket** s. papelera.
wasteful *(uéistful)* adj. malgastador, despilfarrador.
watch *(uótch)* s. reloj; **wrist** —, reloj de pulsera; (Náut. y Mil.) guardia; — **tower,** atalaya; tr. observar, mirar; vigilar.
watcher *(uócha)* s. vigilante.
watchful *(uóchful)* adj. vigilante.
watchmaker *(uóchméika)* s. relojero.
watchman *(uóchman)* s. guarda, vigilante.
watchword *(uóchhuörd)* s. *Mil.* santo y seña; consigna.
water *(uóta)* s. agua; tr. regar, mojar; **water closet** s. retrete, lavabo; **water colour** s. acuarela; **fresh** —, agua dulce; **hot** — **bottle,** bolsa de agua caliente; **to make one's mouth** —, hacérsele la boca agua. [catarata.
watefall *(uótarfol)* s. cascada;
watering *(uótaring)* s. riego.
watery *(uótari)* adj. acuoso.
wave *(uéiv)* s. ola; onda; tr., intr. saludar, despedir con la mano, ondear, ondular.
waver *(uéiva)* intr. fluctuar; vacilar; s. oscilación.
wavy *(ueivi)* adj. sinuoso; (Pelo) ondulado, rizado.
wax *(uács)* s. cera; tr. encerar; intr. aumentar; **sealing** —, lacre.
waxen *(uácsn)* adj. de cera.
way *(uéi)* s. vía; ruta; camino; dirección; manera; modo, costumbre; **by the way** a propósito; **to be in the way** estorbar; **way in** entrada; **way out** salida; **this** —, por aquí; **that** —, por allá.

waylay *(ueiléi)* tr. insidiar, acechar. [rudo.
wayward *(uéiuörd)* adj. testa-
we *(uí)* pron. nosotros.
weak *(uík)* adj. débil, flojo.
weaken *(uíkn)* tr. debilitar.
weakling *(uíkling)* adj. canijo, debilucho. [flojedad.
weakness *(uíknes)* s. debilidad,
wealth *(uélz)* s. riqueza.
wealthy *(uélRi)* adj. rico, adinerado.
weapon *(uépön)* s. arma; **nuclear** —, arma nuclear.
wear *(uéa)* s. uso, gasto, [**wore; worn**] tr. usar, llevar, desgastar; — **and tear,** uso, desgaste; **foot** —, calzado; **ready to** —, hecho, de fábrica.
wearer *(uéra)* s. usuario.
wearied *(uíerid)* adj. fatigado, cansado de (fig.) [cio.
weariness *(uírines)* s. cansan-
weary *(uíri)* adj. cansado, hastiado; tr. cansar, abrumar; intr. fastidiarse. [dreja.
weasel *(uísel)* s. *Zool.* coma-
weather *(uéda)* s. tiempo (atmosférico), intemperie; tr. (Náut.) aguantar, capear; **weather forecast,** previsión del tiempo, —**beaten,** curtido, azorado por los vientos.
weave [**wove; woven**] *(uív)* tr. tejer; trenzar.
weaver *(uíva)* s. tejedor. [tura.
weaving *(uíving)* s. tejido; tex-
web *(uéb)* s. membrana; **web-footed,** adj. palmípeda; **cob** —, tela de araña. [sarse.
wed *(uéd)* tr. casar; intr. ca-
wedding *(uéding)* s. boda; casamiento.
wedlock *(uédlok)* s. matrimonio; **out of** —, ilegítimo.
wedge *(uédya)* s. cuña, calce; tr. calzar.
Wednesday *(uénsdei)* s. miércoles; **ash** —, miércoles de ceniza. [diminuto.
wee *(uí)* adj. pequeño, menudo,
weed *(uíd)* s. hierbajo, tr. desyerbar; **sea** —, alga; — **killer,** herbicida.

W

W

week *(uík)* s. semana; **day** s. día laborable; — **end** s. fin de semana; — **today,** desde hoy en ocho días.
weekly *(uíkli)* adj. semanal; adv. semanalmente, semanario.
weep [**wept; wept**] *(uíp)* tr. e intr. llorar.
weeping *(uíping)* s. llanto; adj. plañidero; **weeping willow,** sauce llorón.
weft *(uéft)* s. (Text.) trama.
weigh *(uéi)* tr., intr. pesar; — **anchor,** (Náut.) levar anclas.
weigher *(uéia)* s. pesador.
weighing *(uéiing)* s. peso; pesada; — **machine,** báscula.
weight *(uéit)* s. peso; importancia; **light** —, peso ligero; **heavy** —, peso pesado.
weighty *(uéiti)* adj. pesado.
weir *(uia)* s. (re)presa.
weird *(uad)* adj. fantástico, fantasmagórico, siniestro.
welcome *(uélköm)* adj. bienvenido, s. bienvenida; interj. ¡bien venido! tr. dar la bienvenida; **you are** — (E. U.) de nada.
weld *(uéld)* tr. soldar, unir.
welder *(uelda)* s. soldador.
welding *(uelding)* s. adj. soldado; —**ing** s. soldadura.
welfare *(uélfer)* s. bienestar, prosperidad, salud; — **work,** servicio social.
well *(uél)* s. adv. bien; s. pozo, manantial, interj. ¡bien! ¡vaya, ya! ¿qué? ¡bueno!; — **to do** adj. acomodado; **as** — **as** así como.
wellingtons *(uélingtöns)* s. botas de goma.
Welsh *(uélsch)* adj. galés; s. galés (idioma).
wench *(uénch)* s. moza, mujer joven.
west *(uést)* s. oeste; occidente, adv. a o hacia poniente; adj. occidental.
western *(uéstörn)* adj. occidental; s. película del oeste; — **powers,** potentes occidentales.
wet *(uét)* adj. húmedo, mojado; s. humedad, tr. mojar; — **nurse** s. ama de cría; — **through,** empapado.
wetness *(uétnes)* s. humedad.
whack *(uák)* s. golpe; —**ing,** paliza.
whale *(uéil)* s. *Ict.* ballena; cachalote; — **bone** (Cons.) ballena.
whaler *(uéila)* s. ballenero.
wharf *(uórf)* s. muelle; desembarcadero.
what *(uót)* pron. lo que; ¿qué?; cual; ¡qué!; adv.
whatever *(uotéva)* pron. cualquier cosa que, todo lo que.
wheat *(uít)* s. trigo.
wheedle *(uídl)* tr. e intr. halagar, sonsacar, hacer pamplinas.
wheel *(úil)* s. rueda, tr. (hacer) rodar intr. rodar, girar; (**steering**) —, volante.
wheelbarrow *(úilbarou)* s. carretilla; — **chair,** silla de ruedas.
wheeze *(uís)* intr. jadear.
when *(uén)* adv. cuando; luego que; entonces; **say** —, (fam.) basta, bastante.
whence *(uéns)* adv. de(sde) donde.
whenever *(uenéva)* adv. siempre que, cuando.
where *(uere)* adv. (a)donde, en donde, de; en que.
whereabouts *(uérabout)* adv. ¿donde? s. paradero.
whereas *(uerás)* adv. por cuanto, mientras que.
whereby *(uerbái)* adv. por lo cual.
wherein *(uerín)* adv. en donde.
wherever *(ueréva)* adv. (a o por) dondequiera que.
whet *(uét)* tr. afilar, amolar; **to** — **one's appetite,** abrir.
whether *(uédör)* conj. si (dubitativo).
whey *(uéi)* s. suero, lácteo.
which *(uích)* pron. que, el cual, la cual, los cuales, las cuales, quien, cuyo.
which(so)ever *(uich(so)éva)* pron. cualquiera que, quien(es) quiera.
whiff *(uif)* s. bocanada; soplo; «**whiffs**» (fam.) señorita.

whig *(uíg)* (G. B.) *Pol.* adj. y s. liberal.
while *(uáil)* s. rato; conj. mientras; entretanto; tr. **— away the time,** pasar el tiempo.
whilst *(ulst)* conj. mientras.
whim *(uím)* s. antojo; capricho.
whimper *(uímpa)* s. lloriqueo; intr. sollozar. [choso.
whimsical *(uímsical)* adj. capri-
whine *(uin)* quejido; intr. quejarse, gemir.
whip *(uíp)* s. látigo; fusta; tr. azotar, fustigar (Coc.) batir.
whipping *(uiping)* s. zurra.
whirl *(ueerl)* s. giro, vuelta, torbellino; tr., intr. girar, remolin(e)ar.
whirpool *(ueerlpul)* s. remolino.
whirlwind *(ueerluind)* s. torbellino.
whirr or **whir** *(uör)* intr. zumbar; s. zumbido.
whisk *(uísk)* s. escobilla, cepillo, batidor; tr. cepillar, batir.
whisker *(uíska)* s. patilla; barba, bigotes del gato.
whisper *(uíspa)* s. susurro, cuchicheo; tr. susurrar, sugerir.
whispering *(uispering)* s. cuchicheo. [intr. silbar.
whistle *(uíst)* s. silbido, silbato;
whit *(uít)* s. pizca.
white *(uáit)* adj. blanco; puro; s. blanco; blancura; **— coffee** s. café con leche; **—hot** adj. al rojo vivo.
whiten *(uáitn)* tr. blanquear; intr. emblanquecerse.
whiteness *(uáitnes)* s. blancura.
whitewash *(uáituosch)* s. cal, calear, tr. blanquear.
whither *(uida)* adv. adonde, hacia donde.
whitish *(uáitisch)* adj. blanquecino, blancuzco.
Whitsuntide *(uítsöntaidi)* s. Pascua de Pentecostés.
whiz(z) *(uís)* s. silbido zumbido; inr. zumbar.
who *(jú)* pron. quien(es), que.
whoever *(juéva)* pron. quienquiera que.
whole *(jóul)* adj. todo; completo; intacto, s. total; **on — whole,** en general, **as a —,** en conjunto; **to go the — hog,** arriesgarlo todo.
wholeness *(jóulnes)* s. totalidad, integridad.

wholesale *(jéulseil)* adj. y adv. al por mayor, s. venta al por mayor; **—r** *(...a)* almacenista.
wholesome *(jóulsöm)* adj. saludable, rebosante de salud.
whom *(júm)* pron. a quien(es), al que.
whoop *(júp)* s. alarido; intr. huchear; **whooping cough** s. tosferina.
whose *(jús)* pron. de quien, cuyo.
why *(uái)* conj. por qué; ¿por qué? interj. ¡como!; s. el porqué.
wick *(uík)* s. mecha.
wicked *(uíked)* adj. malvado, perverso.
wickedness *(uíkednes)* s. maldad, perversidad.
wicker *(uikör)* s. mimbre.
wicket *(uikit)* s. postigo, portezuela, ventanilla; (dep.) meta.
wide *(uáid)* adj. ancho, amplio, adv. lejos; **— open,** de par en par; **far and —,** con amplitud. [ampliar.
widen *(uáiden)* tr. ensanchar,
wide-spread *(uide-spred)* adj. extendido; esparcido.
widow *(uidou)* s. viuda.
widower *(uídoua)* s. viudo.
widowhood *(uidoujud)* s. viudez; viudedad. [tud.
width *(uidz)* s. anchura, ampli-
wield *(uíld)* tr. manejar; empuñar; gobernar.
wife *(uáif)* s. esposa, mujer.
wig *(uíg)* s. peluca.
wild *(uáild)* adj. (Zool.) salvaje, (Bot.) silvestre, (Geog.) agreste; **— boar** s. jabalí.
wilderness *(uíldarnes)* s. yermo, desierto. [quez.
wildness *(uáildnes)* s. selvati-
wile *(uáil)* s. fraude; ardid, tr. embaucar. [terco.
wilful *(uílful)* adj. porfiado;

wilfulness *(uilfulnes)* s. terquedad, obstinación, testarudez.

W

will *(uíl)* s. voluntad; testamento; tr. querer, desear; (aux. futuro).

willing *(uíling)* adj. deseoso; gustoso, voluntarioso.

willingly *(uílingli)* adv. de buena gana, con agrado.

willingness *(uílingnes)* s. buena voluntad.

willow *(uílou)* s. *(Bot.)* sauce.

willy-nilly *(uili-nili)* adv. a la fuerza.

wily *(uili)* adj. astuto.

wilt *(uílt)* tr., intr. marchitar(se), secar(se).

wimple *(uímpl)* s. toca, velo.

win [**won; won**] *(uín)* tr. o intr. ganar; vencer; conquistar.

winch *(uínch)* s. cabria.

wince *(uins)* intr. hacer una mueca de dolor; s. mueca.

wind *(uínd)* s. viento; **— screen** s. parabrisas; [**wound; wound**] tr., *(uáind)* tr. enrollar, dar cuerda a; intr. enrollarse.

windfall *(uíndfol)* s. fruta caída del árbol; ganga, chiripa.

windiness *(uíndines)* s. flatulencia.

winding *(uáinding)* **s. sinuosidad**; (re)vuelta, recodo; adj. tortuoso, que serpentea.

windmill *(uindmill)* s. molino de viento.

window *(uíndou)* s. ventana; s. **(shop) —**, escaparate; **— blinds,** persianas; **— sill,** alféizar; **— frame,** marco.

windward *(uinward)* adv. (Náutic.) a barlovento; s. barlovento.

windy *(uíndi)* adj. ventoso; **long —d** (fam.) tener rollo; vano.

wine *(uáin)* s. vino.

wine-merchant *(uine merchant)* s. vinatero; **wine-celler** *(uinesela)* s. bodega.

wing *(uíng)* s. ala; vuelo; flanco, aspa; (Teat.) bastidor; (Arq.) ala.

wink *(uínk)* s. guiño; pestañeo; intr. guiñar; **to take forty —,** siestecilla.

winner *(uína)* s. ganador, vencedor.

winning *(uining)* adj. triunfador, ganador.

winter *(uínta)* s. invierno; adj. invernal; **intr. invernar.**

wipe *(uáip)* s. limpiadura; (fam.) frotar; limpiar; **— out,** eliminar, exterminar.

wire *(uáia)* s. alambre, **v.** telegrafiar; **— netting, s.** tela metálica; **barbed —,** alambre de espino.

wireless *(uáirles)* adj. inalámbrico; s. telegrafía sin hilos, radio; **— (set)** s. (aparato de) radio.

wiry *(uáiri)*. adj. de alambre; (fam.) nervudo.

wisdom *(uisdöm)* s. sabiduría; juicio; sensatez.

wise *(uáis)* adj. sabio; prudente; s. **three — men,** Los Reyes Magos.

wish *(uisch)* s. deseo; tr. desear, anhelar; **I wish**...! ¡Ojalá!

wisp *(uisp)* s. manojito, puñado.

wistful *(uístful)* adj. anhelante, ávido, pensativo.

wit *(uít)* s. ingenio; agudeza; talento.

wits *(uíts)* s. pl. sentido, razón.

witch *(uích)* s. bruja; mujer fascinante; tr. hechizar.

witchcraft *(uíchcraft)* s. brujería.

with *(uíd)* prep. con; de, contra, en(tre), a.

withdraw *(uiddró)* tr. retirar; intr. retirarse.

withdrawal *(uiddróal)* **s. retirada,** (Banco) reintegro.

wither *(uída)* intr. marchitar(se), ajar(se); (fig.) consumirse.

withred *(uídared)* adj. marchito, seco.

withhold *(uidjóuld)* **tr. detener;** contener.

within *(uídin)* prep. (a)dentro, dentro de, en; adv. dentro, en casa; s. el interior.

without *(uidáut)* prep. sin; (a)fuera; adv. afuera.

withstand *(uidstánd)* tr. resistir; oponerse a.
witness *(uítnes)* s. testimonio; testigo; tr. atestiguar, testimoniar; **eye —**, testigo ocular. [chiste.
witticism *(uítisism)* s. agudeza,
wittiness *(uítines)* s. ingenio; sal. [biendas.
wittingly *(uítingli)* adv. a sa-
witty *(uíti)* adj. ingenioso; chistoso, ocurrente.
wizard *(uísard)* s. brujo.
wobble *(uáböl)* intr. balancearse, tambalear, temblar.
woe *(uóu)* s. pesar; dolor; inter. ¡mal haya! [abatido.
woebegone *(uóubigon)* adj.
wolf *(uúlf)* s. lobo; **— cub**, lobato; **— hound**, mastín, perro lobo.
woman *(uúman)* s. mujer; **— hater**, misógino.
womanish *(uúmanisch)* adj. femenil, afeminado.
womanly *(uúmanli)* adj. mujeriego: femenil, femenina.
womb *(uúm)* s. útero; matriz; entrañas, seno.
wonder *(uö'nda)* s. maravilla; intr. extrañarse, preguntarse; **to work —s**, hacer milagros.
wonderful *(uö'ndörful)* adj. maravilloso; admirable.
wondrous *(uö'ndrös)* adj. maravilloso.
wont *(uö'nt)* s. uso; hábito; adj. acostumbrado; [**wont; wont**] tr. habituar.
wonted *(uö'nted)* adj. acostumbrado; usual.
woo *(uú)* tr. cortejar.
wood *(uúd)* s. bosque; selva; madera; **fire —**, leña.
woodbine *(uúdbain)* s. *Bot.* madreselva.
wooded *(uúded)* adj. arbolado.
wooder *(uudn)* adj. de madera; (fam.) torpe. [do; bosque.
woodland *(uúdland)* s. arbola-
woodman *(uúdman)* s. leñador; guardabosque.
woodwork *(uúduörk)* s. maderamen, carpintería. [voso.
woody *(uúdi)* adj. leñoso; sel-
woof *(uuf)* s. textura, trama.
wool *(uúl)* s. lana.
woolen *(uúlön)* adj. de lana; s. paño; tela. [lana.
woollies *(uulis)* s. prendas de
woolly *(u'úli)* adj. lanudo; lanoso.

word *(ueerd)* s. palabra; voz; tr. expresar, redactar.
wording *(ueerding)* s. expresión, redacción, texto. [prolijo.
wordy *(ueerdi)* adj. verboso;
work *(ueeerk)* s. trabajo (Lit. Art.) obra, tarea, acción, *(Cost.)* labor, pl. fábrica, taller; [**worked** o **wrought; worked** o **wrought**] tr. trabajar, lab(o)rar (Cost.) **needle —**, bordar; manejar, producir; intr. trabajar, funcionar.
workable *(ueerkabl)* adj. factible. [bajador.
worker *(ueerka)* s. obrero; tra-
workmanship *(ueerkmanship)* s. pericia, hechura. [ller.
workshop *(ueerkschop)* s. ta-
world *(ueeld)* s. mundo; **-wide** adj. mundial; **all over the —**, por todo el mundo.
worldy *(ueeldli)* adj. mundano.
worm *(ueem)* s. gusano; polilla; lombriz; persona vil; **book —**, empollón.
worry *(ueeri)* s. zozobra, preocupación, cuidado; intr preocuparse, apurarse; tr. preocupar; **don't —**, no te (se) preocupes.
worse *(uees)* adj. peor; inferior; adv. peor; **from bad to —**, de mal en peor; **— and —**, cada vez peor.
worship *(ueeschip)* s. adoración; culto; tr. adorar.
worst *(ueest)* adj. el peor, pésimo; malísimo; adv. pésimamente; s. lo peor.
worsted *(ueested)* s. estambre.
worth *(ueez)* s. valor, mérito, **be —**, valer; **it is — worth (your) while**, valer la pena.
worthiness *(ueedines)* s. dignidad;. mérito
worthless *(ueezles)* adj. vil, despreciable, sin valor.

W

worthy *(ueedi)* adj. digno, apreciable; **to be — of,** ser merecedor de.
wound *(ueend)* s. herida, llaga; ofensa; tr. herir.
wrangle *(rángl)* s. pendencia; riña; intr. reñir.
wrap *(ráp)* tr. envolver; s. pl. abrigo, manta; — **up!** (fam.) ¡cierre el pico! [cubierta.
wrapper *(rápa)* s. envoltura,
wrath *(roz)* s. ira, furia.
wreath *(ríz)* s (fun.) corona; guirnalda [guirnaldar.
wreathe *(ríd)* tr. entrelazar, en-
wreck *(rék)* s. naufragio; ruina; destrozo; destruir, destrozar; (Náut.) naufragar, irse a pique.
wreckage *(rekedye)* s. restos, ruinas, (Náut.) casco.
wren *(ren)* s. [zool.] reyezuelo.
wrench *(rénch)* s. arranque; torcedura, llave inglesa; tr. arrancar, dislocar.
wrest *(rést)* s. tr. torcer, arrancar, desvirtuar. [forcejar.
wrestle *(résal)* intr. combatir;
wrestler *(résta)* s. luchador.
wrestling *(résling)* s. lucha (libre). [infeliz.
wretch *(réch)* s. desgraciado,
wretched *(réched)* adj. infeliz, miserable, desgraciado.
wriggle *(rigl)* v. menear, retorcerse; **to — out,** escurrirse.
wright *(ráit)* s. artífice, constructor, forjador.
wring [**wrung; wrung**] *(ring)* tr. torcer; retorcer; escurrir.
wrinkle *(rinkl)* s. arruga; tr., intr. arrugar(se).
wrist *(ríst)* s. muñeca (de la mano); — **watch** s. reloj de pulsera.
writ *(rit)* s. escrito, escritura; (Leg.) orden, auto; **Holy —,** Sagrada Escritura.
write [**wrote; written**] *(ráit)* tr. e intr escribir: — **down** tr. anotar; — **out** tr. redactar.
writer *(ráita)* s. escritor; **play —,** dramaturgo.
writing *(ráiting)* s. escritura; escrito; **hand —,** escritura. der, adv. mal; — **way out,** al revés.
wrong *(róng)* adj. falso, equivocado, erróneo, injusto, s. error, falsedad, injusticia, agravio, tr. perjudicar, ofender, adv. mal, al revés.
wroth *(roz)* adj. enojado.
wrought *(rot)* adj. labrado, forjado; — **iron,** hierro forjado; **over —,** sobre excitado.
wry *(rái)* adj. torcido.

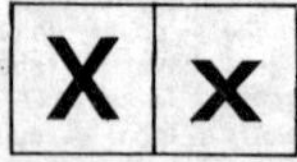

xenophobia *(senofóubia)* s. xenofobia.
x-ray *(écs rei)* tr. hacer una radiografía.
x-rays *(écs reis)* s. rayos X.
xylography *(sailógrafi)* s. xilografía.
xylophone *(sáiloufoun)* s. xilófono, marimba. [pórtico.
xyst(us) [*síst(ös)* s. galería;

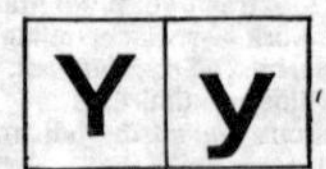

yacht *(yot)* s. yate. [en yate.
yachting *(yóting)* s. navegación
yank *(yánk)* s. fam. (es)tirón; U. S. A. yanqui.
Yankee *(yángki)* s. yanqui.
yap *(yap)* intr. ladrar; s. ladrido.
yard *(yárd)* s. corral; patio; yarda; tr. acorralar.
yarn *(yárn)* s. hilaza; hilo; fam. cuento; tr. devanar, contar un cuento.
yawl *(yol)* s. yola. [bostezar.
yawn *(yón)* s. bostezo; intr.
yawning *(yónning)* adj. soñoliento; bostezante; s. bostezo.
yea *(yéi)* adv. (E. U.) sí; ciertamente.
year *(yía)* s. año; **leap year** año bisiesto; — **book,** anuario.

yearling *(yírling)* s. primal; añal, potranca, potro.
yearly *(yírli)* adj. anual; adv. anualmente. [pirar por.
yearn *(yeen)* intr. anhelar, sus-
yearning *(yeening)* s. anhelo.
yeast *(yíst)* s. levadura.
yell *(yél)* s. alarido; aullido, gritar, chillar; intr. dar alaridos.
yellow *(yélou)* adj. amarillo; (fig.) cobarde; **— fever,** malaria, fiebre amarilla; s. amarillo. [rillento.
yellowish *(yélouisch)* adj. ama-
yelp *(yelp)* s. gritar, chillar; gañido, aullido; intr. aullar.
yeoman *(yóuman)* s. hacendado; **— of the Guard,** alabardero de la Casa Real.
yes *(yés)* adv. sí.
yesterday *(yéstardei)* adv. ayer; s. el día de ayer; **the day before —,** anteayer.
yet *(yét)* conj. con todo; sin embargo; adv. todavía; además; an; **not —,** todavía no; **as —,** hasta ahora.
yew *(yu)* s. *Bot.* tejo.
yield *(yíld)* s. rendición (Econ.) rendimiento, producción; tr. producir; rendir, intr. ceder.
yielding *(yílding)* s. producción, cosecha; rendición; adj. dócil, dúctil.
yoghourt, yoghurt, or **yogurt** *(yogör)* s. yogur.
yoke *(yóuk)* s. yugo; yunta; tr. un(cir), acoplar.
yolk *(yóuk)* s. yema (del huevo). [adj. aquel.
yon(der) *(yö'nda)* adv. allá;
yore *(yor)* adv., s. otro tiempo, antaño.
you *(yú)* pron. tú, te, ti; usted(es), Vd., Vds.,; os, vosotros; vosotras.
young *(yö'ng)* adj. joven; mozo; tierno; s. cría.
youngster *(yö'ngsta)* s. jovencito, mozalbete.
your *(yór)* adj. pos. tu, su, (de usted), vuestro.
yours *(yórs)* pron. pos. (el) tuyo, (el) suyo, (el) vuestro.
yourself *(yursélf)* pron. tú mismo, Vd., Vd. mismo.
yourselves *(yursélvs)* pron. vosotros mismos, os, Vds. mismos.
youth *(yúz)* s. juventud; joven.
youthful *(yúzful)* adj. juvenil.
yowl *(yául)* s. aullido; alarido; tr. aullar, ladrar.
yule *(yúl)* s. pascua de Navidad; **—tide,** Navidades.

Y

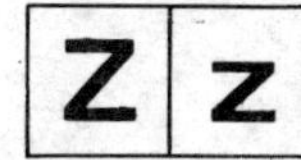

zeal *(síl)* s. celo; fervor; ardor; furia.
zealot *(sélöt)* s. entusiasta; fanático. [tusiasta.
zealous *(sélös)* adj. celoso, en-
zebra *(síbra)* s. *(Zool.)* cebra; **— crossinz,** (G. B.) paso de peatones.
zenith *(síniz)* s. cenit.
zephyr *(séför)* s. céfiro.
zero *(sírou)* s. nada.
zero *(síirou)* s. (E. U.) cero, nada.
zest *(sést)* s. deleite, gusto, sabor; fig. aliciente, entusiasmo, interés.
zinc *(sinc)* s. cinc.
zigzag *(sígsag)* s. zigzag.
zip *(sep)* s. cremallera; **— up,** cerrar con cremallera.
zither *(sizör)* s. cítara.
zodiac *(sóudiac)* s. zodiaco.
zone *(sóun)* s. zona, área; región; tr. delimitar.
zoo *(sú)* s. parque, jardín zoológico, zoo.
zoology *(suólodyi)* s. zoología.
zoologist *(suólodyist)* s. zoólogo.
zoom *(sum)* s. ascenso rápido; intr. subir rápidamente un avión.

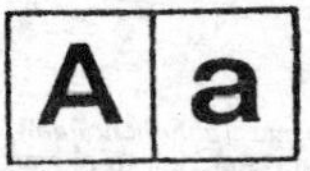

a *(ah)* prep. to, in, at, on, by; — **pie** on foot.

abad *(ahbáhd)* m. abbot.

abadesa *(ahbahdáyssah)* f. abbess.

abadía *(ahbahdéeah)* f. abbey.

abajo *(ahbáhHoh)* adv. bellow, under(neath), down(stairs); interj. down with!

abalanzar *(ahbahlahntháR)* tr. to balance; to impel.

abanderado *(ahbahndayráhdoh)* m. ensign, standard-beaver.

abanderar *(ahbahndayráR)* tr. *Naut* to register; (mil.) to conscript.

abandonado *(ahbahndohnáhdoh)* adj. helpless, uncared for, forlorn, careless; (buildings, places) abandonned.

abandonar *(ahbahndohnáR)* tr. to abandon, to forlorn, to desert, to leave behind.

abandono *(ahbahndóhnoh)* m. abandonment, desertion, forlornness.

abanico *(ahbahnéekoh)* m. fan; *Naut.* derriek; (arch) fanligh; **en forma de** — fan-like; (coll.) sword.

abaratar *(ahbahrahtáR)* tr. to cheapen; v. r. to come down in price.

abarcar *(ahbaRkáR)* tr. to clasp; to embrace; to cover; **Quien mucho — poco aprieta,** grasp all, lose all.

abarrotar *(ahbahRohtáR)* tr. to bar; to overstock, to cram.

abastecedor *(ahbahstaythaydóR)* m., supplier, purveyor.

abastecer *(ahbahstaytháyR)* tr. to supply.

abastecimiento *(ahbahstaytheemyéntoh)* m. supply, supplies, provisions.

abasto *(ahbáhstoh)* m. supply; **no dar —,** Not to le able to see the end of it.

abatido *(ahbahtéedoh)* adj., depressed, crestfallen, dejected.

abatimiento *(ahbahstaytheemyéntoh)* m. depression, low spirits; *Aer.* drift; *Naut.* leeway.

abatir *(ahbahtéeR)* tr. to throw, pull, put, push, knock, bring, or take down; to depress, to disheaten; v. r. to swoop.

abdicación *(ahbdeekahthyón)* f. abdication.

abdicar *(ahbdeekáR)* tr. to abdicate.

abdomen *(ahbdóhmen)* m. abdomen, (fam.) belly.

abecé *(ahbaytháy)* m. the alphabet, A. B. C.

abecedario *(ahbaythaydáhryoh)* m. alphabet

abedul *(ahbaydóol)* m. *Bot.* birch-tree.

abeja *(ahbáyHah)* f. bee; — **reina,** Queen bee; — **obrera,** worker bee.

abejón *(ahbayHón)* m. drone, hornet.

aberración *(ahbayRahthyón)* f. aberration.

abertura *(ahbaiRtóorah)* f. opening, gap, fissure, crevice.

abeto *(ahbáytoh)* m. *Bot.* silver-fir, spruce.

abierto *(ahbyáiRtoh)* adj. open; frank, outs poken; *Bot.* full-blown.

abigarrar *(ahbeegahRáR)* tr. to variegate, to spot

abismal *(ahbeessmáhl)* adj. abysmal.

abismar *(ahbeessmáR)* tr. to depress, to destroy.

abismo *(ahbeessmoh)* m. abyss; (fig.) hell.

abjuración *(ahbHoorahthyón)* f. abjuration, recantation.

abjurar *(ahbHooráR)* tr. to abjure, to forswear.

ablandar *(ahblahndáR)* tr. to soften, to mitigate; to mollify.

abnegación *(ahbnaygahthyón)* f. abnegation, self-denial.

abnegar *(ahbnaygah)* v. i., to renounce, to deny oneself.

abobado *(ahbohbahdoh)* adj. silly, daft, stupefied.

A

abochornar *(ahbohchoRnáR)* tr. to overheat; fig. to shame, to embarrass; v. r. (fig.) to blush; — por algo, to be ashamed about something.
abofetear *(ahbohfaytayáR)* tr. to slap to box.
abogacía *(ahbohgahthéeah)* f. law (as career).
abogado *(ahbohgáhdoh)* m. lawyer; advocate; barrister; **abogado del Diablo,** Devil's advocate.
abolengo *(ahbohléngoh)* m. ancestry; *Law.* inheritance.
abolición *(ahbohleethyón)* f. abolition.
abolir *(ahbohléeR)* tr. to abolish, to repeal, to annul.
abolladura *(anbohlyahdóorah)* f. dent, bump.
abollar *(ahbohlyáR)* tr. to dent.
abominable *(ahbohmeenáhblay)* adj. abominable, heinous.
abominación *(ahbohmeenahthyón)* s. abomination, abhorrence, hateful thing.
abominar *(ahbohmeenáR)* tr. to detest, to abhor, to abominate.
abonado *(ahbohnáhdoh)* s. subscriber, season-ticket holder.
abonar *(ahbohnáR)* tr. to bail; to guarantee; to pay cut; *Agric.* to manure.
abono *(ahbóhnoh)* m. voucher, season-ticket; fertilizer, manure.
abordar *(ahboRdáR)* tr. to board a ship; (fig.) to approach a person; (com.) to undertake a business.
aborígenes *(ahbohréeHayness)* m. pl. aborigines, natives.
aborrecer *(ahbohRaytháyR)* tr. to abhor, to hate; v. r. to hate each other.
abortar *(ahboRtáR)* intr. *Med.* to miscarry; *Agric.* to abort, to fail.
aborto *(ahbóRtoh)* m. miscarriage; abortion; (fig.) monster.
abotonar *(ahbohtohnáR)* tr. to button; *Bot.* to germinate, to bud; v. r. to button up.
abovedado *(ahbohbaydahdoh)* adj. arched, vaulted.
aboyar *(ahboyaR)* tr. *Naut.* to lay down bwoys; v. i. to float. [creek.
abra *(ahbrah)* f. bay, core,
abrasar *(ahbrahssáR)* tr. to burn; (fig.) to be very hot; (fig.) to be very hot with passion; *Agric.* to wither.
abrazar *(ahbrahtáR)* tr. to embrace, to hug; *Mech.* to clamp; (fig.) to adopt.
abrazo *(ahbráhthoh)* m. embrace, hug; (letter-writing). **¡—s!,** warm greetings!
abreviación *(ahbraybyahthyón)* f. abbreviation, shortening.
abreviadamente *(ahbraybyahdahmayntay)* adv. in short, briefly.
abreviar *(ahbraybyáR)* tr. to abridge, to abbreviate, to shorten, to cut short.
abreviatura *(ahbraybyahtóorah)* f. abbreviation.
abridor *(ahbreedor)* m. oponer; — de latas, tin-opener.
abrigar *(ahbreegáR)* tr. to shelter, to cover; **abrigar la esperanza,** to cherish the hope.
abrigo *(ahbreegoh)* m. shelter; (over) coat.
abril *(ahbréel)* m. April; **Abril, aguas mil,** April showers; (fig.) years.
abrillantar *(ahbreelyahntáR)* tr. to brighten, to polish.
abrir *(ahbréeR)* tr. intr. to open; to unlock (with key); to unfasten; **abrir el ojo,** to have an eye open; *Naut.* **—se una vía de agua,** to spring a leak; — **camino,** to make one's way.
abrochar *(anbrohcháR)* tr. to button on, to fasten.
abrumador *(ahbroomahdoR)* adj. oppressive.
abrumar *(ahbroomáR)* tr. to overwhelm, to crush, to oppress. [apsis
ábside *(áhbsseeday)* m. f. apse,

absolución *(ahbssohloothyón)* f. absolution; acquittal.
absolutismo *(ahbssohlootéess-moh)* m. absolutism.
absoluto *(ahbssohlóotoh)* adj. absolute.
absolver *(ahbssolbáiR)* tr. to absolve; to acquit. [absorb.
absorber *(ahbssoRbáiR)* tr. to
absorción *(ahbssoRthyón)* f. absorption. [zed.
absorto *(ahbssóRtoh)* adj. ama-
abstemio *(ahbstáymyoh)* adj. abstemious; teetotal.
abstención *(ahbstenthyón)* f. abstention.
abstenerse *(ahbstaynáyRssay)* r. to abstain, to refrain from.

abstinencia *(ahbsteenénthya)* f. abstinence, fast, forbearance.
abstracción *(ahbstrahkthyón)* f. abstractión. [abstract.
abstracto *(ahbstráhktoh)* adj.
abstraer *(ahbstrahóyR)* tr. to abstract; v. i. to refrain from, to leave aside; v. r. to be absorbed.
absuelto *(ahbsswéltoh)* adj. acquitted, absolved.
absurdo *(ahbssóoRdoh)* adj. absurd, nonsensical; m. absurdity, nonsense.
abuela *(ahbwáylah)* f. grandmother, (fam.) granny, grandma.
abuelo *(ahbwáyloh)* m. grandfather, (fam.) grand-dad.
abultado *(ahbooltáhdoh)* adj. bulky.
abultar *(ahbooltáR)* tr. to enlarge; to make bulky.
abundancia *(ahboondáhnthyah)* f. plenty, abundance.
abundante *(ahboondáhntay)* adj. abundant, plentiful.
abundar *(ahboondáR)* intr. to abound, to be plenty.
aburrido *(ahbooRéedoh)* adj. bored, weary, tedious.
aburrimiento *(ahbooReemyén-toh)* m. tediousness, boredom, weariness.
aburrir *(ahbooRéeR)* tr. to bore, to weary; v. r. to get bored, to be bored.
abusar *(ahboossáR)* tr. to abuse; (hild.) to bully; to overdo.
abuso *(ahbóossoh)* m. abuse.
abyecto *(ahbyéktoh)* adj. abject.
acá *(ankáh)* adv. here; hither; **¿De cuando —?** since when? **— y allá,** here and there. **¡Ven —,** Come here! **Para —,** hither.
acabado *(ahkahbáhdoh)* adj. perfect; done; (fig.) old, worn out; m. (work) finish.
acabamiento *(ahkahbahmyén-toh)* m. end, finish, completion.
acabar *(ahkahbáR)* tr. and intr. to end, to finish, to conclude, to be over; **— de,** to have just...; **— con,** to finish off... **¡acabáramos!** at long last!
academia *(ahkahdáymyah)* f. academy.
académico *(ahkahdáymeekoh)* adj. academic(al), m. academician. [hoppen, to occur.
acaecer *(ahkahaytháR)* intr. to
acalorado *(ahkahlohrahdoh)* adj. excited, angry, heated.
acaloramiento *(ahkahlohrah-myéntoh)* m. ardour, heat.
acalorar *(ahkahlohráR)* tr. to warm, to heat; to urge on.
acallar *(ahkahlyáR)* tr. to quiet, to hush, to silence.
acampar *(ahkahmpáR)* tr. to (en)camp.
acanalado *(ahkahnahláhdoh)* adj. channeled, grooved.
acanalar *(ahkahnahláR)* tr. to channel; (mech.) to groove, to flute.
acantilado *(ahkahnteeláhdoh)* adj. bold, steep, cliffy; m. cliff.
acaparador *(ahkahpahrahdóR)* m. hoarder, monopolizer, forestaller.
acaparamiento *(ahkahpahrah-myéntoh)* m. monopoly, hoarding.
acaparar *(ahkahpahráR)* tr. to monopolize; to corner.
acariciar *(ahkahreethyáR)* tr. to fondle, to caress; (fig.) to cherish.

A

A

acarrear *(ahkah*R*ayá*R*)* tr. to carry; to cart.

acaso *(ahkáhssoh)* m. chance; casualty; adv. perhaps, maybe; **Por si —**, just in case.

acatar *(ahkahtá*R*)* tr. to respect.

acatarrarse *(ahkahtah*R*á*R*ssay)* r. to catch a cold, to get a chill.

acaudalado *(ahkahoodahláhdoh)* adj. wealthy, opulent.

acaudillar *(ahkahoodeelyá*R*)* tr. to command (troops), to lead.

acceder *(ahkthaydái*R*)* intr. to agree; to consent; to accede. [accesible.

accesible *(ahkthaysséelolay)* adj.

acceso *(ahktháyssoh)* m. *Med.* access; access, approaches.

accesorio *(ahkthayssóhryoh)* adj. accessory, incidental; m. fitting.

accidentado *(ahktheedentáhdoh)* adj. (geog.) uneven, rough; (med.) casualty, injured.

accidental *(ahktheedentáhl)* adj. accidental, casual, fortuitous.

accidente *(ahktheedéntay)* m. accident; **Por —**, by chance.

acción *(ahkthyón)* f. action; feat; *Com.* share.

accionar *(ahkthyonar)* tr. *Mech.* to operate, to move.

accionista *(ahkthyohnéestah)* s. *Com.* shareholder, stock-holder. [lytree.

acebo *(ahtháyboh)* m. *Bot.* hol-

acechar *(ahthaychá*R*)* tr. to waylay; to spy, to watch.

acecho *(ahtháychoh)* m. waylaying; spying, watching; **al —**, in ambush, ambushed.

aceitar *(ahthaytá*R*)* tr. to oil.

aceite *(ahtháytay)* m. oil; **— de cocina,** cooking oil; *Mech.* lubricating-oil.

aceitera *(ahthayeetayrah)* f. oil-jar, oil-cruet; *Mech.* oil-can.

aceituna *(ahthaytóonah)* f. olive. [f. acceleration.

aceleración *(ahthaylayrahthyón)*

acelerador *(ahthaylayrahdó*R*)* m. accelerator.

acelerar *(ahthaylayrá*R*)* tr. to accelerate, to speed up, to hurry. [inflection, stress.

acento *(ahthéntoh)* m. accent;

acentuación *(ahthentwahthyón)* f. accentuation.

acentuar *(ahthentwá*R*)* tr. to accen(uate), to stress.

acepción *(ahthepthyón)* f. meaning.

aceptable *(ahtheptáhblay)* adj. acceptable, passable; (coll.) all right.

aceptación *(ahtheptahthyón)* f. acceptation; **tener —**, to go dawn well, to be well received. [ceptor.

aceptador *(ahtheptahdó*R*)* m. ac-

aceptar *(ahtheptá*R*)* tr. to accept, to agree. [tion ditch.

acequia *(ahtháykyah)* f. irriga-

acera *(ahtháyrah)* f. *U. S. A.* (side)-walk *G. B.* prevement.

acerca *(ahthái*R*kah)* prep. about; **— de**, concerning, with regard to.

acercar *(ahthai*R*ká*R*)* tr. to approach, to place near, to bring near.

acercarse *(ahthai*R*ká*R*ssy)* r. to come near to, to get close.

acero *(ahtháyroh)* h. steel, fig. sword; **— fundido,** cast steel.

acertado *(ahthai*R*táhdoh)* adv. proper, fit, just right correct.

acertar *(ahthai*R*tá*R*)* tr. to hit (the mark), to guess right, (fig.) to be successful.

acertijo *(ahthai*R*tée*H*oh)* s. riddle. [tunate.

aciago *(ahthyáhgoh)* adj. unfor-

acicalar *(ahtheekahlá*R*)* tr. to polish; (dress.) to embellish, to smart up.

acidez *(ahtheedéth)* f. acidity.

ácido *(áhtheedoh)* adj. acid, sour; m. acid.

acierto *(ahthyái*R*toh)* m. good hit, good guess; (fig.) success.

aclamación *(ahklahmahthyón)* f. acclamation, aplause; **Por —** unanimously.

aclamar *(ahklahmáR)* tr. to applaud, to cheer. [explanation.
aclaración *(ahklahrahthyón)* f.
aclarar *(ahklahráR)* tr. to make clear; to explain.
aclimatación *(ahkteemahtahthyón)* f. acclimatization.
aclimatar *(ahkleemahtáR)* tr. to acclimatize.
acobardar *(ahkohbaRdáR)* tr. to intimidate; to daunt; to frighten, to cow.
acogedor *(ahkohHaydóR)* adj. cosy; hospitable.
acoger *(ahkohHáyR)* tr. to receive, to accept, to welcome, to protect.
acogerse *(ahkohHáyRssay)* r. to take refuge; (fig.) to take advantage of.
acogida *(ahkohHéedah)* f. reception, welcome.
acometer *(ahkohmaytáyR)* tr. to attack; (fig.) to undertake, to go for.
acomodación *(ahkohmohdahthyón)* f. accommodation.
acomodado *(ankohmohdáhdoh)* adj. fit (mon.) well-off, well-to-do; (conj.) snug.
acomodador *(ahkohmohdahdóR)* m. usher.
acomodar *(ahkohmohdáR)* tr. to make confortable, to accommodate.
acomodarse *(ahkohmohdáRssay)* r. to condescend, to comply with, to conform to.
acomodaticio *(ahkohmodahtéethyoh)* adj. accommodating, compliant.
acompañamiento *(ahkompahnyahmyentoh)* m. attendance; retinue; *Mus.* accompaniment.
acompañar *(ahkompahnyáR)* tr. to accompany, to go with, to keep company.
acondicionado *(ahkondeethyehnáhdoh)* adj. conditioned; **bien —**, well conditioned; well arranged; **mal —**, ill-arranged.
acondicionar *(ahkondeethyonáR)* tr. to arrange, to fix, to prepare; to dispose, to put up.
acongojar *(ahkongohHáR)* tr. to oppress, to sadden, to afflict.
aconsejable *(ahkonssayHáhblay)* adj. advisable.
aconsejar *(ahkonssayHáR)* tr. to counsel; to advise.
acontecer *(ahkontaytháyR)* intr. to happen; to occur.
acontecimiento *(ahkontaytheemyéntoh)* m. event.
acoplado *(ahkohpláhdoh)* adj. fitted; adjusted, coupled.
acoplar *(ahkohpláR)* tr. to couple, to join, to adjust.
acorazado *(ahkohrahth/áhdoh)* adj. ironclad, armoured; m. battleship.
acordar *(ahkoRdáR)* tr. to resolve, to agree, to concert.
acordarse de *(ahkoRdáRssay day)* to remember, to recollect.
acorde *(ahkóRday)* m. accord; *Mus.* chord; adj. according; **En —**, according to, in tune, in agreement.
acordeón *(ahkoRdayón)* m. accordion. [surround.
acordonar *(ahkoRdohnáR)* tr. to
acorralar *(ahkohRahláR)* tr. to shut up cattle, to corral, to pen; (fig.) to corner, to surround.
acortar *(ahkoRtáR)* tr. to shorten, to reduce, to cut short; v. r. to shrivel, to shrink.
acosamiento *(ahkohsahmyéntoh)* m. persecution, pursuit, chasing; (fig.) molestation.
acosar *(ahkohsáR)* tr. to pursue closely; (fig.) to importune, to molest.
acostado *(ahkostáhdoh)* adj. laid down; stretched, in bed.
acostar *(ahkostaR)* tr. to put to bed, to lay down; v. i. *Naut.* to lie along; to have a list.
acostumbrar *(ahkostoombráR)* tr. to accustom; to be in the habit.
acotar *(ahkohtáR)* tr. to mark off, to fence off, to set the boundary.

acre *(áhkray)* adj. sour, acrid, pungent; m. acre.
acrecentar *(ahkraythentáR)* tr. to increase; to promote.
acreditado *(ahkraydeetáhdoh)* adj. accredited, famous.
acreditar *(ahkraydeetáR)* tr. to assure; (com.) to credit; to prove; v. r. to gain a reputation.
acreedor *(ahkrayaydóR)* m. creditor; adj. meritorius, deserving.
acribillar *(ahkreebeelyáR)* tr. to riddle (with bullot wounds); **— a preguntas,** to riddle with questions, to pierce.
acritud *(ahkreetóod)* f. sourness, bitterness, acrimony. [bat.
acróbata *(ahkróhbahtah)* s. acro-
acrobacía *(ahkrohbáhthyah)* f. acrobacy, trick, summer-savet.
acta *(áhktah)* f. act; record.
actitud *(ahkteetóod)* f. attitude.
activar *(ahkteebáR)* tr. to activate; to rush, to speed up, to hasten.
actividad *(ahkteebeedáhd)* f. activity; liveliness.
activo *(ahktéeboh)* adj. active, quick, dilligent; m. (com.) assets, credit-balance.
acto *(áhktoh)* m. act, action, deed, pl. doings; **En el —,** at once; **— continuo,** inmediately afterwards.
actor *(ahktóR)* m. *Theat.* actor, player.
actriz *(ahktréeth)* f. actress.
actuación *(ahktwahthyón)* f. *Theat.* performance; *Law.* proceedings. [present.
actual *(ahktwáhl)* adj. actual,
actualidad *(ahktwahleedáhd)* f. actuality, actualness; **En la —,** at present, nowadays; Pl. news.
actuar *(ahktwáR)* intr. to act; *Mech.* to set in motion.
acuarela *(ahkwahráylah)* f. water colour. [rium.
acuario *(ahkwáhryoh)* m. aqua-
acuático *(ahkwáhteekoh)* adj. aquatic, water.
acuciar *(ahkoothyaR)* tr. to stimulate; to long for, to covet.
acuchillado *(ahkoocheelyadoh)* adj. knifed, stabbed, slashed.
acuchillar *(ahkoocheelyaR)* tr. to stab, to knife.
acudir *(ahkoodéeR)* tr. to assist; to resort; to come up.
acueducto *(ahkwaydóoktoh)* m. aqueduct.
acuerdo *(ahkwáyRdoh)* m. accord; resolution; agreement; **Ponerse de —,** to agree; **estar de —,** to agree. **¿De —?** Right? [farther.
acullá *(ahkoolyáh)* adv. yonder;
acumulación *(ahkoomoolahthyón)* f. accumulation.
acumulador *(ahkoomoolahdóR)* m. accumulator.
acumular *(ahkoomooláR)* tr. to accumulate, to hoard, to heap up.
acuñar *(ahkoonyáR)* tr. to coin, to mint; to wedge; to lock.
acuoso *(ahkoo:óhsoh)* adj. aqueous, watery.
acurrucado *(ahkooRookahdoh)* adj. curled up, huddled up.
acurrucarse *(ahkookookarssay)* v. r. to huddle, up, to curl up, to roll up.
acusación *(ahkoosahthyón)* f. accusation; charge.
acusador *(ahkoosahdóR)* m. accuser; prosecutor.
acusar *(ahkoosáR)* tr. accuse, to blame; *Com.* to acknowledge (receipt). [acoustics.
acústica *(ahkóosstekah)* f.
acústico adj. acoustic.
achacar *(ahchahkáR)* tr. to impute, to blame.
achacoso *(ahchahkóhsoh)* adj. unthealthy, weakly, sickly, ailing.
achaque *(ahcháhkay)* m. sickliness, ailment; (coll.) excuse.
achicar *(ahcheekaR)* tr. to diminish, to reduce; (coll.) to humble, to belittle; *Naut.* to bale; v. r. to eat humblepie.

achicoria *(ahcheekoryah)* f. *Bot.* chicory.
achicharrar *(ahchechah*R*á*R*)* tr. to over-fig, to over-roast; (fig.) v. r. to be too hot, to be sweltering hot.
adagio *(ahdáh*H*eoh)* m. proverb; saying, *Mús.* adagio.
adaptación *(ahdahptahtheón)* f. adaptation.
adaptar *(ahdahptá*R*)* tr. to adapt, to make fit; v. r. to get used to, to adapt oneself.
adecuación *(ahdaykooyahthyón)* f. adequacy, applicability, utility.
adecuado *(ahdaykooyáhdoh)* adj. adequate, right, proper, fit, appropiate.
adecuar *(ahdaykooyá*R*)* tr. to fit, to adjust, to accomodate, to render suitable.
adelantado *(ahdaylahntádoh)* adj. anticipated, advanced; (com.) **Por —,** in advance, «down».
adelantamiento *(ahdaylahntahmyéntoh)* m. advancement, progress; (mot.) over-taking.
adelantar *(ahdaylahntá*R*)* tr. to advance, to go ahead, to go forward; (mot.) to over-take.
adelantarse *(ahdaylahntá*R*say)* r. to take the lead.
adelante *(ahdayláhntay)* adv. ahead, forward; **¡—!** go on! go ahead!, come in!; **De hoy en —,** From to day, from now on.
adelanto *(ahdayláhntoh)* m. advance, progress.
adelgazar *(ahdaylgahthár)* tr. to slim, to go thin, to get thin.
ademán *(ahdaymáhn)* m. gesture, look; pl. manners.
además *(ahdaymáhs)* adv. besides; moreover; further; **— de,** as well as.
adentro *(ahdayntroh)* adv. within, inside, **Para mis —s,** to myself; ¡—! come in!
adepto *(ahdayptoh)* m. adept.
aderezar *(ahdayraythá*R*)* tr. to dress (cook.) to season.
aderezo *(ahdayráytoh)* m. (cook.) dressing; set of jewels.
adeudar *(ahdayoodár)* tr. owe, to be in debt. [adherence.
adherencia *(ahdayraynthyah)* f.
adherir *(ahdayréer)* intr. to adhere, to stick.
adherirse *(ahdayréer)* r. to adhere, to stick (fast).
adhesión *(ahdaysyón)* f. adhesión; support. [tion, sum.
adición *(ahdeethyón)* m. addi-
adicionar *(ahdeethyona*R*)* tr. to add, to sum.
adicto *(ahdéektoh)* adj. adicted; attached. m. supporter.
adiestramiento *(ahdyesstrahmyéntoh)* m. teaching; *Sport.* training, coaching.
adiestrar *(ahdyesstrá*R*)* tr. to train, to coach; to teach.
adinerado *(ahdynayráhdoh)* adj. rich, wealthy.
adiós *(ahdyós)* interj. m. goodbye, (-by), farewell.
adivinanza *(ahdeebeenáhnthah)* f. riddle, quiz, guess.
adivinar *(ahdeebeená*R*)* tr. to guess; to foretell.
adivino *(ahdeebéenoh)* m. fortune-teller; soothsayer, wizard, guesser. [*Gram.* adjective.
adjetivo *(ahd*H*aytéeboh)* m.
adjudicación *(ahd*H*oodeekahthyón)* f. adjudication.
adjudicar *(ad*H*oodeeká*R*)* tr. to award, to adjudicate.
adjunto *(ahd*H*óontoh)* adj. annexed; attached (docum.); enclosed (in letters). m. adjunct.
administración *(ahdmeeneesstrahthyón)* f. administration, management.
administrador *(ahdmeeneesstrahdór)* m. administrator, manager.
administrar *(ahdmeeneesstrá*R*)* tr. o (ad)minister; to manage.
administrativo *(ahdmeeneesstrahteeboh)* adj. administrative; m. clerk.

admirable *(ahdmeeráblay)* adj. admirable; wonderful, marvellous.
admiración *(ahdmeerahthyón)* f. admiration; wonder.
admirar *(ahdmeeráR)* tr. to admire, to fascinate, to marvel.
admisible *(ahdmesséeblay)* adj. admissible, passable, tolerable, (coll.) not bad, rather good.
admisión *(ahdmeesyón)* f. admission, admittance; entry.
admitir *(ahdmetéeR)* tr. to admit; to let in, to allow in, to accept.
adobar *(ahdohbáR)* tr. to pickle, to dress (food).
adobe *(ahdóhbay)* m. adobe, dried brick.
adocenado *(ahdohthaynáhdoh)* adj. common, ordinary, vulgar. [instruct.
adoctrinar *(ahdoktreenáR)* tr. to
adolecer *(ahdohlaytháiR)* intr. to suffer, to ail, to be subject to; — **de**, to suffer from.
adolescencia *(ahdohlayssthaéynthyah)* f. adolescence, youth.
adolescente *(ahdohlayssthâyntay)* adj. adolescent.
adonde *(ahdónday)* adv. whither; where; **adondequiera**, wherever, anywhere.
adopción *(ahdopthyón)* f. adoption.
adoptar *(ahdoptáR)* tr. to adopt.
adoptivo *(ahdoptéeboh)* adj. adoptive.
adoquín *(ahdohkéen)* m. paving stone; adj. (coll.) hare brained.
adorable *(ahdohráhblay)* adj. adorable; worshipful.
adoración *(ahdohrahthyón)* f. adoration, worship.
adorador *(ahdohrahdóR)* m. adorer, worshipper.
adorar *(ahdohráR)* tr. to adore; to worship.
adormecer *(ahdoRmaytháyR)* tr. to drowse, to lull one asleep.
adormecerse *(ahdoRmaytháyRssay)* r. to drowse, to grow benumbed. [poppy (bot.).
adormidera *(ahdoRmeedayrah)* f.
adormilarse *(ahdoRmeelaRssay)* v. r. to doze, to drowse.
adornar *(ahdoRnáR)* tr. to adorn, to beautify, to decorate, to embellish, to ornament.
adorno *(ahdóRno)* m. ornament, decoration; finery.
adquirir *(ahdkeeréeR)* tr. to acquire; to get; to obtain.
adquisición *(ahdkeeseethyón)* f. acquisition, getting, attainment.
aduana *(ahdooyáhnah)* m. custom-house, (coll.) customs.
aduanero *(ahdoo:ahnáyroh)* m. customs officer.
aducir *(ahdoothéer)* tr. to adduce, to cite; to bring to.
adulación *(ahdoolahthyón)* f. flattery, coaxing; (coll.) soft-soap, lip-service.
adular *(ahdoolár)* tr. to flatter, to flannel, to sugar, to butter.
adulteración *(ahdooltayrahthyón)* f. adulteration.
adulterar *(ahdooltayrár)* tr. to adulterate. [adultery.
adulterio *(ahdooltáyryoh)* m.
adúltero *(ahdóoltayroh)* adj. adulterous; m. adulterer.
adulto *(ahdóoltoh)* adj. m. adult, grown up.
adusto *(ahdóosstoh)* adj. adust, burnt, scorched, gloomy.
advenedizo *(ahdbaynaydéethoh)* adj. y m. foreign, stranger, new(comer), squatter, parvenu. [*toh)* m. arrival.
advenimiento *(ahdbayneemyén-*
adverbio *(ahdbáyRbyoh)* m. *Gram.* adverb.
adversario *(ahdbayRsáhryoh)* m. adversary, opponent, enemy.
adversidad *(ahdbayRseedad)* f. adversity, misfortune.
adverso *(ahdbáyRsoh)* adj. adverse. [f. advice, warning.
advertencia *(ahdbayRtaynthyah)*
advertir *(ahdbayRtéeR)* tr. to observe; to warn. [vent.
adviento *(ahdbyéntoh)* m. ad-
adyacente *(ahdyahthayntay)* adj. adjacent, contiguous.
aéreo *(ah/áyrayoh)* adj. aerial, air; **correo** — air mail.

aerodinámico *(ah/ayrohdeenáhmeekoh)* adj. aerodynamic, streamline. f. aerodynamics.
aeródromo *(ah/ayróhdrohmoh)* m. *Civil.* airport, *Mil.* airfield.
aeronáutico *(ah/ayronáh/ooteekoh)* adj. aeronautic; f. aeronautics.
aeronave *(ah/ayronáhbay)* f. aircraft, airship.
aeroplano *(ah/ayropláhnoh)* m. aeroplane, (coll.) plane, (U. S.) airplane.
afabilidad *(ahfahbeeleedáhd)* f. affability, courtesy; civility.
afable *(ahfahblay)* adj. affable, courteous, kind, agreeable.
afamado *(ahfahmádoh)* adj. famous, celebrated, renowned.
afán *(ahfáhn)* m. anxiety; eagerness; pl. labours.
afanar *(ahfahnáR)* intr. y r. to toil, to try hard, to strive for.
afanarse *(ahfahnáRsay)* r. to — **por** to strive to.
afear *(ahfayáR)* tr. to deform; to deface; (fig.) to reproach.
afección *(ahfaykthyón)* f. affection, fondness; *Med.* infection.
afectación *(ahfayktahthyón)* f. affectation, presumption.
afectado *(ahfayktáhdoh)* adj. afected, conceited.
afectar *(ahfayktéeboh)* adj. affective; sensitive.
afecto *(ahfayktoh)* m. affection; love; adj. affectionate; fond; inclined.
afectuoso *(ahfayktoo:óhsoh)* adj. affectionate, warm (-heart-ed), loving.
afeitar *(ahfay/eetáR)* tr. to shave.
afeitarse *(ahfay/eetáRsay)* tr. to shave oneself.
afeite *(ahfay/eetay)* m. paint; rouge, make up.
afeminado *(ahfaymeenáhdoh)* adj. effeminate; womanly.
afeminar *(ahfaymeenár)* tr. effeminate.
aferrar *(ahfayRáR)* tr. to seize, to grasp, to grapple; *Naut.* to furl; o moor, to anchor.

afición *(ahfeethyón)* f. **tener — a,** to be fond of; affection; bent, fancy, liking.
aficionado *(ahfeethyonáhdoh)* m. (sportsman) amateur; fan. lover; devotee.

A

aficionarse *(ahfeethyonáRsay)* r. to grow, or become fond of.
afilado *(ahfeeláhdoh)* adj. sharp; keen.
afilar *(ahfeeláR)* tr. to sharpen, to whet; to poin.
afín *(ahféen)* adj. related; similar, akin; s. cognate.
afinar *(ahfeenáR)* tr. to complete; (mus.) to tune; to grind; r. to become polished.
afinidad *(ahfeeneedáhd)* f. affinity; resemblance, analogy.
afirmación *(ahfeermahthyón)* f. affirmación, assertion.
afirmar *(ahfeeRmáR)* tr. to affirm, to assert; to make fast.
afirmativo *(ahfeeRmatéeboh)* adj. affirmative.
aflicción *(ahfleethyón)* f. affliction, grief, sorrow.
afligir *(ahfleeHeeR)* tr. to affict; to grieve.
aflojar *(ahflohHár)* tr. to loosen; (fig.) to relax, to slacken.
afluencia *(ahflwaynthe:ah)* f. affluence, influx.
afluente *(ahflwayntay)* adj. affluent, tributary, branch (river).
afluir *(ahfloo:éer)* tr. to flow into; to congregate, to assemble.
afonía *(ahfohnée:ah)* f. *Med.* aphonia.
aforismo *(ahfohreessmoh)* m. aphorism.
aforrar *(ahfoRaR)* tr. to line (cloth.); to back (books); *Naut.* to sheathe.
afortunado *(ahfortoonáhdoh)* adj. lucky, fortunate, happy.
afrecho *(ahfráycho)* m. bran.
afrenta *(ahfrayntah)* f. affront; outrage, insult, infamy.
afrentar *(ahfrayntáR)* tr. to affront, abuse; to offend.
afrontar *(ahfrontáR)* tr. to confront; to face.

A

afuera *(ahfwáyrah)* adv. outside, outward, away; interj. clear the way!, out of here!
afueras *(ahfwayrahs)* pl. suburbs, outskirts, environs.
agachar *(ahgahcháR)* tr. to squat, to crouch, to ben down, to lower.
agacharse *(ahgahcháRsay)* r. to stoop, to crouch, to squat.
agalla *(ahgáhlyah)* f. *Bot.* gall-nut or nutgall; pl. gills.
agallas *(ahgáhlyahs)* f. pl. *Itch.* gills; *Vet.* wind-galls (horse); *coll.* courage, pluck, cheek; **tener —,** to be daring.
agarradero *(ahgahRahdáyroh)* m. handle; *Naut.* anchorage, hold, haft.
agarrado *(ahgahRáhdoh)* adj. coll. miserly, stingy, hardfisted, miserable, mean.
agarrar *(ahgahRáR)* tr. to grasp, to seize, to grip., to get hold of.
agarrotar *(ahgahRohtáR)* tr. to bind tightly; vir. *Mech. & Sport.* stiffen.
agasajar *(ahgahsahHáR)* tr. to entertain, to feast.
agasajo *(ahgahsáhHoh)* s. entertainment, treat.
agencia *(ahHaynthyah)* f. agency.
agenciar *(ahHaynthyáR)* tr. to negociate; (coll.) to get, to get hold of.
agenda *(ahHayndah)* f. note book, memorandum book.
agente *(ahHayhtay)* m. agent.
ágil *(áhHeel)* adj. agile, nimble.
agilidad *(ahHeeleedáhd)* f. agility, nimbleness, swiftness, quickness.
agitación *(ahHeetahthyón)* f. (emot.) commotion, disturbance; *Phys.* agitation, stirring.
agitador *(ahHeetahdóR)* m. agitator, stirrer; *Pol.* trouble-maker, trouble-shooter, agitator, exciter.
agitar *(ahHeetáR)* tr. to agitate; to stir; to shake (up); to wave (hands.) v. r. to upset oneself, flags, etc.
agitanado *(ahHeetahnáhdoh)* adj. gipsyish.
aglomerar *(ahglomayráR)* tr. to agglomerate; to accumulate.
aglutinante *(ahglooteenáhntay)* adj. aglutinating; m. agglutinant, *Med.* sticking-plaster; cementing material.
agnosticismo *(ahgnosteehtheess-moh)* m. agnosticism.
agnóstico *(ahgnósteekoh)* adj. agnostic.
agobiar *(ahgohbyáR)* tr. to, oppress, to overwhelm.
agobio *(ahgóhbyoh)* m. opression, bending down.
agolparse *(ahgolpáRsay)* r. to crowd, to wither.
agonía *(ahgohnée:ah)* f. agony, pangs of death.
agonizante *(ahgohneetháhntay)* adj. dying; dying person.
agonizar *(ahgohneetháR)* intr. to be in agony, to agonize.
agosto *(ahgóstoh)* m. August; harvest-time; **hacer el —,** to make a good profit.
agotado *(ahgohtáhdoh)* adj. exhausted, tired (out), run down; *Print.* out of print.
agotamiento *(ahgohtamyéntoh)* m. exhaustion, fatigue, weariness.
agotar *(ahgohtáR)* tr. to exhaust, to tire out; (of supplies)..., to run out of.
agraciado *(ahgrahthyáhdoh)* adj. graceful; well - endowed; (lott.) lucky.
agradable *(ahgrahdáhblay)* adj. pleasant, nice, agreeable.
agradar *(ahgrahdáR)* tr. to please; to like.
agradecer *(ahgrahdaytháyR)* tr. to thank, to be grateful, to be thankful for, to ackonowledge a favour.
agradecido *(ahgrahdaythéedoh)* adj. thankful; grateful.
agradecimiento *(ahgrahdaythee-myéntoh)* m. gratefulness, gratitude, thankfulness.
agrado *(ahgráhdoh)* m. pleasure; liking; affability; **Es de mi —,** I like it, it is to my liking; fancy.

agrandar *(ahgrahndáR)* tr. to increase, to enlarge. [rian.
agrario *(ahgráhryoh)* adj. agra-
agravar *(ahgrahbáR)* tr. to aggravate, to make worse; to exasperate.
agraviar *(ahgrahbyáR)* tr. to wrong, to offend, to harm.
agravio *(ahgrahbyoh)* s. offence; grievance; insult, harm.
agredir *(ahgraydéer)* tr. to attack, to assault.
agregado *(ahgraygáhdoh)* adj. aggregated; s. aggregate; attaché; *Naut.* merchant navy cadet.
agregar *(ahgraygáR)* tr. to aggregate, to add, to join.
agresión *(ahgraysyón)* f. aggression, assault, attack.
agresividad *(ahgrayseebeedáhd)* f. aggressivity, aggessiveness.
agresivo *(ahgraysseeboh)* adj. aggressive, hostile. [rustic.
agreste *(ahgrésstay)* adj. wild,
agriar *(ahgryár)* tr. to make sour: v. r. to turn sour.
agrícola *(ahgréekohlah)* adj. agricultural. [farmer, grower.
agricultor *(ahgreekooltóR)* m.
agricultura *(ahgreekooltóorah)* f. agriculture, farming.
agrietado *(ahgryaytáhdoh)* adj. cracked; flawy.
agrietarse *(ahgryaytáRsay)* r. to crack, to split.
agrimensor *(ahgreemaynsóR)* m. land-surveyor. [tarty; acrid.
agrio *(áhgryoh)* adj. sour, bitter,
agrios *(áhgryos)* m. pl. *Bot.* y *Com.* citrus fruits.
agronomía *(ahgrohnomée:ah)* f. agronomy.
agrupación *(ahgroopahthyón)* f. group, crowd, grouping.
agrupar *(ahgroopáR)* tr. to group, to crowd together, to gather in groups.
agua *(áhgoo:ah)* s. water. — **potable** drinking water; — **dulce,** fresh water; — **salada,** salt water.
aguacero *(ahgwahtháyroh)* m. heavy shower, downpour.
aguantar *(ahgwahntáR)* tr. to bear, to sustain, to hold.
aguantarse *(ahgwahntáRsay)* r. to forbear, to put up with.
aguante *(ahgwáhntay)* m. firmness, resistance, endurance.
aguar *(ahgwáR)* tr. to dilute water; — **la fiesta,** to throw cold water on.
aguardar *(ahgwaRdáR)* tr. to wait for; to expect.
aguardiente *(ahgwaRde:éntay)* m. spirits, inferior brandy.
aguarrás *(ahgwahRáhs)* m. spirits of turpentine; (fam.) turps. [fen.
aguazal *(ahgwahthάhl)* m. marsh,
agudeza *(ahgoodaythah)* f. acuteness, keenness, sharpness; (fig.) cleverness.
agudo *(ahgóodoh)* adj. sharp, keen; (fig.) witty, clever, sharp, (a)cute. [omen.
agüero *(ahgwáyroh)* m. augury;
aguijadura *(ahgeeHahdoorah)* f. spurring, (ox-)goad, prod.
aguijar *(ahgeeHáR)* tr. to prick, to goad; to stimulate, to incite. [prick.
aguijón *(ahgeeHón)* m. sting;
aguijonear *(ahgeeHohnayáR)* tr. to sting.
águila *(áhgeelah)* f. eagle.
aguileño *(ahgeeláynyoh)* adj. aquiline; hooked. [glet.
aguilucho *(ahgeelóochoh)* m. es-
aguinaldo *(ahgeenáhldoh)* m. New Year's gift, Christmas box.
aguja *(ahgóoHah)* f. needle; hand (clock, etc.) (arch.) steeple; — **de calcetar,** knitting needle.
agujerear *(ahgooHahyrayáR)* tr. to pierce, to bore; to make holes.
agujero *(ahgooHáyroh)* m. hole.
agujeta *(ahgooHáytah)* f. string latchet.
agujetas *(ahgooHáytahs)* f. **Tener —,** to be aching.
aguzar *(ahgoothάR)* tr. to whet, to, sharpen; — **el ingenio,** to sharpen one's wits; — **la**

vista, to sharpen one's sight.
ah *(ah)* interj. ah!
ahí *(ah/ée)* adv. there; yonder; **¡— va!** there it goes! **Por —,** about, that way.
A
ahijada *(ah/eeHáhdah)* f. goddaughter, protégée.
ahijado *(ah/eeHáhdoh)* m. godchild, godson, protégé.
ahijar *(ah/eeHar)* tr. to adopt, to affiliate, to impute.
ahínco *(ah/éenkoh)* m. earnestness, cagersness, zest.
ahito *(ah/éetoh)* adj. gorged, satiated; m. indigestion, surfeit.
ahogado *(ah/ohgáhdoh)* adj. suffocated; drowned, smothered.
ahogar *(ah/ohgáR)* tr. to drown (in water); to choke (swallowing); to suffocate (air); to smother (with pressure).
ahogo *(ah/óhgoh)* m. oppression; anguish. [en.
ahondar *(ah/ondáR)* tr. to deepen.
ahora *(ah/óhrah)* adv. now; at present; **Por —,** at the moment. **Desde —,** From now on; **— mismo,** just now, this moment.
ahorcar *(aorkaR)* tr. to hang, to kill by hanging. [spare.
ahorrar *(ah/ohRáR)* to save, to spare.
ahorro *(ah/óhRoh)* m. savings; economy; **caja de —,** savings Bank.
ahumado *(ah/oomahdoh)* adj. smoked.
ahumar *(ah/oomáR)* tr. to smoke, to cure smoking.
ahuyentar *(ah/ooyentáR)* tr. to drive away; to scare, to frighten away.
airarse *(ah/eeráRsay)* r. to grow angry.
airado *(ah/eeráhdoh)* adj. angry.
aire *(áh/eray)* m. air; wind; (fig.) garb; aspect; galt.
airear *(ah/eerayaR)* tr. e intr. to air, to ventilate; v. r. to cool oneself. [ful; airy.
airoso *(ah/eróhsoh)* adj. graceful; airy.
aislado *(ah/eesslahdoh)* adj. isolated; *Elect.* insulated.
aislar *(ah/eesslaR)* tr. to isolate; *Elect.* to insulate. [soiled.
ajado *(ahHádoh)* adj. shabby, soiled.
ajar *(ahHáR)* tr. to spoil, to tarnish; m. garlic field.
ajedrecista *(ahHaydraytheestah)* m. chess player.
ajedrez *(ahHaydráyth)* m. chess; **tablero de —,** chess board.
ajeno *(ahHáynoh)* adj. another's, alien, strange, foreign.
ajetreo *(ahHaytráyoh)* m. fatigue, fuss; **día de —,** a busy day.
ajiaceite *(ahHyahtháytay)* m. garlic and oil sauce.
ajo *(áhHoh)* m. *Bot.* garlic; **estar en el —,** to be in the know. [outfit.; trousseau.
ajuar *(ahHoo:ár)* m. apparel; outfit.; trousseau.
ajustado *(ahHoostáhdoh)* adj. right, exact, (clothes) tight, close fitted.
ajustador *(ahHoostahdóR)* *Mech.* adjuster, adapter, fitter; (coll.) bras, brassiere.
ajustar *(ahHoostár)* tr. to adjust, to fit; v. r. to conform to.
ajuste [*ahHóostay*] m. agreement; settlement; adjustment, fit; pl. *Mech.* couplings.
ajusticiar *(ahHoosteethyaR)* tr. to execute; to put to death.
al *(ahl)* art. to the.
ala *(áhlah)* f. *Zoo. Naut. Arch.* wing; brim (hat); *Mil.* flank. [se.
alabanza *(ahlahbánthah)* f. praise.
alabar *(ahlahbáR)* tr. to praise.
alabastro *(ahlahbáhstroh)* m. alabaster.
alacena [*ahlahtháynah*] f. cupboard, closet. [pion.
alacrán *(ahlahkráhn)* m. scorpion.
alambicar *(ahlahmbeekáR)* tr. to distil; (fig.) to investigate, to examine closely.
alambique [*ahlahmbéekay*] m. still, distillatory; **Por —,** sparingly.
alambrada *(ahlambrahdah)* f. *Mil.* wire entanglement.

alambrar *(ahlambraR)* v. t. to surround with wirefencing.
alambre *(ahlámbray)* m. wire.
alameda *(ahlamáydah)* f. grove (of poplar-trees), avenue, promenade. [plar.
álamo *(áhlahmoh)* m. *Bot.* po-
alarde *(ahláRday)* m. ostentation; boast(ing); **Hacer —s,** to show off, to brag.
alardear *(ahlaRdayáR)* tr. to boast, to brag.
alargar *(ahlaRgáR)* tr. to lengthen; to put out (oneshand): (naut.) to pay out (cables).
alarido *(ahlahréedoh)* m. shout, outcry, scream, shriek.
alarma *(ahláRmah)* f. *Mil.* alarm.
alarmar *(ahlaRmáR)* tr. to alarm; to call to arms. [break.
alba *(áhlbah)* f. dawn; day
albacea *(ahlbáhthayah)* m. f. testamentary executor/executrix. [garbage dump.
albañal *(ahlbahnyáhl)* m. sewer;
albañil *(ahlbahnyéel)* m. bricklayer, mason.
albañilería *(ahlbahnyelayrée:-ah)* f. masonry, brick-laying.
albaricoque *(ahlbahreekókay)* *Bot.* apricot.
albaricoquero *(ahlbahreekokáy-roh)* m. apricot tree.
albedrío *(ahlbaydrée:oh)* m. free-will. [servoir.
alberca *(ahlbáyRkah)* f. pool, re-
albergar *(ahlbayRgáR)* tr. to harbour (hopes); to lodge to put up(guests).
albergue *(ahlbáyRgay)* m. lodging-place; shelter; hostel, refuge. [bino.
albino *(ahlbéenoh)* adj. y m. al-
albo *(áhlboh)* adj. very white.
albóndiga *(ahlbóndeegah)* f. meatboll.
albor *(ahlbór)* m. whiteness; dawn; (fig.) the bigining of.
alborada *(ahlbohráhdah)* f. dawn(ing); *Mil.* reveille.
albornoz *(ahlbornóth)* m. burnoose; (coll.) dressing-gown, gown.
alborotar *(ahlbohrotáR)* tr. to disturb, to make noise; v. r. to get excited; *Naut.* to become rough (sea).
alboroto *(ahlbohrótoh)* m. tumult, row, disturbance riot.
alborozar *(ahlbohrohtháR)* tr. to rejoice.
alborozarse *(ahlbohrohtháRsay)* to be merry, to jubilate.
alborozo *(ahlbohróhthoh)* m. exhilaration, joy.
albricias *(ahlbréethyahs)* f. pl. gift; interj. joy!
álbum *(áhlboom)* m. album.
albúmina *(ahlbóomeenah)* *Chem.* f. albumen. [artichoke.
alcachofa *(ahlkachóhfah)* f. *Bot.*
alcahuetear *(ahlkahuaytayáR)* tr. to bawd; to pimp.
alcaide *(ahlkahday)* m. warden, prison governor.
alcalde *(ahlkáhlday)* m. mayor. [mayoress.
alcaldesa [*ahlkahldáysah*] f.
alcaldía *(ahlkahldée:ah)* f. mayoralty. [scope.
alcance *(ahlkáhnthay)* m. reach
alcanfor *(ahlkahnfóR)* m. camphor.
alcantarilla *(ahlkantahréelyah)* f. drain, sewer, sewer system.
alcantarillado *(ahlkahntahreel-yáhdoh)* m. sew(er)age, sewer system.
alcanzar *(ahlkahntháR)* tr. to reach, to attain, to overtake.
alcázar *(ahlkáhthaR)* s. castle; fortress. [alcove.
alcoba *(ahlkóhbah)* s. bed-room,
alcohol *(ahkoól)* m. alcohol.
alcohólico *(ahlkoóhleekoh)* adj. alcoholic.
alcornoque *(ahlkoRnóhkay)* m. *Bot.* corktree; (fam.) blockhead.
alcurnia *(ahlkóoRnyah)* f. ancestry, lineage, pedigree, noble birth. [can.
alcuza *(ahlkóothah)* f. olive-oil
aldaba *(ahldáhbah)* f. door knocker (coll.) influence.
aldea [*ahldáyah*] f. village, hamlet.
aldeana *(ahldayáhnah)* f. villeger; country woman.

aldeano *(ahldayáhnoh)* m. villager; countryman.

aleccionar *(ahlaykthyohnáR)* tr. to teach, to instil, (coll.) to egg on, to cheer. [allegation.

alegación *(ahlaygahthyón)* f.

alegar *(ahlaygáR)* tr. to allege.

alegato *(ahlaygáhtoh)* m. allegation.

alegoría *(ahlaygohrée:ah)* f. allegory.

alegórico *(ahlaygóhreekoh)* adj. allegoric(al).

alegrar *(ahlaygáR)* tr. to make merry; to gladden, to be pleased.

alegrarse *(ahlaygráRsay)* f. to rejoice; to cheer.

alegre *(ahláygray)* adj. glad, merry, joyful, gay.

alegría *(ahlaygrée:ah)* f. merriment; mirth, gaiety, joy.

alejamiento *(ahlayHahmyéntoh)* m. separation; absence.

alejar *(ahlayHáR)* tr. to go / take far away; r. to move away.

aleluya *(ahlaylóoyah)* f. (h). allelujah, jingle, merriment.

alemán *(ahlaymáhn)* adj. y m. German.

alentar *(ahlayntáR)* intr. to breathe; tr. to encourage, to cheer on.

alero *(ahláyroh)* m. eaves, gable-end; **está en el —**, to be on the fence.

alerta *(ahlayRtah)* f. *Mil.* watchword; adv. carefully; vigilantly; **estar alerta**, to be on the netch. [(of fish).

aleta *(ahláytah)* f. winglet, fin

aletargado *(ahlaytaRgáhdoh)* adj. lethargic (al); half-asleep. [lethargize.

aletargar *(ahlaytaRgáR)* tr. to

aletargarse *(ahlaytaRgáRsay)* r. to fall into lethargy.

aletear *(ahlaytayáR)* intr. to flutter. [ring.

aleteo *(ahlaytáyoh)* m. flutte-

alevosía *(ahlaybohsée:ah)* f. perfidy, treachery.

alevoso *(ahlaybóhsoh)* adj. perfidious, treacherous.

alfabeto *(ahlfahbáytoh)* m. alphabet. [cern.

alfalfa *(ahlfáhlfah)* f. *Bot.* lu-

alfarería *(ahlfahrayréeyah)* f. pottery.

alfarero m. potter.

alférez *(ahlfáyrayth)* m. second lieutenant; ensign.

alfil *(ahlfil)* m. bishop (in the game of chess).

alfiler *(ahlfeláyR)* m. pin.

alfombra *(ahlfómbrah)* f. carpet. [bag.

alforja *(ahlfóRHah)* f. saddle-

alga *(áhlgah)* f. *Bot.* alg(a), seaweed. [cry.

algarada *(ahlgahráhdah)* f. loud

algarroba *(ahlgahRóhbah)* f. *Bot.* carob bean. [carob-tree.

algarrobo *(ahlgahRóhboh)* m.

algazara *(ahlgahtháhrah)* f. hubbub. [bra.

álgebra *(áhlHaybrah)* f. alge-

algo *(áhlgoh)* pron. something; adv. somewhat, **¿...?** anything. [*Bot.* cotton plant.

algodón *(ahlgohdón)* m. cotton;

alguacil *(ahlgoo:ahtheel)* m. constable.

alguien *(áhlgyen)* pron. somebody; someone; anybody, anyone (in int. sent.).

algún *(ahlgóon)* adj. some, any.

alhaja *(ahláhHah)* f. jewell; ornament. [allied.

aliado *(ahlyáhdoh)* m. ally; adj.

alianza *(ahlyáhnthah)* f. alliance, league.

aliarse *(ahlyáRsay)* r. to enter into an alliance, to join.

alias *(áhlyahs)* adv. otherwise called, alias. [pincers.

alicates *(ahleekáhtayss)* m. pl.

aliciente *(ahleethyéntáy)* m. incentive, inducement, attraction, appeal.

alienación *(ahlyaynahthyón)* f. *Med., For.* alienation.

alienar *(ahly:aynáR)* tr. to alienate; to transfer.

aliento *(ahlyéntoh)* m. breath; respiration, courage.

aligerar *(ahlHayráR)* tr. to lighten.

alijar *(ahlHáR)* tr. *Naut.* to lighten.
alijo *(ahléeHoh)* m. *Mar.* lighterage; smuggled goods.
alimaña *(ahleemáhnya)* f. vermin.
alimentación *(ahleemayntahthyón)* f. alimentation, nourishment. [feed, to nourish.
alimentar *(ahleemayntáR)* tr. to
alimenticio *(ahleemáynteethyoh)* adj. nutritious, nourishing.
alimento *(ahleemáyntoh)* m. food, nutriment, nourishment.
aliñar *(ahleenyáR)* tr. to dress, to season, (food).
alinear *(ahleenayaR)* tr. to align.
alisar *(ahleessáR)* tr. to smooth, to polish.
alistamiento *(ahleestahmyéntoh)* m. enrolment; levy; conscription. [to enrol.
alistar *(ahleestáR)* tr. to enlist;
alistarse *(ahleestáRssay)* r. to join up, to enrol.
aliviar *(ahleebyáR)* tr. to lighten; to relieve, to soothe.
alivio *(ahléebyoh)* m. alleviation; ease; relief; comfort.
alma *(áhlmah)* f. soul, spirit; human being.
almacén *(ahlmahtháyn)* m. store(house); warehouse; magazine.
almacenar *(ahlmahthaynáR)* tr. to store, to deposit, to keep.
almacenista *(ahlmahthayneesstah)* m. warehouseman, storekeeper; wholesaler.
almáciga *(ahlmáhtheegah)* f. mastic, paste; (tree) nursery.
almanaque *(ahlmahnáhkay)* m. almanac; calendar, annual.
almeja *(ahlmáyHah)* f. clam, quahog. [mond, kernel.
almendra *(ahlmeendrah)* f. al-
almendras garapiñadas sugared almonds. [almond-tree.
almendro *(ahlmeendroh)* m. *Bot.*
almíbar *(ahlméebaR)* m. syrup.
almidón *(ahlmeedón)* m. starch.
almidonar *(ahlmeedohnáR)* tr. to starch.
almirantazgo *(ahlmeerahntáthgoh)* m. admiralty.
almirante *(ablmeerántay)* m. admiral. [mortar.
almirez *(ahlmeeráyth)* m. brass
almizclar *(ahlmeethklaR)* tr. to perfume with musk.
almohada *(ahlmoh/áhdah)* f. pillow, cushion, bolster.
almohadilla *(ahlmoh/ahdéelyah)* f. sewing cushion, small pillow/bolster.
almorranas *(ahlmohRáhnahs)* f. pl. *Med.* hemorrhoids; piles.
almorzar *(ahlmoRtháR)* tr. to lunch. [lunch(eon).
almuerzo *(ahlmwáyRthoh)* m.
alocado *(ahlohkáhdoh)* adj. foolish wild, thoughtless.
alocución *(ahlohkoothyón)* f. allocution.
alojamiento *(ahlohHahmyéntoh)* m. lodging, (sol-) digs.
alojar *(ahlohHáR)* tr. to lodge.
alondra *(ahlóndrah)* s. *Zool.* lark.
alpinismo *(ahlpeennissmoh)* m. alpinism, rock/mountain climbing.
alpinista *(ahlpeenisstah)* m., f. alpinist, rock climber.
alpargata *(ahlpargáhtah)* f. hempen sole sandal, clipper.
alpiste *(ahlpisstay)* m. canary-seed. [hire; to rent.
alquilar *(ahlkeeláR)* tr. to let; to
alquiler *(ahlkeelayR)* m. hire; to rent(al); **se alquila,** for rent; to let.
alquitrán *(ahlkeetráhn)* m. tar, liquid pitch. — **mineral,** coal-tar.
alquitranar *(ahlkeetrahnáR)* tr. to tar.
alrededor *(ahlRaydaydóR)* adv. around. — **de,** about.
alrededores *(ahlRaydaydóhress)* m. pl. environs, outskirts.
alta *(áhltah)* f. certificate of discharge, acceptance as member. **dar de —,** to discharge as cured.
altanería *(ahltahnayrée:ah)* f. pride; haughtiness.
altanero *(ahltahnáyroh)* adj. proud, haughty, arrogant.

A

altavoz *(ahltahbóth)* m. loudspeaker, amplifier.
alteración *(ahltayrahtheeón)* f. alteration, change; disturbance.
A
alterar *(ahltayráR)* tr. to alter, to change, to transform; to disturb.
altercado *(ahltayRkáhdoh)* m. altercation, quarrel, strife, wrangle.
alternar *(ahltayRnáR)* tr. to alternate; **— con gente,** to have friendly relations with people. **— entre uno y otro,** be turns.
alternativa *(ahltayRnahtéebah)* f. alternative; option; admision of a bullfighter as a matador.
alterno *(ahltáyRnoh)* adj. alternate. [ness, height.
alteza *(ahltáythah)* m., f. High-
altísimo *(ahltéeseemoh)* adj. extremely lofty; m. the Most High, **El Altísimo,** God.
altivez *(ahlteebáyth)* n. haughtiness, arrogance, pride.
altivo *(ahltéeboh)* adj. haughty, proud, lofty.
alto *(áhltoh)* adj. high, lofty, tall; **superior,** Loud (voice). **Pasar por —,** To overlook. sb. **¡—!** halt! stop! **¡— ahí!** stop there! **hacer—,** to halt, to stop.
altura *(ahltóorah)* f. height, loftiness; elevation; altitude.
alubia *(ahlóohyah)* f. bean, haricot. [f. hallucination.
alucinación *(ahlootheenahthyón)*
alucinar *(ahlootheenáR)* tr. to deceive, to delude. v. r. to delude oneself.
alud *(ahlóod)* m. avalanche.
aludir *(ahloodéeR)* intr. to allude; to refer to.
alumbrado *(ahloombráhdoh)* m. lighting illumination. adj. Lighted, illuminated.
alumbramiento *(ahloombrahmyéntoh)* m. (child)birth deliverance.
alumbrar *(ahloombráR)* tr. to light(en), illuminate; v. i to give light; to give birth.
alumna *(ahlóomnah)* f. pupil, student. [student.
alumno *(ahlóomnoh)* m. pupil,
alusión *(ahloosyón)* f. allusion, hint. [sive, hinting.
alusivo *(ahlooséeboh)* adj. allu-
aluvión *(ahloobyón)* m. alluvion.
alveolo *(ahlbayóhloh)* m. alveolus. [rise in price.
alza *(áhlthah)* f. lift, advance,
alzada *(ahltháhdah)* f. height, stature (of horses); appeal.
alzamiento *(ahlthahmyéntoh)* m. lift, raise; insurrection, (up)-rising.
alzar *((ahtháR)* tr. to raise; to (up) lift. **— un dedo,** to raise a finger; **— la mano,** to threaten. **— el grito,** to cry out. **— la voz,** to raise the voice.
alzarse *(ahltháRsay)* r. to rise in rebellion, to appeal.
allá *(ahlyáh)* adv. there, in that place, thither, beyond; **— él,** that's his pigeon; **por —,** thereabouts; **más —,** farther away.
allanamiento *(ahlyahnahmyéntoh)* m. levelling, smoothing; breaking into a house.
allanar *(ahlyahnáR)* tr. to level; to flatten. **— el camino,** to pave the way.
allegado *(ahlyalygáhdoh)* adj. near; related, kin.
allí *(ahlyée)* adv. there, in that place, yonder, **aquí y —,** here and there; **por —,** that way.
ama *(áhmah)* f. mistress of the house; landlady, dame hostess, owner nanny; **ama de llaves,** housekeeper; **— de cría,** wet-nurse.
amabilidad *(ahmahbeledáhd)* f. kind(li)ness, charm.
amable *(ahmahbláy)* adj. kind, nice, affable.
amador *(ahmahdór)* m. lover; sweetheart. adj. Loving.
amaestrar *(ahmahlaystrár)* tr. to instruct; to break in; to train.
amagar *(ahmahgáR)* tr. to threaten, to feign, to hint.
amago *(ahmáhgoh)* m. threat; symptom.

amainar *(ahmahneenáR)* tr. intr. to relax; to abate, to subside.
amalgama *(ahmahlgáhmah)* f. amalgan. [to amalgamate.
amalgamar *(ahmahlgahmáR)* tr.
amamantar *(ahmahmahntáR)* tr. to nurse, to give suck, to sukle.
amanecer *(ahmahnaytháR)* intr. to dawn. m. dawn. **Al —**, at dawn, at daybreak.
amanerado *(ahmahnayrádoh)* adj. full of mannerisms, affested. [me, to pacify.
amansar *(ahmahnsáR)* tr. to tame
amante *(ahmáhntay)* adj. loving; m. lover; sweetheart.
amanuense *(ahmahnwaynsay)* m. amanuensis; clerk; scribe; (coll.) pen-pusher.
amapola *(ahmahpóhlah)* f. *Bot.* poppy.
amar *(ahmáR)* tr. to love.
amargado *(ahmaRgáhdoh)* adj. embittered.
amargar *(ahmaRgáR)* tr. to embitter, to make bitter; to exasperate. **La verdad amarga,** truth is bitter.
amargo *(ahmáRgoh)* adj. bitter; acrid; harsh. [terness.
amargura *(ahmaRgóorah)* f. bit-
amarillear *(ahmahrylyayáR)* intr. to incline to yellow, to go yellow. [adj. yellowish.
amarillento *(ahmahreelyéntoh)*
amarillo *(ahmahréelyoh)* adj. yellow. [moorings.
amarra *(ahmáhRah)* f. cable; pl.
amarrado *(ahmahRahdoh)* adj. tied, fastened, lashed.
amarrar *(ahmahRáR)* tr. to tie, to fasten, to lash.
amasar *(ahmahsáR)* tr. to knead.
amasijo *(ahmahséeHoh)* f. dough, medley.
amateur *(ahmatayouR)* adj. y s. amateur.
ambages *(ahmbáhHess)* m. pl. fig. circumlocution. **sin —**, openly.
ambar *(áhmbaR)* m. amber.
ambición *(ahmbeethe:ón)* f. ambition, aspiration, desire.
ambicionar *(ahmbeethy:óhnáR)* tr. to aspire to, to covet.
ambicioso *(ahmbeethy:óhsoh)* adj. ambitious; covetous.
ambiente *(ahmby:éntáy)* adj. ambient; m. atmosphere, air, environment. [foyer.
ambigu *(ahmbeegóo)* m. buffet,
ambiguo *(ahmbéegwoh)* adj. ambiguous, doubtful, vague, obscure.
ámbito *(áhmbeetoh)* m. ambit, perimeter; scope, limit: circle.
ambos *(áhmbos)* pron. both.
ambulancia *(ahmbooláhnthy:ah)* f. ambulance. [ambulatory.
ambulante *(ahmbooláhntay)* adj.
amén *(ahmén)* m. amen.
amenaza *(ahmaynáhthah)* f. threat; menace.
amenazar *(ahmaynahtháR)* tr. to threaten, to menace.
amenidad *(ahmayneedáhd)* f. amenity.
amenizar *(ahmayneetháR)* tr. to render agreeable.
ameno *(ahmáynoh)* adj. pleasant; varied.
ametralladora *(ahmaytrahlyhdórah)* f. machine-gun.
ametrallar *(ahmaytrahlyháR)* to machine-gun, to fire shrapnel.
americana *(ahmayreekáhnah)* f. jacke, coat. adj. American.
americanizar *(ahmayreekahneetháR)* tr. to americanize.
americano *(ahmayreekáhnoh)* adj. y s. American.
amianto *(ahmy:áhntoh)* m. *Min.* amianthus, asbestos.
amiga *(ahméegah)* f. female friend. [friendly; suitable.
amigable *(ahmeegáhblay)* adj.
amigo *(ahméegoh)* m. frien, pal, comrade, (coll.) mate. **Buenos —s,** good friends; **muy amigos,** great friends.
amilanar *(ahmeelahnáR)* tr. to frighten, to cow. v. r. to become cowed, terrified.
aminorar *(ahmeenohRáR)* tr. to reduce, to diminish.
amistad *(ahmeesstáhd)* f. friend-

A

ship, amity, friendliness; **hacer —,** to make friends. **Romper las —s,** to fall out with.

A

amistoso *(ahmeestohssoh)* adj. friendly, cordial, pally, chummy. **Amistosamente,** in a friendly. [amnesty.

amnistía *(ahmneesstée:ah)* f.

amo *(áhmoh)* m. master; propietor; owner, employer, (coll.) boss. [to drowse.

amodorrarse *(ahmohdohásay)* r.

amohinar *(ahmohJeenáR)* tr. to irritate. [mould.

amoldar *(ahmoldáR)* tr. to

amoldarse *(ahmoldáRsay)* r. to adapt oneself to.

amonestación *(ahmohnaysstahthy:ón)* f. advice; admonition; pl. marriage bans.

amonestar *(ahmohnaysstáR)* tr. to admonish, to advise, to forewarn; to reprove.

amoníaco *(ahmohnée:akoh)* m. ammoniac.

amontonar *(ahmontohnáR)* tr. to heap, to pile; to make piles of, to make heaps of.

amor *(ahmóR)* m. love: **Por — de Dios,** for Goodness sake. **¡— mío!** My love! My darling!

amoratado *(ahmohrahtáhdoh)* adj. livid, purple, violet.

amoroso *(ahmohrohsoh)* adj. amorous, loving, kind, affectionate.

amortajar *(ahmoRtahHáR)* tr. to (en)shroud, to sheet.

amortiguar *(ahmoRteegwaR)* tr. to deaden, to mitigate, to soften; (mech.) to absorb.

amortización *(ahmoRteethahthyon)* f. amortization.

amortizar *(ahmoRtaytháR)* tr. to amortize, to redeem.

amotinador *(ahmohteenahdoR)* m. mutineer, rioter.

amotinamiento *(ahmohteenahmyentoh)* mutiny, rebellion.

amotinar *(ahmohteenáR)* tr. to excite rebellion.

amotinarse *(ahmohteenáRsay)* r. to riot, to mutiny.

amparar *(ahmpahráR)* tr. to protect; to shelter; to help. v. r. to defend oneself.

amparo *(ahmpáhroh)* m. protection; refuge; shelters asylum.

ampliación *(ahmplyahthe:ón)* f. enlargement. expansión, extensión. [plify; to enlarge.

ampliar *(ahmply:áR)* tr. to am-

amplificar *(ahmpleefeekaR)* tr. to enlarge, to amplify, to extend. [large, roomy.

amplio *(áhmplyoh)* adj. ample;

amplitud *(ahmplytóod)* f. amplitude, greatness, extent; largeness.

ampolla *(ahmpóhlyah)* f. decanter, cruet; blister; bubble.

amputación *(ahmpootahthy:ón)* f. amputation. [amputate.

amputar *(ahmpootáR)* intr. to

amueblar *(ahmoo:aybláR)* tr. to furnish. [let.

amuleto *(ahmooláytoh)* m. amu-

amunicionar *(ahmooneethy:ohnáR)* tr. to supply with ammunition.

amurallado *(ahmoorahlyáhdoh)* adj. walled.

amurallar *(ahmoorahlyáR)* tr. to wall. [anchorite. hermit.

anacoreta *(ahnahkohráytah)* m.

anacronismo *(ahnahkrohnissmoh)* m. anachronism.

anagrama *(ahnahgrámah)* m. anagram.

anales *(ahnáhless)* m. pl. annals.

analfabetismo *(ahnahlfahbaytissmoh)* m. illiteracy.

analfabeto *(ahnahlfahbáytoh)* m. illiterate person.

análisis *(ahnáhleeseess)* m. f. analysis; *Gram.* parsing.

analítico *(ahnahléeteekoh)* adj. analytical.

analizar *(ahnahleethaR)* tr. to analize; *Gram.* to parse.

analogía *(ahnahlohHée:ah)* f. analogy, resemblance.

análogo *(ahnálohgoh)* adj. analogous.

anaquel *(ahnahkayl)* m. shelf.

anarquía *(ahnaRkée:ah)* f. anarchy. [anarchic(al).

anárquico *(ahnáRkekoh)* adj.

anatema *(ahnahtáymah)* m. f. anathema, curse.
anatematizar *(ahnahtaymahteetháR)* tr. to anthematize, to curse. [anatomy.
anatomía *(ahnahtohmée:ah)* f.
anatómico *(ahnahtóhmeekoh)* adj. anatomical, m. anatomist.
anca *(áhnkah)* f. haunch, rump, (coll.) buttock. (food) Leg.
ancianidad *(ahnthyaneedadth)* f. old age.
anciano, a *(ahnthyáhnoh, nah)* adj. old; m. old man, old-woman.
ancla *(áhnblah)* f. anchor, **echar el —**, to anchor. **Levar —**, to weigh anchor.
ancladero *(ahnklahdayroh)* m. anchoring-place, anchorage.
ancho *(áhnchoh)* adj. broad; wide.
anchoa *(ahnchóh/ah)* f. anchovy.
anchura *(ahnchóorah)* f. width, breadth. [fold(ing.)
andamio *(ahndámyoh)* m. scaf-
andante *(ahndántay)* adj. walking, errant (knight).
andanza *(ahndáhnthah)* f. ocurrence, event; pl. doings.
andar *(ahndáR)* intr. to walk, to go, to move; (mach.) to run, to function. — **de boca en boca,** to be the talk of the town. — **desnudo,** to be stark-naked. — **en coche,** to ride.
andén *(ahndayn)* m. platform (railway). [tatter.
andrajo *(ahndráhHoh)* m. rag;
andrajoso *(ahndrahHóhsoh)* adj. ragged. [dote.
anécdota *(ahnékdohtah)* f. anec-
anejo *(ahnáyHoh)* adj. annexed.
anexión *(ahnayksyón)* f. annexion. [ed; m. annex.
anexo *(ahnayksoh)* adj. annex-
anfibio *(ahnféebyoh)* adj. amphibious. [amphitheatre.
anfiteatro *(ahnfeetayáhtroh)* m.
ángel *(áhnHayl)* m. angel.
angelical *(ahnHayleekal)* adj. angelical, angel-like.
angina *(ahnHéenah)* f. angina, quinsy, pharyngitis.
anglicano *(ahngleekáhnoh)* adj. Anglican [Anglophil(e).
anglófilo, la *(ahnglóhfeeloh)* adj.
anglófobo *(ahnglóhfohboh)* adj. Anglophobe. [rrow.
angosto *(ahngóstoh)* adj. na-
angostura *(ahngostóorah)* f. narrowness.
anguila *(ahngéelah)* f. *Ichth.* eel.
angular *(ahngoolár)* adj. angular. [corner.
ángulo *(áhngooloh)* m. angle,
angustia *(ahngóossty:ah)* f. enguish, affliction, pang.
angustiar *(ahngoosstyár)* tr. to, feel anguish, to worry, to afflict.
anhelar *(ahnayláR)* intr. to long for, to covet; to desire.
anhelo *(ahnáyloh)* m. anxiousness, eagerness, aspiration, longing. [tle.
anidar *(ahneedáR)* intr. to nes-
anilla *(ahnéelya)* f. (curtain) ring, hoop.
anillo *(ahnéelyo)* m. (finger)-ring. **Como anillo al dedo,** just right.
anima *(áhneemah)* f. soul, ghost.
animación *(ahneemahthy:ón)* s. animation, liveliness, bustle.
animal *(ahneemáhl)* m. animal; — **de bellota,** hog, pig.
animar *(ahneemahR)* tr. to cheer, to enliven. v. r. to cheer up, to grow lively.
ánimo *(áhneemoh)* m. spirit; courage, valour, bravery **¡ánimo!** cheer up! come on!
animosidad *(ahneemohseedáhd)* f. animosity, unfriendliness, hostility, dislike.
animoso *(ahneemóhsoh)* adj. courageous, brave; bold, eager. [f. annihilation.
aniquilación *(ahneekeelahthyón)*
aniquilar *(ahneekeeláR)* tr. to annihilate. [anise; anisseed.
anís *(ahneess)* anisette; *Bot.*
aniversario *(ahneebayRsáhryoh)* m. anniversary. [arse.
ano *(áhnoh)* m. anus; (fam.)
anoche *(ahnocháy)* adv. last night.

A

anochecer *(ahnochaytháyR)* intr. to grow dark; m. evening, dusk, night-fall.

A

anodino *(ahnohdéenoh)* adj. pointles, insipid, graceless.
anomalía *(ahnomahlée:ah)* f. anomaly. [anomalous.
anómalo *(ahnóhmahloh)* adj.
anonadar *(ahnohnahdáR)* tr. to stun; annihilate, destroy, exterminate.
anorak *(ahnorac)* m. anorak.
anotación *(ahnohtahthyón)* f. annotation, note.
anotar *(ahnohtáR)* tr. to. write notes, to take down.
ansia *(áhnsyah)* f. anxiety; eagerness, longing; anguish.
ansiar *(ahnsyáR)* tr. to long for.
ansiedad *(ahnsyáydáhd)* f. anxiety.
ansioso *(ahnsyóhsoh)* adj. anxious; eager, avid.
antagónico *(ahntahgóhneekoh)* adj. antagonistic.
antagonista *(ahntahgohneesstah)* m. f. antagonist, opponent, adversary; enemy.
antaño *(ahntáhnyoh)* adv. last year, in the old days; long ago. [tarctic.
antártico *(ahntáRteekoh)* adj. an-
ante *(áhntay)* prep. before, above, m. elk, suede leather.
anteanoche *(ahntayahnóhchay)* adv. the night before last.
anteayer *(ahntayahyáyR)* adv. the day before yesterday.
antebrazo *(ahntaybráhthoh)* m. forearm.
antecedente *(ahntaythaydayntay)* m. antecedent.
anteceder *(ahntaythaydáyR)* tr. to precede, to go in front.
antecesor, *(ahntaythayssoR)* m. predecessor; foregather; ancestor.
antelación *(ahntaylahthyón)* f. priority; **con —** beforehand.
antemano *(ahntaymáhnoh)* adv. beforehand.
antena *(ahntáynah)* f. *Rad.* aerial, (ent.) antenna.
anteojo *(ahntayóHoh)* m. a spy-glass; pl. spectacles, glasses.
antepasados *(ahntaypahsáhdos)* m. pl. forefathers, ancestors, predecessors.
anteponer *(ahntaypohnáiR)* tr. to prefer, to place before.
anterior *(ahntayryóR)* adj. anterior, former, previous.
anterioridad *(ahntayryohredáhd)* f. anteriority, priority; **con —**, previously, formerly.
antes *(ahntayss)* adv. before, earlier; beforehand, first. **Cuanto —**, as soon as possible. **De antes,** of old.
anticipación *(ahnteetheepahthyon)* f. anticipation; **con —**, in advance.
anticipar *(ahnteetheepahR)* tr. to anticipate, to predict: to foresee, foretell.
anticuado *(ahnteekwáhdoh)* adj. antiquated, obsolete; out of date, old fashioned.
anticuario *(ahnteekwáhryoh)* m. antiquarian, antiquary.
antídoto *(ahntéedohtoh)* m. antidote. [veil.
antifaz *(ahnteefáth)* m. mask,
antigualla *(ahnteegwáhlyah)* f. antique.
antigüedad *(ahnteegwaydáhd)* f. antiquity, ancient times; pl. antiques.
antílope *(antéelopay)* m. antelope. [adj. unnatural.
antinatural *(ahnteenahtooráhl)*
antipatía *(ahnteepahtée:ah)* f. antipathy, aversion, dislike.
antipático *(ahnteepáhteekoh)* adj. antipathetic, unfriendly, displeasing. [pl. antipodes.
antípodas *(ahntéepohdahs)* m.
antisemita *(ahnteesayméetah)* adj. y s. anti-Semite, Jewhater. [antithesis.
antítesis *(ahntéetaysiss)* f. *Gram.*
antitético *(ahnteetéykteekoh)* adj. antithetical.
antojarse [*ahntohháRsa(y)*] r. to fancy; to be capricious, to be whimsical. **Hace lo que se le antoja,** He pleases himself. fancy, fad, caprice.

antología *(ahntohlohHée:ah)* f. anthology.
antológico *(ahntohlóhHeeko)* adj. anthologic(al).
antorcha *(ahntórchah)* f. torch; taper. [den.
antro *(áhntroh)* m. caver(n),
antropófago *(ahntrohpóhfahgoh)* adj. y s. cannibal, man-eater.
antropología *(ahntrohpohloh-Hée:ah)* f. anthropology.
anual *(ahnwáhl)* adj. annual, yearly.
anualidad *(ahnwahleedáhd)* f. annuity, yearly allowance.
anuario *(ahnuwahryo)* m. year-book, (trade) directory.
anudar *(ahnoodáR)* tr. to knot.
anulación *(ahnoolahthyón)* f. annulment, cancellation, abrogation; repeal.
anular *(ahnooláR)* tr. to annul, to cancel; to make void; to abolish; adj. ring-shaped; **dedo anular,** ring finger.
anunciación *(ahnoonthyahthyón)* s. Annunciation; announcement.
anunciar *(ahnoonthyáR)* tr. to; announce; to notify.
anuncio *(ahnóonthyoh)* m. advertisement (fam.) (ad); announcement, notice. [se.
anverso *(ahnbayRsoh)* m. obver-
anzuelo *(ahnthwáyloh)* m. fish--hook, **Picar el** — to be tricked. **Tragar el** —, to swallow the bait.
añadidura *(ahnyahdeedóorah)* f. addition; **Por** — what is more.
añadir *(ahnyahdéeR)* tr. to add.
añejo *(ahnyáyHoh)* adj. old; stale.
año *(áhnyoh)* m. year; — **bisiesto**, leap-year, **tener —s**, to be years old. — **escolar,** school year; **por (al, cada)** —, yearly.
añoranza *(ahnyohráhnthah)* f. homesickness.
aovar *(ah/ohbáR)* tr. to lay eggs.
apacentar *(ahpahthayntáR)* tr. to graze.
apacible *(ahpahtheeblay)* adj. affable; still, quiet.
apaciguar *(ahpahthegwáR)* tr. to appease, to pacify, to calm. v. r. to calm down.
apadrinar *(ahpahdreenáR)* tr. to support, to patronize, to protect, to stand godfatherfor a child.
apagado *(ahpahgádoh)* adj. humble-minded; dull, faded (col.); out (fire).
apagar *(ahpahgáR)* tr. to quench; to extinguish, to put out. — **la sed,** to quench thirst. — **el fuego,** to put the fire out. [out (fire).
apagarse *(ahpahgáRsay)* to go
apalear *(ahpahlayáR)* tr. to beat to cane, to whip, to maul; to beat down fruit; o winnow grain.
aparador *(ahpahradóR)* m. sideboard; dresser, cupboard.
aparato *(ahpahráhtoh)* m. apparatus, appliance, device.
aparatoso *(ahpahrahtóhsoh)* adj. showy, pompous; exaggerated, impressive.
aparecer *(ahpahraytháyR)* tr. to appear, to come up, to turn up. [m. ghost, shadow.
aparecido *(ahpahraythéedoh)*
aparejador *(ahpahrayHahdóR)* m. masterbuilder.
aparejar *(ahpahrayHáR)* tr. to prepare, to get ready; (horses) to saddle; *Naut.* to rig.
aparejo *(ahpahráyHoh)* m. apparel, tackle, tarness (horses); tackle, rigging *Naut.* m. pl. tools, tackle.
aparentar *(ahpahrayntáR)* tr. to pretend, to assume, to feign, to make believe; to put an act. [parente.
aparente *(ahpahrayntay)* adj. ap-
aparición *(ahpahreethyón)* f. apparition.
apariencia *(ahpahryénthyah)* f. aspect, appearance. **Las —s engañan.** appearances are deceiving.

A

apartado *(ahpaRtáhdoh)* adj. separated; distant, remote; m. P. O. box.
apartamento *(ahpaRtahmayntoh)* m. flat, apartment.
apartamiento *(ahpaRtahmyéntoh)* m. separation.
apartar *(ahpaRtáR)* tr. to put aside, to sort out; to part; to separate.
apartarse *(ahpaRtáRsay)* r. tr. withdraw; to move aside to move away.
aparte *(ahpáRtay)* adv. apart; separately; aside. **Bromas —**, joking aside.
apasionar *(ahpahsyohnáR)* tr. to impassionate, to excite; to love; to make feel passionate about.
apasionarse *(ahpahsyohnáRsay)* r. to become impassioned, to become excited; to become very fond of.
apatía *(ahpahtée:ah)* f. apathy, indifference, plegm, coldness.
apático *(ahpáhteekoh)* adj. apathetic, indifferent, phlegmatic, cold.
apeadero *(ahpayahdáyroh)* m. halt, stop (rail.).
apear *(ahpayáR)* tr. to alight, to get off, to step down; to survey.
apearse *(ahpayáRsay)* r. to alight, to get off, to step down. [stone.
apedrear *(ahpaydrayáR)* r. to
apegarse *(ahpaygáRsay)* r. to attach oneself, to adhere to.
apego *(ahpáygoh)* m. attachment.
apelación *(ahpaylahthyón)* f. *Law.* appeal. [peal.
apelar *(ahpaylaR)* intr. to ap-
apellidado *(ahpaylyeedáhdoh)* adj. named, called.
apellidar *(ahpaylyeedár)* tr. to. call (one by his name.); to proclaim, to name. **v .r.** to be called.
apellido *(ahpaylyéedoh)* m. surname, family name.
apenar *(ahpaynáR)* tr. to (cause) pain, grief, sorrow; v. r. to grow sad; to grieve.
apenas *(ahpáynahs)* adv. scarcely, hardly; no sooner than: as soon as. [appendix.
apéndice *(ahpayndeethay)* m.
apendicitis *(ahpayndeethéeteess)* f. appendicitis.
apercibimiento *(ahpayRtheebeemyentoh)* m. advice, warning; arrongement; summons.
apercibir *(ahpayRtheebéeR)* tr. to warn, to advise; to get ready; to summon (law).
aperitivo *(ahpayreetéeboh)* m. appetizer.
aperreado *(ahpayRayáhdoh)* adj. harassed, fatigued; (coll.) annoyed; thrown to the dogs.
apertura *(ahpayRtóorah)* f. opening.
apesadumbrado *(ahpayssahdoombrahdoh)* adj. Sad, mournful, cheerless, (coll.) out of sorts, out of spirits.
apesadumbrar *(ahpaysahdoombráR)* tr. to vex, to sadden, to take to heart; to grieve. (coll.) to look blue.
apestar *(ahpaysstáR)* tr. to pester, intr. to stink, to be foul--smelling.
apetecer *(ahpaytaytháyR)* tr. to desire, to fancy, to long for, to crave after; to take a fancy to.
apetecible *(ahpaytaythéeblay)* adj. desirable, appetising; desired.
apetencia *(ahpaytaynthyah)* f. appetite, desire, hunger, longing craving.
apetito *(ahpaytéetoh)* m. hunger; appetite, desire.
apetitoso *(ahpayteetóhsoh)* adj. savoury; appetising.
apiadarse *(ahpyahdáRsay)* r. to pity; to take/feel pity for.
ápice *(áhpeethay)* m. apex, top, summit; trifee, bit.
apicultura *(ahpeekooltóorah)* f. apiculture. [up.
apilado *(ahpeelahdoh)* adj. piled
apilar *(ahpeeláR)* tr. to pile up; to make piles, to make heaps.

apiñar *(ahpeenyá***R***)* tr. to cluster; to crowd.
apio *(áhpeyoh)* m. *Bot.* celery.
apisonar *(ahpeesohná***R***)* tr. to ramdown.
aplacar *(ahplahká***R***)* tr. to appease, to pacify, to calm down.
aplanar *(ahplahná***R***)* tr. to level, to flatten, to make even.
aplastar *(ahplahstá***R***)* tr. to crush, to smash, to flatten v. r. to become flat.
aplaudir *(ahplah/oodéer)* tr. to applaud, to clap.
aplauso *(ahplah/óosoh)* m. applause, clapping; clap.
aplazamiento *(ahplahthahmyéntoh)* m. postponement, to clap.
aplazar *(ahplahthá***R***)* tr. to postpone, to put off, to delay, to defer; (coll.) to steep on it.
aplicación *(ahpleekahthyón)* f. application.
aplicado *(ahpleekáhdoh)* adj. studious, industrious, hardworking.
aplicar *(ahpleeká***R***)* tr. to apply, to use, to make use of; to employ.
aplicarse *(ahpleeká***R***say)* r. to study assiduously.
aplomado *(ahplohmáhdoh)* adj. lead-coloured; leaden, (fig.) dull, heauy.
aplomo *(ahplómoh)* m. tact; prudence, serenity, coolness, calmness.
apocado *(ahpokáhdoh)* adj. pusillanimous; cowardly; shy timid; (coll.) chickenhearted.
apócrifo *(ahpókeefoh)* adj. apocryphal. [me.
apodar *(ahpohdá***R***)* tr. to nickna-
apoderado *(ahpohdayráhdoh)* adj. empowered; m. proxy, attorney.
apoderarse *(ahpohdayrá***R***say)* tr. to seize; to take possession of.
apodo *(ahpóhdoh)* m. nickame.
apogeo *(ahpoh***H***áyoh)* m. apogee, acme.
apolillado *(ahpohleelyáhdoh)* adj moth-eaten.
apolillarse *(ahpohleelyá***R***say)* r. to become moth-eaten.
apologético *(ahpohloh***H***áytekoh)* adj. apologetic. [apology.
apología *(ahpohloh***H***ée:ah)* f.
apoplegía *(ahpohplay***H***ée:ah)* f. apoplexy.
aporrear *(ahpoh***R***ayá***R***)* tr. to bear, to cudgel, to knock.
aportar *(ahpo***R***tá***R***)* tr. to adduce, to make a contribution; to contribute, to give.
aposentar *(ahpohsayntá***R***)* tr. to lodge. [room, apartment.
aposento *(ahpohsayntoh)* m.
apósito *(ahpóhseetoh)* m. *Med.* external application, dressing.
aposta *(ahpóstah)* adv. intentionally; on purpose.
apostar *(ahpostá***R***)* tr. to bet; to hold a wager. [apostasy.
apostasía *(ahpostahsée:ah)* f.
apóstata *(ahpóstahtah)* m. f. apostate, abjurer; renegade, turncoat.
apostatar *(ahpostahtá***R***)* intr. to apostatize; to forsake, to abjure.
apostillar *(ahposteelyá***R***)* tr. to make marginal notes.
apóstol *(ahpóstol)* m. apostle: *Naut.* pl. hawsepieces.
apostolado *(ahpostohláhdoh)* m. apostleship. [apostolical.
apostólico *(ahpostóhleekoh)* adj.
apoteosis *(ahpotayohsees)* f. apotheosis, exaltation.
apoyar *(ahpohyá***R***)* tr. to back; to reston; to lean on.
apoyarse *(ahpohyá***R***say)* r. to lean upon.
apoyo *(ahpóhyoh)* m. prop, stay, support; help, protection.
apreciable *(ahpraythyablay)* adj. respectable, worthy, valuable; worthy of esteem.
apreciación *(ahpraythyathyon)* f. appreciation, estimation, valuation, appraisemont.
apreciar *(ahpraythyá***R***)* tr. to appreciate; to estimate, to pri-

A

´ce, to value, to appraise; to esteem. [teem.

aprecio *(ahpraythyoh)* m. es-

aprehender *(ahpray/eyndayR)* tr. to apprehend; to seize.

A

aprehensión *(ahpray/aynsyon)* f. apprehension; fear; seizure, capture.

aprehensivo *(ahprayhaynssee-boh)* adj apprehensive, timid, fearful. [urge, to press.

apremiar *(ahpraymyáR)* tr. to

apremio *(ahpráfmyoh)* m. urgency; pressure.

aprender *(ahprayndayR)* tr. to learn; **— de memoria,** to learn by heart.

aprendiz *(ahpraydeeth)* m. (ap-) prentice; **— de todo,** ... fack of all trades...

aprendizaje *(ahprayndeeiha-hHay)* m. training.

aprensión *(ahpraynsyón)* f. apprehension, fear; mistrust, suspicion; (fig.) timidity, bashfulness.

aprensivo *(ahprenséeboh)* adj. apprehensive, bashful, fearful.

apresar *(ahpraysáR)* tr to seize, to grasp; to imprison.

aprestar *(ahpraysstáR)* tr. to prepare, to make ready, arrange; v. r. to get ready, to prepare oneself.

apresto *(ahprayssṭoh)* s. preparation, ready.

apresuramiento *(ahprayssoo-rahmyéntoh)* m. eagerness, hastiness.

apresurar *(ahprayssooráR)* tr. to hasten, to hurry, to rush; to speed.

apresurarse *(ahprayssooráRsay)* r. to make haste.

apretar *(ahpraytáR)* tr. to tighten, to press down; to press, **— las manos,** to shake hands.

apretón *(ahpraytón)* m. squeeze **— de manos,** hand-shake.

apretado *(ahpraytahdoh)* adj. tight, difficult; (fig.) mean, close fisted. [to squeeze.

apretujar *(ahpraytooHaR)* v. t.

apretura *(ahpraytoorah)* s. f. tight squeeze, (fig.) difficulty. [crush.

aprieto *(ahpryétoh)* m. jam

aprisa *(ahpréesah)* adv. fast; quickly, swiftly, hurriedly. **¡Aprisa!** Hurry! hurry up!

aprisionar *(ahpresyohnáR)* tr. to confine, to imprison. (fig.) to get fastened.

aprobación *(ahprohbahthyón)* f. approval, consent. **Con la — de,** with the consent of.

aprobado *(ahprohbáhdoh)* m. pass (in an examination); adj. approved, accepted **— por unanimidad,** aproved unanimously.

aprobar *(ahprohbáR)* tr. to approve; to pass, (exams). **— una asignatura,** to pass a subject, to get a pass mark in a subject.

apropiación *(ahprohpyahthyón)* f. appropriation.

apropiado *(ahprohpyáhdoh)* adj. appropriate, fit, correct, right. **La persona —a,** the right person. **La palabra —a** the correct/right.

apropiarse *(ahprohpyáRsay)* r. to appropiate.

aprovechable *(ahprohbaycháh-blay)* adj. profitable.

aprovechamiento *(ahprohbay-chahmyéntoh)* m. profit; utility; exploitation, utilization; progress.

aprovechar *(ahprohbaycháR)* tr. to utilize, to make good use of, to use up.

aprovecharse *(ahprohbaycháR-say)* r. to take advantage of.

aproximación *(ahprokseemah-thyón)* f. approximation; nearness, closeness.

aproximado *(ahprohseemahdoh)* adj. approximate; next; close; near.

aproximar *(ahprokseemáR)* tr. to approach, to approximate, to come near, to come close, to go near/to go close.

aptitud *(ahpteetóod)* f. aptitude, fitness, ability, capacity.

apto *(áhptoh)* adj. apt, able, fit; competent. [wager.
apuesta *(ahpwaysstah)* f. bet;
apuesto *(ahpwaysstoh)* adj. genteel, elegant, welldressed.
apuntación *(ahpoontahthyón)* f. annotation; note.
apuntador *(ahpoontahdó***R***)* m. indicator; *Theat.* prompter.
apuntalar *(ahpoontahlá***R***)* tr. to (under)prop, to support; (naut.) to shore a slip.
apuntar *(ahpoontá***R***)* tr. to alm at; to point out, to indicate. *Theat.* to prompt.
apunte *(ahpóontay)* m. annotation, note, sketch; aim. **Tomar —s** to take notes.
apuñalar *(ahpoonyahlá***R***)* tr. to stab.
apurar *(ahpoorá***R***)* tr. to exhaust, to tease, to hurry.
apurarse *(ahpoorá***R***say)* r. to worry; to fret. **¡No te apures!** Don't worry!
apuro *(ahpóoroh)* m. trouble, anguish, difficulty; want, need. **Estar en —s,** to be in trouble to be in want.
aquejar *(ahkay***H***á***R***)* tr. to afflict; to complain.
aquel *(ahkayl)* pron. m. that one; pr. dom. that; the former. [(one).
aquella *(ahkáylyah)* pron. f. that
aquí *(ahkée)* adv. here, **De —,** From here; **de aquí para allá.** To and fro. **Por —,** This way.
aquiescencia *(ahkyesthaynthya)* f. assent.
aquietar *(ahkyeta***R***)* tr. to appease, to quiet, to pacify, to calm, to keep still. v. r. to quiet down, to calm down.
aquilatar *(ahkeelahtá***R***)* tr. to assay.
ara *(áhrah)* f. altar.
arabesco *(ahrahbaysskoh)* m. arabesque.
arado *(ahráhdoh)* m. plough, *U. S. A.* plow.
arancel *(ahrahnthayl)* m. tariff (or scale) of duties, fees.
arandela *(ahrandaylah)* m. *Mec.* washer; collarplate. *Naut.* halfports.

araña *(ahráhnyah)* f. *Ent.* spider; chandelier.
arañar *(ahrahnyá***R***)* tr. to scratch; *Mus.* to scrape; (coll.) to scrape up, to scrape together. [scracht.
arañazo *(ahrahnyáhthoh)* m.
arar *(ahrá***R***)* tr. to plough, *U. S. A.* to plow.
arbitraje *(a***R***beetráh***H***ay)* m. arbitration.
arbitrar *(a***R***beetrá***R***)* tr. to arbitrate, to counsel, to advise; to referee, to judge.
arbitrariedad *(a***R***beetrahryedald)* f. arbitrariness. [bitrary.
arbitrario *(a***R***beetráryoh)* adj. ar-
arbitrio *(a***R***béetryoh)* m. free will; **—s,** local taxes.
árbitro *(á***R***beetroh)* m. arbitrator; *Sport.* referee, umpire.
árbol *(á***R***bol)* m. tree; **— de Navidad** Christmas tree; *Mech.* **— de transmisión, horizontal,** shaft; *Herl.* **— genealógico,** genealogical tree.
arbolado *(a***R***bohládoh)* adj. wooded; m. tress (collectively).
arbusto *(a***R***bóostoh)* m. shrub; bush. [fe.
arca *(á***R***kah)* f. cet; coffer, sa-
arcada *(a***R***káhdah)* f. *Arch.* arcade.
arcaico *(a***R***káh|eekoh)* adj. archaic. [gel.
arcángel *(a***R***káhn***H***el)* m. archan-
arcediano *(a***R***thaydyáhnoh)* m. archdeacon.
arcilla *(a***R***théelyah)* f. clay.
arcilloso *(a***R***theelyóhsoh)* adj. clavey, clayish. [archpriest.
arcipreste *(a***R***theepraysstay)* m.
arco *(á***R***koh)* m. *Geom.* arc; *Arch.* arch; *Arm.* bow. **— iris** rainbow.
archipiélago *(a***R***cheepyáylahgoh)* m. archipelago.
archivar *(a***R***cheebá***R***)* tr. to file, to record, to putaway in an archive.
archivero *(a***R***chbáyroh)* m. archivist, recorder, register.

A

archivo *(a***R***chéeboh)* m. archive(s), register, file, registry; pl. records, rolls.

A

arder *(a***R***day***R***)* intr. to burn; to blaze: — **en deseos de**... to burn with desire of...

ardid *(a***R***déed)* m. stratagem; trick, dodge, cheat.

ardiente *(a***R***dyéntay)* adj. ardent; burning, hot; (fig.) passionate.

ardilla *(a***R***déelyah)* f. squirrel. **Listo como una** — sharp as a needle.

ardor *(a***R***dó***R***)* m. ardouer; fervour; great heat; enthusiasm, cagerness. **En el ardor de la batalla,** in the heat of the battle.

arduo *(á***R***doo:oh)* adj. arduous, difficult, hard, knotty.

área *(áh***R***ayah)* f. area, are (100 square meters).

arena *(ah***R***áynah)* f. sand; grit. **—s movedizas,** quicksand.

arenal *(ah***R***aynáhl)* m. sands, sandpit. [gue.

arenga *(ah***R***ayngah)* s. harangue.

arengar *(ah***R***ayngá***R***)* intr. to harangue. [sandstone.

arenisca *(ah***R***aynísskah)* f. sandstone.

arenoso *(ah***R***aynóhsoh)* adj. sandy. [ing.

arengue *(ah***R***aykay)* m. herring.

argamasa *(a***R***gahmáhsah)* f. mortar.

argentado *(a***RH***entáhdoh)* adj. silvery, silvered. [hoop.

argolla *(argóhlyah)* f. large ring, hoop.

argot *(a***R***gót)* m. cant; slang.

argucia *(a***R***góothyah)* f. subtlety; evasion, subterfuge.

argüir *(a***R***gwée***R***)* intr. to argue; to dispute, to imply.

argumentación *(a***R***goomayntahthyón)* f. argumentation.

argumentar *(a***R***goomayntá***R***)* intr. to argue, to dispute.

argumento *(a***R***gooméntoh)* m. argument; plot in stories.

aridez *(ahreedáyth)* f. drought, aridity, dryness, barrenness.

árido *(áhreedoh)* adj. arid; dry, barren.

arisco *(ahreesskoh)* adj. surly, sulky, gruff, churlish.

arista *(ahreesstah)* f. *Bot.* arista, chaff; edge; *Geom.* intersection, line.

aristocracia *(ahreesstohkráhthyah)* f. aristocracy.

aristócrata *(ahreesstóhkrahtah)* m. f. aristocrat.

aristocrático *(ahreesstohkráhteekoh)* adj. aristocratical.

aritmética *(ahreethmáyteekah)* f. arithmetic.

arma *(á***R***mah)* f. weapon, arm, — **de fuego,** fire-arm. — **blanca,** steel-arm. [vy.

armada *(a***R***máhdah)* f. fleet; navy.

armado *(a***R***máhdoh)* adj. weaponed; armed; *Mech.* mounted. [owner.

armador *(a***R***mahdohk)* s. shipowner.

armamento *(a***R***mahmayntoh)* m. armament.

armar *(ah***R***máh***R***)* tr. to arm. *Mech.* to mount; *Naut.* to fit out — **una bronca,** to make a row. — **ruido,** to cause trouble; **¡Buena se va armar!,** a storm is brewing up!

armario *(a***R***máryoh)* m. cupboard; wardrobe.

armazón *(a***R***mahthón)* m. frame(work). [ry; arsenal.

armería *(ah***R***mayréeah)* f. armory; arsenal.

armero *(a***R***máyroh)* m. gunsmith.

armiño *(a***R***méenyoh)* m. *Zool.* ermine, stoat. [armistice.

armisticio *(a***R***meesstéethyoh)* m. armistice.

armonía *(a***R***mohnée:ah)* f. harmony, concord. (fig.) friendship. *Mus.* harmonization.

armónica *(a***R***monecah)* f. harmonica.

armónico *(a***R***móhneekoh)* adj. harmonical

armonizar *(a***R***mohneethá***R***)* tr. to harmonize, to match.

arnés *(a***R***nayss)* m. harness.

aro *(áhroh)* m. hoop, ring.

aroma *(ahróhmah)* f. aroma, scent, perfume, fragrance.

aromático *(ahrohmáhteekoh)* adj. aromatic.

aromatizar *(ahrohmahteethá***R***)*

tr. to aromatize, to perfume.
arpa *(áRpah)* f. harp.
arpía *(aRpée:ah)* f. harpy, fiend; shrew. [cloth.
arpillera *(aRpeelyáyrah)* f. sack-
arpón *(aRpón)* m. harpoon.
arpon(e)ar *(aRpohnayáR)* tr. to harpoon.
arquear *(aRkayaR)* v. t. to arch. *Naut.* to gauge ships. — **las cejas.** to arch the eyebrows.
arqueología *(aRkayohlohHeéah)* f. archaeology.
arqueólogo *(aRkayóhlohgoh).* m. archaeologist.
arquero *(aRkáyroh)* m. treasurer; archer, bow-maker.
arquitecto *(aRkeetáyktoh)* m. architect.
arquitectónico *(aRkeetayktohneekoh)* adj. architectural.
arquitectura *(aRkeetayktoorah)* f. architecture. [pl. outskirts.
arrabal *(ahRahbáhl)* m. suburb;
arracimarse *(ahRahtheemaRssay)* v. r. to cluster.
arraigado *(ahRah/eegahdoh)* adj. rooted settled. [(take) root.
arraigar *(ahRah/eegaR)* intr. to
arraigarse *(ahRah/eegaRsay)* r. to settle (down).
arraigo *(ahRah/eegoh)* m. radication, rootedness; settling in a place. **Hombre de —,** property man.
arrancar *(ahRahnkáR)* tr. to root out, to pluck (up); intr. to start (up), to uproot, to pull out, to extirpate; to expectorate. — **de un tirón,** to pull out with one go. — **de raíz,** to uproot.
arranque *(ahRáhnkay)* m. extirpation; fit of passion, sudden start; *Mech.* start, (motor). starter.
arrasar *(ahRahsáR)* tr. to level; to destroy, to raze; to fill to the brim.
arrastrar *(ahRahstráR)* tr. to drag along, to haul.
arrastrarse *(ahRahstráRsay)* to creep.
arrastre *(ahRáhstray)* m. dragging, hautage. **Está para el —,** ready to kill off.
arrear *(ahRayáR)* tr. (fam.; coll.) to strike; to urge on.
arrebatar *(ahRayhatáR)* tr. to snatch, to carry off.
arrebato *(ahRaybáhtoh)* m. surprise, sudden attack. (pass.) fit, fury. [crease.
arreciar *(ahRaythyáR)* tr. to in-
arrecife *(ahRaythéefay)* m. reef.
arreglado *(ahRaygláhdoh)* adj. settled, arranged, in order, mended.
arreglar *(ahRaygláR)* tr. to regulate; to arrange, to settle, to mend, to put right; to tidy.
arreglarse *(ahRaygláRsay)* r. to manage, to turn out well.
arreglo *(ahRáygloh)* m. arrangement repair; settlement. **Con arreglo a,** according to.
arremangar *(ahRaymahngáR)* tr. to roll up (sleeves, trouser-legs, etc.).
arremeter *(ahRaymaytayR)* tr. to assail, to attack.
arrendador *(ahRayndahdóR)* m. landlord; tenant, hirer.
arrendamiento *(ahRayndahmyéntoh)* m. rent(ing), letting, lease.
arrendar *(ahRayndáR)* tr. to rent; to hire, to let. **No le arriendo las ganancias,** I don't envy him.
arrepentido *(ahRaypaynteedoh) oh)* m. lessee; tenant.
arrepentido *(ahRaypaynteedoh)* adj. repentant.
arrepentimiento *(ahRaypaynteemyentoh)* m. repentance, regret, remorse.
arrepentirse *(ahRaypaynteeRsay)* r. to repent, to regret. to be sorry for, to rue.
arrestado *(ahRaystahdoh)* adj., under arrest; bold, intrepid, daring.
arrestar *(ahRaysstáR)* tr. to arrest, to imprison, to be under arrest.
arresto *(ahRaysstoh)* m. deten-

A

tion, arrest, custody; *Mil.* prison; pl. spirit, mettle, (fam.) guts.

arriar *(ahRyáR)* tr. to lower; to strike (flags, sails) *Naut.* to pay out.

arriba *(ahRéebah)* adv. (up) above, over, up, upstairs. **De —,** From above. **De — abajo,** From head to foot, fom top to bottom.

arribar *(ahReebáR)* intr. to arrive; *Naut.* to put into a harbour.

arribo *(ahRéeboh)* m. arrival.

arriendo *(ahRyéndoh)* m. lease, rental.

arriesgado *(ahRyessgáhdoh)* adj. perilous, dangerous, risky, hazardous.

arriesgar *(ahRyessgáR)* tr. to risk; to hazard.

arriesgarse *(ahRyessgáRsay)* r. to dare, to expose oneself to danger.

arrimar *(ahRymáR)* tr. to approach, to draw near, to put close(r); *Naut.* to stow the cargo. **— el hombro,** to lend a hand. v. r. to lean on.

arrinconado *(ahReenkonahdoh)* adj. out of the way, forgotten, neglected.

arrinconar *(ahReenkohnáR)* tr. to put in a corner; to lay aside, to corner. v. r. to retire from the world.

arrobamiento *(ahRohbahmyéntoh)* m. ecstasy, enchantment, rapture, bliss.

arrocero *(ahRohtháyroh)* m. rice grower.

arrodillarse *(ahRohdeelyáRsay)* r. to kneel down.

arrogancia *(ahRohgáhnthyah)* f. arrogance, haughtiness, loftiness, pomposity.

arrogante *(ahRohgáhnthay)* adj. arrogant, pompous, haughty, lofty. (roll.) puff up.

arrojadizo *(ahRohHahdéethoh)* adj. missile, projectile.

arrojado *(ahRohHáhdoh)* adj. forward; rash, daring, intrepid; thrown, flung.

arrojar *(ahRohHár)* tr. to dart, to fling, to hurl, to dash, to throw. v. r. to throw oneself.

arrojo *(ahRohHoh)* m. boldness, intrepidity, daring.

arrollador *(ahRohlyahdoR)* adj. violent, sweeping.

arrollar *(ahRohlyáR)* tr. to roll (up or round), to carry off, to sweep away.

arropar *(ahRohpáR)* tr. to wrap, up well, to cover well.

arrostrar *(ahRostráR)* tr. to face, up, to face, to defy. **— peligros,** to defy dangers. v. r. **— con,** to fight face to face.

arroyo *(alRóhyoh)* m. stream, brook; (fig.) gutter.

arroz *(ahRóth)* m. rice.

arrozal *(ahRothál)* m. rice field.

arruga *(ahRóogah)* f. curinkle, crease.

arrugar *(ahRoogár)* tr. to wrinkle, to crease, to fold. **— el entrecejo,** to frown. v. r. (fig.) to flee; to back out.

arruinar *(ahRooeenáR)* tr. to ruin.

arrullar *(ahRoolyáR)* tr. to lull.

arrullo *(ahRóolyoh)* m. lullaby.

arsenal *(aRsaynáhl)* m. arsenal; shipyard, dockyard.

arte *(áRtay)* m. art; skill; craft; **bellas —** s. Fine arts. **malas —s,** trickery, cunning. **Por — de magia,** out of the cuff. **Por — de birli-birloque,** for no rime or reason.

artefacto *(aRtayfáhktoh)* m. artefact, contraption, appliance.

arteria *(aRtáyryah)* f. *Anat.* artery, (fig.) main road; (railw.) trunk line.

artesano *(aRtaysáhnoh)* m. artisan, craftsman.

artesonado *(aRtaysonáhdoh)* adj. panelled (ceiling).

ártico *(áRteekoh)* adj. artic.

articulación *(aRteekoolahthyón)* f. articulation, joint.

articulado *(aRteecoolahdo)* adj. articulated.

articular *(aRteekooláR)* tr. to articulate.

artículo *(aRtéekooloh)* m. article; **—s de consumo,** conmodities.

artífice *(aRtéefeethay)* artificer, artisan, (fig.) authour.
artificial *(aRteefeehyal)* adj. artificial. [fice), craft.
artificio *(aRteefeethyoh)* m. art (i-
artillería *(aRteelyayreeah)* f. artillery. [llery-man, gunner.
artillero *(aRteelyayroh)* m. arti-
artimaña *(aRteemáhnyah)* f. trap; trick, stratagem, artifice, craft.
artista *(arteesstah)* s.; (paint.) artist, *(Theat., etc.)* artiste.
arzobispado *(aRthohbeesspáhdoh)* r. archbishopric.
arzobispo *(aRthohbeesspoh)* m. m. archbishop.
as *(ahs)* m. ace; champion. **Es un —,** he's a champion.
asa *(áhsah)* f. handle; haft. **En —s,** akimbo. [m. roast.
asado *(ahsáhdoh)* adj. roasted.
asador *(ahsahdóR)* m. roasting-jack, spit. [to assault.
asaltar *(ahsahltáR)* tr. to assail,
asalto *(ahsáhltoh)* m. assault; **por —,** by storm; **guardia de —,** riot/shock police.
asamblea [*ahsahmbláyah*] f. assembly; meeting; congress.
asar *(ahsáR)* tr. to roast; **— a la parrilla,** to grill; **asarse de calor,** to be boiling hot.
asbesto *(asbésto)* m. asbesto.
ascendencia *(ahsthayndaynthyah)* f. ascendency, ancestory; (fig.) origin.
ascendente *(ahsthayndayntay)* adj. ascendant; ascending, rising, climbing.
ascender *(ahsthayndayR)* tr. intr. to ascend, to climb; *(Mil.* etc.) to be promoted, to rise; *Com.* to amount to.
ascendiente *(ahsthayndyentay)* m. ancestor; influence; weight. [cension.
ascensión *(ahsthoynsyon)* f. as-
ascenso *(ahsthénsoh)* m. ascent; *(Mil.,* etc.) promotion; *Sport.* climb.
ascensor *(ahsthaynssoR)* m. (E.) lift *U. S. A.* elevator. **— montacargas,** hoist.
asceta [*ahstháytah*] s. ascetic; hermit. [ascetic.
ascético [*ahstháyteekoh*] adj.
asco *(áhskoh)* m. nausea; loathing, disgust; despicable thing. **tener —,** to sicken, to make one sick. [neat, tidy.
aseado *(ahsayahdoh)* adj. clean,
asear [*ahsayáR*] tr. to clean; to make clean and tidy; to tidy up. [lay, to ambush.
asechar [*ahsaycháR*] tr. to way-
asediar *(ahsaydyáR)* tr. to besiege; (fig.) to importune. **— a preguntas,** to snow under with questions.
asedio [*ahsáydyoh*] m. siege.
asegurador [*ahsaygoorahdóR*] m. insurer; underwriter.
asegurar [*ahsaygooráR*] tr. to fasten; to secure *Com.* to insure. [to make sure.
asegurarse *(ahsaygooráRsay)* r.
asemejarse *(ahsaymayHaRsay)* r. to resemble. [assent.
asenso *(ahsaynsoh)* m. consent,
asentado (*ahsayntáhdoh*) adj. seated, settled, fixed.
asentar *(ahsayntáR)* tr. to seat; to fix; (accounts) to enter; to deal (blows); to settle.
asentir (*ahsayntéeR*) intr. to assent, to agree, to concede.
aseo *(ahsayoh)* s. tidiness, cleanliness, neatness.
aséptico *(ahsaypteekoh)* adj. *Med.* aseptical.
asequible [*ahsaykéeblay*] adj. attainable, available, obtainable. [m. saw-mill.
aserradero *(ahsayRahdayroh).*
aserrar *(ahsayRaR)* v. t. to saw.
asesinar *(ahsayseenaR)* tr. *Pol.* to assassinate; to murder.
asesinato [*ahsayseenáhtoh*] m. assassination, murder.
asesino [*ahsayséenoh*] m. assassin; murderer.
asesor [*ahsaysóR*] m. counsellor; adviser; assessor.
asesorar [*ahsaysohraR*] tr. to advise.

A

asesorarse [*ahsaysohráRsay*] r. to take legal advice, to consult. [consulting office.
asesoría (*ahsaysohrée:ah*) f.
asestar (*ahsaystaR*) v. t. to point, to aim; to strike (blows).
aseveración (*ahsaybayrahthyon*) f. asseveration.
aseverar (*ahsaybayráR*) tr. to asseverate, to affirm.
asfalto (*ahsfáhltoh*) m. asphalt.
asfixia (*ahsféeksyah*) f. *Med.* asphyxia.
asfixiar (*ahsfiksyáR*) tr. to asphyxiate, to suffocate.
así (*ahsée*) adv. so; thus, like — **que,** and so, therefore. — **que llegó,** as soon as he arrived. — **así,** so-so.
asiático (*ahsyáhtekoh*) adj. m. Asiatic, Asian.
asidero (*ahseedayroh*) m. holder, handle; (fig.) pretext, occasion. [assiduity.
asiduidad (*ahseedooeedáhd*) s.
asiduo (*ahséedoo:oh*) adj. assiduous, steady, regular.
asiento (*ahsyéntoh*) m. seat; (accounts) entry. **Tomar** — to take a seat (chair). (coll.) bottom.
asignación (*ahseegnahthyón*) f. assignment, allotmen, grant; distribution. [to ascribe.
asignar (*ahseegnáR*) **tr.** assign,
asignatura (*ahseegnahtóorah*) f. subject (of **study**).
asilo (*ahséeloh*) m. asylum; refuge, sanctuary; — **político,** political asylum. — **de locos,** lunatic asylum; shelter.
asimilación (*ahseemeelahthe:ón*) f. assimilation.
asimilar (*ahseemeelaR*) tr. *Zool. Bot.* to assimilate (fig.) to take in.
asimismo (*ahseemeessmoh*) adv. likewise, equally, and also.
asir (*ahséeR*) tr. to grasp; to seize, to hold, to grip. — **por los cabellos,** to seize by the hair.
asistencia (*ahseestayntay*) f. actual presence, attendance; assistance, aid, help.
asistente (*ahseestayntay*) m. assistant, helper; *Mil.* orderly adj. assisting, helping.
asistenta (*ahseestayntah*) f. part-time maid, dailyhelp.
asistir (*ahseesteeR*) intr. to be present, to attend; tr. to help.
asma (*áhsmah*) f. asthma.
asmático (*ahsmáhteekoh*) adj. asthmatic.
asno (*áhsnoh*) m. ass, donkey, (fig.) stupid, clot.
asociación (*ahsohthyahthyón*) f association, fellowship.
asociado (*ahsohthyáhdoh*) m. associate, partner, member.
asolador (*ahsohlahdoR*) adj. desolating, destroying.
asolar (*ahsohláR*) tr. to destroy, to raze to the ground to pillage, to devastate.
asomar (*ahsohmáR*) intr. to appear, to show. *Naut.* to loom.
asomarse (*ahsohmáRsay*) r. to lean out/over.
asombrar (*ahsombráR*) tr. to astonish, to amaze; to frighten.
asombrarse (*ahsombráRsay*) r. to wonder.
asombro (*ahsómbroh*) s. astonishment, amazement; dread, terror, fright.
asombroso (*ahsombróhsoh*) adj. amazing, astonishing, marvellous, wonderful.
asomo (*ahsóhmoh*) m. sign, indicaton, mark, hint. **ni por** — by no means.
aspa (*áhspah*) f. cross, reel.
aspecto (*ahspaytoh*) m. aspect, appearance, sight, looks.
aspereza (*ahspayráythah*) f. asperity, (char.) harshness, acrimony; (surf.) roughness, ruggedness. [harsh.
áspero (*ahspayroh*) adj. rough;
aspersión (*ahspayRsyon* m. spraying, sprinkling.
aspiración (*ahspeerahthyón*) f. aspiration, desire, hope, aim.
aspirante (*ahspeerahntay*) m. candidate, adj. aspiring.
aspirar (*ahspeeráR*) tr. to draw

breath; to aspire, to aim at, to hope, to covet.

aspirina *(ahspeeréenah)* f. aspirin. the; to nauseate.

asquear *(ahskayá***R***)* tr. to loa-

asquerosidad *(ahskayrohseedáhd)* f. nastiness, filthiness, foulness.

asqueroso *(ahskayróhsoh)* adj. nasty, filthy, foul, loathsome.

asta *(áhstah)* f. (flag)-staff antler ,horn; *Carp.* shaft; *Naut.* anchor-shant. **A media** — at half mast. [terisk.

asterisco *(ahstayreeskoh)* m. as-

astilla *(ahstéelyah)* f. splint(er), chip. **De tal palo tal —,** like father, like son.

astillero *(ahsteelyáyroh)* m. shipyard, dock-yard. [astringent.

astringente *(ahstrin***H***éntay)* adj.

astro *(áhstroh)* m. heavenly body, (cin.) star.

astrología *(ahstrohloh***H***ée:ah)* f. astrology.

astrológico *(ahsrohlóh***H***ekoh)* adj. astrological. [astrologer.

astrólogo *(ahstróhlohgoh)* m.

astronomía *(ahstrohnohmée:ah)* m. astronomy.

astronómico *(ahstrohnóhmeekoh)* adj. astronomical.

astrónomo *(ahstróhnohmoh)* m. astronomer.

astucia *(ahstóotryah)* f. cunning, craft(iness), shrewdness, slyness, smartness.

astuto *(ahstóotoh)* adj. astute, cunning, sly, crafty, smart shrewd. (coll.) slyboots.

asueto *(ahswaytoh)* s. short holiday, time off, break. **Día de —,** day off.

asumir *(ahsoomeer)* tr. to assume, to suppose, to take it.

asunción *(ahsoonthyón)* f. assumption, supposition.

asunto *(ahsóontoh)* m. matter; subject, affair, bussiness. **no es — tuyo,** this is none of your business.

asustadizo *(ahsoosstahdéethoh)* adj. timid, shy, cowardly.

asustar *(ahsoosstá***R***)* tr. to frighten, to scare, to starle.

asustarse *(ahsoosstá***R***say)* r. to be frightened.

atacar *(ahtahká***R***)* tr. to attack, to assault, to assail, to charge. [ing.

atadura *(ahtahdóorah)* f. fasten-

atajar *(ahtah***H***a***R***)* v. i. to take a short cut; v. t. to intercept; to cut short (convers.)

atacador *(ahtahka***R***do***R***)* m. attacker, aggressor; adj. attacking, aggressive.

atajo *(ahtah***H***oh)* m. short-cut; interruption.

atalaya *(ahtahláyah)* f. watchtower, look out position.

atañer *(ahtahnyáy***R***)* intr. to belong, to concern. **Eso no me concierne,** That doesn't concern me, that isn't my business.

atar *(ahtá***R***)* tr. to tie; to bind, to fasten; **— de pies y manos,** to tie hand and foot. **— por la cintura,** to tie by the waist. [busy.

atareado *(ahtahrayáhdoh)* adj.

atarear *(ahtahraya***R***)* tr. to give a task to ask. v. r. to be very busy.

atasçamiento *(ahtasskamyentoh)* m. obstruction; *Traff.* Traffic-jam.

atascar *(ahtahská***R***)* tr. to sall; *Naut.* to stop a leak. (pip.) to stop up, to make up, to bung up.

atascarse *(ahtahká***R***say)* r. to stick in the mire, to get made up, to get bunged up.

ataúd *(ahtah/óod)* m. coffin; hearse.

ataviado *(ahtahbyáhdoh)* adj. ornamented; dressed.

ataviar *(ahtahbyá***R***)* tr. to adorn, to assuage, to cool.

ateísmo *(ahtay/eesmoh)* m. atheism.

atemorizar *(ahtaymohreethá***R***)* tr. to frighten, to scare, to daunt.

atemperar *(ahtempayrá***R***)* tr. to (at)temper, to soften, to assuage, to cool.

A

atención *(ahtaynhthyón)* f. attention; kindness.
atender *(ahtayndar***R***)* intr. to attend; to mind; to heed.
A
ateneo *(ahtaynáyoh)* m. athenæum.
atenerse *(ahtayná***R***say)* r. to stick to.
atentado *(ahtayntáhdoh)* m. attack, attempted crime.
atentar *(ahtaynta***R***)* tr. to make en attempt, to attempt on, to attack.
atento *(ahtayntoh)* adj. attentive, mindful, polite.
atenuante *(ahtaynwantay)* adj. attenuating. [tenuate.
atenuar *(ahtaynoo:á***R***)* tr. to at-
ateo *(ahtáyoh)* m. atheist.
aterrador *(ahtay***R***ahdo***R***)* adj. horrible, dreadful, terrifying.
aterrar *(ahtay***R***á***R***)* tr. to frighten.
aterrizaje *(ahtay***R***eethah***H***ay)* m. landing; (aer.) **tren de —**, landing gear. [land.
aterrizar *(ahtay***R***eetha***R***)* intr. to
aterrorizar *(ahtay***R***ohreethá***R***)* tr. to terrify, to scare, to frighten. [hoard up.
atesorar *(ahtaysohrá***R***)* tr. to
atestación *(ahtaysstahthyón)* f. attestation.
atestado *(ahtaysstáhdoh)* adj. attested; witnessed. m. testimonial.
atestar *(ahtaysstár)* tr. to cram, to fill up; to attest, to testify.
atestiguar *(ahtaysteegwa***R***)* tr. to depose; to give evidence, to witness, to testify.
atiborrar *(ahteeboh***R***á***R***)* tr. to cram, to stuff.
ático *(áhteekoh)* m. attic.
atinar *(ahteená***R***)* intr. to guess, righthly. **— en el blanco,** to hit the mark.
atisbar *(ahteesbá***R***)* tr. to pry.
atizador *(ahteethahdo***R***)* m. firepoker. adj. poking.
atizar *(ahteethá***R***)* tr. to stir (the fire), to poke. (fig.) to hit, to give blows. **¡Atiza!** Blimey! Good gracious!
atlántico *(ahtláhnteekoh)* adj. Atlantic.
atlas *(áhtlahs)* m. atlas.
atleta *(ahtláytah)* s. athelete.
atlético *(ahtláyteekoh)* adj. athletic, robust.
atletismo *(ahtlayteessmoh)* m. athletism, athletics.
atmósfera *(ahtmóssfayrah)* f. athmosphere.
atmosférico *(ahtmossfáyreekoh)* adj. atmospherical.
atolladero *(ahtohlyadáyroh)* m. deep miry place, obstacle, mess. *Pol.* deadlock, impasse.
atollarse *(ahtohlyá***R***say)* r. to fall into the mire, to stall.
atolondrado *(ahtohlondráhdoh)* adj. harebrained, thoughtless, daft.
atolondrar *(ahtohlondrá***R***)* tr. to stun, to stupefy, to confound. [mic.
atómico *(ahtóhmeekoh)* adj. ato-
átomo *(áhtohmoh)* m. atom.
atónito *(ahtóhneetoh)* adj. astonished, amazed, stunned.
atontado *(ahtontáhdoh)* adj. mopish; foolish, silly, daft; *Sport.* groggy.
atontar *(ahtontá***R***)* tr. to stun, to confound; to make giddy, groggy.
atormentar *(ahto***R***mentá***R***)* tr. to torment, to turture. [screw.
atornillar *(ahto***R***neelyá***R***)* tr. to
atosigar *(ahtohseega***R***)* v. t. to harass, to bother.
atracadero *(ahtrahkahdayroh)* m. *Naut.* landfall, landing-place. [docked, berthed.
atracado *(ahtrahkahdoh)* adj.
atracador *(ahtrahkahdó***R***)* m. highway-man, gangster.
atracar *(ahtrahká***R***)* tr. to assault, to hold-up; *Naut.* to berth, to dock, to moor.
atracarse *(ahtrahká***R***say)* r. to overeat, to eat one's fill, to stuff oneself. [up.
atraco *(ahtráhkoh)* m. hold(ing)
atracción *(ahtrahkthyón)* f. attraction, appeal.

atractivo *(ahtrahkteeboh)* adj. attractive; m. grace, charm, attraction.
atraer *(ahtrah/ayR)* tr. to attract, to lure, to draw in.
atragantarse *(ahtragahntáRsay)* r. to choke; (conv.) to stop short.
atrancar *(ahtrankaR)* r. t. to bolt, to bar the door.
atrapar *(ahtrahpáR)* tr. to overtake; to catch.
atrás *(ahtráhs)* adv. backwards; behind, back; **¡Atrás!** stand back!
atrasado *(ahtrahsáhdoh)* adj. backward, out of date, indebted, (clocks) slow; (time) late.
atrasar *(ahtrahsáR)* tr. to delay; to retard, (cloks...) to lose (time), to be late.
atraso *(ahtráhsoh)* m. backwardness; pl. arrears.
atravesar *(ahtrahbaysáR)* tr. to run through; to go across, to cross, to cross over.
atravesarse *(ahtrahbaysáRsay)* r. to interfere.
atrayente *(ahtrahyéntay)* adj. attractive. [dare.
atreverse *(ahtraybayRssay)* r. to
atrevido *(ahtraybéedoh)* adj. daring, bold; insoent, forward.
atrevimiento *(ahtraybeemyéntoh)* m. boldness, daring, audacity.
atribución *(ahtreeboothyón)* f. attribution.
atribuir *(ahtreebweeR)* tr. to attribute, to impute.
atribuirse *(ahtreebweeRsay)* r. to assume.
atribular *(ahtreebooláR)* tr. to vex, to annoy, to torment.
atributo *(ahtreebóotoh)* m. attribute, wickedness, cruelty.
atrincheramiento *(ahtreenchayrahmyéntoh)* m. entrechment.
atrincherar *(ahtreenchayráR)* tr. to entrench. [tico.
atrio *(áhtryoh)* m. porch, por-
atrocidad *(ahtrohtheedád)* f. atrocity, wickedness, cruelty.
atrofia *(ahtróhfyah)* f. atrophy.
atrofiarse *(ahtrohfyáRsay)* r. to atrophy, to wilt, to wane.
atropellar *(ahtrohpaylyáR)* tr. *Traff.* to run over, to knock down; (peop.) to trample.

A

atropellarse *(ahtrohpaylyáRsay)* r. to hurry, to be too hasty.
atropello *(ahtrohpáylyoh)* m. trampling; abuse; knock down, run over.
atroz *(ahtróth)* adj. atrocious, inhuman, barbarous; (coll.) enormous, huge. [na.
atún *(ahtóon)* m. tunny-fish, tu-
aturdido *(ahtoordeedoh)* adj. hare-brained, giddy; thoughtless; bewildered.
aturdir *(ahtoordéeR)* tr. to embarrass; to stupefy, to bewilder.
audacia *(ah/oodáhthyah)* f. audacity, boldness.
audaz *(ah/oodáth)* adj. bold; audacious, daving.
audiencia *(ah/oodyénthyah)* f. audience; hearing; court of justice.
auditorio *(ahoodeetóhryoh)* adj. auditory. m. audience, auditorium.
auge *(ah/ooHay)* m. great prosperity, boom. **Estar en —**, to be in the up and up.
augurar *(ah/oogooráR)* tr. to augur, to predict, to foxbode.
aula *(ah/óolah)* f. classroom.
aullar *(ah/oolyáR)* intr. to howl; **— de dolor,** to yell with pain. [(pain) yell.
aullido *(ah/oolyéedoh)* m. howl;
aumentar *(ah/oomayntáR)* tr. to augment, to increase, to enlarge, to grow larger.
aumento *(ah/oomayntoh)* m. augment, increase, enlargement.
aun *(ah/óon)* adv. yet; as yet; still; even; however.
aunar *(ah/oonáR)* tr. to unite.
aunque *(ah/oonkáy)* adv. (al)-though, notwithstanding, however, nevertheless. [den.
aureo *(ah/óorayoh)* adj. gol-

A

aureola *(ah/oorayóhalah)* f. aureola; halo.
auricular *(ah/oorekooláR)* adj. auricular; (telephone) receiver.
aurora *(ah/ooróhrah)* f. dawn.
auscultar *(ah/ooskooltáR)* tr. to auscultate. [sence.
ausencia *(ah/oosénthe:ah)* f. ab-
ausentarse *(ah/oosayntáRsay)* r. to go away. [sent.
ausente *(ah/oosayntay)* adj. ab-
austeridad *(ah/oostayreedád)* f. austerity. [tere.
austero *(ah/oostáyroh)* adj. aus-
autentificar *(ah/ootaynteefeekaR)* tr. to authenticate.
auténtico *(ah/ootaynteekoh)* adj. authentic, genuine, real.
auto *(ah/óotoh)* m. judicial decree; writ, warrant.
auto m. (fam.) car.
autobús *(ah/ootohbóoss)* m. bus; — **de dos pisos,** double-decker bus; — **line,** compañía de autobuses.
auocar *(ah/ootohkáR)* m. coach.
autógrafo *(ah/ootóhgrahfoh)* m. autograph.
automático *(ah/ootohmáhteekoh)* adj. automatic.
automóvil *(ah/ootohmóhbeel)* m. automobile, m. (motor)-car.
automovilismo *(ah/ootohmohbeeleessmoh)* m. automobilism.
automovilista *(ah/ootohmohbeeleesstah)* s. automobilist, motorcar-driver; motorist.
autonomía *(ah/ootohnohmée:-ah)* f. autonomy, home rule; (fig.) self-determination.
autopsia *(ah/ootópsyah)* f. *Med.* autopsy, post-morten.
autor *(ah/ootóR)* m. author; *Lit.* writer; *Mus.* composer.
autora *(ah/ootórah)* f. authoress; *Lit.* writer; *Mus.* composer. [authority.
autoridad *(ah/ootohreedáhd)* f.
autorizado *(ah/ootohreetháhdoh)* adj. authorized.
autorizar *(ah/ootohreetháR)* tr. to authorize.
auxiliar *(ah/ookseelyáR)* tr. to aid, to help, to assist. adj. y m. auxiliary; assistant.
auxilio *(ah/ookséelyoh)* m. aid; help; **primeros — s,** first aid.
aval *(ahbáhl)* m. *Com.* endorsement. [advance; headway.
avance *(ahbáhnthay)* m. *Mil.*
avanzada *(ahbahntháhdah)* f. (mil.) (out)post.
avanzar *(ahbahntháR)* intr. to advance; to go forward.
avaricia *(ahbahréethyah)* f. avarice, greed.
avaricioso *(ahbahreethyóhsoh)* adj. avaricious, miserly, covetous.
avaro *(ahbáhroh)* adj. mean, stingy; miser.
avasallar *(ahbahsahlyáR)* tr. to subdue, to enslave.
ave *(áhbay)* f. bird, fowl; — **silvestre,** wild bird. — **de paso,** migratory bird. — **de rapiña,** bird of prey.
avecinarse *(ahbaytheenáRsay)* tr. to approach.
avellana *(ahbaylyáhnah)* f. hazel-nut. [zel-nut tree.
avellano *(ahbaylyáhnoh)* m. ha-
avena *(ahbáynah)* f. oats.
avenida *(ahbaynéeda)* f. avenue; *Hidr.* flood. [agree to.
avenirse *(ahbaynéeRsay)* r. to
aventajado *(ahbayntahHáhdoh)* adj. advantageous; outstanding, excellent.
aventajar *(ahbayntahHáR)* tr. to surpass, to excel, to improve. [venture.
aventura *(ahbayntóorah)* f. ad-
aventurado *(ahbayntooráhdoh)* adj. risky, hazardous.
aventurar *(ahbayntooráR)* tr. to venture, to risk, to endanger.
aventurero *(ahbayntooráyroh)* m. adventurer.
avergonzado *(ahbayRgonthahdoh)* adj. ashamed.
avergonzar *(ahbayRgontháR)* tr. to shame.
avergonzarse *(ahbayRgontháRsay)* r. to be ashamed.
avería *(ahbáyrée:ah)* f. dama-

ge. *Mech.* breadkdown; *Naut.* average.

averiarse *(ahbayryáRsay)* r. to suffer damage, to have a breakdown.

averiguación *(ahbayreegwahthyón)* f. investigation, inquiry; discovery.

averiguar *(ahbayreegwáR)* tr. to inquire; to find out.

aversión *(ahbayRsyón)* f. aversion. [trich.

avestruz *(ahbaystrooth)* m. os-

aviación *(ahbe:ahthyón)* f. aviation. [tor, airman.

aviador *(ahbe:ahdóR)* pilot, avia-

avidez *(ahbeedayth)* f. avidity, eagerness.

ávido *(áhbeedoh)* adj. eager, anxious, greedy. [ed. perverse.

avieso *(ahbyáysoh)* adj. crook-

avinagrado *(ahbeenahgráhdoh)* adj. sour, vinegarish; (coll.) embittered, crabbed.

avinagrar *(ahbeenahgrár)* tr. to go sour; v. r. to become sour.

avión *(ahbyón)* m. aeroplane, (coll) plane.

avisado *(ahbeesáhdoh)* adj. cautious, sharp, prudent.

avisar *(ahbeesáR)* tr. to advise, to inform, to let know; to warn.

aviso *(ahbeéesoh)* m. warning; annoucement, notice.

avispa *(ahbeespah)* f. wasp.

avispado *(ahbeespáhdoh)* adj. brisk; lively, sharp, cute, smart.

avispar *(ahbeespaR)* (coll.) to rouse. v. r. to become lively.

avispón *(ahbeespon)* m. Hornet.

avistar *(ahbeestáR)* tr. to descry, to catch sigh of, **— con,** to interview. [victual.

avituallar *(ahbeetwahlyáR)* tr. to

avivar *(abeebáR)* tr. to enliven, to quicken; to revive.

axila *(ahkséelah)* f. armpit.

axioma *(ahksyóhmah)* m. axiom.

¡ay! *(áh/ee)* interj. alas! (pain) ouch! [ness.

aya *(áhyah)* f. tutoress, gover-

ayer *(ahyáyR)* adv. yesterday.

ayo *(áhyoh)* m. tutor; governor. [assistance.

ayuda *(ahyóodah)* f. help, aid,

ayudante *(ahyoodáhntay)* s. assistant, aid; *Mil.* adjutant, aide-de-camp. [to help.

ayudar *(ahyoodáR)* tr. to aid;

ayunar *(ahyoonáR)* tr. to fast.

ayuno *(ahyóonoh)* s. fast; abstinence.

ayuntamiento *(ahyoontahmyéntóh)* m. municipal government, city hall, town hall.

azada *(ahtháhdah)* s. spade; hoe. [grub.

azadón *(ahthahdón)* s. pickaxe;

azafata *(ahthahfáhtah)* f. air hostess. [fron.

azafrán *(ahthahfráhn)* s. saf-

azahar *(ahtha/áR)* s. orange or lemon blosson. [ce.

azar *(ahtháR)* s. hazard, chan-

azorar *(ahthohráR)* tr. to bewilder, to embarrass, to confound.

azotaina *(ahthohtáh/ttnah)* f. drubbing; fam, spanking.

azotar *(ahthohtáR)* tr. to whip, to flog.

azote *(ahthóhtay.)* m. whip; lash; spank. (fig.) scourge.

azotea *(ahthohtáyah)* m. flat roof.

azúcar *(ahthóokaR)* m. sugar, **— moreno,** brown sugar, **— en polvo,** caster sugar, **un terrón de —,** a lump of sugar.

azucarar *(ahthookaráR)* tr. to sugar, to sweeten.

azucarero *(ahthookahráyoh)* m. sugar bowl or basin.

azucena *(ahthootháynah)* f. *Bot.* white lily.

azufre *(ahthóofray)* m. sulphur.

azul *(ahthóol)* adj. blue, **— celeste,** sky blue, **— oscuro,** dark blue, **— claro,** light blue. [bluish.

azulado *(ahthooláhdoh)* adj.

azular *(ahthooláR)* tr. to blue.

azulejo *(ahthooláyHoh)* m. glazed tile. [on (dogs).

azuzar *(ahthoocháR)* tr. to set

A

B b

baba *(báhbah)* f. drivel; spittle. [vel.
babear *(bahbayáR)* intr. to dri-
Babia *(Báhbyah)* f. **estar en —**, to be wool-gathering.
babor *(bahbóR)* m. *Naut.* larboard, port. **¡Todo a —!** Hard a-port!
babosa *(bahbohssah)* f. slug.
baboso *(bahbohssoh)* adj. drivelling, slavering. m. driveller, slaver. (coll) pert, insolent. [boosh.
babucha *(bahbóochah)* f. ba-
bacalao *(bahkahláh/oh)* m. cod-(fish).
bacanal *(bahkahnáhl)* f. orgy.
bacilo *(bahthéeloh)* m. bacillus.
bacteria *(bahktáyryah)* f. bacterium. f. pl. bacterias.
báculo *(báhkooloh)* m. walking-stick; staff; bishop's crozier.
bache *(báhchay)* m. chuck-hole, pot-hole.
bachiller *(bahcheelyáyR)* m. bachelor (firsh degree); (fam.) babbler.
bachillerato *(bahcheelyaráhtoh)* m. baccalaureate, bachelorship. [ditch.
badén *(bahdayn)* rain-gutter,
badulaque *(bahdoolahkay)* m. (coll) nit-wit, featherbrained fellow. [ge; luggage.
bagaje *(bahgáhHay)* m. bagga-
bagatela *(bahgahtáylah)* f. trifle; bagatelle.
bahía *(bah/ée:ah)* f. bay. [cer.
bailador *(bah/eeladóR)* m. dan-
bailar *(bah/eeláR)* tr. to dance.
baile *(bah/eelay)* m. ball, dance.
baja *(báhHah)* f. decrease, fall (of price), vacancy, (*Mil.* & *Accid.*) casualty. **Darse de —** to resign. **Estar de —**, to be off-sick.
bajada *(bahHáhdah)* f. descent; down-hill, slope. [tide.
bajamar *(bahHahmaR)* m. low
bajar *(bahHáR)* intr. to come, go, get or step down; tr. to lower. [ness.
bajeza *(bahHáythah)* f. mean-
bajo *(bahHoh)* adj. low; abject; ordinary; vulgar; m. (mar.) shoal, sand; ground floor; (mús.) bass.
bala *(báhlah)* f. bullet, bale.
balada *(bahláhdah)* f. ballad.
baladí *(bahladée)* adj. triffling.
balance *(bahláhnthay)* m. balance (—sheet); *Naut.* roll ing.
balancear *(bahlahntharyáR)* tr. to balance, *Naut.* to roll.
balancearse *(bahlahnthayáRsay)* r. to swing, to sway.
balanceo *(bahlahntháyoh)* m. oscillation, rocking, swaying.
balancín *(bahlahnthéen)* m. swing (-bar), **silla de —**, rocking chair. [le(s).
balanza *(bahláhnthah)* f. sca-
balazo *(bahláhthoh)* m. (gung)-shot, bullet-wound.
balbucear *(bahlboothayáR)* intr. to splutter, to babble.
balbuciente *(bahlboothyéntay)* adj. stammering. [splutter.
balbucir *(bahlboothéeR)* intr. to
balcón *(bahlkón)* m. balcony.
baldar *(bahldaR)* v. t. to cripple, to mam. v. r. to become crippled.
balde *(bahldáy)* m. *Mar.* bucket; **de —**, adv. **gratis,** free of charge or cost; **en —**, adv. in vain. [(land).
baldío *(bahldée:oh)* adj. waste
baldosa *(bahldóhsah)* f. square tile, flag-(stone).
balear *(bahlayáR)* adj. s. Balearic. [spa.
balneario *(bahlnayáhryoh)* m.
baliza *(bahleethah)* *Naut.* buoy.
balón *(bahlón)* n. (foot-)ball; **— cesto,** basketball; **— volea,** volley-ball.
balsa *(báhlsah)* f. pool; lake; *Naut.* raft, flat. [balsamic.

balsámico *(bahlsáhmeekoh)* adj.
bálsamo *(báhlsahmoh)* m. balsam; balm. [wark.
baluarte *(bahloo:á**R**tay)* m. bul-
ballena *(bahlyáynah)* f. *Zool.* whale.
ballenero *(bahlyaynáyroh)* m. whale; whaling ship.
ballesta *(bahlyésstah)* f. crossbow, *Mech.* laminated spring.
ballestero *(bahlyesstáyroh)* m. cross bowman, archer.
banca *(báhnkah)* f. *Com.* bank, banking.
bancarrota *(bahnkah**R**óhtat)* s. bankruptcy; **irse a la —,** to go bank rupt.
banco *(báhnkoh)* m. (sit), form bench; *Com.* bank; (fish.) soal of fish; *Naut.* **— de arena,** sand bank, shoal. **— de hielo,** ice-field.
banda *(bahndah)* f. sash; scarf; ribbon; *Mus.* band; *Crim.* gang; *Naut.* side.
bandada *(bandahdah)* f. flock (of birds). [platter.
bandeja *(bahndáy**H**ah)* f. tray,
banderг *(bandayrah)* f. flag; banner; **— blanca,** flag of truce; **— de popa,** ensign; **— de proa,** pack. **arriar la —,** to strike the colours.
banderilla *(bahndáyrée:lyah)* small-headed dart.
banderillear *(bahndayreelyayá**R**)* tr. to affix **banderillas.**
banderillero *(bahndayreelyáyroh)* m. affixer of **banderillas.**
bandido *(bahndéedoh)* s. bandit; outlaw highwayman.
bando *(báhndoh)* m. proclamation; edict; *Pol.* party, faction.
bandolero *(bahndohláyroh)* s. robber; brigand, highwayman.
banjo *(bahnyoh)* m. banjo.
banquero *(bahnkáyroh)* m. banker, bank-manager.
banquete *(bahnkáytay)* m. banquet, feast.
banquillo *(bahnkéelyoh)* m. f. little stool; small bench, *Law.* dock.
bañador *(bahnyahdó**R**)* m. bathing costume, trunks.
bañar *(bahnyá**R**)* tr. to bathe; (in the open); (dom.) to bath.

B

bañarse *(bahnyá**R**say)* intr. to take a bath, to have a bath.
bañera *(bahnyáyrah)* f. bathtub.
baño *(báhnyoh)* m. bath, **cuarto de —,** bath-room; (paint) coat; **— Turco,** Turkish bath. (fig.) (coll.) **Dar un baño,** to defeat completely, to be a walk-over. [s. baptistery.
baptisterio *(bahpteesstáyryoh)*
bar *(bá**R**)* s. bar; pub. [cards.
baraja *(bahráh**H**ah)* f. pack of
barajar *(bahrah**H**á**R**)* tr. to shuffle (cards).
baranda *(bahráhndah)* f. railing.
barandilla *(bahrahndéelyah)* f. railings (small).
baratija *(bahrahtés**H**ah)* f. nick(-knack), trinkets, trifles.
baratillo *(bahrahtéelyoh)* m. frippery.
barato *(bahráhtoh)* adj. cheap.
baratura *(bahrahtóorah)* f. cheapness.
barba *(bárbah)* f. beard; chin, **por —,** ahead, aplece.
barbaridad *(barbahreedáhd)* s. barbarity, cruelty, rashness.
barbarie *(barbahrye)* f. barbarousness, incivility.
bárbaro *(bárbahroh)* adj. barbarous; m. barbalan.
barbería *(barbayrée:ah)* f. barber's shop. [shaver.
barbero *(barbáyroh)* m. barber;
barbilla *(ba**R**beelya)* f. chin.
barbudo *(barbóodoh)* adj. (long) bearded.
barca *(bárkah)* f. boat; barge.
barcaza *(barkáhthah)* f. lighter.
barco *(bárkoh)* m. boat; ship, vessel. [rytone.
barítono *(bahréetohnoh)* m. ba-
barlovento *(barlohbayntoh)* m. windward. *Naut.* **costado de —,** windward side.

B

barniz *(barnéeth)* m. varnish; — **de las uñas,** nail lacquer.

barnizar *(barneetháR)* tr. to varnish; to gloss, to lacquer.

barómetro *(baróhmaytroh)* m. barometer.

barón *(barón)* m. baron.

baronesa *(baronáysah)* f. baroness.

barquero *(barkáyroh)* m. bargemann; boatman; ferryman.

barquillo *(barkéelyoh)* m. (thin rolled) wafer, waffle.

barra *(báRah)* f. (metal.) bar. ingot; lever; crow. — **bar,** rod, strip; *Naut.* bar, sandbar, *Mus.* bar; —**s y estrellas,** bars and estripes (American flag).

barraca *(bahRáhkah)* f. barrack; hut, cabin; fair booth.

barranco *(bahRánkoh)* m. ravine, gorge.

barredura *(bahRaydóorah)* f. sweeping; pl. sweepings, refuse, dust.

barrena *(bahRaynah)* f. (earth-) borer, drill; — **grande,** auger; — **pequeña,** gimlet.

barrenar *(bahRaynáR)* tr. to bore, to drill; to blast (rocks); — **un barco,** toscuttle.

barrendero *ɪbahRendáyroh)* m. sweeper; dustman.

barreno *(bahRáynoh)* m. large auger, biast(-hole), scuttle.

barreño *(bahRáynyoh)* m. basin, trough, bowl.

barrer *(baRayR)* tr. to sweep; (fig.) to sweep away.

barrera *(bahRáyrah)* f. barrier, barricade, parapet, fence.

barriada *(bahRyádah)* f. suburb, (city) ward; district. [ricade.

barricada *(bahRykáhdah)* f. bar-

barriga *(bahRéegah)* f. belly.

barrigudo *(bahRygóodoh)* adj. (big-)bellied, pot-bellied.

barril *(bahRéel)* m. barrel.

barrio *(báhRyoh)* m. city district or ward, quarter; **el otro —,** (fam.) the other world.

barrizal *(bahReetháhl)* m. muddy place. [earthenware.

barro *(baRoh)* m. clay; mud;

barrote *(bahRóhtay)* m. iron bar; rung (stairs).

barruntar *(bahRoontáR)* tr. to surmise; to guess, to foresee, to conjecture.

barullo *(baRóolyoh)* m. confusion, disorder, row. [tal.

basa *(báhsah)* f. basis; pedes-

basamento *(bahsahmayntoh)* m. *Arch.* basement.

basar *(bahsáR)* tr. to base, to fix; (fig.) to found, to rest on.

basca *(báhskah)* f. nausea.

báscula *(báhskoolah)* f. weighbridge; weighing scales.

base *(báhsay)* f. base; basis; foundation; — **militar/aérea /naval,** military/air/naval base. [ca.

basílica *(bahséeleekah)* f. basili-

basta *(báhstah)* interj. enough; stop, halt; adv. sufficiently, halt, that'll do!

bastante *(bahstáhntay)* adj. sufficient; quite, rather, fairly.

bastar *(bahstáR)* intr. to be enough, to suffice.

bastardilla *(bashtaRdeélyah)* f. italic(s) (print).

bastardo *(bahstáRdoh)* adj. bastard; spurious; m. bastard.

bastidor *(bahsteedóR)* m. (embroidery) frame, stretcher; **entre —es,** (theat.) in the wings, (fig.) behind the scenes; sashwindows.

basto *(báhstoh)* adj. rough, coarse; pl. clubs (cards).

bastón *(bahstón)* m. (walking) cane, stick, staff.

bastonazo *(bahstohnáhthoh)* m. stroke with a stick.

basura *(bahsóorah)* f. sweeping, refuse, rubbish, dirt, dust *U.S.A.* garbage.

basurero *(bahsooráyroh)* m. dustman, *U.S.A.* garbage collector; rubbish dump; garbage heap.

bata *(báhtah)* f. dressing gown; house coat; overall. [fight.

batalla *(bahtáhlyah)* f. battle.
batallar *(bahtahlyáR)* intr. to battle, to fight; (fig.) to contend. [lion.
batallón *(bahtahlyón)* m. batta-
batería *(bahtayrée:ah)* f. *Mil. Electr.* battery; — **de cocina,** kitchen utensils; *Mus.* percussion; m. drummer.
batida *(bahtéedah)* f. run hunting. *Sport.* battue. *Mil.* reconnaissance; hunting-party.
batido *(bahtéedoh)* adj. beaten, trodden (as roads); m. batter, (milk-) shake.
batidor *(bahteedóR)* m. scout, ranger; beater.
batidora *(bahteedóhrah)* f. whisk; stirrer, *Mech.* electric-beater.
batir *(bahtéeR)* tr. to beat; (eggs, etc.) to whip. (cream, etc.); to flap (wings) v. r. to fight.
batuta *(bahtóotah)* f. conductor's wand, baton, stick.
baúl *(bah/óol)* m. trunk, chest.
bautismo *(bah/ooteessmoh)* m. baptism.
bautizar *(bah/ooteetháR)* tr. to baptize; to christen.
bautizo *(bah/ootéethoh)* m. baptism, christing. [duster.
bayeta *(bahyáytah)* f. baize,
bayo *(báhyoh)* adj. light brown; bay (horse).
bayoneta *(bahyohnáytah)* f. bayonet. — **calada,** fixed bayonet.
bazar *(bahtháR)* m. bazaar.
bazo *(báhthoh)* m. *Anat.* spleen.
beata *(bayáthtah)* f. devout woman, prude.
beatería *(bayahtayréeah)* f. bigotry.
beatificar *(bayahteefeekáR)* tr. to beatify. [titude.
beatitud *(bayahteetóod)* f. bea-
beato *(bayáhtoh)* m. plous person; bigot; adj. happy.
bebedor *(baybaydóR)* m. drinker, tippler, toper, booser.
beber *(baybayR)* tr. to drink.
bebida *(baybéedah)* f. drink, beverage.
bebido *(baybéedoh)* adj. drunk.
beca *(báykah)* f. scholarship.
becerro *(baytháyRoh)* m. (yearling) calf, heifer.
bedel *(baydayl)* m. (univ. etc.) porter, warden. [mock.
befa *(báyfah)* f. jeep; scoff;
befar *(bayfáR)* tr. to laugh at; to mock, to jeer at. [belle.
beldad *(beldáhd)* f. beauty, a
belga *(bélgah)* adj. s. Belgian.
bélico *(báyleekoh)* adj. warlike.
belicoso *(bayleekóhsoh)* adj. bellicose, warlike; (fig.) aggressive quarrelsome.
beligerante *(bayleeHayrantay)* adj. belligerent.
belleza *(baylyáythah)* f. beauty; handsomeness, loveliness.
bello *(báyyoh)* adj. beautiful; handsome; fair. **El — sexo,** the fair sex. **Las —as Artes,** the fine Arts.
bellota *(baylyóhtah)* f. acorn.
bendecir *(bayndaythéeR)* tr. tc bless. [blessing.
bendición *(bayndeethyón)* f.
bendito *(bayndéetoh)* adj. blessed; (fam.) silly, m. simpleton.
beneficencia *(baynayfeetháynthya)* f. beneficence; charity.
beneficiar *(baynayfeethyaR)* tr. benefit. v. r. to make profit; to benefit oneself.
beneficio *(baynayféethyoh)* m. benefit; profit.
beneficioso *(baynayfeethyohsoh)* adj. beneficial, profitable, advantageous.
benéfico *(baynáyfeekoh)* adj. beneficent, charitable.
benemérito *(baynaymáyreetoh)* adj. meritorious; worthy.
beneplácito *(baynaypláhtheetoh)* m. approbation; consent.
benevolencia *(baynaybohlaynthya)* f. benevolence, goodwill.
benévolo *(baynáybohloh)* adj. benevolent, gentle, kind.

B

B

benignidad *(bayneekneedahd)* f. benignity, kindness, mercifulness; *Clim.* mildness.
benigno *(bayneeknoh)* adj. beningn; *Clim.* mild.
beodo *(bayóhdoh)* adj. drunk(en); m. drunkard, drunk, tippler.
berenjena *(bayraynHáynah)* f. *Bot.* egg-plant. [red.
bermejo *(bayRmáHoh)* adj. brigh
berrear *(bayrayáR)* intr. to [bel]low.
berrido *(bayRéedoh)* m. low, (of children) squall, screaming, howling.
berrinche *(bayréenchay)* m. rage, paddy(whack), tantrum.
berza *(báyRthah)* f. *Bot.* cabbage. [touch closely.
besar *(baysáR)* tr. to kiss; to
beso *(báysoh)* m. kiss.
bestia *(baysstyah)* f. beast, brute, animal, (fig.) idiot, brute person. [brutal.
bestial *(baysstyahl)* adj. bestial;
bestialidad *(baysstyahleedáhd)* f. bestality, brutality.
besugo *(baysoogoh)* *Ichth.* (sea)-bream.
besuquear *(baysookáyáR)* tr. to bekiss, to slobber (with kisses).
besuqueo *(baysookáyoh)* m. repeated kissing, slobbering (with kisses).
betún *(baytoón)* m. bitumen; pitch, (shoe-)blacing, polish.
biberón *(beebayrón)* m. sucking or feeding bottle, (baby's) feed.
Biblia *(béeblyah)* f. Bible. [cal.
bíblico *(béebleekoh)* adj. bibli-
bibliófilo *(beeblyóhfeeloh)* m. book-lover, bibliophile, bookworm.
bibliográfico *(beeblyohgráfeekoh)* adj. bibliographical.
bibliógrafo *(beeblyóhgrahfoh)* m. bibliographer.
bibliómano *(beeblyóhmahnoh)* m. bibliomaniac.
biblioteca *(beeblyohtáykah)* f. library; (dom.) bookcase.
bibliotecario *(beeblyotaykáhryoh)* m. librarian.
bicarbonato *(beekáRbohnáhtoh)* m. bicarbonate.
bicicleta *(beetheekláytah)* f. (push-)bicycle; (fam.) bike, byke.
bicho *(béechoh)* m. grub, *U.S.A.* bug; (coll.) — **viviente,** living soul; insect; (fig.) vermin.
bidón *(beedón)* m. drum.
biela *(byélah)* f. brace-strut, crank, connecting-rod.
bien *(byén)* m. good; benefit; pl. assets; adv. well; right.
bienal *(byenahl)* adj. biennial.
bienaventurado *(byenahbayntooráhdoh)* adj. blessed; fortunato, successful.
bienaventuranza *(byenahbayntooráhnthah)* f. bliss(fulness); beatitude.
bienestar *(by:enáysstáR)* m. well being; confort.
bienhechor *(byenaychóR)* m. benefactor. adj. charitable, kind. [two years.
bienio *(byáynyoh)* m. space of
bienvenida *(byenbaynéedahd)* f. wellcome, **dar la —,** to welcome.
biftec *(beefték)* m. beefsteak.
bifurcación *(beefooRkahthyón)* f. branch, (railway) junction.
bifurcar *(byfooRkáR)* tr. to branch off.
bifurcarse *(beefooRkáRsay)* r. to branch off. [my.
bigamia *(beegamée:ah)* f. biga-
bígamo *(beégahmoh)* m. bigamist. [tache.
bigote *(beegóhtay)* m. m(o)us-
bikini *(bikini)* m. bikini.
bilingüe *(beeléengoo:ay)* adj. bilingual. [spleeny.
bilioso *(beelyóhso)* adj. bilious,
bilis *(béeleess)* bile, gall.
billar *(belyáR)* m. billiards.
billete *(belyáytay)* m. ticket, note; — **de banco,** bank note; — **de ida y vuelta,** return ticket; — **sencillo,** single ticket. [graphy.
biografía *(byohgrafée:ah)* f. bio-

biográfico *(byohgráhfeekoh)* adj. biographical.

biógrafo *(byóhgráhfoh)* m. biographer.

biombo *(byómmboh)* m. folding screen.

bioquímica *(byohkéemeekah)* f. biochemistry.

bisabuela *(beesahbw:áylah)* f. great grandmother.

bisabuelo *(beesahbwayloh)* m. great grandfather.

bisagra *(beeságrah)* f. hinge.

bisemanal *(beesaymahnál)* adj. twice weekly.

bisiesto *(beesyésstoh)* adj. **año —** leap year.

bisonte *(beesóntay)* m. bison.

bisoño *(beesónyoh)* adj. raw, m. learner, greenhorn, novice.

bisturí *(beesstoorée)* m. *Surg.* lancet, bistoury, scalpel.

bizarría *(beethah*R*ée:ah)* f. gallantry, valour, dash; splendidness.

bizarro *(beetháh*R*oh)* adj. gallant, dashing, brave, generous.

bizco *(béethkoh)* adj. cross eyed, squint-eyed, squinting.

bizcocho *(beethkóhchoh)* m. sponge-cake.

biznieta *(beehnyáytah)* f. granddaughter.

biznieto *(beethnyáytoh)* m. grandson.

blanco *(bláhnkoh)* adj. white; blank, m. traget; **Tirar al —,** to shoot at a target. **Ropa —a,** linen. **Dar en el —,** to hit the mark. **Estar sin —a,** to be broke. **Dejar en —,** to leave out.

blancura *(blahnkóorah)* f. whiteness.

blandir *(blahndée*R*)* tr. to brandish.

blando *(bláhndoh)* adj. soft, flabby, pliant; (food) tender; (pers.) gentle; *Mus.* flatted; (fig.) cowardly.

blandura *(blahndóorah)* f. softness, mildness, gentleness.

blanquear *(blahnkayá*R*)* tr. to whiten, to whitewash.

blanqueo *(blahnkáyoh)* m. whitening, whitewash.

blasfemar *(blahsfaymá*R*)* intr. to blaspheme, to curse.

blasfemia *(blahsféymyah)* f. blasphemy, curse.

bledo *(blaydoh)* m. **no me importa un —,** I don't care a toss.

blindado *(beendáhdoh)* adj. armoured.

blindaja *(bleendáh*H*ay)* m. blind(age), armour(-plate).

blindar *(bleendá*R*)* tr. to protect with blindage.

bloquear *(blohkayá*R*)* tr. to blockade.

bloqueo *(blohkáyoh)* m. blockade.

blusa *(blóesah)* f. blouse.

boato *(boh/áhtoh)* m. pompous show, ostentation.

bobada *(bohbáhhdah)* f. silliness, folly, childishness.

bobalicón *(bohbahleekón)* s. blockhead, dolt, dunce; (coll.) not all there.

bobería *(bohbayrée:ah)* silliness, foolery, doltishness, childishness.

bobina *(bohbéenah)* f. spool, *Elect.* coil.

bobo *(bóhboh)* m. fool; duce; adj. simple; stupid.

boca *(bóhkah)* f. mouth; **— arriba,** upside down. **— abajo,** face downwards on one's face. **Cerrar la —,** to shut up. **A — de jarro,** point bank.

bocacalle *(bohkahkahlyay)* f. street opening, crossing.

bocadillo *(bohkahdéelyoh)* m. sandwich, snack.

bocado *(bohkáhdoh)* mouthful, bite, morsel. **— de rey,** delicacy.

bocanada *(bohkahnáhdah)* f. whiff, puff of smoke.

boceto *(bohtháytoh)* m. draft, sketch.

bocina *(bohthéenah)* f. *Mot.* horn; (fact.) hooter *Naut.* foghorn.

bochorno *(bohcho*R*noh)* m. sultry (weather), blush.

boda *(bóhdah)* f. wedding; marriage. **—s de plata,** silver wedding. **—s de oro,** golden wedding.

B

bodega *(bohdáygah)* f. wine-vault; cellar; *Naut.* hold.
bodegón *(bohdáygón)* m. chop-house; tavern; still life (painting). [box, buffet.
bofetada *(bohfaytáhdah)* f. slap,
bofetón *(bohfaytón)* m. cuff, slap. [hemian.
bohemio *(boh/áyme:oh)* m. bo-
boicot *(boheekót)* m. boycott.
boicotear *(boh/eekotayá***R***)* tr. to boycott.
bola *(bóhlah)* f. ball; globe, pellet, bolus (fam) lie, humbug.
bolchevique *(bolchaybéekay)* adj. s. Bolshevist, Bolshevik.
boletín *(bohlaytéen)* m. bulletin. [nine-pin.
bolo *(bóhloh)* m. skittle-pin, a
bolsa *(bólsah)* f. purse; pocket, bag, pouch. **La —**, Stock Exchange.
bolsillo *(bolséelyoh)* m. pocket; purse. adj. **De —**, pocketsize.
bolsista *(bolseesstah)* m. stock-broker.
bolso *(bólsoh)* m. purse of money, **— de mano,** handbag. **— de compras,** shopping-bag.
bollo *(bohlyoh)* m. small loaf, roll, bun, (fam.) imbroglio.
bomba *(bómbah)* f. pump, pumping-engine, bomb(shell).
bombardear *(bomba***R***dayá***R***)* tr. to bomb, to shell; to blitz.
bombardeo *(bomba***R***dáyoh)* m. bombardment, helling, bombing; blitz. [man.
bombero *(bombáyroh)* m. fire-
bombilla *(bombéelyah)* f. bulb (electric light). [drum.
bombo *(bómboh)* m. bass
bombón *(bombón)* m. bonbon, sweet, (fam.) pretty girl.
bonachón *(bohnaschón)* m. y adj. goodnatured (man).
bonanza *(bohnáhnthah)* f. fair weather; (fig.) prosperity.
bondad *(bondáhd)* f. goodness; kindness.
bondadoso *(bondahdóhsoh)* adj. kind, generous, helpful.
bonete *(bohnáytay)* m. bonnet.
bonito *(bohnéetoh)* adj. pretty nice; m. striped tunny.
bono *(bóhnoh)* m. (com.) bond, certificate, due-bill; voucher.
boqueada *(bohkayáhdah)* f. gasp; gape. **Dar las últimas —**, to be at the last gasp.
boquete *(bohkáytay)* m. gap.
boquiabierto *(bohkyahbye***R***toh)* adj. gaping, open-mouthed.
boquilla *(bohkéelyah)* f. mouth piece, cigarette-holder.
borbotar *(bo***R***botá***R***)* intr. to gush out.
borbotón *(bo***R***bohtohn)* m. **Hablar a —es,** to speak hastily.
borda *(bó***R***dah)* f. *Naut.* gunwale. **Por la —**, overboard.
bordado *(bo***R***dáhdoh)* m. embroidery. adj. embroidered.
bordadora *(bo***R***dadóhrah)* f. adj. embroideress. (mech.) embroidering-machine. [der.
bordar *(bo***R***dá***R***)* tr. to embroi-
borde *(bó***R***day)* m. border edge, fring. (clothes) hem (vess.) rim.
bordo *(bó***R***doh)* m. *Naut.* bord; **a —**, aboard, on board.
borla *(bó***R***lah)* f. tuft; tassel; (acad.) Doctor's bonnet. **Tomar la —**, to take a Doctorate.
borra *(bóh***R***ah)* f. fluff, flock wool, silk waste. (coll.) idle talk, trash.
borrachera *(boh***R***ahcháyrah)* f. drunkenness, intoxication, spree, revelry.
borracho *(boh***R***áhchoh)* adj. drunk; m. drunkard.
borrador *(boh***R***ahdó***R***)* m. day-book, rough draft; eraser, duster, rubber.
borrar *(boh***R***á***R***)* tr. to erase, to rub off/out. [squall, tempest.
borrasca *(boh***R***áhskah)* f. storm,
borrascoso *(boh***R***ahskóhsoh)* adj. stormy, squally, (fig.) tempestuous.
borrego *(boh***R***áygoh)* m. lamb. (coll.) simpleton.
borrica *(boh***R***éekah)* f. she-ass.

borrico *(bohRéekoh)* m. ass; donkey: (coll.) dunce, dullard.
borrón *(bohRón)* m. blot (of ink). [ed.
borroso *(bohRóhsoh)* adj. blurr-
bosque *(bóskay)* m. woodland, forest. [sketch.
bosquejar *(boskayHáR)* tr. to
bosquejo *(boskáyHoh)* m. (rough) sketch.
bostezar *(bostaythahR)* intr. to yawn; to gape.
bostezo *(bostáythoh)* m. yawn.
bota *(bóhtah)* f. boot; leather bottle, wine-skin.
botadura *(bohtahdóorah)* f. (ship-) launching.
botánica *(bohtáhneekah)* f. botany. [botanical.
botánico *(bohtáhneekoh)* adj.
botar *(bohtáR)* tr. to cast, to launch (ship).
bote *(bóhtay)* m. *Naut.* boat, (ball) bounce. (cont.) can. (pers.) jump. **De — en —**, chock-full. [flask.
botella *(bohtáylyah)* f. bottle;
botica *(bohtéekah)* f. apothecary's shop; (chemist's shop). [apothecary.
boticario *(botheekáryoh)* m.
botija *(bohtéeHah)* f. earthen pitcher, jug.
botijo *(bohtéeHoh)* m. earthen pitcher; **tren —**, excursión train.
botín *(bohtéen)* m. booty; buskin, half-boot; legging.
botiquín *(bohteekéen)* m. medicin, dressing-case.
botón *(bohtón)* m. button; *Bot.* bud, sprout; *Elect.* switch, knob.
botones *(bohtónayss)* m. fam. buttons, bell-boy.
bóveda *(bóhbaydah)* f. *Arch.* vault. [of cattle.
bovino *(bohbeenoh)* adj. bovine,
boxeador *(boksayahdóR)* m. boxer, prize fighter.
boxear *(boksayáR)* tr. to box.
boxeo *(boksáyoh)* m. boxing, prize-fight.
boya *(bóhyah)* f. buoy; float.
bracear *(brahthayáR)* intr. to swing the arm.
bracero *(brahtháyroh)* m. (day-) labourer, navy.
braga *(bráhgah)* f. breeches, child's clout; plu, knickers; (coll.) panties, briefs.
braguero *(brahgáhyroh)* m. (med.) truss, brace.
bramar *(brahmáR)* intr. to roar, to bellow, (fam.) to rage.
bramido *(brahméedoh)* m. (ani. & weath.) roar; bellow; (fig.) bawling.
brasa *(bráhsah)* f. live coal, red-hot coal/stick. **Estar en —**, to be like a cat on hot-bricks. [sier; fire-pan.
brasero *(brahsáyroh)* m. bra-
bravata *(brahbáhtat)* f. bravado, brag, boast. **Hacer —**, to brag, to boast, to show off.
bravío *(brahbée:oh)* adj. wild, sauvage, ferocious, (animals); wild (plants); m. fierceness.
bravo *(bráhboh)* adj. brave, valiant, courageous, hardy. **Toro —**, fighting-bull. **Mar —**, swollen sea; wild, intrj. ¡bravo!
bravura *(brahbóorah)* f. courage, manliness; (of anim.) ferocity, fierceness.
braza *(bráthah)* f. *Naut.* fathom; brace.
brazada *(bratháhdah)* f. armful; (swim.) stroke.
brazal *(bratháhl)* m. arm band, irrigation ditch.
brazalete *(brathahláyta)* m. bracelet, armlet.
brazo *(bráthoh)* m. arm. **Con los —s abiertos,** with open arms. **Con los —s cruzados,** with folded arms. **Llevar en —s,** to carry in arms.
brea *(bráyah)* f. pitch, tar-(paulin).
brevaje *(braybáhHay)* m. beverage, potion; *Naut.* grog.
brecha *(bráychah)* f. breach; opening. **Estar a la —**, to be on the offensive.

brega *(bráygah)* f. strife, struggle.
bregar *(braygá***R***)* intr. to struggle, to strife, to wrestle with.
breve *(bráybay)* adj. brief, short, concise; m. apostolic brief, **—mente,** briefly, shortly, concisely.
brevedad *(braybaydáhd)* f. brevity, briefness, shortness, conciseness. [breviary.
breviario *(braybyáhryoh)* m.
brezal *(braytháhl)* m. heath.
bribón *(breebón)* m. y adj. knave; scoundrel, rascal, rogue.
brida *(bréedah)* f. bridle (of a horse), string.
brigada *(breegáhdah)* f. brigade.
brillante *(breelyáhntay)* m. brillant, diamond; adj. bright, shining, brilliant.
brillantina *(breelyahntéenah)* f. brillfantine.
brillar *(breelya***R***)* intr. to shine, to sparkle, to glisten, to glitber.
brillo *(bréelyoh)* m. brilliancy, brightness, shine, polish.
brincar *(breenká***R***)* intr. to leap, to jump, to skip, to hop.
brinco *(bréenkoh)* m. leap; jump; hop. [toast.
brindar *(breendá***R***)* intr. to
brindis *(bréendees)* m. toast, health.
brío *(brée:oh)* m. vigour, dash.
brioso *(bryóhsoh)* adj. vigorous.
brisa *(bréesah)* f. breeze.
británico *(bréesah)* f. breeze. British.
brizna *(breéthnah)* f. blade of grass; particle, small piece.
broca *(bróhkah)* f. borer, drill, bit. [brush.
brocha *(bróhchah)* f. painter's
broche *(bróhchay)* m. clasp; *Orn.* brooch, hook and eye (sew.).
broma *(bróhmah)* f. gaiety, joke: **— pesada,** practical joke.
bromear *(bromayá***R***)* intr. to droll; to jest, to joke, to make fun.
bromista *(bromeestah)* m. merry fellow, joker, jester.
bronca *(brónkah)* f. wrangle, quarrel, row. **Hechar una —,** to tell off.
bronce *(brónthay)* m. bronze; brass.
bronceado *(bronthayáhdoh)* m. brassiness; bronzing; adj. brazen; tanned, sunburnt.
broncear *(bronthayá***R***)* tr. to bronze; to sun-burn, to suntan, to sun-bathe.
bronco *(brónkoh)* adj. rough, coarse; (fig.) rude; (voice) harsh, hoarse. [chitis.
bronquitis *(bronkéetees)* f. bron-
brotar *(brohtá***R***)* intr. *Bot.* to bud, to sprout, to shoot; to gush.
brote *(bróhtay)* m. bud, shoot.
broza *(bróhthah)* f. thicket, dead leaves and weeds.
bruja *(bróo***H***ah)* f. witch; hag, sorceress.
brujería *(bróo***H***ayrée:ah)* f. witchcreaft, sorcery.
brujo *(bróo***H***oh)* m. sorcerer.
brújula *(bróo***H***oolah)* f. *Naut.* (sea) compass.
bruma *(bróomah)* f. mist, haze.
bruñido *(broonyéedoh)* m. polish; adj. burnished.
bruñir *(broonyée***R***)* tr. to burnish, to polish.
bruscamente *(broosskahméntay)* (adv.) abruptly.
brusco *(broósskoh)* adj. rough, brusque [cious, savage.
brutal *(broótahl)* adj. brutal, vi-
brutalidad *(brootahleedáhd)* f. brutality, viciousness.
bruto *(broótoh)* m. brute, beast. adj. rough. **peso bruto** m. gross weight.
bucear *(boothayá***R***)* tr. to dive.
buceo *(booth....yoh)* m. diving.
bucle *(bóoklay)* m. curl; lock.
bucólico *(bookóhleekoh)* adj. bucolic. [(coll.) stomach.
buche *(bóochay)* m. crop, maw;
buen *(bwayn)* adj. good.
buenamente *(bwaynahmayntay)* adv. casily; freely.
buenaventura *(bwaynahbayntorah)* f. luck, fortune telling.

bueno *(bwaynoh)* adj. good; healthy, fit; **Ser bueno (a),** to be good. **Estar bueno (a),** to be fit.
buey *(bwayee)* m. ox; bullock.
bufanda *(boofáhndah)* f. scarf, muffler. [lawyer's office.
bufete *(boofáytay)* m. desk;
bufo *(bóofoh)* adj. comic; clownish; m. buffoon on the stage. [foon.
bufón *(boofón)* m. jester; buf-
bufonada *(boofohnáhdah)* f. buffoonery; jesting.
buhardilla *(bwaRdéelyah)* f. small garret, attic, sky-light.
búho *(bóo:oh)* m. owl.
buhonero *(boo/ohnayroh)* m. hawker. [ture.
buitre *(boo:éetray)* m. *Orn.* vul-
bujía *(booHée:ah)* f. candle; candle stick; *Mot.* spark-plug.
bulbo *(bóolboh)* m. *Bot., Anat., Ship.* bulb, globe.
bulto *(bóoltoh)* m. package, bundle; *Anat.* lump; (mail) parcel. **A —,** haphazardly. **Escurrir el —,** to dodge. **Ser de —,** to be obvious.
bulla *(bóolyah)* f. noise; clatter; **meter —,** to make a din.
bullicio *(boolyéethyoh)* m. noise; bustle.
bullicioso *(boolyeethyóhsoh)* adj. turbulent; noisy.
bullir *(boolyéeR)* intr. to boil; to bubble (up); to bustle.
buñuelo *(boonywáyloh)* m. fritter; bun, doughnut.
buque *(bóokay)* m. boat, ship, vessel; **— escuela,** training ship; **— costero,** coaster; **— de carga,** cargo-boat; **— de vapor,** steam ship; **— de guerra,** warship. [ble.
burbuja *(booRbóoHah)* f. bub-
burbujear *(booRbooHayáR)* intr. to bubble, to make bubbles.
burdel *(booRdayl)* m. brothel.
burdo *(bóoRdoh)* adj. coarse.
burla *(bóoRlah)* f. scoff; mockery, sneer, jeer, jibe; chear, deceit. **Hacer — de,** to mock, to make fun of.
burlador *(booRlahdóR)* m. jester; mocker; libertine.
burlar *(booRláR)* tr. to mock; to deceive; to abuse.
burlesco *(booRlaysskoh)* adj. burlesque; comic.
burlón *(booRlón)* m. scoffer, jester, mocker.
burocracia *(boorohkráhthyah)* f. bureaucracy.
burócrata *(booróhkrahtah)* m. f. bureaucrat.
burra *(bóoRah)* f. she-ass; (coll.) dunce. [action.
burrada *(booRáhdah)* f. stupid
burro *(bóoRoh)* m. ass; (coll.) dunce, dolt. **caer del —.** (fig.) to see clearby.
busca *(bóosskah)* f. search, pursuit, quest.
buscar *(boosskáR)* tr. to seek; to search, to look for.
búsqueda *(bóosskaydah)* f. search. [*Arch.* bust.
busto *(bóosstoh)* m. *Anat.,*
butaca *(bootáhkah)* f. armchair; *Theat.* stall.
butano *(bootáhnoh)* m. butane.
butifarra *(booteefáhRah)* f. sausage.
buzo *(bóothoh)* m. diver.
buzón *(boothón)* m. (dom.) letter-box; (street) pillar-box.

cabal *(kahbáhl)* adj. just; right; sane. **Estar en sus —es,** to be in one's senses.
cabalgada *(kahbahlgáhdah)* f. cavalcade, foray, raid.
cabalgadura *(kahbahlgahdóorah)* f. mount, riding beast.
cabalgar *(kahbahlgáR)* intr. to ride.
cabalgata *(kahbahlgáhtah)* f. cavalcade, parade. *U. S. A.* motorcade.
caballeresco *(kahbahlyayráysskoh)* adj. knightly, chivalrous.

C

caballería *(kahbahlyayrée:ah)* f. mount; cavalry, horse-troops, (mann. her.) chivalry.

C

caballero *(kahbahlyáyroh)* m. gentleman; *Nob.* knight; horseman, rider; cavalier.

caballerosidad *(kahbahlyayroh-seedáhd)* f. chivalrousness, gentlemanship, generosity.

caballeroso *(kahbahlyayróhsoh)* gentlemanly, generous, civil.

caballete *(kahbahlyáytay)* m. painter's easel; trestle.

caballo *(kahbályoh)* m. horse, **a —,** on horseback. **— de carga,** pack hose. **— de silla,** riding horse. **— de carreras,** racing horse. **— de tiro,** draught horse. **— de fuerza,** horse-power. **— de mar,** sea-horse.

cabaña *(kahbáhnyah)* f. hut, log cabin, croft; linesstock.

cabaret *(cahbahrét)* m. cabaret, night club.

cabecear *(kahbaythayá***R***)* intr. to nod; *Naut.* to pitch.

cabecera *(kahbaytháyrah)* f. head of a table, or bed etc.

cabecilla *(kahbaythéelyah)* s. leader; ringleader.

cabellera *(kahbaylyáyrah)* f. long hair.

cabello *(kahbáylyoh)* m. hair.

cabelludo *(kahbaylyóodoh)* adj. hairy; **cuero —,** scalp.

caber *(kahbáy***R***)* intr. to be able to be contained, to fit, to go in. **No cabe más,** there is no room for move, it is full up. **No cabe duda,** there is no doubt about it.

cabestrillo *(kahbaysstréelyoh)* m. sling.

cabeza *(kahbáythah)* f. head, top; **— de chorlito,** scatty. **— de ganado,** head of cattle. **— de puente,** *Mil.* beach-head. **— de turco,** scape-goat.

cabezada *(kahbaytháhdah)* f. headshake, nod; nap(ping).

cabezudo *(kahbaythóodoh)* adj. pigheaded, self-willed.

cabida *(kahbéedah)* f. capacity.

cabina *(kahbéenah)* f. cabin; **— de avión,** cockpit.

cabizbajo *(kahbeethbáh***H***oh)* adj. crestfallen.

cable *(káhblay)* m. cable, wire.

cablegrafiar *(kahblaygrahfe:á***R***)* intr. to cable.

cablegrama *(kahblaygráhmah)* m. cablegram.

cabo *(káhboh)* m. extremity; tip; *Geog.* cape, headland; *Naut.* rope. *Mil.* corporal; **llevar a —,** to accomplish.

cabotaje *(kahbohfáh***H***ay)* m. coasting trade.

cabra *(káhbrah)* f. goat; **piel de —,** goatskin. **— montés,** wild goat. **Estar como una —,** to leve bats in the belfry.

cabrero *(kahbráyroh)* m. goat-herd.

cabrestante *(kahbraystahntay)* [m. capstan.

cabrío *(kahbrée:oh)* adj. goatish; **macho —,** buck, billy-goat.

cabriola *(kahbryóhlah)* f. caper, [leap, jump.

cabrito *(kahbreétoh)* m. kid.

caca *(káhkah)* f. (fam.), excrements, dirt; faeces.

cacahuete *(kahkah/wáytay)* m. peanut, earth-nut.

cacao *(kahkáh/oh)* m. cocoa.

cacarear *(kahkahrayá***R***)* intr. to cackle, to boast.

cacareo *(kahkahráyoh)* m. cackling; boasting.

cacería *(kahthayréeah)* f. hunt[(ing).

cacerola *(kahthayróhlah)* f. saucepan; stew-pan.

cacique *(kahthéekay)* m. cacique, political boss, local chief.

caco *(káhkoh)* m. burglar, pick[pocket, thief.

cacto *(káhktoh)* m. cactus.

cachalote *(kahchahlóhtay)* m. cachalot, sperm whale.

cacharrería *(kahchah***R***ayrée:ah)* f. crockery, earthenware shop, pot-shop.

cacharro *(kahcháh***R***oh)* m. jug. coarse earthen pot, pot, pan: (coll.) **¡Qué — !** what a heap of junk!

cachaza *(kahcháhthah)* f. tardiness, slowness.
cachear *(kahchayá***R***)* tr. to search for hidden weapons, to frisk. [flap, lick.
cachete *(kahcháyay)* m. box,
cachiporra *(kahcheepóh***R***ah)* f. truncheon, cudgel, club.
cachivache *(kahcheebáhchay)* m. (fam.) pot, utensil, thingumbob. [ce.
cacho *(káhchoh)* m. slice, pie-
cachorro *(kahchóh***R***oh)* m. (of dogs) puppy; cub.
cada *(kahdah)* adj. Each; every: — **uno,** Each one, every one: — **vez,** each time, every time. — **vez más,** more and more, — **vez menos,** less and less.
cadalso *(kahdáhlsoh)* m. scaffold (for executions), gallows. [se, body.
cadáver *(kahdáhbay***R***)* m. corp-
cadavérico *(kahdahbáyreekoh)* adj. cadaverous.
cadena *(kahdáynah)* f. chain, bond. — **perpetua** (penal servitude) for life.
cadencia *(kahdaynthyah)* f. cadence, rtythm.
cadera *(kahdáyrah)* f. *Anat.* hip.
cadete *(kahdáytay)* m. *Mil.* cadet; junior.
caducar *(kahdooká***R***)* intr. to dote; to fall into disuse, to become out of date; *Com.* to lapse, to falldue.
caducidad *(kahdootheedáhd)* f. caducity. [out; senile.
caduco *(kahdóokoh)* adj. worn
caer *(kah/ay***R***)* intr. to fall, to fall off/down; to drop; — **bien,** to fit, fit, to suit; — **enfermo,** to fall ill. — **en la trampa**, to fall into the trap. —**se los dientes,** to lose one's teeth (one's hair)
café *(kahfáy)* m. coffee; coffeehouse, cafe.
cafetera *(kahfaytáyrah)* f. coffee, percolator.
cafre *(kahfray)* m. adj. kaf(f)ir; (fig.) savage, inhuman.
cagar *(kahgá***R***)* tr. to (go to) stool, (vulg.) to shit, to soil; —**se de miedo,** to tremble with fear.
caída *(kah/éedah)* f. fall; drop.
caimán *(kah/eemáhn)* m. cayman, alligator.
caja *(káh***H***ah)* f. box; case, cash; — **de ahorros,** savings bank; — **fuerte,** safe; — **registradora,** cash register; **libro de —,** cash book.
cajera *(kah***H***áyrah)* f. female cashier.
cajero *(kah***H***áyroh)* m. cashler.
cajista *(kah***H***ísstah)* s. type compositor.
cajón *(kah***H***ón)* m. drawer; (shop) till: — **de sastre,** odds and ends, junk box.
cal *(kahl)* f. lime; — **viva,** quick lime. — **muerta,** slaked lime.
cala *(káhlah)* f. small bay, creek, cove.
calabaza *(kahlahbahthah)* f. (bot.) pumpkin, gourd. (fig.) stupid. **Llevar —s,** to fail at exams. **Dar —,** (of lovers) to turn down.
calabozo *(kahlahbóhthoh)* m. jail; dungeon.
calado *(kahláhdoh)* adj. soaked, steeped; m. *Naut.* drauglit.
calamar *(kahlahmá***R***)* m. (sea-)-squid, sea-sleeve, calamary.
calambre *(kahláhmbray)* m. cramp. [misfortune.
calamidad *(kahlahmeedáhd)* f.
calamitoso *(kahlahmeetóhsoh)* adj. calamitous.
calar *(kahlá***R***)* tr. to soak through, (fig.) to see through.
calavera *(kahlahbáyrah)* f. skull, (vulg.) m. madcap, rake.
calaverada *(kahlahbayráhdah)* f. wild oats, escapade.
calcar *(kahlká***R***)* tr. to trace. (fig.) to copy.
calcáreo *(kahlkáhrayoh)* adj. calcareous.
calceta *(kahltháytah)* f. knitting. **Hacer —,** to knit.
calcetín *(kahlthaytín)* m. sock.
calcinar *(kahltheená***R***)* tr. to calcine.

calco *(káhlkoh)* m. counter-drawing, tracing, copy.
calculador *(kahlkoolahdó*R*)* m. computer, rekoner. adj. calculating.
C
calcular *(kahlkoolá*R*)* tr. to compute, to reckon, to calculate, to estimate.
cálculo *(káhlkooloh)* m. reckoning, calculation. *Méd.* calculus, stone.
calda *(káhldah)* f. heat; warming; pl. hot springs, spa.
caldear *(kahldayá*R*)* tr. to heat.
caldera *(kahldáyrah)* f. ca(u)ldron; (fact. ship) boiler.
calderilla *(kahldayréelya)* f. coppers, bras or copper money.
caldero *(kahldáyroh)* m. ca(u)ldron; (coll.) bucket, pail.
caldo *(káhldoh)* m. broth.
calefacción *(kahlayfakthyón)* f. heating; — **central,** central heating. [calendar.
calendario *(kahlayndáhryoh)* m.
calentador *(kahlayntahdó*R*)* m. heater. — **eléctrico,** electric heater. — **a gas,** gas heater. adj. warming, heating.
calentar *(kahlayntá*R*)* tr. to heat, to warm.
calentura *(kahlayntóorah)* f. (med.) temperature, fever; warmth.
calenturiento *(kahlayntooryéntoh)* adj. feverish. [creek.
caleta *(kahláytah)* f. cove;
calibrar *(kahleebrá*R*)* tr. to calibrate, to gauge, to size.
calibre *(kahléebray)* m. calibre, ga(u)ge. [kind.
calidad *(kahleedáhd)* f. quality;
cálido *(káhleedoh)* adj. *Clim.* hot; calid. [hot.
caliente *(kahlyéntay)* adj. warm;
calificación *(kahleefeekahtyón)* f. qualification; mark (in exams.)
calificado *(kahleefeekáhdoh)* adj. qualified; competent.
calificar *(kahleefeeká*R*)* tr. to quality, to mark (examination papers), to empower.
caligrafía *(kahleegrahfée:ah)* f. caligraphy, penmanship.
cáliz *(káhleeth)* m. chalice. *Bot.* calyx. [ne).
caliza *(kahléethah)* f. lime(sto-
calma *(káhlmah)* f. calm. quiet(ness), calmness, stillness, tranquility. — **chicha** *Naut.* dead calm.
calmante *(kahlmáhntay)* adj. soothing; m. sedative.
calmar *(kahlmá*R*)* tr. to (be)-calm, to appease, to quench (thirs, etc); (pain) to soothe.
calmarse *(kahlmá*R*say)* r. to calm, down, to subside.
calmoso *(kahlmóhsoh)* adj. calm(y), (coll.), slow, tardy.
calor *(kahló*R*)* m. heat (exces.); warmth (pleas.): **Hacer —,** (clim.) to be hot. **Tener —,** to be hot. **Asarse de —,** to be roasting.
caloría *(cahlorée:ah)* f. calory; calorie.
calumnia *(kahlóemnyah)* f. calumny; slander. [calumniate.
calumniar *(kahloomnyá*R*)* tr. to
caluroso *(kahlooróhsoh)* adj. warm, hot; passionated.
calva *(káhlbah)* f. bald head.
calvario *(kahlbáhryoh)* m. Calvary.
calvicie *(kahlbéethyay)* f. baldness. [less.
calvo *(káhlboh)* adj. bald, hair-
calza *(káhlthah)* f. trousers; breeches: **—o,** *Mec.* wedge.
calzada *(kahltháhdah)* f. road, way, (coll.) street.
calzado *(kahltháhdoh)* adj. shod. m. footwear. [horn.
calzador *(kahlthahdó*R*)* m. shoe-
calzoncillos *(kahlthonthéelyoss)* m. pl. under pants. [quiet.
callado *(kahlyáhdoh)* silent,
callar *(kahlyá*R*)* intr. to be silent, to keep/be quiet (coll.) to shut up.
calle *(káhlyay)* s. street, lane; — **arriba,** up the street; — **abajo,** down the street.
calleja *(kahlyá*H*ah)* f. narrow passage, off-street, side-street.

callejear *(kahlyeHayaR)* intr. to saunter, to loiter about; to gad, to ramble.
callejero *(kahlyeHáyroh)* m. street walker, rambler; adj. street.
callejón *(kahlyayHón)* m. alley, lane. — **sin salida,** blind alley.
callejuela *(kahlyeHwaylah)* f. lane, alley-way.
callicida *(kahlyeehéedah)* m. corn-plaster, corn-remover.
callista *(kahlyeesstah)* m. chiropodist. [(food) pl. tripes.
callo *(káhlyoh)* m.. *Anat.* corn
cama *(káhmah)* f. bed; couch. **guardar —,** to stay in bed. — **de matrimonio,** double-bed. — **individual,** single bed. **Hacer la —,** to make the bed.
camada *(kahmáhdah)* f. (birds) brood; (anim.) litter.
camaleón *(kahmahlayón)* m. *Zool.* chameleon.
cámara *(káhmahrah)* f. hall; chambre. — **de Comercio,** Chamber of Commerce.
camarada *(kahmahráhdah)* s. comrade, chum, pal.
camarera *(kahmahráyrah)* f. waitress. [waiter, steward.
camarero *(kahmahráyroh)* m.
camarilla *(kahmahréelyah)* f. coterie, set *U.S.A. Pol.* lobby, machine. [chamber.
camarín *(kahmahréen)* s. small
camarote *(kahmahróhtay)* m. *Naut.* berth, cabin.
camastro *(kahmáhstroh)* m. slovenly bed, pallet.
cambiante *(kambyahntay)* adj. changeable. [(ex)change.
cambiar *(kahmbyáR)* tr. to
cambio *(káhmbyoh)* m. change, exchange. **Letra de —,** bill of exchange. **Libre —,** free trade. **En —,** on the other hand.
camelar *(kahmayláR)* tr. to flirt, wo, to court; (coll.) to canoodle.
camelo *(kahmáyloh)* m. deceit; humbug; (coll.) flannel.
camelia *(kahmáylyah)* f. *Bot.* camellia.
camello *(kahmáylyoh)* m. camel.
camilla *(kahméelyah)* s. stretcher, litter, round table.
caminante *(kahmeenáhntay)* m. m. walker.
caminar *(kahmeenáR)* intr. to walk, to march.
caminata *(kameenáhtah)* long-walk, tramp, hike, march.
camino *(kahméenoh)* m. way. **De —,** on one's way. — **trillado,** beaten track; — **de herradura,** bridle path.
camisa *(kahméesah)* f. shirt; — **de fuerza,** straight-jacket; *Mech.* casing. [shirt shop.
camisería *(kahmeesayrée:ah)* f.
camiseta *(kahmeesáytah)* f. vest; undershirt; singlet.
camisón *(kahmeesón)* m. night gown, night-dress.
camorra *(kahmóhRah)* f. quarrel, scuffle, wrangle brawl.
camorrista *(kahmohReesstab)* m. brawler, bully.
campamento *(kahmpamayntoh)* m. camp, camping-site.
campana *(kahmpáhnah)* f. bell.
campanada *(kahmpahnáhdah)* f. bellstroke.
campanario *(kahmpahnáhryoh)* m. belfry, steeple, bell-tower. [m. bell-ringer.
campanero *(kahmpahnáyroh)*
campanilla *(kahmpahnéelyah)* f. hand-bell; *Anat.* uvula; *Bot.* bellflower.
campaña *(kahmpáhnyah)* f. *Mil.* campaign, *Geog.* level country.
campar *(kampaR)* v. i. to lamp.
campechano *(kahmpaycháhnoh)* adj. frank, hearty, cheerful, genial. [champion.
campeón *(kahmpayón)* m.
campeonato *(kahmpayohnáhtoh)* m. championship, tournament.
campesino *(kahmpayséenoh)* adj. rural; m. peasant, countryman.
campiña *(kahmpéenyah)* f. country, countryside.

C

C

campo *(káhmpoh)* m. (in gen.) country (side) (in part.) field; (fig.) scope, range; (mil.) camp; **— de fútbol,** football ground/field. **— de juegos,** playing ground.
campo-santo *(káhmpoh-sáhntoh)* cemetery, grave-yard.
can *(khan)* m. dog.
cana *(káhnah)* f. white hair; **peinar —s,** to be old.
canal *(kahnáhl)* m. channel; waterway; (art.) canal. *Anat.* duct.
canalizar *(kahnahleethá***R***)* tr. to canalize; (fig.) to channel.
canalla *(kahnáhlyah)* f. mob; rabble; m. a scoundrel.
canana *(kahnáhnah)* f. cartridge belt.
canapé *(kahnahpáy)* m. couch, sofa, settee; canapé.
canario *(kahnáhryoh)* m. canary (bird.) adj. of the Canary Islands; m. Canary Islander.
canasta *(kahnáhstah)* f. hamper; basket.
canastilla *(kahnahstéelyah)* m. baby basket; small wicker-basket.
canastos *(kahnáhstos)* interj. great guns! Gosh!
cancela *(kahntháylah)* f. iron-work gate. [f. cancellation.
cancelación *(kahnthaylahthyón)*
cancelar *(kahnthayhlá***R***)* tr. to cancel, to annul.
cáncer *(káhnthay***R***)* m. cancer.
canciller *(kahnthelyay***R***)* m. chancellor. [lyric, tune.
canción *(kahnthyón)* f. song;
cancionero *(kahnthyohnáyroh)* m. song-book.
cancha *(kanchaah)* f. sports-ground court. [lock.
candado *(kahndáhdoh)* m. pad-
candela *(kahndáylah)* f. candle, taper; (coll.) fire; (coll.) **Dar —,** to give a beating.
candelabro *(kahndayláhbroh)* m. candelabrum.
candelaria *(kahndayláhryah)* f. Candlemas; *Bot.* mullein.
candelero *(kahndayláyroh)* m. candlestick. *Naut.* stanchion, candle-holder.
candente *(kahndayntay)* adj. red-hot; **cuestión —,** burning question.
candidato *(kahndeedáhtoh)* m. candidate, applicant.
candidatura *(kahndeedahtóorah)* f. candidacy.
candidez *(kahndeedayth)* f. simplicity, ingenuousness; innocence.
cándido *(káhndeedoh)* adj. candid, naïve, simple.
candil *(kahndéel)* m. oil-lamp.
candileja *(kahndeeláy***H***ah)* f. pl. *Thet.* footlights.
candor *(kahndó***R***)* m. candour, ingenuousness, frankness.
candoroso *(kahndohróhsoh)* adj. candid, frank, ingenious.
canela *(kahnáylah)* f. *Bot.* cinnamon.
cangrejo *(kahngráy***H***oh)* m. crab. [garoo.
canguro *(kahngóoroh)* m. kan-
caníbal *(kahnéebahl)* adj. caníbal, man-eater.
canícula *(kanéekoolah)* f. dog days, midsummer.
canijo *(kahnée***H***oh)* adj. weak, sickley person.
canino *(kahnéenoh)* adj. canine; **Diente —,** eyetooth. **Tener hambre —a,** To be starving-hungry.
canje *(káhn***H***ay)* m. exchange.
canjear *(kahn***H***ayá***R***)* tr. to, exchange.
cano *(káhnoh)* adj. hoar(y), grey-haired.
canoa *(kahnóh/ah)* f. canoe.
canon *(káhnon)* m. canon; rule.
canónico *(kahnóhneekoh)* adj. canonic(al).
canónigo *(kahnóhneegoh)* m. canon, prebendary.
canonización *(kahnohneethahthyón)* f. canonization.
canonizar *(kahnohneethá***R***)* tr. to canonize; to (be)saint.
canonjía *(kahnon***H***ée:ah)* f. canonry.
canoso *(kahnóhsoh)* adj. hoary, grey-haired.

cansado *(kahnsáhdoh)* adj. tired; weary. (fig.) worn out.
cansancio *(kahnsáhnthyoh)* m. tiredness, weariness, fatigue.
cansar *(kahnsá***R***)* tr. to tire, to weary. v. r. to get tired.
cantante *(kahntáhntay)* s. singer, songster.
cantar *(kahntá***R***)* tr., intr. to sing, to chant. (verses, psalms) m. song; (birds) to chirp; *Pol.* to speak out, **— de plano,** to make a full confession.
cántaro *(káhntahroh)* m. pitcher; jug. **llover a —s,** to rain cats and dogs.
cantero *(kahntáyroh)* m. quarryman, stone-mason.
cántico *(káhnteekoh)* m. canticle, song. [tity; sum.
cantidad *(kahnteedáhd)* f. quan-
cantimplora *(kahnteemplórah)* f. liquor-case, water-bottle, canteen. [cellar.
cantina *(kahntéenah)* f. canteen,
canto *(káhntoh)* m. song; edge; **De —,** side-ways. **— rodado,** pebble. [región.
cantón *(kahntón)* m. corner;
cantor *(kahntó***R***)* m. singer.
cantora *(kahntóhrah)* f. singer.
caña *(káhnyah)* f. cane; reed; stemp; (anat.) marrow. (naut.) helm, tiller. **— de pescar,** fishing-rod. **— de azúcar,** sugar cane. **— de cerveza,** a glass of beer.
cáñamo *(káhnyahmoh)* m. hemp; cannabis. [cane field.
cañaveral *(kahnyahbayráhl)* m.
cañería *(kanyayreéah)* f. waterpine, tube, tubing.
caño *(káhnyoh)* m. tube, drainmains, sewer.
cañón *(kahnyón)* m. cannon, barrel. (of guns); *Geog.* deep gorge, canyon.
cañonazo *(kahnyohnáhthoh)* cannon-shot.
cañonear *(kaynyohnayá***R***)* tr. to cannonade, to shell.
caoba *(kah/óhbah)* f. *Bot.* mahogany.
caos *(káh/oss)* m. chaos.
capa *(káhpah)* f. (cloth.) cloak; cape; layer, cover, coat (of paint.) **So — de,** under the pretence of. **Estar de — caída,** to be down in the mouth. *Naut.* **A la —,** lying-to.
capacho *(kahpáhchoh)* m. hamper; frail, large basket.
capacidad *(kahpahtheedáhd)* f. (meas.) capacity; capability.
capar *(kahpá***R***)* tr. to geld; to castrate; to cut off.
caparazón *(kahpahrahthón)* m. carcass of a fow; caparison.
capataz *(kahpahtáth)* m. overseer; foreman, (colt.) gaffer.
capaz *(kahpáth)* adj. capable, able, fit, suitable for.
capcioso *(kahpthyóhsoh)* adj. captious.
capear *(kahpayá***R***)* tr. to fling a cloak at a bull *Naut.* & fig.) to weather. [plain.
capellán *(kahpaylyáhn)* m. cha-
caperuza *(kahpayróothah)* f. hood. [ry.
capilar *(kahpeelá***R***)* adj. capilla-
capilla *(kahpéelyah)* f. chapel; **— ardiente,** lying-in-stale chapel. **Estar en —,** to be awaiting execution. *Print.* proof-sheet.
capirote *(kahpeeróhtay)* s. hood, **tonto de —,** block-head.
capital *(kahpeetáhl)* adj. capital; chief; m. money, fund, stock. **Pena —,** Death penalty.
capitalismo *(kahpeetahleesmoh)* m. capitalism. [capitalist.
capitalista *(kahpeetahleestah)* s.
capitalizar *(kahpeetahleethá***R***)* tr. to capitalize.
capitán *(kahpeetáhn)* m. (mil.) captain; (fig.) leader.
capitanear *(kahpeetahnaya***R***)* tr. to lead. (exped. etc.) *Mil.* to command. [(of a column).
capitel *(kahpeetáyl)* m. capital
capitulación *(kahpeetoolahthyón)* f. capitulation, surrender. (pl.) mariage articles.

C

capitular *(kahpeetooláR)* adj. *Eccl* capitulate; *Mil.* to capitulate. [chapter.
capítulo *(kahpéeetooloh)* m.
capón *(kahpón)* m. capon; eunuch. [bonnet.
capota *(kahpóhtah)* f. *Mot.*
capote *(kahpóhtay)* m. cover, couloured cloak used by bullfighters. *Mil.* greatcoat. **Dije para mí —**, I said to myself.
capricho *(kahpréechoh)* m. fancy; whim; caprice.
caprichoso *(kahpreechóhsoh)* adj. capricious, whimsical.
cápsula *(kápsoolah)* f. capsule.
captar *(kahptáR)* tr. to captivate, to win over. [seizure.
captura *(kahptóorah)* f. capture,
capturar *(kahptooráR)* tr. to apprehend, to arrest, to seize.
capucha *(kahpóochah)* f. hood.
capullo *(kahpóolyoh)* m. cocoon of a silkworm; *Anat.* prepuce, bud, button.
caqui *(káhkee)* m. khaki, khakee.
cara *(káhrah)* f. face; **— o cruz,** head or tail; **De cara a —**, facing... **— a —**, face to face. **Dar la —**, To face.
carabela *(kahrahbáylah)* f. caravel. [bine; rifle.
carabina *(kahrahbéenah)* f. cara-
carabinero *(kahrahbénayroh)* m. carabineer; customns.
caracol *(kahrahkól)* m. snail, **escalera de —**, spiral staircase. [racter.
carácter *(kahráktayR)* m. cha-
característico *(kahraktayreestéekoh)* adj. characteristic, typical.
caracterizar *(kahraktayreetháR)* tr. to characterize.
caramba *(kahráhmbah)* interj. ¡good gracious!, By Jove; (coll.) flipping 'eck.
carambola *(kahrahmbóhlah)* f. cannon at billiards.
caramelo *(kahrahmáyloh)* m. caramel; sweet, toffee.
carantoñas *(kahrahntóhnyahs)* f. pl. caresses. [ravan.
caravana *(kahrahbáhnah)* f. ca-
caray *(kahraJee)* intr. well! Good grief!
carbón *(kaRbón)* m. coal; **— vegetal,** charcoal. **Al —**, carbon-pencil.
carbonato *(kaRbohnáhtoh)* m. *Chem.* carbonate.
carboncillo *(kaRbonthéelyoh)* m. carbon-pencil.
carbonería *(kaRbonayrée:ah)* f. coal-yard. [to carbonize.
carbonizar *(kaRbohneethaR)* tr.
carbono *(kaRbónoh)* m. *Chem.* carbon. [carburettor.
carburador *(kaRboorahdóR)* m.
carcajada *(kaRkahHáhdah)* f. burst of laughter, guffaw.
cárcel *(káRtháyl)* f .prison; jail, gaol.
carcelero *(kaRthayláyroh)* m. jailer, warder, prison officer.
carcoma *(kaRkóhman)* f. woodborer, dry rot, woodwarm.
carcomido *(kaRkohméedoh)* adj. worm-eaten.
carda *(káRdah)* f. *Bot.* teasel; *Text.* card. [comb wool.
cardar *(kaRdáR)* tr. to card or
cardenal *(kaRdaynáhl)* m. *Eccl.* cardinal; *Anat.* weal, bruise.
cardiaco *(kaRdée:ahkoh)* adj. cardiac, heart. [dinal.
cardinal *(kaRdaynáhl)* adj. car-
cardo *(káRdoh)* m. *Bot.* thistle. [front.
carear *(kahrayáR)* tr. to con-
carecer *(kahraytháyR)* intr. to lack, to be in need of.
carencia *(karaynthyah)* f. want, lack, need. [tion.
careo *(kahráyoh)* m. confronta-
carestía *(kahraysstée:ah)* m. dearness, costliness.
careta *(kahráytah)* f. mask.
carga *(káRgah)* f. load; cargo; burden; freight; **Bestia de —**, Beast of burdon. *Mil.* **¡A la —!** Charge! **Llevar la —**, To carry the blunt of; **Volver a la —**, To harp on.
cargadero *(kaRgahdaykoh)* m. (un)loading-place, pier.
cargado *(kaRgáhdoh)* adj. full,

loaded; **Té/café —,** strong tea/coffee.
cargador *(kaRgahdóR)* m. freighter, clip or magazine (of a pistol): **— portuario,** docker, stevedore.
cargamento *(kaRgahmayntoh)* m. cargo, freight, load, shipment.
cargar *(kaRgáR)* tr. *Mil.* to charge; *Transp.* to load; *Com.* to debit; to bill.
cargo *(káRgoh)* m. charge, post, employment; *Law.* accusation. [caries.
cariar *(kahreeár)* tr. to produce
caricatura *(kahreekahtóorah)* f. caricature.
caricaturizar *(kahreekahtooreetháR)* tr. to caricature. [pat.
caricia *(kahréethyah)* f. caress,
caridad *(kahreedáhd)* f. charity; good will; alms.
caries *(káhryess)* f. caries.
cariño *(kahréenyoh)* m. love; tenderness, affection, fondness; **¡— mío!** my darling! sweetheart!
cariñoso *(kaheenyóhsoh)* adj. affectionate, fond, endearing, loving.
caritativo *(kahreetahtéeboh)* adj. charitable, benevolent, hospitable.
cariz *(kahréeth)* m. appearance, look, aspect; prospect.
carmelita *(kaRmayléetah)* s. Carmelite. [crimson.
carmesí *(kaRmaysée)* adj. m.
carmín *(kaRméen)* m. carmine, (coll.) lip-stick.
carnada *(kaRnáhdah)* f. bait; **picó la —,** he fell in the trap.
carnal *(kaRnáhl)* adj. carnal; sensual; **primo —,** cousin-german. [val.
carnaval *(kaRnahbál)* m. carni-
carne *(káRnay)* f. (live) flesh (food) meat; **— asada,** roast (beef); **En —,** naked; **— de gallina,** goose flesh.
carnero *(kaRnáyro)* m. sheep; (anim.); (fuod) mutton.
carnet *(kaRnayt)* m. identification card.
carnicería *(kaRneehayrée:ah)* f. butcher's sop, (fig.) slaughter.
carnicero *(kaRnaytháyroh)* m. butcher, adj. carnivorous.
carnívoro *(kaRnéebohroh)* adj. carnivorous. [shy; meaty.
carnoso *(kaRnóhsoh)* adj. fle-
caro *(káhroh)* adj. dear, high(-priced), costly, expensive.
carpa *(káRpah)* f. *Ichth.* carp.
carpeta *(kaRpáytah)* f. tablecover; portfolio, folder-(file).
carpintería *(kaRpeentayrée:ah)* f. carpentry; carpenter's shop, woodwork.
carpintero *(kaRpeentáyroh)* m. carpenter, joiner. **Pájaro —,** woodpecker.
carrera *(káhRáyráh)* f. *Sport.* race, (acad.) career; (hos.) ladder. [(g)on.
carreta *(kahRáytah)* f. wag-
carretada *(kahRaytáhdah)* f. cartful, pl. plenty.
carrete *(kahRáytay)* m. reel, spool, (film).
carretera *(kahRaytárah)* f. (high-) road, highway.
carretero *(kahRaytáyroh)* m. cartwright, carter, carrier.
carretilla *(kaRaytéelyah)* f. wheelbarrow.
carretón *(kahRaytón)* m. (go)-cart, draycart, truck.
carril *(kahRéel)* m. (cart-)rut, (railw.) rail.
carrillo *(kahRéelyoh)* m. cheek, jowl.
carro *(káhRoh)* m. cart; chariot; **— de combate,** *Mil.* tank; *Print.* carriage. **— fúnebre,** hearse.
carrocería *(kahRohthayreeah)* f. carriage body, coachwork.
carromato *(kahRohmáhtoh)* m. dray(-cart), van. [rrion.
carroña *(kahRóhnyah)* f. ca-
carroza *(kahRóthah)* f. large coach, carriage, (fun.) hearse. [rriage.
carruaje *(kahRwahHay)* m. ca-
carta *(káRtah)* f. letter; *Geog. & Naut.* map; playing card;

Com. bill of fare. — **certificada,** registered letter.
cartearse *(kaRtayaRsay)* r. to correspond by letter.

C

cartel *(kaRtáyl)* m. poster, placard, show-bill; *Com.* cartel.
cartera *(kaRtayRah)* f. portfolio; wallet; — **escolar,** satchel.
carterista *(kaRtayreestah)* m. pickpocket. [man.
cartero *(kaRtáyRoh)* m. post-
cartílago *(kaRtéelahgoh)* m. cartilage, gristle.
cartilla *(kaRtéelyah)* f. primer, spelling-book.
cartón *(kaRtón)* m. cardboard; (paint.) cartoon; — **piedra,** papier-maché. [cartridge.
cartuchera *(kaRtoocháyrah)* f.
cartucho *(kaRtóochoh)* m. cartouch(e), cartridge.
cartujo *(kaRtóoHoh)* m. Carthusian. [cardboard.
cartulina *(kaRtooléenah)* f. thin
casa *(káhsah)* f. house; home; — **casa de empeños,** pawnshop; — **de huéspedes,** lodging (and boarding) house; — **de maternidad,** lying-in-hospital; — **de socorro,** emergency hospital; — **Consistorial,** Town Hall. — **comercial,** firm. — **de vecindad,** tenement house. — **de locos,** madhouse. — **de baños,** Public Baths.
casamentero *(kahsahmayntáyroh)* m. match-maker.
casamiento *(kahsahmyéntoh)* m. marriage, wedding.
casar *(kahsáR)* tr. to marry; to get married, to match.
cascabel *(kahskahbayl)* m. hawk's bell, jingle. **serpiente de —,** rattlesnake.
cascada *(kahskáhdah)* f. cascade, waterfall.
cascadura *(kahskahdóorah)* f. breaking asunder.
cascanueces *(kaskahnwaythays)* m. nutcracker(s).
cascar *(kahskáR)* tr. to crack, to crunch; (coll.) to beat.
cáscara *(káhskahrah)* f. peel; shell, rind.
casco *(káhskoh)* m. helmet; skull; hull; cask; **ligero de —s,** featherbrained.
cascote *(kahskhótay)* m. fragment, rubble, debris.
casera *(kahsáyrah)* f. landlady.
caserío *(kahsayrée:oh)* m. group of houses, homestead.
casero *(kahsáyroh)* adj. homely, home-bred, (fig.) domestic; m. landlord.
caseta *(kahsáytah)* f. hut. [ly.
casi *(káhsee)* adv. almost; near-
casilla *(kahséelyah)* f. (keeper's), lodge, hut, pigeonhole, square (chessboard).
casino *(kahséenoh)* m. casino; club(-house).
caso *(káhsoh)* f. case, event; **En todo —,** at all events. **Hacer —,** to pay attention. **En — de,** in case of. (law, gram.) case.
casorio *(kahsóhryoh)* m. (fam.) reckles marriage. [scurf.
caspa *(káhspah)* f. dandruff,
casquete *(kaskaytay)* m. helmet; cap, bonnet. *Mec.* cap.
casquivano *(kahskeebáhnoh)* adj. inconsiderate, featherbrained. [race.
casta *(kástah)* f. caste, breed;
castaña *(kahstáhnyah)* f. chestnut.
castañero *(kahstahnyáyroh)* m. dealer in chestnuts.
castaño *(kahstáhnyoh)* m *Bot.* chesnut-tree; adj. hazel-brown. [f. castanet.
castañuela *(kahstahnyoo:áylah)*
castellano *(kahstaylyáhnoh)* adj. m. Castilian; m. Castellan.
castidad *(kahsteedáhd)* f. chastity, purity.
castigador *((kahsteegahdóR)* m. punisher; (fam.) adkiller; adj. punishing, chastising.
castigar *(kahsteegáR)* tr. to punish, to chastise, to castigate.
castigo *(kahstéegoh)* m. punishment, chastisement, correction.
castillo *(kahstéelyoh)* m. castle;

(naut.) — **de proa,** forecastle deck. — **de popa,** poop deck. **Hacer —s en el aire,** to bluid castles in the air.
castizo *(kahstéethoh)* adj. pure, authentic, typical. [pure.
casto *(káhstoh)* adj. chaste;
castor *(kahstó***R***)* m. beaver.
castración *(kahstrahthyón)* f. castration, gelding.
castrar *(kahstrá***R***)* tr. to castrate, to geld. [military.
castrense *(kahstraynsay)* adj.
casual *(kahswáhl)* adj. accidental, casual; adv. **—mente,** accidentally, casually.
casualidad *(kahswahleedáhd)* f. chance, coincidence. **Por —,** by chance, by accident.
casucha *(kahsóochah)* f. (fam.) miserable hut, hovel.
cata *(káhtah)* f. sample; tosting.
cataclismo *(kahtahcleesmoh)* m. cataclysm; catastrophe opheaval; *Pol.* turmoil.
catador *(kahtardó***R***)* m. taster, sampler.
catadura *(kahtahdóorah)* f. tosting ,proof; face. **De mala —,** untrustworthy, roguish.
catalejo *(kahtahláy***H***oh)* m. telescope; (spy-)glass.
cataplasma *(kahtahplásmah)* f. poultice; cataplasm; (coll.) mithering person.
catar *(kahtá***R***)* tr. to taste, to sample, to proof, to inspect, to examine.
catarata *(kahtahráhtah)* f. *Med.* cataract; *Hid.* fall, waterfall. [coll.
catarro *(kahtáh***R***oh)* m. catarrh,
catastro *(kahtáhstroh)* m. census of real property.
catástrofe *(kahtáhstrofay)* f. catastrophe. [catechism.
catecismo *(kahtaythissmoh)* m.
cátedra *(káhtaydrah)* f. (university) chair, professorship.
catedral *(kahtaydráhl)* f. adj. cathedral.
catedrático *(kahtaydráhteekoh)* m. (university) professor, lecturer.
categoría *(kahtaygohrée:ah)* f. category, class. **Persona de —,** V. I. P. (very important person).
categórico *(kahtaygóhreekoh)* adj. categorical, absolute, definitive.
catequismo *(kahtaykeessmoh)* m. catechism. [throng.
caterva *(kahtáy***R***bah)* f. crowd;
catolicismo *(kahtohleeheessmoh)* m. catholicism.
católico *(kahtóhleekoh)* adj. m. (Roman) Catholic. [teen.
catorce *(kahtó***R***thay)* adj. four-
catre *(káhtray)* m. cot.
cauce *(kahóothay)* m. riverbed.
caución *(kah/oothyón)* f. caution, precaution, care.; warning.
caucho *(káh/oochoh)* m. rubber.
caudal *(kah/oodáhl)* m. property, wealth; *Hid.* flow.
caudaloso *(kah/oodahlóhsoh)* adj. copious; wealthy; *Hid.* full-flowing.
caudillo *(kah/oodéelyoh)* m. head, chief(tain), leader.
causa *(káh/oosah)* f. *Leg.* lawsuit; cause, motive. **A — de,** because of.
causante *(kah/oosáhntay)* s. occasioner, responsible.
causar *(kah/oosá***R***)* tr. to cause, to bring about. [caustic(al).
cáustico *(kah/oosteekch)* adj.
cautela *(kah/ootáylah)* f. caution, care, prudente.
cauteloso *(kah/ootaylóhsoh)* adj. cautious, prudent, caveful, wary.
cautivar *(kah/ooteebár)* tr. (fig.) to captivate, to charm; to make prisioners.
cautiverio *(kah/ooteebáyryoh)* m. captivity.
cautivo *(kah/ootéeboh)* adj. y m. captive, prisoner.
cauto *(káh/ootoh)* adj. cautious, prudent, wary, careful.
cava *(káhbah)* f. wine cellar.
cavador *(kahbadhóR)* m. digger.
cavadura *(kahbahdóorah)* f. digging. [cavate.
cavar *(kahbá***R***)* tr. to dig; ex-

C

caverna *(kahbáyRnah)* f. cavern, cave. [cavernous.
cavernoso *(kahbáyRnóhsoh)* adj.
cavidad *(kahbeedáhd)* f. cavity.
cavilación *(kahbeelahthyón)* f. moodiness, pondering.
cavilar *(kahbeeláR)* tr. intr. to muse, to brood over. [key.
cayo *(káhyoh)* m. rock; islet,
caza *(káhthah)* f. (fig.) chase, pursuit; **— menor,** shooting; game hunt(ing); **— mayor,** big game; **(avión de) —,** fighter. [ter.
cazador *(kahthahdóR)* m. hun-
cazadora *(kahthahdóhrah)* f. huntress, (shooting-)jacket.
cazar *(kahtháR)* tr. (fig.), to pursue, to chase; to hunt, to shoot.
cazo *(káhthoh)* m. ladle. [let
cazoleta *(kahthohláytah)* f. skil-
cazuela *(kahthwaylah)* f. (earthen) pan; saucepan, stewpan.
cazurro *(kahthooRoh)* adj. (fam.) taciturn, sulky, sullen.
ceba *(tháybah)* f. fattening (of animals).
cebada *(thaybáhdah)* f. barley.
cebar *(thaybáR)* tr. to fatten animals.
cebo *(tháyboh)* m. bait, lure.
cebolla *(thaybóhlyah)* *Bot.* onion.
cebra *(tháybrah)* f. zebra; **paso de —,** zebra crossing.
ceca *(thaykah)* adv. **De la — a la Meca,** from pillar to post, to and fro.
cecear *(thaythayáR)* tr. to lisp.
ceceo *(thaytháyoh)* m. lisp.
cedazo *(thaydáhthoh)* m. sieve.
ceder *(thaydáR)* tr. to yield, to give up, to transfer, to cede.
cedro *(tháydroh)* m. cedar (wood).
cédula *(tháydoolah)* f. warrant, certificate, **— personal,** identity card.
céfiro *(thayfero)* m. zephyr.
cegar *(thaygáR)* to blind; (i.) to grow blind; (t.) to make blind; (fig.) to block (a door/passage, etc.). [ness.
ceguera *(thaygáyrah)* f. blind-
ceja *(tháyHah)* f. eye-brow; **Fruncir las —s,** to frown. **Estar hasta las —,** to be up to the eye-brows.
cejar *(thayHár)* intr. to slack(en), to give up/in/way.
celada *(thayláhdah)* f. ambush, snare, trap.
celador *(thaylahdóR)* m. warden, (in exam.) invigilator.
celar *(thayláR)* tr., intr. to superintend, to be careful, to watch over, to spy on.
celda *(thayldah)* f. cell.
celebración *(thaylaybrahthyon)* f. celebration; praise, (meetings, etc.) holding.
celebrar *(thaylaybráR)* tr. to celebrate; to hold (a meeting), to minister.
célebre *(tháylaybray)* adj. celebrated, famous; (fam.) facetious.
celebridad *(thaylaybreedáhd)* f. celebrity, notoriety.
celeridad *(thaylayreedáhd)* f. celerity, velocity, speed, swiftness.
celeste *(thaylaysstay)* adj. celestial, heavenly; sky-blue (colour).
celestial *(thaylayssteeáhl)* adj. celestial; heavenly; (fig.) delightful.
celestina *(thaylaysteenah)* f. (coll.) procuress. [libacy.
celibato *(thayleebáhtoh)* m. ce-
célibe *(tháyleebay)* adj. unmarried, signle; m. bachelor.; f. spinster.
celo *(tháyloh)* m. zeal; rut of animals; pl. jealousy.
celoso *(thaylóhsoh)* adj. zealous; (interest); (emotion) jealous. [Celtic.
celta *(thayltah)* adj. s. Celt;
céltico *(thaylteekoh)* adj. Celtic. [cell, cellule.
célula *(tháyloolah)* f. *Bot. Zoo.*
celular *(thaylooláR)* adj. cellular. [cement.
cementar *(thaymayntaR)* v. t. to
cementerio *(thaymayntáyryoh)*

m. cemetery; churchyard.
cemento *(thaymayntoh)* m. cement, mortar.
cena *(tháynach)* f. (7-9) dinner; (10→) supper.
cenegal *(thaynahgahl)* m. quagmire, swamp.
cenagoso *(thaynahgohssoh)* adj. muddy, marshy, boggy.
cenar *(thaynáR)* tr. to dine, to have supper. [bell.
cencerro *(thaynthÁyRoh)* cow-
cenefa *(thaynáyfah)* f. fringe, border; (sew) hem; *Naut.* awning.
cenicero *(thaynaytháyroh)* m. ash-tray. [Cinderella.
cenicienta *(thayneethyéntah)* f.
ceniciento *(thayneethyéntoh)* adj. ash-coloured.
ceniza *(thaynéethah)* f. ash, cinders. **Miércoles de —,** Ash Wednesday.
cenobio *(thaynóhbyoh)* m. cenoby, monastery.
censo *(thaynsoh)* m. census.
censor *(thaynsóR)* m. censor.
censura *(thaynsóorah)* f. (theat, print, etc) censorship; (crit) censure; blame.
censurable *(thaynsooráblay)* adj. censurable, blameful.
censurar *(thaynsooráR)* tr. to censure, to blame; to censor, to review.
centella *(thayntáylyah)* f. flash, spark, lightning; **como una —,** like lightning.
centelleante *(thayntaylyayahntay)* adj. sparkling, flashing.
centellear *(thayntaylayáR)* tr. sparkle, to flash; (stars) twinkle.
centelleo *(thayntaylyáyoh)* m. flashing, sparkle.
centena *(thayntáynah)* m. hundred. [hundred.
centenar *(thayntaynáhR)* m.
centenario *(thayntaynáhryoh)* m. adj. centenary; centenial.
centeno *(thayntáynoh)* m. *Bot.* rye.
centésimo *(thayntáyseemoh)* adj. centesimal; a hundredth.
centígrado *(thayntéegrahdoh)* adj. centigrade.
centímetro *(thaynteemaytroh)* m. centimetre.
céntimo *(thaynteemoh)* m. centime. [sentry.
centinela *(thaynteenáylah)* f.
central *(thayntráhl)* adj. central, centric; *Com.* head-office.
centralismo *(thayntrahleesmoh)* m. centralism.
centralista *(thayntrahleestah)* s. centralist. [central.
céntrico *(thayntreekoh)* adj.
centro *(thayntroh)* m. centre, middle. — **Recreativo/etc.,** Social Club.
ceñido *(thaynyéedoh)* adj. (cloth.) tight-fitting; close to.
ceñir *(thaynéeR)* tr. to (cloth.) to fit closely: — **por la cintura,** to grasp by the waist.
ceñidor *(thaynyeedohR)* m. (cl.) girdle, suspender-belt.
ceño *(tháynyoh)* m. frown.
ceñudo *(thaynyóodoh)* adj. frowning; grim.
cepa *(thaypah)* f. vine-stock. **De buena —,** from good source
cepillar *(thaypeelyáR)* tr. to brush; *Carp.* to plane; (coli.) to defeat thou roughly.
cepillo *(thaypéelyoh)* m. brush; charity box; *Carp.* plane; — **de dientes,** tooth-brush; — **de ropa,** clothes-brush; — **de los zapatos,** shoe-brush.
cepo *(tháypoh)* m. stock; pillory; *Naut.* bilboes; (hunt.) snare, trap; — **del ancla,** anchor stock.
cera *(tháyrah)* f. wax.
cerámica *(thayráhmeekah)* f. ceramics, pottery. [ceramic.
cerámico *(thayráhmeekoh)* adj.
cerbatana *(thayRbahtáhnah)* f. blow-pine; pea-shooter.
cerca *(tháyRkah)* f. fence; adv. near, close by; — **de,** close to, near to; **de —,** closely.
cercanía *(thayRkahnée:ah)* f. proximity; pl. vicinity, neighbourhood.
cercano *(thayRkáhnoh)* adj.

C

near, close by, neighbouring.
cercar *(thay*R*ká*R*)* tr. to enclose, to fence off; *Mil.* to siege. [pare; to lop off.
cercenar *(thay*R*thaynáR)* tr. to
cerciorarse *(thay*R*thyohráRsay)* r. to ascertain, to make sure.
cerco *(tháy*R*koh)* m. ring; circle; frame; *Mil.* blockade.
cerda *(tháy*R*dah)* (hair) bristle, *Zool.* sow. [swine.
cerdo *(tháy*R*doh)* m. hog; pig;
cereal *(thayrayáhl)* adj. cereal; m. pl. cereals. [rebral, brain.
cerebral *(thayraybráhl)* adj. ce-
cerebro *(thayráybroh)* m. brain; (fig.) talent. [ceremony.
ceremonia *(thayraymóhnyah)* f.
ceremonial *(thayraymohnyáhl)* m. ceremonial, formalities.
ceremonioso *(thayraymohnyóhsoh)* adj. ceremonious; formal. [chandler's shop.
cerería *(thayrayrée:ah)* f. wax-
cereza *(thayráythah)* f. cherry.
cerezo *(thayráythoh)* m. cherry-tree.
cerilla *(thayréelyah)* f. (wax) match; *Med.* cerumen.
cero *(tháyroh)* m. *USA.* zero; *G. B.* nought.
cerrado *(thay*R*áhdoh)* adj. closed, locked. [lock.
cerradura *(thay*R*ahdóohrah)* f.
cerrajería *(thay*R*ah*H*ayrée:ah)* f. locksmith's trade or shop.
cerrajero *(thay*R*ah*H*áyroh)* m. locksmith.
cerrar *(thay*R*á*R*)* tr. to shut; to close; to lock; **— con llave,** to lock; **— la boca,** to shut up; **— un sobre,** to seal; **— una herida,** to heal.
cerril *(thay*R*éel)* adj. mountainous; wild; rough. [land.
cerro *(tháy*R*oh)* m. hill, high-
cerrojo *(thay*R*oh*H*oh)* m. bolt.
certamen *(thay*R*tahmayn)* m. literary competition.
certero *(thay*R*táyroh)* adj. sure, certain; (shot.) woll-aimed; m. sharp-shooter, a grood shot. [tainty; certitude.
certeza *(thay*R*táythah)* f. cer-
certificado *(thay*R*teefeekahdoh)* m. certificate; adj. registered. [to certificate.
certificar *(thay*R*teefeeka*R*)* tr.
cervecería *(thay*R*baythayreeah)* f. brewery; ale house. [ale.
cerveza *(thay*R*baythah)* f. beer;
cerviz *(thay*R*beeth)* m. nape of the neck; **Bajar la —,** to humble oneself.
cesación *(thaysahthyón)* f. cesation; ceasing.
cesante *(thaysáhntay)* adj. public officer out of office; dissmissed.
cesar *(thaysá*R*)* intr. to cease, to give over, to leave off. **Sin —,** incesantly.
cese *(tháysay)* m. dismissal, cessation; *Mil.* truce.
cesión *(thaysyón)* f. cession; transfer. [turf, sod.
césped *(thaysspayd)* m. lawn;
cesta *(thaysstah)* f. basket; pannier, hamper. [basket-shop.
cestería *(thaysstayrée:ah)* f.
cesto *(thaysstoh)* basket; **balon-—,** basket-ball. [cetaceous.
cetáceo *(thaytáhthayoh)* adj.
cetro *(tháytroh)* m. sceptre; *Eccl.* verge.
chabacanada *(chabahkahnáhdah)* f. muddle, scurrility, vulgar, lack of taste.
chabacanería *(chabahkahnayrée:ah)* f. muddle, scurrility, vulgar, lack of taste.
chacal *(chahkáhl)* m. jackal.
chacota *(chahkóhtah)* f. noisy mirth, fun, skylarking, high jinks.
chacotear *(chahkoahtayá*R*)* intr. to scoff; to make merry.
chacha *(chahchah)* f. coll. maid.
cháchara *(cháhchahrah)* f. chitchat, idle talk.
chaflán *(chahfláhn)* m. bevel; *Arch.* bay, quoin.
chal *(chahl)* m. shawl.
chaleco *(chahláykoh)* m. *G. B.* waistcoat; *(USA)* vest.
chalet *(chahlayt)* m. chalet, villa.
chalupa *(chahlóopah)* f. *Naut.* sloop, long boat, launch.

chamizo *(chahmeethoh)* m. half-burnt stick; thatched hut; **negro como un —**, as black as coal.
chamorro *(chahmohRoh)* adj. shorn, bald; **trigo —**, beardless wheat; bald headed.
chamuscado *(chahmoosskáhdoh)* adj. scorched, singed; (coll.) tipsy flustered (with drinking).
chamuscar *(chahmoosskáR)* tr. to scorch, to singe.
chamusquina *(chahmoosskéenah)* f. scorching, singeing; (coll.) scolding, quarrelling.
chancear *(chahnthayáR)* intr. to joke, to jest, to make fun of, to fool with.
chancleta *(chanklaytah)* f. house slipper, slip-on slipper; **en —**, in slippers.
chanchullo *(chahnchóolyoh)* m. low trick, sharp practice.
chantaje *(chahntáhHay)* m. blackmail.
chantajista *(chahntahHeestah)* s. blackmailer. [fun.
chanza *(cháhnthah)* p. joke;
chapa *(cháhpah)* f. (met.) plate, (wood) veneer.
chapado *(chahpahdoh)* adj. plated, veneered; **— a la antigua**, old-fashioned.
chapar *(chahpáR)* r. to plate, to coat, to veneer; (fam.) to swot.
chaparrón *(chahpaRón)* m. heavy shower downpour.
chapotear *(chahpohtayor)* v. i. to paddle, to splash.
chapoteo *(chahpohtayoh)* m. splash, splashing
chapucear *(chahpoothayar)* intr. to bungle.
chapucería *(chahpoothayrée:* f. bungle, botch, patchwork.
chapucero *(chahpootháyroh)* m. botcher, bungler; adj. botchy, rough, patchy work.
chapurrear *(chahpooRayáR)* tr. to speak gibberish, to speak brokenly (a language).
chapuza *(chahpoothah)* f. botchwork, botchy-job.
chapuzar *(chahpoothaR)* v. i. to dive, to duch, to plunge.
chapuzón *(chahpoothon)* m. diving, ducking.
chaqueta *(chahkáytah)* f. jacket; (coll.) coat.
charco *(cháRkoh)* m. poot, puddle: (fam.) the briny
charla *(cháRlah)* f. chat, gossip; talk, lecture.
charlar *(chaRláR)* intr. to gabble, to chat, to babble.
charlatán *(haRlahtáhn)* m. talker, babbler, prater; quack.
charol *(chahról)* m. patent leather; **darse —**, to brag, to swank.
chascarrillo *(chahskahRéelyoh)* m. spicy anecdote.
chasco *(cháhskoh)* m. practical joke, trick, sham.
chasis *(cháhsecss)* m. frame; chasis.
chasquear *(chahskayáR)* intr. to crack, to lash; to fool; intr. to crack(le); to disappoint.
chasquido *(chasskeedch)* m. click (of metal); crack (of whip).
chato *(cháhtoh)* adj. flat-nosed, snub nose; (fig.) pug. *Amer.* darling, sweetheart.
chaval *(chahbáhl)* adj. y m. lad.
chavala *(chahbáhlah)* adj. y f. lass.
chelín *(chayléen)* m. shilling.
chico *(chéekoh)* adj. little; small, wee, tiny; m. youngster, little boy, child, lad, boy; f. little girl, child, lassie, girl; **un buen —**, a decent chap. **Una buena —**, a good girl; (coll.) f. servant.
chichón *(cheechón)* m. swelling, bump (on the head).
chiflado *(cheeflahdoh)* adj. (coll.) cracked-pot, crazy; **— por**, mad in love with.
chifladura *(cheeflahdóorah)* f. whims, craziness; (coll.) fad.

chillar *(cheelyáR)* intr. to scream, to shriek, to yell, to screech.

chillido *(cheelyéedoh)* m. squeak, scream, yell, shriek.

chillón *(cheelyón)* m. screamer, shrieker; (coll.) loud; adj. screaming, shrieking, yelling, bawler.

chimenea *(cheemaynáyah)* f. chimney; (dom.) fireplace; *Naut.* funnel.

china *(chéenah)* f. pebble; China; china-ware, porcelain.

chinche *(chéenchay)* f. bedbug; bug; **caer o morir como —s,** to die like flies. [ese.

chino *(chéenoh)* adj. y m. Chin-

chiquero *(cheekáyroh)* m. (bull) pen; pig-sty.

chiquillada *(cheekeelyáhdah)* f. childish speech or action.

chiquillo *(cheekéelyoh)* m. small child, lad, brat.

chiquito *(cheekeetoh)* adj. very little, small; (coll.) drink (of wine); **no andarse con —,** not to mess about with.

chiripa *(cheeréepah)* f. fluke, sheer luck, windfall.

chirivía *(cheereebé:ah)* f. *Bot.* parsnip; *Orn.* wagteil.

chirriar *(cheeReeáR)* intr. to screech, to creak; (cook.) sizzle.

chirrido *(cheeRéedoh)* m. (birds, etc.) chirp, creak, screech.

chisme *(cheessmay)* m. gopsip; *Mech.* gadget.

chismoso *(cheessmóhsoh)* adj. talebearing; m. gossip-monger.

chispa *(cheesspah)* f. spark(le), bit; wit; (coll.) drunkenness; **coger una —,** to get soaked; **hechar —s,** to fume; **tener —,** to be witty.

chispazo *(cheesspáhthoh)* m. spark. flash. [sparkling.

chispeante *(cheespayantay)* adj.

chispear *(cheespayáR)* intr. to sparkle, to glitter; to begin to rain slightly.

chistar *(cheesstáR)* tr. to mutter; to mumble; **sin —,** without opening one's mouth.

chiste *(cheesstay)* m. joke, funny story. [hat.

chistera *(cheesstáyrah)* f. top

chistoso *(cheesstóhsoh)* adj. funny, witty, humorous.

chito, chitón *(chéetoh, cheetón)* interj. hush! whist!

chivato *(cheebahtoh)* m. kid; (coll.) sneak, tale-teller.

chivo *(chéeboh)* m. kid, he-goat.

chocante *(chohkáhntay)* adj. shocking, striking; provoking.

chocar *(chohkáR)* intr. to shock, to surprise; *Traf.* to collide, to crash, to run into. [chocolate.

chocolate *(chohkohláhtay)* m.

chocolatera *(chohkohlahtáyrah)* f. chocolate pot.

chochear *(chochayáR)* intr. to dote. [tage.

chochera *(chocháyrah)* f. do-

chocho *(chóhchoh)* f. doting.

chofer *(chóhfayR)* m. chauffeur, driver. [poplar.

chopo *(chóhpoh)* m. *Bot.* black

choque *(chóhkay)* m. (emot.) shock; *Traf.* collision, crash; *Pol.* clash. [sausage.

chorizo *(chohréethoh)* m. pork-

chorrear *(chohRayáR)* intr. to pour to drip, to gush out; to spout.

chorro *(chóhRoh)* m. jet, spout, gush; **a —,** copiously; **un — de —,** a shower of. [cabin.

choza *(chóhthah)* f. hut, hovel,

chubasco *(choobáskoh)* m. shower; *Naut.* squall.

chuchería *(choochayrée:ah)* f. trinket, gew-gaw, knickknack.

chucho *(chóochoh)* m. (coll.) dog(gie).

chufa *(chóofah)* f. tiger-nut.

chulería *(choolayrée:ah)* f. drollery.

chuleta *(choolaytah)* m. chop, cutlet; **— de cerdo,** pork chop; **— de cordero,** mutton, lamb chop.

chulo *(chóoloh)* m. knave, pimp, adj. pretty; flashy.

chunga *(chóongah)* f. joke; jest.
chupado *(choopáhdoh)* adj. (fig.) emaciated, lean; sucked; *Print.* tall and thin.
chupar *(choopáR)* tr. to suck; (coll.) to sponge.
chupete *(choopáytay)* m. dummy, feeding bottle teat; (coll.); **de re—**, delicious.
churrería *(chooRayrée:ah)* f. shop where.
churro *(chóoRoh)* m. sort of fritter.
chusco *(chóosskoh)* adj. droll; funny; m. a small loaf of bread. [mob.
chusma *(chóossmah)* f. rabble; [nide.
cianuro *(thyahnooroh)* m. cyacide.
ciática *(thyahteekah)* f. sciatica.
cicatriz *(theekahtréeth)* f. scar; cicatrix.
cicatrizar *(theekahthreethάR)* tr. to cicatrize, to heal.
ciclismo *(theeclieesmoh)* adj. cycling.
ciclista *(theecleestah)* s. cyclist.
ciclo *(théecloh)* m. cycle.
ciclostil *(theeclosstéeloh)* m. cyclostyle. [cyclone.
ciclón *(theeklon)* m. hurricane,
cidra *(théedrah)* f. *Bot.* citron.
ciego *(thyégoh)* adj. blind, (piping) blocked up, made up. **A ciegas**, blindly.
cielo *(thyéloh)* m. (spir.) heaven; *Astr.* **— de la boca**, mouth roof. **A — raso**, under the stars; **¡mí —!** my darling!
cien *(thyén)* adj. one hundred.
ciencia *(thyénthyah)* f. science.
cieno *(thyénoh)* m. mud, bog, slime; mire. [scientific.
científico *(thyenthéefeekoh)* adj.
ciento *(thyéntoh)* adj. one hundred.
cierre *(thyeRay)* m. lock; **hora de —**, closing time.
cierto *(thyeRtoy)* adj. certain, sure. **Por —**, of course.
cierva *(thyeRbah)* f. hind.
ciervo *(thyeRboh)* m. deer; hart; stag. [ber.
cifra *(théefrah)* f. cipher; num-
cigarra *(theegáhRah)* f. cicada, grasskopper. [cigarette.
cigarrillo *(theegahRéelyoh)* m.
cigarro *(thegáhRoh)* c. cigar.
cigüeña *(theegwáynyah)* f. *Orn.* stork. [crankshaft.
cigüeñal *(theegwaynyal)* *Mech.*
cilíndrico *(theeléendreekoh)* adj. cylindric. [linder.
cilindro *(theeléendroh)* m. cy-
cima *(théemah)* f. summit; top.
címbalo *(theembahlo)* m. cymbal.
cimentar *(theemayntáR)* tr. to lay a foundation. [dation.
cimiento *(theemyéntoh)* m. foun-
cinc *(think)* m. zinc.
cincel *(theentháyl)* s. chisel.
cincelar *(theenthaylaR)* tr. to chisel; to engrave.
cinco *(theenkoh)* m. y adj. five.
cine *(théenay)* m. (fam.) cinema (coll.) pictures. [fifty.
cincuenta *(theenkwayntah)* adj.
cínico *(tréeneekoh)* adj. cynical, bare-faced; m. cynical.
cinismo *(theeneesmoh)* m. cynicism, bare-facedness.
cinta *(theentah)* f. ribbon; braid; tape; strip, sash; **— magnetofónica**, record tape. **— métrica**, tape measure. **En —**, in the family way.
cintura *(theentóorah)* f. waist; **Meter en —**, to keep under a firm hand.
cinturón *(theentoorón)* m. belt; **— verde**, green belt.
ciprés *(theepréss)* m. *Bot.* cypress. [phitheatre.
circo *(théeRkoh)* m. circus, am-
circuito *(theeRkoo:éetoh)* m. circuit; (elect.) **corto —**, short circuit.
circulación *(theeRkoolahthyón)* f. circulation; *Mot.* traffic; (mon.) currency.
circular *(theeRkooláR)* adj. circular; intr. to circulate; *Traff.* to pass. **— por la derecha**, drive on the right. **— por la izquierda**; drive, on the left. **¡Circulen, circulen!** Move along!

C

C

círculo *(théeRkooloh)* m. circle, ring; social club; — **vicioso**, vicious circle.
circuncidar *(theeRkoontheedáR)* tr. to circumsise, to curtail, to clip.
circuncisión *(theeRkoonthee-syón)* f. circumcision.
circundar *(theeRkoondáR)* tr. to surround, to encircle.
circunferencia *(theeRkoonfay-rénthyah)* f. circumference.
circunspección *((theeRkoons-paykthyón)* f. circumspection.
circunspecto *(theeRkoonspayk-toh)* adj. circumspect, cautious.
circunstancia *(theeRkoonstáhn-thyah)* f. circumstance. [le.
cirio *(théehyoh)* m. wax-candle.
ciruela *(theerwaylah)* f. plum.
ciruelo *(theroo:áyloh)* m. *Bot.* plum-tree.
cirugía *(theerooHée:ah)* f. surgery. [surgeon.
cirujano *(theerooHáhnoh)* m.
cisco *(theesskoh)* m. coal-dust; (fam.) noisy wrangle, hubbub; **hecho —**, kaput; **Hacer —**, to smash to smithereens. [split.
cisma *(theessmah)* m. schism,
cismático *(theesmahteekoh)* adj. schismatic.
cisne *(theessnay)* m. swan; **canto del —**, swan song.
cisterna *(theestayRnah)* f. cistern, water-tank.
cita *(théetah)* f. (prof.) appointment; *Leg.* summons; *Lit.* quotation, (boy-girl) date.
citar *(theetáR)* tr. to convoke; *Lit.* to quote; to arrange a meeting; to make a date.
ciudad *(thyoodáhd)* f. city; town. [f. citizenship.
ciudadanía *(thyoodahdahnée:ah)*
ciudadano *(thyoodáhdahnoh)* f. citizen, town dweller.
cívico *(théebeekoh)* adj. civic.
civil *(thybéel)* adj. civil; polite.
civilización *(theebeeleethah-thyon)* f. civilization.
civilizar *(theebeeleethaR)* tr. to civilize. [vics, patriotism.
civismo *(theebeessmoh)* m. ci-
cizaña *(theethányah)* f. *Bot.* darnel; discord.
clamar *(klamáR)* tr. to cry out; to lament, to wail. [outcry.
clamor *(klamóR)* m. clamour;
clandestino *(klahndaysstéenoh)* adj. clandestine, secret, steolthy. [que.
claque *(kláhkay)* f. *Theat.* cla-
clara *(kláhrah)* f. white of an egg.
claraboya *(klahrahbóhyah)* f. skylight *Naut.* bull's eye.
clarear *(klahrayáR)* intr. to dawn, to grow light; (weath.) to brighten up.
clarete *(klahráytay)* adj y m. claret (wine). [clearness.
claridad *(klaheedáhd)* f. clarity;
clarificar *(klareefeekaR)* v. t. to clarify. [rion.
clarín *(klahréen)* m. bugle, cla-
clarinete *(klahreenáytay)* m. clarinet, clarinet-player.
claro *(kláhroh)* adj. clear; light (of col.) (day) bright. m. gap, blank, clearing; adv. clearly, manifestly; — **está!** in deed, rather. ¡—! of course! **Poner en —**, to clear up.
clase *(kláhsay)* f. class; rank; kind; **Dar clase de ...**, To teach ...; **Tomar —s de,** to have lessons of...; **Ir a —**, To go for lessons, to go to school, etc. [cal.
ciático *(kláhseekoh)* adj. classi-
clasificación *(klahseefeekah-thyón)* f. classification; *Sport.* league-table position.
clasificar *(klahseefeekáR)* tr. to classify. [claustral.
claustral *(klah/oosstráhl)* adj.
claustro *(kláh/oosstroh)* m. cloister; teaching staff institution; of an teachers meeting. [riod; clause.
cláusula *(kláh/oosoolah)* f. pe-
clausura *(klah/oosóorah)* f. inner recess of a convent; closure; religious retreat.

clausurar *(klah/oosooráR)* tr. to close, to close down.
clavar *(klahbáR)* tr. to nail (down) (fam.) to overcharge.
clave *(kláhbay)* f. key; *Mus.* clef; (comun.) code; (crosswords) clue.
clavel *(klahbayl)* m. *Bot.* carnation, pink. [nail.
clavetear *(klahbaytayáR)* tr. to
clavícula *(klahbéekoolah)* f. *Anat.* collar.
clavija *(klahbéeHah)* f. pin; peg of a stringed instrument); (fig.) **Apretar las —s,** to turn on the screws. [clove.
clavo *(kláboh)* m. nail; *Bot.*
clemencia *(klaymaynthyah)* f. clemency, mercy.
clemente *(klaymayntay)* adj. clement, merciful. [clergy.
clerecía *(klayraythée:ah)* f.
clerical *(klayreekáhl)* adj. clerical. [man.
clérigo *(kláyreegoh)* m. clergy-
cliente *(cleeáyntay)* m. (prof.) client, customer, patron.
clientela *(cleeayntaylah)* f. clientele, patronage. [clime.
clima *(kléemah)* m. climate;
clínica *(kléeneekah)* f. clinic, private hospital, nursing home, doctor's surgery. [cal.
clínico *(kléeneekoh)* adj. clini-
clisé *(kleesáy)* f. plate, cliché.
cloaca *(kloh/áhkah)* f. sewer.
cloro *(klóhroh)* m. chlorin(e).
clorofila *(klohrohféelah)* f. chlorophyl.
cloroformo *(klohrohfóRmoh)* m. chloroform. [tion.
club *(kloob)* m. club; associa-
coacción *(koh/ahkthyón)* f. coaction, compulsion.
coactivo *(koh/ahktéeboh)* adj. coercive, compulsory.
coadyuvar *(koh/ahdyoobáR)* tr. to help; to assist.
coagulación *(koh/ahgoolahthyón)* f. coagulation, blood-clotting.
coagular *(koh/ahgooláR)* tr. to coagulate (blood); curdle (milk) to clot. [r. to curdle.
coagularse *(koh/ahgooláRsay)*
coágulo *(koh/áhgooloh)* m. blood-clot. [coalition.
coalición *(koh/ahleethyon)* f.
coartada *(koh/aRtáhdah)* f. alibi; **probar una —**, to prove an alibi.
coartar *(koh/àrtáR)* tr. to restric, to restrain. [balt.
cobalto *(kohbáhltoh)* m. co-
cobarde *(kohbáRday)* adj. m. coward: (coll.) chiken, custard; yellow.
cobardía *(kohbRdée:ah)* f. cowardice, fear; (coll-) cold feet. [shed; lean-to.
cobertizo *(kohbáyRtéethoh).* m.
cobertor. *(kohbayRtóR)* m. (babys cot) coverlet; counterpame; quilt, beds pread.
cobertura *(kohbayRtoorah)* f. cover, covering, wrapper.
cobijar *(kohbeeHáR)* tr. to cover; to shelter. [take shelter.
cobijarse *(kohbeeHáRsay)* r. to
cobrador *(kohbradóR)* m. (money) colector; (bus) conductor.
cobranza *(kohbráhnthah)* f. receipt or collection of money.
cobrar *(kohbráR)* tr. to collect, (salary, wages, etc.); to take (in).
cobre *(kóhbray)* m. copper; **batirse el —**, to fight hard for.
cobro *(kóhbroh)* m. *See* **cobranza.**
cocción *(kokthyón)* f. coction, boiling.
cocear *(kohthayáR)* tr. to kick.
cocer *(kohtháyR)* tr. to boil, to cook; (oven).
cocido. *(kohthéedoh)* m. stew; adj. boiled, cooked.
cocina *(kohthéenah)* f. kitchen; (cart) cookery.
cocinar *(kohteenáR)* tr. to do the cooking, to cook.
cocinera *(kohtheenáyrah)* f. cook. [cook.
cocinero *(kohtheenáyroh)* m.
coco *(kóhkoh)* m. *Bot.* coconut.

C

C

cocodrilo. *(konkohdréeloh)* m. crocodile.
cocotero *(konkohtáyroh)* m. *Bot.* coconut.
coche *(kóhchay)* m. car coach; — **de carreras,** racing car; — **deportivo,** sports car; (railw.) — **cama,** sleeping-car; — **restaurante;** dining-car.
cochera *(kohcháyrah)* f. garage; bus-depot. [man.
cochero *(kohcháyroh)* m. coach-
cochina *(kohscéenah)* f. sow. (fig.) filthy, dirty.
cochino *(kohscéenoh)* adj. dirty; m. pig.
codazo *(kohdáhthoh)* m. blow with an elbow, nudge, shove.
codear *(kohdayáR)* tr. to elbow; intr. to nudge; —**se con...,** to mix with.
códice *(kóhdeethay)* m. codex.
codicia *(kohdéethyah)* f. covetousness; cupidity, greed; **la — rompe el saco,** covet oll, lose oll.
codicioso *(kohdeethyóhsoh)* adj. greedy, avaricious; (coll.) avid. dilligent.
código *(kóhdeegoh)* m. code.
codo *(kódoh)* m. elbow; cubit; *Mech.* bend; **hablar por los —s,** chatter; **empinar el —,** to tipple.
codorniz *(kohdoRnéeth)* f. quail.
coeficiente *(koh/ayfeethyéntay)* adj. coefficient.
coercitivo *(kohaRtheetéeboh)* adj. coercive.
coexistencia *(koh/aykséestaynthyah)* s. coexistence.
coexistir *(koh/aykseesteeR)* intr. to coexist.
cofia *(kóhfyah)* f. headdress, greed; hair-net. [member.
cofrade *(kohfráhday)* m. fellow-
cofradía *(kohfrahdée:ah)* f. brotherhood, guild. [fer.
cofre *(kóhfray)* m. trunk, cof-
coger *(koh/HayR)* tr. to catch (balls, etc.); to take, to get hold of, to grasp; to be room for; — **un resfriado,** to catch a cold, — **en casa,** to catch at home; — **(a uno) un coche,** to be run-over.
cogida *(koHéedah)* f. yield, (harvest); (fish) catch, going (in bullfight).
cogote *(kohgohtay)* m. *Anat.* occiput; nape, scruff of the neck. [adj. cognitive.
cognoscitivo *(kognostheetéeboh)*
cohabitar *(koh/ahbeetáR)* intr. to cohabit; to live together.
cohechar *(koh/aychaR)* v. t. to bribe, suborn; *Agric.* to plow *(USA.)* to plough (E.).
cohecho *(koh/aychoh)* m. bribery; *Agric.* plowing (ploughing) season.
coherente *(koh/ayrayntay)* adj. coherente. [sion.
cohesión *(koh/aysyón)* f. cohe-
cohete *(koh/áytay)* m. rocket, firework; **suelta de —,** firework display; **salió como un —,** he went out like a flash.
cohibir *(koh/eebéeR)* tr. to restrain.
coincidencia *(koh/eentheedaynthyah)* f. coincidence.
coincidir *(koh/eentheedeeR)* intr. to coincide.
coito *(kóytoh)* m. coition, sexual intercourse.
cojear *(kohHayáR)* intr. to limp, to hobble; **saber de qué pie cojea,** to know one's weakness. [ness; limping.
cojera *(kohHáyrah)* f. lame-
cojín *(kohHéen)* m. cushion.
cojinete *(kohHenáytay)* m. small cushion, pad; *Mech.* bearing.
cojo *(kóhHoh)* adj. m. lame, cripple; (furn.) lopsided.
cola *(kóhlah)* f. *Zool.* tail; train of a dress, (people) queue; (adhes.) glue.
colaborador *(kohlahbohrahdóR)* m. collaborator.
colaborar *(kohlahbohráR)* tr. to collaborate.
colada *(kohláhdah)* f. bleaching. [iner.
coladera *(kohlahdáyrah)* f. stra-
colador *(kohlahdóR)* strainer.

coladura *(kohlahdóorah)* straining; (fam.) blunder.
colar *(kohláR)* tr. to strain; to pass through, (coll.) to gatecrash; to make blunders.
colarse *(kohláRsay)* r. to strain, to slip or steal into.
colcha *(kóhlchah)* m. quilt; coverlet, bed-spread. [tress.
colchón *(kohlchón)* m. mat-
colección *(kohlaykthyón)* f. collection. [to collect.
coleccionar *(kohlaythyonáR)* tr.
colectivo *(kohlayktéeboh)* adj. collective.
colega *(kohláygah)* f. colleague.
colegial *(kohlayHyahl)* adj. collegial; m. schoolboy, collegian. [school-girl.
colegiala *(kohlayHy:áhlah)* m.
colegio *(kohláyHyoh)* m. college, school. [cholera.
cólera *(kóhlayrah)* f. anger,
colérico *(kohláyreekoh)* adj. angry, choleric.
coleta *(kohláytah)* f. pigtail.
colgadura *(kolgahdóorah)* f. tapestry, hanging.
colgante *(kolgántáy)* adj. hanging; cloth pendant; **puente —**, suspensión bridge.
colgar *(kolgáR)* tr. to hang; to suspend; to impute; **— los estudios**, to abandon one's studies.
cólico *(kóhleekoh)* m. colic.
coliflor *(kohleeflór)* f. cauliflower.
colilla *(kohléelyah)* f. cigarette end or stub, cigar stub.
colina *(kohléenah)* f. hill(ock).
coliseo *(kohleesáyoh)* m. coliseum.
colisión *(kohleesyón)* s. collision; clash, (mat.) car-crash.
colmado *(kolmáhdoh)* adj. filled; heaped; m. (prov.) pub; grocer's shop.
colmar *(kolmáR)* tr. to heap up, to fill up; (fig.) to give plenty. [ve.
colmena *(kolmáynah)* f. beehi-
colmillo *(kolméelyoh)* m. eyetooth, tusk (elephant); (snake) fang; coll. **escupir por el —**, to boast, to brag.
colmo *(kólmoh)* m. plenty; top; **¡Esto es el —!**; This is the limit, this is the last straw.
colocación *(kohlohkahthy:ón)* f. employment; post, job; (orde) arrangement, placing.
colocar *(kohlohkáR)* tr. to arrange; to place; to employ, to give a job, v. r. to get a job.
colonia *(kohlóhnyah)* f. colony; **agua de —**, eau de Cologne.
colonial *(kohlohnyáhl)* adj. colonial.
colonización *(kohlohneethahthyón)* f. colonisation.
colonizar *(kohlohneetháR)* tr. to colonize.
colono *(kohlóhnoh)* m. (mig.) settler; *Agric.* farmer, planter.
coloquio *(kohlóñkyoh)* m. colloquy, talk; literary dialogue.
color *(kohlóR)* m. colour; **— vivo,** bright colour; **— apagado,** paste colour; **tonos de —**, shades of colour; **venir los —es a la cara,** to blush. **Tener buen —**, to be healthy-looking.
colorado *(kohlohráhdoh)* adj. ruddy; red; **ponerse —**, to blush.
colorido *(kohlohréedoh)* m. colour(ing). [sus.
coloso *(kohlóhsoh)* m. colos-
columna *(kohlóomnah)* f. column, pillar; (arith-)row; **— vertebral,** spine.
columnata *(kohloomnáhtah)* f. colonnade. [swing.
columpiar *(kohloompyár)* tr. to
columpio *(kohlóompyoh)* m. swing; seesaw.
collado *(kohlyáhdoh)* m. small height, hillock, fell.
collar *(kohlyáR)* m. *Ornam.* necklace; dog-collar. [coma.
coma *(kóhmah)* f. comma; *Med.*
comandancia *(kohmahndáhnthyah)* f. commandership, commander's office; **— de**

C

Marina, Port Authority Office; — **Militar,** military command.

C

comandante *(kohmahndáhntay)* m. *Mil.* major; commander.
comandita *(kohmahndéetah)* f. *Com.* silent partnership.
comando *(kohmáhndoh)* m. *Mil.* command; commando.
comarca *(kohmáRkah)* f. region, districk, area.
comba *(kombah)* f. bend, curb; shipping rope; **saltar a la —,** to skip. [combat.
combate *(kombáhtay)* m. fight;
combatiente *(kombahtyéntay)* s. fighter, combatant.
combatir *(kombahtéeR)* tr. e intr. to combat; to fight.
combinación *(kombeenahtyón)* f. combination; slip (underwear).
combinado *(kombeenáhdoh)* adj. combined; cocktail-drink.
combinar *(kombeenáR)* intr. to combine; to compound.
combustible *(komboosstéeblay)* adj. combustible; m. fuel.
combustión *(komboosstyón)* s. combustion; burning.
comedia *(kohmáydyah)* f. comedy; **es una —,** it is farce.
comediante *(kohmaydyáhntay)* s. comedian; actor; (coll.) hypocrite.
comedor *(kohmaydóR)* m. dining-room; *Furn.* dining-room suite. [ner, guest.
comensal *(kohmaynsáhl)* s. di-
comentador *(kohmayntahdóR)* m. commentator.
comentar *(kohmayntáR)* tr. to comment; (fam.) to gossip.
comentario *(kohmayntáhryoh)* m. commentary; (fam.) gossip; **es el — de la ciudad,** he-(she) is the talk of the town.
comenzar *(kohmaynthάR)* tr. to begin, to commence, to start.
comer *(kohmáyR)* tr. (gen.) to eat, to dine (at 7-9 p. m.); (chess, draught) to take; (in writing) to leave out; (at mid-day) to lunch; **tener que —,** to have something to eat, **me apetece —,** fancy eating. [commercial.
comercial *(kohmayRthyal)* adj.
comerciante *(kohmayRthyantay)* m. merchant, trader.
comerciar *(kohmayRthyáR)* tr. to trade, to do business.
comercio *(kohmáyRthyoh)* m. trade, commerce, business.
comestible *(kohmaysstéeblay)* adj. edible, eatable; m. food; pl. eatables, groceries.
cometa *(kohmáytah)* f. *Astr.* comet; (child's) kite.
cometer *(kohmaytáyR)* tr. to commit; to make (mistakes, etc.); *Crim.* to perpetrate.
cometido *(kohmaytéedoh)* m. task, duty, job. [ching.
comezón *(kohmaythón)* s. it-
cómico *(kóhmeekoh)* adj. comic; comical; s. comedian; actor. [food, dinner.
comida *(kohméedah)* f. meal;
comienzo *(kohmyénthoh)* m. beginning, start; (footb.) — **de un partido,** the kick-off.
comilón *(kohmeelón)* m. glutton.
comino *(kohmeenoh)* cuming seed; **no vale un —,** it's not worth a penny.
comisaría *(kohmeesahrée:ah)* f. commissariat, police-station.
comisario *(kohmeesáhryoh)* m. commissary; deputy.
comisión *(kohmeesyon)* f. commission; mandate; committee. [te; retinue.
comitiva *(kohmeetéebah)* f. sui-
como *(kóhmoh)* adv. like; as; how; **¡—!,** what!; — **quieras,** as you like it; — **sigue,** as follows.
cómoda *(kóhmohdah)* f. chest of drawers; bureau.
comodidad *(kohmohdeedáhd)* f. confort. [fortable; handy.
cómodo *(kohmohdoh)* adj. con-
compacto *(kompáhktoh)* adj. compact, solid, dense.

compadecer *(kompahdaytháyR)* tr. to pity, to feel sorry for.
compaginar *(kompahHeenáR)* tr. to (fig.) to arrange in order, to alternate; *Print.* to collate, to check.
compañerismo *(kompahnyayreesmoh)* m. companionship, comradeship.
compañero *(kompahnyáyroh)* s. comrade; companion; fellow, mate, pal. — **de viaje,** fellow traveller. — **de habitación,** room mate.
compañía *(kompahnyée:ah) Com.* f. company, firm; *Mil. & Theat.* company; companion, friend.
comparación *(kompahrahthyón)* f. comparision.
comparar *(kompahráR)* tr. to compare, to confront.
comparecer *(kompahraytháyR)* intr. to appear (before a court).
comparsa *(kompáRsah)* f. masquerade; (theat) «extra».
compartimiento *(kompaRteemyéntoh)* m. compartment.
compartir *(kompaRtéeR)* intr. to share.
compás *(kompáss)* m. pair of compasses; rhythm, *Naut.* compass. [pity.
compasión *(kompahsyón)* f.
compasivo *(kompahséeboh)* adj. compassionate.
compatibilidad *(kompahteebeeleedáhd)* f. compatibility.
compatible *(kompahtéebblay)* adj. compatible. — **con,** in keepiny with.
compatriota *(kompahtry:óhtah)* m. fellow-countryman, compatriot.
compeler *(kompayláyR)* tr. to compel ,to force, to oblige.
compendiar *(kompayndyáR)* tr. to epitomize; to extract, to abridge, to shorten.
compendio *(kompayndy:oh)* m. digest, summary, abstract, manual, hand-book.
compensación *(kompaynsahthyón)* f. compensation; (money) indemnity; offset.
compensar *(kompaynsáR)* tr. and intr. to compensate, to make up for, to offset.
competencia *(ompaytáynthyah)* competition, rivalry, competence.
competente *(kompaytáyntay)* adj. competent; qualified, fit, apt. suitable for.
competición *(kompayteethyon)* m. competition; *Sports.* meeting; rivalry.
competidor *(kompayteedóR)* m. competitor; rival, contender, opponent. adj. competing, contesting.
competir *(kompaytéeR)* intr. to contend, to compete, to race, to rival, to vie.
compilación *(kompeelahthyón)* f. compilation.
compilar *(kompeeláR)* tr. to compile, to collect.
complacencia *(komplahthaynthyah)* f. pleasure, complacency, satisfaction.
complacer *(komplahtáyR)* tr. to please; to content.
complaciente *(komplahthyéntay)* adj. kind, pleasing, unders-standing.
complejo *(kompláyHoh)* m. adj. complex; complicated.
complementar *(komplaymayntáR)* tr. to complement.
complementario *(komplaymayntahryo)* m. complementary.
complemento *(komplaymayntoh)* m. complement; completion.
completar *(komplaytáR)* tr. to complete, to finish, to finish off; to fill up.
completo *(kompláytoh)* adj. complete, finished; full up: **Por —,** absolutely.
complicación *(kompleekahthyón)* f. complication.
complicado *(kompleekáhdoh)* adj. difficult, complicate, knotty, thorny, hard.
complicar *(kompleekáR)* tr. to

C

make difficult, to complicate, to make hard.
cómplice *(kómpleethay)* m. accomplice, abettor, accessory.
C
complicidad *(kompleetheedáhd)* f. complicity, aiding and abetting. [trigue, conspiracy.
complot *(komplót)* m. plot, in-
componente *(kompohnayntay)* adj. component.
componer *(komponáyR)* tr. (mus. print.) to compose; to mend, to put right.
comportamiento *(kompoRtahmyéntoh)* m. behaviour.
comportarse *(komporRtáRsay)* r. to behave.
composición *(komposeethyón)* f. composition; repair, mending. (mus.) work.
compositor *(komposeetóR)* (mus.) m. composer; (print) compositor. [fruit.
compota *(kompóhtah)* f. stewed
compra *(kómprah)* f. purchase: **Ir de —,** to go shopping; buy. [buyer; purchaser.
comprador *(komprahdóR)* s.
comprar *(kompráR)* tr. to buy; to purchase; **— al contado,** to buy cash; **— al fiado,** to buy on credit; **— a plazos,** to buy on instalments, on the never never; to hire-purchase.
comprender *(kompraynáyR)* tr. to understand; to include; to contain, to comprehend; to comprise.
comprensión *(kompraynsyón)* f. comprehension, understanding.
comprensivo *(kompraynséeboh)* adj. understanding, comprehensive; comprising.
compresa *(kompráysah)* f. *Surg.* compress.
compresión *(kompraysyón)* f. compression, pressing, pressure. [compressor.
compresor *(kompraysóR)* m.
comprimir *(kompreeméeR)* tr. to compress; to squeeze, to press.
comprobación *(komprohbahthyón)* f. comprobation, proof, of, check, verification.
comprobar *(komprohbáR)* tr. to check, to verify, to proove.
comprometer *(komprohmaytayR)* tr. to compromise; to engage; to endanger, to jeopardize; v. r. to commit oneself.
compromiso *(komprohméesoh)* m. compromise; engagement; obligation; awk-ward situation.
compuerta *(kompwayRtah)* f. sluice, flood gate; halfdoor, hatch.
compuesto *(kompwaystoh)* adj. compound, made up, mended.
compulsión *(kompoolssyon)* m. compulsion.
compulsor, a *(kompollssoR, ah)* adj. compulsory, compelling.
compungido *(kompoonHéedoh)* adj. grieved, sad, mournful.
computar *(koompootáR)* tr. to compute, to reckon, to calculate.
cómputo *(kómpootoh)* m. computation, reckoning, calculation.
comulgar *(kohmoolgáR)* tr. to communicate, to receive Holy Comunion; **— con ruedas de molino,** to be very credulous.
común *(kohmóon)* adj. common, frequent, current, usual; **En —,** in common. **Por lo —,** generally. **El bien —,** the general well-being; m. water-closet.
comunal *(kohmoonáhl)* adj. common, communal, public.
comunicación *(kohmooneekahthyón)* f. communication.
comunicado *(kohmooneekáhdóh)* m. *Mil.* communique, dispatch; *Offic.* announcement.
comunicar *(kohmooneekáR)* tr. to communicate; to make known; to inform; to announce. [community.
comunidad *(kohmooneedáhd)* f.

comunión *(kohmoonyón)* f. communion.
comunismo *(kohmooneesmoh)* m. communism. [communist.
comunista *(kohmooneestah)* m.
con *(kon)* prep. with; by; in (foll. by ger.) [sign.
conato *(kohnáhtoh)* m. attempt,
cóncavo *(kónkahboh)* adj. concave.
concebir *(konthaybée***R***)* tr. e intr. to conceive; to imagine; to become pregnant.
conceder *(konthaydáy***R***)* tr. to grant, to allow, to give.
concejal *(konthay***H***áhl)* m. member of a council, councillor, alderman.
concejo *(konthay***H***oh)* m. (municipal) council.
concentración *(konthayntrahthyón)* f. concentration.
concentrar *(konthayntrá***R***)* tr. to concentrate.
concepción *(konthaypthyón)* f. conception, idea [cept.
concepto *(konthayptoh)* m. con-
concernir *(konthay***R***née***R***)* intr. to concern, to apply to, belong to.
concertar *(konthay***R***ta***R***)* v. t. to arrange; *Com.* to close (a doal). v. i. to agree.
concesión *(konthaysyón)* f. concession, grant.
conciencia *(konthyenthyáh)* adj. conscience: **A —,** conscientiously. **En —,** scrupulously.
concienzudo *(konthyenthóodoh)* adj. conscientious, thorough.
concierto *(konthye***R***toh)* m. concert; arrangement, agreement.
conciliar *(kontheelyá***R***)* tr. to conciliate; to reconcile; adj. conciliar(y).
concilio *(konthéely:oh)* m. council congress, meeting.
concisión *(kontheesyón)* m. conciseness, brevity, terseness.
conciso *(konthéesoh)* adj. concise, brief, short, laconic.
concluir *(koncloo:ée***R***)* tr. to conclude, to finish, to end to close; to infor, deduce.
conclusión *(koncloosyón)* f. conclusion, end; (legal) winding-up. **En —,** finally, to close.
concluyente *(konklooyentay)* adj. conclusive, decisive.
concordancia *(konko***R***dáhnthyah)* f. concordance, agreement; concord.
concordar *(konko***R***dá***R***)* tr. to, to agree, to accord, to conform. [concordat.
concordato *(konko***R***dáhtoh)* m.
concordia *(konkó***R***dyah)* f. concord, harmony, unity.
concretar *(konkraytá***R***)* tr. to concrete; to sum up, to go to the point.
concreto *(konkráytoh)* adj. concrete, well-defined, exact. **En —,** in short, definitely.
concubina *(konkoobéenah)* f. concubine; (coll.) mistress.
concupiscencia *(konkoopeesthaynthyah)* f. concupiscence greed, lust.
concurrencia *(konkoo***R***aynthyah)* f. concurrence, attendance (of public); *Com.* competition.
concurrido *(konkoo***R***éedoh)* adj. attended, frequented, crowded, popular.
concurrir *(konkoo***R***ée***R***)* intr. to concur; to coincide, to be present, to attend; to compete.
concurso *(konkóo***R***soh)* m. assembly, contest, competition. **Sacar una vacante a —,** to arrange a competitive exam. for a job. **Sacar a —,** to call for tenders.
concha *(kónchah)* f. shell; **— del apuntador,** prompter's box. [ty; earldom.
condado *(kondáhdoh)* m. coun-
conde *(kónday)* m. count; earl.
condecoración *(kondaykohrahthyón)* f. decoration; medal.
condecorar *(kondaykohrá***R***)* tr. to honour, to award a decoration, or medal.
condena *(kondáynah)* f. senten-

ce, term of imprisonment, penalty. [adj. blamable.
condenable *(kondaynáhblay)*
condenación *(kondaynáhthyón)* f. condemnation, damnation.
condenado *(kondaynáhdoh)* adj. sentencend; condemned, damned; m. reprobate.
condenar *(kondaynáR)* tr. to condemn, to sentence, to disapprove; to damn.
condensación *(kondaynsahthyón)* f. condensation.
condensado *(kondaynsáhdoh)* adj. condensed; compresed, squeezed; (coll.) in a nutshell.
condensador *(kondaynsahdóR)* m. condenser; air-compressor; — **eléctrico,** storage-battery.
condensar *(kondaynsáR)* r. to condense, to thicken; (fig.) to compress, to squeeze.
condescender *(kondaysthayndayR)* tr. to condescend, to yield, to submit, to comply.
condescendiente *(kondaysthayndyentay)* adj. acquiescent, condescending, compliant; submissive, meek.
condición *(kondeethyón)* f. condition, state; **De — humilde,** of humble birth. **Tener — para,** to have the make of. **A — de que,** on condition that. **Estar en — de,** to do in a position to. **¿Cuáles son las —es?,** which are the terms?
condicional *(kondeethyohnáhl)* adj. conditional.
condicionar *(kondeethyohnáR)* tr. to condition, to adjust.
condimentar *(kondeemayntáR)* tr. to season, to dress (food).
condimento *(kondeemayntoh)* m. condiment, seasoning, dressing.
condiscípulo *(kondeesstheépooloh)* m. school-fellow, classmate, fellow-student.
condolerse *(kondohláyRsay)* r. to condole, to sympathise with, to feel sorry for. [dor.
cóndor *(kóndoR)* m. *Orn.* condor.
conducir *(kondoothéeR)* tr. *Mus. Elct.-Direct.* to conduct, (take) to lead, (vehic.) to drive r. to behave.
conducta *(kondóoktah)* f. conduct; behaviour, manners.
conducto *(kondóoktoh)* m. conduit, sewer, drain, duct. **Por — de,** by means of, through.
conductor *(kondooktóR)* driver; *Phys.* conductor; adj. conducting, guiding.
conectar *(konayktaR)* v. t. to connect; *Mech.* to couple.
conejo *(kohnáyHoh)* m. rabbit, (coll.) «bunny» -(rabbit). **conejillo de Indias,** Guinea pig.
conexión *(kohnayksyón)* f. connection, union; *Mec.* coupling, pl. acquaintances.
confabulación *(konfaboolahthyón)* f. confabulation, conspiracy, plot.
confabularse *(konfaboolàRsay)* r. to agree together, against, to plot, to conspire against.
confección *(konfaykthyón)* f. manufacture, make; ready-made article.
confeccionar *(konfaykthyonaR)* v. t. to make, to prepare; to make up (cloth... etc.).
confederación *(konfaydayrahthyón)* f. confederation.
confederado *(konfaydayráhdoh)* adj. confederate.
confederar *(konfaydayráR)* tr. to confederate, to ally, to league.
conferencia *(konfayraynthyah)* f. lecture, conference; *Tel.* trunk call; **Dar una —,** to give a lecture.
conferenciar *(konfayraynthyaR)* tr. to talk over, to debate.
conferir *(konfayréeR)* tr. to bestow, to grant, to award; to confer. [fess, to admit.
confesar *(konfaysáR)* tr. to confess, to admit.
confesión *(konfaysyón)* f. confession.
confesonario *(konfaysyohnáh-*

ryoh) m. confessional; confessionary, confession-box.
confesor *(konfaysó*R*)* m. confessor.
confiado *(konfyáhdoh)* adj. confident; trusting, credulous, gullible.
confianza *(konfyáhnthah)* f. confidence; trust, reliance. **De —**, trustworthy. **En —**, confidentially; hope, faith.
confiar *(konfeeá*R*)* tr. e intr. to trust; to hope. **— en**, to rely on.
confidencia *(konfeedaynthyah)* f. confidence, secret.
confidencial *(konfeedaynthyáhl)* adj. confidential.
configuración *(konfeegoorahthyón)* f. configuration, shape, relief.
configurar *(konfeegoorá*R*)* tr. to shape, to configure.
confín *(konféen)* m. boundary, border, limit.
confinar *(konfeená*R*)* tr. to confine intr. to border.
confirmación *(konfee*R*mathyón)* f. confirmation, proof.
confirmar *(konfee*R*má*R*)* tr. to confirm; to corroborate, to ratify; to verify.
confiscado *(konfeeskáhdoh)* adj. confiscated. [confiscate.
confiscar *(konfeesská*R*)* tr. to
confite *(konféetay)* m. comfit, candy, sugar-plum; pl. darnties, confectionery.
confitería *(konfeetayrée:ah)* f. sweet-shop, confectioner's shop.
confitura *(konfeetóorah)* f. jam, confiture.
conflicto *(konfléetoh)* f. conflict, struggle; (fig.) dilema, problem, agony. [confluence.
confluencia *(konflwáynthyah)* f.
confluir *(konfloo:ée*R*)* intr. to flow to-gether, to meet, to join.
conformar *(konfo*R*má*R*)* tr. to conform, to adjust, to fit; v. i. to comply with.
conformarse *(konfo*R*má*R*say)* r. to resign oneself; to agree, to accept; to be satisfied with.
conforme *(konfó*R*may)* adj. alike, in conformity with, ready; coll. «agreed»; adv. according to.
conformidad *(konfo*R*meedáhd)* f. conformity; **De — con**, by common consent with, (persons) **— con**, in agreement with (things).
confortable *(konfo*R*táhblay)* adj. snug, comfortable, cosy.
confortar *(konfo*R*tá*R*)* tr. to confort, to console, to cheer.
confraternidad *(konfratay*R*needáhd)* f. confraternity, brotherhood.
confrontación *(konfrontahthyón)* f. confrontation, comparison, paring.
confrontar *(konfrontá*R*)* tr. to confront, to compare, to collate; v. i. to border on.
confundir *(konfoondée*R*)* tr. to confound, to confuse; to mix up; to humble.
confusión *(konfoosyón)* f. confusion, disorder.
confuso *(konfóosoh)* adj. confused, vague, obscure; perplexed; jumbled up.
congelación *(kon*H*aylahthyon)* m. freezing. [to freeze.
congelarse *(kon*H*aylá*R*say)* r.
congeniar *(kon*H*aynyá*R*)* intr. to be congenial; to sympathize. [congenital.
congénito *(kon*H*áyneetoh)* adj.
conglomerado *(konglohmayráhdoh)* adj. conglomerate.
congoja *(kongóh*H*ah)* f. anguish, dismay, anxiety.
congraciarse *(kongrahthyá*R*say)* r. to ingratiate, to take a fancy to.
congratulación *(kongrahtoolahthyón)* f. congratulation.
congratular *(kongrahtoola*R*)* tr. to congratulate, to compliment; v. r. to rejoice, to delight oneself in.
congregación *(kongraygahthy-*

C

ón) f. congregation; assembly.

congregar *(kongraygá***R***)* tr. y r. to assemble, to congregate, to gathe, to meet.

C

congreso *(kongráysoh)* m. congress, convention.

congruente *(kongrwayntay)* adj. congruent, apropiate, suitable, fit. [cal.

cónico *(kóhneekoh)* adj. coni-

conjetura *(kon***H***aytóorah)* f. conjecture, guess.

conjeturar *(kon***H***aytoorá***R***)* tr. to conjecture, to guess, to surmise. [f. conjugation.

conjugación *(kon***H***oogahthyón)*

conjugar *(kon***H***oogá***R***)* tr. to conjugate. [conjunction.

conjunción *(kon***H***oonthyón)* f.

conjunto *(kon***H***óontoh)* m. *Mús.* group, ensemble; **el —,** the whobe, **en —,** altogether.

conjuración *(kon***H***oorahtyón)* f. conspiracy, plot, machination. [conspirator, plotter.

conjurado *(kon***H***ooráhdoh)* m.

conjurar *(kon***H***oorá***R***)* intr. to conjure; to conspire, to plot.

conjuro *(kon***H***óoroh)* m. exorcism, incantation.

conmemoración *(konmaymohrahthyón)* f. commemoration, anniversary, remembrance.

conmemorar *(konmaymohrá***R***)* tr. to conmemorate, to celebrate. [with me.

conmigo *(konméegoh)* pron.

conmiseración *(konmeesayrahthyón)* s. commiseration; pity, sympathy.

conmoción *(konmohthyón)* f. conmotion, tumult.

conmovedor *(konmohbaydó***R***)* tr. moving, touching; disturbing.

conmover *(konmohbáy***R***)* tr. to move; to disturb; to affect.

conmutador *(konmootahdó***R***)* m. switch, commuter.

conmutar *(konmootá***R***)* tr. to commute; to barter, to exchange, to switch over.

cono *(kóhnoh)* m. cone.

conocedor *(kohnohthaydó***R***)* m. connoisseur; judge.

conocer *(kohnohtháy***R***)* tr. to know, to be acquainted with; **— de vista,** to know by sight; v. r. to know each other.

conocido *(kohnohthéedoh)* adj. well known; m. acquaintance.

conocimiento *(kohnohtheemyéntoh)* m. knowlege; **— de embarque,** bill of lading; **perder el —,** to lose conciousness; **con — de causa,** knowingly. [quest; adquisition.

conquista *(konkeestah)* f. con-

conquistador *(konkeestahdó***R***)* m. conqueror.

conquistar *(konkeestá***R***)* tr. to conquer, to win over.

consagración *(konsagrahtyón)* f. consecration; (fig.) devoted to.

consagrado *(konsagráhdoh)* adj. consecrated; (fig.) devotion.

consagrar *(konsagrá***R***)* tr. to consecrate; to dedicate; v. r. to devote oneself to.

consanguíneo *(konsahngéénayoh)* adj. consanguineous, kindred; blood relation.

consciente *(konsthyéntay)* adj. conscious; aware.

consecución *(konsaykoothyón)* r. attainment, acquistion.

consecuencia *(konsaykwaynthyah)* f. consecuence; **en/por —,** therefore; **traer en —,** to entail.

consecuente *(konsaykwayntay)* f. consequent, following; (math.) consequent.

consecutivo *(konsaykootéeboh)* adj. consecutive.

conseguir *(konsaygée***R***)* tr. to attain; to get; to archieve.

consejero *(konsay***H***áyroh)* m. adviser; counsellor.

consejo *(konsáy***H***oh)* m. counsel; advice; council; **— de familia,** family council; **— de guerra,** court martial; **— de ministros,** cabinet meeting; **tomar —,** to take counsel.

consentido *(konsentéedoh)* adj. spoiled (of a child).
consentimiento *(konsaynteemyéntoh)* m. consent.
consentir *(konsayntée***R***)* tr. to consent; to agree; to allow.
conserje *(konsay***RH***ay)* m. caretaker, warden, concierge; *USA.* janitor.
conserjería *(konsay***RH***ayreeah)* f. warden's lodge, caretaker's office.
conserva *(konsáy***R***bah)* f. canned food; preserve; pickle.
conservar *(konsay***R***bá***R***)* tr. to keep, to take care of, to preserve.
conservatorio *(konsay***R***bahtóhryoh)* s. conservatory.
considerable *(konseedayráhblay)* adj. considerable, significant; great large.
consideración *(konseedayrahthyón)* s. consideration, due respect for; **tener en —,** to have in mind.
considerado *(konseedayráhdoh)* adj. considerate, thoughtful.
considerar *(konseedayrá***H***)* tr. to consider, to think over; to treat with respect.
consigna *(konseegnah)* f. *Mil.* password; (railw.) luggage office.
consignación *(konseegnahthyón)* f. consignation; *Com.* consignment, cargo.
consignar *(konseegná***R***)* tr. to consign; to deposit; *Com.* to dispatch; to state in writing.
consignatario *(konseegnahtáhryoh)* m. consignee; *Com.* shipping agent.
consigo *(konséegoh)* pron. with oneself, himself, herself, themselves, your self, yourselves.
consiguiente *(konseegyéntay)* m. consequent; **por —,** therefore, as a result.
consistencia *(konseestaynthyah)* f. solidity, firmness, consistency; stability.
consistente *(konseestayntay)* adj. consistent, solid, firm, tough. [consist(in).
consistir *(konseestée***R***)* intr. to
consistorial *(konseestohryáhl)* adj. consistorial; **casa —,** town hall. [consistory.
consistorio *(konseestóhryoh)* m.
consolación *(konsohlahthyón)* consolation.
consolador *(konsohlahdó***R***)* m. comforter; adj. comforting.
consolar *(konsohlá***R***)* tr. to console, to comfort, to cheer.
consolidación *(konsohleedahthyón)* f. consolidation.
consolidar *(konsohleedá***R***)* tr. to consolidate, to strengthen, to harden; v. r. to grow hard, firm, or solid.
consonancia *(konsohnánthyah)* f. consonance; harmony; **en — con,** in agreement with.
consonante *(konsohnántay)* f. consonant; adj. concordant, consistent; *Mus.* consonous.
consorcio *(konsó***R***thyoh)* m. partnership.
consorte *(konsó***R***tay)* s. consort; husband or wife. *Law.* accomplices.
conspiración *(konspeerahthyón)* f. conspirancy; plot.
conspirador *(konspeerahdó***R***)* m. conspirator; plotter.
conspirar *(konspeerá***R***)* intr. to conspire, to plot.
constancia *(konstáhnthyah)* f. constancy, perseverance.
constante *(konstáhntay)* s. y adj. constant, persevering. steady, reliable; *Mahch.* m. constant.
constar *(konstá***R***)* intr. to consist, to be recorded or registered; to be evident, to be clear; **no consta,** it is not registered; **me consta que,** I am positive about.
constelación *(constaylahtheon)* f. constellation.
consternación *(konstay***R***nahtyón)* f. consternation, panic, dismay. [confund, to terrify.
consternar *(konstay***R***ná***R***)* tr. to

C

C

constipación *(konsteepahthyón)* f. cold, chill; constipation.
constipado *(konsteepáhdoh)* m. cold, chill, catarrh.
constipar *(konsteepá***R***)* tr. to chill, to give a cold.
constitución *(konsteetoothyón)* f. constitution; **Tener buena constitución,** to be strong, to be healthy.
constitucional *(konsteetoothy-ohnáhl)* adj. constitutional, legal. [to constitute.
constituir *(konsteetoo:ée***R***)* tr.
constitutivo *(konsteetootéeboh)* adj. constitutive.
construcción *(konstrookthyón)* f. construction, structure, building; *Gram.* sintax: — **naval,** shipbuilding.
constructor *(konstrooktó***R***)* adj. constructive; m. builder, constructor; — **de buques,** ship-builder.
construir *(konstroo:ée***R***)* tr. to build, to form, to construct.
consuelo *(konswayloh)* m. consolation, relief, comfort.
cónsul *(kónsool)* m. consul.
consulta *(konsóoltah)* f. consultation, question; *Med.* **horas de —,** surgery hours. **Libro de —,** reference book.
consultar *(konsooltá***R***)* tr. to consult, to take advice; — **libros, etc.** to look up; — **con la almohada,** to sleep on it.
consultor *(konsooltoh***R***)* m. consultant, adviser.
consultorio *(konsooltóhryoh)* information bureau; *Med.* surgery, consulting-room.
consumido *(konsooméedoh)* adj. lean, exhausted, spent.
consumidor *(konsoomedó***R***)* m. consumer.
consumir *(konsoomée***R***)* tr. to. consume, to eat up; (coll.) to worry; v. r. bo waste away.
consumo *(konsóomoh)* m. consumption of merchandise; local tax.
contabilidad *(kontahbeeleedahd)* f. bookkeeping; accounts, accountancy.
contable *(kontáhblay)* m. accountant, book-keeper.
contacto *(kontáhktoh)* m. contact, touch; **Tener buenos —s,** to be well acqueinted, to have good friends.
contado *(kontáhdoh)* adj. counted; scarce; rare; **al —,** cash.
contador *(kontahdó***R***)* m. (gas, electricity) meter, (bank.) cashier; cash register.
contagiar *(kontah***H***yá***R***)* tr. to infect, to spread disease; to pervert. v. r. to become infected; (fig.) to become perverted.
contagio *(kontáh***H***yoh)* m. contagion, infection; (fig.) corruption, pervertion.
contagioso *(kontah***H***yóhsoh)* adj. infectious, contagious; (fig.) perverting.
contaminar *(kontahmeená***R***)* tr. to contaminate; fig. to profane, to pollute.
contar *(kontá***R***)* tr. to count, to reckon; (narrate), to tell; — **con,** to rely on; **¡no cuentes conmigo!** Count me out!
contemplación *(kontaymplathy-ón)* s. contemplation, meditation.
contemplar *(kontaymplá***R***)* tr. to contemplate, to gaze at; to meditate; to flatter.
contemporáneo *(kontaympoh-ráhnay:oh)* adj. contemporary, contemporaneous; f. contemporary.
contemporizador *(kontaympoh-reethahdó***R***)* m. complier, temporizer; adj. complying, temporizing.
contemporizar *(kontaympohree-thá***R***)* intr. to temporize, to comply.
contención *(kontaynthyón)* f. contention, dispute, strife; to check, to curb.
contender *(kontayndáy***R***)* intr. to contend, to compete; to argue, discuss.
contendiente *(kontayndyéntay)* adj. disputant contestant,

contener *(kontaynáyR)* v. intr. to comprise, to contain, to hold. v. tr. to stop, to check, detain.
contenido *(kontaynéedoh)* adj. contained; m. contents.
contentar *(kontayntáR)* tr. to content, to please, to satisfy.
contento *(kontayntoh)* adj. glad; pleased; m. contentment.
contestable *(kontaysstáhblay)* adj. contestable, disputable.
contestación *(kontaysstahthyón)* f. answer, reply.
contestar *(kontaysstáR)* tr. to answer, to reply, to respond.
contexto *(kontaykstoh)* m. context.
contextura *(kontaykstóorah)* f. frame (work); texture.
contienda *(kontyéndah)* f. contest, fight, strife, conflict.
contigo *(kontéegoh)* pron. with you.
contiguo *(kontéegoo:oh)* adj. next, adjoining, contiguous.
continencia *(konteenaynthyah)* f. continence.
continental *(konteenayntáhl)* adj. continental.
continente *(konteenayntay)* adj. continent, m. continent.
contingencia *(konteenHaynthyah)* f. contingency, emergency, eventuality.
continuación *(konteenw:ahthyón)* f. continuation, sequel.
continuar *(konteenw:áR)* tr. e intr. to continue, to go on, to carry on, to get on.
continuidad *(konteenweehdáhd)* f. continuity.
continuo *(kontéenw:oh)* adj. continous never-ending, endless, incessantly. **Acto —,** inmediately.
contorno *(kontóRnoh)* m. outline, profile; **en los —,** in the neighbourhood, round about.
contorsión *(kontóRsy:ón)* f. contortion, twist, wriggle.
contra *(kóntrah)* prep. against; opposite to; f. opposition.
contrabandista *(kontrahbahndeesstah)* s. smuggler.
contrabando *(kontrahbáhndoh)* m. smuggling.
contracción *(kontrahkthyón)* f. contraction, shrinkage, constriction; *Gram.* synaeresis.
contradecir *(kontrahdaythéeR)* tr. to contradict, to gainsay.
contradicción *(kontrahdeekthyón)* f. contradiction.
contradictorio *(kontrahdeektóhryoh)* adj. contradictory.
contraer *(kontrah/ayR)* tr. e intr. to contract, to shriok, to reduce; — **enfermedades,** to catch, to got a disease. — **matrimonio,** to get manied.
contraerse *(kontrah/ayRssay)* r. to contract.
contrafuerte *(kontrahfwayRtay)* m. counterfort, reinforcement; *Arch.* buttress.
contrahacer *(kontrahtháyR)* tr. to counterfeit, to falsify, to forge; *Lit.* to pirate.
contrahecho *(kontraháychoh,* adj. deformed, hunch-backed; counterfeited, forged.
contramaestre *(kontrahmah/ésstray)* m. *Naut.* boatswain; overseer, foreman, gaffer.
contraorden *(kontrah/óRdayn)* f. countermand.
contraparte *(kontrahpahRtay)* f. counterpart, opposite side; *Mus.* counterpoint.
contrapelo *(kontrahpayloh)* adv. against the grain.
contrapesar *(kontrahpayssaR)* v. t. to counter-balance; to offset.
contrapeso *(kontrahpayssoh)* m. counter-balance; makweight; plummet.
contrapié *(kontrahpyáy)* adv. **A —,** on the wrong foot.
contraponer *(kontrahpohnáyR)* tr. to oppose, to compare, to contrast.
contraposición *(kontrahpohseethyón)* f. constrast.
contrariar *(kontrahreeáR)* tr. to contradict, to oppose; to vex.
contrariedad *(kontrahryaydáhd)* f. inconvenience; disappointment, contrariety.

C

C

contrario *(kontráhryoh)* adj. contrary, adverse; m. opponent, antagonist; **Por el —,** On the other hand; **Al —,** on the contrary. **Llevar la —,** to contradict.
contrarrestar *(kontrahRaysstáR)* tr. to check, to arrest, to counteract, to resist.
contrasentido *(kontrahsayntéedoh)* m. contradiction in terms.
contraseña *(kontrahsáynyah)* f. *Mil.* watchword, countersign, password.
contrastar *(kontrahstáR)* tr. to contrast, to check, to test.
contraste *(kontrástay)* m. contrast.
contrata *(kontráhtah)* f. contract, deed; **— de arrendamiento,** lease; **— de flete,** charter party.
contratación *(kontrahtahthyón)* f. trade; commerce, transaction.
contratante *(kontrahtáhntay)* s. [contractor.
contratar *(kontrahtáR)* tr. to contract, to make a contract, to hire.
contratista *(kontrahteestah)* s. [contractor.
contratiempo *(kontrahty:émpoh)* m. contretemps, mishap, inconvenience, nuisance; **¡Qué —!** What a nuisance!
contrato *(kontráhtoh)* m. contract, agreement, covenant; **— de fletamento,** charter-party; **— de arrendamiento,** lease; **— de compra,** deed of purchase; **— de venta,** deed of sale.
contraveneno *(kontrahbaynáyno)* m. antidote.
contravenir *(kontrahbaynéeR)* intr. to contravene; to violate, to transgress; *Law.* to break.
contribución *(kontreeboothyón)* f. contribution; tax; **— urbana,** rates; **— del agua,** water rates.
contribuir *(kontreeboo:éeR)* tr. to contribute, to pay tax; to give.
contribuyente *(kontreebooyentay)* m. tax-payer, rate-payer; contributor.
contricción *(kontreekthyón)* f. contrition, penitence.
contrincante *(kontreenkáhntay)* s. competitor; opponent; rival.
contristar *(kontreesstáR)* tr. to [afflict; to sadden.
contrito *(kontréetoh)* adj. contrite; repentant.
control *(kontról)* m. control; *Mot.* check-point.
controlar *(kontrohláR)* tr. to control, to direct; to check; **Perder el —,** to lose control of; **Fuera de —,** *Sports.* beyond the time limit.
controversia *(kontrohbáyRsyah)* f. controversy, dispute.
controvertir *(kontrohbayRtéeR)* tr. to controvert; to dispute, to argue against.
contundente *(kontoonáyntay)* adj. forceful, powerful, strong.
conturbar *(kontooRbáR)* tr. to perturb; to disquiet, to disturb.
contusión *(kontoosyón)* f. contusion, bruise.
contuso *(kontóosoh)* adj. bruised.
convalecencia *(konbahlaythaynthyah)* f. convalescence.
convalecer *(konbahlaytháyR)* tr. to convalesce, to recover.
convencer *(kônbayntháyR)* tr. to convince.
convencerse *(konbaynthάyRsay)* r. to make certain, to be assured.
convencimiento *(konbayntheemyéntoh)* m. assurance, belief, conviction.
convención *(konbaynthyón)* f. convention, congress, meeting; pact, agreement.
convencional *(konbaynthyohnáhl)* adj. conventional.
conveniencia *(konbaynyénthyah)* f. convenience, advantage, profit, benefit; **Por propia —,** on his/her own advantage.

conveniente *(konbaynyéntay)* adj. useful, convenient; handy, suitable; timely.
convenio *(konbáynyoh)* m. agreement; pact, convention.
convenir *(konbaynéeR)* intr. to agree; to suit.
convento *(konbayntoh)* m. convent, monastery, nunnery.
conventual *(konbayntoo:áhl)* adj. conventual.
convergencia *(kombayRHaynthyah)* f. convergence.
conversación *(konbayRsahthyón)* f. conversation; chat, talk.
conversar *(konbayRsáR)* intr. to converse; to talk, to chat.
conversión *(konbayRsyón)* f. conversion. [vert.
converso *(konbayRsoh)* m. convert.
convertible *(konbayRtéeblay)* adj. convertible.
convertir *(konbayRtéeR)* tr. to convert, to transform to change, to turn into.
convexidad *(konbaykseedáhd)* f. convexity. [vex.
convexo *(konbayksoh)* adj. convex.
convicción *(konbeekthyón)* f. conviction, certainty.
convicto *(konbéektoh)* adj. *Law.* convicted, guilty.
convidado *(konbeedáhdoh)* adj. invited m. guest. [vite.
convidar *(konbeedáR)* tr. to invite.
convincente *(konbeenthayntay)* adj. convincing; satisfying, telling.
convite *(konbéetay)* m. invitation; feast, treat, banquet.
convocación *(konbohkahthyón)* f. convocation, calling, summon.
convocar *(konbohkáR)* tr. to convoke; to summon, to call up.
convocatoria *(konbohkahtóhryah)* summons.
convoy *(konbóy)* m. convoy; escort; (coll.) retinue.
convoyar *(konbohhyáR)* tr. to convoy, to escort.
convulsión *(konboolsyón)* *Med.* f. convulsion. [jugal.
conyugal *(konyoogáhl)* adj. conjugal.
cónyuge *(kónyooHay)* s. consort, (husband, wife).
coñac *(konyáhk)* m. cognac, brandy.
cooperación *(koh/ohpayrahthyón)* f. cooperation.
cooperador *(koh/ohpayrahdóR)* m. co-operator, collaborator; (coll.) a helping hand.
cooperar *(koh/ohpayráR)* tr. to co-operate, to work together, to team up, to bull together.
coordinación *(koh/oRdenahthyón)* f. co-ordination.
coordinar *(koh/oRdenáR)* tr. to co-ordinate, to connect, to correlate.
copa *(kóhpah)* f. wine-glas, goblet; (sport) cup; — **del árbol,** tree-top; — **del sombrero,** crown of the hat; (cards) hearts. [nered.
copado *((kohpáhdoh)* adj. cornered.
copar *(kohpaR)* tr. *Mil.* to corner; to grab (everything).
copartícipe *(kohpaRtéetheepay)* s. co-partner, associate.
copla *(kóplah)* f. copy, imitation; plenty, abundance.
copiar *(kohpyáR)* tr. to copy, to imitate.
copioso *(kohpyóhsoh)* adj. copious, abundant, ample.
copista *(kohpeesstah)* s. copyst, imitator; adj. copying.
copla *(kóhplah)* f. couplet, folksong, ballad.
copo *(kóhpoh)* m. (snow-)flake; *Mil.* cornering. [bushy.
copudo *(kopóodoh)* adj. tufted,
cópula *(kóhpoolah)* f. copulation; coupling, joining.
coque *(kóhkay)* m. coke.
coqueta *(kohkáytah)* f. flirt, coquette. [flirt, to coquet.
coquetear *(kohkaytayáR)* tr. to
coquetería *(kohkaytayrée:ah)* f. flirtation, coquetry.
corage *(kohráhHay)* m. courage, bravery; (pass.) temper, fury, anger.
coral *(kohráhl)* m. coral; adj. choral.
coraza *(kohráhthah)* f. cuirass. *Naut.* armour(-plating).

C

corazón *(kohrahthón)* m. heart; core; (fig.) courage; (fig.) affection; **De buen —**, goodhearted; **De —**, heartily; **blando de —**, tender hearted, **Hacer de tripas —**, to pluck up courage. **No tener —**, to be insensible; **¡—!** sweetheart! Darling!

C

corazonada *(kohraththohnáhdah)* f. feeling, foreboding.
corbata *(koRbáhtah)* f. (neck-)-tie, cravat.
corbeta *(koRbáytah)* f. corvette.
corcova *(koRkóhbah)* f. hump, hunch.
corcovado *(koRkobáhdoh)* adj. hump-backed, hunch-backed.
corchete *(koRcháytay)* m. clasp, hook and eye; *Print.* bracked.
corcho *(kóRchoh)* m. cork.
cordaje *(koRdahHay)* m. cordage; *Naut.* rigging; (guit.) set of string.
cordel *(koRdayl)* m. string, thin rope.
cordelería *(koRdaylayree:ah)* f. rope-shop/factory.
cordero *(koRdáyroh)* m. lamb.
cordial *(koRdy:álh)* adj. m. cordial.
cordialidad *(koRdyahleedáhd)* f. cordiality, friendliness, weimth.
cordillera *(koRdeelyayrah)* f. mountain range.
cordón *(koRdón)* m. cord; string (mil.) cordon; **— umbilical,** umbelical cord.
cordura *(koRdóorah)* f. sanity, sense wisdon.
coreografía *(kohnrayohgrahfée:ah)* f. choreography.
coreógrafo *(kohrayóhgrahfoh)* m. choreographer.
corista *(kohreesstah)* s. chorister; f. chorus girl.
cornada *(koRnáhdah)* f. hornthrust, goring.
cornamenta *(koRnahmayntah)* f. horns.
corneja *(koRnáyHah)* f. crow.
córneo *(kóRnayoh)* adj. horny; corny.
corneta *(koRnáytah)* f. bugle, horn, cornet; m. cornet-player.
cornisa *(koRnéesah)* f. cornice.
cornucopia *(koRnookóhpyah)* f. cornucopia, horn of plenty.
cornudo *(koRnóodoh)* adj. horned; m. (fig.) cuckold.
coro *(kóhroh)* m. (sing.) choir; (voices) chorus.
corona *(kohróhnah)* f. crown; *Relig.* halo; wreath.
coronación *(kohrohnahthyón)* f. coronation.
coronar *(kohrohnáR)* tr. to crown, to top; (fig.) to reach, to finish.
coronel *(kohrohnayl)* m. colonel.
corpachón *(koRpahchón)* m. very big body.
corpiño *(koRpéenyoh)* m. bodice.
corporación *(koRpohrahthyón)* f. corporation.
corporal *(koRpohráhl)* adj. corporal, bodily; **castigo —**, corporal ponishment.
corpóreo *(koRpórayoh)* adj. corporeal, bodily.
corpulencia *(koRpoolaynthyah)* f. corpulence.
corpulento *(koRpoolayntoh)* adj. corpulent, big, huge.
corral *(kohRáhl)* m. *(USA)* corral, farm yard, sheepfold, pen.
correa *(kohRáyah)* f. leather strap, belt, leash; **— de transmisión,** driving belt.
correaje *(kohRayáhHay)* m. leather belting. *Mil.* accoutrements.
corrección *(kohRaykthyón)* f. corection; amendment; good habits, correctness. **Casa de —**, Remand Home, Borstal.
correccional *(kohRaykthyonáhl)* adj. correctional, corrective; reformatory, Remand Home.
correctivo *(kohRayktéeboh)* adj. y m. *Med.* corrective, antidote.
correcto *(kohRayktoh)* adj. correct, right; (of persons) wellbehaved.
corrector *(kohRayktóR)* m. corrector; amender, (printing) revisor, proof reader.

corredizo *(kohRaydéethoh)* adj. running, sliding; **nudo —,** rumning knet.
corredor *(kohRaydóR)* m. (sports) runner; (build) corridor, lobby; *Com.* broker.
corregible *(kohRayHéeblay)* adj. corrigible.
corregidor *(kohRayheedóR)* m. corregidor; corrector.
corregir *(kohRayhéeR)* tr. to correct, to amend; (coll.) to make good. [correlation.
correlación *(kohRaylahthyón)* f.
correo *(kohRayoh)* m. post; mail, courier; **oficina de —s,** post office.
correoso *(kohRayóhsoh)* adj. leathery, hard to chew.
correr *(kohRáyR)* tr. e intr. to run, to race, to flow (water, etc.); **a todo —,** at full speed; **corre la voz,** people said; **— con los gastos,** to bear the expenses; **— peligro,** to run a risk; **— las cortinas,** to draw the curtains; **el tiempo corre,** time flies; **correr como alma que lleva el diablo,** to run one's life.
correría *(kohRayree:ah)* f. incursion, raid.
correspondencia *(kohRaysspondaynthyah)* f. correspondence.
corresponder *(kohRaysspondayR)* tr. to correspond.
correspondiente *(kohRaysspondyéntay)* adj. appropiate, suitable, corresponding.
corresponsal *(kohRayssponsáhl)* s. correspondent.
corretear *(kohRaytayáR)* tr. to wander (about), to ramble.
corrida *(kohRéedah)* f. course; race; **— de toros,** bullfight.
corrido *(kohRéedoh)* adj. abashed; **de —,** fluently.
corriente *(kohRyéntay)* adj. **estar al —,** to be in the know, to be aware, common, ordinary; present (week, month); f. stream; *Elec.* current.
corro *(kóhRoh)* m. group, circle; **jugar al —,** to play ring-a-ring-a-roses.
corroboración *(kohRohbohrahthyón)* f. corroboration.
corroborar *(kohRohbohráR)* tr. to corroborate; to confirm.

C

corroer *(kohRoayR)* tr. to corrode; fig. to be consumedby.
corromper *(kohRompáyR)* tr. to corrupt; (fig.) to pervert (a person); to bribe, to suborn; (fig.) to vitiate, to deprave.
corromperse *(kohRompayRsay)* r. to rot, to putrefy.
corrompido *(kohRompéedoh)* adj. corrupt, perverted; depraved. [rosion.
corrosión *(kohRohsyón)* f. cor-
corrosivo *(kohRohséeboh)* adj. corrosive.
corrupción *(kohRoopthyón)* f. corruption perversion, depravity.
corruptela *(koRooptáylah)* f. corruption; *Jur.* bad practice. [rrupter.
corruptor *(kohRooptóR)* m. co-
corsario *(kohRsáryoh)* m. corsair, pirate; **pirata del aire,** hijacker. [girdle.
corsé *(koRsáy)* m. corset, stays,
cortado *(kortáhdoh)* adj. cut, abrupt, fit; speechless.
cortador *(koRtahdoR)* m. cutter; *Text.* cutting-board.
cortadura *(koRtahdoorah)* f. cut, gash, incision; pl. cuttings, shreds, reelings.
cortante *(koRtahntay)* adj. cutting, sharp.
cortaplumas *(kortahplóomahs)* m. penknife.
cortar *(kortáR)* tr. to cut; (tail.) to cut out; **re—,** to trim; **— el agua, etc.,** to cut off (water, etc.); (surg.) to amputate. v. r. (liquids) to curdle.
corte *(kóRtay)* m. (tail.) cut, (knife, etc.) edge; f. court; f. pl. Parliament. [to court.
cortejar *(koRtayHáR)* tr. to woo,
cortejo *(koRtáyHoh)* m. court(-ship), (love) suit.

C

cortes *(kortayss)* adj. cousteous, polite, kind. [courtesan.
cortesana *(koRtaysáhnah)* f.
cortesano *(koRtaysáhnoh)* adj. court-like; courteous; m. courtier.
cortesía *(coRtaysée:ah)* f. courtesy, politeness, kindness, civility.
corteza *(koRtáythah)* f. *Bot.* bark; (fruits, etc.) peel; (brad) crust. [se.
cortijo *(kortéeHoh)* m. farmhou-
cortina *(kortéenah)* f. curtain.
cortinaje *(koRteenáhHay)* m. set of curtains.
corto *(kóRtoh)* adj. short; (fig.) timid; brief; abrupt; curt (speech); — **de oído,** hard of hearing; — **de vista,** shortsighted; **pantalones —s,** shorts.
cosa *(kóhsah)* f. thing; substance; — **de,** about; **¡— rara!** strange thing! **como si tal —,** as if nothing had happened; — **del otro mundo,** nothing to write home about; **—s de...,** just like...
cosecha *(kohsáychah)* f. harvest; crop.
cosechar *(kohsaycháR)* tr. to harvest, to reap.
coser *(kohsayR)* tr. to sew, to stitch; **es — y cantar,** it is as easy as done.
cosmético *(kosmáyteekoh)* m. cosmetic, make-up.
cosmología *(kosmohlohHée:ah)* f. cosmology.
cosmopolita *(kosmohpohléetah)* s. cosmopolitan.
coso *(kóhsoh)* m. bull-ring.
cosquillas *(koskéelyáhs)* f. pl. tickling; **hacer —,** to tickle; **tener —,** to be ticklish.
costa *(kóstah)* f. cost; *Geog.* coast; **a toda —,** at all costs; **a — de...,** at the expense of...; **a mi —,** at my expense; *Naut.* **bordear la —,** to coast.
costado *(kostáhdoh)* m. side; *Mil.* flank; **de —,** sideways; **por los cuatro —s,** all over; **tener un dolor en el —,** to have a stitch on the side.
costar *(kostáR)* intr. to cost, to be expensive, to be dear; **—le un ojo de la cara,** to pay though the nose for...
coste *(kóstay)* m. cost, expense, price; **a precio de —,** cost price; — **de vida,** cost of living.
costear *(kostayáR)* tr. to pay the cost of, to sail along the coast.
costilla *(kostéelyah)* f. rib, chop; (fam.) wife, better half.
costo *(kóstoh)* m. cost.
costoso *(kostóhsoh)* adj. costly; dear, expensive, pricy.
costra *(kóstrah)* f. crust; *Med.* scab.
costumbre *(kostóombray)* f. custom, habit, practice, usage; **como de —,** as usual.
costura *(kostóorah)* f. seam; sewing; *Naut.* splicing; *Mech.* joint; (surg.) suture; **sin —s,** seamless.
costurera *(kostooráyrah)* f. seamstress, dressmaker.
cotejar *(kohtayHár)* tr. to compare, to confront, to collate.
cotejo *(kohtáyHoh)* m. comparison, collation.
cotidiano *(kohteedyáhnoh)* adj. daily, everyday.
cotización *(kohteethahthyón)* f. quotation, price-current.
coto *(kóhtoh)* m. preserve, enclosure, estate, landmark.
cotorra *(kohtóhRah)* f. parrot; (coll.) catterbox.
coyuntura *(kohyoontóohrah)* f. hinge-point; (fig.) occasion, situation.
coz *(koth)* f. kick (of animals); **tirar —,** (fig.) to give a rude answer.
cráneo *(kráhnayoh)* m. skull.
crápula *(kráhpoolah)* f. debauchery; (coll.) dissolute man.
cráter *(kráhtayR)* m. crater.

creación *(krayahthyón)* f. creation.
creador *(krayahdó***R***)* m. creator, maker, author; adj. creative.
crear *(krayá***R***)* tr. to create, to make; to establish.
crecer *(kraytháy***R***)* intr. to grow, to increase, to swell.
creces *(kráythays)* n. pl., **Con —**, amply. [rise, flood.
crecida *(kraythéedah)* f. swell,
crecido *(kraytheedoh)* adj. grown, grown up; (rivers) swollen; (knit.) increase.
creciente *(kraythyéntay)* f. swell; leaven, crescent (moon); **— del mar,** floodtide.
crecimiento *(kraytheemyéntoh)* m. growth, increasing.
credencial *(kraydaynthyáhl)* adj. credential; f. credential.
credibilidad *(kraydeebeeleedáhd)* f. credibility.
crédito *(kráydeetoh)* m. credit; faith; (fig.) reputation, good name; **Dar —,** to believe; **Tener buen —,** to enjoy good reputation. **Vender a —,** to sell on credit. [lief.
credo *(kráydoh)* m. creed, be-
credulidad *(kraydooleedáhd)* f. credulity.
crédulo *(kráydooloh)* adj. credulous.
creencia *(krayaynthyah)* f. belief, creed, credence.
creer *(krayáy***R***)* tr. to believe, to think, to trust; **— con los ojos cerrados,** to believe blindly; **ya lo —,** of course. **Ver es —,** Seeing is Believing. [ble, likely.
creíble *(krayéeblay)* adj. credi-
crema *(kraymah)*. f. cream.
cremallera *(kraymahlyáyrah)* f. zip-fastener; rack (-rail) toothed bar.
crematorio *(kraymahtóhryoh)* adj. crematory; m. crematorium.
crepitar *(kraypetar)* intr. to crackle, crepitate.
crepuscular *(kraypoosskooIá***R***)* adj. crepuscular, evening.
crepúsculo *(kraypóosskooloh)* m. twilight; crepuscule, dusk.
crespo *(kraysspoh)* adj. crisp; (fig.) angry; graceful.
cresta *(kraysstah)* f. (cock's) comb, tuft, crest; top.
creyente *(krayyéntay)* s. believer.
cría *(krée:ah)* f. breeding; brood; (of animals) young; (coll.) baby. [vant).
criada *(kre:áhdah)* f. maid (ser-
criadero *(kre:ahdáyroh)* m. nursery; hothouse, hotbed; *Itch.* hatchery.
criado *(kre:áhdoh)* m. servant; groom; adj. grown up, brought up. [rearer.
criador *(kre:ahdó***R***)* m. breeder,
crianza *(kre:áhnthah)* f. breeding; rearing; nursing.
criar *(creeá***R***)* tr. (anim.) to nurse, to suckle; to rear.
criatura *(kre:ahtóohrah)* f. creature; (coll.) baby.
criba *(kréebah)* f. sieve.
cribar *(kreebá***R***)* tr. to sift.
crimen *(kréemayn)* m. crime, offense. [minal.
criminal *(kreemeenáhl)* adj. cri-
crin *(kreen)* f. mane.
crío *(krée:oh)* m. nursing baby.
criollo *(kre:óhlyoh)* m. creole.
cripta *(kréeptah)* f. crypt.
crisis *(kréeseess)* f. crisis.
crisol *(kresól)* m. crucible.
cristal *(krisstáhl)* m. crystal-glass, pane.
cristalino *(kreesstahléenoh)* adj. crystalline, transparent, clear; m. *Anat.* crystalline.
cristalizar *(kreesstahleethá***R***)* tr. to crystallize.
cristianar *(kreessty:ahná***R***)* tr. to baptize; to christen.
cristiandad *(kreesstyahndáhd)* f. Christianity.
cristianismo *(kreessty:ahneessmoh)* m. Christendom, Christianity.
cristianizar *(kreessty:ahneethá***R***)* tr. to christianize.
cristiano *(kreessty:áhnoh)* adj. y s. Christian; (coll.) per-

son, soul; **hablar en —,** to speak in the common language.

C

Cristo *(kresstoy)* m. Christ.

criterio *(kreetáyry:oh)* m. judgement, common sence, criterion.

crítica *(kreéteekah)* f. criticism; critique *Lit.* review.

criticar *(kreteekáR)* tr. to criticise; (lit.) to review.

crítico *(kreéteekoh)* m. critic; adj. critical.

cromo *(króhmoh)* m. picture-card; *Met.* chromiun; (fam.) **ser un —,** to be very nice.

crónica *(króhneekah)* f. chronique, chronicle.

crónico *(króhneekoh)* adj. *Med.* chronic.

cronicón *(krohneekón)* m. brief [chronicle.

cronista *(krohneesstah)* s. chronicler.

cronología *(krohnohlohHée:ah)* [f. chronology.

cronológico *(krohnohlóhHekoh)* adj. chronological.

cronómetro *(krohnóhmaytroh)* m. stop-watch, chronometer.

croqueta *(krohkáytah)* f. croquette, meat-ball, fritter.

cruce *(kroóthay)* m. crossing, crossroad.

crucero *(kroothayroh)* m. cruiser; *Naut.* cruise; wayside-cross (road).

crucificar *(krootheefeekáR)* tr. to crucify; (coll.) to vex to torment.

crucifijo *(krootheeféeHoh)* m. crucifix.

crucifixión *(krootheefeeksyón)* f. crucifixion.

crudeza *(kroodáytah)* f. crudeness; rawness; (coll.) rudeness.

crudo *(kroódoh)* adj. raw; crude; *Med.* inmature; cruel.

cruel *(kroo:ayl)* adj. cruel, ruthless, merciless.

crueldad *(kroo:ayldáhd)* f. cruelty, mercilessness.

cruento *(kroo:ayntoh)* adj. bloody, inhuman.

crujido *(krooHéedoh)* m. creak, creaking, crunching.

crujir *(krooHéeR)* tr. to crackle, to creak; to crunch.

crustáceo *(kroosstáhthayoh)* adj. crustaceous, shelly; m. shellfish.

cruz *(krooth)* f. cross; **cara o —,** heads or tails. [sade.

cruzada *(kroothāhdah)* f. cru-

cruzar *(kroothāR)* tr. to cross, to go across; *Vet.* to cross-breed; **— los brazos,** to fold one's arms.

cuaderno *(kooahdáyRnoh)* m. writing book, exercise book, copy-book.

cuadra *(koo:áhdrah)* f. stable, ward; *Amer.* block of houses.

cuadrado *(koo:ahdráhdoh)* adj. square; quadrate; m. square.

cuadrante *(koo:ahdráhntay)* m. quadrant; dial; clock/watch face.

cuadrar *(koo:ahdráR)* tr. e intr. to square, to fit, to adjust; v. r. *Mil.* to stand at attention.

cuadricular *(koo:ahdreekooláR)* tr. to square; adj. checkered, ruled in squares.

cuadrilátero *(koo:ahdreelátayroh)* adj. quadrilateral; m. quadrangle; (box.) ring.

cuadrilla *(koo:ahdréelyah)* f. gang; band; quadrille.

cuadro *(koo:áhdroh)* m. square; picture; (print) platen; *Mil.* staff; *Elect.* switchboard; *Theat.* scene.

cuádruple *(cooahdrooplay)* adj. quadruple.

cuajar *(koo:ahHáR)* tr. to coagulate, to curdle; intr. (coll.) to suceed, to materialize.

cuajo *(koo:áhHoh)* m. rennet, curdling, coagulation; **arrancar de —,** to uproot; **de cuajo,** completely.

cual *(koo:áhl)* adj. which; **el cual,** which, who; **cada —,** each one.

cualidad *(koo:ahleedáhd)* f. quality.

cualquiera *(koo:ahlkyáyrah)*

pron. anyone, anybody, any; whoever, whichever.

cuán *(koo:áhn)* adv. how; as.

cuando *(koo:áhndoh)* adv. when; if; **de — en —**, now and then, from time to time; **¿desde —?** Since when?; **— mucho,** at most. **— menos,** at least. **¿Hasta —?** Till when? **— quiera,** when you like.

cuantía *(koo:ahntée:ah)* f. amount, quantity; importance.

cuantioso *(koo:ahnty:óhsoh)* adj. copious, numerous, substantial.

cuanto *(koo:áhntoh)* adj. how much? as much as; whatever; **— antes,** as soon as possible, **— antes mejor,** the sooner, the better; **en — a,** with regard to; **en —.** As soon as; **por —.** in as much as; **¿cuántos?** How many? **¿Cuánto tiempo?** How long?.

cuarenta *(koo:ahrayntah)* adj. forty.

cuarentena *(koo:ahrayntáynah)* f. forty items; forty days; quarantine.

cuaresma *(koo:ahrayssmah)* f. lent.

cuarta *(kwahRtah)* f. fourth, fourth part, quarter; hand span. [quarter.

cuartear *(koo:aRtayáR)* tr. to

cuartel *(kwahRtayl)* m. *Mil.* Barracks, quarters; *Naut.* hatch; **— general,** headquarters; **sin —,** with no mercy.

cuartilla *(koo:aRtéelyah)* f. sheet of paper.

cuartillo *(koo:aRtéelyo)* m. pint.

cuarto *(koo:áRtoh)* m. room; appartment; quarter; **—s,** money; fourth, fourth part; **— de baño,** bathroom; **— de dormir,** bed-room; **— de trabajo,** work-room; **— creciente,** first quarter; **— menguante,** fourth quarter; **tener —s,** to have money. **No tener —s,** to be penniless.

cuarzo *(koo:aRthoh)* m. quartz.

cuatrero *(koo:áhtrayroh)* m. cattle-stealer.

cuatro *(koo:áhtroh)* adj. four.

C

cuba *(kóobah)* f. cask; tub, barrel, bucket; (fig.) drunkard.

cúbico *(kóobeehkoh)* adj. cubic(al).

cubierta *(koobyáyRtah)* f. cover, covering; book-cover; *Naut.* deck; **en —,** on deck; *Mot.* bonnet; tread-tyre.

cubierto *(koobyáyRtoh)* m. (talde) service; (din) set meal; adj. covered; **A —,** sheltered; **Ponerse a —,** to shelter. [bler.

cubilete *(koomeeláytay)* m. tum-

cubo *(kóoboh)* m. pail, bucket; (wheel) hub; (maths.) cube.

cubrir *(koobréeR)* tr. to cover; to envelop, to cover up; **— la mesa,** to lay the table; **— los gastos,** to meet the expenses; **— una vacante,** to fill a vacancy.

cucaracha *(kookahráhchah)* f. cockroach, black-beetle.

cuclillas *(kookléelyahs)* adv. **En —,** squatting; **sentarse en —,** to squat.

cuclillo *(kookléelyoh)* m. cuckoo; (vulg.) cuckold.

cuco *(kóokoh)* m. cuckoo; (coll.) astute, sly, crafty.

cucurucho *(kookooróohchoh)* m. cornet.

cuchara *(koocháhrah)* f. spoon; **en forma de —,** spoon-like; **— grande,** large spoon, soupspoon. [sponful.

cucharada *(koochahráhdah)* f.

cucharón *(koochahrón)* m. ladle, dipper; (amph) tad-pole.

cuchichear *(koocheechayáR)* intr. to whisper. [whispering.

cuchícheo *(koocheecháyoh)* m.

cuchilla *(koochéelyah)* f. kitchen-knife; blade (small).

cuchillada *(koocheelyáhdah)* f. gash, slash, stab. [fe.

cuchillo *(koocheélyoh)* m. kni-

C

cuchitril *(koocheetréel)* m. a very small room, sty, hut.
cuello *(koo:áylyoh)* m. (anim., bottle, etc.) neck (clothes); (coll. mot.) — **de botella,** bottle-neck, collar.
cuenca *(koo:aynkah)* f. wooden bowl; socket of the eye, river basin.
cuenta *(koo:ayntah)* f. *Maths.* count, (com.); account (shops, etc); bill, care, duty (rosary, etc.) bead, reason; — **corriente,** current account. **a —,** on account; **tener en —,** to have in mind; **caer en la —,** to realise.
cuentagotas *(koo:ayntahgóhtahs)* m. dropper.
cuentista *(koo:aynteesstah)* m. tale-bearer, tale-teller; story-teller; informer.
cuento *(koo:ayntoh)* m. tale, story; (fam.) lie; — **de viejas,** old wives tale; — **largo,** long story; **Dejarse de —s,** to go straight to the point; **Venir a —,** to come in opportunely. **¡Eso es un —!** That's a lie!
cuerda *(koo:áyRdah)* f. cord; rope; (voice) chord; *Mús.* string; *Geom.* chord; **Dar — a un reloj,** to wind a clock/watch; **darle — a uno,** to give free play to; **la — floja,** the tight rope.
cuerdo *(koo:áyRdoh)* adj. judicious, sane, wise.
cuerno *(koo:ayRnoh)* m. horn; (ent.) feeler; — **de caza,** hunting-horn; **Poner los —,** to cuckold.
cuero *(koo:áyroh)* m. hide; leather; — **cabelludo,** scalp; **En —s,** starknaked; **estar hecho un —,** to be stewed to the eyebrows.
cuerpo *(koo:áyRpoh)* m. body; *Mil.* corps; figure; *Print.* size of letter; *Geom.* body; — **muerto,** *Naut.* mooring-buoy; **a —,** without a coat; — **a —,** hand to hand; **pedirle a uno algo el —,** to fancy something.
cuerva *(koo:ayRbah)* f. *Orn.* crow, raven, jackdaw.
cuervo *(koo:áyRboh)* m. *Orn.* raven, crow, jackdaw.
cuesta *(koo:aysstah)* f. hill; sloping ground; — **arriba,** up-hill; — **abajo,** down-hill; **a —s,** on one's back; **llevar a —s,** to support.
cuestión *(koo:ayssty:ón)* question, matter, point; *Maths.* problem; dispute; affair.
cuestionable *(koo:ayssty:ohnáhblay)* adj. questionable, doubtful.
cuestionario *(koo:aysstyohnáhryoh)* m. questionnaire.
cueva *(koo:áybah)* f. cave; (wine) cellar; *Espeol.* grotto; — **de ladrones;** den of thieves.
cuidado *(kooeedáhdoh)* m. care; solicitude; attention; **con —,** careful; **al — de...,** to the care of...; **¡—!,** look out! **¡Ser de —!,** to be dangerous.
cuidadoso *(kooeedahdóhsoh)* adj. careful, mind-ful; neat.
cuidar *(kooeedáR)* tr. to look after, to take care, to mind.
cuita *(kóoeetah)* f. affliction; grief, sorrow.
culata *(kooláhtah)* f. breech of a gun, butt-end (of fire-arms).
culebra *(kooyáybrah)* f. snake, serpent; (coll.) trick.
culinario *(kooleenahryoh)* adj. culinary, cookery.
culminación *(koolmeenathyón)* f. *Astr.* culmination, climax; *Naut.* high-tide. [culminate.
culminar *(koolmeenáR)* intr. to
culo *(kóoloh)* m. bottom, buttocks; (fam.) backside; (vulg.) arse.
culpa *(kóolpah)* f. fault; transgression, blame, guilt.
culpabilidad *(koolpahbeeleedáhd)* f. culpability, guilt.

culpable *(koolpáblay)* adj. guilty; m. culprit, guilty person. [to accuse.
culpar *(koolpá*R*)* tr. to blame,
cultivación *(koolteevahthyon)* m. culture, cultivation.
cultivador *(koolteebahdó*R*)* m. cultivator, grower, farmer.
cultivar *(koolteebá*R*)* tr. to cultivate; to till, to farm; (fig.) to keep up (friends, etc.); to exercise *Mind., Arts,* etc.
cultivo *(kooltéeboh)* m. cultivation, farming; *Bact.* culture.
culto *(kóoltoh)* adj. (manneri) polished; civilized; m. *Rel.* cult; worship. [re.
cultura *(kooltóohrah)* f. cultu-
cumbre *(kóombray)* m. top; summit. [m. birth-day.
cumpleaños *(koomplayáhnyos)*
cumplido *(koompléedoh)* adj. large; polished; m. compliment.
cumplimentar *(koompleemayntá*R*)* tr. to ..., to congratulate; m. compliment.
cumplir *(koompléeR)* tr. to fulfil; to perform; to finish (mil. ser.); to reach (age); — **con el deber,** to do one's duty.
cumplirse *(koompléersay)* r. to be realized.
cúmulo *(kóomooloh)* m. heap, pile, mass (things); crowd, throng (people), (weath) cumulus.
cuna *(kóonah)* f. cradle; (fig.) origin, birtb. **De humilde —,** of humble birth.
cundir *(koondée*R*)* intr. to spread, to propagate.
cuneta *(koonáytah)* f. gutter, ditch, road drain.
cuña *(kóonyah)* f. wedge.
cuñada *(koonyáhdah)* f. sister-in-law. [brother-in-law.
cuñado *(koonyáhdoh)* m.
cuño *(kóonyoh)* m. die; (docum.) seal; (coll.) post-mark.
cuota *(koo-óhtah)* quota, share; subscription fee. [llad.
cuplé *(koopláy)* m. couplet, ba-
cupletista *(kooplayteesstah)* s. couplet-singer, ballad-singer.
cupo *(kóopoh)* m. quota, share.
cupón *(koopón)* m. coupon, detachable ticket, counterfoil; (fin.) dividend. [dome.
cúpula *(kóopoolah)* f. cupola;
cura *(kóorah)* m. *Rel.* priest, parson; clergyman; f. *Med.* cure; healing; **Primeras —s,** first aid.
curable *(kooráhblay)* adj. curable. [healing.
curación *(koorathyón)* f. cure,
curado *(kooráhdoh)* adj. cured salted, hadened; *Med.* healed, recovered.
curandero *(koorahndáyroh)* m. quack doctor; medicaster.
curar *(kooráR)* tr. *Med.* to cure, to heal, to dress (wounds); to smoke(-dry); to cure. [court.
curia *(kóoryah)* f. eclesiastical
curiosear *(kooryohsayah*R*)* v. i. to be curious, to pry in other's affairs.
curiosidad *(kooryohseedáhd)* f. curiosity, inquisitiveness; cleanliness, neatness; rarity, curious.
curioso *(kooryóhsoh)* adj. curious; neat, clean, careful; odd, strange, rare; m. inquisitive person.
cursar *(kooRsáR)* tr. to frequent; to transmit, to expedite; to follow studies.
cursilería *(kooRseelayrée:ah)* f. tawdriness, shoddiness, vulgarity.
cursillo *(kooRséelyoh)* m. short course, crashcourse.
curso *(kóoRsoh)* m. course; progression, run(ning), way.
curtido *(kooRtéedoh)* adj. tanned, weather-beaten; expert, experienced. m. leather tanning. [ner.
curtidor *(kooRtéedóR)* m. tan-
curtir *(kooRtéeR)* tr. to tan; (fig.) to toughen, to harden (persons).

C

curva *(kóoRbah)* f. ben; *Anat.* curve; *Geom.* curve-line; *Naut.* knee. [curvature.
curvatura *(kooRbahtóorah)* f.
curvo *(kóoRboh)* adj. curved, bent, crooked.
cúspide *(kóospeeday)* f. summit, top; *Geom.* vertex.
custodia *(koostóhdyah)* f. custody, ward. *Eccl.* monstrance, custodia.
custodiar *(koostohdyáR)* tr. to keep, to watch, to take care of. [taneous, skin.
cutáneo *(kootáhnayoh)* adj. cu-
cutis *(kóoteess)* m. cutis, skin.
cuyo *(kóonyoh)* pron. whose.

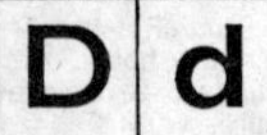

dable *(dáhblay)* adj. possible, fasible. [f. typist.
dactilógrafo *(dahkteelógrahfoh)*
dádiva *(dáhdeehbah)* f. gift; present. [generous.
dadivoso *(dahdeebóhsoh)* adj.
dado *(dáhdoh)* m. (game); pl. dice; — **cargados,** loaded dice; **jugar a los —s,** to play dice; — **que,** since; die; block. [rer.
dador *(dahdoR)* m. giver; bea-
daga *(dáhgah)* f. dagger.
daltoniano *(dahltohny:áhnoh)* adj. colourblind.
daltonismo *(dahltohneessmoh)* m. colourblindness, daltonism.
dama *(dáhmah)* f. lady; dame, mistress; pl. draughts; **tablero de —s,** draughts board; *Theat.* **Primera —,** lady; leading; (nob.) — **de compañía,** lady in waiting.
damisela *(dahmeesáylah)* f. damsel.
damnificado *(damneefeekahdoh)* adj. damaged, hurt, injured, distressed. (people).
damnificar *(dahmneefeekáR)* tr. to damage, to injure, to hurt.
danés *(dahnayss)* adj. Danish; m. Dane.
danza *(dáhnthah)* f. dance.
danzante *(dahntháhntay)* s. dancer. [ce.
danzar *(dahntháR)* intr. to dan-
danzarina *(dahntharéenah)* f. (good) dancer, ballet dancer.
dañar *(dahnyáR)* tr. to hurt, to damage, to spoil, to harm.
dañino *(dahnyéenoh)* adj. noxious; harmful, damaging, destructive.
daño *(dáhnyoh)* m. damage, harm; **—s y perjuicios,** *Com.* damages.
dar *(daR)* tr. to give; to hand; apply (a coat, layer, etc.) (harv.) to yield; to grant (awards, scholarships.); — **las gracias,** to thank; — **con,** to meet (persons); to find (things); — **a,** to face. — **a luz,** to give birth.
dardo *(dáRdoh)* m. dart.
dársena *(dáRsaynah)* f. inner harbour, basin.
data *(dáhtah)* f. date; item.
datar *(dahtáR)* tr. e intr. to date.
dátil *(dáhtil)* m. date (fruit).
dato *(dáhtoh)* m. datum; fact, pl. data.
de *(day)* prep. of, 's. from.
deán *(dayáhn)* m. dean.
debajo *(daybáHoh)* adv. under; below, beneath.
debate *(dáybáhtay)* m. debate; discusion.
debatir *(daybahtéeR)* tr. to debate, to discuss.
deber *(daybáyR)* m. duty; **cumplir con el —,** to do one's duty. tr. *Com.* (fig.) to owe, (oblig.) must, ought.
debido *(daybéedoh)* adj. due, just, proper; *Com.* (fig.) owed; **como es —,** as it should be, properly.
débil *(dáybeel)* adj. feeble; weak. [weakness.
debilidad *(daybeeleedhád)* f.
debilitar *(daybeeleetáR)* tr. to weaken; v. r. to get weak.
débito *(dáybeetoh)* debt; debit.

decadencia *(daykahdaynthyah)* f. decadence, decay; **estar en —**, to be declining.

decadente *(daykahdayntay)* adj. decaying, declining, fading.

decaer *(daykaháy*R*)* intr. to decay, to decline, to fade.

decaimiento *(daykaeemyéntoh)* m. decay, decline, weakness.

decálogo *(daykáhlohgoh)* m. decalogue. [deanship, deanery.

decanato *(daykahnáhtoh)* m.

decano *(daykahnoh)* m. senior dean, professor.

decantar *(daykahntá*R*)* tr. to decant; to cry up.

decapitar *(daykahpeetá*R*)* tr. to behead, to cut off (head).

decena *(daytháynah)* f. half a score, ten.

decencia *(daythaynthyah)* f. decency, modesty; honesty; tidiness, cleanliness.

decente *(daythéntay)* adj. decent, honest.

decepción *(daythayptyón)* f. deception, disappointment.

decepcionar *(daythaypthyohná*R*)* tr. to disappoint, to desillusion.

decidir *(daytheedée*R*)* tr. to decide, to determine, to resolve, to make up one's mind.

décima *(dáytheemah)* f. tenth (part).

decimal *(daytheemáhl)* adj. decimal. [tenth.

décimo *(dáytheemoh)* adj.

decir *(daythée*R*)* tr. to say; to tell; **— para sí,** to say to oneself; **— por —**, to speak for speaking sake; **se dice,** it is said; **es —**, that is to say; **como si dijéramos,** so to speak; **es un —**, it's a mere saying.

decisión *(daytheesyón)* f. decision; resolution, determination.

decisivo *(daytheeséeboh)* adj. decisive, conclusive, final.

declamación *(dayklamahthyón)* f. declamation; recitation.

declamar *(dayklamá*R*)* intr. to declaim; to recite.

declaración *(dayklahrahthyón)* f. declaration, statement; (love) proposal.

declarar *(dayklahrá*R*)* tr. to declare, to manifest, to state; (legal) to find; v. i. to witness; v. r. (love) to profess, to propose.

D

declinación *(daykleenahthyón)* f. declination. *Gram.* declension.

declinar *(daykleená*R*)* intr. to decline, to diminish; to decay, to fall.

declive *(daykléebay)* m. declivity, slope, slant.

decoración *(daykohrahthyón)* f. decoration; *Theat.* scenery.

decorador *(daykohrahdó*R*)* m. decorator.

decorar *(daykohrá*R*)* tr. to decorate; to adorn.

decoro *(daykóhroh)* m. honour; circumspection; honesty, decency.

decrecer *(daykraytháy*R*)* intr. to decrease, to diminish, to grow less, to grow shorter.

decrépito *(dáykráypeetoh)* adj. decrepit, worn out with age; (build.) ruinous.

decrepitud *(daykraypeetóod)* f. decrepitude, old age, dotage.

decretar *(daykraytá*R*)* tr. to decree.

dedal *(daydáhl)* m. thimble.

dedicación *(daydeekahthyón)* f. dedication; consecration.

dedicar *(daydeeká*R*)* tr. to dedicate; to consecrate.

dedicatoria *(daydeekahtóhryah)* f. dedication.

dedillo *(daydeelyoh)* adv. **Al dedillo,** perfectly; **Saber algo al —**, to know something perfectly.

dedo *(dáydoh)* m. finger; **— gordo (pulgar),** thumb; **— meñique,** little finger; **— anular,** ring finger; **— del corazón,** middle finger; **— índice,** index finger; **señalar con el —**, to point at; **— (del pie),** toe.

D

deducción *(daydookthyón)* f. deductión.
deducir *(daydoothéeR)* r. to deduce, to infer; *Com.* to deduct, to rebate, to discount; *Maths.* to deduct, to substract.
defecar *(dayfaykaR)* v. i. to defecate; to move one's bowels; (vulg.) to shit.
defección *(dayfaykthyón)* f. defection, desertion, treachery. [fault, blemish.
defecto *(dayfayktoh)* m. defect;
defectuoso *(dayfayktoo:óhsoh)* adj. defective, faulty, imperfect.
defender *(dayfayndáyR)* tr. to defend, to protect, to guard; v. r. to defend onself.
defensa *(dayfaynsah)* f. defence, safeguard; *Law.* defending, lawyer; *Sport.* fullback; *Naut.* fender.
defensiva *(dayfaynséebah)* f. defensive; **estar a la —,** to be on the defensive.
defensor *(dayfaynsóR)* m. defender, supporter; *Law.* counsel for the defense; adj. defending.
deferencia *(dayfayraynthyah)* f. deference, respect, consideration.
deferente *(dayfayrayntay)* adj. deferent(ial). [fer.
deferir *(dayfayréeR)* intr. to de-
deficiencia *(dayfeethyénthyah)* f. deficiency, fault, flaw.
deficiente *(dayfethe:éntay)* adj. defective, faulty, deficient.
definición *(dayfeeneethyón)* f. definition. [definite; defined.
definido *(dayfeenéedoh)* adj.
definir *(dayfeenéeR)* tr. to define; to decide, to make clear, to explain.
definitivo *(dayfeeneeteeboh)* adj. definite; conclusive; **en —,** in conclusion.
deformación *(dayfoRmathyón)* f. deformation, deformity.
deformar *(dayfoRmáR)* **tr.** to deform, to distort, to disfigure. [formed, hideous.
deforme *(dayfóRmay)* **adj.** de-
deformidad *(dayfoRmeedáhd)* f. deformity; hideousness.
defraudación *(dayfrowdahthyon)* m. fraud, cheating, deceit.
defraudar *(dayfrahoodáR)* tr. to defraud, to cheat; to disappoint (results, etc.).
defuera *(dayfwayrah)* adv. outwardly, on the outside.
defunción *(dayfoonthyón)* f. death; decease; demise.
degeneración *(dayHaynayrahthyón)* f. degeneration.
degenerar *(dayHynayrár)* intr. to degenerate, to decay.
degollación *(daygohlyyahthyón)* f. throat-cutting, beheading.
degollar *(daygohlyáR)* tr. to behead, to decapitate; to kill (animals), to butcher; (fig.) to ruin.
degradación *(daygrahdahthyón)* f. degradation; *Mil.* demotion.
degradar *(daygrahdáR)* tr. to degrade, to debase, to demete.
degüello *(daygoo:áylyoh)* m. slaughtering, butchery.
degustación *(daygoosstahthyón)* f. tasting, enjoyment, degustation. [ground.
dehesa *(dayáysah)* f. pasture-
deidad *(day/eedahd)* f. deity.
deificación *(dayeefeekathyón)* f. deification.
deificar *(dayeefeekáR)* tr. to deify.
deismo *(dayeesmoh)* m. deism.
deista *(dayeestah)* s. deist.
dejadez *(dayHahdayth)* f. negligence, lasitude, apathy, neglect.
dejado *(dayHáhdoh)* adj. slovenly, idle, dejected; abandoned, deserted; **— de la mano de Dios,** God forsaken.
dejar *(dayHáR)* tr. to leave, to let; to quit, to give up; **¡déjame en paz!,** leave me alone!; **¡deja eso!,** leave alone!; **dejar aparte,** to leave aside; **dejar caer,** to drop; **dejar de...,** to stop(tger.).

dejo *(dayHoh)* m. tang; tinge.
delación *(daylahthyón)* f. delation, accusation, informing.
delantal *(daylahntáhl)* m. apron.
delante *(dayáhntay)* adv. before, in front of; **ir —**, to go in front/ahead.
delantera *(daylahntáyrah)* f. fore, front, lead.
delantero *(daylahntáyroh)* adj. fore(most) *Sports.* forward.
delatar *(daylahtáR)* tr. to denounee, to impeach, to betray, to accuse.
delator *(daylahtóR)* m. accuser, informer, denouncer; adj. accusing, denouncing.
delegación *(daylaygahthyón)* f. delegation.
delegado *(daylaygáhdoh)* m. delegate; deputy.
delegar *(daylaygáR)* tr. to delegate, to deputise, to substitute.
deleitación *(daylayeetahthyón)* f. delectation, delight, pleasure.
delitar *(daylayeetáR)* tr. to delight, to please; v. r. to delight in, to enjoy. [delightful.
deleitoso *(daylayeetóhsoh)* adj.
deletrear *(daylaytrayáR)* tr. to spell. [spelling.
deletreo *(daylaytráyoh)* m.
delfín *(daylféen)* m. dolphin.
delgadez *(daylgahdayth)* f. thinness, slenderness, slimness.
delgado *(daylgáhdoh)* adj. thin, lean, slim, slender.
deliberación *(dayleebayrahthyón)* f. deliberation, consideration, reflection.
deliberar *(dayleebayráR)* intr. to deliberate, to consider, to reflect, to think over.
delicadeza *(dayleekahdáythah)* f. delicacy, gentleness, refinement, nicety.
delicado *(dayleekahdoh)* adj. delicate, gentle, weak; frail, fragile.
delicia *(dayléethyah)* f. delight; comfort; pleasure.
delicioso *(dayleethyóhsoh)* adj. delightful, delicious.
delincuencia *(dayleenkwaknthyah)* f. delinquency.
delincuente *(dayleennkwayntay)* adj. delinquent, offender.
delineación *(dayleenayahthyón)* f. delineation, sketch, drawing, draft.
delinear *(dayleenayáR)* tr. to delineate, to sketch, to draw, to draft, to design.
delinquir *(dayleenkéeR)* intr. to transgress the law, to break the law.
delirar *(dayleeráR)* intr. to be or become delirious; **— por,** to rave fort/to dote on.
delirio *(dayléeryoh)* m. delirium; raving.
delito *(dayléetoh)* m. delict, fault, offense, crime.
demagogo *(daymahgóhgoh)* m. demagogue.
demanda *(daymáhndah)* *Com.* demand *Legal.* clam; petition.
demandar *(daymahndáR)* tr. to demand, to claim, to ask, to request.
demarcación *(daymaRkahthyón)* f. demarcation, boundary, limits.
demás *(daymáhs)* adv. besides; pron. the others, the rest; **y —**, and others; **por lo —**, as for the rest.
demasía *(daymahsée:ah)* f. excess; **en —**, excessively; boldness, insolence.
demasiado *(daymahsyáhdoh)* adj. excessive; adv. too, too much; too many; more than enough.
demencia *(daymaynthyah)* f. madness; insanity.
demente *(daymayntay)* adj. demented, insane, crazy; (fig.) out of one's mind; m. madman (-woman), lunatic.
democracia *(daymohkráthyah)* f. democracy. [democrat.
demócrata *(daymóhkratah)* s.
democrático *(daymohkráhteekoh)* adj. democratic(al).

D

D

demoler *(daymohláy***R***)* tr. to demolish, to knock down, to tear down.
demolición *(daymohleethyón)* f. demolition, destruction.
demonio *(deymohnyoh)* m. devil, demon; **¡Qué —!**, what the Deuce!
demora *(daymóhrah)* f. delay; *Com.* demurrage; *Naut.* bearing; **sin —**, withoutdelay.
demorar *(daymohrá***R***)* tr. to delay, to retard, to postpone, to put off; *Naut.* to bear.
demostración *(daymostrahthyón)* f. demostration, exhibition, show; *Pol.* manifestation.
demostrar *(daymostrá***R***)* tr. to demonstrate, to show; to manifest; to make evident.
denegar *(daynaygá***R***)* tr. to deny, to refuse.
denigración *(dayneegrahthyón)* f. denigration, slander, stigma,
denigrar *(dayneegrá***R***)* tr. to denigrate, to defame, to insult.
denominación *(daynohmeenahthyón)* f. denomination, name, title.
denominar *(daynohmeená***R***)* tr. to denominate; to name; to nominate.
denostar *(daynostá***R***)* tr. to revile, to abuse, to curse.
denotar *(daynohtá***R***)* tr. to denote, to signify, to mean.
densidad *(daynseedáhd)* f. density, denseness; *Phys.* specific gravity. [thick.
denso *(daynsóh)* adj. dense;
dentado *(dayntáhdoh)* adj. dentated, toothed, indented; serrated; *Mech.* cogged.
dentadura *(dayntadóorah)* s. set of teeth.
dental *(dayntáhl)* m. adj. dental.
dentar *(dayntá***R***)* tr. to tooth; intr. to teeth, to cut teeth.
dentición *(daynteeahyón)* f. dentition, teething.
dentrífico *(dayntéefreekoh)* m. y adj. tooht-paste; dentifrice. frice. [tist.
dentista *(daynteestah)* m. den-
dentro *(dayntroh)* adv. within; inside; **de —**, from inside; **por —**, on the inside; **— de poco,** shortly. [sult.
denuesto *(daynwaysstoh)* m. in-
denuncia *(daynóonthyah)* f. denunciation, accusation; charge.
denunciar *(daynoonthyá***R***)* tr. to denounce, to make a charge to accuse.
deparar *(daypará***R***)* tr. to offer, to afford, to present.
departamento *(daypa***R***tahmayntoh)* m. department, section.
departir *(daypa***R***tée***R***)* intr. to converse, to speak, to talk, to chat.
depauperado *(daypah/oopayrádoh)* adj. *Méd.* weakened; *Soc.* impoverished.
depauperar *(daypawpayra***R***)* tr. to impoverish; *Med.* to weaken.
dependencia *(daypayndaynthyah)* f. dependence, dependency; subordination; *Com.* branch.
depender *(daypayndáy***R***)* intr. to depend, to rely upon, to be dependent on.
dependiente *(daypayndyéntay)* m. assistant; adj. depending on, dependent on.
depilatorio *(daypeelahtóhryoh)* m. depilatory.
deplorable *(dayplohráhblay)* adj. deplorable, regrettable, lamentable.
deplorar *(dayplohrá***R***)* tr. to deplore, to regret, to lament.
deponer *(daypohnáy***R***)* tr. to depose; to declare; to lay down. [exile.
deportar *(daypo***R***tá***R***)* tr. to
deporte *(daypó***R***tay)* m. sport.
deportista *(daypo***R***teesstah)* f. sportsman/woman.
deportivo *(daypo***R***téeboh)* adj. sporting. [*Law.* statement.
deposición *(dalpohseethyón)* f.
depositar *(daypohseetá***R***)* tr. to

deposit. *Chem.* to settle, to deposit.
depositario *(daypohseetáhryoh)* m. depositary, trustee, receiver.
depósito *(daypóhseetoh)* m. deposit. *Com.* store, warehouse. *Mech.* chamber. *Med.* tumour. *Mil.* depot; **— de agua**, cistern, tank.
depravación *(dayprahbahthyón)* f. depravation, depravity.
depravar *(dayprahbáR)* tr. to deprave; to vitiate, to corrupt.
deprecación *(daypraykahthyón)* m. petition, prayer, supplication. [pray, to implore.
deprecar *(dayprayka*R*)* tr. to
depreciación *(daypraythyathyón)* m. depreciation.
depreciar *(daypraythya*R*)* tr. to depreciate, to devalve.
depresión *(dayprаysyón)* f. depression.
deprimido *(daypreemeedoh)* adj. *Med.* depressed; (fig.) lowspirited; out of sorts.
depuesto *(daypwaysstoh)* adj. deprived, deposed.
depuración *(daypoorahthyón)* f. depuration, purification.
depurado *(daypooráhdoh)* adj. depurate, cleansed, purified.
depurar *(daypooráR)* tr. to depurate, to cleanse, to purify.
derecha *(dayráychah)* f. right; right hand; right side; **a la —**, on the right, to the right; *Pol.* right; **a tuertas o —s**, rightly or wrongly.
derecho *(dayráychoh)* adj. right, straight; just; m. right justice; pl. fees, dues; adv. straght on; **el —**, the right side out; **al —**, the right way; **no hay —**, it is not right.
deriva *(dayréebah)* s. drift; **a la —**, adrift. [derivation.
derivación *(dayreebahthyón)* f.
derivar *(dayreebáR)* tr. to derive; to deduce; *Naut.* to drift.
derivarse *(dayreebáRsay)* r. to come from, to originate from, to be derived from.
dérmico *(dáyRmeekoh)* adj. dermic.
derogación *(dayrohgahthyón)* f. derogation, repeal, abolition, annulment.
derogar *(dayrohgáR)* tr. to derogate, to repeal, to abrogate.
derramamiento *(dayRahmahmyéntoh)* m. effusion, shedding, spilling, over flow; **— de sangre,** bloodshed.
derramar *(dayRahmár)* tr. to shed to spill. [to overflow.
derramarse *(dayRahmáRsay)* r.
derrame *(dayRáhmay)* m. overflow; *Med.* haemorrhage, discharge.
derredor *(dayRaydóR)* m. circuit; **en —**, around.
derretir *(dayRaytéeR)* tr. to melt, to smelt, to fuse.
derribar *(dayReebáR)* tr. to demolish, to pull down, to knock down.
derribo *(dayRéeboh)* m. demolition, knocking down, pulling down. [overthow.
derrocar *(dayRohkáR)* tr. to
derrochador *(dayRohchadóR)* m. spendthrift, squanderer, prodigal.
derrochar *(dayRohcháR)* tr. to dissipate, to waste, to squander.
derroche *(dayRóschay)* m. squandering, waste.
derrota *(dayRóhtah)* f. defeat. *Naut.* ship's course.
derrotar *(dayRóhtáR)* tr. to defeat, to rout. *Naut.* to deviate from course.
derrotero *(dayRotayroh)* m. ship's couse; sea-chart.
derruir *(dayRoo:eeR)* tr. to demolish, to raze, to destroy, to ruin.
derrumbamiento *(doyRoombahmyéntoh)* m. collapse; *Geol.* landslide; *Min.* subsidence.
derrumbar *(dayRoombáR)* tr. to throw down, to knock down.

D

D

derrumbarse *(day***R***oombá***R***say)* r. to fall down, to colapse.
desabotonar *(daysahbohtohná***R***)* tr. to unbutton, to unfasten the buttons.
desabrido *(daysahbréedoh)* adj. tasteless; insipid; peevish.
desabrigado *(daysahbreegáhdoh)* adj. uncovered; shelterless; *Geog.* exposed.
desabrigar *(daysahbreegá***R***)* tr. to uncover, to bare.
desabrochar *(daysahbrohchá***R***)* tr. to unbutton, to unfasten.
desacatar *(daysahkahtá***R***)* tr. to teat disrespectfully.
desacato *(daysahkáhtoh)* s. disrespect; disregard.
desacertado *(daysahthay***R***táhdoh)* adj. wrong, mistaken.
desacertar *(daysahthay***R***tá***R***)* tr. to make mistakes, to err.
desacierto *(daysahthyáy***R***toh)* m. mistake, error.
desacorde *(daysahkó***R***day)* adj. discordant; incongruous.
desacostumbrar *(daysahkostoombrá***R***)* to lose the habit, to disuse.
desacreditar *(daysahkraydeetá***R***)* tr. to discredit, to bring discredition.
desacuerdo *(daysahkway***R***doh)* m. discordance; disagreement.
desafecto *(daysahfayktoh)* adj. disaffected; adverse; m. disaffection.
desafiar *(daysahfyá***R***)* tr. to challenge; to defy, to dare.
desafinar *(daysahfeená***R***)* intr. *Mus.* to be ouf of tune; (fig.) to speak, irrelevantly.
desafío *(daysahfée:oh)* m. challenge; duel.
desafortunado *(daysahfortoonáhdoh)* adj. unfortunate; unlucky.
desagradable *(daysahgradáhblay)* adj. unpleasant; disagreeable.
desagradar *(daysahgradá***R***)* tr. to dislike, to displease.
desagradecido *(daysahgrahdaytheedoh)* adj. ungrateful.
desagrado *(daysahgráhdoh)* m. discontent, displeasure.
desagraviar *(daysahgrahbyá***R***)* tr. to make amends; (coll.) to make good.
desagravio *(daysahgráhbyoh)* m. redress, apology, vindication.
desaguadero *(daysahgoo:ahdáyroh)* m. drain, out-let; sink.
desaguar *(daysahgoo:á***R***)* tr. to drain; to draw off water.
desagüe *(daysáhgoo:ay)* m. drain(age), outlet.
desahogado *(daysah/ohgáhdoh)* adj. impudent; *Econ.* —; (spac.) roomy, plenty of room, well-off.
desahogar *(daysah/ohgá***R***)* tr. to relieve.
desahogarse *(daysah/ohgá***R***say)* r. to unbosom oneself.
desahogo *(daysah/óhgoh)* m. ease; **con —**, easily; **vivir con —**, to live confortably.
desahuciado *(daysah/oothyáhdoh)* adj. (of patients) hopeless; evicted (of tenant).
desahuciar *(daysah/oothyá***R***)* tr. to despair; to evict, to eject, (a tenant).
desahucio *(daysah/oothyoh)* m. eviction (of tenant).
desairado *(daysah/eeráhdoh)* adj. slighted, rebuffed.
desairar *(daysah/eerá***R***)* tr. to alight, to rebuff.
desaire *(daysáh/eeray)* m. slight, rebuff.
desajustar *(daysah***H***oostá***R***)* tr. disarrange, to mismatch; to unfit.
desajuste *(daysah***H***óostay)* m. disarrangement.
desalentar *(daysahlayntá***R***)* tr. to dicourage, to dishearten.
desalentarse *(daysahlayntá***R***say)* r. to lose heart, to become discourage.
desaliento *(daysahlyéntoh)* m. dismay.
desaliñar *(daysahlynyá***R***)* tr. to disarrange; to discompose.
desaliño *(daysahléenyoh)* s. untidiness.
desalmado *(daysahlmáhdoh)*

adj. heartless; cruel, soulless, implous.
desalojamiento *(daysahlohHahmyentoh)* m. dislodging.
desalojar *(daysahlohHár)* tr. to disloge; to evict, to eject.
desalquilado *(daysalkeelahdoh)* adj. vacant, untenanted.
desamarrar *(dayssahmahRar)* tr. to untie, to unfasten; *Naut.* to east off.
desamortización *(daysahmoRteethathyón)* f. redemption (of proprety) from mortmain, disentail.
desamortizar *(daysahmoRteethaR)* tr. to free, to redeem, to disentail.
desamparo *(dayssahmpáhroh)* m. abandonment; dereliction.
desamparar *(dayssampahrar)* tr. to forsake, to leave.
desamueblado *(daysahmoo:aybláhdoh)* adj. unfurnished.
desamueblar *(daysahmoo:aybláR)* tr. to unfurnish; to dismantle. [to discourage.
desanimar *(daysahneemáR)* tr.
desanimarse *(daysahneemáRsay)* r. to lose heart, to faint.
desánimo *(daysáhneemoh)* m. discouragement.
desanudar *(daysahnoodáR)* tr. to untie, to undo a knot.
desapacible *(daysahpathéeblay)* adj. disagreeable, unpleasant.
desaparecer *(daysahpahraytháyR)* intr. to disappear, to vanish, to fade away.
desaparición *(daysahpahreethyón)* f. disappearance.
desapasionado *(daysahpahsyohnáhroh)* adj. dispassionate; indifferent; (coll.) cool.
desapego *(daysahpáygoh)* m. coolness, lack of affection, indifference.
desapercibido *(daysahpayRthybéedoh)* adj. unprepared, unaware(s); **coger —,** to catch napping.
desaplicado *(daysahpleekáhdoh)* adj. neglectful, careless.
desaprobar *(daysahprobáR)* tr. to disaprove, to censure.
desaprovechar *(daysahprohbaycháR)* tr. to waste; to misuse.
desarmado *(daysaRmáhdoh)* adj. unarmed. [disarm.
desarmar *(daysaRmáR)* tr. to
desarme *(daysáRmay)* m. disarmament.
desarraigar *(daysahRah/eegáR)* tr. to eradicate, to up-root, to extirpate.
desarraigo *(daysahRáh/eegoh)* m. eradication, uprooting.
desarrapado *(daysahRahpáhdoh)* adj. ragged.
desarreglado *(daysahRaygláhdoh)* adj. untidy, disarranged.
desarreglar *(daysahRaygláR)* tr. to disorder, to disarrange, to upset.
desarreglo *(daysahRáygloh)* m. disorder, disarrangement, untidiness.
desarrollar *(daysahRohlyáR)* tr. to develop, to expand.
desarrugar *(daysahRoogáR)* tr. to remove creases, to press, to flatten. [adj. dirty; untidy.
desaseado *(daysahsayáhdoh)*
desasear *(daysahsayáR)* intr. to make dirty; to discompose.
desaseo *(daysahsáyoh)* m. dirtiness, uncleanliness, scruffiness; disorder.
desasir *(daysahséeR)* tr. to loosen, to let go.
desasosegar *(dayssahsohssaygar)* v. t. to disturb, to make uneasy.
desasosiego *(daysahsohsyáygoh)* m. restlessness, uneasiness.
desastre *(daysáhstray)* m. disaster, misfortune, disgrace.
desastroso *(daysahstróhsoh)* adj. disastrous, terrible.
desatado *(dayssahtahdoh)* adj. untied, unfastened, undone.
desatar *(daysahtáR)* tr. to untie, to unfasten, to undo (a knot): out to break out (a storm.).

desatención *(daysahtaynthyón)* f. inattention; discourtesy.

desatender *(daysahtayndáyR)* tr. to disregard; to pay no attention.

desatento *(daysahtayntoh)* adj. inattentive (of attention); rude (of manners).

desatinar *(daysahteenáR)* tr. e intr. to confuse, to talk nonsense.

desatino *(daysahtéenoh)* m. madness, nonsense, blunder; reeling.

desavenencia *(daysahbaynaynthyah)* f. discord.

desavenido *(daysahbaynéedoh)* adj. discordant.

desayunar *(daysahyoonáR)* intr. to breakfast.

desazón *(daysahthón)* f. disgust, annoyance.

desbandada *(dayssbahndáhdah)* f. *Mil.* disbandment; **a la —**, in disorder, helter skelter.

desbandarse *(dayssbahndáRsay)* r. to disband.

desbarajuste *(dayssbahrahHóostay)* m. disorder, confusion.

desbaratado *(dayssbahrahtáhdoh)* adj. (coll.) debauched; illconditioned.

desbaratar *(dayssbahrahtáR)* tr. to spoil, to ruin, to defeat.

desbarrar *(dayssbahRáR)* intr. to unbar; (fig.) to talk foolishly.

desbastar *(dayssbahstáR)* tr. to smooth, to polish; (fig.) to educate.

desbocado *(dayssbohkáhdoh)* adj. runaway (horse); foulmouthed (of speech).

desbordamiento *(dayssboRdahmyéntoh)* f. flooding, overflowing.

desbordar *(dayssboRdáR)* tr. to overflow.

desbordarse *(dayssboRdáRsay)* r. to flood.

descabellado *(daysskahbaylyáhdoh)* adj. disorderly; absurd.

descabellar *(daysskahbaylyáR)* tr. to dishevel; (bull-fighting) to kill, to finish off.

descalabrar *(daysskahlahbráR)* tr. to wound, to injure, the head.

descalzar *(daysskahlтháR)* tr. to pull/take off footwear.

descalzo *(daysskáhlthoh)* adj. barefooted.

descamisado *(daysskahmeesáhdoh)* adj. shirtless; (coll.) ragamuffing.

descampado *(daysskahmpáhdoh)* adj. open; clear; free.

descansado *(daysskahnsáhdoh)* adj. rested.

descansar *(daysskahnsáR)* intr. to rest.

descanso *(daysskáhnsoh)* m. rest; break. *Sports.* halftime. *Theat.* interval; (stairs) landing.

descarado *(daysskahráhdoh)* adj. impudent; cheeky.

descararse *(daysskahráRsay)* r. to be brazen or saucy.

descarga *(daysskáRgah)* f. unloading (goods); discharge (liquids, elect., etc.); *Com.* clearance of a ship.

descargar *(daysskáRgáR)* tr. to unload (goods); to discharge (liquids, elect., etc.).

descargo *(daysskaRgoh)* unloading; exoneration; **en su —**, to free him from blame.

descargue *(daysskáRgay)* m. unloading.

descarnado *(daysskaRnáhdoh)* adj. fleshless, scraggy, bare.

descarnar *(daysskaRnáR)* tr. to clear from flesh; (fig.) to examine minutely; v. r. to emaciate.

descaro *(daysskároh)* m. impudence, cheek.

descarriar *(daysskahRyáR)* tr. to lead astray; to misguide.

descarrío *(daysskahRée:oh)* m. desviation, going astray.

descartar *(daysskahRtáR)* tr. to reject, to discard, to put aside, to lay aside.

descendencia *(dayssthayndaynthyah)* f. descent; offspring.

descender *(dayssthayndáyR)* intr. to descend, to go down, to come down, to climb down.

descendiente *(dayssthayndyén-*

tay) adj. descending; m. descendant.
descendimiento *(dayssthayndeemyéntoh)* descent, lowering.
descenso *(dayssthaynsoh)* m. descent.
descentralizar *(daysthayntraleethaR)* tr. to descentralise.
desceñir *(daysstaynyéeR)* tr. to ungird.
descifrar *(daysstheefráR)* tr. to decipher, to make out.
desclavar *(daysskIahbáR)* tr. to unnail.
descocado *(daysskohkáhdoh)* adj. (coll.) impudent, unabashed, daring, cheeky.
descolgar *(daysskohlgáR)* tr. to unhang; to take down.
descolgarse *(daysskohlgáRsay)* r. (coll.) to let oneself down, to come down, gently.
descolorar *(daysskohlohráR)* tr. to discolour; to fade, to bleach.
descolorido *(daysskohlohréedoh)* adj. discoloured, fadel; colourless.
descollar *(daysskohlyáR)* intr. to excel, to stand out, to surpass, to outdo.
descomponer *(daysskompohnáyR)* tr. to discompose; (fig.) to disarrange. *Chem.* to decompose, to rot.
descomposición *(daysskompohseethyón)* f. *Chem.* decomposition; disorder, confusion; corruption.
descompostura *(daysskompostóorah)* f. disorder; inmodesty, impudence; untidiness.
descompuesto *(daysskonpwaysstoh)* adj. *Mech.* out of order; (emot.) out of temper; impudent, insolent.
descomunal *(daysskomoonáhl)* adj. uncommon; colossal, huge, enormous.
desconcertado *(daysskonthayRtáhdoh)* adj. confused, baffled.
desconcertar *(daysskonthayRtáR)* tr. to disorder, to confuse, to baffle.
desconcierto *(daysskonthy:áyRtoh)* m. confusion.
desconectar *(daysskohnayktáR)* tr. to disconect.
desconfiado *(daysskohnfyáhdoh)* adj. diffident, distrustful, suspicious.
desconfianza *(daysskohnfyáhnthah)* f. diffidence, mistrust, suspicion.
desconfiar *(daysskohnfyáR)* intr. to mistrust, to suspect, to doubt.
desconforme *(daysskohnfórmay)* adj. discordant, disagreeing.
disconformidad *(deesskohmformedáhd)* f. disagreement.
desconocer *(daysskohnohtháyR)* tr. to disown; to ignore.
desconocido *(daysskohnohthéedoh)* adj. unknown; nameless; m. stranger.
desconocimiento *(dayskonotheemyentoh)* m. ignorance.
desconsolado *(deysskohnsohláhdoh)* adj. disconsolate, comfortless, sorrowful.
desconsolar *(daysskohnsohláR)* tr. to aflict.
desconsuelo *(daysskohnswayloh)* m. affliction, grief.
descontar *(daysskontáR)* tr. to deduct, to rebate; (coll.) to knock off.
descontentar *(daysskontayntáR)* tr. to displease, to dissatisfy.
descontento *(daysskontayntoh)* m. discontent, dissatisfaction; adj. displeased, dissatisfied.
descontinuar *(dayskonteenwahR)* tr. to discontinue, to suspend, to leave off.
descontinuo *(daysskontéenoo:oh)* adj. discontinuous, disjoined.
descorazonar *(dayskohrahthohnáR)* tr. e intr. to discourage, to dishearten.
descorchar *(daysskoRcháR)* tr. [to uncork.
descorrer *(daysskohRáyR)* intr. to draw (a curtain).
descortés *(daysskoRtayss)* adj. impolite; uncivil; coarse.

D

descortesía *(daysskoRtaysée:ah)* f. incivility; impoliteness.
descoser *(daysskohsáyR)* tr. to rip up, to unstitch.
descosido *(daysskohséedoh)* adj. unstitched, unseamed.
descoyuntado *(dayskohyoontah-doh)* adj. disjointed, dislocated.
desconyuntar *(dayskohyoontaR)* tr. to disjoint (bones.) to dislocate; **— de risa,** to split one's sides with laughter.
descrecer *(dayskraythayR)* tr. to decrease, to diminish; to grow short (days).
descrecimiento *(dayskraythee-myentoh)* m. decrease, diminution. [discredit, disrepute.
descrédito *(daysskráydeetoh)* m.
descreer *(dayskray/ayR)* tr. to disbelieve. [describe.
describir *(daysskreebéeR)* tr. to
descripción *(daysskreepthyón)* f. description, account; sketch.
descriptivo *(daysskreeptéeboh)* adj. descriptive.
descuartizar *(daysskoo:áRtee-tháR)* tr. to quarter; to carve, to disjoint, to chop off.
descubierto *(daysskoobyeRtoh)* adj. discovered; (dress.) bareheaded.
descubrimiento *(daysskoobree-myéntoh)* m. discovery.
descubrir *(daysskoobréeR)* tr. to discover.
descuento *(daysskwayntoh)* f. discount, deduction; (tax.) rebate.
descuidado *(daysskweedáhdoh)* adj. careless; negligent, thoughtless.
descuidar *(daysskweedáR)* tr., intr. to neglect, to disregard.
descuidarse *(dayssweedáRsay)* r. to forget, to overlook.
descuido *(daysskoo:éedoh)* m. carelessness, omission, oversight, slip.
desde *(dayssday)* prep. from, since, after; **— entonces,** since then; **— luego,** of course; **— aquí hasta...,** from here till.
desdecir *(dayssdaythéeR)* intr. to fall from its kind.
desdecirse *(dayssdaythéeRsay)* to gainsay, to deny, to retract.
desdén *(dayssdayn)* m. disdain, slight, scorn, contempt; **con —,** contemptuously.
desdentado *(daysdayntahdoh)* adj. toothless.
desdeñar *(dayssdaynyáR)* tr. to disdain, to scorn.
desdicha *(dayssdéechah)* f. misfortune, ill-luck.
desdichado *(dayssdeecháhdoh)* adj. unfortunate, unlucky wretched; m. wretch.
desdoblar *(dayssdohbláR)* tr. to untold.
desear *(daysayár)* tr. to desire, to wish, to long for.
desecar *(daysaykáR)* tr. to dry; (land) to drain.
desechar *(daysaycháR)* tr. to exclude, to cast aside, to reject.
desecho *(daysáychoh)* m. refuse, residue; (of animals). pl. left-overs; **papel de —** waste paper.
desembalaje *(dayssaymbahlah-Hay)* s. m. umpacking, bale opening.
desembalar *(dayssaymbahlaR)* tr. to umpack; to open up (bales).
desembarazar *(daysaymbahrah-tháR)* tr. to disembarras; to disengage; v. r. **— de,** to get rid of ....
desembarazo *(daysaymbahráh-thoh)* s. ease, abandon.
desembarcadero *(daysaymbaR-kahdáyroh)* m. landing place, pier.
desembarcar *(daysaymbaRkáR)* tr. e intr. to land, to disembark to go on shore. *Naut.* to sign off; to un load (goods).
desembarco *(daysaymbáRkoh)* m. landing; disembarkation.
desembarque *(daysaymbáRkay)* m. landing; disembarkation.
desembocadura *(daysaymboh-*

kahdóorah) f. mouth (of a river), outlet.
desembocar *(daysaymbohkáR)* intr. to flow out (of rivers); to lead to (of streets).
desembolsar *(daysaymbólsáR)* tr. to disburse, to pay out.
desembolso *(daysaymbólsoh)* m. disbursement, expenditure.
desembragar *(daysaymbrahgáR)* tr. *Mech.* to ungear (motoring), to declutch.
desempeñar *(daysaympaynyáR)* tr. to redem (something pawned); to perform a duty, to carry out (a task).
desempeño *(daysaympáynyoh)* m. redemption of a pledge; performance, fulfilmente.
desencadenar *(daysaynkahdaynáR)* tr. to unchain; (fig.) to break any ties; (of storms) to break out.
desencadenarse *(daysaykahdaynáRsay)* r. to break loose.
desencajado *(dayssaÿnkahHahdoh)* adj. (with temper) raging) (with illness) sickly.
desencajar *(daysaynkahHáR)* tr. to disjoint.
desencallar *(daysaynkahlyáR)* tr. *Naut.* to set afloat.
desencaminar *(daysaynkahmeenáR)* tr. to mislead; to lead astray, to misguide.
desencantar *(daysaynkahntáR)* tr. to disenchant, to disillusion.
desencanto *(daysaykáhntoh)* m. disappointment, disillusion.
desenfadar *(daysaynfahdáR)* tr. to appease; v. r. to calm down. [ease; nonchalance.
desenfado *(daysaynfáhdoh)* m.
desenfrenado *(daysayfraynáhdoh)* adj. unrestrained.
desenfrenar *(daysaynfraynáR)* tr. to umbridle; to fly into a rage; to lose self-control.
desenfreno *(daysaynfráyñoh)* m. licentiousness, wantonness.
desenfundar *(daysaynfoondáR)* tr. to draw (arms); to take out of (cover etc.).
desenganchar *(daysayngahncháR)* tr. to unhook; to unfasten.
desengañar *(daysayngahnyáR)* tr. to deceive, to be frank withs; to tell the truth.
desengaño *(daysayngáhnyoh)* m. disillusion.
desengrasar *(daysayngrahsáR)* tr. to clean (from grease), to scour.
desenlace *(daysaynláhthaÿ)* m. *Theat.* catastrophe; unravelling (of a plot); end, conclusion, outcome.
desenredar *(daysenRaydáR)* tr. to disentangle; to put in order.
desenrollar *(daysaynRohlyáR)* tr. to unroll, to unwind.
desenroscar *(daysaynRoskáR)* tr. to unscrew.
desentenderse *(daÿsayntayndáyRsay)* r. to shirk off; to ignore.
desentonar *(daysayntohnáR)* tr. to humble; intr. *Mus.* to be out of tune; to be out of place.
desenvoltura *(daysaynboltóorah)* f. assurance, grace, case; (speech) fluency.
desenvolver *(daysaynbolbáyR)* tr. to unfold, to unwrap, to unroll; (fig.) to unravel; v. r. to manage.
desenvuelto *(daysaynbwayltoh)* adj. forward; free and easy.
deseo *(daysáÿoh)* m. wish, desire, longing; **tener — de,** to fancy.
deseoso *(daysayóhsoh)* adj. desirous, eager.
desequilibrado *(dayssaykeeleebrahdoh)* adj. umbalanced, unstable. [sertion.
deserción *(daysayRthyón)* f. de-
desertar *(daysaÿRtáR)* tr. to desert. [ter; forsaker.
desertor *(daysayRtóR)* m. deser-
desesperación *(daysaysspayrahthyón)* f. despair, desperation.

D

D

desesperado *(daysaysspayráhdoh)* adj. desesperate, hopeless; m. desperate.
desesperar *(daysaysspayráR)* intr. to despair, to lose hope.
desesperarse *(daysaysspayráR-say)* r. to despond.
desestimar *(daysayssteemáR)* tr. to disregard; to reject.
desfachatez *(dayssfaschahtayth)* f. impudence, effrontery, cheeck.
desfalcar *(dayssfalkáR)* tr. to desfalcate; to embezzle.
desfalco *(dayssfálkoh)* s. embezzlement.
desfallecer *(dayssfahlyaytháyR)* tr. to faint, to swoon; v. r. to faint, to pine.
desfallecimiento *(dayssfahlyaytheemyéntoh)* m. swoon, faint.
desfavorable *(dayssfahbohráhblay)* adj. unfavourable.
desfigurar *(dayssfeegooráR)* tr. to desfigure, to alter.
desfiladero *(dayssfeelahdáyroh)* m. defile, narrow pass.
desfilar *(dayssfeeláR)* intr. to march off by files, to parade.
desflorar *(dayssflohráR)* tr. to deflower, to violate.
desgajar *(dayssgah*H*á*R*)* tr. to tear off, to break off.
desgana *(dayssgáhnah)* f. lack of appetite; apathy, despondency.
desgarbado *(dayssgarbahdoh)* adj. ungainly, ungraceful.
desgarrar *(dayssgah*R*á*R*)* tr. to rend, to tear.
desgarro *(dayssgáh*R*oh)* m. laceration (in the flesh); rip, (cloth), tear; brag.
desgastar *(dayssgahstáR)* tr. to wear away, to consume.
desgaste *(dayssgáhstay)* m. woste. *Mech.* wear and tear.
desgracia *(dayssgráhthyah)* f. misfortune; **por —**, unfortunately; **caer en —**, to be out of favour.
desgraciado *(dayssgrahthyáhdoh)* adj. unfortunate, wretch ed; m. wretch, unfortunate.
desgraciar *(dayssgrahthyáR)* tr. to main, to spoil. [threst.
desgranar *(daysgrahnaR)* tr. to
desguace *(daysgwahthay)* m. breaking up (ship).
desguarnecer *(dayssgoo:aRnaythayR)* tr. to dismantle, to unharness.
desguazar *(daysgwahthaR)* tr. to break up (a ship).
deshabitado *(daysahbeehtáhdoh)* adj. uninhabitated.
deshabitar *(daysahbeehtáR)* tr. to quit a dwelling.
deshacer *(daysahtháyR)* tr. to undo, to destroy, to untle, to disolve; **—se de,** to get rid of.
deshecho *(daysáychoh)* adj. undone; detroyed. [thaw.
deshelar *(daysayláR)* tr. to
desheredar *(daysayraydáR)* tr. to disinherit. [threads.
deshilar *(dayseelaR)* tr. to ravel; to reduce; to draw
deshilvanado *(dayseelbahnadoh)* adj. disconnected, without sequence. [thaw.
deshielo *(daysy:áyloh)* m.
deshinchar *(dayseenchár)* tr. to deflate.
deshojar *(dayssoh*H*a*R*)* tr. to strip of leaves.
deshollinador *(dayssohlyeenahdoR)* m. chimney.
deshollinar *(daysohlyeenáR)* tr. to sweep (chimneys).
deshonestidad *(daysohnaysssteedáhd)* f. dishonesty; lewdness, inmodesty.
deshonesto *(daysohnaysstoh)* adj. dishonest; unchaste, lewd.
deshonor *(daysohnóR)* m. dishonour, disgrace.
deshonra *(daysón*R*ah)* f. dishonour, discredit, disgrace; rape, violation.
deshonrar *(doyson*R*á*R*)* tr. to affront, to defame, to dishonour; to seduce (a woman), to deflower.
deshonroso *(dayson*R*óhsoh)* adj. dishonourable.

deshora *(daysóhrah)* f. aftertime; a —, unseasonably, too late. [idleness.
desidia *(dayséedyah)* f. laziness,
desierto *(dayssyeRtoh)* adj. deserted, solitary; m. desert, waste land.
designación *(dayseegnathyón)* f. designation.
designar *(daysygnár)* tr. to appoint, to name, to designate.
designio *(dayséegnyoh)* m. intent(ion), purpose.
desigual *(dayseegoo:áhl)* adj. unequal; uneven.
desigualdad *(dayseegoo:ahldáhd)* f. inequality; unevenness, odds, difference.
desilusión *(daysseeloossyon)* f. disappointment, disillusionment.
desilusionar *(daysseeloossyonaR)* tr. to disappoin, to disenchant; v. r. to be disappointed.
desinfección *(daysseenfaykthyon)* f. disinfection.
desinfectante *(daysseenfayktantay)* m. disinfectant, deodorizing; adj. antiseptic.
desinfectar *(daysseenfayktaR)* tr. to sterilize, to disinfect.
desinterés *(dayseentayrayss)* m. disinterestedness, indiference.
desinteresado *(dayseentayraysáhdoh)* adj. disinterested, unselfish, indiferent, uninterested, impartial.
desistir *(dayseesstéeR)* intr. to desist; to cease, to give up.
desleal *(daysslayáhl)* adj. disloyal. [disloyalty.
deslealtad *(daysslayahltáhd)* f.
desleir *(daysslayéeR)* tr. to dilute, to thin out, to disolve.
deslenguado *(daysslayngoo:áhdoh)* adj. foulmouthed, impudent. [se step.
desliz *(dayssléeth)* m. slip, fal-
deslizar *(daysssleethaR)* intr. to slip, to slide.
deslizarse *(dayssleetháRsay)* r. to slip away; to slide.
deslucido *(daysslootheédoh)* adj. dull.
deslucir *(dayslloothéeR)* tr. to tarnish, to make dull.
deslumbramiento *(daysloombrahmyentoh)* m. glare, dazzle.
deslumbrar *(dayssloombráR)* tr. to dazzle; (fig.) to daze to fascinate. [to tarnish.
deslustrar *(daysslooesstráR)* tr.
deslustre *(daysslóosstray)* m. tarnish, stain.
desmán *(dayssmánh)* m. misbehaviour, excess, misdemeanour.
desmandarse *(dayssmanhdáRsay)* r. to go to excess, to transgress.
desmantelar *(dayssmantayláR)* tr. to dismantle; to abandon. *Naut.* to unmast, to unrig.
desmayado *(dayssmayáhdoh)* adj. dismayed, fainted.
desmayar *(dayssmanyáR)* tr. to dishearten; intr. to lose heart; r. to faint.
desmayo *(dayssmáhyoh)* m. faint(ing), swoon.
desmedido *(dayssmaydeedoh)* adj. excesive.
desmejorar *(dayssmayHohráR)* tr. to make worse; v. r. to get worse, to decline, to deteriorate.
desmembrar *(dayssmaymbraR)* tr. to dismember, to tear asunder; (surg.) to amputate; v. r. to fall to pieces.
desmemoriado *(dayssmaymohryáhdoh)* adj. forgettul, oblivious.
desmentir *(dayssmayntéeR)* tr. to give the lie to, to contradict.
desmenuzar *(dayssmaynoothaR)* tr. to crumble, to mince; (fig.) to sift, to examine closely; v. r. to crumble, to fall to pieces.
desmerecer *(dayssmayraytháyR)* tr. to demerit, to become unworthy of; intr. to lose merit.
desmerecimiento *(dayssmayraytheemy:éntoh)* m. demerit, unworthiness.

desmesurado *(dayssmaysooráhdoh)* adj. excessive, (coll.) whacking.

D

desmontar *(dayssmontá*R*)* tr. *Mech.* to take apart, to take to pieces, to dismantel; to dismount (horses); intr. to dismount, to alight.

desmoralizar *(dayssmohrahleethá*R*)* tr. to demoralize.

desmoronar *(dayssmohrohná*R*)* tr. to disintegrate.

desmoronarse *(dayssmohrohna*R*say)* r. to moulder, to crumble down, to fall down.

desnatar *(dayssnahtá*R*)* tr. to skim milk.

desnaturalización *(daysnahtoorahleethahthyón)* f. expatriation; denationalization.

desnaturalizar *(daysnahtoorahleetha*R*)* tr to denaturalise, to denationalise; to expatriate, to exile.

desnivel *(dayssneebayl)* m. (in surf.) unevenness; (inclin.) slope, gradient.

desnivelar *(dayssneebaylá*R*)* tr. to make uneven; v. r. to become uneven.

desnudar *(dayssnoodá*R*)* tr. to strip, to undress.

desnudarse *(dayssnodá*R*say)* r. to undress, to strip.

desnudez *(dayssnoodayth)* f. nudity, nakedness, bareness.

desnudo *(dayssnóodoh)* adj. naked; bare; m. nude (art.).

desnutrición *(dayssnootretheon)* f. malnutrition.

desobedecer *(daysohbaydaythay*R*)* tr. to disobey.

desobediencia *(daysohbaydy:énthyah)* f. disobedience.

desocupado *(daysohkoopáhdoh)* adj. (places) free, empty, disengaged, vacant.

desocupar *(daysohkoopá*R*)* tr. to empty; to vacate; intr. to quit. [m. deodorant.

desodorante *(dayssohdohrantay)*

desoir *(dayssoee*R*)* tr. to disregard, not to hear.

desolación *(daysohlahthyón)* f. desolation, havoc; (fig.) affliction. [desolate, waste.

desolado *(daysohláhdoh)* adj.

desollar *(daysohlyá*R*)* tr. to skin, to fleece.

desorden *(daysó*R*dayn)* m. confusion, disorder, mess; (pol.) disturbance.

desordenado *(dayso*R*daynáhdoh)* adj. untidy, disordered, wild.

desordenar *(dayssordayna*R*)* tr. to disarange, to put in disorder, to make a mess; (pol.) to disturb.

desorganización *(dayso*R*gahneethahthyón)* f. disorganization.

desorganizar *(dayso*R*gahneethá*R*)* tr. to disorganize; to break up (meetings, etc.). *Chem.* to decompose. *Mil.* to disband.

desorientar *(daysohryen-tár)* tr. to disorientate, to mislead.

desovar *(daysohbá*R*)* intr. to spawn.

despabilar *(daysspahbeehlá*R*)* tr. to enliven, to sharpen the wits; (coll.) to wake up.

despacio *(dayspahthyoh)* adv. slowly, gently, leisurely, little by little; interj. slowly! carefully!

despacito *(dayspahtheetoh)* adv. (coll.) very gently, very slowly, very carefully.

despachar *(daysspahchá*R*)* tr. to despatch; to send; to ship; (shopping) to attend customers. *Naut.* — **un barco,** to clear a vessel; (fig.) to kill.

despacho *(daysspáhchoh)* m. despatch, shipping; office; official letter; — **de billetes,** ticket office; — **de entradas,** booking office.

desparpajo *(daysspar páh*H*oh)* m. (vulg.) pernes of speech or action.

desparramado *(daysspah*R*ahmáhdoh)* adj. spread, scattered.

desparramar *(daysspah*R*ahmá*R*)* tr. to scatter, to spread.

despavorido *(daysspahbohréedoh)* adj. terrified, aghast.

despectivo *(daysspayktéeboh)* adj. contemptuous, scornful, spiteful. [to enrage.

despechar *(daysspaycháR)* tr.

despecho *(daysspáychoh)* m. rancour, spite; **a — de,** despite, in spite of.

despedazar *(daysspaydahthaR)* tr. to tear/or cut into pieces; v. r. to break/fall into pieces; **— de risa,** to burst out laughing.

despedida *(daysspaydéedah)* f. leave taking, farewell, parting; (coll.) seeing-off; dismissal.

despedir *(daysspaydéeR)* tr. (fig.) dismiss (of jobs, etc.). to emit; v. r. to say good-bye, to see someone off.

despegado *(daysspaygáhdoh)* adj. unstuck, loose; (coll.) rough.

despegar *(daysspaygáR)* tr. to detach, to separate, to unstick. *Aer.* to take off.

despego *(daysspáygoh)* m. indifference, coldness.

despeinar *(daysspay/eenaR)* tr. to disarrange the hair.

despejado *(daysspayHáhdoh)* adj. vivacious, quick, smart; (of sky) clear, cloudless.

despejar *(daysspayHár)* tr. to clear away obstructions; (weather) to brighten up.

despejo *(daysspayHóh)* m. vivacity; sprightliness; clearance. [try; larder.

despensa *(daysspáynsah)* f. pan-

despeñadero *(daysspaynyahdáyroh)* m. precipice, crag.

despeñar *(daysspaynyáR)* tr. to precipitate; to throw down a precipice; v. r. to fall down a precipice.

desperdiciar *(daysspayRdeethyáR)* tr. to squander, to waste, to misspend; **— una ocasión,** to miss/or let slip a chance.

desperdicio *(daysspayRdéethyoh)* m. waste, remains, refuse.

desperdigado *(daysspayRdegáhdoh)* adj. scattered, separated. [tr. to scatter.

desperdigar *(daysspayRdeegáR)*

desperezarse *(daysspayraytháRsay)* r. to stretch oneself.

desperfecto *(daysspayRfayktoh)* m. damage.

despertador *(daysspayRtahdóR)* m. alarm-clock.

despertar *(daysspayRtáR)* tr. to wake; (fig.) awake.

despertarse *(daysspayRtáRsay)* r. to wake up.

despiadado *(daysspyahdáhdoh)* adj. merciless, pitiless, cruel.

despido *(dayspéedoh)* m. dismissol; (coll.) the sack.

despierto *(dayspyertoh)* adj. awake, lively, smart.

despilfarrador *(daysspylfahRahdóR)* m. squanderer, waster.

despilfarrar *(daysspylfahRáR)* tr. to waste, to squander.

despilfarro *(daysspylfáhRoh)* m. waste, squandering.

despistado *(daypeestahdoh)* adj. y m. absent-minded, dreamy, moony; **está —,** he/she is dreaming.

despistar *(daysspeesstáR)* tr. to side-track, to put off.

despiste *(dayspeesstay)* m. blunder, howler. [effrontery.

desplante *(dayssplάhntay)* m.

desplazamiento *(dayssplahthahmyéntoh)* m. displacement.

desplazar *(dayssplahtháR)* tr. *Naut.* to displace; (fig.) to drive out (of place or post).

desplegar *(dayssplaygáR)* tr. to unfold; to display, to show. *Mil.* to deploy.

desplomarse *(dayssplohmáRsay)* r. to collapse.

despoblado *(daysspohbláhdoh)* m. desert; **en —,** in open country. [depopulate.

despoblar *(daysspohbláR)* tr. to

despojo *(daysspóhHoh)* m. spoliation; plunder; pl. remains, spoils.

despojar *(daysspohHaR)* tr. to deprive of, to plunder; v. r. to strip/undress.

D

despolvar *(daysspolba***R***)* tr. to dust, to remove dust.
desposado, a *(daysspohssahdoh, ah)* adj. newly-married.
desposar *(dayspohssa***R***)* tr. to marry; v. r. to be married.
desposeer *(dayspohssay/ay***R***)* tr. to dispossess, to oust.
déspota *(daysspohtah)* s. despot, tyrant.
despótico *(daysspótheekoh)* adj. despotic, despotical.
despotismo *(daysspohteessmoh)* m. despotism.
despotricar *(daysspohtreeká***R***)* intr. to rail at or against.
despreciable *(dayssprayhy:áh-blay)* adj. contemptible, despicable; mean.
despreciar *(dayssprayhyá***R***)* tr. to despise, to scorn, to treat contemptuously.
desprecio *(daysspráythyoh)* m. disregard, scorn, contempt.
desprender *(daysspraynday***R***)* tr. to unfasten, to untie, to loosen; v. r. to get rid of, to issue from.
desprendimiento *(daysspraydeemy:éntoh)* m. desinterestedness, landslide.
despreocupado *(daysssprayoh-koopáhdoh)* adj. unprejudiced, broad-minded; abandoned, easy-going, unworried.
despreocuparse *(daysssprayoh-koopá***R***say)* r. to put aside worries; — **de,** to pay no attention to, to ignore.
desprestigiar *(dayssprayssste-***H***y:á***R***)* tr. to bring into dispute; v. r. to lose prestige/-reputation.
desprestigio *(daysssprayssstée***H***y-oh)* m. loss of prestige/reputation.
desprevenido *(dayssspraybaynée-doh)* adj. unprovided; unprepared.
desproporción *(daysssprohpo***R***-thy:ón)* f. disproportion.
desproporcionado *(daysssproh-po***R***thyohnahdoh)* adj. out of proportion, disproportionate.
desprovisto *(daysssprohbysstoh)* adj. unprovided (with).
después *(dayssspwáyss)* adv. after(wards), then, later; — **de,** prep. after.
despuntar *(daysspoontá***R***)* tr. off; intr. to bud, to sprout; to blunt, to take the point to excel, to stand out.
desquiciamiento *(daysskeethy-ahmyéntoh)* m. unhinging.
desquiciar *(daysskeethyá***R***)* tr. to unhinge; to disorder.
desquitarse *(daysskeetá***R***say)* r. to take revenge, to get even, to retaliate, to have one's own back.
desquite *(daysskéetay)* m. recovery of a loss, revenge.
destacamento *(daysstahkah-mayntoh)* m. *Mil.* datachment, post.
destacar *(daysstahká***R***)* tr. *Mil.* to detach; v. r. to excel; r. . to stand out.
destajo *(daysstáh***H***oh)* m. piecework; **hablar a —,** to tall too much. [uncover.
destapar *(daysstahpá***R***)* tr. to
destartalado *(dayssta***R***tahláh-doh)* adj. huddled, ramshackle, tumble-down.
destello *(daysstáylyoh)* m. flash, sparkle.
destemplado *(daysstaympláh-doh)* adj. intemperate, out of sorts. *Med.* «one degree-under».
destemplanza *(daysstaympláhn-that)* f. intemperance; distemper.
destemplar *(daysstaymplá***R***)* tr. to distemper, to alter, to disconcert; to be ruffied, to lose temper.
desteñir *(daysstaynyée***R***)* tr. to discolour, to run (colours).
desterrado *(daysstay***R***áhdoh)* adj. banished, exiled.
desterrar *(daysstay***R***á***R***)*. tr. to banish, to exile. [wean.
desteñir *(daysstaynyée***R***)* tr. to
destete *(daysstáytay)* m. weaning. [adv. untimely.
destiempo (a) *(daysstyémpoh)*

destierro *(dayssty:áRoh)* m. banishment, exlle.
destilación *(dayssteelahthy:ón)* f. distilation. [til.
destilar *(daysteeláR)* tr. to dis-
destilería *(daysteelayrée:ah)* f. distillery.
destinar *(dayssteenáR)* tr. to destine; to appoint, to assign.
destinatario *(dayssteenahtáhry-oh)* m. consignee, addressee.
destino *(daysstéenoh)* m. destiny; destination, appointment, post. *Naut.* **con — a,** bound for.
destitución *(dayssytoothyón)* f. destitution, dismissal (from job or post).
destituir *(daysteetoo:éeR)* tr. to deprive; to dismiss (from a post).
destornillador *(daysstoRneelyah-dóR)* m. screwdriver.
destornillar *(daysstorRneelyáR)* tr. to unscrew.
destreza *(daysstráythah)* f. dexterity, skill.
destronar *(daysstrohnáR)* tr. to depose, to overthrow.
destrozar *(daysstrohtháR)* tr. to destroy, to shatter, to break to pieces.
destrozo *(daysstróhthoh)* m. destruction; (of lives) massacre.
destrucción *(daysstrookthy:ón)* f. destruction, ruin, havoc.
destructor *(daysstrooktóR)* m. destructor. *Naut.* destroyer; adj. destroying, destructing.
destruir *(daysstroo:éeR)* tr. to destroy, to ruin; to exterminate (lives).
desunión *(daysoonyón)* f. discord; separation.
desunir *(daysoonéeR)* tr. to separate, to part; v. r. to break apart.
desusado *(dayssoossahdoh)* adj. out of use, disused, obsolete, archaic.
desusar *(dayssoossaR)* tr. to disuse, to stop using.
desuso *(dayssoossoh)* m. disuse, absolecense.
desvalido *(dayssbahléedoh)* adj. destitute, helpless.
desvalijamiento *(dayssbahlee-Hahmyéntoh)* m. robbing.
desvalijar *(dayssbahleeHáR)* tr. to rob; (in gambling) to lose everything.
desván *(dayssbáhn)* m. garret; loft, attick.
desvanecer *(dayssbahnaytháyR)* to make disappear, to vanish; r. to vanish; to faint.
desvariar *(dayssbahre:áR)* intr. to rave; to dote.
desvarío *(dayssbahrée:oh)* m. raving, delirium; caprice.
desvelar *(dayssbayláR)* tr. to keep awake; r. to be vigilant.
desvelo *(dayssbáyloh)* m. wakefulness. [f. disadvantage.
desventaja *(dayssbayntáhHah)*
desventajoso *(dayssbayntahHóh-soh)* adj. disadvantageous; (com.) un profitable.
desventura *(dayssbayntóorah)* f. misfortune, mischance; **por —,** unfortunately.
desventurado *(dayssbayntooráh-doh)* adj. unfortunate, wretched, unhappy, unlucky.
desvergonzado *(dayssbayRgon-tháhdoh)* adj. impudent, shameless.
desvergüenza *(dayssbayRgwayn-thah)* f. impudence, insolence, effrontery.
desvestir *(dayssbaysteeR)* tr. to undress, to strip, to denude.
desviación *(dayssbeeahthyón)* f. deviation deflection; (traff.) diversion; separation; swerve.
desviar *(dayssbeeáR)* tr. to divert (traff.); to deflect (the trajectory...); (railw) to switch; v. r. to swerve.
desvío *(dayssbeé:oh)* m. deviation, diversion, deflection.
desvirtuar *(dayssbeeRtwahR)* tr. to lessen the valve/or merit.
desvivirse *(dayssbeebeéRsay)* r. to show a great interest, to long for, to be dying to.

detallar *(daytahlyá***R***)* tr. to detail, to relate minutely. *Com.* to retail.

detalle *(daytáhlyay)* m. detail; (com.) **al —,** retail.

detallista *(daytahlyeesstah)* s. punctilious; (com.) retailer.

detective *(daytayktéebay)* m. detective; (coll.) *U. S. A.* private-eye. [tor.

detector *(daytayktó***R***)* m. detec-

detener *(daytaynáy***R***)* tr. to stop, to detain. *Law.* to arrest. *Naut.* to embargo.

detenerse *(daytaynáy***R***ssay)* r. to halt, to hold on.

detenido *(daytayneedoh)* adj. *Crim.* arrested; (motion) stopped; (care) careful, thorough.

detergente *(daytay***RH***áyntay)* m. detergent.

deteriorar *(daytayryohrá***R***)* tr. to spoil, to deteriorate, to damage.

deterioro *(daytayryóhroh)* m. deterioration, damage, worsening.

determinación *(daytay***R***meenahthyón)* f. determination; resolution, decision.

determinado *(daytay***R***meenahdoh)* adj. determinate, decided; specific, definite.

determinar *(daytay***R***meená***R***)* tr. to determine; to specify; to decide; r. to resolve.

detestable *(daytaysstáhblay)* adj. detestable, hateful, loathsome.

detestar *(daytaysstá***R***)* tr. to detest, to hate, to loathe.

detonar *(daytohná***R***)* tr. to detonate, to explode.

detractar *(daytrakta***R***)* tr. to detract, to slander, to defame.

detrás *(daytráhs)* adv. behind, after; **— de,** at the back of, behind.

detrimento *(daytreemayntoh)* m. detriment, loss, damage, injury.

deuda *(dáyoodah)* f. debt; (fig.) **tiene una — conmigo,** he owes me a favour; **libre de —s,** clear of debts.

deudor *(dayoodó***R***)* m. debtor.

devanar *(daybahná***R***)* tr. to spool, to wind (thread); v. r. **— los sesos,** to rack one's brains.

devaneo *(daybahnáyoh)* m. idle pursuit; flirtation; frenzy.

devastación *(daybastahthyón)* f. devastation, destruction, ruin, desolation.

devastar *(daybahstá***R***)* tr. to desolate, to ruin, to lay waste.

devoción *(daybohthyón)* f. devotion.

devocionario *(daybohthyohnáhryoh)* m. prayerbook.

devolución *(daybohloothyón)* f. restitution, return.

devolver *(daybolbáy***R***)* tr. to return, to give back, to restore, to refund.

devorar *(daybohrá***R***)* tr. to devour; to swallow up.

devoto *(daybóhtoh)* adj. devout.

día *(dée:ah)* m. day, daylight; **— festivo,** holiday; **— laborable,** working day; **de —,** in the daytime; **el otro —,** the other day; **al otro —,** the next day; **de — en —,** from day to dayú **todos los —s,** every day. **Un — sí y otro no,** every other day.

diabetes, tis *(dyahbáytayss, teess)* f. diabetes.

diablo *(dyáhbloh)* m. devil, demon; interj. **¡Qué —s!** What the Devil! What on Earth!

diablura *(dyahblóorah)* f. mischief.

diabólico *(dyahbóhleekoh)* adj. diabolical; devilish. [con.

diácono *(dyáhkohnoh)* m. dea-

diáfano *(dyáhfahnoh)* adj. transparent. [diaphragm.

diafragma *(dyafráhgmah)* m.

diagnosticar *(dyahgnosteeká***R***)* tr. to diagnose.

diagnóstico *(dyahgnósteekoh)* adj. diagnostic; m. diagnosis. [diagonal.

diagonal *(dyahgohnáhl)* adj. s.

dialéctica *(dyahlaykteekah)* f. dialectics.
dialecto *(dyahlayktoh)* m. dialect. [gue.
diálogo *(dyáhlohgoh)* m. dialo-
diamante *(dyahmántay)* m. diamond. [meter.
diámetro *(dqáhmaytroh)* m. dia-
diana *(dyáhnah)* f. *Mil.* reveille; (shooting) bull's eye, centre of target.
diario *(dyáhryoh)* adj. daily; m. (daily) newspaper, journal. *Com.* **Libro —,** day book. *Naut.* **— de navegación,** log book.
diarrea *(dyahRáyah)* f. diarrhœa, looseness of bowels.
dibujante *(deebooHáhntay)* s. designer, draghtsman.
dibujar *(deebooHár)* tr. to draw; to sketch.
dibujo *(deebóoHoh)* m. drawing; sketch, draft, design; **— lineal,** instrumental drawing; **— a pulso,** free-hand drawing. [speech, style.
dicción *(deekthyón)* f. diction,
diccionario *(deekthyohnáhryoh)* m.dictionary, lexicon.
diciembre *(deethyémbray)* m. December.
dictado *(deetahdoh)* m. dictation; pl. dictates. [tor.
dictador *(deektahdóR)* m. dicta-
dictadura *(deektahdóohrah)* f. dictatorship.
dictamen *(deektámayn)* m. opinion, judgement, deport.
dictaminar *(deetahmeenaR)* tr. to express an opinion, to give a decision.
dictar *(deektáR)* tr. to dictate; *Theat.* to prompt.
dicha *(déechah)* f. happiness; **nunca es tarde si la — es buena;** all's well that ends well.
dicho *(déechoh)* adj. above said; m. saying; **— y hecho,** no sooner said than done.
dichoso *(deechóhsoh)* adj. happy, lucky. [dactis.
didáctica *(deedáhkteekah)* f. di-
didáctico *(deedáhkteekoh)* adj. didactic(al).
diente *(dyéntay)* m. tooht; (anim, or hum.) fang; (wheel) cog; (fork) prong; (garlic) clove; **tener dolor de muelas (dientes);** to have tooth-ache; **sacar un —,** to hare a tooth out; **empastar un —, (o muela),** to have a tooth filled; **—s postizos,** artificial teeth.
diéresis *(dyáyrayssees)* f. diæresis. [hand.
diestra *(dyésstrah)* f. right
diestro *(dyésstroh)* adj. right, skilful, dexterous; **a — y siniestro;** at random, from right to left; m. bull-fighter.
dieta *(dyáytah)* f. dit; pl. board. **Estar a —,** to be on a diet.
diez *(dyéth)* adj. ten; **a las —,** at ten o'clock; **son las —,** it is ten o'clock.
diezmar *(dyethmáR)* tr. to decimate; (payment) to tithe.
diezmo *(dyéthmoh)* m. tithe.
difamación *(deefahmahthyón)* f. defamation, libel, calumny.
difamar *(deefahmáR)* tr. to defame, to libel. [diference.
diferencia *(deefayraynthyah)* f.
diferenciar *(deefayraynthyáR)* tr. to differentiate; intr. to differ from; v. r. to be different.
diferente *(deefayrayntay)* adj. different, unlike.
diferir *(deefayréeR)* tr. to defer, to postpone, to dealy, to put off; intr. to differ.
difícil *(deeféetheel)* adj. difficult, hard. [ficulty.
dificultad *(deefeekooltáhd)* f. dif-
dificultar *(deefeekooltáR)* tr. to obstruct, to make difficult.
dificultoso *(deefeekooltóhsoh)* adj. dificult hard, laborius.
difteria *(diftáyreah)* f. diphtheria.
difundir *(deefondéeR)* tr. to spread, to publish.
difunto *(deefóontoh)* adj. dead; deceased, late; m. corpse.
difusión *(deefoosyón)* f. difussion; *Rad.* broadcasting.

D

difuso *(deefoossoh)* adj. diffuse; (lit.) wordy; widespread.
digerible *(deeHayréeblay)* adj. digestible. [gest.
digerir *(deeHayréeR)* tr. to di-
digestión *(deeHaysstyon)* f. digestion. [y adj. digestive.
digestivo *(deeHaysstéeboh)* m.
dignarse *(deegnáRsay)* r. to condescend; to deign.
dignidad *(deegneedáhd)* f. dignity; high office. [dignify.
dignificar *(deegneefeekáR)* tr. to
digno *(deegnoh)* adj. worthy, deserving; suitable, fitting.
digresion *(deegraysyon)* f. digresion; divergence.
dilación *(deelahthyón)* f. delay, procrastination.
dilapidar *(deelahpeedáR)* tr. to waste, to squander, to dilapidate.
dilatación *(deelahtahthyón)* f. expansion, extension.
dilatado *(deelahtahdoh)* adj. vast, large, great; drawn out.
dilatar *(deelahtáR)* tr. dilate, to enlarge, to widen, to lengthen; v. r. to expand.
dilema *(deeláymah)* m. dilemma, quandering.
diligencia *(deeleeHaynthyah)* f. diligence; (transp.) promptitude; stagecoach; (coll.) business. *Leg.* formalities.
dilucidar *(deelootheedáR)* tr. to elucidate, to explain.
diluir *(deeloo:éeR)* tr. to dilute, to thin out. [flood.
diluvio *(deelóobyoh)* m. deluge;
dimanar *(deemanáR)* intr. to spring from, to emanate, to flow.
dimensión *(deemaynsyón)* f. dimension, extent, capacity, bulk, size.
diminuto *(deemeenóotoh)* adj. minute tiny, very small.
dimisión *(deemeesyón)* f. renunciation; resignation.
dimitir *(deemytéeR)* to resing, to relinquish. [namics.
dinámica *(deenáhmykah)* f. dy-
dinámico *(deenáhmykoh)* adj. dynamic. [namite.
dinamita *(deenahméetah)* f. dy-
dinamo *(deenáhmoh)* f. dinamo.
dinastía *(deenahstée:ah)* f. dynasty.
dineral *(deenayráhl)* m. large sum of money, fortune.
dinero *(deenáyroh)* money currency, funds; (coll.) cash.
diócesis *(dyóhthaysees)* f. diocese. [try.
dioptría *(dyoptrée:ah)* f. diop-
dios *(dyóss)* god; **¡— mío!**, my god!; **¡por —!**, for goodness' sake!; **¡sabe —!**, god knows!; **¡gracias a —!** thank goodness.
diosa *(dyóhsah)* f. goddess.
diploma *(deeplóhmah)* m. diploma, title.
diplomacia *(deeplohmáhthyah)* f. diplomacy, tact; (coll.) astuteness.
diplomático *(deeplohmáhteekoh)* adj. diplomatic(al); tactful; (coll.) astute; m. diplomat(ist). [thong.
diptongo *(dyptóngoh)* m. diph-
diputación *(deepootahthyón)* f. deputation; Provincial Government (Sp.).
diputado *(deepootáhdoh)* m. deputy; congressman, Spanish M. P.
dique *(déekay)* m. dike, dam. *Naut.* jetty; **— seco,** (dry) dock.
dirección *(deeraykthyón)* f. direction, course, way; (adm.) Board of directions, management; (letter, etc.) address.
directivo *(deerayktéeboh)* adj. directive. m. member of ruling body. [straight.
directo *(deerayktoh)* adj. direct;
director *(deerayktóR)* m. director, maganer. *Mus.* conductor; headmaster (of school/college.
directora *(deerayktórah)* f. *Com.* manageress; head-mistress, governess.
dirigir *(deereeHéeR)* tr. to direct; *Mus.* to conduct; *Adm.* to manage; (letter)

to address; v. r. to make one's way, to go towards; — **a,** to apply to
discernimiento *(deesthay*R*nee-myentoh)* m. discernment, discrimination.
discernir *(deessthay*R*née*R*)* tr. to discern, to distinguish.
disciplina *(deesstheepleénah)* f. discipline, education; (spec.) subject of study.
disciplinar *(deesstheepleená*R*)* tr. to discipline, o instruct. *Mil.* to drill. [disciple; pupil.
discípulo *(deessthéepooloh)* m.
disco *(deeskoh)* m. disc. *Mus.* record. *Sport.* discus. [ward.
díscolo *(desskohloh)* adj. way-
discordancia *(deesko*R*dáhnthy-ah)* f. discordance, disagreement.
discordar *(deesko*R*dá*R*)* intr. to disagree. *Mus.* to be out of tune.
discordia *(deesskór*R*dyah)* f. discord, enmity, contention; **la manzana de la —,** the apple of discord.
discreción *(deesskraythyón)* f. discretion, prudence; **a —,** optional, at will.
discrecional *(deesskraythyoh-náhl)* adj. discretional, optional; **parada —,** request stop.
discrepancia *(deesskraypáhn-thyah)* f. discrepancy, difference.
discrepar *(deesskraypá*R*)* intr. to difer, to disagree.
discreto *(deesskráytoh)* adj. discreet, prudent; reasonable.
disculpa *((deesskóolpah)* f. excuse; apology.
disculpar *(deesskoolpá*R*)* tr. y r. to excuse; to apologize.
discurrir *(deesskoo*R*ée*R*)* intr. to roam; to reflec. *Hid.* to flow; tr. to plan, to contrive.
discurso *(deesskóo*R*soh)* m. speech, discourse.
discusión *(deesskoosyón)* f. discussion (exchange of ideas) argument (exaltation).
discutir *(deesskootée*R*)* tr. to discuss, to debate; to argue.
diseminar *(deesayntée*R*)* tr. to scatter, to sow, to spread.
disentir *(deesayntée*R*)* intr. to dissent, to disagree.
diseñador *(deessaynyahdo*R*)* m. designer.
diseñar *(deesaynyá*R*)* tr. to design, to sketch, to draw.
diseño *(deesáynyoh)* m. design, project, sketch, draft.
disertar *(deesay*R*tá*R*)* tr. to discourse, to lecture.
disforme *(deessfó*R*may)* adj. deformed, ugly, monstruous.
disfraz *(deessfráth)* m. mask; disguise. [disguise.
disfrazar *(deesfrahthá*R*)* tr. to
disfrutar *(deesfrootá*R*)* tr. to enjoy (something); to have the benefit of (something).
disfrute *(deessfróotay)* m. enjoyment; use, benefit.
disgregar *(deessgraygá*R*)* tr. to disjoin, to separate, to disperse.
disgustar *(deessgoosstá*R*)* tr. to upset, to annoy; to dislike, disatisfy; v. r. to fall out with, to quarrel with.
disgusto *(deesgóostoh)* m. **dar un —,** to upset, to cause grief; **a —,** against one's will.
disidente *(deesseedyantay)* adj. dissident; s. dissenter.
disimulación *(deeseemoolahthy-ón)* f. dissimulation, feint, make-believe, take-in.
disimular *(deesseemoolá*R*)* tr. to make-believe, to pretend.
disimulo *(deesseemóoloh)* s. dissimulaton, false - pretence; **con —,** stealthily.
disipación *(desepahthe:ón)* f. dissipation; licentiousness.
disipar *(deeseepá*R*)* tr. to dissipate, to clear away (clouds); to misspend, to squander; to scatter.
dislocación *(deesslohkahthyon)* f. dislocation, disjointing, spraining.
dislocar *(deesslokά*R*)* tr. to dislocate, to sprain, to disjoint.

D

disminución *(deessmeenoothy-on)* f. diminution, decrease, shortening, lessening.
disminuir *(deessmeenoo:éeR)* tr. diminish, to decrease, to shorten, to lessen, to dwindle.
disolución *(deesohloothyón)* f. dissolution; breaking-up. *Chem.* solution.
disoluto *(deesohlóotoh)* adj. dissolute; libertine.
disolvente *(deesolbayntay)* adj. solvent; m. dissolver.
disolver *(deesolbayR)* tr. to dissolve; to melt; to break up.
disonancia *(deesohnáhnthyah)* f. dissonance. *Mus.* discord; disagreement.
disonante *(deessohnantay)* adj. dissonant, discordant.
dispar *(deesspáR)* adj. unequal, unlike, odd.
disparado *(deespahrahdoh)* shot, fired; **salir —**, to shoot out like lightning.
disparador *(deesspahrahdóR)* m. shooter; trigger.
disparar *(deesspahráR)* tr. to shoot; to fire; to let off.
disparatado *(deesspahrahtáh-doh)* adj. absurd, foolish, crazy.
disparatar *(deesspahrahtáhtáR)* intr. to act absurdly, to talk nonsense.
disparate *(deesspahráhtay)* m. nonsense, blunder, howler, crazy thing.
disparo *(deesspahroh)* m. shot.
dispendio *(deesspayndyoh)* m. squandering.
dispensa *(deesspaynsah)* f. dispensation, exemption.
dispensable *(deespaynssahblay)* adj. excusable; dispensable.
dispensar *(deesspaynsáR)* tr. to dispense, to exempt, to excuse.
dispersar *(deesspayRsáR)* tr. to disperse. *Mil.* to rout; to scatter. [dispersion.
dispersión *(deesspayRsyón)* f.
disponer *(deesspohnáyR)* tr. to arrange; to dispose of; v. r. **— a,** to get ready to, to prepare to.
disponible *(deesspohnéeblay)* adj. avaitable, disposable, spare.
disposición *(deesspohseethyón)* f. disposition, arrangement; **a — de,** to (someones) disposal; **tener —**, to have a knack for. [ready, willing.
dispuesto *(deesspwaysstoh)* adj.
disputa *(deesspóotah)* f. dispute; quarrel, wrangle, row.
disputar *(deesspootáR)* tr. e intr. to dispute, to contest; to quarrel, to have a row.
distancia *(deesstáhnthyah)* f. distance.
distanciar *(deesstahnthyáR)* tr. to put at a distance.
distante *(deesstáhntay)* adj. distant, far off, remote.
distinción *(deessteenthyón)* f. distinction; clarity.
distinguido *(deessteengéedoh)* adj. distinguished.
distinguir *(deessteengéeR)* tr. to distinguish; to differentiate; to make out (by looking); v. r. to excel, to be visible.
distintivo *(deessteentéeboh)* adj. distinctive; m. distinctive mark.
distinto *(deesstéentoh)* adj. distinct, different, unlike.
distracción *(deesstrakthyón)* f. distraction, absent-mindedness; pastime, amusement.
distraer *(deesstrah/áyR)* tr. to distract; to amuse.
distraído *(deesstrah/éedoh)* adj. absent-minded, inattentive; **estar —**, to be miles away.
distribuir *(deesstreeboo:éeR)* tr. to distribute, to deal out, to share. [región; ward.
distrito *(desstréetoh)* m. district,
disturbio *(deesstoóRbyoh)* m. disturbance.
disuadir *(deesoo:ahdéeR)* tr. to dissuade, to deter.
disuasión *(deesoo:ahsyón)* f. dissuasion, deterrence.

diurno *(dyóRnoh)* adj. diurnal.
divagar *(deebahgáR)* intr. to wander; to digress.
divergencia *(deebayRHaynth-yah)* f. divergence, diversity (of opinion).
divergir *(deebayRHéeR)* tr. to diverge. *Phys.* (fig.) to dissent.
diversidad *(deebayRseedáhd)* f. diversity; variety, abundance.
diversificar *(deebayRseefeekáR)* tr. to diversify, to vary.
diversión *(deebayRsyón)* f. diversion; amusement, fun, entertainment.
diverso *(deebayRsoh)* adj. diverse, different; pl. sundry.
divertido *(deebayRtéedoh)* adj. amusing, funny, entertaining.
divertimiento *(deebayRteemyén-toh)* m. amusement, fun, pastime, diversion.
divertir *(deebayRtéeR)* to divert, to amuse, to entertain; v. rfl to have fun, to enjoy oneself, to have a good time.
dividendo *(deebeedayndoh)* m. dividend.
dividir *(deebeedéeR)* tr. to divide, to split, share. *Maths.* to divide; v. r. to split, to divide.
divinizar *(deebeeneetháR)* tr. to [deify.
divino *(deebéenoh)* adj. divine; godlike; (fig.) most beautiful, wonderful.
divisa *(deebéesah)* f. device; design, motto. pl. foreing currency.
divisar *(deebeesáR)* tr. to perceive, to make out (at a distance).
división *(deebeesyón)* division.
divorciar *(deeboRthyáR)* tr. to divorce; v. r. to get a divorce, to be divorced.
divorcio *(deebóRthyoh)* m. divorce; separation.
divulgar *(deeboolgáR)* tr. to publish, to divulgue, to reveal.
dobladillo *(dohblahdelyoh)* m. hem; (in trosers) turn-up.
doblado *(dohblàhdoh)* adj. bent, crooked; doubled.
dobladura *(dohblahdoorah)* f. fold, crease; bent.
doblar *(dohbláR)* tr. e intr. to double; to fold, to bend; intr. (bells) to toll.
doblarse *(dohbláRsay)* r. to stoop, to bend; (fig.) to submit, to give way/in.
doble *(dóhblay)* adj. double, twofold.
doblegar *(doblaygáR)* tr. to bend, to force; v. r. to bend, to yield.
doblez *(doblayth)* f. crease, fold, ply; doubledealing, duplicity.
doce *(dóhthay)* adj. twelve.
docena *(dohtháynah)* f. dozen.
dócil *(dóhtheel)* adj. docile,
docilidad *(dohtheeleedáhd)* f. docility, gentleness, meekness.
docto *(dóktoh)* adj. learned.
doctor *(doktóR)* m. doctor; physician. [doctor, doctoress.
doctora *(doktórah)* f. (lady)
doctorado *(doktoráhdoh)* m. doctorate, doctorship.
doctorar *(doktoráR)* tr. to doctorate. [ne.
doctrina *(doktréenah)* f. doctri-
documento *(dohkohmayntoh)* m. document; (legal) deed.
dogma *(dógmah)* m. dogma.
dogmatizar *(dogmahteetháR)* tr. to dogmatize.
dólar *(dohlaR)* m. dollar.
dolencia *(dohlaynthyah)* f. aching, pain, disease.
doler *(dohláyR)* intr. to feel pain, to ache, to hurt; v. r. to feel sorry for, to regret.
doliente *(dohlyéntay)* adj. suffering, aching; m. mourner.
dolor *(dohlóR)* m. (physical) pain, ache; (feeling) sorrow, grief; — **de barriga,** stomach ache; — **de muelas,** tooth-ache; — **de cabeza,** head-ache; — **sordo,** dull pain.

doloroso *(dohlohróhsoh)* adj. (physical) painful; (feeling) sorrowful, pitiful. [mer.

domador *(dohmahdó***R***)* m. ta-

domar *(dohmá***R***)* tr. to tame; (horses) to break in.

domesticar *(dohmayssteeká***R***)* tr. to tame (wild animals); to make (a person) gentle.

doméstico *(dohmayssteekoh)* adj. domestic.

domicilio *(dohmeethéelyoh)* m. domicile, address, home.

dominación *(dohmeenahthyón)* f. domination, command, sway.

dominar *(dohmeená***R***)* tr. to rule over, to command; to master (a subject); to repress (one's passion); to overlook (views, etc.).

domingo *(dohméengoh)* m. Sunday; **— de Ramos,** Palm Sunday; **— de Resurrección,** Easter Sunday.

dominio *(dohméenyoh)* m. dominion, domain; territory, authority; **— público,** public knowledge. [of dominoes.

dominó *(dohmeenóh)* m. game

don *(don)* m. title of don; gift; ability, knack. [nation; gift.

donación *(dohnahthyón)* f. do-

donaire *(dohnáeeray)* m. grace(fulness), elegance; **con —,** gracefully, smartly.

donante *(dohnáhntay)* s. donor; giver; **— de sangre,** blood donor; adj. giving.

donar *(dohná***R***)* tr. to give, to bestow, to contribute.

donativo *(dohnahtéeboh)* m. donation, gift. [page.

doncel *(donthayl)* m. king's

doncella *(donthàylyah)* f. maid, virgin; girl; f. waiting-maid.

donde *(dónday)* adv. where; **¿a —?** where to? **¿Por —?** which way? **— quiera,** anywhere.

doña *(dónyah)* f. lady; mistress (title of address). [gilded.

dorado *(dohráhdoh)* adj. gilt,

dorar *(dohrá***R***)* tr. to gild.

dormilón *(do***R***meelón)* adj. and m. sleepy head; (coll.) dormouse.

dormir *(do***R***mée***R***)* intr. to sleep; **— como un tronco,** to sleep like a log; **— a pierna suelta,** to be fast asleep; **— al sereno,** to sleep in the open. v. r. to fall asleep.

dormitar *(do***R***meetá***R***)* intr. to doze, to nap.

dormitorio *(do***R***meetóhryoh)* m. bed-room, dormitory. [sal.

dorsal *(do***R***sáhl)* adj. back, dor-

dorso *(dó***R***soh)* m. back; reverse side.

dos *(dos)* adj. two; **de — en —,** every two; **las —,** two o'clock; **el día —,** the second of... **En un — por tres,** quickly. [dose.

dosificar *(dohseefeeká***R***)* tr. to

dosis *(dóhseess)* f. dose.

dotar *(dohtá***R***)* tr. to endow.

dote *(dóhtay)* f. dower, dowry; m. pl. gifts, talents.

draga *(dráhgah)* f. dredge, *Naut.* dredger. [ge.

dragar *(drahga***R***)* v. t. to dred-

dragón *(drahgón)* m. dragon; *Mil.* dragoon. [play.

drama *(dráhmah)* m. drama;

dramático *(drahmáhteekoh)* adj. dramatical.

dramaturgo *(drahmahtóo***R***goh)* m. dramatist, playwright.

droga *(dróhgah)* f. drug; (coll.) pot, grass, dope.

droguería *(drohgayrée:ah)* f. drug-store, chemist's.

druida *(dróoeedah)* m. druid.

dual *(doo:áhl)* adj. dual.

dúctil *(dóokteel)* adj. ductile, yielding.

ducha *(dóochah)* f. shower; **— nasal,** nasal douche.

ducho *(dóochoh)* adj. skilled, experienced, knowing.

duda *(dóodah)* f. doubt, hesitation; **sin —,** no doubt, without doubt.

dudar *(doodá***R***)* tr. e intr. to doubt, to hesitate; **sin dudarlo,** without hesitation.

dudoso *(doodóhsoh)* adj. doubtful, dubious.
duelo *(dwayloh)* m. duel; grief, afliction, mourning.
duende *(dwaynday)* m. elf; goblin; ghost.
dueña *(dwáynyah)* f. proprietess, landlady, owner.
dueño *(dwaynyoh)* m. owner, proprietor, landlord, master.
dulce *(dóolthay)* adj. sweet, sugared; (of charac.) soft, gentle; m. sweet(meat), confection(ery).
dulcería *(doolthayreeah)* f. cakeshop.
dulcero *(doolthayroh)* m. confectioner; adj. fond of cakes or sweets. [to sweeten.
dulcificar *(dooltheefeekáR)* tr.
dulzura *(doolthóorah)* f. sweetness; gentleness, kindliness.
duna *(dóonah)* f. dune; downs.
dúo *(dóo:oh)* m. *Mus.* duo, duet.
duplicar *(doopleekáR)* tr. to double, to duplicate; to repeat.
duplicidad *(doopleetheedahd)* f. duplicity, falseness, deceit.
duplo *(dóoploh)* adj. double; twofold.
duque *(dóokay)* m. duque.
duquesa *(dookáysah)* f. duchess. [tion, length.
duración *(doorahthy:ón)* f. dura-
duradero *(doorahdáyroh)* adj. lasting, durable.
duramente *(doorahmayntay)* adv. harshly, rigorously, strictly. [ring, for.
durante *(dooráhntay)* prep. du-
durar *(dooráR)* intr. to last, to wear well (of clothes).
dureza *(dooráythah)* f. hardness, toughness, solidity; harshness. *Med.* callosity.
durmiente *(dooRmy:éntay)* adj. sleeping.
duro *(dóoroh)* adj. hard; solid; (of persons) tough; m. fivepesetas piece; **a duras penas,** hardly, scarcely.

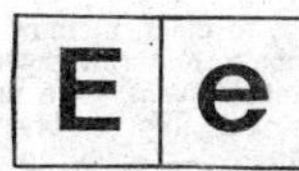

E

e *(ay)* conj. adv. and.
ebanista *(aybahneesstah)* m. cabinet-maker.
ebanistería *(aybahneesstayrée:ah)* f. cabinet-work; cabinetmaker's. [ebony.
ébano *(aybahnoh)* m. *Bot.*
ebrio *(áybryoh)* **adj.** drunken, inebriated, tippled, boosedup. [boiling, ebullition.
ebullición *(ayboolyeethyón)* f.
ecléctico *(ayklaykteekoh)* adj. eclectic.
eclesiástico *(ayklaysyáhsteekoh)* adj. ecclesiastical; m. clergyman, priest.
eclipsar *(aykléepsáR)* tr. to eclipse; (fig.) to outshine.
eclipse *(aykléepsay)* m. *Astr.* eclipse.
ecología *(aykologhia)* f. ecology.
economato *(aykohnohmáhtoh)* m. cooperative store.
economía *(aykohnohmée:ah)* f. economy; saving, thrift; — **política,** economics.
económico *(aykohnóhmeekoh)* adj. economical; cheap.
economista *(aykohnohmeesstah)* m. economist.
economizar *(aykohnohmeetháR)* tr. to economize; to save.
ecuación *(aykoo:ahthyón)* f. equation. [tor.
ecuador *(aykoo:ahdóR)* m. Equa-
ecuatorial *(aykoo:ahtohre:áhl)* adj. equatorial.
ecuanimidad *(aykoo:ahneemeedahd)* f. equanimity, impartiality. [aquestrian, horse.
ecuestre *(aykwaystray)* adj.
ecuménico *(aykoomáyneekoh)* adj. ecumenical, universal.
echar *(aycháR)* tr. to cast; to throw; — **a perder,** to ruin; — **de menos,** to miss; —

E

fuera, to eject, to thow out; — **abajo,** to throw down, to demolish. *Naut.* — **a pique,** to sink a ship; — **bravatas,** to brag; — **agua,** to pour water; — **chispas,** to be fuming; — **cálculos,** to reckon. *Naut.* — **en tierra,** to sign off; — **el ancla,** to cast anchor; — **a andar,** to set off walking; — **a correr,** to start running; v. r. to lie; — **al suelo,** to throw oneself to the floor; — **a perder,** to be spoiling.

edad *(aydáhd)* f. age, epoch; **mayor de —,** of age; **menor de —,** under age, minor; **tener X años de —,** to be X years old.

edema *(aydáymah)* m. edema.

edición *(aydeethy:ón)* f. edition, issue.

edificación *(aydeefeekahthyón)* f. building, construction.

edificante *(aydeefeekahntay)* adj. edifying.

edificar *(aydeefeeká***R***)* tr. to build, to construct; instruct, to edify.

edificio *(aydeeféethyoh)* m. building, structure.

editar *(aydeetá***R***)* tr. to publish.

editor *(aydeeto***R***)* m. editor, publisher.

editorial *(aydeetohryáhl)* f. publishing house; m. leading article, leader.

educación *(aydookahthyón)* f. education, tuition, learning; manners, up-bringing.

educador *(aydookahdó***R***)* m. teacher, tutor.

educar *(aydooká***R***)* tr. to educate, to train, to bring up.

efectivo *(ayfayktéeboh)* adj. efective, real, certain; **en —,** cash.

efecto *(ayfayktoh)* m. effect, result, consequence; **en —,** that's true, indeed; — **a pagar,** bills to pay; — **a cobrar,** bills to cash.

efectuar *(ayfayktoo:á***R***)* tr. to effect, to carry out.

efervescencia *(ayfay***R***bayssthá-ynthyah)* s. effervescence; ardour.

efervescente *(ayfay***R***bayssthaýntay)* adj. effervescent.

eficacia *(aydeekáhthyah)* f. efficiency.

eficaz *(ayfeekáth)* adj. efficacious, efficient, effective.

eficiencia *(ayfeethy:énthyah)* f. f. efficiency. [efficient.

eficiente *(ayfeethyéntay)* adj.

efímero *(ayfeemayroh)* adj. ephemeral, short lived.

egoísmo *(aygoeessmoh)* m. egoism, egotism, selfishness.

egoísta *(aygoeesstah)* m. egoist; adj. egoistic, selfish.

egregio *(aygráy***H***yoh)* m. eminent, distinguished.

eje *(áy***H***ay)* m. axle; **axis.**

ejecución *(ay***H***aykoothyón)* s. *Crim.* capital punishment, execution (of tasks) fulfilment, performance. *Mus.* technique.

ejecutar *(ay***H***aykootá***R***)* tr. to put to death, to execute (a crime); to fulfil, to peraform, to execute (tasks).

ejecutivo *(ay***H***aykootéeboh)* adj. executive. [cutor.

ejecutor *(ay***H***aykootó***R***)* m. exe-

ejemplar *(ay***H***aymplá***R***)* m. exemplar, copy (of books); adj. exemplary.

ejemplo *(ay***H***aymploh)* m. example, instance; **por —,** for example, for instance; **dar un —,** to give an example; **dar —,** to set an example.

ejercer *(ay***H***ay***R***thay***R***)* tr. to exercise, to exert (an influence, etc.); to practise (a career, etc.).

ejercicio *(ay***H***ay***R***théethyoh)* m. exercise, drill practice. *Rel.* **—s espirituales,** retreat; — **físico,** physical training. *Mil.* — **de tiro,** target practice; **—s militares,** army manœures.

ejército *(ayHáyRtheetoh)* m. army; — **regular**, regular army; — **de tierra**, army; — **del aire**, air force; — **de mar**, navy.
el *(ayl)* art. m. the.
él *(ayl)* pron. he.
elaboración *(aylahbohrahthyón)* s. elaboration, working out.
elaborado *(aylahbohráh-doh)* worked out; (fact.) manufactured.
elaborar *(aylahbohráR)* tr. to elaborate, to manufacture, to make, to work out (plans, etc.). [elasticity.
elasticidad *(aylahsteetheedáhd)*
elección *(aylaykthyón)* f. choice, selection. *Pol.* election.
electivo *(aylayktéeboh)* adj. elective. [chosen.
electo *(aylayktoh)* adj. elect,
elector *(aylayktóR)* m. elector, voter, pollster.
electorado *(aylayktohrahdoh)* m. electorate. [electoral.
electoral *(aylayktoráhl)* adj.
electricidad *(aylayktreetheedáhd)* f. electricity.
eléctrico *(aylayktreekoh)* adj. electrific(al).
electrificar *(aylayktreefeekáR)* tr. to electrity.
electrizar *(aylayktreetháR)* tr. to electrity; (fig.) to thrill, to to enthuse.
electrocutar *(aylayktrohkootáR)* tr. to electrocute. [tron.
electrón *(aylayktrón)* m. elec-
electrotécnica *(aylayktrohtaykneekah)* f. electro. [phant.
elefante *(aylayfáhntay)* m. ele-
elegancia *(aylaygáhnthyah)* f. elegance, gracefulness.
elegante *(aylalgáhntay)* adj. elegant; fine, smart. [gible.
elegible *(aylayHéeblay)* adj. eli-
elegir *(aylayHéeR)* tr. to choose, to elect, to pick. *Pol.* to nominate.
elemental *(aylaymayntáhl)* adj. elemental, elementary, fundamental. [element.
elemento *(aylaymayntoh)* m.
elevación *(aylaybahthyón)* f. elevation, height, loftiness.
elevado *(aylaybahdoh)* adj. elevated; tall, high; exalted.
elevador *(aylaybahdoR)* m. *U. S. A.* elevator; *G. B.* lift; hoist (for goods).
elevar *(aylaybáR)* tr. to raise, to lift, to put higher; (fig.) to exalt; v. r. to rise.
eliminar *(ayleemeenáR)* tr. to eliminate, to remove; (fig.) to anihilate, to kill.
elocución *(aylokwayty:ón)* f. elocution.
elocuencia *(aylokwaynthyah)* f. eloquence. [eloquent.
elocuente *(aylokwayntay)* adj.
elogiar *(aylohHyáR)* tr. to praise; to eulogise; v. r. to praise oneself, to boast. [praise.
elogio *(aylóhHyoh)* m. eulogy,
elogioso *(aylohHyóhsoh)* laudatory, praise worthy.
eludible *(ayloodeeblay)* adj. avoidable. [to elude.
eludir *(ayloodéeR)* tr. to avoid,
ella *(áylyah)* pr. p. f. she; her (pr. p. comp.); pl.
ello *(aylyoh)* pr. neut. it; pl. they; them (pr. p. compl.).
emanación *(aymahnahthyón)* f. emanation; scent; smell; trail; fumes; effluvium.
emanar *(aymahnáR)* intr. to emanate, to give out a smell/a scent.
emancipación *(aymahntheepahthy:ón)* s. emancipation, independence; *Pol.* self-goverment.
emancipar *(aymahntheepáR)* tr. to emancipate, to give or concede the independence; v. r. to get independent.
embadurnar *(aymbahdoornaR)* tr. to daub, to smear.
embajada *(aymbahHáhdah)* f. embassy. [embassador.
embajador *(aymbahHahdóR)* m.
embalar *(aymbahláR)* tr. to pack, to bale. [packing.
embalaje *(aymbahláhHay)* m.
embalsamar *(aymbahlsahmáR)* tr. to embalm.

E

E

embalsar *(aymbalssaR)* tr. to dam up, to build into a reservoir. *Naut.* to sling, to hoist.
embalse *(aymbalssay)* m. reservoir, dam. *Naut.* slinging.
embarazada *(aymbahrahtháhdah)* f. adj. pregnat.
embarazado *(aymbahrahtháhdoh)* adj. embarrassed.
embarazador *(aymbahrahthahdoR)* adj. embarrassing.
embarazar *(aymbahrahtháR)* tr. to embarras; (coll.) to make pregnant.
embarazo *(aymbahráhthoh)* m. embarrassment; pregnancy.
embarcación *(aymbaRkahthyón)* f. boat, craft, ship; **pequeña —,** small craft.
embarcadero *(aymbaRkahdáyroóh)* m. pier, landing stage; wharf, guay.
embarcar *(aymbáRkáR)* tr. to ship, to load (goods); r. to go on board, to embark. *Naut.* to sing on. [barkation.
embarco *(aymbáRkoh)* s. em-
embargar *(aymbaRgáR)* tr. to embargo. *Law.* **— legal,** to scire; to arrest; v. r. to stifle (one's voice, etc.).
embargo *(aymbáRgoh)* m. embargo; seizure, arrest; **sin —,** nevertheless.
embarnizar *(aymbaRneetháR)* tr. to varnish.
embarque *(aymbáRkay)* s. shipment (of goods); embarkation (of crew and pass.).
embarrancar *(almbahRankáR)* v. t. *Naut.* to run aground.
embarrar *(aymbaRár)* v. t. to daub/or to smear with mud; v. r. to be bogged; to be dirty with mud, to get covered in mud. [*doR)* m. muddler.
embarullador *(aymbahRoolyah-*
embarullar *(aymbahroolyáR)* tr. to muddle, to make a mess of something.
embastar *(aymbahstáR)* tr. (sew), to tack, to baste.
embate *(aymbahtay)* m. sea surge; sudden attack; **un — de la fortuna,** a bout of fortune.
embaucador *(aymbah/ookadóR)* m. sharper, swindler, humbug.
embaucar *(aymbah/ookáR)* tr. to deceive, to take in, to bamboozle.
embelesar *(aymbaylaysáR)* tr. to amaze, to charm, enchant. v. r. to be charmed by, to be delighted.
embeleso *(aymbayláysoh)* m. charm; ravishment, fascination.
embellecer *(aymbaylyaythayR)* v. t. to beautify, to embellish.
embestida *(aymbaysstéedah)* f. assault, attack, onrush, charge.
embestir *(aymbaysstéer)* tr. to assail, to attack, to charge.
emblanquecer *(aymblahnkaytháyR)* tr. to whiten, to bleach. [blem, symbol.
emblema *(aymbláymah)* m. em-
embobado *(aymbohbahdoh)* adj. dumb-founded, dumb-struck; (coll.) enchanted.
embobar *(aymbohbáR)* tr. to enchant, to fascinate; v. r. to stand gaping.
embolia *(aymbóhly:ah)* f. *Med.* embolism, embolus.
émbolo *(aymbohloh)* m. piston, plunger, embolus.
embolsar *(aymbolsáR)* tr. to purse, to pocket, to reimburse.
emborrachar *(aymboRahcháR)* tr. to inebriate, to intoxicate; v. r. to get drunk.
emboscada *(aymbosskáhdah)* f. ambuscade, *Mil.* ambush.
emboscar *(aymbosskáR)* tr. *Mil.* to (place in) ambush; v. r. to lie in ambush.
embotamiento *(aymbohtahmyéntoh)* s. blunting; stupefaction.
embotar *(aymbohtáR)* tr. to blunt, to dull (an edge); to stupefy; to eram the brain; not to be able to think.

embotellar *(aymbohtaylyáR)* tr. to bottle.
embozado *(aymbohtháhdoh)* adj. masked, muffled; involved.
embozar *(aymbohtháR)* tr. to muffle, to cover one's face.
embozo *(aymbóhthoh)* m. muffler, mask; folding in bedding.
embragar *(aymbrahgáR)* to connect, to couple. *Mech.* to engage the clutch.
embrague *(aymbráhgay)* m. tr. *Mech.* clutch; coupling.
embravecer *(aymbrahbaythayR)* v. r. to get furious or enraged. *Naut.* to swell. [pitch.
embrear *(aymbrayáR)* tr. to
embriagado *(aymbreeahgáhdoh)* adj. intoxicated; drunk.
embriagar *(aymbryahgáR)* tr. to inebriate, to intoxicate; (fig.) to be carried away.
embriaguez *(aymbryahgayeth)* f. intoxication, drunkeness; (fig.) rapture. [bryo.
embrión *(aymbryón)* m. em-
embrionario *(aymbryohnáryoh)* adj. embryonic.
embrollar *(aymbrohlyáR)* tr. to (en)tangle, to embroil, to mess.
embrollo *(aymbróhlyoh)* m. tangle, mess, jumble; difficult situation.
embromar *(aymbrohmáR)* tr. to make fun of, to taunt, to set on. [bewitch.
embrujar *(aymbrooHáR)* tr. to
embrutecer *(aymbrootaytháyR)* tr. to make brutish, to become coarse or brutish, to grow stupid. [nel, filler.
embudo *(aymbóodoh)* m. fun-
embuste *(aymbóosstay)* m. lie, fib; a tall story, a cock and bull story.
embustero *(aymboosstáyroh)* m. liar, cheater; hypocrite.
embutido *(aymbootéedoh)* m. inlay, mosaic; any kind of sausage.
embutir *(aymbootéeR)* tr. to inlay; to stuff; (coll.) to eat greedily; to make sausages. *Naut.* to worm (cables).
emergencia *(aymayRHaynthyah)* f. emergency, accident.
emerger *(aymayRHayR)* tr. to emerge.
emigración *(aymaygrahthyón)* f. emigration, migration.
emigrado *(aymeegráhdoh)* adj. y s. emigrated, immigrated.
emigrante *(aymeegrantay)* s. y m. emigrant, (persons); migrate (birds).
emigrar *(aymeegráR)* intr. to emigrate (persons); migrate (birds).
eminencia *(aymeenaynthyah)* f. eminence; height, prominence; learned person.
eminente *(aymeenayntay)* adj. eminent; prominent, conspicuous; (acad.) illustrious.
emisario *(aymeesáhryoh)* m. emisary, envoy; spy.
emisión *(aymeesyón)* m. emission. *Com.* issue. *Rad.* broadcast.
emisor *(aymeesóR)* adj. emitting; m. emitter. *Rad.* transmitter.
emisora *(aymeesóhrah)* f. broadcasting station.
emitir *(aymeetéeR)* tr. to emit; to send forth. *Com.* to issue. *Rad.* to broadcast; — **el voto,** to vote.
emoción *(aymohthyón)* f. emotion, thrill, excitement.
emocional *(aymohthyohnáhl)* adj. emotional; sentimental, slopy; emotive.
emocionante *(aymohthyohnáhntay)* adj. impressive, thrilling, exciting.
emocionar *(aymohthyohnáR)* tr. to move, to touch; to excite, to thrill.
emotivo *(aymohtéeboh)* adj. emotional, emotive; touching; moving.
empacar *(aympahkaR)* tr. to pack up, to bale.
empachar *(aympahcháR)* tr. to cram, to surfeit (with food). *Naut.* to overload. *Med.* to

E

cause indigestion; (of character) to embarrass, to perplex., v. r. to overeat; to be ashamed.

E

empacho *(aympáhchoh)* m. surfeit, indigestion; bashfulness, timidity; **sin —,** without ceremony, unconcernedly.

empadronamiento *(aympahdronahmyentoh)* n. m. census, census, register.

empalagamiento *(aympahlahgahmyéntoh)* m. surfeit; cloying.

empalagar *(aympahlahgá***R***)* tr. to cloy, to surfeit; (fig.) to vex; to weary.

empalago *(aympahláhgoh)* m. cloying, surfeit; disgust.

empalagoso *(aympahlahgóhsoh)* adj. cloying, over-sweet; (fig.) wearisome.

empalizada *(aympahleehtháhdah)* f. palisade, stokade, pale-fence.

empalmadura *(aympahlmahdóorah)* f. dovetailing, joint; (of ropes) splicing.

empalmar *(aympahlmá***R***)* tr. to dovetail, to join. *Mech.* to couple; to splice (ropes); (rewy) to join.

empalme *(aympálmay)* m. dovetailing, scarf-joint *Carp.* splice (ropes); railway junction.

empanada *(aympahnáhdah)* m. meat, or fish pie.

empanadilla *(aympahnahdéelyah)* f. small pie.

empantanar *(aympahntahná***R***)* tr. to swamp.

empañar *(aympahnya***R***)* tr. to tarnish, to blur; to steam up (windows, glass, etc.).

empapelador *(aympahpayladó***R***)* m. decorator.

empapelar *(aympahpaylá***R***)* tr. to wrap in paper; to paper walls.

empaque *(aympáhkay)* m. (action) packing; (aspect) air, mien, look(s).

empaquetador *(aympahkaytahdó***R***)* m. packer, parcel maker, wrapper up.

empaquetar *(aympahkaytá***R***)* tr. to pack, to parcel, to wrap up.

emparedado *(aympahraydáhdoh)* m. sandwich.

emparejar *(aympahray***H***á***R***)* tr. e intr. to level; to match.

emparentado *(aympahrayntáhdoh)* adj. related.

emparentar *(aympahrayntá***R***)* intr. to relate, to be a relation. [to grill.

emparrillar *(aympah***R***eelya***R***)* tr.

empastar *(aympahstá***R***)* tr. to paste; to fill (a tooth); to bind (books, etc.).

empaste *(aympáhstay)* m. impastation; (tooth) filling.

empatar *(aympahtá***R***)* tr. to equal, to (be a) tie. *Sports.* to draw, to be quits.

empate *(aympáhtay)* m. *Pol.* tie. *Sports.* draw, equaliser (in football).

empedernido *(aympayday***R***néedoh)* adj. callous, hart-hearted; all-out, out and out, hardened.

empedrado *(aympaydráhdoh)* adj. paved (with stones); m. (flag-)stoned pavement.

empedrar *(aympaydrá***R***)* tr. to pave; to cobble.

empeñar *(aympaynyá***R***)* tr. to pawn, to pledge; r. to engage, to bind oneself.

empeño *(aympáynyoh)* m. pledge, pawn; determination, binding, engagement.

empeoramiento *(aympayohrahmyéntoh)* m. deterioration, worsening.

empeorar *(aympayohrá***R***)* intr. to worsen, to make worse; v. r. to grow worse, to deteriorate.

empequeñecer *(aympaykaynyaythay***R***)* tr. to make smaller, to belittle; v. r. to grow smaller. [emperor.

emperador *(aympayrahdó***R***)* m.

emperatriz *(aympayrahtréeth)* f. emprese.
emperifollar *(aympayreefohlyáR)* tr. to prank.
empero *(aympáyroh)* conx. yet, but, howeuer, nevertbeless.
empezar *(aympaytháR)* tr. to begin, to start, to commence.
empinado *(aympeenáhdoh)* adj. steep; (fig.) conceited.
empinar *(aympeenáR)* tr. to raise; (coll.) — **(el codo)**, to tip one's elbow, to drink too much; v. r. (horses) to stand on its hind legs, to stand on tip-tol (persons).
empírico *(aympeereekoh)* adj. empiric(al); m. quack.
empirismo *(aympeereesmoh)* m. empericism; quackery.
emplastar *(aymplahstáR)* tr. to plaster; (coll.) to stop, to check.
emplasto *(aympláhstoh)* m. plaster, poultice.
emplazamiento *(aymplahthamyéntoh)* m. location, site. *Legal.* summons.
emplazar *(aymplahtháR)* tr. *Legal.* to summon; to place, to locate, to site.
empleado *(aymplayáhdoh)* m. employee. [ploy; to use.
emplear *(aymplayáR)* tr. to em-
empleo *(aympláyoh)* m. (things) employment, post, (of persons) use.
empobrecer *(aympohbraytháyR)* tr. to impoverish; to grow or become poor.
empobrecimiento *(aympohbraytheemyéntoh)* m. impoverishment [powder.
empolvar *(aympolbáR)* tr. to
empollar *(aympohlyáR)* tr. (of birds) to hatch, to brood; (students) to swot, to cram.
empollón *(aympohlyon)* m. swotter, crammer.
emponzoñar *(aymponthonyaR)* tr. to poison, to corrup.
emporio *(aympóhryoh)* m. emporium, mart.
empotrar *(aympohtráR)* tr. to imbed (in wall); to scarf.
emprendedor *(aympraynday-dóR)* adj. enterprising; m. enterpriser.
emprender *(aymprendáyR)* tr. to undertake, to start, to begin; — **el viage**, to set out on the journey.
empresa *(aympráysah)* f. enterprise, concern, firm, company.
empresario *(aympraysáhryoh)* m. enterpriser, contractor. *Theat.* impresario. [m. toan.
empréstito *(aympraysteetoh)*
empujar *(aympooHáR)* tr. to push. (coll.) to shove.
empuje *(aympóoHay)* m. impulse; (eng.) thrust; force.
empujón *(aympooHón)* m. push, shove; boost.
empuñadura *(aympoonyahdóorah)* f. handle, grip; (words) hilt; **hasta la —**, to the hilt.
empuñar *(aympoonyáR)* tr. to grasp, to get hold of, to clutch.
emulación *(aymoolahthyón)* f. emulation, imitation, copy.
emular *(aymooláR)* tr. to emulate, to imitate, to copy; to rival; to surpass.
en *(ayn)* prep. in, at, into, on.
enajenación *(aynahHaynahthyón)* f. alienation, (law) estrangement, (of property); — **mental**, mental derangement.
enajenar *(aynahHaynáR)* tr. to alienate; to enrapture.
enamoradizo *(aynahmohrahdéethoh)* adj. inclined to fall in love, (coll.) softy.
enamorado *(aynahmohráhdoh)* adj. in love, love-sick, fond; m. lover, sweetheart.
enamoramiento *(aynahmohrahmyéntoh)* m. lovesuit, lovesickness.
enamorar *(aynahmohráR)* tr. to excite love; to court, to woo; v. r. to fall in love (with).
enano *(aynáhnoh)* adj. dwarfish; small; m. dwarf.

E

enardecer *(aynaRdaytháiR)* tr. to kindle, to arouse; to inflame; v. r. to be aroused, to be inflamed. [tr. to halter.

E

encabestrar *(aynkahbaysstráR)*

encabezamiento *(aynkahbaythame:éntoh)* m. heading, (in letters, etc.); tax-roll.

encabezar *(aynkahbaytháR)* tr. to put a heading; to head, to lead.

encabritarse *(aynkahbreetáRsay)* r. to rise on the hind legs (of horses), to bolt.

encadenar *(aynkahdaynáR)* tr. to chain; to shackle, to fetter (prisoners); to link together (ideas); to put in chains.

encajar *(aynkahHáR)* tr. *Carp.* to join; to fit in, to match. *Mech.* to gear. *Box.* receive a punch.

encaje *(aynkáhHay)* m. *Text.* lace; inlaid work; fittings; socket, groove, cavity.

encajonar *(aynkahHonáR)* tr. to box, to crate, to pack; (fig.) to lead into a narrow pass.

encalar *(aynkahláR)* tr. to whitewash.

encallar *(aynkahlyáR)* intr. *Naut.* to run aground, to strand.

encallecer *(aynkahlyaythayR)* intr. to grow corns; v. r. (fig.) to become hardened/callous.

encallecido *(aynkahyaytheedoh)* adj. hardened; (fig.) hard-hearted, callous.

encaminar *(aynkahmeenáR)* tr. to guide, to put on the right road; v. r. to make for, to make one's way to.

encandilar *(aynkahndeeláR)* tr. to dazzle, to bewilder; v. r. to be dazzled; to have bloodshot eyes.

encanecer *(aynkahnaytháyR)* intr. to grow gray haired.

encanijamiento *(aynkahneeHahmyéntoh)* m. weakness, meagreness, emaciation.

encanijar *(aynkahneeHáR)* tr. to weaken (babies); r. to pine.

encantación *(aykahntahthyón)* f. incantation, charm; enchantment.

encantado *(aykahntáhdoh)* adj. haunted; charmed; absent-minded; **— de conocerle,** pleased to meet you.

encantador *(aynkahntahdóR)* captivating, charming, delightful (of persons or things); m. charmer, enchanter; (witchcraft) sorcerer; f. sorceress.

encantar *(aykahntáR)* tr. to enchant, to bewitch, to cast spells (witchcraft); to please, (of appeal).

encanto *(aynkáhntoh)* m. enchantment; charm, spell; glamour, appeal; delight.

encañonar *(aynkahnyohnáR)* r. e intr. to put into tubes; to fold; to aim at (a person) with a gun.

encapotar *(aynkahpohtáR)* tr. to cloak; v. r. to become cloudy, to cloud over.

encapricharse *(aynkahpreecháRsay)* r. to indulge in whims, to become obstinate, to take a fancy to.

encapuchado *(aykahpoocháhdoh)* adj. hooded.

encapuchar *(aynkahpoocháR)* tr. to hood.

encarado *(aynkahráhdoh)* adj. faced; **bien —**, with a good face; **mal —**, sourfaced.

encaramarse *(aynkahrahmáRsay)* r. to climb.

encaramiento *(aynkahrahmyéntoh)* m. the act of facing; aiming (a gun).

encarar *(aynkahráR)* tr. to point, (fire-arms); to face, to confront; v. r. to face with.

encarcelado *(aynkarthayláhdoh)* adj. imprisoned, jailed.

encarcelar *(aynkarthayláR)* tr. to imprison, to jail, to put in jail.

encarecer *(aynkaraytháyR)* tr. to raise the price of; (fig.)

to extol, to recomend; v. r. to go up in price.

encarecimiento *(aynkaraytheemyéntoh)* m. price-rising, dearness, expensiveness; — **de la vida,** rise of the cost of living.

encargado *(aynka***R***gáhdoh)* m. agent, person in charge; adj. comissioned.

encargar *(aynka***R***gá***R***)* tr. to recommend; (goods) to order; to commission (a person); to entrust (with responsabilities); v. r. to take charge of; to see to.

encargo *(aynká***R***goh)* m. commission. *Com.* order; errand.

encariñarse *(aynkahreenya***R***say)* r. to become fond of; to cotton on to (one another)

encarnación *(aynka***R***nathyón)* f. incarnation.

encarnado *(aynka***R***náhdoh)* adj. incarnate; (coll.) red.

encarnar *(aynka***R***ná***R***)* intr. to incarnate; tr. to embody; r. to incorporate.

encarnizado *(aynka***R***neetháhdoh)* adj. bloody, hard fought.

encarnizamiento *(ayka***R***neethahmyéntoh)* s. cruelty; **con** — furiously.

encarnizarse *(aynka***R***neethá***R***say)* r. to get cruel, to become ruthless.

encarril(i)ar *(aynkah***R***eelyá***R***)* tr. to direct, to put on the right track, to set on the right path.

encasillado *(aynkahseelyáhdoh)* m. set of pigeon-oles; list of candidates.

encasillar *(aynkahseelyá***R***)* to pigeon-hole, to classify.

encasquetar *(aynkahskaytá***R***)* tr. to force an opinion. r. to be headstrong.

encasquillarse *(aynkaskeelya***R***ssay)* v. r. (fire-arms) to jam.

encauchar *(aynkaoocha***R***)* tr. to rubberise, to cover with rubber.

encausar *(aynkaoossa***R***)* tr. to prosecute, to sue.

encauzar *(aynkaootha***R***)* tr. to channel, to force water through a channel; (fig.) to guide, to direct.

encéfalo *(ayntháyfahloh)* m. brain; (med.) encephalon.

encenagamiento *(aynthaynahgahmyéntoh)* m. wallowing in dirt, mire or vice.

encenagar *(aynthaynahgá***R***)* tr. to fill with mud, to cover with mud/mire.

encenagarse *(aynthaynahgá***R***say)* r. to wallow in dirt; (fig.) to be involved in vice.

encendedor *(aynthayndaydó***R***)* m. lighter.

encender *(aynthayndáy***R***)* tr. to kindle; to light, to put on (lights), to switch on; (fig.) to infame, to incite; v. r. to be put on (lights), to be lit.

encendido, a *(aynthayndeedoh, dah)* adj. lit, illuminated (lights); (of face) blushed, blushing; m. (motor) ignition.

encerado *(aynthayráhdoh)* m. oilcloth, oilskin (for wear); tarpaulin (for covering goods); blackboard, board; adj. waxed.

encerar *(aynthayrá***R***)* tr. to wax.

encerrar *(aynthay***R***á***R***)* tr. to lock up; to confine, to shut up; v. r. to lock oneself up.

encerrona *(aynthay***R***óhnah)* s. voluntary retreat.

encestar *(aynthaysstá***R***)* tr. to put in a basket; to hamper; (basket-ball) to score.

encía *(aynthée:ah)* f. gum.

encíclica *(aynthéecleekah)* f. encyclic(al).

enciclopedia *(ayntheeklohpáydyah)* f. encyclopædia.

enciclopédico *(ayntheeklohpáydeekoh)* adj. encyclopedic.

encierro *(aynthyáy***R***oh)* m. confinement, lock up, prison; reclusion; (bull-fightrug) corraling of bulls.

encima *(aynthéemah)* adv. above; over; at the top; besi-

E

des; on, overhead; **por —,** superficially; **por — de,** in spite of, over. [green oak.
encina *(aynthéenah)* f. ever-
encinta *(aynthéentah)* adj. pregnant; (coll.) in the family way, with child.
enclaustrado *(aynklaoosstráhdoh)* adj. cloistered.
enclavar *(aynklahbá*R*)* tr. to embed, to nail; to situate, to place, to site; (coll.) to deceive.
enclenque *(aynklaynkay)* s. y adj. weak, sickly; feeble.
encoger *(aynkoh*H*áy*R*)* tr. to contract; to shrink, to shorten; v. r. (fig.) to dismay; to shrink; **— de hombros,** to shrug one's shoulders.
encogido *(aynkoh*H*éedoh)* adj. bashful, timid (fig.); shrunk (cloth); (of animals) withdrawn. [to gum.
encolar *(aynkohlá*R*)* tr. to glue,
encolerizar *(aynkohlayreethá*R*)* tr. to anger, to make angry;
encomendar *(aynkohmayndá*R*)* tr. to (re)commend, to entrust. [praise, to extol.
encomiar *(aynkohmya*R*)* tr. to
encomiasta *(aynkohmyáhstah)* s. encomiast.
encomiástico *(aynkohmyáhsteekoh)* adj. encomiastic(al), eulogistic.
encomienda *(aynkohmyéndah)* f. commission, compliment. pl. respects.
encomio *(aynkóhmyoh)* m. praise; encomium.
enconado, a *(ahnkohnahdoh, dah)* adj. bitter, ruthless.
enconamiento *(aynkohnamyéntoh)* m. inflammation; anger.
enconar *(aynkohná*R*)* tr. to inflame; to provoke; v. r. to rankle.
encono *(aynkóhnoh)* m. malevolence; rancour.
encontrado *(aynkontráhdoh)* adj. opposite, in front; contrary.
encontrar *(aynkontrá*R*)* tr. e intr. to (persons) meet, to encounter; (things) to find; v. r. to feel, to be.
encontronazo *(aynkontrohnáhthoh)* m. collision, crash.
encopetado *(aynkopaytáhdoh)* adj. haughty, proud.
encorchadora *(aynko*R*chahdo*R*ah)* f. corking machine.
encorchar *(aynko*R*cha*R*)* tr. to cork bottles, to cover with cork panels.
encorvado, a *(aynko*R*bahdoh, dah)* adj. bent, humped; (coll.) **hacerse el(la) —,** to malinger.
encorvadura *(aynko*R*bahdóorah)* f. curvatura; bending, crookedness.
encorvar *(aynko*R*bá*R*)* tr. to bend, curve; v. r. to bend; to warp (materials).
encrespadura *(aynkraysspahdóorah)* f. crispation; curliness.
encrespamiento *(aynkraysspahmyéntoh)* m. curling; standing on end (hair); (sea) roughness.
encrespar *(aynkresspá*R*)* tr. to curl; to frizzle; to make hair stand on end; to ruffle (feathers); v. r. (sea) to get rough.
encrucijada *(aynkrootheeH*áh*dah)* f. crossroads.
encuadernación *(aynkoo:ahday*R*nahthyón)* f. book-binding.
encuadernador *(aynkoo:ahday*R*nahdó*R*)* m. (book)-binder.
encuadernar *(aynkoo:ahday*R*ná*R*)* tr. to bind (books); **sin —,** unbound.
encubierta *(aynkoobyáy*R*tah)* s. fraud; deceit.
encubierto *(aynkoobyáy*R*toh)* adj. hidden; concealed.
encubridor *(aynkoobreedó*R*)* m. concealer, procures, bawd; f. procuress. *Leg.* shelterer.
encubrimiento *(aynkoobreemyéntoh)* m. concealment; hiding; *Leg.* sheltering.
encubrir *(aynkoobrée*R*)* tr. to conceal, to hide.

encuentro *(aynkwayntroh)* m. meeting, encounter, find (ing); collision, shock, clash. *Sport.* meeting, match.
encuesta *(aynkwaysstah)* f. inquiry, inquest; survey, Gallup poll.
encumbrado *(aynkoombrahdoh)* adj. lofty, high; elevated.
encumbramiento *(ayncoombrahmyéntoh)* m. raising, elevating.
encumbrar *(aynkoombráR)* tr. to raise, to elevate; v. r. to rise, to get proud, to self-esteem highly.
encharcada *(ayncha**R**káhdah)* f. pool, puddle; adj. soaking, wet through; inundated.
encharcar *(ayncha**R**ká**R**)* tr. to soak through, to wet through; v. r. to cover with water to form puddles.
enchufar *(aynchoofá**R**)* tr. to plug in.
enchufe *(aynchóofay)* m. socket, plug; (coll.) job position (obtained through friendship); connections.
endeble *(ayndáyblay)* adj. feeble, weak, frail. [endemic.
endémico *(ayndáymeekoh)* adj.
endemoniado *(ayndaymohnyáhdoh)* adj. devilish, fiendish; possessed (by the Devil).
enderezar *(ayndayraythá**R**)* tr. to straighten; to put right; v. r. to go straight, to straighten up, to stand upright.
endeudarse *(ayndayoodá**R**say)* r. to contract debts, to run into debts.
endiablado *(ayndyahbláhdoh)* adj. devilish, diabolical; wicked, perverse; **a una velocidad —a,** to break-neck speed.
endiosamiento *(ayndyohsahme:-entoh)* m. loftiness, haughtiness; deification.
endiosar *(ayndeeohsá**R**)* tr. to deify; v. r. to swell with pride.
endosar *(endohsá**R**)* tr. to endorse (a draft). [sement.
endóso *(ayndóhsoh)* m. endor-
endulzar *(ayndoolthá**R**)* tr. to sweeten, to sugar; (fig.) to soften.
endurecer *(ayndooraythay**R**)* tr. to harden, to toughen; v. r. to get hard/tough; (fig.) to become cruel.
endurecido *(ayndooraythéedoh)* adj. hardened; obturate, inured.
endurecimiento *(ayndooraytheemyéntoh)* m. hardening.
enemiga *(aynayméegah)* f. enmity; hatred.
enemigo *(aynayméegoh)* adj. unfriendly, hostile; m. enemy; foe.
enemistad *(aynaymeesstáhd)* f. enmity, hatred.
enemistar *(aynaymeesstá**R**)* tr. to make an enemy; v. r. to fall out with.
energía *(aynay**RH**ée:ah)* f. energy; power; — **eléctrica,** (electricy) power.
enérgico *(aynáy**RH**eekoh)* adj. energetic, active lively.
enero *(aynáyroh)* m. January.
enervar *(aynayrbá**R**)* tr. to enervate; to weaken; v. r. to become weak.
enfadar *(aynfahdá**R**)* tr. to vex; to annoy; v. r. to get angry with, to get cross with.
enfado *(aynfáhdoh)* m. annoyance, anger, vexation.
enfangar *(aynfahngá**R**)* tr. to cover/soil with mud; v. r. to bemire, to cover oneself with mud. *Naut.* to run aground in mud; (coll.) to be mixed in shady business.
enfardar *(aynfa**R**dá**R**)* tr. to pack, to bale. [sis.
énfasis *(aynfasiss)* m. empha-
enfático *(aynfáhteekho)* adj. emphatic.
enfermar *(aynfay**R**má**R**)* tr. to fall ill or sick, to be taken ill.
enfermedad *(aynfay**R**maydáhd)* f. infirmity, illness, disease.
enfermera *(aynfay**R**máyrah)* f. nurse. [f. infirmary.
enfermería *(aynfay**R**mayrée:ah)*

E

enfermero *(aynfay*R*máyroh)* m. male-nurse.
enfermizo *(aynfay*R*méethoh)* adj. sickly unhealthy.
enfermo *(aynfay*R*moh)* m. patient, invalid; sick, infirm, ill.
enfervorizar *(aynfay*R*bohreethá*R*)* tr. to inflame, to incite; v. r. to get excited.
enfilar *(aynfeelá*R*)* tr. to put in arow. *Naut.* to direct the course for, to bear to.
enflaquecer *(aynflahkaythay*R*)* tr. to make thin, to go thin; v. r. to get/grow thin.
enflaquecimiento *(aynflahkaytheemy:éntoh)* m. emaciation, loss of flesh, debilitation.
enfocar *(aynfohká*R*)* tr. to focus; *Phot.* (fig.) to centre.
enfrascar *(aynfrahská*R*)* tr. to bottle (liquids); r. to be engrossed (in).
enfrentar *(aynfrayntá*R*)* tr. to face, to confront, to put face to face; v. r. — **con,** to face the, to oppose to.
enfrente *(aynfrayntay)* adv. opposite, in front, facing.
enfriamiento *(aynfre:ahmyéntoh)* m. cooling. *Med.* cold, chill.
enfriar *(aynfre:á*R*)* tr. to cool; to refrigerate; to get a chill, to get a cold.
enfundar *(aynfoondá*R*)* tr. to (put into a) case, to sheathe.
enfurecer *(aynfooraytháy*R*)* tr. to enrage, to infuriate; v. r. to get furious, to rage.
enfurecimiento *(aynfooraytheemyentoh)* m. fury.
enfurruñarse *(aynfoo*R*oonyá*R*say)* r. fam, to grow angry, to pout, to sulk.
engalanar *(ayngahlahná*R*)* tr. to adorn, to deck. *Naut.* to dress a ship.
enganchamiento *(ayngahnchamyéntoh)* m. hooking, link(ing); (army) enlisting.
enganchar *(ayngahnchá*R*)* tr. to hook, to clasp. *Mech.* to couple; (horses) to harness; (army) to decoy; v. r. to get hocked.
enganche *(ayngánchay)* m. hooking. *Mech.* coupling; (army) enlistment; (horses) harnessing.
engañabobos *(ayngahnyahbohboss)* m. (coll.) trickster, fooltrap.
engañado, a *(ayngahnyahdoh, ah)* adj. deceived, cheated; mistaken.
engañador, a *(ayngahnyahdo*R*, ah)* m. deceiver, cheater; adj. deceiving, cheating.
engañar *(ayngahnyár)* tr. to deceive, to cheat, to fool; v. r. to be wrong/mistaken.
engañifa *(ayngahnyéefah)* f. (fam.) deceit; trick.
engaño *(ayngáhnyoh)* m. deceit, cheat(ing), lure, fraud.
engañoso *(ayngahnyóhsoh)* adj. deceiful, false, fraudulent.
engarce *(ayngá*R*thay)* s. union; (of jewels) mounting setting.
engarzar *(aynga*R*thá*R*)* tr. to link; to hook; (gems) to mount, to set (in).
engastar *(ayngahstá*R*)* tr. to encase; (gems) to mount, to set (in).
engaste *(ayngáhstay)* m. setting, mounting (jeweis).
engatusador *(ayngahtoossahdor)* adj. (coll.) coaxing, wheedling.
engatusar *(engahtoosá*R*)* tr. fam. to inveigle, to deceive, to wheedle.
engendramiento *(ayn*H*ayndramyéntoh)* s. begetting; engendering, conception.
engendrar *(ayn*H*ayndrá*R*)* tr. to engender; to beget, to breed, to conceive; (fig.) to create.
engendro *(ayn*H*ayndroh)* m. *Biol.* foetus; (fig.) monster, abortion, shapeles embryo.
englobar *(aynglohbá*R*)* tr. to include, to enclose.
engolfar *(ayngolfa*R*)* tr. *Naut.* to enter a gulf; v. r. (coll.) to become a rascal/rogue.

engomar *(ayngohmá***R***)* tr. to gum, to glue.
engordar *(ayngo***R***dá***R***)* tr. to fatten, v. r. to get fat, to grow fat.
engorro *(ayngóh***R***oh)* m. (fam.) embarrassment; nuisance.
engorroso *(ayngoh***R***ósoh)* adj. cumbersome, annoying; embarrassing. [gear(ing).
engranaje *(ayngrahnáh***H***ay)* m.
engrandecer *(ayngrahndaytháy***R***)* tr. to augment, to enlarge; (fig.) to exalt, to magnify.
engrandecimiento *(ayngrahndaytheemyéntoh)* m. increase, aggrandizement.
engrasador *(ayngrahssahdó***R***)* m. greaser, olier.
engrasar *(ayngrahsá***R***)* tr. to grease; to oil; to lubricate.
engreído *(ayngrayéedoh)* adj. m. conceited, proud, haughty, petulant.
engreimiento *(ayngrayeemyéntoh)* m. conceit, vanity, presumption.
engreir *(ayngrayée***R***)* tr. to swell, to make (someone) vain.
engreirse *(ayngrayée***R***say)* r. to become vain, to puff (up).
engrosar *(ayngrohsá***R***)* tr. to swell; to increase; to expand; v. r. to get strong, to increase. [paste.
engrudar *(ayngroodá***R***)* tr. to
engrudo *(ayngróodoh)* m. paste.
enguantado *(ayngoo:ahntáhdoh)* adj. gloved.
enguantar *(ayngoo:ahntá***R***)* tr. to put on gloves.
engullir *(ayngoolyée***R***)* tr. to glut, to swallow, to guzzle, to gobble. [thread.
enhebrar *(aynaybrá***R***)* tr. to
enhestar *(aynaysstá***R***)* tr. to erect, to set upright.
enhiesto *(aynyésstoh)* adj. erect, upright.
enhorabuena *(aynohrabwaynah)* f. congratulation(s); **dar la** — to congratulate; adv. luckily. [riddle, puzzle.
enigma *(aynéegmah)* m enigma,
enigmático *(ayneegmáhteekoh)* adj enigmatic.
enjabonar *(ayn***H***ahbohná***R***)* tr. to soap, to lather; (fig.) to butter, to sugar (a person).
enjambre *(ayn***H***ámbray)* m. swarm of cluster; (fig.) crowd.
enjaular *(ayn***H***ah/oolá***R***)* tr. to cage; (fig.) to put in jail.
enjertación *(ayn***H***ay***R***tahthyon)* f. grafting; insertion.
enjertar *(ayn***H***ay***R***ta***R***)* tr. to graft, to insert.
enjoyar *(ayn***H***ohyá***R***)* tr. to (be)-jewel.
enjuagadientes *(ayn***H***wahgahdyentayss)* m. mouth-wash.
enjuagar *(ayn***H***oo:ahgá***R***)* tr. to rinse, to swill. [rinsing.
enjuague *(ayn***H***oo:áhgay)* m.
enjugar *(ayn***H***oogá***R***)* tr. to dry; to wipe; (fig.) to absorb.
enjuiciar *(ayn***H***ooeethyá***R***)* tr. to pass judgment.
enjundia *(ayn***H***óondyah)* f. animal fat; (fig.) substance.
enjutez *(ayn***H***oo:tayth)* f. leanness, dryness. [thin.
enjuto *(ayn***H***óotoh)* adj. lean,
enlace *(aynláhthay)* m. link, union; relationship; wedding. [adj. brickwork.
enladrillado *(aynlahdrylyáhdoh)*
enladrillar *(aynlahdrylyá***R***)* tr. to brick (up, in).
enladrillador *(aynlahdreelyahdor)* m. brick-layer.
enlatar *(aynlahta***R***)* tr. to can (food, etc.).
enlazamiento *(aynlahthahmyéntoh)* m. connection, binding, linking; wedding.
enlazar *(aynlahthá***R***)* tr. to bind; to link; (catt.) to lassoo; v. r. to marry.
enlodar *(aynlohdá***R***)* tr. to bemire, to cover with mud.
enloquecer *(aynlohkaytháy***R***)* tr. to madden, to drive mad; intr. y r. to go mad.
enlosado *(aynlohsáhdoh)* adj. flagstoned; m. flag pavement.

E

E

enlosar *(aynlohsá***R***)* tr. to lay a floor with flags, to pave with stone flags.

enlucir *(aynloothée***R***)* tr. to whitewash. *Met.* to polish plate.

enlutar *(aynlootá***R***)* tr. to put in mourning; to veil; lo darken.

enmarañar *(aynmahranyá***R***)* tr. to (en)tangle, to enmesh.

enmascarar *(aynmahskará***R***)* tr. to mask, to disguise; v. r. to masquerade.

enmendar *(aynmayndá***R***)* tr. to correct, to make right, to put right; v. r. to make amends, to turn a new leaf.

enmienda *(aynmyéndah)* f. correction, repair. *Leg.* amendment. *Law.* compensation.

enmohecerse *(aynmoh/aythay***R***-say)* r. to grow mouldy. *Met.* to rust.

enmudecer *(aynmoodaytháy***R***)* tr. to hush, to impose silence; intr. to be silent, to become dumb.

ennegrecer *(aynnaygraytháy***R***)* tr. to make black; to darken, to blacken.

ennoblecer *(aynnoblaytháy***R***)* tr. to ennoble; to embellish.

enojadizo *(aynoh***H***ahdéethoh)* adj. fretful, peevish, irasceible, tovehy.

enojado *(aynoh***H***áhdoh)* adj. angry, peevish, cross, bad-tempered.

enojar *(aynoh***H***á***R***)* tr. to vex; to anger, to make cross, to upset; v. r. to get angry, to get cross.

enojo *(aynóh***H***oh)* m. anger; annoyance, bad-temper.

enojoso *(aynoh***H***óhsoh)* adj. vexatious, annoying, irritating.

enorgullecer *(ayno***R***goolyah-tháy***R***)* tr. to make proud; v. r. to be proud.

enorme *(aynó***R***may)* adj. enormous, huge.

enormidad *(ayno***R***mydáhd)* f. enormity; atrocity; nonsense. [embower.

enramar *(ayn***R***ahma***R***)* tr. to

enrarecer *(ayn***R***ahraytháy***R***)* r. to rarefy, to thin; v. r. to become rare, to got scarce.

enredadera *(ayn***R***aydahdáyrah)* f. *Bot.* twining plant, creeper.

enredado *(ayn***R***aydáhdoh)* adj. entangled, involved. *Naut.* foul.

enredador *(ayn***R***aydahdó***R***)* m. entangler; tell-tale, busy-body, meddler.

enredar *(ayn***R***aydá***R***)* tr. to entangle, to involve; to catch in reds; v. r. to get involved, to be entangled. *Naut.* to foul an anchor; to be lover.

enredo *(ayn***R***áydoh)* m. entanglement; puzzle, plot of a play; pl. tools of a trade, tackle.

enrejado *(ayn***R***ay***H***áhdoh)* m. grating, railing; trellis.

enrejar *(ayn***R***ay***H***á***R***)* tr. to put a grating (on window); to surround with grating/railing. *Agric.* to fix the ploughshare.

enrevesado *(ayn***R***aybaysáhdoh)* adj. dificult; frisky (of persons).

enriquecer *(ayn***R***eekaythay***R***)* tr. to enrich; to get rich.

enrojecer *(ayn***R***oh***H***aythay***R***)* tr. to make red, to redden; v. r. to bluch; to turn red.

enrollar *(ayn***R***ohlyá***R***)* tr. to roll up; to coil, to wrap, to wind.

enronquecer *(ayn***R***onkaythay***R***)* v. t. to make hoarse; v. r. to go hoarse.

enroscar *(ayn***R***oská***R***)* tr. *Mech.* to screw on/in; to twine; v. r. to coil itself round.

enrudecer *(ayn***R***oodaytháy***R***)* tr. to make rude; v. r. to become rude; coarse.

ensacar *(aynsahká***R***)* tr. to bag, to put in bags/sacks, to sack up.

ensalada *(aynsahláhdah)* s. salad; (fig.) hodgepodge.

ensaladera *(aynsahlahdáyrah)*

s. salad-dish, salad bowl. *Tenn.* Davis cup.

ensaladilla *(aynssahlahdeelyah)* f. Russian salad.

ensalzar *(aynsahlthá***R***)* tr. to extol, to praise, to exalt.

ensamblador *(aynssamblahdo***R***)* m. joiner, carpenter.

ensambladura *(aynsahmbláhdóorah)* f. joinery; scarfing, joint, dovetail. [join.

ensamblar *(aynsahmblá***R***)* tr. to

ensanchamiento *(aynsahnchamyéntoh)* s. widening; extention, expansion.

ensanchar *(aynsahnchá***R***)* tr. to widen; to extend, to expand; v. r. to become wider, to expand.

ensanche *(aynsáhnchay)* m. dilatation; widening; town extention.

ensangrentado *(aynssangrayntahdoh)* adj. blood stained, ned, covered in blood.

ensangrentar *(aynsahngrayntá***R***)* tr. to stain with blood.

ensañarse *(aynsahnyá***R***say)* r. to be mercilless with, to gleat on.

ensartar *(aynsa***R***tá***R***)* tr. to string, to thread; to run through (with a sword, etc.); to stab; (fig.) to bladder nonsense.

ensayar *(aynsahyá***R***)* tr. to try out; to test; *Theat.* to rehearse.

ensayo *(aynsáhyoh)* m. assay; trial. *Theat.* rehearsal; examination, test. *Lit.* essay.

ensenada *(aynsaynáhdah)* f. cove, inlet, creek.

enseña *(aynsáynyah)* f. standard, ensign, colours.

enseñanza *(aynsaynyáhnthah)* f. teaching, tuition; education, instruction; **— primaria,** primary education; **— secundaria,** secondary education.

enseñar *(aynsaynyá***R***)* tr. to teach, to instruct; to show; **— el camino,** to show the way, to point out the way.

enseñorear *(aynsaynohrayá***R***)* tr. to lord; to domineer; v. r. to take possession of.

enseres *(aynsáyress)* m. pl. chattels, implements; household goods.

ensillar *(aynsseelyar)* v. t. to saddle (horses).

ensimismado *(aynsseemeesmahdo)* adj. engrossed, absorbed; lost in thought.

ensimismarse *(aynseemeessmá***R***say)* r. to be absorbed in thought, to be engrossed, to brood over.

ensoberbecer *(aynsohbáy***R***baytháy***R***)* tr. to make, proud; v. r. to become proud, to swell.

ensombrecer *(aynssombraythay***R***)* to darken, to make dark; (fig.) v. r. to sadden, to be blue.

ensordecedor *(aynsso***R***daythaydo***R***)* adj. deafening, stunning.

ensordecer *(aynso***R***daytháy***R***)* tr. to deafen; v. r. to become deaf, to turn deaf.

ensordecimiento *(aynso***R***daytheemyéntoh)* s. deafness.

ensortijado *(aynsso***R***tee***H***adoh)* adj. curly (hair); covered with rings.

ensortijar *(aynsso***R***tee***H***a***R***)* tr. to curl (hair); to cover with rings; v. r. to curl itself.

ensuciar *(aynsoothyá***R***)* tr. to dirt, to soil; to pollute; v. r. to dirty oneself, to soil oneself.

ensueño *(aynswaynyoh)* m. dream, revery; fantasy, illusion.

entablado *(ayntahbláhdoh)* m. boarded floor, parquet; started.

entablar *(ayntahblá***R***)* tr. to floor, to board (up); to start (talks, etc.). *Leg.* to bring (a suit).

entablillar *(ayntahbleelyá***R***)* tr. *Surg.* to splint(er).

entallar *(ayntahlya***R***)* tr. to notch; to carve (wood, sto-

E

ne, etc.); intr. to fit to the waist.

entapizar *(ayntahpeetha***R***)* tr. to adorn with tapestry.

entarimado *(ayntahreemáhdoh)* m. boarded floor, parquet flooring.

entarimar *(ayntahreemá***R***)* tr. to board, to floor.

ente *(ayntay)* m. entity, being.

entender *(ayntayndáy***R***)* tr. e intr. to understand, comprehend, to make out; v. r. to understand each other; to agree; **dar a —**, to imply; **se entiende que,** it is understood; that; **según mi —**, in my opinion.

entendido *(ayntayndéedoh)* adj. wise; learned; knowing; m. expert, judge; **darse por —**, to take the hint; **no darse por —**, to ignore.

entendimiento *(ayntayndeemyéntoh)* m. understanding, comprehension; mind, intellect.

enterado *(ayntayrahdoh)* adj. aware, informed; **estar —**, to be aware/informed.

enteramente *(ayntayrahmayntay)* adv. entirely completely, quite, fully.

enterar *(ayntayrá***R***)* tr. to inform, to let know, to acquaint; v. r. to learn.

entereza *(ayntayráythah)* f. integrity; fortitude; entirety.

enternecer *(ayntay***R***naytháy***R***)* r. to soften, to move; v. r. to be moved.

enternecimiento *(ayntay***R***naytheemy:éntoh)* m. compassion; pity.

entero *(ayntayroh)* adj. entire; whole, complete; m. *Arith.* integer; **por —**, entirely, completely.

enterrador *(ayntay***R***ahdó***R***)* m. grave-digger; burier.

enterramiento *(ayntay***R***ahmyéntoh)* m. burial.

enterrar *(ayntay***R***á***R***)* tr. to bury, to inter.

entibiar *(aynteebyá***R***)* tr. to make lukewarm, to take the chill off; to slacken, to relax; to cool off.

entidad *(aynteedáhd)* f. entity; organization. *Com.* firm.

entierro *(ayntyáy***R***oh)* m. burial, funeral.

entoldado *(ayntoldáhdoh)* adj. covered with tents or awnings, (sky) overcast; m. large tent, awning.

entoldar *(ayntoldá***R***)* tr. to cover with an awning; v. r. (sky) to cloud over.

entonación *(ayntohnahthyón)* f. intonation; (voice) modulation.

entonado *(ayntohnahdoh)* adj. haughty, proud, puffed up.

entonador *(ayntohnahdo***R***)* m. *Phot.* toner; organ-blower.

entonar *(ayntohná***R***)* tr. to tune; to modulate. *Phot.* to tone; to blow organ bellows; v. r. to assume airs, to feel big.

entonces *(ayntónthayss)* adv. then, just then; **en aquel —**, at that time; **por aquel —**, at the time.

entornar *(aynto***R***ná***R***)* tr. to half close, to leave (a door) ajar; (eyes) to half close; to tilt.

entorpecer *(aynto***R***paytháy***R***)* tr. to (be)numb, to make stupid, to make clumsy, to obstruct.

entorpecimiento *(aynto***R***paytheemyéntoh)* m. torpor, torpidity, numbness; obstruction; clumsiness.

entrada *(ayntráhdah)* f. entrance, door(way), way in; (admission) ticket. *Com.* entry.

entrampar *(ayntrahmpá***R***)* tr. to (en)trap, to ensnare; to deceive, to muddle (business, etc.).

entrante *(ayntráhntay)* adj. entering, (in)coming, next.

entraña *(ayntráhnyah)* f. entrail; bowels; (fig.) the heart of (something); affections; **persona de malas —s,** cruel person.

entrañable *(ayntrahnyáhblay)* adj. intimate, deanly; **un amigo —,** a very close friend.
entrañar *(ayntrahnyá*R*)* tr. to involve, to entail, to include.
entrar *(ayntrá*R*)* tr. e intr. to enter; to go in or into; to come in, to get into; **— en,** to begin; **— en edad,** to be getting on in years.
entre *(ayntray)* prep. between, among(st), amid(st); **entre tanto,** meanwhile; **— dos luces,** at dusk; **— manos,** in hand. [to half open.
entreabrir *(ayntrayahbrée*R*)* tr.
entrecejo *(ayntraytháy*H*oh)* m. between the eyes; **fruncir el —,** to frown.
entrecortado, a *(ayntreyko*R*tahdoh, dah)* adj. intermittent, (voice) faltering.
entrecortar *(ayntrayko*R*ta*R*)* v. r. to rut indiscriminately; (fig.) to interrupt.
entrecruzarse *(ayntraykrootha*R*ssay)* v. r. to intercross, to interweave.
entrecubiertas *(ayntraykoobye*R*tahs)* f. *Naut.* between decks, tween-decks.
entredicho *(ayntraydéechoh)* m. interdict(ion), ban.
entrega *(ayntráygah)* f. delivery (lib.) instalment, fascicle.
entregar *(ayntraygá*R*)* tr. go deliver, to hand (over), to give (in, or up); v. r. to surrender, to give oneself up; **— a,** to devote oneself to.
entrelazar *(ayntraylahthá*R*)* tr. to interlace, to interweave, to entwine, to braid.
entremés *(ayntraymayss)* m. interlude; pl. hors d'œuvre(s).
entremeter *(ayntraymaytáy*R*)* tr. to insert; v. r. to intrude, to meddle, to interfere.
entremetido *(ayntraymaytéedoh)* adj. meddlesome; m. meddler, busybody.
entremezclar *(ayntraymaythklá*R*)* tr. to intermingle, to intermix. [trainer, coach.
entrenador *(ayntraynahdó*R*)* m.
entrenamiento *(ayntraynahmyéntoh)* m. training; drill.
entrenar *(ayntrayná*R*)* tr. to train, to coach; to drill, to practise.
entreoír *(ayntrayoh/ée*R*)* tr. to hear indistinctly.
entresacar *(ayntraysahká*R*)* tr. to select, to pick, to choose; (agric.) to winnow.
entresuelo *(ayntrayswayloh)* m. m. entresol, mezzanine.
entretela *(ayntraytaylah)* f. *Sew.* interlining, buckram.
entretener *(ayntraytaynáy*R*)* tr. to entertain, to amuse; to keep busy, to while away. *Mot.* to maintain.
entretenida *(ayntraytaynéedah)* m. mistress, kept woman.
entretenido *(ayntraytaynéedoh)* adj. entertaining, amusing; busy; delayed.
entretenimiento *(ayntraytayneemyéntoh)* m. entertainment, pastime, hobby. *Mot.* maintenance.
entretiempo *(ayntraytyémpoh)* m. Spring or Autumn.
entrever *(ayntraybáy*R*)* tr. to half-see, to have a glimpse.
entrevista *(ayntraybeesstah)* f. interview.
entristecer *(ayntreesstaytháy*R*)* tr. to sadden, to make sad; v. r. to grieve, to become sad.
entristecimiento *(ayntreesstaytheemyéntoh)* m. sadness.
entumecer *(ayntoomaytháy*R*)* tr. to (be)numb; v. r. to go numb, to go stiff (with cold, etc.)
entumecimiento *(ayntoomaytheemyéntoh)* m. numbness, deadness; swelling; torpor.
enturbiar *(ayntoo*R*byá*R*)* tr. to make turbid/muddy; (fig.) to make obscure.
entusiasmado *(ayntoosyahsmáhdoh)* adj. enthusiastic(al).
entusiasmar *(ayntoosy:ahsmá*R*)* tr. to enrapture, to captivate; v. r. to get excited about, to be carried away by.

E

entusiasmo *(ayntoosyáhsmoh)* m. enthusiasm, eagerness, keenness. [fan, enthusiast.
entusiasta *(ayntoossyastah)* m.
enumeración *(aynoomeerahthyón)* f. enumeration.
enumerar *(aynoomayra***R***)* tr. to enumerate, to number.
enunciación *(aynoonthyahthyón)* f. enuntiation, statement; utterance.
enunciar *(aynoonthyá***R***)* tr. to sate, to enunciate; to utter.
envainar *(aynbaeená***R***)* tr. to sheathe (sword, etc.)
envalentonar *(aynbahlayntohná***R***)* tr. to encourage, to inspirit; v. r. to get bold/daring.
envanecer *(aynbahnaytháy***R***)* tr. to make vain; v. r. to puff up, to become vain.
envaramiento *(aynbahrahmy:éntoh)* m. numbness, stiffness (with cold).
envarar *(aynbahrá***R***)* tr. to stiffen, to benumb.
envasador *(aynbahsahdó***R***)* m. filler, packer.
envasar *(aynbahsá***R***)* tr. to pack, to put into a container, to barrell, to cask.
envase *(aynbáhsay)* m. filling, packing; container, cask, case, box; etc.
envejecer *(aynbay***H***aytháy***R***)* tr. to make old; intr. to grow old.
envejecido *(aynbay***H***aytheedoh)* adj. odl-looking, aged.
envenenamiento *(aynbaynaynahmy:éntoh)* m. poissoning.
envenenar *(aynbaynayná***R***)* tr. to poison.
envergadura *(aynbay***R***gahdoorah) Birds., Aeron.* wing-span, wing-spread.
envestidura *(aynbayssteedóorah)* f. investiture.
enviado *(aynbyáhdoh)* m. envoy; messenger.
enviar *(aynbyá***R***)* tr. to send; *Teleg.* to transmit. *Com.* to dispatch, to forward; (coll.) **— a paseo,** to send packing.
enviciar *(aynbeethyá***R***)* tr. to vitiate; to corrupt; v. r. to get into bad habits.
envidia *(aynbéedyah)* f. envy; **tener —,** to be jealous, to be envious. [enviable.
envidiable *(aynbeedyáhblay)* adj.
envidiar *(aynbeedy:á***R***)* intr. to envy, to feel envy; to begrudge; to covet.
envidioso *(aynbeedyóhsoh)* adj. envious, jealous.
envilecer *(aynbeelaytháy***R***)* tr. vilify, to debase; to degrade oneself.
envilecimiento *(aymbeelaytheemyentoh)* m. dabasement.
envío *(aynbée:oh)* m. remittance; consignement, shipment.
envite *(aynbéetay)* m. invitation; push; (cards) stake; **al primer —,** at the start, right off.
envoltorio *(aynboltóhryoh)* m. bundle.
envoltura *(aynboltoorah)* f. cover, wrapper, envelope.
envolver *(aynbolbáy***R***)* tr. to wrap round, to wrap up, to make a packet/parcel; v. r. to get involved.
envuelto *(aynbwáyltoh)* adj. wrapped. [ter.
enyesar *(aynaysá***R***)* tr. to plas-
enzarzar *(ayntha***R***thá***R***)* tr. to sow discord; v. r. to squabble, to wrangle; to be involved in difficulties.
épica *(áypeekah)* f. epic poetry.
épico *(áypeekoh)* adj. epic(al), heroic. [epicurean.
epicúreo *(aypeekóorayoh)* adj.
epidemia *(aypeedáymyah)* f. epidemic, out-break of...
epidémico *(aypeedáymeekoh)* adj. epidemical. [epidermis.
epidermis *(aypeedáy***R***mees)* f.
epifanía *(aypeefahnée:ah)* f. Epiphany, The Twelfth Night.
epígrafe *(aypéegrahfay)* m. epigraph, heading, headline.
epilepsia *(aypeeláypssyah)* f. epilepsy. [adj. epileptic.
epiléptico *(aypeelaypteekoh)*
epílogo *(aypeélohgoh)* m. epilogue.

episcopado *(aypeesskohpáhdoh)* m. episcopacy; episcopate; bishopric.
episcopal *(aypeesskohpáhl)* adj. episcopal. [sode.
episodio *(aypeesóhdyoh)* m. epi-
epístola *(aypeesstohlah)* f. epistle, letter.
epistolar *(aypeesstohláR)* adj. epistolary, refered to letter-writing. [taph.
epitafio *(aypeetáhfyoh)* m. epi-
epíteto *(aypéetaytoh)* m. *Gram.* epithet; (fig.) insult.
época *(áypohkah)* f. epoch, era; **en aquella** —, at that time.
epopeya *(aypohpayah)* f. epopee, epic, poem; (fig.) feat, event. [justice, fairness.
equidad *(aykedáhd)* f. equity;
equidistar *(aykeedeesstáR)* intr. to be equidistant.
equilibrar *(aykeeleebráR)* tr. to poise, to equilibrate.
equilibrio *(aykeeléebRyoh)* m. equilibrium, balance, poise.
equilibrista *(ayqueeleebreestah)* m. tight rope walker, wire walker. [equinox.
equinoccio *(aykeenókthyoh)* m.
equipaje *(aykeepáhHay)* m. laggage, baggage.
equipar *(aykeepáR)* tr. to fit out; to supply; to equip.
equiparable *(aykeepahrahblay)* adj. comparable.
equiparar *(aykeepahráR)* tr. to equate, to compare.
equitación *(aykeetahthy:ón)* f. horsemanship, riding. *Sport.* **campeonatos de** —, show-jumping championship.
equitativo *(aykeetahtéeboh)* adj. equitable, fair, just.
equivalencia *(aykeebahlaynthyah)* f. equivalence.
equivalente *(aykeebahlayntay)* adj. equivalent.
equivaler *(aykeebahlayR)* intr. to be equivalant.
equivocación *(aykeebohkahthyón)* f. mistake, slip, blunder.
equivocado *(aykeebohkáhdoh)* adj. mistaken; **estar** —, to be wrong.
equivocar *(aykeebohkáR)* r. to make a mistake, to err.
equívoco *(aykéebohkoh)* adj. equivocal, ambiguous; m. mistake, error, equivocation.
era *(áyrah)* f. era; age; thresh ingfloor, patch of cultivated land.
erario *(ayráhreyoh)* m. exchequer, public treasury.
erección *(ayraykthyón)* f. erection, raising; foundation.
erector *(ayrayktoR)* m. erector; founder. [mit.
eremita *(ayraymeetah)* m. her-
eremítico *(ayrayméeteekoh)* adj. hermitic(al), solitary.
erguir *(ayRgeeR)* v. t. to raise up straight; to lift; v. r. to stand erect, (with pride).
erial *(ayryál)* adj. unplowed, m. moorland, commons.
erigir *(ayreeHéeR)* tr. to erect, to build; to set up, to found; v. r. to appoint oneself.
erizado *(ayreethahdoh)* adj. — **de,** covered with.
erizar *(ayreetháR)* tr. to bristle; v. r. to stand on end (hair).
erizo *(ayréethoh)* m. *Zool.* hedgehog. *Bot.* seathistle. *Mech.* sprocket-well; — **de mar,** seaurchin.
ermita *(ayRméetah)* f. hermitage, chapel.
ermitaño *(ayRmeetáhnyoh)* m. hermit, anchorite.
erosión *(ayrohsyón)* f. erosion, weather worn. [sive.
erosivo *(ayrohséeboh)* adj. ero-
erótico *(ayróhteekoh)* adj. erotical, erotic. [erotism.
erotismo *(ayrohteessmoh)* m.
erradicar *(ayRahdeekáR)* tr. to eradicate. [wandering.
erradizo *(ayRahdéethoh)* adj.
errado *(ayRáhdoh)* adj. mistaken, amiss, erroneous; **ha** —, he/she missed, he/she erred.
errante *(ayRáhntay)* adj. errant, roving, wandering.
errar *(ayRáR)* tr. to miss, (targets), to err; int. to roam, to wander about.

E

E

errata *(ayRáhntah)* f. misprint, erratum; **fe de —s,** errata.
erróneo *(ayRóhnayoh)* adj. erroneous, wrong, mistaken, false.
error *(ayRóR)* m. error, mistake; fault, defect.
eructar *(ayrooktáR)* intr. to eructate, to belch, to burp.
eructo *(ayróoktoh)* m. belch(ing), burp.
erudición *(ayroodeethyón)* f. erudition, learning, knowledge.
erudito *(ayroodéetoh)* adj erudite, learned, scholar.
erupción *(ayroopthyón)* f. eruption; outbreak. *Med.* rash.
eruptivo *(ayrooptéeboh)* adj. eruptive.
esa *(áysah)* adj. pron. f. that (one); **no me vengas con —s,** don't tell me that.
esbeltez *(ayssbayltayth)* f. slenderness, slimness.
esbelto *(ayssbayltoh)* adj. slender, slim and tall.
esbirro *(ayssbéeRoh)* m. bailiff; apparitor, myrmidon.
esbozo *(ayssbóhthoh)* m. sketch, outline; rough draft.
escabechar *(aysskahbaycháR)* tr. to souse; to pickle; (coll.) to kill. [souse, pickle.
escabeche *(aysskahbáychay)* m.
escabrosidad *(aysskahbrohseedáh)* f. scabrousness, unevenness, roughness, cragginess.
escabroso *(aysskahbróhsoh)* adj. uneven, cragged, rugged; (fig.) thorny, difficult.
escabullimiento *(aysskahboolyemyéntoh)* m. evasion, slipping off.
escabullirse *(aysskahboolyéeRsay)* r. to escape; to slip away, to evade.
escala *(aysskáhlah)* f. ladder; scale. *Naut.* port of call; **hacer —,** to call.
escafandra *(ayskahfandrah)* f. *Naut.* diving-helmet. *Spac.* helmet.
escalada *(aysskahláhdah)* f. *Mil.* escalade. *Sport.* climbing.
escalador *(aysskahladóR)* m. climber, rock-climber.
escalafón *(ayskahlahfón)* m. list, roll; grade-list (of teaching staff). [le; to climb.
escalar *(aysskahláR)* tr. to scale;
escaldada *(aysskahldáhdah)* f. prostitute. [f. scald.
escaldadura *(ayskaldahdoorah)*
escaldar *(aysskahldáR)* tr. to scald, to burn; v. r. to get scalded; (fig.) to be wary, to be suspicious.
escalera *(aysskahláyrah)* f. staircase, stairs, ladder; **— de caracol,** spiral stairs; **— de mano,** step-ladder.
escalfar *(aysskahlfáR)* tr. to poach (eggs).
escalofrío *(ayskahlohfrée:oh)* m. shiver(ing); (fig.) **me da —,** it gives me the shivers.
escalón *(aysskahlón)* m. step of a stair. *Mil.* grade; (fig.) grade.
escalonar *(aysskahlonáR)* tr. to stagger (holidays). *Mil.* to form in echelons.
escama *(aysskáhmah)* f. (fish-) scale; (coll.) suspicion, distrust.
escamarse *(ayskahmaRssay)* v. r. to feel/be suspicious.
escamoteador *(aysskahmohtayahdóR)* s. y m. *Art.* juggler, conjuror; (fig.) swindler, cheat.
escamotear *(aysskahmohtayáR)* tr. to palm, to conjure, to juggle; (fig.) to swindle, to cheat.
escampada *(aysskahmpáhdah)* f. clearing of the sky.
escampado *(ayskampahdoh)* adj. open; **a —,** in the open.
escampar *(aysskahmpáR)* intr. to cease raining; tr. to clear out a place.
escanciar *(aysskahnthyáR)* tr. to pour (wine).
escandalizar *(aysskahndahleetháR)* tr. to scandalize; r. to be scandalized; to be irritated. [scandal, row.
escándalo *(aysskáhndahloh)* m.

escandaloso *(aysskahndahlóhsoh)* adj. scandalous, rowdy; shameful.
escaño *(aysskahnyoh)* m. seat (in parliament). *Naut.* sheerrail.
escapada *(aysskahpáhdah)* f. escape; flight.
escaparse *(aysskahpáRsay)* r. to escape; to fly, to run away.
escaparate *(aysskahpahráhtay)* m. shop-window.
escapatoria *(aysskahpahtóhryah)* f. escape; excuse.
escape *(aysskáhpay)* m. escape, flight. *Mech.* exhaust; **a —**, at top speed; **no hay —**, there's no way out.
escarabajo *(aysskahrahbáhHoh)* m. scarab, bug, beetle.
escaramuza *(aysskahrahmóothah)* f. skirmish.
escarapela *(aysskahrahpáilah)* f. cockade, badge; (fig.) quarrel ending with blows.
escarbar *(aysskaRbáR)* tr. to scrape, to dig; to poke the fire.
escarceo *(aysskaRtháyoh)* m. *Naut.* ruffle, ripple.
escarcha *(aysskáRchah)* f. white frost.
escarchado *(aysskaRcháhdoh)* adj. frosted, frosty. *Conf.* icy on cakes.
escarchar *(ayskaRcháR)* intr. to frost, to freeze. *Conf.* to ice. cakes.
escarlata *(aysskaRláhtah)* f. scarlet, crimson or deep red.
escarlatina *(aysskaRlahtéenah)* f. scarlet fever.
escarmentar *(aysskaRmayntáR)* intr. to learn by experience; tr. to teach a lesson.
escarmiento *(aysskaRmyéntoh)* m. warning; chastisement.
escarnecer *(aysskaRnaythayR)* tr. to mock; to scorn, to laugh at.
escarnio *(aysskáRnee:oh)* m. scoff; gibe, mock, jeer, derision.
escarola *(aysskahróhlah)* f. *Bot.* endive.
escarpa *(aysskáRpah)* f. declivity, slope, cliff.
escarpado *(aysskaRpáhdoh)* adj. sloped, steep, rugged.
escasear *(aysskahsayáR)* intr. to be scarce, to be short of.
escasez *(aysskahsayth)* f. scarcity, lack, want, shortage.
escaso *(aysskáhsoh)* adj. scarce; scanty, short; **— de dinero,** hard up.
escatimar *(ayskahteemáR)* tr. to curtail, to skimp; to be sparing.
escayola *(aysskahyóhlah)* s, plaster; stucco.
escena *(aysstháynah)* f. the stage; scene (of action); view, sight.
escenario *(aysthaynahryoh)* m. *Theat.* stage; (of actions) site.
escénico *(aysstháyneehkoh)* adj. scenic.
escenografía *(ayssthaynohgrahfée:ah)* f. scenography.
escepticismo *(aysthaypteetheessmoh)* m. scepticism, doubt.
escéptico *(aysthaypteekoh)* adj. sceptic, sceptical, doubtful.
escindir *(ayssteendéeR)* tr. to split, to devide.
escisión *(ayssteesyón)* f. schism, split, division.
esclarecer *(aysklahraytháyR)* tr. to make clear, to explain, to enlighten.
esclarecido *(aysklahraythéedoh)* adj. illustrious; eminent.
esclarecimiento *(aysklahraytheemyéntoh)* m. enlightment, explanation.
esclavitud *(aysklahbeetóod)* f. slavery; servitude.
esclavizar *(aysklahbeetháR)* tr. to enslave.
esclavo *(ayssklláhboh)* m. slave; drudge.
esclerosis *(aysklayróhsees)* f. sclerosis.
esclusa *(ayssklóosah)* f. lock; sluice.
escoba *(aysskóhbah)* f. broom; **— nueva barre bien,** new broom sweeps clean. *Bot.* broom
escobar *(aysskohbáR)* tr. to sweep with broom.
escobazo *(ayskohbahthoh)* m. blow with a broom; **dar un —**, to hit with a broom.

E

escobilla *(aysskohbéelyah)* f. brush. [smart.

escocer *(aysskohtháyR)* intr. to

escocés *(aysskohthayss)* adj. y m. Scotch, Scot(tisch).

escoger *(aysskohHáyR)* tr. to choose, to pick out, to select.

escogido *(ayskohHeedoh)* adj. chosen, selected, picked out.

escolar *(aysskohláR)* m. scholar; student, learner; adj. scholastic-like.

escolástico *(aysskohlásteekoh)* adj. scholastic(al).

escolta *(ayskoltah)* f. escort, guard. *Naut.* convoy; safeguard, watchdog.

escoltar *(ayskoltáR)* tr. to escort; to safeguard. *Naut.* to convoy.

escollera *(aysskohlyáyrah)* f. *Naut.* breakwater; cliff.

escollo *(aysskóhlyoh)* m. reef, ridge; difficulty.

escombro *(aysskómbroh)* m. rubbish; débris, riprap; pl. litter.

esconder *(aysskondáyR)* tr. to hide, to conceal; v. r. to hide, to be concealed.

escondido *(aysskondéedoh)* adj. hidden; concealed.

escondite *(aysskondéetay)* m. lurking or hidding-place, hideout; **jugar al —**, to play hide-and-seek.

escondrijo *(aysskondréeHoh)* m. hidding-place, den, hide-out.

escopeta *(aysskohyáytah)* f. (shot)gun.

escorar *(ayskoRáR)* intr. *Naut.* to reel, to heel, to list; tr. to prop up, to shore up.

escorbuto *(aysskoRbóotoh)* m. scurvy.

escoria *(aysskóhryah)* f. slags dross; (fig.) worthless (person); **la — de la sociedad,** the scum of society.

escorial *(aysskóhryáhl)* m. dump, slagheap. [scorpion.

escorpión *(aysskoRpyón)* m.

escotar *(ayskohtáR)* intr. to club together, to pay one's shae; to cut a low neck (dress.).

escote *(aysskóhtay)* m. low neck, décollage; share; **a —**, dutch treat.

escotilla *(aysskotéelyah)* f. *Naut.* hatchway; **— de proa,** fore hatchway; **— de popa,** aft hatchway. [ing.

escozor *(aysskohthóR)* m. smart-

escriba *(aysskréebah)* s. scribe.

escribano *(aysskreebáhnoh)* m. actuary, registrer, public clerk. *Naut.* purser.

escribiente *(aysskreebyéntay)* m. clerk.

escribir *(aysskreebéeR)* tr. to write; **— a máquina,** to type; **máquina de —**, typewriter; v. r. to correspond.

escrito *(aysskréetoh)* m. writing, manuscript. *Law.* brief, writ; adj. written; **por —**, in writing; **decirlo por —**, to say it in writing.

escritor *(aysskreetóR)* m. writer. *Lit.* author.

escritorio *(esskreetóhryoh)* m. study (room), writing-desk.

escritura *(aysskreetóorah)* f. (hand)writing, pen(manship). *Leg.* deeds, contract; **Las Sagradas —s,** The Scriptures; script.

escrófula *(aysskróhfoolah)* f. scrofula, king's evil.

escrofulismo *(aysskrohfooleessmoh)* m. scrofulism.

escrúpulo *(aysskróopohlok)* m. scruple; conscientiousness.

escrupuloso *(aysskroopoohlóhsoh)* adj. (of conscience) scrupulous, conscientious; tidy, neat, careful, (of order).

escrutador *(aysskrootahdóR)* m. scrutiner; inquirer, searcher. *Pol.* teller.

escrutar *(aysskrootáR)* tr. to scrutinize. *Pol.* to count (votes).

escrutinio *(aysskrootéenyoh)* m. scrutiny. *Pol.* counting of ballot papers.

escuadra *(aysskoo:áhdrah)* f.

carperter's square. *Mil.* squad. *Naut.* fleet.
escuadrilla *(aysskoo:ahdréelyah)* f. *Aer.* flight. *Naut.* small fleet.
escuadrón *(esskoo:ahdrón)* m. *Mil.* squadron.
escucha *(aysskóochah)* f. *Mil.* scout; **radio —, radio-listener**; excl. **¡—!** look here!
escuchar *(aysskoocháR)* to listen; (fig.) to heed, to take notice.
escudar *(aysskoodáR)* tr. to shield, to protect, to defend; v. r. to take shelter.
escudería *(ayskoodayréeah)* f. motoring club.
escudero *(aysskoodáyroh)* m. squire; shieldbearer; page.
escudo *(aysskóodoh)* m. (for defence) shield; (heraldic) scutcheon, coat-of-arms.
escudriñar *(aysskoodreenyáR)* tr. to search, to scan; to scrutinize, to pry into.
escuela *(aysskwaylach)* f. school; (fig.) doctrine. *Art.* school; **— primaria**, primary school; **— normal**, teachers training college; **— superior**, high school.
escueto *(aysskwaytoh)* adj. clear cut, bare, simple.
esculpir *(aysskoolpéeR)* tr. to carve (wood); to engrave, to sculpture.
escultor *(aysskooltóR)* m. sculptor; carver. [sculptress.
escultora *(aysskooltórah)* f.
escultórico *(aysskooltóreekoh)* adj. sculptural.
escultura *(aysskooltóorah)* f. sculpture, carving.
escultural *(ayskooltooráhl)* adj. sculptural. [f. spittoon.
escupidera *(aysskoopeedáyhra)*
escupir *(aysskoopéeR)* tr. to spit, to spit out; **— a la cara**, to spit on one's face; (fig.) to ridicule; **— al cielo**, to act foolishly.
escurreplatos *(aysskooRaypláhtos)* m. dishrack.
escurridero *(aysskooRedáyroh)* m. drainer, grating.
escurridizo *(aysskooReedéethoh)* adj. slippery.
escurrir *(aysskooRéeR)* tr. to drain; to drip off (clothe); v. r. to slip out, to sneak away; intr. to trickle, to leak.
ese *(áysay)* adj. y pron. that (one); **hacer —s**, to walk from side, to side of the road (when drunk); **¡— es!**, that's the one!
esencia *(aysaynhtyah)* f. essence; **quinta —**, quintessence.
esencial *(aysaynthyahl)* adj. essential, necessary.
esfera *(ayssfáyrah)* f. *Geom.* sphere (clock, etc.); dial; reach; range.
esférico *(ayssfáyreekoh)* adj. spherical; (jour.) football.
esforzado *(ayssfoRthádoh)* adj. strenuous, vigorous; valiant.
esforzarse *(ayssfoRtháRsay)* r. to strive, to try hard.
esfuerzo *(ayssfwayRthoh)* m. effort, exertion. *Mech.* stres.
esfumar *(ayssfoomáR)* tr. *Art.* to stump, to tone down; v. r. to disappear, to fade away.
esgrima *(ayssgréemah)* f. fencing.
esgrimir *(ayssgreeméeR)* tr. *Sport.* to fence; (arms, ect.); to wield.
esguince *(ayssginthay)* m. sprain, wrick (of muscle or bone); swerve.
eslabón *(aysslahbón)* m. link; (or striking fire with a flint).
eslinga *(aysleéngah)* f. *Naut.* sling, snotter.
eslora *(ayslohrah)* f. *Naut.* length of a ship.
esmaltar *(ayssmahltáR)* tr. to enamel. [mel.
esmalte *(ayssmáhltay)* m. ena-
esmerado *(ayssmayráhdoh)* adj. careful; neat. [emerald.
esmeralda *(ayssmayráhldah)* f.
esmerar *(ayssmayráR)* tr. to polish; v. r. to do one's best, to take great care.
esmero *(ayssmáyroh)* m. care;

attention; correctnes; accuracy.

eso *(áysoh)* pron. neu. that; **— es,** that is it.

E

esófago *(aysóhfahgoh)* m. esophagus.

espabilar *(aysspahbeeláR)* tr. to snuff (a candle); (coll.) to wake up; v. r. to wake up, to awake.

espaciar *(aysspahthyáR)* tr. to space out, to (inter) space.

espacio *(aysspáhthyoh)* m. space, room, place. *Print.* lead; interval.

espacioso *(aysspahthyóhsoh)* adj. roomy, spacious, ample.

espada *(aysspáhdah)* f. sword; (cards) spade; (bull-fighting) matador. *Ichth.* **pez —,** sword-fish; **entre la — y la pared,** between the devil and the deep blue sea.

espalda *(aysspáhldah)* f. back; schoulder, rear; pl. back (part); **a —s de,** behind the back of; **a —s,** on the back, **dar la —,** to turn the back to; **tener buenas —s,** to support anything (fig.).

espaldarazo *(aysspahldahráhthoh)* m. accolade.

espaldilla *(aysspahldéelyah)* f. shoulderblade, scapula.

espantadizo *(aysspahntahdéethoh)* adj. easily scared, timid, shy. [scarecrow.

espantajo *(aysspahntáhHoh)* m.

espantapájaros *(ayspantahpáhHaross)* m. scarecrow.

espantar *(aysspahntáR)* tr. to scare (away), to frighten; v. r. to get frightened, to get scared.

espanto *(aysspáhntoh)* m. fright, scare, dread, fear.

espantoso *(aysspantóhsoh)* adj. frightful; dreadful, aweful, terrible.

español *(aysspahnyól)* adj. Spanish; m. Spaniard, Spanish (language).

españolizar *(aysspahnyoleetháR)* tr. to render Spanish, to Hispanicize; v. r. to become Spanish.

esparadrapo *(aysspahrahdráhpoh)* m. stickingplaster.

esparcido *(ayspartheedoh)* adj. scattered, widespread.

esparcimiento *(aysspaRtheemyéntoh)* m. scatering; amusement.

esparcir *(aysspaRthéeR)* tr. to scatter, to spread; v. r. to amuse oneself.

espárrago *(aysspáRahgoh)* m. asparagus; **vete a freír —s,** be off with you!

esparto *(aysspáRtoh)* m. esparto-grass. [spasm, fit.

espasmo *(aysspáhsmoh)* m.

espasmódico *(aysspahsmóhdeekoh)* adj. spasmodic, convulsive; spastic.

especia *(aysspáythyah)* f. spice.

especial *(aysspaythyáhl)* adj. special; **en —,** specially, particular.

especialidad *(aysspaythyahleedáhd)* f. speciality.

especie *(ayspaythye)* f. species, kind, sort, class.

especificación *(ayspaytheefeekahthyon)* f. specification.

especificar *(ayspaytheefeekaR)* tr. to specify.

específico *(aysspaythéefeekoh)* adj. especific(al).

espectáculo *(aysspaytáhkooloh)* m. spectacle, show, sight.

espectador *(aysspayktahdóR)* m. spectator, onlooker; bystander, witness.

espectro *(aysspayktroh)* m. spectre, ghost; (light) spectrum.

especulación *(aysspaykoolahthyón)* f. speculation.

especulador *(aysspaykoolahdóR)* m. speculator.

especular *(aysspaykooláR)* tr. to speculate on, to meditate about. *Com.* to speculate.

especulativo *(aysspaykoolahtéeboh)* adj. speculative.

espejismo *(aysspayHeessmoh)* m. mirage.

espejo *(aysspáyHoh)* m. looking-glass, mirror; **tan limpio como un —**, as clean as a new penny.
espeluznante *(aysspaylooth-náhntay)* adj. hair-raising, horrid.
espera *(aysspáyrah)* f. wait, waiting; expectancy, expectation.
esperanza *(aysspayráhnthah)* f. hope; expectancy; **tener —**, to be hopeful; **no hay—**, there is no hope/no chance.
esperanzar *(aysspayrahntháR)* tr. to give hope.
esperar *(aysspayráR)* tr. to hope; to expect; to wait for.
esperezarse *(aysspayRaytháR-say)* r. to stretch oneself.
esperma *(aysspáyRmah)* f. sperm.
espermatorrea *(aysspayRmah-tohRáyah)* f. spermatorrhea.
espesar *(aysspaysáR)* tr. to thicken, to condense.
espeso *(aysspáysoh)* adj. thick, dense, massed.
espesor *(aysspaysóR)* m. thickness; density, mass.
espesura *(aysspaysóorah)* f. thickness; closeness; (of trees, etc.) thicket.
espetar *(aysspaytáR)* tr. to spit; (cook.) to skewer; to pierce.
espetón *(aysspaytón)* m. spit.
espía *(aysspée:ah)* s. spy.
espiar *(aysspe:áR)* tr. to spy; to lurk. [ear of corn.
espiga *(aysspéegah)* f. spike or
espigado *(aysspeegáhdoh)* adj. tall, grown. *Agric.* eared.
espigador(a) *(aysspeegahdóh-r)ah)* adj. s. gleaner.
espigar *(aysspeegáR)* tr. e intr. to glean; intr. to ear; v. r. to grow tall.
espigón *(aysspeegón)* m. breakwater, jetty; sting (of bees); point (of tool). [porcupine.
espín *(aysspéen)* m. **Puerco —**,
espina *(aysspéenah)* f. thorn; fish-bone; **— dorsal**, back-bone, spine; **dar mala —**, to feel suspicious; **sacarse la —**, to take it back.
espinaca *(aysspeenáhkah)* f. spinach. [nal, dorsal.
espinal *(aysspeenáhl)* adj. spi-
espinar *(aayspeenáR)* tr. to prick (with thorns); to surround with bramble or thorn-bushes; m. bramble/thorn brake.
espinazo *(aysspeenáhthoh)* m. spine, backbone; (coll.) **doblar el —**, to bend one's back.
espinilla *(aysspeenéelyah)* f. shin(-bone); (face) spot.
espino *(aysspéenoh)* m. *Bot.* hawthorn, bucthorn; **alambre de —**, barbed wire.
espinoso *(aysspeenóhsoh)* adj. spiny, thorny, prickly; arduous, difficult.
espionaje *(aysspe:ohnáHay)* m. espionage, spyying.
espiral *(aysspéeral)* f. spiral, helical, winding, s. f. spiral line (in geom.).
espirar *(aysspeeráR)* intr. to expire; to breathe out, to exhale. [m. spirit(ual)ism.
espiritismo *(ayspeereeteesmoh)*
espiritista *(ayspeereeteestah)* adj. y s. spirit(ual)ist.
espíritu *(aysspéreetoh)* m. spirit, soul; **— Santo,** Holy Ghost. *Chem.* pl. spirits.
espiritual *(ayspeereetwahl)* adj. spiritual.
espiritualidad *(ayspeereetwah-leedahd)* f. spirituality.
espiritualizar *(ayspeereetwahlee-tháR)* tr. to spiritualize.
espita *(aysspéetah)* f. spout tap (E.), faucet(A.), stop-cock.
esplanada *(aycksplahnahdah)* f. esplanade.
esplendidez *(aysplayndeedayth)* f. splendidness, largesse, ostentation.
espléndido *(aysplayndeedoh)* adj. splendid, magnificent, fabulous.
esplendor *(aysplayndóR)* m. splendour, brilliancy; magnificence; glitter.
espliego *(aysplyégoh)* m. *Bot.* lavender.

E

E

espoleadura *(aysspohlayahdóorah)* f. spurgall.
espolear *(aysspohlayáR)* tr. to spur, to incite, to urge forward.
espoleta *(aysspohláytah)* f. fuse, fuse (of a bomb).
espoliar *(ayspohlyáR)* tr. to despoil, spoliate.
espolón *(ayspohlon)* m. cock's spur; ridge (of moutain); (man.) mole, jetty. *Arch.* buttress. *Naut.* ram; fender-beam.
espolvorear *(aysspolbohrayáR)* tr. to powder;, to sprinkle powder.
esponja *(aysspónHah)* f. sponge; (fig.) sponger.
esponjado *(ayssponHáhdoh)* adj. spongy; (coll.) stuckup.
esponjar *(ayssponHáR)* tr. to sponge, to soak; v. r. to swell, to puff (with pride.).
esponjoso *(ayssponHósoh)* adj. spongy, porous.
esponsales *(aysponsáhlayss)* m. pl. espousal, betrothal, nuptials.
espontaneidad *(aysspontahnayeedáhd)* f. spontaneity, spontaneous, -ness.
espontáneo *(aysspontáhnayoh)* adj. spontaneous; voluntary.
esposa *(aysspóhsah)* f. wife, spouse; pl. manacies; handcuffs.
esposado *(aysspohsáhdoh)* adj. betrothed, married. *Crim.* hand-cuffed.
esposo *(aysspóhsoh)* m. husband, consort.
esprimir *(aykspreeméeR)* tr. to squeeze or press out.
espuela *(aysspwaylah)* f. spur, rowel; stimulus.
espuma *(aysspóomah)* f. foam; froth; lather.
espumadera *(aysspoomahdáyrah)* f. skimmer.
espumar *(aysspoomáR)* tr. to skim; intr. to foam, to froth.
espumoso *(aysspoomósoh)* adj. frothy, foaming.
espurio *(aysspóorioh)* adj. spurious, false; bastard, illegitimate. [sputum.
esputo *(aysspóotoh)* m. spitle,
esquela *(ayysskáylah)* f. billet, note; memorial notice (in the paper).
esqueleto *(aysskayláytoh)* m. skeleton; framework; (fig.) as thin as a rake.
esquí *(aysskée)* m. ski.
esquiador *(aysske:ahdóR)* m. skier; adj. skiing.
esquiar *(aysbe:áR)* intr. to ski; **pista de —,** ski-run.
esquife *(aysskéefay)* m. skiff.
esquilador *(ayskeelahdoR)* m. sheep-shearer.
esquilar *(aysskeeláR)* tr. to shear, to fleece; to crop; **sin —,** unshorn.
esquilmar *(aysskeemáR)* tr. to harvest; to make the land infertile. [kimo.
esquimal *(aysskeemáhl)* m. Es-
esquina *(aysskéenah)* f. corner; angle, edge; **en la — de la calle,** at the street corner.
esquinazo *(ayskeenahthoh)* m. **Dar el —,** to leave in the lurch, to give the slip.
esquirol *(aysskeeról)* m. (coll.) blackleg.
esquivar *(aysskeebáR)* tr. to evade, to avoid, to elude; (coll.) to dodge.
esquivez *(aysskeebayth)* f. disdain, scorn; coyness, shyness, coldness.
esquivo *(aysskéeboh)* adj. evasive, elusive, shy, coy.
estabilidad *(aysstahbeeleedád)* f. stability. [tr. to stabilize.
estabilizar *(aysstahbeeleetháR)*
estable *(aysstáhblay)* adj. stable, firm, steady, consistent.
establecer *(aysstahblaytháyR)* tr. to esbablish, to found, to set up; v. r. to settle.
establecimiento *(aysstahblaytheemyéntoh)* m. establishment, foundation, setting-up.

Com. shop, store, etc; settlement.
establo *(aysstáhbloh)* m. stable.
estaca *(aysstáhkah)* f. a stake; pole, big stick; cudgel. *Agric.* cutting. *Carp.* clampnail.
estacada *(aysstahkáhdah)* f. fence, stockade, palisade; **dejar en la —,** to leave in the lurch; **quedarse en la —,** to fail to do something.
estacar *(aysstahkáR)* tr. to tie to a stake, to delimit with stakes, to enclose.
estación *(aysstahthyón)* f. (of the year) season; (rewy) station. *Mot.* **— de servicio,** garage, petrol estation. *Eccl.* station (of the Cross).
estacionamiento *(aystahthyonahmyéntoh)* m. *Mot.* parking; stationing.
estacionario *(aystahthyohnáhryoh)* adj. stationary, stopped, fixed.
estacha *(aystáchah)* f. *Naut.* hawser; tow line.
estadio *(aysstáhdyoh)* m. stadium, sports ground.
estadista *(aysstahdeesstah)* m. statesman. [f. statistics.
estadística *(aysstahdeesteekah)*
estadístico *(aysstahdeessteekoh)* adj. statistical, statistic.
estado *(aysstáhdoh)* m. *Pol.* state; situation, stake; **— civil,** single, married or widow(er) (in official forms). *Mil.* **— mayor,** staff; **hombre de —,** statesman; **materias de —,** state affairs; **estar en —,** to be pregnant/in the family way. *Mil.* **— de Guerra,** Martial law.
estafa *(aysstáhfah)* f. swindle, theft. [swindler.
estafador *(aysstahfahdóR)* m.
estafar *(aysstahfáR)* tr. to swindle, to deceive. [ofice.
estafeta *(aysstahfáytah)* f. Post
estallar *(aysstahlyáR)* intr. to explode, to burst, to blow up; **— la guerra,** to break out a war.
estallido *(aysstahlyéedoh)* m. bang, turst, crack.
estambre *(aysstáhmbray)* m. knitting wool. *Bot.* stamen.
estampa *(aysstáhmpah)* f. print, stamp; **de buena —** (horses), of good appearance, thorough bred.
estampado *(aysstahmpáhdoh)* m. print, cotton print.
estampar *(aysstahmpáR)* tr. to (im)print, to stamp.
estampida *(aysstahmpéedah)* f. stampede.
estampido *(aysstahmpéedoh)* m. gun report, cracking noise.
estampilla *(aysstahmpéelyah)* f. rubber stamp. *Amer.* postage stamp.
estancar *(aysstahnkáR)* tr. to stanch, to stop; v. r. to get stopped, to get stuck, to be stagnant.
estancia *(aysstáhnthyah)* f. stay; dwelling; ranch.
estanco *(aysstáhnkoh)* adj. water-tight. m. Post office branch, tobaçconist's.
estandarte *(aysstahndártay)* m. standard, banner.
estanque *(aysstáhnkay)* m. pond; small artificial lake.
estante *(aysstáhntay)* m. shelf; book-shelf.
estantería *(aysstáhntayrée:ah)* f. shelving, shelves.
estañar *(aysstahnyáR)* tr. to tin, to solder.
estaño *(aysstáhnyoh)* m. tin.
estar *(aysstáR)* intr. to be (in a place, state or condition); **— bien** (pers.) to be fine; **— bien** (thing) to be right; **— mal,** (pers.) to be not too well; (oh things) to be wrong; **—le bien,** (clothes), to suit; **— de pie,** to be standing; **— sentado,** to be sitting; **¿a cuántos estamos?** waht's today's date? **¿Estamos?** Do you understand?; v. r. **—se quieto,** to be still.

E

estática *(aysstáhteekah)* f. statics. [static(al).
estático *(aysstáhteekoh)* adj.
estatua *(aysstáhtoo:ah)* f. statue. [establish.
estatuir *(aysstáhtoo:éeR)* tr. to
estatura *(aysstahtóorah)* f. height (of persons); stature.
estatuto *(aysstahtóotoh)* m. statute; law; pl. by-laws.
este *(aysstay)* adj. this; **de — modo,** like this; pron. this, this one; the latter; m. east; **del —**, from the east; **hacia el —**, eastwards.
estela *(aystaylah)* f. *Naut.* wake of a ship. *Aeron.* jet-line.
estenografía *(aystaynohgrahfeeah)* f. shorthand, stenography.
estenógrafo, a *(aystaynóhgrahfoh, ah)* m., f. stenographer.
estepa *(aysstáypah)* f. steppe.
estercolero *(aysstayRkoláyroh)* m. dunghill, manure dump; (fig.) rubbish-dump.
estereofónico *(aysstayrayohfóhneekoh)* adj. stereophonic.
estereotipar *(aysstayrayohteepáR)* tr. to stereotype.
estereotipia *(aystayrayohtéepyah)* f. stereotype, printing-works. [barren.
estéril *(aystáyreel)* adj. sterile,
esterilidad *(aystayreeleedahd)* f. sterility. [to sterilize.
esterilizar *(aystayreeleethaR)* tr.
esterlina *(aysstayRléenah)* adj. sterling, **libra —**, pound sterling.
esternón *(aysstayRnón)* m. *Anat.* sternum breast-bone.
estertor *(aysstayRtóR)* m. rattle, shallow breathing.
estibador *(aysteebahdoR)* m. docker, stevedore.
estiércol *(aysstyéRkol)* m. manure, dung; (fig.) dirt.
estigma *(aysteegmah)* m. brand, stigma, mark; birth-mark.
estilar *(ayssteeláR)* tr. e intr. to use; v. r. to be in fashion.
estilo *(aysstéeloh)* m. style; **por ese —**, something like that.
estilográfica *(ayssteelohgráhfeekah)* f. fountain pen.
estima *(aysstéemah)* f. esteem. *Naut.* reckoning, dead reckoning.
estimación. *(ayssteemahthyón)* f. estimation, esteem; (calc.) estimate, quote.
estimar *(ayssteemáR)* tr. to estimate, to value; to esteem, to have in high esteem; to reckon, to think.
estimulante *(aysteemoolantay)* adj. stimulatihg; m. stimulant.
estimular *(ayssteemooláR)* tr. to stimulate, to incite.
estímulo *(aysstéemooloh)* m. stimulus, incitement, stimulation.
estío *(aysstée:oh)* m. summer.
estipendio *(aysteepáyndyoh)* m. stipend, fee, pay.
estipular *(ayssteepooláR)* tr. to stipulate, to settle terms, to lay down (conditions).
estirado *(ayssteeráhdoh)* adj stretched, spread, extended (fig.) stiff.
estirar *(ayssteeráR)* tr. to stretch. *Met.* to draw out; **— el pescuezo,** to crane one's neck; v. r. to stretch oneself.
estirón *(ayssteerón)* m. strong pull; **dar —**, to shoot up (of persons).
estirpe *(aysstéerpay)* f. race, origin; breed, stock.
estival *(ayssteebáhl)* adj. estival, summer.
esto *(aysstoh)* pron. neut. this.
estocada *(aysstohkáhdah)* f. stab, thrust (with a sword).
estofado *(aystohfahdoh)* adj., stuffed; quieted; m. (cook.) stewed-meat.
estofar *(aystohfaR)* tr. to stuff; to quilt; (cook.) to sew meat.
estoicismo *(aysstoytheesmoh)* m. stoicism.
estoico *(aysstóyekoh)* adj. stoic.

estola *(aysstohla)* f. stole.
estolidez *(aysstohleedayth)* f. dity, stupidity.
estólido *(aysstohleedoh)* adj. stolid, stupid. [stomachal.
estomacal *(aysstohmahkáhl)* adj.
estómago *(aysstóhmahgoh)* m. stomach; **dolor de —**, stomach ache; (coll.) bellyache; **tener — para,** to have the courage for. [rapien.
estoque *(aysstóhkay)* m. sword,
estorbar *(aysstoRbáR)* tr. to hinder, to hamper; to get in the way; v. r. to get in each other's way.
estorbo *(aysstóRboh)* m. hindrance, nuisance, obstruction.
estornudar *(aysstoRnoodáR)* intr. to sneeze. [sneeze.
estornudo *(aysstoRnóodoh)* m.
estrabismo *(aysstrabeessmoh)* m. *Med.* strabismus, squint.
estrado *(aysstráhdoh)* m. platform.
estrafalario *(aysstrahfahláhryoh)* (coll.) slovenly, extravagant, odd, queer.
estragamiento *(aysstrahgahmyéntoh)* m. ravage; (fig.) corruption.
estragar *(aysstrahgáR)* tr. to spoil, to ruin, to deprave.
estrago *(aysstráhgoh)* m. ravage, waste, havoc, ruin; depravity, wickedness.
estrambótico *(aysstrahmbóhteekoh)* adj. strange, odd, queer, quizzical.
estrangulación *(aysstrahngoolahthyón)* f. strangling, choking.
estrangular *(aysstrahngooláR)* tr. to strangle, to choke (engin) choke. *Med.* to strangulate.
estraperlista *(aysstrahpayRleessta)* adj. y s. black-marketeer.
estraperlo *(aysstrahpayRloh)* m. black market. **Es de —,** bought on the black-market.
estratagema *(aysstrahtahHáymah)* f. stratagem, trick, deceit, craftiness.
estrategia *(aysstrahtáyHeyah)* f. *Mil.* strategy.
estratégico *(aystrahtáyHeekoh)* adj. strategic.
estratificar *(aystrahteefeekaR)* tr. to stratify.
estrato *(aysstráhtoh)* m. stratum, layer; (cloud) stratus.
estrechamiento *(aysstraychamyéntoh)* m. narrowing.
estrechar *(aysstraycháR)* tr. to narrow, to reduce, to tighten; **— la mano,** to shake hands; v. r. to become narrow; to embrace.
estrechez *(aysstraychayth)* f. narrowness; tightness; **— mental,** narrow-mindedness; (fig.) poverty.
estrecho *(aysstráychoh)* adj. narrow; m. strait, channel.
estrella *(aysstráylyah)* f. star; (film) actress; (fig.) fate.
estrellado *(aysstraylyáhdoh)* adj. starry, starlike; fried (eggs); smashed, shattered.
estrellar *(aysstraylyáR)* to shatter, to smash; (cook.) to fry eggs; v. r. to erash (in accidents).
estremecer *(aystraymaytháR)* tr. to shake; v. r. to shudder, to run hot and cold.
estremecimiento *(aystraymaytheemyéntoh)* m. shiver(ing), trembling, quake.
estrenar *(aysstraynáR)* tr. to use or wear (for the first time) to begin. *Theat.* to make one's debut, to perform for the first time.
estreno *(aysstráynoh)* m. commencement, handsel. *Theat.* debut, première.
estreñimiento *(aystraynyeemyéntoh)* m. constipation.
estreñir *(aystraynyeeR)* tr. to restrain; to constipate, to bind.
estrépito *(aysstráypeetoh)* m. noise, din, clanger, racket.
estrepitoso *(aysstraypeetóhsoh)* adj. noisy, rowdy, boisterous.

E

E

estría *(aytreeah)* f. groove, flute.
estribaciones *(aysstreebahthyóhnays)* f. pl. foothills.
estribar *(aysstreebá***R***)* intr. to rest (upon), to be based on; consist in. [*Mus.* refrain.
estribillo *(aysstreebéelyoh)* m.
estribo *(aysstréeboh)* s. stirrup; step (of a coash); **Perder los estribos,** to lose one's head.
estribor *(aysstreebó***R***)* s. starboard.
estricto *(aysstréektoh)* adj. strict; exact, severe.
estridencia *(aystreedaynthyah)* f. shrillness, sharpness.
estridente *(aystreedayntay)* adj. shrill, harsh, jarring, strident.
estrofa *(aysstróhfah)* s. strophe, stanza.
estropear *(aysstrohpayá***R***)* tr. to spoil, damage; to ruin (clothes, etc.); to spoil (plans, etc.); v. r. to break down.
estropicio *(aysstrohpéethyoh)* m. (coll.) breakage, great damage. [structure.
estructura *(aysstrooktóorah)* f.
estruendo *(aysstrwayndoh)* m. clang, din, clatter; uproar, racket.
estruendoso *(aysstrwayndóhsoh)* adj. clangorous, deafening, thundering, uproarious.
estrujar *(aysstroo***H***á***R***)* tr. to squeeze, squash, crush, press. [estuary.
estuario *(aysstooyáhryoh)* m.
estuche *(aysstóochay)* m. case; sheath; casket, box.
estudiante *(aysstoodyáhntay)* m. student; **— universitario,** undergraduate university student.
estudiantil *(aysstoodyahntéel)* adj. (fam.) student.
estudiantina *(aysstoodyahntéenah)* f. student wake or band.
estudiar *(aysstoodyá***R***)* tr. to study; to read (for a unv. degree).
estudio *(aysstóodyoh)* m. study, learning; reading-room, studio.
estudioso *(aysstoodyóhsoh)* adj. studious. [stove.
estufa *(aysstóofah)* f. heater
estulticia *(aysstooltéethyah)* f. silliness, folly, foolishness.
estupefacción *(aysstoopayfahkthyón)* f. stupefaction; numbness.
estupefacto *(aysstoopayfáhktoh)* adj. (fam.) stupefied, astonished, amazed.
estupendo *(aysstoopayndoh)* adj. stupendous, wonderful, terrific.
estupidez *(aystoopeedayth)* f. stupidity, foolishness, imbecility.
estúpido *(aysstóopaydoh)* adj. stupid; dull brained, fat-head.
estupor *(aysstóopó***R***)* m. stupor, amazement, astonishment.
estuprar *(aysstooprá***R***)* tr. to ravish, to violate, to rape.
estupro *(aysstóoproh)* m. rape, violation. [sturgeon.
esturión *(aysstooryón)* m. *Icht.*
etapa *(aytáhpah)* f. stage; stop; relay.
etcétera *(aytthaytayrah)* adv. et caetera, etc., and so on.
eter *(aytay***R***)* m. ether.; (poet.) the sky.
eternal *(aytay***R***náhl)* adj. eternal, for ever.
eternidad *(aytay***R***needahd)* f. eternity; (coll.) a long time.
eternizar *(aytay***R***neetha***R***)* tr. to perpetuate, eternize.
eterno *(aytáy***R***noh)* adj. eternal, endless, everlasting.
ética *(áyteekah)* f. ethics; morals. [moral.
ético *(áyteekoh)* adj. ethic(al),
etimología *(ayteemoohloh***H***éeyah)* f. etymology.
etiqueta *(ayteekáytah)* f. etiquette, ceremony. *Com.* ticket, label.
étnico *(aytneekoh)* adj. ethnic.
eucaristía *(ayookahreessteeah)* f. eucharist.
eucarístico *(ayookahreesteekoh)* adj. eucharistic(al).

eufemismo *(ayoofaymeesmoh)* euphemism. [ria.
euforia *(ayoofóhryah)* f. eupho-
eunuco *(ayoonóoko)* m. eunuch.
europeo *(ayoorohyáyoh)* m. European. [f. evacuation.
evacuación *(aybahkooyahthyón)*
evacuar *(aybahkoo:áR)* tr. to evacuate, to quit, to empty, to vacate.
evadir *(aybahdéeR)* tr. to evade, to dodge. v. r. to escape, to get away.
evaluación *(aybahlwahthyon)* f. evaluation, appraisement.
evaluador *(aybahlwahdoR)* m. valver, appraiser.
evaluar *(aybahlwáR)* tr. to evaluate, to appraise.
evangélico *(aybahnHayleekoh)* adj. evangelic(al).
evangelio *(aybahnHaylyoh)* m. gospel. [s. evangelist.
evangelista *(aybahnHayleestah)*
evangelizar *(aybanHayleethaR)* tr. to evangelize.
evaporación *(aybahpohrahthyón)* f. evaporation.
evaporar *(aybahpohráR)* intr. to evaporate; v. r. (ocll.) to disappear, to vanish.
evasión *(aybahsyón)* f. evasion, escape; — **de cerebros,** brain drain. [sive, elusive.
evasivo *(aybahséeboh)* adj. eva-
evento *(aybayntoh)* m. event, happening. [casual, interin.
eventual *(aybayntooyáhl)* adj.
evidencia *(aybeedaynthyah)* f. evidence, proof.
evidenciar *(aybeedaynthyáR)* tr. to prove, to make evident, to show.
evidente *(aybeedayntay)* adj. evident, clear, obvious, plain.
evitar *(aybeetáR)* tr. to avoid, to elude; to shirk, to shun.
evocar *(aybohkáR)* tr. to recall, to evoke.
evolución *(aybohloohthyón)* f. evolution, development.
evolucionismo *(aybohloothyoneesmoh)* m. evolutionism.
exactitud *(ayksahteetóod)* f. exactness, accuracy.
exacto *(ayksáhktoh)* adj. exact, accurate, precise.
exageración *(ayksahHáyrahthyón)* f. exageration.
exagerar *(ayksahHayráR)* tr. to exagerate, to magnify.
exaltado *(ayksaltahdoh)* adj. hotheaded; extremist.
exaltar *(ayksahltáR)* tr. to exalt; to extol, to praise; v. r. to get carried away.
examen *(ayksáhmayn)* m. exam(ination), test; survey, search. *Med.* chek-up.
examinar *(ayksahmeenáR)* tr. to examine; to survey, to search. *Med.* to check up; v. r. to take an exam, to sit an exam.
exánime *(ayksáhneemay)* adj. lifeless; (fam.) exhausted; weak.
exasperación. *(ayksahspayrahthyón)* f. exasperation.
exasperado *(ayksahspayráhdoh)* adj. exasperate.
exasperar *(ayksahspayráR)* tr. to exasperate; to vex, to offend.
excavar *(aykskahbáR)* tr. to excavate, to dig out.
exceder *(ayksthaydáyR)* tr. to exceed; to surpass, to go too far, to exceed.
excelencia *(ayksthaylaynthyah)* f. excellence; Excellency (title).
excelente *(ayksthaylayntay)* adj. excellent, to go too far, to exceed.
excelso *(ayksthaylsoh)* adj. elevated, sublime.
excentricidad *(ayksthayntreetheedáhd)* f. eccentricity, oddity.
excéntrico *(ayksthayntreekoh)* adj. eccentric(al), odd, queer, extravagant.
excepción *(ayksthaypthyón)* f. exception.
excepto *(ayksthayptoh)* adv. except, excepting, but, save for, excluding.

E

E

exceptuar *(aykstháyptoo:áR)* tr. to except, to exclude, to leave out.

excesivo *(aykstháyséeboh)* adj. excesive, too much.

exceso *(ayksthaysoh)* m. excess. *Com.* surplus; **en —,** excessively; **— de equipaje,** excess luggage. [excitable.

excitable *(ayksthéetáhblay)* adj.

excitación *(ayksthéetahthy:ón)* f. excitation; excitement.

excitar *(ayksthéetáR)* tr. to excite, to stimulate, to rouse, to thrill. *Elect.* to energize; v. r. to get excited.

exclamación *(aysklahmahthyón)* f. exclamation. [exclaim.

exclamar *(aysklahmáR)* tr. to

excluir *(ayksklo:éeR)* tr. to exclude, to leave out.

exclusión *(aysklоosyón)* f. exclusion, shutting out; refection.

exclusiva *(aykskloosécbah)* f. exclusive right; monopoly.

exclusivo *(aykskloosécboh)* adj. exclusive.

excomulgar *(aykskohmoolgáR)* tr. to excommunicate.

excomunión *(aykskohmoonyón)* f. excommunication.

excremento *(aykskraymayntoh)* m. excrement, dirt; pl. fæces, excreto.

excursión *(aykskooRsyón)* f. excursion; trip, outing, tour.

excursionista *(aykskooRsyohnísstah)* s. excursionist, tripper.

excusa *(aykskóosah)* f. excuse; apology. *Law.* plea.

excusado *(aykskoosáhdoh)* adj. exempt; m. privy, water-closet; **es — decir que,** needless to say that.

excusar *(aykskoosáR)* tr. to excuse; v. r. to apologize, to excuse oneself; to apologize.

execrable *(ayksaykrahblay)* adj. hateful, detestable.

exención *(ayksaynthyón)* f. exemption, i mmunity. *Com.* franchise.

exentar *(ayksayntáR)* tr. to exempt, to free from. *Law.* to absolve, to acquit.

exento *(ayksayntoh)* adj. exempt; free(d).

exequias *(ayksáykyahs)* f. pl. exequies, funeral rites.

exhalación *(aykahlahthyón)* f. exhalation, fume, vapour; (fig.) great speed; **como una —,** like lightning.

exhalar *(ayksahláR)* tr. to exhale, to breathe out, to emit; (fig.) to die.

exhausto *(ayksáh/oostoh)* adj. exhausted, tired out, worn out.

exhibición *(aykseebeethyon)* f. show, display, exposition.

exhibir *(aykseebéeR)* tr. to display, to show, to exhibit.

exhortación *(ayksoRtahthyón)* f. exhortation, admonition.

exhortar *(ayksoRtáR)* tr. to exhort, to admonish, to warn.

exhumación *(ayksoomathyón)* f. exhumation, disinterment.

exhumar *(ayksoomáR)* tr. to disinter, to exhume.

exigencia *(aykseeHaynthyah)* f. exigency, demand; pl. **las —s de la vida,** life's needs.

exigente *(aykseeHayntay)* adj. demanding, exacting.

exigir *(aykseeHeeR)* tr. to exact; to demand; to require.

exiguo *(aykséegoo:oh)* adj. exiguous, small, scanto.

eximio *(aykséemyoh)* adj. eximious, famous, eminent.

eximir *(aykseeméeR)* tr. to exempt, to free from, to exempt.

existencia *(aykseestaynthyah)* f. existence, life. *Com.* pl. stocks; **en —,** in stock.

existente *(aykseestayntay)* adj. existing; actual, real.

existir *(aykseestéeR)* intr. to exist; to be.

éxito *(aykseetoy)* m. success; **tener —,** to succeed, to be successful.

éxodo *(ayksohdoh)* m. exodus.

exonerar *(ayksohnayrar)* tr. to exonerate, to acquit.

exorbitante *(aysoRbeetáhntay)* adj. exorbitant; excesive.
exorcismo *(aysoRtheessmoh)* m. exorcism. [exorcise.
exorcisar *(ayksoRtheesáR)* tr. to
exótico *(ayksóhteekoh)* adj. exotic(al), odd, bizarre.
expansión *(ayksyahnsyón)* f. expansion; spread.
expansivo *(aykspahnséeboh)* adj. expansive; (fig.) sociable, affable.
expatriación *(aykspahtryahthyón)* f. expatriation, exile.
expatriar *(aykspahtryáR)* tr. to expatriate, to exile; v. r. to emigrate. [f. expectation.
expectación *(aykspayktahthyón)*
expectativa *(aykspayktahtéebah)* f. expectation, hope, expectancy; **estar a la —,** to be on the look out for, to be ready to.
expectorar *(aykspayktohraR)* tr. to spit, to spit out, to expectorate.
expedición *(aykspaydeethyon)* f. expedition: journey, trip. *Com.* shipment, despatch.
expedicionario *(aykspaydeethyonahryoh)* adj. y s. expedition ary; sender.
expediente *(aykspaydyentay)* m. *Law.* proceedings; dossier; file, ...; (coll.) **cubrir el —,** to do the minimun, record.
expedir *(aykspaydéeR)* tr. to dispatch, to forward.
expeditivo *(aykspaydeetéeboh)* adv. expeditive; quick.
expedito *(aykspaydéetoh)* adj. speedy, prompt, quick.
expeler *(aykspaylayR)* tr. to expel, to throw out.
expendedor *(aykspayndaydóR)* adj. spending; m. dealer, seller.
expender *(aykspayndayR)* tr. to expend. *Com.* to sell on commission.
expensas *(aykspaynsahs)* f. pl. expenses, cests; **a — de,** at the expense of ....
experiencia *(aykspayryénthyah)* f. experience; experiment, trial.
experimentar *(aykspayreemayntaR)* tr. to experience, to experiment, to test, to try.
experimento *(aykspayreemayntoh)* m. experiment, trial, test.
experto *(aykspáyRtoh)* adj. expert; (coll.) judge.
expiación *(aykspyahthyón)* f. expiation, atonement.
expiar *(aykspyáR)* tr. to expiate, to atone.
expirar *(aykspeeraR)* tr. to die, to pass away.
explanar *(ayksplahnaR)* tr. to level, to grade, to make flat (land).
explicación *(ayksplee kahthyón)* f. explanation.
explicar *(auksplee káR)* tr. to explain, to clear up, to make clear; v. r. to explain oneself. [explicit.
explícito *(ayksplée theetoh)* adj.
exploración *(aykspl ohrahthyón)* f. exploration.
explorador *(aykspl ohrahdóR)* adj. exploring; m. explorer. *Mil.* scout. [plore, to scout.
explorar *(ayksplohráR)* tr. to ex-
explosión *(ayksplohsyón)* f. explosion, blast; (fig.) outburst.
explosivo *(ayksplohséeboh)* adj. y m. explosive.
explotación *(ayksplohtahthyón)* f. exploitation; development.
explotar *(ayksplohtáR)* tr. to exploit; to develop, to use fully; to explode, to burst out, to blast out.
expoliación *(aykspohlyahthyón)* f. spoliation, plundering.
expoliar *(aykspohlyáR)* tr. to plunder, to despoil.
exponer *(aykspohnáyR)* tr. to expose; to exhibit, to show, to display; to risk; v. r. to run a risk, to take a chance.
exportación *(aykspoRtahthyón)* f. export(ation). [port.
exportar *(aykspoRtáR)* tr. to ex-

E

E

exposición *(aykspohseethyón)* f. exposition. *Art.* exhibition. *Phot.* exposure; risk, danger. [foundling.
expósito *(ayksрóhseetoh)* adj.
expresar *(aykspraysáR)* tr. to express, to state, to tell.
expresión *(ayksprayѕуón)* f. expresion. *Gram.* phrase, idiom; (fig.) gift, present.
expresivo *(aykspraysééboh)* adj. expressive.
expreso *(ayksprάysoh)* adj. expressed; s. express.
expuesto *(aykspwaysstoh)* adj. risky, dangerous; — **a,** liable to. *Art.* exhibited, displayed.
expulsar *(aykspoolsáR)* tr. to expel, to eject, to throw out.
expulsión *(aykspoolsyón)* f. expulsión.
expulsor *(aykspoolssoR)* adj. expelling, ejecting; m. ejector.
expurgar *(ayksрooRgaR)* tr. to expurgate; to purify. *Print.* to correct.
exquisito *(ayksкeeséetoh)* adj. exquisite, delicious, nice; delicate. [tasy, bliss.
éxtasis *(aykstahseess)* m. ecs-
extender *(aykstayndayR)* tr. to extend, to expand, to spread, to stretch; v. r. to extend, to stretch out.
extensión *(aykstaynsyon)* f. extension; extent. *Geog.* area; (fig.) scope, range.
extenso *(aykstaynsóh)* adj. extensive, long (speech, writing, etc.); **por —,** with full particulars.
exterior *(aykstayryoR)* adj. exterior, out, outside; **asuntos —es,** foreign affairs.
exteriorizar *(aykstayryohreethaR)* tr. to speak out, to speak one's mind.
exterminar *(aykstayRmeenaR)* tr. to exterminate, to destroy, to kill.
exterminio *(aykstayRméenyoh)* m. extermination, destruction, anihilation.
externo *(aykstáyRnoh)* adj. external; m. day-pupil.
extinción *(aykѕteenthyón)* f. extinction, obliteration; (fires) estinguishing putting out.
extinguir *(aykѕteengéeR)* tr. to extinguish, to banish; (fires) to put out, to smother; v. r. to disappear, to fade away.
extinto *(aykѕteentoh)* adj. extinct.
extirpación *(ayѕteeRpahthyón)* f. extirpation, removal, eradication.
extirpar *(ayѕteeRpáR)* tr. to extirpate, to eradicate. *Med.* to remove, to extract.
extorsión *(aykstoRsyón)* f. extortion, blackmail.
extracción *(aykstrahkthyón)* f. extraction. *Min.* mining. *Med.* removal.
extractar *(aykstrahktáR)* tr. to abstract, to summarize.
extracto *(aykstráhktoh)* m. abstract, summary. *Chem.* extract.
extractor *(aykstrahktóR)* m. extractor.
extraer *(aykstraháyR)* tr. to extract; (dent.) to pull out. *Min.* to mine.
extranjero *(aykstrahnHáyroh)* adj. foreign; m. foreigner, alien; **en el** or **al —,** abroad.
extrañeza *(aykstrahnyáythah)* f. oddity, wonderment, surprise, strangeness.
extraño *(aykstráhnyoh)* adj. strange, odd, queer; s. stranger, foreing.
extraordinario *(aykstraoRdeenáhryoh)* adj. extraordinary; uncommon, unusual.
extravagancia *(aykstrahbahgáhnthyah)* f. extravagance, eccentricity, oddity.
extravagante *(aykstrahbahgáhntay)* adj. extravagant, eccentric, odd, queer.
extraviar *(aykstrahbyáR)* tr. to mislead, to misplace, to lose, to mislay; v. r. to go astray; to lose one's way.
extravío *(aystrahbeeoh)* m. deviation, misleading, loss.

extremado *(aykstraymáhdoh)* adj. extreme.
extremar *(aykstraymáR)* tr. to carry to an extreme, to overemphasize.
extremaunción *(aykstraymaoothyon)* f. extreme unction.
extremidad *(aykstraymeedahd)* f. extremity; pl. limbs.
extremo *(aykstráymoh)* adj. extreme, last, utmost; m. end, edge, extreme. *Sport.* **— derecho,** out-side right; **— izquierdo,** outside left.
exuberancia *(ayksoobayráhnthyah)* f. exuberance.
exuberante *(ayksoobayráhntay)* adj. exuberant, luxuriant.

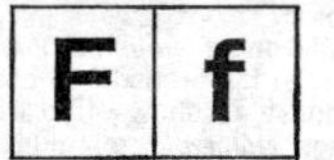

fábrica *(fáhbreekah)* f. factory, works, mill; **marca de —,** trade-mark.
fabricación *(fahbreekahthyón)* f. manufacture, make; (fig.) invention, fabrication.
fabricante *(fahbreekáhntay)* s. manufacturer, maker's.
fabricar *(fahbreekáR)* tr. to build; to manufacture, to make. [turing.
fabril *(fahbréel)* adj. manufac-
fábula *(fáboolah)* f. fable, legend; (fig.) lie, falsehood; rumour.
fabuloso *(faboolóhsoh)* adj. fabulous.
faca *(fahkah)* f. jack-knife.
facción *(fahkthy:ón)* f. faction, side; pl. face, features.
faccioso *(fahkthy:óhsoh)* adj. factious, rebellious; m., agitator, rebel.
faceta *(fahtháytah)* f. facet, side; **tiene muchas —s,** it has many sides; **polifacético,** manysided, polifacetic.
fácil *(fáhthil)* adj. easy, light, simple; **—mente,** easily.
facilidad *(fahtheeleedáhd)* f. facility; ease, simplicity.
facilitar *(fahtheeleetáR)* tr. to facilitate, to make easy; to supply, to give.
facineroso *(fahtheenayróhsoh)* adj. wicked; m. rascal, rogue, out-law. [sible.
factible *(fahktéeblay)* adj. fea-
factor *(fahktóR)* m. *Maths.* factor. *Com.* agent; (rlwy) left-luggage attendant.
factoría *(fahktohrée:ah)* f. factory, plant. [bill.
factura *(fahktóorah)* f. invoice,
facturar *(fahktooráR)* tr. to bill, to invoice; (rlwy) to register luggage.
facultad *(fahkooltáhd)* f. faculty; power, authority; **— de Ciencias,** Science faculty; **— de Derecho,** Law faculty.
facultar *(fahkooltáR)* tr. to empower, to authorize.
facultativo *(fahkooltahtéeboh)* adj. facultative, optional; m. doctor, physician.
facha *(fáhchah)* f. (fam.) aspect, looks, mien.
fachada *(fahcháhdah)* f. façade, face, front; (fig.) figure, build (of persons).
faena *(faháynah)* f. work; labour; pl. household duties, chores; (coll.) mean trick.
faisán *(fah/esáhn)* m. pheasant.
faja *(fáhHah)* f. girdle, suspenderbel t. *Mil.* sash, band. *Geog.* zone, belt. *Naut.* reetband.
fajo *(fáhHoh)* m. bundle; **— de billetes,** a hand ful of banknotes. [deceit.
falacia *(fahláhthyah)* f. fallacy,
falaz *(fahláth)* adj. deceitful, fallacious.
falda *(fáhldah)* f. skirt. *Geog.* foothill; (meat) loin-meat; pl. women.
falibilidad *(fahleebeeleedáhd)* f. fallibility.
falible *(fahléeblay)* adj. fallible.
fálico *(fáhleekoh)* adj. phallic.
falo *(fáhloh)* m. phallus, penis.
falsario *(fahlsáryoh)* adj. y s. forger, falsifier.

F

falsear *(fahlsayá***R***)* tr. to falsify, to counterfeit, to forge.
falsedad *(fahlsaydáhd)* f. falsehood, lie, untruth.
falsificación *(fahlseefeekathyón)* f. forgery, falsification counterfeit.
falsificador *(fahlseefeekahdó***R***)* m. falsifier, forger.
falsificar *(fahlseefeeká***R***)* tr. to falsify, to forge.
falso *(fáhlsoh)* adj. false; **billete —**, forged note; (fig.) (of persons) deceitful, disloyal.
falta *(fáhltah)* fault, error, mistake; (manuf.) defect, flaw; **hacer —**, to need; **sin —**, without delay.
faltar *(fahltá***R***)* intr. to be deficient, to miss, to be absent or missing.
falto (de) *(fáhltoh)* adj. wanting, short of, lacking.
falla *(fáhlyah)* f. defect, flaw; fire works display; artistic figure to burn up.
fallar *(fahlyá***R***)* intr. to fail. *Mech.* not to work properly; (shoot.) to miss; v. t. to pass judgement. tr. to judge; **no me falles,** don't let me down.
fallecer *(fahlyaytháy***R***)* intr. to die, to pass away.
fallecimiento *(fahlyaytheemyénthoh)* m. obituary, death, decease. [trated, failed.
fallido *(fahlyéedoh)* adj. frus-
fallo *(fáhlyoh)* m. *Leg.* judgement; sentence; mistake, error; (shool.) miss. *Mech.* failure, breakdown.
fama *(fáhmah)* f. fame, name, reputation; **de buena —**, renown; **de mala —**, of illrepute.
famélico *(fahmáyleekoh)* adj. hungry, starving; **estar —**, household. to be starving.
familia *(fahméelyah)* f. family;
familiar *(fahmeelyá***R***)* adj. familiar; m. relative.
familiaridad *(fameelyahreedád)* f. familiarity, acquaintance; intimacy.
familiarizar *(fahmeelyahreethá***R***)* tr. to familiarize, to acquaint. v. r. to get acquainted with.
famoso *(fahmóhsoh)* adj. famous, well-known, noted.
fanal *(fahnáhl)* m. lighthouse, lantern.
fanático *(fahnáhteekoh)* adj. y m. fanatic(al), bigot(ed).
fanatismo *(fahnahteessmoh)* m. fanaticism.
fanfarrón *(fahnfah***R***ón)* adj. (fam.) bullying; showy; m. boaster, braggart, m. bully.
fanfarronada *(fahnfah***R***ohnáhdah)* f. fanfaronade, boast, brag.
fanfarronear *(fahnfah***R***ohnayá***R***)* tr. to fanfaronade, to brag, to boast, to show off; to bully.
fango *(fáhngoh)* m. mud, bog, mire, slush.
fangoso *(fahngóhsoh)* adj. muddy, swampy, bogged, slushy.
fantasear *(fahntahsayá***R***)* intr. to fancy.
fantasía *(fahntahsée:ah)* f. fancy. *Mus.* fantasia.
fantasma *(fahntáhsmah)* m. phantom, ghost; (fig.) scarecrow.
fantástico *(fahntáhsteekoh)* adj. fantastic, fanciful.
farándula *(fahráhndoolah)* f. farcicalness, strolling troup.
fardo *(fá***R***doh)* m. budle, package; bale, pack, burden.
farfulla *(fa***R***foolyah)* f. (coll.) gabble, jabber.
farfullar *(fa***R***foolyá***R***)* tr. to gabble, to jabber; to act hastily.
faringe *(fahreen***H***ay)* s. f. *Anat.* pharynx. [pharyngitis.
faringitis *(fahreen***H***eeteess)* f.
fariseo *(fahreesáyoh)* m. Pharisee; hypocrite.
farmacéutico *(fah***R***mahtháyooteekoh)* adj. pharmaceutic(al); m. chemist.
farmacia *(fah***R***máhthyah)* f. pharmacy, chemist's.
faro *(fáhroh)* m. light-house, beacon. *Mot.* head-lamp.

farol *(fahról)* m. lantern, street lamp; (fig.) show-of.
farola *(fahrólah)* f. big lantern. *Naut.* beacon.
farolear *(fahrohlaya***R***)* intr. to show off, to brag, to boast.
farolero *(fahrohlayroh)* adj. show-off; lantern-maker, lantern carrier, lamp-lighter.
farsa *(fá***R***sah)* f. farce, humburg. *Theat.* farce, light comedy.
farsante *(fa***R***sahntay)* s. deceiver, hypocrite. *Theat.* farce player.
fascículo *(fassthéekooloh)* m. fascicle, episode.
fascinación *(fahstheenahthyón)* f. fascination.
fascinar *(fahstheená***R***)* tr. to fascinate; to bewitch.
fase *(fáhsay)* f. phase, stage.
fastidiar *(fahsteedyá***R***)* tr. to disgust, to annoy, to upset; v. r. to lump it.
fastidio *(fahstéedyoh)* m. disgust, weariness, nuisance; **¡que —!**, what a nuisance!
fastidioso *(fahteedyóhsoh)* adj. annoying, sickening; tedious, boring.
fastuoso *(fahstoo:óhsoh)* adj. pompous, ostentatious, lavish.
fatal *(fahtáhl)* adj. deadly, lethal, fatal; disastrous.
fatalidad *(fahtahleedáhd)* f. fatality, ill-luck, fate, misfortune. [fatalism.
fatalismo *(fahtahleessmoh)* m.
fatalista *(fahtahleesstah)* s. fatalist.
fatídico *(fahtéedeekoh)* adj. fatidical, ominous.
fatiga *(fahtéegah)* f. fatigue; tiredness, exhaustion.
fatigar *(fahteegá***R***)* tr. to fatigue; to tire; v. r. to get tired, to tire out.
fatigoso *(fahteegóhsoh)* adj. tiresome, wearisome, tiring.
fatuidad *(fahtweedahd)* s. f. fatuity, stupidity, foolishness.
fatuo *(fáhtoo:oh)* adj. fatuous, stupid; fob, conceited.
fausto *(faoostoh)* m. pomp, ostentation; adj. happy, successful.
favor *(fahbó***R***)* m. favour, support; **por —**, please; **a — de**, on behalf of, **hacer un —**, to do a favour.
favorable *(fahbohráhblay)* adj. favourable, propitious, advantageous.
favorecer *(fahbohraythay***R***)* tr. to favour, to be partial, to be biased; (of clothes, colours, etc.) to suit.
favorito *(fahbohréetoh)* adj. favouried, beloved; m. pet, favourite, the blue-eyed boy, the apple of one's eye.
faz *(fáth)* f. face, countenance.
fe *(fay)* f. faith, belief; **de buena —**, in good faith; **de mala —**, deceitfully; **dar —**, to attest. [ness.
fealdad *(fayahldáhd)* f. ugli-
febrero *(faybráyroh)* m. February.
febril *(faybréel)* adj. feverish.
fécula *(fáykoolah)* f. starch.
fecundación *(faykoondahthyón)* f. fertilization.
fecundar *(faykoondá***R***)* tr. to fertilize.
fecundidad *(faykoondeedáhd)* f. fertility; fruitfulness.
fecundo *(faykóondoh)* adj. fertile, fruitful. *Agric.* rich; (of anim.) prolific.
fecha *(fáychah)* f. date; **¿qué — es hoy?**, what's today's date?
fechar *(fayché***R***)* tr. to date.
fechoría *(faychohrée:ah)* f. misdeed, wrong. *Leg.* petty crime; **hacer —s**, to do something wrong (children).
federación *(faydayrahthyón)* f. federation. *Sport.* association.
federal *(faydayráhl)* adj. federal, federate; m. federalist.
fehaciente *(fayahthyentay)* adj. *Leg.* authentic, reliable.
felicidad *(fayleetheedáhd)* f. happiness, felicity, joyfulness; **¡—es!**, congratulations!

F

felicitación *(fayleetheetahthyon)* f. congratulation.
felicitar *(fayleetheeta***R***)* tr. to congratulate.
feligrés *(fayleegrays)* m. parishioner, church-goer.
feligresía *(fayleegraysée:ah)* f. a parish district.
feliz *(fayléeth)* adj. happy; lucky; adv. **—mente,** happily, fortunately.
felino *(fayleenoh)* adj. feline, cat-like. [nal, felon.
felón, a *(faylón, ah)* adj. crimi-
felonia *(faylohnéeah)* s. f. felony, trachery.
felpa *(faylpah)* f. plush; pile; (coll.) drubbing.
felpudo *(faylpoodoh)* adj. plushy, downy; m. doormat, rug.
femenino *(faymaynéenoh)* adj. femenine; female.
feminismo *(faymeeneesmoh)* m. femenism. [feminist.
feminista *(faymeeneestah)* s.
fenecer *(faynaytháy***R***)* intr. to die, to pass away, to go the of all flesh.
fenómeno *(faynóhmaynoh)* m. phenomenon, freak.
feo, fea *(fayoh, fayah)* adj. ugly, plain; ghastly, unsightly.
feraz *(fayráhth)* adj. fertile, productive, rich. [hearse.
féretro *(fayraytroh)* m. coffin,
feria *(fáyryah)* f. fair, market.
ferial *(fayryáhl)* adj. ferial; m. fair, market.
feriante *(fayryantay)* m. trader, dealer (in a fair).
fermentación *(fay***R***mayntahthyon)* s. f. fermentation, brewing.
fermentar *(fay***R***mayntá***R***)* intr. to ferment, to brew.
fermento *(fay***R***mayntoh)* m. ferment, leaven, yeast.
ferocidad *(fayrohtheedáhd)* f. ferocity, savageness, wildness, fierceness.
feroz *(fayróth)* adj. ferocious, savage, wild, fierce; **tener un hambre —,** to be ravenous.
férreo *(fáy***R***ayoh)* adj. ferreous, iron; **voluntad —a,** iron-willed.
ferretería *(fay***R***aytayréeah)* f. hardware store, iron-monger's.
ferrocarril *(fay***R***ohkah***R***éel)* m. railway; *Usa.* railroad.
ferroviario *(fay***R***ohbyáhryoh)* adj. railway; m. railwayman.
fértil *(fáy***R***teel)* adj. fertile, rich, productive.
fertilizante *(fay***R***teeleethantay)* adj. fertilizing; m. fertilizer.
fertilizar *(fay***R***teeleetha***R***)* tr. to fertilize.
férula *(fayroolah)* f. ferule, rod. *Surg.* splint. *Bot.* ferula.
ferviente *(fay***R***byentay)* adj. fervent, ardent, devot.
fervor *(fay***R***bó***R***)* m. fervour, eagerness, enthusiasm, zeal.
fervoroso *(fay***R***bohrohssoh)* adj. fervent, zealous, devout, eager.
festejar *(faysstay***H***á***R***)* tr. to celebrate, to feast, to make a holiday of.
festejo *(faystáy***H***oh)* m. celebration, holiday, festivity.
festín *(faysstéen)* m. feast; treat.
festividad *(fayssteebeedáhd)* f. festivity, holyday.
festivo *(faysstéeboh)* adj. festive, joyful, merry; **día —,** holiday.
fetiche *(faytéechay)* m. fetish.
fétido *(fáyteedoh)* adj. fetid, stinking, stenching, smelly.
feto *(fáytoh)* m. fœtus.
feudal *(fayoodáhl)* adj. feudal; feodal. [m. feudalism.
feudalismo *(fayoodahleesmoh)*
feudo *(fáyoodoh)* m. fief, feud.
fiado *(fyáhdoh)* adj. confident; trustworthy; **comprar algo —,** to buy on credit.
fiador *(feeahdó***R***)* m. guarantor, sponsor. *Mech.* catch, grip; safety-catch. [meat.
fiambre *(fyáhmbray)* m. cold
fiambrera *(fyahmbráyrah)* f. lunch-basket.
fianza *(fyáhnthah)* f. *Com.* guarantee, security. *Leg.* bail.

fiar *(fyá***R***)* tr. to guarantee; to bail. *Com.* to give credit; **es de —,** he is reliable; v. r. **fiarse de,** to trust on, to rely on.

fibra *(feebrah)* f. fibre, filament; (fig.) **tiene — de,** he's got the makes of; vigour, energy. [brous.

fibroso *(feebróhsoh)* adj. fi-

ficción *(feekthyón)* f. fiction.

ficha *(féechah)* f. (gamb.) chip; (games) counter. *Adm.* card-index. *Polic.* record.

fichar *(feecha***R***)* tr. (polic.) to file records. *Sport.* to sing on (for a club).

fichero *(feecháyroh)* m. card index; file; (furn.) filing-cabinet.

ficticio *(feektéethyoh)* adj. fictitious, unreal, imaginary.

fidedigno *(fedaydeegnoh)* adj. trustworthy, creditable. *Pol.* **de fuente —,** of good sourse.

fideicomiso *(fedaykohméesoh)* m. trust.

fidelidad *(feedayleedahd)* f. fidelity; loyalty; faithfulness.

fideos *(feedáyos)* m. pl. spaghetti; m. s. (coll.) very thin person. [re; fever.

fiebre *(fyáybray)* f. temperatu-

fiel *(fyél)* adj. faithful, loyal, true; (scales) pointer; **los —es,** the faithful; adv. **—mente,** faitfully.

fieltro *(fyéltroh)* m. felt.

fiera *(fyáyrah)* f. wild beast; (fig.) **esta hecho una —,** he's raging mad; **es como una —,** he's like a savage. [ness.

fiereza *(fyayráythah)* f. fierce-

fiero *(fy:áyroh)* wild, ferocious. *Art.* statuette.

fiesta *(fyesstah)* f. festivity, holiday; feast.

figura *(fygóorah)* f. figure, form, shape; statue, image; **tener buena —,** to be shapely.

figurar *(feegoorá***R***)* tr. to figure, to shape; **— entre,** to be considered among; v. r. to imagine.

figurativo *(feegoorahtéeboh)* adj. figurative.

fijador *(fee***H***ahdó***R***)* adj. fixing; m. fixer. *Phot.* fixing solution; (hair) lacquer.

fijar *(fee***H***á***R***)* tr. to fix; to fasten; v. r. to pay attention, to observe.

fijeza *(fee***H***aythah)* f. firmness; **mirar con —,** to stare.

fijo *(fée***H***oh)* adj. fixed, firm, steady; **de —,** without doubt, surely; **¿está(s) —?,** are you sure?

fila *(féelah)* f. row, line. *Mil.* rank. *Theat.* **las primeras —s,** the front rows; **las últimas —s,** the backrows.

filantropía *(feelahntrohpée:ah)* f. philanthropy.

filántropo *(feeláhntrohpoh)* m. philanthropist.

filarmónico *(feela***R***móhneekoh)* adj. philarmonic.

filatelia *(feelahtaylyah)* f. philately, stamp-collecting.

filatelista *(feelahtayleestah)* s. m. stamp-collector, philatelist. [steak; (fish) fillet.

filete *(feelaytay)* m. (meat)

filetear *(feelaytaya***R***)* tr. to fillet. *Mech.* to tool.

filiación *(feelyahthyón)* f. filiation, personal description.

filial *(feelyáhl)* adj. filial.

filo *(féeloh)* m. cutting edge.

filología *(feelohloh***H***ée:ah)* f. philology.

filológico *(feelohlóh***H***eekoh)* adj. philological. [mine).

filón *(feelón)* m. seam, vein (of

filosofar *(feelohsohfá***R***)* tr. to philosophize. [philosophy.

filosofía *(feelohsohfée:ah)* f.

filósofo *(feelóhsohfoh)* m. philosopher.

filtrar *(feeltrá***R***)* tr. to filter, to strain; v. r. to leak out; (fig.) to enter subreptitiously.

filtro *(féeltroh)* m. filter; (witch craft) love potion.

fin *(feen)* m. end(ing); aim, purpose, goal; **¡por —!,** at last! **al fin y al cabo,** in the end; **sin —,** endless.

F

finado *(feenáhdoh)* adj. deceased; the late.
final *(feenáhl)* adj. final, last; m. **el —**, the end. [finance.
financiar *(feenanthyaR)* tr. to
financiero *(feenahnthyáyroh)* adj. financial; m. financier.
finca *(féenkah)* f. country property (house, farm, etc.).
fineza *(feenáythah)* f. fineness; kindness; friendly gift. [ed.
fingido *(feenHéedoh)* adj. feing-
fingir *(feenHéeR)* tr. to feign, to pretend, to simulate.
fino, a *(feenoh, ah)* adj. fine, thin; (mann.) nice, elegant; (of edges) sharp, pointed; (gold) refined. [nicety.
finura *(feenóorah)* f. fineness;
firma *(féeRmah)* f. signature. *Com.* firm.
firmamento *(feeRmahmayntoh)* m. firmament, sky.
firmar *(feeRmáR)* tr. to sign.
firme *(feéRmay)* adj. firm, solid, steady; secure, fast, hard; m. foundation, bed; adv. **—mente,** steadily, firmly.
firmeza *(feeRmáythah)* f. firmness, steadiness; hardness, solidity; (fig.) **con —**, resolutely.
fiscal *(feesskáhl)* m. district-attorney; attorney-general. adj. fiscal.
fiscalizar *(feesskahlethaR)* tr. to prosecute; to consure.
fisco *(feesskoh)* m. exchequer.
fisgar *(feessgáR)* tr. to pry, to eavesdrop.
fisgonear *(feessgohnayáR)* tr. to pry, to eavesdrop.
física *(feéseekah)* f. physics.
físico *(feéseekoh)* adj. physical; m. physicist; (coll.) physique. [physiology.
fisiología *(feesy:ohlohHée:ah)* f.
fisioterapia *(feessyohtayrahpyah)* f. physiotherapy.
flaco *(fláhkoh)* adj. thin, lean.
flagelación *(flahHaylahthyon)* s. f. flagellation, scourging.
flagelar *(flahHaylaR)* tr. to scourge, to whip.
flagrante *(flahgrantay)* adj. flagrant; actual; **en —**, red-handed, in the act.
flama *(fláhmah)* f. flame.
flamante *(flahmáhntay)* adj. brand-new.
flamear *(flahmayáR)* intr. to flame, to blaze. *Naut.* to flutter (of salis). *Med.* to burn with alcohol.
flamenco *(flahmaynkoh)* adj. Flemish; (coll.) gay, happy-go-lucky; s. m. Andalusian singing. *Orn.* flaminga.
flan *(flahn)* m. custard (pie).
flanco *(fláhnkoh)* m. *Fort.* flank.
flanquear *(flahnkayáR)* to flank.
flaquear *(flahkayáR)* intr. to slacken, to weaken, to grow feeble.
flaqueza *(flahkáythah)* m. weakness, feebleness, frailty.
flato *(fláhtoh)* m. flatus.
flauta *(flah/óotah)* f. flute.
flautista *(flah/ooteesstah)* s. fluteplayer, flautist. [ge.
fleco *(flaykoh)* s. m. purl, frin-
flecha *(fláychah)* f. arrow, dart; **irse como una —**, to go away like an arrow. [sudden love.
flechar *(flaycháR)* tr. to inspire
flema *(fláymah)* f. phlegm; (fig.) apathy, coolness.
flemático *(flaymáhteekoh)* adj. phlegmatic. [gumboil.
flemón *(flaymón)* m. phlegmon,
fletador *(flaytahdoR)* m. freight agent, charterer.
fletar *(flaytáR)* tr. *Naut.* to charter, to freight.
flete *(fláytay)* m. freight.
flexibilidad *(flayxeebeeleedahd)* f. flexibility, pliability, ductility.
flexible *(flaykséeblay)* adj. flexible, pliable, manageable.
flexión *(flayxyon)* f. flexion.
flojear *(flohHayáR)* intr. to slacken, to grow weak, to weaken.
flojo *(flóhHoh)* adj. *Phys.* weak, feeble. *Mech.* slack, loose.
flor *(floR)* f. flower; blossom; (fig.) the cream.

flora *(flóhrah)* f. *Bot.* flora.
florecer *(flohraytáy***R***)* intr. to flourish, to blossom, to bloom, to flower; (fig.) to thrive, to prosper.
floreciente *(flohraythyéntay)* adj. flourishing; thriving.
florero *(flohráyroh)* flower-pot, flower-vase, flower-pot.
florido *(flohréedoh)* adj. florid, flowerg.
florista *(flohreesstah)* s. florist, flower seller; f. flower-girl.
flota *(flóhtah)* f. *Naut.* fleet, armada.
flotación *(flohtahthyon)* s. f. floating, flotation; **línea de —**, water-line.
flotador *(flohtahdo***R***)* s. m. float; life-belt. [ing.
flotante *(flohtáhntay)* adj. float-
flotar *(flohtá***R***)* intr. to float; (fig.) to hover.
flote *(flóhtay)* m. floating; **a —**, afloat; **salir a —**, to come up to the surface.
flotilla *(flohtéelyah)* f. flotilla.
fluctuar *(flooktooá***R***)* intr. to flicker (of lights); to fluctuate, to oscillate.
fluidez *(flooeedayth)* f. fluency (in speech, etc.); fluidity, fluidness.
fluido *(flóo:eedoh)* adj. fluid, flowing; fluent (in speech, etc.); s. m. s. fluid.
fluir *(floo:ée***R***)* intr. to flow.
flujo *(flóo***H***oh)* m. (in)flux, (in)flow. *Naut.* rising-tide; **re—**, ebb-tide. [river.
fluvial *(floobyáhl)* adj. fluvial,
foca *(fóhkah)* f. seal, sea-lion.
foco *(fóhkoh)* m. focus, core, source. *Theat.* spotlight.
fogata *(fohgáhtah)* f. bonfire, blaze. [ge, stove.
fogón *(fohgón)* m. kitchen-ran-
fogonero *(fohgohnayroh)* s. m. stoker, boiler-man. [flash.
fogonazo *(fohgohnahthoh)* s. m.
fogosidad *(fohgohseedáhd)* f. heat of temper, fire, dash.
fogoso *(fohgóhsoh)* adj. ardent (in love); hot-tempered; impetuous. [re.
folklore *(folklóhray)* m. folklo-
folklórico *(folklóhreekoh)* adj. folkloric. [liage.
follage *(fohlyah***H***ay)* s. m. fo-
folleto *(fohlyáytoh)* m. pamphlet, booklet.
follón *(fohlyon)* s. m. row, brawl; lazy, coward, knave.
fomentar *(fohmayntá***R***)* tr. to foment, to encourage, to promote.
fomento *(fohmayntoh)* m. fomentation, encouragement, promotion.
fonda *(fóndah)* f. inn; tavern.
fondeadero *(fondayahdáyroh)* m. *Naut.* anchor(ing-) ground, anchorage.
fondear *(fondayá***R***)* tr. *Naut.* to cast anchor.
fondista *(fondeesstah)* s. innkeeper.
fondo *(fóndoh)* m. bottom; (pict. and sound) background; (mon.) fund; **tener un buen —**, to be goodhearted. [netics.
fonética *(fonáyteekah)* f. pho-
fontanería *(fontahnayrée:ah)* f. plumbing.
fontanero *(fontahnáyroh)* m. plumber. [law.
forajido *(fohrah***H***éedoh)* m. out-
forastero *(forahstáyroh)* m. stranger, visitor, alien; adj. strange.
forcejear *(fo***R***thay***H***aya***R***)* intr. to struggle, to labour, to wrestle with.
forcejeo *(fo***R***thay***H***ayoh)* s. m. struggle, struggling, effort, strife. [sic-doctor.
forense *(foraynsay)* m. foren-
forja *(fó***RH***ah)* f. forge; smithy.
forjar *(fo***RH***á***R***)* tr. to forge; to counterfeit; v. r. (fig.) to forge oneself something.
forma *(fó***R***mah)* f. shape, form; **estar en —**, to be fit; **de — que**, so, so that.
formación *(fo***R***mahthyón)* f. formation, shape; education. *Mil.* **en —**, in array.
formal *(fo***R***máhl)* adj. formal,

F

F

proper, solemn, stiff (in manners).
formalidad *(foRmahleedáhd)* f. formality, solemnity; seriousness.
formalizar *(foRmahleetháR)* tr. to formalize; (docum.) to legalize; v. r. to become formal or serious.
formar *(foRmáR)* tr. to form, to shape, to fashion; to constitute (organizations; v. i. to educate, to train; v. r. to get educated; to take shape.
formativo *(foRmahtéeboh)* adj. fomative.
formidable *(formeedáhblay)* adj. formidable, terrific.
fórmula *(fóRmoolah)* f. formula.
formulario *(foRmooláhryoh)* m. formulary; book of formulæ.
fornicación *(foRneekahthyón)* f. fornication, sexual intercourse.
fornicar *(foRneekáR)* tr. to fornicate, to have intercourse.
fornido *(foRnéedoh)* adj. robust, stout.
forrar *(fohRáR)* tr. to line (clothes, pipes, etc); (books) to cover.
forro *(fóhRoh)* m. lining, doubling. *Naut.* sheathing; book cover, facket. *Naut.* — **de cabos,** sope servicing; **no conocerlo ni por el —,** not to have the foggiest idea.
fortalecer *(forthalaytáyR)* tr. to fortify, to strengthen; (fig.) to encourage.
fortaleza *(forthaláythah)* f. vigour, strength; (of spirit) fortitude. *Mil.* fortress, stronghold.
fortificar *(foRteefeekáR)* tr. to strengthen, to fortify.
fortuito *(foRtóoeetoh)* adj. fortuitous, chance, accidental.
fortuna *(foRtóonah)* f. fortune, chance, (good) luck, success; wealth, capital; **por —,** luckily, by chance.
forzar *(foRtháR)* tr. to force, to breakin (door, etc.); to enforce, to compel; to overpower; to ravish, to rape.
forzoso *(foRthóhsoh)* adj indispensable, compulsory obligatory.
forzudo *(foRthóodoh)* adj. [strong, vigorous.
fosa *(fóhsah)* f. pit; (fig.) grave. *Anat.* — **nasal,** nostril.
fósforo *(fohssfohroh)* m. *Min.* phosphorus; match.
foso *(fóhsoh)* m. pit, moat, ditch.
fotograbado *(fohtohgrahbáhdoh)* m. photograbure.
fotografía *(fohtohgrahfée:ah)* f. photo, snap, photograph. *Art.* photography.
fotografiar *(photohgrahfyáR)* tr. to take snaps, to photograph, to take photos, photographer.
frac *(frahk)* m. dress-coat, swallow-tail-coat.
fracasado *(frahkahssahdoh)* adj. (coll.) failure.
fracasar *(frahkahsáR)* intr. to fail, to fall through, to come to nothing (of plans, etc.).
fracaso *(frahkáhsoh)* m. failure, ruin; (plans, plays, etc.) wash-out.
fracción *(frahkthyón)* f. fraction, small portion.
fractura *(frahktóorah)* f. fracture, breakage. *Med.* fracture.
fracturar *(frahktooráR)* tr. to [fracture; to break.
fragancia *(frahgáhnthyah)* f. fragance, scent, perfume.
fragante *(frahgáhntay)* adj. fragant, aromatic; fragrant; **en —,** in the act, red-handed.
fragata *(frahgáhtah)* f. frigate.
frágil *(fráhHeel)* adj. fragile, break-able; frail.
fragilidad *(frahHeeleedad)* f. fragility, brittleness; frailty (of persons).
fragmento *(frahgmayntoh)* m. fragment.
fragor *(frahgor)* s. m. clamor, [noise.
fragua *(frahgwah)* s. f. forge.
fraguar *(frahgwaR)* tr. *Met.* to forge; (plans, etc.) to contrive; to brew.

fraile *(frá/eelay)* m. friar, monk.
frambuesa *(frahmbwaysah)* f. raspberry.
francés *(frahnthayss)* adj. French; m. Frenchman.
franco *(fráhnkoh)* adj. frank, open, sincere; (mon.) franc; **puerto —**, free port; **— de impuesto,** duty-free.
franela *(frahnáylah)* s. flannel.
franja *(fráhn***H***ah)* f. fringe, band; stripe.
franquear *(frankayá***R***)* tr. (letters) to put stamps, on; (doors) to open completely.
franqueo *(frahnkáyoh)* m. postage.
franqueza *(frahnkáythah)* f. frankness, sincerity; **con —**, frankly.
franquicia *(frahnkéethyah)* f. exemption, franchise.
frasco *(fráhskoh)* m. flask, bottle, jar. [tence.
frase *(fráhsay)* f. phrase; sen-
fraternal *(frahtay***R***náhl)* adj. fraternal, brotherly.
fraternidad *(frahtay***R***needáhd)* f. brotherhood, fraternity.
fraterno *(frahtáy***R***noh)* adj. fraternal, brotherly. [fratricide.
fratricida *(frahtreetheedah)* s.
fratricidio *(frahtreethéedyoh)* m. fratricide, murder of a brother or sister. [deceit.
fraude *(frá/ooday)* m. fraud;
fray *(fráee)* m. Friar, Brother.
frecuencia *(fraykwáynthyah)* f. frequency.
frecuentar *(fraykwayntá***R***)* tr. to frequent, to haunt.
frecuente *(fraykwayntay)* adj. frequent, common, usual.
fregadero *(fraygahdáyroh)* m. sink, scullery.
fregar *(fraygá***R***)* tr. to wash up, to scour, to scrub.
freiduría *(frayeedooreeah)* s. f. fish (and chips) shop.
freír *(frayée***R***)* tr. to fry.
frenar *(fraynά***R***)* tr. to brake, to stop, to hold up; (fig.) to check, to curb.
frenesí *(fraynaysée)* m. frenzy, fury, rush.
frenético *(fraynáyteekoh)* adj. frantic, furious, mad.
freno *(fráynoh)* m. *Mech.* brake, check; (fig.) curb, control; (horse) bridle.
frente *(frayntay)* f. *Anat.* forehead; m. *Mil. Pol.* front; (build.) front, façade; **de —**, facing; **de — a —**, face to face; adv. in front.
fresa *(fráysah)* f. strawberry.
fresadora *(frayssahdóhra)* s. f. *Mech.* boring-machine, drill.
fresco *(fraysskoh)* adj. fresh cool; m. cool air; **tomar el —**, to go for a stroll.
frescor *(fraysskó***R***)* m. freshness.
frescura *(fraysskóorah)* f. freshness; cheek, nerve.
fresno *(frayssnoh)* m. *Bot.* ashtree, ash-wood.
frialdad *(fryaldáhd)* f. coldness, coolness; (fig.) indifference.
fricción *(freekthyón)* f. friction, rubbing; (hair) shampoo; embrocation (for muscles).
friccionar *(freethyoná***R***)* tr. to rub. [gidity.
frigidez *(free***H***eedayth)* s. f. fri-
frígido *(free***H***eedoh)* adj. frigid; frozen.
frigorífico *(freegohréefeekoh)* adj. frigorific, refrigerating; s. m. refrigerator.
frío *(frée:oh)* adj. cold, chilly. m. cold; **hace —**, it is cold.
friolero *(freeohlayroh)* adj. sensitive to cold.
frisar *(freessá***R***)* tr. to frizzle, (cloth). *Naut.* to line, to pack; (fig.) to be about/be near.
fritada *(freetáhdah)* f. fry.
frito *(fréetoh)* adj. fried.
frivolidad *(freebohleedáhd)* f. frivolity, triviality, puerility.
frívolo *(fréebohloh)* adj. frivolous, trivial, puerile; vane.
frondosidad *(frondohseedáhd)* f. foliage, frondage, growth, under-growth, thicket.
frondoso *(frondóhsoh)* adj. leafy, luxuriant.

frontal *(frontáhl)* adj. front(al).
frontera *(frontáyrah)* f. frontier, border. [bordering.
fronterizo *(frontayréethoh)* adj.
frontón *(frontón)* m. hand-ball court. [tion, rubbing.
frotación *(frohtahthyón)* f. fric-
frotar *(frohtá***R***)* tr. to rub.
fructífero *(frooktéefayroh)* adj. fruitful, productive. *Com.* profitable.
fructificar *(frookteefeeká***R***)* tr. to fructify, to yield fruits; (fig.) to be successful. *Com.* to be profitable.
frugal *(froogáhl)* adj. frugal; sparing, thrifty.
frugalidad *(froogahleedáhd)* f. frugality, economy, thrift.
fruición *(frooeethyón)* f. fruition, enjoyment, relish.
fruncir *(froonthee***R***)* tr. (sew) to gather; (eges) to pucker; (brows) to frown.
frustrar *(froostrá***R***)* tr. to frustrate, to thwart; v. r. to fall through.
fruta *(fróotah)* f. fruit.
frutal *(frootáhl)* adj. fruitful; m. fruit-tree. [store.
frutería *(frootayrée:ah)* f. fruit-
frutero *(frootáyroh)* m. fruit-basket, fruit-bowl; fruiterer.
fruto *(fróotoh)* m. fruit, produce, result.
fuego *(fwaygoh)* m. fire; (fig.) heat, fire, vigour. *Mil.* exc. Fire! m. pl. — **artificiales,** fireworks, **prender —,** to set on fire.
fuente *(fwayntay)* f. fountain; spring, source, dish.
fuera *(fwayrah)* adv. away, out, off, outside; — **de,** out of; — **de sí,** beside oneself; **estar —,** to be away; excl. ¡—! out! away with him!
fuero *(fwayroh)* m. statute, law.
fuerte *(fwáy***R***tay)* adj. strong, hard; m. fort-ress).
fuerza *(fwáy***R***thah)* f. force; strength, power, pl. soldiers.
fuga *(fóoogah)* f. flight, escape. *Tech.* leak. *Mus.* fugue.
fugacidad *(foogahtheedáhd)* f. fugacity.
fugarse *(foogá***R***say)* v. r. to escape, to run away.
fugaz *(foogáth)* adj. fleeting, brief; **estrella —,** shooting star. [gitive, runaway.
fugitivo *(foo***H***eetéeboh)* adj. fu-
fulana *(fooláhnah)* f. such a one; mistress, lover.
fulano *(fooláhnoh)* m. such a one, Mr. So and So. [glow.
fulgor *(foolgó***R***)* m. fulgency,
fulminante *(foolmeenáhntay)* adj. thundering. m. percussion cap.
fulminar *(foolmeená***R***)* tr. to fulminate, to storm at.
fumador *(foomadó***R***)* m. smoker; — **empedernido,** heavy smoker.
fumar *(fooma***R***)* tr. to smoke.
fumigar *(foomeegá***R***)* tr. to fumigate, to desinfect by spraying, to spray.
función *(foonthyón)* f. function. *Theat.* performance, show; — **de noche,** late night show.
funcionar *(foonthyohná***R***)* intr. *Mech.* to work; to function.
funcionario *(foonthy:ohnáhryoh)* m. civil servant.
funda *(fóondah)* f. case; sheath.
fundación *(foondahthyón)* f. foundation; establishment, institution.
fundamental *(foondahmayntahl)* adj. essential, basic.
fundamento *(foondahmayntoh)* m. foundation, grounds, basis.
fundar *(foondá***R***)* tr. to found; to establish.
fundición *(foondeethyón)* f. *Met.* smeling; fusion. *Met.* foundy, smelter, foundry.
fundir *(foondée***R***)* tr. to smelt (metals); v. r. *Elect.* to fuse; (fig.) to spend up.
fúnebre *(fóonaybray)* adj. gloomy, morbid; lugubrious.
funeral *(foonayráhl)* adj. y m. funeral.
funeraria *(foonayráhryah)* undertaker's, funeral directors.

funesto *(foonaystoh)* adj. unfortunate, ill-fated.
funicular *(fooneekooláR)* adj. funicular; m. cableway, ropeway.
furia *(fóoryah)* f. fury; rage.
furioso *(fooryóhsoh)* adj. furious, mad, raging, fuming.
furor *(fooróR)* m. fury; rage.
furtivo *(foortéeboh)* adj. furtive, clandestine; **cazador —,** poacher. [boil, furuncle.
furúnculo *(fooróonkooloh)* m.
fusible *(foosseeblay)* adj. fusible; m. *Elec.* fuse. [musket.
fusil *(fooséel)* m. rifle, gun,
fusilar *(fooseeláR)* tr. to execute by shooting.
fusilero *(fooseeleRo)* m. fusilier.
fusión *(foosyón)* f. fusion, melting; (met.); (fig.) fusion. *Com.* merger.
fusionar *(foossyohnaR)* tr. to unite. *Com.* to merge.
fustigar *(foosteegaR)* tr. to whip, to fustigate.
fútbol *(football)* m. football.
futbolista *(footballeestah)* m. football player.
fútil *(fóotyl)* adj. futile.
futuro *(footóoroh)* adj. and m. future.

G g

gabán *(gahbáhn)* m. overcoat.
gabardina *(gahbaRdéenah)* f. gabardine, rain-coat.
gabarra *(gahbáRah)* f. *Naut.* lighter, barge.
gabinete *(gahbeenáytay)* m. cabinet, study, parlour; (pols.) government, the ministers.
gacela *(gahthaylah)* s. f. gazelle. [newspaper.
gaceta *(gahtháytah)* f. gazette,
gafa *(gáhfah)* f. grapple, hook; pl. spectacles, glasses. *Naut.* canhooks.
gafar *(gahfaR)* tr. to hook, to claw; to fasten, to join.
gaita *(gáheetah)* f. bagpipe, flageolet.
gaitero *(gaeetáyroh)* m. piper.
gaje *(gáHay)* m. wages, pay; pl. fees, perquisites.
gala *(gáhlah)* f. gala; full dress.
galán *(gahláhn)* m. lover, courtier. [lant, cavalier.
galante *(gahláhntay)* adj. gal-
galanteador *(gahlahntayahdóR)* m. wooer, lover, lover-boy.
galantear *(gahlahntayáR)* tr. to court, to woo, to flirt.
galanteo *(gahlahntáyoh)* m. courting, wooing.
galantería *(gahlantayrée:ah)* f. politeness. [ward, prize.
galardón *(gahláRdón)* m. re-
galardonar *(gahlaRdohnáR)* tr. to reward, to award a prize.
galaxia *(gahlacsseeah)* f. galaxy.
galeón *(gahlayón)* m. *Naut.* galleon.
galería *(gahlayréeah)* f. gallery; corridor, lobby. *Art.* gallery, exhibition room.
galerna *(gahláyRnah)* f. gale, gale force wind.
galés (a) *(gahlayss, ah)* m. f. Welshman (-woman); adj. Welsh.
galgo *(gáhlgoh)* m. greyhound.
galicismo *(gahleetheesmoh)* s. gallicism.
galimatías *(gahleemahtée:ahs)* m. gibberish talk, prattle.
galón *(gahlón)* m. (measure) gallon. *Mil.* braid, stripe.
galopada *(gahlohpáhdah)* f. gallop race. [llop.
galopar *(gahlohpáR)* intr. to ga-
galope *(gahlóhpay)* m. gallop; **a —,** in haste. [cal, rogue.
galopín *(gahlohpéen)* s. m. ras-
galvanizar *(gahbahneethaR)* tr. to galvanize; to electroplate; (fig.) stir, to arouse.
gallardear *(gahlyaRdayáR)* intr. to behave gracefully.
gallardete *(gahlyaRdáytay)* m. pennant, streamer.
gallardía *(gahlyaRdée:ah)* f. genteelness; gallantry.
gallardo *(gahlyáRdoh)* adj. graceful, elegant; bold, daring.

G

G

gallego *(gahlyáygoh)* m. y adj. Galician. [(coll.) slap.
galleta *(gahlyáytah)* f. biscuit;
gallina *(gahlyéenah)* f. hen; (coll.) coward, chicken; — **clueca,** brood-hen; — **ciega,** blind man's knock.
gallinero *(gahlyenáyroh)* m. poultry-ard, hen-pen, henhouse. *Theat.* gallery, the «gods».
gallo *(gáhlyoh)* m. cock, rooste; — **de pelea,** game-cock.
gama *(gahmah)* s. f. *Zool.* doe. *Mus.* gamut; (fig.) range.
gamba *(gahmbah)* s. f. large shrimp.
gamberro *(gahmbayRoh)* adj. and s. hooligan, rowdy (type).
gamo *(gáhmoh)* m. *Zool.* buck.
gamuza *(gahmóothah)* f. chamois, wash-leather.
gana *(gáhnah)* f. desire; appetite; **de buena** —, willingly; **tener** — **de,** to feel like doing, to fancy.
ganadería *(gahnahdayrée:ah)* f. livestock, cattle-breeding.
ganadero *(gahnahdáyroh)* m. owner of cattle; dealer in cattle, cattle-breeder; adj. cattle.
ganado *(gahnáhdoh)* m. cattle, livestock. [ner.
ganador *(gahnahdóR)* m. win-
ganancia *(gahnáhnthyah)* f. profit, gain; (gamb.) winnings.
ganar *(gahnáR)* tr. to gain, to profit. *Com. Sport.* (gamb.) to win; (salary, etc.) to earn.
gancho *(gáhnchoh)* m. hook; stunt; procurer. *Box.* crotchet. [fer.
gandul *(gahndóol)* m. idler, loa-
ganga *(gáhngah)* f. bargain. *Min.* gangue. [grene.
gangrena *(gahngráynah)* s. gan-
gangrenàrse *(gahngraynáRsay)* r. to become gangrenous.
gansada *(gahnsáhdah)* f. stupidity, silly prank; (coll.) a daft thing to do.
ganso *(gáhnsoh)* m. gander; s. f goose; (coll.) lazybones.
ganzúa *(gahnthóo:ah)* f. picklock, false-key.
garabatear *(gahrahbahtayáR)* tr. to hook; v. i. to scribble, to scrawl; to doodle.
garabato *(gahrahbáhtoh)* m. scribble, doodle, scrawl.
garaje *(gahráhHay)* m. garage.
garantía *(gahrahntée:ah)* f. warrant(y); guarantee.
garantizar *(gahrahnteetháR)* tr, to guarantee, to warrant; to vouch for, to answer for.
garapiñar *(gahrahpeenyáR)* tr. to ice, to candy. [chickpea.
garbanzo *(gaRbánthoh)* m.
garbo *(gáRboh)* m. gracefulness; **con** —, gracefully.
garboso *(gaRbóhsoh)* adj. graceful. [gaff.
garfio *(gáRfyoh)* m. iron hook,
garganta *(gaRgánhtah)* f. throat, gullet. *Geog.* ravine, gorge
gárgara *(gáRgahrah)* f. gargle; **hacer —s,** to gargle. [hut.
garita *(gahréetah)* f. sentry-box,
garito *(gahréetoh)* m. gaminghouse, gamblingden.
garlito *(gaRléetoh)* m. snare, trap; **caer en el** —, to fall into a trap.
garra *(gáhRah)* f. *Zool.* claw. *Mech.* clutch; (bird) talon.
garrafa *(gahRáhfah)* f. carafe.
garrafón *(gahRahfon)* s. m. large carafe, demijohn.
garrapata *(gahRahpáhtah)* f. dog-tick. [bean.
garroba *(gaRohbah* f. carob-
garrocha *(gaRochah)* s. f. javelin; (bull-fight) goad.
garrotazo *(gahRohtáhthoh)* m. blow with a cudgel.
garrote *(gahRóhtay)* m. club, cudgel; a capital punishment used in Spain.
garza *(gáRthah)* f. *Orn.* heron.
gas *(gahs)* m. gas, fume, vapour; — **butano,** butane gas; — **natural,** methane.
gasa *(gáhsah)* f. gauze; chiffon.
gaseosa *(gahsayóhsah)* f. soda water, «pop». [seous.
gaseoso *(gahsayóhsoh)* adj. ga-

gasolina *(gahsohléenah)* f. gasoline *USA.;* petrol *G. B.*
gastado *(gahstáhdoh)* adj. worn-out; spent; used up.
gastador *(gastahdo*R*)* s. m. spendthrift; waster.
gastar *(gahstá*R*)* tr. to spend; to wear out; to use up.
gasto *(gáhstoh)* m. expenditure, expense; pl. expenses. *Leg.* costs.
gástrico *(gáhstreekoh)* adj. gastric.
gastronomía *(gahstrohnohmée:ah)* f. gastronomy.
gata *(gáhtah)* f. female cat, she-cat; **a —s,** on all fours.
gatear *(gahtaya*R*)* intr. to go on all fours; to clamber up.
gatillo *(gahtéelyoh)* m. trigger, catch.
gatito *(gahteetoh)* s. m. (dim.) pussycat; kitten.
gato *(gáhtoh)* m. cat, tom cat. *Mech.* jack.
gatuno *(gahtóonoh)* adj. catlike.
gaveta *(gahbáylah)* f. drawer, till.
gavilán *(gahbeehláhn)* m. *Orn.* sparrow-hawk.
gavilla *(gahbéelyah)* f. sheaf of corn.
gaviota *(gahbyóhtah)* f. *Orn.* [seagull.
gayo *(gáhyoh)* adj. gay, showy.
gazapo *(gahtháhpoh)* s. cony, young rabbit; (fig.) slip, misprint.
gaznate *(gathnáhtay)* m. throat; (coll.) **coger por el —,** to get by the neck.
gazpacho *(gathpáhchoh)* m. Andalusian dish.
gelatinoso *(*H*aylahteenchssoh)* adj. gelatinous, felly-like.
gema *(*H*aymah)* s. f. gem; **sal —,** rock salt.
gemelo *(*H*aymáyloh)* m. twin; pl. binoculars, cufflinks.
gemido *(*H*ayméedoh)* m. groan; moan.
gemir *(*H*ayméeR)* intr. to [groan, to moan.
gendarme *(*H*ayndá*R*may)* m. constable, policeman.
genealogía *(*H*aynayahloh*H*éeah)* f. genealogy, lineage, pedigree.
generación *(*H*aynayrahthyón)* f. generation.
general *(*H*aynayráhl)* adj. and m. general. *Theat.* gallery, the «gods»; **por lo —,** as a rule, generally.
generalidad *(*H*aynayrahleedáhd)* f. generality, the great majority.
generalizar *(*H*aynayrahleetha*R*)* tr. to generalize; v. r. to generalize; v. r. to spread.
generar *(*H*aynayrá*R*)* tr. to generate.
genérico *(*H*aynáyreekoh)* adj. generic.
género *(*H*áynayroh)* m. genus. *Gram.* gender; kind, sort; (text.) cloth; pl. (dry) goods, merchandise, wares.
generosidad *(*H*aynayrohseedáhd)* f. generosity.
generoso *(*H*aynayróhsoh)* adj. generous, open-handed.
genial *(*H*ayny:áhl)* adj. inspired; joyful; of genius.
genialidad *(*H*ayny:ahleedáhd)* f. geniality.
genio *(*H*áynyoh)* m. genius.
genital *(*H*ayneetáhl)* adj. genital.
gente *(*H*áyntay)* f. people; folk; **— menuda,** youngsters; **— baja,** rabble; **— bien,** well-to-do people.
gentil *(*H*ayntéel)* adj. genteel; (jew.) Gentile.
gentileza *(*H*ayteelaythah)* f. gentility, courtesy, kindness.
gentío *(*H*ayntée:oh)* m. crowd, mob.
genuino *(*H*aynoo:éenoh)* adj. genuine, the real thing.
geografía *(*H*ayohgrahfée:ah)* f. geography.
geográfico *(*H*ayohgráhfeekoh)* adj. geographical.
geógrafo *(*H*ayóhgrahfoh)* m. geographer.
geología *(*H*ayohloh*H*ée:ah)* f. geology.
geometría *(*H*ayohmaytrée:ah)* [f. geometry.
geranio *(*H*ayráhnyoh)* m. *Bot.* cranesbill, geranium.

G

G

gerencia *(Hayráynthyah)* f. management. [nager.
gerente *(Hayráyntay)* m. ma-
germen *(HáyRmayn)* m. (ent.) germ; *Bot.* bud, sprout.
germinar *(HayRmeenaR)* intr. to germinate, to bud.
gesta *(Haystah)* s. f. feat, action; pl. **cantares de —,** heroic deeds, sagas, legends.
gestación *(HaystaRthyon)* s. f. *Med.* gestation, pregnancy.
gesticular *(HaysstеekoolaR)* tr. to gesticulate; to make grimaces.
gestión *(Haystyón)* f. conduct; management; **hacer —es,** to make enquiries; **tener que hacer unas —,** to have some bussiness to do.
gesto *(Hayésstoh)* m. gesture, sing; face. [tor.
gestor *(HaysstóR)* m. negotia-
gestoría *(Haystohreeah)* administrative office.
gigante *(Heegáhntay)* m. giant; adj. gigantic, huge.
gimnasia *(Heemnahssyah)* f. gymnastics. [gymnasium.
gimnasio *(Heemnáhssyoh)* m.
gimnasta *(Heemnahstah)* s. gymnast, athlete.
gimotear *(HeemohtayáR)* intr. to whimper, to sob; to blubber.
gimoteo *(Heemohtáyoh)* m. whimpering, sobbing.
ginecología *(HeenaykoloHéeah)* f. ginecology. [picnic.
gira *(Héerah)* f. tour; outing
girar *(HeeráR)* intr. to spin, to turn; to revolve, to rotate. *Com.* to send a «giro».
giratorio *(Heerahtóhryoh)* adj. revolving, rotating, spinning.
giro *(Héeroh)* m. turn; course; twist, idiom. *Com.* draft.
gitanada *(Heetahnáhdah)* f. trick; wheedling, flattery.
gitano *(Heetáhnoh)* m. gipsy; adj. gipsy-like; (coll.) sly, cute. [icy.
glacial *(glahthyáhl)* adj. glacial,
glándula *(gláhndoolah)* f. gland.
glicerina *(glethayreenah)* f. glycerine. [total.
global *(glohbáhl)* adj. global,
globo *(glóhboh)* m. balloon *Aer. & Toy, Geog.* globe; sphere.
gloria *(glóhryah)* f. Paradise, Heavens; (fig.) glory, honour. [boast in.
gloriarse *(glohryáRsay)* r. to
glorieta *(glohryáytah)* f. summer-house, arbour; small square. [glorify.
glorificar *(glohreefeekáR)* tr. to
glorioso *(glohryóhsoh)* adj. glorious. [ment.
glosa *(glóhsah)* gloss; com-
glosar *(glohsáR)* tr. to gloss, to comment. *Com.* to audit.
glosario *(glohsáhryoh)* m. glosary.
glosopeda *(glossopaydah)* s. f. *Vet.* foot-and-month disease.
glotón *(glohtón)* m. glutton; adj. gluttonous. [gluttony.
glotonería *(glohtohnáyrée:ah)* f.
gobernación *(gohbayRnahthy:ón)* f. government; **Ministerio de la —,** Home Office.
gobernador *(gohbayRnahdóR)* m. governor; ruler.
gobernante *(gohbayRnáhntay)* adj. governing, ruling, m. administrator, ruler.
gobernar *(gohbayRnáR)* tr. to govern, to rule *Pol. Naut* to steer.
gobierno *(gohbyéRnoh)* m. government, cabinet. *Pol. Naut.* steering.
goce *(góhthay)* m. enjoyment.
golfo *(gólfoh)* m. *Geog.* bay, gulf; (of persons), tramp, do-no-thing, ragamuffin.
golondrina *(gohlondréenah)* f. swallow.
golosina *(gohlohséenah)* f. dainty, delicacy; pl. niceties, sweets. [glutton.
goloso *(gohlóhsoh)* adj. greedy,
golpe *(góhlpay)* m. blow; stroke; **— de estado,** coup d'etat.

golpear *(gohlpayá***R***)* tr. to beat, to strike, to hit, to knock.
goma *(góhmah)* f. (mat.) rubber; **— de pegar,** gum; **— de borrar,** *G. B.* rubber, *USA.* eraser.
góndola *(góndohlah)* f. gondola.
gondolero *(gondohláyroh)* m. gondolier.
gord(in)flón *(go***R***dinflón)* adj. y m. (coll.) fatty, chubby.
gordo *(gó***R***doh)* adj. fat.; (hum.) plump.
gordura *(go***R***dóorah)* f. fat(ness), obessity, plumpness.
gorgoritos *(go***R***gohreetoss)* s. m. pl. trill, quiver. [gurgle.
gorgoteo *(go***R***gotayoh)* s. m.
gorjear *(go***RH***ayá***R***)* intr. to warble, to chirp, to trill, to twitter.
gorjeo *(go***RH***áyoh)* m. warble, chirping, trill, twitter.
gorra *(góh***R***ah)* f. cap; bonnet; (coll.) sponging.
gorrero *(goh***R***áyroh)* m. capmaker; sponger.
gorrión *(goh***R***y:ón)* m. sparrow.
gorro *(góh***R***oh)* m. cap.
gorrón *(goh***R***ón)* m. sponger.
gota *(góhtah)* f. drop. *Med.* gout. [to drip.
gotear *(gohtayá***R***)* intr. to drop,
gotera *(gohtáyrah)* f. leak(age).
gozar *(gohthá***R***)* tr. to enjoy.
gozne *(góthnay)* m. hinge.
gozo *(góhthoh)* m. joy, pleasure.
gozoso *(gohthóhsoh)* adj. joyful, cheerful, glad, content.
grabado *(grahbáhdoh)* m. engraving; illustration, picture, print. [graver.
grabador *(grahbahdó***R***)* m. en-
grabar *(grahba***R***)* tr. to engrave; to carue, to cut; (fig.) to impress on one's mind.
gracejo *(grahtháy***H***oh)* m. grace, wit.
gracia *(gráhthyah)* f. grace; gracefulness; pl. thanks; **dar —s,** to thank; **tener —,** to be funny.
gracioso *(grahthy:óhsoh)* adj. amusing; pleasing; (sarc.) **¡muy —!** very funny!
grada *(gráhdah)* f. (step) of staircase; (chip-buil) stocks; (stad.) terraced seats.
gradación *(grahdahthyón)* f. gradation.
gradería *(grahdayrée:ah)* f. series of terraced seats.
grado *(gráhdoh)* m. *Temp. Maths. Geog.* degree. *Com. Mil.* grade.
graduación *(grahdoo:ahthyón)* f. grad(u)ation. *Mil.* rank. *Maths.* scale of degrees; (wine) alcoholic contents.
graduado *(grahdoo:áhdoh)* adj. graduated; s. m. graduate.
gradual *(gráhdoo:áhl)* adj. gradual.
graduar *(grahdoo:á***R***)* tr. to gauge; (acad.) to graduate.
gráfico *(gráfeekoh)* adj. graphic, pictorial; s. m. (stat.) graph, diagram. [tablet.
gragea *(graháyah)* f. *Med.* pill,
grajear *(grah***H***aya***R***)* intr. to caw (crows); to chatter (magpies). [daw.
grajo *(grah***H***oh)* s. m. jay, jack-
gramática *(grahmáhteekah)* f. grammar; **— parda,** horse sense.
gramo *(gráhmoh)* m. gram(m)e.
gramófono *(grahmóhfohnoh)* m. gramophone, record-player.
gran *(grahn)* adj. great; grand.
grana *(gráhnah)* f. scarlet.
granada *(grahnáhdah)* f. pomegranate. *Mil.* handgrenade.
granadero *(grahnahdáyroh) Mil.* grenadier. [to kern.
granar *(grahná***R***)* intr. to seed,
granate *(grahnáhtay)* m. garnet.
grande *(gráhnday)* adj. great, large; m. grandee.
grandeza *(grahndáythah)* f. greatness.
grandilocuencia *(grahndeelohkwaynthy:ah)* f. grandiloquence, verbosity.
grandioso *(grahndy:óhsoh)* adj. grand, superb, great.
granear *(grahnayá***R***)* tr. to granulate. [bulk.
granel *(grahnyl)* adv. *Com.* in

G

granero *(grahnáyroh)* m. granary, barn.
granilloso *(grahneelyóhsoh)* adj. granulous, granular.
granito *(grahnéetoh)* m. *Min.* granite; small pimple, spot; small grain. [hailstorm.
granizada *(grahneethåhdah)* f.
granizado *(grahneetháhdoh)* m. water-ice. [hail.
granizar *(gRahneetháR)* intr. to
granizo *(grahnéethoh)* m. hail.
granja *(gráhnHah)* f. farm(-house). [mer.
granjero *(grahnHáyroh)* m. far-
granjear *(grahnHayáR)* tr. to earn. r. to gain, to win over(friendship, sympathy, etc.).
grano *(gráhnoh)* m. grain, cereal; spot, pimple; **ir al —**, to get to the point.
granuja *(grahnóoHah)* rogue, scoundrel; waif, urchin.
gránulo *(grahnoolo)* m. granule.
grapa *(gráhpah)* f. staple. *Mech.* clamp, clamp-iron.
grasa *(gráhsah)* f. grease, fat.
grasiento *(grahsyéntoh)* adj. greasy; fatty, oily.
grasoso *(grahsóhsoh)* adj. greasy, oily, filthy.
gratificación *(grahteefeekahthyón)* f. gratification, gratuity.
gratificar *(grahteefeekáR)* tr. to gratify; to tip; to reward.
gratis *(gráhteess)* adv. gratis, free. [tude, gratefulness.
gratitud *(grahteetóod)* f. grati-
grato *(grahtoh)* adj. pleasing, pleasant, agreeable.
gratuito *(grahtoo:éetoh)* adj. gratuitous, free (of charge).
grava *(gráhbah)* f. gravel, rubble. [charge; tax, duty.
gravamen *(grahbáhmayn)* m.
gravar *(grahbáR)* tr. to charge; to tax.
grave *(gráhbay)* adj. grave, serious, dangerous.
gravedad *(grahbaydáhd)* f. gravity, seriousness; danger.
gravitación *(grahbeetahthyón)* f. gravitation.
gravitar *(grahbeetáR)* tr. to gravitate.
gravoso *(grahbósoh)* adj. grievous, offensive; (fin.) onerous. [croak, to caw.
graznar *(grathnaR)* intr. to
graznido *(grathneedoh)* s. m. croak, caw, cakle.
gregario *(graygaryoh)* adj. gregarious, gregarian.
gremial *(graymyáhl)* adj. tradeunionistic. [union, guild.
gremio *(gráymyoh)* m. trade-
gresca *(grayskah)* f. carousal; revelling; wrangle.
griego *(gryégoh)* adj. Greek, greek language.
grieta *(gryetah)* f. crevice; crack; clink, fissure.
grietarse *(gryetaRssay)* v. r. to crack; **— las manos,** to get hands chapped.
grifo *(gréefoh)* m. tap, faucet.
grilletes *(greelyáytayss)* m. pl. shackles.
grillo *(gréelyoh)* m. crisket.
gripe *(gréepay)* f. influenza; grippe; (coll.) flu.
gris *(greess)* adj. *G. B.* grey, *USA.* gray, grizzled.
grisáceo *(greesáhthayoh)* adj. greyish, grizzly.
grisú *(greesóo)* m. fire damp.
gritar *(greetáR)* intr. to cry out, to scream, to yell.
gritería *(greetayrée:ah)* f. screaming, yelling, outcry.
grito *(gréetoh)* m. cry, scream.
grosería *(grohsayrée:ah)* f. grossness, rudeness, discourtesy, impudence.
grosero *(grohsáyroh)* adj. rude, impudent, coarse.
grosor *(grohsóR)* m. thickness.
grotesco *(grohtaysskoh)* adj. grotesque, ridiculous, laughable.
grúa *(gróo:ah)* f. crane, derrick.
grueso *(groo:áysoh)* adj. bulky, thick, fat, plump; m. bulk, thickness.
gruñido *(groonyéedoh)* m. grunt; growl. [grunt.
gruñir *(groonyéeR)* intr. to
grupa *(gróopah)* f. croup, rump.
grupo *(gróopoh)* m. group; assemblage, clump, set.

gruta *(gróotah)* f. cavern; grotto. [the.
guadaña *(goo:ahdáhnyah)* f. scy-
guante *(gwantay)* m. glove.
guapo *(goo:áhpoh)* adj. handsome, good-looking, dashing; pretty, beautiful, goodlooking.
guarda *(goo:á*R*dah)* m. guard; keeper, (railway) signalman; f. custody.
guardabarros *(gwardahba*R*oss)* s. m. *Mot.* mud-guard.
guardabosque *(goo:a*R*dahbóskay)* m. forester, gamekeeper. [*Mot.* windscreen.
guardabrisas *(gwardabreessass)*
guardacostas *(goo:a*R*dahkóstahs)* m. coatguard, revenue cutter.
guardado *(gwardahdoh)* adj. guarded, kept, reserved.
guardador *(gwardahdo*R*)* s. m. careful, provident; keeper.
guardafrenos *(gwardahfraynos)* s. m. (rlwy) brakeman.
guardapolvo *(goo:a*R*dahpólboh)* m. dustguard, dust-cover.
guardar *(goo:a*R*dá*R*)* tr. to keep, to guard, to preserve, to keep an eye; v. r. to guard against, to beware.
guardarropa *(goo:a*R*dah*R*óhpah)* f. wardrobe; cloakroom.
guardería *(goo:a*R*dayrée:ah)* f. day nursery.
guardia *(goo:á*R*dyah)* f. guard; *Naut.* watch; **estar de —**, *Mil.* to be on duty; m. policeman.
guardián *(goo:a*R*dyáhn)* m. keeper; guardian.
guarecer *(goo:ahraytháy*R*)* tr. to shelter; v. r. to shelter, to take refuge [cave.
guarida *(goo:ahréedah)* f. den,
guarnecer *(goo:a*R*naytháy*R*)* tr. (cook.) to garnish. *Mil.* to garrison; (sew) to trim.
guarnición *(goo:a*R*neeththyón)* f. (sew) trimming. *Mil.* garrison; pl. harness; (cook.) dressing.
guarro *(goo:áh*R*oh)* m. hog; pig; (coll.) dirty, filtby.
guasa *(goo:áhsah)* f. (coll.) jest, fun.
guasón *(goo:ahsón)* adj. witty, facetious; m. wag, joker.
gubernativo *(goobay*R*nahtéeboh)* adj. administrative, governmental.
guerra *(gáy*R*ah)* f. war(fare); **declarar la —**, to declare war; **hacer —**, to wage war; (fig.) **dar —**, to cause trouble.
guerrear *(gay*R*ayá*R*)* intr. to wage war, to fight; (fig.) to argue, to resist.
guerrero *(gay*R*áyroh)* adj. warlike; m. warrior.
guerrilla *(gay*R*éelyah)* f. guerrilla, warfare.
guerrillero *(gay*R*elyáyroh)* m. partisan, guerrilla.
guía *(gée:ah)* s. guide, leader. *Com.* customs permit. *Mech.* guide-pin, guide-screw. *Naut.* guy, leader; s. f. (tour) guide-book.
guiar *(ge:a*R*)* tr. to guide, to lead, to show the way; to advice, to teach. *Mot.* to drive.
guijarro *(ge*H*áh*R*oh)* m. pebble.
guillotina *(gelyohtéenah)* f. guillotine. [guillotine.
guillotinar *(geelyohteená*R*)* tr. to
guiñapo *(geenyáhpoh)* m. tatter; rag; (fig.) (of persons) tramp, ragged.
guiñar *(geenyá*R*)* tr. to wink. *Naut.* to yaw, to lurch.
guión *(geeón)* m. hyphen, dash; script (film, lecture). *Eccl.* standard. [land, wreath.
guirnalda *(gee*R*náhldah)* f. gar-
guisa *(geessah)* f. mode, manner; **a — de**, like, as.
guisado *(geesáhdoh)* m. stew.
guisante *(geesáhntay)* m. greenpea.
guisar *(geesá*R*)* tr. to cook; (fig.) to get ready, to prepare. [stew.
guiso *(géesoh)* m. cooked dish,
guitarra *(geetáh*R*ah)* f. guitar.

G

guitarrista *(geetahReesstah)* m. guitar plaver.
gula *(góolah)* f. gluttony.
gusano *(goosáhnoh)* m. worm, caterpillar, grub, maggot; — **de seda,** silk worm; **luciérnaga,** glow worn; — **de la conciencia,** remorse.
gustar *(goostáR)* intr. to like, to love; to enjoy; to please; v. t. to taste, to try; v. r. to like each other.
gustazo *(goostáhthoh)* m. a great pleasure.
gusto *(góostoh)* m. taste; pleasure, like; **da — verle,** it's a pleasure to see him; **de buen —,** in good taste; **de mal —,** offensive; **tengo mucho —,** (when greeting) it is a pleasure; **el — es mío,** it's my pleasure.
gustoso *(goostóhsoh)* adj. willing. with pleasure. [ral.
gutural *(gootoorahl)* adj. guttu-

H

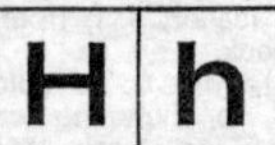

haba *(áhbah)* f. broad bean.
habano *(ahbáhnoh)* adj. Havana cigar.
haber *(ahbáyR)* tr. to have (as aux. verb.); (obs) to own, o possess, etc.; (imp. v.) there to be; — **que,** to have to, must; m. *Com.* **credit.**
habichuela *(ahbeechwáylah)* f. *Bot.* kidney bean.
hábil *(áhbeel)* adj. clever; skilful, desteroux.
habilidad *(ahbeeleedáhd)* f. ability, skill, dexterity.
habilidoso *(abeeleedossoh)* adj. skiful, ingenious, clever.
habilitación *(ahbeeleetahthyón)* f. qualification; wages office.
habilitado *(ahbeeleetáhdoh)* adj. qualified; m. paymaster.
habilitar *(ahbeeleetáR)* tr. to qualify, to equip, to fit out.
habitable *(ahbeetáhblay)* adj. habitable.
habitación *(ahbeetahthyón)* f. room; habitation, dwelling.
habitante *(ahbeetáhntay)* m. inhabitant, dweller.
habitar *(ahbeetáR)* tr. to live; to inhabit. [bit; custom.
hábito *(áhbeetoh)* s. dress, ha-
habitual *(ahbeetoo:áhl)* adj. habitual, customary, usual.
habituar *(ahbeetoo:áhR)* tr. to accustom, to habituate; v. r. to get used to, to get accustomed to.
habitud *(ahbeetóod)* f. habitude.
habla *(áhblah)* f. language, speech.
hablado *(ablahdoh)* adj. spoken; **bien —,** well-spoken; **mal —,** ill-spoken.
hablador *(ahblahdóR)* m. talker, chatter-box, prattler; adj. talkative. [gossip.
habladuría *(ahblahdoorée:ah)* f.
hablar *(ahbláR)* tr. to speak, to talk, to chat; v. intr. to speak (languages, etc.); v. r. to speak to each other; — **por —,** to talk for talking's sake.
hacendado *(ahthayndâhdoh)* adj. landed, m. landowner.
hacendoso *(ahthayndóhsoh)* adj. adj. diligent, hard-working.
hacer *(ahtháyR)* tr. e intr. to make, to do, — **calor,** to be hot; — **frío,** to be cold; **hay mucho que —,** there is a lot to do; — **caso,** to pay attention; — **hablar,** to make speak. *Naut.* — **agua,** to leak. — **un papel,** to do the role of.; v. r. to become; — **con algo,** to get hold of something.
hacia *(áhthyah)* adv. toward, about; — **delante,** forward; — **atrás,** backwards.
hacienda *(ahthyéndah)* f. landed property, estate (Gov. dep.) treasury; **ministro de —,** chancellor of the Exchequer (G. B.); Treasury secretary (USA).
hacinamiento *(ahtheenahmyéntoh)* m. heaping together.
hacinar *(ahteenáR)* tr. to stack or pile up (sheaves).

hacha *(áhchah)* axe, hatchet.
hachazo *(ahcháhthoh)* m. stroke with an axe.
hada *(áhdah)* f. fairy.
hado *(áhdoh)* m. fate, destiny, fatality.
halagar *(ahlahgá***R***)* tr. to flatter, to praise, to wheedle.
halago *(ahláhgoh)* m. cajolery; flattery. [promising.
halagüeño *(ahlahgwaynyoh)* adj.
halcón *(ahlkón)* m. hawk, falcon. [litus.
hálito *(áhleetoh)* m. breath, ha-
halo *(áhloh)* m. halo, aureole.
hallado *(ahlyáhdoh)* adj. found.
hallar *(ahlyá***R***)* tr. to find, to meet, to come accross, to meet with; v. r. to find oneself (in a place); to be, to feel (well, badly).
hallazgo *(ahlyáthgoh)* m. discovery, find. [mock.
hamaca *(ahmáhkah)* f. ham-
hambre *(áhmbray)* s. hunger; famine; **morirse de —**, to starve.
hambriento *(ahmbryéntoh)* adj. hungry, starving.
hamo *(áhmoh)* m. fish-hook.
hampa *(áhmpah)* f. underworld.
hamster *(ahmster)* m. hamster.
hangar *(ahngá***R***)* m. (air-)shed.
haragán *(ahrahgáhn)* m. y adj. idler, lounger, loafer, lazy.
haraganear *(ahrahgahnayá***R***)* intr. to idle, to loaf, to lounge about.
harapiento *(ahrahpyéntoh)* adj. ragged, in rags, in tatters.
harapo *(ahráhpoh)* s. rag, tatter, shred.
harem *(ahraym)* m. harem.
harina *(ahréenah)* f. flour, meal.
harinoso *(ahleenóhsoh)* adj. floury, mealy.
hartar *(a***R***tá***R***)* tr. to glut, to cloy, to overeat; v. r. to hare one's fill. [ty, glut.
hartazgo *(a***R***táhgoh)* m. satie-
harto *(á***R***toh)* adv. enough; adj. satiated; **estar — de,** to be tired of, to be up to one's neck with.
hartura *(a***R***tóorah)* f. plenty, plethora; satiety, glut; **con —**, abundantly.
hasta *(áhstah)* adv. till, until (time); as far as (dist.); up to, down to (quant.); **— luego,** see you later; conj. also, even.
hastiar *(ahstyá***R***)* tr. to weary, to bore; v. r. to get weary.
hastío *(ahstée:oh)* m. loathing, boredom, weariness. [bundle.
hatillo *(ahtéelyoh)* m. small
hato *(áhtoh)* m. heap, cluster (cattle) pack.
haya *(áhyah)* f. *Bot.* beechtree.
haz *(áth)* m. sheaf, faggot, bundle.
hazaña *(atháhnyah)* f. prowess, achievement, exploit.
hazmerreír *(athmay***R***ayée***R***)* m. ridiculous person; laughing-stock.
hebilla *(aybéelyah)* f. buckle, clasp (in shoes).
hebra *(aybrah)* s. f. thread, fiber, cotton.
hebraico *(aybráeekoh)* adj. Hebrew.
hebrea *(aybráyah)* s. Jewess.
hebreo *(aybráyoh)* adj. y s. Hebrew, Jew.
hebroso *(aybrossoh)* adj. fibrous. [tare.
hectárea *(ayktáhrayah)* f. hec-
hectólitro *(ayktóhleetroh)* s. hectolitre. [hectogramme.
hectógramo *(ayktóhgrahmoh)* s.
hectómetro *(ayktómaytroh)* s. hectometre.
hechicera *(aycheetháyrah)* f. witch, sorceress.
hechicería *(aychythayrée:ah)* s. witchcraft, sorcery, witchery, black-magic.
hechicero *(aycheetháyroh)* s. wizard; adj. charming.
hechizar *(aycheethá***R***)* tr. to bewitch; to charm.
hechizo *(aychéethoh)* m. spell.
hecho *(áychoh)* adj. made; done, m. fact, act, **de —**, actually; **estar — a,** to be accustomed to.

H

hechura *(aychóorah)* f. making, make; form, build; (tail.) cut. [to stench.
heder *(aydayR)* intr. to stink,
hediondez *(aydyondayth)* f. stench, stink, fetidness.
hediondo *(aydyóndoh)* adj. stinking, stenching; fetid.
hedor *(aydóR)* m. stench, stink, bad smell, fetor.
helada *(ayláhdah)* f. frost.
helado *(ayláhdoh)* adj. icy, frozen; m. icecream.
helar *(ayláR)* tr. e intr. to ice, to freeze; fig. to amaze; v. r. to freeze. [fern.
helecho *(aylaychoh)* m. *Bot.*
hélice *(ayleethay)* f. *Naut. Aer.* propeller. *Geom.* helix, spiral.
helicóptero *(ayleekóptayroh)* m. helicopter; (coll.) chopper *USA.*
hematoma *(aymahtóhmah)* m. blood-blister, bruise.
hembra *(aymbrah)* f. female. *Mech.* nut.
hemiplegia *(aymepláyHe:ah)* f. *Med.* hemiplegy.
hemorragia *(aymohRáhHyah)* f. hemorrhage, blood-loss; miscarriage.
hemorroide *(aymoRoyday)* m. *Med.* hemorrhoids; pl. piles.
henchir *(aynchéeR)* tr. to fill up, to blow, to stuff, to fill.
hendedura *(ayndaydóorah)* f. fissure, crack, cleft, cut.
hender *(ayndáyR)* tr. to cleave.
heno *(áynoh)* m. hay; **fiebre del —**, hay-fever.
hepático *(aypáhteekoh)* adj. hepatic(al). [raldry.
heráldica *(ayráhldeekah)* f. he-
heráldico *(ayráhldeekoh)* adj. heraldic, armorial.
heraldo *(ayráhldoh)* m. herald.
herbáceo *(ayRbáhthayoh)* adj. herbaceous, grassy.
herbaje *(ayRbahHay)* m. herbage, pasture, grass.
herbívoro *(ayRbéebohroh)* adj. herbivorous.
herbolario *(ayRbohláhRyoh)* m. herbist, herbman.
hercúleo *(ayRkóolayoh)* adj. herculean, very strong.
heredad *(ayraydáhd)* f. estate, farm, property.
heredar *(ayraydáR)* tr. to inherit. [ress.
heredera *(ayraydáyrah)* f. hei-
heredero *(ayraydáyroh)* m. heir.
hereditario *(ayraydeetahryoh)* adj. hereditary.
hereje *(ayrayHay)* m. heretic.
herejía *(ayrayHée:ah)* f. heresy; misbelief; error.
herencia *(ayráynthyah)* f. inheritance; heirship; heredity.
herético *(ayráyteekoh)* adj. heretical. [injury.
herida *(ayréedah)* f. wound, cut,
herido *(ayréedoh)* adj. wounded, hurt, injured.
herir *(ayréeR)* tr. to wound, to hurt, to injure.
hermana *(ayRmáhnah)* f. sister; **— política,** sister-in-law.
hermanar *(ayRmahnáR)* tr. to harmonize, to fraternize; to match, to mate.
hermanastra *(ayRmahnáhstrah)* f. step-sister.
hermanastro *(ayRmahnáhstroh)* m. step-brother.
hermandad *(ayRmahndáhd)* f. brotherhood; fraternity.
hermano *(ayRmáhnoh)* adj. matched (of objects); m. brother; **— político,** brother-in-law; **— gemelo,** twin brother; **medio —,** half brother.
hermético *(ayRmayteekoh)* adj. air-tight, hermetic.
hermosear *(ayRmohsayáR)* tr. to beautify, to embellish.
hermoso *(ayRmóhsoh)* adj. beautiful, handsome.
hermosura *(ayRmohsóohrah)* f. beauty, handsomeness, loveliness [ture.
hernia *(áyRnyah)* f. hernia; rup-
héroe *(áyrohay)* m. hero.
heroicidad *(ayroytheedahd)* s. f. heroic action, heroicity.
heroico *(ayróheekoh)* adj. heroic(al). [ne.
heroína *(ayrohéenah)* f. heroi-

heroísmo *(ayroheesmoh)* m. heroísm; gallantry.
herrador *(ayRahdoR)* s. m. farrier, smith.
herradura *(ayRahdoorah)* s. f. horse-shoe; **camino de —**, bridle-path.
herramienta *(ayRahmyéntah)* f. implement, tool.
herrar *(ayRáR)* tr. to brand cattle; to shoe (horses).
herrería *(ayRayrée:ah)* f. smith's shop, smithy, forge.
herrero *(ayRayroh)* m. smith, blacksmith.
herrín *(ayRéen)* m. iron rust.
herrumbre *(ayRóombray)* f. rust (iness).
hervir *(ayRbéeR)* intr. to boil; to seethe, to bubble.
hervor *(ayRboR)* s. m. boiling; (fig.) fervour, heat.
heterodoxia *(aytayrohdóksyah)* f. heterodoxy.
heterodoxo *(aytayrohdóksoh)* adj. heterodox.
hez *(ayth)* f. less, dregs; (fig.) scum; **la — del pueblo,** the scum of the people. [nate.
hibernar *(eebernar)* intr. hiber-
híbrido *(éebreedoh)* adj. hybrid(ous).
hidalgo *(eedáhlgoh)* adj. noble; illustrious; s. hidalgo, nobleman. [bility.
hidalguía *(eedahlgée:ah)* f. no-
hidratación *(eedrahtahthyón)* f. hydra(ta)tion. [drate.
hidratar *(eedrahtáR)* tr. to hy-
hidráulica *(eedrowleekah)* f. hydraulics. [hydraulic.
hidráulico *(eedrowleekoh)* adj.
hidroavión *(eedroahbyón)* m. hydroplane, flying-boat, seaplane.
hidrófilo *(eedróhfeeloh)* adj; (bio) water-loving; (cotton) absorbent.
hidrofobia *(eedrofóhbyah)* f. hydrophobia, rabies. [hydrogen.
hidrógeno *(eedróh*H*aynoh)* m.
hiedra *(eeáydrah)* f. ivy.
hiel *(yél)* f. gall; bile.
hielo *(eeayloh)* m. ice, frost; **témpano de —**, iceberg; **fábrica de —**, ice-works.
hiena *(eeáyneh)* f. hy(a)ena.
hierba *(eeayRbah)* f. grass. *Med.* herb; **mala —**, weed; **y otras —**, and so forth (joc.); **ver crecer la —**, to knows one's onions.
hierro *(eeayRoh)* m. iron; **— dulce**, wrought iron; **— colado,** cast iron; **— laminado,** sheet iron; **chatarra,** scrap-iron.
hígado *(éegahdoh)* m. liver; pl. **tener —**, to have guts; **hechar el —**, to be gasping for breath, (from exertion).
higiene *(ee*H*yónay)* f. hygiene, cleanliness.
higo *(éegoh)* m. (fig.) **— chumbo,** prickly pear.
higuera *(eegáyrah)* f. fig-tree.
hija *(ée*H*ah)* f. daugter; **— política,** daughter-in-law.
hijastra *(ee*H*áhstrah)* f. stepdaughter. [son.
hijastro *(ee*H*áhstroh)* m. step-
hijo *(ée*H*oh)* m. son, child; **— político,** son-in-law.
hila *(éelah)* f. row, line.
hilado *(eeláhdoh)* m. spinning, thread, yarn.
hilador *(eelahdóR)* m. spinner.
hilar *(eeláR)* tr. to spin.
hilera *(eeláyrah)* f. row, line.
hilo *(éeloh)* m. thread, yarn; (fig.) trickle; **un — de voz,** a whisper.
himno *(éemnoh)* m. hymn; **— nacional,** national anthem.
hincapié *(eenkahpyé)* m. **hacer —**, (fig.) to dwell on; to dig one's toes.
hincar *(eenkaR)* tr. to thrust in, to dig in; **— la rodilla,** to go down on one's knees; **— el diente,** to bite.
hincha *(éenchah)* f. **Tener —**, to hate, to dislike; s. m. fan, follower.
hinchado *(eencháhdoh)* adj. swollen, to pump up (tyres, wollen. *Mech.* inflated.
hinchar *(eencháR)* tr. to inflate, to pump up (tyres, etc); v. r. to swell. [swelling.
hinchazón *(eenchahthón)* f.

H

hinojo *(eenóhHoh)* m. *Bot.* fennel; knee; **de —s,** on bended kness. [cups.
hipar *(eepáR)* intr. to have hic-
hípico *(éepeekoh)* adj. equine, horse; **concurso —,** horse jumping, horse show.
hipnosis *(eepnóhseess)* f. hypnosis. [hipnotic.
hipnótico *(eepnóhteekoh)* adj.
hipnotismo *(eepnohteesmoh)* m. hypnotism.
hipnotizar *(eepnohteetnáR)* tr. to hipnotize, to mesmerise.
hipo *(éepoh)* m. hiccup; **tener el —,** to have hiccups.
hipocresía *(eepohkraysée:ah)* f. hypocrisy, falseness.
hipócrita *(eepóhkreetah)* adj. hypocritical, deceitful; s. m. hypocrite, deceiver, humbug.
hipodérmico *(eepohdermecoh)* adj. hypodérmic.
hipódromo *(eepóhdrohmoh)* m. hippodrome, racecourse, the turf.
hipopótamo *(eepohpóhtahmoh)* m. hippopotamus. [gage.
hipoteca *(eepohtáykah)* f. mort-
hipotecable *(eepohtaykáhblay)* adj. mortgageable.
hipotecar *(eepohtykáR)* tr. to mortgage. [adj. hypothecary.
hipotecario *(eepohtaykáhryoh)*
hipótesis *(eepóhtayseess)* f. hypothesis, supposition.
hipotético *(eepohtáyteekoh)* adj. hypothetic.
hirsuto *(eeRsootoh)* adj. hirsute, hairy, bristly. [ing, seething.
hirviente *(eeRbyéntay)* adj. boil-
hispánico *(eesspáhneekoh)* adj. Hispanic. [Hispanophile.
hispanista *(eesspaneestah)* s.
hispanizar *(eesspaneetháR)* tr. to hispanicize. [ish.
hispano *(eesspáhnoh)* adj. Span-
hispanoamericano *(eesspahnohahmayreekáhnoh)* m. Hispano-american, latin-American.
hispanófilo *(eesspahnóhfeeloh)* adj. Hispanophile.
histérico *(eesstáyreekoh)* adj. hysteric(al).
histerismo *(eesstayreessmoh)* m. hysteria.
historia *(eesstóhryah)* f. history; tale, story.
historiado *(eesstohryáhdoh)* adj. storied; elaborate.
historiador *(eesstohryahdór)* m. historian. [cord(s).
historial *(eestohryal)* s. m. re-
histórico *(eesstóhreekoh)* adj. historic(al).
historieta *(eesstohreeáytah)* f. short story; «comic strip».
histrión *(eesstryón)* m. actor, player.
hita *(éetah)* f. landmark; brad, headless nail.
hito *(éetoh)* adj. fixed; m. landmark, milestone, signpost.
hocico *(ohthéekoh)* m. snout, muzzle.
hogaño *(ohgáhnyoh)* adv. (fam.) this year.
hogar *(ohgáR)* m. home, hearth fireplace; **sin —,** homeless.
hogaza *(ohgáhthah)* f. cob-loaf.
hoguera *(ohgáyrah)* f. bonfire; blaze.
hoja *(óhHah)* f. *Bot.* leaf, (paper, etc) sheet; (knife, etc) blade. [plate.
hojalata *(ohHahláhtah)* f. tin-
hojaldre *(ohHáhldray)* m. puff-pastry.
hojarasca *(ohHahRáhskah)* f. fallen leaves, foliage, leafage.
hojear *(ohHayáR)* tr. to turn the leaves of a book, to skim over (a book).
¡hola! *(óhlah)* interj. hallo!, hello!, How do you do! hy!
holandés *(ohlahndayss)* adj. Dutch; m. Dutchman.
holgado *(olgáhdoh)* adj. (clotb.) big, loose, wide; (space) roomy, ample. *Econ.* well-off.
holganza *(olgáhnthah)* f. leisure; idleness; amusement.
holgar *(olgáR)* intr. to idle, to loaf about, to kick one's heels.
holgazán *(olgahtháhn)* m. idler, loafer; adj. idle; lazy.
holgazanear *(olgahthahnayáR)*

intr. to lounge about, to loiter about, to idle about.

holgazanería *(olgahthahnayrée:ah)* f. laziness, idleness.

holgura *(olgóorah)* f. width, looseness (in clothes); amplitude; **vivir con —,** to be well-off. [holocaust.

holocausto *(ohlohkowstoh)* m.

hollar *(ohlyá***R***)* tr. to tread upon, to trample down.

hollín *(ohlléen)* m. soot.

hombrada *(ombráhdah)* f. manly action.

hombre *(ómbray)* m. man; mankind; **— de negocios,** business man; **— de estado,** statesman; **¡—!** well, well, what a'you know!

hombrera *(ombráyrah)* f. epaulette, shoulder-pad.

hombro *(ómbroh)* m. shoulder; **ancho de —s,** broad- shoulered; **encoferse de —,** to shrug one's shoulders.

hombruno *(ombrǫohnoh)* adj. manlike. [homage.

homenaje *(ohmaynáh***H***ay)* m.

homicida *(ohmeethéedah)* adj. homicidal; m. murderer; f. murderess.

homicidio *(ohmeethéedyoh)* s. murder; homicide.

homogeneidad *(ohmo***H***aynayeedahd)* s. homogeneity.

homogéneo *(ohmoh***H***áynayoh)* adj. homogeneous.

homologar *(ohmohlohga***R***)* tr. to homologate.

homónimo *(ohmóhneemoh)* adj. homonymous; namesake.

homosexual *(ohmohseeksoo:áhl)* s. homosexual; (coll.) queer, «puff».

homosexualidad *(ohmohsayksoo:ahleedáhd)* s. homosexuality.

honda *(óndah)* s. sling. [lity.

hondero *(ondáyroh)* s. slinger.

hondo *(óndoh)* adj. deep, profound; s. bottom.

hondonada *(ondohnáhdah)* s. glen, gully, ravine.

hondura *(ondóorah)* s. depth; **meterse en —s,** to get into difficulties.

honestidad *(ohnayssteedáhd)* f. modesty, sincerity; decency, honesty. [nest, decent.

honesto *(ohnaysstoh)* adj. ho-

hongo *(óngoh)* m. hushroom, fungus; **sombrero —,** bowler hat.

honor *(ohnó***R***)* m. honour; fame; chastity (in women); **es un honor,** it is a pleasure.

honorable *(ohnohráhblay)* adj. honourable, honest.

honorario *(ohnohráhryoh)* adj. honorary; m. pl. salary, fees.

honorífico *(ohnohréefeekoh)* adj. honorary, honorific.

honra *(ón***R***ah)* f. honour, respect; chastity (in women).

honradez *(on***R***ahdayth)* f. honesty; integrity; fairness.

honrado *(on***R***áhdoh)* adj. honest; righteous, just.

honrar *(on***R***á***R***)* tr. to honour; to do credit to; **v. r.** to be a privilege. [liousness.

honrilla *(on***R***éelyah)* f. puncti-

honroso *(an***R***óhsoh)* adj. honourable, creditable, praise-worthy.

hora *(óhrah)* f. hour; time; **¿Qué hora es?** what's the time? **dentro de una —,** in an hour's time; **¡ya era —!** it's about time! **decir la —,** to tell the time; **antes de la —,** before time; **— extraordinarias,** overtime.

horadar *(ohrahdá***R***)* tr. to bore, to drill, to perforate.

horario *(ohráhryoh)* adj. hour; m. hour-hand; **— (de trenes),** time-table.

horca *(ó***R***kah)* f. gallows, gibbet. *Agric.* pitch-fork; string of onions/garlic.

horchata *(ó***R***cháhtah)* f. orgeat; **— de chufas,** tigernut drink.

horchatería *(o***R***chahtayrée:ah)* f. horchata-ba[illegible]

horizontal *(o[illegible]eethontáhl)* adj. horizontal, level, flat.

horizonte *(ohreethóntay)* m. horizon. [rep), last.

horma *(ó***R***mah)* f. mould; (shoe-

H

hormiga *(oRméegah)* f. ant.
hormigón *(oRmeegón)* m. concrete; — **armado,** reinforced concrete, ferro-concrete.
hormiguear *(oRmeegayáR)* intr. to teem; to have pins and needles.
hormigueo *(oRmeegáyoh)* m. itching, pins and needles.
hormiguero *(oRmeegáyroh)* m. anthill; (fig.) teeming with people. [vaulted niche.
hornacina *(oRnahtéenah)* f.
hornada *(oRnahdah)* s. f. batch of bread.
hornero *(oRnayroh)* m. baker.
hornillo *(oRneelyoh)* m. portable stove; one of the cooker rings, red-ring, etc.
horno *(óRnoh)* m. (dom.) oven, (ind.) klin, furnace; **alto** —, blast furnace. [horoscope.
horóscopo *(ohróskohpoh)* m.
horquilla *(oRkéelyah)* f. hair pin. *Agric.* pitch-fork.
horrendo *(ohRayndoh)* adj. awful, horrid, dreadful
horrible *(ohRéeblay)* adj. horrible, ghastly, dreadful, hideous.
horror *(ohRóR)* m. horror, fright, abhorrence.
horrorizar *(ohRohreetháR)* tr. to horrify, to terrify, to scave out of one's wits.
horroroso *(ohRohróhsoh)* adj. dreadful, awful, horrifying, frightening.
hortaliza *(oRtaléethah)* f. pl. vegetables, greens.
hortelano *(oRtayláhnoh)* m. market-gardener.
horticultor *(oRteekooltóR)* m. horticulturist.
horticultura *(oRteekooltoorah)* f. horticulture, marketgardening. [bed, gloomy.
hosco *(óskoh)* adj. sullen, crab-
hospedage *(ospaydáHay)* m. lodging, lodging house, guest-house; (coll.) digs.
hospedar *(ospaydáR)* tr. to lodge, to board; v. r. to stay at, to be lodged at.
hospedería *(ospaydayrée:ah)* f. hostel(ry), inn.
hospedero *(ospaydáyroh)* m. innkeeper, land-lord.
hospicio *(ospéethyoh)* m. orphanage, children's home; remand-home.
hospital *(ospeetáhl)* m. hospital, infirmary, polyclinic; — **de campaña,** field hospital.
hospitalario *(ospeetahláhryoh)* adj. hospitable.
hospitalidad *(ospeetahleedáhd)* f. hospitality.
hospitalizar *(ospeetahleetháR)* tr. to hospitalize, to intern.
hostal *(osstahl)* s. m. hostel; hotel, inn.
hostelería *(osstaylayréeah)* s. f. caretaking industry. [keeper.
hostelero *(ostayláyroh)* m. inn-
hostería *(ostayrée:ah)* f. inn; tavern; hostel(ry).
hostia *(osstyah)* f. *Eccl.* host.
hostigamiento *(osteegahmyéntoh)* m. harassment.
hostigar *(osteegáR)* tr. to scourge, to harass; to annoy.
hostil *(osstéel)* adj. hostile, unfriendly.
hostilidad *(osteeleedáhd)* f. hostility, enmity, unfriendliness.
hostilizar *(ossteeleetháR)* tr. to attack, to skirmish.
hotel *(ohtáyl)* s. m. hotel; — **de lujo,** luxury hotel.
hoy *(oy)* adv. to-day; — **(en) día,** nowadays; **de — en ocho días,** a week today.
hoya *(óhyah)* f. pit, hole; grave.
hoyo *(óhyoh)* m. hole; excavation, pit.
hoz *(oth)* f. sickle.
hucha *(óochah)* f. money box, toy bank, savings.
hueco *(waykoh)* adj. hollow, empty; (fig.) vain; m. hole; gap, vacuity.
huelga *(waylgah)* f. strike; **declararse en** —, to strike, to down tools; — **de hambre,** hunger strike. [striker.
huelguista *(waylgeestah)* s.

huella *(wayyah)* f. (fig.) track. foot step; foot print; **—s dactilares,** fingerprints.
huérfano *(way***R***fahnoh)* m. y adj. orphan.
huerta *(way***R***tah)* f. vegetable, market or kitchen garden; (fruit) orchard.
huerto *(way***R***toh)* m. orchard.
hueso *(waysoh)* m. bone; (fruit) stone; **es todo —,** it's all bones; **estar hecho un —,** to be a bag of bones; (coll.) hard, diffiicult thing.
huesoso *(waysóhsoh)* adj. bony.
huésped *(wayssped)* m. guest; lodger, boarder; inmate.
hueste *(waystay)* f. host, army.
huesudo *(waysóodoh)* adj. bony.
hueva *(waybah)* f. spawn of fishes, roe.
huevera *(waybáyrah)* f. egg-basket, egg-shelf; eggcup.
huevo *(wayboh)* m. egg **— estrellado,** fried egg; **— pasado por agua,** soft boiled egg; **— revuelto,** scrambled egg; **— duro,** hardboiled egg.
huida *(wéedah)* f. flight, escape, get away; evasion.
huir *(wée***R***)* intr. to flee, to get away, to escape.
hule *(óolay)* m. oil-cloth.
hulla *(óolyah)* f. pit-coal.
hullera *(oolyérah)* colliery; **cuenca —,** coal field.
humanidad *(oomahneedáhd)* f. humanity; mankind; pl. humanities.
humanismo *(oomahneessmoh)* m. humanism. [humanist.
humanista *(oomahneesstah)* s.
humano *(oomáhnoh)* adj. human; humane, kind, merciful; **un ser —,** a human being.
humareda *(oomaráydah)* m. cloud of smoke.
humeante *(oomayantay)* adj. smoking, smouldering.
humear *(oomayá***R***)* intr. to smoke; to emit fumes.
humedad *(oomaydáhd)* f. humidity, dampness, moisture.
humedecer *(oomaydaytháy***R***)* tr. to moisten.
numedo *(óomaydoh)* adj. humid, wet, damp, moist.
humildad *(oomeeldáhd)* f. humility, humbleness, meekness.
humilde *(ooméelday)* adj. humble, modest, meek, submissive.
humillación *(oomeelyahthyón)* f. humillation, insult, disrepute.
humillante *(oomeelyantay)* adj. humilliating, degrading.
humillar *(oomeelyá***R***)* tr. to humble, to humiliate, to shame, to degrade; v. r. to humble oneself.
humo *(óomoh)* m. smoke; **echar —,** to smoke, to cast smoke.
humor *(oomó***R***)* m. humour, temper, mod; **estar de buen —,** to be in a good mood; **estar de mal —,** to be in a bad temper. [ke, sally.
humorada *(oomohráhdah)* f. jo-
humorismo *(oomohreessmoh)* m. humorism, humour.
humorista *(oomohreesstah)* s. humorist; (coll.) funny-man.
humorístico *(oomohreessteekoh)* adj. humorous, funny.
hundido *(oondeedoh)* adj. sunken; collapsed, crumbled down.
hundimiento *(oondeemyéntoh)* m. *Naut.* sinking; (build) collapse, cave-in.
hundir *(oondée***R***)* tr. to sink; to ruin; v. r. to sink; to collapse, to crumble down.
húngaro *(óongahroh)* adj. y m. Hungarian. [cane.
huracán *(oorahkáhn)* m. hurri-
huraño *(ooráhnyoh)* adj. grumpy, huffy sour, crabbed.
hurgar *(oo***R***gá***R***)* tr. to poke.
hurgón *(oorgón)* s. m. poker; (fig.) nosey-parker. prier.
hurtar *(oo***R***tá***R***)* tr. to steal, to rob; to shop-lift (in shops or stores). [theft.
hurto *(oo***R***toh)* m. robbery
husmear *(oosmayá***R***)* tr. to scent, to sniff; (coll.) to pry, to nose about.

huso *(óosoh)* m. spindie, bobbin. *Mech.* windlass drum.

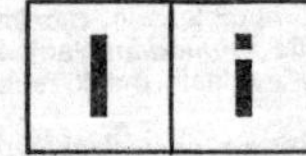

ibérico *(eebáyreekoh)* adj. y m. Iberian. [jaundice.
ictericia *(eektayréethyah)* f.
ida *(éedah)* f. departure, going, sally; **billete de — y vuelta,** return ticket.
idea *(eedáyah)* f. idea, plan.
ideal *(eedayáhl)* adj. ideal; m. ideal. [idealism.
idealismo *(eedayahleéssmoh)* m.
idealizar *(eedayahleetháR)* tr. to idealize.
idear *(eedayáR)* tr. to imagine, to conceive, to devise.
ídem *(eedaym)* pron. idem, the same, id, ditto.
idéntico *(eedaynteekoh)* adj. identic(al), the same.
identidad *(eedaynteedáhd)* f. identity.
indentificar *(eedaynteefeekáR)* tr. to identify; v. r. to identify oneself with.
idilio *(eedéelyoh)* m. idyil.
idioma *(eedyóhmah)* m. language.
idiosincrasia *(eedyohseenkráhssyah)* f. idiosyncrasy.
idiota *(eedyóhtah)* adj. idiotic(al), silly, daft; m. idiot, silly, daft.
idiotez *(eedyohtayth)* f. idiocy, silliness, stupidity.
idólatra *(eedóhlahtrah)* adj. idolatrous; s. idolater.
idolatrar *(eedohlahtráR)* tr. to idolize. [latry.
idolatría *(eedohlahtréeah)* f. ido-
ídolo *(éedohloh)* m. idol.
idóneo *(eedóhnayoh)* adj. fit, able, apt, appropiate right.
iglesia *(eegláysyah)* f. church; **llevar a la —,** to marry (a woman).

ignición *(eegneethyón)* s. f. ignition; tindling.
ignominia *(eegnohméenyah)* f. ignominy, shame, disgrace.
ignorado *(eegnohráhdoh)* adj. ignored, forgotten; unknown, remote. [ignorance.
ignorancia *(eegnohráhnthyah)* f.
ignorante *(eegnohráhntay)* adj. ignorant, unaware; m. ignoramus.
ignorar *(eegnohráR)* tr. to be ignorant of, not to know, to be unaware.
ignoto *(eegnóhtoh)* adj. unknown, hidden, remote.
igual *(eegwáhl)* adj. alike, same; equal; even.
igualar *(eegwahláR)* tr. to equalize, to match, to even.
igualdad *(eegwahldáhd)* f. equality.
igualmente *(eegwalmayntay)* adv. equally, likewise. [ce.
ilación *(eelahthyón)* f. inferen-
ilegal *(eelaygáhl)* adj. illegal, unlawful; adv. **—mente,** unlawfully, illegally.
ilegalidad *(eelaygahleedáhd)* f. ilegality, unlawfulness.
ilegible *(eelay*H*eeblay)* adj. illegible, unreadable.
ilegitimidad *(eela*H*eeteemeedáhd)* f. illegitimacy, bastardy.
ilegítimo *(eelay*H*éeteemoh)* adj. illegitimate, illicit; out of wedlock.
ileso *(eeláysoh)* adj. unhurt, unharmed, unscathed.
ilícito *(eeléetheetoh)* adj. illicit, unlawful, illegal.
ilimitable *(eeleemeetáhblay)* adj. illimitable.
ilimitado *(eeleemeetáhdoh)* adj. limitles, without bounds.
ilógico *(eelóh*H*eekoh)* adj. illogical.
iluminación *(eeloomeenahthyón)* f. illumination, lighting; (fig.) enlightment.
iluminado *(eeloomeenáhdoh)* adj. illuminate, lit; (fig.) enlightened.
iluminar *(eeloomeenáR)* tr. to illumin(at)e, to light; (fig.) to enlighten.

ilusión *(eeloosyón)* f. illusion, fancy; mirage; (fig.) anticipation, interest.
ilusionista *(eeloosyohnéesstah)* s. juggler, conjurer.
iluso *(eelóosoh)* adj. deceived, deluded; m. wishful-thinker, day-dreamer. [sory, unreal.
ilusorio *(eeloosóhryoh)* adj. illu-
ilustración *(eeloostrahthyón)* f. illustration; explanation.
ilustrado *(eeloostráhdoh)* adj. illustrated; learned, wellread.
ilustrar *(eeloostrá***R***)* tr. to illustrate; to explain, to enlighten; v. r. to learn, to get educated.
ilustre *(eelóostray)* adj. illustrious, celebrated, famous.
ilustrísimo *(eeloostréeseemoh)* adj. very illustrious.
imagen *(eemáh***H***ayn)* f. image, figure. *Phot.* spectrum.
imaginación *(eemah***H***eenahthyón)* f. imagination; fancy.
imaginar *(eemah***H***eená***R***)* tr. to fancy, to imagine; v. r. to fancy, to imagine, to suppose, to assume.
imaginativo *(eemah***H***eenahtéeboh)* adj. imaginative, fanciful. [f. imagery.
imaginería *(eemah***H***eenayréeah)*
imán *(eemáhn)* m. magnet.
iman(t)ar *(eemahntá***R***)* tr. to magnetize.
imbécil *(eembáytheel)* adj. imbecile, feeble-minded, silly, foolish; m. imbecile, idiot.
imbuir *(eembwée***R***)* tr. to imbue, to infuse, to inspire.
imitación *(eemeetahthyón)* f. imitation, counterfeit, copy; **en — de,** taking after.
imitar *(eemeetá***R***)* tr. to imitate, to copy, to ape.
impaciencia *(eempahthyénthyah)* f. impatience; restlessness.
impacientar *(eempahthyentá***R***)* tr. to vex; v. r. to lose patience, to become impatient.
impaciente *(eempahthyéntay)* adj. impatient, restless.
impacto *(eempáhktoh)* adj. impact; (fig.) effect.
impar *(eempá***R***)* adj. unequal, dissimilar; **números impares,** odd numbers.
imparcial *(eempa***R***thyáhl)* adj. impartial, unbiased, equittable, fair.
imparcialidad *(eempa***R***thyahleedáhd)* f. impartiality, fairness.
impartir *(eempa***R***tée***R***)* tr. to impart, to grant, to give.
impasable *(eimpahsahblay)* adj. impassable.
impasibilidad *(eempahseebeeleedáhd)* adj. impassibility, phlegm, coldness.
impasible *(eempahséeblay)* adj. impasible, unfeeling.
impecable *(eempaykáhblay)* adj. faultless, impeccable, inmaculate, spotless.
impedido *(eempaydéedoh)* adj. invalid, crippled, disabled; m. cripple, disabled person.
impedimento *(eempaydeemayntoh)* m. impediment, hindrance, obstacle.
impedir *(eempaydée***R***)* tr. to impede, to hinder, to prevent from.
impeler *(eempaylály***R***)* tr. to impel, to propel, to drive.
impenetrable *(eempaynaytráhblay)* adj. impenetrable, impervious.
impensado *(eempaynsáhdoh)* adj. unexpected, unthought of, unforeseen.
imperar *(eempayrá***R***)* intr. to rule, to reign.
imperativo *(eempayrahtéeboh)* adj. imperative, essential, necessary.
imperceptible *(eempay***R***cayptéeblay)* adj. imperceptible, unnoticeable.
imperdible *(eempay***R***déeblay)* adj. secure, safe; that cannot be lost; m. safety pin.
imperdonable *(eempay***R***donáblay)* adj. unforgiveable, unpardonable.

imperfección *(eempayRfaykthyón)* f. imperfection, defect, fault.

imperfecto *(eempayRfayktoh)* adj. imperfect, faulty, defectuous.

imperial *(eempayryáhl)* adj. imperial; f. coach top.

impericia *(eempayréethyah)* f. unskilfulness, clumsiness, torpitude. [pire.

imperio *(eempáyryoh)* m. em-

imperioso *(eempayryóhssoh)* adj. commanding, demanding; arrogant, haughty.

impermeabilizar *(eempayRmayahbeeleethá R)* tr. to make water-proof.

impermeable *(eempayRmayáhblay)* adj. impermeable, water-proof; m. (cloth) raincoat. [adj. impersonal.

impersonal *(eempayRsohnáhl)*

impertérrito *(eempayRtáyReetoh)* adj. undaunted, unscared.

impertinencia *(eempayRteenaynthyah)* f. impertinence, nonsense, rude intromission.

impertinente *(eempayRtéenéntay)* adj. impertinent, intrusive, meddling.

imperturbable *(eempayRtooRbáhblay)* adj. imperturbable, unmovable.

impetrar *(eempaytráR)* tr. to entreat, to obtain by entreaty.

ímpetu *(éempaytoo)* m. impetus, violence, rashness.

impetuosidad *(eempaytwohseedáhd)* f. impetuosity, rashness, violence.

impetuoso *(eempaytwóhsoh)* adj. impetuous, rash, violent; (fig.) blind. [piety.

impiedad *(eempyedáhd)* f. im-

impío *(eempéeoh)* adj. impious.

implacable *(eemplahkáhblay)* adj. implacable, relentless, remorseless.

implicar *(eempleekáR)* intr. to imply, to involve; to mean.

implícito *(eempléetheetoh)* adj. implicit, inferred.

implorar *(eemplohráR)* tr. to implore, to beg, to entreat. *Eccl.* to pray.

imponente *(eemponayntay)* adj. imposing, impressive; magnficent; m. (bank.) depositer.

imponer *(eempohnáyR)* tr. to impose; to levy (taxes); to deposit (money); v. r. to impose oneself, to rule over.

impopular *(eempohpooláR)* adj. unpopular.

importación *(eempoRtahthyón)* f. importation, import.

importancia *(eempoRtáhnthyah)* f. importance, significance, consequence.

importante *(eempoRtáhntay)* adj. important, significant; serious.

importar *(eempoRtáR)* tr. to matter. *Com.* to import; to come to, to amount to.

importe *(eempóRtay)* m. *Com.* cost, amount; **¿cuál es el —?**, how much does it amount to.

importunar *(eempoRtoonáR)* tr. to importune, to pester.

importunidad *(eempoRtooneedáhd)* f. importunity.

importuno *(eempoRtóonoh)* adj. importun(at)e, pestering; untimely; s. m. pest.

imposibilidad *(eempohseebeeleedáhd)* f. impossibility, impracticability.

imposibilitado *(eempohseebeetáhdoh)* adj. helpless; disabled.

imposibilitar *(eempohseebeetáR)* tr. to disable, to incapacitate (a person); to make impossible, to prevent.

imposible *(eempohséeblay)* adj. impossible, unfeasible.

imposición *(eempohseethyón)* f. imposition; (bank.) deposit; contribution.

impostor *(eempostóR)* m. impostor, fake, suplanter.

impostura *(eempostóorah)* f. imposture; fraud, cheat.

impotencia *(eempohtaynthyah)* f. impotence, incapacity; frigidity.
impotente *(eempohtayntay)* adj. impotent, powerless; frigid.
impracticable *(eemprahkteekáhblay)* adj. impraticable; impassable, unfit.
imprecación *(eempraykahthyón)* f. imprecation, curse, blasphemy, insult.
imprecar *(eempraykáR)* tr. to imprecate, to curse.
impregnar *(eempraygnáR)* tr. to impregnate, to pervade, to saturate; v. r. to get impregnated/saturated.
imprenta *(eemprayntah)* f. printing, printing office, press; **letra de —,** block letters.
imprescindible *(eempresstheendéeblay)* adj. indispensable, essential, absolutely necessary.
impresión *(eempraysyón)* f. impression; (newsp.) edition, issue; printing; imprint, mark.
impresionable *(eemprayssyonahblay)* adj. sensitive, highly-strung.
impresionar *(eempraysyohnáR)* tr. to impress, to make an impression, to affect; to leave an imprint.
impreso *(eempráysoh)* m. printed matter; leaflet, pamphlet.
impresor *(eempraysóR)* m. printer; adj. imprinting.
imprevisor *(eempraybeessoR)* m. improvident, happy-go-lucky; thoughtless.
imprevisto *(eempraybéestoh)* adj. unforeseen, unexpected.
imprimir *(eempreeméeR)* tr. to (put in) print, to stamp.
improbable *(eemprohbáhblay)* adj. improbable, unlikely.
ímprobo *(éemprohboh)* adj. laborious, painful; dishonest, corrupt.
improcedente *(éemprohthaydayntay)* adj. unrighteous, contrary to law.
improductivo *(eemprohdooktéeboh)* adj. unproductive, unfruitful, umprofitable. *Agric.* barren.
improperio *(eemprohpáryoh)* m. insult, curse, swear word.
impropio *(eemprópyoh)* adj. improper, uncalled for; **es — de ti,** it isn't like you.
improvisación *(eemprohbeesahthyón)* f. improvisation; spontaneity.
improvisar *(eemprohbeesáR)* tr. to improvise.
improviso *(eemprohbéesoh)* adj. unexpected; **de —,** unexpectedly, all of a sudden.
imprudencia *(eemprohdaynthyah)* f. imprudence, thoughtlessness.
imprudente *(eemproodayntay)* adj. imprudent, thoughtless, rash.
impudicia *(eempoòdéethyah)* f. lewness, impudence, shamelessness, lustfulness.
impuesto *(eempwaystoh)* m. tax, duty, rate; adj. imposed, forced.
impugnar *(eempoognáR)* tr. to impugn, to oppose, to challenge.
impulsar *(eempoolsáR)* tr. to impel, to push. *Mech.* to drive (rock.) to thrust.
impulso *(eempóolsoh)* m. impulse, urge; pressure.
impune *(eempóonay)* adj. unpunished. [impunity.
impunidad *(eempooneedáhd)* f.
impureza *(eempoòráythah)* f. impurity, dirt, pollution.
impuro *(eempóoroh)* adj. impure, dirty, polluted, adulterated.
imputable *(eempoohtáhblay)* adj. imputable, attributable.
imputación *(eempoohtahthyón)* f. imputation, attribution, accusation.
imputar *(eempootáR)* tr. to impute, to attribute, to accuse.
inacabable *(eenahkkahbáhblay)* adj. unending, never-ending, endless.

inaccesible *(eenahkthayséeblay)* adj. inaccesible, unapproachable, unreacheable, unattainable. [adj. unacceptable.
inaceptable *(eenahthayptáblay)*
inactividad *(eenahkteebeedáhd)* f., inactivity, inaction, stillness, quietness.
inadecuado *(eenahdaykwáhdoh)* adj. inadequate, unsuitable.
inadmisible *(eenahdmeeséeblay)* adj. inadmissible, umbelievable, out of the question.
inadvertencia *(eenahdbay***R***tayenthya)* adj. inadvertence--sight, carelessness, oversight.
inadvertido *(eenahdbáy***R***téedoh)* adj. unnoticed, unobserved.
inaguantable *(eenahgwahntáblay)* adj. unbearable, insupportable.
inalienable *(eenahlyaynáhblay)* adj. inalienable, stable, fast.
inalterable *(eenahltayráhblay)* adj. inalterable, stable, fast.
inanición *(eenahneethyón)* f. starvation.
inanimado *(eenahneemáhdoh)* adj. inanimate; lifeless.
inapelable *(eenahpayláhblay)* adj. without appeal; compulsory, without remisión.
inapetencia *(eenahpaytaynthyah)* f. inappetence, lack of appetite/interest.
inaplicable *(eenahpleekáhblay)* adj. inapplicable; unfit for.
inapreciable *(eenahpraytthyáhblay)* adj. invaluable, priceless; insignificant, minute.
inasequible *(eenahsaykéeblay)* adj. unattainable, unreachable, out of reach.
inaudible *(eenoudéeblay)* adj. inaudible.
inaudito *(eenoudéetoh)* adj. unheard-of, umbelievable, outrageous.
inauguración *(eenougoorahthyón)* f. inauguration, opening ceremony.
inaugurar *(eenougoorá***R***)* tr. to inaugurate, to open.
incalculable *(eenkahlkooláhblay)* adj. incalculable, untold, beyond reckoning, inmense. [adj. tireless.
incansable *(eenkahnsáhblay)*
incapacidad *(eenkahpahtheedáhd)* f. incapacity; inability.
incapacitar *(eenkahpahteetá***R***)* tr. to incapacite, to disable, to render unfit.
incapaz *(inkahpáth)* adj. incapable, unable, unfit.
incautación *(eenkoutahtyón)* f. appropiation, seizure (of prop.)
incautarse *(eenkoutá***R***say)* r. to appropiate, to seize property.
incauto *(eenkoutoh)* adj. naive, simpleton, unwary.
incendiar *(eenthayndya***R***)* tr. to set on fire.
incendiario *(eenthayndyáryoh)* s. incendiary; firebrand.
incendio *(eentháyndyoh)* m. fire, blaze. *Law.* arson.
incensar *(eenthaynsá***R***)* tr. to incense.
incentivo *(eenthayntéeboh)* m. incentive, stimulous; encouragement, incitement.
incertidumbre *(eenthay***R***teedoombray)* f. doubt, uncertainty; suspense.
incesante *(eethayssantay)* adj. incessant, never-ending, continuous. [cest.
incesto *(eenthaysstoh)* m. in-
incidencia *(eentheedáynthyah)* f. incidence, eventuality.
incidente *(eentheedáyntay)* adj. incident, casual; m. incident, event, happening.
incidir *(eentheedée***R***)* intr. to fall into, to mett with.
incienso *(eenthyénsoh)* m. incense.
incierto *(eenthya***R***toh)* adj. uncertain, doubtful; untrue, false.
incineración *(eentheenayrahthyón)* f. incineration, cremation.
incinerar *(eentheenayrá***R***)* tr. to cremate, to incinerate.
incipiente *(eentheepyentay)* adj.

incipient, beginning, embryonic. [sion, cut.
incisión *(eentheesyón)* f. inci-
incisivo *(eentheeséeboh)* adj. incisive, sharp, keen; m. **diente —**, incisor; (coll.) cutting tooth. [parenthesis.
inciso *(eenthéesoh)* m. pause,
incitación *(eentheetahthyón)* f. incitement, encouragement, egging-on, cheer-on.
incitar *(eentheetá***R***)* tr. to incite, to spur, to egg-on, to cheer-on. [impolite, rude.
incivil *(eentheebéel)* adj. uncivil,
inclemencia *(eenklaymaynthyah)* f. inclemency, rigour, harshness; **— del tiempo**, roughness of the weather.
inclemente *(eenklaymayntay)* adj. inclement.
inclinación *(eenkleenahthyón)* f. inclination, bent, preference. *Geom.* inclination. *Mech.* tilt, pitch; **— de cabeza,** bow. *Geom.* gradient, slope.
inclinado *(eenkleenahdoh)* adj. inclined, stanted, tilted.
inclinar *(eenklyná***R***)* tr. to incline, to bend, to tilt; v. r. to bend down, to bow, to lean. *Naut.* to heel.
incluir *(eenkloo:ée***R***)* tr. to include, to enclose.
inclusión *(eenkloosyón)* f. inclusion, addition; entrance.
inclusive *(eenkloosseebay)* adv. inclusive, as well.
incluso *(eenklóosoh)* adj. included; adv. even, too.
incógnito *(eenkógneetoh)* adj. unknown; **de —**, incógnito.
incoherente *(eenkohayrayntay)* adj. incoherent, broken.
incoloro *(eenkohlóhroh)* adj. colourless.
incólume *(eenkóhloomay)* adj. safe and sound, unharmed.
incombustible *(eenkomboostéeblay)* adj. incombustible, fireproof.
incomodar *(eenkohmohdá***R***)* tr. to vex, to annoy; v. r. to get annoyed, to get angry.
incomodidad *(eenkohmohdeedáhd)* f. inconvenience, unconfortableness; nuisance, annoyance.
incómodo *(eenkóhmohdoh)* adj. unconfortable; inconvenient, troublesome, annoying.
incomparable *(eenkompahráhblay)* adj. matchless, incomparable.
incompatible *(eenkompahtéeblay)* adj. incompatible.
incompetencia *(eenkompaytaynthyah)* f. incompetency, inability, inefficiency.
incompetente *(eenkompaytayntay)* adj. incompetent, unqualified, inefficient, unfit.
incompleto *(eenkompláytoh),* adj. incomplete; unfinished.
incondicional *(eenkondeethyohnáhl)* adj. unconditional, unrestricted; **un seguidor —**, an out-and-out fan.
inconexo *(eenkohnayksoh)* adj. unconnected, incoherent.
incongruente *(eenkongrwayntay)* adj. incongruous, irrelevant.
incongruo *(eenkóngroo:oh)* adj. incongruous.
inconquistable *(eenkonkeesstáhblay)* adj. unconquerable.
inconsciente *(eenkonsthyéntay)* adj. unconscious, unaware.
inconsecuente *(eenkonsaykwayntay)* adj. inconsistent, irresponsible.
inconsistente *(eenkonsseestáyntay)* adj. inconsistent, unstable, unsteady.
inconsolable *(eenkonsohláhblay)* adj. inconsolable, comfortless.
inconstante *(eenkonstáhntay)* adj. inconstant, unsteady.
inconstitucional *(eenkonsteetoothyohnáhl)* adj. unconstitutional.
incontable *(eenkontáblay)* adj. innumerable. *Gram.* uncountable.
incontinencia *(eenkonteenáynthyah)* f. incontinence; lewdness. [adj. incontinent.
incontinente *(eenkonteenayntay)*

incontrovertible *(eenkontrohba-yRtéeblay)* adj. incontrovertible, indisputable.
inconveniencia *(eenkonbaynyénthyah)* f. inconvenience, nuisance, trouble.
inconveniente *(eenkonbaynyéntay)* adj. inconvenient; m. dificulty, nuisance.
incorporación *(eenkoRpohrahthyón)* f. incorporation, addition.
incorporado *(eenkoRpohráhdoh)* adj. incorporate (from lying position) sitting up.
incorporar *(eenkoRpohráR)* tr. incorporate; v. r. *Mil.* to join; to sit up (in bed).
incorrección *(eenkohRaykthyon)* f. incorrectness, inaccuracy.
incorrecto *(eenkoRayktoh)* adj. incorrect, wrong, inaccurate, erroneous.
incorregible *(eenkohRryHée blay)* adj. incorregible.
incorruptible *(eenkohRooptéeblay)* adj. incorruptible; m. man of integrity.
incredulidad *(eenkraydooleedáhd)* f. incredulity, disbelief.
incrédulo *(eenkráydooloh)* adj. incredulous; s. unbeliever.
increíble *(eenkrayéeblay)* adj. incredible, umbelievable.
incrementar *(eenkraymayntáR)* tr. to increase, to augment.
incremento *(eenkraymayntoh)* m. increase, increment.
incruento *(eenkrwayntoh)* adj. bloodless.
incrustación *(eenkroostahthyón)* f. incrustation; (jewl.) inlaying. *Geol.* sinter.
incrustar *(eenkroostáR)* tr. to incrust; to inlay.
incubación *(eenkoobahthyón)* f. *Med.* incubation. *Ornit.* hatching.
incubadora *(eenkoobahdohrah)* s. f. incubator.
incubar *(eenkoobáR)* tr. to incubate; to hatch.
incuestionable *(eenkwaystyonahblay)* adj. unquestionable.
inculcar *(eenkoolkáR)* tr. to inculcate, to imbue, to teach.
incultivable *(eenkoolteebáhblay)* adj., fallow barren (land.)
incultura *(eenkooltóohrah)* f. ignorance, rudeness.
incumbencia *(eenkoombaynthyah)* f. incumbency; duty; **ser de la — de uno,** to be one's duty; **no ser de la — de uno,** to be none of one's business.
incumbir *(eenkoombéeR)* intr. to concern, to be incumbent,
incurable *(eenkooráhblay)* adj. incurable.
incurrir *(eenkooRéeR)* intr. to incur; **— en el error de,** to make the mistake of.
incursión *(eenkoRseeón)* s. raid, incursion; inroad.
indagación *(eendahgahthyón)* f. investigation, inquiry, (sci)-probe. *Law.* inquest.
indagar *(eendahgár)* tr. to investigate, to inquire. *Scienc.* to probe. *Law.* to inquest; (pub.) to surrey.
indebido *(eendaybéedoh)* adj. undue, illegal; **indebidamente,** unduely, illegally.
indecencia *(eendaythaynthyah)* f. indecency, obscenity; shamelessness.
indecente *(eendaythayntay)* adj. indecent, foul, obscene, shameless.
indecible *(eendaytheeble)* adj. unspeakable
indecisión *(eendaythesyón)* f. irresolution, indecision.
indecoroso *(eendaykohróhsoh)* adj. indecorous, unbecoming, indecent.
indefensible *(eendayfaynseeblay)* adj. indefensible.
indefenso *(eendayfaynsoh)* adj. defenceless.
indefinido *(eendayfeenéedoh)* adj. indefinite, vague; undefined.
indemne *(eendaymnay)* adj. undamaged, unharmed, unhurt.
indemnización *(eendaymneethathyon)* f. indemnification, damages, compensation.
indemnizar *(eendaymneetháR)*

tr. to indemnify; compensate, make good.
independencia *(eendaypayndaynthyah)* f. independence.
independiente *(eendaypayndyentay)* adj. independent; free.
indescifrable *(eendaystheefrahblay)* adj. indecipherable.
indestructible *(eendesstrooktéeblay)* adj. indestructible.
indeterminado *(eendaytay***R***meenáhdoh)* adj. indeterminate; undefined, uncertain, irresolute.
indiana *(eendyáhnah)* f. print- [(ed calico).
indicación *(eendeekahthyón)* s. indication, hint, sign; directions.
indicar *(eendeeká***R***)* tr. to indicate, to point, to hint.
índice *(eéndeethay)* m. index, sign; forefinger.
indicio *(eendéethyoh)* m. sign, trace.
índico *(éendeekoh)* adj. East In- [dian.
indiferencia *(eendeefayraynthyah)* f. indifference, unconcern.
indiferente *(eendéefayrayntay)* adj. indifferent, unconcerned, aloof.
indígena *(eendée***H***aynah)* adj. indigenous, native; s. native.
indigencia *(eendee***H***áynthyah)* adj. indigence, penury, poverty.
indigente *(eendee***H***ayntay)* adj. indigent, poor, needy.
indigestión *(eendee***H***aystyon)* f. indigestion.
indigesto *(eendee***H***áystoh)* adj. indigestible, heavy (food).
indignación *(eendeegnahthyón)* f. indignation, anger.
indignado *(eendeegnáhdoh)* adj. angry, cross, vexed.
indignar *(eendeegná***R***)* tr. to irritate, to anger, to make cross, to offend; v. r. to get angry/cross.
indignidad *(eendeegneedáhd)* f. indignity, offense, insult.
indigno *(eendeegnoh)* adj. unworthy, undeserving.
indirecta *(eendeerayktah)* f. innuendo, hint.
indirecto *(eendeerayktoh)* adj. indirect.
indisciplina *(eendeesstheepléenah)* f. insubordination, indiscipline.
indiscreción *(eendeesskraythyón)* f. indiscretion, tactlessness, imprudence.
indiscreto *(eendeesskráytoh)* adj. indiscreet, imprudent.
indiscutible *(eendeeskootéeblay)* adj. unquestionable, indisputable.
indispensable *(eendeespaynsáhblay)* adj. indispensable, essential, necessary.
indisponer *(eendeesspohnáy***R***)* tr. to indispose, to make unfit, to make ill; v. r. to get unwell/ill; **— con,** to fall out with.
indisposición *(eendeesspohseethyón)* f. indispossition; **tener una —,** to be unwell/unfit.
indistinto *(eendeessteentoh)* adj. indistinct, vague; adv. **indistintamente,** indistinctly.
individual *(eendeebeedoo:áhl)* adj. individual; (fig.) peculiar.
individualizar *(eendeebeedoo:ahleethá***R***)* tr. to individualize.
individuo *(eendeebéedoo:oh)* s. m. person, fellow, chap.
indivisible *(eendeebeeséeblay)* adj. indivisible.
indiviso *(eendeebéesoh)* adj. un- [divided.
indócil *(eendóhtheel)* adj. indocile, unruly, headstrong.
indocto *(eendóktoh)* adj. ignorant, uneducated, unlearned.
índole *(éendohlay)* f. inclination, disposition; type, class.
indolencia *(eendohlaynthyah)* f. indolence, laziness, idleness.
indolente *(eendohlayntay)* adj. indolent, lazy, idle.
indomable *(eendohmáhblay)* adj. indomitable, untamable.
indómito *(eendóhmeetoh)* adj. untamed, wild.
indubitable *(eendoobeetablay)*

adj. undoubted, unquestionable; adv. **—mente,** undoubtedly, unquestionably.
inducción *(eendoothyón)* s. f. inducement, persuasion. *Elect.* induction.
inducir *(eendoothéeR)* tr. to induce, to persuade. *Elect.* to induce. [inductive.
inductivo *(eendooktéeboh)* adj.
indudable *(eendoodahblay)* adj. certain, without any doubt.
indulgencia *(eendoolHáyntay)* f. indulgence, leniency, clemency.
indulgente *(eendoolHayntay)* adj. indulgent, lenient, gentle, kind.
indultar *(eendooltáR)* tr. to pardon, to free. [amnesty.
indulto *(eendóoltoh)* m. pardon,
industria *(eendóostryah)* f. industry, trade; **— hotelera,** catering trade.
industrial *(eendoostryáhl)* adj. industrial; m. dealer, manufacturer, businessman.
industrialización *(eendoostryaleethathyón)* s. f. industrialization.
inédito *(eenáydeetoh)* adj unpublished, unknown.
ineficacia *(eenayfeekáhthyah)* f. inefficiency, inefficacy.
ineficaz *(eenayfeekáth)* adj. inefficacious, inneficient.
ineludible *(eenayloodéeblay)* adj. unavoidable, inevitable.
ineptitud *(eenaypteetóod)* f. ineptitude, unfitness, incapacity.
inepto *(eenayptoh)* adj. inept, unfit, incompetent.
inequívoco *(eenaykéebohkoh)* adj. inequivocal, unmistakable.
inercia *(eenáyRthyah)* f. inertia.
inerte *(eenáyRtay)* adj. inert, inactive.
inesperado *(eenaysspayráhdoh)* adj. unexpected, unforeseen; adv. **inesperadamente,** unexpectedly, suddenly.
inestimable *(eenayssteemáhblay)* adj. inestimable, invaluable.
inevitable *(eenaybeetáhblay)* adj. inevitable, unavoidable.
inexactitud *(eenayksateetood)* f. inaccuracy, inexactitude.
inexacto *(eenayksaáhktoh)* adj. inexact, inaccurate, wrong, mistaken.
inexcusable *(eenaykskoosáhblay)* adj. inexcusable, unjustifiable; indispensable.
inexistente *(eenaykseestayntay)* adj. inexistent, non existent.
inexperiencia *(eenayspayryénthyah)* f. inexperience.
inexperto *(eenaykspáyRtoh)* adj. inexperienced, novice, babe.
inexplicable *(eenaykspleekáhblay)* adj. inexplicable, unexplainable.
inextinguible *(eenaysteengéeblay)* adj. inextinguishable, quenchless.
infalibilidad *(eenfahleebeeleedáhd)* f. infability, accuracy.
infalible *(eenfahléeblay)* infallible, accurate exact, perfect.
infamación *(eenfahmahthyon)* f. slander, calumny, defamation, libel.
infamador *(eenfahmahdoR)* m. libeller, slanderer.
infamar *(eenfahmáR)* tr. to defame, to libel, to slander.
infame *(eenfáhmay)* adj. infamous, vile, despicable.
infamia *(eenfáhmyah)* f. infamy.
infancia *(eenfáhnthyah)* f. infancy, childhood.
infante *(eenfáhntay)* m. infant, baby. *Mil.* infantryman.
infantería *(eenfahntayrréeah)* f. infantry; **— de marina,** (USA.) marines corp.
infanticida *(eenfahnteehéedah)* infanticide, child-murderer.
infanticidio *(eenfahnteethéedyoh)* m. infanticide, child-murder. [tile, childlike.
infantil *(eenfahntéel)* adj. infan-
infatigable *(eenfahteegáblay)* adj. indefatigable, tireless.
infatuar *(eenfahtwaR)* tr. to infatuate; v. r. to become infatuated. [fection, contagion.
infección *(eenfaykthyón)* f. in-

infeccioso *(eenfaykthyóhsoh)* adj. infectious, contagious.
infectar *(eenfayktáR)* tr. to infect; r. to catch infection.
infecto *(eenfayktoh)* adj. infected.
infecundidad *(eenfaykoondeedáhd)* f. infecundity, barrenness, sterility, infertility.
infecundo *(eenfaykóondoh)* adj. infertile, sterile, barren.
infelicidad *(eenfayleetheedáhd)* f. unhappiness.
infeliz *(eenfayleeth)* adj. unhappy; (coll.) poor devil.
inferior *(eenfayryóR)* adj. inferior, lower. [f. inferiority.
inferioridad *(eenfayryoreedáhd)*
inferir *(eenfayréeR)* tr. to infer, to deduce; to inflict (wounds). [fernal, hellish.
infernal *(eenfayRnáhl)* adj. in-
infestar *(eenfaysstáR)* tr. to infest, to infect; **está infestado de —,** it is teeming with.
infidelidad *(eenfeedayleedáhd)* f. infidelity, unfaithfulness.
infiel *(eenfyél)* adj. unfaithful; s. infidel.
infierno *(eenfyáyRnoh)* m. hell.
infiltración *(eenfeeltrahtyón)* f. infiltration, leakage, leak.
infiltrarse *(eenfeeltráRsay)* r. to infiltrate, to percolate, to leak, to ooze. *Mil.* to infiltrate. [the least, the worst.
ínfimo *(éenfeemoh)* adj. lowest,
infinidad *(eenfeeneedáhd)* f. infinity; endless number of.
infinito *(eenfeenéetoh)* adj. infinite, endless, immense; m. infinite. [tion.
inflación *(eenflahthyón)* f. infla-
inflamable *(eenflahmáhblay)* adj. inflammable.
inflamación *(eenflahmahthyón)* f. inflamation, blaze. *Med.* swelling.
inflamar *(eenflahmáR)* tr. to inflame, to set on fire. *Med.* to swell, to inflame.
inflar *(eenfláR)* tr. to inflate, to blow up; r. to swell, to puff.
inflexible *(eenflaykséeblay)* adj. inflexible, unbending; contumatious.
influencia *(eenfloo:énthyah)* f. influence; **tener —,** to have some bearing; pl. **tener —s,** to have conexions; **por —,** through friendship.
influir *(eenfloo:éeR)* tr. to influence, to exert an influence, to have some bearing.
influjo *(eenflóoHoh)* m. influx.
influyente *(eenflooyéntay)* adj. influential.
información *(eenfoRmahtyón)* f. information, account, report.
informal *(eenfoRmáhl)* adj. informal; unreliable.
informalidad *(eenfoRmahleedáhd)* informality.
informar *(eenfoRmáR)* tr. to inform, to report; r. to inquire, to find out.
informativo *(eenfoRmahtéeboh)* adj. informative.
informe *(eenfóRmay)* m. information, report; adj. shapeless.
infortunio *(eenfoRtóonyoh)* m. misfortune, ill-luck, fatality.
infracción *(eenfrakthyón)* f. breach, infringement; fine.
infractor *(eenfraktóR)* f. m. lawbreaker, trangressor, breacher.
infrascri(p)to *(eenfrashkéeptoh)* adj. underwritten, undersigned.
infringir *(eenfreenHéeR)* tr. to infringe, to break.
infructuoso *(eenfroktwóhsoh)* adj. fruitless, unsuccessful; abortive (plans, etc.).
ínfulas *(éenfoolahs)* f. pl. conceit.
infundado *(eenfoondáhdoh)* adj. groundless, unfounded.
infundir *(eenfoondéeR)* tr. to infuse, to instil, to imbue.
infusión *(eenfoosyón)* f. infusion.
ingeniar *(eenHaynyaR)* tr. to conceive, to devise; v. r. to manage, to contrive.

I

ingeniería *(eenHaynyeréeah)* f. engineering. [engineer.
ingeniero *(eenHaynyéroh)* m.
ingenio *(eenHaynyoh)* m. wit, cleverness, talent.
ingenuidad *(eenHaynweedahd)* f. ingenuousness, innocence, candour. [candid, innocent.
ingenuo *(eenHáynwoh)* m. naive,
ingerir *(eenHayreeR)* tr. to take in, to feed.
ingle *(éenglay)* f. groin.
inglés *(eenglayss)* adj. y s. English.
ingratitud *(eengrahteetóod)* f. ingratitude, ungratefulness.
ingrato *(eengráhtoh)* adj. ungrateful. [m. ingredient.
ingrediente *(eengraydyéntay)*
ingresar *(eengráysáR)* tr. to enter; to join. *Com.* to deposit; to credit.
ingreso *(eengráysoh)* m. ingress; entrance. *Com.* entry.
inhábil *(eenáhbeel)* adj. clumsy, incapable, awkward.
inhabilidad *(eenahbeeleedáhd)* f. inability, incapability.
inhabilitar *(eenahbeeleetáR)* tr. to disqualify, to disable.
inhabitable *(eenahbeetáhblay)* adj. uninhabitable.
inhalar *(eenahláR)* tr. to inhale, to breathe in.
inherente *(eenayrayntay)* adj. inherent. [hibition.
inhibición *(eeneebeethyón)* f. in-
inhibir *(eeneebéeR)* tr. to inhibit, to prohibit; to dissuade; to hinder.
inhumanidad *(eenoomahneedáhd)* f. inhumanity.
inhumano *(eenoomáahnoh)* adj. inhuman.
iniciación *(eeneethyahthyón)* f. initiation, beginnig, introduction. [first.
inicial *(eeneethyáhl)* adj. initial,
iniciar *(eeneethyáR)* tr. to initiate, to commence, to begin, to start, to set out.
inimaginable *(eeneemahHeenáhblay)* adj. unimaginable.
inimitable *(eeneemeetáhblay)* adj. inimitable, matchless.
ininteligible *(eeneentayleeHéeblay)* adj. unintelligible.
iniquidad *(eeneekweedahd)* f. iniquity. [(in)graft.
injertar *(eenHayRtáR)* tr. to
injerto *(eenHáyRtoh)* m. graft(ing), stock.
injuria *(eenHóoryah)* f. insult, offence; slander.
injuriar *(eenHooriáR)* tr. to offend, to insult.
injurioso *(eenHooryóhsoh)* adj. injurious, outrageous, insulting. [injustice, iniquity.
injusticia *(eenHoostéethyah)* f.
injusto *(eenHóostoh)* adj. unjust, unfair.
inmaculado *(eenmahkooláhdoh)* adj. inmaculate, pure.
inmaduro *(eenmahdóoroh)* adj. immature.
inmediación *(eenmaydyahthyón)* f. contiguity, inmediacy; pl. outskirts; **en las —es,** in the neighbourhood.
inmediato *(eenmaydyáhtoh)* adj. inmediate, next, near-by.
inmejorable *(eenmayHohráhblay)* adj. unsurpassable.
inmemorial *(eenmaymohryáhl)* adj. immemorial.
inmensidad *(eenmaynseedáhd)* f. immensity, vastness.
inmenso *(eenmaynsoh)* adj. immense, huge, vast.
inmerecido *(eenmayraythéedoh)* adj. undeserved.
inmersión *(eenmayRsyón)* m. immersion. [f. immigration.
inmigración *(eenmeegrahthyón)*
inminente *(eenmeenayntay)* adj. imminent.
inmiscuir *(eenmeeskwéeR)* tr. to mix; r. to interfere in.
inmodestia *(eenmohdaysstyah)* f. immodesty, indicency.
inmodesto *(eenmohdaysstoh)* adj. immodest, conceited, presumptuous.
inmolar *(eenmohláR)* adj. immolate, to sacrifice.
inmoral *(eenmohráhl)* adj. immoral, corrupt, depraved.
inmortal *(eenmoRtáhl)* adj. im-

mortal, undying, everlasting.
inmortalidad *(eenmoRtahleedáhd)* f. immortality.
inmortalizar *(eenmoRtahleetháR)* tr. to immortalize.
inmóvil *(eenmóhbeel)* adj. immobile, motionless, lifeless.
inmueble *(eenmwayblay)* adj. *Law.* immovable; m. pl. real estate. [f. dirt, filth.
inmundicia *(eenmoondéethyah)*
inmundo *(eenmóondoh)* adj. dirty, filthy, obscene.
inmune *(eenmóonay)* adj. free, exempt, immune.
inmunidad *(eenmooneedáhd)* f. immunity, exemption.
inmunizar *(eenmooneetháR)* tr. to immunize. *Med.* to vacinate; v. r. to get immune.
inmutable *(inmootáhblay)* adj. immutable. [inborn, natural.
innato *(eennáhtoh)* adj. innate,
innavegable *(ennahbaygáhblay)* adj. innavigable, unseaworthy.
innecesario *(eennaythaysáhryoh)* adj. unnecessary.
innegable *(ennaygáhblay)* adj. undeniable. [ble.
innoble *(eennóhblay)* adj. igno-
innocuo *(eennóhkwoh)* adj. innocuous, harmless.
innominado *(eennohmeenáhdoh)* adj. nameless, innominate.
innovación *(eennohbahthyón)* f. innovation. [vate.
innovar *(eennohbáR)* tr. to inno-
innumerable *(eennoomayráhblay)* adj. innumerable; numberless, countless.
inocencia *(eenohthaynthyah)* f. innocence, candour, naivety.
inocente *(eenohthayntay)* adj. innocent, candid; naive.
inocular *(eenohkoolaR)* tr. to inoculate, to vaccinate.
inodoro *(eenohdohroh)* adj. odourless, inodorous; m. deodorizer.
inofensivo *(eenohfaynséeboh)* adj. inoffensive, innocuous, harmless.
inolvidable *(eenolbeedáhblay)* adj. unforgettable.
inoportuno *(eenohpoRtóonoh)* adj. inopportune, untimely.
inorgánico *(eenoRgáhneekoh)* adj. inorganic(al).
inquietante *(eenkyetantay)* adj. disturbing, disquieting.
inquietar *(eenkyétaR)* tr. to disturb, to disquiet; r. to become uneasy, to worry.
inquieto *(eenkyétoh)* adj. restless, anxious, worried.
inquietud *(eenkyetood)* f. restlessness, uneasiness, worry.
inquilinato *(eenkeeleenáhtoh)* m. lease(hold), tenancy.
inquilino *(eenkeeléenoh)* m. tenant, lodger.
inquirir *(eenkeeréeR)* tr. to inquire; to investigate.
inquisición *(eenkeeseethyon)* f. inquest, inquiry.
insaciable *(eensahthyáblay)* adj. insatiable, unquenchable; greedy.
insalubre *(eensahlóobray)* adj. insalubrious, unhealthy.
insano *(eensáhnoh)* adj. unhealthy; insane, mad.
inscribir *(eenskreebéeR)* tr. to inscribe, to record, to book; v. r. to put one's name down.
inscripción *(eenskreepthyón)* f. inscription; registration.
insecto *(eensayktoh)* m. insect.
inseguridad *(eensaygooreedáhd)* .f insecurity, uncertainty.
inseguro *(eensaygóoroh)* adj. insecure, uncertain, unsafe.
insensatez *(eensaynsahtayth)* f. stupidity, nonsense, folly.
insensato *(eensaynsáhtoh)* adj. stupid, foolish, blind.
insensibilidad *(eenssaynseebeeleedahd)* insensibility; insensitivity; hard-heartness.
insensible *(eensaynséeblay)* adj. insensible, callous; insensitive.
inseparable *(eensayparáhblay)* adj. inseparable, undetatchable.
inserción *(eensayRthyón)* f. insertion. [sert.
insertar *(eensayRtáR)* tr. to in-

inservible *(eensayRbéeblay)* adj. (coll.) useless, *USA*.
insigne *(eensseegnay)* adj. illustrious.

I

insignificancia *(eenseeneefeekahnthyah)* f. insignificance, triviality; (coll.) child's play.
insignificante *(eenseeneefeekahntay)* adj. insignificant, trivial, trifle.
insinuación *(eenseenwahthyon)* f. insinuation, hint, suggestion.
insinuar *(eenseenwaR)* tr. to insinuate, to hint, to suggest.
insipidez *(eenseepeedáyth)* f. insipidity, tastelessness.
insípido *(eenséepeedoh)* adj. insípid, tasteless; (of beer) flat.
insistir *(eenseesstéeR)* intr. to insist on; to dwell on.
insociable *(eensohthyáhblay)* adj. unsociable. [sun-stroke.
insolación *(eensohlahthyón)* f.
insolencia *(eensohlaynthyah)* f. insolence, impudence, cheek.
insolentarse *(eensohlayntáRsay)* r. to become insolent, to be cheeky.
insolente *(eensohlayntay)* adj. insolent, impudent; (coll.) cheecky. [sual.
insólito *(eensóhleetoh)* adj. unu-
insoluble *(eensohlóoblay)* adj. indissoluble; unsolvable.
insolvencia *(eensolbaynthyah)* f. insolvency. [insolvent.
insolvente *(eensolbayntay)* adj.
insomnio *(eensómnyoh)* f. insomnia, sleeplessness.
insoportable *(insohpartáhblay)* adj. unbearable, insupportable.
insostenible *(eensostaynéeblay)* adj. indefensible, untenable.
inspección *(eenspaykthyón)* f. inspection; survey; police station.
inspeccionar *(eenspaykthyohnáR)* tr. to inspect, to survey, to examine.
inspector *(eenspayktóR)* m. inspector, supervisor.
inspiración *(eenspeerahthyón)* f. inspiration. *Med.* inhalation.
inspirar *(eenspeeráR)* tr. to inspire; to inhale.
instalación *(eenstahlahthyón)* f. installation; fitting; settling. *Ind.* plant.
instalar *(eenstahláR)* tr. to place, to set (up), to install; r. to settle down.
instancia *(eenstáhnthyah)* f. instance, plea, request, suit, petition; application letter/form; **en primera —**, in the first place.
instantánea *(ennstahntáhnayah)* f. *Phot.* snapshot.
instantáneo *(eenstahntáhnayoh)* adj. instantaneous, instant.
instante *(eenstáhntay)* m. instant, moment; **un —**, a minute; **al —**, immediately.
instar *(eenstR)* tr. to press, to urge.
instigar *(eensteegáR)* tr. to instigate, to egg on, to set on, to incite. [tinct.
instinto *(eenstéentoh)* m. ins-
institución *(eensteetoothyón)* f. institution; establishment.
instituir *(eensteetoo:éeR)* tr. to institute, to establish, to found.
instituto *(eensteetóotoh)* m. institute; Grammar school.
instrucción *(eenstrookthyón)* f. instruction, teaching. *Mil.* drilling.
instructivo *(eenstrooktéeboh)* adj. instructive.
instruido *(eenstroo:éedoh)* adj. learned, educated; skilled.
instruir *(eenstroo:éeR)* tr. to instruct, to educate, to teach.
instrumental *(eenstroomayntáhl)* adj. instrumental.
instrumento *(eenstroomayntoh)* m. instrument, tool. *Agric.* implement.
insubordinación *(eensooboRdeenahthyón)* f. insubordination, rebellion, revolt.
insubordinar *(eensooboRdeenáR)* tr. to incite to; r. to rebel.
insuficiente *(eensoofeethyéntay)* adj. insufficient, inadequate.

insufrible *(eensoofréeblay)* adj. intolerable, unbearable, insufferable.

ínsula *(eénsoohlah)* f. isle, island.

insular *(eensooláR)* adj. insular, island.

insulsez *(eensoolsayth)* f. insipidity, flatness.

insulso *(eensóolsoh)* dull, flat.

insultar *(eensooltáR)* tr. to insult.

insulto *(eensóoltoh)* m. insult, affront; (fig.) offence.

insuperable *(eensoopayráblay)* adj. insuperable; insurmountable.

insurgente *(eensooRHéntay)* s. insurgent, rebel.

insurrección *(eensooRaykthyón)* f. insurrection, (up)rising, revolt.

intacto *(eentáktoh)* adj. intact, whole, untouched.

intachable *(eentahchahblay)* adj. blameless, irreproachable.

intangible *(eentahnHeeblay)* adj. nntouchable, that cannot be touched.

integral *(eentaygrahl)* adj. integral, whole.

integridad *(eentaygreedáhd)* f. integrity, honesty.

íntegro *(éentaygroh)* adj. integral, whole, complete.

intelecto *(eentaylayktoh)* m. intellect, understanding.

intelectual *(eentaylayktwáhl)* adj. intellectual; m. intellectual; (coll.) square.

inteligencia *(eentayleeHaynthyah)* f. intelligence understanding, intellect, cleverness.

inteligente *(eentayleeHayntay)* adj. intelligent, clever.

inteligible *(eentayleeHeeblay)* adj. intelligible, comprehensible.

intemperie *(eentaynpáyrye)* f. inclemency, rough weather; **a la —**, in the open-air.

intempestivo *(eentaympaysstéeboh)* adj. ill-timed, inoportune, unseasonable.

intención *(eentaynthyón)* f. intent(ion); **con —**, intentionally, on purpose; **ser con — de**, to be meant to.

intencionado *(eentaynthyohnáhdoh)* adj. intentioned, disposed; **bien —**, well disposed; **mal —**, ill disposed; **fue —**, it was meant to.

intendencia *(eentayndaynthyah)* f. (army, navy, etc.) administration.

intensidad *(eentaynseedáhd)* f. intensity.

intenso *(eentaynsoh)* adj. intense.

intentar *(eentayntáR)* tr. to try, to attempt.

intento *(eentayntoh)* m. try, trial, go, attempt.

intercalar *(eentayRkahláR)* tr. to intercalate, to insert.

intercambiar *(eentayRkáhmbyáR)* tr. to interchange, to exchange.

intercambio *(eentayRkáhmbyoh)* m. interchange, exchange.

interceder *(eenteyRtbaydayR)* intr. to intercede, to plead.

interceptar *(eentayRthayptáR)* tr. to intercept, to cut off.

intercesión *(eentayRthayssyon)* f. intercession; mediation.

intercontinental *(eentayRkonteenayntáhl)* adj. intercontinental.

interés *(eentayrayss)* m. interest. *Com.* interest, premium; pl. interests; **— creados**, vested interests.

interesado *(eentayraysáhdoh)* adj. interested, concerned; selfish; m. concerned person.

interesante *(eentayraysáhntay)* adj. interesting.

interesar *(eentayraysáR)* tr. to interest. r. to be interested in.

interino *(eentayréenoh)* adj. provisional. *Sports.* half-time; m. substitute.

interior *(eentayryóR)* adj. interior, inner, inside; m. the inside; the interior.

interjección *(eentayRHaythyon)* f. interjection.

interlocución *(eentayRlohkoothyón)* f. interlocution, dialogue.

interlocutor *(eentayRlohkootóR)* m. interlocutor.

intermediario *(eentay*R*maydyaryoh)* m. intermediary, middleman, arbitrator.
intermedio *(eentay*R*máydyoh)* m. interval. *Sports.* half-time; adj. intermediate.
interminable *(eentay*R*meenáhblay)* adj. interminable, endless.
internacional *(eentay*R*nahthyohnáhl)* adj. international.
internacionalizar *(eentay*R*nahthyohnahleethá*R*)* tr. to internationalize.
intermitente *(eentay*R*meetayntay)* adj. intermittent.
internado *(eentay*R*náhdoh)* m. boarding school.
internar *(eentay*R*ná*R*)* tr. to intern; r. to penetrate inland, to go deeper into.
interno *(eentáy*R*noh)* adj. internal; m. boarding-pupil, boarder.
interponer *(eentay*R*pohnay*R*)* tr. to interpose; v. r. to go or come between.
interposición *(eentay*R*pohseethyón)* f. interposition, interfering, meddling.
interpretación *(eentay*R*praytahthyón)* f. interpretation.
interpretar *(eentay*R*praytá*R*)* tr. to interpret. *Mús.* to render. *Theat.* to to act the part, to do the role.
intérprete *(eentáy*R*praytay)* s. interpreter. *Theat.* player, star.
interrogación *(eentay*R*ohgahthyón)* f. interrogation. *Print.* question-mark.
interrogatorio *(eentay*R*ohgahtohryoh)* m. *Leg.* cross-examination.
interrogar *(eentay*R*ohgá*R*)* tr. to interrogate, to question.
interrumpir *(eentay*R*oompée*R*)* tr. to interrupt, to cut short.
interrupción *(eentay*R*oopthyón)* f. interruption.
intersticio *(eentay*R*steethyoh)* m. crack, chink.
intervalo *(eentay*R*báhloh)* m. interval, pause, break.
intervención *(eentai*R*baynthyón)* f. intervention. *Com.* auditing accounts.
intervenir *(eentay*R*baynée*R*)* intr. to intervene, to go between. *Com.* to audit accounts.
intestino *(eentaysstéenoh)* adj. intestine; m. intestine, bowels.
intimar *(eenteemá*R*)* tr. to intimate.
intimidación *(eenteemeedahthyón)* f. intimidation, threat, warning.
intimidad *(eenteemeedáhd)* f. intimacy; **en la —, in private.**
intimidar *(eenteemeedá*R*)* tr. to intimidate, to daunt, to threat, to warn.
íntimo *(éenteemoh)* adj. intimate; **un amigo —**, a close friend.
intolerable *(eentohlayráhblay)* intolerable, insufferable, unbearable.
intranquilo *(eentrahnkéeloh)* adj. restless; uneasy.
intransferible *(eentrahnsfayréeblay)* adj. not transferable.
intransigente *(eentrahnsee*H*ayntay)* adj. intransigent, strict, severe.
intransitable *(eentrahnseetáhblay)* adj. impassable.
intratable *(eentrahtáhblay)* adj. intractable, unsociable.
intrepidez *(eentraypeedayth)* f. intrepidity, boldness, daring.
intrépido *(eentráypeedoh)* adj. intrepid, bold, daring, fearless.
intriga *(eentréegah)* f. intrigue; plot (of a play).
intrigar *(eentreegá*R*)* intr. to intrigue, to plot, to scheme.
intrincado *(eentreenkáhdoh)* adj. intricate, knotty, difficult.
introducción *(eentrohdookthyón)* f. introduction, preface.
introducir *(eentrohdoothée*R*)* tr. to introduce, to insert, to put in; v. r. to get into.

introversión *(eentrohbayRsyón)* f. introversion.
intruso *(eentróosoh)* adj. intrusive; m. intruder, outsider.
intuición *(eentweethyon)* f. intuition, instinct.
intuir *(eentwéeR)* tr. to have the intuition, to envisage.
inundación *(eenoondahthyón)* f. flood, inundation.
inundar *(eenoondáR)* tr. to flood, to inundate. [unusual.
inusitado *(eenooseetáhdoh)* adj.
inútil *(eenóotil)* adj. useless; adv. **inútilmente,** uselessly.
inutilidad *(eenooteeleedáhd)* f. uselessness, inutility.
inutilizar *(eenooteeleetháR)* tr. to render useless, to destroy, to put out of action, to spoil. [vade.
invadir *(eenbahdeeR)* tr. to in-
invalidar *(eenbahleedáR)* tr. to invalidate, to nullify, to make void, to annul.
invalidez *(eenbahleedayth)* f. invalidity, nullity, invalidation.
inválido *(eenbáhleedoh)* adj. y m. invalid, void, useless. *Med.* invalid, cripple.
invariable *(eenbahryáhblay)* adj. invariable. [sion.
invasión *(eenbahsyón)* f. inva-
invasor *(eenbahsóR)* m. invader.
invencible *(eenbaynthéeblay)* adj. invincible.
invención *(eenbeenthyón)* f. invention; (fig.) a figment of one's imagination; (coll.) a tale; (inst.) contrivance.
inventar *(eenbayntáR)* tr. to invent, to discover, to find out.
inventariar *(eenbayntahryáR)* tr. to inventory, to take stock.
inventario *(eenbayntáhryoh)* m. inventory, stock-taking.
inventiva *(eenbayntéebah)* f. ingenuity, inventiveness.
invento *(eenbayntoh)* m. invention; device; contrivance.
inventor *(eenbayntóR)* m. inventor.
invernadero *(eenbayRnadáyroh)* m. green-house, hot-house.
invernal *(eenbayRnáhl)* adj. wint(e)ry, hibernal.
invernar *(eenbayRnáR)* intr. to winter, to hibernate.
inversión *(eenbayRsyón)* f. inversion. *Com.* investment.
inverso *(eenbáyRsoh)* adj. inverse, opposite; **a la —a,** on the contrary, the other way round.
invertir *(eenbayRtéeR)* tr. to invert, to turn upside-down. *Com.* to invest.
investigación *(eenbaysstegahtyón)* f. research, investigaton, inquiry; inquest.
investigar *(eenbayssteegáR)* tr. to investigate. *Scien.* to research; to find out.
invierno *(eenbyéRnoh)* m. winter. [inviolable.
inviolable *(eenbyohláhblay)* adj.
inviolado *(eenbyohláhdoh)* adj. inviolat(ed), unhurt, unharmed.
invisibilidad *(eenbeeseebeeleedáhd)* f. invisibility.
invisible *(eenbeeséeblay)* adj. invisible.
invitar *(eenbeetáR)* tr. to invite; (coll.) to treat. [invocation.
invocación *(eenbohkahthyón)* f.
invocar *(eenbohkáR)* tr. to invoke, to implore; to call.
involucrar *(eembohlookraR)* tr. to involve; to mix.
involuntario *(eenbohloontáhryoh)* adj. involuntary.
inyección *(eenyaykthyón)* f. injecction. [ject.
inyectar *(eenyayktáR)* tr. to in-
ir *(eeR)* intr. to go; (cloth.) to suit, to fit; **— a pie,** to go on foot; **— en coche,** to ride; **— por (tren, barco, etc.)** to go by (train, boat, etc.); **— a buscar,** to go and fetch.
ira *(éerah)* f. wrath, anger.
iracundo *(eerahkóondoh)* adj. angry, furious, enraged.
irascible *(eerahsthéeblay)* adj. irritable. [rainbow
iris *(éereess)* m. iris; **arco —,**

irisar *(eereesá*R*)* tr. to iridesce.
ironía *(eerohnée:ah)* f. irony.
irónico *(eeróhneekoh)* adj. ironic(al). [ironize.
ironizar *(eerohneethá*R*)* tr. to
irracional *(ee*R*ahthyóhnáhl)* adj. irrational, absurd; m. madman; brute.
irradiación *(ee*R*ahdyahthyón)* f. i(r)radiation.
irradiar *(ee*R*ahdyá*R*)* tr. to i(r)radiate, to emit light; to bifurcate.
irreconciliable *(ee*R*aykontheelyáhblay)* adj. irreconciliable.
irrecuperable *(ee*R*aykoopayráhblay)* adj. irrecoverable, irretrievable. [rashness.
irreflexión *(ee*R*ayflayksyon)* f.
irreflexivo *(ee*R*ayflayksseeboh)* adj. thoughtless.
irregular *(ee*R*aygoolá*R*)* adj. irregular, uneven.
irregularidad *(ee*R*aygoolahreedáhd)* f. irregularity, unevenness. [ligion, atheism.
irreligión *(ee*R*aylee***H***yon)* f. irre-
irreligioso *(ee*R*aylee***H***yóssoh)* adj. irreligious, atheist.
irremediable *(ee*R*aymaydyahblay)* adj. irremediable, hopeless; lost.
irreparable *(ee*R*aypahráblay)* adj. irreparable, hopeless, lost.
irreprochable *(ee*R*ayprocháhblay)* adj. irreproachable, faultless, unimpeachable.
irresistible *(ee*R*ayseesstéeblay)* adj. irresistible, overpowering.
irresoluto *(ee*R*aysohlóotoh)* adj. irresolute, hesitant.
irreverencia *(ee*R*aybayraynthyah)* f. irreverence.
irreverente *(ee*R*aybayrayntay)* adj. irreverent.
irrevocable *(ee*R*aybohkáhblay)* adj. irrevocable, irreversible.
irrigar *(ee*R*eegá*R*)* tr. to irrigate, to water.
irrisión *(ee*R*eesyón)* f. derision, laugh. [table.
irritable *(ee*R*etáhblay)* adj. irri-
irritante *(ee*R*eetantay)* adj. irritating, upsetting, annoying.
irrisorio *(ee*R*eessohryoh)* adj. ridiculously small.
irritar *(ee*R*eetá*R*)* tr. to irritate, to exasperate, to annoy, to upset.
irrupción *(ee*R*oopthyón)* f. irruption; inroad, raid, foray.
isla *(éesslah)* f. isle; island.
isleño *(eessláynyoh)* adj. insular; m. islander. [key.
islote *(eeslóhtay)* m. islet, holm,
israelita *(eess*R*a:ayleetah)* s. y adj. Israelite; Jew(ish).
istmo *(éestmoh)* m. ishmus.
itinerario *(eeteenayráhryoh)* m. itinerary, route; guide.
izquierda *(eethkyáy*R*dah)* f. lefthand. *Pol.* left.
izquierdo *(eethkyáy*R*doh)* adj. left-(handed).

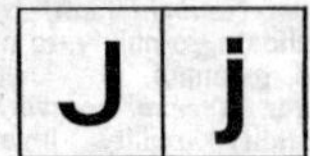

jabalí *(***H***ahbalée)* m. *Zool.* wild boar.
jabalina *(***H***ahbahléenah)* f. *Zool.* wild sow. *Sport.* javelin.
jabón *(***H***ahbón)* m. soap; **— de tocador,** toilet scap; **escamas de —**, soap suds.
jabonadura *(***H***ahbohnahdóorah)* f. washing. f. pl. (soap)suds.
jabonar *(***H***ahboná*R*)* tr. to soap; (fam.) to reprimand.
jabonera *(***H***ahbonáyrah)* f. soapdish. [cob.
jaca *(***H***áhkah)* f. jennet, hobby,
jacinto *(***H***ahthéentoh)* m. *Bot.* hyacinth. [(ney).
jaco *(***H***áhkoh)* m. nag, hack-
jactancia *(***H***ahktáhnthyah)* f. boasting.
jactancioso *(***H***ahktahnthyósoh)* adj. boastful. [boast.
jactarse *(***H***ahktá*R*say)* r. to
jalea *(***H***ahláyah)* f. jelly.
jalear *(***H***ahlayá***H***)* tr. to cheer, to urge on, to encourage.
jaleo *(***H***ahláyoh)* m. row, scuffle, quarrel.

jamás (*Hahmáhs*) adv. never; ever; **nunca —,** never again.
jamón (*Hahmón*) m. ham; **— serrano,** cured ham.
japonés (*Hahpohnéss*) adj. y s. Japanese.
jaque (*Háhkay*) m. check (in chess); **— mate,** checkmate.
jaqueca (*Hakáhykah*) f. headache, migraine.
jarabe (*Hahráhbay*) m. syrup.
jarana (*Hahráhnah*) f. revel(ry); **estar de —,** to be having a rollicking time; (coll.) having a rollicker.
jardín (*HaRdéen*) m. garden.
jardinería (*HaRdeenayrée:ah*) f. gardening. [gardener.
jardinero (*HaRdeenáyroh*) m.
jarra (*HahRah*) f. jug; jar; **brazos en —s,** arms akimbo.
jarro (*HáhRoh*) m. jug, pitcher.
jarrón (*HahRón*) m. (flower-)vase.
jaula (*Háhoolah*) f. cage.
jauría (*Hauréeah*) f. pack of hounds. [ne.
jazmín (*Hathméen*) m. jessami-
jefatura (*Hayfahtóorah*) f. leadership; **— de policía,** police headquarters.
jefe (*Háyfay*) m. chief, leader, master; (coll.) boss.
jerarquía (*HayraRkée:ah*) f. hierarchy. [—) sherry.
jerez (*Hayrayth*) m. **(vino de**
jerga (*HáyRgah*) f. jargon; cant.
jergón (*HayRgón*) m. straw bed, pallet. [ge.
jeringa (*Hayréengah*) f. syrin-
jeringar (*HayreengáR*) tr. to syringe, to squirt; (coll.) to annoy.
jeroglífico (*Hayrohgléeefeekoh*) m hieroglyph. [sweater.
jersey (*HayRsáy*) m. jersey,
jesuita (*Haysoo:éetah*) m. Jesuit, hypocrite.
jinete (*Heenáytay*) m. rider, horseman; pl. cavalry.
jira (*Héerah*) f. tour, trip; **— campestre,** picnic, outing.
jirafa (*Heeráhfah*) f. giraffe.
jirón (*Heerón*) m. rag, shred.
jocosidad (*Hohkohseedáhd*) f. jocularity, waggery.
jocoso (*Hohkohsoh*) adj. jocose, waggish, facetious.
jofaina (*Hohfáeenah*) f. washbasin, wash bowl.
jornada (*HoRnáhdah*) f. the day's work, stage, journey.
jornal (*HoRnáhl*) m. wages, pay.
jornalero (*HoRnahláyroh*) m. day-labourer, journeyman.
joroba (*HohRóhbah*) f. hump(back); hunch.
jorobado (*Hohrohbádoh*) adj. humpbacked; m. hunch-back.
joven (*Hóhbayn*) adj. young; m. young man, youth lad; f. lass, girl, young-lady. [gay.
jovial (*Hohbyáhl*) adj. jovial;
jovialidad (*Hohbyaleedáhd*) f. joviality, gaiety.
joya (*Hohyah*) f. jewel, gem; pl. jewels. [ler's shop.
joyería (*Hohyayrée:ah*) f. jewel-
joyero (*Hohyáyroh*) m. jeweller. [retirement.
jubilación (*Hoobeelahthyón*) f.
jubilar (*HoobeeláR*) tr. to pension off, to retire. [lee.
jubileo (*Hoobeeláyoh*) m. jubi-
júbilo (*Hóobeeloh*) m. joy.
judaico (*Hoodáeekoh*) adj. Judaical; Jewish.
judaísmo (*Hoodaeesmoh*) m. Judaism. [ry.
judería (*Hoodayrée:ah*) f. Jew-
judía (*Hoodée:ah*) f. Jewess. *Bot.* French bean.
judicial (*Hoodeethyáhl*) adj. judicial. [m. Jew.
judío (*Hoodée:oh*) adj. Jewish;
judo (*Hoodo*) m. judo.
juego (*Hwáygoh*) m. game play; (of things) set; gambling; (fig.) **— de niños,** child's play. [day.
jueves (*Hwáybayss*) m. Thurs-
juez (*Hwayth*) m. judge; expert.
jugada (*Hoogáhdah*) f. move (in a game); mean trick.
jugador (*HoogahdóR*) m. player; gambler. [play; to gamble.
jugar (*HoogáR*) tr. e intr. to

J

jugo *(Hóogoh)* m. *Bot.* sap; (fruit) juice.
jugoso *(Hoogóhsoh)* adj. juicy.
juguete *(Hoogáytay)* m. toy, plaything.
juguetear *(HoogaytayáR)* intr. to toy with, to gambol, to frolick. [ful.
juguetón *(Hoogaytón)* adj. play-
juicio *(Hoo:eethyoh) Law.* trial, judgement; (int.) sense, wisdom; **a mi —**, in my opinion.
juicioso *(Hoo:eethyóhsoh)* adj. judicious, wise, sensible.
julio *(Hóo:lyoh)* m. July.
junco *(Hóonkoh)* m. *Bot.* rush. *Naut.* chinese junk.
junio *(Hóo:nyoh)* m. June.
junta *(Hóntah)* f. *Pol.* junta. *Com.* assembly, board. *Mech.* joint.
juntar *(HoontaR)* tr. to gather, to collect; v. r. to meet, to gather.
junto *(Hóontoh)* adj. together, united; adv. near, close to, next to.
jura *(Hóorah)* f. oath, promise.
jurado *(Hooráhdoh)* m. jury; juror.
juramentar *(HoorahmayntáR)* tr. to swear (in); r. to be sworn (in).
juramento *(Hoorahmayntoh)* m. oath; swear-word, curse.
jurar *(HooráR)* tr. to swear.
jurídico *(Hooréedeekoh)* adj. juridic(al), lawful, legal.
jurisdicción *(Hooreessdeekthyón)* f. jurisdiction, authority, area of influence. [lawyer.
jurista *(Hooreesstah)* s. jurist;
justicia *(Hoosstéethyah)* f. justice, rightfulness.
justificación *(Hoosteefeekahthyón)* f. justification.
justificante *(Hoosteefeekáhntay)* m. warrant; adj. justifying.
justificar *(HoosteefeekáR)* tr. to justify, to prove.
justo *(Hóostoh)* adj. just; righteous; (of fitting) tight; m. just and pious man; adv. tightly. [nile; youthful.
juvenil *(Hoobaynéel)* adj. juve-
juventud *(Hoobayntóod)* f. youth, young people.
juzgado *(Hoothgáhdoh)* m. court of justice, tribunal, assizes, law chambers. [judge.
juzgar *(HoothgáR)* tr. e intr. to

K k

kaki *(káhkee)* m. kakhi.
kepis *(káypeess)* m. shako, kepi. [cy-fair.
kermese *(kayRmáys)* f. fan-
kilogramo *(keelohgráhmoh)* s. kilogram(me).
kilométrico *(keelohmáytreekoh)* adj. kilometric(al); m. (rlwy.) season ticket, (in Spain).
kilómetro *(keelóhmaytroh)* s. kilometre. [lowatt.
kilovatio *(keelohbáthyoh)* m. ki-
kiosco *(kyóskoh)* s. kiosk.

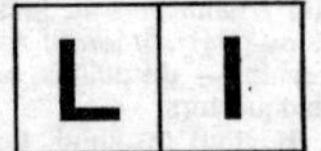

la *(lah)* art. f. the; pron. her.
laberinto *(lahbayréentoh)* m. labyrinth, maze.
labia *(láhbyah)* f. (fam.) verbosity, gift of the gab.
labial *(lahbyáhl)* adj. labial, lip.
labio *(láhbyoh)* m. lip; **— superior,** upper lip; **— inferior,** lower lip. [needle-work.
labor *(lahbóR)* f. labour; work,
laborable *(lahbohrahblay)* adj. workable. *Agric.* tillable; m. working day. [m. laboratory.
laboratorio *(lahbohrahtóhryoh)*
laboriosidad *(lahbohryohseedáhd)* f. laboriousness, industriousness.
laborista *(lahbohreestah)* adj. Labour; s. Labourite.
labrador *(lahbradóR)* m. farmhand, plowman; farmer.
labranza *(lahbráhnthah)* f. ploughing; farming; **tierra de —**, farm land.

labrar *(lahbráR)* tr. to work; *(G. B.)* to plough; *(USA.)* to plow. [hand, labourer.
labriego *(lahbryáygoh)* m. farm-
laca *(láhkah)* f. (gum-)lac, lacquer; — **para el cabello,** hair lacquer.
lacayo *(lahkáhyoh)* m. lackey.
lacio *(láhthyoh)* adj. faded; flaccid; straight (hair).
lacónico *(lahkóhneekoh)* adj. laconic, brief, concise.
lacra *(láhkrah)* f. mark left by illness; (fig.) something malignant. [sealing wax.
lacrar *(lahkráR)* tr. to seal with
lacre *(láhkray)* m. sealing wax.
lacrimoso *(lahkreemóhsoh)* adj. tearful, lachrymose.
lactancia *(lahktáhnthyah)* f. lactation, suckling.
lactante *(lahktáhntay)* s. y adj. milk-feeding (baby/mother).
lácteo *(láhktayo)* adj. lacteous; milky, **vía —a,** milky way.
ladear *(lahdayáR)* tr. to tilt, to tip; r. to lean, to tilt.
ladeo *(lahdáyoh)* m. inclination, tilting.
ladera *(lahdáyrah)* f. hillside.
ladino *(lahdéenoh)* adj. crafty, cunning, sagacious.
lado *(láhdoh)* m. side; party; (fig.) protection; **al — de,** next to; **de —,** sideways.
ladrar *(lahdráR)* intr. to bark.
ladrido *(lahdréedoh)* m. barking.
ladrillo *(lahdréelyoh)* m. brick.
ladrón *(lahdrón)* m. thief, robber.
lagar *(lahgaR)* m. wine-press.
lagartera *(lahgaRtáyrah)* f. lizard-hole. [newt.
lagartija *(lahgaRtéeHah)* f. eft,
lagarto *(lahgáRtoh)* m. lizard.
lago *(láhgoh)* m. lake.
lágrima *(láhgreemah)* f. tear, drop; **derramar —s,** to shed tears.
laguna *(lahgóonah)* f. small lake, pond, lagoon. *Print.* (fig.) gap. [ty.
laicismo *(laeetheesmoh)* m. lai-
laico *(láeekoh)* adj. laic(al); m. layman.

lama *(lahmah)* f. slime, slush.
lamentable *(lahmayntáhblay)* adj. lamentable, deplorable.
lamentación *(lahmayntahthyón)* f. lamentation, wail; regret.
lamentar *(lahmayntáR)* tr. to lament, to wail, to deplore, to regret; r. to complain.
lamento *(lahmayntoh)* m. lament(ation), wail, moan; regret. [lap.
lamer *(lahmáyR)* tr. to lick; to
lámina *(láhmeenah)* f. plate, sheet (of metal); (books) illustration, picture.
laminado *(lahmaynáhdoh)* adj. laminate(d); m. sheeting.
laminador *(lahmeenadoR)* adj. laminating; f. rolling mill.
laminar *(lahmaynáR)* tr. to laminate, to roll (metal).
lámpara *(láhmpahrah)* f. lamp.
lamparilla *(lahmpahréelyah)* f. small lamp.
lamparón *(lampahrohn)* m. large oil stan; large lamp.
lana *(láhnah)* f. wool; fleece.
lanar *(lahnáR)* adj. woolly (catt.), ovine. [quarrel.
lance *(láhnthay)* m. cast; affair,
lancear *(lahnthayáR)* to lance.
lancero *(lahntháyroh)* m. pikeman. [lancet.
lanceta *(lahntháytah)* m. (surg.)
lancha *(láhnchah)* f. *Naut.* launch, lighter.
langosta *(lahngóstah)* f. *Entom.* locust. *Ichtch.* lobster.
langostín *(lahngostéen)* m. prawn, crawfish.
languidecer *(lahngeedaytháyR)* intr. to languish. [guor.
languidez *(lahngeedayth)* f. lan-
lanza *(láhnthah)* f. spear, lance.
lanzada *(lahntháhdah)* f. lance blow, spear thrust. [shuttle.
lanzadera *(lahnthahdáyrah)* f.
lanzamiento *(lahnthahmyéntoh)* m. launching. *Sports.* throwing.
lanzar *(lahntháR)* tr. to throw; to launch; r. to rush or dart upon.

L

L

lapa *(láhpah)* f. scum, slime; *Icht.* barnacle.
lápida *(láhpeedah)* f. memorial stone, tomb-stone.
lápiz *(láhpeeth)* m. pencil.
lapso *(láhpsoh)* m. lapse or course of time, span, spell.
largar *(laRgáR)* tr. *Naut.* to pay out; to let go to give (as a slap); v. r. to clear off, to go away.
largo *(láRgoh)* adj. long; m. length, long; adv. largely; interj. away!; **a lo — de,** along; **a la —a,** in the long run; **pasar de —,** to pass by.
larguero *(laRgáyroh)* m. jamb-post. *Sport.* crossbar.
largueza *(laRgáythah)* f. liberality, abundance, largesse.
largura *(laRgóorah)* f. length.
laringe *(lahréenHay)* f. larynx.
laringitis *(lahreenHéeteess)* f. laryngitis.
larva *(láRbah)* f. grub, larva.
lascivia *(lahsthéebyah)* f. lasciviousness, lewdness, lust.
lascivo *(lahsthéeboh)* adj. lustful, lewd, lascivious.
lasitud *(lahseetóod)* f. lassitude, weariness.
lástima *(láhsteemah)* f. compassion, pity, grief; **¡Qué —!,** what a pity!, **¡Es una —!,** it's a pity!
lastimar *(lahsteemáR)* tr. to hurt; (morally) to offend.
lastimoso *(lahsteemóhsoh)* adj. doleful, sad, pitiful.
lastre *(láhstray)* m. ballast.
lata *(láhtah)* f. tin(-plate), (tin-)-can; (coll.) annoyance, nuisance, bother.
latente *(lahtáyntay)* adj. latent.
lateral *(lahtayráhl)* adj. lateral, side.
látex *(láhtayks)* m. latex.
latido *(lahtéedoh)* m. palpitation; heart-beat, throb.
latifundio *(lahteefóondyoh)* m. large estate property.
latigazo *(lahteegáhthoh)* m. lash, whip blow; crack (of a whip).
látigo *(láhteegoh)* m. whip.
latín *(lahtéen)* m. Latin.
latinajo *(lahteenáhHoh)* m. (fam.) Latin jargon.
latinismo *(lahteeneessmoh)* m. Latinism. [Latinize.
latinizar *(lahteeneetháR)* tr. to
latino *(lahtéenoh)* adj. Latin.
latir *(lahtéeR)* intr. to beat, to throb (the heart), to palpitate.
latitud *(lahteetóod)* f. latitude, width; pl. (fig.) surroundings.
latón *(lahtŏn)* m. brass.
latoso *(lahtohssoh)* adj. annoying; tedious.
latrina *(lahtreenah)* f. latrine, privy, lavatory.
latrocinio *(lahtRotheenyoh)* s. m. pilfering; shop-lifting, stealing.
laudable *(loudáblay)* adj. laudable, praise-worthy.
laudar *(loudáR)* tr. to praise.
laudatorio *(loudahtóhryoh)* adj. laudatory.
laureado *(laurayáhdoh)* adj. laureate, honoured. [reate.
laurear *(lourayáR)* tr. to lau-
laurel *(louryal)* m. *Bot.* laurel(-tree), bay(tree); pl. fig. honours.
laureola *(lourayóhlah)* f. laurel (wreath), diadem. [honour.
lauro *(louroh)* m. (fig.) laurel,
lava *(láhbah)* f. lava.
lavadero *(lahbahdáyroh)* m. washing place, laundry.
lavado *(lahbáhdoh)* m. washing.
lavadora *(lahbahdóhrah)* m. washing machine.
lavandera *(lahbahndáyrah)* f. laundress, washerwoman.
lavandería *(lahbahndayreeah)* f. laundry; (fam.) launderette, coinlaundry.
lavar *(lahbáR)* tr. to wash; (away, off or out), to cleanse. [ter, enema.
lavativa *(lahbahtéebah)* f. clys-
laxante *(lahksáhntay)* adj. loosening; adj. y m. laxative.
laxar *(lahksáR)* tr. to loosen, to soften. [laxity.
laxitud *(lahkseetóod)* f. laxness,

laxo *(láhksoh)* adj. lax, to soften. [knot.
lazada *(lahtháhdah)* f. bow-
lazo *(láhthoh)* m. bow, riband; (for game) trap, snare; (fig.) **caer en el —**, to fall in the trap; (fig.) bonds, ties.
le *(lay)* pron. him or her; to him. [true.
leal *(layáhl)* adj. faithful, loyal,
lealtad *(layahltáhd)* f. loyalty, faithfulness.
lebrel *(laybrayl)* m. greyhound.
lección *(laykthyón)* f. lesson;
lectivo *(layktéeboh)* adj. lecture (day). [turer.
lector *(layktó**R**)* m. reader; lec-
lectura *(layktóorah)* f. reading.
lechal *(laycháhl)* adj. sucking.
leche *(láychay)* f. milk; latex.
lechera *(laycháyrah)* f. milkmaid; milk-can; **vaca —** milk cow, milker.
lechería *(laychayrée:ah)* f. dairy.
lecho *(láychoh)* m. bed, couch; **— del río**, river-bed. [pig.
lechón *(laychón)* m. sucking
lechoso *(laychóhsoh)* adj. milky.
lechuga *(laychóogah)* f. lettuce, lactuca.
lechuguino *(laychoogéenoh)* m. (coll). dandy, dude.
lechuza *(laychóothah)* f. (barn-)owl.
leer *(layáy**R**)* tr. to read.
legación *(laygahthyón)* f. legation. [legacy.
legado *(laygáhdoh)* m. legate;
legajo *(laygah**H**oh)* s. m. bundle (of docum., etc.) file, dossier. [ful, legitimate.
legal *(laygáhl)* adj. legal, law-
legalidad *(laygahleedáhd)* f. legality, lawfulness, legitimacy.
legalizar *(laygahleethár**R**)* tr. to legalize, to bring within the law. [ness.
legaña *(laygáhnyah)* f. blear(i)-
legañoso *(laygahnyóhsoh)* adj. blear-eyed.
legar *(laygá**R**)* tr. to bequeath.
legendario *(lay**H**ayndáhryoh)* adj. y m. legendary.
legible *(lay**H**éeblay)* adj. legible, readable.
legión *(lay**H**yon)* f. legion; (fig.) multitude.
legionario *(lay**H**yonahryoh)* adj. y m. legionary, Foreign Legion soldier.
legislación *(lay**H**eeslahthyon)* f. legislation, law.
legislador *(lay**H**eesslahdó**R**)* m. legislador, law-maker.
legislar *(lay**H**eesslá**R**)* tr. to legislate, to make laws.
legislativo *(lay**H**eesslahtéeboh)* adj. legislative. [f. legislature.
legislatura *(lay**H**eesslahtóorah)*
legitimar *(lay**H**eeteemá**R**)* tr. to legitimate, to legalise.
legítimo *(lay**H**éeteemoh)* adj. legitimate, genuine, authentic.
lego *(laygoh)* adj. lay; uniformed; m. layman.
legumbre *(laygóombray)* f. pl. vegetables; pulse; legume(n).
leíble *(layéeblay)* adj. readable.
leído *(layéedoh)* adj. wellread.
lejanía *(lay**H**ahnée:ah)* f. distance. [far, remote.
lejano *(lay**H**áhnoh)* adj. distant;
lejía *(lay**H**ée:ah)* f. lye, bleach.
lejos *(lay**H**os)* adv. far, far away, far off, distant, remote.
lelo *(layloh)* adj. stupid, dull, doped, silly. [vice.
lema *(láymah)* m. motto; de-
lencería *(laynthayrée:ah)* f. linen goods, linen draper's shop. [language.
lengua *(layngwah)* f. tongue;
lenguado *(layngwáhdoh)* m. *Ichth.* sole. [guage.
lenguaje *(layngwáh**H**ay)* m. lan-
lengüeta *(layngwáytah)* f. small tongue; languet. *Mech.* tongue.
lente *(layntay)* f. lens; m. pl. (eye-)glasses; **lentes de contacto,** contact lenses; spectacles.
lenteja *(layntáy**H**ah)* f. lentil.
lentejuela *(layntay**H**wáylah)* f. spangle. [ness.
lentitud *(laynteetóod)* s. slow-

L

lento *(layntoh)* adj. slow, sluggish. [(coll.) drubbling

leña *(lálnyah)* f. fire-wood;

leñador *(laynyahdó*R*)* m. woodman, wood-cutter. [shed.

leñera *(laynyáyrah)* f. wood-

leño *(láynyoh)* m. log; **dormir como un —**, to sleep like a log.

leñoso *(laynyóhsoh)* adj. woody.

león *(layón)* m. lion; (fig.) tiger; **— de mar,** sea lion.

leona *(layóhnah)* f. lioness; (fig.) brave woman. [pard.

leopardo *(layohpá*R*doh)* m. leo-

lepra *(láyprah)* f. leprosy.

leprosería *(layprohsayrée:ah)* f. leprosery.

leproso *(laypróhsoh)* adj. lep(e)rous; s. leper.

lerdo *(lay*R*doh)* adj. dull, obtuse. [wound.

lesión *(laysyón)* f. injury,

letal *(laytáhl)* adj. mortal, deadly, lethal.

letanía *(laytahnée:ah)* f. litany; (fam.) rigmarole.

letárgico *(laytá*RH*eekoh)* adj. lethargic, sluggish, sleepy.

letargo *(layta*R*goh)* m. lethargy, sleep. *Zool.* hibernation.

letra *(láytrah)* f. letter, (handwriting), text or words or a song; **— de cambio,** bill of exchange; pl. letters, learning. [yer, advocate.

letrado *(laytrahdoh)* s. m. law-

letrero *(laytráyroh)* m. notice, placard, sign. [trine.

letrina *(laytráynah)* f. privy, la-

leva *(laybah)* f. *Naut.* weighing anchor. *Mech.* cog; tooth; **mar de —**, swell.

levadizo *(laybahdéethoh)* adj. liftable; **puente —**, drawbridge. [ven, yeast.

levadura *(laybahdóorah)* f. lea-

levantamiento *(laybahntahmyéntoh)* m. raising, lifting. *Pol.* revolt, uprising.

levantar *(laybahntá*R*)* tr. to raise, to lift; v. r. to get up, to rise.

levar *(laybá*R*)* tr. *Naut.* to weigh anchor.

leve *(láybay)* adj. light, mild, slight. [lary; language.

léxico *(laykseekoh)* m. vocabu-

ley *(lay)* f. law. act. statute.

leyenda *(layéndah)* f. legend.

liar *(leeá*R*)* tr. to bundle; (cigagarrettes). r. to get embrolled, to get mixed up.

libar *(leeba*R*)* tr. to lick; to sip.

libelista *(leebayleesstah)* s. libeller, lampooner.

libelo *(leebáyloh)* m. libel.

libélula *(leebáyloolah)* f. dragon-fly.

liberación *(leebayrahthyón)* f. liberation, freeing.

liberal *(leebayráhl)* adj. liberal, generous. [liberality.

liberalidad *(leebayrahleedáhd)* f.

liberalizar *(leebayrahleethá*R*)* tr. to liberalize, to free.

liberar *(leebayrá*R*)* tr. to free, to set free.

libertad *(leebay*R*táhd)* f. liberty, freedom; **— de prensa,** freedom of the press; **— condicional,** on probation.

libertador *(leebay*R*tahdó*R*)* m. liberator. [to liberate.

libertar *(leebay*R*tá*R*)* tr. to free;

libertinaje *(leebay*R*tenáh*H*ay)* m. permissiveness, libertinage.

libertino *(leebay*R*téenoh)* adj. y m. libertine, licentious, permissive. [adj. libidinous.

libidinoso *(leebeedeenóhsoh)*

libra *(léebrah)* f. pound; **— esterlina,** pound sterling.

librador *(leebrahdó*R*)* m. deliverer. *Com.* drawer (of bill of exchange). [m. delivery.

libramiento *(leebrahmyéntoh)*

libranza *(leebráhnthah)* f. draft, bill of exchange.

librar *(leebrá*R*)* tr. to free. *Com.* to draw; v. r. to get rid of, to discard; to escape, to get away.

libre *(léebray)* adj. free; (of places) vacant, disengaged; **— cambio,** free-trade; **— de impuestos,** duty-free.

librería *(leebrayrée:ah)* f. bookshop; bookshelf, bookcase.
librero *(leebrayroh)* m. bookseller; stationer.
libreta *(leebráytah)* f. notebook, copy-book.
libro *(léebroh)* s. book; (account.) — **mayor,** ledger; — **diario,** diary; — **de caja,** cashbook.
licencia *(leethaynthyah)* f. licence, permit, leave. *Mil.* furlough; discharge.
licenciado *(leethaynthyáhdoh)* licensed; m. licenciate, university graduate. *Mil.* furcharged soldier.
licenciamiento *(leethaynthyahmee:éntoh)* m. *Mil.* discharge.
licenciar *(leethayntheá***R***)* tr. to license. *Mil.* to discharge; (acad.) to give a degree; v. r. to obtain a degree, to graduate.
licenciatura *(leethaynthyahtoorah)* f. (univ.) degree, graduation. [adj. licentious.
licencioso *(leethyenthyóhsoh)*
licitar *(leetheeta***R***)* tr. to bid (at auctions). [ful, legal.
lícito *(léetheetoh)* adj. licit, law-
licor *(leekó***R***)* m. liquor; spirits.
lid *(leed)* f. conflict, contest, fight. [fight, contest.
lidia *(léedyah)* f. (bull-)fight;
lidiar *(leedyá***R***)* intr. y tr. to fight (bulls); to contend.
liebre *(lyáybray)* f. hare.
lienzo *(lyénthoh)* m. linen cloth. *Art.* canvas, (build) stretch of wall.
liga *(léegah)* f. garter, stocking supporter. *Sport. y Polit.* league. [ing, tie.
ligadura *(leegahdóo:rah)* f. bind-
ligamento *(leegahmyéntoh)* m. *Anat.* ligament; bond, tie.
ligamiento *(leegahmyéntoh)* m. tying, binding.
ligar *(leegá***R***)* tr. to tie, to bind.
ligazón *(leegahthón)* f. bond, binding, fastening.
ligereza *(lee***H***ayráytah)* f. lightness, nimbleness, swiftness; (fig.) fickleness, inconstancy.
ligero *(lee***H***áyroh)* adj. (wght.) light; (mov.) nimble, swift, agile; (intens.) slight.
lija *(lée***H***ah)* f. sand-paper. *Ichth.* dog-fish.
lijar *(lee***HáR***)* tr. to sand-paper, to smooth. [lilac flower.
lila *(léelah)* f. *Bot.* lilac-tree;
lima *(léemah)* f. *Bot.* lime-tree; lime (fruit). *Mech.* file.
limadura *(leemahdóorah)* f. filing. [lish.
limar *(leemá***R***)* tr. to file, to po-
limitación *(leemeetahthyón)* f. limit(ation). [mited.
limitado *(leemeetáhdoh)* adj. li-
limitar *(leemeetá***R***)* tr. to limit; to border (upon).
límite *(léeemeetháyh)* m. limit, end; boundary, border.
limítrofe *(deeméetrohfay)* m. limiting.
limo *(léemoh)* m. slime, mud.
limón *(leemón)* m. lemon.
limonada *(leemohnáhdah)* f. lemonade.
limonero *(leemohnáyroh)* m. lemon-tree; lemon seller.
limosna *(leemósnah)* f. alms; charity. [muddy.
limoso *(leemóhsoh)* adj. slimy;
limpiabarros *(leempeeahbáh***R***os)* m. mudscraper, door-mat.
limpiabotas *(leempyahbóhtahs)* m. boot-black, shoe-shine.
limpiar *(leempyá***R***)* tr. to clean, to wipe, to cleanse; v. r. to clean oneself, to wipe oneself.
limpieza *(leempyáythah)* f. clean(li)ness; neatness.
limpio *(léempyoh)* adj. clean; neat, clear; **juego —,** fair play; **jugar —,** to play fair; **poner en —,** to make a clean copy.
linaza *(leenáhthah)* f. linseed; **aceite de —,** linseed oil.
lince *(léenthay)* m. lynx; (fig.) sharpsighted person; **tiene ojos de —,** he's got eyes like a hawk. [m. lynching.
linchamiento *(leenchamyéntoh)*

L

linchar *(leencháR)* intr. to lynch.
lindar *(leendáR)* intr. to border on. [limit.
linde *(léenday)* m. boundary,
lindero *(leendáyroh)* m. boundary.
lindeza *(leendáythah)* f. prettiness; compliments; (iron.) insults.
lindo *(léendoh)* adj. pretty, nice.
línea *(léenayah)* f. line; lineage; boundary. *Mil.* trench; rank.
lineal *(leenayáhl)* adj. lineal.
lingote *(lingóhtay)* m. ingot; pig. [guist.
lingüista *(leengweesstah)* s. lin-
lingüística *(leengweessteekah)* f. linguistics. [niment.
linimento *(leeneemayntoh)* m. li-
lino *(léenoh)* m. *Bot.* flax. *Text.* linen. [leum.
linóleo *(leenóhlayoh)* m. lino-
linotipia *(leenohtéepyah)* f. linotype.
linotipista *(leenohteepeesstah)* s. linotyper, linotypist.
linterna *(leentayRnah)* f. *Elect.* torch; lantern.
lío *(lée:oh)* f. bundle, parcel; (coll.) mess; muddle; **¡Que —!** what a mess- [liquifiable.
liquidable *(leekeedáhblay)* adj.
liquidación *(leekeedahthyón)* f. liquidation. *Com.* clearance.
liquidar *(leekeedáR)* tr. to eliminate, to kill; to liquefy; *Com.* to clear.
líquido *(léekeedoh)* adj. liquid; fluid; m. liquid. *Com.* net profit. [lira.
lira *(léerah)* f. *Mus.* lyre. *Econ.*
lírica *(léereekah)* f. lyrics.
lírico *(léerekoh)* adj. lyric(al).
lirio *(léeryoh)* m. *Bot.* lily.
lirón *(leerón)* m. dormouse.
lis *(leess)* f. lily, flower-de-luce.
lisiado *(leesyáhdoh)* adj. lame, cripple(d).
lisiar *(leesyáR)* tr. to lame, to cripple, to injure. [flat.
liso *(léesoh)* adj. plain; even,
lisonja *(leesónHah)* f. flattery, compliment.
lisonjear *(leesonHayáR)* tr. to flatter.
lisonjero *(leesonHáyroh)* m. flatterer; adj. flattering.
lista *(leesstah)* f. list, registrer; streak, stripe; *Mil.* roll; **— de Correos,** Poste Restante.
listado *(leesstáhdoh)* adj. striped.
listo *(leesstoh)* adj. clever; ready; **estar listo,** to be ready; **ser —** to be clever.
listón *(leesstón)* m. ribbon; tape; ferret, (carp) lath; (spoot.) bar.
lisura *(leesóorah)* f. smoothness, flatness.
litera *(leetáyrah)* f. berth; litter.
literal *(leetayráhl)* adj. literal.
literario *(leetayráhryoh)* adj. literary.
literato *(leetayráhtoh)* adj. literary, lettered; m. literate, writer. [terature.
literatura *(leetayrahtóorah)* f. li-
litigante *(leeteegáhntay)* s. litigant; adj. litigating.
litigar *(leeteegáR)* tr. to litigate; to contend. [lawsvit.
litigio *(leetéeHyoh)* m. litigation,
litografía *(leetohgrahfée:ah)* f. lithography.
litoral *(leetohráhl)* adj. littoral, coastal; m. coast shore.
litro *(léetroh)* m. liter; litre.
liturgia *(leetóoRHyah)* f. liturgy.
litúrgico *(leetóoRHeekoh)* adj. liturgic(al).
liviandad *(leebyáhndah)* f. lightness; (moral) lewdness.
liviano *(leebyáhnoh)* adj. light; frivolous. [pale.
lívido *(léebeedoh)* adj. livid,
llaga *(lyáhgah)* f. ulcer, wound, sore. [to ulcerate.
llagar *(lyahgáR)* tr. to wound,
llama *(lyáhmah)* f. flame, blaze.
llamada *(lyahmáhdah)* f. call; knock. *Print.* mark, reference. [m. calling, summon.
llamamiento *(lyahmahmyéntoh)*
llamar *(lyahmáR)* tr. to call; to summon.

llamarada *(lyahmahráhdah)* f. sudden blaze, flame, flash.
llamarse *(lyahmáRsay)* r. to be called. [showy.
llamativo *(lyahmahtéeboh)* adj.
llameante *(lyahmayáhntay)* adj. flaming. [blaze.
llamear *(lyahmayáR)* intr. to
llaneza *(lyahnáythah)* f. plainness.
llano *(lyáhnoh)* adj. flat; even, plain; m. plain, flatland.
llanta *(lyáhntah)* f. tyre (of a wheel). [weeping.
llanto *(lyáhntoh)* m. crying,
llanura *(lyahnóorah)* f. plain(ness), flatness, prairie.
llave *(lyáhbay)* f. key. *Mech.* wrench. *Mus.* clef, key.
llavero *(lyahbáyroh)* keychain; key-ring.
llavín *(lyahbéen)* m. latch-key.
llegada *(lyaygahdah)* f. arrival.
llegar *(lyaygáR)* intr. to arrive.
llenar *(lyaynáR)* tr. to fill; (up or out), to occupy.
lleno *(lyáynoh)* adj. full; filled, m. full(ness). *Theat.* full house. [bearable.
llevadero *(lyaybahdáyroh)* adj.
llevar *(lyaybáR)* tr. to carry; to bear; to wear, to drive.
llorar *(lyohráR)* tr. to weep; to cry. [to whimper.
lloriquear *(lyohreekayaR)* intr.
lloro *(lyóhroh)* m. weeping.
llorón *(lyohrón)* adj. crying; m. cry baby. [ful.
lloroso *(lyohróhsoh)* adj. tear-
llover *(lyohbayr)* intr. to rain.
llovizna *(lyohbéethnah)* f. drizzle. [drizzle.
lloviznar *(lyohbeethnhR)* intr. to
lluvia *(lyoobyah)* f. rain; (fig.) copiousness. [rainy.
lluvioso *(lyoobyohsoh)* adj.
lo *(loh)* art. neut. sing. the; pers. pron. him, it.
loa *(lóah)* f. praise.
loable *(lo:áhblay)* adj. laudable, praiseworthy. [logize.
loar *(lo:áR)* tr. to praise; to en-
loba *(lóhbah)* f. she-wolf.
lobo *(lóhboh)* m. *Zool.* wolf; *Anat.* lobe; (coll.) thief; — **de mar,** seal; **coger el —,** to get drunk.
lóbrego *(lóhbraygoh)* adj. gloomy, murky, lugubrious, dark.
lobreguez *(lohbraygayth)* f. gloom(iness); murkiness, darkness. [bule.
lóbulo *(lóhbooloh)* m. lobe; lo-
local *(lohkáhl)* adj. local, m. premises, place.
localidad *(lohkahleedáhd)* f. locality, neighbourhood. *Theat.* seat. [sage, embrocation.
loción *(lohthyón)* f. lotion; mas-
loco *(lóhkoh)* adj. mad, insame, crazy; m. madman.
locomoción *(lohkohmohthyón)* f. locomotion, transport; **medios de —,** means of transport.
locomotora *(lohkohmohtóhrah)* f. (railway) locomotive, engine.
locuaz *(lohkwáhth)* adj. loquacious, talkative, garrulous.
locución *(lohkoothyón)* f. locution, phrase.
locura *(lohkóorah)* f. madness, lunacy, craziness.
locutorio *(lohkootóhryoh)* m. parlour. *Telph.* call-box.
lodazal *(lohdahtháhl)* m. quagmire, mire, bog. [bog.
lodo *(lóhdoh)* m. mud, mire,
logia *(lóhHyah)* f. lodge (of free masons).
lógica *(lóhHeekah)* f. logic; dialectics, logic.
lógico *(lóhHeekoh)* adj. logic(al); m. logician.
lograr *(lohgráR)* tr. to get, to achieve, to attain, to succeed. [profiteer.
logrero *(lohgráyroh)* m. usurer,
logro *(lóhgroh)* m. achievement, attainment, sucess; usury.
loma *(lóhmah)* f. hillock; knoll.
lombriz *(lombréeth)* f. (earth)-worm, — **solitaria,** tapeworm. [book).
lomo *(lóhmoh)* m. loin; back,

L

lona *(lóhnah)* f. canvas; sailcloth.
longevidad *(lonHaybéethád)* f. ripe old-age, longevity.
longitud *(lonHeetood)* f. length. *Geog.* longitude.
lonja *(lónHah)* f. exchange, saleroom; slice (of meat).
lontananza *(lontahnáhnthah)* f. distance; **en —**, far off.
loro *(lóhroh)* m. parrot.
losa *(lóhsah)* f. slab; flag-stone.
lote *(lóhtay)* m. portion, pile, bundle; ground-plot.
lotería *(lohtayrée:ah)* f. lottery; lotto.
loto *(lóhtoh)* m. lotus-(flower).
loza *(lóhthah)* china ware porcelain, crockery.
lozanía *(lohthahnée:ah)* f. luxuriance, freshness, vigour.
lozano *(lohtháhnoh)* adj. luxuriant, vigorous; sprightly.
lubricante *(loobreekáhntay)* m. lubricant, oil.
lubricar *(loobreekáR)* tr. to lubricate, to oil.
lúbrico *(loobreekoh)* adj. lubricous, greasy, slippery, oily.
lubrificante *(loobreefeekáhntay)* m. lubricant.
lucero *(loothayroh)* s. m. morning-star; (horses) star.
lucidez *(lootheedayth)* f. sanity, saneness; brillancy, clarity.
lucido *(loothéedoh)* adj. brilliant, splendid, very good.
lúcido *(lóotheedoh)* adj. lucid, sane, in one's senses.
luciérnaga *(loothyáyRnahgah)* f. glow-worm.
lucifer *(lootheefayR)* m. Lucifer; Satan. [cifugous.
lucífugo *(loothéefoogoh)* adj. lu-
lucimiento *(lootheemyéntoh)* m. brigtness; success.
lucir *(loothéeR)* intr. to shine. tr. to display, to show.
lucro *(lóokroh)* m. gain; profit. [mournful.
luctuoso *(looktw:óhsoh)* adj.
lucha *(lóochah)* f. struggle, fight; wrestling.
luchador *(loochahdóR)* m. wrestler, fighter.
luchar *(loocháR)* r. to fight, to wrestle. [kery, derision.
ludibrio *(loodéebryoh)* s. moc-
luego *(lwaygoh)* adv. presently; next, later, therewith. conj. then, therefore.
lugar *(loogáR)* m. place, spot; village; **en — de**, instead of; **en su —**, in one's place.
lúgubre *(lóogoobray)* adj. lugubrious, gloomy, dark, murky.
lujo *(lóoHoh)* m. luxury, luxuriousness.
lujoso *(looHóosoh)* adj. sumptuous, luxurious. [xury.
lujuria *(looHóoryah)* f. lust, lu-
lujurioso *(looHooryóhsoh)* adj. voluptuous, lustful, lewd; luxurious.
lumbago *(loombáhgoh)* m. *Med.* lumbago.
lumbre *(lóombray)* f. fire; light.
lumbrera *(loombráyrah)* f. luminary; (build.) skylight; (fig.) sage, know-all.
luminaria *(loomeenáhryah)* f. illumination; firework; flare.
luminoso *(loomynóhsoh)* adj. luminous. [plate.
luna *(lóonah)* f. moon; mirror-
lunar *(loonáR)* adj. lunar(y); m. mole, (beauty-) spot; flaw.
lunático *(loonáhteekoh)* adj. lunatic.
lunes *(lóonayss)* m. Monday.
lupanar *(loopahnáR)* m. brothel.
lúpulo *(lóopooloh)* m. *Bot.* hops.
lustrar *(loostráR)* tr. to polish.
lustre *(lóostray)* m. luster, polish.
lustro *(lóostroh)* m. lustrum.
lustroso *(loostróhsoh)* adj. bright.
luteranismo *(loostayrahnissmoh)* m. Lutheranism.
luterano *(loostayráhnoh)* adj. Lutheran.
luto *(lóotoh)* m. mourning.
luz *(looth)* f. light; hint.

Mm

macabro *(mahkáhbroh)* adj. macabre. [m. macaroni.
macarrones *(mahkah***R***óhness)*
maceración *(mahthayrahthyón)* f. maceration. [macerate.
macerar *(mahthayrá***R***)* tr. to
maceta *(mahtháytah)* f. flower-pot/plant-pot. [lean; wan.
macilento *(mahtheeléntoh)* adj.
macizo *(mahthéethoh)* adj. massive. *Bot.* flower-bed.
mácula *(máhkoolah)* f. stain, flaw. [der, beater.
machaca *(mahcháhkah)* f. poun-
machacar *(mahchahká***R***)* tr. to crush; to pound. [tedious.
machacón *(mahchahkón)* adj.
machete *(mahcháytay)* m. cutlass, cane-knife.
machihembrar *(mahchyembrá***R***)* tr. to dovetail; to mortise.
macho *(máhchoh)* adj. male; m. male animal, jack, he-mule.
machucamiento *(mahchookahmyéntoh)* m. bruising, crushing/pounding.
machucar *(mahchooká***R***)* tr. to bruise, to crush, to pound.
madama *(mahdáhmah)* f. madam; lady. [hank.
madeja *(mahdáy***H***ay)* f. skein;
madera *(mahdáyrah)* f. timber; wood, lumber.
maderaje *(mahdayrá***H***ay)* m. timber maderamen-(work).
maderero *(mahdayráyroh)* m. timber - merchant, lumberman. [log.
madero *(mahdayroh)* m. beam;
madrastra *(mahdráhstrah)* f. step-mother.
madre *(máhdray)* f. mother; *Eccl.* a nun.
madreselva *(mahdrayssélbah)* f. *Bot.* honey-suckle.
madrigal *(mahdreegáhl)* m. madrigal. [burrow/den.
madriguera *(mahdreegáyrah)* f.
madrina *(mahdréenah)* f. godmother; patroness; protectress.
madrugada *(mahdroohgáhdah)* f. dawn, early morning/(day-break). [m. early riser.
madrugador *(mahdroohgahdó***R***)*
madrugar *(mahdroohgá***R***)* intr. to rise early, to anticipate.
maduración *(mahdoorahthyón)* f. ripening. [to ripen.
madurar *(mahdoorá***R***)* tr. e intr.
madurez *(mahdoorayth)* f. maturity; ripeness.
maduro *(mahdóoroh)* adj. ripe, mature, mellow.
maestra *(mah/aystrah)* f. (school)-mistress, teacher.
maestranza *(mah/aystrahntha)* f. arsenal; armoury.
maestría *(mahestréeah)* f. mastery; mastership.
maestro *(mah/aystroh)* adj. masterly, main; m. (school) master, teacher, crafmaster.
magia *(máh***H***yah)* f. magic, conjury. [gic(al).
mágico *(máh***H***eekoh)* adj. ma-
magisterio *(mah***H***eestáyryoh)* m. mastery; mastership, teachers (as a class), teacher-training.
magistrado *(mah***H***eestráhdoh)* m. magistrate. [magisterial.
magistral *(mah***H***eestráhl)* adj.
magistratura *(mah***H***eestrahtóorah)* f. magistracy.
magnánimo *(mahgnáhneemoh)* adj. magnanimous.
magnate *(mahgnáhtay)* m. magnate. [magnesia.
magnesia *(mahgnáyssyah)* f.
magnético *(mahgnáyteekoh)* adj. magnetic.
magnetizar *(mahgnayteethá***R***)* tr. to magnetize.
magnificencia *(mahgneefeethénthyah)* f. magnificence, splendour.
magnífico *(mahgnéefeekoh)* adj. magnificent; splendid; superb.

M

magnitud *(mahgneetóod)* f. magnitude.
magno *(máhgnoh)* adj. great.
mago *(máhgoh)* m. magician; wizard; pl. magi.
magro *(máhgroh)* adj. lean; meagre. [ness.
magrura *(mahgróorah)* f. lean-
magullamiento *(mahgoolyahmyéntoh)* m. bruise.
magullar *(mahgoolyáR)* tr. to bruise.
mahometano *(mah/ohmaytahnoh)* m. y adj. Mohammedan, Moslem. [corn.
maíz *(mah/éeth)* m. *Bot.* maize/-
maizal *(mah/eetáhl)* m. maize-field/corn-field.
majadería *(mahHahdayréeah)* f. lumpishness, footle.
majadero *(mahHahdáyroh)* adj. grump; m. bore, pestle.
majar *(mahHáR)* tr. to crush.
majestad *(mahHestáhd)* f. majesty. [adj. majestic.
majestuoso *(mahHestwóhsoh)*
majo *(máhHoh)* adj. spruce, showy pretty; m. dandy.
mal *(mahl)* adj. bad, evil, ill; m. evil, harm, ill(ness); adv. badly, ill. [ria.
malaria *(mahláhryah)* f. mala-
malcarado *(mahlkahráhdoh)* adj. grimfaced.
maldad *(mahldáhd)* f. wickedness. [curse, to damm.
maldecir *(mahldaythéeR)* tr. to
maldición *(mahldeethyón)* f. malediction, damnation.
maldito *(mahldéetoh)* adj. wicked; damned; (coll.) not one.
maleable *(mahlayáhblay)* adj malleable. [vert.
malear *(mahlayáR)* tr. to per-
malearse *(mahlayáRsay)* r. to go wrong. [jetty.
malecón *(mahlaykón)* m. dike;
maledicencia *(mahlaydeethénthyah)* f. slander.
maleficio *(mahlayféethyoh)* m. witchcraft, spell.
maléfico *(mahláyfeekoh)* adj. mischievous; harmful.
malestar *(mahlaystaR)* m. discomfort, uneasiness.
maleta *(mahláytah)* f. suit-case, valise; m. (coll.) poor bullfighter.
maletín *(mahlaytéen)* m. satchel; brief-case.
malevolencia *(mahlaybohlaynthyah)* f. malevolence, ill-will.
malévolo *(mahláybohloh)* adj. malevolent, mischievous.
maleza *(mahláythah)* f. overgrowth (of weeds), shrubbery. [waste.
malgastar *(mahlgahstáR)* tr. to
malhablado *(mahlahbláhdoh)* adj. foulmouthed.
malhechor *(mahlaychóR)* m. malefactor. [wound badly.
malherir *(mahlayréeR)* tr. to
malhumorado *(mahloomohráhdoh)* adj. ill-humoured; peevish, gruff.
malicia *(mahléethyah)* f. malice, shrewdness. [suspect.
maliciar *(mahleethyáR)* tr. to
malicioso *(mahleethyóhssoh)* adj. malicious; cunning.
malignidad *(mahleegneedáhd)* f. malice. [licious.
maligno *(mahléegnoh)* adj. ma-
malo *(máhloh)* adj. bad; ill, evil, wicked, naughty.
malograr *(mahlohgráR)* tr. to lose, to waste.
malograrse *(mahlohgráRsay)* r. to fail, to miscarry.
maloliente *(mahlohlyéntay)* adj. foulsmelling.
malsonante *(mahlssohnáhntay)* adj. ill-sounding.
malta *(máhltah)* f. malt.
maltratar *(mahltrahtáR)* tr. to mistreat, to abuse, to ill-treat. [treatment.
maltrato *(mahltráhtoh)* m. ill-
maltrecho *(mahltráychoh)* adj. battered, abused.
malva *(máhlbah)* f. mallow.
malvado *(mahlbáhdoh)* adj. wicked; m. wicked man.
malversar *(mahlbayrsaR)* tr. to embezzle.
malla *(máhlyah)* f. mesh (of a net); net(work), mail.

mallo *(máhlyoh)* m. mallet; pall-mall.
mallorquín *(mahlyo***R***keen)* adj. y m. Maiorcan. [gland.
mama *(máhmah)* f. mamma(ry
mamá *(mahmáh)* f. mamma; mother. [(le).
mamar *(mahmá***R***)* tr. to suck-
mamarracho *(mahmah***R***áhchoh)* m. botch, daub; guy, milk-sop.
mamífero *(mahmeéfayroh)* adj. mammalian; m. pl. mammals. [milksop.
mamón *(mahmóhn)* m. sucker,
mampara *(mahmpáhrah)* f. screen.
mampostería *(mahmpostay-réeah)* f. masonry rubble-work.
maná *(mahnáh)* m. manna.
manada *(mahnáhdah)* f. flock; herd.
manantial *(mahnántyáhl)* m. (water-)-spring, fountain-head.
manar *(mahná***R***)* intr. to spring from, to issue. [cubine.
manceba *(mahntháybah)* f. con-
mancebo *(mahntháyboh)* m. youth; (shop-clerk) journey-man. [blemish.
mancilla *(mahntéelyah)* f. spot;
manco *(máhnkoh)* adj. y m. handless; onehanded.
mancomunar *(mahnkohmoo-ná***R***)* tr. to associate.
mancomunidad *(mahnkohmoo-needáhd)* f. union, common-wealth. [spot.
mancha *(máhnchah)* f. stain;
manchar *(mahnchá***R***)* tr. to smear, to sully, to spot, to stain.
mandado *(mahndáhdoh)* m. mandate; errand.
mandamiento *(mahndahmyén-toh)* m. commandment.
mandar *(mahndá***R***)* tr. to command, to rule; to send.
mandatario *(mahndahtáhryoh)* m. attorney; proxy.
mandato *(mahndáhtoh)* m. mandate.
mandíbula *(mahndéeboolah)* f. jaw(bone).
mando *(máhndoh)* m. command, authority, rule, power.
manducar *(mahndooká***R***)* tr. (coll.) to eat.
manecilla *(mahnaythéelyah)* f. small-hand, hand of a clock.
manejable *(mahnay***H***áblay)* adj. manageable.
manejar *(mahnay***H***á***R***)* tr. to handle, to wield. [ling.
manejo *(mahnáy***H***oh)* m. hand-
manera *(mahnáyrah)* f. manner; mode; way.
manga *(máhngah)* f. sleeve, (water-) hose, net-bag.
mango *(máhngoh)* m. handle; haft. *Bot.* mango(tree).
manguera *(mahngáyrah)* f. hose, air shaft. [muft.
manguito *(mahngéetoh)* m.
maní *(mahnée)* m. pea-nut.
manía *(mahnéeah)* f. mania, craze. [manacle.
maniatar *(mahnyahtá***R***)* tr. to
maniático *(mahnyáhteekoh)* adj. crank; m. manlac.
manicomio *(mahneekóhmyoh)* m. lunatic asylum, madhouse. [manicure.
manicura *(mahneekóohrah)* f.
manicuro *(mahneekóohroh)* m. manicure.
manifestación *(mahneefestah-thyón)* f. manifestation; (public) demonstration.
manifestar *(mahneefestá***R***)* tr. to manifest.
manifiesto *(mahneefyéstoh)* adj. manifest; m. manifest(o).
maniobra *(mahnyóhbrah)* f. *Mil.* manœuvre. *Naut.* working of a ship.
maniobrar *(mahnyohbrá***R***)* tr. to manipulate. *Naut.* to handle, or work a ship.
manipular *(mahneepoolá***R***)* tr. to handle.
maniquí *(mahneekée)* m. puppet, manikin, dummy.
manivela *(mahneebáylah)* f. (crank-) handle, lever.
manjar *(mahn***H***á***R***)* m. food; victuals; delicacy.

mano *(máhnoh)* f. hand; side, coat(ing).
manojo *(mahnóhHoh)* m. bunch.
manosear *(mahnohssayáR)* tr. to handle; to finger.
manoseo *(mahnohssáy/oh)* m. handling, fingering.
mansedumbre *(mahnsaydóombray)* f. meekness, tameness.
mansión *(mahnsyón)* f. mansion, manor-house. [meek.
manso *(máhnsoh)* adj. tame;
manta *(máhntah)* f. blanket.
manteca *(mahntáykah)* f. butter; lard. [m. icecream.
mantecado *(mahntaykáhdoh)*
mantecoso *(mahntaykóhsoh)* adj. buttery. [cloth.
mantel *(mahntél)* m. table-
mantelería *(mahntaylayréeah)* f. table linen.
mantenedor *(mahntaynaydóR)* m. maintainer.
mantener *(mahntaynáiR)* tr. to maintain, to hold (up).
mantenerse *(mahntaynáyRsay)* r. to stand firm, to be steady.
mantenimiento *(mahntayneemyéntoh)* m. maintenance.
mantequilla *(mahntaykéelyah)* f. butter.
mantilla *(mahntéelyah)* f. mantilla, head-shawl.
mantillo *(mahntéelyoh)* s. mould. [cloak; robe.
manto *(máhntoh)* m. mantle;
mantón *(mahntón)* m. shawl.
manual *(mahnwáhl)* adj. manual; m. manual, handbook.
manufactura *(mahnoofaktóorah)* f. manufacture; factory; mill; make.
manufacturar *(mahnoofaktoo-ráR)* tr. to manufacture, to make.
manuscrito *(mahnooskréetoh)* m. y adj. manuscript.
manutención *(mahnootenthyón)* f. maintenance.
manzana *(mahnthláhnah)* f. apple, block of houses.
manzano *(mahnthláhnoh)* m. apple-tree. [knack.
maña *(máhnyah)* s. craft; skill,
mañana *(mahnyáhnah)* f. morning morn; adv. to-morrow.
mañoso *(mahnyóhsoh)* adj. skilful, practical.
mapa *(máhpah)* m. map, chart.
mapamundi *(mahyahmóondee)* m. map of the world.
máquina *(máhkeenah)* f. machine; engine.
maquinación *(mahkeenahthyón)* f machination.
maquinal *(mahkeenáhl)* adj. mechanical.
maquinar *(mahkeenáR)* tr. to conspire. [machinery.
maquinaria *(mahkeenáhryah)* f.
maquinista *(mahkeenéestah)* s. machinist; engineer, railway engine driver.
mar *(maR)* m. sea; (fig.) oceans; **alta —**, high sea; **baja —**, low water/tide; **plea—**, high wate. [ket; tangle.
maraña *(mahráhnyah)* f. thic-
maravilla *(mahráhbéelyah)* f. wonder; marvel.
maravillar *(mahrahbeelyáR)* tr. to admire.
maravillarse *(mahrahbeelyáRsay)* r. to wonder (at).
maravilloso *(mahrahbeelyóhsoh)* adj. wonderful.
marca *(máRkah)* f. mark; note; brand, make. — **de fábrica,** trade-mark. [ker, scorer.
marcador *(maRkahdóR)* m. mar-
marcar *(maRkáR)* tr. to mark; to score. [tial.
marcial *(maRthyáhl)* adj. mar-
marcialidad *(maRthyahleedáhd)* f. martialness.
marco *(máRkoh)* m. frame.
marcha *(máRchah)* f. march; progress, pace, working.
marchar *(maRcháR)* intr. to go off; to march, to leave.
marchitar *(maRcheetáR)* tr. to wither. [r. to dry up.
marchitarse *(maRcheetáRsay)*
marchitez *(maRcheetéth)* f. fading. [ed.
marchito *(maRchéetoh)* adj. fad-

marea *(mahráyah)* f. tide.
marear *(mahrayáR)* tr. (coll.) to vex, to make dizzy, giddy.
marearse *(mahrayáRsay)* r. to be seasick. [swell.
marejada *(mahrayHáhdah)* f.
mareo *(mahráyoh)* m. sea-sickness, dizziness, giddiness.
marfil *(maRféel)* m. ivory.
margarina *(maRgahréenah)* f. *Chem.* margarine.
margarita *(maRgahréetah)* f. daisy.
margen *(máRHen)* m. margin.
marica *(mahréekah)* f. magpie; m. milksop.
marido *(mahréedoh)* m. husband. [virago, tomboy.
marimacho *(mahreemáhchoh)* m.
marina *(mahréenah)* f. marine, navy, shore, F. a. seascape.
marinero *(mahreenáyroh)* m. mariner, sailor; adj. seaworthy.
marino *(mahréenoh)* adj. marine; m. mariner, seaman.
marioneta *(mahryohnáytah)* f. puppet. [terfly.
mariposa *(mahreepóhsah)* f. but-
mariquita *(mahreektetah)* f. ladybird; m. milksop.
marisco *(mahréeskoh)* m. shellfish, molusc.
marisma *(mahréessmah)* f. marsh, swamp. [rital.
marital *(mahreetáhl)* adj. ma-
marítimo *(mahréeteemoh)* adj. maritime. [pot, pan.
marmita *(maRméetah)* f. kettle,
mármol *(máRmol)* m. marble.
marqués *(maRkéss)* m. marquis. [marquee, canopy.
marquesa *(maRkaysséenah)* f.
marquetería *(maRkaytayréeah)* f. marquetry, inlaid work.
marrano *(mahRáhnoh)* m. pig; hog. [adj. crafty, cunning.
marrullero *(mahRoolyáyroh)*
marsupiales *(maRsoopeahless)* m. pl. the marsupial animals.
martes *(máRtess)* m. Tuesday.
martillar *(maRteelyáR)* tr. to hammer. [mer.
martillo. *(maRtélyoh)* m. ham-
mártir *(máRteeR)* m. martyr.
martirio *(maRtéeryoh)* m. martyrdom. [to martyrize.
martirizar *(maRteereetháR)* tr.
marxista *(maRkséestah)* m. marxist.
marxismo *(maRkseesmoh)* m. Marxism.
marzo *(máRthoh)* m. March.
mas *(mahs)* conj. but, yet.
más *(mahss)* adv. more, plus.
masa *(máhssah)* f. dough; mass.
masaje *(mahssáhHay)* m. massage.
masajista *(mahssaHéestah)* m. masseur; f. masseuse.
mascadura *(mahskahdóorah)* f. mastication.
mascar *(mahskáR)* tr. to chew.
máscara *(máhskahrah)* f. mask; disguise; s. masker.
mascarilla *(mahskahréelyah)* f. half mask/small mask.
mascota *(mahskootah)* f. mascot.
masculino *(mahskooléenoh)* adj. masculine; male; virile.
masón *(mahssón)* m. Freemason. [Masonic.
masónico *(mahssóhneekoh)* adj.
masticar *(mahsteekáR)* tr. to masticate/to chew. [mast.
mástil *(máhsteel)* m. *Naut.*
mastín *(mahstéen)* m. mastiff.
mata *(mahtah)* f. shrub; plant.
matadero *(mahtahdáyroh)* m. slaughterhouse.
matador *(mahtahdóR)* m. slayer, bullfighter, matador.
matanza *(mahtáhnthah)* f. butchery/massacre.
matar *(mahtáR)* tr. to kill, to slay, to murder.
matarse *(mahtáRsay)* r. to commit suicide, to get killed.
matarife *(mahtahréefay)* m. slaughterman.
matemática(s) *(mahtaymáhteekah(s)* f. mathematics.
matemático *(mahtaymáhteekoh)* adj. mathematical; m. mathematician.
materia *(mahtáyryah)* f. matter; stuff; subject. *Med.* pus.

M

materialismo *(mahtayryahleesmoh)* m. materialism.
maternal *(mahtayrnahl)* adj. maternal. [therly.
materno *(mahtayrnoh)* adj. mo-
matiz *(mahtéeth)* m. shade of colour. [gart.
matón *(mahtón)* m. bully; brag-
matorral *(mahtohRáhl)* m. thicket.
matrícula *(mahrétkoolah)* f. register; list/number-plate/en rolment (at coll.).
matricular *(mahtreekooláR)* tr. to matriculate; to register.
matricularse *(mahtreekooláRsay)* r. to enrol. to register.
matrimonial *(mahtreemoniáhl)* adj. matrimonial.
matrimonio *(mahtreemóhnioh)* m. marriage, matrimony, married, couple, married state.
matriz *(mahtréeth)* adj. principal; m. matrix; *Mech.* female screw. *Anat.* womb.
matrona *(mahtróhnah)* f. matron, midwife.
matute *(mahtóotay)* m. smuggling; smuggled goods.
matutear *(mahtootayáR)* tr. e intr. to smuggle. [matutinal.
matutino *(mahtootéenóh)* adj.
maullar *(mah/oolyáR)* intr. to mew, to miaow.
maullido *(mah/oolyéedoh)* m. mew(ing). [mausoleum.
mausoleo *(mahoossohláyoh)* m.
maxilar *(makseeláR)* adj. maxilar(y); m. jaw. [axiom.
máxima *(mákseemah)* f. maxim;
máximo *(mákseemoh)* adj. chief; maximun; top, main. [pole.
mayo *(máhyoh)* m. May; May-
mayor *(mahyóR)* adj. greater, major, bigger, older, senior; m. elder.
medir *(maydeer)* tr. to measure; to compare; to adjust.
meditación *(maydeetahthyón)* f. meditation, deep thought.
meditar *(maydeetáR)* tr. to meditate; to muse; to consider.
mediterráneo *(maydeetayRáhnayoh)* adj. Mediterranean, neous. [thrive.
medrar *(maydráR)* intr. to
médula *(maydoolah)* f. marrow; pith.
mejilla *(mayHéelyah)* f. cheek.
mejor *(mayHóR)* adj. better, best; adv. better, rather.
mejora *(mayHohrah)* f. improvement.
mejorar *(mayHohráR)* tr. to improve; to better; intr. to recover. [very.
mejoría *(mayHohréeah)* f. reco-
melancolía *(maylahnkohléeah)* f. melancholy, gloominess.
melancólico *(maylahnkóhléekoh)* adj. melancholic, gloomy.
melaza *(maylahtha)* f. treacle.
melena *(mayláynah)* f. mane.
melindre *(mayléendray)* m. honey-fritter, overniceness.
melindroso *(mayleendróhssoh)* adj. finical/Finicky. [peach.
melocotón *(maylohkohtón)* m.
melocotonero *(maylohkohtohnáyroh)* m. peachtree.
melodía *(maylohdéeah)* f. melody/tune. [melodious.
melodioso *(maylohdyóssoh)* adj.
melodrama *(maylohdráhmah)* m. melodrama.
melón *(maylón)* m. melon.
mella *(maylyah)* f. notch; jag, dent, indentation.
mellar *(maylyáR)* tr. to (in)-dent. [(-born).
mellizo *(maylyéethoh)* adj. twint
membrana *(maymbrahnah)* f. membrane.
membrete *(maymbraytay)* note; heading; label.
membrillo *(maymbreelyoh)* m. *Bot.* quince (-tree); **carne de —**, quince jelly.
memo *(máymoh)* adj. stupid.
memorable *(maymohráhblay)* adj. memorable.
memoria *(maymóhryah)* f. memory; report; pl. memoirs.
menaje *(maynáhHay)* m. household furniture.
mención *(menthyón)* f. mention.
mencionar *(menthyohnáR)* tr. to mention.

mendicante *(mayndeekahntay)* adj. mendicant, begging; n. beggar.
mendicidad *(mayndeetheedahd)* mendicity, beggary.
mendigar *(mayndeegaR)* tr. to beg (alms).
mendigo *(mayndéegoh)* m. beggar. [scrap, crust.
mendrugo *(mayndroogoh)* m.
menear *(maynayáR)* tr. to move; to stir, to shake, to wag.
menester *(maynaystayR)* m. necessity; want.
menesteroso *(maynaystayrohsoh)* adj. needy.
mengano *(mayngahnoh)* s. so-and-so. [waning.
mengua *(mayngwah)* f. decay/
menguado *(mayngwahdoh)* m. coward; adj. diminished.
menguante *(mayngwahntay)* adj. decreasing; f. ebbtide, wane of the moon.
menguar *(mengwáR)* intr. to decrease, to dwindle. [niscus.
menisco *(maynéeskoh)* m. me-
menor *(maynóR)* adj. smaller, less(er), younger; s. minor; **al por —**, retail. [nority.
menoría *(maynohréeah)* f. mi-
menos *(máynoss)* adv. less; fewer. [loss.
menoscabo *(maynoskáhboh)* m.
menospreciar *(maynospraythyáR)* tr. to depise, to underrate, to scorn.
menosprecio *(maynospráythyoh)* m. undervaluation, scorn.
mensaje *(maynsahHay)* m. message; errand.
mensajero *(maynsahHayroh)* m. messenger, carrier, errand boy.
menstruación *(maynstrwahthyon)* f. menstruation.
menstruo *(maynstrwoh)* m. menses. [menstruate.
menstruar *(maynstrwaR)* tr. to
mensual *(maynswahl)* adj. monthly. [mint.
menta *(mayntah)* f. (pepper)-
mental *(mayntahl)* adj. mental.
mentalidad *(mentahleedád)* f. mentality. [tion.
mentar *(mayntahR)* tr. to men-
mente *(mayntay)* f. mind.
mentir *(maynteeR)* intr. to lie.
mentira *(maynteeRah)* lie, fib.
mentiroso *(maynteerohsoh)* adj. lying; m. liar. [menu.
menú *(maynóo)* m. bill of fare,
menudear *(maynooday/áR)* intr. to occur frequently.
menudencia *(maynoodénthyah)* f. trifle.
menudillos *(maynoodéelyoss)* m. pl. giblets of fowls.
menudo *(maynóodoh)* adj. minute, tiny. [row; pith.
meollo *(mayóhlyoh)* m. mar-
mercadear *(mayRkahdayRhR)* tr. to traffic/to trade.
mercader *(mayRkahdayR)* m. merchant, dealer, trader.
mercadería *(mayRkahdayreeah)* f. merchandise; pl. goods, wares. [ket(-place).
mercado *(mayRkahdoh)* m. mar-
mercancía *(mayRkahnthya)* f. merchandise; pl. goods, (sale)wares.
mercante *(mayRkahntay)* adj. y s. trader, merchant.
mercantil *(mayRkahnteel)* adj. mercantile; commercial.
merced *(mayRthayd)* f. favour; mercy.
mercenario *(mayRthaynahryoh)* adj. y m. mercenary; adj. hireling.
mercería *(maiRthayréeah)* f. haberdashery. [mercury.
mercurio *(mayRkooryoh)* m.
merecer *(mayraytháiR)* intr. to deserve.
merecido *(mayraythéedoh)* adj. deserved; m. due, punishment.
merecimiento *(mayraytheemyéntoh)* m. merit.
merendar *(mayrayndahr)* intr. to lunch; to have a picnic.
meridiano *(mayreedyáhnoh)* m. meridiano.
meridional *(mayreedyohnáhl)* adj. meridional, southern.

M

merienda *(mayryéndah)* f. lunch(eon), picnic, afternoon tea.
mérito *(máyreetoh)* m. merit(oriousness), desert, worth.
meritorio *(mayreetóhryoh)* adj. meritorious, worker.
merluza *(maiRlóothah) Ichth.* hake. [loss.
merma *(máiRmah)* f. waste;
mermar *(mayRmáhR)* intr. to waste; to lessen.
mermelada *(mayRmayláhdah)* f. marmalade. [ple.
mero *(máyroh)* adj. mere; sim-
merodear *(mayrohdayáR)* intr. to maraud.
mes *(mess)* m. month.
mesa *(máyssah)* f. table, plateau. [teau.
meseta *(mayssáytah)* s. pla-
mesías *(maysséeahss)* m. Messiah. [telry, inn.
mesón *(mayssón)* m. inn; hos-
mesonero *(mayssohnáyroh)* m. innkeeper.
mestizo *(maysteethoh)* adj. y m. mestizo, mongrel, hybrid.
mesura *(mayssóorah)* f. moderation; measure.
mesurado *(mayssooráhdoh)* adj. moderate.
meta *(máytah)* f. goal, aim.
metafísica *(maytahféesseekah)* f. metaphysics.
metafísico *(maytahféesseekoh)* adj. metaphysical; m. metaphysician. [taphor.
metáfora *(maytáhfohrah)* f. me-
metal. *(maytáhl)* m. metal; brass. [metallic.
metálico *(maytáhleekoh)* adj.
metalurgia *(maytahlóoRHyah)* f. metallurgy.
metalúrgico *(maytahlóoRHeekoh)* adj. metallurgic(al).
metamorfosis *(maytahmoRfóhsseess)* f. metamorphosis; transformation.
meteórico *(maytayóhreekoh)* adj. meteoric(al). [teor.
meteoro *(maytayóhroh)* m. me-
meteorología *(maytayohrohlohHéeah)* f. meteorology.
meter *(maytayR)* tr. to put in, to make (as noise), to introduce.
metódico *(maytóhdeekoh)* adj. methodic(al).
método *(máytohdoh)* m. method/way.
metralla *(maytráhlýah)* f. grape-shot/shrapnel. [tric(al).
métrico *(máytreekoh)* adj. me-
metro *(máytroh)* m. metre; "tube," underground railway.
mezcla *(méthklah)* f. mixture; blend.
mezclar *(methkláR)* tr. to mix.
mezclarse *(methláRsay)* r. to mix, to meddle. [meannes.
mezquindad *(methkeendáhd)* f.
mezquino *(methkéenoh)* adj. niggard(ly), mean. [que.
mezquita *(methkéetah)* f. mos-
mi *(mee)* adj. my.
mí *(mee)* pron. me; to me.
mico *(méekoh)* m. monkey.
microbio *(meekróhbyoh)* m. microbe. [microphone.
micrófono *(meekróhfohnoh)* m.
microscopio *(meekroskohpyoh)* m. microscope.
miedo *(myédoh)* m. fear; dread. [fearful.
miedoso *(myedóhsoh)* adj.
miel *(myél)* f. honey.
miembro *(myémbroh)* m. member; fellow; part; limb.
mientras *(myéntrahss)* adv. while, as. [Wednesday.
miércoles *(myéRkohless)* m.
mies *(myéss)* f. corn, ripe grain. [fried crumbs.
miga *(méegah)* f. crumb; pl.
migaja *(meegáhHah)* f. crumb, scrap, bit. [migration.
migración *(meegrahthyón)* f.
mil *(meel)* m. one thousand.
milagro *(meeláhgroh)* m. miracle. [miraculous.
milagroso *(meelahgrohssoh)* adj.
milicia *(meeléethyah)* f. militia, soldiership.
miliciano *(meeleethyáhnoh)* m. militiaman; militian. [militant.
militante *(meeleetáhntay)* adj.

militar *(meeleetaR)* m. soldier; adj. military; intr. to militate.
milla *(méelyah)* f. mile.
millar *(meelyáR)* m. thousand.
millón *(meelyón)* m. million.
millonario *(meelyohnáhryoh)* m. millionaire.
mimado *(meemáhdoh)* adj. spoiled/pampered.
mimar *(meemáR)* tr. to pet, to fondle. [twig.
mimbre *(méembray)* m. osier-
mímica *(méemeekah)* f. pantomine, mock. [mic.
mímico *(méemeekoh)* adj. mi-
mimo *(méemoh)* m. mime; caress. [source.
mina *(méenah)* f. mine, pit;
minar *(meenáR)* tr. to (under)-mine. [mineral.
mineral *(meenayráhl)* adj. y m.
minero *(meenáyroh* adj. mining; m. miner [miniature.
miniatura *(meenyahtóorah)* f.
miniaturista *(meenyahtooréestah)* s. miniaturist.
mínimo *(méeneemoh)* adj. the least; smallest; minimun.
ministerio *(meeneestáyryoh)* m. ministry cabinet.
ministril *(meeneestreel)* m. minstrel.
ministro *(meenéestroh)* m. cabinet minister, secretary.
minorar *(meenohráR)* tr. to lessen. [nority.
minoría *(meenohréeah)* f. mi-
minoridad *(meenohreedáhd)* f. minority; monage. [fle.
minucia *(meenóothyah)* f. tri-
minucioso *(meenoothyóhssoh)* adj. particular.
minúscula *(meenooskoolah)* f. small letter.
minuta *(meenóotah)* f. minute, lawyer's bill, bill of fare.
minuto *(meenootoh)* m. minute.
mío *(méeoh)* pron. mine.
miope *(myóhpay)* adj. short sighted; m. myope.
miopía *(myohpeeah)* f. myopia, short-sightedness.
mira *(méerah)* f. aim; care.
mirada *(meeráhdah)* f. look, glance.
mirado *(meeráhdoh)* adj. circumspect considered.
mirador *(meerahdóR)* m. balcony/belvedere, vantage-point.
miramiento *(meerahmyéntoh)* m. consideration.
mirar *(meeráR)* tr. to look (at, upon). [-bird.
mirlo *(méeRloh)* m. *Orn.* black-
mirón *(meerón)* m. looker-on/prier/peeping-Tom.
misa *(méessah)* f. mass. — **mayor**, high mass/service.
misal *(meessáhl)* m. missal.
misantropía *(meesahntrohpétah)* f. misanthopy.
misántropo *(meesáhntrohpoh)* m. misanthropist, man-hater. [f. miscellany.
miscelánea *(meessthayláhnayah)*
miserable *(meessayráhblay)* adj. miserable; lousy. [sery.
miseria *(meessáyryah)* f. mi-
misericordia *(meessayreekóRdyah)* f. mercy, pity.
misericordioso *(meessayreekoRdyóhsoh)* adj. merciful.
mísero *(méessayroh)* adj. miserable/wretched.
misión *(meessyón)* f. mission.
misionero *(meessyohnáyroh)* adj., m. missionary.
mismo *(méessmoh)* adj. same, very. [misogynist.
misógino *(meessóhHéenoh)* m.
misterio *(meestáyryoh)* m. mystery. [adj. mysterious.
misterioso *(meestayryóhssoh)*
mística *(méesteekah)* f. mysticism. [mystic.
místico *(méesteekoh)* adj. m.
mitad *(meetáhd)* f. half, midle.
mitigar *(meeteegáR)* tr. to mitigate.
mito *(méetoh)* m. myth.
mitología *(meetohlohHéeah)* f. mythology.
mitológico *(meetohlóhHeekoh)* adj. mythological.
mixto *(méekstoh)* adj. mixed/mingled/medley.

M

mixturar *(meekstooráR)* tr. to mix/to mingle.
mobiliario *(mohbeelyáhryoh)* m. forniture.
mocedad *(mohthaydáhd)* f. youth(fulness).
mocetón *(mohthaytón)* m. strapping youth.
mocito *(mohthéetoh)* adj. juvenile; s. youngster.
moción *(mohthyón)* f. motion.
moco *(móhkoh)* m. mucus; (vulg.) snot.
mocosidad *(mohkohsseedáhd)* [f. mucosity.
mocoso *(mohkóhssoh)* adj. (vulg.) snotty; snivelly; m. brat.
mochila *(mohchéelah)* f. knapsack/ruck-sack/kit-bag.
moda *(móhdah)* f. fashion; mode.
modelar *(mohdayláR)* tr. to [model.
modelo *(mohdáyloh)* m. model.
moderación *(mohdayrahthyón)* [f. moderation.
moderar *(mohdayráR)* tr. to moderate, to control.
modernismo *(mohdaiRnéessmoh)* m. modernism.
modernizar *(mohdaiRneetháR)* tr. to modernize.
moderno *(mohdáiRnoh)* adj. modern; up-to-date.
modestia *(mohdéstyah)* f. mo- [desty.
modesto *(mohdéstoh)* adj. modest; coy.
módico *(móhdeekoh)* adj. *Com.* moderate; reasonable.
modificación *(mohdeefeekahthyon)* m. modification.
modificar *(mohdeefeekáR)* tr. to modify.
modismo *(mohdéessmoh)* m. [idiom.
modista *(mohdéesstah)* f. dress--maker.
modo *(móhdoh)* m. mode, [manner; way.
modulación *(mohdoolahthyón)* f. modulation.
modular *(mohdooláR)* intr. to [modulate.
mofa *(móhfah)* f. mock(ery),
mofar *(mohfáR)* tr. to deride, to scoff.
mofarse *(mohfáRssay)* r. to poke fun at, to geer at.
mohín *(moh/eén)* f. grimace.
moho *(móh/oh)* m. moss. mould.
mohoso *(móh/óhssoh)* adj. mos- [sy, mouldy.
mojadura *(moh/Hahdóorah)* s. wetting, drenching.
mojar *(moh/HáR)* tr. to moisten; to wet.
mojigatería *(moHeegahtayréeah)* f. bigotry.
mojigato *(mohHeegáhtoh)* adj. y [m. bigot.
mojón *(moh/Hón)* m. landmark.
molar *(moh/láR)* adj. grinding, molar; m. jaw-tooth.
molde *(mólday)* m. mould; pattern.
moldear *(moldayáR)* tr. to [mould.
mole *(móh/láy)* f. huge mass.
molécula *(mohláykoolah)* f. molecule.
moler *(moh/láyR)* tr. to grind.
molestar *(moh/laystáhR)* tr. to vex; to tease; to bother.
molestia *(moh/láystya)* f. nuisance; bother.
molesto *(moh/laystoh)* adj. annoying, bothersome.
molicie *(mohléethye)* f. softness.
molienda *(mohlyéndah)* f. grind- [ing.
molinero *(mohleenáyroh)* miller.
molinillo *(mohleenéelyoh)* coffee-grinder.
molino *(mohléenoh)* mill; — **de viento,** wind-mill.
molusco *(moh/looskoh)* m. mollusc.
molleja *(mohlyáyHah)* f. sweet- [bread.
momentáneo *(mohmayntahnay/oh)* adj. momentary.
momento *(mohmayntoh)* m. mo- [ment.
momia *(móhmyah)* f. mummy.
momificar *(mohmeefeekáR)* tr. to mummity.
mona *(móhnah)* f. female monkey; (vulg.) drunkenness.
monacal *(mohnahkáhl)* adj. monachal, monastic.
monada *(mohnáhdah)* f. grimace; pretty child.
monaguillo *(mohnagéelyoh)* m. altar boy, choir-boy.
monarca *(mohnáRkah)* m. monarch.
monarquía *(mohnaRkéeah)* f. [monarchy.

monárquico *(mohnáRkeekoh)* adj. monarchic(al); m. monarchist.
monasterio *(mohnahstáyryoh)* m. monastery; minster, cloister. [m. toothpick.
mondadientes *(mondahdyéntess)*
mondadura *(mondahdóorah)* f. clean(s)ing; pl. parings, peelings.
mondar *(mondáR)* tr. to peel.
moneda *(mohnáydah)* f. coin, money. [purse.
monedero *(mohnaydáyroh)* m.
monería *(mohnayréeah)* f. mimicry, childish-prank, monkey-trick. [monetary.
monetario *(mohnaytáhryoh)* adj.
monigote *(mohneegóhtay)* m. bumpkin, puppet. [nitor.
monitor *(mohneetóR)* m. mo-
monja *(mónHah)* f. nun.
monje *(mónHay)* m. monk, cloisterer.
mono *(móhnoh)* adj. neat; pretty; m. ape; monkey.
monogamia *(mohnohgáhmyah)* f. monogamy.
monógamo *(mohnóhgahmoh)* adj. monogamous.
monólogo *(mohnóhlohgoh)* m. monologue. [monopoly.
monopolio *(mohnohpólyoh)* m.
monopolizar *(monohhpohleetháR)* tr. to monopolize.
monotonía *(mohnohtohnéeah)* f. monotony.
monótono *(mohnóhtonoh)* adj. monotonous. [ter
monstruo *(mónstrwoh)* m. mons-
monstruoso *(monstrwóhssoh)* m. adj. monstruous.
monta *(móntah)* f. amount.
montacargas *(montahkáRgahss)* m. lift, hoist, goods-lift.
montaje *(montáhHay)* m. assembling.
montaña *(montáhnyah)* f. mountain; pl. highlands.
montañoso *(montahnyóhssoh)* adj. mountainous.
montar *(montáR)* intr. to mount; tr. to ride (a horse).
monte *(móntay)* m. mountain; mount, forest. [ing; hunt.
montería *(montayréeah)* s. hunt-
montero *(montáyroh)* s. hunter.
montón *(montón)* m. heap; pile.
montura *(montóorah)* f. riding-horse, setting (of jewels).

M

monumento *(mohnooméntoh)* m. monument.
monzón *(monthóne)* m. monsoon.
moño *(mohnyoh)* m. chignon, knot, bunt.
mora *(móhrah)* f. *Bot.* mulberry, black-berry. [ing.
morada *(mohráhdah)* f. dwell-
morado *(mohráhdoh)* adj. mulberry-coloured; purple.
moral *(mohráhl)* m. ethics; morality; adj. moral.
moraleja *(mohrahláyHah)* f. moral, maxim, precept.
moralidad *(mohrahleedáhd)* f. morality. [to moralize.
moralizar *(mohrahleetháR)* intr.
morar *(mohráR)* intr. to dwell.
morbo *(móRboh)* m. disease.
morboso *(moRbóhssoh)* adj. morbid.
morcilla *(moRthéelyah)* f. black-pudding. [f. mordacity.
mordacidad *(moRdahtheedáhd)*
mordaz *(moRdáhth)* adj. corrosive, acrimonious.
mordaza *(moRdáhthah)* f. gag, muzzle. [bite, nipping.
mordedura *(moRdaydóorah)* f.
morder *(moRdayR)* tr. to bite.
mordiscar *(moRdeeskáR)* tr. to nibble, to gnaw.
mordisco *(moRdéeskóh)* m. bite.
moreno *(mohráynoh)* adj. brown, swarthy, tawny.
morfina *(moRféenah)* f. morphine; morphia.
morfinómano *(moRfeenóhmanhnoh)* adj. morphinomaniac; s. drug addict. [adj. dying.
moribundo *(mohreebóondoh)*
morir *(moréeR)* intr. to die.
morisco *(mohréeskoh)* adj. Moorish. [m. Moor.
moro *(móhroh)* adj. Moorish;
morral *(mohRáhl)* m. game-bag.

M

morriña *(mohRéenyáh)* f. home-sickness. [headland.
morro *(móhRoh)* m. snout,
mortaja *(moRtáhHah)* f. shroud, winding-sheet.
mortal *(moRtáhl)* m. y adj. mortal, deadly, lethal.
mortalidad *(moRtahleedáhd)* f. morality, death rate.
mortandad *(moRtahndáhd)* f. massacre. [tar; cement.
mortero *(moRtáyroh)* m. mor-
mortífero *(moRtéefayroh)* death-dealing, fatal.
mortuorio *(moRtwóhryoh)* adj. mortuary. [rish.
moruno *(mohróonoh)* adj. Moo-
mosaico *(mohssah/eekoh)* adj. y m. Mosaic; (F. a.) m. mosaic, tessellation.
mosca *(móskah)* f. fly. *Sport.* **peso** —, fly-weight.
moscardón *(moskaRdón)* m. bot-fly, hornet. [catel.
moscatel *(moskahtayl)* m. mus-
mosquete *(moskahyte)* m. musket.
mosquetón *(moskaytón)* m. musket. [mosquito net.
mosquitero *(moskeetáyroh)* m.
mosquito *(moskéetoh)* m. mosquito, gnat. [moustache.
mostacho *(mostáhchoh)* m.
mostaza *(mostáhthah)* f. mustard(-seed).
mostrador *(mostrahdóR)* m. counter (of a shop).
mostrar *(mostráR)* tr. to show.
mostrarse *(mostráRssay)* r. to appear.
mota *(móhtah)* f. spot, speck.
mote *(móhtay)* m. nickname.
motejar *(mohtayHáR)* tr. to nickname.
motín *(mohtéen)* m. mutiny, riot. [se.
motivar *(mohteebáR)* tr. to cau-
motivo *(mohtéeboh)* m. motive; cause.
moto *(móhtoh)* f. (coll.) motor cycle, motor-bike.
motocicleta *(mohtohtheekláytah)* f. motor cycle.
motor *(mohtóR)* m. engine, motor; adj. motor.
motorista *(mohtohréestah)* m. motorist. [moving.
movedizo *(mohbaydéethoh)* adj.
mover *(mohbáyR)* tr. to move.
movible *(mohbéeblay)* adj. movable.
móvil *(móhbeel)* adj. movable; movible; m. motor; mover.
movilidad *(mohbeeleedáhd)* f. mobility.
movilización *(mohbeeleethahthyón)* f. mobilization.
movilizar *(mohbeeleetháR)* tr. to mobilize.
movimiento *(mohbeemyentoh)* m. movement, motion.
moza *(móhthah)* f. girl; lass; maid-servant.
mozo *(móhthoh)* adj. young; single; m. lad, youth, waiter, porter. [girl; lass.
muchacha *(moocháhchah)* f.
muchacho *(moocháchoh)* m. boy; lad.
muchedumbre *(moochaydóombray)* f. crowd. [a lot.
mucho *(moóchoh)* adj. much;
muda *(moódah)* f. change.
mudanza *(moodáhnthah)* f. change, removal. [to move.
mudar *(moodáR)* tr. to change,
mudez *(moodéth)* f. dumbness.
mudo *(móodoh)* adj. dumb; mute.
mueble *(mwáyblay)* f. piece of furniture; adj. movable.
mueca *(mwáykah)* f. grimace.
muela *(mwáylah)* f. molar tooth.
muelle *(mwáylyay)* *Naut.* pier, wharf. *Mec.* spring.
muerte *(mwáyRtay)* f. death.
muerto *(mwáyRtoh)* adj. y m. dead. [groove.
muesca *(mwáyskah)* f. notch,
muestra *(mwáystrah)* f. pattern; sample; indication.
muestrario *(mwaystráhryo)* m. collection of samples.
mugrón *(moogrón)* m. sprig,
mujer *(mooHáyR)* f. woman; wife.

mujeriego *(mooHayryégoh)* adj. fond of women. [manly.
mujeril *(mooHayréel)* adj. womula *(móolah)* f. she-mule.
mulato *(mooláhtoh)* m. y adj. mulatto; tawny. [prop.
muleta *(mooláytah)* f. crutch;
mulo *(moóloh)* f. mule. [ty.
multa *(móoltah)* f. fine; penal-
multar *(mooltáR)* tr. to fine.
múltiple *(móolteeplay)* adj. multiple.
multiplicar *(moolteepleekáR)* tr. to multiply. [titude.
multitud *(moolteetóod)* f. mul-
mundano *(moondáhnoh)* adj. mundane; worldly.
mundo *(móondoh)* m. world.
munición *(mooneethyón)* f. (am)munition.
municipal *(mooneetheepáhl)* adj. municipal.
municipio *(mooneethéepyoh)* m. municipality; township, borough.
muñeca *(moonyáykah)* f. wrist. *Anat.* doll. [pet.
muñeco *(moonyáykoh)* m. pup-
mural *(mooráhl)* adj. mural.
muralla *(mooráhlyah)* f. wall.
murar *(mooráR)* tr. to wall.
murciélago *(mooRthyélahgoh)* m. *Orn.* bat. [murmur.
murmullo *(mooRmóolyoh)* m.
murmuración *(mooRmoorahthyón)* f. murmuring, gossip.
murmurar *(mooRmooráR)* tr. to murmur, to gossip.
muro *(móoroh)* m. wall; rampart.
murria *(móoRyah)* f. (coll.) fit of «blues», sullenness.
murrio *(móoRyoh)* adj. sullen, sulky.
musa *(móossah)* f. muse.
muscular *(mooskooláR)* adj. muscular. [cle.
músculo *(móoskooloh)* m. mus-
musculoso *(mooskoolóhssoh)* adj. musculous. [seum.
museo *(moossáy/oh)* m. mu-
musgo *(móossgoh)* m. moss.
música *(móosseekah)* f. music.
musical *(moosseekáhl)* adj. musical.
músico *(móosseekoh)* adj. musical; m. musician.
musitar *(moosseetáR)* intr. to mutter.
muslo *(móosloh)* m. thigh.
mustio *(móostyoh)* adj. whitered.
mutabilidad *(moohtahbeeleedáhd)* f. mutability.
mutación *(mootahthyón)* f. mutation. [mutilation.
mutilación *(mooteelahthyón)* f.
mutilar *(mooteeláR)* tr. to mutilate. [f. mutuality.
mutualidad *(mootwahleedáhd)*
mutuo *(móotwoh)* adj. mutual.
muy *(mwee)* adv. very; greatly; (coll.) quite, awfully.

M

N n

nabo *(náhboh)* m. *Bot.* turnip.
nacer *(nahtháyR)* intr. to be born.
nacido *(nahthéedoh)* adj. born.
naciente *(nahthyéntay)* adj. rising.
nacimiento. *(nahtheemyéntoh)* m. birth, nativity.
nación *(nahthyón)* f. nation, people. [national.
nacional *(nahthyohnáhl)* adj.
nacionalidad *(nahthyohnahleedáhd)* f. nationality.
nacionalista *(nahthyohnahléestah)* s. nationalist.
nada *(náhdah)* f. nothing(ness), pron. adv. nothing. [mer.
nadador *(nahdahdóR)* m. swim-
nadar *(nahdáR)* intr. to swim.
nadie *(náhdye)* pron. nobody.
nafta *(náhftah)* f. naphtha.
naftalina *(nahftahléenah)* f. naphthalene.
naipe *(nah/eepay)* m. playingcard. [rump.
nalga *(náhlgah)* f. buttock;
naranja *(nahráhnHah)* f. orange.

N

naranjada *(nahrahnHáhdah)* f. orangeade.
naranjo *(nahráhnHoh)* m. orange-tree. [narccissus.
narciso *(nartheessoh)* m. *Bot.*
narcótico *(naRkóhteekoh)* adj. y m. narcotic.
narcotizar *(naRkohteetháR)* tr. to narcotize, to dope.
narigudo *(nahreegóodoh)* adj. big-nosed. [ril.
nariz *(nahreéth)* f. nose, nost-
narración *(nahRahthyón)* f. narration, story, tale.
narrar *(nahRáR)* tr. to narrate, to tell. [narrative.
narrativo *(nahRahtéeboh)* adj.
nata *(náhtah)* f. cream.
natal *(nahtáhl)* adj. natal; native. [birthday.
natalicio *(nahtahléethyoh)* adj.
natalidad *(nahtahleedáhd)* f. birth-rate. [Nativity.
Natividad *(nahteebeedáhd)* f.
nativo *(nahtéeboh)* adj. y s. native.
natural *(nahtooráhl)* adj. natural; native.
naturaleza *(nahtoorahláythah)* f. nature; nationality, kind.
naturalidad *(nahtoorahleedháđ)* f. naturalness.
naturalista *(nahtoorahléestah)* s. naturalist, nudist.
naturalizar *(nahtoorahleetháR)* tr. to naturalize.
naufragar *(nah/oofrahgáR)* intr. to be shipwercked.
naufragio *(nah/oofráhgyoh)* m. shipwreck, failure.
náufrago *(nah/oofrahgoh)* adj. y s. shipwrecked (person), survivor, (of a wreck). [sea.
náusea *(náhoossayah)* f. nau-
nauseabundo *(nah/oossayahbóondoh)* adj. nauseous; loathsome, nasty.
náutica *(náh/oteekah)* f. nautics. [nautic(al).
náutico *(náh/ooteekoh)* adj.
navaja *(nahbáhHah)* f. razor; claspknife, pen-knife, pocketknife. [gash, stab.
navajazo *(nahbahHáhthoh)* m.
naval *(nahbáhl)* adj. naval.
navarro *(nahbáhRoh)* adj. y m. Navarrese. [aisle.
nave *(náhbay)* f. vessel; ship;
navegable *(nahbaygáhblay)* adj. navigable.
navegación *(nahbaygahthyón)* f. navigation; sailing.
navegante *(nahbaygáhntay)* m. navigator.
navegar *(nahbaygáR)* intr. to sail; to navigate.
Navidad *(nahbeedáhd)* f. Nativity; Christmas.
navideño *(nahbeedáynyoh)* adj. Christmas. [owner.
naviero *(nahbyéroh)* m. ship-
navío *(nahbéeoh)* m. war-ship.
neblina *(naybléenah)* f. mist; fog; haze.
nebulosa *(nayboolossah)* f. nebula.
nebuloso *(nayboolóhssoh)* adj. misty. [pidity.
necedad *(naythaydáhd)* f. stu-
necesario *(naythayssáhryoh)* adj. necessary.
neceser *(naythayssáyR)* m. toilet case. [necessity; need-
necesidad *(naythaysseedáhd)* f.
necesitado *(naythaysseetáhdoh)* adj. needy.
necesitar *(naythaysseetáR)* intr. to need, to lack. [fool.
necio *(náythyoh)* adj. stupid;
necrología *(naykrohlohHéeah)* f. necrology; obituary.
necrópolis *(naykróhpohleess)* f. necropolis, cemetery.
néctar *(nayktahR)* m. nectar.
negación *(naygahthyón)* f. denial; negation.
negado *(naygáhdoh)* adj. unfit.
negar *(naygáR)* intr. to deny.
negativa *(naygatéebah)* f. denial.
negativo *(naygatéeboh)* adj. y m. negative (photograph).
negligencia *(nayglееHénthyah)* f. negligence. [negligent.
negligente *(naygleeHéntay)* adj.
negociación *(naygohthyahthyón)* f. negotiation. [department.
negociado *(naygohthyáhdoh)* m.

negociante *(naygohthyáhnthay)* s. dealer; trader.
negociar *(naygohthyáR)* intr. to trade; to deal.
negocio *(naygóhthyoh)* m. business; affair.
negra *(náygrah)* f. negress.
negro *(náygroh)* adj. black, dark; m. negro. [ness.
negrura *(naygróorah)* f. black-
negruzco *(naygroothkoh)* adj. blackish. [infant.
nena *(náynah)* f. (fam.) female,
nene *(náynay)* m. (fam.) baby.
neófito *(nayóhfeetoh)* m. neophite, novice, beginner.
neoyorquino *(nayohyoRkéenoh)* adj. y m. New-Yorker.
nepotismo *(naypohtéessmoh)* m. nepotism. [sinew.
nervio *(nayRbyoh)* m. nerve,
nervioso *(nayRbyóhssoh)* adj. nervous. [f. nerviosity.
nerviosidad *(nayRbyosseedáhd)*
nervudo *(nayRbóodoh)* adj. sinewy.
neto *(náytoh)* adj. neat, net.
neumático *(nehoomahteekoh)* adj. pneumatic; m. tyre, (G. B.), tire (USA.).
neumonía *(neh/oomohnéeah)* f. pneumonia. [neuralgia.
neuralgia *(neh/hooráhlHyah)* f.
neurastenia *(neh/oorahstáynyah)* f. neurasthenia.
neurasténico *(neh/oorahstáyneekoh)* adj. neurasthenic.
neurótico *(neh/oorohteekoh)* adj. neurotic.
neutral *(neh/ootráhl)* adj. neutral; neuter. [f. neutrality.
neutralidad *(neh/ootrahleedáhd)*
neutralizar *(neh/ootrahleetháR)* tr. to neutralize. [ter.
neutro *(néh/ootroh)* adj. neu-
nevada *(naybáhdah)* f. snowfall.
nevar *(naybáR)* intr. to snow.
nevera *(naybáyrah)* refrigerator, fridge (G. B.), freezer (USA). [bond, tie.
nexo *(náyksoh)* m. nexus,
ni *(nee)* conj. neither, nor.
nicotina *(neekohtéenah)* f. nicotine.
nicho *(néechoh)* m. niche.
nido *(néedoh)* m. nest.
niebla *(nyéblah)* f. mist; fog; haze [ter.
nieta *(nyétah)* f. grand-daugh-
nieto *(nyétoh)* m. grand-son.
nieve *(nyébay)* f. snow.
nihilismo *(nee/eeléessmoh)* m. nihilism. [not one.
ningún *(neengóon)* adj. no;
ninguno *(neengóonoh)* adj. no, none, not one; pron. none.
niña *(néenyah)* f. girl, baby-girl.
niñada *(neenyáhdah)* f. puerility.
niñez *(neenyáyth)* f. infancy, maid, nurse, baby-sitter.
niñería *(neenyayréeah)* f. puerility. [chilhood.
niñez *(neenyáyth)* f. infancy,
niño *(néenyoh)* adj. childish; m. child. [ese.
nipón *(neeyón)* adj. y m. Japan-
níquel *(néekel)* m. nickel.
nivel *(neebél)* m. level; standard. [vel.
nivelar *(neebayláR)* tr. to le-
no *(noh)* adv. no, not; — **obstante,** nevertheless.
nobiliario *(nohbeelyáhryoh)* adj. nobiliary. [nobleman.
noble *(nóhblay)* adj. noble; m.
nobleza *(nohblaythah)* f. nobleness; nobility.
noción *(nohthyón)* f. notion; idea, concepts; pl. elements. [ful, noxious
nocivo *(nohthéeboh)* adj. harm-
noctámbulo *(noktáhmbooloh)* m. noctambulist.
nocturno *(noktóoRnoh)* adj. nocturnal; m. nocturne.
noche *(nóhchay)* f. night.
Nochebuena *(nohchaybwáynah)* f. Christmas Eve. [nurse.
nodriza *(nohdréithah)* f. wet-
nómada *(nóhmahdah)* adj. nomad(ic). [fame.
nombradía *(nombrahdee/ah)* f.
nombramiento *(nombrahmyéntoh)* f. nomination; appointment. [me; to appoint.
nombrar *(nombráR)* tr. to na-
nombre *(nómbray)* m. name; noun.

N

nómina *(nóhmeenah)* f. (pay) roll. [minal.
nominal *(nohmeenáhl)* adj. no-
nominar *(nohmeenáR)* tr. to name, nominate, appoint.
non *(non)* adj. odd; uneven; m. odd number; **pares y —es**, odds and evens.
noria *(nóhryah)* f. chain-pump.
norma *(nóRmah)* f. standard; norm.
normal *(noRmáhl)* adj. normal.
normalizar *(noRmahleetháR)* tr. to normalize.
norte *(nóRtay)* m. north.
norteamericano *(noRtayahmay-reekáhnoh)* adj. North American; m. American.
noruego *(nohrwáygoh)* adj. y m. Norwegian, Norse.
nos *(noss)* pron. we; us.
nosotros *(nohssóhtross)* pron. we; us.
nostalgia *(nosstahlHya)* f. nostalgia, homesickness. [bill.
nota *(nóhtah)* f. note; notice;
notable *(nohtáhblay)* adj. remarkable; noticeable.
notar *(nohtáR)* tr. to note; to (re)mark.
notario *(nohtáhryoh)* m. notary public; registrar.
noticia *(nohtéethyah)* f. news.
noticiero *(nohteethyéroh)* m. reporter; news-cast.
notificación *(nohteefeekahthyón)* f. notification. [notify.
notificar *(nohteefeekáR)* tr. to
notoriedad *(nohtohryedáhd)* f. notoriety. [rious.
notorio *(nohtóhryoh)* adj. noto-
novato *(nohbáhtoh)* adj. y m. novice, beginner; new.
novedad *(nohbaydáhd)* f. novelty. *Com.* fancy. [new.
novel *(nohbayl)* adj. novel;
novela *(nohbáylah)* f. novel; fiction.
novia *(nóhbyah)* f. girl friend, sweetheart, fiancée, bride.
noviazgo *(nohbyáthgoh)* m. courtship. [novitiate.
noviciado *(nohbeethyádoh)* m.
novicio *(nohbéethyoh)* m. novice. [november.
Noviembre *(nohbyémbray)* m.
novillada *(nohbeelyáhdah)* f. drove or fight of young bulls.
novillero *(nohbeelyáyroh)* m. «novillero» (young bullfighter). [bull.
novillo *(nohbéelyoh)* m. young
novio *(nóhbyoh)* m. boy friend, suitor, fiancé, bridegroom.
nublado *(noobláhdoh)* adj. cloudy. [over.
nublar *(noobláR)* tr. to cloud
nuca *(nóokah)* f. nape of the neck. [core.
núcleo *(nóoklayoh)* m. nucleus,
nudillo *(noodéelyoh)* m. knucle.
nudo *(nóodoh)* m. knot, burl, tie, tangle.
nudoso *(noodóhssoh)* adj. knotty.
nuera. *(nwáyrah)* f. daughter-in-law. [our(s).
nuestro *(nwáystroh)* pron.
nueva *(nwáybah)* f. news, tidings. [vel.
nuevo *(nwáyboh)* adj. new; no-
nuez *(nwáyth)* f. (wal)nut, Adam's apple.
nuliaad *(nooleedahd)* f. nullity; a nobody.
nulo *(nóoloh)* adj. void, null.
numeración *(noomayrathyón)* s. numeration. [meral.
numeral *(noomayráhl)* adj. nu-
numerar *(noomayráR)* tr. to number.
numerario *(noomayráhryoh)* adj. numerary; m. hard cash.
numérico *(noomáyreekoh)* adj. numeric(al). [ber.
número *(noomayroh)* m. num-
numeroso *(noomayróhssoh)* adj. numerous; crowded.
nunca *(nóonkah)* adv. never, (not) ever. [nunciature.
nunciatura *(noonthyatóorah)* f.
nuncio *(nóonthyoh)* m. nuncio.
nupcial *(noopthyáhl)* adj. nuptial. [wedding.
nupcias *(nóopthyahss)* f. pl.
nutrición *(nootreethyón)* f. nutrition. [to feed.
nutrir *(nootréeR)* tr. to nourish

nutritivo *(nootreetéeboh)* adj. nourishing.

ñoñería *(nyohnyayréeah)* f. drivel.
ñoñez *(nyohnyéth)* f. shyness, drivel, sloppy. [m. dotard.
ñoño *(nyóhnyoh)* adj. timid, shy;

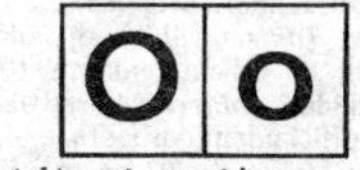

o *(oh)* conj. or; either.
obcecación *(obthaykahthyón)* f. obduracy. [fuscate.
obcecar *(obthaykáR)* tr. to ob-
obcecarse *(obthaykáRssay)* r. to be obfuscated. [obey.
obedecer *(ohbaydaytháyR)* tr. to
obediencia *(ohbaydyénthyah)* f. obedience. [obedient.
obediente *(ohbaydyéntay)* adj.
obelisco *(ohbayléeskoh)* m. obelisk. [obesity.
obesidad *(ohbaysseedáhd)* f.
obeso *(ohbáyssoh)* adj. obese, fat.
obispado *(ohbeespáhdoh)* m. bishopric; episcopate.
obispo *(ohbéespoh)* m. bishop.
óbito *(óhbeetoh)* m. obit, death.
obituario *(ohbeetwáryoh)* m. obituary. [tion.
objeción *(obHaythyón)* f. objec-
objetar *(obHaytáR)* tr. to object.
objetivo *(obHaytéeboh)* adj. objective; m. objective, aim, object-glass. [purpose.
objeto *(obHáytoh)* m. object,
oblicuidad *(ohbleekweedáhd)* f. obliquity, slant, bias.
oblicuo *(ohbléekwoh)* adj. oblique, slanting, skew.
obligación *(ohbleegahthyón)* f. obligation, bond; pl. duties.
obligar *(ohbleegáR)* tr. to oblige; to compel.
obligarse *(ohbleegáRssay)* r. to bind oneself.
obligatorio *(ohbleegahtóryoh)* adj. obligatory; binding.
óbolo *(óhbohloh)* m. obol(us), mite.
obra *(ohbrah)* f. work, act(ion), book, building. [act.
obrar *(ohbráR)* tr. to work, to
obrero *(ohbráyroh)* adj. working; m. worker, workman.
obscenidad *(obssthayneedáhd)* f. obscenity. [cene.
obsceno *(obsstháynoh)* adj. obs-
obscurecer *(obskooraytháyR)* intr. to obscure; to darken.
obscuridad *(obskooreedáhd)* f. obscurity, darkness.
obscuro *(obskóoroh)* adj. obscure; dark. [treat.
obsequiar *(obssaykyáR)* tr. to
obsequio *(obssáykyoh)* m. present, gift, treat.
obsequioso *(obssaykyóhssoh)* adj. obsequious, obliging.
observación *(obssayRbahthyon)* f. observation; note; remark.
observador *(obssayRbahdóR)* m. observer.
observante *(obssayRbáhntay)* adj. observant; observing.
observar *(obssayRbáR)* tr. to observe; to notice.
observatorio *(obssayRbahtóhryoh)* m. observatory.
obsesión *(obssayssyón)* f. obsession [to obsess.
obsesionar *(obssayssyonáR)* tr.
obstáculo *(obstáhkooloh)* m. obstacle.
obstar *(obstáR)* intr. to oppose.
obstinación *(obsteenahthyón)* f. obstinacy. [persist in.
obstinarse *(obsteenáRsay)* r. to
obstrucción *(obstrookthyón)* f. obstruction.
obstruir *(obstrweéR)* tr. to obstruct.
obstruirse *(obstrweéRsay)* r. to clog, to be made up.
obtención *(obtenthyón)* f. attainment; tr. to obtain, to get.
obturar *(obtooráR)* tr. to stop up, to plug.

O

obtuso *(obtóossoh)* adj. obtuse, blunt.
obús *(ohbóoss)* m. howitzer.
obviar *(obbyáR)* tr. to obviate; to prevent.
obvio *(óbbyoh)* adj. obvious.
oca *(óhkah)* f. *Orn.* goose.
ocasión *(ohkahssyón)* f. occasión. [occasional.
ocasional *(ohkahssyonáhl)* adj.
ocasionar *(ohkahssyonáR)* tr. to cause.
océano *(ohtháyahnoh)* m. ocean;
ocaso *(ohkáhssoh)* m. (sun)-set, dusk.
occidental *(oktheedentáhl)* adj. occidental; west(ern).
occidente *(oktheedéntay)* m. occident; west.
occipital *(oktheepeetáhl)* adj. occipital. [occiput.
occipucio *(oktheepóothyoh)* m.
oceánico *(ohthayáneekoh)* adj. oceanic, Oceanian. [an; sea.
océano *(ohtháyahnoh)* m. oce-
ocio *(óhthyoh)* m. leisure.
ociosidad *(ohthyohsseedádh)* f. idleness, leisure.
ocioso *(ohthyóhssoh)* adj. idle.
ocre *(óhkray)* m. ochre. [tave.
octava *(oktáhvah)* f. (Mús.) oc-
octubre *(októobray)* m. October.
ocular *(ohkooláR)* adj. ocular.
oculista *(ohkooléestah)* s. oculist. [ceal; to hide.
ocultar *(ohkooltáR)* tr. to con-
ocultarse *(ohkooltáRssay)* r. to hide. [occultism.
ocultismo *(ohkooltéessmoh)* m.
oculto *(ohkóoltoh)* adj. hidden.
ocupación *(ohkoopahthyón)* f. occupation; profession.
ocupado *(ohkoopáhdoh)* adj. busy, engaged. [cupant.
ocupante *(ohkoopántay)* s. oc-
ocupar *(ohkoopáR)* tr. to occupy.
ocurrencia *(ohkooRénthyah)* f. ocurrence; witty sally.
ocurrir *(ohkooRéeR)* intr. to happen.
oda *(óhdah)* f. ode.
odiar *(ohdyáR)* tr. to hate.
odio *(óhdyoh)* m. hatred; hate.
odioso *(odyóhssoh)* adj. odious; hateful.
odontólogo *(ohdontóhlohgoh)* m. odontologist.
oeste *(oháystay)* m. west.
ofender *(ohfendáiR)* tr. to offend.
ofenderse *(ohfendáyRssay)* r. to take offense. [injury.
ofensa *(ohfénssah)* f. offence;
ofensiva *(ohfensséebah)* f. offensive, attack. [offensive.
ofensivo *(ohfensséeboh)* adj.
oferta *(ohfáyRtah)* f. offer. *Com.* tender; proposal.
oficial *(ohfeethyáhl)* adj. official; m. officer, workmaster.
oficialidad *(ohfeethyahleedáhd)* f. officialdom, officers.
oficiar *(ohfeethyáR)* tr. to officiate; to minister.
oficina *(ohfeethéenah)* f. office.
oficinista *(ohfeetheenéestah)* s. clerk; (coll.) pen-pusher.
oficio *(ohféethyoh)* m. trade.
oficioso *(ohfeethyóhssoh)* adj. officious.
ofrecer *(ohfraythayR)* tr. to offer. *Com.* to bid.
ofrecimiento *(ohfraytheemyentoh)* m. offer(ing).
ofrenda *(ohfrayndah)* f. offering. [obfuscation.
ofuscación *(ohfooskahthyón)* f.
ofuscamiento *(ohfooskahmyéntoh)* m. obfuscation.
ofuscar *(ohfooskáR)* tr. to obfuscate; to blind.
ogro *(óhgroh)* m. ogre.
oído *(oh/eedoh)* m. hearing; ear.
oír *(oh/éeR)* tr. to hear; to attend (mass).
ojal *(ohHáhl)* m. buttonhole. loop.
ojalá *(ohHahláh)* interj. would to God!, I wish!
ojeada *(ohHayáhdah)* f. glance; glimpse. [glance.
ojear *(ohHayáR)* tr. to eye, to
ojera *(ohHáyrah)* f. rings, or bags, under one's eyes.
ojeriza *(ohHayréethah)* f. spite, grudge.

ojo *(óhHoh)* m. eye; (key-)-hole, interj. Beware!
ola *(óhlah)* wave; billow
oleada *(ohlayahdah)* f. big wave, surge.
óleo *(óhlayoh)* m. oil; holy oil. **pintura al** — oil-painting.
oler *(ohleR)* tr. to smell; to scent.
olfatear *(olfahtayáR)* tr. to smell. [smell.
olfato *(olfáhtoh)* m. sense of
olimpiada *(ohleempyáhdah)* f. Olimpiad; olimpic games.
olímpico *(ohléempeekoh)* adj. Olympic.
oliva *(ohléebah)* f. olive.
olivo *(ohléeboh)* m. *Bot.* olive-tree.
olor *(ohlóR)* m. smell; scent; **mal —**, stink, stench, smelly.
oloroso *(ohlorhóssoh)* adj. odoriferous.
olvidadizo *(olbeedahdéethoh)* adj. forgetful. [get.
olvidar *(olbeedáR)* tr. to for-
olvido *(olbéedoh)* m. forgetfulness; oblivion.
olla *(óhlyah)* f. kettle; stewpot.
ombligo *(ombléegoh)* m. navel.
omisión *(ohmeessyón)* f. omission; negligence.
omiso *(ohméessoh)* adj. neglectful.
omitir *(ohmeetéeR)* tr. to omit.
ómnibus *(ómneebooss)* m. omnibus.
omnipotencia *(omneepohténthyah)* f. omnipotence.
omnipotente *(omneepohténtay)* adj. omnipotent.
onda *(óndah)* f. wave.
ondeado *(ondayáhdoh)* adj. undulate(d), wavy. [wave.
ondear *(ondayáR)* tr. e intr. to
ondulación *(ondoolahtyón)* f. waving.
onza *(ónthah)* f. ounce.
opaco *(ohpáhkoh)* adj. opaque, dim.
opción *(opthyón)* m. option.
ópera *(óhpayrah)* f. opera; musical drama; opera-house.
operación *(ohpayrahthyón)* f. operation; working. *Com.* transaction.
operador *(ohpayrahdóR)* m. operator. [operating.
operante *(ohpayráhntay)* adj.
operar *(ohpayráR)* intr. to operate, to work; tr. *Med.* to operate.
operario *(ohpayráhryoh)* m. operator; workman.
opinar *(ohpeenáR)* intr. to judge, to give an opinion, to think. [view.
opinión *(ohpeenyón)* f. opinion;
opio *(óhpyoh)* m. opium.
oponer *(ohpohnáyR)* tr. to oppose, to withstand.
oportunidad *(ohpoRtooneedáhd)* f. opportunity. [opportune.
oportuno *(ohpoRtóonoh)* adj.
oportunismo *(ohpoRtoonéessmoh)* m. opportunism.
oposición *(ohpohsseethyón)* f. opposition; pl. examination (for professorship, etc.), competitive examination.
opositor *(ohpohsseetóR)* m. opposer; concurrent, candidate for competitive exam.
opresión *(ohprayssyón)* f. oppression. [oppressive.
opresivo *(ohpraysséeboh)* adj.
oprimir *(ohpreeméeR)* tr. to (op)press. [probium.
oprobio *(ohpróhbyoh)* m. op-
optar *(optáR)* tr. to choose.
óptica *(ópteekah)* f. optics.
óptico *(ópteekoh)* adj. optic; m. optician. [optimism.
optimismo *(opteeméessmoh)* m.
optimista *(opteeméesstah)* s. y adj. optimist(ic).
óptimo *(ópteemoh)* adj. best; finest. [posite.
opuesto *(ohpwáystoh)* adj. op-
opulencia *(ohpooléénthyah)* f. opulence. [opulent.
opulento *(ohpooléntoh)* adj.
oración *(ohrahthyón)* f. oration; prayer. *Gram.* sentence. [cle.
oráculo *(ohráhkooloh)* m. ora-
orador *(ohrahdóR)* m. orator, speaker.
oral *(ohráhl)* adj. oral, vocal.

O

orar *(ohráR)* intr. to pray.
oratoria *(ohrahtóhryah)* f. oratory; eloquence. [oratory.
oratorio *(ohrahtóhryoh)* m.
orbe *(óRbay)* m. orb; globe.
órbita *(óRbeetah)* f. orbit.
orden *(óRden)* m. order, method; f. order.
ordenación *(oRdaynahthyón)* f. arrangement; ordination.
ordenamiento *(oRdaynahmyéntoh)* m. ordaining, ordinance, arrangement.
ordenanza *(oRdaynáhnthah)* f. ordinance. *Mil.* m. orderly.
ordenar *(oRdaynáR)* tr. to arrange; to (put in) order.
ordenarse *(oRdaynáRsay)* r. *Eccl.* to be ordained.
ordeñar *(oRdaynyáR)* tr. to milk. [ordinal.
ordinal *(oRdeenáhl)* adj. y m.
ordinario *(oRdeenáhryoh)* adj. ordinary; common; coarse.
oreja *(ohráyHah)* f. ear.
orfebre *(oRfáybray)* m. goldsmith, silversmith.
orfebrería *(oRfaybrayréeah)* f. gold work. [orphanage.
orfelinato *(oRfayleenáhtoh)* m.
orfeón *(oRfay/ón)* m. choir, choral society.
orgánico *(oRgáhneekoh)* adj. organic(al).
organillo *(oRgahnéelyo)* m. barrel-organ, hurdy-gurdy.
organización *(oRgahneethathyón)* f. organization.
organizar *(oRgahneetháR)* tr. to organize.
órgano *(óRgahnoh)* m. organ.
orgía *(oRHéeah)* f. orgy, revel(ry).
orgullo *(oRgóolyoh)* m. pride.
orgulloso *(oRgoolyóhssoh)* adj. proud; haughty, conceited.
oriental *(ohryentáhl)* adj. oriental; eastern. [orient(ate).
orientar *(ohryentáR)* tr. to
orientarse *(ohryentáRsay)* r. (fig.) to find one's bearings.
oriente *(ohryéntay)* m. Orient, East. Levant. [fice; hole.
orificio *(ohreeféethyoh)* m. ori-
origen *(ohréeHen)* m. origin.
original *(ohreeHeenáhl)* adj. original; odd; m. originalidad.
originalidad *(ohreeHeenahleedáhd)* f. originality.
originar *(ohreeHeenáR)* tr. to originate. [to arise.
originarse *(ohreeHeenáRsay)* r.
originario *(ohreeHeenáhryoh)* adj. originary, native.
orilla *(ohréelyah)* f. limit; border; bank, edge.
orillar *(ohreelyáR)* tr. to border.
orín *(ohréen)* m. rust.
orina *(ohréenah)* f. urine; (fig.) water; (fam.) piss.
orinar *(ohreenáR)* intr. to urinate; (fam.) to piss.
oriundo *(ohryóondoh)* adj. native of.
ornamentar *(oRnahmentáR)* tr. to adorn, to ornate.
ornamento *(oRnahméntoh)* m. ornament.
ornitología *(oRneetohlohHéeah)* f. ornithology.
oro *(óhroh)* m. gold; money (fig.). [brass.
oropel *(ohrohpél)* m. tinsel;
orquesta *(oRkéstah)* f. orchestra, dance-band. [tle.
ortiga *(oRtéegah)* f. *Bot.* net-
ortodoxia *(oRtohdóhksyah)* f. orthodoxy. [ortodox.
ortodoxo *(oRtohdóhksoh)* adj.
ortografía *(oRtohgrahféeah)* f. spelling. [orthopedy.
ortopedia *(oRtohpáydyah)* f.
oruga *(ohróogah)* f. *Bot.* rocket. *Zool.* caterpillar.
os *(oss)* pron. you; to you.
osa *(óhssah)* f. she-beart; — **Mayor,** Ursa Major, — **Menor,** Ursa Minor.
osadía *(ohssahdéeah)* f. boldness, audacity. [bold.
osado *(ohssáhdoh)* adj. daring,
osamenta *(ohssahméntah)* f. skeleton.
osar *(ohssáR)* intr. to dare.
oscilación *(osstheelahthyón)* f. oscillation. [cillate.
oscilar *(osstheeláR)* intr. to os-
óseo *(óhssayoh)* adj. osseous; bony.

osezno *(ohssaythnoh)* m. bear -whelp, -cub.
osificarse *(ohsseefeekáRsay)* r. to ossify.
oso *(óhssoh)* m. bear.
ostensivo *(ostensséeboh)* adj. ostensive.
ostentación *(ostentahthyón)* f. ostentation, display. [show.
ostentar *(ostentáR)* tr. to
ostentoso *(ostentóhssoh)* adj. showy, ostentatious.
ostra *(óstrah)* f. oyster.
otear *(ohtayáR)* tr. to observes to scan, to watch.
otero *(ohtáyroh)* m. hill (ock), knoll. [tumnal.
otoñal *(ohtohnyáhl)* adj. au-
otoño *(ohtóhnyoh)* m. autumn, fall *(USA.)*.
otorgamiento *(ohtoRgahmyéntoh)* m, grant. [grant.
otorgar *(ohtoRgáR)* tr. to
otro *(óhtroh)* adj. other, another. [tion.
ovación *(ohbahthyón)* f. ova-
ovacionar *(ohbahthyonáR)* tr. to applaud.
óvalo *(óhbahloh)* m. oval.
ovario *(ohbáhryoh)* m. ovary.
oveja *(ohbáyHah)* f. sheep, ewe (female sheep).
óvulo *(óhboohloh)* m. ovule.
oxidar *(ohkseedáR)* tr. to oxidate, to rust. [rust.
óxido *(óhkseedoh)* m. oxida,
oxigenar *(ohkseeHaynáR)* tr. to oxygenate. [oxygen.
oxígeno *(ohkséeHaynoh)* m.
oyente *(ohyéntay)* m. hearer, listener.

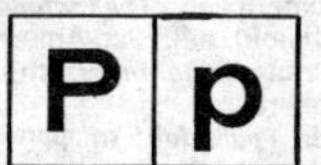

pabellón *(pahbaylyón)* m. pavilion, lodge, ensign (national flag).
pacer *(pahtháyR)* tr. to pasture, to graze. [patience.
paciencia *(pahthyénthyah)* f.
paciente *(pahthyéntay)* m. y adj. patient.
pacienzudo *(pahthyenthóodoh)* adj. (fam.) patient perservering. tolerant. [pacify.
pacificar *(pahtheefeekáR)* tr. to
pacífico *(pahthéefeekoh)* adj. pacific. [pacifism.
pacifismo *(pahtheeféessmoh)* m.
pacifista *(pahtheeféestah)* s. pacifist. [nant; to pact.
pactar *(pahktáR)* tr. to cove-
pacto *(páhktoh)* m. pact.
pachorra *(pahchóhRah)* f. sluggishness. [suffer.
padecer *(pahdaytháyR)* tr. to
padecimiento *(pahdaytheemyéntoh)* m. suffering.
padrastro *(pahdrástroh)* m. stepfather.
padrazo *(pahdráhthoh)* m. (augm.) indulgent father.
padre *(páhdray)* m. father.
padrenuestro *(pahdraynwéstroh)* Lord's prayer.
padrinazgo *(pahdreenáhthgoh)* m. patronage.
padrino *(pahdréenoh)* m. godfather; best-man.
padrón *(pahdrón)* m. census.
paella *(paháylyah)* f. paella, rice with meat, chicken, vegetables, etc. [wages.
paga *(páhgah)* f. pay(ment),
pagadero *(pahgahdáyroh)* adj. duc; payable.
pagado *(pahgáhdoh)* adj. paid.
pagador *(pahgahdóR)* m. paymaster.
pagano *(pahgáhnoh)* adj. hea -hen(ish), m. heathen, pagan.
pagar *(pahgáR)* tr. to pay.
pagaré *(pahgahráy)* m. bill; f. O. U.
página *(páhHeenah)* f. page.
pago *(páhgoh)* m. payment.
país *(pah:ées)* m. country; land.
paisaje *(pah/eessáhHay)* m. landscape, scenery.
paisana *(pah/eessáhnah)* f. country-woman.
paisano *(pah/eessáhnoh)* m. civilian; countryman; adj. compatriot.

P

P

paja *(páhHah)* f. straw.
pajar *(pahHáR)* m. strawloft; barn, hay-stack. [aviary.
pajarera *(pahHahráyrah)* f.
pájaro *(páhHahroh)* m. *Orn.* bird; (vulg.), puff.
pajarraco *(pahHahRáhkoh)* m. large bird; sharper.
paje *(páhHay)* m. page, valet.
pala *(páhlah)* f. shovel, spade, (for children). [promise.
palabra *(pahláhbrah)* f. word,
palabrería *(pahlahbrayréeah)* f. small talk. [courtier.
palaciego *(pahlahthyáygoh)* m.
palacio *(pahláhthyoh)* m. palace.
palada *(pahláhdah)* f. shovelful. *Naut.* oar stroke. [taste.
paladar *(pahlahdáR)* m. palate;
paladear *(pahlahdayáR)* tr. to relish to taste, to savour.
palanca *(pahláhnkah)* f. lever, handle. [wash-basin.
palangana *(pahlahngáhnah)* f.
palco *(pálkoh)* m. *Theat. Box.* stand. [sade.
palenque *(pahlénkay)* m. pali-
palero *(pahláyroh)* m. shoveller shovel-maker.
palestra *(pahléstrah)* f. wrestling court, palestra, ring.
paleta *(pahláytah)* f. fire-shovel, trowel, F. a. palette.
paletada *(pahlaytáhdah)* f. trowelful.
paleto *(pahláytoh)* m. rustic, churl; adj. rude, coarse.
palidecer *(pahleedaytháiR)* intr. to (grow) pale.
palidez *(pahleedéth)* f. paleness. ness. [pale.
pálido *(páhleedoh)* adj. pallid,
palillero *(pahleelyáyroh)* m. tooth-piek case.
palillo *(pahléelyoh)* m. toothpick; pl. castanets. [chat.
palique *(pahléekay)* m. chit-
paliza *(pahléethah)* f. cudgelling; beating, belting, caning.
palma *(páhlmah)* f. *Bot.* palmtree; palm or flat of the hand. [clap.
palmada *(pahlmáhdah)* f. slap,
palmear *(pahlmayaR)* tr. to clap. [tree.
palmera *(pahlmáyrah)* f. palm-
palmeta *(pahlmáytah)* f. ferule; cane. [sure (8 ¼ inches).
palmo *(páhlmoh)* m. span, mea-
palmotear *(palhmohtayáR)* tr. to clap hands.
palo *(páhloh)* m. stick; cudgel, suit (cards); mast.
paloma *(pahlóhmah)* f. dove, pigeon; (coll) pacifist.
palomar *(pahlohmáR)* m. pigeon-house, pigeon-hole.
palomino *(pahlohméenoh)* m. young pigeon. [pigeon.
palomo *(pahlóhmoh)* m. cock
palpable *(pahlpáhblay)* adj. palpable; obvious. [to feel.
palpar *(pahlpáR)* tr. to grope,
palpitación *(pahlpeetahtyón)* f. palpitation, throbbing.
palpitar *(pahlpeetáR)* intr. to palpitate, to pant, to throb.
palúdico *(pahlóodeekoh)* adj. malarial.
palurdo *(pahlóoRdoh)* adj. y m. rustic, clownish daft.
pamplina *(pahmpléenah)* f. *Bot.* chickweed; (coll.) trifle.
pan *(pahn)* m. bread; loaf.
pana *(páhnah)* f. velveteen, corduroy. [nacea.
panacea *(pahnahtháyah)* f. pa-
panadería *(pahnahdayréeah)* f. bakery; baker's shop.
panadero *(pahnahdáyroh)* m. baker.
panal *(pahnáhl)* m. honeycomb.
panamericano *(pahnahmayreekáhnoh)* adj. Pan-American.
páncreas *(páhnkrayass)* m. *Anat.* pancreas.
panda *(pahndah)* m. panda.
pandero *(pahndáyroh)* m. tambourine. [party.
pandilla *(pahndéelyah)* f. gang,
panecillo *(pahnaythéelyoh)* m. (French) roll, manchet.
paniagudo *(pahnyahgóodoh)* m. servant, retainer, underling.
pánico *(páhneekoh)* m. panic.
panorama *(pahnohráhmah)* m. panorama.

pantalones *(pahntahlóhness)* m. pl. trousers; knickers; slacks (for woman). [(lam-)shade.
pantalla *(pahntáhlyah)* f. screen,
pantano *(pahntáhnoh)* m. swamp, reservoir.
pantanoso *(pahntahnóhssoh)* adj. swampy, marshy.
panteísmo *(pahntayéessmoh)* m. pantheism. [pantheist.
panteísta *(pahntay/éesstah)* s.
panteón *(pahntayón)* m. pantheon. [f. pantomime.
pantomima *(pahntohméehmah)*
pantorrilla *(pahntohRéelya)* f. calf (of the leg.)
pantufla *(pahntóofla)* f. babouche, slipper. [paunch.
panza *(pahnthah)* f. belly;
panzudo *(pahnthóodoh)* adj. big--bellied, pot-bellied.
pañal *(pahnyáhl)* m. (baby)-napkin (A) diaper.
paño *(páhnyoh)* m. cloth, kitchen-cloth, **—os menores,** underclothes.
pañuelo *(pahnywáyloh)* m. (hand)kerchief.
papá *(pahpáh)* m. Dad, daddy.
papa *(páhpah)* f. pap, porridge.
Papa *(Páhpah)* m. Pope.
papada *(pahpáhdah)* f. double chin. [dom; papacy.
Papado *(pahpáhdoh)* m. Pope-
papagayo *(pahpahgáhyoh)* m. (poll)parrot.
papal *(pahpáhl)* adj. papal.
papanatas *(pahpahnáhtahss)* m. simpleton; ninny.
paparrucha *(pahpahRóochah)* f. humbug. [*Theat.* rôle.
papel *(pahpayl)* m. paper
p a p e l e o *(pahpaylayoh)* m. (coll.) «red tape».
papelera *(pahpayláyrah)* f. papercase; (waste) paper-basket.
papelería *(pahpaylayréeah)* f. stationery, bookshop.
papeleta *(pahpayláytah)* f. slip of paper, chit, ticket.
paperas *(pahpáyrahss)* f. pl. mumps.
papilla *(pahpéelyah)* f. pap; (fig.) deceit. [popish.
papista *(pahpéestah)* s. Papist;
papo *(páhpoh)* m. double chin.
paquebote *(pahkaybóhtay)* m. *Naut.* packet-boat.
paquete *(pahkáytay)* m. pack(et), parcel, package.
par *(páR)* adj. equal, even; m. pair, peer.
para *(páhrah)* prep. for; to, in order to; towards.
parabién *(páhrahbyén)* m. congratulations. [ble; parabola.
parábola *(pahráhbohlah)* f. para-
parabrisa *(pahrahbréessah)* m. wind-screen. [m. parachute.
paracaídas *(pahrakah/éedahss)*
paracaidista *(pahrahkah/eedéestah)* s. parachutist.
parada *(pahráhdah)* f. stop, halt, halting-place, stay *Mil.* parade. [whereabouts.
paradero *(pahrahdáyroh)* m.
parado *(pahráhdoh)* adj. spiritless, unemployed, stopped closed. [radox.
paradoja *(pahrahdóhHah)* f. pa-
parador *(pahrahdóR)* m. inn, hostel. [fin(e).
parafina *(pahrahféenah)* f. paraf-
paraguas *(pahráhgwass)* m. umbrella.
paraíso *(pahrah/éessoh)* m. paradise. *Theat.* «gods».
paralelo *(pahrahláyloh)* adj. y m. parallel. [ralysis.
parálisis *(pahráhleesseess)* f. pa-
paraje *(pahráhHay)* m. place, spot.
paralítico *(pahrahléeteekoh)* adj. y m. paralytic(al).
paralizar *(pahrahleetháR)* tr. to paralyze, to palsy, to stop.
paramento *(pahrahméntoh)* m. ornament, trappings.
páramo *(páhrahmoh)* m. moor, waste-land.
parangón *(pahrahngón)* m. parangon, comparison.
parangonar *(pahrahngohnáR)* tr. to compare.
paraninfo *(pahrahnéenfoh)* m. paranymph, university hall.

parapetar *(pahrahpaytá***R***)* tr. to construct breast-works, to shelter behind a parapet.

P

parapeto *(pahrahpáytoh)* parapet; breastwork.

parar *(pahrá***R***)* to. to stop, to hold up; intr. to stop, to become, to put up, to halt.

pararrayos *(pahrah***R***áhyohs)* m. lightning-rod, light-conductor.

parásito *(pahráhsseetoh)* m. parasite; adj. parastic(al).

parasol *(pahrahsól)* m. parasol; sunshade.

parcial *(pa***R***thyahl)* adj. partial; onesided, biased, partisan.

parcialidad *(pa***R***thyahleedáhd)* f. partiality, bias. [sober.

parco *(pá***R***koh)* adj. sparing,

pardal *(pa***R***dáhl)* adj. rustic; m. *Orn.* sparrow.

pardo *(pá***R***doh)* adj. gray, grey, brown, dun.

pardusco *(pa***R***dóoskoh)* adj. grayish, greyish.

parecer *(pahraythay***R***)* m. opinion; intr. to appear; to look.

parecerse *(pahraytháy***R***say)* r. to look like.

parecido *(pahraythéedoh)* adj. resembling; like; s. likeness.

pared *(pahréd)* f. wall. [wall.

paredón *(pahraydón)* m. thick

pareja *(pahráy***H***ah)* f. pair; couple; dancing partner, mate.

parejo *(pahráy***H***oh)* adj. equal.

parentela *(pahrayntaylah)* f. kin(dred); relations.

parentesco *(pahrayntayskoh)* m. relationship.

paréntesis *(pahráyntaysseess)* f. parenthesis. *Print.* brackets.

paria *(páhryah)* m. pariah, outcast. [tion.

pariente *(pahryéntay)* s. rela-

parihuela *(pahreewáylah)* f. litter.

parir *(pahrée***R***)* tr. to bring forth; to bear, to give birth.

parlamentar *(pa***R***lahmentá***R***)* intr. *Mil.* to parley.

parlamentario *(pa***R***lahmentáhryoh)* adj. parliamentary; m. member of parliament.

parlamento *(pa***R***lahméntoh)* m. parliament; (U. S. A.) Congress *Theat.* speech.

parlanchín *(pa***R***lahnchéen)* adj. garrulous, m. chattener, talkative.

parlar *(pa***R***lá***R***)* intr. to chatter.

parloteo *(pa***R***lohtáyoh)* m. prattle; talk, chat.

paro *(páhroh)* m. suspension, hold up, deadlock; **— obrero,** unemployment.

parodia *(pahróhdyah)* f. parody.

parpadear *(pa***R***pahdayá***R***)* intr. to wink, to blink. [lid.

párpado *(pá***R***pahdoh)* m. eye-

parque *(pá***R***kay)* m. park, paddock. [simony.

parquedad *(pa***R***kaydáhd)* f. par-

parra *(pá***R***ah)* f. (grape-) vine.

párrafo *(páh***R***ahfoh)* m. paragraph.

parricida *(páh***R***eethéedah)* s. parricide; (father's) murderer.

parricidio *(páh***R***eethéedyoh)* m. paricide (murder).

parrilla *(pah***R***éelyah)* grill, grid(iron).

párroco *(páh***R***ohkoh)* m. parson.

parroquia *(pah***R***ohkyah)* f. parish. *Com.* patronage.

parroquial *(pah***R***ohkyáhl)* adj. parochial.

parroquiano *(pah***R***ohkyáhnoh)* m. parishioner; m. customer.

parsimonia *(pa***R***sseemóhnyah)* s. parsimony.

parte *(pá***R***tay)* f. part; share, party; pl. (coll.) the genitals; m. *Mil.* report. [tition.

partición *(pa***R***teethyón)* f. par-

participación *(pa***R***teetheepahthyón)* f. participation; share.

participante *(pa***R***teetheepáhntay)* m. sharer, participant. *Sport.* competitor.

participar *(pa***R***teetheepá***R***)* intr. to participate; to take part. to share, to notify.

partícipe *(par***R***téetheepay)* adj. participant. [ticle.

partícula *(pa***R***téekoolah)* f. par-

particular *(paRteekooláR)* adj. particular; private; m. individual.

particularizar *(paRteekoolahreetháR)* tr. to particularize.

partida *(paRtéedah)* f. departure; entry; lot, game of cards.

partidario *(paRteedahryoh)* m. partisan.

partido *(paRtéedoh)* adj. divided, split; m. (political) party, side, utility. *Sport.* mach.

partir *(paRtéeR)* tr. to divide; intr. to depart; to set out.

parto *(páRtoh)* m. (child)birth, accouchement, lying in.

parturienta *(paRtooryéntah)* adj. y f. parturient.

párvulo *(páRbooloh)* adj. very small; s. child, a tot, preschool child.

pasa *(páhssah)* f. raisin.

pasada *(pahssáhdah)* f. pass(age), turn.

pasadero *(pahssahdáyroh)* adj. supportable, pasable. [alley.

pasadizo *(pahssahdeéthoh)* m.

pasado *(pahssaáhdoh)* adj. past; stale; m. the past.

pasador *(pahssahdóR)* m. doorbolt, latch.

pasaje *(pahssáhHay)* m. pass(age), voyage; fare.

pasajero *(pahssahHáyroh)* adj. transient; m. passenger.

pasante *(pahssáhntay)* m. assistant of a lawyer; passer-by.

pasaporte *(pahssahpóRtay)* m. passport. [pass, to transfer.

pasar *(pahssáR)* tr. e intr. to

pasarse *(pahssaRsay)* r. to become putrid; to exceed.

pasatiempo *(pahssahtyémpoh)* m. pastime, hobby.

pasarela *(pahssahráylah)* f. gangway. [passover.

pascua *(páhskwah)* f. Easter;

pascual *(pahskwáhl)* adj. paschal.

pasear *(pahssayáR)* tr. e intr. to (take a) walk.

paseo *(pahssáyoh)* m. walk; promenade. [corridor; aisle.

pasillo *(pahsséelyoh)* m. lobby,

pasión *(pahssyón)* f. passion.

pasionaria *(pahssyohnáhryah)* f. *Bot.* passion-flower.

pasivo *(pahsséeboh)* adj. passive. [pefy, to stun.

pasmar *(pahssmáR)* tr. to stu-

pasmarse *(pahssmáRsay)* r. to wonder, to be astonished.

pasmado *(pahssmáhdoh)* m. amazed. [amazing.

pasmosa *(pahssmóhssah)* adj.

paso *(páhssoh)* m. pace; step; gait; passage; transition.

pasquín *(pahskéen)* m. pasquin(ade), lampoon.

pasta *(páhstah)* f. paste, dough.

pastar *(pahstáR)* intr. to pasture, to graze. [pastry.

pastel *(pahstayl)* m. pie; cake,

pastelería *(pahstaylayréeah)* f. confectionery. [confectioner.

pastelero *(pahstayláyroh)* m.

pastilla *(pahstéelyah)* f. tablet.

pasto *(páhstoh)* m. pasture(-ground).

pastor *(pahstóR)* m. shepherd; pastor; clergyman.

pastoral *(pahstohráhl)* adj. y f. pastoral. [pasture.

pastorear *(pahstohrayáR)* tr. to

pastoril *(pahstohréel)* adj. pastoral. [doughy.

pastoso *(pahstóhsoh)* adj.

pata *(páhtah)* f. foot; leg (of animals). *Orni.* duck.

patada *(pahtáhdah)* f. kick.

patalear *(pahtahlayáR)* intr. to kick about.

pataleo *(pahtahláyoh)* m. stamping of feet. [trum.

pataleta *(pahtahláytah)* f. tan-

patán *(pahtáhn)* m. churl, kern.

patata *(pahtáhtah)* f. *Bot.* potato. [ing fit.

patatús *(pahtahtóoss)* m. faint-

patear *(pahtayáR)* tr. e intr. to kick; to stamp the feet.

patentar *(pahtentáR)* tr. to patent. [f. patent.

patente *(pahténtay)* adj. patent,

patentizar *(pahtenteetháR)* tr. to evidence. [ternal, fatherly.

paternal *(pahtayRnáhl)* adj. pa-

P

paternalidad *(pahtayRneedáhd)* f. fatherhood.
paterno *(pahtáyRnoh)* adj. paternal, fatherly.
patético *(pahtáyteekoh)* adj. pathetic(al). [llows.
patíbulo *(pahtéebooloh)* m. gapatilla *(pahtéelyah)* f. whiskers.
patín *(pahtéen)* m. skate; — **de ruedas**, roller-skate.
patinar *(pahteenáR)* intr. to skate.
patio *(páhtyoh)* m. courtyard.
patizambo *(pahteetháhmboh)* adj. (knock-kneed) bandy-legged.
pato *(páhtoh)* m. drake, **pagar el** —, to pay the piper.
patología *(pahtohlohHéeah)* s. pathology. [humbug.
patraña *(pahtráhnyah)* f. fake,
patria *(páhtryah)* f. home(-land), father-land. [triarch.
patriarca *(pahtryáRkah)* m. pa-
patricio *(pahtréethyoh)* adj. and m. patrician. [m. patrimony.
patrimonio *(pahtreemóhnyoh)*
patriota *(pahtryóhtah)* s. patriot.
patriótico *(pahtryóteekoh)* adj. patriotic.
patriotero *(pahtryohtáyroh)* adj. y m. chauvinist(ic).
patriotismo *(pahtryohtéessmoh)* m. patriotism. [to sponsor.
patrocinar *(pahtrohtheenáR)* tr.
patrocinio *(pahtrohthéenyoh)* m. patronage, sponsorship.
patrón *(pahtrón)* m. land-lord. *Com.* pattern. *Naut.* master, skipper.
patrona *(pahtróhnah)* f. patroness; hostess, land-lady.
patronato *(pahtrohnátoh)* m. patronage. [employer.
patrono *(pahtróhnoh)* m. patron,
patronímico *(pahtrohnéemeekoh)* adj. patronymic, (father's name).
patrulla *(pahtróolyah)* f. patrol.
patrullar *(pahtroolyaR)* tr. to patrol. [adj. gradual.
paulatino *(pah/oolahtéehnoh)*
pausa *(páh/oossah)* f. pause, break. [slow, calm.
pausado *(pah/oossáhdoh)* adj.
pauta *(páh/ootah)* f. guide, rule.
pava *(páhbah)* f. *Orn.* turkey-hen; **pelar la** —, to coo, to flirt. [to pave.
pavimentar *(pahbeementáR)* tr.
pavimento *(pahbeeméntoh)* m. pavement, tiled floor.
pavo *(páhboh)* m. *Orn.* turkey. — **real**, peacock.
pavonear *(pahbohnayáR)* intr. to show off.
pavor *(pahbóR)* m. terror; fear.
pavoroso *(pahbohróhsoh)* adj. frightful.
payaso *(pahyáhssoh)* m. clown.
payo *(páhyoh)* m. gawk, churl.
paz *(páhth)* f. peace; ease, rest.
peaje *(payáhHay)* m. toll.
peatón *(pay/atón)* m. pedestrian.
peca *(páykah)* f. freckle; spot.
pecado *(paykáhdoh)* m. sin.
pecador *(paykahdóR)* m. sinner. [adj. sinful.
pecaminoso *(paykahmeenóhsoh)*
pecar *(paykáR)* intr. to sin.
pecera *(paytháyrah)* f. fish-globe, fish-bowl.
pecoso *(paykóhsoh)* adj. freckly.
peculiar *(paykoolyáR)* adj. peculiar. [dáhl) f. peculiarity.
peculiaridad *(paykoolyaree-*
pecuniario *(paykoonyáhryoh)* adj. pecuniary. [front.
pechera *(paycháyrah)* f. shirt-
pecho *(páychoh)* m. chest, breast, bosom, teat.
pechuga *(paychóogah)* f. breast (of a fowl). [pedagogy.
pedagogía *(paydahgohHéeah)* f.
pedagógico *(paydahgóhHeekoh)* adj. pedagogical.
pedagogo *(paydahgóhgoh)* m. pedagogue. [dal.
pedal *(paydáhl)* m. treadle, pe-
pedante *(paldáhntay)* adj. y s. pedant. [pedantry.
pedantería *(paydahntayréeah)* f.

pedazo *(paydahthoh)* m. piece, bit, chunk.
pedestal *(paydestáhl)* m. pedestal.
[destrian.
pedrestre *(paydéstray)* adj. pe-
pedicuro *(paydeekóoroh)* m. chiropodist.
[order.
pedido *(paydéedoh)* m. *Com.*
pedir *(paydéeR)* tr. to ask (for), to beg. *Com.* to order.
pedo *(páydoh)* m. flatulence; (vulg.) fart.
pedrada *(paydráhdah)* f. blow-hit/with a stone, throw of a stone, stone-trow.
pedregal *(paydraygáhl)* m. stony track, stony ground.
pedregoso *(paydraygóhsoh)* adj. stony.
[welry.
pedrería *(paydrayréeah)* f. je-
pedrisco *(paydréeskoh)* m. hailtorm.
pega *(páygah)* f. joining, gluing, cementing products; (coll.) deceit, catch question, snag; **de —**, sham.
pegadizo *(paygahdéethoh)* adj. sticky, contagious.
[sticky.
pegajoso *(paygahHóhsoh)* adj.
pegar *(paygáR)* tr. to cement; to glue; to beat.
pegarse *(paygáRsay)* r. to adhere; to fight.
pegote *(paygóhtay)* m. coarse patch; F. a. postiche.
peinado *(payeenáhdoh)* m. hair. dressing coiffure; adj. combed, hair-do.
peinar *(payeenáR)* tr. to comb; to dress the hair.
peine *(páynay)* m. comb.
peineta *(payeenaytah)* f. backcomb.
peladilla *(paylahdéelyah)* sugared-almond; pebble.
pelado *(payláhdoh)* adj. hairless, bare(d).
[plucking.
peladura *(paylahdóorah)* f.
pelagatos *(paylahgáhtoss)* m. vagrant.
pelaje *(payláhHay)* m. fell, outward appearance.
pelambre *(payláhmbray)* f. hair.
pelar *(payláR)* tr. to cut the hair; to peel.
peldaño *(payldáhnyoh)* m. step; stair; ruhg.
[rrel.
pelea *(payláyah)* f. fight; qua-
pelear *(paylayáR)* tr. to fight; to quarrel.
[scuffle.
pelearse *(paylayáRssay)* r. to
pelele *(payláylay)* m. dummy. **— (de niño)**, romper.
peletería *(paylaytayréeah)* f. furriery; fur-trade.
peletero *(paylaytáyroh)* m. furrier, skin-dealer.
peliagudo *(paylyahgóodoh)* adj. (fam.) arduous, awkward.
pelícano *(payléekahnoh)* m. *Orn.* pelican.
película *(payléekoolah)* f. film.
peligrar *(payleegráR)* intr. to peril.
[peril.
peligro *(payléegroh)* m. danger;
peligroso *(payleegróhssoh)* adj. dangerous.
pelma *(pélmah)* m. pest, bore.
pelmazo *(pelmáhthoh)* m. bore(r).
[fell.
pelo *(páyloh)* m. hair; down,
pelota *(paylóhtah)* f. ball, ballgame; (fig., vulg.) **en —s**, naked.
pelotazo *(paylohtáhthoh)* m. blow with a ball.
pelotilla *(paylohtéelyah)* f. pellet; (coll.) fawning.
pelotón *(paylohtón)* m. *Mil.* platon; big ball.
peluca *(paylóokah)* f. wig; peruke.
[shaggy.
peludo *(paylóodoh)* adj. hairy;
peluquería *(paylookayréeah)* f. hair-dressers's shop.
peluquero *(paylookayroh)* m. hair-dresser.
[fuzz.
pelusa *(paylóossah)* f. down,
pellejo *(paylyáyHoh)* m. skin, rawhide.
pellizcar *(paylyéethkáR)* tr. to pinch, to tweak, to nip.
pellizco *(paylyéethkoh)* m. pinch.
pena *(páynah)* f. penalty, pain(fulness), grief, sorrow, woe.

P

P

penal *(paynáhl)* adj. penal; m. penitentiary. [nalty.

penalidad *(paynahleedáhd)* f. pe-

penar *(paynáR)* intr. to grieve; tr. to chastise, to punish.

pendencia *(payndaynthyah)* f. quarrel.

pendenciero *(payndaynthyay-roh)* adj. quarrelsome. [hang.

pender *(paynday***R***)* intr. to

pendiente *(payndyentay)* f. slo-pe; declivity m. earring; adj. hanging precipitous.

penetración *(paynaytrahthyón)* f. penetration.

penetrante *(paynaytráhnthay)* adj. piercing. [to penetrate.

penetrar *(paynaytráR)* tr. e intr.

península *(paynéenssoolah)* f. peninsula. [ny.

penique *(paynéekay)* m. pen-

penitencia *(payneetáynthyah)* f. penitence; penance.

penitenciaría *(payneetenhtyah-réeah)* f. penitentiary.

penitente *(payneetáyntay)* adj. y m. penitent. [ful.

penoso *(paynóhssoh)* adj. pain-

pensado *(paynssahdoh)* adj. de-liberate; **mal —**, ill thinking, one-track-minded.

pensamiento *(paynssahmyentoh)* m. thought. [think.

pensar *(paynssar***R***)* intr. to

pensativo *(paynssateeboh)* adj. pensive, thoughtful.

pensión *(paynssyon)* f. pension; annuity; boarding-house, bo-ard; digs. [retire.

pensionar *(paynssyohna***R***)* tr. to

pensionista *(paynssyoneestah)* s. boarder; lodger; pensio-ner. [pentagon.

pentágono *(payntáhgohnoh)* m.

pentecostés *(payntaykosstayss)* m. pentecost, Whitsuntide.

penúltimo *(paynóolteemoh)* adj. penultimate, last but one.

penumbra *(paynóombrah)* f. penumbra, semi-darkness.

penuria *(paynóoryah)* f. penu-ry, hardship.

peña *(páynyah)* f. rock; (fam.) group of friends.

peñasco *(paynyáhskoh)* m. big rock, boulder; fell; cliff.

peñascoso *(paynyahskóhssoh)* adj. rocky.

peñón *(paynyón)* m. rock.

peón *(payón)* m. (day) labourer, hand; man (in draughts), pawn (in chess).

peonaje *(payohnáh***H***ay)* m. gang of labourers, peonage.

peonza *(payónthah)* f. (whip-ping-) top.

peor *(payó***R***)* adj. y adv. worse; el—, the worst. [ber.

pepino *(paypéenoh)* m. cucum-

pepitoria *(paypeetóhryah)* f. giblet fricasseen; hodge-podge. [smallness.

pequeñez *(paykaynyéth)* f.

pera *(páyrah)* f. pear. [tree.

peral *(payrahl)* m. *Bot.* pear

percance *(pay***R***káhnthay)* m. mischance, mishap.

percatarse *(paykahta***R***ssay)* r. to notice. [perception.

percepción *(pay***R***thaypthyón)* f.

percibir *(pay***R***theebée***R***)* tr. to perceive. [percussion.

percusión *(pay***R***koossyón)* f.

percha *(páy***R***chah)* f. perch; pole. [to miss.

perder *(pay***R***dáy***R***)* tr. to lose;

perderse *(pay***R***dá***R***ssay)* r. to go astray, to get/be lost.

perdición *(pay***R***deethyón)* f. ruin, loss. [damage.

pérdida *(páy***R***deedah)* f. loss,

perdidamente *(pay***R***deedahmén-tay)* adv. vehemently.

perdido *(pay***R***déedoh)* adj. lost.

perdigón *(pay***R***deegón)* m. *Orn.* young partridge, hail-shot, small-shot.

perdiguero *(pay***R***deegáyroh)* adj. y m. setter. [tridge.

perdiz *(pay***R***deéth)* f. *Orn.* par-

perdón *(pay***R***dón)* m. pardon.

perdonar *(pay***R***dohná***R***)* tr. to pardon; to forgive.

perdonavidas *(pay***R***dohnahbée-dahss)* m. (vulg.) bully.

perdulario *(pay***R***dooláhryoh)* adj. perpetual.

perdurable *(payRdooráhblay)* adj. perpetual.
perdurar *(payRdooráR)* intr. to last (long). [perish, die.
perecer *(payraythayR)* intr. to
perecerse *(payraythayRssay)* r. to desire eagerly.
peregrinación *(payraygreenahthyon)* f. pilgrimage.
peregrinar *(payraygreenaR)* tr. to go on a pilgrimage.
peregrino *(payraygreenoh)* adj. strange; m pilgrim.
perejil *(ayrayHéel)* m. *Bot.* parsley. [rennial.
perenne *(payraynnay)* adj. pe-
perentoriedad *(payrayntohryaydáhd)* f. peremptoriness.
perentorio *(payrayntohryoh)* adj. urgent. [idleness.
pereza *(payráythah)* f. laziness;
perezoso *(payraythóhsoh)* adj. lazy, idle. [perfection.
perfección *(payRfekthyon)* f.
perfecionar *(payRfekthyohnaR)* tr. to perfect.
perfecto *(payRféktoh)* adj. perfect. [dy, treachery.
perfidia *(payRféedyah)* f. perfi-
pérfido *(payRfeedoh)* adj. perfidious. [outline.
perfil *(payRféel)* m. profile;
perfilar *(payRfeeláR)* tr. to profile.
perforación *(payRfohrahthyón)* f. perforation; boring, drilling.
perfumar *(payRfoomáR)* tr. to perfume; to scent.
perfumería *(payRfoomayréeah)* f. perfumer's shop.
pergamino *(payRgaméenoh)* m. parchment. [rity, skill.
pericia *(payréethyah)* f. dexte-
perifrasear *(payreefrahsayáR)* tr. to periphrase.
perífrasis *(payréefrahseess)* f. periphrasis.
perilla *(payréelyah)* f. knob; **de** —, a propos. [perimeter.
perímetro *(payréemaytroh)* m.
periódico *(payryóhdeekoh)* adj. periodical; m. newspaper, journal. [m. journalism.
periodismo *(payryohdéessmoh)*
periodista *(payryohdéesstah)* s. journalist, newspaper-man, reporter.
período *(payréeohdoh)* m. period. [incident.
peripecia *(payreepáythyah)* f.
peripuesto *(payreepwáystoh)* adj. (fam.) trig, spruce, elegant. [periscope.
periscopio *(payreeskóhpyoh)* m.
perito *(payréetoh)* m. experienced m. expert; surveyor.
perjudicar *(payRHoodeekáR)* tr. to injure; to damage.
perjudicial *(payRHoodeethyál)* adj. perjudicial.
perjuicio *(payRHwéethyoh)* m. damage, harm, injury.
perjurar *(payRHooráR)* tr. to swear falsely, to perjure.
perjurio *(payRHóoryoh)* m. perjury.
perjuro *(payRHóoroh)* adj. perjured; forsworn; m. forswearer.
perla *(payRlah)* f. pearl.
permanecer *(payRmahnaythayR)* intr. to persist; to stay.
permanencia *(payRmahnaynthyah)* f. permanency.
permanente *(payRmahnéntay)* adj. permanent.
permisible *(payRmeesséeblay)* adj. permissible.
permiso *(payRméessoh)* m. permission, leave, permit.
permitir *(payRmeetéeR)* tr. to permit, lo allow.
permuta *(payRmóotah)* f. barter, exchange.
permutar *(payRmootáR)* tr. to barter. [spike.
perno *(payRnoh)* m. pin; bolt;
pernoctar *(payRnoktáR)* intr. to pass the night.
pero *(páyroh)* conj. but; yet; except; m. defect.
perogullada *(payrohgroolyádah)* f. truism, platitude.
perpendicular *(payRpayndeekoolaR)* adj. perpendicular.
perpetuar *(payRpaytwáR)* tr. to perpetuate.

P

perpetuidad *(payRpaytweedáhd)* f. perpetuity. [perpetual.

perpetuo *(payRpáytwoh)* adj.

perplejidad *(payRplayHeedáhd)* f. perplexity. [perplexed.

perplejo * *(payRpláyHoh)* adj.

perra *(payRah)* f. bitch, slut.

perrera *(payRayrah)* f. kennel.

perrería *(payRayréeah)* f. pack of dogs; mean trick.

perro *(páyRoh)* m. dog. [like.

perruno *(payRóonoh)* adj. dog-

persecución *(payRssaykoothyón)* f. persecution.

perseguir *(payRssaygéeR)* tr. to pursue, to persecute.

perseverancia *(payRssaybayráhnthyah)* f. perseverance.

perseverar *(payRssaybayráR)* intr. to persevere, to persist.

persiana *(payRssyáhnah)* f. (Venetian) blinds.

persistencia *(payRssesténthyah)* f. persistence.

persistente *(payRsseestayntay)* adj. persistent.

persistir *(payRsseesteeR)* intr. to persist. [son.

persona *(payRssóhnah)* f. per-

personaje *(payRssohnáHay)* m. personage, character.

personal *(payRssohnáhl)* adj. personal.

personalidad *(payRssohnahleedáhd)* f. personality.

personificarse *(payRssohneefeekáRssay)* r. to report.

personificar *(payRssohneefeekáR)* tr. to personify.

perspectiva *(payRspaykteebah)* f. view.

perspicacia *(payRspeekahthyah)* f. perspicacity, acumen.

perspicaz *(payRspeekath)* adj. quick-sighted, acute.

persuadir *(payRswahdéeR)* tr. to persuade. [persuasion.

persuasión *(payRswahssyón)* f.

persuasivo *(payRswahsséeboh)* adj. persuasive.

pertenecer *(payRtaynaythayR)* intr. to belong.

pertenencia *(payRtaynénthyah)* f. belonging.

pértiga *(payRteegah)* f. pole, rod, staff. [obstinacy.

pertinacia *(payRteenáhthyah)* f.

pertinaz *(payRteenáhth)* adj. obstinate. [relevant.

pertinente *(payRteenéntay)* adj.

pertrechar *(payRtraycháR)* tr. to supply.

pertrechos *(payRtráychoss)* m. pl. supplies; equipment.

perturbación *(payRtooRbahthyón)* f. perturbation.

perturbar *(payRtooRbáR)* tr. to unsettle, to disturb.

perversidad *(payRbayRssedáhd)* f. perversity.

perversión *(payRbayRssyon)* f. perversion. [perverse.

perverso *(payRbayRssoh)* adj.

pervertir *(payRbayRteeR)* tr. to corrupt.

pesa *(páyssah)* f. weight.

pesadez *(payssahdayth)* f. heaviness. [nightmare.

pesadilla *(payssahdéelyah)* f.

pesado *(payssáhdoh)* adj. heavy; weighty.

pesadumbre *(payssahdóombray)* f. grief sorrow. [dolence.

pésame *(páyssahmay)* m. con-

pesar *(payssáR)* m. sorrow, repentance; intr. to weigh, to prevail; tr. to weigh.

pesaroso *(payssahróhssoh)* adj. sorrowful, sorry. [catch.

pesca *(paysskah)* f. fishing;

pescadera *(peskahdáyrah)* f. fish-woman.

pescadería *(paysskahdayréeah)* f. fish-market, fish-shop.

pescadero *(paysskahdáyroh)* m. fishmonger.

pescado *(paysskáhdoh)* m. fish.

pescador *(paysskahdóR)* m. fisher(man), angler. [gle.

pescar *(payskaR)* to fish, to an-

pescuezo *(payskwaythoh)* m. neck, scruff. [manger.

pesebre *(payssáybray)* m. crib,

peseta *(payssáytah)* f. peseta, Spanish monetary unit.

pesimismo *(paysseeméessmoh)* m. pessimism.

pesimista *(paysseeméesstah)* adj. pessimistic; s. pessimist.

pésimo *(páysseemoh)* adj. very bad.
peso *(páyssoh)* m. weight; load.
pesquería *(payskayreeah)* f. fishery. [ry.
pesquisa *(payskéessah)* f. inqui-
pestaña *(paystáhnyah)* eye-lash.
pestañear *(paystahnyayáR)* tr. to blink. [wink, blink.
pestañeo *(paystahnyáyoh)* m.
peste *(paystay)* f. pest; plague.
pestilencia *(paysteelaynthya)* f. pest(ilence).
pestilente *(paysteelayntay)* adj. pestilent. [latch.
pestillo *(paystéelyoh)* m. bolt;
petaca *(paytáhkah)* f. cigar(ette)case. [tal.
pétalo *(páytahloh)* m. *Bot.* pe-
petardista *(paytaRdéesstah)* s. deceiver, cheat.
petardo *(paytáRdoh)* m. petard, fraud, swindle. [tion.
petición *(payteethyón)* f. peti-
petimetre *(payteemáytray)* m. fop; beau. [hard
pétreo *(páytrayoh)* adj. stony;
petrificar *(paytreefeekáR)* tr. to petrify. [troleum.
petróleo *(paytróhlayoh)* m. pe-
petrolero *(paytrohláyroh)* m. oil-tanker. [petulance.
petulancia *(paytoohláhnthyah)* f.
petulante *(paytoohláhntay)* adj. petulant.
pez *(payth)* m. fish; pitch, tar.
pezón *(paythón)* m. nipple, teat.
piadoso *(pyadóhssoh)* adj. pious.
piano *(pyáhnoh)* f. piano-forte. — **de cola,** grand piano.
piar *(pyaR)* intr. to chirp, to whine.
pica *(péekah)* f. bullfighter's goad; pike. [peak.
picacho *(peekáhchoh)* m. top,
picada *(peekáhdah)* f. puncture. [ing-shool.
picadero *(peekahdáyroh)* m. rid-
picadillo *(peekahdéelyoh)* m. minced meat.
picado *(peekáhdoh)* adj. pricked, cross; m. minced meat; *(aviation)* (nose-)dive.
picador *(peekahdóR)* m. (bullfight) picador.
picadura *(peekahdóorah)* f. pricking. cut tobacco.
picante *(peekáhntay)* adj. stinging; hot; m. spice(ry).
picapedrero *(peekahpaydráyroh)* m. stone-cutter.
picaporte *(peekahpóRtay)* m. doorknocker.
picar *(peekáR)* tr. to prick; to sting; to puncture, to mince, to goad, to incite.
picarse *(peekáRssay)* r. to take offense at. [very; roguery.
picardía *(peekaRdéeah)* f. kna-
picaresco *(peekaréskoh)* adj. roguish.
pícaro *(péekaroh)* adj. knavish; roguish; sly; m. rogue.
picatoste *(peekatóstay)* m. buttered) toast.
picazón *(peekathon)* f. itch(ing), tingle. [peak.
pico *(péekoh)* m. *Orn.* beak;
picota *(peekóhtah)* f. pillory.
picotear *(peekotoyáR)* tr. to peck. [pictorial.
pictórico *(peektohreekoh)* adj.
pichón *(peechón)* m. young pigeon.
pie *(pyay)* m. foot; base.
piedad *(pyaydáhd)* f. mercy, piety.
piedra *(pyáydrah)* f. stone.
piel *(pyel)* skin, hide; peel.
pienso *(pyénssoh)* m. feed; fodder.
pierna *(pyéRnah)* f. leg; limb.
pieza *(pyéthah)* f. piece; room.
pifia *(péefyah)* f. miscue, mishit; blunder.
pifiar *(peefyáR)* tr. to miscue.
pigmeo *(peekmáyoh)* adj. dwarfish; m. pigmy. [mas.
pijama *(peeHáhmah)* m. pyja-
pila *(péelah)* f. trough, pile, heap. *Elect.* pile, battery.
pilar *(peeláR)* m. pillar. [ter.
pilastra *(peeláhstrah)* f. pilas-
píldora *(péeldorah)* f. pill.
pilotaje *(peelohtáhHay)* m. *Naut.* pilotage.
piloto *(peelóhtoh)* m. pilot.
pillaje *(peelyáhHay)* m. pillage, plunder.

pillar *(peelyá*R*)* tr. to plunder.
pillo *(péelyoh)* adj. knavish; m. knave.

P

pimentón *(preemayntóhn)* m. ground pepper, paprika.
pimienta *(peemyéntah)* f. *Bot.* pepper.
pimiento *(peemyéntoh)* m. *Bot.* capsicum; red-peppers.
pimpinela *(peempeenáylah)* f. *Bot.* pimpernel. [sprout.
pimpollo *(peempóhlyoh)* m. *Bot.*
pinar *(peená*R*)* m. pine-forest.
pincel *(peenthayl)* m. paint-brush.
pincelada *(peenthayláhdah)* f. stroke (with a brush).
pinchar *(peenchá*R*)* tr. to prik to puncture.
pinchazo *(peencháhthoh)* m. puncture. *Med.* jab.
pinche *(péenchay)* m. scullion; kitchen-boy.
pincho *(péenchoh)* m. thorn, prickel. [tatter.
pingajo *(peengáh*H*oh)* m. rag;
pingüe *(péengway)* adj. fat; greasy, plentiful.
pino *(péenoh)* m. *Bot.* pine-tree, fir.
pinta *(péentah)* f. spot, appearance; (coll.) looks.
pintado *(peentáhdoh)* adj. painted, just fit; **recién —**, wet paint.
pintar *(peentá*R*)* tr. to paint.
pintarse *(peentá*R*ssay)* r. to rouge, to make oneself up.
pintor *(peentó*R*)* m. painter; **— de brocha gorda,** house painter. [tress.
pintora *(peentóhrah)* f. pain-
pintoresco *(peentohrayskoh)* adj. picturesque. [ing paint.
pintura *(peentóohrah)* f. pain-
pinza *(péenthah)* f. damp, clip, nipper; pl. tongs, pliers.
piña *(péenyah)* f. pine-cone; cluster; **— (tropical)**, pine-apple. [*Mech.* pinion.
piñón *(peenyón)* m. pinekernel.
pío *(péeoh)* adj. pious; devout.
piojo *(pyóh*H*oh)* m. louse.
piojoso *(pyoh*H*óhssoh)* adj. lousy mean. [hea.
piorrea *(pyoh*R*áyah)* f. pyorr-
pipa *(péepah)* f. tobacco-pipe.
piqueta *(peekáytah)* f. mattock.
pira *(péerah)* f. pyre; stake.
piragua *(peerágwah)* f. pirogue dugout, (log-)canoe. [ramid.
pirámide *(peeráhmeeday)* f. py-
pirata *(peeráhtah)* m. y f. pirate.
piratear *(peerahtayá*R*)* intr. to pirate. [racy.
piratería *(peerahtayréeah)* f. pi-
pirenaico *(peeraynáh/eekoh)* adj. Pyrenean.
piropear *(peerohpaya*R*)* tr. to say compliments.
piropo *(peeróhpoh)* m. compliment, flattery.
pirotecnia *(peerohtéknyah)* f. pyrotechnics.
pirueta *(peerwáytah)* f. pirouette, summersault.
pisada *(peessáhdah)* f. footstep; footprint.
pisar *(peesá*R*)* tr. to tread.
piscina *(peestheenah)* f. swimming-pool; baths.
piso *(péessoh)* m. floor; flat.
pisotear *(peessohtayá*R*)* tr. to trample on. [pling.
pisoteo *(peessohtáy/oh)* m.
pista *(péestah)* r. track; footprint; scent; trail; trace.
pistola *(peestóhlah)* f. pistol, gun. [ter.
pistolera *(peestohláyrah)* f. hols-
pistolero *(peestohláyroh)* m. gunman, gangster.
pistón *(peestón)* m. piston.
pitar *(peetá*R*)* intr. to blow a whistle; (coll.) to work.
pitillo *(peetéelyoh)* m. cigarette, fag. [cate-call.
pito *(péetoh)* m. fifé, whistle;
pitillera *(peeteelyáyrah)* f. cigarette-case.
pitonisa *(peetohneessah)* f. pythoness; fortune-teller.
pizarra *(péethá*R*ah)* f. slate; blackboard. [jot.
pizca *(péethkah)* f. mite; crumb;
pizpireta *(peethpeeráytah)* adj. y f. brisk, lively, smart.
placa *(pláhkah)* f. plaque, plate. [gratulation.
pláceme *(pláhthaymay)* m. con-

placentero *(plahthayntayroh)* adj. pleasant.
placer *(plahtháR)* m. pleasure; delight; tr. to please.
placidez *(plahtheedayth)* f. placidity. [cid; calm.
plácido *(pláhtheedoh)* adj. pla-
plaga *(plahgah)* f. plague; pest.
plagar *(plahgáR)* tr. to plague, to infest, to pester.
plagiar *(plahHyáR)* tr. to plagiarize. [rism.
plagio *(pláhHyoh)* m. plagia-
plan *(plahn)* m. plan, project, scheme.
plana *(pláhnah)* f. page, plain.
plancha *(pláhnchah)* f. plate, sheet, ((flat) iron; (coll.) blunder.
planchar *(plahncháR)* tr. to iron, (linen), to press. [net.
planeta *(plahnáytah)* m. pla-
planetario *(plahnaytáhryoh)* m. planetarium.
planicie *(plahnéethyay)* f. plain.
plano *(pláhnoh)* adj. plain; m. plane.
planta *(pláhntah)* f. plan; plantation; sole of the foot; — **baja,** ground floor.
plantación *(plahntahthyón)* f. plantation, planting.
plantar *(plahntáR)* tr. to plant.
plantarse *(plahntáRssay)* r. to stand upright; to put one's foot down. (coll.)
planteamiento *(plahntayahmyáyntoh)* m. planning.
plantear *(plahntayáR)* tr. to plan.
plantel *(plahntayl)* f. seed-plot.
plantilla *(plahntéelyah)* f. pattern; first sole. *Com.* staff.
plantón *(plahntón)* m. sprout; (coll.) long wait. [mould.
plasmar *(plahssmáR)* tr. to
plata *(pláhtah)* f. silver.
plataforma *(plahtahfóRmah)* f. platform.
plátano *(pláhtahnoh)* m. *Bot.* plane-tree. plantáin-tree banana. [chestra -pit, stall.
platea *(plahtáyah)* f. *Theat.* or-
plateado *(plahtayáhdoh)* adj. y m. silver-plated.
platear *(plahtayáR)* tr. to plate.
platería *(plahtayréeah)* f. silversmith's shop. [smith.
platero *(plahtáyroh)* m. silver-
plática *(pláhteekah)* f. talk, chat. [talk, to chat.
platicar *(plahteekáR)* tr. to
platillo *(plahtéelyoh)* m. saucer; balance-pan.
plato *(pláhtoh)* m. plate, dish, course (of meal).
playa *(pláhyah)* f. beach, shore.
plaza *(pláhthah)* f. square, place, market; (post.) town.
plazo *(pláhthoh)* m. term, time, respite, instalment.
pleamar *(playahmáR)* f. high water. [ple, plebs, mob.
plebe *(pláybay)* f. common peo-
plebeyo *(playbáyyoh)* adj. plebeian; m. commoner.
plegable *(playgáhblay)* adj. foldable. [pliable, folding.
plegadizo *(playgahdéehtoh)* adj.
plegar *(playgáR)* tr. to fold.
plegaria *(playgáhryah)* f. prayer.
pleitear *(playtayáR)* tr. to plead, to litigate, (legal).
pleito *(pláytoh)* m. (law) suit, case. [nary.
plenario *(playnáhryoh)* adj. ple-
plenilunio *(playneelóonyoh)* m. full moon.
plenipotenciario *(playneepohtenthyáhryoh)* adj. y f. plenipotentiary.
plenitud *(playneetóod)* f. plenitude, fullness. [plenum.
pleno *(pláynoh)* adj. full; m.
pliego *(plyegoh)* m. sheet of paper, folded paper.
pliegue *(plyegay)* m. fold, plait.
plomada f. plumb(-line) sounding-lead, sinker lead; dull person. [me; pen.
pluma *(plóomah)* f. feather; plu-
plumaje *(ploomáhHay)* m. plumage.
plumífero *(plooméefayroh)* m. (poet.) feathered; m. (coll.) writer, clerk.
plumoso *(ploomóhssoh)* adj feathery.

P

P

plural *(plooráhl)* adj. *Gram.* plural. [plurality.
pluralidad *(ploorahleedáhd)* f.
plus *(ploos)* m. extra pay, plus.
población *(pohblahthyón)* f. population; town. [populate.
poblar *(pohbláR)* tr. to people,
pobre *(póhbray)* adj. poor.
pobreza *(pohbráythah)* f. poverty, want, need. [sty.
pocilga *(pohthéelgah)* f. (pig-)
poco *(póhkoh)* adj. little; (pl.) few. m. a little; adv. little.
poda *(póhdah)* f. pruning; (season). [pruning-knife.
podadera *(pohdahdáyrah)* f.
podar *(pohdáR)* tr. to prune, to trim.
poder *(pohdáyR)* m. power; might; tr. to be able.
poderío *(pohdayréeoh)* m. power.
poderoso *(pohdayróhssoh)* adj. powerful; potent, mighty.
podredumbre *(pohdraydóombray)* f. corruption, putrid matter, rot.
poema *(poh/aymah)* m. poem.
poesía *(poh/aysséeah)* f. poetry, poesy; poem.
poeta *(poh/áytah)* s. poet.
poetastro *(poh/aytáhstroh)* m. poetaster.
poética *(poh/áyteekah)* f. poetry; poetics. [poetic(al).
poético *(poh/áyteekoh)* adj.
poetisa *(poh/aytéessah)* f. poetess. [poetize.
poetizar *(poh/ayteetháR)* tr. to
polaco *(pohláhkoh)* adj. Polish; m. Pole. [ging.
polaina *(pohláh/eena)* f. leg-
polar *(pohláR)* adj. polar.
polea *(pohláyah)* f. pulley.
polémica *(pohláymeekah)* f. polemics, topic. [polemic(al).
polémico *(pohláymeekoh)* adj.
polen *(póhlen)* m. *Bot.* pollen.
policía *(pohleethéeah)* f. police; cleanliness, police woman; m. policeman.
policíaco *(pohleethéeahkoh)* adj. police, detective (story). [polychrome.
polícromo *(pohléekrohmoh)* adj.
poligamía *(pohleegahméeah)* f. poligamy. [polygamist.
polígamo *(pohléegahmoh)* m.
polígIota *(pohleeglohtah)* adj. polyglot. [lygon.
polígono *(pohléegonoh)* m. po-
polilla *(pohléelyah)* f. moth.
politeísmo *(pohleetayéessmoh)* m. polytheism.
politeísta *(pohleetayéesstah)* s. polyltheist. [tics; policy.
política *(pohléeteekah)* f. poli-
político *(pohléeteekoh)* adj. politic(al) «in law», civil, m. politician, statesman.
póliza *(póhleethah)* f. *Com.* policy check, tax stamp.
polizón *(pohleethón)* m. stowaway. [sis, polo (game).
polo *(póhloh)* m. pole; (fig.) ba-
polvareda *(polbahráydah)* f. cloud of dust.
polvo *(pólboh)* m. dust powder; pl. toilet powder.
polvoriento *(polbohryéntoh)* adj. dusty. [der magazine.
polvorín *(polbohréen)* m. pow-
polla *(póhlyah)* f. pullet, young hen; (coll.) lass.
pollería *(pohlyayréeah)* f. poultry-shop.. [key.
pollino *(pohlyéenoh)* m. don-
pollo *(póhlyoh)* m. chicken; (coll.) [chick-(en).
polluelo *(pohlywayloh)* m.
pomada *(pohmáhdah)* f. pomade, ointment. [fruit.
pomelo *(pohmáyloh)* m. grape-
pomo *(póhmoh)* m. pome, pommel; — **de puerta** door knob.
pompa *(pómpah)* s. pomp; vanity; bubble; pageantry.
pomposo *(pompóhssoh)* adj. pompous; (coll.) swelled.
ponche *(pónchay)* m. punch.
ponchera *(poncháyrah)* f. punch-bowl.
ponderación *(pondayrahthyón)* f. weighing, pondering.
ponderar *(pondayráR)* tr. to

ponder, to weight (in one's head).
ponedero *(pohnaydáyroh)* adj. egg-laying, layer (hen); m. hen's nest.
poner *(pohnay***R***)* tr. to lay (eggs); to set to put place.
ponerse *(pohnáy***R***ssay)* r. to apply oneself to, to put on, to get. [(wind).
poniente *(pohnyéntay)* m. west-
pontificado *(ponteefeekáhdoh)* m. pontificate.
pontifical *(ponteefeekáhl)* adj. pontifical. [pontiff.
pontífice *(pontéefeethay)* m.
pontificio *(ponteeféethyoh)* adj. pontifical.
pontón *(pontón)* m. pontoon.
ponzoña *(ponthóhnyah)* f. poison, venom.
ponzoñoso *(ponthohnyóhssoh)* adj. poisonous, venomous.
popa *(póhpah)* f. *Naut.* poop; stern; **a —**, aft, abaft.
populacho *(pohpooláhchoh)* m. populace: mob. [pular.
popular *(pohpoolá***R***)* adj. po-
popularidad *(pohpooláhreedáhd)* f. popularity.
popularizar *(pohpoolahreethá***R***)* tr. to popularize. [tle, bit.
poquito *(pohkéetoh)* m. a lit-
por *(po***R***)* prep. by, through, for, across, about, at.
porcelana *(po***R***thayláhnnah)* f. porcelain.
porcentaje *(po***R***thayntah***H***ay)* m. percentage. [portion.
porción *(po***R***thyón)* f. part;
porche *(pó***R***chay)* m. porch, arcade. [m. beggar.
pordiosero *(po***R***dyohssáyroh)*
porfía *(po***R***féeah)* f. stubbornness. [obstinate.
porfiado *(po***R***feeáhdoh)* adj.
porfiar *(po***R***feeá***R***)* tr. to persist. [ry; jaspor.
pórfido *(pó***R***feedoh)* m. prophy-
pormenor *(po***R***maynó***R***)* m. detail; item; pl. details.
pornografía *(po***R***nohgrahféeeah)* f. pornograph(y).
pornográfico *(po***R***nohgráhfeekoh)* adj. pornographic.
poro *(póhroh)* m. pore.
porosidad *(pohrohsseedáhd)* f. porosity. [rous.
poroso *(pohróhssoh)* adj. po-
porque *(pó***R***kay)* conj. because.
porqué *(po***R***káy)* m. (fam.) the why. [filth.
porquería *(po***R***kay***R***éeah)* f.
porqueriza *(po***R***kayréethah)* f. hog-sty, pig-sty.
porra *(póh***R***ah)* f. club, truncheon. [(coll.) a lot.
porrada *(poh***R***áhdah)* f. blow;
porraza *(poh***R***áhthoh)* m. blow, bang. [stupid.
porro *(póh***R***oh)* m. leek; dull,
porrón *(poh***R***ón)* m. wine flask (with a long spout).
portada *(po***R***táhdah)* f. portal; title-page.
portador *(po***R***tahdó***R***)* m. carrier. *Com.* bearer.
portal *(po***R***táhl)* m. porch; front-door, entrance.
portalámparas *(po***R***tahláhmpahrahss)* m. lamp-holder.
portamonedas *(po***R***tahmohnáydahss)* m. purse.
portar *(po***R***tá***R***)* tr. to carry.
portarse *(po***R***tá***R***ssay)* r. to behave. [table.
portátil *(po***R***táhteel)* adj. por-
portavoz *(po***R***tahbóth)* m. spokesman. [(with a door).
portazo *(po***R***táhthoh)* m. slam
porte *(pó***R***tay)* m. (cost of) carriage; freight deportment.
portento *(po***R***tayntoh)* m. portent.
portentoso *(po***R***tayntohssoh)* adj. prodigious.
portería *(po***R***tayréeah)* f. porter's lodge, goal (in football).
portero *(po***R***táyroh)* m. doorkeeper, gate-keeper.
portezuela *(po***R***taythwáylah)* f. little door.
pórtico *(pó***R***teekoh)* m. portico.
portorriqueño *(po***R***toh***R***eekáynyoh)* adj. Porto Rican.
porvenir *(po***R***baynée***R***)* m. (fam.) future.

P

P

pos *(poss)* adv. en —, alter.
posada *(pohssáhdah)* f. inn, lodging-house, guest-house.
posadera *(pohssahdáyrah)* f. hostess, landlady.
posaderas *(pohssahdáyrahss)* f. pl. buttocks.
posadero *(pohssahdáyroh)* m. innkeeper, landlord.
posar *(pohssá***R***)* tr. to lay down, a burden; intr. to lodge, to rest. [alight upon.
posarse *(pohssá***R***ssay)* r. to
posdata *(possdáhtah)* f. postscript. [ner.
poseedor *(pohssaydó***R***)* m. ow-
poseer *(pohssay:áyi***R***)* to possess; to own. [possessed.
poseído *(pohssayéedoh)* adj.
posesión *(pohssayssyón)* f. possession, ownership.
posesivo *(pohssaysséeboh)* adj. possessive.
posibilidad *(pohsseebeeleedáhd)* f. possibility, likelihood.
posibilitar *(pohsseebeeleetá***R***)* tr. to make possible, to facilitate.
posible *(pohsséeblay)* adj. possible, likeable, feasible.
posición *(pohsseethyón)* f. position, situation
positivo *(pohsseetéeboh)* adj. positive, sure. [dregs.
poso *(póhssoh)* m. sediment;
posponer *(pospohnay***R***)* tr. to postpone, to put off.
postal *(postáhl)* adj. postal; f. postcard.
poste *(póstay)* m. post, pillar.
postergar *(postay***R***ga***R***)* tr. to postpone. [posterity.
posteridad *(postayreedáhd)* f.
posterior *(postayró***R***)* adj. posterior. [ket.
postigo *(postéegoh)* m. wic-
postín *(postéen)* m. (coll.) dash; **de** —, showy, posh.
postizo *(postéethoh)* adj. artificial, sham; m. switch.
postración *(postrahthyón)* f. postration.
postrar *(postrá***R***)* tr. to postrate, to humble.
postre *(póstray)* m. dessert.
postrero *(postráyroh)* adj. hindermost.
postulación *(postoolahthyón)* f. postulation, collection.
postulado *(postooláhdoh)* m. postulate.
postular *(postoolá***R***)* tr. to postulate. [humous.
póstumo *(póstoomoh)* adj. post-
postura *(postóorah)* f. position, stake (in betting), laying.
potage *(pohtáh***H***ay)* m. pottage, mixture; pl. vegetables.
potable *(pohtáhblay)* adj. potable, drinkable.
pote *(póhtay)* m. pot, jar.
potencia *(pohtáynthya)* f. power, misht. [potentate.
potentado *(pohtayntáhdoh)* m.
potente *(pohtáyntay)* adj. potent; mighty.
potestad *(pohtaystáhd)* f. power; jurisdiction.
potestativo *(pohtaystahteeboh)* adj. facultive, optional.
potranca *(pohtráhnkah)* f. young mare, filly. [rack.
potro *(pohtroh)* m. colt; foal;
pozo *(póhthoh)* m. well; pit.
práctica *(práhkteekah)* f. practice.
practicante *(prahkteekáhntay)* adj. practising; m. doctor's assistant, distrid-nurse.
practicar *(prahkteeká***R***)* tr. to practise, to drill.
práctico *(práhkteekoh)* adj. practical, skilful; m. *Naut.* pilot.
pradera *(prahdáyrah)* f. prairie.
prado *(práhdoh)* m. meadow.
preámbulo *(prayáhmbooloh)* m. preamble. [bend.
prebenda *(praybéndah)* f. pre-
precario *(praykáhryoh)* adj. precarious.
precaución *(praykah/oothyón)* f. (pre)caution, heedfulness, care. [provide for.
precaver *(praykahbay***R***)* tr. to
precaverse *(praykahbay***R***ssay)* r. to be on one's guard.

precedencia *(praythaydénthyah)* f. precedence.
precedente *(praythaydéntay)* adj. y m. precedent.
preceder *(praythaydayR)* tr. to precede, to before/in front.
preceptivo *(praytheptéeboh)* adj. preceptive. [cept.
precepto *(praythéptoh)* m. pre-
preceptor *(praytheptoR)* s. master; preceptor. [yers.
preces *(práythess)* f. pl. pra-
preciado *(praythyádoh)* adj. valued, esteemed. [lue.
preciar *(praythyáR)* tr. to va-
preciarse *(praythá*Rssay) r. to boast, to claim to be/have.
precintar *(praytheentáR)* tr. to strap, to seal. [cost.
precio *(práythyoh)* m. price;
preciosidad *(praythyohsseedáhd)* f. preciousness.
precioso *(praythyóhssoh)* adj. precious, pretty.
precipicio *(praytheepéethyoh)* m. precipice.
precipitación *(praytheepeetahthyón)* f. precipitation; hurry, haste.
precipitado *(praytheepeetáhdoh)* adj. sudden, hasty.
precipitar *(praytheepeetáR)* tr. to precipitate, to plunge.
precipitarse *(praytheepeetáRssay)* r. to haste, to rush.
precisar *(praytheessáR)* tr. to specify.
precisión *(praytheessyón)* f. necessity, preciseness, accuracy. [cessary, accurate.
preciso *(praythéessoh)* adj. ne-
precitado *(praytheetáhdoh)* adj. aforesaid, quoted above.
preclaro *(praykláhroh)* adj. illustrious. [f. precocity.
precocidad *(praykohtheedáhd)*
preconizar *(praykohneethaR)* tr. to preconize; to proclaim.
precoz *(praykóth)* adj. precocious.
precusor *(praykooRssóR)* m. harbinger, precursor, pioneer. [m. predecessor.
predecesor *(praydaytháyssoR)*
predecir *(praydaythéeR)* tr. to foretell.
predestinación *(praydesteenahthyón)* f. predestination.
predestinado *(praydesteenáhdoh)* m. predestinate.
predestinar *(praydesteenáR)* tr. to predestin(at)e.
predicación *(praydeekahthyón)* f. preaching; sermon.
predicador *(praydeekahdóR)* m. preacher. [preach.
predicar *(praydeekáR)* tr. to
predicción *(praydeekthyón)* f. prediction. [predilection.
predilección *(praydeelekthyon)*
predilecto *(praydeeléktoh)* adj. favourite, preferred.
predisponer *(praydeespohnáyR)* tr. to predispose.
predisposición *(praydeespohsseethyón)* f. predisposition.
predominio *(praydohméenyoh)* m. predominance.
preexistir *(prayaykseessteeR)* intr. to preexist.
prefabricar *(prayfahbrecaR)* tr. prefabricate. [face.
prefacio *(prayfáhthyoh)* m. pre-
prefecto *(prayféktoh)* m. prefect.
preferencia *(prayfayrénthyah)* f. preference. [preferable.
preferible *(prayfayréeblay)* adj.
preferir *(prayfayréeR)* tr. to prefer, to choose. [prefix.
prefijo *(prayféeHoh)* m. *Gram.*
pregón *(praygón)* m. publication. [proclaim.
pregonar *(praygohnáR)* tr. to
pregunta *(praygóontah)* f. question; query. [ask, to query.
preguntar *(praygoontáR)* tr. to
prehistórico *(prayeessthoreekoh)* adj. prehistoric.
prejuicio *(prayHwéethyoh)* m. prejudgment, bias, prejudice. [prejudge.
prejuzgar *(prayHoothgáR)* tr. to
prelado *(prayláhdoh)* m. prelate. [preliminary.
preliminar *(prayleemeenáR)* adj.

preludio *(praylóodyoh)* m. prelude.
prematuro *(praymahtóoroh)* adj. premature; precocious.
premeditación *(praymaydeetahthyón)* f. premeditation; forethought.
premeditar *(praymaydeetáR)* tr. to premeditate. [ward.
premiar *(praymyáR)* tr. to re-
premio *(práymyoh)* m. reward, prize; bonus.
premioso *(praymyóhssoh)* adj. tight, close, burdensome, urgent. [mise; mark.
premisa *(prayméessoah)* f. pre-
premura *(praymóorah)* f. urgency.
prenda *(préndah)* f. pledge; token, pawn; garment; pl. endowments.
prendar *(prendáR)* tr. to pledge, to pawn; to charm.
prendarse *(prendáRssay)* r. to take a fancy to.
prender *(prendayR)* tr. to seize, to pin; to arrest.
prendería *(prendayréeah)* f. frippery.
prendimiento *(prendeemyéntoh)* m. seizure, capture.
prensa *(prénssah)* f. press, (daily) press, journalism.
prensar *(prenssáR)* to press, to crush.
preñada *(praynyáhdah)* adj. y f. pregnant, enceinte; full; (coll.) in the family way.
preñado *(praynyáhdoh)* adj. full.
preocupación *(prayohkoopahthyón)* f. preocupation, worry.
preocupar *(prayohkoopaR)* tr. to preoccupy, to worry.
preparación *(praypahrahthyón)* f. preparation.
preparar *(praypahráR)* tr. to prepare, to arrange; to get something ready.
prepararse *(praypahráRssay)* r. to get ready.
preparativo *(praypahrahtéeboh)* m. preparation, arrangement.
preparatorio *(praypahrahtohryoh)* adj. preparatory, introductory.
preponderancia *(praypondayráhnthyah)* f. preponderance.
preponderar *(praypondayráR)* intr. to prevail.
preposición *(praypossithyón)* f. *Gram.* preposition.
prerrogativa *(prayRogahtéebah)* f. prerrogative; privilege.
presa *(práyssah)* f. catch; hold- (wrest.) dam.
presagiar *(prayssahHyáR)* tr. to prophesy, to augur.
presagio *(prayssáhHyoh)* m. presage, omen, augury.
presbiteriano *(pressbeetayryáhnoh)* adj. y m. Presbyterian.
presbítero *(pressbéetayroh)* m. presbyter; priest.
prescindir *(presstheendéeR)* tr. to leave aside, to do without.
prescribir *(preskreebéeR)* tr. to prescribe; intr. to lapse.
prescripción *(preskreepthyón)* f. prescription.
presencia *(prayssénthyah)* f. presence, port.
presenciar *(prayssenthyáR)* intr. to witness, to watch.
presentar *(prayssentáR)* tr. to present, to submit.
presente *(prayssántay)* m. grigift; present; adj. present, instant.
presentimiento *(prayssenteemyéntoh)* m. presentiment, misgiving.
presentir *(prayssentéeR)* tr. to have a presentiment of.
preservación *(prayssayRbahthyón)* f. preservation.
preservar *(prayssayRbahR)* tr. to preserve.
preservativo *(prayssayRbahtéeboh)* m. y adj. preservative, protective.
presidencia *(praysseedénthyah)* f. presidentship; presidency, chairmanship.
presidente *(praysseedéntay)* m. president, chairman.

presidiario *(praysseedyáhryoh)* m. convict.
presidio *(prayss éedyoh)* m. penitentiary, garrison, fortress.
presidir *(praysseedée*R*)* tr. to preside (over).
presión *(prayssyón)* f. pressure.
preso *(práyssoh)* m. prisoner; adj. imprisoned.
prestación *(prestahthyón)* f. lending, loan; contribution.
prestamista *(prestahméestah)* s. (money-) lender, pawn-broker. [loan.
préstamo *(préstahmoh)* m.
prestar *(prestá*R*)* tr. to lend; to loan.
prestarse *(prestá*R*ssay)* r. to offer or lend oneself.
presteza *(prestáythah)* f. quickness.
prestidigitación *(presteedee*H*eetahthyón)* f. juggling.
prestidigitador *(pressteedee*H*eetahdó*R*)* m. juggler. [tige.
prestigio *(prestée*H*yoh)* m. pres-
prestigioso *(prestee*H*yóhssoh)* adj. famous, eminent.
presto *(prestoh)* adj. quick, swift; adv. soom, promptly.
presumido *(prayssooméedoh)* adj. conceited.
presumir *(prayssoomée*R*)* to presume; intr. to show off.
presunción *(prayssoonthyón)* f. presumption, vanity.
presunto *(prayssóontoh)* adj. presumed, apparent.
presuponer *(prayssooponay*R*)* tr. to presuppose.
presupuesto *(prayssoopwáystoh)* m. motive; **budget;** estimate.
presuroso *(prayssooróhssoh)* adj. hasty, quick.
pretender *(praytenday*R*)* tr. to pretend, to claim.
pretendiente *(praytendyéntay)* m. candidate, suitor.
pretensión *(praytenssyón)* f. pretensión; claim. [text.
pretexto *(praytékstoh)* m. pre-
prevalecer *(praybaylaythay*R*)* intr. to prevail; to outshine.
prevención *(praybenthyón)* f. prevention, caution.
prevenido *(praybaynédoh)* adj. cautious, careful, provident.
prevenir *(praybaynée*R*)* tr. to (pre)arrange, to (fore)warn, to caution. [preventive.
preventivo *(praybentéeboh)* adj.
prever *(praybay*R*)* tr. to foresee. [vious.
previo *(práybyoh)* adj. pre-
previsión *(praybeessyón)* f. foresight. [reseer.
previsor *(praybeessó*R*)* m. fo-
prieto *(pryáytoh)* adj. compressed.
prima *(préemah)* f. premium, (rel.) cousin. **materia —,** raw material.
primacía *(premahtéeah)* f. primacy, priority. [primary.
primario *(preemáhryoh)* adj.
primavera *(preemahbáyrah)* s. spring (time).
primaveral *(preemahbayráhl)* adj. spring (like).
primer *(preemay*R*)* adj. first.
primero *(preemáyroh)* **adj. first;** adv. at fisrt. [primitive.
primitivo *(preemeetéeboh)* adj.
primo *(préemoh)* adj. first; m. cousin; (coll.) simpleton.
primor *(preemó*R*)* m. beauty, dexterity. [primordial.
primordial *(preemo*R*dyáhl)* adj.
primoroso *(preemohróhssoh)* adj. fine. [cess.
princesa *(preentháyssah)* f. prin-
principado *(preentheepahdoh)* m. princedom; principality.
principal *(preentheepahl)* adj. principal, main, chief; m. first floor; chief.
príncipe *(préentheepay)* m. prince. [adj. princely.
principesco *(preentheepéskoh)*
principiante *(preentheepyáhntay)* m. learner; beginner.
principiar *(preentheepyá*R*)* tr. to commence; to begin, to start.
principio *(preenthéepyoh)* m. beginning, commencement; principle; start.

P

P

pringar *(preengáR)* tr. to baste; to grease.

pringoso *(preengóhssoh)* adj. greasy; (coll.) grimy.

prior *(pryóR)* m. prior.

prioridad *(pryohreedáhd)* f. priority. [rush.

prisa *(préessah)* f. haste, hurry,

prisión *(preessyón)* f. prison jail. [prisoner.

prisionero *(preessyohnáyroh)* m.

privación *(preebahthyón)* f. privation.

privado *(preebáhdoh)* adj. private; privy; m. favourite.

privar *(preebáR)* tr. to deprive; intr. to rule. [privative.

privativo *(preebahtéeboh)* adj.

privilegiado *(preebeelayHyádoh)* adj. grifted.

privilegiar *(preebeelayHyáR)* tr. to (grant a) privilege.

privilegio *(preebeeláyHyo)* m. privilege.

pro *(proh)* m. profit; benefit; **en —**, for the benefit of, favour of. [prow, stem.

proa *(próh/ah)* f. *Naut.* bow,

probabilidad *(prohbahbeeleedáhd)* f. probability; likelihood.

probable *(prohbáhblay)* adj. probable; likely.

probadura *(prohbahdóorah)* f. test; trial; fitting.

probar *(prohbáR)* tr. to try, to prove, (tail-) to fit; to taste.

problema *(prohbláymah)* m. problem.

problemático *(prohblaymáhteekoh)* adj. problematic(al).

procacidad *(prohkahtheedáhd)* f. impudence, petulance.

procaz *(prohkáhth)* adj. impudent, insolent, saucy.

procedencia *(prohthaydénthyah)* f. origin.

proceder *(prohthaydayR)* m. behaviour; intr. to proceed, to behave.

procedimiento *(prohthaydeemyéntoh)* m. procedure, method. [adj. prosecuted.

procesado *(prohthayssáhdoh)*

procesal *(prohthayssáhl)* adj. processal. [process.

procesar *(prohthayssáR)* tr. to

procesión *(prohthayssyón)* f. procession.

proceso *(prohtháyssoh)* m. progress. *Law.* process, case, trial. [clamation.

proclama *(prohkláhmah)* f. pro-

proclamar *(prohklahmáR)* tr. to proclaim.

procreación *(prohkrayahthyón)* f. procreation; generation.

procrear *(prohkrayáR)* f. procreate. [of attorney.

procura *(prohkóorah)* f. power

procurador *(prohkoorahdóR)* m. (law) attorney-at-law, solicitor. [solicit; to try.

procurar *(prohkooráR)* tr. to

prodigalidad *(prohdeegahleedáhd)* f. prodigality. [vish.

prodigar *(prohdeegáR)* tr. to la-

prodigio *(prohdéeHyoh)* m. prodigy; wonder. marvel.

prodigioso *(prohdeeHyóhssoh)* adj. prodigious; marvellous.

pródigo *(próhdeegoh)* adj. prodigal, wasteful; generous.

producción *(prohdookthyón)* f. product-(ion), output.

producir *(prohdooktheéR)* tr. to produce. [adj. productive.

productivo *(prohdooktéeboh)*

producto *(prohdóoktoh)* m. product, output. [wess.

proeza *(proh/áythah)* f. pro-

profanación *(prohfahnahthyón)* f. profanation. [profane.

profanar *(prohfahnáR)* tr. to

profano *(prohfáhnoh)* adj. profane; lay.

profecía *(prohfaythéeah)* f. prophecy, prediction.

proferir *(prohfayréeR)* tr. to utter, pronounce. [profess.

profesar *(prohfayssáR)* tr. to

profesión *(prohfayssyón)* f. profession; trade.

profeso *(prohfáyssoh)* adj. professed.
profesor *(prohfayssóR)* m. teacher, professor.
profeta *(prohfáytah)* s. prophet.
profético *(prohfáyteekoh)* adj. prophetic(al).
profetizar *(prohfayteetháR)* tr. to prophesy; to foretell.
profiláctico *(prohfeeláhkteekoh)* adj. prophilactic; preventive.
prófugo *(próhfoogoh)* adj. fugitive. *Mil.* shirker.
profundidad *(prohfoondeedáhd)* f. profundity; depth.
profundizar *(prohfoondeetháR)* tr. to deepen.
profundo *(prohfóondoh)* adj. deep.
profusión *(prohfoossyón)* f. profusión.
progenie *(prohHáynyay)* f. progeny.
progenitor *(prohHayneetóR)* m. progenitor, forefather, ancestor.
programa *(prohgráhmah)* m. program(me), scheme.
progresar *(prohgrayssáR)* intr. to progress, to advance, to get on.
progresión *(prohgrayssyón)* f. progession, progress, advancement.
progresivo *(prohgraysséeboh)* adj. progressive.
progreso *(prohgráyssoh)* m. progress, growth.
prohibición *(proh/eebeethyón)* f. prohibition; veto, ban.
prohibir *(proh/eebéeR)* tr. to prohibit, to forbid, to ban.
prójimo. *(prohHeemoh)* m. fellow-creature; neighbour.
prole *(próh/lay)* f. issue; offspring.
proletario *(proh/laytáhryoh)* adj. proletarian.
prolífico *(proléefeekoh)* adj. prolific, productive.
prolijo *(prohleeHoh)* adj. prolix, tedious, verbose.
prólogo *(próhlohgoh)* m. prologue, preface, introduction.
prolongación *(prohlongahthyón)* f. prolongation, extension, continuation.
prolongar *(prohlongáR)* tr. to prolong; to extend.
promedio *(prohmaydyoh)* m. middle; average; rate, mean.
promesa *(prohmáyssah)* f. promise, pledge, offering.
prometer *(prohmaytayR)* tr. to promise, to get engaged (for marriage).
prometido *(prohmaytéedoh)* m. betrothed; promised, offered.
prominencia *(prohmeenaynthya)* f. prominence, swell, knoll.
prominente *(prohmeenayntay)* adj. prominent, out-standing.
promiscuo *(prohméeskwoh)* adj. promiscuous.
promoción *(prohmohthyón)* f. promotion, advancement.
promontorio *(prohmontóhryoh)* m. promontory; headland.
promotor *(prohmohtóR)* m. promoter, furtherer.
promover *(prohmohbayR)* tr. to promote; to advance; to forward.
promulgación *(prohmoolgahthyón)* f. promulgation.
promulgar *(prohmoolgáR)* tr. to promulgate; to publish, proclaim.
pronombre *(prohnómbray)* m. *Gram.* pronoun.
pronosticar *(prohnosteekáR)* tr. to prognosticate; to predict, foretell.
pronóstico *(prohnósteekoh)* m. prognostic. *Med.* prognosis, **— del tiempo,** weather forecast.
prontitud *(pronteetóod)* adj. promptitude, readiness.
pronto *(próntoh)* adj. prompt; quick; adv. soon.
pronunciación *(prohnoonthyahthyón)* f. pronunciation.
pronunciamiento *(prohnoonthyahmyéntoh)* m. insurrection, uprising.
pronunciar *(prohnoonthyáR)* tr. to pronounce, to utter; **— un discurso,** to deliver (make) a speech.
propagación *(prohpahgahthyón)* f. propagation, spreading.
propagar *(prohpahgáR)* tr. to propagate; to spread.

P

P

propalar *(prohpahláR)* tr. to divulge, to publish.
propasarse *(prohpahssáRssay)* r. to transgress, to go beyond.
propensión *(prohpenssyón)* f. propension, tendency, inclination.
propenso *(prohpénssoh)* adj. prone, towards, inclined to.
propiedad *(prohpyaydáhd)* f. ownership, property, real estate.
propietario *(prohpyaytáhryoh)* proprietor; m. propietor; owner. [ty, tip.
propina *(prohpeénah)* f. gratui-
propio *(próhpyoh)* adj. one's own; proper; exact; characteristic.
proponer *(prohpohnayR)* tr. to propose, to suggest, to offer.
proponerse *(prohpohnayRssay)* r. to intend, to resolve.
proporción *(prohpoRthyón)* f. proportion.
proporcionar *(prohpoRthyohnáR)* tr. to supply, to provide.
proposición *(prohpohsseethyon)* f. proposition; proposal.
propósito *(prohpohsseetoh)* m. purpose; aim, end; intention.
propuesta *(prohpwestah)* f. proposal; offer, tender.
prorrata *(prohRáhtah)* f. quota. *Com.* in due proportion.
prórroga *(próhRohgah)* f. prorogation, renewal, respite.
prorrogar *(prohRohgáR)* tr. to prorogue; to extend, to renew; put off.
prorrumpir *(prohRoompéeR)* intr. to break forth; to burst (into).
prosa *(próhssah)* f. prose.
prosaico *(prossáh/eekoh)* adj. prosaic.
proscribir *(proskreebéeR)* tr. to proscribe; to outlaw, to ban.
prosecución *(prossaykoothyón)* f. prosecution; pursuit.
proseguir *(prossaygéeR)* tr. to continue, to go on, carry on.
prosélito *(prossáyleetoh)* m. proselyte.
prospecto *(prospéktoh)* m. prospect(us), program(me), leaflet, pamphlet, folder.
prosperar *(prospayráR)* intr. to thrive, to prosper.
prosperidad *(prospayreedáhd)* f. prosperity, success.
próspero *(próspayroh)* adj. prosperous, successful.
prostitución *(prosteetoothyón)* f. prostitution.
prostituir *(prosteetwéeR)* tr. to prostitute, to corrupt, to debase.
prostituta *(prosteetóotah)* f. prostitute, whore, harlot.
protección *(prohtekthyón)* f. protection, support.
protector *(prohtektóR)* m. protector, supporter, defender.
proteger *(prohtayHayR)* tr. to protect; to favour, to defend.
proteína *(prohtayéenah)* f. protein. [t(ation).
protesta *(prohtéstah)* f. protes-
protestante *(prohtestáhntay)* adj. protesting m. Protestant.
protestantismo *(prohtestahnteesmoh)* m. protestantism.
protestar *(prohtestáR)* tr. to protest; to assure. [protocol.
protocolo *(prohtohkóhloh)* m.
prototipo *(prohtohtéepoh)* m. prototype, model, blue-print.
protuberancia *(prohtoobayráhnthyah)* f. protuberance; swell(ing), bulge.
provecho *(prohbáychoh)* m. profit, utility.
provechoso *(prohbaychóhssoh)* adj. advantageous, profitable, good (for one's health).
proveedor *(prohbayadóR)* m. purveyor, supplier.
proveer *(prohbayáyR)* tr. to provide; to supply with.
porvenir *(porhbaynéeR)* intr. to proceed from, to arise, to issue, to originate.
proverbio *(prohbayRbyoh)* m. proverb, saying.

providencia *(prohbeedénthyah)* f. providence; foresight; judgment. [adj. providential.
providencial *(prohbeedenthyáhl)*
provincia *(prohbéenthyah)* f. province. [provincial.
provincial *(prohbeenthyáhl)* adj.
provinciano *(prohbeenthyáhnoh)* adj. y m. provincial.
provisión *(prohbeessyón)* f. provision; supply; pl. victuals.
provisional *(prohbeessyohnáhl)* adj. provisional; temporary.
provocación *(prohbohkahthyón)* f. provocation, incitement.
provocar *(prohbohkáR)* tr. to provoke, to incite, to rouse.
provocativo *(prohbohkahtéeboh)* adj. provocative, provoking. [f. proximity, vicinity.
proximidad *(proksseemeedáhd)*
próximo *(próksseemoh)* adj. near; next, neighbouring.
proyección *(prohyekthyón)* f. projection, (film) show.
proyectar *(prohyektáR)* tr. to project; to design.
proyectil *(prohyektéel)* m. projectile; missile. [designer.
proyectista *(prohyektéestah)* s.
proyecto *(prohyéktoh)* m. project; scheme, plan, design.
prudencia *(proodénthyah)* f. prudence, moderation.
prudente *(proodéntay)* adj. prudent, wise.
prueba *(prwáybah)* f. proof; sign, sample, trial; (tail.) fitting. *Mat.* check.
psicología *(seekohlohHéeah)* f. psychology.
psicológico *(seekohlóhHeekoh)* adj. psychologic(al).
psicólogo *(seekóhlohgoh)* m. psychologist. [chosis.
psicosis *(seekóhsseess)* f. psy-
psiquiatra *(seekyáhtrah)* s. psychiatrist.
psiquiatría *(seekyahtréeah)* s. psychiatry. [chic.
psíquico *(seekeekoh)* adj. psy-
púa *(póoah)* f. prickle; prong, needle. tooth. (of a comb.).
pubertad *(poobayRtáhd)* f. puberty. [f. publication.
publicación *(poobleekahthyón)*
publicar *(poobleekáR)* tr. to publish, to announce.
publicidad *(poobleetheedáhd)* f. publicity.
público *(póobleekoh)* adj. public; m. public, audience.
puchero *(poocháyroh)* m. cooking-pot; kettle; (fam.) to pout. [modest.
púdico *(póodeekoh)* adj. chaste,
pudiente *(poodyéntay)* adj. well-to-do, wealthy, rich.
pudín *(poodéen)* m. pudding.
pudor *(poodóR)* m. modesty, bashfulness.
pudoroso *(poodohróhssoh)* adj. bashful, modest.
pudrir *(poodréeR)* tr. to rot.
pudrirse *(poodréeRssay)* r. to decay.
pueblo *(pwáybloh)* m. town; village; people, population.
puente *(pwéntay)* m. bridge.
puerca *(pwayRkah)* f. sow, slut. [m. pig; hog.
puerco *(pwayRkoh)* adj. fithy;
puericultura *(pwayreekooltóorah)* f. *Med.* paediatrics.
pueril *(pwayréel)* puerile, childish.
puerilidad *(pwayreeleedáhd)* f. puerility; childishness.
puerro *(pwáyRoh)* m. *Bot.* leek.
puerta *(pwayRtah)* f. door, gate. *Sport.* goal.
puerto *(pwáyRtoh)* m. port; harbour; mountain-pass.
pues *(pwéss)* conj. then; therefore, as, because, well.
puesta *(pwésstah)* f. set(ting); stake (at cards).
puesto *(pwésstoh)* m. place; spot, stand; stall; post.
púgil *(póoHeel)* m. boxer; pugilist, wrestler.
pugilato *(pooHeeláhtoh)* m. pugilism, boxing, wrestling, prize-fighting.
pugna *(póognah)* f. combat, struggle, battle, fight.
pugnar *(poognaR)* intr. to fight, to strive for, to struggle.
puja *(póoHah)* f. outbidding, hid.

P

pujante *(pooHáhntay)* adj. powerful, strong.
pujanza *(pooHáhnthah)* f. power; strength.
pujar *(pooHáR)* tr. to (out)bid.
pulcritud *(poolkreetood)* f. neatness. [neat.
pulcro *(póolkroh)* adj. tidy;
pulga *(póolgah)* f. flea.
pulgada *(poolgáhdah)* f. inch.
pulgar *(poolgáR)* m. thumb.
pulido *(pooleedoh)* adj. neat; bright; nice; polished.
pulimentar *(pooleementáR)* tr. to polish, to rub, to buff.
pulir *(pooléeR)* tr. to polish. *Mech.* to buff.
pulmón *(poolmón)* m. lung.
pulmonía *(poolmohnéeah)* f. pneumonia.
pulpa *(póolpah)* f. pulp, flesh.
púlpito *(póolpeehtoh)* m. pulpit.
pulposo *(poolpóhssoh)* adj. pulpous, pulpy, fleshy.
pulsación *(poolssahthyón)* f. pulsation, beat(ing), pulse.
pulsador *(poolssahdóR)* m. pulsator, vibrator.
pulsar *(poolssáR)* tr. to (feel the) pulse, to sound, to pulsate, to beat.
pulsera *(poolssáyrah)* f. bracelet, **reloj de —**, wrist watch.
pulso *(póolssoh)* m. pulse; care, steadiness of the hand.
pulverizar *(poolbayreetháR)* tr. to spray.
pulla *(póolyah)* f. quip, dig.
pundonor *(poondohnóR)* m. point of honour.
pundonoroso *(poondohnohróhssoh)* adj. punctilious.
punta *(póontah)* f. point; tip, end; top. [chion, stay.
puntal *(poontáhl)* m. prop, stan-
puntapié *(poontahpyáy)* m. kick. [to stitch.
puntear *(poontayáR)* tr. to dot;
puntería *(poontayréeah)* f. aim.
puntilla *(poontéelyah)* f. narrow lace-ed-ging; **de —s,** on tiptoe. [tilio.
puntillo *(poontéelyoh)* m. punc-
punto *(póontoh)* m. point; dot; stitch. *Gram.* fullstop.
puntuación *(poontwahthyón)* f. punctuation. [tual; exact.
puntual *(poontwáhl)* adj. punc-
puntuar *(poontwáR)* tr. to punctuate, to point.
punzada *(poontháhdah)* f. prick, sharp pain. [to sting.
punzar *(poontháR)* tr. to punch;
punzón *(poonthón)* m. punch; bodkin, puncher.
puñado *(poonyáhdoh)* m. handful, fistful.
puñal *(poonyáhl)* poniard; dagger. [stab.
puñalada *(poonyahláhdah)* f.
puñetazo *(poonyaytáhthoh)* m. blow with the fist, punch, jab. [ful; cuff.
puño *(póonyoh)* m. fist; hand-
pupa *(póopah)* f. pimple; pustule; **¡tengo —!**, it hurts!, **hacer —**, to hurt.
pupila *(poopéelah)* f. pupil (of the (eye), ward; (fig.) shrewdness.
pupilaje *(poopeeláhHay)* m. pupilage; boarding.
pupilo *(poopéeloh)* m. pupil, ward, (table-), boarder, lodger. [innocence.
pureza *(pooráythah)* f. purity,
purga *(póoRgah)* f. purge.
purgante *(pooRgáhntay)* adj. purgative; laxative.
purgar *(pooRgáR)* tr. to purge.
purificar *(pooreefeekáR)* tr. to purify; to cleanse.
purista *(pooréestah)* m. purist.
puritano *(pooreetáhnoh)* adj. m. puritan(ical).
puritanismo *(pooreetahnéessmoh)* m. puritanism.
puro *(póoroh)* adj. pure; m. cigar. [ple.
púrpura *(póoRpoorah)* f. pur-
purpúreo *(pooRpóorayoh)* adj. purple.
pus *(pooss)* m. pus; matter.
pusilánime *(poosseeláhneemay)* adj. pusillanimous, faint (-hearted). [le; scal.
pústula *(póosstoolah)* f. pustu-
putrefacción *(pootrayfakhthyón)* f. putrefaction, rot(tenness).

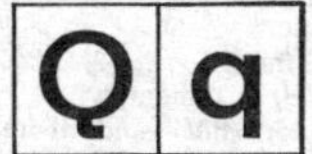

que *(kay)* pron. who, whom, conj. to, than because; which; trat which, how; conj.

qué *(kay)* interrog. pron. what?, which?; exclam. how!, what a!

quebrada *(kaybráhdah)* f. chasm; ravine. [worry.

quebradero *(kaybrahdáyroh)* m.

quebradizo *(kaybrahdéethoh)* adj. brittle.

quebrado *(kaybráhdoh)* adj. broken; m. *Arith.* fraction.

quebradura *(kaybrahdóorah)* f. rupture; gap.

quebrantar *(kaybrahntáR)* tr. to break; to transgress (laws).

quebrar *(kaybráR)* tr. to break; intr. to become bankrupt.

queda *(káydah)* f. curfew.

quedar *(kaydáR)* intr. to stay; to be left, to agree.

quedo *(káydoh)* adj. quiet, still.

quehacer *(kayahthayR)* m. business; occupation; chores.

queja *(káyHah)* f. complaint, grudge.

quejarse *(kayHáRssay)* r. to complain, to moan, to grumble.

quejido *(kayHéedoh)* m. complaint, moan. [re.

quema *(káymah)* f. burning, fi-

quemadura *(kaymahdóorah)* f. burn.

quemar *(kaymáR)* tr. to burn, to (set) fire; intr. to be too hot. [*Law*. plaint.

querella *(kayráylyah)* f. quarrel.

querellante *(kayraylyáhntay)* s. complainant.

querellarse *(kayraylyáRssay)* r. to complain; to quarrel.

querencia *(kayrénthyah)* f. fondness, haunt, affection.

querer *(kayrayR)* tr. to want, to wish, to love, to intend, **— decir,** to mean.

querida *(kayréedah)* f. mistress, kept woman; adj. dear.

querido *(kayréedoh)* adj. dear; beloved; darling; m. lover.

queso *(káyssoh)* m. cheese.

quiá *(kyáh)* interj. come now!

quiebra *(kyáybrah)* f. crack; fracture; bankruptcy.

quien *(kyén)* pron. who, whom.

quiera *(kyáyrah)* adj. whoever.

quieto *(kyáytoh)* adj. quiet, still. [stillness.

quietud *(kyaytóod)* f. quietness,

quijada *(keeHáhdah)* f. jaw(-bone). [Quixotic action.

quijotada *(keeHohtáhdah)* f.

quijote *(keeHóhtay)* m. thigh-guard, tass, Quixote; **hacer de —,** to act quixotically.

quijotesco *(keeHohtéskoh)* adj. Quixotic.

quilate *(keeláhtay)* m. carat.

quilla *(kéelyah)* f. *Naut.* keel.

quimera *(keemáyrah)* f. chimera. [chimerical.

quimérico *(keemáyreekoh)* adj.

química *(kéemeekah)* f. chemistry.

químico *(kéemeekoh)* m. chemist; adj. chemical. [no.

quimono *(keemóhnoh)* m. kimo-

quina *(kéenah)* f. Peruvian bark.

quincalla *(keenkáhlyah)* f. hardware, small wares.

quincallería *(keenkahlyayréeah)* f. hardware trade, ironmongery, ironmonger's.

quincena *(keentháynah)* f. fortnight. [fortnightly.

quincenal *(keenthaynáhl)* adj.

quinina *(keenéenah)* f. quinine.

quinqué *(keenkáy)* m. oil lamp.

quinquenal *(keenkaynáhl)* adj. quinquennial, five year.

quinquenio *(keenkáynyoh)* m. quinquenium.

quinta *(kéentah)* f. country-seat. *Mil.* draft, conscription. [draft.

quintar *(keentáR)* tr. *Mil.* to

quinto *(kéentoh)* adj. fifth; m. *Mil.* draftee, recruit.

Q

quiosco *(keeóhsskoh)* m. kiosk.
quiquiriquí *(keekeereekeé)* m. cock-a doodle-do. [surgical.
quirúrgico *(keeróor*H*eekoh)* adj.
quisquilla *(keeskéelyah)* f. trifle; bickering. *Ichth.* shrimp.
quita *(kéetah)* intrj. God forbid.
quitanieves *(keetahnyáybess)* m. snow-plow; snow-plough.
quitar *(keetá*R*)* tr. to take (away, off, out, from), to rob.
quitarse *(keetá*R*ssay)* r. to get rid of; to retire; to take off.
quitasol *(keetahssól)* m. parasol, sunshade, awning.
quite *(kéetay)* m. impediment, parry(ing), removal.
quizá(s) *(keetháh)* adv. perhaps, maybe.

rábano *(*R*áhbahnoh)* m. *Bot.* radish.
rabí *(*R*ahbee)* m. rabbi.
rabia *(*R*áhbyah)* f. hydrophobia; rabies; rage.
rabiar *(*R*ahbyá*R*)* intr. to be rabid; to rage. [temper.
rabieta *(*R*ahbyetah)* f. fit of
rabino *(*R*ahbéenoh)* m. rabbi.
rabioso *(*R*ahbyóhssoh)* adj. rabid; mad, furious, raging.
rabo *(*R*áhboh)* m. tail, end.
racimo *(*R*ahthétmoh)* m. bunch.
raciocinar *(*R*ahthyohtheená*R*)* intr. to reason. [m. reasoning.
raciocinio *(*R*ahthyohthéenyoh)*
ración *(*R*ahthyón)* f. ration, mess portion. [tional.
racional *(*R*ahthyohnáhl)* adj. ra-
racionalismo *(*R*ahthyohnahléessmoh)* m. rationalism. [ration.
racionar *(*R*ahthyoná*R*)* tr. to
rada *(*R*áhdah)* f. anchoring-ground, roadstead.
rádar *(*R*áhdah*R*)* m. radar.
radiación *(*R*ahdyahthyón)* f. radiation.
radiactividad *(*R*ahdyahkteebeedáhd)* f. radioactivity.
radiador *(*R*ahdyahdó*R*)* m. radiator. [(ir)radiant.
radiante *(*R*ahdyáhntay)* adj.
radiar *(*R*ahdyá*R*)* intr. to (ir)-radiate, to broadcast.
radiación *(*R*ahdeekahthyón)* f. radication, taking root. [cal.
radical *(*R*ahdeekáhl)* adj. radi-
radio *(*R*áhdyoh)* m. radius (of a circle); (coll.) wireless, radio (set).
radiodifusión *(*R*ahdyohdefoossyón)* f. broadcasting.
radiografía *(*R*ahdyohgrahféeah)* f. radiography.
radiotelegrafía *(*R*ahdyohtaylaygrahféeah)* f. radiotelegraphy.
radioterapia *(*R*ahdyohtayráhpyah)* f. radiotherapy.
radioyente *(*R*ahdyohyéntay)* s. listener (-in).
ráfaga *(*R*áhfahgah)* f. gust (of wind); blast.
rafia *(*R*ahffea)* f. raffia.
raído *(*R*ah/éedoh)* adj. threadbare, frayed.
raigambre *(*R*ah/eegámbray)* f. roots, tangle. [radix.
raíz *(*R*ah/éeth)* f. root. *Maths.*
raja *(*R*áh*H*ah)* f. rent, chink, rasher, split, cranny, crack.
rajar *(*R*ah*H*á*R*)* tr. to s(p)lit, to crack; (coll.) to boast.
rajarse *(*R*ah*H*á*R*ssay)* r. to split; (coll.) to back out, to peter out. [stock.
ralea *(*R*ahláyah)* f. breed;
ralladuras *(*R*ahlyahdóorahs)* f. pl. gratings.
rallar *(*R*ahlyá*R*)* tr. to grate.
rama *(*R*áhmah)* f. branch, bough; department; **en —**, raw. [of) branches.
ramaje *(*R*ahmáh*H*ay)* m. (mass
ramera *(*R*ahmáyrah)* f. whore, slut, tramp; (vulg.) cow.
ramificación *(*R*ahmeefeekahthyón)* f. ramification.
ramificarse *(*R*ahmeefeeká*R*say)* r. to ramify, to branch off out.

ramillete *(Rahmeelyáytay)* m. bouquet, bunch.
ramo *(Ráhmoh)* m. bouquet, branch (of trade). [ramp.
rampa *(Ráhmpah)* f. slope,
ramplón *(Rahmplón)* adj. coarse, rude.
rana *(Ráhnah)* f. frog.
rancidez *(Rahntheedayth)* f. rancidity. [old.
rancio *(Ráhnthyoh)* adj. rancid;
ranchero *(Rahncháyroh)* m. steward (of a mess), (small) farmer; *U.S.A.* rancher.
rancho *(Ráhnchoh)* m. mess, farm, ranch. [nity.
rango *(Ráhngoh)* m. rank, dig-
rapacidad *(Rahpahtheedáhd)* f. rapacity, rapaciousness.
ranura *(Rahnóorah)* f. slot, slit, groove, chink.
rapar *(RahpáR)* tr. to shave off.
rapaz *(Rahpáhth)* adj. rapacious; m. young boy, lad.
rapé *(Rahpáy)* m. snuff; rappee. [(hair).
rape *(Ráhpay)* m. cropped
rapidez *(Rahpeedéth)* f. rapidity, velocity, celerity.
rapiña *(Rahpéenyah)* f. rapine, spoliation; **ave de —,** bird of prey.
raposa *(Rahpóhssah)* f. vixen.
rapsodia *(Rahpsohdya)* f. rhapsody.
rapto *(Ráptoh)* m. rape, ravishment, kidnapping; abduction.
raqueta *(Rahkáytah)* f. racket.
raquítico *(Rahkéeteekoh)* adj. rickety; (coll.) skinny.
rareza *(Rahráythah)* f. rarity; scarcity; oddity. [rarify.
rarificar *(RahreefeekáR)* tr. to
raro *(Ráhroh)* adj. rare; scarce; odd, queer, funny. [ness.
ras *(Rahss)* m. level; even-
rasante *(Rahssáhntay)* adj. levelling; f. gradient.
rasar *(RahssáR)* tr. to strickle, to skim. [m. skyscraper.
rascacielos *(Rahskahthyáylos)*
rascar *(RahskáR)* tr. to scrape, scratch. [rent, torn.
rasgado *(Rahssgáhdoh)* adj.
rasgar *(RahssgáR)* tr. to tear (to pieces), to rip.
rasgo *(Ráhssgoh)* m. stroke, trait, feature; deed, feat.
rasguñar *(RahssgoonyáR)* tr. to scratch. [scratch, scar.
rasguño *(Rahssgóonyoh)* m.
raso *(Ráhssoh)* adj. clear, open, level, flat; m. satin; **al —,** in the open air.
raspa *(Ráhspah)* f. rasp; coarse file. [per.
raspador *(RahspahdóR)* m. scra-
raspar *(RahspáR)* tr. to scrapet; to rub (off).
rastra *(Ráhstrah)* f. track, trail, sied(ge), harrow, rake.
rastrear *(RahstrayáR)* tr. to trace, to scent, to track. *Agric.* to harrow, to rake.
rastrero *(Rahstráyroh)* adj. sneaking, low. [rake.
rastrillar *(RahstreelyáR)* tr. to
rastrillo *(Rahstréelyoh)* m. rake; hackle.
rastro *(Ráhstroh)* m. track, scen, trace, trail.
rasurar *(RahssooráR)* tr. to shave. [pickpocket.
rata *(Ráhtah)* f. rat; m. (coll.)
ratear *(RahtayáR)* tr. to filch.
ratería *(Rahtayréeah)* f. larceny, petty crime.
ratero *(Rahtáyroh)* m. pickpocket, petty thief.
ratificación *(Rahteefeekahthyón)* f. ratification. [ratify.
ratificar *(RahteefeekáR)* tr. to
rato *(Ráhtoh)* m. while, spell; **—s perdidos,** spare time.
ratón *(Rahtón)* m. mouse.
ratonera *(Rahtohnáyrah)* f. mouse-trap.
raudal *(Rah/oodahl)* m. torrent, rapids; (fig.) **a —es,** plentiful.
raya *(Ráhyah)* f. streak, stripe, limit, score, part(ing); **tener a —,** to keep at bay. *Ichth.* ray, skate. [ed.
rayado *(Rahyáhdoh)* adj. strip-
rayar *(RahyáR)* tr. to stripe; to streak; to scratch.
rayo *(Ráhyoh)* m. ray; beam (of light).
raza *(Ráhthah)* f. race, breed.

R

R

razón (*Rahthón*) f. reason, sense, ratio, rate. *Com.* **— social,** firm; **tener —,** to be right.
razonable (*Rahthohnáhblay*) adj. reasonable.
razonamiento (*Rahthohnahmyéntoh*) m. reasoning. [son.
razonar (*RahthahnáR*) tr. to rea-
reacción (*Rayakthyon*) f. reaction; **avión a —,** jet.
reaccionar (*RayakthyonaR*) intr. to react. [tant.
reacio (*Rayáhthyoh*) adj. reluc-
reactivo (*Rayahktéeboh*) m. reagent.
reactor (*RayahktóR*) m. *Phys.* jet-plane reactor.
real (*Rayáh*) adj. real; actual; royal.
realce (*Rayáhlthy*) m. relief, set-off. [yalty.
realeza (*Rayahláythah*) f. ro-
realidad (*Rayahleedáhd*) f. reality.
realista (*Rayahléesstah*) s. y adj. realist(ic), royalist(i).
realizar (*RayahleetháR*) intr. to fulfill, to carry out.
realzar (*RayahltháR*) tr. to heighten.
reanimar (*RayahneemáR*) tr. to cheer; to reanimate, to comfort. [resume.
reanudar (*RayahnoodáR*) tr. to
reaparecer (*RayahpahraythayR*) intr. to reappear.
reaparición (*Rayahpahreethyón*) f. reappearance, recurrence.
reasegurar (*RayahssaygooráR*) tr. to reinsure.
reaseguro (*Rayahssaygóoroh*) m. reinsurance.
reata (*Rayátah*) f. packtrain, drove (of horses, mules).
rebaja (*RaybáhHah*) f. discount; deduction; rebate.
rebajar (*RaybahHáR*) tr. to discount, to rebate; (coll.) to knock off.
rebajarse (*RaybahHáRssay*) r. to humble oneself, to stoop, down. [slice.
rebanada (*Raybahnáhdah*) f.
rebanar (*RaybahnáR*) tr. to slice. [herd.
rebaño (*Raybáhnyoh*) m. flock;
rebasar (*RaybahssáR*) tr. to go beyond, to overflow. [fute.
rebatir (*RaybahtéeR*) tr. to re-
rebato (*Raybáhtoh*) m. alarm (-bell). [to revolt.
rebelarse (*RaybaylaRssay*) r.
rebelde (*Raybélday*) adj. rebellious; s. rebel.
rebeldía (*Raybeldéeah*) f. rebelliusness, stubborness. *Law.* default. [bellion.
rebelión (*Raybaylyón*) f. re-
rebosante (*Raybohssáhntay*) adj. brimming, over-flowing.
rebosar (*RaybohssáR*) intr. to overflow.
rebotar (*RaybohtáR*) tr. to rebound, to bounce.
rebote (*Raybóhtay*) m. rebound; bounce; **de —,** indirectly.
rebozar (*RaybohtháR*) tr. to muffle up, to cover with batter; to baste.
rebozo (*Raybóhthoh*) m. muffler, shawl. [search.
rebusca (*Raybóoskah*) f.
rebuscar (*RaybooskáR*) tr. to search, to glean.
rebuznar (*RayboothnáR*) intr. to bray. [bray(ing).
rebuzno (*Raybóothnoh*) m.
recadero (*Raykahdáyroh*) m. messenger, errand-boy.
recado (*Raykáhdoh*) m. message; errand.
recaer (*Raykah/ayR*) intr. to relapse; to fall back. [lapse.
recaída (*Raykah/éedah*) f. re-
recalcar (*RaykahlkáR*) tr. to emphasize, to stress.
recalentar (*RaykahlentáR*) tr. to warm up.
recámara (*Raykáhmahrah*) f. dressing-room, breech of a gun.
recambio (*Raykáhmbyoh*) m. re-exchange; **piezas de —,** spare parts.
recapacitar (*RaykahpahtheetaR*) tr. to think over, to bethink.
recapitular (*RaykahpeetooláR*) tr. to recapitulate.

recargar *(RaykaRgáR)* tr. to recharge; to load again.
recargo *(RaykáRgoh)* m. surcharge. [coy(ish) shy.
recatado *(Raykahtáhdoh)* adj.
recato *(Raykáhtoh)* m. prudence; bashfulness, shyness.
recaudación *(Raykah/oodahthyón)* f. collection.
recaudador *(Raykah/oodahdóR)* m. tax-collector.
recaudar *(Raykah/oodáR)* tr. to collect taxes, to gather.
recelar *(RaythayláR)* tr. to mistrust, to doubt, to suspect.
recelo *(Raytháyloh)* misgiving, suspicion.
receloso *(Raythaylóhssoh)* adj. mistrustful, fearful. [ception.
recepción *(Raythepthyón)* f. re-
receptáculo *(Raytheptáhkooloh)* m. container, bowl.
receptor *(RaytheptóR)* m. receiver. — **de radio,** radio set.
receta *(Raytháytah)* f. *Med.* prescription; recipe (cook.).
recetar *(RaythaytáR)* tr. to prescribe.
recibimiento *(Raythaybeemyéntoh)* m. reception; welcome.
recibir *(RaytheebeeR)* tr. to receive; to welcome; to get, to have (letters, etc.)
recibo *(Raythéeboh)* m. receipt; acquitance.
reciente *(Raythyéntay)* adj. recent, new, fresh.
recinto *(Raythéentoh)* m. precinct, enclosure.
recio *(Ráythyoh)* adj. stout; strong, robust, vigorous.
recipiente *(Raytheepyéntay)* m. recipient. [reciprocal.
recíproco *(Raythéepróhkoh)* adj.
recitación *(Raytheetahthyón)* f. reciprocal. [cite.
recitar *(RaytheetáR)* tr. to re-
reclamación *(Rayklamathyón)* f. claim, complaint.
reclamar *(RayklamáR)* tr. to (re)claim.
reclamo *(Raykláhmoh)* m. dedecoy bird, lure, catch word.
reclinar *(RaykleenáR)* tr. e intr. to recline; to lean bach.
reclinatorio *(Raykleenahtóhryoh)* m. praying desk; couch.
recluir *(RayklwéeR)* tr. to seclude. [clusion, seclusion.
reclusión *(Raykloossyón)* f. re-
recluso *(Rayklóossoh)* adj. y m. recluse, inmate.
recluta *(Rayklóotah)* f. *Mil.* recruiting, levy; m. recruit, conscript.
reclutamiento *(Rayklootahmyéntoh)* m. *Mil.* recruiting.
reclutar *(RayklootáR)* tr. to recruit, to levy.
recobrar *(RraykohbráR)* tr. to recover; — **el sentido,** to come to.
recobrarse *(RaykohbráRssay)* r. to recover (from sickness or loss). [very.
recobro *(Raykóhbroh)* m. reco-
recodo *(Raykóhdoh)* m. turn(ing); bend.
recoger *(RaykohHáyR)* tr. to gather, to pick (up).
recogerse *(RaykohHáyRssay)* r. to withdraw, to retire.
recolección *(Raykohlekthyón)* f. harvest; gathering; compilation.
recomendable *(Raykohmendáhblay)* adj. (re)commendable, laudable.
recomendación *(Raykohmendahtyón)* f. (re)comendation; **carta de —,** introduction letter.
recomendar *(RaykohmendáR)* tr. to recommend.
recompensa *(Raykompénsah)* f. recompense, reward.
recompensar *(RaykompenssáR)* tr. to recompense, to reward.
reconcentrarse *(RaykonthentráRssay)* r. to concentrate (one's mind.)
reconciliación *(Raykontheelyahthyón)* f. reconciliation.
reconciliar *(RaykontheelyaR)* tr. to reconcile.
reconciliarse *(RaykontheelyaRssay)* r. to be reconciled.
reconocer *(RaykonohtháyR)* tr.

R

to examine; to recognize; to acknowledge; to confess *Mil.* to scout.

R

reconocido *(Raykonohthéedoh)* adj. acknowledged; grateful, confessed.

reconocimiento *(Raykonohtheemyéntoh)* m. recognition; acknowledgement, gratitude.

reconquista *(Raykonkéestah)* f. reconquest.

reconquistar *(RaykonkeestáR)* tr. to reconquer.

reconstrucción *(Raykonstrookthyón)* r. reconstruction, rebuilding.

reconstruir *(RaykonstrwéeR)* tr. to reconstruct, to rebuild.

recopilación *(Raykonpeelahthyón)* f. summary, digest, compilation.

recopilar *(RaykohpeeláR)* tr. to compile, to collect.

recordar *(RaykoRdáR)* tr. to remind, to remember.

recorrer *(RaykohRayR)* tr. to survey, to travel, to tour.

recorrido *(RaykohRéedoh)* m. run, tour.

recortar *(RaykoRtáR)* tr. to cut away; to outline, to cut out; to trim.

recorte *(RaykóRtay)* m. outline; cutting, clip(ping), trimming(s). [cline.

recostar *(RaykostáR)* tr. to re-

recreación *(Raykrayahthyón)* f. recreation; amusement.

recrear *(RaykrayáR)* tr. to recreate; to amuse.

recreo *(Raykráy/oh)* m. recreation, break, play-time, recess.

recriminar *(RaykreemeenáR)* tr. to recriminate.

rectángulo *(Rektáhngooloh)* m. rectangle; adj. oblong.

rectificación *(Rekteefeekahthyón)* f. rectification.

rectificar *(RekteefeekáR)* tr. to rectify. [rectilineal.

rectilíneo *(Rekteeléenayoh)* adj.

rectitud *(Rekteetóod)* f. rectitude; straightness.

recto *(Réktoh)* adj. right, straight; m. *Anat.* rectum.

rector *(RektóR)* m. rector; parson, vicar. [rectorship.

rectorado *(Rektohráhdoh)* m.

rectoría *(Rektohréeah)* f. rectory, parsonage, vicarage.

recuento *(Raykwéntoh)* m. recount.

recuerdo *(RaykwéRdoh)* m. remembrance; memory, souvenir; pl. regards.

recular *(RaykooláR)* intr. to recoil, to back.

recuperación *(Raykoopayrahthyón)* f. recovery.

recuperar *(RaykoopayraR)* tr. to recover, to regain.

recurrir *(RaykooRéeR)* intr. to resort to.

recurso *(RaykóoRssoh)* m. resource. *Law.* appeal.

recusar *(RaykoossáR)* tr. to refuse, to decline.

rechazar *(RaychahtháR)* tr. to repel, to refect, to repulse.

rechazo *(Raychahthoh)* m. rebound, recoil, rebuff, reject(ion).

rechinar *(RaycheenáR)* intr. to squeak, to grind ones teeth.

rechoncho *(Raychónchoh)* adj. chubby. [network.

red *(Red)* f. net(ting), snare,

redacción *(Raydahkthyón)* f. wording, redaction, editorial staff/rooms).

redactar *(RaydahktáR)* tr. to draw up; to write.

redada *(Raydáhdah)* f. casting of net, catch; (coll.) round up.

rededor *(RaydaydóR)* m. surroundings; **al** or **en** —, around. [demption.

redención *(Raydenthyón)* f. re-

redentor *(RaydentóR)* m. redeemer.

rédito *(Ráydeetoh)* m. interest; revenue; rent; pl. profits.

redomado *(Raydohmáhdoh)* adj. artful, crafty, sly. [all round.

redonda *(Raydóndah)* **a la** —,

redondear *(RaydondayáR)* tr. to round (off), to make round.

redondel *(Raydondayl)* m. (fam.) circle; (bul)-ring, arena.
redondez *(Raydondayth)* f. roundness. [round; circular.
redondo *(Raydóndoh)* adj.
reducción *(Raydookthyón)* f. reduction, decrease.
reducir *(RaydoothéeR)* tr. to reduce, to cut down; to decrease, to diminish; to shrink.
reducto *(Raydoóktoh)* m. *Mil.* redoubt.
redundancia *(Raydoondáhnthyah)* f. redundance, excess.
redundar *(RaydoondáR)* intr. to result. [re-election.
reelección *(Ray/aylekhthyón)* f.
reelegir *(Ray/aylayHéeR)* tr. to re-elect.
reembarcar *(RayaymbarkaR)* tr. to reship, to re-embark.
reembolsar *(RayaymbolssaR)* tr. to refund.
reembolso *(Rayaymbolssoh)* m. reimbursement; **pago a —** C. O. D. (cash on delivery).
reemplazar *(RayaymplahthaR)* tr. to replace, to substitute.
reemplazo *(Rayaymplahthoh)* m. replacement; call-up (recruitment. [*Mil.* to re-enlist.
reengachar *(RayayngànchaR)* tr.
reenganche *(Rayaynganchay)* m. re-enlisting.
refajo *(RayfáhHoh)* m. underskirt. [reference.
referencia *(Rayfayrénthyah)* f.
referéndum *(Rayfayréndoom)* m. referendum.
referente *(Rayfayréntay)* adj. relating, referring.
referir *(RayfayréeR)* tr. e intr. to refer, to relate, to report.
refinado *(Rayfeenáhdoh)* adj. refined.
refinamiento *(Rayfeenahmyéntoh)* m. refinement, nicety.
refinar *(RayfeenáR)* tr. to (re)-fine. [refinery.
refinería *(Rayfeenayréeah)* f.
reflector *(RayflektóR)* m. reflector, search-light.
reflejar *(RayflayHáR)* intr. to reflect.
reflejo *(RayfláyHoh)* adj. y m. reflex. [flection.
reflexión *(Rayflaykssyón)* f. re-
reflexionar *(RayflaykssyohnáR)* intr. to meditate, to think over.
reflexivo *(Rayflaykssséeboh)* adj. reflective; m. reflexive.
reflujo *(RayflóoHoh)* m. reflux, ebb, ebb-tide.
reforma *(RayfóRmah)* f. reform(ation).
reformable *(RayfoRmáhblay)* adj. reformable. [reform.
reformar *(RayfoRmáR)* tr. to
reformarse *(RayfoRmáRssay)* r. to reform, to (a)mend.
reformatorio *(RayfoRmahtóhryoh)* adj. corrective; correctional; m. Borstal, approved school.
reforzar *(RayfoRtháR)* tr. to strengthen, to fortify.
refrán *(Rayfráhn)* m. proverb, saying. [rub.
refregar *(RayfraygáR)* tr. to
refreír *(Rayfray:éeR)* tr. to fry again, to fry once more.
refrenar *(RayfraynáR)* tr. to refrain, to restrain, to curb.
refrescar *(RayfreskáR)* tr. to refresh; to cool (off).
refresco *(Rayfréskoh)* m. refreshment, soft drink (pop'-drink). [skirmish, affray.
refriega *(Rayfryáygah)* f. strife,
refrigeración *(RayfreeHayrahthyón)* f. refrigeration, cooling.
refrigerador *(RayfreeHayrahdóR)* m. refrigerator, fridge, freezer.
refrigerar *(RayfreeHayráR)* tr. to refrigerate, to cool.
refrigerio *(RayfreeHáyryo)* m. refreshment.
refuerzo *(RayfwéRthoh)* m. reinforcement; succour; aid.
refugiado *(RayfooHyáhdoh)* m. refugee. [shelter.
refugiar *(RayfooHyáR)* tr. to
refugiarse *(RayfooHyáRssay)* r. to take refuge.

R

R

refugio *(RayfóoHyoh)* m. refuge; shelter; asylum.
refundir *(RayfoondéeR)* tr. to recast, to remelt.
refunfuñar *(RayfoonfoonyáR)* tr. to grumble, to mutter.
refutación *(Rayfootahtyón)* f. refutation. [fute, to rebut.
refutar *(RayfootáR)* tr. to re-
regadera *(Raygahdáyrah)* f. watering/can, sprinkler; (fam.) **Está como una —**, he/she is as mad as a hatter.
regadío *(Raygahdéeoh)* m. irrigated land. [delicate, dainty.
regalado *(Raygahláhdoh)* adj.
regalar *(RaygahláR)* tr. to present, to give/make a gift.
regaliz *(Raygahléeth)* m. *Bot.* licuorice, (coll.) Spanish.
regalado *(Raygahláhdoh)* m. gift; present, confort.
regañar *(RaygahnyáR)* intr. to grumble; tr. to chide, to scold; to quarrel. [scolding.
regaño *(Raygáhnyoh)* m. snart,
regar *(RaygáR)* tr. to water; to irrigate; to sprinkle.
regata *(Raygáhtah)* f. [dep.] regatta; boat-race.
regatear *(RaygahtayáR)* tr. to haggle, to barter.
regateo *(Raygahtayoh)* m. haggling, bartering.
regazo *(Raygáhthoh)* m. lap.
regencia *(RayHénthyah)* f. regency.
regeneración *(RayHaynayrahthyón)* f. regeneration.
regenerar *(RayHaynayráR)* tr. to regenerate. [manage.
regentar *(RayHentáR)* tr. to
regente *(RayHayntay)* m. regent; manager.
regicida *(RayHeethéedah)* s. regicide (person). [regicide.
regicidio *(RayHeethédyoh)* m.
regidor *(RayHeedóR)* m. alderman.
régimen *(RáyHeemen)* m. regime(n), management. *Méd.* diet.
regimiento *(RayHeemyéntoh)* m. *Mil.* regiment; administration. [yal.
regio *(RáyHyoh)* adj. regal, ro-
región *(RayHyón)* f. region, area. [gional.
regional *(RayHyohnáhl)* adj. re-
regir *(RayHéeR)* tr. to rule; to govern; intr. to be in force.
registrador *(RayHeestrahdóR)* adj. registering; m. registrar; **caja —a**, cash register.
registro *(RayHéestroh)* m. search, registration, record.
registrar *(RaHyeestráR)* tr. to search, to record. [truation.
regla *(Ráyglah)* f. rule; mens-
reglamentar *(RayglahmentáR)* intr. to regulate.
reglamento *(Rayglahméntoh)* m. regulation(s), by laws.
regocijar *(RaygohtheeHáR)* tr. to gladden, rejoice.
regocijarse *(RaygohtheeHáRssay)* r. to rejoice.
regocijo *(RaygohthéeHoh)* m. joy; gladness, cheer.
regoldar *(RaygoldáR)* intr. to belch. [chubby, plimp.
regordete *(RaygoRdáytay)* adj.
regresar *(RaygrayssáR)* intr. to return, to go/come back.
regresión *(Raygrayssyón)* f. regression, regress. [turn.
regreso *(Raygrayssoh)* m. re-
regüeldo *(Raygwéldoh)* m. belch(ing). [tion ditch.
reguera *(Raygáyrah)* f. irriga-
reguero *(Raygáyroh)* m. trickle.
regulación *(Raygoolahthyón)* f. regulation.
regular *(RaygooláR)* tr. to regulate; adj. regular, fairly good.
rehabilitar *(RayahbeeleetáR)* tr. to rehabilitate, to reinstate.
rehacer *(RayahthayR)* tr. to remake, to mend, to reorganize. [to recuperate.
rehacerse *(RayahthayRssay)* r.
rehén *(Rayayn)* m. hostage.
rehuir *(RaywéeR)* tr. e intr. to shun, to avoid, to refuse.
rehusar *(RayoossáR)* tr. to refuse, to decline. [to reprint.
reimprimir *(RaympreeméeR)* tr.

reina *(*R*ay:eenah)* f. queen.
reinado *(*R*ayeenahdoh)* m. regin, kingdom.
reinar *(*R*ayeena*R*)* intr. to reign.
reincidencia *(*R*ayeentheedenthya)* f. reiteration.
reincidir *(*R*ayeentheedee*R*)* intr. to backslide, to reiterate.
reincorporar *(*R*aynko*R*pohrá*R*)* tr. to reincorporate, to reimbody. [reign.
reino *(*R*áynoh)* m. kindom;
reintegrar *(*R*ayntaygrá*R*)* tr. to reintegrate, to refund.
reintegro *(*R*ayntáygroh)* m. reimbursement. refund.
reír *(*R*ayee*R*)* intr. y r. to laugh.
reírse *(*R*ayee*R*ssay)* intr. to laugh; — **de,** to laugh at.
reiterar *(*R*ay/eetayra*R*)* tr. to reiterate, to repeat.
reivindicar *(*R*ay/eebeendeeka*R*)* tr. to claim, to recover.
reja *(*R*áy*H*ah)* f. grate, railling, rack, (plow)-share.
rejón *(*R*ay*H*ón)* m. spear employed by bull-fighters.
rejonear *(*R*ay*H*ohnáyá*R*)* tr. to wound bulls with the **rejón.**
rejuvenecer *(*R*ay*H*oobaynaytháy*R*)* tr. e intr. to rejuvenate. [tion; narration.
relación *(*R*aylahthyón)* f. rela-
relacionar *(*R*aylahthyoná*R*)* tr. to relate, to report.
relacionarse *(*R*aylahthyoná*R*-ssay)* r. to get acquainted, with. [relaxation, slackening.
relajación *(*R*aylah*H*ahthyón)* f.
relajado *(*R*aylah*H*áhdoh)* adj. dissolute, loose, relaxed.
relajar *(*R*aylah*H*á*R*)* tr. to relax, to slack(en). [relick.
relamer *(*R*aylahmay*R*)* tr. to
relamerse *(*R*aylahmay*R*say)* r. to lick one's lips.
relamido *(*R*aylahméedoh)* adj. fop, affected, prim, dandy.
relámpago *(*R*ayláhmpahgoh)* m. flash of lightning.
relampaguear *(*R*aylahmpahgayá*R*)* intr. to lighten, to sparkle. [te, to tell.
relatar *(*R*aylahtá*R*)* tr. to narra-
relatividad *(*R*aylahteebeedáhd)* f. relativity. [lative.
relativo *(*R*aylahtéeboh)* adj. re-
relato *(*R*ayláhtoh)* m. tale, account. [legate.
relegar *(*R*aylaygá*R*)* tr. to re-
relevante *(*R*aylaybáhntay)* adj. outstanding.
relevar *(*R*aylaybá*R*)* tr. to emboss, to exonerate. *Mil.* to relieve. [lief. *Sport.* relay,
relevo *(*R*ayláyboh)* m. *Mil.* re-
relicario *(*R*ayleekáhryoh)* m. reliquary; shrine.
relieve *(*R*aylyáybay)* m. relief.
religión *(*R*aylee*H*yón)* f. religión.
religiosidad *(*R*aylee*H*yoseedahd)* f. religiousness.
religioso *(*R*aylee*H*yóssoh)* adj. religious; m. friar, religious.
relinchar *(*R*ayleenchá*R*)* intr. to neigh.
relincho *(*R*ayléenchoh)* m. neigh(ing). [vestige.
reliquia *(*R*ayléekyah)* f. relic;
reloj *(*R*ayló*H*)* m. clock, watch; — **de pulsera,** wrist watch; — **despertador,** alarm-clock.
relojería *(*R*aylo*H*ayréeah)* f. watchmaker's (shop).
relojero *(*R*ayloh*H*áyroh)* m. watchmaker.
reluciente *(*R*ayloothyentay)* adj. shining, glittering.
relucir *(*R*ayloothee*R*)* intr. to shine, to glitter.
rellenar *(*R*aylyayná*R*)* tr. to refill; to stuff; to cram, to pad.
relleno *(*R*aylyáynoh)* adj. stuffed; m. forcement, stuffiing, padding.
remachar *(*R*aymahchá*R*)* tr. to rivet, to clinch. [vet.
remache *(*R*aymáhchay)* m. re-
remanente *(*R*aymahnéntay)* m. residue, remnant; remainder.
remanso *(*R*aymáhnssoh)* m. back-water.
remar *(*R*aymá*R*)* intr. to row.
rematado *(*R*aymahtáhdoh)* adj. ended; knocked down (at auction), finished.

R

R

rematar *(RaymahtáR)* tr. to end; to knock down at auction, to finish.
remate *(Raymáhtay)* m. end; conclusion; termination.
remedar *(RaymaydáR)* tr. to imitate; to mock; to copy.
remediar *(RaymaydyáR)* tr. to remedy.
remedio *(Raymáydyoh)* m. remedy; cure. [tation.
remedo *(Raymáydoh)* m. imi-
rememorar *(RaymaymohráR)* tr. to recall.
remendar *(RaymendáR)* tr. to patch, to mend; to stitch.
remendón *(Raymendón)* m. cobbler, patcher. [oarsman.
remero *(Raymáyroh)* m. rower,
remesa *(Raymáyssah)* f. remittance, shipment. [patch.
remiendo *(Raymyéndoh)* m.
remilgo *(Rayméelgoh)* m. squeamishness.
reminiscencia *(Raymeeneessthénthyah)* f. reminiscense; memory, recollection.
remirado *(Raymeeráhdoh)* adj. prudent, cautious. [mission.
remisión *(Raymeessyón)* f. re-
remiso *(Rayméessoh)* adj. remiss, indolent, careless.
remitir *(RaymeetéeR)* tr. to send, to forward.
remitirse *(RaymeetéeRssay)* r. to refer, to quete.
remo *(Ráymoh)* m. oar.
remojar *(RaymohHáR)* tr. to steep; to dip. [ing.
remojo *(RaymóhHoh)* m. steep-
remolacha *(Raymohláhchah)* f. beet-root.
remolcar *(RaymolkáR)* tr. *Naut.* to (take in) tow, to tug.
remolino *(Raymohléenoh)* m. whirl(wind); whirlpool; vortex; eddy. [soft.
remolón *(Raymohlón)* adj. lazy;
remolque *(Raymólkay)* m. towage; trailer.
remonta *(Raymóntah)* f. *Mil.* remount(ing) cavalry.
remontar *(RaymontáR)* tr. to to come up (a river).
rémora *(Ráymohrah)* f. hindrance. [cause remorse.
remorder *(RaymoRdáyR)* tr. to
remordimiento *(RaymoRdeemyentoh)* m. remorse.
remoto *(Raymóhtoh)* adj. remote, far off, distant.
remover *(RaymohbáyR)* tr. to remove, to stir, to discharge.
remunerador *(RaymoonayrahdóR)* adj. y m. remunerator.
remunerar *(RaymoonayráR)* tr. to remunerate.
renacer *(RaynahthéyR)* intr. to be born again; to revive.
renacimiento *(Raynahtheemyéntoh)* m. regeneration, rebirth, Renaissance. [tad-pole.
renacuajo *(RaynahkwáHoh)* m.
rencilla *(Renthéelyah)* f. slight grudge; (coll.) a bone to pick with. [adj. peevish, touchy.
rencilloso *(Rentheelyóhssoh)*
rencor *(RenkóR)* m. rancour.
rencoroso *(Renkohróhssoh)* adj. rancorous. [surrender.
rendición *(Rendeethyón)* f.
rendido *(Rendéedoh)* adj. devoted, submissive, fatigued.
rendija *(RendéeHah)* f. crevice; cleft, crack, fissure, chink.
rendimiento *(Rendeemyéntoh)* m. weariness; rent; produce, performance.
rendir *(RendéeR)* tr. to subdue; to surrender; to tire; to yield.
rendirse *(RendéeRssay)* r. to surrender. to yield, give up/ way. [renegade.
renegado *(Raynaygáhdoh)* m.
renegar *(RaynaygáR)* tr. to deny; intr. to apostatize.
renglón *(Renglón)* m. line.
reno *(Rayno)* m. reindeer.
renombrado *(Raynombráhdoh)* adj. renowned, well-known, famous. [nown, fame.
renombre *(Raynómbray)* m. re-
renovación *(Raynohbahthyón)* f. renovation, renewal.
renovar *(RaynohbáR)* tr. to renew. [limp.
renquear *(RenkayáR)* intr. to
renta *(Réntah)* r. rent; revenue; income.

rentar *(RentáR)* tr. to produce; to yield.
rentista *(Rentéesstah)* s. annuitant, financier.
renuncia *(Raynóonthyah)* f. renunciation; resignation.
renunciar *(RaynoonthyáR)* tr. to renounce, to resign.
reñido *(Raynyéedoh)* adj. (at variance with), angry with, cross with.
reñir *(Raynyeer)* intr. to quarrel.
reo *(Rayoh)* m. offender; criminal, culprit, defendant.
reojo *(RayóhHoh)* **mirar de** — to look awry, to look through the corner of one's eye.
reorganizar *(RayoRgahneetháR)* tr. to reorganize. [repair.
reparación *(Rayparahthyón)* f.
reparar *(RayparáR)* tr. to repair; intr. to heed.
repartición *(RaypaRteethyón)* f. distribution. [distribute.
repartir *(RaypaRtéeR)* tr. to
repasar *(RaypahssáR)* tr. to repass; to revise, to go over it again. [sion.
repaso *(Raypáhssoh)* m. revi-
repeler *(RaypayláyR)* tr. to repel, to refuse. [repelling.
repelente *(Raypayléntay)* adj.
repeloso *(Raypaylóhssoh)* adj. touchy [suddenly.
repente de *(Raypéntay)* loc. adv.
repentino *(Raypentéenoh)* adj. sudden.
repercusión *(RaypayRkoossyón)* f. repercussion; reverberation, influence, reflexion.
repercutir *(RaypayRkootéeR)* intr. to rebound, to reecho, to reverberate, to reflect.
repertorio *(RaypayRtóhryoh)* m. repertory. *Theat.* repertoire.
repetición *(Raypayteethyón)* f. repetition, reiteration.
repetir *(RaypaytéeR)* tr. to repeat, to reiterate.
repicar *(RaypeekáR)* r. to chop, to mince; to chime.
repique *(Raypéekay)* m. chime; chopping.
repiquetear *(RaypeekaytayáR)* to chime, to peal (bells).
repisa *(Raypéessah)* f. shelf, ledge, mantelpiece.
replegar *(RayplaygáR)* tr. to refold. *Mil.* to retreat.
replegarse *(RayplaygáRssay)* r. *Mil.* to rally.
repleto *(Raypláytoh)* adj. replete; full up.
réplica *(Ráypleekah)* f. retort.
replicar *(RaypleekáR)* tr. intr. to retort, to reply, to respond.
repliegue *(Rayplyáygay)* m. crease; fold; retreat.
repoblación *(Raypohblahthyon)* f. repopulation, — **forestal**, afforestation. [repeople.
repoblar *(RaypohbláR)* tr. to
repollo *(Raypóhlyoh)* m. *Bot.* cabbage. [tore.
reponer *(RaypohnáyR)* tr. res-
reportaje *(RaypoRtáhHay)* m. (press) report.
reportar *(RaypoRtáR)* tr. to moderate, to check.
reportarse *(RaypoRtáRssay)* r. to refrain, to control one self. [reporter.
reportero *(RaypoRtáyroh)* m.
reposado *(Raypohssáhdoh)* adj. peaceful, quiet.
reposar *(RaypohssáR)* intr. to repose, to rest, to lie down.
reposición *(Raypohsseethyón)* f. reposition. [confectionery.
repostería *(Raypostayréeah)* f.
repostero *(Raypostáyroh)* m. confectioner.
reprender *(RayprendáyR)* tr. to rebuke, to scold, to chide, to reprimand.
reprensible *(Rayprensseeblay)* adj. reprehensible. [reprisal.
represalia *(Rayprayssáhlyah)* f.
representación *(Rayprayssentahthyón)* f. representation. *Theat.* performance.
representante *(Rayprayssentáhntay)* m. representative, agent. [tr. to represent.
representar *(RayprayssentáR)*
representativo *(Rayprayssentahtéeboh)* adj. representative.

R

R

reprimenda *(Raypreeméndah)* f. reprimand. [repress.
reprimir *(RaypreeméeR)* tr. to
reprobar *(RayprohbáR)* tr. to reprove.
réprobo *(Ráyprohboh)* adj. y m. reprobate, wicked.
reprochar *(RayprohcháR)* tr. to reproach. [proach
reproche *(Raypróhchay)* m. re-
reproducción *(Rayprohdookthyón)* f. reproduction, replica. [tr. to reproduce.
reproducir *(RayprohdookthéeR)*
reptil *(Reptéel)* adj. y m. reptile.
república *(Raypoobleekah)* f. republic.
republicanismo *(Raypoobleekahnéessmoh)* m. republicanism.
republicano *(Raypoobleekahnoh)* adj. y m. republican.
repudiación *(Raypoodyahthyón)* f. repudiation.
repudiar *(RaypoodyáR)* tr. to repudiate. [diation.
repudio *(Raypóodyoh)* m. repu-
repuesto *(Raypwéstoh)* m. stock, supply; **de —** spare.
repugnancia *(Raypoognáhnthyah)* f. repugnance.
repugnar *(RaypoognáR)* intr. to be repugnant.
repugnante *(Raypoognáhntay)* adj. repugnant. [emboss.
repujar *(RaypooHáR)* tr. to
repulsa *(Raypóolssah)* f. reprimand. [pulsion.
repulsión *(Raypoolssyón)* f. re-
repulsivo *(Raypoolsséeboh)* adj. repulsive. [reputation.
reputación *(Raypootahthyón)* f.
reputar *(RaypootáR)* tr. to repute. [flatter, to woo.
requebrar *(RaykaybráR)* tr. to
requemado *(Raykaymáhdoh)* adj. tanned, sunburnt.
requemar *(RaykaymáR)* tr. to parch, to burn again, to overcook.
requerimiento *(Raykayreemyéntoh)* m. intimation, summons.
requerir *(RaykayréeR)* tr. to intimate; to require.
requesón *(Raykayssón)* m. curd.
requiebro *(Raykyáybroh)* m. compliment, flattery, cooing.
requisa *(Raykéessah)* f. *Mil.* requisition.
requisito *(Raykeesséetoh)* m. requisite, requirement.
res *(Ress)* f. head of cattle.
resabio *(Rayssáhbyoh)* m. aftertaste, vicious habit.
resaca *(Rayssáhkah)* f. surf, undertow; (coll.) hangover.
resalado *(Rayssahláhdoh)* adj. very graceful; charming, witty.
resaltar *(RayssaltáR)* intr. to jut out. [nence.
resalte *(Rayssaltay)* m. promi-
resarcir *(RayssaRthéeR)* tr. to compensate, to indemnify.
resbaladizo *(Rayssbahlahdéethoh)* adj. slippery.
resbalar *(RayssbahláR)* intr. to slip; to err. [(fig.) blunder
resbalón *(Rayssbahlón)* m. slip;
rescatar *(ReskahtáR)* tr. to redeem; to ransom.
rescate *(Reskáhtay)* m. redemption; ransom.
rescindir *(RaysstheendeeR)* tr. to rescind, to cancel.
rescisión *(Resstheessyón)* f. recission, cancellment.
rescoldo *(Reskóldoh)* m. embers, cinders. [resentful.
resentido *(Rayssaynteedoh)* adj.
resentimiento *(Rayssaynteemyéntoh)* m. resentment.
resentirse *(RayssaynteeRssay)* r. to resent. [summary.
reseña *(Rayssáynyah)* f. review,
reseñar *(RayssaynyáR)* tr. to review. [ve, stand-by.
reserva *(RayssayRbah)* f. reser-
reservado *(RayssayRbáhdoh)* adj. reserved, cautious; private.
reservar *(RayssayRbáR)* tr. to reserve; to book.
resfriado *(Resfryáhdoh)* m. cold, catarrh, chill.
resfriar *(ResfryáR)* tr. to cool.
resfriarse *(ResfryáRssay)* r. to catch (a) cold.
resguardar *(RessgwaRdáR)* tr. to shield, to shelter.

resguardarse *(RessgwuRdáR-ssay)* r. to (take) shelter.
resguardo *(RessgwáRdoh)* m. shelter, guard, preservation. *Com.* voucher, counterfoil.
residencia *(Raysseedénthyah)* f. residence, mansion.
residencial *(Raysseedenthyáhl)* adj. residential. [sident.
residente *(Raysseedéntay)* s. re-
residir *(RaysseedéeR)* intr. to reside, to dwell. [sidue.
residuo *(Raysséedwoh)* m. re-
resignación *(Raysseegnahthyón)* f. resignation.
resignarse *(RaysseegnáRssay)* r. to resign, to put up with, to yield. [sin.
resina *(Raysséenah)* f. resin; ro-
resistencia *(Raysseessténthyah)* f. resistance, opposition.
resistir *(RaysseesteeR)* **intr. to resist, to withstand, to weather (storms).**
resma *(Résmah)* f. ream.
resolución *(Rayssohloothyon)* f. resolution.
resolver *(RayssolbáyR)* tr. to (re)solve, to decide.
resolverse *(RayssolbáyRssay)* r. to determine. [f. resonance
resonancia *(Rayssohnáhnthyah)*
resonar *(RayssohnáR)* intr. to resound. [snort.
resoplar *(RayssohpláR)* intr. to
resoplido *(Rayssohpléedoh)* m. snort(ing), puff.
resorte *(RayssóRtay)* m. spring; (fig.) means.
respaldar *(RespahldáR)* tr. to endorse, to back.
respaldo *(Respáhldoh)* m. (seat) back, endorsement.
respectivo *(Respektéeboh)* adj. respective. [tion; respect.
respecto *(Respéktoh)* m. rela-
respetable *(Respaytáhblay)* adj. respectable; honourable.
respetar *(RespaytáR)* tr. to respect, to honour. [regard.
respeto *(Respáytoh)* m. respect,
respetuoso *(Respaytwóhssoh)* adj. respectful, obsequious.
respiración *(Respeerahthyón)* f. respiration, breath(ing).
respiradero *(Respeerahdáyroh)* m. breathing-hole, vent, ventilator.
respirar *(RespeeráR)* intr. to breathe, to get breath.
respiro *(Respéeroh)* m. respite, break.
resplandecer *(ResplahndaythyáyR)* intr. to glitter, to glow.
resplandeciente *(Resplahndaythyéntay)* adj. resplendent, glittering, shining, glow.
resplandor *(ResplahndóR)* . m. brilliancy, glave.
responder *(RespondáyR)* tr. e intr. to answer, to respond, to reply. [saucy, pert.
respondón *(Respondón)* adj.
responsabilidad *(Responssabeeleedáhd)* f. responsibility, liability.
responsable *(Responssáhblay)* adj. responsible, liable.
responso *(Respónssoh)* m. responsory, prayer.
respuesta *(Respwéstah)* f. answer, response, reply.
resquebrajar *(ReskaybrahHár)* intr. to crack, to split.
resquemo(r) *(ReskaymóR)* m. remorse; pungency.
resquicio *(Reskéethyoh)* m. crack; chink.
restablecer *(RestahblaythayR)* tr. to restore, reinstate, re-establish.
restablecerse *(RestahblaythayR-ssay)* r. to recover.
restablecimiento *(Restahblaytheemyéntoh)* m. recovery; re-establishment.
restante *(Restáhntay)* r. remainder, remaining.
restar *(RestáR)* tr. to deduct, to take away.
restauración *(Restah/oorahthyón)* f. restoration.
restaurante *(Restah/ooráhntay)* m. restaurant.
restaurar *(Restah/ooráR)* intr. to restore. [restitution.
restitución *(Resteetoothyón)* f.
restituir *(ResteetwéeR)* tr. to restore.

R

R

restregar *(RestraygáR)* tr. to scrub.
resto *(Réstoh)* m. remainder; rest; pl. remains.
restricción *(Restreekthyón)* f. restriction. [restrictive.
restrictivo *(Restreektéeboh)* adj.
restriñimiento *(Restreenyeemyéntoh)* m. restriction.
resucitar *(RayssootheetáR)* tr. to resuscitate; to revive.
resuelto *(Raysswéltoh)* adj. resolute. [effect.
resulta *(Rayssóoltah)* f. result;
resultado *(Rayssooltáhdoh)* m. result; issue.
resultar *(RayssooltáR)* intr. to result; (coll.) work out (well, badly).
resumen *(Rayssóomen)* m. summary; extract. [abridged.
resumido *(Rayssooméedoh)* adj.
resumir *(RayssooméeR)* tr. to sum up; to abridge.
resurrección *(RayssooRekthyón)* f. resurrection; revival.
retablo *(Raytáhbloh)* m. altarpiece. [f. rearguard.
retaguardia *(RaytahgwáRdyah)*
retahila *(Raytahéelah)* f. file; string. [ce.
retal *(Raytáhl)* m. remnant, pie-
retar *(RaytáR)* tr. to challenge.
retardar *(RaytaRdáR)* tr. to retard; to delay.
retardo *(RaytáRdoh)* m. delay.
retazo *(Raytáhthoh)* m. remmant, piece.
retén *(Raytén)* m. stock. *Mil.* reserve. *Mech.* catch, ratchet. [tention.
retención *(Raytenthyón)* f. re-
retener *(RaytaynáyR)* tr. to retain; to hold back.
retentiva *(Raytentéebah)* f. retentiveness. [reticence.
reticencia *(Rayteethaynthya)* f.
retina *(Raytéenah)* f. retina.
retirada *(Rayteeráhdah)* f. withdrawal. *Mil.* retreat.
retirado *(Rayteeráhdoh)* adj. retired, remote; m. retired officer.
retirar *(RayteeráR)* tr. to withdraw; to retire; to recoil.
retiro *(Raytéeroh)* m. retreat; retirement; recess.
reto *(Ráytoh)* m. challenge.
retocar *(RaytohkáR)* tr. to retouch; to finish up. [shoot.
retoño *(Raytóhnyoh)* m. sprout;
retoque *(Raytóhkay)* m. retouching, finoshing touch.
retorcer *(RaytoRtháyR)* tr. to twist, to wring.
retorcimiento *(RaytoRtheemyéntoh)* m. twisting, wringing.
retórica *(Raytóhreekah)* f. rhetoric. [rhetorical.
retórico *(Raytóhreekoh)* adj.
retornar *(RaytoRnáR)* tr. e intr. to return, come, go back.
retorno *(RaytóRnoh)* m. return; barter, exchange.
retozar *(RaytohtháR)* intr. to frisk, to romp, to frolic.
retozo *(Raytóhthoh)* m. frisk(iness), frolic, rompness.
retozón *(Raytohthón)* adj. rompish.
retractación *(Raytrahktahthyón)* f. retrac(ta)tion.
retractar *(RaytrahktáR)* tr. to retract, to withdraw.
retraer *(Raytrah/áyR)* tr. dissuade, to retrieve.
retraerse *(Raytrah/áyRssay)* r. to withdraw from, to keep aloof. [y m. solitary.
retraído *(Raytrah/éedoh)* adj.
retraimiento *(Raytrah/eemyéntoh)* m. withdrawal, shyness; seclusion.
retrasar *(RaytrahssáR)* tr. to delay, to put off.
retrasarse *(RaytrahssáRssay)* r. to be late. [lay.
retraso *(Raytráhssoh)* m. de-
retratar *(RaytrahtáR)* tr. to portray, to depict; to photograph.
retratarse *(RaytrahtáRssay)* r. to have a photograph taken.
retratista *(Raytrahtéestah)* f. portarits painter, photographer.
retrato *(Raytráhtoh)* m. portrait, picture, photograph.

retreta *(Raytrúytah)* f. *Mil.* retreat; tattoo.
retrete *(Raytráytay)* m. lavatory, water-closet.
retribución *(Raytreeboothyón)* f. reward; tip.
retribuir *(RaytreebwéeR)* tr. to retribute, to reward.
retroceder *(RaytrohthaydáyR)* intr. to retrocede, to recede, to go backward.
retroceso *(Raytrohthayssoh)* m. re(tro)cession.
retrógrado *(Raytróhgrahdoh)* adj. retrogressive, retrograde.
reuma *(Réh/oomah)* f. rheum; m. *Med.* rheumatism.
reumático *(Reh/oomáhteekoh)* adj. rheumatic.
reumatismo *(Reh/oomahtéessmoh)* m. rheumatism.
reunión *(Reh/oonyón)* f. reunion, meeting, gathering, assembly.
reunir *(Reh/oonéeR)* tr. to join, to assemble, to gather, to collect.
reunirse *(Reh/oonéeRssay)* r. to join, to meet, to gather.
reválida *(Raybáhleedah)* f. final examination, revalidation.
revalidar *(RaybahleedáR)* tr. to si, to confirm. [venge.
revancha *(Raybáhnchah)* f. re-
revelación *(Raybaylahthyón)* f. revelation, disclosure.
revelado *(Raybayláhdoh)* m. *Phot.* development.
revelar *(RaybayláR)* tr. to reveal, to disclose. *Phot.* to develop.
revendedor *(RaybendaydóR)* m. retailer; (ticket) speculator; hawker, pedlar.
revender *(RaybendáyR)* tr. to retail, to re-sell, to peddle.
reventa *(Raybéntah)* f. resale, retail.
reventar *(RaybentáR)* intr. to burst, to blow up/out; tr. to vex, to annoy.
reventón *(Raybentón)* adj. y m. (up)burst, blow-out.
reverencia *(Raybayrénthyah)* f. reverence; bow.
reverenciar *(RaybayrenthyáR)* tr. to revere; to reverence, venerate.
reversión *(RaybayRssyón)* f. reversion, return.
revés *(Raybéss)* m. reverse; back, wrong side; setback, misfortune; slap, cuf; the other way round; back to front, inside out
revisar *(RaybeessaR)* tr. to review; check, to overhaul.
revisión *(Raybeessyon)* f. revision, overhaul.
revisor *(RaybeessoR)* m. reviser, (ticket-) inspector collector.
revista *(Raybéestah)* f. review, magazine, journal. *Mil.* muster. *Theat.* revue.
revistar *(RaybeestáR)* tr. to review, to inspect. *Law.* revise. [tr. to revivify.
revivificar *(RaybeebeefeekáR)*
revivir *(RaybeebéeR)* intr. to to revive, to return to life.
revocación *(Raybohkahthyón)* f. revocation, revokement.
revocar *(RaybohkáR)* tr. to revoke; unsay, take back.
revolotear *(RaybohlohtayáR)* intr. to flutter, to hover.
revoloteo *(Raybohlohtayoh)* m. fluttering, hovering.
revoltillo *(Rayboltéelyoh)* m. medley, jumble, mess.
revoltoso *(Rayboltóhssoh)* adj. prankish, mischievous.
revolución *(Raybohloothyón)* f. revolution; revolt; rebellion.
revolucionar *(RaybohloothyohnáR)* tr. to revolutionize, to revolt.
revolucionarse *(RaybohloothyohnáRssay)* r. to rebel, to rise.
revolucionario *(Raybohloonáhryoh)* adj. revolutionary; s. revolutionist, rebel.
revolver *(RaybolbayR)* tr. to turn up, to stir, to shake.

R

revólver *(RaybólbaR)* s. revolver, pistol, gun.
revoque *(Raybóhkay)* m. plastering, whitewashing.
revuelco *(Raybwélkoh)* m. wallowing, rolling.
revuelo *(Raybweloh)* m. gyration (in flying), stir, sensation.
revuelto *(Raybwéltoh)* adj. unsetled, scrambled (eggs).
revulsión *(Rayboolssyón)* f. revulsion. [gos, Magi.
rey *(Ray)* m. king; **Reyes Ma-**
reyezuelo *(Rayyethwayloh)* m. petty king. *Orn.* kinglet.
rezagar *(RaythahgáR)* tr. to leave behind, to lag behind.
rezagarse *(RaythahgáRssay)* r. to lag. [say prayers.
rezar *(RaytháR)* tr. to pray; to
rezo *(Ráythoh)* m. prayer.
ría *(Réeah)* f. river mouth, estuary.
riachuelo *(Ryachwáyloh)* m. rivulet; brook, stream.
riada *(Ryáhdah)* f. fresh(et), flood, inundation.
ribera *(Reebáyrah)* f. -shore (sea-) river bank.
ribereño *(Reeb/ayráynyoh)* adj. riverside; m. riparian.
ribete *(Reebáytay)* m. braid, edge, border.
ribetear *(ReebaytayáR)* tr. to border, to hem, to edge, to fringe. [(coll.) very rich.
ricacho *(Reekáhchoh)* adj. y m.
rico *(Réekoh)* adj. rich; wealthy; delicious, sweet.
ridiculez *(Reedeekooléth)* f. ridicule, folly; oddity.
ridiculizar *(ReedeekooleetháR)* tr. to ridicule, to laugh at, to deride at, to nock at.
ridículo *(Reedéekooloh)* adj. ridiculous, laughable; m. ridicule.
riego *(Ryégoh)* m. irrigation.
riel *(Ryén)* m. rail; ingot; bar.
rienda *(Ryéndah)* f. rein of a bridle. [ger hazard.
riesgo *(Ryéssgoh)* m. risk; dan-
rifa *(Réefah)* f. raffle, lottery, draw. [flots).
rifar *(ReefáR)* tr. raffle, to draw-
rifle *(Réeflay)* m. rifle.
rigidez *(ReeHeedéth)* f. rigidity, stiffeness. [stiff.
rígido *(RéeHeedoh)* adj. rigid,
rigor *(ReegóR)* m. rigour, strictness, harshness.
riguroso *(Reegoohróhssoh)* adj. rigorous, strict, harsh.
rima *(Réemah)* f. rhyme, rime.
rimar *(ReemáR)* intr. to rhyme.
rincón *(Reenkón)* m. corner; nook. [m. rhinoceros.
rinoceronte *(Reenohthayróntay)*
riña *(Réenyah)* f. quarrel; dispute, scuffle, fray.
riñón *(Reenyón)* m. kidney.
río *(Réeoh)* m. river, stream.
riqueza *(Reekáythah)* f. riches, wealth.
risa *(Réessah)* f. laugh, laughter.
risible *(Reesséeblay)* adj. laughable. [faw.
risotada *(Reessohtáhdoh)* f. guf-
risueño *(Reeswáynyoh)* adj. smiling. [thmic(al).
rítmico *(Réetmeekoh)* adj. rhy-
ritmo *(Réetmoh)* m. rhythm.
rito *(Réetoh)* m. rite; ceremony. [ritual, ceremonial.
ritual *(Reetwáhl)* m. y adj.
rival *(Reebáhl)* s. rival; competitor. [valry.
rivalidad *(Reebahleedáh)* f. ri-
rivalizar *(ReebahleetháR)* tr. to rival; to vie, to compete.
rizado *(Reetháhdoh)* adj. curly, wavy, frizzled.
rizar *(ReetháR)* tr. to frizz(le), to cure, to crimp.
rizarse *(ReetháRssay)* r. to curl.
robar *(RohbáR)* tr. to rob; to plunder, to steal.
roble *(Róhblay)* m. *Bot.* oaktree. [theft.
robo *(Róhboh)* m. robbery;
robot *(Rhóbot)* m. robot.
robustecer *(RohboostaythayR)* tr. to make strong.
robustez *(Rohboostayth)* f. robustness, stoutness.

robusto *(Rohbóostoh)* adj. robust, stout, sturdy.

roca *(Róhkah)* f. rock; stone, boulder. [bing.

roce *(Róhthay)* m. friction, rub-

rociada *(Rohthyáhdah)* f. sprinkling, scattering. *Naut.* spray.

rociador *(RohthyahdóR)* m. spinkler, sprayer, spray.

rociar *(RohthyáR)* tr. to sprinkle, to spray. [jade.

rocín *(Rohthéen)* m. hack(ney),

rocío *(Rohthéeoh)* m. dew.

rodada *(Rohdáhdah)* f. rut; wheeltrack.

rodado *(Rohdáhdoh)* adj. dapple(d), round; **canto —,** pebble.

rodaja *(RohdáhHah)* f. slice, rasher; small wheel, castor.

rodaje *(RohdáhHay)* m. wheeling set of wheels, **En —,** running in.

rodar *(RohdáR)* intr. to roll (about), to spin, to wheel, to rotate.

rodear *(RohdayáR)* tr. to surround, to encircle, to girdle.

rodeo *(Rohdáyoh)* m. turn, roundabout, round-up. **Está dando —s,** he's beating about the bush.

rodilla *(Rohdéelyah)* f. knee.

rodillera *(Rohdeelyerah)* f. knee-cap; knee-guard; knee-patch.

rodillo *(Rohdeelyoh)* roller, cylinder, rolling-pin. *Print.* inking roller.

roedor *(Roh/aydóR)* adj. y m. gnawer. *Zool.* **roedores,** rodents.

roer *(Roh/ayR)* intr. to gnaw.

rogar *(RohgáR)* tr. to pray, to beg. [gation, prayer.

rogativa *(Rohgahtéebah)* f. ro-

rojez *(RohHayth)* f. redness.

rojizo *(RohHéethoh)* adj. reddish. [red-hot.

rojo *(RóhHoh)* adj. red, **al —**

rollizo *(Rohlyéethoh)* adj. plump.

rollo *(Róhlyoh)* m. roll, cylinder, scroll, log.

romance *(Rohmáhnthay)* adj. y m. Romance, Romanic; m. Romance languaje.

R

romancero *(Rohmahntháyroh)* m. romancer; m. collection of romances.

romanizar *(RohmahneetháR)* tr. to Romanize. [Roman.

romano *(Rohmáhnoh)* adj. y m.

rombo *(Rómboh)* m. rhomb(us), diaod-shaped.

romería *(Rohmayréeah)* f. pilgrimage; country-party.

romero *(Rohmáyroh)* m. *Bot.* Rosemary; pilgrim; palmer.

rompecabezas *(Rompaykahbáythahss)* m. puzzle, riddle.

rompehielos *(Rompayyeloss)* m. icebreaker.

rompeolas *(Rompayóhlahss)* m. breakwater, jetty.

romper *(Rompá/R)* tr. e intr. to break (off). [break.

romperse *(Rompá/Rssay)* r. to

rompiente *(Rompyéntay)* adj. breaking; m. surf; surge, breakers, reefs.

ron *(Ron)* m. rum.

roncar *(RonkáR)* intr. to snore; to boast brag.

ronco *(Rónkoh)* adj. hoarse.

roncha *(Rónchah)* f. round slice; brutse, weal.

ronda *(Róndah)* f. night-patrol, beat, rounds.

rondalla *(Rondáhlyah)* f. fable, story; folk-music group.

rondar *(RondáR)* tr. to patrol, round, to haunt. [be hoarse.

ronquear *(RonkayaR)* intr. to

ronquera *(Ronkayrah)* f. hoarseness. [re.

ronquido *(Ronkéedoh)* m. sno-

roña *(Róhnyah)* f. scab filth.

roñería *(Rohnyayréeah)* f. meanness. [scabby; nasty.

roñoso *(Rohnyóhssoh)* adj.

ropa *(Róhpah)* f. clothes clothing; **— blanca,** linen; **— de cama,** bed linen; **— interior,** underwear.

R

ropaje *(RohpáhHay)* m. clothes, robe; drapery. [be; locker.
ropero *(Rohpáyroh)* m. wardro-
roquedal *(Rohkaydáhhl)* m. rocky place. [rocky.
roqueño *(Rohkáynyoh)* adj.
rorro *(RohRóh)* m. (coll.) baby.
rosa *(Róhssah)* f. *Bot.* rose; m. rose colour.
rosado *(Rohssáhdoh)* adj. rosed; rosy(-hued).
rosal *(Rohssáhl)* m. *Bot.* rosebush. [rose-garden.
rosaleda *(Rohssahláydah)* f.
rosario *(Rohssáhryoh)* m. *Eccl.* rosary, chaplet.
rosca *(Róskah)* f. screw-thread.
rosicler *(RohsseekláiR)* m. rose-pink.
rosquilla *(Roskéelyah)* f. rusk.
rostro *(Róstroh)* m. (human) face, visage, countenance.
rotación *(Rohtahthyón)* f. rotation, turn, revolution, whirl.
roto *(Róhtoh)* adj. broken; torn.
rótula *(Róhtoolah)* f. knee-pan.
rotular *(RohtooláR)* tr. to label.
rótulo *(Róhtooloh)* m. label, sign, lettering, inscription, poster, showbill.
rotundo *(Rohtóondoh)* adj. round; plain; sonorous.
rotura *(Rohtóorah)* f. rupture, fracture, breakage, cerak.
rozadura *(Rohthahdóorah)* f. friction, chafing, abraison.
rozamiento *(Rohthahmyéntoh)* m. friction, rubbing.
rozar *(RohtháR)* tr. e intr. to stub; to rub against.
rubí *(Roobée)* s. ruby.
rubio *(Róobyoh)* adj. blonde, fair (-haired), ruddy.
rubor *(RoobóR)* m. blush, shame, bashfulness.
ruborizarse *(RoobohreetháR-ssay)* r. to blush.
ruboroso *(Roobohróhssoh)* adj. bashful, shameful.
rúbrica *(Róobreekah)* f. red mark, flourish (in signature). [sign.
rubricar *(RoobreekáR)* tr. to
ruda *(Róodah)* f. *Bot.* rue.
rudeza *(Roodáythah)* f. rudeness, roughness, asperity.
rudimento *(Roodeemyéntoh)* m. rudiment; pl. elements.
rudo *(Róodoh)* adj. rude, rough, coarse; hard; stupid.
rueda *(Rwáydah)* f. wheel; castor, roller, circle, turn.
ruedo *(Rwáydoh)* m. rotation, turn, arena (in a bull-ring).
ruego *(Rwáygoh)* m. request, petition, entreaty.
rufián *(Roofyáhn)* m. ruffian, pimp, procurer.
rugido *(RooHéedoh)* m. roar.
rugiente *(RooHyéntay)* adj. roaring, bawling.
rugir *(RooHéeR)* intr. to roar, to bawl, bellow, howl.
rugosidad *(Roogohsseedah)* f. rugosity.
rugoso *(Roogóhssoh)* adj. rugose, corrugated. [rhubarb.
ruibarbo *(RweebáRboh)* m. *Bot.*
ruido *(Rwéedoh)* m. noise; bustle, outcry, clatter, din.
ruidoso *(Rweedóhssoh)* m. noisy, loud.
ruin *(Rwéen)* adj. vile; low mean, base; treacherous.
ruina *(Rwéenah)* f. ruin, downfall; pl. ruins.
ruindad *(Rweendahd)* f. meanness, baseness. [nous.
ruinoso *(Rweenóhssoh)* adj. rui-
ruiseñor *(RweessaynyóR)* m. *Orn.* nightingale.
rumbo *(Róomboh)* m. course, bearing; ostentation, pomp.
rumboso *(Roombóhssoh)* adj. splendid; pompous.
rumiante *(Roomyáhntay)* adj. ruminant; reflecting, musing.
rumiar *(RoomyáR)* tr. ruminate; to muse, to brood over, to muse. *Zool.* to chew the cud. [murmur, hearsay.
rumor *(RoomóR)* m. rumour,
ruptura *(Rooptóorah)* f. rupture, break, crack, breakage.
ruso *(Róossoh)* adj. y m. Russian. [rusticity.
rusticidad *(Roossteetheedáhd)* s.
rústico *(Róossteekoh)* adj. rus-

tic; churlish, rude; m. peasant.
ruta *(Róotah)* f. route, itinerary.
rutina *(Rootéenah)* s. routine; habit; custom, rut.
rutinario *(Rooteenáhryoh)* adj. routinary; m. routinist.

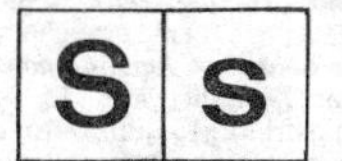

sábado *(sáhbahdoh)* m. Saturday.
sábana *(sáhbahnah)* f. (bed) sheet; pl. bed-linen.
sabandija *(sahbahndéeHah)* f. vermin, grub, insect.
sabañón *(sahbahnyón)* m. chilblain. [aware.
sabedor *(sahbaydóR)* adj. y m.
saber *(sahbáR)* tr. to know, to be aware of, can; — a to taste of; m. learning.
sabia *(sáhbiah)* adv. knowingly, wise, sage.
sabiendas *(sahbyéndass)* adv. knowingly, consciously.
sabio *(sáhbyoh)* adj. wise; sage, learned, well-read; m. sage.
sablazo *(sahbláhthoh)* m. sabre stroke or wond; (coll.) touch; (fig.) sponging.
sabor *(sahbóR)* m. taste, flavour, smack, savour.
saborear *(sahbohrayáR)* tr. to savour, to smack, to relish, enjoy.
sabotaje *(sahbohtáhHay)* m. sabotage. [ty, delicious.
sabroso *(sahbróhssoh)* adj. tas-
sabueso *(sahbwáyssoh)* m. (blood) hound; (fig.) detective; *(USA.)* private-eye.
saca *(sáhkah)* f. drawing out, large bag or sack.
sacabotas *(sahkahbóhtass)* m. boot-jack.
sacacorchos *(sahkahkóRchoss)* m. corkscrew.
sacar *(sahkáR)* tr. to draw (out); to take (out), to find out, to get. [charin.
sacarina *(sahkahréenah)* f. sac-
sacerdocio *(sahthayRdóhthyoh)* m. priesthood.
sacerdotal *(sahthayRdohtáhl)* adj. sacerdotal.
sacerdote *(sahthayRdóhtay)* m. priest; clergyman.
sacerdotisa *(sahthayRdohtéessah)* f. priestess.
saciar *(sahthyáR)* tr. to satiate; to satisty, to quench.
saciedad *(sahthyedahd)* f. satiety, glut, saturation.
saco *(sáhkoh)* m. sack, bag, sackful, plunder, pillage.
sacramento *(sahkrahméntoh)* m. sacrament. [sacrifice.
sacrificar *(sahkreefeekáR)* tr. to
sacrificio *(sahkreeféethyoh)* m. sacrifice. [sacrilege.
sacrilegio *(sahkreeláyHyoh)* m.
sacristán *(sahkreestáhn)* m. sacristan, sexton, verger.
sacristía *(sahkreestéeah)* f. sacristy; vestry. [cred.
sacro *(sáhkroh)* adj. holy; sa-
sacudida *(sahkoodéedah)* f. shake; jerk, tremor, jolt.
sacudir *(sahkoodéeR)* tr. to shake, to jerk, to jolt, to jog, to agitate. [to shake off.
sacudirse *(sahkoodéeRssay)* r.
saeta *(sah/áytah)* f. arrow; dart; Andalusian pious song.
safari *(sahfáhree)* m. safari.
saga *(sahgah)* f. saga.
sagacidad *(sahgahtheedáhd)* f. sagacity, shrewdness.
sagaz *(sahgáth)* adj. sagacious, shrewd, sharp, quick, smart.
sagrado *(sahgráhdoh)* adj. sacred, holy; m. sanctuary.
sagrario *(sahgráhryoh)* m. sanctuary. *Eccl.* ciborium.
sainete *(sah/eenáytay)* m. *Theat.* farce.
sal *(sáhl)* f. salt; (fig.) wit.
sala *(sáhlah)* f. hall, drawing-room, (hospital) ward, tribunal. *Theat.*, house.
salado *(sahláhdoh)* adj. salted, salty, brackish, briny, witty.

S

saladura *(ahlahdóorah)* f. salting, pickled; saltness.

S

salamandra *(sahlahmáhndrah)* f. salamander. [cure.

salar *(sahláR)* tr. to salt; to

salario *(sahláhryoh)* m. salary; stipend; wages; pay. [lewd.

salaz *(sahláth)* adj. lustful;

salazón *(sahlathón)* f. salting, salt meat, salt fish.

salchicha *(sahlchéechah)* f. sausage, hot-dogs.

salchichón *(sahlcheechón)* m. large sausage.

saldar *(sahldáR)* tr. *Com.* to settle, to liquidate, to pay off.

saldo *(sáhldoh)* m. *Com.* balance, remnant, reject; **venta de —s** (clearance)-sale.

salero *(sahlayroh)* m. saltcellar; (fig.) gracefulness.

saleroso *(sahlayrohssoh)* adj. graceful; witty.

salida *(sahléedah)* f. departure; outset, exit; start, rise. *Mil.* sally.

saliente *(sahlyéntay)* adj. salient, profeeling, jutting-out.

salina *(sahléennah)* f. salt-pit; saltmine. [ne.

salino *(sahléennoh)* adj. sali-

salir *(sahléeR)* intr. to go out, to depart, to come out, to rise (the sun); to leave.

saliva *(sahléebah)* f. saliva, spit.

salmear *(sahlmayáR)* tr. to sing psalms.

salmista *(sahlméestah)* s. psalmist, psalm-singer.

salmo *(sáhlmoh)* m. psalm.

salmón *(sahlmón)* m. *Ichth.* salmón.

salmonete *(sahlmohnáytay)* m. *Ichth.* red mullet.

salmuera *(sahlmwáyrah)* f. brine; pickle.

salobre *(sahlóhbray)* adj. saltish, brackish, briny.

salón *(sahlón)* m. saloon, hall, drawing-room, a s s e m b l y-room.

salpicadura *(sahlpeekahdóorah)* f. splash, spattering.

salpicar *(sahlpeekáR)* tr. to splash, to spatter.

salpicón *(sahlpeekón)* m. salmagundi. [vy.

salsa *(sáhlssah)* f. sauce; gra-

salsera *(sahlssáyrah)* f. gravy-dish. [m. grasshopper.

saltamontes *(sahltahmóntess)*

saltar *(sahltáR)* intr. to leap; to spring; to jump; to hop, tr. to leap or jump over.

salteador *(sahltayadóR)* m. highwayman.

saltear *(sahltayáR)* tr. to rob on the highway; to assault, to hold up. [ter.

salterio *(sahltáyryoh)* m. psal-

saltimbanco *(sahlteembáhnkoh)* **—banqui** *(—báhnkee)* m. mountebank, trifler.

salto *(sáhltoh)* m. spring; leap; hop; jump.

saltón *(sahltón)* adj. hopping, bulging; m. grasshopper.

salubre *(sahlóobray)* adj. salubrious, healthy.

salud *(sahlóod)* f. health.

saludable *(sahloodáhblay)* adj. salutary; healthful.

saludar *(sahloodáR)* tr. to greet; to salute; to hail.

saludo *(sahlóodoh)* m. salute, greeting.

salva *(sáhlbah)* f. *Mil.* volley; salvo. [vation.

salvación *(sahlbahthyón)* f. sal-

salvajada *(sahlbahHáhdah)* f. brutal/savage action.

salvaje *(sahlbâhHay)* adj. savage; wild; m. savage; (coll.) ignorant. [m. salvage.

salvamento *(sahlbahmáyntoh)*

salvar *(sahlbáR)* tr. to save; to salvage, to overcome.

salvarse *(shalbáRssay)* r. to escape (from danger).

salvavidas *(sahlbahbéedahss)* m. lifelbelt; **bote —**, life-boat.

salve *(sáhlbay)* interj. hail f. *Eccl.* Salve Regina.

salvedad *(sahlbaydáhd)* f. exception, reservation.

salvo *(sáhlboh)* adj. safe, saved; adv. excepting.

salvoconducto *(salbohkondooktoh)* m. safe-conduct, pass, permit.
sambenito *(sahmbaynéetoh)* m. sanbenito, (penitential garment).
san *(sahn)* adj. saint.
sanar *(sahnáR)* tr. to heal; to cure; intr. to recover.
sanatorio *(sahnahtóhryoh)* m. sanatorium.
sanción *(sahnthyón)* f. sanction, fine, censure, reproof, admonition, reprimand, rebuke.
sancionar *(sahnthyohnáR)* tr. to sanction; ratify, to fine, to reprimand, to admonish, to rebuke.
sandalia *(sahndáhlyah)* f. sandal.
sandez *(sahndáyth)* f. nonsense, folly, twaddle, tommy-rot, tripe.
sandía *(sahndéeah)* f. water-melon.
saneamiento *(sahnayahmyéntoh)* m. sanitation, sewage, drainage.
sanear *(sahnayáR)* tr. to make sanitary, to drain.
sangradura *(sahngrahdóorah)* f. bleeding; draining.
sangrar *(sahngráR)* tr. to bleed; intr. to bleed.
sangrarse *(sahngráRssay)* f. to be bled.
sangre *(sáhngray)* f. blood.
sangría *(ahngréeah)* f. bleeding; a mixture of red wine and fizzydrink, adding bits of fruit.
sangriento *(sahngryéntoh)* adj. bloody, blood-stained, bleeding.
sanguijuela *(sahngeeHwáylah)* f. leech.
sanguinario *(sahngeenáhryoh)* adj. sanguineous, blood-thirsty, cruel.
sanguíneo *(sahngéenayoh)* adj. sanguineous, bloody.
sanidad *(sahneedáhd)* f. health(iness), sanity; health-office.
sano *(sáhnoh)* adj. sound; healthy.
santa *(sáhntah)* f. female saint; adj. y f. saint, holy.
santiamén *(sahntyahmén)* m. (coll.) jiffy.
santidad *(sahnteedáhd)* f. sanctity; holiness; Holiness; title of the Pope.
santificación *(sahnteefeekahthyón)* f. sanctification.
santificar *(sahnteefeekáR)* tr. to sanctify.
santiguar *(sahnteegwáR)* tr. to bless; (coll.) to chastise.
santiguarse *(sahnteegwáRssay)* r. to cross oneself.
santísimo *(sahntéesseemoh)* adj. most holy.
santo *(sáhntoh)* adj. holy, saint(ed), blessed; m. saint, saint's day. *Mil.* — **y seña,** watchword.
santón *(sahntón)* m. hypocrite; dervish.
santoral *(sahntohráhl)* m. calender of saints.
santuario *(sahntwáhryoh)* m. sanctuary.
saña *(sáhnyah)* f. passion; anger, rage, fury.
sañudo *(sahnyóodoh)* adj. furious, enraged.
sapiencia *(sahpyénthyah)* f. wisdom.
sapo *(sáhpoh)* m. toad.
saquear *(sahkayáR)* tr. to ransack, to plunder, to pillage.
saqueo *(sahkáyoh)* m. plunder; pillage, spoil.
sarampión *(sahrahmpyón)* m. measles.
sarao *(sahráh/oh)* m. evening party.
sarcasmo *(saRkássmoh)* m. sarcasm.
sarcástico *(saRkásteekoh)* adj. sarcastic.
sardana *(saRdáhnah)* f. a Catalonian ring-dance.
sardina *(saRdéenah)* f. *Ichth.* sardine.
sargento *(saRHéntoh)* m. sergeant.
sarna *(sáRnah)* f. itch, mange, scabies.
sarnoso *(saRnóhssoh)* adj. itchy, mangy, scabby.
sarraceno *(sahRahtháynoh)* m. y adj. Saracen.
sarro *(sáhRoh)* m. crust, sordes.
sarta *(sáRtah)* f. string (of beads), line, row, series.
sartén *(saRtén)* f. frying-pan.

S

S

sastre *(sáhstray)* m. tailor.
sastrería *(sahstrayréeah)* s. a tailor's trade or shop.
satánico *(sahtáhneekoh)* adj. satanic; devilish.
Satán *(sahtáhn)* m. Satan, Devil; (coll.) Old Harry, Old Horny.
satélite *(sahtáyleetay)* m. satellite, follower, companion.
satinado *(sahteenáhdoh)* adj. glossy, glazy; m. glazing.
satinar *(sahteenáR)* tr. to glass, to glaze.
sátira *(sáhteerah)* f. satire.
satírico *(sahtéereekoh)* adj. satiric(al); m. satirist.
satirizar *(sahteereetháR)* tr. to satirize.
sátiro *(sáhteeroh)* m. satyr, lewd fellow. [satisfaction.
satisfacción *(sahteesfahthyón)* f.
satisfacer *(sahteesfahtháyR)* tr. to satisfy, to please, to satiate.
satisfactorio *(sahteesfahktóhryoh)* adj. satisfactory, pleasing, satisfying.
satisfecho *(sahteesfáychoh)* adj. satisfied, conten(ed).
saturar *(sahtooráR)* tr. to saturate, to glut, to fill.
sauce *(sáh/oothay)* m. *Bot.* willow.
sauna *(sah/oonah)* f. sauna.
sazón *(sahthón)* f. maturity; season/ing, ripening; **a la —**, at that time.
sazonado *(sahthohnáhdoh)* adj. seasoned; mature, mellow, ripe.
sazonar *(sahthohnáR)* tr. to season; to ripen, to mature.
se *(say)* pron. (reflexive) yourself, himself, herself, itself, oneself, themselves; (dative personal, before **lo, la, los, las**) (to) you, (to) him, (to) her, (to) it, (to)them; (reciprocal verb) one another, each other; (indefinite subject, passive meaning) **— dice,** they say, it is said; **— habla inglés,** English spoken.
sebo *(sáyboh)* m. tallow; fat, suet. [wy, greasy.
seboso *(saybóhssoh)* adj. tallo-
secadero *(saykahdáyroh)* m. drying room.
secano *(saykáhnoh)* m. dry land **cultivo de —,** dry farming.
secante *(saykáhntay)* m. blotting paper, drier; drying oil.
secar *(saykáR)* tr. to dry; to drain, to wipe.
secarse *(saykáRssay)* r. to (grow) dry.
sección *(sekthyón)* f. section, division. *Mil.* platoon.
seccesión *(sekthayssyón)* f. secession, separation.
seco *(sáykoh)* adj. dry; dried up, barren, arid, husky, sharp.
secreción *(saykraythyón)* f. secretion.
secretaria *(saykraytáhryah)* f. (woman) secretary.
secretaría *(saykraytahréeah)* f. secretary's ofifice, secretaryship. [secretary.
secretario *(saykraytáhryoh)* m.
secretear *(saykraytayáR)* intr. to speak in private, to whisper.
secreto *(saykráytoh)* adj. secret; m. secrecy; secret(ness).
secta *(séktah)* f. sect.
sectario *(sektáhryoh)* adj. y m. sectarian.
sector *(sektóR)* m. sector.
secuaz *(saykwáth)* adj. partisan; m. follower.
secuela *(saykwáylah)* f. sequel aftermath.
secuestrar *(saykwestráR)* tr. to kidnap, abduet.
secuestro *(saykwéstroh)* m. kidnapping, abduction.
secular *(saykooláR)* adj. secular; lay. [tr. to secularize.
secularizar *(saykoolahreetháR)*
secundar *(saykoondáR)* tr. to second; to aid, to favour.
secundario *(saykoondáhryoh)* adj. secondary, second-rate.
sed *(sed)* f. thirst; eagerness, anxiety.

seda *(sáydah)* f. silk, **como una —**, without difficulty.
sedal *(saydáhl)* m. fishing/angling line.
sede *(sáyday)* f. see; **Santa Sede,** Holy See. [sedentary.
sedentario *(saydentáhryoh)* adj.
sedición *(saydeethyón)* f. sedition; mutiny. [seditious.
sedicioso *(saydeethyóhssoh)* adj.
sediento *(saydyéntoh)* adj. thirsty, dry; eager, anxious.
sedimento *(saydeeméntoh)* m. sediment, dreg, settling(s).
seducción *(saydookthyón)* f. seduction, rape, violation; allurement, enticement.
seducir *(saydookthéeR)* tr. to rape, to seduce; to allure, to entice.
seductor *(saydooktóR)* adj. seductive; m. seducer.
segador *(saygahdóR)* m. harvester, reaper, mower,
segar *(saygáR)* tr. to reap; to mow, to harvest.
seglar *(sayglàR)* adj. lay, secular; m. layman. [ment.
segmento *(segméntoh)* m. seg-
segregación *(saygraygahthyón)* f. segregation.
segregar *(saygraygáR)* tr. to segregate. *Med.* to secrete.
seguida *(saygéedah)* succesion, following, continuation; **en —**, immediately, at once, prepresently.
seguido *(saygéedoh)* adj. y adv. continuous, successive; straight. [wer.
seguidor *(saygeedóR)* m. follo-
seguir *(saygéeR)* tr. to follow, to continue, to go on.
según *(saygóon)* prep. according to, as; it depends.
segundo *(saygóondoh)* adj. second; m. second (of time), (adv.) secondly.
seguridad *(saygooreedáhd)* f. security; safety; certainty.
seguro *(saygóoroh)* adj. safe; secure; sure; m. assurance, certain. *Mech.* safety-lock, click. *Com.* insurance.
seis *(sáyss)* adj. y m. six.
selección *(saylekthyón)* f. selection; pick; choice.
seleccionar *(saylekthyonáR)* tr. to select, to choose, to prek up. [choice.
selecto *(sayléktoh)* adj. select,
selva *(sélbah)* f. forest; jungle, the bush.
selvático *(selbáhteekoh)* adj. wild; sylvan. [stamp.
sellar *(saylyáR)* tr. to seal, to
sello *(sáylyoh)* m. seal, stamp, **— de correos,** postage-stamp.
semáforo *(saymáhfohroh)* m. traffic light, semaphore.
semana *(saymáhnah)* f. week.
semanal *(saymahnáhl)* adj. weekly. [weekly paper.
semanario *(saymahnáhroyh)* m.
semblante *(sembláhntay)* m. face; mien; aspect, looks.
sembrado *(sembráhdoh)* m. sown ground, corn-field.
sembrador *(sembrahdóR)* m. sower; seedsman. [to seed.
sembrar *(sembráR)* tr. to sow,
semejante *(saymayHáhntay)* adj. similar; like, alike, resembling; m. fellow-creature.
semejanza *(saymayHáhnthah)* f. resemblance, likeness.
semejar *(saymayHáR)* intr. to resemble, to be like.
semejarse *(salmayHáRssay)* f. to be like.
semen *(sáymen)* m. semen.
semental *(saymentáhl)* adj. seedling, sapling; m. stallion.
semestre *(sayméstray)* m. half year, six-months.
semilla *(sayméelyah)* f. seed; (fig.) cause.
semillero *(saymeelyáyroh)* m. seed-plot; nursery; (fig.) hotbed.
seminario *(saymeenáhryoh)* m. seminary; seminar.
sémola *(saymohlah)* f. semolina, groats.
senado *(saynáhdoh)* m. senate, senate-hause/hall. [tor.
senador *(saynahdóR)* m. sena-

S

S

sencillez *(sentheelyéth)* f. simplicity, plainness.
sencillo *(senthéelyoh)* adj. simple, plain; single.
senda *(séndah)* f. (foot-)path.
sendero *(sendáyroh)* m. path(way), foot-path. [leither.
sendos *(séndos)* adj. one each,
senil *(saynéel)* adj. senile; aged.
seno *(sáynoh)* m. breas; bosom; chest; womb. *Mar.* bay, gulf. [sation, feeling.
sensación *(senssáhthyón)* f. sen-
sensatez *(senssahteth)* f. good sense, sensibleness, horsesense.
sensato *(senssáhtoh)* adj. sensible, whise, judicious, reasonable.
sensibilidad *(senseebeeleedáhd)* f. sensibility, sensitiveness.
sensible *(sensséeblay)* adj. sensitive; regrettable.
sensual *(sensswáhl)* adj. sensual, lewd, lustful, sensuous.
sensualidad *(sensswahleedáhd)* f. sensuality, lust, lewdness.
sentado *(sentáhdoh)* adj. seated, settled, sat, sitting-(down); steady, firm.
sentar *(sentá***R***)* tr. to sit; to fit, to suit; to seat.
sentarse *(sentá***R***ssay)* r. to sit down, to squat.
sentencia *(senténthyah)* f. sentence, veredict, judgement.
sentenciar *(sententhyá***R***)* tr. to sentence, to judge, to condemn.
sentencioso *(sententhyóhssoh)* adj. sententious; axiomatic.
sentido *(sentéedoh)* adj. sensitive, touchy, susceptible; m. meaning.
sentimental *(senteementáhl)* adj. sentimental, emotional, affecting.
sentimiento *(senteemyéntoh)* m. feeling, sentiment; sorrow; concern, regret.
sentir *(sentée***R***)* tr. to feel; to hear; to be sorry for; to regret.
seña *(sáynyah)* f. sign, signal; token; pl. address.
señal *(saynyáhl)* f. sign, signal, mark; vestige; sympton.
señalado *(saynyahláhdoh)* adj. noted, famous.
señalar *(saynyahlá***R***)* tr. to mark (out), to signal(ize), to show, point out.
señalarse *(saynyahlá***R***ssay)* r. to distinguish oneself.
señor *(saynyó***R***)* m. mister, sir, lord, master, gentleman.
señora *(saynyórah)* f. lady, mistress; madam; dame.
señorear *(saynyohrayá***R***)* tr. to master, to rule, to lord.
señoría *(saynyoh/réeah)* f. lordship. [jestic.
señorial *(saynyohryáhl)* adj. ma-
señorío *(saynyohréeoh)* m. seigniory; dominion, manor.
señorita *(saynyohréetah)* f. Miss, young lady.
señorito *(saynyohréetoh)* m. young gentleman, lordling.
señuelo *(saynywáyloh)* m. lure; decoy, bait.
separación *(saypahrahthyón)* f. separation, segregation, parting.
separar *(saypahrá***R***)* tr. to separate; to part, to detach; to segregate.
separarse *(saypahrá***R***ssay)* r. to separate; to part.
separatismo *(saypahrahtéessmoh)* m. separatism. *Pol.* secessionism. [north.
septentrión *(septentryón)* m.
septentrional *(septentryohnáhl)* adj. northern. [sepulchral.
sepulcral *(saypoolkráhl)* adj.
sepultar *(saypooltá***R***)* tr. to bury; to entomb.
sepultura *(saypooltóorah)* f. sepulture, tomb, grave.
sepulturero *(saypooltooráyroh)* m. grave-digger.
sequedad *(saykaydáhd)* f. dryness, aridity. [dryness.
sequía *(saykéeah)* f. drought,
séquito *(sáykeetoh)* m. retinue.
ser *(say***R***)* intr. to be; — de,

to belong to; m. existence, being, entity.
serenar *(sayraynáR)* tr. to calm, to clear up. [nade.
serenata *(sayraynátah)* f. sere-
serenidad *(sayrayneedáthd)* f. serenity, calm, calmness.
sereno *(sayráynoh)* adj. serene; clear, quiet; calm; m. night-watchman, night dew.
serie *(sáyryay)* f. series; suite, set; **fabricación en —**, mass producción.
seriedad *(sayryaydáhd)* f. seriousness, gravity, sternness.
serio *(sáyryoh)* adj. serious, grave, dignified, majestic, solemn.
sermón *(sayRmón)* m. sermon; (fig.) censure.
sermonear *(sayRmohnayáR)* tr. to preach; (fig.) to reprove, reprimand, censure.
serpear *(sayRpayáR)* intr. to meander; to crawl, to creep.
serpentear *(sayRpentayáR)* to wind (along), to creep, to wriggle.
serpiente *(saRpyéntay)* f. snake, serpent. [(y)er.
serrador *(sayRahdóR)* m. saw-
serrano *(sayRahnoh)* adj. y m. highlander; **jamón —**, cured ham («serrano»).
serrar *(sayRáR)* tr. to saw.
serrín *(sayRéen)* m. sawdust.
servicial *(sayRbeethyáhl)* adj. obsequious, obliging, helpful.
servicio *(sayRbéethyoh)* m. service; duty; utility; help.
servido *(sayRbéedoh)* adj. pleased; served.
servidor *(sayRbeedóR)* m. servant; **— de Vd.**, at your service; helper.
servidumbre *(sayRbeedóombray)* f. servitude, servants, help.
servil *(sayRbéel)* adj. servile, obsequious, fawning, abasement, lattery.
servilleta *(sayRbeelyáytah)* f. tablenapkin, serviette.
servir *(sayRbéeR)* intr. to serve; to be useful; tr. to help on or to, to serve, to wait at table.
servirse *(sayRbéeRssay)* r. **— de**, to make use of; to help oneself (at table).
sesear *(sayssayáR)* intr. to pronounce *c* as *s*, before *e* and *i*.
sesión *(sayssyón)* f. session, sitting, meeting.
seso *(sáyssoh)* m. brain, brains, talent, wisdom.
sestear *(sestayáR)* intr. to take a nap, to doze off, to slumber, to drowse.
seta *(sáytah)* f. *Bot.* mushroom.
seto *(sáytoh)* m. hedge.
seudónimo *(sayoodóneemoh)* adj. pseudonymous; m. pseudonym, pen-name.
severidad *(saybayręedáhd)* f. severity, strictness, harshness, sternness.
severo *(saybáyroh)* adj. severe; rigorous; strict, rigid, stern, harsh.
sexo *(sékssoh)* m. sex; **bello —**, fair or gentle sex; **— débil**, the weaker sex. [tant.
sextante *(sekstáhntay)* m. sex-
sexual *(seksswáhl)* adj. sexual; **órganos —es**; genitals.
sexualidad *(seksswahleedahd)* f. sexuality.
si *(see)* conj. if; whether.
sí *(see)* pron. himself, herself, itself, oneself, themselves; **dar de —**, to yield; adv. yes; yea, ay; m. assent.
sibarita *(seebahréetah)* s. Sybarite, epicure. [psychology.
sicología *(seekohlohHéeah)* m.
sidra *(séedrah)* f. cider.
siega *(syáygah)* f. mowing; harvest, crop, reaping-time.
siembra *(syémbrah)* f. sowing, seedtime.
siempre *(syémpray)* adv. always, ever; **— que**, provided.
sien *(syén)* f. *Anat.* temple.
sierra *(syáyRah)* f. saw; ridge of mountains.
siervo *(syerboh)* m. serf, servant, slave.

S

siesta *(syéstah)* f. siesta, nap, doze, slumber, snooze.
siete *(syetay)* adj. y m. seven.
sietemesino *(syaytaymaysséenoh)* adj. born in seven months, pre-mature.
sífilis *(séefeeleess)* f. syphilis.
sifilítico *(seefeeléeteekoh)* adj. syphilitic.
sifón *(seefón)* m. syphon.
sigilio *(seeHéeloh)* m. seal; secret, reserve, concealment.
sigiloso *(seeHeelóhssoh)* adj. reserved, silent.
siglo *(séegloh)* m. century.
signar *(seegnáR)* tr. to sign; to make the sign of the cross, to cross oneself.
signatario *(seegnahtáhryoh)* adj. y m. signatory; signing.
signatura *(seegnahtóorah)* f. signature, mark, sign.
significación *(seegneefeekahthyón)* f. meaning; significance.
significar *(seegneefeekáR)* tr. to signify, to mean; to represent, to express.
significativo *(seegneefeekahtéeboh)* adj. significative, expressive.
signo *(séegnoh)* m. sign; signal; mark; fate; gesture.
siguiente *(seegyéntay)* adj. following, next.
sílaba *(séelahbah)* adj. syllable.
silbar *(seelbáR)* intr. to whistle; tr. *Theat.* to hiss, to catcall; to whiz. [tle.
silbato *(seelbáhtoh)* m. whis-
silbido *(seelbéedoh)* m. whistle, hiss; whiz.
silenciar *(seelenthyáR)* tr. to silence, to hush, to muzzle, to gag; to keep silent; to keep quiet, to shut up.
silencio *(seelénthyoh)* m. silence; quiet, peace, stillness, calm, hush.
silencioso *(seelenthyóhssoh)* adj. silent; still, noiseless, hushed; silent as the grave.
silogismo *(seelohHéessmoh)* m. syllogism. [te.
silueta *(seelwáytah)* f. silhouet-
silvestre *(seelbésstray)* adj. wild; savage, uncultivated.
silla *(séelyah)* m. chair, seat; — **de montar,** saddle.
sillar *(seelyáR)* m. ashlar.
sillería *(seelyayréath)* f. saddlery; choirtalls, stone masonry.
sillín *(seelyéen)* m. light (riding-)saddle, (bike-)saddle.
sillón *(seelyón)* m. arm chair.
sima *(séemah)* f. chasm, abyss.
simbólico *(seembóhleekoh)* adj. simbolic(al).
simbolismo *(seembohléessmoh)* m. symbolism.
simbolizar *(seembohleetháR)* intr. to symbolize.
símbolo *(séembohloh)* m. symbol, mark, sign. [metry.
simetría *(seemaytréeah)* f. sym-
simétrico *(seemaytreekoh)* adj. symmetric(al). [semen.
simiente *(seemyéntay)* f. seed;
símil *(séemeel)* m. simile; resemblance, comparison.
similar *(seemeeláR)* adj. similar, like, alike, resembling.
similitud *(seemeeleetóod)* f. similitude, likeness, resemblance. [key.
simio *(séemyoh)* m. ape; mon-
simpatía *(seempahtéeah)* f. sympathy; friendliness.
simpático *(seempáhteekoh)* adj. congenial; nice.
simpatizar *(seempahteetháR)* intr. to sympathize; to be congenial.
simple *(séemplay)* adj. single; simple; silly; plain; credulous.
simpleza *(seempláythah)* f. simpleness, silliness, folly.
simplicidad *(seempleetheedáhd)* f. simplicity, plainness, silliness. [to simplify.
simplificar *(seempleefeekáR)* tr.
simulación *(seemoolahthyón)* f. simulation, feigning, subterfuge.

simulacro *(seemooláhkroh)* m. simulacrum. *Mil.* sham battle; mock.
simular *(seemooláR)* tr. to simulate, to imitate, to feign.
simultáneo *(seemooltáhnayoh)* adj. simultaneous.
sin *(seen)* prep. without; — **embargo**, nevertheless, however.
sinagoga *(seenahgóhgah)* f. synagogue.
sincerar *(seenthayráR)* tr. to exculpate, to excuse, to justify, to vindicate.
sincerarse *(seenthayráRssay)* r. to excuse oneself, to justify oneself, etc.
sinceridad *(seenthayreedáhd)* f. sincerity, frankness.
sincero *(seentháyroh)* adj. sincere; true, frank, honest.
sincopar *(seencopaR)* tr. to syncopate.
sincronizar *(seenkroneetháR)* tr. to synchronize; to time.
sindicalismo *(seendeekahléessmoh)* m. syndicalism.
sindicalista *(seendeekahléestah)* adj. y m. syndicalist, unionist.
sindicar *(seendeekáR)* tr. to syndicate.
sinfonía *(seenfohnéeah)*. f. symphony.
sinfónico *(seenfóhneekoh)* adj. symphonic.
singular *(seengoolaR)* f. singular; odd; single, one, unique.
singularidad *(seengoolahreedáhd)* f. singularity; oddity, rarity.
singularizar *(seengoolahreetháR)* tr. to single out.
singularizarse *(seengoolahreetháRssay)* r. to distinguish oneself.
siniestra *(seenyéstrah)* f. left hand.
siniestro *(seenyéstroh)* sinister, left; m. *Com.* shipwreck, disaster.
sino *(séenoh)* conj. but, save, except; m. fate, doom.
sinónimo *(seenóhneemoh)* adj. synonymous; m. synonnym.
sinopsis *(seenópsseess)* m. synopsis, summary.
sinrazón *(seenRahthón)* f. injustice, wrong.
sinsabor *(seenssahbóR)* m. displeasure, umpleasantness.
sintaxis *(seentáhksseess)* f. syntax.
síntesis *(séentaysseess)* f. synthesis.
sintético *(seentáyteekoh)* adj. synthetic(al).
sintetizar *(seentayteetháR)* tr. to synthesize.
síntoma *(séentohmah)* m. symptom.
sintomático *(seentohmáhteekoh)* adj. symptomatic(al).
sionismo *(syohnéesmoh)* m. Zionism.
sionista *(syoneestah)* s. Zionist.
siquiera *(seekyáyrah)* adv. at least, even; conj. although, though.
sirena *(seeráynah)* f. syren; mermaid. *Mech.* siren, foghorn.
sirvienta *(seeRbyéntah)* f. maid servant.
sirviente *(seeRbyéntay)* m. servant, man-servant.
sisa *(séessah)* f. grab, petty theft, pilfering, (sew) dart.
sisar *(seessáR)* tr. to pilfer, to filch, (sew) to take in.
sísmico *(séessmeekoh)* adj. seismic(al).
sistema *(seesstáymah)* m. system, method.
sistemático *(seesstaymáhteekoh)* adj. systematic, methodic.
sitiar *(seetyáR)* tr. to besiege, to lay siege, to surround.
sitio *(séetyoh)* m. place, spot, room, stand(ing). *Mil.* siege, site.
sito *(séetoh)* adj. located, situated, lying.
situación *(seetwahthyón)* f. situation. *Naut.* bearing; location; position; condition.
situar *(seetwáR)* tr. to place, to locate, to situate, to put.
situarse *(seetwáRssay)* r. to station oneself; to settle; to place oneself; to establish oneself.
smoking *(smóhkeen)* m. dinner-jacket, tuxedo.
so *(soh)* prep. under, below; interj. whoa! soho!

S

S

sobaco *(sohbáhkoh)* m. armpit.
sobado *(sohbáhdoh)* adj. worn, shabby; soiled.
sobar *(sohbá***R***)* tr. to knead, to squeeze; to handle roughly.
soberanía *(sohbayrahnéeah)* f. sovereignty, dominion, rule.
soberano *(sohbayráhnoh)* adj. y m. sovereign, lord, ruler, King/Queen.
soberbia *(sohbáy***R***byah)* f. haughtiness, loftiness, pomposity, arrogance.
soberbio *(sohbáy***R***byoh)* adj. haughty, proud, lofty, conceited, puffed up.
sobornar *(sohbo***R***ná***R***)* tr. to bribe, to corrupt. [(ry).
soborno *(sohbó***R***noh)* m. bribe-
sobra *(sóhbrah)* f. overplus; excess; pl. remains, offals, leaving, left over; **de —**, plenty.
sobrante *(sohbráhntay)* adj. remaining, odd; m. residue; left-over.
sobrar *(sohbrá***R***)* intr. to be in excess, to be left over.
sobrasada *(sohbrahssáhdah)* f. a kind of (Majorcan) sausage.
sobre *(sóhbray)* prep. above; over, (up)on, about; m. envelope.
sobreabundancia *(sohbrayahboondáhnthyah)* f. superabundance.
sobrecargar *(sohbraykå***R***gah)* f. overload, overburden. *Com.* overcharge.
sobrecoger *(sohbraykoh***H***áy***R***)* tr. to startle, to surprise.
sobreentender *(sohbrayayntayndáy***R***)* intr. to be understood, to be supposed.
sobrehumano *(sohbrayh/oomáhnoh)* adj. superhuman.
sobrellevar *(sohbraylyaybá***R***)* tr. to bear, endure, undergo.
sobremanera *(sohbraymahnáyrah)* adj. beyond measure, remarkedly.
sobremesa *(sohbraymáyssah)* f. (fam.) after dinner (-chat,
sobrenatural *(sohbraynahtooráhl)* adj. supernatural.
sobrenombre *(sohbraynómbray)* m. nickname.
sobrentender *(sohbrentenday***R***)* tr. to be understood.
sobrepelliz *(sohbraypellyéeth)* f. surplice.
sobreponer *(sohbraypohnáy***R***)* tr. to superimpose; to overlap; to overcome.
sobreponerse *(sohbraypohnáy***R***ssay)* r. to control oneself.
sobreprecio *(sohbraypráythyoh)* m. extra charge, surcharge.
sobrepujar *(sohbraypoo***H***á***R***)* tr. to surpass; to outbid.
sobresaliente *(sohbrayssahlyéntay)* adj. outstanding; m. (examination) very good; (distinction); excellent.
sobresalir *(sohbrayssahlée***R***)* tr. to outstand; to excel, to be prominent.
sobresaltar *(sohbrayssahltá***R***)* tr. to startle, to frighten, to make one jump.
sobresaltarse *(sohbrayssahltá***R***ssay)* r. to be startled, to be frightened.
sobresalto *(sohbrayssáhltoh)* m. startle, shock, jump.
sobrestante *(sohbrayssahltántay)* m. overseer, foreman, gaffer.
sobresueldo *(sohbrayswayldoh)* m. extra wages, pay.
sobretodo *(sohbraytóhdoh)* m. overcoat.
sobrevenir *(sohbraybaynée***R***)* v. impers. to take place, to happen. [briety, frugality.
sobriedad *(sohbryaydáhd)* f. so-
sobrina *(sohbréenah)* f. niece.
sobrino *(sohbréenoh)* m. nephew. [frugal, temperate.
sobrio *(sóhbryoh)* adj. sober;
socarrar *(sohkah***R***á***R***)* tr. to singe; to scorch.
socarrón *(sohkah***R***ón)* adj. cunning, crafty, sly, shrewed; mocker, jeerer.
socarronería *(sohkah***R***ohnayréeah)* f. cunning, slyness, craftiness, shrewdness; mockery.

socavar *(sohkahbá*R*)* tr. to undermine, excavate.

socavón *(sohkahbón)* m. cave, hole, subsidence, hollow.
sociabilidad *(sohthyahbeeleedáhd)* f. sociability, civility.
sociable *(sohthyáhblay)* adj. sociable, courteous.
social *(sohthyál)* adj. social.
socialismo *(sohthyahléessmoh)* m. socialism.
socialista *(sohthyahléestah)* adj. y s. socialist(ic).
socialización *(sohthyahleethahthyón)* f. socialization.
socializar *(sohthyahleethá*R*)* tr. to socialize.
sociedad *(sohthyaydáhd)* f. society; company, firm.
socio *(sóhthyoh)* m. associate; partney. [f. sociology.
sociología *(sohthyohloh*H*éeah)*
sociológico *(sohthyohlóh*H*eekoh)* adj. sociologic (al).
socorrer *(sohkoh*R*áy*R*)* tr. to succour; to assist, to help, to aid.
socorrido *(sohkoh*R*éedoh)* adj. handy, trife; assited, aided.
socorro *(sohkóh*R*oh)* m. adj. succour, help, relief, aid, assistance.
soda *(sóhdah)* f. soda (water).
sodomía *(sohdohmééah)* f. sodomy. [domite.
sodomita *(sohdohméetah)* m. so-
soez *(soh/ayth)* adj. mean; vile, coarse. [settee.
sofá *(sohfáh)* m. couch; sofa,
sofisma *(sohféessmah)* m. sophism.
sofista *(sohféestah)* s. sophist.
sofistería *(sohfeestayréeah)* f. sophistry. [sophisticate.
sofisticar *(sohfeesteeká*R*)* tr. to
sofocar *(sohfohká*R*)* tr. to suffocate; to choke; to smother; put out, quench.
sofoco *(sohfóhkoh)* m. suffocation, vexation. [slightly.
sofreir *(sohfrayée*R*)* tr. to fry
soga *(sóhgah)* f. rope; cord.
sojuzgar *(soh*H*oothgá*R*)* tr. to subjugate, to subdue.
sol *(sol)* m. sun, sunlight, sunshine; **hacer —,** to be sunny.

solana *(sohláhnah)* f. sunny place, sun-gallery.
solapa *(sohláhpah)* f. lapel; (coll.) pretence.
solapado *(sohlahpáhdoh)* adj. crafty, artful, sneaky.
solar *(sohlá*R*)* adj. solar; sunny; m. (ground-)plot, building-site.
solariego *(sohlahryáygoh)* adj. manorial, ancestral.
solaz *(sohláth)* m. solace; comfort; enjoyment, relaxation.
solazar *(sohlahthá*R*)* tr. to solace, to cheer, to amuse.
solazarse *(sohlahthá*R*ssay)* r. to be comforted, to enjoy oneself.
soldadesca *(soldahdayskah)* f. soldiery, undisciplined troops.
soldadesco *(soldahdayskoh)* adj. soldierly, soldier-like.
soldado *(soldáhdoh)* m. soldier, **— raso,** private.
soldadura *(soldahdóorah)* f. solder(ing), welding. [weld.
soldar *(soldá*R*)* tr. to solder, to
soledad *(sohlaydathd)* f. solitude; loneliness.
solemne *(sohlémnay)* adj. solemn; (coll.) confirmed; impressive.
solemnidad *(sohlemneedáhd)* f. solemnity, pomp, impressiveness.
solemnizar *(sohlemneethá*R*)* tr. to solemnize, to celebrate.
soler *(sohláy*R*)* intr. to used to (last tense only) (for Pre. Ten.; — usually + verb.
solera *(sohláyrah)* f. of good origin vintage.
solfa *(sólfah)* f. sol-fa, musical notation; (coll.) beating.
solfear *(solfayá*R*)* intr. to solfa (coll.) to beat, to flog.
solfeo *(solfáyoh)* m. solfa(ing), flogging, beating.
solicitar *(sohleetheetá*R*)* tr. to solicit; to apply for.
solicitado *(sohleetheetáhdoh)*

adj. *Com.* sought after, in demand.
solícito, a *(sohleetheetoh)* adj. solicitous, anxious, diligent.

S

solicitud *(sohleetheetóod)* f. solicitude; application; diligence. [solidarity.
solidaridad *(sohleedahreedáhd)* f.
solidario *(sohleedáhryoh)* adj. solidary, partisan, «bed-fellow».
solidez *(sohleedayth)* f. solidity, soundness, firmness, strength. [to solidify.
solidificar *(sohleedeefeekáR)* tr.
sólido *(sóhleedoh)* adj. y m. lid; firm, stout, sound, strong.
soliloquio *(sohleelohkyoh)* m. soliloquy, monologue.
solitaria *(sohleetáhryah)* f. tapeworm.
solitario *(sohleetáhryoh)* adj. solitary; m. (cards) solitaire; hermit.
soliviantar *(sohleebyahntáR)* tr. to rouse, to instigate.
solo *(sóhloh)* adj. (a)lone; single, lonely, by myself/yourself, etc., solitary; sole, unique, unaided; m. *Mus.* solo.
sólo *(sóhloh)* adv. only, solely. [sirloin.
solomillo *(sohlohméelyoh)* m.
solsticio *(soltéethyoh)* m. solstice.
soltar *(soltáR)* tr. to let out, to loose(n), to untie, unfasten, to let go, to set off, to cast off.
soltarse *(soltáRssay)* r. to slip, to get loose, to come off.
soltería *(soltayréeah)* f. celibacy, bachelorhood, singleness.
soltero *(soltáyroh)* adj. single, unmarried; m. bachelor.
solterona *(soltayróhnah)* f. old maid, spinster, bachelor girl.
soltura *(soltóorah)* f. ease, fluency, freedom, laxity, looseness, relaxation.
soluble *(sohlóoblay)* adj. soluble, solvable. [lution.
solución *(sohloothyón)* f. so-
solvencia *(solbénthyah)* f. solvency. [solvent.
solvente *(solbéntay)* adj. *Com.*
sollozar *(sohlyohtháR)* intr. to sob.
sollozo *(sohlyóhthoh)* m. sob.
sombra *(sómbrah)* f. shade; shadow; **tener buena —,** to be pleasing, lucky, or witty.
sombrear *(sombrayáR)* tr. to shade, to shadow, to darken.
sombrero *(sombráyroh)* m. hat; **— de copa,** top hat; **— hongo,** bowler hat.
sombrilla *(sombréelyah)* f. parasol, sushade, awing.
sombrío *(sombréeoh)* adj. gloomy, shady, shadowy, shaded; sulky, sullon.
somero *(sohmáyroh)* adj. superficial, shallow.
someter *(sohmaytáyR)* tr. to subdue, to submit, to acquiesce, to comply.
someterse *(sohmaytáyRssay)* r. to yield, to submit.
somnífero *(somnéefayroh)* adj. somniferous, inducing sleep.
somnolencia *(somnohlénthyah)* f. sleepiness; drowsiness.
son *(son)* m. sound; manner. **en — de,** in the manner of, like, as. [brated, famous.
sonado *(sohnáhdoh)* adj. cele-
sonajero *(sohnahHáyroh)* m. baby's rattle.
sonambulismo *(sohnahmbooléessmoh)* m. somnambulism, sleepwalking.
sonámbulo *(sohnáhmbooloh)* adj. y m. somnambule, sleepwalker. [sound, to ring.
sonar *(sohnáR)* tr. e intr. to
sonarse *(sohnáRssay)* r. to blow one's nose.
sonda *(sóndah)* f. *Naut.* sounding lead plummet, probe; (surg.) catherer.
sondear *(sondayáR)* tr. to sound; to fathom, to explore, to probe, to examine, to try.
sondeo *(sondáyoh)* m. sounding, exploring. *Min.* boring.

soneto *(sohnáytoh)* m. sonnet.
sonido *(sohnéedoh)* m. sound, noise. [sonority.
sonoridad *(sohnohreedáhd)* f.
sonoro *(sohnóhroh)* adj. sonorous; loud. *Phon.* voiced.
sonreír *(son*R*ayée*R*)* to smile.
sonreírse *(son*R*ayée*R*ssay)* r. to smile.
sonrisa *(son*R*éessah)* f. smile.
sonrojar *(son*R*oh*H*á*R*)* tr. to blush, to flush.
sonrojarse *(son*R*oh*H*á*R*ssay)* r. to blush, to flush.
sonrojo *(son*R*óh*H*oh)* m. blush.
sonrosado *(son*R*ohssáhdoh)* adj. rubicund, blushing, rosy.
sonsacar *(sonssahká*R*)* tr. to pilfer, to entice, to allure.
soñar *(sohnyá*R*)* intr. to dream; **ni —lo,** by no means, couldn't dream of it.
soñolencia. *(sohnyohlénthyah)* f. drowsiness, sleepiness.
soñoliento *(sohnyohlyentoh)* adj. dozy, sleepy, drowsy; lazy, sluggish.
sopa *(sóhpah)* f. soup; pl. slops; **hecho una —,** wet through.
sopapo *(sohpáhpoh)* m. (coll.) slap.
sopesar *(sohpayssá*R*)* tr. to heft, to try the weight. [tureen.
sopera *(sohpáyrah)* f. (soup-)
soplar *(sohplá*R*)* tr. e intr. to blow (out), to inflate; intr. (coll.) to tipple.
soplete *(sohpláytay)* m. blowpipe, soldering-pipe.
soplo *(sóhploh)* m. blowing; blast, puf, gust; (coll.) tip, to hint.
soplón *(sohplón)* m. tale taler, informer; (coll.) snick.
soponcio *(sohpónthyoh)* m. faint swoon, fainting-fit.
sopor *(sohpó*R*)* m. drowsiness, doziness, sleepiness.
soporífero *(sohpohréefayroh)* adj. soporific, dozy, dopy, sleepy, drowsy; soporiferous. [tico.
soportal *(sohpo*R*táhl)* m. por-
soportar *(sohpo*R*tá*R*)* tr. to put up with, to suffer, to bear, to support, to endure.
soporte *(sohpó*R*tay)* m. support, stand, rest; bracket.
soprano *(sopráhno)* m. soprano.
sor *(so*R*)* f. sister (nun).
sorber *(so*R*báy*R*)* tr. to sip; to absorb, to soak, to imbibe.
sorbete *(so*R*báytay)* m. sherbet, water-ice; small sip.
sorbo *(só*R*boh)* m. sip.
sordera *(so*R*dáyrah)* f. deafness, hardiness of hearing.
sórdido *(só*R*deedoh)* adj. sordid, nasty, mean, base, low, vile.
sordo *(só*R*doh)* adj. deaf; silent, hard of hearing.
sordomudo *(so*R*dohmóodoh)* adj. y m. deaft and dumb, deafmute, stone deaf.
sorna *(só*R*nah)* f. irony, malice; sluggishness, laziness, slownes.
sorprendente *(so*R*prendéntay)* adj. surprising, astonishing, extraordinary, amazing.
sorprender *(so*R*prendáy*R*)* tr. to surprise, to astonish, to amaze, to astound.
sorprenderse *(so*R*prendáy*R*ssay)* f. wonder at, to be surprised; to gape , to take aback.
sorpresa *(so*R*práyssah)* f. surprise, astonishment, amazement, awe.
sortear *(so*R*tayá*R*)* intr. to raffle; to dodge; to draw lots, to cast lots.
sorteo *(so*R*táy/oh)* m. raffle, casting lots. [ger-ring
sortija *(so*R*tée*H*ah)* f. ring, fin-
sortilegio *(so*R*teeláy*H*yoh)* m. sorcery, exorcism, spell, charm, incantation.
sosegado *(sohssaygáhdoh)* adj. peaceful, quiet, calm.
sosegar *(sohssaygá*R*)* tr. to appease, to calm, to quiet.
sosegarse *(sohssaygá*R*ssay)* r. to grow calm, to rest, to calm down. [pidity; nonsense
sosería *(sohssayréeah)* f. insi-

S

S

sosiego *(sohssyáhgoh)* m. calmness, quietness.
soso *(sóhssoh)* adj. insipid; tasteless; dull. [cion, mistrut.
sospecha *(sospáychah)* f. suspi-
sospechar *(sospaycháR)* tr. to suspect, to mistrust, to distrust; to doubt, to hesitate.
sospechoso *(sospaychóhssoh)* adj. suspicious; (coll.) fishy unreliable, suspect.
sospesar *(sospayssáR)* tr. to heft, to try the weight.
sostén *(sostén)* m. support(er), maintenance; (woman) brassiere; pl. brassiere; (coll.) «bra».
sostener *(sostaynáyR)* tr. to sustain; to maintain, to keep, to support.
sostenerse *(sostaynáyRssay)* r. to hold, to support oneself, to maintain oneself.
sotana *(sohtáhnah)* f. cassock, soutane.
sótano *(sóhtahnoh)* m. cellar.
sotavento *(sohtahbéntoh)* m. lee (ward).
soto *(sóhtoh)* m. grove; thick et; beneath, under.
su pron. his, her, its, their, **your.** *(Vd., Vds.).*
suave *(swáhbay)* adj. smooth, mellow, soft; mild, meek, easy, gentle.
suavidad *(swahbeedáhd)* f. softness, smoothness, gentleness, meekness, easiness.
suavizar *(swahbeetháR)* tr. to soften, to smooth, to soothe; to appease, to asuage.
subalterno *(soobahltáyRnoh)* adj. subaltern; inferior; m. subaltern, subordinate.
subarrendar *(soobahRendáR)* tr. to, sub-let, to sub-lease.
subarrendatario *(soobahRendahtáhryoh)* m. undertenant, subtenant. [m. subletting.
subarriendo *(soobahRyéndoh)*
subasta *(soobáhstah)* f. auction sale, public sale. [auction.
subastar *(soobahstáR)* tr. to
súbdito *(sóobdeetoh)* adj. y s. subject. [to subdivide.
subdividir *(soobdeebeedeeR)* tr.
subdivisión *(soodeebeessyón)* f. subdivisión, subsection.
subida *(soobéedah)* f. ascent; rise; climb, upgrowth.
subido *(soobéedoh)* adj. raised on, high, loud (colours).
subir *(soobéeR)* intr. to rise, to come, go, get or step up, to climb. *Com.* to amount to; tr. to raise, to lift up, to take/bring up.
súbito *(sóobeetoh)* adj. sudden, unexpected, unforeseen.
sublevación *(sooblaybahthyón)* f. (up)rising, revolt, sedition, insurrection.
sublevar *(sooblaybáR)* tr. to revolt, to insurrect; to rouse to rebellion. [to revolt.
sublevarse *(sooblaybáRssay)* r.
sublimar *(soobleemáR)* tr. to exalt, to heighten. *Chem.* sublimate.
sublime *(soobléemay)* adj. sublime; lofty, exalted.
submarino *(soobmahréenoh)* adj. y m. submarine; m. U-boat.
subnormal *(soobnoRmáhl)* adj. subnormal.
subordinado *(sooboRdeenáhdoh)* adj. subordinate(d).
subordinar *(sooboRdeenáR)* tr. to subordinate, to subject.
subrayar *(soobrahyáR)* intr. to underline; to underscore; to emphasize, to stress.
subsanar *(soobssahnáR)* tr. to mend, to amend, to repair, to correct, to make right.
subscribir *(soobskreebéeR)* tr. to subscribe, to under-sign; to agree to. [subscriber.
subscriptor *(soobskreeptóR)* m.
subsecretario *(soobssaykraytáhryoh)* m. undersecretary.
subsidio *(soobsséedyoh)* m. subsidy, aid, allowance, grant.
subsistencia *(soobsseesténthyah)* f. subsistence; livelihood.
subsistir *(soobssestéeR)* intr. to subsist; to last, to live, to exist.
substitución *(soobsteetoothyón)*

f. substitution, change, replacement.
substituir *(soobsteetwéeR)* tr. to substitute, to replace, to change for.
substituto *(soobsteetóotoh)* m. substitute, replacement.
substracción *(soobstrahkthyón)* f. substraction, deduction, take-away. *Arith.* theft, robbery shop-lifting.
substraer *(soobstraháyR)* tr. to substract; to deduct; to take away; to steal/rob/pinch.
substraerse *(soobstraháyRssay)* r. to withdraw, to retire, to elude.
subsuelo *(soobswáyloh)* m. subsoil, underground.
subterfugio *(soobtayRfóoHyoh)* m. subterfuge, trick, cheat, deception, guile.
subterráneo *(soobtayRahnay/oh)* adj. subterraneous, underground; m. subterranean, vault, cellar.
subtítulo *(soobteetooloh)* m. subtitle. [adj. suburban.
suburbano *(soobooRbáhnoh)*
suburbio *(soobóoRbyoh)* m. suburb; pl. outskirts.
subvención *(soobbenthyón)* f. subvention; subsidy, grant.
subvencionar *(soobbenthyohnáR)* tr. to subsidize, to grant, to award, subvention.
subversión *(soobbayRssyón)* f. subversion, overthrow.
subversivo *(soobbayRsséeboh)* adj. subversive.
subvertir *(soobayRtéeR)* tr. to subvert, to upset; to destroy.
subyugar *(soobyoogáR)* tr. to subdue, to subject, to subjugate.
suceder *(soothaydáyR)* intr. to happen, to take place; tr. to follow, to succeed.
sucedido *(soothaydéedoh)* m. happening, event.
sucesión *(soothayssyón)* f. succession; issue, series.
sucesivo *(soothaysséeboh)* adj. successive, consecutive, next.
suceso *(soothdáyssoh)* m. event, happening, ocurrence, incident.
suciedad *(soothyaydáhd)* f. dirt, muck, filth, grime; dirtiness, filthiness, muckiness, nastiness.
sucinto *(soothéentoh)* adj. succint, brief, concise.
sucio *(sóothyoh)* adj. dirty, filthy, grimy, mucky, nasty.
suculento *(sookooléntoh)* adj. succulent, juicy, appetising.
sucumbir *(sookoombéeR)* intr. to succumb, to yield, to surrender; to perish, to die.
sud *(sood)* m. south.
sudamericano *(soodahmayreekahnoh)* adj. y m. South American.
sudar *(soodáR)* tr. to sweat, to perspire; (fig.) to toil/labour. [east.
sudeste *(soodéstay)* m. south-
sudor *(soodóR)* m. sweat; (fig.) toil, perspiration. [sweating.
sudoroso *(soodohróhssoh)* adj.
sudoeste *(soodohaystay)* m. south-west. [m. Swede.
sueco *(swáykoh)* adj. Swedish;
suegra *(swáygrah)* f. mother-in-law. [in-law.
suegro *(swáygroh)* m. father-
suela *(swáylah)* f. shoe-sole.
sueldo *(swéldoh)* m. wages; salary. [floor.
suelo *(swáyloh)* m. ground,
suelta *(swéltah)* f. loosening, freeing, let off.
suelto *(swéltoh)* adj. loose; light; free; m. small change, relaxed.
sueño *(swáynyoh)* m. sleep(iness), dream, vision, fancy.
suero *(swáyroh)* m. whey, serum.
suerte *(swayRtay)* f. luck, chance; lot, fortune, manner, fate, destiny.
suficiencia *(soofeethyénthyah)* f. sufficiency; ability, capacity.
suficiente *(soofeethyéntay)* adj. sufficient, enough; fit, able, capable.

S

sufragar *(soofrahgá***R***)* tr. to assist, to aid; to pay for.

sufragio *(soofráh***H***yoh)* m. vote; support, suffrage.

sufragista *(soofrah***H***éestah)* s. suffragist; f. suffragette.

sufrido *(soofréedoh)* adj. patient, bearing, enduring, longsuffering.

sufrimiento *(soofreemyéntoh)* m. suffering, endurance, tolerance.

sufrir *(soofrée***R***)* tr. to endure, to undergo; intr. to suffer, to endure, to tolerate.

sugerir *(soo***H***ayrée***R***)* tr. to suggest; to hint.

sugestión *(soo***H***estyón)* f. suggestion, hint.

sugestionar *(soo***H***estyohná***R***)* tr. to influence, to suggest.

suicida *(sweethéedah)* f. suicide.

suicidarse *(sweetheedá***R***ssay)* f. to commit suicide.

suicidio *(sweethéedyoh)* m. suicide. [Swiss.

suizo *(swéethoh)* adj. y m.

sujección *(soo***H***aythyón)* f. subjection; coercion; submission.

sujetar *(soo***H***aytá***R***)* tr. to subdue; to fasten, to hold down, to grasp.

sujetarse *(soo***H***aytá***R***ssay)* r. to conform; to constrain oneself.

sujeto *(soo***H***áytoh)* adj. subject; liable; s. subject; individual, fellow.

suma *(sóomah)* f. sum; addition; amount, quantity; **en —**, in short. [sum up.

sumar *(soomá***R***)* tr. to add; to

sumario *(soomáhryoh)* adj. y m. summary, abrigment, compendium.

sumergible *(soomay***RH***éeblay)* adj. y m. submergible, sinkale; submarine.

sumergir *(soomay***R***hée***R***)* r. to submerge, to dive, to plunge, to duck.

suministrar *(soomeeneestrá***R***)* tr. to supply, to furnish, to provide.

suministro *(soomeenéestroh)* m. supply, provision, furnishing.

sumir *(sooméе***R***)* tr. to sink, to depress. [sink, to be sunk.

sumirse *(sooméе***R***ssay)* r. to

sumisión *(soomeessyon)* f. submission, obedience, compliance.

sumiso *(sooméessoh)* adj. submissive, humble, compliant, meek.

sumo *(sóomoh)* adj. highest, greatest, utmost, extreme; **a lo —**, at most. [sumptuary.

suntuario *(soontwáhryoh)* adj.

suntuoso *(soontwóhssoh)* adj. sumptuous; magnificent; expensive, ostentatious.

supeditar *(soopaydeetá***R***)* tr. to subject, to subdue; to trample, to overpower.

superable *(soopayráhblay)* adj. superable, surmountable.

superar *(soopayrá***R***)* tr. e intr. to surpass; to overcome, overpower; to excel.

superávit *(soopayráhbeet)* m. surplus; profit.

supercheria *(soopay***R***chayréah)* f. deceit, trickery, wile, swindle, craft, guile.

superficialidad *(soopay***R***feethyahleedáhd)* f. superficiality

superficial *(soopay***R***feethyáhl)* adj. superficial, shallow, light, surface; ignorant.

superfluo *(soopay***R***flwoh)* adj. superfluous; unnecessary.

superior *(soopayryó***R***)* adj. superior, upper; m. superior; greater, bigger, better.

superioridad *(soopayryohreedáhd)* f. superiority; majority; supremacy.

supermán *(soopay***R***mán)* m. superman.

supernumerario *(soopay***R***noomayráhryoh)* adj. supernumerary. [f. superstition.

superstición *(soopay***R***steethyón)*

supersticioso *(soopay***R***steethyóhssoh)* adj. superstitious.

supervivencia *(soopayRbeebénthyah)* f. survival.
superviviente *(soopayRbeebyéntay)* adj. surviving; m. survivor.
suplantación *(sooplahntahthyón)* f. supplanting, substitution.
suplantar *(sooplahntáR)* tr. to supplant, to substitute, to put in place, to supersede.
suplemento *(sooplayméntoh)* m. supplement.
suplente *(soopléntay)* adj. substituting, substitute; m. substitute; understudy; deputy.
súplica *(sóopleekah)* f. supplication, request, petition.
suplicar *(soopleekáR)* tr. to implore, to entreat, to request, to beg, to implore.
suplicio *(soopléethyoh)* m. torture, torment, punishment.
suplir *(soopléeR)* tr. to substitute; to supply, to furnish, to provide.
suponer *(soopohnáyR)* tr. to suppose; to assume, to take for granted.
suposición *(soopohsseethyón* . f. supposition, assumption, surmise.
supositorio *(soopohsseetóhryoh)* m. *Med.* suppository.
supremacía *(soopraymahthéeah)* f. supremacy.
supremo *(soopráymoh)* adj. supreme, highest; paramount, excessive.
supresión *(sooprayssyón)* f. suppresion, omission.
suprimir *(sooprayméeR)* tr. to suppress, to abolish, to omit; to cancel.
supuesto *(soopwéstoh)* adj. supposed, assumed; m. supposition, assumption; **por —,** of course; **— que,** allowing that, granting that.
supurar *(soopooráR)* tr. e intr. to suppurate.
sur *(sooR)* m. south; south [wind.
surcar *(sooRkáR)* tr. to furrow, to pough. *Naut.* to plough the waves.
surco *(sooRkoh)* m. furrow; groove, rut; wrinkle.
surgir *(sooRHéeR)* intr. to spout, to surge, to spurt, to appear, to come out.
surtido *(sooRtéedoh)* m. assortment; supply, stock.
surtidor *(sooRteedóR)* s. purveyor; jet (fountain), waterspout.
surtir *(sooRtéeR)* tr. to supply, to furnish, to provide; to spout, to spurt; **— efecto,** to have the desired effect.
susceptibilidad *(soostheepteebeeleedáhd)* f. susceptibility.
susceptible *(soostheptéeblay)* adj. susceptible, touchy.
suscitar *(soostheetáR)* tr. to stir up, to rouse, to promote.
suscribir *(sooskreebéeR)* tr. to subscribe; to accede to, to agree to.
suspender *(soospendáyR)* tr. to suspend; to hang up, to reject; (school.) to fail.
suspensión *(soospenssyón)* f. suspension, interruption; uncertainty.
suspenso *(soospénssoh)* adj. hung; m. failure (in examination).
suspicacia *(soospeekáhthyah)* f. suspiciousness; mistrust.
suspicaz *(soospeekáhth)* adj. suspicious, mistrustful.
suspirar *(soospeeráR)* intr. to sigh; to crave, to long for.
suspiro *(soospéeroh)* s. sigh.
sustancia *(soostáhnthyah)* f. substance.
sustentáculo *(soostentáhnkooloh)* m. prop, stay, support.
sustentar *(soostentáR)* tr. to sustain, to prop; to nourish, to food.
sustento *(soosténtoh)* m. food; sustenance, support.
susto *(sóostoh)* m. scare, fright, shock.
susurrar *(soossooRáR)* intr. to whisper; to murmur.
susurro *(soossóoRoh)* m. whisper, murmur.
sutil *(sóoteel)* adj. subtle; keen; volatile; thin, slender.

S

sutileza *(sooteeláythah)* f. subtlety; cunning, acumen, witticism; slenderness, thinness. [seam.
sutura *(sootóorah)* f. suture;
suyo *(sóoyoh)* pron. his; hers, its.: theirs; one's; yours Vd., Vds.), **la —a** his (her, etc.) intention.

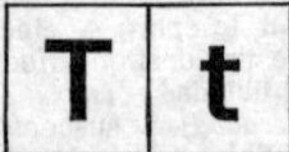

tabaco *(tahbáhkoh)* m. tobacco.
tabaquera *(tahbahkáyrah)* f. snuff-box; tobacco-pouch.
tabaquero *(tahbahkáyroh)* m. tobacconist.
taberna *(tahbay***R***nah)* f. tavern; wineshop; public house, pub.
tabernero *(tahbay***R***náyroh)* m. tavern-keeper; tapster; *(G. B.)* publican, inn-keeper.
tabicar *(tahbeeká***R***)* tr. to wall up, close up. [tion-wall.
tabique *(tahbéekay)* m. parti-
tabla *(táhblah)* f. board, table, plank; pl. *Theat.* stage, (chess) draw.
tablado *(tahbláhdoh)* m. scaffold, stage, flooring.
tablero *(tahbláyroh)* m. board, panel, chessboard.
tableta *(tahbláytah)* f. tablet, pastil(le), pill, lozenge.
tablón *(tahblón)* m. plank, (thick) board; (coll.) drunkenness. [stool.
taburete *(tahbooráytay)* m.
tacañear *(tahkahnyaya***R***)* intr. to be stingy, to be mean.
tacañería *(tahkahnyayréeah)* f. stinginess, meaness.
tacaño *(tahkáhnyoh)* adj. stingy, mean, miser. [silent.
tácito *(táhtheetoh)* adj. tacit;
taciturno *(tahtheetoó***R***noh)* adj. taciturn, reserved.
taco *(táhkoh)* m. plug, peg; stopper, bung, wadding; billiard cue; (coll.) oath.
tacón *(tahkón)* m. (shoe) heel.
táctica *(táhkteekah)* f. tactics.
táctico *(táhkteekoh)* adj. tactic(al).
tacto *(táhktoh)* m. touch, tact.
tacha *(táhchah)* f. blemish, flaw, fault, spot, stain.
tachar *(tahchá***R***)* tr. to blame, accuse; to cross out, to efface.
tachuela *(tahchwáylah)* f. tack.
tahur *(tah/óo***R***)* m. (fam.) gambler, card-sharp, sharper.
taimado *(tah/eemáhdoh)* adj. cunning, cly, cunning.
tajada *(tah***H***áhdah)* f. slice.
tajar *(tah***H***á***R***)* tr. to cut; to chop, to cleave, hew, cut off. [steep cliff.
tajo *(táh***H***oh)* m. cut, notch;
tal *(tahl)* adj. such; so; similar; as, so great, **— cual** such as it is, **¡qué —!** howdy!, **— para cual,** tit for tat.
tala *(táhlah)* f. felling of trees, havoc; devastation, ruin.
taladradora *(tahlahdrahdóhrah)* f. borer, drilling-machine.
taladrar *(tahlahdrá***R***)* tr. to drill, to bore.
taladro *(tahláhdroh)* m. borer; drill. [mien.
talante *(tahláhntay)* m. mood,
talar *(tahlá***R***)* tr. to fell (trees); to prune; to lay waste.
talco *(tahlkoh)* *Min.* talc, tinsel; **(polvos de) —,** talcum powder.
talento *(tahléntoh)* m. talent, ability; to be gifted.
talismán *(tahleessmáhn)* m. talisman, amulet, charm.
talón *(tahlón)* m. heel. *Com.* check, cheque, voucher.
talonario *(tahlohnáhryoh)* m. stub-book, cheque-book.
talud *(tahlóod)* m. talus, slope.
talla *(táhlyah)* f. (wood-)carving, (jewel) cut; size, height.
tallar *(tahlyá***R***)* tr. to carve in wood.
talle *(táhlyay)* m. waist.
taller *(tahlyá***R***)* m. works, workshop, studio, work-room.
tallo *(táhlyoh)* m. stem, stalk.
tamaño *(tahmáhnyoh)* m. size; stature, bulk; adj. so big.

tambalear *(tahmbahlayáR)* intr. to stagger; to totter, to sway. [*ssay)* r. to reel.
tambalearse *(tahmbahlayáR-*
tambaleo *(tahmbahláyoh)* m. reeling, swaying, stagger.
también *(tahmbyén)* adv. also, too, as well; likewise.
tambor *(tahmbóR)* m. drum; cylinder. [ve.
tamiz *(tahméeth)* m. sifter; sie-
tampoco *(tahmpóhkoh)* adv. neither; not either, nor.
tan *(tahn)* adv. so (much), as.
tanda *(táhndah)* f. turn, task, shift; batch, set. *Sport.* heat.
tangente *(tahentay)* adj. tangente.
tango *(táhngoh)* m. tango (dance). [tanker.
tanque *(táhnkay)* m. tank, pool;
tantear *(tahnkayáR)* tr. to test, to try; to calculate, to reckon. [test, score (spor.).
tanteo *(tahntáyoh)* m. trial,
tanto *(táhntoh)* adj. so much, as much; m. quantum; point goal (in games); **— por ciento,** percentage; **treinta y —s** thirty odd; adv. so, thus; **al —** on the look out.
tapa *(táhpah)* f. lid; cover, (shoe) heel-blank, a slight relish served with some wine.
tapadera *(tahpahdáyrah)* f. (pot-)lid, cover.
tapar *(tahpáR)* tr. to cover, to obstruct, to plug, to stop up.
taparrabo *(tahpahRáhboh)* m. loincloth, bathing-trunks.
tapete *(tahpáytay)* m. rug, table; **— verde,** card-table mat.
tapia *(táhpyah)* f. wall. [(up).
tapiar *(tahpyáR)* tr. to wall
tapicería *(tahpeethayréeah)* f. tapestry, upholstery.
tapicero *(tahpeetháyroh)* m. tapestry-maker; upholsterer.
tapioca *(tahpyókah)* f. *Bot.* tapioca. [carpet.
tapiz *(tahpéeth)* m. tapestry;
tapizar *(tahpeetháR)* tr. to hang, to tapestry, to upholster.
tapón *(tahpón)* m. stopper, cork; plug.
taquigrafía *(tahkeegrahféeah)* f. shorthand, stenography.
taquígrafo *(tahkéegrahfoh)* m. stenographer, shorthand writer.
taquilla *(tahkéelyah)* f. box-office, ticket-office, booking-office; (furn.) locker.
taquillera *(tahkeelyáyrah)* f. ticket-seller, booking-clerk.
tara *(táhrah)* f. tare; tally.
tararear *(tahrahrayáR)* tr. e intr. to hum a tune.
tardanza *(taRdáhnthah)* f. delay, slowness, tardiness.
tardar *(taRdáR)* intr. to take long, to be late; to linger.
tarde *(táRday)* f. afternoon; evening; adv. late; **de — en —,** now and then.
tardío *(taRdéeoh)* adj. late, tardy, too late.
tarea *(tahráyah)* f. task; day's work; job, chore; toil.
tarifa *(tahréefah)* f. tariff; price-list, rate, fare, charge.
tarima *(tahréemah)* f. stand, dais, platform.
tarja *(táRHah)* f. tally; shield.
tarjeta *(taRHáytah)* f. card, label; **— de visita,** visting card.
tarraconense *(tahRahkohnaynssay)* adj. y s. (inhabitant) of Tarragona. [pan, pot.
tarro *(táhRoh)* m. jar, milk-
tarta *(táRtah)* f. tart, cake, pie.
tartamudear *(taRtahmoodayáR)* intr. to stutter; no stammer.
tartamudeo *(taRtahmoodáyoh)* m. stutter(ing), stammering.
tartamudo *(taRtahmóodoh)* adj. y m. stutterer.
tartera *(taRtáyrah)* f. pan, saucepan, casserole.
tarugo *(tahróogoh)* m. wooden plug, stopper, bung.
tasa *(táhssah)* f. appraisal, rate; measure; valuation.
tasación *(tahssahthyón)* f. valuation, appraisement.
tasador *(táhssahdóR)* m. appraiser; valuer.

T

tasar *(tahssáR)* tr. to appraise, to valve, to price. [«pub».
tasca *(táhsskah)* f. tavern,
tatarabuela *(tahtahrahbwáyllah)* f. greatgreat-grandmother.
tatarabuelo *(tahtahrahbwáylloh)* m. great-great-grandfather.
tataranieto *(tahtahrahnyáytoh)* m. great-great-grandson.
¡tate! *(táhtay)* interj. look out! beware! [too(ing).
tatuaje *(tahtwáhHay)* m. ta-
tatuar *(tahtwáR)* tr. to tattoo.
taumaturgia *(tahoomahtóoR-Hyah)* f. thaumaturgy.
taumaturgo *(tah/oomahtóoRgoh)* adj. y m. miracle-worker.
taurino *(tah/ooréenoh)* adj. taurine; **el arte —**, the art of bullfighting.
tauromaquia *(tah/oorohmáh-kyah)* f. tauromachy, bullfight(ing).
tautológico *(tah/ootohlóhHee-koh)* adj. tautologic(al).
taza *(táhthah)* f. cup; bowl, basin. [sin.
tazón *(tahthón)* m. bowl, ba-
té *(tay)* m. *Bot.* tea-plant; tea.
te *(tay)* pron. you. *Poet.* thee.
tea *(táyah)* f. torch (fire-)brand.
teatral *(tayahtráhl)* adj. theatric(al).
teatro *(tayáhtroh)* m. theatre; playhouse stage.
tecla *(táyklah)* f. key (as of piano). [board.
teclado *(tayklháhdoh)* m. key-
técnico *(taykneekoh)* adj. technic(al); m. technician.
tecnología *(tayknohlohHeeah)* f. technology. [fing.
techado *(taychahdoh)* m. roof-
techar *(taychaR)* tr. to roof, to put up a roof.
techo *(táychoh)* m. ceiling.
tedio *(táydyoh)* m. tedium, weariness, boredom.
tedioso *(taydyóhssoh)* adj. tedious, weary, bored/boring, tiresome.
teja *(táyHah)* f. tile; roof-tile.
tejado *(tayHáhdoh)* m. roof, tiled roof, roof covering.
tejar *(tayHáR)* tr. to roof; tile-works/kiln. [ver.
tejedor *(tayHaydóR)* m. wea-
tejemaneje *(tayHaymahnáyHay)* m. (fam.) gimmick, knack, skill.
tejer *(tayHáyR)* tr. to weare; to wattle; to make webs (inset) to concoct.
tejido *(tayHéedoh)* m. tissue; weaving, fabric, cloth.
tela *(táylah)* f. cloth; fabric; stuff; (coll.) **tener —**, to have dough.
telar *(tayláR)* m. loom, frame.
telaraña *(taylahráhnyah)* f. cobweb.
telefonear *(taylayfohnayáR)* tr. to ring up, to telephone/phone; *(U.S.A.)* to call.
teléfono *(tayláyfohnoh)* m. telephone.
telegrafiar *(taylaygrahfyáR)* tr. to telegraph; to wire, to cable. [legraph.
telégrafo *(tayláygrahfoh)* m. te-
telegrama *(taylaygráhmah)* m. telegram; wire. [telescope.
telescopio *(tayleskóhpyoh)* m.
telón *(taylón)* m. drop curtain. *Theat.* curtain. [ject. topic.
tema *(táymah)* m. theme; sub-
temblar *(tembláR)* intr. to tremble; to shiver, to quake; **— de miedo,** shake with fear.
temblor *(temblóR)* m. trembling, shivering; **— de tierra** earthquake.
tembl(or)oso *(temblohróhssoh)* adj. trembling, tremulous, shoking.
temer *(taymáyR)* tr. to fear; to dread; intr. to be afraid.
temeridad *(taymayreedáhd)* f. temerity, rashness, foolhardiness.
temeroso *(taymayróhssoh)* adj. timorous, fearful, afraid, scared.
temible *(tayméeblay)* adj. dreadful, terrible, aweful, frightful, hair-raising, scary.
temor *(taymóR)* m. dread; fear.

awe, terror, panic, funk, scare.
témpano *(témpahnoh)* m. ice-drift, ice-berg, ice-field: kettle-drum, drum-skin.
temperamento *(tempayrahméntoh)* m. temperament, temper. [f. temperature.
temperatura *(tempayrahtoorah)*
tempestad *(tempestáhd)* f. tempest; storm.
tempestuoso *(tempestwóhssoh)* adj. tempestuous; stormy, turbulent.
templado *(templáhdoh)* adj. p e r a t e ; hardened; mild *Clim.* lukewarm, (liquids).
templar *(templá***R***)* tr. to temper, to cool; to calm; to quench.
templarse *(templá***R***ssay)* r. to moderate, to cool down, to restrain oneself.
temple *(témplay)* m. temper(ing) of metals; **pintado al —** painted with distemper; courage. [church, shrine.
templo *(témploh)* m. temple,
temporada *(tempohráhdah)* f. season, a period of time (short/long).
temporal *(tempohráhl)* adj. temporary; m. tempest, storm, gale.
temporalidad *(tempohrahleedáhd)* f. temporality.
temprano *(temprâhnoh)* adj. early; soon; adv. early, before time.
tenacidad *(taynahtheedáhd)* f. tenacity, toughness, stubborness.
tenacillas *(taynahthéelyahss)* f. pl. small tongs, nippers, tweezers, pincers, pliers.
tenaz *(taynáth)* adj. tenacious, obstinate, stubborn.
tenaza *(taynáthah)* f. claw (as of lobster) pl. pair of tongs pincers.
tendedero *(tendáydayroh)* m. dryng place for clothes.
tendedor *(tendaydó***R***)* m. stretcher, clothes-horse.
tendencia *(tendénthyah)* f. tendency, trend, bent, propensity.
tendencioso *(tendenthyóhssoh)* adj. tendentious, biased.
tender *(tendáy***R***)* tr. to stretch out, to span, to tend; to lay (pipes, lines, etc.). [stall.
tenderete *(tendayráytay)* street
tendero *(tendáyroh)* m. shopkeeper, retailer.
tenderse *(tendáy***R***ssay)* r. to stretch out si, liedown.
tendido *(tendéedoh)* adj. *Tech.* laying, layout; m. grand stand. [new.
tendón *(tendón)* m. tendon, si-
tenebrosidad *(taynaybrohsseedáhd)* s. gloom, darkness, murk.
tenebroso *(taynaybróhssoh)* adj. gloomy, dark, murky.
tenedor *(taynaydó***R***)* m. keeper; holder, (table)fork; **— de libros** book-keeper.
teneduría *(taynaydooréeah)* f. book-keeping.
tener *(taynáy***R***)* tr. to have, to possess, to own to hold; **— por,** to consider, **— hambre** to be hungry. **— miedo,** to be afraid; **— ganas,** to fancy.
tenerse *(taynáy***R***ssay)* r. to hold fast; **— en pie,** to stand.
tenería *(taynayréeah)* f. tannery.
teniente *(taynyéntay)* adj. deputy. *Mil.* lieutenant.
tenis *(táyneess)* m. tennis.
tenor *(taynó***R***)* tenor, condition, state. *Mus.* tenor(ist). *Com.* **a — de,** in compliance with.
tenorio *(taynóhryoh)* m. (coll.) lady-killer, Don Juan; (coll.) wolf.
tensión *(tenssyón)* f. tension; strain, stress. *Elect.* voltage; tautness. [tight, taut.
tenso *(ténssoh)* adj. tense, stiff,
tentación *(tentahthyón)* f. temptation, enticement, bait, allurement.
tentáculo *(tentáhcoolo)* m. tentacle.

T

T

tentar *(tentá***R***)* tr. to grope; to tempt, to allure, to tantalize.
tentativa *(tentahtéebah)* f. attempt, trial, test, experiment.
tentempié *(tentempyáy)* m. (coll.) bite, snak.
tenue *(táynway)* adj. thin; tenuous, delicate, slight, trifling. *Art.* faint.
teñir *(taynyée***R***)* tr. to dye; to tinge, stain, to tinct.
teocracia *(tayohkráhthyah)* f. theocracy.
teología *(tayohloh***H***éeah)* f. theology. [logian.
teólogo *(tayóhlohgoh)* m. theo-
teorema *(tayohráymah)* m. theorem.
teoría *(tayohréeah)* f. theory.
teórico *(tay/óhreekoh)* adj. theoric, theoretical; m. theorist.
terapia *(tayrahpea)* f. therapy.
terapéutica *(tayrahpay/ooteekah)* f. therapeutic.
terapéutico *(tayrahpay/ooteekoh)* adj. therapeutic(al).
tercero *(tay***R***tháyroh)* adj. third; m. mediator; go-between, middle-man. [triplet, trio.
terceto *(tay***R***tháytoh)* m. tercet,
terciado *(tay***R***thyádoh)* adj. cutlass, broad sword; slantiog, tilted, blased, crosswise.
terciar *(tay***R***thyá***R***)* tr. to place diagonally, to split in three parts; intr. to mediate, to arbitrate. [tiary (geol).
terciario, a *(tay***R***thyá***R***yoh)* ter-
tercio *(tay***R***thyoh)* adj. third; m. thirding, one third. *Mil.* regiment; **el Tercio** or **los Tercios,** Spanish Foreig Legion. [velvet.
terciopelo *(tay***R***thyohpáyloh)* m.
terco *(tay***R***koh)* adj. stubborn, obstinate; stiff, pig-headed.
tergiversación *(tay***RH***eebay***R***ssahtyón)* f. distortion, tergiversation, recantation.
tergiversar *(tay***RH***eebay***R***ssá***R***)* tr. to twist, to change, to recant.
termal *(tay***R***máhl)* adj. thermal.
termas *(táy***R***mahss)* f. pl. hot baths springs. [mic.
térmico *(tay***R***meekoh)* adj. ther-
terminación *(tay***R***meenahthyón)* f. termination, end, ending, conclusion, close, finish.
terminal *(tay***R***meenáhl)* adj. terminal; final; m. terminal.
terminar *(tay***R***meená***R***)* tr. to finish, to terminate, to close, to end; intr. to end, to result in.
término *(táy***R***meenoh)* m. term; ending, finish, conclusion end; expiration; boundary; condition; **en primer —,** in the fore ground; **en último —,** in the background.
termita *(tay***R***méetah)* f. *Ent.* termite.
termodinámica *(tay***R***mohdeenáhmeekah)* f. thermodynamics. [m. thermometer.
termómetro *(tay***R***móhmaytroh)*
termos *(tay***R***moss)* m. thermos bottle, thermos-flask, vacuum-flask.
terna *(tay***R***nah)* f. thee candidates presented for selection, triad, tern. [veal.
ternera *(tay***R***náyrah)* f. calf;
ternero *(tay***R***náyroh)* m. (bull-) calf, steer. [cartilage.
ternilla *(tay***R***neelya)* f. gristle,
terno *(tay***R***noh)* m. triad, ternary number; curse; **echar —s,** to swear.
ternura *(tay***R***nóorah)* f. tenderness, softness, delicacy.
terquedad *(tay***R***kaydáhd)* f. stubbornness, obstinacy, contumacy, pig-headedness.
terracota *(tay***R***ahkóhtah)* f. terra cotta.
terrado *(tay***R***áhdoh)* m. (prov.) high terrace; flat roof.
terraplén *(tay***R***ahplén)* m. (rail.) embankment, mound (fort.)
terraplenar *(tay***R***hplayná***R***)* tr. to embank; to fill (in).
terrateniente *(tay***R***ahtaynyéntay)* s. land-owner, —holder.
terraza *(tay***R***áhthah)* f. terrace, veranda, sidewalk cafe.

terrazo *(tay***R***ahthoh)* m. landscape; (buil.) flooring slab.
terremoto *(tay***R***aymóhtoh)* m. earthquake, land-quake.
terrenal *(tay***R***aynáhl)* adj. worldly, earthly; mundane.
terreno *(tay***R***aynoh)* adj. terrene, earthly; m. land ground, soil, plot. [rrestrial.
terrestre *(tay***R***éstray)* adj. te-
terrible *(tay***R***éeblay)* adj. terrible, horrible, aweful, dreadful. (coll.) huge. [territorial.
territorial *(tay***R***eetohryahl)* adj.
territorio *(tay***R***eetóhryoh)* m. territory, district; land.
terrón *(tay***R***ón)* m. clod, lump. **— de azúcar,** lum of sugar.
terror *(tay***R***ó***R***)* m. terror; dread, awe, fright.
terrorífico *(tay***R***ohreefeekoh)* adj. terrific, dreadful, aweful, bloodcurdling, hair-raising.
terrorismo *(tay***R***ohréessmoh)* m. terrorism.
terrorista *(tay***R***ohréestah)* s. terrorist; adj. terroristic.
terroso *(tay***R***óhssoh)* adj. earthy.
terruño *(tay***R***óonyoh)* m. piece of ground, the old sod; homeland, home-country.
tersar *(tay***R***ssah***R***)* tr. to smooth, to polish.
terso *(táy***R***ssoh)* adj. smooth, polished, glossy: concise.
tersura *(tay***R***ssóorah)* f. smoothness, polish, terseness, brevity, terse, snappy
tertulia *(tay***R***tóolyah)* f. social meeting, coterie, assembly (evening) party. *Theat.* gallery.
tertuliano *(tay***R***toolyahnoh)* adj. member of a circle of friends.
tesar *(táyssah***R***)* tr. *Naut.* **tesar un cabo,** to haul (a rope) taut.
tesis *(táysseess)* f. thesis.
tesón tayssón) m. tenacity, strength, toughness, stubbornness. [treasury.
tesorería *(tayssohrayréeah)* f.
tesorero *(tayssohráyroh)* m. treasurer.
tesoro *(tayssóhroh)* m. treasure; riches treasury, exchequer; thesaurus.
testa *(téstah)* f. head; (coll.) nut, loaf, belfry. [tor.
testador *(testahdó***R***)* m. testa-
testaferro *(taystahfay***R***oh)* m. dummy, straw-man.
testamentario *(testahmentáhryoh)* m. executor; adj. testamentary.
testar *(testá***R***)* to (make a) will, to bequeath.
testarudo *(testahróodoh)* adj. stubborn, pig-headed, hardheaded. [ticle.
testículo *(taysteekooloh)* m. tes-
testificación *(testeefeekahthyón)* f. attestation.
testificar *(testeefeeká***R***)* tr. to attest, te witness, to testify.
testigo *(testéego)* s. witness; evidence, proof; **— visual,** eyewitness.
testimoniar *(testeemohnyá***R***)* tr. to testify, to witness, to vouch for.
testimonio *(testeemóhnyoh)* m. testimony, affidavit; **falso —,** false witness.
teta *(táytah)* f. mamma(ry gland), nipple, teat; breast; **dar la —,** to suckle.
tetánico *(taytáhneekoh)* adj. tetanic(al). [nus.
tétano(s) *(táytahnoh)* m. teta-
tetera *(taytáyrah)* f. teapot; tea-kettle.
tétrico *(táytreekoh)* adj. dark, gloomy, sullen, lugubrious.
textil *(taystéel)* adj. textile fibrous.
texto *(tékstoh)* m. text.
textual *(tekstwáhl)* adj. textual.
textura *(tekstóorah)* f. texture.
tez *(teth)* f. complexion, skin.
ti *(tee)* pron. (to)you, thee.
tía *(tétah)* f. aunt, auntie; (coll.) dame; quean.
tiara *(tyáhrah)* f. tiara.
tibia *(teebya)* f. shin-bone.
tibieza *(teebyáythah)* t. tepididy, lukewarmness.

tibio *(téebyoh)* adj. tepid; lukewarm. [shark.

tiburón *(teeboorón)* m. *Ichth.*

tiempo *(tyémpoh)* m. time; weather. *Gram.* tense.

tienda *(tyéndah)* f. shop; **— de campaña,** tent.

tienta *(tyéntah)* f. probe; **andar a —s,** to grope, to fumble; **a —,** at random.

tiento *(tyéntoh)* m. touch; tact; **no tengo —,** my fingers are numb.

tierno *(tye***R***noh)* adj. tender; soft; fond; young.

tierra *(tye***R***ah)* f. earth; ground; soil; land; country; **— adentro,** inland; **tomar —,** to land. [rigid, taub.

tieso *(tyéssoh)* adj. stiff, hard;

tiesto *(tyéstoh)* m. flower-pot, plant-pot. [phus.

tifus *(téefooss)* m. *Med.* ty-

tifón *(teefón)* m. typhoon.

tigre *(téegray)* m. tiger.

tigresa *(teegráyssah)* f. tigress.

tijera *(tee***H***áyrah)* f. scissors.

tila *(téelah)* f. *Bot.* linden tree, linden blosson tea.

tildar *(teeldá***R***)* tr. to dot; to stigmatize, to brand.

tilde *(téelday)* m. tilde, dot, blemish. [tree.

tilo *(téeloh)* m. *Bot.* linden-

timador *(teemahdo***R***)* s. windler, cheater.

timar *(teemá***R***)* tr. to swindle, to cheat.

timba *(teembah)* f. gamblingden.

timbal *(teembahl)* m. kettle--drum. [to stamp.

timbrar *(teembrá***R***)* tr. to seal,

timbre *(téembray)* m. seal, stamp; timbre; bell; quality of a voice; stamp duty.

timidez *(teemeedéth)* f. timidity, shyness, bashfulness, coyness.

tímido *(téeemeedoh)* adj. timid, shy, bashful, coy.

timo *(téemoh)* m. (coll.) cheat, swindle, fraud; **dar un —,** to swindle.

timón *(teemón)* m. rudder. *Aer., Naut.* rudder, helm.

timonel *(teemohnél)* m. helmsman.

timorato *(teemohráhtoh)* adj. timid, timorous, shy: faint-hearted.

tímpano *(téempahnoh)* m. tympanum. *Anat.* eardrum.

tina *(téenah)* f. large earthen jar; vat, (bath-)tub.

tinaja *(teenáh***H***ah)* f. large earthen jar.

tinglado *(teenglahdoh)* m. shed(-roof); trick, artifice.

tiniebla *(teenyáyblah)* f. darkness; pl. utter darkness; **estar en —s,** to be completely ignorant.

tino *(téenoh)* m. accurate aim, tact, skillfeel, knack.

tinta *(téentah)* f. ink; tint; **de buena —,** from good source.

tinte *(téentay)* m. dyeing, tint, hue, colour dyer's shop.

tintero *(teentáyroh)* m. inkstand, ink-well, ink-pot.

tinto *(téentoh)* adj. dyed, tinged; **vino —,** red wine.

tintorería *(teentohrayréeah)* f. dyer's shop, dry-cleaners

tintorero *(teentohráyroh)* m. dyer, ((dry)-cleaner.

tintura *(teentóorah)* f. dyeing, tinture, dye, stain; smattering.

tiña *(téenya)* f. scald-head; (coll.) poverty, indigence; meanness.

tiñoso *(teenyósso)* adj. mangy penurious, niggardly, mean.

tío *(téeoh)* f. uncle; (fam.) good old man; man; fellow, guy. [sel, merry-go-round.

tiovivo *(tyohbéeboh)* m. carrou-

típico *(téepeekoh)* adj. typic(al), characteristic.

tiple *(téeplay)* m. treble; s. soprano singer. *Naut.* one piece mast.

tipo *(téepoh)* m. type, pattern, standard, model, print character, rate; guy, fellow, chap; looks.

tipografía *(teepohgrahféeah)* f. typography, type-setting.

tipográfico *(teepohgráhfeekoh)* adj. typographic(al).
tipógrafo *(teepóhgrahfoh)* m. printer; typographer. [fall.
tira *(téerah)* f. strip, band. *Naut.*
tirabuzón *(teerahboothón)* m. hair-curl; corkscrew.
tirada *(teeráhdah)* f. throw; cast; stretch; edition. *Print.* off-print.
tirado *(teeráhdoh)* adj. very cheap, given awaw. *Naut.* long low boat; (coll.) very easy.
tirador *(teerahdó***R***)* m. thrower; pull, knob, handle, shoot(er), marksman, good-shot. [ny.
tiranía *(teerahnéeah)* f. tyran-
tiranizar *(teerahneethá***R***)* tr. to tyrannize; to oppress.
tirano *(teeráhnoh)* adj. tyrannical; m. tyrant, despot.
tirante *(teeráhntay)* adj. tight, taut, strained (as relations); m. stretcher; pl. *U. S. A.* suspenders, braces *G. B.*
tirantez *(teerahntéth)* f, strain, tenseness, tension.
tirar *(teerá***R***)* tr. to throw (away); to shoot (off); (firearms) to waste; to print; intr. to draw, to pull, to carry on; to resemble (relat.).
tirarse *(teerá***R***ssay)* to throw, to fling oneself.
tiricia *(teeréethya)* f. jaundice.
tiritar *(teereetá***R***)* intr. to shiver.
tiro *(téeroh)* m. cast, throw; shot, fling, target practice, shooting-grounsd, range, team or set of draught horses; **a —,** within shot; **— al blanco,** target shooting.
tirón *(teerón)* m. pull, tug, pull; **de un —,** at a stretch.
tirotear *(teerohtayá***R***)* intr. to snipe at, to exchange shots.
tirotearse *(teerohtayá***R***ssay)* r. to fire at each other, to skirmish. [fire, skirmish.
tiroteo *(teerohtáyoh)* m. cross-
tirria *(tée***R***yah)* f. (fam.) aversion, dislike, antipathy.
tisana *(teessáhnah)* f. infusion, (medicinal-).
tísico *(teésseekoh)* adj. y m. phthisical; consumptive.
tisis *(teésseess)* f. phthisis, consumption.
titán *(teetáhn)* m. titan.
titánico *(teetáhneekoh)* adj. titanic, colossal, huge.
títere *(téetayray)* m. puppet, marionette; **—s,** punch and judy show. [kle, titillation.
titilación *(teeteelahthyón)* f. tic-
titilar *(teeteela***R***)* intr. to titillate, to tickle; to twinkle.
titiritero *(teeteereetayroh)* m. puppet-player, puppet show man.
titubear *(teetoobayá***R***)* intr. to totter, to hesitate, to stagger, to toddle.
titubeo *(teetoobáyoh)* m. totter(ing), staggering, vacillation, hesitation.
titulado *(teetooláhdoh)* m. titleholder; adj. titled.
titular *(teetoolá***R***)* adj. titular(y); m. head-line; tr. to (en)-title; to obtain a title.
título *(téetooloh)* m. title, headline, heading; (acad.) diploma, degree. *Com.* certificate, bond.
tiza *(téethah)* f. chalk; clay.
tiznar *(teethná***R***)* tr. to stain; to blot, to smub, to blackon.
tizón *(teethón)* m. firebrand, char-coal; (fig.) disgrace.
toalla *(tohahlyah)* f. towel.
tobillo *(tohbéelyoh)* m. ankle.
tobogán *(tohbohgáhn)* m. slide.
toca *(tóhkah)* f. toque, head-dress.
tocado *(tohkáhdoh)* adj. touched; m. coiffure, head-dress. **— de la cabeza,** to be potty/dotty/crackors.
tocador *(tohkahdó***R***)* m. player; dressing or toilet-table, boudoir, toilet-room.
tocar *(tohká***R***)* tr. to touch. *Mus,* to play; to ring (a bell, to hit; intr. to appertain, to concern; to fail to one's lot, to touch, to call (at a port); **— fondo,** to

T

strike aground; **a toca teja**, ready money. [sake.
tocayo *(tohkáhlyoh)* adj. name-
T
tocinero *(tohtheenáyroh)* m. pork-seller. [salt pork.
tocino *(tohthéenoh)* m. bacon;
todavía *(tohdahbéeah)* adj. yet; still; ever notwithstanding, nevertheless; **— no**, not yet.
todo *(tóhdoh)* adj. all; entire; whole, every, each; m. whole, everything; adv. entirely, botally, quite; **con —**, notwithstanding; **sobre —**, above all.
todopoderoso *(tohdohpohdayróhssoh)* adj. almighty; m. the Almighty.
toga *(tóhgah)* t. toga; gown.
toldo *(tóldoh)* m. awning; tilt, canvas, sun-shade.
tolerable *(tohlayháhblay)* adj. tolerable, bearable, allowable, permissible.
tolerancia *(tohlayráhnthyah)* f. tolerance, allowance.
tolerante *(tohlayráhntay)* adj. tolerant.
tolerar *(tohlayrá***R***)* **tr.** to tolerate, endure; permit.
toma *(tóhmah)* f. taking, take, catch. *Med.* d ose; outlet, water/electricity mains.
tomar *(tohmá***R***)* tr. to take, to catch, to have; **— el pelo**, to pull one's leg, to eat/drink; **— el sol**, to sun-bathe.
tomate *(tohmáhtay)* m. tomato.
tómbola *(tóhmbohlah)* f. tombola, charity raffle booth.
tomillo *(tohméelyoh)* m. *Bot.* thyme.
tomo *(tóhmoh)* m. volume, tome; **de — y lomo**, of importance.
ton *(ton)* **sin — ni son**, without rime of reason. [song air.
tonada *(tohnáhdah)* f. tune,
tonadilla *(tohnahdéelyah)* f. short tune. [tub.
tonel *(tohnayl)* m. cask; barrel;
tonelada *(tohnayláhdah)* f. ton.
tonelaje *(tohnaylá***H***ay)* m. *Naut.* tonnage, capacity. *Com.* tonnage duty.
tonelete *(tohnayláytay)* m. little barrel; kilt, short skirt.
tónico *(tóhneekoh)* adj. y m. tonic; (coll.) pick-me-up. *Gram.* tonic, accented.
tonificar *(tohneefeeká***R***)* tr. to strenghen, to tone up.
tono *(tóhnoh)* m. tone. *Mus.* key, pitch; **darse —**, to give oneself airs.
tontada *(tontáhdah)* f. silliness, nonsense, foolishness.
tontear *(tontayá***R***)* intr. to fool, to talk monsense.
tontería *(tontayréeah)* f. foolery, nonsense, folly.
tonto *(tóntoh)* adj. silly, foolish; m. fool dolt.
topar *(tohpá***R***)* tr. to collide; to meet by chance.
tope *(tóhpay)* m. but, buffer; **hasta el —**, to the brim.
topetazo *(tohpaytáhthoh)* m. bump, collision. [collision.
topetón *(tohpaytón)* m. bump,
tópico *(tohpeekoh)* adj. topical; m. topic, subject.
topo *(tóhpoh)* m. mole.
topografía *(tohpohgrahféeah)* f. topography, surveying.
topógrafo *(tohpóhgrahfoh)* m. topographer, surveyor.
toque *(tóhkay)* m. touch; ringing of bells, peal, toll.
torbellino *(to***R***baylyéenoh)* m. whirlwind; (coll.) a bull in a china shop.
torcedura *(to***R***thaydóorah)* f. twist(ing); sprain.
torcer *(to***R***tháy***R***)* tr. to twist, to bend; to crook, to pervert.
torcerse *(to***R***thay***R***ssay)* r. to warp, to go wrong; to be sprained.
torcido *(to***R***théedoh)* adj. twisted, crooked; awry; bent.
tordo *(tó***R***doh)* adj. dapple, gray (horses); m. thrush.
toreador *(tohrayahdó***R***)* m. bullfighter.
torear *(tohrayá***R***)* intr. to fight bulls; (coll.) to mock, tease.
toreo *(tohráyoh)* m. bullfighting.

torero *(tohráyroh)* m. bullfighter.

toril *(tohréel)* m. bull pen.

tormenta *(toRméntah)* f. storm, tempest, gale.

tormento *(toRméntoh)* m. torment; torture; worry.

tormentoso *(toRmentóhssoh)* adj. stormy; turbulent.

torna *(tóRnah)* f. restitution; return; (coll.) **se cambiaron las —s,** there was a turn-about.

tornar *(toRnáR)* tr. e intr. to repeat, to return; to transform. [change, to become.

tornarse *(toRnáRssay)* r. to

tornasol *(toRnahssól)* m. *Bot.* sunflower. [turner.

torneador *(toRnayahdóR)* m.

tornear *(toRnayáR)* tr. to turn up. [ment, contest.

torneo *(toRnáyroh)* m. tourna-

tornero *(toRnayroh)* m. turner, lathe-turner. [vice, clamp.

tornillo *(toRnéelyoh)* m. screw,

torniquete *(toRneekáytay)* m. turnstile. *Med.* torniquet.

torno *(tóRnoh)* m. lathe; winch.

toro *(tóhroh)* m. bull; pl. bullfight. [fruit.

toronja *(tohrónHah)* f. grape-

torpe *(tóRpay)* adj. dull; heavy; clumsy; lascivious.

torpedear *(toRpaydayáR)* tr. to torpedo. [torpedo.

torpedo *(toRpáydoh)* m. *Naut.*

torpeza *(toRpáythah)* f. rudeness; torpidness; lewdness, clumsiness.

torre *(tóhRay)* f. tower; turret; belfry; villa, castle or rook (in chess).

torrefacción *(tohRayfahkthyón)* f. torrefaction, toasting.

torrejón *(tohRayHón)* m. little tower. [torrential.

torrencial *(tohRenthyáhl)* adj.

torrente *(tohRéntay)* m. torrent; rush; plenty.

torreón *(tohRayón)* m. fortified tower, keep, turret.

torrero *(tohRáyroh)* m. lighthouse-keeper. [er.

torrezno *(tohRáythnoh)* m. rash-

torta *(tóRtah)* f. round cake, pie; (coll.) slap, box.

tortilla *(toRtéelyah)* f. omelet; **hacerse —,** to smash to bits.

T

tórtola *(tóRtohlah)* f. *Orn.* turtle-dove.

tórtolo *(tóRtohloh)* m. *Orn.* male turtle-dove; (fam.) lover.

tortuga *(toRtóogah)* f. turtle, tortoise; (coll.) **paso de —,** snail pace.

tortuoso *(toRtwóhssoh)* adj. tortuous, winding.

tortura *(toRtóorah)* f. torture, torment, rack.

torturar *(toRtooráR)* tr. to torture, to torment.

tos *(tos)* f. cough. [ing-cough.

tosferina *(tosfayréenah)* whoop-

tosco *(tóskoh)* adj. coarse; rough; clownish, ill-bred.

toser *(tossáyR)* intr. to cough.

tostada *(tostáhdah)* f. toast.

tostado *(tostáhdoh)* adj. toasted; tanned, swarthy, crisp; m. toasting.

tostador *(tostahdóR)* m. toaster, roaster. [roast.

tostar *(tostáR)* tr. to toast; to

tostón *(tostón)* m. buttered or oiled toast, roast pig; (coll.) irksome, tedious.

total *(tohtáhl)* adj. total, whole, entire; m. total, sum.

totalidad *(tohtahleedáhd)* f. totality.

tótem *(tóhtem)* m. totem.

tóxico *(tóksseekoh)* adj. y m. toxic, poisonous.

tozudo *(tohthóodoh)* adj. stub, born, obstinate, pig-headed.

traba *(tráhbah)* f. tie, lock, hind(e)rance, drag.

trabado *(trahbáhdoh)* adj. tied, hooked, jammed, locked.

trabajado *(trahbahHáhdoh)* adj. laboured; wrought.

trabajador *(trahbahHahdóR)* m. worker, workman; adj. laborious, hard-working.

trabajar *(trahbahHáR)* tr. e intr. to work, to toil. *Agric.* to till.

trabajo *(trahbáhHoh)* m. work

labour; task, toll, job; pl. want, need, hardship.

trabajoso *(trahbahHóhssoh)* adj. laborius, painful, hard.

trabalenguas *(trahbahléngwahss)* m. tongue twister.

trabar *(trahbáR)* tr. to fasten; bind, to jam, to entwine, to fasten, to clasp; to begin (a friendship).

trabarse *(trahbáRssay)* r. to bind, to lock, to get fasten.

trabazón *(trahbahthón)* m. bracing, union, bond. [crackers.

traca *(tráhkah)* f. string of fire-

tracción *(trahkthyón)* f. traction; draught. *Tech.* tensile strength.

tractor *(trahktóR)* m. tractor.

tradición *(trahdeethyón)* f. tradition.

tradicional *(trahdeethyohnáhl)* adj. traditional. [translation.

traducción *(trahdookthyón)* f.

traducir *(trahdoothéeR)* tr. to translate. [translator.

traductor *(trahdooktóR)* m.

traer *(trah/ayR)* tr. to bring, to fetch; (coll.) **traer y llevar,** to fetch and carry.

traficante *(trahfeekáhntay)* m. merchant; dealer; trader; pl. tradesfolk.

traficar *(trahfeekáR)* intr. to traffic, to trade, to deal.

tráfico *(tráhfeekoh)* m. traffic; trade.

tragahombres *(trahgahombrays)* m. (coll.) bully.

tragaldabas *(trahgahldahbahss)* m. (coll.) glutton.

tragaluz *(trahgahlóoth)* m. skylight; bull's eye (in a ship).

tragar *(trahgáR)* tr. to swallow, to gulp dow; (coll.) **— el anzuelo,** to fall for it [gedy.

tragedia *(trahHáydyah)* f. tra-

trágico *(tráhHeekoh)* adj. tragic(al); m. tragedian.

tragicomedia *(trahHeekohmáydyah)* t. tragicomedy

trago *(tráhgoh)* m. gulp, drink; (coll.) adversity; **echar un —,** to hawe/take a drink.

tragón *(trahgón)* adj. gluttonous; voracious, ravenous; m. gobber, glutton. [son.

traición *(trah/eethyón)* f. trea-

traicionero *(tra/eethyohnáyroh)* adj. treacherous. [to betray.

traicionar *(trah/eethyohnáR)* tr.

traidor *(trah/eedóR)* m. traitor; betrayer; adj. treacherous.

traidora *(trah/eedóhrah)* f. traitress.

traje *(tráhHay)* m. suit; costume; dress; **— de luces,** bullfighter's costume; **baile de —,** fancy dress-ball.

trajín *(trahHéen)* m. going to and fro, bustle, carrying, hustle and bustle.

trajinar *(trahHeenáR)* tr. to carry back and forth; intr. to travel to and fro.

trama *(tráhmah)* f. weft, woof (in a cloth); plot, intrigue.

tramar *(trahmáR)* tr. to weave; to plot.

tramitar *(trahmeetaR)* tr. to carry through, to transact (documents, etc.).

trámite *(tráhmeetay)* m. step; pl. paper work; red-tape.

tramo *(tráhmoh)* m. stretch, tractof land, flight (of stairs).

tramoya *(trahmóhyah)* f. *Theat.* trick; artifice; stage machinery/trappings.

tramoyista *(trahmohyéesstah)* s. stagemachinist; swindler.

trampa *(tráhmpah)* f. trap; snare, trap-door; fraud, deceit, trick.

trampear *(trampayaR)* tr. e intr. to dodge, to cheat, to swindle.

tramposo *(trahmpóhssoh)* adj. tricky; m. cheater; trick(st)er.

tranca *(tráhnkah)* f. cross-bar club; **¡tiene una —!,** he's stoned!

trancazo *(trahnkáhthoh)* m. blow, with a cudgel; (coll.) grippe, flu.

trance *(tráhnthay)* m. peril; critical moment, juncture; a **todo —**, at any price.
tranquilidad *(trahnkeeleedáhd)* f. still(ness), rest, quietness, calmness, tranquility, prace.
tranquilizar *(trahnkeeleetháR)* tr. to calm, to quieten down, to pacify, to tranquillize.
tranquilizarse *(trahnkeeleetháR-ssay)* r. to grow calm, to calm down, to relax.
tranquilo *(trahnkéeloh)* adj. quiet; still, calm, tranquil, peaceful.
transacción *(trahnssahkthyón).* f. transaction, dealing.
transatlántico *(trahnssahláhn-teekoh)* adj. transatlantic; m. liner.
transbordar *(trahnssboRdáR)* tr. *Naut.* to tranship, to transfer.
transbordo *(trahnssbóRdoh)* m. transfer, transhipment.
transcribir *(trahnskreebéeR)* tr. to transcribe, to copy.
transcripción *(trahnskreepthyón)* f. transcript(ion), copy.
transcurrir *(trahnskooRéeR)* intr. to (e)lapse, to pass.
transcurso *(trahnskóoRssoh)* m. course; during.
transeúnte *(trahnssayóontay)* adj. transient; m. passer-by, sojourner.
transferir *(trahnsfayréeR)* tr. to transfer; to remove.
transfiguración *(trahnsfeegoo-rahthyón)* f. transfiguration, transformation.
transfigurar *(trahnsfeegooráR)* tr. to transfigure; to transform.
transformación *(trahnsfoRmah-thyón)* f. transformation; change.
transformar *(trahnsfoRmáR)* tr. to transform, to change, to turn.
transfusión *(trahnsfoossyón)* f. transfusión; **— de sangre,** blood-transfusion.
transgredir *(trahnssgraydéeR)* intr. to transgress, to trespass.
transición *(trahnsseethyón)* f. transition, change, passage.
transigir *(trahnsseeHéeR)* intr. to agree, to give in/way.
transitar *(trahnsseetáR)* intr. to pass by; to travel, to journey, to move, to go.
tránsito *(tráhnsseetoh)* m. transit, traffic, passage, passing.
transitorio *(trahnsseetóhryoh)* adj. transitory, transient, temporary.
transmigrar *(trahnssmeegráR)* intr. to transmigrate.
transmisión *(trahnssmeessyón)* f. transmission.
transmitir *(trahnssmeetéeR)* tr. to transmit; to transfer; (rad.) to broadcast; to convey.
transparencia *(trahnspahrén-thyah)* f. transparency.
transparente *(trahnspahréntay)* adj. transparent; limpidity, clarity.
transpiración *(trahnspeerah-thyón)* f. transpiration, perspiration.
transpirar *(trahnspeeráR)* intr. to perspire, to transpire.
transportar *(trahnspoRtáR)* tr. to carry (over), to transport, to convey, (ship.) to ship.
transporte *(trahnspóRtay)* m. transport(ation); shipment, carriage; freight.
transversal *(trahnsbayRssáhl)* adj. transversal; traverse, cross-wise, oblique, askew, slant, biased.
tranvía *(trahnbéeah)* m. tram(way), street-car.
trapecio *(trahpáythyoh)* m. trapeze. *Geom.* trapezium.
trapería *(trahpayréeah)* f. frippery, rag-fair; be rag-trad.
trapero *(trahpáyroh)* m. ragdealer; rag-and-bone man.
trapo *(tráhpoh)* m. rag; tatter, cloth.
tráquea *(tráhkayah)* s. trachea, windpipe.

traquetear *(trahkaytayá***R***)* tr. e intr. to shake, to jolt, to jog, to jerk.

T

traqueteo *(trahkaytáyoh)* m. shaking, jogging, jerking, ricketting. [yond.

tras *(trahss)* prep. after, be-

trascendencia *(trahssthendénthya)* f. consequence, transcendence.

trascendental *(trahssthendéntahl)* adj. transcendental; momentuous.

trascender *(trahssthenday***R***)* tr. to transcend; to leak out.

trascocina *(trahscothéenah)* f. back-kitchen; suillery.

trasero *(trahssáyroh)* adj. hind(er), back, rear; m. bottom; rump. [adj. nomadic.

trashumante *(trahsoomáhntay)*

trashumar *(trahsoomá***R***)* intr. to nomadize, to migrate.

trasiego *(trahssyáygoh)* m. upset, decantation, transfer.

trasladar *(trahslahdá***R***)* tr. to (re)move, to transfer; to postpone.

traslado *(trahsláhdoh)* m. transfer; copy; moving, removal.

traslucir *(trahsloothée***R***)* tr. to infer.

traslucirse *(trahsloothée***R***ssay)* r. to leak out, to shine through.

trasluz *(trahslóoth)* m. transverse light; **al —**, against the light.

trasnochado *(trahsnohcháhdoh)* adj. hackneyed; worn out, tired through sleeplessness.

trasnochador *(trahsnohchahdó***R***)* m. nighthawk, nightrake.

trasnochar *(trahsnohchá***R***)* intr. to keep late hours, to go on the tiles. [to mislay.

traspapelar *(trahspahpaylá***R***)* tr.

traspasar *(trahspahssá***R***)* intr. to pass (over), to cross, to pierce, to transfer, to go through. [transfer.

traspaso *(trahspáassoh)* m.

traspié *(trahspyáy)* s. slip, stumble, trip; **dar —s**, to stumble/or to trip over.

trasplantar *(trahsplahntá***R***)* tr. to transplant.

trasplante *(trahspláhntay)* m. transplantation.

trasquilar *(trahskeelá***R***)* tr. to shear; to snip, to clip.

trastada *(trasstáhdah)* f. (coll.) mean trick.

trastazo *(trasstáhthoh)* m. (coll.) thump, blow.

trastero *(trasstáyroh)* m. lumber-room, junk-room.

trastienda *(trahstyéndah)* f. backshop, back-room (of a shop).

trasto *(tráhstoh)* m. piece of furniture; (coll.) trash, lumber, junk, rubbish; worthless person; pl. implements, tools.

trastornar *(trahsto***R***ná***R***)* tr. to upset; to disturb, to trouble.

trastorno *(trahstó***R***noh)* m. upset; disturbance, disorder, trouble.

trata *(tráhtah)* f. slave-trade; **se — de**, it's about.

tratable *(trahtáhblay)* adj. tractable, compliant; accessible, get-at-able.

tratadista *(trahtahdéesstah)* s. author of treatises.

tratado *(trahtáhdoh)* m. treaty; treatise; pact, agreement.

tratamiento *(trahtahmyéntoh)* m. *Med.* treatment; appellation, address.

tratante *(trahtáhntay)* m. dealer, trader, merchant.

tratar *(trahtá***R***)* tr. to treat; to discuss (a subject); to trade, to deal.

tratarse *(trahtá***R***ssay)* r. to maintain friendly relaions.

trato *(tráhtoh)* m. treatment; manner; pact, agreement.

trauma *(tráh/oomah)* m. trauma(tism).

traumatismo *(trah/oomahtéessmoh)* m. trauma(tism).

través *(trahbayss)* m. bias; slant; al —, across; **campo a—**, cross country.

travesero *(trahbayssáyroh)* m. transom; adj. cross.
travesía *(trahbaysséeah)* f. crossing; passage, sea-voyage.
travesura *(trahvaysóorah)* f. trick, prank, caper, antic, mischief.
traviesa *(trahbyéssah)* f. (rail.) sleeper; (arch.) rafter.
travieso *(trahbyáyssoh)* adj. frolic(some), naughty, mischievous.
trayecto *(trahyektoh)* m. (trans)stage, fare-stage; distance.
traza *(tráhthah)* f. first sketch; trace, outline; aspect, looks.
trazado *(trahthåhdoh)* m. sketch, layout, outline, direction, designing.
trazar *(trahtháR)* tr. to lay out, to sketch, to outline, to trace, to mark out.
trazo *(tráhthoh)* m. stroke; sketch; design, tracing.
trébol *(tráybol)* m. *Bot.* clover, shamrock.
trecho *(tráychoh)* m. stretch, distance; **de — en —,** from time to time. [pite.
tregua *(tráygwah)* f. truce; res-
tremebundo *(traymaybóondoh)* adj. dreadful, frightful.
trementina *(traymentéenah)* f. turpentine; (coll.) turps.
tremendo *(trayméndoh)* adj. dreadful, terrible, aweful; huge, enormous.
trémulo *(tráymooloh)* adj. tremulous, shaking, trembling.
tren *(trayn)* m. train; retinue; **— directo,** through-train; — **— de aterrizage,** landing geat; undercarriage.
trenza *(traynthah)* f. braid, plait; pl. tresses.
trenzar *(trentháR)* tr. to braid, to plait(hair).
trepa *(tráypah)* f. climbing drilling; (coll.) flogging.
trepador *(traypahdóR)* adj. climbing; m. creeper, climber. [f. trepanation.
trepanación *(traypahnahthyón)*
trepanar *(traypahnáR)* tr. to trepan.
trepar *(traypáR)* intr. to climb, to creep up (as ivy); to bore, to perforate, to drill.
trepidar *(traypeedáR)* intr. to shake, to vibrate, to quake.
tres *(tress)* adj. three.
tresillo *(traysséelyoh)* m. ombre (game), living-room suite, three-piece suite.
treta *(tráytah)* f. trick; wile.
triángulo *(tryáhngooloh)* m. triangle.
tribu *(tréeboo)* f. tribe.
tribulación *(treeboolahthyón)* f. tribulation.
tribuna *(treebóonah)* f. tribune; rostrum; stand. *Sport.* grandstand.
tribunal *(treeboonáhl)* m. tribunal; court of justice.
tributar *(treebootáR)* tr. to pay (taxes); to pay homage.
tributario *(treebootáhryoh)* adj. tributary; taxpayer.
tributo *(treebóotoh)* m. tribute, tax. [cle.
triciclo *(treethéekloh)* m. tricy-
tricolor *(treekohlóR)* adj. tricolour(ed).
tricornio *(treekóRnyoh)* m. three-cornered hat.
trienal *(tryanáhl)* adj. triennial.
trienio *(tryáynyoh)* m. triennium, three yearly period.
trifásico *(treefahseekoh)* adj. *Elec.* three-phase.
trifulca *(treefoolkah)* f. (coll.) squabble, quarrel, row.
trigal *(treegáhl)* m. wheat-field.
trigo *(tréegoh)* m. wheat; pl. crops.
trigueño *(treegáynyoh)* adj. swarthy, brunette, brownish.
trilla *(tréelyah)* f. thrashing.
trillado *(treelyáhdoh)* adj. thrashed; trite, hackeneyed; **camino —,** beaten track.
trilladora *(treelyahdóhrah)* f. thrashing-machine.
trillar *(treelyáR)* tr. to thrash; to frequent, to repeat.

trimestral *(treemestráhl)* adj. quarterly.

trimestre *(treeméstray)* m. quarter, trimester.

trinar *(treenáR)* intr. to trill; (coll.) to rage, to be very angry.

trinca *(tréenkah)* f. triad, ternary. *Naut.* cord.

trinchante *(treencháhntay)* m. carver, carving-knife.

trinchar *(treencháR)* tr. to carve. [trench, trenchcoat.

trinchera *(treencháyrah)* f. *Mil.*

trineo *(treenáyoh)* m. sleigh, sled(ge).

trinidad *(treeneedahd)* f. trinity.

trino *(tréenoh)* adj. ternary; m. trill.

trío *(tréeoh)* m. trio.

tripa *(tréepah)* f. gut; bowel, intestine, tripe; (coll.) belly; pl. bowels, entrails. [ble.

triple *(tréeplay)* adj. triple; tre-

triplicar *(treepleekáR)* tr. to triple.

trípode *(tréepohday)* m. tripod.

tríptico *(tréepteekoh)* m. triptych. [bellied, pot-bellied.

tripudo *(treepoodoh)* adj. big-

tripulación *(treepoolahthyón)* f. crew. [man.

tripular *(treepooláR)* intr. to

triquiñuela *(treekeenywaylah)* s. chicanery, cheat, craft.

tris *(treess)* m. crack; trice; instant, nick of time; **en un —,** within an ace.

triscar *(treeskáR)* intr. to romp about, to stamp the feet.

triste *(tréestay)* adj. sad; dull, sorrowfull, gloomy.

tristeza *(treestáythah)* f. sadness; sorrow, grief.

tristón *(treestón)* adj. sad.

tritón *(treetone)* m. triton, newt.

trituración *(treetoorahthyón)* f. trituration, crushing, pulverization.

triturar *(treetooráR)* tr. to triturate, to crush, to reduce to powder. [phal.

triunfal *(tryoonfáhl)* adj. trium-

triunfar *(tryoonfáR)* intr. to triumph; to trump (in cards).

triunfo *(tryóonfoh)* m. triumph, victory, success, conquest.

trivial *(treebyáhl)* adj. trivial-trite, trifling, useless.

trivialidad *(treebyahleedáhd)* f. trivialness, triviality, triteness; (coll.) child's play.

trocar *(trohkaR)* tr. to exchange, to barter, to change.

trofeo *(trohfáyoh)* m. trophy.

trola *(tróhlah)* n. f. (coll.) fib, lie.

trole *(tróhlay)* m. trolleypole.

tromba *(trómbah)* f. waterspout.

trompa *(trómpah)* f. trunk, nozzle, proboscis. *Mus.* horn.

trompada *(trompáhdah)* f. (coll.) collision, blow.

trompeta *(trompáytah)* f. trumpet, bugle; bugler; m. trumpeter.

trompicón *(trompeekón)* m. stumble, trip; (coll.) push.

trompo *(trómpoh)* m. spinning top.

tronada *(trohnáhdah)* f. thunder-storm. [der.

tronar *(trohnáR)* intr. to thun-

tronco *(trónkoh)* m. log, trunk (of tree), stem; body, stock; stalk; **dormir como un —,** to sleep like a log.

tronchar *(troncháR)* tr. to chop off, to cut off, to mutilate.

troncho *(trónchoh)* stem; stalk.

tronera *(trohnáyrah)* m. harum-scarum. *Naut.* port-lide.

trono *(tróhnoh)* m. throne.

tropa *(tróhpah)* f. troops, soldiers; crowd; *Mil.* ranks.

tropel *(trohpáyl)* m. rush, throng. [hurry; outrage.

tropelía *(trohpayléeah)* f. rush,

tropezar *(trohpaythárR)* tr. e intr. to stumble, to trip; to meet by chance, to stumble upon.

tropezón *(trohpaythón)* m. stumble, tripping; **a —es,** by fits and starts.

trópico *(tróhpeekoh)* m. tropic.

tropiezo *(trohpyáythoh)* m.

stumble; trip; difficulty, fault; squabble, quarrel.
troquel *(trohkél)* m. die; stamp.
trotar *(trohtá***R***)* intr. to trot; (coll.) to hustle.
trote *(tróhtay)* m. trot; **para todo —,** for everyday wear/use.
trovador *(trohbahdó***R***)* m. troubadour, minstrel.
trozo *(tróhthoh)* m. piece; bit, chunk; passage (of a book).
truco *(tróokoh)* m. trick; device, ruse, wile, cheat, hoax.
truculento *(trookooláyntoh)* adj. truculent.
trucha *(tróochah)* f. *Ichth.* trout.
trueno *(trwáynoh)* m. thunder(-clap); (fig.) teddy-boy.
trueque *(trwáykay)* m. barter, exchange. [lie, deceit, fib.
trufa *(tróofah)* f. *Bot.* truffle;
truhán *(trwáhn)* adj. y m. cheat, croot, rogue, swindler, rascal, scoundrel; jester.
truncar *(troonká***R***)* tr. to truncate; to maim, to mutilate; to cut short, abridge.
tu *(too)* poss. pron. your, thy.
tú *(too)* pers. pron. you, thou.
tubérculo *(toobay***R***kooloh)* m. tuber.
tuberculosis *(toobay***R***koolóhsseess).* f. *Med.* tuberculosis, consumption.
tuberculoso *(toobay***R***koolóhssoh)* adj. tuberculous.
tubería *(toobayréeah)* f. tubing, pipe line, piping.
tubo *(tóoboh)* m. tube; pipe; **— de ensayo,** test tube.
tubular *(tooboolá***R***)* adj. tubular.
tuerca *(twáy***R***kah)* f. *Mec.* nut.
tuerto *(twáy***R***toh)* adj. one-eyed person.
tuétano *(twáytahnoh)* m. marrow; **hasta los —s,** to the marrow.
tufo *(tóofoh)* m. fumes, vapour, nasty smell; (coll.) airs.
tugurio *(toogóoryoh)* m. hut, cabin; (fam.) hovel; (fam.) low class pub.
tul *(tool)* m. tulle. [tulip.
tulipán *(tooleepáhn)* m. *Bot.*
tullido *(toolyéedoh)* adj. crippled; m. cripple.
tullir *(toolyee***R***)* intr. to cripple, *Orn.* to excrete.
tumba *(tóombah)* f. tomb; grave, sepulchre, cataphalque.
tumbar *(toombá***R***)* tr. to throw down; to fell; (coll.) to knock down; intr. to tumble, to fall down.
tumbarse *(toombá***R***ssay)* r. to lie down.
tumbo *(tóomboh)* m. tumble; fall, somersault.
tumbona *(toombóhnah)* f. deckchair, rocking-chair.
tumefacción *(toomayfakthyón)* f. tumefaction; swelling.
tumor *(toomó***R***)* m. tumour.
túmulo *(tóomooloh)* s. tumulus; tomb, grave, funeral pile.
tumulto *(toomóoltoh)* s. tumult(uousness), uproar; crowd, uprising. [adj. tumultuous.
tumultuoso *(toomooltwóhssoh)*
tuna *(tóonah)* f. vagrancy, serenading party.
tunanta *(toonáhntah)* adj. y f. hussy, minx.
tunante *(toonáhntay)* m. truant, rascal, rouge, idler, crafty.
tunantería *(toonahntayréeah)* f. rowdyism, truantship.
tunar *(tooná***R***)* intr. to loiter about, to loaf.
tunda *(tóondah)* f. (coll.) beating, flogging, leathering.
túnel *(tóonel)* m. tunnel.
túnica *(tóoneeka)* f. tunic, robe, gown.
tuno *(tóonoh)* m. truant; rake; loafer, rascal; adj. roguish, cunning. [random.
tuntún (al) *(toontoon)* adv. at
tupé *(toopáy)* m. toupee, toupet; (coll.) cheek.
tupido *(toopéedoh)* adj. dense, thick; closewoven.
turba *(tóo***R***bah)* f. crowd, rabble; peat. [barrassment.
turbación *(too***R***bahthyón)* f. em-
turbamulta *(too***R***bahmóoltah)* f. multittude, crowd, rabble.
turbante *(too***R***báhntay)* m. turban. [to upset, to embarass.
turbar *(too***R***bá***R***)* tr. to disturb,

T

turbina *(tooRbéenah)* f. turbine, water-wheel.
turbio *(tóoRbyoh)* adj. turbid, muddy, trouble.: **algo —**, something dishonest.
turbonada *(tooRbohnáhdah)* f. squall, pelting shower, hurricane, tornado.
turbulencia *(tooRboolaynthya)* f. turbulence, disorder.
turbulento *(tooRbooláyntoh)* adj. turbid, muddy, turbulent, tumultuos. [swelling.
turgencia *(tooRHénthyah)* f.
turgente *(tooRHéntay)* adj. turgescent, swollen. [rism.
turismo *(tooréessmoh)* m. tou-
turista *(tooréestah)* s. tourist.
turnar *(tooRnáR)* intr. to alternate, to relay; to work in turns/shifts.
turno *(tóoRnoh)* turn, round, shift, **a su —**, in one's turn.
turrón *(tooRón)* m. nougat.
tutear *(tootayáR)* tr. to treat as «thou», «thee», etc.
tutela *(tootáylah)* f. guardianship, ward(ship), tutelage.
tutelar *(tootayláR)* adj. tutelar; tutelary.
tutiplén *(tooteeplayn)* adv. abundantly, plenty. [tor.
tutor *(tootóR)* m. guardian; tu-
tutora *(tootóhrah)* f. tutoress.
tutoría *(tootohréeah)* f. tutelage, guardianship. [ne.
tuyo *(tóolyoh)* pron. yours, thi-

U u

ubicación *(oobeekahthyón)* f. lòcation, emplacement: ubiquity.
ubicuidad *(oobeekweedáhd)* f. ubiquity, ubiquitousness.
ubicuo *(oobéekwoh)* adj. ubiquitous, omnipresent.
ubre *(óobray)* f. udder,dug, teat.
ufanarse *(oofahnáRssay)* r. to boast, to brag.
ufano *(oofáhnoh)* adj. gay, cheerful; proud, haughty, arrogant. [keeper.
ujier *(ooHyáiR)* m. usher, door-
úlcera *(óolthayrah)* f. *Med.* ulcer [cerate, to fester.
ulcerar *(oolthayráR)* tr. to ul-
ulcerarse *(oolthayráRssay)* r. to ulcerate.
ulceroso *(oolthayrohssoh)* adj. ulcerous, festering.
ulterior *(ooltayryoR)* adj. (place) ulterior; subsequent later, (time).
últimamente *(oolteemahméntay)* adv. last(ly), **recently**, of late, finelly.
ultimar *(oolteemáR)* tr. to finish, to end, to close.
ultimátum *(oolteemáhtoom)* m. ultimatum.
último *(óolteemoh)* adj. last, latest, rear(most), late, latter; **por —**, finally, lastly; **Estar a últimos de,** to be at the end of —.
ultrajar *(ooltrahHáR)* tr. to offend, to outrage: to despise, to deprecate.
ultraje *(ooltráhHay)* m. outrage, insult. [outrageous.
ultrajoso *(ooltrahHossoh)* adj.
ultramar *(ooltrahmáR)* adj. y adv. oversea(s).
ultramarino *(ooltrahmahréenoh)* adj. ultramarine, oversea; pl. groceries, delicatessen, grocer's (shep).
ultranza (a) *(ooltrahnthah)* adv. at all costs, to death.
ultratumba *(ooltrahtoombah)* adv. beyond the grave/tomb.
ulular *(ooloolaR)* intr. to hoot, to howl, to shrick.
umbral *(oombráhl)* m. threshold; (fig.) rudiments, beginings.
umbría *(oombréeah)* f. umbrage(ousness), shady place.
umbrío *(oombréeoh)* adj. umbrageous, shady.
unánime *(oonáhneemay)* adj. unanimous, with one voice, all at once.
unanimidad *(oonahneemeedáhd)* f. unanimity. [anointing.
unción *(oonthyón)* f. unction,

uncir *(oonthée***R***)* tr. to yoke.
undulación *(oondoolahthyón)* f. undulation, wave motion.
ungir *(oon***H***ée***R***)* tr. to anoint.
ungüento *(oongwéntoh)* m. unguent, ointment, balsam, liniment. [adv. only, soley.
unicamente *(ooneekahmayntay)*
único *(óoneekoh)* adj. alone, unique, sole, only, odd.
unidad *(ooneedáhd)* f. unity; unit: singleness, oneness.
unificar *(ooneefeeká***R***)* tr. to unify, to unite.
uniformar *(ooneefo***R***má***R***)* tr. to make uniform, to standardize.
uniforme *(ooneefó***R***may)* adj. y m. uniform. *Mil.* regimentals.
uniformidad *(ooneefo***R***meedáhd)* f. uniformity, harmony.
unión *(oonyón)* f. union, alliance, coalision; wedding. *Mech.* joint. *Com.* fusion.
unir *(oonée***R***)* tr. to join; to unite; to attach, fasten, bind.
unirse *(oonée***R***ssay)* r. to (con)-join, to associate, to marry; to associate. *Com.* to merge.
universal *(ooneebay***R***ssáhl)* adj. universal, general, all embracing; world wide.
universalidad *(ooneebay***R***ssahleedáhd)* f. universality.
universidad *(ooneebay***R***sseedáhd)* f. university.
universo *(ooneebáy***R***ssoh)* m. the universe.
uno *(óonoh)* adj. one; a, an, sole; pl. some, pron. (any or some) one; pl. some, few; **unos...otros,** some...others; **— por —,** one by one.
untar *(oontá***R***)* tr. to smear, to grease, to anoint; (fig.) to bribe. [of animals.
unto *(óontoh)* m. ointment; fat
untuoso *(oontwóhssoh)* adj. unctuous, greasy.
untura *(oontóorah)* f. unction.
uña *(óonyah)* f. (finger) nail, hoof, claw; (coll.) ligth fingers. *Mech.* gripper, clutch. *Naut.* bill of an anchor; **a — de caballo,** at full speed; **mostrar las —s,** to show one's teeth; **ser — y carne.** (To be) very close friends.
uñero *(oonyáyroh)* m. ingrowing nail.
upa *(óopah)* interj. up, up!
uranio *(ooráhnyoh)* m. uranium.
urbanidad *(oo***R***bahneedáhd)* f. urbanity; civility, politeness.
urbanización *(oo***R***bahneethahthyón)* f. urbanization.
urbanizar *(oo***R***bahneethá***R***)* tr. to urbanize.
urbano *(oo***R***báhnoh)* adj. urban; polite; urbane; **(guardia) urbano,** traffic policeman.
urbe *(óo***R***bay)* s. f. large modern town. [warp.
urdimbre *(oo***R***déembray)* f.
urdir *(oo***R***dée***R***)* tr. to warp; to contrive, to plot. [gency.
urgencia *(oo***RH***énthyah)* f. ur-
urgente *(oo***RH***éntay)* adj. urgent, pressing. **—mente,** urgently.
urgir *(oo***RH***ée***R***)* intr. to be urgent, to press.
urinario *(ooreenáhryoh)* adj. urinary; m. urinal.
urna *(óo***R***nah)* f. urn; casket, ballot-box.
usado *(oossáhdoh)* adj. used, usual, worn out, secondhand. [custom.
usanza *(oossáhnthah)* f. usage;
usar *(oossá***R***)* tr. to use; to wear; to employ, to exercise.
usía *(oosséeah)* f. your lordship.
uso *(óossoh)* m. use; service usage, employment, wear-(ing); experience; custom, mode, fashion.
usted *(oosstáyd)* pron. you.
usual *(oosswáhl)* adj. usual; customary, current. **—mente,** usually, generally.
usuario *(oosswáhryoh)* adj. user.
usufructo *(oossoofróoktoh)* m. usufruct; enjoyment.
usufructuar *(oossoofrootwá***R***)* tr. to usufruct.

U

U

usura *(oossóorah)* f. usury, profit, interest.
usurero *(oossooráyroh)* m. usurer; moneylender.
usurpación *(oossooRpahthyón)* f. usurpation. [usurp.
usurpar *(oossooRpáR)* tr. to
utensilio *(ootensséelyoh)* m. utensil, decive, contrivance; implement.
útil *(óoteel)* adj. useful, helpful; m. pl. utensils, tools. **—mente**, usefully, profitably.
utilidad *(ooteeleedáhd)* f. usefulness, utility; pl. benefit.
utilitario *(ooteeleedáhryoh)* adj. utilitarian.
utilizar *(ooteeleetháR)* tr. to utilize, to use, to make use of.
utopía *(ootohpéeah)* f. utopia.
utópico *(ootóhpeekoh)* adj. utopian.
uva *(óobah)* f. grape; **un racimo de —s,** a bunch of grapes; **está hecho una —**, he's dead-drunk.

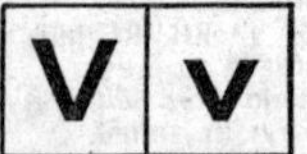

vaca *(báhkah)* f. cow; beef.
vacación *(bahkahthyón)* f. vacation; pl. holidays.
vacante *(bahkáhntay)* adj. unoccupied, vacant; free void; f. vacancy. [cant, to vacate.
vacar *(bahkáR)* intr. to be va-
vaciado *(bahthyáhdoh)* m. cast (in a mould).
vaciador *(bahthyadóR)* m. moulder, caster; dumper, emptier.
vaciar *(bahthyáR)* tr. to empty; to evacuate, to pour out; to mould/cast; to discharge.
vaciarse *(bahthyáRssay)* r. to overflow, to be spilt.
vaciedad *(bahthyaydáhd)* f. emptiness; nonseuse, silliness.
vacilación *(bahtheelahthyón)* f. vacillation, hesitation; staggering, reeling.
vacilar *(bahtheeláR)* intr. to hesitate, to vacillate; to stagger, to reel.
vacío *(bahthéeoh)* adj. void, empty; unoccupied, vacant. m. emptiness; vacuum.
vacuidad *(bahkweedáhd)* f. vacuity, emptiness.
vacuna *(bahkóonah)* f. cowpox; vaccine. [vaccination.
vacunación *(bahkoonahthyón)* f.
vacunar *(bahkoonáR)* tr. to vaccinate. [vine.
vacuno *(bahkóonoh)* adj. bo-
vacuo *(báhkwoh)* adj. empty, void, unoccupied, vacant.
vade *(báhday)* m. vademecum, portfolio, case.
vadeable *(bahdayáhblay)* adj. fordable; conquerable.
vadear *(bahdayáR)* tr. to ford, to wade, to ford.
vado *(báhdoh)* m. (river) ford.
vagabundear *(bahgahboondayaR)* intr. to loiter about.
vagabundo *(bahgahbóondoh)* adj. vagabond; m. tramp, vagrant, loiterer. [grancy.
vagancia *(bahgáhnthyah)* f. va-
vagar *(bahgáR)* intr. to loiter about, to be idle, to roam about. [vagrant, errant.
vagaroso *(bahgohróhssoh)* adj.
vagido *(bahHéedoh)* m. cry (of a newborn child).
vago *(báhgoh)* adj. errant, loitering; vague; m. loafer, vagrant.
vagón *(bahgón)* m. waggon. *Rail.* coach; **vagón cama,** sleeping car; **coche restaurante,** restaurant car.
vagoneta *(bahgohnáytah)* f. ginny-carriage, lorry, truck, van.
vaguear *(bahgayáR)* intr. to loiter, wandor, to roam.
vaguedad *(bahgaydáhd)* f. vagueness, ambiguity.
vaharada *(bah/ahráhdah)* f. breath, whiff, puff, waft.
vahído *(bah/éedoh)* m. vertigo, dizziness, giddiness.
vaho *(báh/oh)* m. steam; vapour, fume.
vaina *(bah/eenah)* f. scabbard; sheath. *Bot.* pod husk.

vainilla *(bah/eenéelyah)* f. *Bot.* vanilla.
vaivén *(bah/eebén)* m. sway, see-saw, fluctuation; swinging, ups and downs.
vajilla *(bah***H***éelyah)* f. table-service; (dinner-) set, dishes.
vale *(báhlay)* m. bond, promissory note; voucher.
valedero *(bahlaydáyroh)* adj. valid.
valentía *(bahlentéeah)* f. valour; courage, feat, bravery, manliness. [bully.
valentón *(bahlentón)* adj. y m.
valentonada *(bahlentohnáhdah)* f. brag; boast.
valer *(bahláy***R***)* intr. to be worth(y), to cost; tr. to protect, to amount to; — **la pena,** to be worth while.
valerse *(bahláy***R***ssay)* r. — **de,** to employ; to manage.
valeroso *(bahlayróhssoh)* adj. valiant; brave, courageous.
valía *(bahléeah)* f. worth, valuation, price.
validez *(bahleedayth)* f. validity.
válido *(báhleedoh)* adj. valid; lawful.
valiente *(bahlyéntay)* adj. valiant, brave, gallant, courageous; **—mente,** valiantly, couragously. [luable.
valioso *(bahlyóhssoh)* adj. va-
valor *(bahló***R***)* m. value, worth; usefulness; bravery, validity, courage, gallantry, valour; pl. securities, stock, bonds.
valoración *(bahlohrahthyón)* f. valuation, appraisement.
valorar *(bahlohrá***R***)* tr. to estimate; to value, to appraise, to price.
vals *(bahlss)* s. waltz.
valsar *(bahlssá***R***)* intr. to waltz.
valuación *(bahlwahthyón)* f. appraisement, valuation; estimate. [to appraise, to rate.
valuar *(bahlwá***R***)* tr. to value,
válvula *(bahlboolah)* f. valve, **— de seguridad,** safety valve.
valla *(báhlyah)* f. fence. *Sport.* hurdle.
vallar *(bahlyá***R***)* tr. to enclose; to fence.
valle *(báhlyay)* m. valley; vale; dale, basin, glen. [pire.
vampiro *(bahmpéeroh)* m. vam-
vanagloria *(bahnahglóhryah)* f. vainglory, boastfulness, conceit.
vanagloriarse *(bahnahglohryá***R***ssay)* r. to boast, to brag, to be proud.
vanaglorioso, a *(bahnahglohryossoh)* adj. conceited, vainglorious; **—mente,** vaingloriously.
vanamente *(bahnahmayntay)* adv. vainly, uselessly.
vanguardia *(bahngwá***R***dyah)* f. vanguard. [conceit.
vanidad *(bahneedáhd)* f. vanity,
vanidoso *(bahneedóhssoh)* adj. vain, conceited, haughty, showy, foyyish.
vano *(báhnoh)* adj. vain; useless, futile, frivolous.
vapor *(bahpó***R***)* m. vapour; steam. *Naut.* steamboat, steamer.
vaporizar *(bahpohreethá***R***)* tr. to vaporize; intr. to evaporate.
vaporoso *(bahpohróhssoh)* adj. vaporous; ethereal, cloudy.
vapulear *(bahpoolayá***R***)* tr. (coll.) to whip, to flog.
vapuleo *(bahpooláyoh)* m. whipping, flogging.
vaquería *(bahhkayréeah)* f. dairy; dairy-farm.
vaqueriza *(bahkayréethah)* f. stable, cow-shed. [boy.
vaquero *(bahkáyroh)* m. cow-
vara *(báhrah)* f. rod; (yard-) stick; pole, staff; **varita mágica,** magic wand; **— de pescador,** fishing-rod.
varadero *(bahrahdáyroh)* m. shipyard.
varar *(bahrá***R***)* tr. e intr. *Naut.* to run a ground, to be stranded.
varear *(bahrayá***R***)* tr. to beat down fruit, to wound bulls with a goad.

V

V

variable *(bahryáhblay)* adj. variable, changeable, fickle.
variación *(bahryahthyón)* f. variation; change.
variado *(bahryáhdoh)* adj. variegated; assorted (sweets, biscuits).
variar *(bahryá***R***)* tr. to change; shift, to alter; intr. to vary, change, turn. *Naut.* to deviate.
varice *(bahréethay)* f. *Méd.* varix.
varicela *(bahreetháylah)* f. *Med.* varicella; (coll.) chicken-pox.
variedad *(bahryaydáhd)* f. variety, change. *Com.* assortment.
varilla *(bahréelyah)* f. small rod, curtain-rod; rib of umbrella/fan/corset.
vario *(báhryoh)* adj. different, various fickle; pl. some, several, various.
varón *(bahrón)* m. male; man.
varonil *(bahrohnéel)* adj. male; manly, masculine.
vasallaje *(bahssahlyáh***H***ay)* m. vassalage, servitude.
vasallo *(bahssáhlyoh)* adj. y m. vassal, subject.
vascuence *(bahskwénthay)* m. Basque (language).
vasija *(bahsséé***H***ah)* f. vessel, receptacle; cask.
vaso *(báhssoh)* m. **glass, tumbler,** beaker.
vástago *(báhsstahoh)* m. stem, sucker, shoot, tiller; **— del émbolo,** piston-rod.
vasto *(báhsstoh)* adj. vast; large, immense, huge.
vate *(báhtay)* m. bard; poet.
vaticinar *(bahteetheená***R***)* tr. to foretell, predict, forecast.
vaticinio *(bahteethéenyoh)* m. prediction, forecasting.
vatio *(bahtyoh)'* m. watt.
vaya *(bahyah)* f. scoff, sneer, jeer. (int.) **¡— por Dios!** Good Heavens! **¡—, hombre!** well, man! **¡— un lío!** that's a pretty kettle of fish!
vecinal *(baytheenáhl)* adj. vicinal; neighbouring; **camino —,** country road.
vecindad *(baytheendáhd)* f. neighbourhood, vicinity; population, inhabitants.
vencindario *(baytheendáhryoh)* m. neighbourhood, population, inhabitants.
vecino *(baythéenoh)* adj. neighbouring; adjoining; m. neighbour; citizen.
veda *(báydah)* f. prohibition; close season (for fishing or shooting).
vedar *(baydá***R***)* tr. to prohibit; to forbid; to hinder, to obstruct.
vega *(báygah)* f. (cultivated) plain, meadow, fortile ground.
vegetación *(bay***H***aytahthyón)* f. vegetation.
vegetal *(bay***H***aytáhl)* adj. y m. vegetable, plant.
vegetariano *(bay***H***aytahryáhnoh)* adj. y m. vegetarian.
vehemencia *(bayayménthyah)* f. vehemence, impetuosity; force, heat.
vehemente *(bayayméntay)* adj. vehement, impetuous, fiery, fervent, keen; **—mente,** vehemently, hotly.
vehículo *(bayéekooloh)* m. vehicle.
veinte *(báyntay)* **adj. twenty.**
vejación *(bay***H***ahthyón)* f. vexation, ill-treatment.
vejamen *(bay***H***áhmen)* m. vexation, taunt, ill-treatment.
vejar *(bay***H***á***R***)* tr. to vex; to taunt, to tease, to annoy.
vejestorio *(bay***H***estóhryoh)* m. (coll.) fossil, geezer. [gaffer.
vejete *(bay***H***áytay)* m. (coll.)
vejez *(bay***H***áyth)* f. old age.
vejiga *(bay***H***éegah)* f. bladder; blister.
vela *(báylah)* f. vigil, wake(fulness); candle; sail, awning.
velada *(bayláhdah)* f. watch, evening party.
velador *(baylahdó***R***)* m. watchman, lamp table.
velar *(baylá***R***)* intr. to watch, to keep watch/vigil, to be awake; tr. to watch, to keep.

Phot. — **un negativo,** to fog a negative.
velatorio *(bayyahtohryo)* m. wetch by corpse before, burying.
veleidad *(baylaydádh)* f. inconstancy, fickleness, whim.
veleidoso *(baylaydóhssoh)* adj. inconstant, fickle, inconstant.
velero *(bayláyroh)* adj. *Naut.* swiftsailing; m. sailing ship.
veleta *(bayláytah)* f. wathercock; vane; s. fickle person.
velo *(báyloh)* m. veil; curtain, cover mask; **correr el —,** to pull off the mask; **correr el — sobre,** to draw a veil over.
velocidad *(baylohtheedáh)* f. velocity; swiftness; speed; haste; **a toda —,** top speed.
velocímetro *(baylohtheemaytroh)* m. speedometer.
velódromo *(baylóhdrohmoh)* m. velodrome, cycle-track.
veloz *(baylóth)* adj. swift, quick, fast nimble. [softhair.
vello *(báylyoh)* m. down, nap,
vellosidad *(baylyohsseedáhd)* f. hairiness, downiness.
velloso *(baylyóhssoh)* adj. downy, hairy.
velludo *(baylyóodoh)* adj. downy, shangy, hairy, woolly; m. shag.
vena *(báynah)* f. vein; blood vessel; *Min.* vein, seem; **estar de —,** to be in high spirits/or lucky; **estar en —,** to be inspired.
venal *(baynáhl)* adj. venal, salable; maketable; mercenary.
venalidad *(baynahleedáhd)* f. venality.
vencedor *(benthaydóR)* m. winner, conqueror, victor.
vencejo *(bentháyHoh)* m. *Orn.* swit, black-martin.
vencer *(bentháyR)* tr. to win, to defeat; intr. *Com.* to fall due; to win.
vencible *(benthéeblay)* adj. vincible, superable, conquerable.
vencido *(benthéedoh)* adj. defeate, subdued; due payable.
vencimiento *(bentheemyéntoh)* m. *Com.* expiration.
venda *(béndah)* f. bandage; band. [dage, dressing.
vendaje *(bendáhHay)* m. ban-
vendar *(bendáR)* tr. to bandage, to hoodwink; to fillet; to swathe.
vendaval *(bendahbáhl)* m. blow storm, gale.
vendedor *(bendaydóR)* m. seller, salesman, vendor.
vender *(bendayR)* tr. to sell; (fig.) to betray; **— al por mayor,** to sell wholesale; **— al por menor,** to sell retail; **— al contado,** to sell on cash; **— a plazos,** hire-purchase. [(fig.) betrayed.
vendido *bendéedoh)* adj. sold;
vendimia *(bendéemyah)* f. vintage. [s. vintager.
vendimiador *(bendeemyahdóR)*
vendimiar *(bendeemyáR)* tr. to gather the vintage.
veneno *(baynáynoh)* m. poison, venom; wrath, passion.
venenoso *(baynaynóhssoh)* adj. poisonous, venomous.
venerable *(baynayráhblay)* adj. venerable; **—mente,** venerably.
veneración *(baynayrahthyón)* f. veneration, worship.
venerar *(baynayráR)* tr. to venerate; to worship; to honour. [nereal.
venéreo *(baynáyrayoh)* adj. ve-
vengador *(bengahdóR)* m. avenger, revenger.
venganza *(bengáhnthah)* f. revenge, vengeance, avenge.
vengar *(bengáR)* tr. to revenge, to avenge.
vengarse *(bengáRssay)* r. to take vengeance, to take avenge.
vengativo *(bengahtéeboh)* adj. revengeful, vindictive.
venia *(báynyah)* f. permission, leave; forgiveness, pardon.
venial *(baynyáhl)* adj. venial, excusable.

venida *(baynéedah)* f. arrival; coming; (hidr.) flood, freshet.

V

venidero *(bayneedáyroh)* adj. future; (fort)coming, next.

venir *(baynéeR)* intr. to come; **— al caso,** to be relevant; **— a menos,** to decline; **— como anillo al dedo,** to suit perfectly.

venta *(béntah)* f. sale; inn; **de/en —,** on sale/for sale.

ventaja *(bentáhHah)* f. advantage. *Sport.* handicap.

ventajoso *(bentahHóhsoh)* adj. advantageous, profitable.

ventana *(bentáhnah)* f. window; **— de la nariz,** nostril; **tirar por la —,** to squande.

ventarrón *(bentahRón)* m. gust, of wind/strong wind.

ventero *(bentáyroh)* m. ing-keeper.

ventilación *(benteelahthyón)* f. [ventilation.

ventilador *(benteelahdóR)* s. ventilator, fan, *Naut.* air shaft.

ventilar *(benteeláR)* tr. to ventilate; to fan; to air; (fig.) to discurs, examine.

ventisca *(bentéeskah)* f. blizzard, snow-storm.

ventisquero *(benteeskáyroh)* m. snowdrift, glacier.

ventolera *(bentohláyrah)* f. gust of wind; (coll.) whim.

ventosa *(bentóhssah)* f. vent. *Med.* cupping (glass).

ventosear *(bentohssayáR)* intr. to break wind.

ventosidad *(bentohsseedádh)* f. flatulence.

ventoso *(bentóhssoh)* adj. win- [dy.

ventrílocuo *(bentréelohkwoh)* m. ventriloquist.

ventura *(bentóorah)* f. luck; chance; **por —,** by chance; risk.

venturoso *(bentooróhssoh)* adj. lucky, fortunate; happy.

venus *(baynooss)* f. venus, beautiful woman; (coll.) doll.

ver *(bayR)* tr. to see, to watch; to examine; **no tiene nada que — con,** it has nothing to do with.

verse *(bayRssay)* r. to find oneself, to be obvious, to meet; **— en apuros,** to be in difficulties.

vera *(báyrah)* f. edge; border.

veracidad *(bayrahtheedádh)* f. veracity, truthfulness.

veranear *(bayrahnayáR)* intr. to spend the summer.

veraneo *(bayrahnáyoh)* m. summer, holidays.

veraniego *(bayrahnyáygoh)* adj. summer.

verano *(bayráhnoh)* m. summer(season); **—illo de San Martín,** Indian summer.

veras *(báyrahss)* f. pl. truth; **de —,** truthfully, really.

veraz *(bayráth)* adj. veracious, truthful.

verbal *(bayRbáhl)* adj. verbal; oral; **—mente,** verbally, orally.

verbena *(bayRbáynah)* f. evening fair, evening open-air party.

verbo *(báyRboh)* m. verb; word, [expression.

verbosidad *(bayRbohsseedáhd)* f. verbosity.

verboso *(bayRbóhssoh)* adj. verbose; loquatious, talkative; (coll.) gassy.

verdad *(bayRdáhd)* f. truth; ve- [racity, reality.

verdadero *(bayRdahdáyroh)* adj. true, veritable, real, genuine, sincere, truthfub; **—mente,** truly, indeed.

verde *(bayRday)* adj. green; unripe, obscene; m. green (colour); **viejo —,** gay old dog; **un chiste —,** a blue joke/-story.

verdor *(bayRdóR)* m. verdure, [greenness.

verdecillo, ron *(vayRdaytheelyoh, vayRdayrohn)* m. *Orn.* greenfinch.

verdoso *(bayRdóhssoh)* adj. [greenish.

verdugo *(bayRdóhgoh)* m. hangman, executioner. *Bot.* tiller; scourge, lash.

verdulera *(bayRdooláyrah)* f.

market-woman; foul-mouth woman. [greengrocer.
verdulero *(bayRdooláyroh)* m.
verdura *(bayRdóorah)* m. verdure, greeness; vegetables; (coll.) greens.
vereda *(bayráydah)* f. path, foot-path, track.
verga *(baylgah)* f. penis; *Naut.* yard. [garden.
vergel *(bayrHayl)* n. m. orchard,
vergonzante *(bayRgontháhntay)* adj. shameful, bashful.
vergonzoso *(bayRgonthóhssoh)* adj. bashful; shameful, shy.
vergüenza *(bayRgwénthah)* f. shame; shyness; modesty, bashfulness; **perder la —**, to be shameless; pl. the genitals. [truthful.
verídico *(bayréedeekoh)* adj.
verificación *(bayreefeekahthyón)* f. verification, checkup.
verificar *(bayreefeekáR)* tr. to very, to check.
verificarse *(bayreefeekáRssay)* r. to take place, to prove true/right.
verja *(bayRHah)* f. grate; railing. [mouth.
vermut *(bayRmóot)* m. ver-
vernáculo *(bayRnáhkooloh)* adj. vernacular, native.
verosímil *(bayrohsséemeel)* adj. likely, probable.
verosimilitud *(bayrohsseemeeltóod)* f. verisimilitude, likelihood, probability.
verruga *(bayRóogah)* f. wart; (coll.) bore, nuisance.
verrugoso *(bayRoogóhssoh)* adj. warty.
versado *(bayRssáhdoh)* adj. versed; conversant (with); experienced, learned.
versar *(bayRssáR)* intr. to treat of; to be conversant. [satile.
versátil *(bayRssáhteel)* adj. ver-
versatilidad *(bayRssahteeleedáhd)* f. versatility.
versificación *(bayRsseefeekahthyón)* f. versification.
versificar *(bayRsseefeekáR)* tr. to versify. [translation.
versión *(bayRssyón)* f. version,
verso *(bayRssoh)* m. verse; line.
vértebra *(báyRtaybrah)* f. vertebra. [adj. vertebrate.
vertebrado *(bayRtaybráhdoh)*
vertedero *(bayRtaydáyroh)* m. dump; (dom.) sink, drains.
verter *(bayRtáyR)* tr. to spill, to pour, to empty, to dump, to ender. [tical, upright.
vertical *(bayRteekáhl)* adj. ver-
vértice *(báyRteethay)* m. vertex, apex. [slope.
vertiente *(bayRtyéntay)* m. y f.
vertiginoso *(bayRteeHeenóhssóh)* adj. vertiginous, giddy.
vértigo *(bayRteegooh)* m. giddiness, dizziness, vertigo.
vespertino *(bespayRtéenoh)* adj. vesper(tine), evening.
vestíbulo *(bestéebooloh)* m. vestibule; entrance hall, lobby.
vestido *(bestéedoh)* m. dress, clothes; **— de etiqueta**, full dress; adj. dressed, clad.
vestigio *(baysteeHyoh)* m. vestige, trace; pl. ruins remains.
vestimenta *(besteeméntah)* f. vestment; (coll.) gear.
vestir *(bestéeR)* tr. to clothe; to dress; to disguise, to put on.
vestuario *(bestwáhryoh)* m. apparel, clothes, wardrobe. *Theat*, dressing-room.
veta *(báytah)* f. vein, lode, *Min.* seam; grain.
veterano *(baytayráhnoh)* adj. y m. veteran, experienced; long practised.
veterinaria *(baytayreenáhryah)* f. veterinary science.
veterinario *(baytayreenáhryoh)* m. veterinary, horse-doctor.
veto *(báytoh)* m. veto.
vetusto *(baytóostoh)* adj. vetust, ancient, very old.
vez *(bayth)* time, turn; **una —**, once; **a veces**, sometimes; **érase una —**, once upon a time; **de una — para siempre**, once and for all.
vía *(béeah)* f. way; road; **— férrea**, track, railway, line.

V

V

viaducto *(byahdóoktoh)* m. viaduct.
viajante *(byahHáhntay)* m. (commercial) traveller; adj. travelling. [vel, to journey
viajar *(byahHáR)* intr. to tra-
viaje *(byáhHay)* m. journey; tour, (bysea) voyage; trip; travel.
viajero *(byahHáyroh)* m. traveller; passenger.
vianda *(byáhndah)* f. viands; food; pl. victuals. [cum.
viático *(byáhteekoh)* m. viati-
víbora *(béebohrah)* f. viper.
vibración *(beebrahthyón)* f. vibration, oscillation, sheking.
vibrar *(beebráR)* tr. e intr. to vibrate, to oscillate, to shake.
vicaría *(beekahréeah)* f. vicarship; vicarage. [curate.
vicario *(beekáhryoh)* m. vicar,
vicealmirante *(beethayahlmeeráhnte)* m. vice-admiral.
vicecónsul *(beethaykónssool)* m. vice-consul.
viceconsulado *(beethaykonssooláhdoh)* m. vice-consulate.
vicepresidente *(beethayprayssedéntay)* m. vice-president.
viciar *(beethyáR)* tr. to vitiate, to spoil, to corrupt, to deprave. [indulge in vice.
viciarse *(beethyáRssay)* r. to
vicio *(béethyoh)* m. vice, waywardness (in childdren).
vicioso *(beethyóhssoh)* adj. vicious, corrupt, spoiled (of children).
vicisitud *(beetheesseetóod)* adj. vicissitude. [tim.
víctima *(béekteemah)* f. vic-
victoria *(beektóhryah)* f. victory, triumph.
victorioso *(beektohryóhssoh)* adj. victorious; **—mente,** victoriously.
vid *(beed)* f. *Bot.* vine.
vida *(béedah)* f. life, living.
vidente *(beedéntay)* m. seer; adj. secing.
vidriado *(beedryáhdoh)* adj. glazed; m. glazing.
vidriar *(beedryáR)* tr. to glaze.
vidriera *(beedryáyrah)* f. glass case; show-window.
vidriero *(beedryéroh)* m. glazier; (coll.) **hijo de —,** glazier's son. [window)-pane.
vidrio *(beedryoh)* m. glass,
vidrioso *(beedryóhssoh)* adj. glassy, vitreous.
viejo *(byáyHoh)* adj. old; aged; stale; ancient; m. old man; **cuentos de —as,** old wives tales.
viento *(byéntoh)* m. wind; air, breze; **contra viento y marea,** against wind and tide.
vientre *(byéntray)* m. belly; womb.
viernes *(byáyRness)* m. Friday.
viga *(béegah)* f. beam; girder.
vigente *(beeHéntay)* adj. in force.
vigía *(beeHéeah)* f. watch-tower; m. lookout, watch.
vigilancia *(beeHeelánthyah)* f. watchfulness; vigilance.
vigilante *(beeHeelahntay)* m. watch-man, guard, (exam.) invigilator; adj. watchful, vigilant.
vigilar *(beeHeeláR)* tr. to watch over; intr. to keep guard.
vigilia *(beeHéelyah)* f. vigil, watch.
vigor *(beegór)* m. vigour, strenght, force, energy.
vigoroso *(beegohróhsooh)* adj. vigorous, strong, powerful.
vikingo *(beekingoh)* m. viking.
vil *(beel)* adj. vile, mean, sordid. abject.
vileza *(beeláythah)* f. vileness, meaness, sordidness.
vilipendiar *(beeleependyáR)* tr. to contemn.
vilipendio *(beeleepéndyoh)* m. contempt, scorn.
villa *(béelyah)* f. town; villa, country-seat.
villancico *(beelyahnthéekoh)* m. Christmas carol.
villano *(beelyáhnoh)* adj. villainous; m. rustic, rascal.
villorrio *(beelyohRyoh)* m. poor hamlet. [gar.
vinagre *(beenáhgray)* m. vine-

vinagrera *(beenahgráyrah)* f. vinegar-cruet.

vinajera *(beenah***H***áyrah)* f. wine vessel for the Mass.

vinatero *(beenahtáyroh)* m. wine merchant. [wine.

vinazo *(beenáhthoh)* m. strong

vincular *(beenkooolá***R***)* tr. to entail, to attach; to perpetuate. [bond.

vínculo *(béenkooloh)* m. tie,

vindicacion *(beendeekahthyón)* f. vindication; revenge.

vindicar *(beendeeká***R***)* tr. to vindicate, to evenge, to revenge; to defend.

vino *(béenoh)* s. wine; **— tinto,** red wine; **— de Jerez,** sherry; **— de Oporto,** Port wine.

viña *(béenyah)* f. vineyard.

viñedo *(beenyáydoh)* m. vineyard.

viñeta *(beenyáytah)* f. vignette.

violáceo *(byohláhthayoh)* adj. violaceous, violet coloured, purple coloured.

violación *(byohlahthyón)* f. violation; rape, seduction; disobedience.

violador *(byohlahdó***R***)* m. violator, rapist, assailant, ravisher. [to ravish, to rape.

violar *(byohlá***R***)* tr. to violate,

violencia *(byohlénthyah)* f. violence, force.

violentar *(byohléntа***R***)* tr. to force, to breakinto, to force open. [lent.

violento *(byohléntoh)* adj. vio-

violeta *(byohláytah)* f. violet.

violín *(byohléen)* m. violín; fiddle.

violinista *(byohleenéestah)* m. violinist; fiddler. [bass.

violón *(byohlón)* m. double

violoncelo *(byohlontháyloh)* m. (violon)cello, bass-viol.

virar *(beerá***R***)* tr. *Naut.* to tack, to veer. *Phot.* to fix.

virgen *(bée***RH***en)* adj. virgin, maiden; f. virgin, maid; **la — María,** Virgin Mary; **tierras —es,** new lands. [ginal.

virginal *(be***RH***eenahl)* adj. vir-

virginidad *(bee***RH***eeneedáhd)* f. virginity, maidenhood.

virgo *(bée***R***goh)* m. virginity. *Anat.* hymen. [ly.

viril *(beeréel)* adj. virile; man-

virilidad *(beereeleedáhd)* f. virility, manhood, strength.

virreina *(bee***R***áynah)* f. viceroy's wife.

virrey *(bee***R***áy/ee)* m. viceroy.

virtual *(bee***R***twáhl)* adj. virtual, actual.

virtud *(bee***R***tóod)* f. virtue.

virtuoso *(bee***R***twóhssoh)* adj. just, virtuous; **—amente,** virtuously. [pox.

viruela *(beerwáylah)* f. small-

virulencia *(beeroolénthyah)* f. virulence; malignance.

virulento *(beerooléntoh)* adj. virulent, malignant.

virus *(béerooss)* m. virus, poison. [shaving.

viruta *(beeróotah)* f. (wood)

visado *(beessáhdoh)* m. visa.

visaje *(beessáh***H***ay)* m. grimace, grin, smirk.

visar *(beessá***R***)* tr. to visa, to examine (documents).

vísceras *(béessthayrahss)* f. pl. viscera, entrails.

viscosidad *(beesskohsseedáhd)* f. visc(os)ity. [cous; glutinous.

viscoso *(beesskóhssoh)* adj. vis-

visera *(beessáyrah)* f. eye-shade, blinker, visor (of a cap).

visibilidad *(beesseebeeleedáhd)* f. visibility.

visible *(beesseeblay)* adj. visible; perceptible, evident.

visión *(beessyón)* f. sight; vision; spectre, apparition, phantom; **ver visiones,** to dream, to build castles in the air.

visionario *(beessyohnáhryoh)* adj. y m. visionary; dreamer.

visita *(beesséetah)* f. visit; call; visitor, caller; **hacer una —,** to pay a call.

visitar *(beesseetá***R***)* tr. to visit; call (up)on, to pay a visit.

V

visitarse *(beesseetáRssay)* r. to go to the doctor.
vislumbrar *(beessloombráR)* tr. to glimpse, to catch a glimpse/glimmer.
viso *(béessoh)* m. sheen, lustre; look-out, prospect; (woman) slip.
visón *(beessón)* m. mink.
víspera *(béesspayrah)* f. eve, day before.
vista *(béesstah)* f. sight; view.
vistazo *(beesstáhthoh)* m. glance; **dar un —**, to glance over.
vistoso. *(beesstóhssoh)* adj. showy, fine, nice, attractive.
visual *(beesswáhl)* adj. visual.
vital *(beetáhl)* adj. vital, essential.
vitalicio *(beetahléethyoh)* adj. during life; m. life-insurance; life-long. [tality.
vitalidad *(beetahleedáhd)* s. vi-
vitorear *(beetohrayáR)* tr. to cheer, (up), to acclaim.
vítreo *(béebrayoh)* adj. vitreous, glassy.
vitrificar *(beetreefeekaR)* tr. to vitrify. [se.
vitrina *(beetréenah)* f. show-ca-
vitualla *(beetwáhlyah)* f. victuals; food, previsions.
vituperable *(beetoopayráhblay)* adj. vituperable, blameworthy. [blame, reproach.
vituperar *(beetoopayráR)* tr. to
vituperio *(beetoopáyyoh)* m. vituperation, brame, reproach; insult, affront.
viuda *(byóodah)* f. widow.
viudedad *(byoodaydahd)* f. widowhood, widow's pension. [hood.
viudez *(byoodayth)* f. widow-
viudo *(byóodoh)* m. widower.
viva *(beebáh)* f. hurrath, cheer; interj. long live!
vivac *(beebáhk)* m. bivouac.
vivacidad *(beebahtheedáhd)* f. vivacity, liveliness.
vivamente *(beebahmayntay)* adv. vividly.
vivaque *(beebáhkay)* m. bivouac.
vivaquear *(beebahkayáR)* intr. to bivouac.
vivaracho *(beebahráhchoh)* adj. lively, smart, frisky.
vivaz *(beebáth)* adj. lively, bright, witty.
víveres *(béebayress)* m. pl. provisions, victuals. *Mil.* stores.
vivero *(beebáyroh)* m. *Bot.* nursery, fish-pond, vivarium.
viveza *(beebáythah)* f. liveliness; briskness; witticism; lustre. [bright.
vívido *(béebeedoh)* adj. vivid,
vividor *(beebeedóR)* adj. thrifty; m. fast liver; (coll.) sponger.
vivienda *(beebyéndah)* f. dwelling-house, flat, apartments.
viviente *(beebyéntay)* adj. living, alive, animated.
vivificar *(beebeefeekáR)* tr. to vivify, animated, to enliven.
vivir *(beebéeR)* intr. to live; m. life, living.
vivo *(béeboh)* adj. alive; living; lively, intense; quick.
vizcaíno *(beethkah/éenoh)* adj. y m. Biscayan.
vocablo *(bohkáhbloh)* m. word; term. [m. vocabulary.
vocabulario *(bohkahbooláhryoh)*
vocación *(bohkahthyón)* f. vocation, call(ing).
vocal *(bohkáhl)* adj. vocal; f. vowell; m. voting member.
vocalizar *(bohkahleetháR)* intr. to vocalize.
vocear *(bohthayáR)* tr. e intr. to cry out, to bawl, to short, to howl, to cat-call.
vocería *(bohthayréeah)* f. vociferation, bawling, shouting.
vociferar *(bohtheefayraR)* intr. to vociferate, to shout.
voladizo *(bohlahdéethoh)* adj. projecting, jutting-out.
volado *(bohláhdoh)* m. sponge-sugar.
volador *(bohlahdóR)* adj. flying; m. flyingfish, sky-rocket.
voladura *(bohlahdóorah)* f. blasting, explosion, blowing up.
volante *(bohláhntay)* adj. flying, wandering, (motorcar) steering wheel.

volar *(bohláR)* intr. to fly; to flutter, to hover; tr. to fly, to blast, to blow out. [fowling.
volatería *(bohlahtayréeah)* f.
volátil *(bohláhteel)* adj. volatile; (coll.) changeable, fickle.
volcán *(bolkáhn)* m. volcano.
volcánico *(bolkáhneekoh)* adj. volcanic.
volcar *(bolkáR)* tr. to overturn; intr. to upset. *Naut.* to capsize.
volcarse *(bolkáRssay)* r. to topple, to spill, to upset; (coll.) to go all out for.
voleo *(bohláyoh)* m. lob, volley.
volición *(bohleethyón)* f. volition. [litive.
volitivo *(bohleetéeboh)* adj. vo-
volquete *(bolkáytay)* m. dumpcart, dump truck, dumping device, tip-car (=tipper).
voltaje *(boltáhHay)* m. *Elec.* voltage.
voltear *(boltayáR)* tr. to whirl; to upset; intr. to roll over, to tumble.
voltereta *(boltayráytah)* f. tumble, somersault.
volubilidad *(bohloobeeleedáhd)* f. volubility, fickleness.
voluble *(bohlóoblay)* adj. inconstant, fickle.
volumen *(bohlóomen)* m. volume; size, corpulence; book.
voluminoso *(bohloomeenóhssoh)* adj. bulky, voluminous.
voluntad *(bohloontáhd)* f. will; intention, volition; **a —**, optional, at one's will.
voluntariedad *(bohloontahryaydáhd)* f. free will, spontaneity.
voluntario *(bohloontáhryoh)* adj. voluntary; willing; m. *Mil.* volunteer.
voluntarioso *(bohloontahryóhssoh)* adj. wilful; **—amente**, wilfuly.
voluptuosidad *(bohlooptwohsseedáhd)* f. voluptuousness.
voluptuoso *(bohlooptwóhssoh)* f. voluptuous, sensous, lustful, lewd.
volver *(bolbáyR)* tr. to turn (up, over, upside down or inside out); intr. to return, to revolve, to go back, come back, to come again.
volverse *(bolbáyRssay)* r. to turn around, to turn; to become, to grow.
vomitar *(bohmeetáR)* intr. to vomit, to bring up. *Tech.* to spew.
vomitivo *(bohmeetéeboh)* adj. vomitive. [(ing.).
vómito *(bohmeetoh)* m. vomit-
vomitona *(bohmeetóhnah)* m. (coll.) violent vomiting.
voracidad *(bohrahtheedáhd)* f. voracity, greediness.
voraz *(bohráhth)* adj. voracious, ravenous; fierce, destructive. [lar).
vos *(boss)* pron. you (singu-
vosotros *(bohssóhtross)* pron. you (plural).
votación *(bohtahthyón)* f. voting, poll, ballot.
votante *(bohtáhntay)* s. voter, elector, contituent.
votar *(bohtáR)* intr. to vote.
votivo *(bohtéeboh)* adj. votive.
voto *(bóhtoh)* m. vote, vow, suffrage, ballet.
voz *(both)* f. voice; word, term, expression; **a —ces**, in a loud voice; **a media —**, in a whisper; **en — alta**, aloud: **dar voces**, to cry out.
vuelco *(bwélkoh)* m. overturn.
vuelo *(bwáyloh)* m. flight, flying.
vuelta *(bwéltah)* f. turn; return, reverse; stroll, walk; **a — de correo**, by return post; **a la —**, on returning, on one's way back; **dar una —**, go for a walk; **andar a —s con**, to mess about with.
vuestro *(bwéstroh)* pron. your(s). [to vulcanize.
vulcanizar *(boolkahneetháR)* tr.
vulgar *(boolgáR)* adj. vulgar, rommon, coarse.
vulgaridad *(boolgahreedáhd)* f. vulgarity. [to popularize.
vulgarizar *(boolgahreetháR)* tr.

V

vulgo *(bóolgoh)* m. mob, populace; the general public.
vulnerable *(boolnayráhblay)* adj. vulnerable. [mage.
vulnerar *(boolnayráR)* tr. to da-

X x

xenofobia *(xaynohfóhbyah)* f. xenophobia, hatred of foreigners.
xenófono *(xaynóhfohnoh)* adj. hater of strangers, xenophobe.
xilografía *(xeelohgrahféeah)* f. xylography. [adj.xylographic.
xilográfico *(xeelohgráhfeekoh)*
xilófono-xilórgano *(xeelóRgahnoh)* m. xylophone.

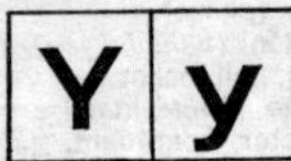

y *(ee)* conj. and.
ya *(yah)* adv. already; now, presenty, — **que,** since. **¡— voy!,** I'm coming!
yacente *(yahthéntay)* adj. lying.
yacer *(yahthayR)* intr. to lie (down), to be situated.
yacimiento *(yahtheemyéntoh)* m. *Min.* bed, deposit, field, layer. [Yankee.
yanqui *(yáhnkee)* adj. y m.
yarda *(yáRdah)* f. English yard, yard-stick.
yate *(yáhtay)* m. *Naut.* yacht.
yedra *(yáydrah)* f. *Bot.* ivy.
yegua *(yáygwah)* f. mare.
yema *(yáymah)* f. bud; shoot, button yolk of egg; — **del dedo,** tip of the finger.
yerba *(yáyRbah)* f. grass, herb, weed; — **marina,** sea-weed.
yermo *(yáyRmoh)* adj. waste, desert; m. desert, waste land.
yerno *(yáyRnoh)* m. son-in-law.
yerro *(yáyRoh)* m. error; mistake, fault.
yerto *(yáyRtoh)* adj. stiff rigid.
yesal *(yessáhl)* m. gypsumpit.
yesca *(yesskah)* f. tinder, punk, spunk; (fig.) fuel.
yeso *(yáyssoh)* m. gypsum; plaster; chalk; plaster cast.
yo *(yoh)* pron. I; m. (philosophy) I, the self, the ego.
yodo *(yóhdoh)* m. iodine.
yoga *(yohgah)* f. yoga.
yogur *(yohgooR)* s. yoghourt, yoghurt, yogurt.
yugo *(yóogoh)* m. (ox-)yoke; oppression. [jugular vein.
yugular *(yoogooláR)* f. *Anat.*
yunque *(yóonkay)* m. anvil.
yunta *(yóontah)* f. couple; pair; joined, united.
yuxtaponer *(yookstahpohnáyR)* tr. to juxtapose, to place contiguosly.
yuxtaposición *(yookstahpohsseethyón)* f. juxtaposition.

Z z

zafar *(thahfáhR)* tr. to edorn, embellish. *Naut.* to free, to lighten a ship.
zafarse *(thahfáRssay)* r. to escape; to avoid.
zafarrancho *(thahfahRáhnchoh)* m. *Naut.* clearing for action; (coll.) wrangle, squabble.
zafio *(tháhfyoh)* adj. rough, coarse, rude, ignorant. [re.
zafir(o) *(thahféeroh)* m. sapphi-
zaga *(tháhgah)* f. rear (part); adv. behind; **ir a la —,** to go just behind.
zagal *(thahgáhl)* m. fine youth, swain, shepherd.
zaguán *(thahgwáhn)* m. vestibule, porch, hall.
zaguero *(thahgáyroh)* adj. rear, hind; m. (foot) full-back.
zaherir *(thah/ayréeR)* tr. to reproach, to censure, to blame.
zahorí *(thah/ohrée)* s. diviner, soothsayer; astute, cute person. [sty.
zahurda *(thah/ooRdah)* f. (pig-)

zaino *(thah/eenoh)* m. chestnut coloured horse.
zalamería *(thahlahmayréeah)* f. flattery.
zalamero *(thahlahmáyroh)* m. wheedler, flatterer.
zamarra *(thahmahRrah)* f. sheepskin jacket.
zambo *(tháhmboh)* adj. bow-legged, bandy-legged. [din.
zambra *(tháhmbrah)* f. feast,
zambullida *(thahmboolyéedah)* f. diving, plunge, ducking, dipping.
zambullidura *(thahmboolyeedóorah)* f. diving, plunge.
zambullir *(thahmboolvéeR)* tr. to duck, plunge, dive.
zambullirse *(thahmboolyéeRssay)* r. to dive, to plunge, to dip; to hide.
zampar *(thahmpáR)* tr. to devour eagerly, to hide quickly; r. to rush in. [ton.
zampón *(thahmpón)* m. glut-
zanahoria *(thahnah/óhryah)* f. *Bot.* carrot.
zanca *(tháhnkah)* f. long shank or leg; **por —s y barrancas**, by hook or by crook.
zancada *(thahnkáhdah)* f. long stride. [trip (up).
zancadilla *(thahnkahdéelyah)* f.
zanco *(tháhnkoh)* m. stilt.
zancudo *(thahnkóodoh)* adj. long-shanked; f. **waders.**
zanganería *(thahngahnayréeah)* f. idleness.
zángano *(tháhngahnoh)* m. drone; (coll.) idler, sluggard, loafer.
zanguango *(thangwáhngoh)* m. lazy fellow, fool.
zanja *(tháhnHah)* f. ditch; trench, furrow, drain, gully.
zanjar *(thahnHáR)* tr. to excavate, to open ditches; to settle disputes.
zapa *(tháhpah)* f. spade. *Mil.* sap(ping). [sapper.
zapador *(thahpadóR)* m. *Mil.*
zapapico *(thahpahpéekoh)* m. picx(axe), mattock. [mine.
zapar *(thahpáR)* intr. to sap, to

Z

zapata *(thahpáhtah)* n. f. leatherhinge. *Mech.* shoe of a brake.
zapatear *(thahpahtayáR)* tr. to beat time with the feet, to tapdance; to kick/tread with the shoe; to treat badly.
zapatería *(thahpahtayréeah)* f. shoe (maker's) shop.
zapatero *(thahpahtáyroh)* m. shoemaker shoe dealer; — **remendón**, cobbler; **¡zapatero a tus zapatos!** mind your own business!
zapateta *(thahpahtáytah)* f. caper, jump, leap. [per.
zapatilla *(thahpahtéelyah)* f. slip-
zapato *(tahpáhtoh)* m. shoe.
zar *(thaR)* m. czar.
zarandajas *(thahrahndáhHahss)* f. pl. trifles, odds and ends.
zarandear *(thahrahndayáR)* tr. to winnow; toss, to shake, to jolt.
zarandearse *(thahrahndayáRssay)* r. to move to and fro.
zarandeo *(thahrahndáyoh)* m. sifting, winnowing; folting.
zarina *(thahréenah)* f. czarina.
zarpa *(tháRpah)* f. paw, claw; weighing anchor; **echar la —**, to claw.
zarpar *(tháRpáR)* tr. to weigh anchor, to sail.
zarpazo *(thaRpáhthoh)* m. clawing; thud.
zarza *(tháRthah)* f. bramble, blackberry-bush; briar, brier.
zarzal *(thaRtháhl)* m. brake, (bracken), glace full of bramble. [*Bot.* blackberry.
zarzamora *(thaRthahmóhrah)* f.
zarzaparrilla *(thaRthahpahRéelyah)* f. *Bot.* sarsaparrilla.
zarzuela *(thaRthwáylah)* f. *Theat.* zarzuela, Spanish musical comedy. [lin.
zepelín *(thaypayléen)* s. zappe-
zigzag *(theegtháhg)* m. zigzag.
zigzaguear *(theegthahgayaR)* intr. to zigzag.
zipizape *(theepeetháhpay)* m. row, scuffle.

Z

zizaña *(theethahnyah)* f. darnel.
zócalo *(thóhkahloh)* m. socle, socket. [diac.
zodíaco *(thohdéeahkoh)* m. zo-
zona *(thóhnah)* f. zone.
zoología *(thoh/ohlohHéeah)* f. zoology.
zoológico *(thoh/ohlóhHeekoh)* adj. zoological.
zopenco *(thohpénkoh)* adj. doltish; dull; m. blockhead, dunce.
zoquete *(thohkáytay)* m. block, chunk; (coll.) blockhead, dunce, dolt.
zorra *(thóhRah)* f. vixen, slyboots; (coll.) prostitute.
zorrería *(thohRayréeah)* f. artfulness (of a fox); craft, cunning.
zorro *(thóhRoh)* m. fox, sly/cunning, fellow; pl. duster. adj. cunning, foxy.
zozobra *(thohthóhbrah)* f. worry, anxiety. *Naut.* sinking, foundering, capsizing.
zozobrar *(thohthohbráR)* intr. to founder, to sin; to fret, to worry.
zueco *(thwáykoh)* m. wooden shoe; clog; sabot.
zumba *(thóombah)* f. joke, humbug, cattle bell.
zumbador *(thoombahdoR)* *Elect.* buzzer; adj. buzzing, humming.
zumbar *(thoombáR)* intr. to to buzz; tr. to beat, to box one's ears. [(ming), blow.
zumbido *(thoombéedoh)* m. hum-
zumbón *(thoombón)* adj. waggish; facetious; m. wag, jester. [profit.
zumo *(thóomoh)* m. sap; juicie;
zumoso *(thoomóhssoh)* adj. juicy. [ing; mend.
zurcido *(thooRthéedoh)* m. darn-
zurcir *(thooRthéeR)* tr. to darn.
zurdo *(thóoRdoh)* adj. left-handed; **no ser —**, to be very clever.
zurra *(thóoRah)* f. currying; flogging; hiding; scuffle, spanking.
zurrar *(thooRáR)* tr. to curry; to tan; to spank, to drub, to flog, to whip. [whip, lash.
zurriago *(thooRyáhgoh)* m.
zurrón *(thooRón)* m. sheperd's pouch, game-bag.
zutano *(thootáhnoh)* m. so-and-so.

VERBOS AUXILIARES

● To have

— se usa para la formación de los tiempos compuestos de pasado

● Shall, will

— se usan para formar el futuro y sus pasados: **shall**, para las primeras personas de singular y plural; **will** para las demás
— en la forma interrogativa equivale a *¿quieres?*

● Should, would

— se usan para formar los condicionales: **should** para las primeras personas de singular y plural: **would** para las demás

TO HAVE = Tener, Haber

INDICATIVO

Presente	*Pret. perfecto*	*Futuro*	*Futuro perfecto*
I have	I have had	I shall have	I shall have had
you have	you have had	you will have	you will have had
he has	he has had	he will have	he will have had
we have	we have had	we shall have	we shall have had
you have	you have had	you will have	you will have had
they have	they have had	they will have	they will have had

Pasado	*Pret. plusc.*	*Condicional*	*Cond. perfecto*
I had	I had had	I should have	I should have had
you had	you had had	you would have	you would have had
he had	he had had	he would have	he would have had
we had	we had had	we should have	we should have had
you had	you had had	you would have	you would have had
they had	they had had	they would have	they would have had

	INTERROGATIVA	**NEGATIVA**
Presente:	have I?	I have not
Pasado:	had I?	I had not
Pret. perfecto:	have I had?	I have not had
Pret. plusc.:	had I had?	I had not had
Futuro:	shall I have?	I shall not have
Condicional:	should I have?	I should not have
Fut. perfecto:	shall I have had?	I shall not have had
Cond. perfecto:	should I have had?	I should not have had

Gerundio: having; **Part. presente**: having; **Part. pasado**: had

Gramática. Verbos auxiliares. Ser

Grammar. Auxiliary verbs. To be

● Let

– se usa para la tercera persona del singular y plural y 1.ª del plural del imperativo

● To be

– se usa para la forma progresiva y la voz pasiva:

I am cating apples, estoy comiendo manzanas
Hamlet was written by Shakespeare,
Hamlet fue escrito por Shakespeare

● Do y did

– son auxiliares para las formas interrogativas y negativas

TO BE = Ser, Estar

INDICATIVO

Presente	*Pret. perfecto*	*Futuro*	*Futuro perfecto*
I am	I have been	I shall be	I shall have been
you are	you have been	you will be	you will have been
he is	he has been	he will be	he will have been
we are	we have been	we shall be	we shall have been
you are	you have been	you will be	you will have been
they are	they have been	they will be	they will have been

Pasado	*Pret. plusc.*	*Condicional*	*Cond. perfecto*
I was	I had been	I should be	I should have been
you were	you had been	you would be	you would have been
he was	he had been	he would be	he would have been
we were	we had been	we should be	we should have been
you were	you had been	you would be	you would have been
they were	they had been	they would be	they would have been

	INTERROGATIVA	**NEGATIVA**
Presente:	Am I?	I am not
Pasado:	was I?	I was not
Pret. perfecto:	have I been?	I have not been
Pret. plusc.:	had I been?	I had not been
Futuro:	shall I be?	I shall not be
Condicional:	should I be?	I should not be
Fut. perfecto:	shall I have been?	I shall not have been
Cond. perfecto:	should I have been?	I should not have been

Gerundio: being; **Part. presente:** being; **Part. pasado:** been

MODELO DE VERBO REGULAR

TO WORK = Trabajar

INDICATIVO

Presente	*Pasado*
I work	I worked
you work	you worked
he works	he worked
we work	we worked
you work	you worked
they work	they worked

Pret. perfecto	*Pret. plusc.*
I have worked	I had worked
you have worked	you had worked
he has worked	he had worked
we have worked	we had worked
you have worked	you had worked
they have worked	they had worked

Futuro	*Fut. perfecto*
I shall work	I shall have worked
you will work	you will have worked
he will work	he will have worked
we shall work	we shall have worked
you will work	you will have worked
they will work	they will have worked

Condicinal	*Cond. perfecto*	**Subjuntivo**
I should work	I should have worked	I work
you would work	you would have worked	you work
he would work	he would have worked	he work
we should work	we should have worked	we work
you would work	you would have worked	you work
they would work	they would have worked	they work

Subjuntivo pasado: if I worked, if you worked, etc. (todo igual)
Imperativo: Let me work, work, let him work, etc.
Part. pasado: worked; **Part. presente**: working; **Gerundio**: working

MODELO DE VERBO IRREGULAR

TO GIVE = Dar

INDICATIVO

Presente	*Pasado*
I give	I gave
you give	you gave
he gives	he gave
we give	we gave
you give	you gave
they give	they gave

Pret. perfecto	*Pret. plusc.*
I have given	I had given
you have given	you had given
he has given	he had given
we have given	we had given
you have given	you had given
they have given	they had given

Futuro	*Fut. perfecto*
I shall give	I shall have given
you will give	you will have given
he will give	he will have given
we shall give	we shall have given
you will give	you will have given
they will give	they will have given

Condicional	*Cond. perfecto*	**Subj. presente**
I should give	I should have given	I give
you would give	you would have given	you give
he would give	he would have given	he give
we should give	we should have given	we give
you would give	you would have given	you give
they would give	they would have given	they give

Subj. pasado: if I gave, if you gave, etc. (todo igual)
Imperativo: let me give, give, let him give, etc.
Part. pasado: given; **Part. presente**: giving; **Gerundio**: giving

MODELO DE VERBO. FORMA NEGATIVA

TO WORK = Trabajar

INDICATIVO

Presente	*Pret. perfecto*
I do not work	I have not worked
you do not work	you have not worked
he does not work	he has not worked
we do not work	we have not worked
you do not work	you have not worked
they do not work	they have not worked

Pasado	*Pret. plusc.*
I did not work	I had not worked
you did not work	you had not worked
he did not work	he had not worked
we did not work	we had not worked
you did not work	you had not worked
they did not work	they had not worked

Futuro	*Futuro perfecto*
I shall not work	I shall not have worked
you will not work	you will not have worked
he will not work	he will not have worked
we shall not work	we shall not have worked
you will not work	you will not have worked
they will not work	they will not have worked

Condicional	*Condicional perfecto*
I should not work	I should not have worked
you would not work	you would not have worked
he would not work	he would not have worked
we should not work	we should not have worked
you would not work	you would not have worked
they would not work	they would not have worked

Imperativo: do not work = no trabajes, no trabajéis.

MODELO DE VERBO. FORMA NEGATIVA

TO GIVE = Dar

INDICATIVO

Presente	*Pret. perfecto*
I do not give	I have not given
you do not give	you have not given
he does not give	he has not given
we do not give	we have not given
you do not give	you have not given
they do not give	they have not given

Pasado	*Pret. plusc.*
I did not give	I had not given
you did not give	you had not given
he did not give	he had not given
we did not give	we had not given
you did not give	you had not given
they did not give	they had not given

Futuro	*Futuro perfecto*
I shall not give	I shall not have given
you will not give	you will not have given
he will not give	he will not have given
we shall not give	we shall not have given
you will not give	you will not have given
they will not give	they will not have given

Condicional	*Condicional perfecto*
I should not give	I should not have given
you would not give	you would not have given
he would not give	he would not have given
we should not give	we should not have given
you would not give	you would not have given
they would not give	they would not have given

Imperativo: do not give = no des, no deis.

MODELO DE VERBO. FORMA INTERROGATIVA

TO WORK = Trabajar

INDICATIVO

Presente	*Pret. perfecto*
do I work?	have I worked?
do you work?	have you worked?
does he work?	has he worked?
do we work?	have we worked?
do you work?	have you worked?
do they work?	have they worked?

Pasado	*Pret. plusc.*
did I work?	had I worked?
did you work?	had you worked?
did he work?	had he worked?
did we work?	had we worked?
did you work?	had you worked?
did they work?	had they worked?

Futuro	*Futuro perfecto*
shall I work?	shall I have worked?
will you work?	will you have worked?
will he work?	will he have worked?
shall we work?	shall we have worked?
will you work?	will you have worked?
will they work?	will they have worked?

Condicional	*Cond. perfecto*
should I work?	should I have worked?
would you work?	would you have worked?
would he work?	would he have worked?
should we work?	should we have worked?
would you work?	would you have worked?
would they work?	would they have worked?

LA VOZ PASIVA

— se forma con el auxiliar *to be* y el participio pasado del verbo que se conjuga

— el complemento de la oración activa pasa a sujeto de la pasiva, y el sujeto de la activa se puede conservar como sujeto agente; como en castellano

— cuando un verbo tiene dos complementos se puede hacer dos estructuras de pasiva:

> *A book was sent to Tom by Mr. Smith*, un libro fue mandado a Tom por Mr. Smith
>
> Tom was sent a book by Mr. Smith

Esta última estructura no es posible en español.

MODELO DE VERBO. VOZ PASIVA

TO BE SEEN = Ser visto

La voz pasiva

Presente

I am seen
you are seen
he is seen
we are seen
you are seen
they are seen

Pasado

I was seen
you were seen
he was seen
we were seen
you were seen
they were seen

Pret. perfecto

I have been seen
you have been seen
he has been seen
we have been seen
you have been seen
they have been seen

Futuro

I shall be seen
you will be seen
he will be seen
we shall be seen
you will be seln
the will be seen

Pret. plusc.: I had been seen.

Condicional: I should be seen.

Futuro perf.: I shall have been seen.

Cond. perf.: I should have been seen.

VERBOS IRREGULARES

Infinitive	Past Tense	Past Participle
abide	abode, abided	abode, abided
arise	arose	arisen
awake	awoke	awaked, awoke
be	was	been
bear	bore	borne, born
beat	beat	beaten
become	became	become
befall	befell	befallen
beget	begot	begotten
begin	began	begun
behold	beheld	beheld
bend	bent	bent, bended
bereave	bereaved, bereft	bereaved, bereft
beseech	besought	besought
beset	beset	beset
bet	bet, betted	bet, betted
betake	betook	betaken
bethink	bethought	bethought
bid	bade, bid	bidden, bid
bide	bode, bided	bided
bind	bound	bound
bite	bit	bitten, bit
bleed	bled	bled
blend	blended, blent	blended, blent
bless	blessed, blest	blessed, blest
blow	blew	blown
break	broke	broken
breed	bred	bred
bring	brought	brought
broadcast	broadcast, broadcasted	broadcast, broadcasted
build	built	built
burn	burnt, burned	burnt, burned
burst	burst	burst
buy	bought	bought
cast	cast	cast
catch	caught	caught
chide	chid	chidden, chid
choose	chose	chosen
cleave	clove, cleft	cloven, cleft
cling	clung	clung
clothe	clothed	clothed
come	came	come
cost	cost	cost
creep	crept	crept

Grammar. Irregular verbs

crow	crowed, crew	crowed
cut	cut	cut
dare	dared, durst	dared
deal	dealt	dealt
dig	dug	dug
dive	dived: (US) dove	dived
do	did	done
draw	drew	drawn
dream	dreamed, dreamt	dreamed, dreamt
drink	drank	drunk
drive	drove	driven
dwell	dwelt	dwelt
eat	ate	eaten
fall	fell	fallen
feed	fed	fed
feel	felt	felt
fight	fought	fought
find	found	found
flee	fled	fled
fling	flung	flung
fly	flew	flown
forbear	forbore	forborne
forbid	forbade, forbad	forbidden
forecast	forecast, forecasted	forecast, forecasted
foreknow	foreknew	foreknown
foresee	foresaw	foreseen
foretell	foretold	foretold
forget	forgot	forgotten
forgive	forgave	forgiven
forsake	forsook	forsaken
forswear	forswore	forsworn
freeze	froze	frozen
gainsay	gainsaid	gainsaid
get	got	got. (US) gotten
gild	gilded, gilt	gilded
gird	girded, girt	girded, girt
give	gave	given
go	went	gone
grave	graved	graven, graved
grind	ground	ground
grow	grew	grown
hamstring	hamstringed, hamstrung	hamstringed, hamstrung
hang	hung, hanged	hung, hanged
have	had	had
hear	heard	heard
heave	heaved, hove	heaved, hove
hew	hewed	hewed, hewn
hide	hid	hidden, hid
hit	hit	hit

hold	held	held
hurt	hurt	hurt
inlay	inlaid	inlaid
keep	kept	kept
kneel	knelt	knelt
knit	knitted, knit	knitted, knit
know	knew	known
lade	laded	laden
lay	laid	laid
lead	led	led
lean	leant, leaned	leant, leaned
leap	leapt, leaped	leapt, leaped
learn	learnt, learned	learnt, learned
leave	left	left
lend	lent	lent
let	let	let
lie	lay	lain
light	lighted, lit	lighted, lit
lose	lost	lost
make	made	made
mean	meant	meant
meet	met	met
melt	melted	melted, molten
miscast	miscast	miscast
misdeal	misdealt	misdealt
misgive	misgave	misgiven
mislay	mislaid	mislaid
mislead	misled	misled
misspell	misspelt	misspelt
misspend	misspent	misspent
mistake	mistook	mistaken
misunderstand	misunderstood	misunderstood
mow	mowed	mown, (US) mowed
outbid	outbade, outbid	outbidden, outbid
outdo	outdid	outdone
outgo	outwent	outgone
outgrow	outgrew	outgrown
outride	outrode	outridden
outrun	outran	outrun
outshine	outshone	outshone
overbear	overbore	overborne
overcast	overcast	overcast
overcome	overcame	overcome
overdo	overdid	overdone
overhang	overhung	overhung
overhear	overheard	overheard
overlay	overlaid	overlaid
overleap	overleapt, overleaped	overleapt, overleaped
overlie	overlay	overlain

override	overrode	overridden
overrun	overran	overrun
oversee	oversaw	overseen
overset	overset	overset
overshoot	overshot	overshot
oversleep	overslept	overslept
overtake	overtook	overtaken
overthrow	overthrew	overthrown
overwork	overworked	overworked, overwrought
partake	partook	partaken
pay	paid	paid
prove	proved	proved, proven
put	put	put
read	read/red/	read/red
rebind	rebound	rebound
rebuild	rebuilt	rebuilt
recast	recast	recast
redo	redid	redone
relay	relaid	relaid
remake	remade	remade
rend	rent	rent
repay	repaid	repaid
rerun	reran	rerun
reset	reset	reset
retell	retold	retold
rewrite	rewrote	rewritten
rid	rid, ridded	rid, ridded
ride	rode	ridden
ring	rang	rung
rise	rose	risen
rive	rived	riven, rived
run	ran	run
saw	sawed	sawn, (sawed)
say	said	said
see	saw	seen
seek	sought	sought
sell	sold	sold
send	sent	sent
set	set	set
sew	sewed	sewn, sewed
shake	shook	shaken
shave	shaved	shaved, shaven
shear	sheared	shorn, sheared
shed	shed	shed
shoe	shod	shod
shoot	shot	shot
show	showed	shown, showed
shred	shredded	shredded
shrink	shrank, shrunk	shrunk, shrunken

shrive	shrove, shrived	shriven, shrived
shut	shut	shut
sing	sang	sung
sink	sank	sunk, sunken
sit	sat	sat
slay	slew	slain
sleep	slept	slept
slide	slid	slid, slidden
sling	slung	slung
slink	slunk	slunk
slit	slit	slit
smell	smelt, smelled	smelt, smelled
smite	smote	smitten
sow	sowed	sown, sowed
spead	spoke	spoken
speed	sped, speeded	sped, speeded
spell	spelt, spelled	spelt, spelled
spend	spent	spent
spill	spilt, spilled	spilt, spilled
spin	spun, span	spun
spit	spat	spat
split	split	split
spoil	spoilt, spoiled	spoilt, spoiled
spread	spread	spread
spring	sprang	sprung
stand	stood	stood
stave	staved, stove	staved, stove
steal	stole	stolen
stick	stuck	stuck
sting	stung	stung
stink	stank, stunk	stunk
strew	strewed	strewn, strewed
stride	strode	stridden, strid
strike	struck	struck, stricken
string	strung	strung
strive	strove	striven
sunburn	sunburned, sunburnt	sunburned, sunburnt
swear	swore	sworn
sweep	swept	swept
swell	swelled	swollen, swelled
swim	swam	swum
swing	swung	swung
take	took	taken
teach	taught	taught
tear	tore	torn
tell	told	told
think	thought	thought
thrive	throve, thrived	thriven, thrived
throw	threw	thrown

thrust	thrust	thrust
tread	trod	trodden, trod
unbend	unbent	unbent
unbind	unbound	unbound
underbid	underbid	underbidden, underbid
undergo	underwent	undergone
understand	understood	understood
undertake	undertook	undertaken
undo	undid	undone
upset	upset	upset
wake	woke, waked	woken, waked
waylay	waylaid	waylaid
wear	wore	worn
weave	wove	woven, wove
wed	wedded	wedded, wed
weep	wept	wept
win	won	won
wind	winded, wound	winded, wound
withdraw	withdrew	withdrawn
withhold	withheld	withheld
withstand	withstood	withstood
work	wrought	wrought
wring	wrung	wrung
write	wrote	written